Christoph Teichmann
Binnenmarktkonformes Gesellschaftsrecht

Christoph Teichmann

Binnenmarktkonformes Gesellschaftsrecht

W DE G RECHT

De Gruyter Recht · Berlin

Dr. *Christoph Teichmann*, Hochschuldozent an der Ruprecht-Karls-Universität Heidelberg

Als Habilitationsschrift auf Empfehlung der Juristischen Fakultät der Ruprecht-Karls-Universität Heidelberg gedruckt mit Unterstützung der Alexander von Humboldt-Stiftung

⊗ Gedruckt auf säurefreiem Papier,
das die US-ANSI-Norm über Haltbarkeit erfüllt.

ISBN-13: 978-3-89949-237-8
ISBN-10: 3-89949-237-4

Bibliografische Information der Deutschen Nationalbibliothek

Die Deutsche Nationalbibliothek verzeichnet diese Publikation in der Deutschen Nationalbibliografie;
detaillierte bibliografische Daten sind im Internet über http://dnb.d-nb.de abrufbar.

Printed in Germany

Datenkonvertierung/Satz: WERKSATZ Schmidt & Schulz GmbH, Gräfenhainichen
Druck und Bindung: Hubert & Co., Göttingen

Für Charlotte, Benedikt und Elisabeth

Vorwort

Die Schrift „Binnenmarktkonformes Gesellschaftsrecht" wurde im Herbst 2004 von der Juristischen Fakultät der Ruprecht-Karls-Universität Heidelberg als Habilitationsschrift angenommen. Sie wurde für die Drucklegung redaktionell überarbeitet und auf den Stand von Literatur und Rechtsprechung im Oktober 2005 gebracht.

Meinem akademischen Lehrer *Peter Hommelhoff* bin ich für seine umsichtige und an keine Tages- und Nachtzeiten gebundene Förderung, für zahlreiche Denkanstöße und vielfache Aufmunterung während der vergangenen Jahre zutiefst dankbar. Wie faszinierend und begeisternd Wissenschaft sein kann, durfte ich an seiner Seite in einzigartiger Weise miterleben. *Peter-Christian Müller-Graff* hat sich den Mühen der Zweitkorrektur unterzogen und mir im persönlichen Gespräch manche wertvolle Anregung gegeben. Ihm gilt dafür mein herzlicher Dank ebenso wie der Heidelberger Juristischen Fakultät unter ihrem Dekan *Thomas Pfeiffer*, die das Habilitationsverfahren zügig und unbürokratisch befördert hat.

Mein Dank gilt auch all den Kolleginnen und Kollegen, die mir über die Jahre am Heidelberger Institut für deutsches und europäisches Gesellschafts- und Wirtschaftsrecht im fachlichen und persönlichen Austausch beistanden, darunter *Annette Beier*, *Daniela Mattheus*, *Kerstin Wick*, *Martin Schwab*, *Christian Schubel* und schließlich *Carl-Heinz Witt* – der mir in dieser Zeit vom Kollegen zum hilfreichen Freund wurde, und dem ich nicht nur meine wissenschaftlichen Höhen- oder Tiefflüge, sondern hin und wieder auch unsere Kinder zwecks elterlichen Durchatmens anvertrauen durfte. Schließlich entstand in dieser Zeit eine fruchtbare und freundschaftliche Zusammenarbeit mit *Krzysztof Oplustil* von der Jagiellonen-Universität Krakau, der eine dreijährige Forschungszeit in Heidelberg verbrachte. Die *Alexander von Humboldt-Stiftung* hat ihn und seine Heidelberger Kooperationspartner großzügig und mit viel Verständnis für die Sorgen und Nöte der Nachwuchswissenschaftler gefördert und dankenswerterweise auch die Druckkosten der vorliegenden Schrift übernommen.

Die Familie war mir in all dieser Zeit Rückhalt und Freude. Meine liebe Frau hat den Laden mit bewundernswertem Frohsinn zusammengehalten, während die Kinder es zumeist geduldig hingenommen haben, dass der Papa so lange an einem einzigen Buch zu schreiben hatte, welches ohnehin völlig unnütz ist, weil es nicht ein einziges Bild enthält. Ohne damit die Erwartung zu verbinden, dass sie jemals eine Seite davon lesen werden, sei ihnen dies Buch in großer Dankbarkeit für die Freude, die sie in unser Leben bringen, gewidmet.

Heidelberg, im Dezember 2005 *Christoph Teichmann*

Inhaltsübersicht

Inhaltsverzeichnis

Einleitung

Das Gebäude des deutschen Gesellschaftsrechts ist ins Wanken geraten. Tragende Säulen wie der Kapitalschutz sind von Zweifeln angenagt, der schützende Zaun der Sitztheorie wurde eingerissen – und so rüttelt der Sturm eines Wettbewerbs der Rechtsordnungen an der überkommenen Konstruktion des nationalen Gesellschaftsrechts. Die Renovateure sind zahlreich am Werk, können sich aber über den Bauplan bislang nicht einigen. Einige halten die Substanz für tragfähig und geringfügige Schönheitsreparaturen für ausreichend; andere plädieren für Abriss und völligen Neuaufbau. Die Schwierigkeiten, ein tragfähiges Gebäude zu erhalten oder neu herzustellen, werden dadurch nicht geringer, dass Spezialisten verschiedener Disziplinen am Werk sind: materielles Gesellschaftsrecht, Kollisionsrecht und Gemeinschaftsrecht sind vertreten – anfangs ohne voneinander Notiz zu nehmen, mittlerweile zunehmend den Dialog und das Verständnis für die innere Logik der jeweils anderen Disziplin suchend. An diesem Dialog möchte sich die vorliegende Untersuchung beteiligen. Ihre Leitlinie ist die Suche nach einem *binnenmarktkonformen Gesellschaftsrecht*. Dazu ist einerseits zu fordern, dass Gesellschaftsrecht die grenzüberschreitende Wirtschaftstätigkeit im europäischen Binnenmarkt *nicht* unnötig *behindert*; dazu gehört aber auch und noch wichtiger eine aktive Gestaltung des Gesellschaftsrechts mit dem Ziel, die Entwicklung des Binnenmarktes zu *fördern*. Dass dieser zweite Aspekt allzu lange sträflich vernachlässigt wurde, mag nicht unerheblich zu der jüngsten Entwicklung in der Rechtsprechung des Europäischen Gerichtshofs beigetragen haben.

Anzusetzen ist daher in einem ersten Schritt nicht beim Gesellschaftsrecht selbst, sondern auf der Metaebene: den übergeordneten Strukturelementen, die das Gesellschaftsrecht im Binnenmarkt prägen. Denn eines macht die Diskussion um die Fälle „Centros", „Überseering" und „Inspire Art" deutlich. Gesellschaftsrecht kann nicht länger – konnte bei genauer Betrachtung schon lange nicht mehr – losgelöst von den Funktionsbedingungen des europäischen Binnenmarktes betrachtet werden. Die Regelung gesellschaftsrechtlicher Fragestellungen muss sich in der Europäischen Gemeinschaft der Architektonik des rechtlich geordneten Binnenmarktes einpassen lassen. Dies zu ignorieren hieße, ein einsturzgefährdetes Gebäude zu errichten.

Welches sind nun die Konstruktionselemente, mit denen der Umbau am gesellschaftsrechtlichen Gebäude arbeiten muss? Ausgangspunkt ist die Niederlassungsfreiheit. Sie wirkt als Grundfreiheit auf das mitgliedstaatliche Recht und setzt Regeln außer Kraft, die der Entfaltung des Binnenmarktes entgegenstehen. Ihr zugeordnet ist die Rechtsangleichung. Die Schutzbestimmungen, die in den Mitgliedstaaten den Gesellschaften im Interesse der Gesellschafter sowie Dritter vorgeschrieben sind, können auf der Ebene des Gemeinschaftsrechts koordiniert werden, sofern der politische Wille dafür vorhanden ist. Darüber hinaus ist die Schaffung völlig neuer, supranationaler Rechtsformen denkbar und in Form der EWIV, der SE und der SCE auch bereits teilweise ins Werk gesetzt. Sie gründen sich auf gemeinschaftliches Sekundärrecht und sind daher in Existenz und Ausgestaltung autark gegenüber den mitgliedstaatlichen Rechtsordnungen – eine idealtypische Form der Verwirklichung des Binnenmarktes, die sich allerdings an der harten Wirklichkeit unterschiedlicher Rechtstraditionen mehr als einmal stoßen musste. Einen Kontrapunkt zu den Bemühungen um Rechtsangleichung und supranationale Rechtsformen setzt, zu guter letzt, die Idee eines Wettbewerbs der Gesetzgeber. Sie entstammt dem US-amerikanischen Geselschaftsrecht, soll aber nach Auffassung Vieler auch im europäischen Binnenmarkt ihre wohlfahrtsteigernde Wirkung entfalten.

Die Schwierigkeiten eines Dialogs der verschiedenen Fachdisziplinen beginnen schon bei den Grundbegriffen. Meint ein an den Grundfreiheiten geschulter Gemeinschaftsrechtler dassselbe, wenn er vom „Binnenmarkt" spricht, wie ein an der unternehmerischen Praxis orientierter Gesellschaftsrechtler oder ein über den Rechtsordnungen stehender Kollisionsrechtler? Können umgekehrt der Richter am Europäischen Gerichtshof oder andere aus gemeinschaftsrechtlicher Warte blickende Juristen ermessen, welche inneren Systemzusammenhänge das Rechtsgebiet „Gesellschaftsrecht" prägen, welche möglicherweise tragenden Stützen sie aus dem Gebäude schlagen, wenn sie die Grundfreiheiten – das exzessive Bild sei erlaubt: – wie eine „Abrissbirne" zum Einsatz bringen?

Der Dialog beginnt daher mit einer Klärung der Begriffe, welcher der **erste Teil** gewidmet ist. Dabei wird zunächst der Versuch unternommen, eine gemeinschaftsweit tragfähige Basis für das Gespräch über *Gesellschaftsrecht* zu finden. Erfolgversprechend erscheint hier eine Betrachtung, die sich weniger am konkreten Inhalt gesellschaftsrechtlicher Normen orientiert als vielmehr der Frage nachgeht, welche spezifischen Interessen dieses Rechtsgebiet zum Gegenstand hat. Sodann gilt es, den Inhalt des Begriffes *Binnenmarkt* zu klären. Er findet sein gedankliches Umfeld in der ökonomischen Außenhandelslehre und in der integrationspolitischen Diskussion. Im Gefüge des EG-Vertrages hat er sich aber von der programmatischen Aussage zum Rechtsbegriff gewandelt, mit konkret greifbaren Ausprägungen in den Vorschriften des Vertrages.

Der **zweite Teil** analysiert im einzelnen die Architektonik des Gesellschaftsrechts im Binnenmarkt. Er beginnt mit der *Niederlassungsfreiheit* als dem wichtigsten primärrechtlichen Fixpunkt für das Gesellschaftsrecht. Er setzt sich fort mit der *Rechtsangleichung*, als dem Bereich, in dem die Gemeinschaft gesetzgeberisch-gestaltend auf das Gesellschaftsrecht einwirkt. Es folgen die *supranationalen Rechtsformen*, die zwar in der Praxis bislang nicht die gewünschte Bedeutung erlangt haben, aus deren Erfahrungsschatz sich jedoch vieles lernen lässt über die Funktionsbedingungen eines Binnenmarktes, der sich aus verschiedenen Rechtsordnungen konstituiert. Auf einer anderen Betrachtungsebene als die ersten drei, im Gemeinschaftsrecht verorteten Strukturelemente liegt die Idee eines *Wettbewerbs der Rechtsordnungen*. Sie ist angelehnt an Vorstellungen der Ökonomie. Die Konkurrenz verschiedener Gesetzgeber in ein und demselben Regelungsfeld, so die Befürworter, führe zu optimalen Ergebnissen, weil die Teilnehmer des Rechtsverkehrs durch ihre Entscheidung für das eine oder andere Regelungsmodell eine Aussage darüber treffen, welches ihren Interessen am besten gerecht wird. Diese Vorstellung hat auf die Überlegungen zu einem binnenmarktkonformen Gesellschaft ausgesprochen befruchtend gewirkt; sie wird mit dem das europäische Gesellschaftsrecht lange Zeit prägenden Ideal einer weitgehend angeglichenen Rechtslage abzustimmen sein.

Der **dritte Teil** untersucht, inwieweit sich aus den zuvor festgestellten Funktionsbedingungen des Binnenmarktes Aussagen zur Konstruktion eines binnenmarktkonformen Gesellschaftsrechts im Einzelfall ableiten lassen. Dies beginnt mit dem *Internationalen Gesellschaftsrecht*, in dem die Rechtsprechung zur Niederlassungsfreiheit – jedenfalls in Bezug auf diejenigen Staaten, die bislang der Sitztheorie folgten – kaum einen Stein auf dem anderen gelassen hat. Damit untrennbar verbunden ist eine Kernfrage des Rechts der Kapitalgesellschaften: der *Gläubigerschutz*. Seine Ausgestaltung steht derzeit im Mittelpunkt der Diskussion; die eigene Stellungnahme ist geprägt von den zuvor ermittelten Anforderungen, die an ein binnenmarktkonformes Gesellschaftsrecht zu stellen sind. Als letztes Anschauungsobjekt dient sodann das *Leitungssystem der Publikumsgesellschaften*. Hier sind alle gemeinschaftsrechtlichen Angleichungsversuche gescheitert, so dass nunmehr das in der SE-Verordnung enthaltene Optionsmodell das Maß der Dinge zu sein scheint. Dadurch allein lassen sich die inneren Spannungen eines aus mehreren Rechtsordnungen bestehenden Binnenmarktes indes nicht auflösen. Das Optionsmodell stellt die Mitgliedstaaten vor die außerordentlich schwierige, für die rechtliche Konstituierung des Binnenmarktes aber keineswegs untypische Aufgabe, das neue architektonische Element in ihre historisch gewachsenen Konstruktionen einzupassen.

Teil 1: Grundbegriffe

§ 1 Gesellschaftsrecht

Wer sich anschickt, die Entwicklung des Gesellschaftsrechts im europäischen Binnenmarkt zu beleuchten, muss sich eingangs der Frage stellen, ob es überhaupt ein europäisch einheitliches Verständnis von Gesellschaftsrecht gibt. Um dies im zweiten Schritt auf den Binnenmarkt beziehen zu können, muss das Feld des Gesellschaftsrechts aus europäischer Perspektive abgesteckt werden. Dabei bilden die nationalen Begrifflichkeiten und Traditionen den Erfahrungshorizont, vor dem sich das formal eigenständige, inhaltlich jedoch aus den Rechtskulturen der Mitgliedstaaten schöpfende Gemeinschaftsrecht entfaltet. *Unter I.* wird daher exemplarisch die deutsche, englische und französische Rechtswissenschaft daraufhin befragt, wie sie den Bereich des Gesellschaftsrechts abgrenzt. Der mitgliedstaatlichen Ebene folgt *unter II.* diejenige des gemeinschaftsrechtlichen Primärrechts. Der EG-Vertrag hat die Problematik des Gesellschaftsrechts durchaus bedacht, wenngleich – seiner zielorientiert und zugleich ergebnisoffenen Natur entsprechend – ohne allzu trennscharfe Konturen. Anhaltspunkte sind die Definition der Gesellschaft in Artikel 48 Abs. 2 und die Formulierung der Rechtsangleichungskompetenz in Artikel 44 Abs. 2 lit. g des EG-Vertrages.

I. Gesellschaftsrechtswissenschaft der Mitgliedstaaten

Die vorliegende Untersuchung wählt aus dem großen Bereich der für das Wirtschaftsleben relevanten Rechtsnormen diejenigen des Gesellschaftsrechts für eine nähere Betrachtung aus. Was aber ist Gesellschaftsrecht? Wenn sie eine Gruppe von Normen aus der großen Masse systematisierend heraushebt, folgt die Rechtswissenschaft keineswegs willkürlichen Kriterien. Vielmehr hat es einen Sinn, bestimmte Vorschriften gerade dem als „Arbeitsrecht", „Handelsrecht" oder eben „Gesellschaftsrecht" bezeichneten Bereich zuzuordnen. Die betreffenden Normen weisen einen inneren Zusammenhang auf, der sie abhebt von ihrer rechtlichen Umgebung und den die systematisierende Wissenschaft klären und vertiefen kann.

Der erste Schritt zu einem binnenmarktkonformen Gesellschaftrecht besteht folglich in der Suche nach einem gemeineuropäischen Konsens über die Systemelemente, die das Gesellschaftsrecht von anderen Rechtsmaterien abheben.[1] Betrachtet

---

1 Zur Notwendigkeit und Legitimation von Systembildung im Gemeinschaftsprivatrecht siehe nur *Riesenhuber* System und Prinzipien des Europäisches Vertragsrechts, 2003 S. 52 ff.

man mit Deutschland, Frankreich und England drei der in diesem Bereich häufig die Diskussion prägenden Rechtsordnungen, weckt insbesondere der scharfe Kontrast zwischen der kontintaleuropäischen (*unter 1.*) und der englischen Rechtswissenschaft (*unter 2.*) Zweifel an einer gemeinsamen Begriffsbasis. Die bei einem Rechtsvergleich stets gebotene funktionale Betrachtung offenbart indessen überraschende Gemeinsamkeiten (*unter 3.*).

1. Kontinentaleuropa

Nach wie vor grundlegend für das systematische Verständnis von Gesellschaftsrecht im deutschsprachigen Raum ist das Werk von *Herbert Wiedemann* aus dem Jahre 1980. Dort zeigt sich insoweit eine spezifisch dem deutschen Recht eigene Sichtweise, als *Wiedemann* seine Überlegungen mit Bedacht nicht an Hand der einzelnen Rechtsformen gliedert, sondern nach allgemeinen gesellschaftsrechtlichen Struktur- und Wertungsprinzipien.[2] Zu den Strukturprinzipien zählt er die beiden grundlegenden Arten der Vermögensordnung: juristische Person und Gesamthand. Zu den Wertungsprinzipien gehören Individualschutz, Minderheitenschutz, sowie die Gläubiger- und Arbeitnehmerinteressen. Das Werk beginnt wie nahezu jedes deutschsprachige Lehrbuch[3] mit dem Unterfangen, den Begriff der Gesellschaft zu klären:[4]

> „Gesellschaften sind freiwillige Personenvereinigungen des Privatrechts, in denen sich Mitglieder zu einem vereinbarten gemeinsamen Zweck zusammenschließen. Gesellschaftsrecht umfaßt daher alle Prinzipien und Normen, die diese Vereinigungen betreffen; es ist, verkürzt formuliert, das Recht der privaten Zweckverbände."

Es finden sich in dieser Beschreibung wie in vielen anderen gängigen Definitionen eine schuldrechtliche und eine organisationsrechtliche Komponente: Die Gesellschaft ist ein vertraglicher Zusammenschluss mehrerer Personen zu einem gemeinsamen Zweck, für welchen die rechtliche Verfestigung zu einer eigenständigen Organisation kennzeichnend ist. „Gesellschaftsrecht ist … Personenrecht, Organisationsrecht und Schuldrecht zugleich".[5]

Wie die deutsche ist auch die französische Rechtslehre um eine einheitliche und systematisch-stimmig begründbare Begriffsbildung bemüht. Auch sie sieht im vertraglichen Zusammenschluss, der zu einer neuen rechtlichen Einheit führt, den ent-

---

[2] *Wiedemann*, Gesellschaftsrecht, Band I Grundlagen, 1980.

[3] Siehe dazu weiterhin die Begriffsbildungen bei *Grunewald* Gesellschaftsrecht, 5. Aufl., 2002, S. 1; *Hueck/Windbichler* Gesellschaftsrecht, 20. Aufl., 2003, S. 1; *Kraft/Kreutz* Gesellschaftsrecht, 11. Aufl., 2000, S. 1, *Kübler* Gesellschaftsrecht, 5. Aufl., 1999, S. 1, *K. Schmidt* Gesellschaftsrecht, 4. Aufl., 2002, S. 3 ff.

[4] *Wiedemann* Gesellschaftsrecht, 1980, S. 3.

[5] *K. Schmidt* Gesellschaftsrecht, 4. Aufl., 2002, S. 4. Außerdem *Hueck/Windbichler* Gesellschaftsrecht, 20. Aufl., 2003, S. 1.

scheidenden Wesenszug der Gesellschaft.[6] Aus traditioneller Sicht, so *Guyon*, ist die Gesellschaft ein Vertrag, durch den eine juristische Person entsteht.[7] Dieser Vertrag unterscheidet sich von anderen zivilrechtlichen Verträgen dadurch, dass er nicht dem Leistungsaustausch dient, sondern der Verfolgung gemeinsamer Interessen.[8] Während beim Austauschvertrag dem Vorteil des einen Vertragspartners der Nachteil des anderen entspricht, ist bei der Gesellschaft jeder Vorteil ein gemeinsamer Vorteil, jeder Verlust ein gemeinsamer Verlust. Denn sie ist zu dem gemeinsamen Zweck gegründet, Gewinne zu erzielen, die an die Gesellschafter ausgeschüttet werden können. Art. 1832 Code civil definiert daher den Begriff der Gesellschaft folgendermaßen:

> „La société est institué par deux ou plusieurs personnes qui conviennent par un contrat d'affecter à une entreprise commune des biens ou leur industrie en vue de partager le bénéfice ou de profiter de l'économie qui pourra en résulter."

Mit der Eintragung im Register erwirbt die zuvor vertraglich begründete Gesellschaft den Status einer juristischen Person.[9] Die klassische französische Doktrin trennt an Hand des Kriteriums der gemeinsamen Gewinnerzielung (Art. 1832 Code civil) die Gesellschaft (*Société*) vom Verein (*Association*); wenngleich es in der Realität durchaus Vereine gibt, die Gewinne erzielen und sich damit von der Gesellschaft nur noch dadurch unterscheiden, dass die Gewinne nicht an die Mitglieder

---

6 Zur Vertragstheorie im französischen Gesellschaftsrecht *Hirschmann* Société par actions simplifiée, 2001, S. 29 ff. (m.w.N.).

7 *Guyon* Droit des Affaires I, 2003, S. 95 (Nr. 96): „Traditionellement, la société était considérée comme un contrat qui donnait naissance à une personne morale." Die modernere Doktrin betont allerdings den Aspekt, dass die Rechtsfähigkeit nicht schon durch den Vertrag, sondern erst durch staatlichen Akt (Eintragung in das Handelsregister) entstehe (*Couret* Rev. soc. 1984, 243, 247). Zur Diskussion darüber, ob die Gesellschaft ein Vertrag oder eine Institution ist („contrat ou institution"), auch *Mousseron* Droit des Sociétés, 2003, S. 32 f. sowie *Guyon* Les sociétés, 5. Aufl., 2002, S. 11 ff. Dass schließlich die Möglichkeit, eine Einmanngesellschaft zu gründen, das vertragliche Verständnis von der Gesellschaft erschüttert, wird durchaus gesehen (z.B. *Mousseron*, a.a.O., S. 33).

8 Dies ist ein Element der sogenannten „affectio societatis", deren konkreter Inhalt jedoch in der französischen Rechtslehre streitig ist (dazu *Guyon* Droit des Affaires I, 2003, S. 130 ff. (Nr. 124 ff.)).

9 Art. 1842 Code civil zur Société Civile: „Les sociétés autres que les sociétés en participation visées au chapitre III jouissent de la personnalité morale à compter de leur immatriculation." Art. L. 210-6 Code de commerce für die Handelsgesellschaften: „Les sociétés commerciales jouissent de la personnalité morale à dater de leur immatriculation au registre du commerce et des sociétés." Die in Art. 1842 Code civil genannte Société en Participation ist eine Gesellschaft bürgerlichen Rechts, bei der die Gesellschafter vereinbaren, auf eine Eintragung zu verzichten. Sie hat demnach keine Rechtspersönlichkeit (Art. 1871 Code civil). Sie ist eine reine Innengesellschaft; im Außenverhältnis bleibt jeder Gesellschafter Eigentümer der von ihm eingebrachten Gegenstände und geht Verbindlichkeiten nur im eigenen Namen ein (Art. 1872-1 f. Code civil). Näher zur Société en Participation *Guyon* Droit des Affaires I, 2003, S. 565 (Nr. 514 ff.).

ausgeschüttet werden.[10] Die Bemühungen der französischen Rechtslehre um stringente Systematik der Rechtsformen haben mehrfach die Nebenwirkung gehabt, dass Bedürfnisse der Wirtschaft durch Fortentwicklung existierender Rechtsformen nicht hinreichend befriedigt werden konnten und der Gesetzgeber neue Formen der Zusammenarbeit schaffen musste. Auf diese Weise sind ungewöhnliche rechtliche Kreationen entstanden, wie das *Groupement d'Iintérêt Économique* (GIE) und die *Société par Actions Simplifiée* (SAS)[11]. Sie zeigen die Innovationsfreude des französischen Gesetzgebers und haben die europäische Diskussion bereichert,[12] bestätigen mittelbar aber auch die dogmatische Strenge des französischen Gesellschaftsrechts, die es offenbar nicht immer in ausreichendem Maße gestattet, bestehende Rechtsformen kautelarjuristisch an neue Entwicklungen anzupassen.[13]

2. England

„Und England?“[14] Die zweifelnde Frage *Reinhard Zimmermanns* auf der Suche nach europäischen Gemeinsamkeiten in der Rechtswissenschaft erscheint berechtigt. Denn während die kontinentaleuropäische Rechtswissenschaft seit jeher darum bemüht ist, Gesellschaftsrecht auf Basis einer abstrakten Begriffsbildung als einen systematisch geschlossenen Bereich mit gemeinsamen Rechtsprinzipien zu entwickeln, geriert sich die britische Literatur wie in vielen Bereichen[15] so auch hier:

---

[10] *Guyon* Droit des Affaires I, 2003, S. 114ff. (Nr. 112).

[11] Zur Dogmatik der SAS im System des französischen Gesellschaftsrechts *Hirschmann* Société par actions simplifiée, 2001, S. 24ff.

[12] Das Groupement d'Intérêt Économique stand Pate bei der Entstehung der Europäischen wirtschaftlichen Interessenvereinigung (EWIV) (dazu unten S. 270 ff. und S. 309ff.). Die Stellung der Vertragsfreiheit in der Konzeption der Société par Actions Simplifiée hatte große Bedeutung im Rahmen der Fachdiskussion über das Statut einer Europäischen Privatgesellschaft (vgl. *Boucourechliev/Huet* in: Boucourechliev/Hommelhoff (Hrsg.), Vorschläge EPG, 1999, S. 171, 187ff.).

[13] *Ganske* EWIV, 1988, S. 14, spricht von der „eigentümliche(n) Stellung des flexiblen GIE ein einem System strengen gesellschaftsrechtlichen Typenzwangs“; dass Forderungen nach einer vergleichbaren Rechtsform in Deutschland nicht laut wurden, führt er auf die größere Flexibilität des deutschen GmbH-Rechts zurück. Siehe weiterhin die Analyse von *Hirschmann* Société par actions simplifiée, 2001, S. 36ff. zu den Vor- und Nachteilen der vor Schaffung der SAS bestehenden Rechtsformen mit der zufammenfassenden Feststellung (S. 61, unter Verweis auf entsprechende Stellungnahmen der französischen Rechtspraxis): „Insgesamt erlaubt es das überkommene französische Gesellschaftsrecht somit nicht, bei der Organisation gemeinsamer Tochtergesellschaften den Bedürfnissen der Muttergesellschaften hinreichend Rechnung zu tragen.“

[14] *Zimmermann* Savignys Vermächtnis, 1998, S. 34. Aufgegriffen bei *Riesenhuber* System und Prinzipien des Europäisches Vertragsrechts, 2003, der auf S. 58ff. gleichfalls die Möglichkeiten auslotet, gemeineuropäisches Systemdenken mit dem betont pragmatischen englischen Rechtsdenken zu vereinbaren.

[15] Vgl. die Zitate über die englische Rechtswissenschaft bei *Riesenhuber* System und Prinzipien des Europäisches Vertragsrechts, 2003, S. 58ff. Dabei soll nicht außer acht bleiben, dass auch

betont pragmatisch. Der grundlegende Gedanke des deutschen Rechts, dass sich jede Form der Gesellschaft gewissermaßen aus einer Urform der „Gesellschaft" – im Sinne eines Zusammenschlusses mehrerer Personen zu einem gemeinsamen Zweck – entwickeln und rechtlich ableiten lässt, findet sich in diesem Sinne im englischen Recht nicht. *Company* und *Partnership* werden schon deshalb strikt getrennt, weil die eine dem Companies Act, die andere dem Partnership Act unterliegt.[16] An rechtsformübergreifender Systembildung zeigt die englische Wissenschaft kein Interesse. Die rechtsvergleichende Abhandlung von *Foster* zur Theorie des Gesellschaftsrechts in Frankreich und England gipfelt – bezogen auf die englische Situation – in der Bemerkung: "In this landscape, a search for logic, clarity or coherence is a wild goose chase."[17] Und schon mehr als achtzig Jahre früher entzog sich *Holdsworth* elegant der Frage, wie er es eigentlich mit der Rechtspersönlichkeit der Gesellschaft halte:[18]

> "The question whether the personality of the corporation is fictitious or real is no doubt an interesting philosophical speculation ... English law has, at all periods of its history, been very lightly touched by these speculations ..."

Der englische Pragmatismus findet seine historische Wurzel in der friedlichen Koexistenz von staatlicher Konzession und *Trust.*[19] Der Status einer rechtsfähigen juristischen Person war lange Zeit nur kraft staatlicher Konzession zu erlangen. Die Praxis jedoch fand mit Hilfe von vertraglichen Regelungen auf Basis der Rechtsinstitute Trust und Agency Konstruktionen, die es erlaubten, funktional wie eine Gesellschaft zu arbeiten, ohne sich dafür um eine Konzession bemühen zu müssen. Anspruchsvolle rechtliche Systembildung wäre in dieser Phase nur hinderlich gewesen, hätte sie doch dazu gezwungen, sich mit den pragmatisch entwickelten Lösungen dem staatlich reglementierten Gesellschaftsrecht zu unterwerfen. *Maitland* bemerkte dazu:[20]

---

das englische Recht im Verlauf seiner Geschichte immer wieder Ansätze zur wissenschaftlich-systematischen Durchdringung aufzuweisen hatte und diese Tendenz in modernen Zeiten stark zugenommen hat (dazu *Zimmermann* ZEuP 1993, 4 ff., *Gordley* ZEuP 1993, 498 ff. sowie *Stürner* in: Jb.J.ZivRWiss. 2004, S. 79 ff.).

16 *Gower and Davies'* Principles of Modern Company Law, 7. Aufl., 2003, S. 3 f.

17 *Foster* Am. J. of Comp. L., 48 (2000) 573, 590.

18 *Holdsworth*, A History of English Law, 3. Aufl., 1923, Bd. 9, S. 69–70 (zitiert nach *Foster* Am. J. of Comp. L., 48 (2000) 573, 587 f.).

19 Dazu *Foster* Am. J. of Comp. L., 48 (2000) 573, 582 ff. Siehe auch den Überblick zur Entwicklungsgeschichte des englischen Gesellschaftsrechts bei *Farrar's Company Law* 4. Aufl., 1998, S. 15 ff. und bei *Neuling* GmbH und private company, 1996, S. 7 ff.

20 Zitiert nach *Foster* Am. J. of Comp. L., 48 (2000) 573, 583. Aufschlussreich ist die von *Foster*, ebda., S. 584, gezogene Parallele zur deutschen Diskussion unter Verweis auf *Otto von Gierke*; dessen Theorie einer a priori gegebenen Realität der Gesellschaft, die der Staat allenfalls zu bestätigen habe, sollte in Deutschland die Forderung nach Vereinigungsfreiheit stützen. Genau diese Diskussion habe man sich in England durch flexible Handhabung des Trust erspart. Man wird aber wohl ergänzen müssen, dass zu derartiger Flexibilität auch eine Obrigkeit vonnöten ist, die ihre Untertanen in dieser Weise gewähren lässt.

"In truth and in deed we made corporations without troubling king or parliament though perhaps we said that we were doing nothing of the kind."

Bis zum heutigen Tage unternimmt kaum ein Lehrbuch zum Gesellschaftsrecht den Versuch, den Begriff der Gesellschaft mit einem greifbaren Inhalt zu versehen;[21] eine „Company" sei, so lautet der schlichte Hinweis, eine rechtliche Einheit, die in Übereinstimmung mit den Vorschriften des Companies Act entstanden sei.[22] Insgesamt erscheint damit das englische Gesellschaftsrecht als eine Anhäufung von rechtlichen Konstruktionen, die zu verschiedenen Zeiten und unter verschiedenen Umständen entworfen wurden, um jeweils spezifischen Zwecken zu dienen, deren Gedankengut untereinander jedoch allenfalls lose verbunden ist.[23]

Es soll hier nicht darum gehen, mit dem Streben nach Systembildung einen Denkansatz an das englische Gesellschaftsrecht heranzutragen, der ihm seinem eigenen Selbstverständnis nach weitgehend fremd ist. Auf die Frage, was den Bereich des Gesellschaftsrechts kennzeichnet, lässt sich eine Antwort auch finden, wenn man sich für die Zwecke einer funktionalen Rechtsvergleichung auf den am Einzelfall orientierten Pragmatismus des englischen Rechts einlässt.[24] Die Vereinigung mehrerer Personen zu einem gemeinsamen Zweck gehört ohne Zweifel auch zum Grundverständnis des englischen Gesellschaftsrechts.[25] Studiert man mit *Gower/Davies* eines der Standardwerke der englischen gesellschaftsrechtlichen Literatur, findet sich dort gleich zu Beginn die Feststellung, dass der Begriff der Company die Vereinigung mehrerer Personen zu einem gemeinsamen Zweck beinhalte.[26] Und der englische Gesetzgeber liefert dazu in Art. 1 (1) Companies Act 1985 die Bestätigung:

"Any two or more persons associated for a lawful purpose may, by subscribing their names to a memorandum of association and otherwise complying with the requirements of this Act in respect of registration, form an incorporated company, with or without limited liability."

---

21 Vgl. den Überblick bei *Foster* Am. J. of Comp. L., 48 (2000) 573, 587.

22 *Sealy*, zitiert nach *Foster* Am. J. of Comp. L., 48 (2000) 573, 587. Auch *Gower and Davies'* Principles of Modern Company Law, 7. Aufl., 2003, S. 3, stellt fest, der Terminus „company" habe keine festgelegte rechtliche Bedeutung und fährt fort: "Explicitly or implicitly, many courses on 'company law' solve the problem of defining the scope of the subject by concentrating on those companies created by registration under the Companies Acts."

23 *Foster* Am. J. of Comp. L., 48 (2000) 573, 590.

24 Man mag sich ermutigt fühlen durch die Überlegung *Fosters*, dass nur die allerwenigsten Juristen ihr eigenes Rechtssystem wirklich verstanden hätten, und ein Außenseiter im Grunde eher in der Lage sei, Zusammenhänge zu verstehen, die der Eingeweihte sich lediglich intuitiv angeeignet habe (*Foster* Am. J. of Comp. L., 48 (2000) 573, 595, Fn. 73).

25 Auch das rechtsvergleichende Werk von *Dorresteijn/Kuiper/Morse* European Corporate Law, 1995, S. 7 (Rn. 2.01) definiert „company" als einen Zusammenschluss mehrerer Personen zu einem gemeinsamen Zweck.

26 *Gower and Davies'* Principles of Modern Company Law, 7. Aufl., 2003, S. 3: "The term 'company' implies an association of a number of people for some common object or objects."

Die theoretische Betrachtung geht also auch in England von dem idealtypischen Phänomen einer Gruppe von Personen aus, die einen gemeinsamen Zweck verfolgt.[27] Die phänomenologische Beschreibung der einzelnen Rechtsformen zeigt weitere Parallelen zum kontinentaleuropäischen Verständnis: Die Partnership sei gedacht für einen kleinen Kreis von Personen, die einander Vertrauen entgegenbrächten, und vom Gegenstand her eher für kleine Unternehmen geeignet; hingegen sei die Company wegen ihrer eigenen Rechtspersönlichkeit besser geeignet, den Rahmen für eine große und häufig wechselnde Zahl von Gesellschaftern und damit auch für größere Unternehmen zu bieten.[28] Diese Charakterisierung verläuft weitgehend parallel zu den aus dem deutschen Gesellschaftsrecht bekannten Realtypen der Personenhandels- und Kapitalgesellschaften.[29]

Auch die vielfache Betonung des vertraglichen Elementes[30] zeigt deutliche Parallelen zum kontinentaleuropäischen Gedankengut. Der vertragsbetonte Ansatz findet überdies seinen Ausdruck im Gesetz mit dem Angebot standardisierter Vertragsklauseln, der sogenannten *Table A*. Die Gesellschafter können sich auf diese Standardklauseln stützen, müssen es aber nicht. Das Gesetz trägt damit zur Senkung von Transaktionskosten bei, ohne die Freiheit der Gründer unnötig einzuschränken.[31] Ungeachtet dessen leugnet auch das englische Recht keineswegs den institutionellen Charakter der Gesellschaft. Die Figur des Vertrages kann die Funktionsweise von Großunternehmen, deren Gesellschafter sich häufig nie begegnet sind, ebensowenig erschöpfend erklären wie die Existenz von Einmann- oder Vorratsgesellschaften.[32] Die vertragliche Sichtweise ist also auch im englischen Recht nur ein Teil-Aspekt dessen, was Gesellschaftsrecht ausmacht.[33] Ein Vertrag alleine kann ohne staatliche Anerkennung keine neue rechtsfähige Einheit schaffen.[34] Der Companies Act regelt dies und vieles Andere mit beachtlicher Regelungsdichte.[35] Zur Treuepflicht der Direktoren, dem Beschlussverfahren in der Gesellschaft und

---

27 Vgl. dafür neben dem soeben zitierten Werk von *Gower* und *Davies* auch *Farrar's Company Law* 4. Aufl., 1998, S. 3: "'Company' is an ambiguous term with no strictly technical meaning. It can refer loosely to a group of persons associated together for a common purpose such as a partnership of businessmen or it can refer to a species of business corporation."

28 *Gower and Davies'* Principles of Modern Company Law, 7. Aufl., 2003, S. 4.

29 Siehe dazu nur die Ausführungen zur typologischen Einteilung der Rechtsformen bei *Kraft/Kreutz* Gesellschaftsrecht, 11. Aufl., 2000, S. 2 ff. und *K. Schmidt* Gesellschaftsrecht, 4. Aufl., 2002, S. 45 ff.

30 *Drury/Hicks* in: Boucourechliev/Hommelhoff (Hrsg.), Vorschläge EPG, 1999, S. 76; *Foster* Am. J. of Comp. L., 48 (2000) 573, 585, dort auch zum Stellenwert der Vertragstheorie in der historischen Entwicklung des Gesellschaftsrechts.

31 *Drury/Hicks* in: Boucourechliev/Hommelhoff (Hrsg.), Vorschläge EPG, 1999, S. 77.

32 *Foster* Am. J. of Comp. L., 48 (2000) 573, 586.

33 *Foster* Am. J. of Comp. L., 48 (2000) 573, 586.

34 *Foster* Am. J. of Comp. L., 48 (2000) 573, 586.

35 *Foster* Am. J. of Comp. L., 48 (2000) 573, 589, spricht von einem "very detailed approach to statutory regulation".

dem Schutz von Minderheitsgesellschaftern, um nur einige Beispiele zu nennen, finden sich ausführliche Regelungen; vieles davon steht nicht zur Disposition des Gesellschaftsvertrages. Aufgabe des Gesellschaftsrechts ist darüber hinaus der Schutz von Gläubigern durch Vorschriften der Rechnungslegung[36] und Haftungsnormen wie die für *fraudulent* oder *wrongful trading*.[37]

3. Der interessenbezogene Ansatz

a) „Core Features of Company Law"

Über Kernelemente des Begriffes der Gesellschaft lässt sich somit in den mitgliedstaatlichen Rechtsordnungen durchaus Gemeinsamkeit erzielen. Gemeinsam ist den wissenschaftlichen Äußerungen aus den Mitgliedstaaten allerdings auch die Skepsis gegenüber einer wirklich trennscharfen Definition.[38] Die Vielfalt der rechtlichen und tatsächlichen Verhältnisse lässt sich immer nur annäherungsweise begrifflich erfassen. Es handelt sich somit bei der Gesellschaft im Sinne der *Larenz*'schen Methodenlehre nicht um einen „Begriff", der durch Aufzählung seiner Merkmale abschließend definiert werden könnte, sondern um einen „Typus", dessen Merkmale in wechselnden Stärkegraden auftreten und sich bis zu einem gewissen Grade wechselseitig vertreten können.[39] Bei der auf kurze Zeit eingegegangenen allein im Innenverhältnis aktiven Gesellschaft bürgerlichen Rechts steht die schuldrechtliche Komponente ganz im Vordergrund; am anderen Ende der Skala findet sich mit der rechtsfähigen Einpersonengesellschaft die organisationsrechtliche Verselbständigung in Reinform, die ihre Wurzel im Recht der Personenverbände kaum noch erkennen lässt.[40] Für die Verwandtschaft der Einpersonengesellschaft mit dem losen Zusammenschluss einer Gesellschaft bürgerlichen Rechts lässt sich immerhin

---

36 *Drury/Hicks* in: Boucourechliev/Hommelhoff (Hrsg.), Vorschläge EPG, 1999, S. 83.

37 Siehe zum Wrongful Trading auch die Ausführungen im Abschnitt über den Gläubigerschutz, S. 508ff.

38 Kaum ein Standardwerk zum Gesellschaftsrecht versäumt es, auf die begrenzte Leistungsfähigkeit von Begriffsdefinitionen zur Abgrenzung des Rechtsgebiets hinzuweisen. Beispiele aus der deutschsprachigen Literatur: *K. Schmidt* Gesellschaftsrecht, 4. Aufl., 2002, S. 3f., *Hueck/Windbichler* Gesellschaftsrecht, 20. Aufl., 2003, S. 1, *Kraft/Kreutz* Gesellschaftsrecht, 11. Aufl., 2000, S. 1, und *Kübler* Gesellschaftsrecht, 5. Aufl., 1999, S. 3; aus England: *Gower and Davies'* Principles of Modern Company Law, 7. Aufl., 2003, S. 3, *Farrar's Company Law* 4. Aufl., 1998, S. 3; aus Frankreich: *Guyon* Droit des Affaires I, 2003, 95ff. (Nr. 96ff.).

39 Zur Unterscheidung von Begriff und Typus *Larenz* Methodenlehre, 6. Aufl., S. 303.

40 Über die Zulässigkeit der Einpersonen-Gesellschaft bestand daher auch keineswegs immer Einigkeit. Zur Diskussion in Deutschland *Lindemann* Beschlußfassung in der Einmann-GmbH, 1996, S. 16ff. m.w.N.; zur Entwicklung in Frankreich, das die Einpersonen-Gründung erst im Jahre 1985 in sein Recht aufgenommen hat (das nachträgliche Zusammenfallen der Anteile in einer Person wurde allerdings zuvor schon akzeptiert): *CREDA* L'EURL, 2003, S. 1ff. und *Guyon* Droit des Affaires I, 2003, S. 143ff. (Nr. 134).

anführen, dass auch die Einpersonengesellschaft jederzeit offen ist für die Aufnahme weiterer Gesellschafter und schon deshalb dem Recht der Gesellschaften unterworfen sein sollte. Das deutsche GmbH-Gesetz setzt dies konsequent um, indem es selbst den Alleingesellschafter dazu anhält, „Beschlüsse" zu fassen und darüber eine Niederschrift zu erstellen (§ 48 Abs. 3 GmbHG).[41] Auch die einzelnen Gesellschaftsanteile bleiben selbst dann erhalten, wenn sie in einer Hand zusammenfallen. Insoweit lässt sich mit *Wiedemann* sagen, der Gesellschaftsverband sei „lediglich stillgelegt", bleibe latent aber weiter vorhanden.[42]

Wesentlich für die systematische Abgrenzung eines eigenen Rechtsgebiets sind somit die den verschiedenen Sachverhalten gemeinsamen Regelungsfragen, die es rechtfertigen, für sie im wesentlichen gleichartige Normen und Prinzipien zu entwickeln.[43] Dieser Ansatz ist nicht nur aus systematischen Gründen vorzugswürdig, sondern auch und gerade im Bereich der Rechtsvergleichung der einzig erfolgversprechende Weg, unterschiedliche Systeme gedanklich zusammenzuführen.[44] Betrachtet man jüngere Entwicklungen im englischen Recht, zeigt sich, dass gerade die internationale Diskussion zunehmend dazu veranlasst, sich der eigenen theoretischen Grundlagen zu vergewissern.[45] Dabei spielt die US-amerikanische *Law and Economics*-Bewegung ebenso eine Rolle, wie die Mitgliedschaft in der Europäischen Gemeinschaft zur Auseinandersetzung mit kontinentaleuropäischem Gedankengut zwingt. So hat *Cheffins* vor einigen Jahren eine auf der ökonomischen Analyse des Rechts beruhende problemorientierte Darstellung des englischen Gesellschaftsrechts vorgelegt.[46] Und in der rechtspolitischen Diskussion innerhalb Europas wird gegenüber so manchen an das englische Recht herangetragenen Gedanken geltend gemacht, Derartiges vertrage sich nicht mit dem Wesen des englischen Gesellschaftsrechts. So begegnen *Drury/Hicks* der Einbeziehung von Arbeitnehmerrechten in die Unternehmensverfassung schon aus systematischen Erwägungen mit großer Skepsis.[47] Auch *Davies* vertritt die Auffassung, die Beteiligung von Arbeitnehmern an der Entscheidungsfindung im Unternehmen sei zwar nicht grundsätzlich abzulehnen, habe aber im Gesellschaftsrecht nichts verloren und sei im kollek-

---

41 Der Zwang zur Erstellung einer Niederschrift dient vor allem der Rechtssicherheit (vgl. zur Entstehungsgeschichte der Vorschrift *Lindemann* Beschlußfassung in der Einmann-GmbH, 1996, S. 7 ff.). Die im Jahre 1980 eingefügte Vorschrift ist mittlerweile gemeinschaftsrechtlich untermauert durch Art. 4 Abs. 2 der Zwölften Richtlinie 89/667 EWG vom 21. Dezember 1989.

42 *Wiedemann* Gesellschaftsrecht, 1980, S. 6 f.

43 *Grunewald* Gesellschaftsrecht, 5. Aufl., 2002, S. 1; *Hueck/Windbichler* Gesellschaftsrecht, 20. Aufl., 2003, S. 1.

44 Grundlegend *Zweigert/Kötz* Rechtsvergleichung. Für den Bereich des Gesellschaftsrechts siehe die Beiträge in *Kraakman u.a.* Anatomy of Corporate Law, 2004.

45 Dazu *Foster* Am. J. of Comp. L., 48 (2000) 573, 594 ff.

46 *Cheffins* Company Law, 1997.

47 *Drury/Hicks* in: Boucourechliev/Hommelhoff (Hrsg.), Vorschläge EPG, 1999, S. 75.

tiven Arbeitsrecht viel besser aufgehoben.[48] Darin wird ein Verständnis von der Gesellschaft deutlich, die in erster Linie das Ergebnis eines Vertrags ihrer Gründer ist, der ausschließlich die internen Verhältnisse der Gesellschaft zu regeln habe.

Und in deutlichem Kontrast zum oben zitierten historischen Ausspruch, wonach das englische Gesellschaftsrecht kein Interesse an philosophischen Spekulationen habe, widmet sich die „Company Law Review Steering Group" aus Anlass der aktuellen Reformdiskussion mit großem Ernst der „scheinbar philosophischen" Frage, welche Reichweite das Gesellschaftsrecht sinnvollerweise haben solle:[49]

> "This part of the document is concerned with identifying the proper scope of company law, that is, whose interests it should be designed to serve and the legal means by which it should do so. We acknowledge that *these apparantly philosophical issues* may seem remote from the reality of business, but believe it is important that the framework of company law is built on sound foundations."[50]

Sie gelangt dabei zu folgender Analyse:[51]

> "The present structure of the law reflects three purposes. Companies are formed and managed for the benefit of the *shareholders*, but subject to safeguards for the benefit of actual and potential *creditors*. Accounting and disclosure requirements, too, operate for the benefit of actual, and potential, shareholders and creditors (including investors and savers) and, through public disclosure of information, for the benefit of *the community as a whole*."

Ein vergleichbar interessenbezogener Zugang zum Gesellschaftsrecht findet sich in dem Werk „*The Anatomy of Corporate Law*" und in *Davies'* „Introduction to Company Law" – wobei allerdings der Vorbehalt gilt, dass diese Betrachtungen ebenso wie der Company Law Review allein auf den Bereich der Kapitalgesellschaften bezogen sind. Das Verständnis des Gesellschaftsrechts, so *Davies*, erschließe sich aus der Rolle der Personengruppen, deren Verhalten es regele.[52] Dies seien die Gesellschafter, die Geschäftsleiter und die Gläubiger. Gesellschaftsrecht habe sowohl die Beziehungen innerhalb dieser Gruppen – namentlich zwischen Mehrheits- und Minderheitsgesellschaftern – als auch zwischen den Gruppen zum Gegenstand. Die meisten Rechtsfragen kreisten dabei um fünf Kernbereiche:[53]

---

[48] Vgl. die Diskussion der Frage bei *Davies* Introduction to Company Law, 2002, S. 271 ff.

[49] Company Law Review Steering Group, Modern Company Law for a Competitive Economy: the Strategic Framework, Department of Trade and Industry, Februar 1999, § 5.1.1., S. 33 (abrufbar über http://www.dti.gov.uk/cld/reviews/condocs.htm; letztmals eingesehen am 6. Juli 2004).

[50] Kursive Hervorhebung durch den *Verfasser.*

[51] Strategic Framework (s. oben Fn. 49)., § 5.1.4, S. 34. Kursive Hervorhebungen im Original.

[52] *Davies* Introduction to Company Law, 2002, S. 5.

[53] *Davies* Introduction to Company Law, 2002, S. 9. *Hansmann/Kraakman* in: *Kraakman u.a.* Anatomy of Corporate Law, 2004, S. 1 ff.; zustimmend *Skeel* Yale L.J. 113 (2004) 1519, 1524 ff.

- Anerkennung der Company als einer von ihren Mitgliedern zu unterscheidenden rechtlichen Einheit;
- Haftungsbeschränkung für die Gesellschafter;
- Übertragung der Geschäftsführung von den Gesellschaftern auf ein spezialisiertes Management;
- Vereinfachungen bei Übertragung der Anteile;
- Aufteilung der Verwaltungs- und Vermögensrechte unter den Gesellschaftern.

Bei all diesen Grundfragen sei der *Realtypus* der Gesellschaft zu berücksichtigen. Dabei ließen sich vereinfacht folgende Gruppen bilden: die Eigentümer-Gesellschaft, bei der die Gesellschafter die Geschäfte führen; die große, aber kapitalmarktferne Gesellschaft; die Aktiengesellschaft, deren Anteile nicht zum öffentlichen Handel angeboten werden; und schließlich die börsennotierte Aktiengesellschaft, deren Tätigkeit somit zugleich dem Kapitalmarktrecht unterworfen ist.[54]

b) Grundlagen eines gemeineuropäischen Verständnisses vom Gesellschaftsrecht

Es geht bei Begründung einer europäischen Rechtswissenschaft – mit *Zimmermann* – nicht um „Uniformität von Rechtsregeln und rechtlichen Lösungen", sondern um die Entwicklung einer „Hintergrundwissenschaft, die die internationale Verständigung über juristische Probleme erleichtert".[55] Es geht um eine „gemeinsame juristische ‚Grammatik' zur Erörterung juristischer Probleme und zur vergleichenden Würdigung möglicher Lösungen".[56] Für das europäische Gesellschaftsrecht leistet die englische Diskussion mit ihrer pragmatisch-interessenbezogenen Perspektive einen Beitrag zum Verständnis der inneren Zusammenhänge, der in der streng systematisierenden kontinentaleuropäischen Rechtslehre bisweilen unterzugehen droht.[57] Aus Sicht der deutschen Methodenlehre ist die interessenbezogene Sicht gewiss nichts Neues, steht sie doch in der Tradition von *Philipp Heck*, demzufolge Ge-

---

[54] Wegen der teilweise kaum übersetzbaren Terminologie nachfolgend der Wortlaut der Passage im Original (*Davies* Introduction to Company Law, 2002, S. 27): "Proceeding up the size hierarchie, we have identified: the owner-managed company; the large private company; the public company whose shares, however, are not publicly traded; and the public company whose shares are traded on a public market and whose activities are thus regulated in addition by the rules of that market."

[55] *Zimmermann* Savignys Vermächtnis, 1998, S. 54.

[56] *Zimmermann* Savignys Vermächtnis, 1998, S. 75.

[57] Darin liegt eine Bestätigung für die These *Riesenhubers*, dass die Vielfalt des Rechtsdenkens in der Gemeinschaft nicht in erster Linie ein Hemmnis für eine Systembildung, sondern vielmehr ein Erfahrungsschatz für das gemeinsame Weiterdenken ist (*Riesenhuber* System und Prinzipien des Europäisches Vertragsrechts, 2003, S. 61). Bestätigt findet sich auch die Auffassung von *Zimmermann* Savignys Vermächtnis, 1998, S. 27, dass die englische Rechtswissenschaft eine durchaus europäische Prägung trage und sich damit insbesondere von der US-amerikanischen unterscheide, die zu einem „intellektuellen Glasperlenspiel" ohne Bezug zur Rechtswirklichkeit zu werden drohe.

setze „die Resultanten der in jeder Rechtsgemeinschaft einander gegenübertretenden und um Anerkennung ringenden Interessen“ [58] sind. Aber während diese Erkenntnis bei *Wiedemann* noch lebendig ist, der in seinem Lehrbuch zwar von einer abstrakten Definition der Gesellschaft ausgeht, sodann aber seine Ausführungen ganz im Sinne von *Davies* an den betroffenen Interessen orientiert (Individualschutz, Minderheitenschutz, Gläubiger- und Arbeitnehmerschutz),[59] erlernt die heutige Generation von Gesellschaftsrechtlern das Rechtsgebiet zumeist entlang den Linien der gesetzlich normierten Rechtsformen und verliert damit den Blick für die übergreifend zu verstehenden Interessenkonflikte, die sich in jeder erwerbswirtschaftlich tätigen Personenvereinigung – zumal, wenn sie vom Privileg der Haftungsbeschränkung Gebrauch machen will – stellen.[60] Es lohnt, demgegenüber in Erinnerung zu rufen, dass auch das Bemühen um einheitliche Begriffsbildung letztlich der Interessengewichtung folgt, die in einer bestimmten gesetzlichen Regelung zum Ausdruck kommt. Unter die Gebotsbegriffe einer Norm, so *Larenz*, kann nämlich nur dann richtig subsumiert werden, wenn diese Begriffe zuvor im Sinne der ihnen zugrunde liegenden Wertungsmaßstäbe aufgefasst worden sind.[61]

Die sich darin andeutende geistige Verwandtschaft zumindest eines bestimmten Zweigs der englischen Gesellschaftsrechtswissenschaft mit derjenigen des Kontinents findet sich bestätigt, wenn man nach Lektüre der Ausführungen von *Davies* die Überlegungen von *Lutter* zum Stand des europäischen Unternehmensrechts an der Schwelle des 21. Jahrhunderts Revue passieren lässt:[62] „Der Unternehmer möchte von seinem Rechtskleid beschützt, aber möglichst wenig behindert werden; der Gläubiger … verlangt die Protektion durch das Recht; der Arbeitnehmer erhofft Mitsprache zum Schutz seiner Interessen; und auch der Investor, der nichtunternehmerische Anleger verlangt die Berücksichtigung seiner Interessen …“ Den aktuellen Stand des Unternehmensrechts entwickelt *Lutter* sodann an Hand der Fragestellung, in welcher Weise die europäischen Richtlinien den genannten Interessen gerecht werden:[63] Den Gläubigerinteressen dienen die Publizitäts- und die Kapitalrichtlinie; den Unternehmensinteressen die Verschmelzungs- und Spaltungs-, sowie die Ein-Personen- und die Zweigniederlassungs-Richtlinie; den Anlegerinteressen die Richtlinien über die Rechnungslegung und Prüfung sowie die kapitalmarktrechtlichen Richtlinien.[64] Ganz wie *Davies* richtet *Lutter* also seinen

---

[58] *Heck* AcP 112 (1914) 1, 17.

[59] Dazu bereits oben im Text bei Fn. 2.

[60] Wendet man auf diese Grundfragen das Instrumentarium der ökonomischen Analyse an, wird zudem offenbar, dass es dabei im Kern zumeist um sogenannte „Principal-Agent-Konflikte“ geht (*Hansmann/Kraakman* in: *Kraakman u.a.* Anatomy of Corporate Law, 2004, S. 21 ff.).

[61] *Larenz* Methodenlehre, 6. Aufl., S. 57.

[62] *Lutter* ZGR 29 (2000) 1 f.

[63] *Lutter* ZGR 29 (2000) 1, 2 ff.

[64] Vgl. die Nachweise zu den Richtlinien im Anhang „Fundstellenverzeichnis“.

systematisierenden Blick an den Individualinteressen aus, die im Gesellschaftsrecht miteinander ringen. Darin lässt sich mit Fug und Recht eine gemeineuropäische Grundlage der Gesellschaftsrechtswissenschaft erkennen.

Es ist hier nicht der Raum, diesen interessenbezogenen Ansatz im Gesellschaftsrecht aller Mitgliedstaaten aufzuspüren. Es besteht jedoch hinreichend Anlass für die Annahme, dass der interessenbezogene Ansatz eine Grundlage bietet, auf welcher ein gemeineuropäischer Dialog über Fragen des Gesellschaftsrechts möglich ist. Im Sinne einer Arbeitshypothese soll diese Annahme den weiteren Überlegungen zur Struktur eines binnenmarktkonformen Gesellschaftsrechts zugrundegelegt und wo immer möglich auf ihre Brauchbarkeit überprüft werden.[65]

4. Kapitalmarktrecht

Neben dem Gesellschaftsrecht hat sich in jüngerer Zeit das Kapitalmarktrecht als Materie eigener Art etabliert.[66] Seine Eigenständigkeit gründet darauf, dass es sich weniger mit den Individualinteressen und statt dessen vorrangig mit den Funktionsbedingungen des Marktes für Kapitalanlagen befasst.[67] Das Schutzobjekt ist hier der Kapitalmarkt als Institution, dessen die Volkswirtschaft bedarf, um eine optimale Allokation des Kapitals sicherzustellen. Dies führt dazu, dass die kapitalmarktrechtliche „Brille" häufig eine andere Sicht auf denselben Sachverhalt vermittelt als die gesellschaftsrechtliche. Ein „Investor" ist nicht dasselbe wie ein „Gesellschafter" – selbst wenn beide mitunter ein und dieselbe Person sind.[68] Der Investor wird in erster Linie deshalb geschützt, weil sein Schutz eine vertrauensschaffende Maßnahme im Sinne der Funktionsfähigkeit des Kapitalmarktes ist. Wenn man dort keinen Schutz erwarten kann, wird man nicht investieren. Zwar stehen der Funktionsschutz und der Individualschutz prinzipiell gleichwertig nebeneinander,[69] allerdings ist der Schutz des individuellen Anlegers mitunter auch

---

[65] Lehr- und Handbücher zum Europäischen Gesellschaftsrecht nehmen häufig eine weniger interessenbezogene und stärker an formalen Kriterien orientierte Abgrenzung vor; dies dürfte seinen Grund vor allem im spezifischen Anliegen derartiger Abgrenzungen haben, das darin besteht, einen Überblick der in dem Werk behandelten Materien zu geben. Vgl. jeweils die einleitenden Abschnitte bei: *Grundmann* Europäisches Gesellschaftsrecht, 2004, *Habersack* Europäisches Gesellschaftsrecht, 2. Aufl., 2003, *Lutter* Europäisches Unternehmensrecht, 4. Aufl., 1996, und *Schwarz* Europäisches Gesellschaftsrecht, 2000.

[66] Siehe nur *K. Schmidt* Gesellschaftsrecht, 4. Aufl., 2002, S. 14 ff.

[67] Zu dieser institutionellen Sicht des Kapitalmarktrechts stellvertretend für viele: *St. Heinze* Europäisches Kapitalmarktrecht-Primärrecht, 1999, S. 6 ff. und – bezogen auf die Angleichungsmaßnahmen des Gemeinschaftsrechts – S. 371 ff.; weiterhin im Kontext der Diskussion um das Pflichtangebot nach WpÜG *Kleindiek* ZGR 2002, 546, 558 f.

[68] Diese Unterscheidung wurde in mehreren wegweisenden Monographien grundlegend erarbeitet; siehe aus jüngerer Zeit namentlich *Mülbert* Aktiengesellschaft, Unternehmensgruppe und Kapitalmarkt, 1995, und *Kalss* Anlegerinteressen, 2001.

[69] Grundlegend *Hopt* Kapitalanlegerschutz, 1975, S. 334 ff.; aus jüngerer Zeit, jeweils m.w.N.

nur ein Reflex der objektiv auf das Funktionieren des Kapitalmarktes gerichteten Regelungen; deutlich wird dies an der gesetzgeberischen Entscheidung, den individuellen Rechtsschutz gegen aufsichtsrechtliche Maßnahmen nach dem WpÜG auszuschließen.[70] Dieser institutionelle Gedanke führt dazu, dass der Gesetzgeber beim Schutz von Investoren immer auch Personen im Blick hat, die erst künftig investieren werden oder ihr Kapital zwischen verschiedenen Anlagen regelmäßig umschichten. Handlungsfeld des Investors oder *Anlegers* ist der Markt.[71] Das Gesellschaftsrecht hingegen wird einer Person als Gesellschafter erst gewahr, wenn sie eine mitgliedschaftliche Stellung in der Gesellschaft erlangt hat. Anders als das Kapitalmarktrecht unterstellt das Gesellschaftsrecht auch grundsätzlich ein Interesse des Gesellschafters am Verbleib in der Gesellschaft: Handlungsfeld des *Gesellschafters* ist der Verband. Daraus ergeben sich unterschiedliche konzeptionelle Ansätze, die schlagwortartig in dem Gegensatzpaar *voice* und *exit* zutagetreten.[72] Der Gesellschafter hat zur Durchsetzung seiner Interessen die Möglichkeit, auf die Willensbildung im Verband Einfluss zu nehmen: er erhebt seine Stimme in der Gesellschafterversammlung. Dabei unterstützt ihn das Gesellschaftsrecht. Man denke nur an die Einflussmöglichkeiten, die selbst ein Aktionär mit einer Splitterbeteiligung hat, wenn er der Gesellschaft wegen einer vermeintlich fehlerhaften Beschlussfassung mit der Erhebung einer Anfechtungsklage droht.[73] Für den Anleger ist dies ein viel zu aufwendiges Unterfangen. Wenn er mit dem Lauf der Dinge unzufrieden ist, verlässt er die Gesellschaft – das heißt: er verkauft seinen Anteil. Dabei unterstützt ihn das Kapitalmarktrecht, indem es beispielsweise für umfassende Information über die Entwicklung der Geschäftslage sorgt (Ad-hoc-Publizität). Dies erlaubt es jederzeit, die Vorteilhaftigkeit einer Anlage zu überprüfen und mit anderen Kapitalanlagen zu vergleichen.

Allerdings hat sich das Kapitalmarktrecht noch nicht gänzlich vom Gesellschaftsrecht emanzipiert, und es fragt sich auch, ob das tatsächlich möglich und wünschenswert ist. *Mülbert* hat ausführlich dargelegt, dass der Aktionär schon in

---

Barthel Beschwerde nach WpÜG, 2004, S. 101 ff., und *Merkt* Unternehmenspublizität, 2001, S. 296 ff.

[70] So jedenfalls die wohl noch vorherrschende Interpretation des § 4 Abs. 2 WpÜG, wonach die Bundesanstalt für Finanzdienstleistungsaufsicht ihre Aufgaben und Befugnisse „nur im öffentlichen Interesse" wahrnimmt, was dazu führt, dass Beschwerden einzelner Anleger von den Gerichten bislang nicht angenommen werden. Ausführlich und m.w.N. zur Diskussion *Barthel* Beschwerde nach WpÜG, 2004, S. 96 ff.

[71] *Kleindiek* ZGR 2002, 546, 558.

[72] Ausführlich dazu *Kalss* Anlegerinteressen, 2001, S. 339 ff. Zur Bedeutung dieses Konzepts für die Begriffsbildung „Kapitalmarktrecht" auch *St. Heinze* Europäisches Kapitalmarktrecht-Primärrecht, 1999, S. 3 f.

[73] Dieser Dauerbrenner der aktienrechtlichen Diskussion soll künftig durch ein besonderes Klagezulassungsverfahren entschärft werden (Entwurf eines Gesetzes zur Unternehmensintegrität und Modernisierung des Anfechtungsrechts [UMAG] aus dem Januar 2004; dazu im Überblick *Kuthe* BB 2004, 449 ff.).

der Systematik des Aktiengesetzes nicht nur als Gesellschafter, sondern auch als Anleger angesprochen ist;[74] denn die Aktiengesellschaft ist nach der Konzeption des Aktiengesetzes ein Kapitalsammelbecken.[75] Zu diesem Zweck muss die Rechtsstellung des Aktionärs in einer Weise ausgestaltet sein, die sie auch für außenstehende Investoren attraktiv erscheinen lässt. Diese Intention des Gesetzgebers lässt sich bereits für die grundlegende Aktienrechtsreform des Jahres 1884 nachweisen.[76] Heute allerdings übernimmt das Kapitalmarktrecht bisweilen Funktionen, die zuvor dem Gesellschaftsrecht überlassen waren. Aktuelles Beispiel ist das Pflichtangebot nach dem WpÜG.[77] Es wird zwar institutionell begründet – also mit der Förderung langfristigen Vertrauens in den Kapitalmarkt – und ist ein typisches Beispiel für den Schutz des Anlegers durch Verkaufsmöglichkeit (exit).[78] Es deckt sich aber konzeptionell mit Überlegungen, die im Gesellschaftsrecht weit gediehen, wenngleich nicht gesetzlich verankert waren.[79] Der gemeinsame Grundgedanke liegt darin, dass ein Gesellschafter/Anleger die Gelegenheit zum Austritt/Verkauf erhalten soll, wenn sich in den tatsächlichen Grundlagen seiner ursprünglichen Investitionsentscheidung wesentliche Änderungen ergeben haben.

Ungeachtet dieser Querverbindungen sind Gesellschaftsrecht und Kapitalmarktrecht zwei sich nur teilweise überschneidende Rechtskreise, deren konzeptionelle Eigenständigkeit weithin anerkannt ist und deren Schnittmenge sich zudem eher verringert als vergrößert. Zwar stellt sich im Kapitalmarktrecht gleichfalls die Aufgabe einer Systematisierung des Stoffes im Hinblick auf den europäischen Binnenmarkt.[80] Dabei tauchen auch durchaus dieselben Themen auf wie im Gesellschaftsrecht; genannt seien nur das Regelungsinstrument der Publizität oder die Frage eines Wettbewerbs der Regelgeber. Die Beantwortung dieser Fragen unterliegt jedoch spezifisch kapitalmarktrechtlichen Wertungen und Argumentationsmustern: Publizität auf dem Kapitalmarkt folgt anderen Regeln als handelsrechtliche Publizität;[81] und ein Wettbewerb der Börsen in Europa unterliegt anderen Funktions-

---

74 *Mülbert* Aktiengesellschaft, Unternehmensgruppe und Kapitalmarkt, 1995. Siehe dort insbesondere die Ausführungen auf S. 97 ff.

75 Dazu grundsätzlich *Röhricht* in: GK-Aktiengesetz, 4. Aufl., 1997, § 23, Rn. 167.

76 Der Gesetzgeber verfolgte schon damals das erklärte Ziel, mit der Modernisierung des Aktienrechts die institutionellen Vorkehrungen zu treffen, um die Attraktivität der Aktie zu erhöhen (*Hommelhoff* in: Schubert/Hommelhoff, Hundert Jahre modernes Aktienrecht, 1985, S. 63).

77 Wertpapiererwerbs- und Übernahmegesetz vom 20.12.2001, BGBl. I 2001, 3822.

78 *Kleindiek* ZGR 2002, 546, 560.

79 Dazu ausführlich und m.w.N. *C. Teichmann* AG 2004, 67, 74 ff.

80 Im Überblick *Mülbert* WM 2001, 2085 ff. Monographisch *St. Heinze* Europäisches Kapitalmarktrecht-Primärrecht, 1999, und *Elster* Europäisches Kapitalmarktrecht-Sekundärrecht, 2002.

81 Zur Publizität als Regelungsinstrument im europäischen Kapitalmarkt: *Assmann* AG 1993, 549 ff.; *Elster* Europäisches Kapitalmarktrecht-Sekundärrecht, 2002, S. 323 ff. Umfassend zur handelsrechtlichen und kapitalmarktrechtlichen Publizität *Merkt* Unternehmenspublizität,

bedingungen als ein Wettbewerb der parlamentarischen Gesetzgeber im Gesellschaftsrecht.[82] Das Ziel der Schaffung eines europäischen Finanzmarktes[83] wirft ungeachtet zahlreicher Berührungspunkte systematisch vielfach andere Fragen auf als das Ziel der Herstellung eines binnenmarktkonformen Gesellschaftsrechts. Zudem lässt sich Kapitalmarktrecht nicht sinnvoll betrachten, ohne auch das Börsenorganisationsrecht und das Aufsichtsrecht in den Blick zu nehmen,[84] das wegen seiner öffentlich-rechtlichen Prägung kaum noch Verbindungslinien zum Gesellschaftsrecht aufweist. Eine systematisierende Betrachtung des europäischen Kapitalmarktrechts ist demnach eine eigene Untersuchung wert[85] und muss gerade aus diesen Gründen hier ausgeklammert werden. Die nachfolgenden Überlegungen grundsätzlicher Art konzentrieren sich daher auf das Gesellschaftsrecht und sprechen Wechselwirkungen mit dem Kapitalmarktrecht nur dort an, wo dies zur Erfassung der gesellschaftsrechtlichen Problematik notwendig ist.

II. Aussagen des EG-Vertrags

Die *mitgliedstaatliche* Sichtweise von Gesellschaftsrecht hat die Orientierung an den zu regelnden Interessen von Gesellschaftern, Geschäftsleitern und außenstehenden Dritten, namentlich den Gläubigerin, als gemeinsame Ausgangsbasis ergeben. Zur Vorbereitung der Betrachtung des Gesellschaftsrechts im Kontext des Binnenmarktes sind Begriff und Reichweite des Gesellschaftsrechts nun aus der *gemeinschaftsrechtlichen* Perspektive zu betrachten. Ein erster Anhaltspunkt findet sich in Art. 48 EG-Vertrag, der die natürlichen Personen gewährte Niederlassungsfreiheit auch auf die „Gesellschaften" erstreckt und darunter versteht:

2001, S. 133 ff. (Handelsrecht) und S. 140 ff. (Kapitalmarktrecht); *ders.* konstatiert auf S. 229 ff., dass eine einheitliche Dogmatik der Unternehmenspublizität fehle, und entwickelt S. 296 ff. den gemeinsamen Grundgedanken, dass Publizität ein Korrelat der Marktteilnahme sei. Unter diesem Aspekt bildet das Regelungsinstrument der Publizität auch einen der systematischen Berührungspunkte von Gesellschafts- und Kapitalmarktrecht.

82 *Adolff* Jb.J.ZivRWiss. 2002, S. 61, 72 ff., legt dar, dass ein Wettbewerb zwischen den europäischen Börsen um die Gestaltung der Zulassungsbedingungen anderen Funktionsbedinungen unterliege – und deshalb besser funktionieren könne – als ein Wettbewerb der parlamentarischen Gesetzgeber im Gesellschaftsrecht.

83 Im Ziel, einen „einheitlichen bzw. integrierten europäischen Finanzmarkt" zu schaffen, sieht *Mülbert* WM 2001, 2085, 2086, den wesentlichen Antrieb der finanzmarktbezogenen Maßnahmen und Planungen der EU-Kommission. Dazu auch *Elster* Europäisches Kapitalmarktrecht-Sekundärrecht, 2002, S. 4 ff.

84 *Mülbert* WM 2001, 2085, 2086 f. spricht daher vom „Begriff des europäischen Kapitalmarktrechts im Sinne eines Marktverfassungsrechts".

85 Beispiele dafür sind die Arbeiten von *Elster* Europäisches Kapitalmarktrecht-Sekundärrecht, 2002, und von *St. Heinze* Europäisches Kapitalmarktrecht-Primärrecht, 1999; weiterhin *Mülbert* WM 2001, 2085 ff.

> „die Gesellschaften des bürgerlichen Rechts und des Handelsrechts einschließlich der Genossenschaften und die sonstigen juristischen Personen des öffentlichen und privaten Rechts mit Ausnahme derjenigen, die keinen Erwerbszweck verfolgen".

In Abgrenzung zu Art. 43 EG-Vertrag, der die freie Niederlassung von natürlichen Personen behandelt, liegt der Sinn des Art. 48 EG-Vertrag darin, die Niederlassungsfreiheit auf Personenvereinigungen zu erstrecken.[86] Er setzt damit unausgesprochen das Grundelement des Gesellschaftsrechts voraus, nämlich die Vereinigung mehrerer Personen zur Verfolgung eines gemeinsamen Zwecks. Gemäß dem Selbstverständnis der Europäischen Gemeinschaft als Wirtschaftsgemeinschaft steht dabei nicht die Form der Organisation, sondern die *Erwerbstätigkeit* im Vordergrund.[87] Dieses Merkmal ist weit auszulegen, so dass es alle rechtlich organisierten Einheiten erfasst, die auf Teilnahme am wirtschaftlichen Verkehr angelegt sind.[88] Der EG-vertragliche Begriff der Gesellschaft reicht damit weiter als die meisten einzelstaatlichen Begriffsbildungen.[89] Er geht beispielsweise über das französische Verständnis hinaus, wonach eine Gesellschaft der Erzielung von Gewinnen oder Ersparnissen zugunsten ihrer Mitglieder dienen müsse. Und er unterscheidet sich von der deutschen Typologie dadurch, dass er den Begriff der juristischen Person zum Oberbegriff wählt, was Gesellschaften bürgerlichen Rechts und Personenhandelsgesellschaften nach deutscher Vorstellung nicht sind. Offenkundig ist der Begriff der juristischen Person im Gemeinschaftsrecht aber in einem weiteren Sinne zu verstehen; denn unstreitig fallen auch die Personenhandelsgesellschaften unter die europäische Niederlassungsfreiheit.[90] Diese weite Begriffsbildung des Primärrechts dient erkennbar dazu, alle in den Mitgliedstaaten vorkommenden Rechtsformen zu erfassen.

Die auf Ebene der mitgliedstaatlichen Rechtswissenschaft ermittelte Erkenntnis, dass Gesellschaftsrecht dem Ausgleich von Interessen verschiedener Personengruppen dient, die alle auf das rechtliche Gebilde der Gesellschaft bezogen sind, spiegelt das Gemeinschaftsrecht in Art. 44 Abs. 2 lit. g EG-Vertrag: Zur Verwirklichung der Niederlassungsfreiheit kann der Rat Richtlinien erlassen, um die Schutzbestimmungen zu koordinieren, die in den Mitgliedstaaten den Gesellschaften im Sinne des Art. 48 Abs. 2 im Interesse der Gesellschafter sowie Dritter vorgeschrieben sind.

---

86 „Artikel 48 Absatz 2 erfasst alle Wirtschaftssubjekte, die keine natürlichen Personen sind" (*Troberg/Tietje* in: von der Groeben/Schwarze, EUV/EGV, 2003, Art. 48, Rn. 2). Ebenso *Müller-Huschke* in: Schwarze, EU-Kommentar, 2000, Art. 48, Rn. 2.

87 In diesem Sinne auch *Müller-Graff* in: Streinz (Hrsg.), EUV/EGV, 2003, Art. 48, Rn. 2: keine Deckungsgleichheit mit einzelstaatlichen Definitionen des Gesellschaftsrechts oder der juristischen Person, sondern Erfassung aller einen Erwerbszweck verfolgenden, rechtlich konfigurierten Marktakteure. Hinzu tritt die Verknüpfung mit dem Gebiet der Gemeinschaft (ebda., Rn. 6ff.), der jedoch im hier zu behandelnden Kontext des materiellen Begriffs der Gesellschaft keine Bedeutung zukommt.

88 *Müller-Graff* in: Streinz (Hrsg.), EUV/EGV, 2003, Art. 48, Rn. 3.

89 *Müller-Graff* in: Streinz (Hrsg.), EUV/EGV, 2003, Art. 48, Rn. 2.

90 Auf dieses weite Verständnis von „Rechtsfähigkeit" im Gemeinschaftsrecht macht schon *Goldmann* Europäisches Handelsrecht, 1973, S. 114f. aufmerksam.

Gemeint ist damit insbesondere der Schutz der Gesellschafter, der Gläubiger der Gesellschaft sowie der ihrer Beschäftigten.[91] Die im mitgliedstaatlichen Recht [92] als eigenständige Gruppe erfassten Geschäftsleiter werden in Abhandlungen zu Art. 44 Abs. 2 lit. g EG-Vertrag zumeist nicht eigens erwähnt. Sie sind aber erfasst entweder als Gesellschafter oder als Beschäftigte der Gesellschaft, je nach dem, ob es sich um Eigen- oder Fremdgeschäftsführung handelt.

Im Lichte der primärrechtlichen Begriffsbildung ist es konsequent, dass *Werlauff* den Begriff der „juristischen Person" an den Beginn seines Buches über europäisches Gesellschaftsrecht stellt. Er versteht diesen Begriff zutreffend in einem denkbar weiten Sinne als die rechtliche Verselbständigung einer Organisationseinheit von ihrem Eigentümer in der Weise, dass sie selbst die Fähigkeit besitzt, Verträge abzuschließen und Partei vor Gericht zu sein.[93] Mit dieser möglichst wenig Sachverhalte ausgrenzenden Definition umschreibt er den Kreis der rechtlichen Personenvereinigungen, die Zielgruppe der Niederlassungsfreiheit sind und daher – vermittelt über die Ermächtigungsnorm des Art. 44 Abs. 2 lit g. EG-Vertrag – auch Objekt einer gesellschaftsrechtlichen Regelung auf Ebene des Gemeinschaftsrechts sein können.

Die Orientierung am Begriff der Rechtspersönlichkeit oder juristischen Person (bei *Werlauff*: *legal personality*) verschleiert indessen für den deutschen Gesellschaftsrechtler, der bei juristischen Personen im wesentlichen an Kapitalgesellschaften denkt, die eigentliche Kernaussage: Es geht um die Fähigkeit der Personenvereinigung, im eigenen Namen Träger von Rechten und Pflichten zu sein, Verträge abzuschließen oder andere Rechtshandlungen vorzunehmen und vor Gericht zu handeln. Damit kann eine eigene Rechtspersönlichkeit verbunden sein, dies ist aber nicht zwingend – nach deutschem Recht nicht und auch nach europäischem Sekundärrecht nicht, wie die Verordnung über die Europäische wirtschaftliche Interessenvereinigung (EWIV) zeigt. Denn die EWIV ist zwar vom europäischen Gesetzgeber mit der Fähigkeit ausgestattet worden, Trägerin von Rechten und Pflichten zu sein (Art. 1 Abs. 2 EWIV-Verordnung); den Mitgliedstaaten bleibt es aber überlassen festzulegen, ob sie darüber hinaus Rechtspersönlichkeit besitzt (Art. 1 Abs. 3 EWIV-VO).[94] Im Ergebnis zutreffend sieht daher auch *Werlauff*, dass es dem Gemeinschaftsrecht nicht auf die Rechtsform eines Unternehmens ankommt; es

---

91 *Müller-Graff* in: Streinz (Hrsg.), EUV/EGV, 2003, Art. 44, Rn. 17.

92 Dazu oben S. 12 ff.

93 *Werlauff* EU Company Law, 2003, S. 1.

94 Verordnung (EWG) Nr. 2137/85. Art. 1 Abs. 2: „Die so gegründete Vereinigung hat von der Eintragung nach Artikel 6 an die Fähigkeit, im eigenen Namen Träger von Rechten und Pflichten jeder Art zu sein, Verträge zu schließen oder andere Rechtshandlungen vorzunehmen und vor Gericht zu stehen." Art. 1 Abs. 3: „Die Mitgliedstaaten bestimmen, ob die in ihren Registern gemäß Artikel 6 eingetragenen Vereinigungen Rechtspersönlichkeit haben." Aus deutscher Sicht mag darin ein weiteres Beispiel der jüngst von *Beuthien* beklagten „Verwirrung der Grundbegriffe" (NJW 2005, 855, 856) liegen, aus europäischer Sicht dient es gerade dazu, verschiedene nationale Vorstellungen zusammen zu führen.

richtet sich vielmehr auf *jede erwerbstätige Einheit, die mit eigener rechtlicher Handlungsfähigkeit ausgestattet ist.*[95] In diesem weiten Sinne wird man Gesellschaftsrecht verstehen müssen, wenn man den Einfluss des Gemeinschaftsrechts auf die rechtliche Organisation von Unternehmen untersucht.

III. Ergebnis zu § 1

Der vorangegangene Abschnitt unternahm eine Annäherung an den Begriff des Gesellschaftsrechts sowohl aus der rechtsvergleichend-mitgliedstaatlichen Perspektive als auch aus der Sicht des Gemeinschaftsrechts. Der Vergleich der Rechtslehre Deutschlands und Frankreichs mit derjenigen Englands offenbarte vordergründig eine tiefe Kluft zwischen den streng systematisierenden Rechtsordnungen des Kontinents und dem pragmatischen englischen Ansatz. Bei näherem Hinsehen erweist sich jedoch der interessenbezogene Blick auf das Gesellschaftsrecht als die gemeinsame Basis für einen Dialog der Rechtsordnungen. Gesellschaftsrecht umfasst damit all' diejenigen Rechtsnormen, die dazu bestimmt sind, das spezifisch in einer Personenvereinigung angelegte Beziehungsgeflecht (1) zwischen der Gesellschaft und ihren Gesellschaftern, (2) der Gesellschafter untereinander sowie (3) der Gesellschaft und ihrer Gesellschafter zu außenstehenden Dritten im Sinne eines angemessenen Interessenausgleichs zu regeln. Als an das Gesellschaftsrecht heranzutragende *Fragestellung* kann dies ein gemeineuropäischer Ausgangspunkt sein, wenn auch jede Rechtsordnung im einzelnen unterschiedliche Antworten geben und das Interessengleichgewicht anders festlegen mag. Unterschiedliche Auffassungen bestehen allein hinsichtlich der Frage, ob auch Arbeitnehmerinteressen Gegenstand des Gesellschaftsrechts sein können; ein Konsens darüber dürfte bis auf Weiteres nicht erreichbar sein.[96] Nicht ohne Grund denkt man daher in Deutschland darüber nach, für die Arbeitnehmervertretung funktional äquivalente Mechamismen außerhalb des Gesellschaftsrechts zu finden.[97]

Das Gemeinschaftsrecht greift den Charakter der Gesellschaft als Personenvereinigung auf, indem es die Niederlassungsfreiheit natürlicher Personen um diejenige der Gesellschaften ergänzt. Schon der Umkehrschluss zur Niederlassungsfreiheit der natürlichen Personen ergibt, dass die Personenmehrheiten und die rechtlich verselbständigten Rechtspersonen mit dem Begriff der Gesellschaft gemeint sein müssen; die Aufzählung des Art. 48 Abs. 2 EG-Vertrag bestätigt diesen Befund. Gemäß dem Charakter der Gemeinschaft als Wirtschaftsgemeinschaft zielt die Niederlassungsfreiheit der Gesellschaften auf alle Personenvereinigungen, die als solche die

---

[95] *Werlauff* EU Company Law, 2003, S. 200.

[96] Die Entstehungsgeschichte des Statuts einer Europäischen Aktiengesellschaft (SE) legt davon beredt Zeugnis ab; monographisch *Mävers* Mitbestimmung in der Europäischen Aktiengesellschaft, 2002.

[97] Vgl. die Beiträge von *Kirchner*, *Säcker*, *Schwalbach*, *Schwark*, *von Werder* und *Windbichler* in AG 2004, 166 ff., die in das Modell eines Konsultationsrates münden.

Fähigkeit zum Erwerb von Rechten und Pflichten besitzen und einen Erwerbszweck verfolgen. Dass damit nicht zwingend eine Rechtsfähigkeit im Sinne des deutschen Rechts verbunden sein muss, belegt die Nennung der Gesellschaft bürgerlichen Rechts in Art. 48 Abs. 2 EG-Vertrag ebenso wie die Regelung in Art. 1 Abs. 3 EWIV-Verordnung.

Inhaltlich gehören bei diesem Verständnis zum Gesellschaftsrecht: *erstens* die Rechtsfragen, welche die Handlungsfähigkeit der Vereinigung im Rechtsverkehr betreffen. Dies sind die Vorschriften über die Gründung und die Rechtsfähigkeit der Vereinigung. Notwendig, aber auch ausreichend ist insoweit die Fähigkeit, als Vereinigung im eigenen Namen Träger von Rechten und Pflichten zu sein, Verträge zu schließen und andere Rechtshandlungen vorzunehmen sowie vor Gericht zu handeln. Die Zuweisung einer eigenen Rechtspersönlichkeit ist damit zwar regelmäßig, nicht aber zwingend verbunden. Eine Frage des Gesellschaftsrechts sind *zweitens* die Rechtsbeziehungen im Dreiecksverhältnis der Mitglieder der Vereinigung, der Vereinigung selbst und der geschäftsleitenden Personen. Diese Rechtsbeziehungen stehen in der mitgliedstaatlichen Wissenschaft zum Gesellschaftsrecht im Mittelpunkt der Betrachtung und sind auf Ebene des Gemeinschaftsrechts in der Rechtsangleichungsnorm des Art. 44 Abs. 2 lit. g EG-Vertrag angesprochen. Gegenstand des Gesellschaftsrechts sind *drittens* die Außenbeziehungen, soweit sie in Abgrenzung zu den erwerbstätigen natürlichen Personen besondere Probleme aufwerfen. Ein spezifisches Regelungsbedürfnis resultiert hier typischerweise aus der auf das Vermögen der Gesellschaft beschränkten Haftung bei den Kapitalgesellschaften.[98]

---

[98] Dazu umfassend im Abschnitt über den Gläubigerschutz auf S. 449 ff.

§ 2 Binnenmarkt

Die Rolle des Gesellschaftsrechts im europäischen Binnenmarkt lässt sich nicht erfassen, ohne den institutionellen Rahmen in den Blick zu nehmen, den der EG-Vertrag setzt. Ebenso wie viele andere Rechtsmaterien steht das Gesellschaftsrecht unter dem Einfluss der Integrationsmechanismen des Gemeinschaftsrechts. Gesellschaftsrechtliche Vorschriften müssen sich am Maßstab der Niederlassungsfreiheit messen lassen, unterliegen dem Einfluss der Rechtsangleichung oder gewinnen gar neue Gestalt in supranationalen Rechtsformen des Gemeinschaftsrechts. Diese gemeinschaftsrechtlichen Instrumentarien sind ausgerichtet auf das Ziel des „Gemeinsamen Marktes" und des „Binnenmarktes". Die Grundfreiheitenrechtsprechung dient ebenso der Verwirklichung des Binnenmarktes wie die Rechtsangleichung oder die Kreation supranationaler Rechtsformen. Hier jedoch beginnen die Unsicherheiten. Folgt aus der Idee des Binnenmarktes wirklich als legitimes Handeln die Gründung einer Scheinauslandsgesellschaft zur Umgehung mitgliedstaatlicher Schutznormen? Welchen Zweck haben dann noch Rechtsangleichung und supranationale Rechtsformen? – die zumindest auf den ersten Blick doch viel eher als binnenmarktkonforme Handlungsmöglichkeiten erscheinen, als die Gründung einer Briefkastengesellschaft in Wales, La Valletta oder Riga, allein zu dem Zweck, in Castrop-Rauxel Schuhe zu verkaufen.

Auf diese fundamentalen Fragen lässt sich mit dem Instrumentarium des Gesellschaftsrechts keine Antwort finden. Wenn der Dreh- und Angelpunkt des auf das Gesellschaftsrecht einwirkenden Gemeinschaftsrechts der Begriff des Binnenmarktes ist, folgt die künftige Gestalt des Gesellschaftsrechts notwendigerweise auch dem Gehalt, den man diesem Begriff beimisst. Es ist eines der großen Versäumnisse dieser Rechtsdisziplin, dass sie sich an der Diskussion darüber, wo der Integrationsprozess hinführen soll, wie man sich den idealen Binnenmarkt vorzustellen habe, nicht hinreichend beteiligt hat. Allein die Bewahrung historisch gewachsener innerer Zusammenhänge des Gesellschaftsrechts durfte kein Grund sein, die Orientierung aller in der Gemeinschaft verbundenen Einzelstaaten am Binnenmarktziel zu ignorieren. Der Imperativ des Binnenmarktes hat Vorrang und ist als solcher von allen Mitgliedstaaten vertraglich konsentiert. Die Mitgliedstaaten sind gehalten, bei der Entstehung einer binnenmarktkonformen Rechtsordnung konstruktiv mitzuwirken und nicht die Mitarbeit zu verweigern – wie das deutsche Recht dies faktisch tat, solange es in Anwendung der Sitztheorie deutscher Prägung einwandernden Gesellschaften kurzerhand die rechtliche Existenz absprach. Der hierzu getroffenen Grundaussage des Europäischen Gerichtshofs ist zuzustimmen:[1] Das Schutzziel mag legitim sein; bei der Wahl der Mittel sollte sich aber in einer Gemeinschaft, die sich der Herstellung binnenmarktähnlicher Verhältnisse verschrieben hat, eine mildere Variante finden lassen.

---

[1] Näher zur Überseering-Entscheidung des Gerichtshofs unten ab S. 89 ff.

Ein Ziel gemeinsam anzustreben, setzt indessen Einigkeit über eben dieses Ziel voraus. Das Gespräch über das Gesellschaftsrecht im Binnenmarkt ist daher immer auch ein Gespräch über den Binnenmarkt selbst. Hier besteht offenkundiger Nachholbedarf im Dialog der Rechtsdisziplinen. Anders ist es kaum zu erklären, dass die rigide Sanktion der Sitztheorie viele Jahrzehnte lang deutschen Rechtswissenschaftlern und Gerichten in ihrer überwiegenden Mehrheit binnenmarktkonform erschien, dem Gremium höchster europäischer Richter jedoch nicht zu vermitteln war. Widersprüchlich erscheint es aber auch, wenn die Europäische Kommission in den ersten Jahrzehnten nach Gründung der Europäischen Wirtschaftsgemeinschaft ein ehrgeiziges Programm der materiellen Rechtsangleichung oder gar -vereinheitlichung im Gesellschaftsrecht verfolgt, die Generalanwälte im Zuge der jüngsten Verfahren zur Niederlassungsfreiheit von Gesellschaften aber gerade die Vielfalt, den Wettbewerb der Rechtssysteme zum eigentlichen Leitbild des Gemeinsamen Marktes erklären.[2]

Es besteht also hinreichend Anlass, sich bei Meinungsverschiedenheiten über die Ausgestaltung des Gesellschaftsrechts der Grundlagen zu vergewissern, auf denen diese Diskussion im gemeinschaftlichen Wirtschaftsraum stehen muss. Schon der Wortlaut des Binnenmarkt-Begriffes, der das Wort „Markt" enthält, legt es nahe, *unter I.* nach den ökonomischen Vorstellungen zu fragen, aus denen sich die Idee einer Europäischen Wirtschaftsgemeinschaft speist. Als Mittel der europäischen Integration sind die Vertragsziele „Gemeinsamer Markt" und „Binnenmarkt" aber auch Ausdruck einer bestimmten integrationspolitischen Konzeption, wie *unter II.* näher darzulegen sein wird. Ihre spezifisch juristische Bedeutung erhalten sie durch den *unter III.* behandelten Normkontext im EG-Vertrag.

I. Ökonomische Grundlagen der europäischen Integration

Mit den Begriffen des Gemeinsamen Marktes und des Binnenmarktes verwendet der Vertrag Termini, die der Ökonomie entlehnt sind. Sie werden im Gefüge des EG-Vertrages zwar zu Rechtsbegriffen; über ihren Gehalt lässt sich aber nur dann fundiert sprechen, wenn das ökonomische Vorverständnis bekannt ist, auf Basis dessen sie in den Vertrag aufgenommen wurden. Im Folgenden sollen daher *unter 1.* die allgemein zu erwartenden Vorteile einer wirtschaftlichen Integration aus ökono-

---

[2] Vgl. GA *La Pergola*, EuGH, Rs. C-212/97, *Centros*, Slg. 1999, I-1459, S. I-1479 und GA *Alber* in *Inspire Art*, Slg. 2003, I-10155, I-10190 (Rn. 138 f.) = NZG 2003, 261, 273. Zwar stellt Generalanwalt *La Pergola* dies unter den Vorbehalt, dass der Systemwettbewerb nur gelte, solange eine Harmonisierung fehle. Aber selbst mit dieser Einschränkung bleibt die Aussage über den Wettbewerb der Rechtssysteme als Leitidee des Binnenmarktes eine bemerkenswerte These. Denn im Bereich der Warenverkehrsfreiheit, an deren Dogmatik sich der EuGH in den Entscheidungen zur Niederlassungsfreiheit anlehnt, gilt ein Wettbewerb der Rechtssysteme keineswegs als selbstverständlich (in dieser Hinsicht gegen einen Regulierungswettbewerb *Müller-Graff* in: von der Groeben/Schwarze (Hrsg.), EGV, 2003, Art. 28, Rn. 321).

mischer Sicht analysiert und *unter 2.* die Stufen der Integration dargestellt werden, denen nicht nur die ökonomische Theorie, sondern auch die Europäische Gemeinschaft in ihrer historischen Entwicklung weitgehend folgt; *unter 3.* werden die Ausführungen zu einem Zwischenergebnis zusammengefasst.

Dabei ist ein Vorbehalt gleich zu Beginn anzusprechen: Der Gemeinsame Markt dient nicht allein der allgemeinen Wohlfahrtssteigerung, sondern auch den übrigen in Art. 2 EG-Vertrag genannten Zielen, also beispielsweise einem hohen Maß an sozialem Schutz und der Verbesserung der Lebensqualität. Das Gemeinschaftsrecht lässt sich daher ebensowenig wie jede andere Rechtsordnung allein als Instrument zur Herstellung wirtschaftlicher Effizienz begreifen. Ungeachtet dessen ist das Ziel der Schaffung eines gemeinsamen Wirtschaftsraums Anlass genug, im Diskurs über die geeigneten Mittel zur Zielerreichung – wozu letztlich auch Vorschriften des Gesellschaftsrechts oder anderer Rechtsgebiete gehören – hin und wieder das um juristisch-normative Interessenkonflikte bereinigte Modell der Wirtschaftswissenschaften in Erinnerung zu rufen. Die ökonomische Betrachtung trägt dabei nicht nur zur Aufhellung der Zielperspektive bei, sondern liefert auch Informationen darüber, welche wirtschaftlichen Vor- und Nachteile bei der Erwägung einer rechtlichen Gestaltungsmaßnahme einzukalkulieren sind.[3]

1. Wohlfahrtsgewinne durch wirtschaftliche Integration

Die klassische ökonomische Theorie verbindet mit der Herstellung eines größeren Wirtschaftsraums die folgenden ökonomischen Vorteile: Ausnutzung von Kostenvorteilen durch grenzüberschreitende Arbeitsteilung (*unter a*), Nutzung von Größenvorteilen (*unter b*) und Intensivierung des Wettbewerbs (*unter c*).

a) Kostenvorteile durch grenzüberschreitende Arbeitsteilung

Im merkantilistischen Zeitalter des siebzehnten und achtzehnten Jahrhunderts ging man davon aus, dass nationale Wohlfahrtssteigerung im Außenhandel nur durch eine aktive Handelsbilanz erreichbar sei. Es musste also der Zustrom von Gütern aus dem Ausland gebremst, der eigene Export hingegen angekurbelt werden. Dahinter stand, wie *Schumann* treffend bemerkt, die Vorstellung: „Ein Land kann stets nur auf Kosten anderer Länder aus dem Außenhandel gewinnen."[4] Die moderne auf *Adam Smith*[5] zurückgehende Auffassung beruht ganz entgegengesetzt auf der

---

[3] In diesem Sinne *Fitchew* in: Buxbaum/Hertig/Hirsch/Hopt (Hrsg.), European Business Law, 1991, S. 2, über die Bedeutung ökonomischer Theorien für die Entscheidungsfindung der Europäischen Kommission. Zur methodischen Berechtigung einer ökonomischen Analyse in dieser Frage überzeugend auch *Kainer* Unternehmensübernahmen im Binnenmarktrecht, 2004, S. 124 ff.

[4] *Schumann* Außenhandel III: Wohlfahrtseffekte, HdWW Bd. 1, 1977, S. 404.

[5] *Adam Smith*, An inquiry into the Nature and Causes of the Wealth of Nations, London, 1776.

These, dass durch einen regen Außenhandel alle beteiligten Länder gewinnen. Eine wichtige Triebfeder der allgemein erreichbaren Wohlfahrtssteigerung ist die internationale Arbeitsteilung. Wird durch Freihandel der Austausch von Gütern erleichtert, kann jedes Gut dort produziert werden, wo die Kosten seiner Erzeugung am niedrigsten sind.[6] In dem Land, das ein Gut bislang zu höheren Kosten produzierte als andere Länder, werden Produktionsfaktoren frei, die zur Produktion anderer Güter eingesetzt werden können, namentlich solcher, bei denen das betreffende Land seinerseits einen Kostenvorteil vorzuweisen hat.

Damit ergibt sich in der Summe eine Wohlfahrtssteigerung für alle Beteiligten. Dies gilt selbst dann, wenn ein Land bei mehreren betrachteten Gütern jeweils die absolut höchsten Produktionskosten im Vergleich zu anderen hat. Denn der Außenhandel erlaubt auch die Nutzung komparativer Kostenvorteile. Das klassische Beispiel der Produktion von Wein und Tuch in Portugal und England macht dies deutlich.[7] Selbst wenn Portugal Tuch *und* Wein billiger produzieren kann als England, ist es für Portugal sinnvoll, Tuch aus England zu importieren und Wein dorthin zu exportieren; denn es erhält für seinen Wein in England mehr Tuch als bei einem Austausch derselben Produkte innerhalb Portugals. England wiederum kann sich von der unrentablen Weinproduktion abwenden und voll und ganz der Herstellung von Tuch widmen, so dass sich auch dort Kostenvorteile ergeben.[8]

Solange ein Handel über die Grenzen nicht möglich ist, können die absoluten oder komparativen Kostenvorteile nicht genutzt werden; jedes Land produziert weiterhin zu unnötig hohen Kosten und stellt damit im Ergebnis weniger Güter her als bei freiem Außenhandel möglich wäre. Zwar ist der Außenhandel in der Realität nur selten völlig ausgeschlossen, wohl aber ist er häufig mit Zöllen belastet. Dadurch werden die absoluten oder komparativen Kostenvorteile ganz oder teilweise abgeschöpft und der zwischenstaatliche Handel geht zurück oder kommt ganz zum

---

6 *Brasche* Europäische Integration, 2003, S. 62 ff.; *Krugman* in: Jacquemin/Sapir (Hrsg.), European Internal Market, 1989, S. 358 f.; *Molle* Economics of European Integration, 1990, S. 15; *Schumann* Außenhandel III: Wohlfahrtseffekte, HdWW Bd. 1, 1977, S. 404.

7 Das Beispiel geht auf *Ricardo* (Principles of Political Economy and Taxation, London, 1817) zurück; dazu näher *Schumann* Außenhandel III: Wohlfahrtseffekte, HdWW Bd. 1, 1977, S. 404 f.; vgl. auch das ähnliche Beispiel bei *Brasche* Europäische Integration, 2003, S. 62 f.

8 Das Beispiel bedeutet näher ausgeführt Folgendes (*Schumann* Außenhandel III: Wohlfahrtseffekte, HdWW Bd. 1, 1977, S. 405): Angenommen Portugal investiert 0,9 Einheiten Arbeitszeit in die Produktion einer Einheit Tuch und 0,8 in die Produktion einer Einheit Wein. England hingegen muss 1 Arbeitseinheit in die Produktion einer Einheit Tuch und 1,2 Arbeitseinheiten in die Produktion einer Einheit Wein investieren. Wenn anschließend *innerstaatlich* Wein gegen Tuch getauscht wird, erhält man für 1 Einheit Wein in England Tuch im Wert von 1,2 Arbeitseinheiten; in Portugal erhält man für 1 Einheit Wein hingegen nicht einmal eine ganze Einheit Tuch, weil die Produktion von Tuch teurer war als diejenige von Wein. Wenn Außenhandel möglich ist, lohnt es sich also für Portugal, seinen Wein nach England zu exportieren; denn es kann dort das Tuch günstiger erwerben als bei eigener Produktion. Umgekehrt lohnt sich für England der Export von Tuch, weil es dafür in Portugal mehr Wein bekommt als beim Tausch mit inländischer Produktion.

Erliegen. Die Schaffung einer Zollunion, also die Beseitigung der Zölle zwischen den an der Zollunion beteiligten Staaten, belebt den Handel zwischen diesen Staaten, weil die Kostenvorteile nun ausgenutzt werden können (handelsschaffender Effekt).[9] Allerdings ist mit einer Zollunion zumeist ein gemeinsamer Außenzoll gegenüber Drittstaaten verbunden. Der zwischenstaatlich wachsende Handel beruht also zumindest teilweise auf einer Verlagerung von Handelsvolumina, die zuvor von Drittstaaten eingeführt wurden; deren Produkte sind nun aber nicht mehr konkurrenzfähig, weil sie im Gegensatz zu denjenigen aus den Zollunionsstaaten weiterhin mit Zöllen belastet werden (handelsablenkender Effekt).[10] Daher hängt die wirtschaftliche Wohlfahrtssteigerung innnerhalb der Zollunion davon ab, dass die Außenzölle einen bestimmten Optimalwert nicht überschreiten. Andernfalls ist sogar ein Wohlfahrtsverlust für einzelne Mitglieder der Zollunion denkbar, die nun wegen der hohen Außenzölle auf Güter innerhalb der Zollunion ausweichen müssen, die sie vorher günstiger von Drittstaaten erwerben konnten.[11] Der Erfolg einer Zollunion im Sinne einer allgemeinen Wohlfahrtssteigerung ist damit kein Automatismus, sondern wesentlich von einer sinnvollen Gestaltung der Außenzölle abhängig.

b) Ausnutzung von Größenvorteilen

Die soeben erläuterte Berechnung der Wohlfahrtseffekte durch Ausnutzung komparativer Kostenvorteile geht vom status qou ante aus und legt die vor der Intensivierung des Außenhandels bestehehende Kostenstruktur zugrunde. Darüber hinaus sind aber auch dynamische Effekte zu erwarten, die zu weiterer Wohlfahrtssteigerung führen können. Dazu gehört die Erzielung steigender Skalenerträge (*economies of scale*) bei Massenproduktion.[12] Produzenten, die einen Kostenvorteil bei der Produktion bestimmter Güter besitzen, können diese Güter auf einem größeren

---

9 Zum handelsschaffenden Effekt („*trade creation*") der Zollunion *Balassa* Theory of Economic Integration, 1961, S. 25ff. und *Siebert* Zölle IV: Zollunionen und Präferenzzonen, HdWW, Bd. 9, 1982, S. 668.

10 Zum handelsablenkenden Effekt („*trade diversion*") *Balassa* Theory of Economic Integration, 1961, S. 25ff., *Nicolaysen* Europarecht II, 1996, S. 27, und *Siebert* Zölle IV: Zollunionen und Präferenzzonen, HdWW, Bd. 9, 1982, S. 668.

11 *Siebert* Zölle IV: Zollunionen und Präferenzzonen, HdWW, Bd. 9, 1982, S. 673.

12 *Balassa* Theory of Economic Integration, 1961, S. 120 ff.; *Molle* Economics of European Integration, 1990, S. 15; *Nicolaysen* Europarecht II, 1996, S. 26ff.; *Pelkmans* in: Integration Through Law, Vol. 1, Book 1, 1986, S. 318, 319. Als weitere dynamische Effekte neben den steigenden Skalenerträgen nennt *Siebert* Zölle IV: Zollunionen und Präferenzzonen, HdWW, Bd. 9, 1982, S. 673, größere Wettbewerbsintensität und Wachstumsimpulse. Zur Auswirkung größerer Produktionsmengen auf die Skalenerträge: *Lenel* Konzentration, HdWW, Bd. 4, 1978, S. 546ff., *Linde* Produktion II: Produktionsfunktionen, HdWW, Bd. 6, 1981, S. 282, *Scheper* Produktion I: Produktionstheorie, HdWW, Bd. 6, 1981, S. 269f. Zu neuen Ansätzen, welche die Bedeutung steigender Skalenerträge relativieren *Schweinberger* in: Henssler/Kolbeck/Moritz/Rehm (Hrsg.), Europäische Integration, 1993, S. 19, 30ff.

Markt absetzen und produzieren dazu größere Mengen. Die Produktionskosten pro Wareneinheit können dadurch häufig gesenkt werden; denn einige Ressourcen werden bei erhöhter Produktion intensiver genutzt, ihr Verbrauch muss also nicht in demselben Maße steigen wie die Produktionsmenge. Dies kann Produktionsfaktoren betreffen, die zuvor nicht effizient genutzt waren, beispielsweise eine Produktionshalle, in der noch Raum für weitere Maschinen war. Größere Betriebseinheiten erlauben darüber hinaus eine intensivere Arbeitsteilung unter den Beschäftigten. Die Arbeitnehmer können sich wegen des größeren Arbeitsanfalls stärker auf das konzentrieren, was sie am besten können, während sie in kleineren Einheiten zusätzlich Tätigkeiten übernehmen müssen, die ihnen nicht so gut liegen.[13] Zwar gibt es auch Situationen, in denen bei steigender Produktionsmenge die Skalenerträge sinken;[14] der freigegebene Außenhandel ermöglicht aber immerhin, steigende Skalenerträge dort, wo sie auf Grund der spezifischen Produktionsbedingungen möglich sind, auch zu nutzen.

Die bisherige Entwicklung in der Europäischen Gemeinschaft legt sogar den Schluss nahe, dass steigende Skalenerträge der Hauptgrund für die gestiegenen Handelsvolumina sind.[15] Zu beobachten war nämlich in den ersten Jahren nach Gründung der EWG ein reger Handel mit Waren, die ebenso günstig im Einfuhrland produziert werden konnten und tatsächlich auch produziert wurden. Die Produktion bestimmter industriell hergestellter Waren konzentrierte sich also nicht in dem Maße auf einen oder wenige Staaten, wie es nach der Lehre von den komparativen Kostenvorteilen zu erwarten gewesen wäre. Statt dessen finden sich in mehreren Mitgliedstaaten Produzenten vergleichbarer Güter; sie alle profitieren von den steigenden Skalenerträgen, die ihnen der insgesamt größere Absatzmarkt eröffnet. Der Grund für diese Entwicklung mag teilweise darin liegen, dass die Gründungsstaaten der EWG einen weithin vergleichbaren wirtschaftlichen Entwicklungsstand erreicht hatten. Zwischen Staaten, deren wirtschaftlicher Entwicklungsstand stärker voneinander abweicht, dürfte hingegen der Effekt der Produktionsverlagerung und Faktormobilität größer sein.[16]

---

[13] *Linde* Produktion II: Produktionsfunktionen, HdWW, Bd. 6, 1981, S. 282.

[14] Vgl. *Scheper* Produktion I: Produktionstheorie, HdWW, Bd. 6, 1981, S. 269 f.; weiterhin *Lenel* Konzentration, HdWW, Bd. 4, 1978, S. 547 (bei schwankender Nachfrage sind größere Produktionseinheiten teurer, weil sie bei fehlender Auslastung besonders kostenträchtig sind) und *Linde* Produktion II: Produktionsfunktionen, HdWW, Bd. 6, 1981, 282 (größere Arbeitseinheiten verursachen größeren organisatorischen Aufwand).

[15] *Krugman* in: Jacquemin/Sapir (Hrsg.), European Internal Market, 1989, S. 359.

[16] *Krugman* in: Jacquemin/Sapir (Hrsg.), European Internal Market, 1989, S. 364, bezieht dies auf die Süderweiterung der Gemeinschaft; für die Osterweiterung gilt dieser Gedankengang aber wohl ebenso.

c) Intensivierung des Wettbewerbs

Ein weiterer dynamischer Effekt der Wohlfahrtssteigerung ergibt sich aus der Intensivierung des Wettbewerbs. Unternehmen, die bislang nur auf dem nationalen Markt tätig waren, können nun auf den gesamten Wirtschaftsraum ausgreifen und damit in den Wettbewerb zu den ausländischen Produzenten vergleichbarer Waren eintreten.[17] Ein unwirtschaftlich arbeitender Produzent muss sich im größeren Wirtschaftsraum nicht mehr nur der wenigen nationalen Konkurrenten erwehren, sondern sieht sich auch dem Konkurrenzdruck ausländischer Anbieter ausgesetzt. Der Wettbewerb als Entdeckungsverfahren kann insoweit wesentlich besser funktionieren; denn mit der räumlichen Ausdehnung des Marktes steigt die Wahrscheinlichkeit, dass sich Anbieter finden, die aus der ineffizienten Arbeitsweise der etablierten Unternehmen Nutzen ziehen und selbst kostengünstiger anbieten. Der Wettbewerb kann damit sowohl in seiner Steuerungsfunktion, also der Lenkung von Angebot und Nachfrage, als auch in seiner Antriebsfunktion als Impuls für technischen Fortschritt und kostensparende Arbeitsweise wesentlich effizienter wirken.[18]

d) Wettbewerb der Regelgeber?

Als weitere ökonomisch formulierte Leitidee des Binnenmarktes wird, aktualisiert durch die Rechtsprechung des Europäischen Gerichtshofs zur Niederlassungsfreiheit von Gesellschaften, der Wettbewerb der Rechtsordnungen diskutiert.[19] Die vom *Verfasser* ausgewertete ökonomische Literatur zur europäischen Integration[20] bietet allerdings keine Anhaltspunkte dafür, dass dieser Aspekt bei der Konzipierung der Europäischen Gemeinschaft eine nennenswerte Rolle gespielt hätte. Ganz im Gegenteil: Der Beirat beim Bundesministerium für Wirtschaft unterstellt 1953 in einem bei *Mestmäcker* zitierten Gutachten,[21] dass zu einem europäischen Binnenmarkt weitgehend einheitliche Rechtsnormen gehören. Die wirtschaftsrechtliche Literatur ging nach Gründung der EWG ohnehin ganz selbstverständlich von der Annahme aus, dass wirtschaftliche und rechtliche Integration Hand in Hand gehen müssten. So äußert *Goldmann* im Jahre 1973 die Erwartung, die rechtliche Integration werde sich nicht auf die Schaffung eines gemeinsamen Rechts für den zwi-

---

17 *Brasche* Europäische Integration, 2003, S. 45 ff.; *Kainer* Unternehmensübernahmen im Binnenmarktrecht, 2004, S. 133 f. *Molle* Economics of European Integration, 1990, S. 15; *Nicolaysen* Europarecht II, 1996, S. 26 ff.; *Pelkmans* in: Integration Through Law, Vol. 1, Book 1, 1986, S. 318, 319.

18 *Siebert* Zölle IV: Zollunionen und Präferenzzonen, HdWW, Bd. 9, 1982, S. 673.

19 Zur diese Diskussion verstärkenden Rechtsprechung des EuGH siehe den Abschnitt über die Niederlassungsfreiheit (S. 73 ff.); ausführlich zum Wettbewerb der Rechtsordnungen als einer möglichen Leitidee des Binnenmarktes unten S. 330 ff.

20 Vgl. die Zitate zu den vorangegangenen Abschnitten.

21 *Mestmäcker* in: Wirtschaft und Verfassung der Europäischen Union, 2003, S. 288, 289.

schenstaatlichen Handel beschränken; sie müsse bis zur Vereinheitlichung gehen oder doch bis zur Angleichung der auf alle Austauschbeziehungen anwendbaren Vorschriften.[22] Soweit Skepsis gegenüber einer allzu weit gehenden Rechtsangleichung oder gar -vereinheitlichung geäußert wurde, beruht sie vor allem auf der Einsicht, dass jede derartige Maßnahme in gewachsene rechtliche Strukturen der Mitgliedstaaten eingreift und deshalb der Rechtfertigung bedarf.[23] Ein positives Konzept der Effizienzsteigerung durch rechtliche Unterschiedlichkeit war damit, soweit ersichtlich, nicht verbunden. Die Europäische Kommission beruft sich zwar bisweilen auf das Konzept des Wettbewerbs der Regelgeber, um damit ihre als „Mindestharmonisierung" gekennzeichnete Zurückhaltung bei Maßnahmen der Rechtsangleichung zu rechtfertigen;[24] dass dahinter ein schlüssiges Gesamtkonzept der Verteilung von Regelungskompetenzen liegt, darf allerdings bezweifelt werden.[25] Aus nationalökonomischer Sicht ist wohl auch anzunehmen, dass die größten Wohlfahrtsgewinne bereits den zuvor genannten Effekten der internationalen Arbeitsteilung, der Ausnutzung von Größenvorteilen und der Intensivierung des Wettbewerbs zu verdanken sind. Die entscheidenden ökonomischen Wachstumspotentiale werden erzielt durch einen freien, nicht-diskriminierenden Warenhandel und die Allokationsfreiheit der Produktionsfaktoren; die durch einen Wettbewerb der Regelgeber erzielbare zusätzliche Steigerung dürfte minimal sein.[26]

Anlass für die Diskussion ist die US-amerikanische Erfahrung eines Wettbewerbs der Bundesstaaten um das attraktivste Gesellschaftsrecht. Dort sind verschiedene Bundesstaaten bestrebt, Gesellschaften zur Inkorporierung in ihrem Territorium zu veranlassen. Dass dieser Wettbewerb verhaltenssteuernde Wirkung hat,

---

[22] *Goldmann* Europäisches Handelsrecht, 1973, S. 9. *Lutter* Rechtsangleichung, 1968, S. 5, nennt es eine „oft entwickelte Ansicht", dass eine sehr weitgehende Angleichung oder gar Vereinheitlichung der nationalen Handels- und Gesellschaftsrechte für die politische Integration Europas erforderlich sei.

[23] In diesem Sinne *Lutter* Rechtsangleichung, 1968, S. 10f.

[24] So *Fitchew*, seinerzeit Generaldirektor bei der Kommission, in: Buxbaum/Hertig/Hirsch/Hopt (Hrsg.), European Business Law, 1991, S. 18. Umfassend zum Konzept der Mindestharmonisierung *Conrad* Mindestharmonisierung, 2004, insb. S. 79ff.

[25] Kritisch gegenüber der in Fn. 24 zitierten Aussage von *Fitchew* daher *Hopt*, in: Buxbaum/Hertig/Hirsch/ Hopt (Hrsg.), European Business Law, 1991, S. 30, mit dem Einwand, der Begriff „Mindestharmonisierung" sei als Bezeichnung eines Regelungskonzepts kaum aussagekräftig.

[26] So die Einschätzung von *Kitch* in: Buxbaum/Hertig/Hirsch/ Hopt (Hrsg.), European Business Law, 1991, S. 36ff. Eine Untersuchung der gesamtwirtschaftlichen Effekte des bis 1992 verwirklichten Binnenmarktprogramms deutet darauf hin, dass ein alles andere überragender Wohlfahrtsimpuls von der Eröffnung des Freihandels ausgeht. Denn es konnte weder unter dem Aspekt der internationalen Spezialisierung, noch hinsichtlich einer Zunahme der Handelsströme ein positiver Effekt des Binnenmarktprogramms nachgewiesen werden (vgl. die bei *Brasche* Europäische Integration, 2003, S. 71ff. besprochenen Studien). Eine denkbare Erklärung dieses Befundes liegt darin, dass bereits der vorher existierende Freihandel die wohlfahrtssteigernden Potentiale innerhalb der Gemeinschaft weitgehend ausgeschöpft hatte.

indem er die gesetzgebenden Körperschaften einzelner, an Inkorporationen besonders interessierter Bundesstaaten dazu veranlasst, die Attraktivität ihres Gesellschaftsrechts ständig zu überprüfen, dürfte außer Frage stehen.[27] Der Nachweis, dass dies auf den gesamten Binnenmarkt gesehen wohlfahrtssteigernde Wirkung habe, steht allerdings, soweit ersichtlich, noch aus.[28] Ohnehin sind nationaler und zentraler Gesetzgeber auch ohne einen spezifisch institutionalisierten Wettbewerb der Regelgeber schon auf Grund des allgemeinen Drucks, den der funktionierende Freihandel und der internationale Wettbewerb ausüben, zu einem gewissen Grade stets darum bemüht, ihre Rechtsordnungen den wirtschaftlichen Notwendigkeiten anzupassen.[29] Beispiele dafür gibt es auch in der Europäischen Gemeinschaft genug.[30] Selbst wenn damit die Erwartung gedämpft werden muss, der Wettbewerb der Regelgeber werde eine spürbare Wohlfahrtssteigerung bewirken, bleibt es ein im Grundsatz legitimer Versuch, diesen Wettbewerb auch für den Binnenmarkt als Entdeckungsverfahren bei der Suche nach optimalen gesellschaftsrechtlichen Regeln zu nutzen.[31]

2. Stufen der wirtschaftlichen Integration

Der Übergang von nationalstaatlich abgesonderten Volkswirtschaften zur vollständigen wirtschaftlichen Integration vollzieht sich in mehreren Stufen. Die Ökonomie unterscheidet idealtypisch folgende Entwicklungsstufen: die Freihandelszone mit Zollunion (*unter a*), den Gemeinsamen Markt (*unter b*), die Wirtschafts- und Währungsunion (*unter c*) und schließlich die vollständige wirtschaftliche Integration (*unter d*).[32]

Die Aussagekraft dieser etablierten Einteilung wird allerdings in der ökonomischen Literatur angezweifelt, weil sie den Eindruck eines sich von Beginn an zielgerichtet selbst steuernden Prozesses erweckt und dabei den bedeutenden Einfluss staatlicher Wirtschaftslenkung nicht adäquat abbildet.[33] Man könne in der Realität,

---

27 Siehe dazu die in den USA geführte Diskussion (unten ab S. 332 ff.).

28 Daher fordert eine Strömung in der US-amerikanischen Diskussion, die Balance zwischen einzelstaatlicher und bundesstaatlicher Rechtsetzung neu zu justieren (dazu unten S. 346 ff.).

29 *Kitch* in: Buxbaum/Hertig/Hirsch/ Hopt (Hrsg.), European Business Law, 1991, S. 37.

30 Die deutsche „Aktienrechtsreform in Permanenz“ (*Seibert* AG 2002, 417 ff.) ist ein Beispiel für derartige Reformbemühungen, die auch für Anstöße von außen – namentlich die internationale Corporate-Governance-Diskussion – offen ist. Aus Frankreich ließe sich in diesem Zusammenhang die Kreation der Société par actions simplifiée (SAS) nennen (dazu bereits oben Text bei Fn. 11).

31 Dazu näher unten in § 6 (S. 330 ff)

32 Diese Einteilung findet sich bei *Balassa* Theory of Economic Integration, 1961, S. 2 f. und passim. Vgl. dazu auch *Pelkmans* in: Integration Through Law, Vol. 1, Book 1, 1986, S. 318, 323 ff. und *Dauses* Wirtschafts- und Währungsunion, 2003, S. 50 ff.

33 Vgl. die Kritik bei *Pelkmans* in: Integration Through Law, Vol. 1, Book 1, 1986, S. 318, 324 ff.

so wird eingewandt, einen Integrationsprozess nicht mit der bloßen Beseitigung von Handelsschranken beginnen und die Übertragung von Hoheitsrechten auf eine übergeordnete Organisationeinheit[34] für spätere Stufen aufsparen. Im Zeitalter der intensiven staatlichen Wirtschaftslenkung setze schon die dauerhafte Beseitigung von Handelshemmnissen die Abgabe von Hoheitsrechten voraus. Andernfalls würden die als unangenehm empfundenen Effekte des Freihandels durch Steuerungsmaßnahmen der nationalen Wirtschaftspolitik konterkariert.[35] Dieser Einwand hat seine Berechtigung, nimmt der begrifflichen Einteilung in verschiedene Integrationsstufen aber nicht ihren Sinn als kategoriale Hilfestellung bei der Erfassung des Integrationsprozesses.[36] Es ist kein Widerspruch, sondern ein ergänzender Aspekt, bei den nachfolgend besprochenen Integrationsstufen stets mitzudenken, dass sie ihre Stabilität gegenüber den Zentrifugalkräften nationaler Wirtschaftspolitik nur durch rechtliche und organisatorische Verfestigung auf überstaatlicher Ebene wahren können.

a) Freihandelszone und Zollunion

In einer ersten Stufe der Integration wird der Warenhandel zwischen den beteiligten Staaten freigegeben. Zölle und mengenmäßige Beschränkungen werden beseitigt, der Handel zwischen den beteiligten Staaten kann frei fließen. Verzichtet man auf einen gemeinsamen Außenzoll, bleibt es bei einer Freihandelszone und jeder Staat kann im Verhältnis zu Drittstaaten seine eigenen Zolltarife festlegen. Mit Vereinheitlichung der Außenzölle entsteht eine Zollunion.[37] Sie war von Beginn an zentraler Bestandteil der Europäischen Gemeinschaft. Art. 23 EG-Vertrag umfasst zum einen das an die Mitgliedstaaten gerichtete Verbot, untereinander Ein- und Ausfuhrzölle oder Abgaben gleicher Wirkung zu erheben, und zum anderen die Einführung eines Gemeinsamen Zolltarifs gegenüber Drittstaaten.

---

[34] Das erstere wird „negative", das letztere „positive" Integration genannt; dazu *Pelkmans* in: Integration Through Law, Vol. 1, Book 1, 1986, S. 318, 321.

[35] Auf dieses Spannungsverhältnis weist *Pelkmans* in: Integration Through Law, Vol. 1, Book 1, 1986, S. 318, 327, hin.

[36] Vgl. dazu aber auch die stärker aufgefächerte Kategorisierung bei *Pelkmans* in: Integration Through Law, Vol. 1, Book 1, 1986, S. 318, 332 ff., der mehrere Unterstufen bildet und jeder Integrationsstufe bestimmte Maßnahmen negativer und positiver Integration zuweist.

[37] Siehe dazu: *Dauses* Wirtschafts- und Währungsunion, 2003, S. 52 f.; *Möller* Europäische Gemeinschaften, HdWW, Bd. 2, 1980, S. 477 ff.; *Molle* Economics of European Integration, 1990, S. 12; *Siebert* Zölle IV: Zollunionen und Präferenzzonen, HdWW, Bd. 9, 1982, S. 666 ff. Zur konkreten Verwirklichung von Freihandel und Zollunion in der Gemeinschaft: *Pelkmans* in: Integration Through Law, Vol. 1, Book 1, 1986, S. 318, 354 ff.

b) Gemeinsamer Markt

Aus der Zollunion wird – ökonomisch gesehen – ein Gemeinsamer Markt, wenn nicht nur die Waren, sondern auch die Produktionsfaktoren frei zirkulieren.[38] Dem liegt die ökonomische Unterscheidung des Warenmarktes vom Markt der Produktionsfaktoren (Arbeit und Kapital) zu Grunde.[39] Der Gemeinsame Markt dient einer optimalen Allokation der Produktionsfaktoren, denn Arbeitskraft und Kapital können dorthin geleitet werden, wo man sie am dringendsten benötigt beziehungsweise am effizientesten einsetzen kann.[40] Damit lassen sich auch die positiven Effekte der Zollunion schneller realisieren.[41] Denn der grenzüberschreitende Warenhandel lässt die Produktionskapazitäten dort steigen, wo am kostengünstigsten produziert werden kann; dem folgt naturgemäß ein größerer Bedarf an Arbeitskräften und Kapital. Und ebenso wie der freie Warenverkehr zeitigt auch die Mobilität der Produktionsfaktoren zusätzlich dynamische Effekte.[42] Beispielsweise können Finanzinstitute im erweiterten Kapitalmarkt Größenvorteile nutzen und werden zudem durch den verschärften Wettbewerb zur ständigen Verbesserung ihrer Produkte angehalten. Neben der Zollunion war auch der Gemeinsame Markt bereits bei Gründung der EWG Teil der Gesamtkonzeption. Dies gründete in der Einsicht, dass es eine „innere Einheit aller Wirtschaftspolitik“[43] gebe, die man nicht ignorieren dürfe. Diese politische Erkenntnis war keineswegs selbstverständlich und wird auch von ökonomischer Seite als ein, gemessen am damaligen Stand der ökonomischen Theorie, geradezu „schöpferischer Akt der Architekten des Vertrages“ anerkannt.[44]

c) Wirtschafts- und Währungsunion

Die modernen Nationalökonomien zeichnen sich durchgängig, wenn auch in mehr oder minder starkem Maße, durch staatliche Einflussnahmen aus. Nirgendwo wird die Entwicklung der Wirtschaft allein der Entfaltung der Marktkräfte überlassen. Stets tritt eine mehr oder weniger tief gehende Einflussnahme des Staates hinzu, sei

---

38 *Dauses* Wirtschafts- und Währungsunion, 2003, S. 53 ff.; *Möller* Europäische Gemeinschaften, HdWW, Bd. 2, 1980, S. 478 f.; *Molle* Economics of European Integration, 1990, S. 13; *Siebert* Zölle IV: Zollunionen und Präferenzzonen, HdWW, Bd. 9, 1982, S. 667. *Pelkmans* in: Integration Through Law, Vol. 1, Book 1, 1986, S. 318, 340 f., spricht hier vom „pure common market“ im Gegensatz zum „pseudo common market“, bei dem nur nicht-finanzielle Produktionsfaktoren frei zirkulieren.

39 *Molle* Economics of European Integration, 1990, S. 10.

40 Ausführlich zur wohlfahrtssteigernden Wirkung der Faktormobilität *Molle* Economics of European Integration, 1990, S. 117 ff.

41 *Molle* Economics of European Integration, 1990, S. 125 f.

42 *Molle* Economics of European Integration, 1990, S. 126; *Krugman* in: Jacquemin/Sapir (Hrsg.), European Internal Market, 1989, S. 365 f.; vgl. zu den dynamischen Effekten oben S. 29 ff.

43 *Hallstein* Europäische Gemeinschaft, 1974, S. 21.

44 *Möller* Europäische Gemeinschaften, HdWW, Bd. 2, 1980, S. 479

es durch eigene wirtschaftliche Tätigkeit, sei es durch direkte oder indirekte Intervention in den wirtschaftlichen Kreislauf. Daher bedarf, wie eingangs betont, schon die Errichtung einer Zollunion und erst recht diejenige eines Gemeinsamen Marktes der Absicherung gegen nationalstaatliche Egoismen. Das Gemeinschaftsrecht leistet dies durch die rechtlich verfestigte supranationale Struktur der Gemeinschaft. Auch die grundsätzlich positiv zu bewertenden ökonomischen Effekte der Errichtung eines Gemeinsamen Marktes können Anlass für wirtschaftspolitische Einflussnahme sein.[45] Denn diese Effekte fallen keineswegs in jedem Lande gleichmäßig an. Die Ausnutzung steigender Skalenerträge lässt größere Produktionseinheiten entstehen, die jeder Mitgliedstaat wegen ihrer Wirtschaftskraft und der erhofften Entstehung von Arbeitsplätzen gerne im eigenen Territorium angesiedelt sehen würde. Es entsteht also ein erheblicher Anreiz, auf die Standortwahl derartiger Großbetriebe wirtschaftspolitisch Einfluss zu nehmen. Dies Konkurrieren der Mitgliedstaaten um die Ansiedelung großer Betriebe macht die gemeinschaftsweit erzielbaren Wohlfahrtsgewinne leicht wieder zunichte. Zudem verstärkt die Integration die wechselseitige Abhängigkeit, so dass generell jede Art von nationaler Wirtschaftspolitik das Wohlergehen der Bürger anderer Mitgliedstaaten berühren kann.[46] Die Vertiefung der Integration bedarf daher einer Abstimmung der Wirtschaftspolitik – womit aus dem Gemeinsamen Markt eine Wirtschaftsunion wird – und in letzter Konsequenz auch der Einführung einer gemeinsamen Währung.[47]

Das Ziel der Wirtschafts- und Währungsunion war im Vertrag über die Gründung der Europäischen Wirtschaftsgemeinschaft ursprünglich nicht enthalten. Es wurde jedoch schon früh – zunächst außerhalb des Vertragswerks – als neues Ziel proklamiert, da eine Konvergenz der Globalsteuerungspolitik und eine Vermeidung von Wechselkursschwankungen mehr und mehr als Notwendigkeit eines funktionierenden Gemeinsamen Marktes empfunden wurden.[48] Mit der Einheitlichen Europäischen Akte wurde die Wirtschafts- und Währungsunion dann im Jahre 1987 offiziell in die Vertragsziele des Art. 2 EG-Vertrag aufgenommen.

3. Zwischenergebnis und Ausblick

Festzuhalten bleibt, dass die ökonomische Fundierung des Binnenmarktes bei der Erörterung gesellschaftsrechtlicher Fragen nicht ausgeblendet werden darf und daher die Überlegungen der folgenden Abschnitte begleiten wird. Denn die verschie-

---

45 *Krugman* in: Jacquemin/Sapir (Hrsg.), European Internal Market, 1989, S. 361 f.

46 *Krugman* in: Jacquemin/Sapir (Hrsg.), European Internal Market, 1989, S. 373.

47 Zur Wirtschafts- und Währungsunion: *Möller* Europäische Gemeinschaften, HdWW, Bd. 2, 1980, S. 486 ff.; *Molle* Economics of European Integration, 1990, S. 13; *Siebert* Zölle IV: Zollunionen und Präferenzzonen, HdWW, Bd. 9, 1982, S. 667.

48 *Möller* Europäische Gemeinschaften, HdWW, Bd. 2, 1980, S. 486 ff.

denen rechtlichen Instrumente des Gemeinschaftsrechts erhalten erst aus der Orientierung auf das Integrationsziel ihre eigentliche Bedeutung: Die Kostenvorteile der internationalen Arbeitsteilung kommen nur dann ungeschmälert der allgemeinen Wohlfahrt zugute, wenn sie nicht auf dem Weg über die mitgliedstaatlichen Grenzen durch zusätzliche Belastungen wieder aufgezehrt werden. Auch die optimale Allokation der Produktionsfaktoren setzt voraus, dass die Kosten-/Nutzenrechnung der Marktakteure nicht durch Hindernisse beim Grenzübertritt verfälscht wird.[49] Das wirtschaftliche Grundziel der Gemeinschaft setzt daher einen freien und möglichst ungehinderten Zugang zu den Märkten der Mitgliedstaaten voraus. Diese Überlegungen fließen in die Interpretation der Grundfreiheiten ein,[50] wenn diesen in erster Linie die Aufgabe zugewiesen wird, grenzübertrittsspezifische Belastungen des Verkehrs von Waren und Personen, Dienstleistungen und Kapital zu beseitigen. Sie standen auch hinter dem lange Jahre verfolgten Programm einer Harmonisierung des Gesellschaftsrechts;[51] denn Unterschiede in den Rechtssystemen verursachen Transaktionskosten. Die gegenläufige, aktuell in vielen Meinungsäußerungen erkennbare Präferenz für einen Wettbewerb der Gesellschaftsrechte[52] lässt sich allein mit dem Verweis auf US-amerikanischen Erfahrungen nicht legitimieren, muss sich vielmehr daran messen lassen, ob und wie dieser Steuerungsmechanismus in die Konzeption des gemeinschaftsrechtlich anzusteuernden Binnenmarktes integriert werden kann.

II. Zum Integrationskonzept der Gemeinschaft

Prägend für das Verständnis des Gemeinsamen Marktes und des Binnenmarktes sind nicht nur die Erkenntnisse der ökonomischen Außenhandelslehre, sondern auch die verschiedenen *politischen* Integrationskonzepte, die bei der Entwicklung der Gemeinschaft miteinander konkurrieren. Sie spiegeln das in der Konstruktion der Gemeinschaft unvermeidlich angelegte Spannungsverhältnis zwischen der mitgliedstaatlichen Autonomie und dem integrativen Element der Gemeinschaft. Verschiedene Grundauffassungen über den einzuschlagenden Weg fließen ein in das *unter 1.* behandelte Begriffspaar Kooperation und Integration. Sie setzen sich in der täglichen Arbeit mit dem *unter 2.* angesprochenen Widerstreit der konstitutionellen und der funktionalen Methode fort. Der schließlich *unter 3.* behandelte vermittelnde Ansatz löst das Problem auf einer anderen Ebene und verweist darauf, dass die rechtlich strukturierte Selbststeuerung der Märkte für sich genommen ein sinnvolles Integrationskonzept sein kann.

---

49 Dazu auch *Kainer* Unternehmensübernahmen im Binnenmarktrecht, 2004, S. 131 f.

50 Unten § 3 (S. 73 ff.), insb. S. 118 ff.

51 Unten § 4 (S. 187 ff.).

52 Unten § 6 (S. 330 ff.).

1. Kooperation versus Integration

In der aktuellen gesellschaftsrechtlichen Diskussion schwingen integrationspolitische Grundauffassungen mit, die sich bis in die Zeit der Entstehung der Europäischen Wirtschaftsgemeinschaft zurückverfolgen lassen. So geht es bei dem Begriffspaar Kooperation und Integration seit jeher darum, wie groß die den Mitgliedstaaten verbleibende Eigenständigkeit sein soll.

Unter wirtschaftlicher Kooperation ist ein Konzept zu verstehen, das typischerweise allein darauf zielt, den Warenverkehr über die Grenzen zu erleichtern.[53] Es stützt sich auf die liberalistische Wirtschaftstheorie, wonach bereits der freie Warenaustausch die Kräfte des Marktes entfesselt, welche die Entwicklung anschließend von alleine vorantreiben.[54] Eine institutionelle Verfestigung des Vorgangs ist nicht erforderlich, denn nach Freigabe der Handelsströme wird die Marktautomatik das ihre ohne weiteres Zutun leisten. Dies heißt auch, dass ein auf Kooperation setzendes Modell der Zusammenarbeit die nationalen Volkswirtschaften als Wirtschaftseinheiten in ihrer Struktur nicht berührt und die Souveränitätsrechte der teilnehmenden Staaten im Grundsatz aufrecht erhält. Zwar ist das Modell der Kooperation nicht zwingend auf Beibehaltung der staatlichen Grenzen angelegt. Ein staatliches Zusammenwachsen soll sich aber, wenn überhaupt, dann aus dem freien Spiel der Kräfte ergeben. Die Kooperation gibt den Startschuss für eine freie Entfaltung der Wirtschaftskräfte, verzichtet dann aber auf jede weitere Steuerung dieses Prozesses.

Integration dagegen ist erklärtermaßen zielorientiert. Sie eröffnet neben dem freien Warenverkehr auch die Freizügigkeit der Produktionsfaktoren und führt damit letztlich zur Überwindung der national geprägten Strukturen und zur Schaffung neuer Wirtschaftseinheiten.[55] Mit verschiedenen Einzelmaßnahmen, die sich in einen allgemeinen Integrationsplan einfügen, zielt eine integrative Politik darauf ab, die ursprünglichen Strukturen zu verändern und eine neue Einheit zu schaffen.[56] Die Veränderung bestehender Strukturen kann nur durch die Einrichtung neuer Entscheidungszentren dauerhaft erreicht und gesichert werden.[57] In Konsequenz einer solchen Strategie verschmelzen am Ende des Integrationsprozesses die nationalen Volkswirtschaften zu einem gemeinsamen Wirtschaftsraum;[58] politisch betrachtet entsteht eine Föderation.[59]

---

[53] Zu den Begriffen Kooperation und Integration *Borchardt* Europäische Einigung, 2. Ausgabe, 1987, S. 24 ff., *Constantinesco* Recht der EG, 1977, S. 123 ff.

[54] *Constantinesco* Recht der EG, 1977, S. 129 f.

[55] *Constantinesco* Recht der EG, 1977, S. 125 ff.

[56] *Constantinesco* Recht der EG, 1977, S. 127.

[57] *Constantinesco* Recht der EG, 1977, S. 127.

[58] *Constantinesco* Recht der EG, 1977, S. 128.

[59] *Borchardt* Europäische Einigung, 2. Ausgabe, 1987, S. 25.

Der Vertrag über die Gründung der Europäischen Gemeinschaft geht bereits in seiner Grundanlage deutlich über eine bloße Freigabe des Warenverkehrs und damit über das Modell der Kooperation hinaus. Er strebt nicht nur eine Zollunion an, sondern einen Gemeinsamen Markt.[60] Darin liegt zwar ein deutliches Bekenntnis zur Integration im soeben definierten Sinne. Dennoch flammt bei jeder spürbaren Souveränitatseinbuße der Mitgliedstaaten erneut die Frage auf, ob dies von der gemeinschaftsrechtlichen Grundkonzeption wirklich gedeckt sei.[61] Das mit den Begriffen Kooperation und Integration angesprochene Spannungsverhältnis setzt sich sodann in der konkreten Arbeit der Gemeinschaft fort in Gestalt der sogenannten „konstitutionellen" und der „funktionalen" Methode[62]. Beide Methoden verstehen sich zwar als Wege zur Integration. Sie unterscheiden sich aber in der Durchführung und insbesondere darin, wie weit sie den Anhängern einer bloßen Kooperation von Nationalstaaten Konzessionen machen.

2. Konstitutionelle und funktionale Methode

Die konstitutionelle Methode strebt nach einer föderalistischen Einigung Europas, also einem europäischen Bundesstaat.[63] Sie gründet auf der historisch fundierten Überzeugung, dass die politische Zukunft Europas nicht im Fortbestehen souveräner Nationalstaaten und auch nicht in einem rein konföderalen Zusammenschluss liegen könne.[64] Der Zielzustand eines föderalistischen Gebildes mag in weiter Ferne liegen; kennzeichnend für eine föderalistisch-konstitutionelle Sicht wäre es aber, die Zielvorgabe klar zu formulieren in einem von Beginn an deutlich ausgesprochenen Willen zur europäischen Einigung.[65]

Anhaltspunkte für eine solche Zielvorgabe finden sich in zahlreichen Äußerungen aus den Jahren nach dem Zweiten Weltkrieg. Der französische Außenminister *Robert Schumann* begründete im Jahre 1950 seinen Vorschlag zur Gründung einer Europäischen Gemeinschaft für Kohle und Stahl mit der Notwendigkeit, den jahrhundertealten Gegensatz zwischen Frankreich und Deutschland zu überwinden, und sah darin die „erste Etappe der Europäischen Föderation".[66] Der Vertrag zur

---

[60] Zu den verschiedenen Integrationsstufen und der damit verbundenen Terminologie siehe bereits oben ab S. 33 ff.

[61] *Pelkmans* in: Integration Through Law, Vol. 1, Book 1, 1986, S. 318, 323, spricht von der „permanent tension between economic integration and cooperation".

[62] Zu diesem Begriffspaar *Constantinesco* Recht der EG, 1977, S. 113 ff. und *Ipsen* Europäisches Gemeinschaftsrecht, 1972, S. 980 ff.

[63] *Constantinesco* Recht der EG, 1977, S. 115, spricht daher von der „föderalistisch-konstitutionellen" Methode.

[64] *Constantinesco* Recht der EG, 1977, S. 115.

[65] *Constantinesco* Recht der EG, 1977, S. 119.

[66] Zitiert nach von Siegler (Hrsg.), Dokumentation der Europäischen Integration, 1961, S. 41; weiterhin *Oppermann* Europarecht, 2. Aufl., 1999, S. 11 (Rz. 19). Zum historischen Kontext auch *Hattenhauer* Europäische Rechtsgeschichte, 2. Aufl., 1994, S. 758 ff.

Gründung der EGKS wurde im Jahre 1951 von Frankreich, Deutschland, Italien und den Benelux-Staaten unterzeichnet. Mit den darin geschaffenen institutionellen Grundlagen der weiteren Zusammenarbeit „vollzog Europa in engen Grenzen einen strukturellen Bruch mit der Vergangenheit, der vom Völkerrecht zum Europarecht führte“[67]. Andere Einigungsversuche auf Basis dieser Philosophie waren allerdings in den Nachkriegsjahren mehrfach erfolglos; im Europarat konnte sich die föderalistische Konzeption nicht durchsetzen, und auch bei dem Versuch der Errichtung einer Europäischen Verteidigungsgemeinschaft ist sie gescheitert.[68] Erfolgversprechender schien die Konzentration auf den wirtschaftlichen Bereich, die mit Gründung der EGKS begonnen hatte. So wurden im Jahre 1957 in Rom die Verträge über die Gründung der Europäischen Wirtschaftsgemeinschaft und der Europäischen Atomgemeinschaft unterzeichnet. Vorbereitet hatte dies der 1956 vorgelegte Bericht des belgischen Außenministers *Paul-Henri Spaak*, dem ein Konzept der Gesamtintegration zu Grunde lag.[69] Allerdings vermeiden die römischen Verträge jede verbale Betonung der Supranationalität der Gemeinschaft, offenbar aus dem Bestreben heraus, keine politischen Widerstände zu wecken.[70] Das Integrationsziel nicht klar auszusprechen, hieß aber letztlich auch, es der weiteren Entwicklung zu überlassen, ob es dazu kommen würde.[71]

Insgesamt betrachtet ist damit die Europäische Gemeinschaft bis heute, selbst unter dem fortentwickelten Dach der Europäischen Union, von einer Kombination aus Supranationalität und Intergouvernementalität gekennzeichnet.[72] Dennoch erwies sich das Integrationskonzept der Europäischen Wirtschaftsgemeinschaft in den ersten Jahren ihres Bestehens als durchaus erfolgreich, bis dann wieder gegenläufige Tendenzen an Einfluss gewannen: Dem Ideal einer supranationalen Integration setzte *Charles de Gaulle* das Wort vom „Europa der Vaterländer“ entgegen, womit er eine Zusammenarbeit souverän bleibender Nationalstaaten meinte. Supranationale Einrichtungen hatten nach seiner Auffassung zwar „ihren Wert, aber

---

67 *Hattenhauer* Europäische Rechtsgeschichte, 2. Aufl., 1994, S. 760.

68 Näher *Constantinesco* Recht der EG, 1977, S. 116ff.; weiterhin *Bleckmann* Europarecht, 6. Aufl., 1997, S. 2f., *Müller-Graff* in: Dauses (Hrsg.), EU-Wirtschaftsrecht, 2004, A. I, S. 13f. (Rn. 18ff.), *Oppermann* Europarecht, 2. Aufl., 1999, S. 8ff. (Rn. 12ff.).

69 *Oppermann* Europarecht, 2. Aufl., 1999, S. 12 (Rz. 22); siehe auch die Dokumentation bei von Siegler (Hrsg.), Dokumentation der Europäischen Integration, 1961, S. 98ff.

70 So die Aussage von *Ipsen* Europäisches Gemeinschaftsrecht, 1972, S. 110.

71 Kritisch gegenüber der in der Gemeinschaft praktizierten Politik der „kleinen Schritte“, die „die Grundziele dieses Prozesses verwischt und im Grunde genommen unsichtbar gemacht“ habe, *Constantinesco* Recht der EG, 1977, S. 122. Bei Vorlage des Binnenmarkt-Weißbuchs der Kommission in vergleichbarer Weise kritisch *Bieber/Dehousse/Pinder/Weiler* in: dies. (Hrsg.), 1992: One European Single Market?, 1988, S. 13, 14: angesichts der tatsächlichen protektionistischen Neigungen der Mitgliedstaaten sei eine deutliche Kluft zwischen Worten und Taten feststellbar.

72 Dies hätte sich auch mit Verabschiedung des Europäischen Verfassungsvertrags nicht grundlegend geändert (dazu *Müller-Graff* integration 2003, 301, 304f.).

sie haben und können keine Autorität und politische Wirksamkeit besitzen".[73] Einer der Prüfsteine war das Mehrheitsprinzip. Die Möglichkeit, gegebenenfalls auch gegen den Willen einzelner Mitglieder voranschreiten zu können, manifestiert spürbar einen Verlust an staatlicher Souveränität und ist gerade deshalb wichtiger Baustein einer supranationalen Gemeinschaft.[74] Lange Zeit galt hier der im Jahre 1966 in Luxemburg vereinbarte Kompromiss, der die Frage in der Schwebe ließ: Das Mehrheitsprinzip galt zwar formal, wurde aber faktisch nicht angewandt.[75] Im Gesellschaftsrecht begegnet diese Scheu, politisch umstrittene Projekte gegen den Willen einzelner Mitgliedstaaten nicht durchsetzen zu wollen, in der Entstehungsgeschichte der Europäischen Gesellschaft (SE); die gesetzgebenden Organe der Gemeinschaft haben in diesem Fall bis zuletzt das politische Risiko gescheut, sich auf eine qualifizierte Mehrheit zu stützen, obwohl sie dies mehrfach erwogen hatten.[76] Der Verzicht auf das Mehrheitserfordernis ist integrationspolitisch bedenklich; denn damit übernehmen die Mitgliedstaaten die Definitionshoheit über den integrationspolitischen Rang einzelner Sachfragen, obwohl der Vertrag dazu bereits eine Aussage trifft, indem er zwischen mehrheitsfähigen und einstimmig zu verabschiedenden Rechtsakten unterscheidet.[77] *Oppermann* sieht in den Luxemburger Beschlüssen den zeitlichen Wendepunkt, der das Ende der erfolgreichen Integra-

---

[73] Zitiert nach *Oppermann* Europarecht, 2. Aufl., 1999, S. 14 (Rz. 26); zur Rolle *de Gaulles* auch *Hattenhauer* Europäische Rechtsgeschichte, 2. Aufl., 1994, S. 763 f.; *Hallstein* Europäische Gemeinschaft, 1974, S. 96, schreibt dazu: „Die französische Gegnerschaft gegen die Grundkonzeption der Integration wurde unverhüllter."

[74] Auch *Hattenhauer* Europäische Rechtsgeschichte, 2. Aufl., 1994, S. 763 sieht im Mehrheitsprinzip ein wesentliches Strukturmerkmal der Gemeinschaft. Da die Gemeinschaft Hoheitsgewalt ausübt, wäre die im Europäischen Verfassungsvertrag geplante Kombination mit dem Prinzip des gleichen Stimmgewichts jedes europäischen Bürgers der gebotene nächste Schritt (hierzu: *Müller-Graff* integration 2003, 301, 308).

[75] Luxemburger Beschlüsse vom 29. Januar 1966 (dazu *Oppermann* Europarecht, 2. Aufl., 1999, S. 15 f. [Rn. 29 f.]); abgedruckt in EuR 1966, 73 f.

[76] Die Europäische Kommission hatte die Ermächtigungsnorm zum Erlass der Verordnung zunächst in Art. 235 EWGV (heute: Art. 308 EG-Vertrag) gesehen, mit dem Entwurf von 1989 jedoch auf die neu eingefügte Kompetenznorm des Art. 100a EWGV gewechselt. Dahinter dürfte in erster Linie das Bestreben gestanden haben, die für Art. 235 nötige Einstimmigkeit zu umgehen und die Verordnung sowie die Richtlinie zur Arbeitnehmerbeteiligung (die auf Art. 54 Abs. 3 lit. g EWGV [heute Art. 44 Abs. 2 lit. g EG-Vertrag] gestützt werden sollte) mit qualifzierter Mehrheit verabschieden zu können (näher dazu *Wahlers* AG 1990, 448 ff.). Tatsächlich wurde von der Möglichkeit der qualifizierten Mehrheit kein Gebrauch gemacht, weshalb sich die Verabschiedung von Verordnung und Richtlinie bis in das Jahr 2001 hinzog.

[77] So die Kritik bei *Pelkmans* in: Integration Through Law, Vol. 1, Book 1, 1986, S. 318, 352 f.: Der EG-Vertrag gebe die Abstufung vor, welche Entscheidung so gewichtig sei, dass sie nur einstimmig getroffen werden könne; mit den Luxembuger Beschlüssen hätten die Mitgliedstaaten diese Definitionshoheit wieder an sich gezogen. Demgegenüber betont *Hallstein* Europäische Gemeinschaft, 1974, S. 96, den politischen Erfolg, Frankreich vom Verlassen der Gemeinschaft abgehalten zu haben.

tionsphase in der Frühzeit der Gemeinschaft markiert und damit gewissermaßen den Übergang „vom Förderalismus zum Pragmatismus".[78]

Seitdem dominiert in der Arbeit der Gemeinschaften über weite Strecken nicht mehr die konstitutionelle, sondern die funktionale Methode[79]. Sie verzichtet auf allzu ehrgeizige Visionen und beschränkt die Zusammenarbeit zunächst auf diejenigen Gebiete, in denen sich ein Konsens der beteiligten Staaten herstellen lässt.[80] Damit ist eine fortschreitende Integration nicht ausgeschlossen, sie folgt aber nicht mehr einem festgelegten Integrationsplan, sondern ist eingebettet in die Eigendynamik des Integrationsprozesses. Ähnlich wie bei der bloßen zwischenstaatlichen Kooperation liegt dem die Erwartung zugrunde, die Integration einzelner Sektoren werde einen „spill over"-Effekt erzeugen und nach und nach auf andere Teilbereiche übergreifen.[81] Das wirtschaftliche Eigeninteresse der Marktteilnehmer bewirkt damit eine „Integration von unten"[82].

Diese Vorgehensweise hat unbestreitbare Erfolge vorzuweisen. Die Tätigkeit der Gemeinschaft greift auf immer mehr Sachbereiche aus und hat letztlich zur Entstehung einer Währungsunion und immerhin ersten Ansätzen einer politischen Union geführt. Und aus der Perspektive von Drittstaaten erscheint die Gemeinschaft zumindest in wirtschaftlichen Fragen schon jetzt als ein „real existierender Bundesstaat".[83] Aus der Binnenperspektive ist dieses Erscheinungsbild allerdings zuweilen höchst diffus. Der Wechsel zur funktional-pragmatischen Vorgehensweise erklärt, um die kritischen Worte *Constaninescos* zu verwenden, „warum die Ergebnisse die-

---

78 *Oppermann* Europarecht, 2. Aufl., 1999, S. 16 (Rz. 30), das auf S. 13 beginnende Kapitel trägt die Überschrift „Vom Förderalismus zum Pragmatismus: Wandel der ‚EG-Philosophie' 1958–1969".

79 Zum Begriff *Constantinesco* Recht der EG, 1977, S. 119ff., *Ipsen* Europäisches Gemeinschaftsrecht, 1972, S. 980ff. und *Müller-Graff* in: Dauses (Hrsg.), EU-Wirtschaftsrecht, 2004, A. I, S. 16 (Rn. 26); zu den politologischen Lehren der Funktionalisten und Neofunktionalisten *Elazar/Greilshammer* in: Cappelletti/Seccombe/Weiler (Hrsg.), Integration Through Law, Vol. 1, Book 1, 1986, S. 71, 81 ff.

80 Man könnte von einer „Politik der kleinen Schritte" sprechen, wenngleich *Constantinesco* Recht der EG, 1977, S. 122, dahinter eher eine Methode der „plan- und ziellosen ‚kleinen Schritte'" vermutet. Pragmatischer *Bieber/Dehousse/Pinder/Weiler* in: dies. (Hrsg.), 1992: One European Single Market?, 1988, S. 13, 18: "... the partial integration is politically feasible at a time when a more complete project is not."

81 *Ipsen* Europäisches Gemeinschaftsrecht, 1972, S. 981, 983; *Müller-Graff* in: Perspektiven des Rechts in der Europäischen Union, 1998, S. 183, 197; *Nicolaysen* Europarecht I, 2. Aufl., 2002, S. 27; *Oppermann* Europarecht, 2. Aufl., 1999, S. 13 (Rz. 24). *Elazar/Greilshammer* in: Cappelletti/Seccombe/Weiler (Hrsg.), Integration Through Law, Vol. 1, Book 1, 1986, S. 71, 82. Vgl. auch *Bleckmann* Europarecht, 6. Aufl., 1997, S. 23 (Rn. 34): „Die Integration zielt nicht auf eine totale Angleichung der Lebensverhältnisse, ... Allerdings wird die Schaffung einheitlicher Wirtschaftsverhältnisse im Endeffekt auch eine weitgehende Angleichung der Lebensverhältnisse bewirken und nationale Unterschiede weitgehend beseitigen."

82 *Kainer* Unternehmensübernahmen im Binnenmarktrecht, 2004, S. 129.

83 *Bleckmann* Europarecht, 6. Aufl., 1997, S. 16, unter Verweis auf *Dicke* Das Verhältnis der Schweiz zum real existierenden Westeuropäischen Bundesstaat, 1991.

ser Methode rein pragmatischer und nicht systematischer Natur sind, warum die an ihr ausgerichteten politischen Aktionen nicht durch langfristig vorgedachte und in eine Gesamtkonzeption eingefügte, sondern durch partielle, tastende und sich oft widersprechende Schritte gekennzeichnet sind. Die Inkonsequenzen und Inkohärenzen der funktionellen Methode erklären sich eben dadurch, dass sie Ausdruck der pragmatischen Auffassung sind und sie dem Weg des geringsten Widerstandes folgen, auch wenn man nicht genau weiß, wohin dieser führt."[84]

Wer aktuell das Ergebnis jahrzehntelanger Arbeiten am Statut einer Europäischen Gesellschaft besichtigt oder sich fragt, aus welchen Gründen es im europäischen Binnenmarkt bis heute keine Regelung zur grenzüberschreitenden Sitzverlegung gibt, findet in diesen vor nahezu dreißig Jahren aufgeschriebenen Worten eine gewissermaßen zeitlose Erkenntnis. Es ist offenbar eine allzu vereinfachende Vorstellung, die einmal in Gang gesetzte Entwicklung strebe allein kraft innerer Logik zu einer vollständigen wirtschaftlichen Integration.[85] Das von der Kommission zunächst durchaus erfolgreich und konzeptionell stimmig angegangene Vorhaben, die für den grenzüberschreitenden Verkehr wesentlichen Sachbereiche des Gesellschaftsrechts zu harmonisieren, ist – aus der Rückschau betrachtet – auf halbem Wege stecken geblieben. Zentrale Bereiche, wie die Struktur von Aktiengesellschaften oder der Konzern als geradezu idealtypisches Phänomen des grenzüberschreitenden Wirtschaftens blieben ungeregelt, während lange Zeit zum acquis communautaire gerechnete Harmonisierungserfolge, wie namentlich die Kapitalrichtlinie, aufs Neue zur Disposition stehen.[86] Von einem geschlossenen System eines europäischen Gesellschaftsrechts oder wenigstens einer in sich stimmigen Konzeption, welche Bereiche sinnvollerweise auf welcher Ebene – mitgliedstaatlich oder gemeinschaftlich – zu regeln seien, erscheint man weiter entfernt denn je.

3. Vergemeinschaftung als offenes marktgesteuertes System

Möglicherweise folgt aber der mäandernde Verlauf der funktionalen Methode im Gesellschaftsrecht und anderswo doch einer tieferen Logik. Sie findet sich angedeutet in einer von *Ipsen* stammenden Feststellung: „Vergemeinschaftung ist ein

---

[84] *Constantinesco* Recht der EG, 1977, S. 121.

[85] *Pelkmans* in: Integration Through Law, Vol. 1, Book 1, 1986, S. 318, 347.

[86] Monographisch zu den Reformüberlegungen *Baldamus* Reform der Kapitalrichtlinie, 2002. Grundsätzliche und vielbeachtete Kritik an der Zweiten gesellschaftsrechtlichen Richtlinie üben *Enriques/Macey* 86 Cornell L.R. (2001) 1165 ff. unter dem Titel „Creditors versus Capital Formation: The Case Against the European Legal Capital Rules"; *Mülbert/Birke* EBOR 3 (2002) 695 ff., die sich im Anschluss die Frage vorlegten „Is There a Case Against the European Legal Capital Rules?" kommen zumindest zu dem Schluss, es sei schwierig, die bestehenden Kapitalschutzregeln als wirksame Gläubigerschutzmechanismen zu rechtfertigen (ebda., S. 731). Näher zur Frage des Gläubigerschutzes unten S. 449 ff.

grundsätzlich *offenes System*."[87] Keine in Reinform vertretene politische Methode vermag daher letztgültige Antworten zu geben auf die Gestaltungsfragen der verschiedenen Integrationsphasen. „Ein Endziel oder Begriff stand zu keiner Zeit am Anfang des Weges in die europäische Integration."[88] Dies ist in der historischen Rückschau wohl auch der einzig erfolgversprechende Weg gewesen. Es konnte und kann nicht gehen um eine politische und wirtschaftliche Ordnung vom Reißbrett, sondern um ein historisch wachsendes und sich zukunftsoffen entwickelndes Gebilde.[89] Der Gemeinsame Markt der sechs Gründungsstaaten konnte und musste mit anderen Methoden hergestellt und erhalten werden als das Konglomerat von mehr als 20 Mitgliedstaaten, das durch die jüngste Beitrittswelle entstanden ist. Der Funktionalismus leidet zwar am Defizit eines klar formulierten Leitbildes, welches die konstitutionalistische Sicht bieten kann. Deren Zielvorgabe eines Bundesstaates fehlt aber die Beweglichkeit und Anpassungsfähigkeit an neue politische Gegebenheiten. Anders als bislang geschehen, in einem Verbund *„sui generis"*,[90] wird man die europäische Einigung bei der Vielfalt der politischen, wirtschaftlichen und rechtlichen Kulturen nicht betreiben können. Eine Auflösung der nationalen Identitäten ist derzeit kaum denkbar und ausweislich des Unionsvertrages auch nicht gewollt. Dass die Union die nationale Identität ihrer Mitgliedstaaten achtet (Art. 6 Abs. 3 EUV), bedeutet bei aller Interpretationsbedürftigkeit dieser Norm doch zumindest, dass es auf absehbare Zeit Mitgliedstaaten geben wird und ihnen nennenswerte Kompetenzen verbleiben sollen.[91] Eine eigendynamische Entwicklung der europäischen Integration, welche die Mitgliedstaaten rechtlich oder faktisch auf den Status eines Landes in einem Bundesstaat herabstuft, ist damit ausgeschlossen.[92]

---

87 *Ipsen* Europäisches Gemeinschaftsrecht, 1972, S. 984; kursive Hervorhebung im Original.

88 *Hilf* in Hommelhoff/Kirchhof (Hrsg.), Staatenverbund, 1994, S. 75, 85.

89 Vgl. *Müller-Graff* in: Perspektiven des Rechts in der Europäischen Union, 1998, S. 183, 222: „eine Ordnung, die nicht allein aus Reißbrettentwürfen entsteht, sondern von historischen Kraftlinien zukunftsoffen sich entwickelnd und kompromißhaft, insoweit auch spontan im Sinne von *v. Hayek* geformt wird."

90 Das BVerfG sieht in der Gemeinschaft eine „im Prozess fortschreitender Integration stehende Gemeinschaft eigener Art" (BVerfGE 22, 293, 296). Das Maastricht-Urteil des Bundesverfassungsgerichts prägte die Vokabel vom „Verbund" der europäischen Staaten (BVerfGE 89, 155, insb. S. 184 ff.). Die Fixierung auf ein bestimmtes Verständnis des Begriffes vom Bundesstaat ist aber letztlich wenig zielführend (in diesem Sinne *Frowein* in: Perspektiven des Rechts in der Europäischen Union, 1998, S. 105, 118 ff. und *Müller-Graff* in: Dauses (Hrsg.), EU-Wirtschaftsrecht, 2004, A. I, S. 28 f. [Rn. 66 f.]).

91 *Bleckmann* JZ 1997, 265, 266. Mit *Nicolaysen* Europarecht I, 2. Aufl., 2002, S. 160, mag man dieses Postulat für überflüssig halten, da die Mitgliedstaaten als Bestandteile der Union ohnehin in den Verträgen vorausgesetzt sind. Integrationspolitisch betrachtet ist es dennoch ein Signal, dass die Mitgliedstaaten diese Betonung ihrer Eigenständigkeit offenbar für notwendig erachtet haben.

92 *Bleckmann* Europarecht, 6. Aufl., 1997, S. 44 (Rn. 83); *Bleckmann* JZ 1997, 265 ff. Die Herstellung eines Bundesstaates würde also mindestens eine Vertragsänderung (*v. Bogdandy* in:

Die Eckpunkte dieser Gemeinschaft eigener Art lassen sich am klarsten negativ bestimmen: Die Gemeinschaft ist selbst kein Staat, insbesondere kein Bundesstaat, in dem die Mitgliedstaaten ihrer Staatlichkeit verlustig gegangen wären. Die Fixierung auf den Begriff der Staatlichkeit ist andererseits für die inhaltliche Beschreibung der Gemeinschaft wenig hilfreich und verstellt den Blick auf das bereits Erreichte. Sieht man das Wesen der Staatlichkeit in der uneingeschränkten Souveränität, ging sie bereits zu Beginn durch die Übertragung von Hoheitsrechten auf die Gemeinschaft verloren. Andererseits, so fragt *Frowein* zu Recht: Warum sollten Staaten nicht bestimmte Souveränitätsrechte ausgliedern und gemeinsam wahrnehmen können, ohne damit ihre Staatlichkeit einzubüßen?[93] Auch der Hinweis, Art. 24 Grundgesetz spreche von „zwischenstaatlichen" Einrichtungen, diese könnten also selbst keinen Staatscharakter haben,[94] arbeitet allein mit der Dichotomie von Staat oder Nicht-Staat, ohne inhaltlich weiter zu führen. Denn Art. 24 GG, auf den sich die Mitgliedschaft in der EWG ursprünglich stützte,[95] eröffnet die „Übertragung von Hoheitsrechten" auf ebendiese zwischenstaatlichen Einrichtungen. Wenn es aber die Innehabung von Hoheitsrechten ist, die den Staatscharakter ausmacht, ergäbe diese Sicht, dass der übertragende Staat nicht mehr und die zwischenstaatliche Einrichtung noch nicht Staat sein könnte; die Staatlichkeit hätte sich gewissermaßen auf dem Weg über die „Brücke des Zustimmungsgesetzes"[96] verflüchtigt. Knüpft man die Staatlichkeit allein an die Vorstellung, über die eigenen Angelegenheiten souverän entscheiden zu können, ist schon der Begriff des Bundesstaates ein Widerspruch in sich.[97] Um so weniger lässt sich mit diesem Verständnis von Staatlichkeit das Wesen der Gemeinschaft und das Verhältnis zu ihren Mitgliedstaaten erfassen; allenfalls könnte man von „geteilter Souveränität" sprechen.[98] Im ersten

---

Grabitz/Hilf, EGV, 2000, Art. 2, Rn. 34), wenn nicht gar ein Referendum der europäischen Völker (*Bleckmann* Europarecht, 6. Aufl., 1997, S. 45 f. [Rn. 88] und *Bleckmann* JZ 1997, 265 267) voraussetzen. Zur Rechtsnatur der Gemeinschaften unter Fortbestand der Mitgliedstaaten auch *Müller-Graff* in: Dauses (Hrsg.), EU-Wirtschaftsrecht, 2004, A. I, S. 26 ff. (Rn. 59 ff.).

[93] *Frowein* in: Perspektiven des Rechts in der Europäischen Union, 1998, S. 105, 121. Schon *Ipsen* Europäisches Gemeinschaftsrecht, 1972, S. 227 ff., hält daher den klassischen Souveränitätsbegriff für überholt und beschreibt das Verhältnis der Mitgliedstaaten zur Gemeinschaft in seiner Eigenart als eine Aufteilung von Hoheitsrechten.

[94] *Merten* in: Föderalismus und Europäische Gemeinschaften, 1990, S. 17, 23, weiterhin S. 24: „Archimedischer Punkt der europäischen Integration ist die fehlende Souveränität der Europäischen Gemeinschaften."

[95] Nach der Neufassung des Art. 23 GG ist die Europäische Union ohnehin nicht mehr den zwischenstaatlichen Einrichtungen im Sinne des Art. 24 GG zuzurechnen.

[96] Das Bild von der „Brücke des nationalen Zustimmungsgesetzes", über die das Europarecht nach Deutschland fließe, prägte *Kirchhof* in Bezug auf die Maastricht-Entscheidung des BVerfG (*Kirchhof* in: Perspektiven des Rechts in der Europäischen Union, 1998, S. 163, 171; ebenso *Kirchhof* NJW 1996, 1497, 1501).

[97] *Frowein* in: Perspektiven des Rechts in der Europäischen Union, 1998, S. 105, 120.

[98] *Hilf* in Hommelhoff/Kirchhof (Hrsg.), Staatenverbund, 1994, S. 75, 79 (m.w.N. zu dieser Wortwahl). Vergleichbar äußert sich *Nicolaysen* Europarecht I, 2. Aufl., 2002, S. 150, der

Zugriff soll nach alledem eine beschreibende Annäherung genügen: Mit der Gründung der Gemeinschaft wurden Souveränitätsrechte aus dem staatlichen Bereich ausgegliedert und vergemeinschaftet zur Wahrung durch die Organe der Staatengemeinschaft.[99] Diese Aufteilung der Staatlichkeit zwischen mitgliedstaatlichen und gemeinschaftlichen Organen muss in ihrer Eigenart gewürdigt werden.

Auf welche Weise das offene System der Vergemeinschaftung weiterhin zwischen den beiden Polen der Integration und Kooperation oszilliert, wurde in der Diskussion um die Vertragsrevisionen von Maastricht und Amsterdam deutlich,[100] in deren Verlauf das Bundesverfassungsgericht den Begriff der „Kooperation" gar auf sein Verhältnis zum Europäischen Gerichtshof angewandt wissen wollte.[101] An der mit dem Vertrag von Maastricht geschaffenen *Europäischen Union* ist bemerkenswert, dass sie auf drei Säulen ruht, die jeweils mehr der einen oder der anderen Form der Zusammenarbeit zuneigen. Grundlage der Union sind die Europäischen Gemeinschaften, ergänzt durch die mit dem Unions-Vertrag eingeführten Politiken und Formen der Zusammenarbeit (Art. 1 Abs. 3 EUV). Die erste Säule, bestehend aus den Europäischen Gemeinschaften, folgt dem Modell der Integration, was sich insbesondere an der Ausstattung mit Organen zeigt, die über eigene Kompetenzen gegenüber den Mitgliedstaaten verfügen, wenngleich die Gemeinschaft zur Durchsetzung ihrer Rechtsakte auf handlungs- und leistungsfähige Mitgliedstaaten angewiesen bleibt.[102] Die beiden anderen Säulen, die Gemeinsame Außen- und Sicherheitspolitik und die polizeiliche und justizielle Zusammenarbeit, folgen dem klassischen Modell der intergouvernementalen Zusammenarbeit, mithin einer Kooperation der Regierungen, der lediglich durch Verfahrensregeln eine gewisse Stabilität und Kontinuität verliehen werden soll;[103] in die supranationale Zuständigkeitsordnung der Gemeinschaft sind sie bewusst nicht eingegliedert worden.[104] Am Zielpunkt der Integration gemessen bleibt die Union also bis auf Weiteres eine Wirt-

meint, „souverän" seien die Mitgliedstaaten nur insoweit, wie dieser Begriff die Berücksichtigung ihrer Einbindung in die Gemeinschaft zulasse. Für eine zurückhaltende und die Gemeinschaft in ihrer Eigenart würdigende Betrachtung auch *Wahl*, JZ 2005, 916 ff.

99 *Frowein* in: Perspektiven des Rechts in der Europäischen Union, 1998, S. 105, 121.

100 Vgl. auch *Müller-Graff* in: Perspektiven des Rechts in der Europäischen Union, 1998, S. 183, 191: Bei der „grundsätzlichen Orientierung europäischer Verfassungspolitik" stehe im Vordergrund „die etwas grobstrichige Option zwischen überstaatlicher Integration … und zwischenstaatlicher Kooperation oder, schon etwas substantiierter, zwischen den Modellen der ersten Säule und den anderen Säulen der Union."

101 BVerfGE 89, 155, 175. Diese Aussage hat die Besorgnis ausgelöst, nationale (Verfassungs-) Gerichte würden von nun an selbst entscheiden, ob sie EG-Rechtsakte anwenden oder nicht (gegen ein solches Verständnis der Entscheidung wenden sich beispielsweise *Frowein* in: Perspektiven des Rechts in der Europäischen Union, 1998, S. 105, 126 ff., *Hirsch* NJW 1996, 2457 ff. und *Müller-Graff* in: Perspektiven des Rechts in der Europäischen Union, 1998, S. 183, 198).

102 *Hilf*, GS Grabitz, 1995, S. 157, 166.

103 *Müller-Graff* in: Perspektiven des Rechts in der Europäischen Union, 1998, S. 183, S. 187.

104 Vgl. dazu auch BVerfGE 89, 155, 176.

schaftsgemeinschaft, wenn auch die Erweiterungen des Zielkatalogs in Art. 2 EG-Vertrag beispielsweise um die Gleichstellung von Mann und Frau und den Umweltschutz in ersten Ansätzen über die rein ökonomische Dimension hinausweisen.[105]

Der Widerspruch zwischen dem Integrationsziel und der Offenheit des darauf angelegten Prozesses löst sich auf, wenn man gerade das freie Spiel der Kräfte als einen denkbaren Integrationsmechanismus begreift.[106] In der historischen Situation der Gründung der Gemeinschaft war der Weg einer zentral gesteuerten Integration aus vielerlei Gründen nicht gangbar. Deutlich wurde dies an dem konzeptionellen Wandel im Verlaufe der Verhandlungen zum EWG-Vertrag: Zunächst ausgehend von der Vorstellung einer supranationalen Hohen Behörde, die vorwiegend exekutiv in das Wirtschaftsgeschehen eingreift, schoben sich sehr bald „bundesstaatliche Analogien"[107] in den Vordergrund und führten dazu, dass die Gemeinschaft mit eigenen Organen der Rechtsetzung und Rechtsprechung ausgestattet wurde. Zugleich hat der EWG-Vertrag einen Grundbestand von Normen erhalten, der die Wirtschaftsverfassung der Gemeinschaft prägt.[108] Dazu gehört die Schaffung offener Märkte durch die Errichtung einer Zollunion und die Einführung der Grundfreiheiten; dies wird abgesichert durch ein System, das den Wettbewerb im Gemeinsamen Markt vor Verfälschungen schützt. Wirtschaftspolitisch steht dahinter das Konzept „regelgebundener Freiheit"[109]: Der Staat schafft einen Rahmen für die marktwirtschaftliche Ordnung, enthält sich aber weitgehend eines Eingriffs in die konkreten Wirtschaftsabläufe. „Der Gemeinsame Markt steuert und regelt sich normalerweise selbst ... hoheitliche Veränderungen der Wettbewerbsbedingungen ... werden grundsätzlich verworfen ... Ebenso wird das freie Spiel der Kräfte gegen die von privaten Gruppen ausgehenden Störungen, d.h. gegen die Herrschaft von Kartellen und marktbeherrschenden Unternehmen geschützt."[110] Der EWG-Vertrag entscheidet sich damit für den Wettbewerb als Ordnungsprinzip des Gemeinsamen Marktes.[111] Diese Entscheidung für eine *marktgesteuerte Integration* bedeutet nicht den Verzicht auf das Ziel selbst, sondern nur den auf eine inhaltlich konkrete Zielbeschreibung. Darin liegt nicht etwa eine konzeptionelle Lücke, sondern ein Rückgriff auf den sich selbst steuernden Marktprozess.[112] Die Steuerung

---

105 *Kainer* Unternehmensübernahmen im Binnenmarktrecht, 2004, S. 130.

106 Zum Folgenden namentlich *Müller-Graff* Marktrecht, 1984, S. 280ff. und *Müller-Graff* in: Dauses (Hrsg.), EU-Wirtschaftsrecht, 2004, A. I, S. 54f. (Rn. 128).

107 *Ophüls* in: FS Hallstein, 1966, S. 387, 394.

108 Hierzu *Ophüls* ZHR 124 (1962), 136ff. und *Mestmäcker* in: FS Böhm, 1965, S. 345ff.

109 *Mestmäcker* in: Wirtschaft und Verfassung der Europäischen Union, 2003, S. 288, 292f.; vergleichbar *Dauses* Wirtschafts- und Währungsunion, 2003, S. 61f., der vom „rechtlich strukturierten Markt" spricht.

110 *Ophüls* ZHR 124 (1962), 136, 150.

111 *Mestmäcker* in: FS Böhm, 1965, S. 345, 367; damit korrespondiert eine Zurückdrängung der staatlichen Intervention von seiten der Mitgliedstaaten (a.a.O., S. 382ff.).

112 *Ophüls* ZHR 124 (1962), 136, 160: „Die Verträge wollen ihr Ziel insoweit nicht durch unmittelbare Normen und Maßnahmen, sondern auf mittelbarem Wege, durch die Selbsttätigkeit der wirtschaftlichen Kräfte erreichen."

wirtschaftlicher Vorgänge dem Markt zu überlassen, beruht auf einer weisen Zurückhaltung der Zentralgewalt in der Erkenntnis, dass die Summe der Einzelentscheidungen im Markt am Ende einen Zustand größerer Bedürfnisbefriedigung herstellt, als ihn zentrale Planung je hätte erreichen können. Zu diesem Leitbild bekannten sich die Gründer der Gemeinschaft, indem sie nicht die Errichtung zentraler Institutionen, sondern den Gemeinsamen Markt als Mittel der Integration in den Vordergrund stellten. Das „Grundgesetz der Europäischen Wirtschaftsgemeinschaft, ihre ‚Philosophie', ist klar marktwirtschaftlich. Den unverfälschten Wettbewerb im ungeteilten Gemeinschaftsraum ins Spiel zu setzen, das ist das Leitmotiv."[113]

Die Präambel und Art. 2 EG-Vertrag zeigen deutlich, dass sich die Gemeinschaft damit nicht allein, ja nicht einmal in erster Linie dem Ziel ökonomischer Effizienz verschrieben hat.[114] Ziel war und bleibt es, „die Grundlagen für einen immer engeren Zusammenschluss der europäischen Völker zu schaffen" (Präambel); dem dient die in Art. 2 EG-Vertrag genannte Aufgabe, „eine harmonische, ausgewogene und nachhaltige Entwicklung des Wirtschaftslebens" und die weiteren dort genannten Ziele zu fördern. Der „Gemeinsame Markt" ist der Formulierung des Art. 2 nach ein Mittel zum Zweck; das dem Marktgedanken immanente „Prinzip der rechtlich herrschaftsfreien Koordination privatautonom verantworteter Entscheidungen"[115] steht damit im Dienste der Integrationsidee. Das Ziel war und ist nicht das Festhalten am status quo, sondern die Schaffung eines neuen Gemeinwesens, das nach dem Ideal selbstverantwortlicher Individuen organisiert ist und sich daher in gewissem Umfang seine Gestalt selbst schafft. Diesem Ziel wird der Entwicklungsmechanismus eines sich frei entfaltenden Marktes wesentlich besser gerecht als eine zentrale Steuerung des Integrationsprozesses.

Die Entwicklung der Gemeinschaft in diesem Sinne in ein offenes System zu stellen, bedeutet nicht, dass der Integrationsprozess regellos verlaufen würde. Die Zielorientierung der Gemeinschaft manifestiert sich in bestimmten „normsteuernden Prinzipien"[116]. Denn häufig macht rechtliche Regelung die Selbstbestimmung überhaupt erst möglich und ist weiterhin notwendig, um Verhaltensweisen auszuschließen, welche die rechtlichen Rahmenbedingungen der Selbstbestimmung gefährden.[117] Die Rechtskontrolle des Gemeinschaftshandelns ist daher wesentlicher Bestandteil der europäischen Wirtschaftsverfassung.[118] Die Ausstattung der Gemeinschaft mit einer eigenen Rechtsordnung und mit eigenen Organen gewährleistet im Unterschied zu einer bloßen zwischenstaatlichen Kooperation außerdem, dass in

---

113 *Hallstein* Europäische Gemeinschaft, 1974, S. 27.

114 *Müller-Graff* Marktrecht, 1984, S. 281 f.; *Müller-Graff* in: Dauses (Hrsg.), EU-Wirtschaftsrecht, 2004, A. I, S. 49 ff. (Rn. 112 ff.) zu den Verfassungszielen der Gemeinschaft.

115 *Müller-Graff* Marktrecht, 1984, S. 284.

116 *Müller-Graff* in: Perspektiven des Rechts in der Europäischen Union, 1998, S. 183, 194.

117 *Müller-Graff* Marktrecht, 1984, S. 289

118 *Ophüls* ZHR 124 (1962), 136, 163.

der Gemeinschaft ein fester „Integrationskern" entsteht, der nicht ohne weiteres wieder zerfallen kann.[119] Die Wirtschaft genießt damit langfristige Sicherheit hinsichtlich der Rahmenbedingungen des Gemeinsamen Marktes.[120]

Das Prinzip der sich selbst regulierenden Marktwirtschaft war somit die Antwort auf die Frage nach einem dynamischen Integrationsprinzip, das mit geringen normativen Voraussetzungen auszukommen hatte, ohne den Zielpunkt der Schaffung eines neuen Gemeinwesens aus den Augen zu verlieren.[121] Betrachtet man die Entwicklungsstufen der Gemeinschaft im historischen Rückblick, bestätigt sich die Weisheit dieser Festlegung. Kein im Jahre 1957 von zentraler Hand skizziertes Bild einer künftig anzustrebenden Gemeinschaft hätte auch nur annähernd erahnen können, welche Wege sie bis zum heutigen Tage gegangen ist und welche Entfaltungsmöglichkeiten sich ihr im Laufe der Jahrzehnte geboten haben.

III. Normkontext des EG-Vertrages

Ohne das nunmehr offen gelegte ökonomische und integrationspolitische Vorverständnis lässt sich über den Gehalt der Begriffe Gemeinsamer Markt und Binnenmarkt nicht sinnvoll diskutieren. Umgekehrt erschöpft sich ihr Verständnis aber auch nicht in diesen ökonomischen oder politischen Determinanten. Als Rechtsbegriffe müssen sie im Kontext des Vertrages ausgelegt werden. Ihr *rechtlicher* Gehalt erschließt sich letztlich aus der konkreten normativen Ausformung, die sie im EG-Vertrag gefunden haben.[122] Dabei zieht zu allererst eine terminologische Besonderheit die Aufmerksamkeit auf sich: Der EG-Vertrag in seiner heute vorliegenden Fassung kennt die Begriffe „Binnenmarkt" und „Gemeinsamer Markt", was die Frage aufwirft, worin der Unterschied zwischen beidem liegen soll. Da der Gemeinsame Markt der historisch ältere Begriff ist, nimmt die Betrachtung bei ihm *unter 1.* ihren Ausgang. Der sodann *unter 2.* zu behandelnde Binnenmarkt ist als

---

[119] Dies in Anlehnung an *Pelkmans* in: Integration Through Law, Vol. 1, Book 1, 1986, S. 318, 347: "The integration 'caspule', while hardening its shell over time, will be surrounded by a large fringe of cooperative ventures with varying degrees of intensity and of legal or financial commitment."

[120] Zu diesem Aspekt *Pelkmans* in: Integration Through Law, Vol. 1, Book 1, 1986, S. 318, 350 ff. Zur Verankerung des rechtlichen Primats der marktgemäßen Selbststeuerung in einzelnen Vorschriften des EG-Vertrags *Müller-Graff* Marktrecht, 1984, S. 292 ff.

[121] *Müller-Graff* Marktrecht, 1984, S. 285. *Müller-Graff* in: Dauses (Hrsg.), EU-Wirtschaftsrecht, 2004, A. I, S. 31 ff. (Rn. 72 ff.) beschreibt die Gemeinschaften daher als „zielbezogene transnationale Gemeinwesen eigener Art".

[122] *Ipsen* Europäisches Gemeinschaftsrecht, 1972, S. 550 f.; *Nicolaysen* Europarecht II, 1996, S. 30 f.; vgl. weiterhin die Ausführungen bei *Müller-Graff* Marktrecht, 1984, S. 278 ff., zum Verbindlichkeitsanspruch normativer Leitbilder bei einem Wandel des tatsächlich oder vermeintlich dahinterstehenden Sozialmodells: Verbindlichkeitsanspruch haben nur diejenigen Leitvorstellungen, die in den normativen Text Eingang gefunden haben. Im Gemeinschaftsrecht lässt sich die Leitidee des Marktes deutlich erkennen (ebda., S. 280 ff.).

Orientierungspunkt des Vertrages durch die Einheitliche Europäische Akte (EEA) im Jahre 1987 eingeführt worden und in seinem Verhältnis zum weiterhin an verschiedenen Stellen des Vertrages genannten Gemeinsamen Markt zu bestimmen.

1. Gemeinsamer Markt

a) Normkontext des Art. 2 EG-Vertrag: verbindliche Zielbestimmung

Die Worte „Gemeinsamer Markt" fallen gleich zu Beginn des EG-Vertrages an der Stelle, an der die Aufgaben der Gemeinschaft definiert werden. Gemäß Art. 2 ist es Aufgabe der Gemeinschaft,

> „eine harmonische, ausgewogene und nachhaltige Entwicklung des Wirtschaftslebens, ein hohes Beschäftigungsniveau und ein hohes Maß an sozialem Schutz, die Gleichstellung von Männern und Frauen, ein beständiges, nichtinflationäres Wachstum, einen hohen Grad von Wettbewerbsfähigkeit und Konvergenz der Wirtschaftsleistungen, ein hohes Maß an Umweltschutz und Verbesserung der Umweltqualität, die Hebung der Lebenshaltung und der Lebensqualität, den wirtschaftlichen und sozialen Zusammenhalt und die Solidarität zwischen den Mitgliedern zu fördern".

Art. 2 gibt auch Auskunft darüber, auf welche Art und Weise diese Belange zu fördern sind:

- durch die Errichtung eines Gemeinsamen Marktes
- durch die Errichtung einer Wirtschafts- und Währungsunion [123]
- durch die Durchführung der in den Artikeln 3 und 4 genannten gemeinsamen Politiken und Maßnahmen.

Die Errichtung eines Gemeinsamen Marktes ist also wesentlicher Teil der Aufgabenerfüllung der Gemeinschaft. Und obwohl die Einheitliche Europäische Akte an vielen Stellen des Vertrages den Begriff des Binnenmarktes einführte, ihn in einzelnen Vorschriften sogar an die Stelle des Gemeinsamen Marktes setzte,[124] hat der Gemeinsame Markt bis heute seine prominente Stellung in Artikel 2 des Vertrages behalten, was den bleibenden Stellenwert dieses Begriffs unterstreicht. Denn Artikel 2 ist – da Artikel 1 sich darin erschöpft, die Gründung einer „Europäischen Gemeinschaft" festzustellen – „die Grundnorm des Integrationsprogramms des EG-Vertrags" und damit „Fluchtpunkt aller weiteren Bestimmungen".[125]

Die genauere Bedeutung des Begriffs Gemeinsamer Markt erschließt sich aus seinem Bezug zu den Aufgaben der Gemeinschaft: Seine Errichtung soll die in Artikel 2

---

[123] Dieses Mittel wurde erst durch die Vertragsänderung von Maastricht (7.2.1992) in Art. 2 aufgenommen.

[124] So wurde durch den Vertrag von Maastricht namentlich in Art. 3 lit. c, lit. d und lit. g EG-Vertrag der Begriff des „Gemeinsamen Marktes" durch denjenigen des „Binnenmarktes" ersetzt.

[125] *v. Bogdandy* in: Grabitz/Hilf, EGV, 2000, Art. 2, Rn. 1; *Müller-Graff* in: Dauses (Hrsg.), EU-Wirtschaftsrecht, 2004, A. I, S. 52f. (Rn. 123f.).

benannten Ziele fördern. Diese Formulierung lässt ihn zwar nur als ein Mittel zum Zweck erscheinen; es besteht jedoch Einigkeit darüber, dass die Mittel der Zielverwirklichung ihrerseits *Vertragsziele* sind.[126] Dies folgt schon aus der Logik des Textes. Denn wenn die Gemeinschaft ihrer Aufgabe „durch die Errichtung eines Gemeinsamen Marktes" gerecht werden will, muss sie zunächst und zuallererst diesen Gemeinsamen Markt anstreben. Er ist also im Integrationsprozess zumindest ein Zwischenziel. Auch der Europäische Gerichtshof spricht im Urteil *Gaston Schul* von den „Zielen des Vertrages ..., zu denen an erster Stelle die Schaffung eines Gemeinsamen Marktes gehört."[127] In der Entscheidung *Giménez Zaera* bekräftigt er diesen Standpunkt. Die Verwirklichung der in Artikel 2 genannten Ziele müsse

> „das Ergebnis der Errichtung des Gemeinsamen Marktes und der fortschreitenden Annäherung der Wirtschaftspolitik der Mitgliedstaaten sein, die ebenfalls Ziele sind, deren Erreichung den wesentlichen Gegenstand des Vertrages bildet."[128]

Wichtig sind diese Ziele deshalb, weil sie – im Gegensatz zu den sehr allgemein gefassten und teilweise einander gegenläufigen Hauptzielen des Artikels 2 – juristisch handhabbar sind. Zwar sind alle Aufgaben des Art. 2 EGV in dem Sinne rechtsverbindliche Gebote und nicht nur unverbindliche Programmsätze, als sie bei der Auslegung des Vertrages heranzuziehen sind.[129] Der Gemeinsame Markt, die Wirtschafts- und Währungsunion sowie die in Art. 3 und 4 genannten Politiken haben aber einen besonderen „instrumentellen Charakter",[130] was besagt, dass man mit diesen Begriffen konkret juristisch arbeiten kann; für die Hauptziele gilt dies ihrem Charakter nach nicht oder nur in sehr eingeschränktem Maße.[131] Eine „harmonische, ausgewogene und nachhaltige Entwicklung des Wirtschaftslebens", ein „hohes Beschäftigungsniveau" oder ein „hohes Maß an Umweltschutz" kann man nicht ein für alle mal erreichen, sondern nur als Optimierungsgebote verstehen, die nie alle zugleich vollständig erfüllt werden können. Zutreffend hat es der Gerichtshof in der Rechtssache *Giménez Zaera* abgelehnt, aus dem Ziel „Hebung der Le-

---

126 *v. Bogdandy* in: Grabitz/Hilf, EGV, 2000, Art. 2, Rn. 3; *Hatje* in: Schwarze, EU-Kommentar, 2000, Art. 2 EGV, Rn. 10; *Leible* in: Grabitz/Hilf, EGV, 2002, Art. 28, Rn. 3 und Rn. 35; *Müller-Graff* in: Dauses (Hrsg.), EU-Wirtschaftsrecht, 2004, A. I, S. 58 (Rn. 140); *Streinz* in: Streinz (Hrsg.), EUV/EGV, 2003, Art. 2, Rn. 6.

127 EuGH, Rs. 15/81, *Gaston Schul*, Slg. 1982, 1409, 1431 (Rn. 33).

128 EuGH, Rs. 126/86, *Giménez Zaera*, Slg. 1987, 3697, 3715 f. (Rn. 10).

129 *v. Bogdandy* in: Grabitz/Hilf, EGV, 2000, Art. 2, Rn. 8; *Ipsen* Europäisches Gemeinschaftsrecht, 1972, S. 558; *Hatje* in: Schwarze, EU-Kommentar, 2000, Art. 2 EGV, Rn. 2; *Streinz* in: Streinz (Hrsg.), EUV/EGV, 2003, Art. 2, Rn. 8 f.; aus der Rechtsprechung beispielsweise: EuGH, Rs. 6/72, *Europemballage*, Slg. 1973, 215, 245 zu Art. 3 Abs. 1 lit. f EWGV.

130 *v. Bogdandy* in: Grabitz/Hilf, EGV, 2000, Art. 2, Rn. 35. *Kainer* Unternehmensübernahmen im Binnenmarktrecht, 2004, S. 129: Der Gemeinsame Markt ist nicht nur Integrationsziel, sondern auch und vor allem Integrationsmittel zur Erreichung der in Art. 2 EG-Vertrag genannten Ziele.

131 *Streinz* in: Streinz (Hrsg.), EUV/EGV, 2003, Art. 2, Rn. 9, spricht daher von ihrer „Justitiabilitätsschwäche".

benshaltung" konkrete rechtliche Schlussfolgerungen abzuleiten. Es handele sich um ein Ziel,

> „das aufgrund seiner Allgemeinheit und seines systematischen Zusammenhangs mit der Errichtung des Gemeinsamen Marktes und der fortschreitenden Annäherung der Wirtschaftspolitik weder rechtliche Pflichten der Mitgliedstaaten noch Rechte einzelner begründen kann".[132]

Aus dem Kontext des Art. 2 EG-Vertrag folgt demnach, dass ungeachtet der als Mittel-Zweck-Relation formulierten Beziehung zwischen dem Gemeinsamen Markt und den im Anschluss genannten Gemeinschaftszielen der Gemeinsame Markt der eigentlich operationale Rechtsbegriff ist, die allgemeiner formulierten Ziele hingegen kaum justitiabel sind. Die Nennung des Gemeinsamen Marktes an erster Stelle der instrumentellen Vertragsziele unterstreicht seine besondere Bedeutung.[133] Der Vertrag sieht in der dadurch bewirkten effektiveren Arbeitsteilung und besseren Ressourcenallokation im ökonomischen Prozess das prinzipale Instrument zur Förderung der meisten Hauptziele des Vertrags.[134]

b) Vertragskontext

(1) Marktfreiheit, Marktgleichheit, unverfälschter Wettbewerb

Seinem instrumentellen Charakter entsprechend verstand die Wissenschaft den Gemeinsamen Markt von Beginn an nicht etwa als einen rein ökonomischen Sachverhalt, sondern als einen Begriff mit einem „spezifischen Rechtsgehalt".[135] Als Rechtsbegriff konstituiert sich der Gemeinsame Markt im Kontext der Regeln des Vertrages. Seine rechtliche Struktur lässt sich mit *Grabitz* anschaulich beschreiben, wenn man die faktischen Funktionszusammenhänge zugrundelegt, die mit der Errichtung einer Wirtschaftsgemeinschaft verbunden sind:[136] Zunächst muss der Zugang zu den nationalen Märkten eröffnet werden; dies ist der Aspekt der *Marktfreiheit*. Ist der offene Zugang hergestellt, muss dafür gesorgt werden, dass er auch erhalten bleibt; dem dient das System zur Aufrechterhaltung des *unverfälschten Wettbewerbs*. Zur Vertiefung der Integration sind sodann Beschränkungen abzubauen, die den Zugang zwar nicht vereiteln, ihn aber zu Lasten der ausländischen

---

[132] EuGH, Rs. 126/86, *Giménez Zaera*, Slg. 1987, 3697, 3716 (Rn. 11). Auch die Kommission (ebda., S. 3702) und Generalanwalt *Mancini* (ebda., S. 3708f.) hatten in ihren Stellungnahmen zu dieser Rechtssache betont, dass die Ziele des Art. 2 EG-Vertrag nur programmatischen Charakter haben können.

[133] *v. Bogdandy* in: Grabitz/Hilf, EGV, 2000, Art. 2 EGV, Rn. 37.

[134] *v. Bogdandy* in: Grabitz/Hilf, EGV, 2000, Art. 2 EGV, Rn. 37; *Streinz* in: Streinz (Hrsg.), EUV/EGV, 2003, Art. 2, Rn. 30, spricht vom Gemeinsamen Markt als dem „Kernstück der Integration". Zum ökonomischen Hintergrund siehe bereits oben ab S. 27.

[135] *Grabitz* FS Ipsen, 1977, S. 645ff.; *Ipsen* Europäisches Gemeinschaftsrecht, 1972, S. 551.

[136] *Grabitz* FS Ipsen, 1977, S. 645, 647. Vgl. zum Folgenden auch *Kainer* Unternehmensübernahmen im Binnenmarktrecht, 2004, S. 136ff.

Marktteilnehmer oder Produkte erschweren; dies ist der Bereich der *Marktgleichheit*. Alle drei Elemente führen zu einem Wirtschaftssystem, das sich als System eigener Art von demjenigen dritter Staaten abhebt und damit zwangsläufig auch einen geographisch abgegrenzten Geltungsbereich haben muss. Somit hat der Gemeinsame Markt neben der nach innen gerichteten Wirkung auch eine *Außenwirkung*; er wird von Drittstaaten als Wirtschaftsraum mit eigener Identität wahrgenommen. Der Gemeinsame Markt bedeutet somit – kurz gefasst – „Einheit nach außen und Freiheit nach innen".[137]

(2) Systematik der primärrechtlichen Integrationsmittel

Die genannten Elemente des Gemeinsamen Marktes lassen sich in Beziehung setzen zum rechtlichen Ordnungssystem des EG-Vertrages:[138] Die *Grundfreiheiten* öffnen den Marktzugang und dienen damit der Herstellung von Marktfreiheit. Dies war nach einer in den ersten Jahrzehnten der Existenz der Gemeinschaft verbreiteten Auffassung auch ihre einzige Funktion. Beispielsweise sah *Ipsen* in der Niederlassungsfreiheit ein bloßes Diskriminierungsverbot.[139] Über diese enge Interpretation haben sich Rechtsprechung und Wissenschaft in einer späteren Phase der Integration zwar hinweggesetzt.[140] Dies lässt sich unter dem Aspekt der Evolution des Gemeinsamen Marktes aber damit erklären, dass es mit Abschluss der ersten Integrationsphase gelungen war, den Zugang zu den nationalen Märkten zu öffnen, also Marktfreiheit herzustellen, und erst nach Erreichen dieses Ziels der ehrgeizigere Vorsatz der Herstellung von Marktgleichheit in Angriff genommen, ja vielleicht als eigenständiges Ziel überhaupt erst in den Blick geraten konnte. In ihrer nach heutiger Auslegung erweiterten Funktion als Beschränkungsverbote übernehmen die Grundfreiheiten neben der Herstellung von Marktfreiheit auch die Herstellung von Marktgleichheit. Der Aufrechterhaltung des Wettbewerbs dienen sodann die *Wettbewerbsregeln* als „ein System, das den Wettbewerb innerhalb des Binnenmarktes vor Verfälschungen schützt" (Art. 3 lit. g EG-Vertrag). Der Gemeinsame Markt als Rechtsbegriff beschreibt demnach auch die den Wettbewerbsregeln vorgegebene Zweckbestimmung, nämlich die Offenheit der Märkte zu garantieren.[141] Damit sind die Wettbewerbsregeln ebenso integraler Bestandteil des Rechtsbegriffs des Gemeinsamen Marktes wie die Grundfreiheiten.[142] Das dritte Element des Gemein-

---

137 *Streinz* in: Streinz (Hrsg.), EUV/EGV, 2003, Art. 2, Rn. 32.

138 Dazu namentlich *Müller-Graff* in: Dauses (Hrsg.), EU-Wirtschaftsrecht, 2004, A. I, S. 54 ff. (Rn. 127 ff.).

139 *Ipsen* Europäisches Gemeinschaftsrecht, 1972, S. 645. Auch die Warenverkehrsfreiheit, die später zum Vorreiter eines erweiterten Verständnisses der Grundfreiheiten werden sollte, sah *Ipsen*, a.a.O., S. 588 f., vorrangig unter dem Aspekt der Diskriminierung.

140 Dazu näher unten ab S. 78.

141 *Grabitz* FS Ipsen, 1977, S. 645, 647 f., 650 f.

142 *v. Bogdandy* in: Grabitz/Hilf, EGV, 2000, Art. 2 EGV, Rn. 41; *Schubert* Der Gemeinsame Markt, 1999, S. 138.

samen Marktes, seine Außenwirkung, manifestiert sich namentlich in den Vorschriften über die *Zollunion* (Art. 24 ff. EG-Vertrag), flankiert durch diejenigen über die Gemeinsame Handelspolitik (Art. 131 ff. EG-Vertrag).

(3) Ökonomischer Zielzustand

Dient das Vertragsziel des Gemeinsamen Marktes somit der Herstellung eines Systems der offenen Märkte, bleibt zu fragen, welchen konkreten Zustand man sich unter dieser Zielprojektion vorzustellen hat. Der Begriff des Marktes enthält zweierlei:[143] Als *ökonomischer* Zustand verlangt der Markt einen Freiraum für das Zusammentreffen von Angebot und Nachfrage unter Wettbewerbsbedingungen. Als *rechtlicher* Zielzustand und als Ordnungsprinzip erfordert er ein System von Regeln, das die Austauschbeziehungen einschließlich der vorbereitenden Handlungen in diesem Sinne ordnet.[144] Dieser Markt ist ein „gemeinsamer", wenn die Marktteilnehmer überall im Markt für die Austauschbeziehungen einschließlich der vorbereitenden Handlungen ein Rechtsregime vorfinden, das zu im Wesentlichen einheitlichen Wettbewerbsbedingungen führt.[145]

In einem Raum mit verschiedenen nationalen Rechtsordnungen wirft dies naturgemäß die Frage auf, bis zu welchem Grad die rechtlichen Regeln inhaltlich vereinheitlicht werden müssen. Oder aus Perspektive der Mitgliedstaaten betrachtet: Wieviel Autonomie bleibt ihnen, um im Bereich der Wirtschaft eigene Regelungen zu erlassen? Staatsrechtlich formuliert führt dies zu der Frage, wieviel *Souveränität* den Mitgliedstaaten verblieben ist. Vom Vertragsziel des Gemeinsamen Marktes her betrachtet ist es nicht zwingend notwendig, die Aufspaltung in unterschiedliche Regelungssysteme gänzlich zu überwinden; der Gemeinsame Markt als ökonomischer Zustand setzt keine völlige *rechtliche* Einheitlichkeit voraus.[146] Dies lässt sich auch aus dem Normkontext des Art. 2 EG-Vertrag schließen, der den Gemeinsamen Markt und die Wirtschaftsunion als gesonderte Ziele nennt.[147] Das Ziel des Gemeinsamen Marktes verlangt nicht mehr und nicht weniger, als dass die Marktteilnehmer entweder überall gleiche Regeln vorfinden oder aber verbleibende Differenzen ohne Einfluss auf ihre ökonomischen Entscheidungen sind. Die wirtschaftlichen Entscheidungen der Marktbürger sollen, mit anderen Worten, nach ökonomischen Effizienzgesichtspunkten fallen und nicht durch die Unterschiedlichkeit

---

143 *v. Bogdandy* in: Grabitz/Hilf, EGV, 2000, Art. 2 EGV, Rn. 38; *Schubert* Der Gemeinsame Markt, 1999, S. 134 ff.

144 *v. Bogdandy* in: Grabitz/Hilf, EGV, 2000, Art. 2 EGV, Rn. 38.

145 *v. Bogdandy* in: Grabitz/Hilf, EGV, 2000, Art. 2 EGV, Rn. 38.

146 Vgl. *v. Bogdandy* in: Grabitz/Hilf, EGV, 2000, Art. 2 EGV, Rn. 38; dies zeigt auch der Vergleich mit dem System der Vereinigten Staaten von Amerika (dazu ausführlich *Jacobs/Karst* in: Cappelletti/Seccombe/Weiler (Hrsg.), Integration Through Law, Book 1, 1986, S. 169 ff.).

147 *Schmeder* Rechtsangleichung, 1978, S. 204 f.; sein Hinweis bezieht sich auf Art. 2 in seiner damaligen Fassung, ist als systematisches Argument aber weiterhin relevant.

der nationalen Rechtsordnungen bestimmt werden.[148] Konsequent hat auch die Europäische Kommission ihre Maßnahmen zur Angleichung des Gesellschaftsrechts damit begründet, den Unternehmen und den mit ihnen in Kontakt tretenden Personen sei der grenzüberschreitende Verkehr erleichtert, wenn sie überall in etwa dieselben Regeln anträfen.[149]

Nähme man die Formel, rechtliche Unterschiede dürften auf die wirtschaftlichen Entscheidungen keinen Einfluss haben, allerdings beim Wort, bliebe kaum noch Raum für eine nennenswerte Eigenständigkeit der mitgliedstaatlichen Rechtsordnungen. Rechtsmaterien, die schlechterdings keinen Einfluss auf wirtschaftliche Entscheidungen haben können, sind in einem einheitlichen Wirtschaftsraum kaum mehr denkbar.[150] Vielmehr gewinnen im Zuge weitgehender Vereinheitlichung der Kernbereiche des Wirtschaftsrechts gerade die Randbereiche unversehens die Rolle eines Züngleins an der Waage für die ökonomische Abwägung der Marktteilnehmer. Dies gilt selbst für Rechtsgebiete wie das Familien- oder Erbrecht, die auf den ersten Blick unternehmerische Entscheidungen nicht zu beeinflussen scheinen. So kann die schlichte Gründung einer Gesellschaft mit Gesellschaftern unterschiedlicher Nationalität – ein Vorgang, der in einem Gemeinsamen Markt als Normalität gelten sollte – für jeden einzelnen Gesellschafter völlig unterschiedliche erbrechtliche Folgen haben.[151] Ob ein Staat das Erbrechtsstatut für die Nachfolge in den Gesellschaftsanteil an der Staatsangehörigkeit oder am Domizil des Erblassers anknüpft,[152] kann damit zum ausschlaggebenden Kriterium der Standortwahl werden. Denn ein Gesellschafter, der zugleich Geschäftsführer werden und daher seinen Wohnsitz am Sitz der Gesellschaft nehmen will, wird größtes Augenmerk darauf richten, dass das dort geltende Internationale Erbrecht seine Nachlassplanung nicht durchkreuzt.

Der für einen Gemeinsamen Markt erforderliche Grad an Rechtsvereinheitlichung lässt sich mithin nicht an Hand der Formel bestimmen, dass Unterschiede

---

148 *v. Bogdandy* in: Grabitz/Hilf, EGV, 2000, Art. 2 EGV, Rn. 38 und 40.

149 So *Fitchew*, seinerzeit Generaldirektor der Europäischen Kommission, in: Buxbaum/Hertig/Hirsch/Hopt (Hrsg.), European Business Law, 1991, S. 11.

150 Aus diesem Grund kritisch gegenüber der von *Fitchew* gegebenen Rechtfertigung von gesellschaftsrechtlicher Harmonisierung (s. Fn. 149) *Timmermans* in: Buxbaum/Hertig/Hirsch/Hopt (Hrsg.), European Business Law, 1991, S. 20. Man solle Harmonisierungsmaßnahmen seiner Auffassung nach etwas konkreter begründen als mit der recht vagen Formel, dass es immer gut sei, in einem anderen Staat ein bekanntes Rechtsystem anzutreffen; denn dies könne für Vertrags- oder Deliktsrecht ebenso gelten wie für Gesellschaftsrecht.

151 Ausführlich dazu *Schlotter* Erbrechtliche Probleme in der SPE, 2002. Die dort ausgeführten Überlegungen zum Erbgang in einen Anteil an einer Europäischen Privatgesellschaft haben ihre Grundlage in der Verschiedenheit der mitgliedstaatlichen Rechtsordnungen und stellen sich bei nationalen Gesellschaften mit internationalem Gesellschafterkreis in derselben Weise (*Schlotter*, a.a.O., S. 7 f.).

152 Zu diesen und anderen Anknüpfungsmomenten im Internationalen Erbrecht der europäischen Staaten *Schlotter* Erbrechtliche Probleme in der SPE, 2002, S. 12 ff.

im mitgliedstaatlichen Recht keinen Einfluss auf ökonomische Entscheidungen haben dürften. Die Festlegung des gewünschten Grades an Rechtseinheit ist im Kern eine *integrationspolitische Entscheidung*; sie sollte allerdings von einer fundierten Abwägung der Vor- und Nachteile eines Fortschreitens oder Stillstands auf dem Weg zur Herstellung von Rechtseinheit getragen sein. Für das Gesellschaftsrecht wird dies deutlich an der aktuellen Diskussion um einen Wettbewerb der Rechtsordnungen.[153] Sieht man im Gemeinsamen Markt einen Zielzustand, bei dem rechtliche Unterschiede für ökonomische Entscheidungen irrelevant sind, bleibt für einen Wettbewerb der Rechtsordnungen kein Raum. Denn dieser Wettbewerb setzt ja gerade auf die Unterschiede zwischen den Rechtsordnungen. Gelangt man jedoch integrationspolitisch zu der Einsicht, dieser Wettbewerb sei ein geeignetes Instrument, um Regeln zu generieren, die den ökonomischen Bedürfnissen der Wirtschaftsgemeinschaft angemessen sind, wird man dies nicht mit einem *a priori* determinierten Begriffsgehalt des Gemeinsamen Marktes ablehnen können. Den Rechtsetzungsorganen der Gemeinschaft muss hier der Spielraum zugestanden werden, gegebenenfalls auch untätig zu bleiben, wenn sie sich gerade davon eine allgemeine Wohlfahrtssteigerung im Gemeinsamen Markt versprechen.

(4) Verwirklichung des Vertragsziels „Gemeinsamer Markt" mit rechtlichen Mitteln

Das Besondere im Vergleich zu den Zielbestimmungen anderer internationaler Organisationen liegt darin, dass die Ziele des EG-Vertrages durch rechtsetzende Akte der Unionsorgane verwirklicht werden sollen.[154] Als Aufgabennormen sollen sie die Entwicklung der Rechtsordnung sowohl durch die politischen Organe als auch durch die richterliche Rechtsfortbildung steuern.[155] Die Ziele sind selbst zwar keine Kompetenznormen,[156] können jedoch zur Auslegung von Ermächtigungsnormen herangezogen werden, wenn diese auf die Zielvorgaben verweisen.[157] Der Gemeinsame Markt ist damit als eines der Mittel zur Aufgabenerfüllung der Gemeinschaft „ein dauernd wirksamer, im Sinne der Integration optimaler Maßstab der Gestaltung, Auslegung und Anwendung des Gemeinschaftsrechts aller Erscheinungsformen".[158]

Der Vertrag stattet die Gemeinschaft mit einer Reihe rechtlicher Mittel aus, die zur Verwirklichung des Gemeinsamen Markt beitragen. Der historisch und wohl auch sachnotwendig erste Schritt zur Herstellung eines Gemeinsamen Marktes ist die Zollunion; dadurch entwickelt sich der Markt nach außen zu einer ökonomi-

---

153 Dazu näher ab S. 330 ff.

154 *v. Bogdandy* in: Grabitz/Hilf, EGV, 2000, Art. 2 EGV, Rn. 6.

155 *v. Bogdandy* in: Grabitz/Hilf, EGV, 2000, Art. 2 EGV, Rn. 8.

156 *v. Bogdandy* in: Grabitz/Hilf, EGV, 2000, Art. 2 EGV, Rn. 18.

157 *Hatje*, in: Schwarze, EU-Kommentar, 2000, Art. 2 EGV, Rn. 7 f.; str. für Auslegung des Art. 308 EGV (dazu m.w.N. *Hatje*, in: Schwarze, EU-Kommentar, 2000, Art. 2 EGV, Rn. 8).

158 *Ipsen* Europäisches Gemeinschaftsrecht, 1972, S. 551.

schen Einheit.[159] Darüber hinaus ist jedoch auch eine Einheit im Inneren angestrebt. Dieser Einheit nach innen dienen wesentlich die *Grundfreiheiten*. Sie können die Unterschiedlichkeiten der Rechtsordnungen nicht vollständig einebnen, schaffen aber einen Zustand, in dem es nicht mehr darauf ankommt, in welchem Mitgliedstaat eine wirtschaftliche Aktivität betrieben wird: Jedes in einem Mitgliedstaat produzierte Produkt darf in den übrigen vertrieben werden, jedes in einem Mitgliedstaat ansässige Wirtschaftssubjekt darf seine Tätigkeit überall ausüben.[160]

Ein weiteres Mittel zur Herstellung des Gemeinsamen Marktes ist die *Rechtsangleichung*. Sie ergänzt die Grundfreiheiten sinnfällig, indem sie nicht nur dem Abbau von Beschränkungen dient, sondern auch gestaltenden Charakter hat.[161] Im Wortlaut des Vertrages wird mehrfach deutlich, dass auch die Rechtsangleichung auf die Errichtung und das Funktionieren des Gemeinsamen Marktes bezogen ist. Sie ist nach Art. 3 lit. h EG-Vertrag Teil der Tätigkeit der Gemeinschaft, „soweit dies für das Funktionieren des Gemeinsamen Marktes erforderlich ist". Ebenso stellen die Kompetenznormen der Artikel 94 und 96 EG-Vertrag (Artt. 100 und 101 a.F.) den Bezug zum Vertragsziel her. Denn auf ihrer Grundlage erlässt der Rat Richtlinien[162]

> „für die Angleichung der Rechts- und Verwaltungsvorschriften der Mitgliedstaaten, die sich unmittelbar auf die Errichtung und das Funktionieren des *Gemeinsamen Marktes* auswirken" (Art. 94)
>
> sowie für den Fall, dass
>
> „vorhandene Unterschiede in den Rechts- und Verwaltungsvorschriften der Mitgliedstaaten die Wettbewerbsbedingungen auf dem *Gemeinsamen Markt* verfälschen und dadurch eine Verzerrung hervorrufen, die zu beseitigen ist, ..." (Art. 96).[163]

Die Diskussion über Ziele und Reichweite der Rechtsangleichung folgt damit unmittelbar dem Verständnis vom Gemeinsamen Markt. Ebenso wie zu den Grundfreiheiten festgestellt, ist auch das Verständnis der Rolle der Rechtsangleichung vom jeweiligen Stand der Integration beeinflusst. So sah *Schmeder*, zu Zeiten als der Binnenmarkt noch kein ausdrückliches Vertragsziel war und eine Wirtschafts- und Währungsunion noch in weiter Ferne lag, in der Befugnis zur Rechtsangleichung lediglich ein Mittel zur Herstellung einer Zollunion.[164] Denn der Gemeinsame

---

159 *v. Bogdandy* in: Grabitz/Hilf, EGV, 2000, Art. 2 EGV, Rn. 40; *Schmeder* Rechtsangleichung, 1978, S. 40 ff.; *Schubert* Der Gemeinsame Markt, 1999, S. 137.

160 Zu den Einzelheiten der Dogmatik der Grundfreiheiten s. unten ab S. 73.

161 Vgl. zur Zielsetzung der Rechtsangleichung bereits *Ipsen* Europäisches Gemeinschaftsrecht, 1972, S. 687, und weiter unten ab S. 187.

162 Kursive Hervorhebungen im Zitat stammen vom *Verfasser*.

163 Dies setzt nach dem gleichfalls in Art. 96 EG-Vertrag angesprochenen Verfahren voraus, dass zuvor Beratungen mit den Mitgliedstaaten geführt wurden, die nicht zur Beseitigung der Verzerrung geführt haben.

164 *Schmeder* Rechtsangleichung, 1978, S. 204.

Markt sei in seinem Kern allein durch die Zollunion und die allmähliche Herausbildung einer marktwirtschaftlichen Grundverfassung charakterisiert. Der weitergehende Integrationsschritt einer Wirtschafts- und Währungsunion sei davon nicht mehr gedeckt und müsse durch einen neuen völkerrechtlichen Vertrag unter den Mitgliedstaaten legitimiert werden.[165] Dem stand damals die Charakterisierung von *Ipsen* gegenüber, der schon einige Jahre zuvor geschrieben hatte, Rechtsangleichung habe „eine insgesamt dynamisch konzipierte, nicht a priori fixierte Aufgabe".[166] Denn der Gemeinsame Markt dulde in der Herstellung gemeinsamer Politiken und der Koordinierung der mitgliedstaatlichen Wirtschaftspolitik nicht Beharrung, er fordere Entwicklung.[167] Dieses dynamische Verständnis hatte sicherlich noch nicht die spätere Wirtschafts- und Währungsunion im Blick; den Gemeinsamen Markt allein auf eine Zollunion zu reduzieren, wie *Schmeder* es tat, wurde aber schon damals der im Vertrag angelegten Dynamik des Integrationsprozesses nicht gerecht. Es widersprach auch der Systematik des Vertrages, der die Herstellung der Zollunion bereits in den Art. 18 ff. regelt,[168] mit den Grundfreiheiten dann aber deutlich über die bloße Zollunion hinausweist.[169] Festzuhalten bleibt als Ergebnis dieses Ausflugs in die frühe Diskussion zur Rechtsangleichung, dass auch dieses Gestaltungsinstrument funktional auf den Gemeinsamen Markt bezogen und somit vom Vorverständnis des Begriffes geprägt ist. Dasselbe gilt *mutatis mutandis* für die Angleichungskompetenzen, die zur Verwirklichung des Binnenmarktes geschaffen wurden, und auf die an anderer Stelle einzugehen sein wird.[170] Auch bei der Ausübung dieser Kompetenzen steht unausgesprochen wiederum die Frage im Raum, wie man sich den Wirtschaftsraum vorstellt, dessen Verwirklichung man fördern will.

Schließlich entfaltet Art. 2 EGV seine Wirkung auch im Zusammenwirken mit anderen Normen des Vertrages. Er ist bei der Auslegung und Anwendung des Vertrages und des abgeleiteten Rechts zu berücksichtigen und insoweit von jedem Anwender des EG-Vertrages – sei es auf Ebene der Europäischen Union, sei es auf Ebene der Mitgliedstaaten – zu beachten.[171] Obwohl er sich unmittelbar nur an die Unionsorgane richtet,[172] verpflichtet er im Zusammenspiel mit Art. 10 EGV auch die Mitgliedstaaten auf die Beachtung der Vertragsziele.[173] Weiterhin entfaltet er

---

165 *Schmeder* Rechtsangleichung, 1978, S. 204.

166 *Ipsen* Europäisches Gemeinschaftsrecht, 1972, S. 687.

167 *Ipsen* Europäisches Gemeinschaftsrecht, 1972, S. 687.

168 Darunter mit Art. 27 eine Vorschrift, welche die Angleichung der mitgliedstaatlichen Vorschriften ausdrücklich anspricht.

169 Siehe die Ausführungen zu den Grundlagen des Gemeinsamen Marktes oben im Text ab S. 33.

170 S. unten Abschnitt § 4. (S. 187 ff.).

171 *v. Bogdandy* in: Grabitz/Hilf, EGV, 2000, Art. 2 EGV, Rn. 9, Rn. 13 ff. und Rn. 52; *Hatje*, in: Schwarze, EU-Kommentar, 2000, Art. 2 EGV, Rn. 9.

172 *v. Bogdandy* in: Grabitz/Hilf, EGV, 2000, Art. 2 EGV, Rn. 9 und Rn. 52 f.

173 *v. Bogdandy* in: Grabitz/Hilf, EGV, 2000, Art. 2 EGV, Rn. 8.

seine Relevanz als Auslegungsnorm für die Gebots-, Verbots- und Kompetenznormen des Vertrages. Diese zielbezogene Auslegung der Bestimmungen des EG-Vertrages lässt sich als teleologisch bezeichnen, hat aber auch systematische Elemente, da die Ziele im Vertrag selbst niedergelegt sind.[174] Die Ziele des Art. 2 EG-Vertrag sind aber nicht nur Handlungsauftrag, sondern auch Maßstabsnormen gegenüber Akten der Unionsorgane.[175] Sie haben insoweit begrenzende Funktion und sind ein wichtiger Aspekt des Prinzips der begrenzten Einzelermächtigung.[176]

2. Binnenmarkt

a) *Verhältnis zum Begriff des Gemeinsamen Marktes*

Der Begriff des Binnenmarktes ist durch die Einheitliche Europäische Akte (EEA) im Jahre 1987 in den Vertrag eingefügt worden. Zuvor war nur an eher unauffälliger Stelle von ihm die Rede gewesen,[177] nun aber setzte sich die Gemeinschaft das Ziel, den Binnenmarkt bis zum 31. Dezember 1992 zu verwirklichen.[178] Der Binnenmarkt ist nach Art. 14 Abs. 2 EG-Vertrag zu verstehen als ein

> „Raum ohne Binnengrenzen, in dem der freie Verkehr von Waren, Personen, Dienstleistungen und Kapital gemäß den Bestimmungen dieses Vertrages gewährleistet ist."

Vergleichbares formuliert Art. 3 lit. c EGV, wonach der Binnenmarkt gekennzeichnet ist durch die Beseitigung der Hindernisse für den freien Waren-, Personen-, Dienstleistungs- und Kapitalverkehr. Ziel ist somit ein von internen Behinderungen freier vereinigter Wirtschaftsraum.[179] Diese Begriffsbildung entstammt dem Weißbuch der Kommission, in dem die Vollendung des Binnenmarktes politisch konzipiert worden war.[180] Sie setzte damit gegenüber den weltwirtschaftlichen Herausforderungen durch die USA und Japan den Akzent noch einmal sehr deutlich auf die Vorteile des Freihandels, der innerhalb der Gemeinschaft neues wirtschaftliches Potential freisetzen sollte.[181] Um dies zu erreichen, modifizierte die EEA auch das

---

174 *v. Bogdandy* in: Grabitz/Hilf, EGV, 2000, Art. 2 EGV, Rn. 14.

175 *v. Bogdandy* in: Grabitz/Hilf, EGV, 2000, Art. 2 EGV, Rn. 8.

176 *v. Bogdandy* in: Grabitz/Hilf, EGV, 2000, Art. 2 EGV, Rn. 12.

177 Die entsprechende Vorschrift steht heute in Art. 37 Abs. 3 lit. b EG-Vertrag; weiterhin der frühere Art. 45 Abs. 2 Unterabs. 2 EWGV, mittlerweile aufgehoben.

178 Die hierfür maßgebliche Vorschrift wurde eingefügt durch die EEA mit Wirkung vom 1. Juli 1987 als Art. 8a EWG-Vertrag; der Maastrichter Vertrag änderte die Nummerierung in Art. 7a EG-Vertrag, ließ den Artikel inhaltlich aber unberührt, der Amsterdamer Vertrag machte daraus Artikel 14, und fügte als neuen Absatz 3 den Absatz 2 des früheren Art. 7b EG-Vertrag hinzu (näher zur Geschichte der Vorschrift *v. Bogdandy* in: Grabitz/Hilf, EGV, 2000, Art. 14, Rn. 1 ff.).

179 *Hatje*, in: Schwarze, EU-Kommentar, 2000, Art. 3 EGV, Rn. 5.

180 *Kommission* Weißbuch, 1985.

181 Zur Motivation der EU-Kommission, auch im Hinblick auf die weltwirtschaftliche Lage der 70er und 80er Jahre, *Fitchew*, seinerzeit Generaldirektor in der Europäischen Kommission,

System der Rechtsangleichung; bedeutsam ist dabei vor allem die zusätzliche Einführung von Beschlussmöglichkeit mit qualifizierter Mehrheit und die Festlegung neuer Einzelermächtigungen.[182] Die Harmonisierung wurde damit „zu einer Art Hoffnungsträger der Verwirklichung des Binnenmarktes“[183].

Ungeachtet dieser Neuorientierung auf das Ziel des Binnenmarktes spricht der Vertrag an vielen Stellen weiterhin vom „Gemeinsamen Markt“, nicht zuletzt in der bereits behandelten Ausgangsnorm des Artikel 2.[184] Dies führt zu der Frage, in welchem Verhältnis der Gemeinsame Markt zum neu eingeführten Begriff des Binnenmarktes steht.

(1) Vollendung des Gemeinsamen Marktes?

Man könnte geneigt sein, den Binnenmarkt als Vollendung des Gemeinsamen Marktes zu verstehen.[185] Denn schon vor Verabschiedung der Einheitlichen Europäischen Akte sah der Europäische Gerichtshof im Binnenmarkt gewissermaßen das Fernziel des Vertrages, dessen Erreichung mit der Schaffung des Gemeinsamen Marktes aufgetragen sei:[186]

> „Der Begriff Gemeinsamer Markt – so wie ihn der Gerichtshof in ständiger Rechtsprechung herausgearbeitet hat – stellt ab auf die Beseitigung aller Hemmnisse im innergemeinschaftlichen Handel mit dem Ziele der Verschmelzung der nationalen Märkte zu einem einheitlichen Markt, dessen Bedingungen denjenigen eines wirklichen Binnenmarktes möglichst nahekommen.“

Der Binnenmarkt erscheint hier als die „Idealform des Gemeinsamen Marktes“[187]. Und *Steindorff* meinte denn auch, bezogen auf die Einheitliche Europäische Akte: „Die Judikatur hielt es nur für geboten, einem Binnenmarkt möglichst nahe zu kommen. Jetzt geht es um einen Binnenmarkt selbst.“[188] Die Entstehungsgeschichte scheint dies zu bestätigen. Denn das Binnenmarkt-Weißbuch der Europäischen Kommission beschränkte sich anders als viele vorangegangene Dokumente nicht darauf, unscharfe programmatische Ziele zu formulieren, sondern bot eine ganze Fülle konkreter Maßnahmen – und ein konkretes Datum: Bis zum Ende des Jahres

---

in: Buxbaum/Hertig/Hirsch/Hopt (Hrsg.), European Business Law, 1991, S. 4ff., S. 16f. und S. 30f.

182 Ausführlich zu diesen Veränderungen im rechtlichen Rahmen der Rechtsangleichung *Müller-Graff* EuR 1989, 107, 121 ff.

183 *Müller-Graff* EuR 1989, 107, 109.

184 Siehe dazu oben S. 50ff.

185 Siehe zur Diskussion, mit jew. w. Nachw.: *Leible* in: Streinz (Hrsg.), EUV/EGV, 2003, Art. 14, Rn. 12; *Franzen* Privatrechtsangleichung, 1999, S. 94ff.; *Hatje*, in: Schwarze, EU-Kommentar, 2000, Art. 2 EGV, Rn. 28; *Tietje* in: Grabitz/Hilf, 2003, vor Art. 94–97, Rn. 12ff.

186 EuGH, Rs. 15/81, *Gaston Schul*, Slg. 1982, 1409, 1431f. (Rn. 33).

187 Begriff nach *Schubert* Der Gemeinsame Markt, 1999, S. 141.

188 *Steindorff* ZHR 150 (1986) 687, 689.

1992 sollten alle Grenzkontrollen fallen.[189] An Hand des Maßnahmenkatalogs im Weißbuch der Kommission wurden die Integrationsfortschritte nunmehr auch objektiv messbar.[190] Offenbar hatte die Gemeinschaft seinerzeit in der Tat den Vorsatz gefasst, sich die Verwirklichung des zuvor von Rechtsprechung und Literatur formulierten Binnenmarkt-Ideals nun konkret zum Ziel zu setzen.[191]

Wenn man allerdings im Binnenmarkt den End- und Optimalzustand des Gemeinsamen Marktes gesehen haben sollte, hätte man diesen Begriff im EG-Vertrag überall durch denjenigen des Binnenmarktes ersetzen müssen. Dies ist nicht geschehen. Insbesondere und besonders bemerkenswert findet sich der Gemeinsame Markt weiterhin in der grundlegenden Formulierung der Aufgaben der Gemeinschaft des Artikel 2; der Binnenmarkt wird erst in Artikel 3 genannt, in dem es um die systematisch nachgeordnete Frage geht, welche Tätigkeiten zum Gemeinsamen Markt führen (Art. 3 lit. c und lit. h EG-Vertrag). Diese Systematik des Vertrages spricht dafür, im Begriff des Binnenmarktes den engeren und im Gemeinsamen Markt den umfassenderen Begriff zu sehen.[192] Dies wäre durch den Wortlaut des Art. 14 Abs. 2 EG-Vertrag durchaus gedeckt. Denn ein „Raum ohne Binnengrenzen" lässt sich auch als ein Minus gegenüber einem wirklich innerstaatlichen Wirtschaftsraum verstehen. Hätte man einen vollkommenen Binnenmarkt angestrebt, hätte man auf jede sprachliche Relativierung verzichten können; statt dessen betont der Vertrag, es handele sich um einen Raum ohne Binnengrenzen und fügt hinzu, dieser werde verwirklicht „gemäß den Bestimmungen dieses Vertrages".[193] Bei etwas genauerer Betrachtung war auch der politische Ansatz der EU-Kommission eher pragmatisch denn visionär. Ihr ging es mit dem Programm zur Verwirklichung des Binnenmarktes in erster Linie um den Integrationsschritt der Abschaffung aller Grenzkontrollen.[194] Ein Wirtschaftsraum ohne Grenzkontrollen bleibt aber hinter dem Postulat eines Binnenmarktes mit völlig einheitlichen Wettbewerbsbedingungen doch recht deutlich zurück. Der mit dem Begriff des Gemeinsamen Marktes umschriebene Auftrag hat sich mit der Abschaffung der Grenzkontrollen noch keineswegs erschöpft.

---

189 Weißbuch, Ziff. 24ff.

190 So namentlich *Bieber/Dehousse/Pinder/Weiler* in: dies. (Hrsg.), 1992: One European Single Market?, 1988, S. 16.

191 In diesem Sinne: *v. Bogdandy* in: Grabitz/Hilf, EGV, 2000, Art. 14, Rn. 9; *Everling* in: FS Steindorff, 1990, S. 1155, 1160: Es werde nun der „wirkliche" Binnenmarkt angestrebt (Anführungszeichen im Original).

192 So *Pescatore* EuR 1986, 153, 157, der befürchtete, die Einführung des Sonderbegriffes vom Binnenmarkt könne den Gemeinsamen Markt entwerten.

193 Die Kommission hatte ursprünglich den Zusatz „unter denselben Bedingungen wie in einem Mitgliedstaat" vorgeschlagen; die Regierungsvertreter änderten dies in „gemäß den Bestimmungen dieses Vertrages gewährleistet" (*Everling* in: FS Steindorff, 1990, S. 1155, 1162).

194 *Everling* in: FS Steindorff, 1990, S. 1155, 1162; *Müller-Graff* EuR 1989, 107, 125f.

(2) Bloßer Abbau der Grenzkontrollen?

Nach dem soeben Gesagten läge es nahe, den Sinngehalt des Binnenmarktes allein im Abbau der Grenzkontrollen zu sehen. Gegen dieses enge Verständnis lässt sich allerdings wiederum die Systematik des Vertrages anführen. Denn die Kompetenznorm des Art. 95 Abs. 1 EG-Vertrag (ex Art. 100a) macht deutlich, dass der Vertrag beim Binnenmarkt nicht nur an den Abbau von Grenzkontrollen denkt: „Der Rat erlässt ... die Maßnahmen zur Angleichung der Rechts- und Verwaltungsvorschriften der Mitgliedstaaten, welche die Errichtung und das Funktionieren des Binnenmarktes zum Gegenstand haben." Der Binnenmarkt setzt also nach der Konzeption des Vertrages mehr voraus als die Öffnung der Grenzen; es bedarf auch einer zumindest partiellen Angleichung der mitgliedstaatlichen Rechtssysteme. Daneben besteht auch im Binnenmarkt das Bedürfnis für ein System zum Schutz vor Wettbewerbsverfälschungen. Das zeigt Art. 3 lit. g EG-Vertrag, wonach der Wettbewerb „innerhalb des Binnenmarktes" gegen Verfälschungen zu schützen sei.[195] Auch dem Wortsinn nach erscheint es als übermäßige Eingrenzung, im Binnenmarkt nur die Abwesenheit von Grenzkontrollen zu sehen, schwingt dabei doch auch die Vorstellung weitgehend einheitlicher Lebens- und Rechtsverhältnisse mit.

(3) Vertiefung der Integration nach innen

Um dem Begriff des Binnenmarktes gerecht zu werden, wird man somit eine Auslegung finden müssen, die im Binnenmarkt zwar noch nicht die Vollendung des Gemeinsamen Marktes, wohl aber mehr als die bloße Abschaffung der Grenzkontrollen sieht. Weiterführend ist insoweit eine Einordnung des Begriffes in das zum Gemeinsamen Markt entwickelte Koordinatensystem:[196] Marktfreiheit als Freiheit nach innen, die nach außen ein einheitliches Auftreten gegenüber Drittstaaten bedeutet; Marktgleichheit als wirtschaftlichen Austausch der Marktteilnehmer unter möglichst gleichen Wettbewerbsbedingungen; und Wettbewerbsfreiheit, verstanden als Absicherung der wirtschaftlichen Freiheit gegen Verfälschungen des Wettbewerbs. Betrachtet man diese drei Elemente, wird man sagen können, dass der neu eingeführte Rechtsbegriff des Binnenmarktes vor allem die Vertiefung der inneren Freiheit und Gleichheit anstrebt. Herstellung des Binnenmarktes bedeutet Herstellung von Marktfreiheit und Marktgleichheit. Der Binnenmarkt vertieft damit den Gemeinsamen Markt in einem besonders wichtigen, nach innen gerichteten Teilbereich.[197]

---

[195] *Müller-Graff* EuR 1989, 107, 124.

[196] Dazu bereits oben ab S. 52.

[197] Für das Verständnis, der Binnenmarkt vertiefe den Gemeinsamen Markt, ohne mit ihm völlig deckungsgleich zu sein: *Dauses* Wirtschafts- und Währungsunion, 2003, S. 67 f. („mathematische Teilmenge des Gemeinsamen Marktes"); *Leible* in: Streinz (Hrsg.), EUV/EGV, 2003, Art. 14, Rn. 15; *Randelzhofer/Forsthoff* in: Grabitz/Hilf, vor Art. 39–55 EGV, Rn. 4 ff. Vergleichbar *Müller-Graff* in: Dauses (Hrsg.), EU-Wirtschaftsrecht, 2004, A. I, S. 58 ff.

Fraglich bleibt, was Marktfreiheit in einem Binnenmarkt, der den Fortbestand der Einzelstaaten unterstellt, bedeuten kann. Gemeint ist jedenfalls eine Abschaffung der Binnengrenzen, soweit sie den grenzüberschreitenden Verkehr von Waren, Personen, Dienstleistungen und Kapital behindern; diese Zielsetzung ergibt sich deutlich aus Art. 14 Abs. 2 EG-Vertrag. Ausgangspunkt ist daher der *Abbau von Grenzkontrollen.*[198] Beschränkungen bleiben möglich, dürfen aber nicht mehr an der Grenze gehandhabt werden, sondern müssen mit inländischen Kontrollmechanismen vollzogen werden, solange eine verbindliche Harmonisierung der Anforderungen nicht erfolgt ist.[199] Bei dieser Beschreibung des Binnenmarktes ist das nach außen einheitliche Auftreten dieses Wirtschaftsraums ebenso mitgedacht wie das System des unverfälschten Wettbewerbs, das man benötigt, um die einmal entstandene Freiheit aufrechtzuerhalten. Zentrale Stoßrichtung bei der Herstellung des Binnenmarktes ist der Abbau von Schranken jeglicher Art zwischen den Mitgliedstaaten – nicht nur der Schlagbäume, sondern auch der rechtlichen Schranken.[200] Angesprochen ist also der Gemeinsame Markt in seiner *nach innen* gerichteten Wirkrichtung.

Eine entstehungsgeschichtliche Beobachtung soll dies illustrieren: Art. 3 lit. g EG-Vertrag spricht in seiner heutigen Fassung von einem System, das den Wettbewerb „innerhalb des Binnenmarktes" vor Verfälschungen schützt. Im EWG-Vertrag war seinerzeit noch die Rede gewesen vom Schutz des Wettbewerbs „innerhalb des Gemeinsamen Marktes". *Ipsen* hatte diese Vorschrift seinerzeit folgendermaßen charakterisiert: „Diese Zielbestimmungen" (d.h. Art. 3 lit. f EWG-Vertrag, heute Art. 3 lit. g EG-Vertrag) „stehen in Relation zu den Vertragszielen und Gemeinschaftsmaßnahmen, die – für die EWG auch mit dem Institut der Zollunion – durch Abschaffung aller mengenmäßigen und wirkungsgleichen Beschränkungen des Warenverkehrs und Sicherung ergänzender Freiheiten im Gemeinsamen Markt *binnenmarktähnliche Verhältnisse* herzustellen suchen."[201] Den Begriff des Gemeinsamen Marktes an dieser Stelle durch denjenigen des Binnenmarktes zu ersetzen, manifestiert also den Willen zu einer Vertiefung der bereits im Begriff des Gemeinsamen Marktes angelegten Integration. Die Wettbewerbsregeln, die früher dem Schutz des Gemeinsamen Marktes dienten, richten sich nach der Vertiefung der Integration zum Binnenmarkt sachnotwendig auf dessen Schutz.

(Rn. 142ff.), der im Binnenmarkt eine Fortentwicklung des Gedankens des Gemeinsamen Marktes sieht, die durch zusätzliche Verwirklichungselemente flankiert ist.

198 *Müller-Graff* EuR 1989, 107, 125.

199 *Müller-Graff* EuR 1989, 107, 125 f.

200 Ebenso *Everling* in: FS Steindorff, 1990, S. 1155, 1162f.: „... die Beseitigung aller Hindernisse des innergemeinschaftlichen Warenverkehrs ..., die auf nichtdiskriminierenden Vorschriften und deren Unterschiede beruhen, auch wenn diese nicht zu unmittelbaren Grenzhindernissen oder -kontrollen führen."

201 *Ipsen* Europäisches Gemeinschaftsrecht, 1972, S. 606 (kursive Hervorhebung vom *Verf.* hinzugefügt).

Der Binnenmarkt ist nach alledem zu verstehen als die Vertiefung eines wesentlichen *Ausschnitts* des Gemeinsamen Markts.[202] Für den hier maßgeblichen Untersuchungsgegenstand des Gesellschaftsrechts kommt es auf diese nach innen gerichtete Form der Integration besonders an. Daher soll der auf die innere Markteinheit gerichtete Begriff des Binnenmarktes nachfolgend pars pro toto für das Integrationsziel der Gemeinschaft stehen. Es ist dieses Element des Gemeinsamen Marktes, von dem auch das Gesellschaftsrecht in besonderer Weise betroffen ist.

b) Das Binnenmarktziel im Kontext des EG-Vertrages

Versucht man vor diesem Hintergrund, den Inhalt des Binnenmarktbegriffs näher zu konkretisieren, muss man sich ihm erneut über die Begriffsbestimmung des Art. 14 Abs. 2 EG-Vertrag nähern: „Der Binnenmarkt umfasst einen Raum ohne Binnengrenzen, in dem der freie Verkehr von Waren, Personen, Dienstleistungen und Kapital gemäß den Bestimmungen dieses Vertrages gewährleistet ist." Der Bezug auf die sonstigen Bestimmungen des Vertrages macht deutlich, dass der Binnenmarkt des Gemeinschaftsrechts kein dem Vertrag vorgegebener Rechtsbegriff ist, sondern sich in seiner konkreten Ausprägung erst aus der Zusammenschau der Regeln des EG-Vertrages erschließt. Die Bestimmungen des Vertrages wiederum sind im Lichte des Binnenmarktziels auszulegen.[203] Dies ist kein reiner Auslegungszirkel, da sich der Begriff des Binnenmarktes nicht allein aus dem Bezug auf einzelne Vertragsbestimmungen ergibt, sondern aus den Bestimmungen des gesamten EG-Vertrags.[204] Die einzelne Vertragsnorm erhält dadurch, vermittelt über den Binnenmarktbezug, ihren Platz im Gesamtgefüge des Vertrags zugewiesen. Daraus ergibt sich eine wichtige Schlussfolgerung: Der Zweck einer einzelnen Vertragsvorschrift kann nie darin liegen, den Binnenmarkt völlig alleine zu konstituieren. Jede von ihnen beschreibt nur einen Teilaspekt des Binnenmarktes. „Auf die dem Binnenmarktbegriff entsprechende Integration der Märkte sind viele Vertragsvorschriften gerichtet, und keine dieser Vorschriften beschreibt den Integrationsprozess als Ganzes."[205] Jede auf Binnenmarktverwirklichung gerichtete Vorschrift ist also nur ein spezifisches Mittel zur Erreichung des übergeordneten Zieles.[206] Im Lichte dieser auf den ganzen EG-Vertrag bezogenen Sichtweise stellen sich beispielsweise die Grundfreiheiten als ein Teilaspekt des Instrumentariums zur Verwirklichung des Binnenmarktes dar. Sie sind nicht dazu gedacht, den Binnenmarkt im Alleingang zu ver-

---

202 So namentlich *Schubert* Der Gemeinsame Markt, 1999, 146; ähnlich *v. Bogdandy* in: Grabitz/Hilf, EGV, Art. 14, Rn. 11: „Das Binnenmarktziel schreibt das Konzept des Gemeinsamen Marktes fort mit Blick auf den Grad der Markteinheit." *Franzen* Privatrechtsangleichung, 1999, S. 97, sieht den Binnenmarkt vor allem auf die Verwirklichung der Grundfreiheiten bezogen.

203 *M. Hoffmann* Grundfreiheiten, 2000, S. 30.

204 *M. Hoffmann* Grundfreiheiten, 2000, S. 40 f., für die Wechselbeziehung zwischen Binnenmarktbegriff und Auslegung der Grundfreiheiten.

205 *M. Hoffmann* Grundfreiheiten, 2000, S. 49.

206 *M. Hoffmann* Grundfreiheiten, 2000, S. 49.

wirklichen, sondern lediglich für einen Teilaspekt zuständig, indem sie auf spezifische Marktbedingungen hinwirken.[207] Ihr Schwerpunkt liegt in der Eröffnung von Marktfreiheit; völlige Marktgleichheit können sie hingegen nicht schaffen, dazu bedarf es der Ergänzung durch die Rechtsangleichung.[208] Auf diese Weise wird deutlich, wie die Zusammenführung der vertraglichen Bestimmungen im Ziel des Binnenmarktes nicht im Zirkelschluss endet, sondern vielmehr jeder einzelnen ihren Platz bei der Konkretisierung des Binnenmarktes zuweist und zugleich die Konturen des Binnenmarktes deutlicher hervortreten lässt.

c) Der Binnenmarkt – ein Wirtschaftsraum über mehrere Staatsgebiete

Die Erkenntnis, dass der Binnenmarkt der Vertiefung der Integration nach innen dient, klärt zwar sein Verhältnis zum Begriff des Gemeinsamen Marktes, erlaubt aber noch keine klare Antwort darauf, wie man sich diesen Zustand in der Realität konkret vorzustellen habe. Es liegt nahe, den Vergleich zu einem nationalen Binnenmarkt zu ziehen. So meint *von Bogdandy*, das Ziel des Gemeinsamen Marktes lasse nach seiner Fortschreibung durch das Binnenmarktziel keinen konzeptionellen Unterschied mehr zu dem Wirtschaftsraum in einem staatlichen Gemeinwesen erkennen.[209] Bei unbefangener Betrachtung bedeutete dies einen nach außen abgegrenzten Markt mit nach innen weitgehend einheitlichen Rechtsregeln.[210] Vollkommen ist der Binnenmarkt, wenn im Gebiet der Gemeinschaft nur *eine* Rechtsordnung existiert.[211]

Gegenüber dieser Gleichsetzung des Binnenmarktes der Gemeinschaft mit einem nationalen Binnenmarkt sind jedoch Bedenken anzumelden. Denn die Gemeinschaft konstituiert sich ungeachtet aller Integration weiterhin aus souveränen Einzelstaaten.[212] Das Zusammenwachsen zu einem einheitlichen Staatsgebilde mag sich historisch ergeben und von manchem Staatslenker auch bewusst angestrebt werden.[213] Zu den Vertragszielen gehört diese Überwindung der Einzelstaatlichkeit jedoch nicht. Daher ist der Binnenmarkt stets als ein Wirtschaftsraum zu denken, der sich über mehrere Staatsgebiete erstreckt. Der Fortbestand nationaler Marktordnungen ist Strukturmerkmal des Binnenmarktbegriffs im EG-Vertrag.[214] Eine

---

207 *M. Hoffmann* Grundfreiheiten, 2000, S. 41; *Leible* in: Streinz (Hrsg.), EUV/EGV, 2003, Art. 94, Rn. 3.

208 Zum Wirkungsfeld, das der Rechtsangleichung nach Ausweitung der Grundfreiheiten zum Beschränkungsverbot noch bleibt unten S. 188 ff.

209 *v. Bogdandy* in: Grabitz/Hilf, EGV, 2000, Art. 2 EGV, Rn. 45.

210 *M. Hoffmann* Grundfreiheiten, 2000, S. 41; *Rohe* Rabels Z 61 (1997), 1, 36.

211 *Grabitz* in: FS Steindorff, 1990, S. 1229, 1236.

212 *Hilf* in Hommelhoff/Kirchhof (Hrsg.), Staatenverbund, 1994, S. 75 ff.

213 So bekennt *Helmut Kohl* in seinen Erinnerungen, sein Ziel im Hinblick auf Europa sei es gewesen, „weiterzugehen auf dem Weg zum europäischen Bundesstaat" (zitiert in der Rezension von *Hans-Peter Schwarz*, FAZ v. 24.3.2004).

214 *M. Hoffmann* Grundfreiheiten, 2000, S. 46 und S. 49 ff.; ebenso *W.-H. Roth* Rabels Z 55 (1991) 623, 663 f.: Der „Binnenmarkt ohne Grenzen" ist mit dem Fortbestehen nationaler

rechtseinheitliche Marktordnung ist derzeit weder als Anlage des Primärrechts noch als Ergebnis binnenmarktfinaler Rechtsangleichung vorgesehen.[215] Die Frage nach dem Gehalt des Binnenmarktes lässt sich daher auch umformulieren als die Frage danach, wie viele einzelstaatliche Rechtsunterschiede ein verschiedene Hoheitsgebiete übergreifender Binnenmarkt verträgt.[216] *Hoffmann* entwickelt gar ein „Prinzip der Achtung erhaltener Hoheitsrechte der Mitgliedstaaten", das im Einzelfall gegenüber den Binnenmarktprinzipien abgewogen werden müsse.[217] Dies erscheint allerdings kaum weiterführend, da es als Auslegungsmaßstab keinen zusätzlichen Erkenntnisgewinn verspricht. Leitmotiv des Vertrages bleibt der Binnenmarkt; die Hoheitsrechte der Mitgliedstaaten ergeben sich gewissermaßen als Residuum nach Klärung des Binnenmarktbegriffes. Der Binnenmarkt des Gemeinschaftsrechts ist zwar immer nur eine Annäherung an das, was man dem Wortsinn nach unter einem vollkommenen Binnenmarkt verstehen mag. Wie weit diese Annäherung gehen soll, lässt sich aber nicht deduktiv zwingend aus dem gemeinschaftsrechtlichen Begriff selbst ermitteln; im Kern geht es vielmehr darum, wer befugt ist, das Binnenmarktziel zu konkretisieren und daraus Erfordernisse für den Einzelfall abzuleiten.[218]

d) Definitionshoheit der Gemeinschaftsorgane

Ist der Binnenmarkt Zielbestimmung der Europäischen Gemeinschaft, bedeutet dies, dass seine konkreten Inhalte nach den Regeln und Verfahren des Vertrages festzulegen sind. Eine Definitionshoheit des einzelnen Mitgliedstaates widerspräche dem Ordnungsrahmen des EG-Rechts ebenso wie die Vorstellung, die Mitgliedstaaten in ihrer Gesamtheit könnten außerhalb der Verfahrensarten des EG-Rechts festlegen, wie weit der Binnenmarkt zu gehen habe.[219] Was der Binnenmarktauftrag allgemein gesehen und im konkreten Fall bedeutet, können nur die Organe der Gemeinschaft festlegen – in einem durch den EG-Vertrag determinierten Prozess.[220] Der Binnenmarkt konstituiert sich primärrechtlich als Rechtsbegriff wesentlich in der Definition des Art. 14 Abs. 2 EG-Vertrag und in den Grundfreiheiten des EG-Vertrages.[221] Insoweit sind Maß und Grad der Marktintegration vom EG-Vertrag „vorgespurt" und Gegenstand der Feinabstimmung durch den Europäischen Gerichtshof.[222] Auch seine Rechtsprechung beeinflusst somit das rechtliche Verständ-

Rechtsordnungen verknüpft; weiterhin *Mülbert/Schmolke* ZVglRWiss 100 (2001) 233, 238: Das Binnenmarktziel fordert keine gemeinschaftsweite Aufhebung aller Rechtsgrenzen.

215 *M. Hoffmann* Grundfreiheiten, 2000, S. 66, unter Verweis auf Art. 5 EG-Vertrag; *Rohe* RabelsZ 61 (1997), 1, 36; *Körber* Grundfreiheiten, 2003, S. 23 f.

216 *Müller-Graff* ZHR 159 (1995) 34, 41.

217 *M. Hoffmann* Grundfreiheiten, 2000, S. 69 f.

218 *Müller-Graff* ZHR 159 (1995) 34, 41.

219 *Müller-Graff* ZHR 159 (1995) 34, 42 f.

220 *Müller-Graff* ZHR 159 (1995) 34, 42 f. und 69 f.

221 *Müller-Graff* ZHR 159 (1995) 34, 43 f.

222 *Müller-Graff* ZHR 159 (1995) 34, 68.

nis von Inhalt und Reichweite des Binnenmarktes.[223] Nach „Centros“, „Überseering“ und „Inspire Art“ ist dieser Befund für das Gesellschaftsrecht evident.[224] Den gesetzgebenden Organen der Gemeinschaft bleibt die Möglichkeit, auf Basis der EG-vertraglichen Kompetenznormen Sekundärrechtsakte zu erlassen und damit die Rechtseinheit im Binnenmarkt weiter voranzutreiben. Besonders hervorzuheben ist Art. 95 EG-Vertrag (ex Art. 100a). Er ermächtigt den Rat, Maßnahmen zur Angleichung der Rechts- und Verwaltungsvorschriften der Mitgliedstaaten zu erlassen, welche die Errichtung und das Funktionieren des Binnenmarktes zum Gegenstand haben. Auf der anderen Seite legen das Prinzip der Einzelermächtigung und der Grundsatz der Erforderlichkeit von Rechtsangleichung[225] einem Streben nach allzu weit gehender Einebnung der rechtlichen Unterschiede immanente Fesseln an und halten damit normativ auch die Tür für einen eventuellen Wettbewerb der Rechtsordnungen offen. Dass insoweit der Rat die Definitionshoheit nicht allein innehat, ergibt sich aus den Verfahrensregeln des Art. 95 EG-Vertrags:[226] Die Kommission unterbreitet Vorschläge, der Wirtschafts- und Sozialausschuss ist anzuhören, das Europäische Parlament ist zu beteiligen.

Der Binnenmarktbegriff hat somit für die Tätigkeit der Gemeinschaft eine zugleich kompetenz-begründende und -begrenzende Funktion.[227] Einerseits ist die Gemeinschaft gehalten, alles zu tun, um den Zustand des Binnenmarktes herzustellen und zu erhalten; andererseits ist sie auf Grund des Prinzips der Einzelermächtigung auch nicht ermächtigt, irgend etwas zu Lasten der Mitgliedstaaten zu unternehmen, was über die Notwendigkeit dieser Zielverfolgung hinausgehen würde. Allerdings: Wer den Binnenmarkt als bloße Abwesenheit von Grenzkontrollen versteht, setzt den Aufgaben und Kompetenzen der Gemeinschaft wesentlich engere Grenzen als jemand, der unter dem Binnenmarkt einen nationalen Binnenmärkten vergleichbaren Zustand völliger Gleichheit der Wirtschaftsbedingungen versteht. Mit der Diskussion über das Verständnis vom Binnenmarkt ist daher implizit eine

---

[223] *Müller-Graff* ZHR 159 (1995) 34, 44.

[224] Zu diesen Entscheidungen ausführlich unten S. 86ff.

[225] Schon früh hat *Lutter* gegenüber Maßnahmen der Rechtsangleichung im Gesellschaftsrecht dezidiert auf eine tragfähige Begründung zur Erforderlichkeit gedrungen und die bloße Nützlichkeit einer Maßnahme als nicht ausreichend erachtet (*Lutter* Rechtsangleichung, 1968, S. 5, 21ff. und *Lutter* EuR 1969, 1, 7f.). *Ipsen* Europäisches Gemeinschaftsrecht, 1972, S. 690, hält es zwar für ausreichend, dass die Rechtsangleichung dem Gemeinsamen Markt „nützlich und förderlich“ sei; er wendet sich aber a.a.O. auch gegen eine im Schrifttum erkennbare Tendenz, das gesamte Wirtschaftsrecht anzugleichen, und hält dem entgegen, dass jede Rechtsangleichung in die vertraglich fixierten Merkmale des Gemeinsamen Marktes eingebunden sei.

[226] *Müller-Graff* ZHR 159 (1995) 34, 44f.; ausführlich zur Rechtsangleichung auf Basis des Art. 95 (ex Art. 100a) *Müller-Graff* EuR 1989, 107ff.

[227] *Müller-Graff* ZHR 159 (1995) 34, 38; bezogen auf die Reichweite der Ermächtigungen zur Rechtsangleichung *Müller-Graff* EuR 1989, 107, insb. 133ff.

Entscheidung über die Verteilung von Kompetenzen verbunden. Diese Grundsatzfrage begleitet auch die Entwicklung des Gesellschaftsrechts in der Gemeinschaft bis zum heutigen Tage.

IV. Ergebnis zu § 2

Der Begriff des Binnenmarktes wurde aus drei Blickrichtungen betrachtet. Er reflektiert *erstens* die ökonomisch fundierte Erwartung, dass ein intensiver Außenhandel die Wohlfahrt aller beteiligten Staaten verbessere. Positive Effekte der grenzüberschreitenden Arbeitsteilung, der Ausnutzung von Größenvorteilen und der Intensivierung des Wettbewerbs sollen dazu beitragen, eine harmonische, ausgewogene und nachhaltige Entwicklung des Wirtschaftslebens, aber auch die nicht-wirtschaftlichen Ziele der Gemeinschaft zu erreichen. In ihn fließen *zweitens* integrationspolitische Vorstellungen ein, die zwischen den beiden Polen der Kooperation und der Integration oszillieren. Angestrebt ist gewiss mehr als eine bloße Kooperation im Sinne einer auf Freiwilligkeit beruhenden Zusammenarbeit autonomer Nationalstaaten. Allein – wie dieses Mehr zu beschreiben sei, daran scheiden sich die Geister. Einen europäischen Bundesstaat sieht der Vertrag in seiner derzeitigen Fassung nicht vor; der Fortbestand der Mitgliedstaaten mit ihrer wenigstens partiellen Souveränität ist Wesensmerkmal der europäischen Integration. Die gemeinschaftsrechtliche Praxis verlegt sich angesichts der unklaren Zielbestimmung auf einen Funktionalismus, der pragmatisch jeweils den nächst gangbaren Schritt in den Blick nimmt. Auf diese Weise ist die Gemeinschaft schon ein beachtliches Stück Weges vorangekommen. Dass sie ein „offenes System" darstellt, hat schon *Ipsen* betont.[228] Dass gerade darin die dem EG-Vertrag immanente und der Gemeinschaft angemessene Integrationsmethode liegt, erweist sich in der Rückschau immer klarer. Das eigentliche Integrationskonzept ist die Indienststellung der treibenden Kräfte des rechtlich strukturierten, im übrigen aber der Selbststeuerung überlassenen Marktes. Die rechtliche Absicherung durch das Gemeinschaftsrecht dient vor allem dazu, den Freiraum zu eröffnen und zu erhalten, den die Marktteilnehmer für ihr Handeln benötigen.

Dies lenkt den Blick *drittens* auf den Normkontext des EG-Vertrages. Denn die rechtliche Strukturierung des Gemeinsamen Marktes und des Binnenmarktes in ihrer Eigenschaft als rechtlich operationale (Zwischen-) Ziele des EG-Vertrages entscheidet über Möglichkeiten und Wege der sich selbst steuernden Integration. Der Gemeinsame Markt ist der ältere und nach der Systematik des Vertrages übergeordnete Begriff; der Binnenmarkt bezeichnet die Vertiefung des Gemeinsamen Marktes nach innen und damit den auch für die Entwicklung des Gesellschaftsrechts wesentlichen Aspekt der Integration. Inhaltlich-konkretisierend ist darunter die Herstellung von Marktfreiheit, Marktgleichheit und unverfälschtem Wettbe-

---

[228] *Ipsen* Europäisches Gemeinschaftsrecht, 1972, S. 984.

werb zu verstehen. In diese Systematik lassen sich die vom EG-Vertrag bereitgestellten rechtlichen Instrumente einordnen: Die Grundfreiheiten gewährleisten den freien Zugang zu den Märkten (Marktfreiheit) und verhindern, dass der grenzüberschreitende Wirtschaftsverkehr gegenüber dem inländischen benachteiligt wird (Marktgleichheit). Die Rechtsangleichung ergänzt dies, indem sie neue gemeinschaftsweit geltende Rechtsregeln schafft. Die Wettbewerbsregeln schließlich sollen den einmal eröffneten Marktzugang absichern. All' diese rechtlichen Integrationsmittel sind nach der Systematik des EG-Vertrags auf das Binnenmarktziel bezogen und aus ihm heraus zu interpretieren.

Was bedeutet diese Erkenntnis für das Gesellschaftsrecht und den weiteren Gang der Arbeit? Der Binnenmarkt ist zwar ein unbestimmter Rechtsbegriff, er ist zugleich aber eine wichtige „Koordinate einer Verbindung von Staaten in einer ergebnisoffenen Entwickung"[229]. Man wird sich über die Verortung dieser Koordinate immer wieder aufs Neue zu verständigen haben – das Gesellschaftsrecht darf dabei nicht abseits stehen, will es nicht Gefahr laufen, von unbemerkten und aus gesellschaftsrechtlicher Sicht unstimmigen Fortentwicklungen des Binnenmarktgedankens überrascht zu werden. Die Definitionshoheit über den Binnenmarkt liegt bei den Gemeinschaftsorganen. Wer also gesellschaftsrechtliche Zielsetzungen und Binnenmarktkonzeption aufeinander abstimmen will, muss den Dialog auf der Ebene des Gemeinschaftsrechts suchen. Dabei ist das Interesse der Fachdisziplinen an einer systematisch stimmigen Bewältigung der ihnen aufgetragenen Regelungsfragen im Kontext des Binnenmarktgedankens keineswegs eine sachfremde Erwägung. Denn der sich selbst steuernde Integrationsprozess steht unweigerlich und unvermeidbar unter einer grundlegenden konstruktiven Spannung: Der gemeinsame Wirtschaftsraum erstreckt sich über mehrere Staatsgebiete. Der Binnenmarkt des EG-Vertrages soll einem nationalen Binnenmarkt möglichst nahe kommen, kann diesen Zustand aber nach der aktuellen Konstruktion der Gemeinschaft nicht erreichen. Denn der Fortbestand zumindest partiell souveräner Mitgliedstaaten ist konstitutives Element der Gemeinschaft. Dies ist der Ansatzpunkt, dem zunehmenden Ausgreifen des Gemeinschaftsrechts auf gesellschaftsrechtliche Sachfragen legitimerweise das Bedürfnis nach einer Grenzziehung entgegenzuhalten. Wo die Grenze genau liegt oder liegen soll, wird in jedem Einzelfall im europäischen Diskurs zu klären sein.

---

[229] *Rohe* Rabels Z 61 (1997), 1, 30.

Teil 2: Architektonik eines binnenmarktkonformen Gesellschaftsrechts

Gemeinschaftsrechtliche Konstruktionselemente für das Gebäude des Gesellschaftsrechts sind die Niederlassungsfreiheit, die Rechtsangleichung und die supranationalen Rechtsformen. Das vierte hier behandelte Element, der Wettbewerb der Gesetzgeber, ist kein explizites Gestaltungsmittel des EG-Vertrages. Der Wind des Wettbewerbs weht aber gewissermaßen überall dort, wo die anderen Konstruktionselemente Lücken lassen oder – wie die Niederlassungsfreiheit – solche überhaupt erst eröffnen. Mit einer solchen rein negativen Beschreibung in dem Sinne, Wettbewerb sei der weiße Fleck, den das Recht übriglasse, ist es indessen nicht getan. Denn die Vorstellungen von Nutzen und Leistungsfähigkeit eines gesetzgeberischen Wettbewerbs beeinflussen die rechtlichen Vorentscheidungen: Sie fließen ein in die Interpretation der Grundfreiheiten, in den gesetzgeberischen Abwägungsprozess bei der Rechtsangleichung und in die Konzeption von supranationalen Rechtsformen.

Der nun folgende zweite Teil des Untersuchung beginnt mit der *Niederlassungsfreiheit.*[1] Die Rechtsprechung des Europäischen Gerichtshofes zu dieser Grundfreiheit erweckte lange Jahre den Eindruck, die Verschiedenheit der Rechtsordnungen unwidersprochen hinnehmen zu wollen, signalisiert jedoch in jüngster Zeit eine deutliche Trendwende. Es ist nach der derzeitigen Interpretation der Niederlassungsfreiheiten von Gesellschaften schwerer, wenn nicht gar unmöglich geworden, das eigene Gesellschaftsrecht gegenüber zuziehenden Gesellschaften ausländischen Rechts durchzusetzen. Die Wurzeln dieser in § 3 näher dargelegten Entwicklung finden sich im Bereich der Warenverkehrsfreiheit. In dieser Parallele liegt auch der Kern der Problematik; denn Gesellschaftsrecht, das dem Interessenausgleich unter verschiedenen Personengruppen innerhalb eines korporativen Zusammenschlusses dient, lässt sich wohl nur begrenzt mit den Produkt- oder Vertriebsvorschriften einer Ware gleichsetzen.

Die für das Gesellschaftsrecht bei weitem größere praktische Relevanz hatte über Jahrzehnte hinweg die in § 4 zu behandelnde *Rechtsangleichung.*[2] Sie verfolgt das Ziel, für die Unternehmen im Binnenmarkt annähernd vergleichbare rechtliche Rahmenbedingungen zu schaffen und damit die Unterschiede der Rechtsordnungen weniger spürbar, d.h. aus unternehmerischer Sicht: weniger kostenträchtig zu

---

[1] Seiten 73 ff.

[2] Seiten 187 ff.

machen. Die Verknüpfung der gemeinschaftsrechtlichen mit der mitgliedstaatlichen Ebene ergibt sich hier aus dem Handlungsmittel der Richtlinie, die lediglich Ziele vorgibt und der Umsetzung durch mitgliedstaatliches Recht bedarf.

In den frühen Jahren der EWG wurde allerdings mit mindestens ebenso großem Engagement an einer einheitlichen gesellschaftsrechtlichen Grundlage für den Gemeinsamen Markt in Form supranationaler Rechtsformen gearbeitet. Im Mittelpunkt stand damals die Vision einer „Europäischen Handelsgesellschaft", also einer Rechtsform, die in allen Mitgliedstaaten den gleichen gesellschaftsrechtlichen Regeln folgen würde. Am Ende dieser Entwicklungslinie steht die Societas Europaea (SE), die seit dem 8. Oktober 2004 im gesamten Binnenmarkt gegründet und betrieben werden kann. Dieser auf Großunternehmen ausgerichteten Gesellschaft stehen für unternehmerische Vorhaben anderen Zuschnitts weitere *supranationale Rechtsformen* zur Seite, deren Bedeutung für den Binnenmarkt in § 5 betrachtet wird.[3] Von Erkenntniswert ist dabei nicht nur die inhaltliche Ausgestaltung der Rechtsformen, sondern auch die Rechtstechnik, mit der die supranationale Regelung und das mitgliedstaatliche Recht verknüpft werden. Die Schwierigkeiten bei der rechtstechnischen Bewältigung eines Binnenmarktes, der sich aus Mitgliedstaaten mit jeweils eigenen Rechtssystemen konstituiert, lassen sich daran in geradezu idealtypischer Weise studieren.

Die erweiterte Interpretation der Niederlassungsfreiheit hat den Gesellschaften im Binnenmarkt neue Bewegungsfreiheit verschafft und damit die Diskussion noch in eine weitere Richtung gelenkt. Während die einen über Schutzmaßnahmen gegen ausländische Gesellschaften nachsinnen, begrüßen die anderen die neue Vielfalt im Interesse eines kreativen *Wettbewerbs der Rechtsordnungen.* Die Herkunft dieses Gedankens aus der US-amerikanischen Diskussion wird in § 6 ebenso zu betrachten sein wie seine Übertragbarkeit auf die Verhältnisse des europäischen Binnenmarktes.[4]

---

[3] Seiten 234 ff.

[4] Seiten 330 ff.

§ 3 Niederlassungsfreiheit

Gesellschaften, die nach den Vorschriften eines Mitgliedstaats gegründet sind, genießen im Binnenmarkt dieselbe Bewegungsfreiheit wie natürliche Personen – so die Verheißung des Art. 48 Abs. 2 EG-Vertrag. Tatsächlich begegnen Gesellschaften bei ihrer Mobilität im Binnenmarkt aber zahlreichen Hindernissen, die der Sache nach bei natürlichen Personen so nicht auftreten können und sich aus ihrer Verankerung in der Rechtsordnung des Herkunftstaats ergeben. Da Gesellschaften Kreationen des Rechts sind, bedarf ihre Niederlassungsfreiheit in besonderer Weise der Hilfestellung durch das Recht. Der EG-Vertrag trifft dafür durchaus Vorkehrungen: Er verleiht der Gemeinschaft die Kompetenz zum Erlass von rechtsangleichenden Richtlinien (Art. 44 Abs. 2 lit. g); und er ruft die Mitgliedstaaten dazu auf, sich in einem separaten Abkommen über die gegenseitige Anerkennung, die Verlegung des Sitzes und die Verschmelzung von Gesellschaften zu verständigen (Art. 293).

Der Umgang mit diesem Instrumentarium konnte lange Zeit nicht befriedigen. Nicht zu Unrecht wählt *Boucourechliev* Ende der 90er Jahre für ihre Bestandsaufnahme den Titel: „Die Niederlassungsfreiheit: ein verweigertes Recht“.[5] Ihre Ausführungen rechtfertigen den ernüchternden und in der Überschrift vorweggenommenen Befund: Das 1968 unterzeichnete Abkommen über die gegenseitige Anerkennung von Gesellschaften trat nie in Kraft, weil es von den Niederlanden nicht ratifziert wurde; die Verabschiedung der Richtlinien über grenzüberschreitende Verschmelzungen oder Sitzverlegungen wurde immer wieder vertagt; und selbst der Europäische Gerichtshof hatte sich seinerzeit in der Entscheidung „Daily Mail“ dem Wunsch der Unternehmen versagt, ihre Entfaltungsmöglichkeiten im Binnenmarkt primärrechtlich durchzusetzen.

Die zwischen 1999 und 2003 erlassenen Urteile in Sachen „Centros“, „Überseering“ und „Inspire Art“ sprechen indessen eine ganz andere Sprache. Plastischen Ausdruck findet dies in der Wirtschaftspresse, die mit Schlagzeilen wie: „Freie Bahn für britische Billig-GmbH“ die Trendwende kommentiert.[6] Nicht wenige Rechtsberater stimmen in diesen Chor ein und preisen ausländische Gesellschaften als zeitgemäße Alternative zur guten alten deutschen GmbH.[7] Wer den Verästelungen

---

[5] *Boucourechliev* in: Boucourechliev/Hommelhoff (Hrsg.), Vorschläge EPG, 1999, S. 53 ff. Vgl. aus demselben Jahr den Beitrag „Migrating Companies“ *Drury* ELR 1999, 354 ff.

[6] Die Überschrift entstammt dem Handelsblatt vom 21. Mai 2003.

[7] Vgl. *Triebel*, „Die Erste Seite“, in: BB 2003, Heft 36, nach dessen Auffassung Ltd. und PLC für den Wettbewerb gegen die GmbH gut gerüstet seien; von dem vom EuGH formulierten Vorbehalt der „zwingenden Gründe des Allgemeinwohls“ sei nichts zu befürchten, da das englische Recht ausreichenden Gläubiger- und Minderheitenschutz biete. Dass dies englische Recht allerdings für Gesellschafter und Geschäftsleiter nicht immer nur vorteilhaft ist, wird in der Literatur zunehmend in den Vordergrund gestellt. Siehe zu Vor- und Nachteilen der Limited beispielsweise *Dierksmeier* BB 2005, 1516 ff., *Kallmeyer*, DB 2004, 636 ff., *Schumann*, DB 2004, 743 ff., *Graf von Bernstorff*, RIW 2004, 498 ff. und die Beiträge in Lutter (Hrsg.), Auslandsgesellschaften, 2005.

der wissenschaftlichen Diskussion zu folgen versucht, wird einen Beleg für derartig klare, eindeutig formulierbare Schlussfolgerungen dort allerdings nicht finden.[8] Kaum eine Entscheidungsreihe des Europäischen Gerichtshofs hat derart viele offene Fragen aufgeworfen wie diejenige zur Niederlassungsfreiheit von Gesellschaften im europäischen Binnenmarkt. Dass darüber hinaus Folgewirkungen auch für das Verhältnis zu den Staaten des EWR und zu Drittstaaten wie den USA und der Schweiz zu bedenken sind, sei hier nur angedeutet.[9]

Fest steht: Die Niederlassungsfreiheit hat sich mit diesen Entscheidungen zum primärrechtlichen Dreh- und Angelpunkt des Gesellschaftsrechts entwickelt. Die Diskussion im Schrifttum von „Daily Mail" bis „Inspire Art" in einem einzigen Anlauf konsistent nachzuzeichnen, kann kaum gelingen. Zu vieles hängt vom Blickwinkel des Betrachters ab: Der Kollisionsrechtler fragt nach dem Schicksal der Sitztheorie, der europarechtlich geprägte Jurist richtet sein Augenmerk auf die Konvergenz der Grundfreiheiten, der Gesellschaftsrechtler fragt nach der Funktionsfähigkeit des nationalen Gläubigerschutzsystems. Wichtig für die deutsche Diskussion sind die Auswirkungen der Entscheidungen auf das Internationale Gesellschaftsrecht. Die Sitztheorie, die nach „Daily Mail" noch als gerettet angesehen werden konnte, lässt sich seit „Überseering" definitiv nicht mehr in ihrer bisherigen Form aufrechterhalten. Diese Erkenntnis hat den Blick mehr und mehr verlagert auf Fragen des Sachrechts dahingehend, ob und inwieweit das materielle deutsche Gesellschaftsrecht auf potentielle Gefahren durch „Scheinauslands-" oder „Briefkastengesellschaften" reagieren solle und reagieren könne. Dogmatisch vorrangig ist allerdings die gemeinschaftsrechtliche Perspektive. Denn die Niederlassungsfreiheit hat Anteil am Vorrang des Gemeinschaftsrechts; jeder kollisions- oder sachrechtlichen Regel, die diesen Vorrang missachtet, bleibt die Anwendung versagt.

Die Diskussion zu den Leitentscheidungen der Niederlassungsfreiheit wird daher für die Zwecke der vorliegenden Untersuchung aufgeteilt: Zunächst gilt es, nach der Klärung der Grundbegriffe der Niederlassungsfreiheit von Gesellschaften (*unter I.*)[10] ihre Entwicklung im Lichte der allgemeinen Grundfreiheitendogmatik zu analysieren. Dazu werden *unter II.*[11] die Leitentscheidungen referiert und ihre Kernaussagen zusammengefasst. Die sich *unter III., IV. und V.*[12] anschließende Analyse bezieht die Entscheidungen auf die allgemeine Dogmatik der Grundfreiheiten, insbesondere deren Orientierung am Binnenmarktziel des EG-Vertrags. Denn hier liegt das Fundament, auf dem die weitere Diskussion zum Gesellschaftsrecht auf-

---

[8] Zu Recht kritisch gegenüber den vielfach verkürzenden Darstellungen in der Fachdiskussion *Heckschen* GmbHR 2004, R 25 ff.; Bedenken gegenüber einer Vermengung der Analyse des Rechts mit rechtspolitischen Erwägungen äußert auch schon *Ebke* JZ 1999, 656, 657.

[9] Mit den Konsequenzen für nicht der EU angehörige Staaten befassen sich beispielsweise *Baudenbacher/Buschle* IPRax 2004, 26 ff. und *Ebke* in: Sandrock/Wetzler (Hrsg.), Wettbewerb der Rechtsordnungen, 2004, S. 101 ff.

[10] Seiten 75 ff.

[11] Seiten 79 ff.

[12] Seiten 105 ff.

bauen muss. Zu den in diesem Zusammenhang intensiv diskutierten Fragen des Internationalen Gesellschaftsrechts und des Gläubigerschutzes kehrt die Untersuchung im 3. Teil zurück,[13] der die Ausgestaltung eines binnenmarktkonformen Gesellschaftsrechts in bestimmten Einzelfragen konturiert.

I. Tatbestandselemente

Vor dem Einstieg in die Diskussion über den Gehalt der Niederlassungsfreiheit für Gesellschaften sollen kurz die Grundbegriffe dieser Grundfreiheit vorgestellt werden; dies dient zugleich als Problemaufriss für die nachfolgenden Erörterungen: Art. 48 EG-Vertrag schützt Gesellschaften *(1)*, die nach den Rechtsvorschriften eines Mitgliedstaats gegründet sind und ihren satzungsmäßigen Sitz, ihre Hauptverwaltung oder ihre Hauptniederlassung innerhalb der Gemeinschaft haben *(2)*. Den Gehalt der Niederlassungsfreiheit umschreibt der Vertrag als die freie Niederlassung im Hoheitsgebiet eines anderen Mitgliedstaats, wozu auch die Errichtung von Agenturen, Tochtergesellschaften oder Zweigniederlassungen gehört *(3)*. Rechtsprechung und Lehre interpretieren dies nicht nur als Verbot der Diskriminierung, sondern auch als allgemeines Beschränkungsverbot *(4)*.

1. Gesellschaft

Art. 48 EG-Vertrag findet sich am Ende des Abschnitts über die Niederlassungsfreiheit und hat den Zweck, im Bereich der Niederlassungsfreiheit die als Personenvereinigung organisierten Marktteilnehmer den natürlichen Personen gleichzustellen. Um alle Marktteilnehmer erfassen zu können, die nicht natürliche Person sind, definiert er den Begriff der Gesellschaft sehr weit.[14] Im Sinne einer negativen Abgrenzung könnte man sagen, Gesellschaft sei jede wirtschaftlich tätige Einheit, die nicht natürliche Person ist. Positiv formuliert fällt darunter jede organisatorische Einheit, die mit eigener rechtlicher Handlungsfähigkeit ausgestattet ist und einen Erwerbszweck verfolgt.[15] Der EG-Vertrag spricht zwar von „juristischen Personen", diese gemeinschaftsrechtliche Begriffsbildung muss sich aber mit der mitgliedstaatlichen nicht notwendig decken. Erfasst werden unzweifelhaft auch Organisationseinheiten wie die Personenhandelsgesellschaften, die nach deutschem Rechtsverständnis nur teilrechtsfähig sind.[16] Die solchermaßen definierte Gesell-

---

[13] Abschnitt § 7 zum Internationalen Gesellschaftsrecht (S. 402 ff.) und Abschnitt § 8 zum Gläubigerschutz (S. 449 ff.).

[14] Vgl. dazu bereits oben S. 20 ff.

[15] Siehe dazu auch *Lackhoff* Niederlassungsfreiheit, 2000, S. 188 ff., *Müller-Graff* in: Streinz (Hrsg.), EUV/EGV, 2003, Art. 48, Rn. 2.

[16] *Eyles* Niederlassungsrecht der Kapitalgesellschaften, 1990, S. 82; *Müller-Graff* in: Streinz (Hrsg.), EUV/EGV, 2003, Art. 48, Rn. 4; *Randelzhofer/Forsthoff* in: Grabitz/Hilf, 2001, Art. 48 EGV, Rn. 7.

schaft muss einen Erwerbszweck verfolgen; die mit diesem Tatbestandselement verbundenen Einzelfragen werden hier nicht weiterverfolgt.[17]

2. Gemeinschaftsverknüpfung

Träger der Niederlassungsfreiheit sind grundsätzlich nur Gemeinschaftsbürger. Bei natürlichen Personen ist dies offensichtlich: Niederlassungsfreiheit genießen die „Staatsangehörigen eines Mitgliedstaats im Hoheitsgebiet eines anderen Mitgliedstaats" (Art. 43 Abs. 1 Satz 1 EG-Vertrag). Angehörige von Drittstaaten sind nicht erfasst.[18] Will man die Gesellschaften den natürlichen Personen gleichstellen, bedarf es eines Kriteriums, das die Zugehörigkeit zur Gemeinschaft definiert. Diesem Zweck dient der Passus, wonach den natürlichen Personen gleichgestellt sind, „die nach den Rechtsvorschriften eines Mitgliedstaats gegründeten Gesellschaften, die ihren satzungsmäßigen Sitz, ihre Hauptverwaltung oder ihre Hauptniederlassung in der Gemeinschaft haben" (Art. 48 Abs. 1 EG-Vertrag). Darin sind zwei verschiedene Kriterien enthalten, die kumulativ erfüllt sein müssen: Zunächst muss die Gesellschaft nach den Rechtsvorschriften eines Mitgliedstaats der Gemeinschaft gegründet worden sein. *Zusätzlich* muss sie ihren Sitz, ihre Hauptverwaltung oder ihre Hauptniederlassung in der Gemeinschaft haben.

Das Verständnis dieser „Gemeinschaftsverknüpfung"[19] hat sich im Laufe der Jahre gewandelt. Streitig war lange Zeit, ob der erste Teil der Verknüpfung (Gründung nach den Rechtsvorschriften eines Mitgliedstaats) in das Internationale Privatrecht der Mitgliedstaaten eingreift. Ein der Sitztheorie folgender Staat würde nämlich die wirksame Gründung einer Gesellschaft mit Hauptverwaltung im Inland anhand seiner eigenen gesellschaftsrechtlichen Gründungsvorschriften prüfen und die möglicherweise in einem anderen Staat bereits erfolgte Gründung ignorieren. Art. 48 EG-Vertrag wurde zunächst so verstanden, dass jeder Mitgliedstaat das Recht habe, die Wirksamkeit der Gründung nach seinem *eigenen* Sachrecht zu beurteilen. Diese Auffassung ist mittlerweile von der Rechtsprechung verworfen worden; darauf wird näher einzugehen sein.[20]

Das Verständnis der ersten Voraussetzung entscheidet zugleich darüber, ob es sich um einen grenzüberschreitenden Vorgang handelt. Die Niederlassung erfasst grundsätzlich nur grenzüberschreitende Vorgänge.[21] Relevant wird dies Kriterium

---

[17] Weiterführend insoweit *Lackhoff* Niederlassungsfreiheit, 2000, S. 34 ff. und *Müller-Graff* in: Streinz (Hrsg.), EUV/EGV, 2003, Art. 48, Rn. 3.

[18] *Müller-Graff* in: Streinz (Hrsg.), EUV/EGV, 2003, Art. 43, Rn. 28, ebda. auch mit dem Hinweis auf die ausnahmsweise Begünstigung von Drittstaatlern, wenn sie Familienangehörige eines Unionsbürgers sind. Ebenso *Lackhoff* Niederlassungsfreiheit, 2000, S. 181 f. und *Nachbauer* Niederlassungsfreiheit, 1999, S. 30 ff.

[19] *Müller-Graff* in: Streinz (Hrsg.), EUV/EGV, 2003, Art. 48, Rn. 6.

[20] S. unten ab S. 79 ff. und die Zusammenfassung S. 99 f.

[21] *Lackhoff* Niederlassungsfreiheit, 2000, S. 55 ff.; *Müller-Graff* in: Streinz (Hrsg.), EUV/EGV,

insbesondere in den Fällen, in denen Staatsangehörige eines Mitgliedstaates eine Gesellschaft in einem anderen Mitgliedstaat allein zu dem Zweck gründen, mittels dieser Gesellschaft in ihrem Heimatstaat erwerbswirtschaftlich tätig zu werden. Im Englischen spricht man anschaulich von einer „U-Turn"-Konstruktion,[22] weil der Inländer die Grenze nur kurz überquert, um sich sogleich wieder und womöglich ausschließlich der Tätigkeit im Heimatland zuzuwenden. Wenn der Heimatstaat die Gesellschaft wegen der Ansiedelung des Hauptsitzes auf seinem Territorium als eine nach seinem Recht gegründete oder zu gründende Gesellschaft betrachten darf, fehlt es schon an einem grenzüberschreitenden Vorgang. Nach Auffassung der Rechtsprechung jedoch fallen auch derartige Vorgänge tatbestandlich unter die Niederlassungsfreiheit.[23]

3. Niederlassung

Niederlassung ist die Aufnahme und Ausübung einer Erwerbstätigkeit, die auf der Grundlage einer festen Einrichtung dauerhaft auf die Teilnahme am Wirtschaftsverkehr eines anderen Mitgliedstaates angelegt ist.[24] Das Kriterium der Dauerhaftigkeit dient dazu, die Niederlassungsfreiheit von der Dienstleistungsfreiheit abzugrenzen.[25]

Die Systematik des Art. 43 Abs. 1 EG-Vertrag legt die Unterscheidung von primärer und sekundärer Niederlassungsfreiheit nahe. Denn der erste Satz spricht nur allgemein von der Niederlassung, der zweite Satz ergänzt, dass dies auch für die Gründung von Agenturen, Zweigniederlassungen oder Tochtergesellschaften im Hoheitsgebiet eines anderen Mitgliedstaates gelte. Daraus lässt sich schließen, dass primäre Niederlassung die Aufnahme der Haupttätigkeit in einem anderen Mitgliedstaat und sekundäre Niederlassung die Aufnahme einer der Haupttätigkeit untergeordneten Tätigkeit in einem anderen Mitgliedstaat ist.[26] Allerdings unterscheidet Art. 43 Abs. 1 EG-Vertrag beide Formen der Niederlassung nicht in ihrem

2003, Art. 43, Rn. 20. Zur Diskussion darüber, ob die Grundfreiheiten auch rein innerstaatliche Vorgänge erfassen unten S. 158 ff.

[22] *Schön* FS Wiedemann, 2002, S. 1271, 1274, nach *Kjellgren* EBLR 2000, 179, 183.

[23] S. dazu die Entscheidungen in Sachen Centros (S. 86 ff.) und Inspire Art (S. 95 ff.).

[24] *Müller-Graff* in: Streinz (Hrsg.), EUV/EGV, 2003, Art. 43, Rn. 11; auf das dort gleichfalls angeführte Merkmal der Selbständigkeit wird hier verzichtet. Es dient der Abgrenzung zur Arbeitnehmerfreizügigkeit (näher *Lackhoff* Niederlassungsfreiheit, 2000, S. 43, *Schnichels* Reichweite der Niederlassungsfreiheit, 1995, S. 28 ff.) und passt insoweit nur für natürliche Personen.

[25] *Müller-Graff* in: Streinz (Hrsg.), EUV/EGV, 2003, Art. 43, Rn. 16 ff. Ausführlich zu dieser Abgrenzung *Lackhoff* Niederlassungsfreiheit, 2000, S. 127 ff. und *Schnichels* Reichweite der Niederlassungsfreiheit, 1995, S. 32 ff.

[26] Näher zur Begrifflichkeit *Lackhoff* Niederlassungsfreiheit, 2000, S. 171 ff., *Müller-Graff* in: Streinz (Hrsg.), EUV/EGV, 2003, Art. 43, Rn. 21 ff.

Gewährleistungsgehalt, so dass sich eine Zuordnung in die eine oder andere Kategorie letztlich erübrigt.[27]

4. Diskriminierungs- oder Beschränkungsverbot?

Ihrem Wortlaut nach ist die Niederlassungsfreiheit jedenfalls ein Diskriminierungsverbot. Denn sie gewährleistet die Niederlassung in anderen Mitgliedstaaten „nach den Bestimmungen des Aufnahmestaates für seine eigenen Angehörigen". Der sich niederlassende Staatsbürger eines anderen Mitgliedstaats darf also nicht schlechter gestellt werden als die Inländer, muss sich aber – so die lange Zeit herrschende Auffassung[28] – im Inland auch den dort geltenden Regeln unterwerfen. Die deutsche Sitztheorie war unter dieser Prämisse mit der Niederlassungsfreiheit zu vereinbaren. Staatsangehörige anderer Mitgliedstaaten durften sich selbstverständlich in Deutschland niederlassen, mussten sich dabei aber – wenn sie dort ihre Hauptverwaltung errichten wollten – der Rechtsformen deutschen Rechts bedienen.

Ipsen hat diesen Gehalt des grundfreiheitlichen Diskriminierungsverbots prägnant formuliert: „Die Herstellung der Freiheit zielt auf die Beseitigung von Diskriminierungen, nicht auf die Ausräumung solcher Beschränkungen, die mitgliedstaatlich auch für Inländer gelten. Die Liberalisierung im Mitgliedstaat eliminiert also keine Freiheitsbeschränkungen, die das heimische Recht seinerseits für seine Staatsangehörigen anordnet."[29] Diesem Verständnis der Grundfreiheiten entsprach die Sitztheorie, die das für inländische Gesellschaften geltende Gesellschaftsrecht gegenüber jeder mit Schwerpunkt im Inland tätigen Gesellschaft durchsetzte. Der EuGH entwickelte jedoch für die Warenverkehrsfreiheit und bald darauf auch für die Dienstleistungsfreiheit ein weiter gefasstes Grundfreiheitenverständnis, das nicht nur Diskriminierungen, sondern auch einfache Beschränkungen erfasste. Grundlegend wurde die Entscheidung „Cassis de Dijon", in der es der Bundesrepublik Deutschland untersagt wurde, die für deutsche Produzenten geltenden Beschränkungen auf Produkte französischer Hersteller zu übertragen.[30] Im Schrifttum sah man darin die Grundlagen für eine gemeinsame Dogmatik der Grundfreiheiten.[31] Ob davon auch die Niederlassungsfreiheit erfasst werde, war indes jahrzehntelang umstritten.[32] Mittlerweile jedoch hat der Europäische Gerichtshof

---

[27] *Lackhoff* Niederlassungsfreiheit, 2000, S. 173; *Müller-Graff* in: Streinz (Hrsg.), EUV/ EGV, 2003, Art. 43, Rn. 23. Auch der EuGH unterscheidet die beiden Niederlassungsformen im praktischen Ergebnis nicht; s. namentlich die Entscheidungen Centros (unten S. 86ff.) und Inspire Art (unten S. 95ff.).

[28] Zum Wandel dieser Auffassung neben anderen *Everling* GS Knobbe-Keuk, 1997, S. 607ff.

[29] *Ipsen* Europäisches Gemeinschaftsrecht, 1972, S. 645.

[30] Dazu näher unten ab S. 113ff.

[31] Siehe beispielsweise *Behrens* EuR 1992, 145ff. und *Jarass* EuR 1995, 202ff.

[32] Umfassend zur Diskussion *Kainer* Unternehmensübernahmen im Binnenmarktrecht, 2004, S. 69ff.

den Schritt zum Beschränkungsverbot auch für diesen Bereich unzweifelhaft vollzogen.[33] Nicht anders als der Bereich der Warenproduktion oder der Dienstleistungen wird sich auch das Organisationsrecht der Unternehmen auf diese neue Situation einzustellen haben.

II. Leitentscheidungen zur Niederlassungsfreiheit von Gesellschaften

Die unter I. behandelten Tatbestandselemente der Niederlassungsfreiheit sind durch mehrere Grundsatzurteile des Europäischen Gerichtshofs entscheidend geprägt worden. Den Wendepunkt sieht man üblicherweise in der „Centros"-Entscheidung aus dem Jahre 1999 und den darauf folgenden Rechtssachen „Überseering" und „Inspire Art". Allerdings ergingen diese Entscheidungen nicht ohne Vorwarnung. Bereits die Entscheidungen „Kommission/Frankreich", „Segers" und auch „Daily Mail" ließen erste Anzeichen für die später deutlicher eingeschlagene Richtung erkennen. Gerade weil diese Entscheidungen zum gesellschafts- und europarechtlichen Tagesgespräch geworden sind, das weit über die konkret entschiedenen Fälle hinausführt, soll auf Nachweise zur umfangreichen Besprechungsliteratur an dieser Stelle noch verzichtet werden,[34] um zunächst die Entscheidungen selbst sprechen zu lassen.

1. Rechtssache „Kommission/Frankreich"

a) Sachverhalt

In der Rechtssache „Kommission der Europäischen Gemeinschaften gegen Französische Republik" aus dem Jahre 1986 ging es um eine steuerrechtliche Regelung des französischen Rechts.[35] Sie sollte vermeiden, dass der von einer Gesellschaft als Dividende ausgeschüttete Betrag zweimal – nämlich bei der Gesellschaft und beim Gesellschafter – besteuert würde. Die Gesellschaft hatte auf den Gewinn Körperschaftsteuer zu entrichten. Soweit der Gewinn anschließend als Dividende ausgeschüttet wurde, erhielt der Empfänger der Dividende in Höhe der bereits von der Gesellschaft entrichteten Steuer eine Gutschrift auf seine persönliche Steuerschuld. Die Gutschrift erhielten allerdings nur natürliche Personen mit Wohnsitz in Frankreich und juristische Personen mit Sitz in Frankreich.[36] Darüber hatten sich ausländische Versicherungsgesellschaften beschwert, die nur über Zweigniederlassungen

---

33 Dazu sogleich die Besprechung der Entscheidungen.

34 Siehe aber unten die Abschnitte zum Internationalen Gesellschaftsrecht (S. 402 ff.) und zum Gläubigerschutz (S. 449 ff.).

35 EuGH, Rs. 270/83, *Kommission/Frankreich*, Slg. 1986, 273.

36 Vgl. den Tatbestand des Urteils, EuGH, Rs. 270/83, *Kommission/Frankreich*, Slg. 1986, 273, 286 ff. und Rn. 2 ff. der Entscheidungsgründe (a.a.O., S. 299 ff.).

in Frankreich tätig waren; für die von ihnen gehaltenenen französischen Aktien kamen sie nicht in den Genuss der Steuergutschrift. Die Europäische Kommission rügte dies als Verletzung der Niederlassungsfreiheit. Eine Ungleichbehandlung liege vor allem deshalb vor, weil die Zweigniederlassungen ausländischer Gesellschaften einer französischen Gesellschaft zwar bei der Festlegung der Besteuerungsgrundlage und des Steuersatzes gleichgestellt, bei der Gutschrift aber benachteiligt würden.[37]

b) Anwendungsbereich der Niederlassungsfreiheit

Der Europäische Gerichtshof stellt zunächst fest, dass Artikel 52 EWG-Vertrag (heute: Art. 43 EG-Vertrag) eine der grundlegenden Vorschriften der Gemeinschaft darstelle und seit dem Ablauf der Übergangszeit in den Mitgliedstaaten unmittelbar anwendbar sei.[38] Diese Vorschrift untersage jede Diskriminierung auf Grund der Staatsangehörigkeit, die sich aus den Rechtsvorschriften als Beschränkung der Niederlassungsfreiheit ergebe.[39] Die behauptete Diskriminierung von Zweigniederlassungen ausländischer Gesellschaften und die Frage einer Beschränkung der Freiheit ausländischer Gesellschaften, sich in Form von Zweigniederlassungen in Frankreich niederzulassen, stünden daher in engem Zusammenund und seien zusammen zu püfen.[40]

Die französische Regierung hatte unter anderem eingewandt, die Unterscheidung zwischen Gebietsansässigen und Gebietsfremden sei im Steuerrecht unerlässlich. Der Gerichtshof beantwortet dies mit einem Hinweis auf die umfassende Geltung der Niederlassungsfreiheit. Sie gelte nach Art. 58 EWG-Vertrag (heute: Art. 48 EG-Vertrag) für die nach dem Recht eines Mitgliedstaats gegründeten Gesellschaften, wobei ihr satzungsmäßiger Sitz, ihre Hauptverwaltung oder ihre Hauptniederlassung, ebenso wie die Staatsangehörigkeit bei natürlichen Personen, dazu diene, ihre Zugehörigkeit zu der Rechtsordnung eines Staates zu bestimmen.[41] Ließe man zu, dass ein Mitgliedstaat nach seinem Belieben eine ungleiche Behandlung allein deshalb vornehmen könne, weil sich der Sitz einer Gesellschaft in einem anderen Mitgliedstaat befinde, würde diese Vorschrift ausgehöhlt werden.[42]

c) Feststellung einer Diskriminierung

In der Verweigerung der Dividendengutschrift sah der Gerichtshof eine Diskriminierung der ausländischen Gesellschaften. Zwar sei nicht völlig auszuschließen, dass eine Unterscheidung nach dem Sitz der Gesellschaft auf einem Gebiet wie dem

---

[37] Stellungnahme der Kommission, EuGH, Rs. 270/83, *Kommission/Frankreich*, Slg. 1986, 273, 290.
[38] EuGH, Rs. 270/83, *Kommission/Frankreich*, Slg. 1986, 273, 302 (Rn. 13).
[39] EuGH, Rs. 270/83, *Kommission/Frankreich*, Slg. 1986, 273, 303 (Rn. 14).
[40] EuGH, Rs. 270/83, *Kommission/Frankreich*, Slg. 1986, 273, 303 (Rn. 15).
[41] EuGH, Rs. 270/83, *Kommission/Frankreich*, Slg. 1986, 273, 303 (Rn. 17).
[42] EuGH, Rs. 270/83, *Kommission/Frankreich*, Slg. 1986, 273, 304 (Rn. 18).

des Steuerrechts gerechtfertigt sein könne.[43] Der Vorwurf der Diskriminierung stützte sich aber darauf, dass Frankreich die Gesellschaften mit Sitz in Frankreich und die in Frankreich gelegenen Zweigniederlassungen und Agenturen von Gesellschaften mit Sitz im Ausland bei der Besteuerung ihrer Gewinne zunächst auf die gleiche Stufe stellte.[44] Denn bei der Festlegung der Besteuerungsgrundlage machten die französischen Steuerbestimmungen keinen Unterschied zwischen in- und ausländischen Gesellschaften. Erst bei Zuteilung des Steuerguthabens setze die Unterscheidung ein; denn dies erhielten nur die französischen Gesellschaften. Darin liege eine klare Diskriminierung der ausländischen Gesellschaften.[45]

Den Einwand der französischen Regierung, eine ausländische Gesellschaft könne sich die Gleichbehandlung durch Gründung einer französischen Tochtergesellschaft sichern, ließ der Gerichtshof nicht zu. Art. 52 Abs. 1 Satz 2 EWG-Vertrag stelle es Gesellschaften mit Sitz in einem anderen Mitgliedstaat frei, ob sie für ihre Niederlassung die Form der Zweigniederlassung oder der Tochtergesellschaft wählen. Diese freie Wahl dürfe nicht durch diskriminierende Steuerbestimmungen eingeschränkt werden.[46]

2. Rechtssache „Segers“

a) Sachverhalt

Der niederländische Staatsangehörige *Segers* war Geschäftsführer einer Gesellschaft englischen Rechts, die ihre gesamte Tätigkeit über eine niederländische Zweigniederlassung in den Niederlanden ausübte.[47] *Segers* hatte die englische Gesellschaft gemeinsam mit seiner Ehefrau übernommen, um sein bis dahin in den Niederlanden betriebenes Unternehmen als Zweigniederlassung in diese Gesellschaft einzubringen. Der Grund für diese Konstruktion lag offenbar darin, dass *Segers* sein niederländisches Handelsunternehmen in eine Gesellschaft mit beschränkter Haftung umwandeln wollte, ihm die dafür geltenden Regeln des niederländischen Rechts jedoch zu kompliziert erschienen, und er außerdem die englische Bezeichnung *„Ltd.“* für attraktiver hielt als ihr niederländisches Pendant *„BV“*.

Als *Segers* in seiner Eigenschaft als Geschäftsführer der englischen Gesellschaft Leistungen der niederländischen Krankenversicherung beantragte, wurde sein Antrag zurückgewiesen. Zunächst wurde dies damit begründet, er sei als Geschäftsführer und Gesellschafter mit einer Beteiligung von 50% der Anteile kein „Arbeit-

---

43 EuGH, Rs. 270/83, *Kommission/Frankreich*, Slg. 1986, 273, 304 (Rn. 19).

44 EuGH, Rs. 270/83, *Kommission/Frankreich*, Slg. 1986, 273, 304f. (Rn. 19f.).

45 Der Gerichtshof fügt hinzu, diese Diskriminierung stelle eine Beschränkung der Niederlassungsfreiheit dar, die gegen Art. 52 Abs. 1 und 2 EWG-Vertrag verstoße; EuGH, Rs. 270/83, *Kommission/Frankreich*, Slg. 1986, 273, 307 (Rn. 27).

46 EuGH, Rs. 270/83, *Kommission/Frankreich*, Slg. 1986, 273, 305 (Rn. 22).

47 Vgl. zum Sachverhalt den Bericht von GA *Darmon*, EuGH, Rs. 79/85, *Segers*, Slg. 1986, 2375, 2376.

nehmer".[48] Dieser Einwand war jedoch nicht sonderlich tragfähig, denn die niederländische Gerichtspraxis stand für inländische Gesellschaften auf dem Standpunkt, deren Geschäftsführer könnten einem Arbeitnehmer gleich gestellt werden, selbst wenn sie die Hälfte oder mehr Anteile der Gesellschaft besaßen. Dem Anspruch von *Segers* wurde daher als weiteres Argument entgegen gehalten, dass er Geschäftsführer einer ausländischen Gesellschaft sei, die ihre tatsächliche Geschäftstätigkeit ausschließlich in den Niederlanden entfalte.[49] Es stehe jedem niederländischen Staatsbürger frei, eine Gesellschaft ausländischen Rechts zu gründen und sich damit für das dortige System der sozialen Sicherheit zu entscheiden. Es müsse hingegen verhindert werden, dass Geschäftsführer die Form einer ausländischen Gesellschaft nur wählten, um die in den Niederlanden geltenden Vorschriften über die Gründung einer Gesellschaft mit beschränkter Haftung zu umgehen; außerdem sei die Einziehung von Sozialversicherungsbeiträgen in anderen Mitgliedstaaten problematisch.[50]

b) Beschränkung der Niederlassungsfreiheit

Der Gerichtshof erinnert auch hier zunächst daran, dass Art. 52 EWG-Vertrag (heute: Art. 43 EG-Vertrag) seit dem Ende der Übergangszeit in den Mitgliedstaaten unmittelbar anwendbar sei. Nach dieser Bestimmung umfasse die Niederlassungsfreiheit des Staatsangehörigen eines Mitgliedstaats im Hoheitsgebiet eines anderen Mitgliedstaats unter anderem die Gründung und Leitung von Unternehmen, insbesondere von Gesellschaften im Sinne des Art. 58 Abs. 2 EWG-Vertrag (heute Art. 48 Abs. 2 EG-Vertrag), nach den Bestimmungen des Aufnahmestaats für seine eigenen Staatsangehörigen.[51] Hinsichtlich der Gesellschaften sei zu bemerken, dass die Niederlassungfreiheit das Recht umfasse, ihre Tätigkeit in einem anderen Mitgliedstaat durch eine Agentur, Zweigniederlassung oder Tochtergesellschaft auszuüben. Dabei diene ihr Sitz – im in Art. 58 EWG-Vertrag angegebenen Sinn – dazu, ihre Zugehörigkeit zur Rechtsordnung eines Mitgliedstaats zu bestimmen.[52]

Das Recht auf Erstattung von Krankheitskosten sei zwar das Recht einer natürlichen Person und nicht das einer Gesellschaft. Eine Diskriminierung des Personals in Bezug auf den sozialen Schutz schränke jedoch die Freiheit der Gesellschaften eines anderen Mitgliedstaats, sich über eine Agentur, Zweigniederlassung oder Tochtergesellschaft in dem betreffenden Mitgliedstaat niederzulassen, mittelbar ein.[53]

---

[48] Dazu GA *Darmon* (EuGH, Rs. 79/85, *Segers*, Slg. 1986, 2375, 2376) sowie die Entscheidungsgründe (a.a.O., S. 2384 [Rn. 4]).

[49] Vgl. GA *Darmon* (EuGH, Rs. 79/85, *Segers*, Slg. 1986, 2375, 2376 f.) sowie Entscheidungsgründe (EuGH, Rs. 79/85, *Segers*, Slg. 1986, 2375, 2384 [Rn. 5]).

[50] Vgl. Entscheidungsgründe (EuGH, Rs. 79/85, *Segers*, Slg. 1986, 2375, 2385 f. [Rn. 9 und 10]).

[51] EuGH, Rs. 79/85, *Segers*, Slg. 1986, 2375, 2387 (Rn. 12).

[52] EuGH, Rs. 79/85, *Segers*, Slg. 1986, 2375, 2387 (Rn. 13).

[53] EuGH, Rs. 79/85, *Segers*, Slg. 1986, 2375, 2387 f. (Rn. 15).

Eine Besonderheit des Falles lag darin, dass die englische Gesellschaft ihre Tätigkeit ausschließlich auf niederländischem Territorium entfaltete und auch genau für diesen Zweck von einem niederländischen Staatsbürger erworben worden war. Der Gerichtshof führt dazu aus: Es komme für die Anwendung der Niederlassungsfreiheit nicht darauf an, dass eine Gesellschaft im Herkunftsstaat irgendeine Tätigkeit entfalte. Art. 58 EWG-Vertrag verlange lediglich, dass die Gesellschaft nach den Rechtsvorschriften eines Mitgliedstaats gegründet sei und ihren satzungsmäßigen Sitz, ihre Hauptverwaltung oder ihre Hauptniederlassung innerhalb der Gemeinschaft habe. Wenn diese Voraussetzungen gegeben seien, sei der Umstand, dass die Gesellschaft ihre Tätigkeit ausschließlich durch eine Agentur, Zweigniederlassung oder Tochtergesellschaft in einem anderen Mitgliedstaat ausübe, ohne Bedeutung.[54] Eine ungleiche Behandlung könne zwar unter bestimmten Umständen zur Bekämpfung betrügerischer Machenschaften gerechtfertigt sein; die Verweigerung der Krankenversicherung gegenüber dem Geschäftsführer sei dazu aber keine geeignete Maßnahme.[55]

Auch Generalanwalt *Darmon* hatte diesen Aspekt in seinen Schlussanträgen angesprochen.[56] Er hob darauf ab, dass *Segers* zwei Grundfreiheiten kunstvoll kombiniert hatte, nämlich das den natürlichen Personen zustehende Recht, eine Gesellschaft in einem anderen Mitgliedstaat zu gründen, und das Recht der Gesellschaft, ihre Tätigkeit in einem anderen Mitgliedstaat auszuüben.[57] „So paradox dieser Fall erscheinen mag, er ist die logische Folge der durch den EWG-Vertrag garantierten Rechte." Dies sei gerade der Zweck, zu dem die Niederlassungsfreiheit in den EWG-Vertrag aufgenommen worden sei. Die Begünstigung der Freizügigkeit diene der Verwirklichung eines gemeinsamen Marktes. Nutze der Angehörige eines Mitgliedstaats die Nachgiebigkeit des britischen Gesellschaftsrechts aus und mache er sich die Anziehungskraft zunutze, die nach seinem Dafürhalten eine angelsächsisch klingende Bezeichnung auf die Kundschaft habe, dann liege dies durchaus auf dieser Linie. Die bloße Möglichkeit, dass die Handlung betrügerischen Zwecken dienen könne, rechtfertige noch keine allgemeine Beschränkung des Niederlassungsrechts.

[54] EuGH, Rs. 79/85, *Segers*, Slg. 1986, 2375, 2388 (Rn. 16).
[55] EuGH, Rs. 79/85, *Segers*, Slg. 1986, 2375, 2388 (Rn. 17).
[56] GA *Darmon*, EuGH, Rs. 79/85, *Segers*, Slg. 1986, 2375, 2380 f.
[57] Es handelte sich also um eine der bereits oben (bei Fn. 22) angesprochenen „U-Turn"-Konstruktionen.

3. Rechtssache „Daily Mail"

a) Sachverhalt

Die *Daily Mail and General Trust PLC* war eine in London registrierte Aktiengesellschaft englischen Rechts.[58] Ihre Geschäftstätigkeit bestand in der Aktienanlage, das heißt, sie investierte in erheblichem Umfang in Aktien. Am 1. März 1984 beantragte sie bei den Steuerbehörden die Zustimmung zur Verlegung ihres steuerlichen Gesellschaftssitzes in die Niederlande. Sie bezog sich damit auf verschiedene Regeln des damals geltenden britischen Steuerrechts: Der steuerliche Gesellschaftssitz bestimmte sich danach, wo die Geschäftsleitung der Gesellschaft ausgeübt wurde; der steuerliche Gesellschaftssitz im Vereinigten Königreich konnte nur mit Zustimmung des Finanzministeriums aufgeben werden.

Wirtschaftlicher Hintergrund der gewünschten Verlegung der Geschäftsleitung war ein bedeutender Wertzuwachs der von *Daily Mail and General Trust PLC* gehaltenen Aktien. Nach britischem Steuerrecht hätte sie diesen Wertzuwachs bei einem späteren Verkauf der Aktien versteuern müssen; in den Niederlanden hingegen wäre nur der nach der Sitzverlegung eingetretene Wertzuwachs zu versteuern gewesen. Den Steuerbehörden entging dieser Zusammenhang nicht: Sie machten der Gesellschaft mit Schreiben vom 9. Juli 1984 unter anderem den Vorschlag, noch vor der Sitzverlegung einen beachtlichen Teil ihres Aktienbesitzes zu veräußern. Weitere Verhandlungen und ausgedehnter Schriftwechsel führten zu keiner Einigung, so dass die Gesellschaft am 24. Juni 1986 Klage erhob auf Feststellung, dass sie nach Art. 52 des EWG-Vertrages berechtigt sei, ihren Sitz ohne die Zustimmung der Steuerbehörden in die Niederlande zu verlegen.

b) Anwendungsbereich der Niederlassungsfreiheit

Die zentrale Frage des Verfahrens war die Anwendbarkeit der Niederlassungsfreiheit auf die bloße Verlegung der Geschäftsleitung. *Daily Mail and General Trust PLC* wollte weder ihren satzungsmäßigen Sitz in London, noch ihre Eigenschaft als Gesellschaft britischen Rechts aufgeben. Im Verfahren vor dem Gerichtshof wurde diskutiert, ob man angesichts dieser bloßen Verlegung der Geschäftsleitung überhaupt von einer „Niederlassung" im Sinne der Vorschriften des EWG-Vertrages sprechen könne.

Probleme bereitete dabei die Tatsache, dass es bei einer Verlegung der Geschäftsleitung an jeglichem eindeutig feststellbaren formalen Anknüpfungspunkt fehlt. Die Gesellschaft wollte sich nicht in den Niederlanden als niederländische Gesellschaft registrieren lassen; dies hätten ihr die britischen Steuerbehörden vermutlich gestattet, da dem eine Liquidation der britischen Gesellschaft unter Auflösung der

---

[58] Vgl. zum Sachverhalt den Sitzungsbericht, EuGH, Rs. 81/87, *Daily Mail*, Slg. 1988, 5483, 5484 ff., sowie die Entscheidungsgründe, a.a.O., 5506 ff.

stillen Reserven vorangegangen wäre. Ebenso wenig war die Gesellschaft gehindert, sich in den Niederlanden im Wege der Zweitniederlassung zu betätigen; zu diesem Zweck hatte sie auch bereits ein Anlageberatungsbüro eröffnet. Einer Zustimmung der Steuerbehörden unterlag allein die von der Gesellschaft gewünschte – und als steuerlicher Anknüpfungspunkt relevante – faktische Verlegung der Geschäftsleitung.

Der Gerichtshof weist in seinem Urteil wiederum darauf hin, dass die Niederlassungsfreiheit seit dem Ablauf der Übergangszeit unmittelbar anwendbar sei und dass es auch dem Herkunftstaat verboten sei, die Niederlassung seiner Staatsangehörigen oder einer nach seinem Recht gegründeten Gesellschaft im Sinne der Definition des Art. 58 EWG-Vertrag (heute Art. 48 EG-Vertrag) zu behindern.[59] Die Vorschriften über das Niederlassungsrecht wären sinnentleert, wenn der Herkunftstaat es Unternehmen verbieten könne, auszuwandern, um sich in einem anderen Mitgliedstaat niederzulassen. Er betont sodann, dass das britische Recht weder die Gründung von Zweitniederlassungen noch die Teilnahme an der Gründung einer Gesellschaft in einem anderen Mitgliedstaat beschränke. Die Zustimmung des Finanzministeriums sei nur für den Fall vorgeschrieben, dass die Gesellschaft unter Beibehaltung ihrer Rechtspersönlichkeit und ihrer Eigenschaft als Gesellschaft britischen Rechts den Sitz ihrer Geschäftsleitung aus dem Vereinigten Königreich verlegen wolle.[60]

Der Gerichtshof fügt einen weiteren Gesichtspunkt hinzu: Im Gegensatz zu natürlichen Personen werde eine Gesellschaft auf Grund einer Rechtsordnung – beim gegenwärtigen Stand des Gemeinschaftsrechts auf Grund einer nationalen Rechtsordnung – gegründet. Jenseits der jeweiligen nationalen Rechtsordnung, die ihre Gründung und ihre Existenz regele, habe sie keine Realität.[61] Die Mitgliedstaaten hätten die Frage, welche Verknüpfung mit dem nationalen Gebiet erforderlich sei, um eine Gesellschaft zu gründen und wie diese Verknüpfung nachträglich zu ändern sei, höchst unterschiedlich geregelt. Dem trage der EWG-Vertrag Rechnung, indem er in Art. 58 den satzungsmäßigen Sitz, die Hauptverwaltung und die Hauptniederlassung einer Gesellschaft als Anküpfung gleich achte. Weiterhin sei in Art. 220 EWG-Vertrag (heute Art. 293 EG-Vertrag) vorgesehen, soweit erforderlich, Übereinkommen unter den Mitgliedstaaten zu schließen, um unter anderem die Beibehaltung der Rechtspersönlichkeit bei Verlegung des Sitzes von einem Mitgliedstaat in einen anderen sicherzustellen.[62] Nach alledem betrachte der EWG-Vertrag die Unterschiede, die die Rechtsordnungen der Mitgliedstaaten hinsichtlich der für ihre Gesellschaften erforderlichen Anknüpfung sowie der Möglichkeit und gegebenenfalls der Modalitäten einer Verlegung des satzungsmäßigen oder wahren Sitzes einer Gesellschaft nationalen Rechts von einem Mitgliedstaat in einen ande-

[59] EuGH, Rs. 81/87, *Daily Mail*, Slg. 1988, 5483, 5510 (Rn. 15 und 16).
[60] EuGH, Rs. 81/87, *Daily Mail*, Slg. 1988, 5483, 5511 (Rn. 18).
[61] EuGH, Rs. 81/87, *Daily Mail*, Slg. 1988, 5483, 5511 (Rn. 19).
[62] EuGH, Rs. 81/87, *Daily Mail*, Slg. 1988, 5483, 5512 (Rn. 21).

ren aufwiesen, als Probleme, die durch die Bestimmungen über die Niederlassungsfreiheit nicht gelöst seien, sondern einer Lösung im Wege der Rechtsetzung oder des Vertragsschlusses bedürften.[63] Die Art. 52 und 58 EWG-Vertrag gewährten daher beim derzeitigen Stand des Gemeinschaftsrechts einer Gesellschaft, die nach dem Recht eines Mitgliedstaats gegründet sei und in diesem ihren satzungsmäßigen Sitz habe, nicht das Recht, den Sitz ihrer Geschäftsleitung in einen anderen Mitgliedstaat zu verlegen.[64]

4. Rechtssache „Centros"

a) Sachverhalt

Die Rechtssache Centros[65] handelt von der Eintragung der Zweigniederlassung einer englischen Gesellschaft in Dänemark. Die *Centros Ltd.* war in England und Wales eingetragen, ohne dort je eine Geschäftstätigkeit entfaltet zu haben.[66] Die Anteile an der Gesellschaft hielt das dänische Ehepaar *Bryde* zu gleichen Teilen; alleinige Direktorin der Gesellschaft war Frau *Bryde*. Sie beantragte im Jahre 1992 die Eintragung einer Zweigniederlassung in Dänemark. Die zuständige Zentralverwaltung lehnte diesen Antrag ab; Rechtsmittel gegen die ablehnende Entscheidung blieben erfolglos. Die dänische Zentralverwaltung und die mit der Angelegenheit befassten dänischen Gerichte begründeten ihre Ablehnung im wesentlichen mit einer Umgehung der dänischen Vorschriften über die Gründung von Gesellschaften mit beschränkter Haftung. Die *Centros Ltd.*, die im Staat ihrer Gründung keinerlei Geschäftstätigkeit entfalte, beabsichtige in Wirklichkeit, in Dänemark ihren Hauptsitz zu errichten und damit nationale Vorschriften insbesondere über die Einzahlung des Mindestkapitals zu umgehen. Die Verweigerung der Eintragung sei erforderlich, um die öffentlichen und privaten Gläubiger und die Vertragspartner zu schützen und den betrügerischen Bankrott zu bekämpfen. Im Verfahren vor dem Europäischen Gerichtshof machte die dänische Regierung außerdem geltend, der Sachverhalt habe keinen Gemeinschaftsbezug.[67] Es gehe um eine rein interne dänische Angelegenheit, denn die Kläger seien dänische Staatsangehörige und wollten allein in Dänemark geschäftlich tätig werden.

---

[63] EuGH, Rs. 81/87, *Daily Mail*, Slg. 1988, 5483, 5512 (Rn. 23).

[64] EuGH, Rs. 81/87, *Daily Mail*, Slg. 1988, 5483, 5512 (Rn. 25).

[65] EuGH, Rs. C-212/97, *Centros*, Slg. 1999, I-1459.

[66] Vgl. die Angaben zum Sachverhalt in den Schlussanträgen des GA *La Pergola*, EuGH, Rs. C-212/97, *Centros*, Slg. 1999, I-1459, I-1461 ff. und in den Entscheidungsgründen (a.a.O., S. I-1487 [Rn. 1 ff.]). Aufschlussreich auch die Angaben zum Sachverhalt bei *Werlauff* ZIP 1999, 867, 870 ff.

[67] EuGH, Rs. C-212/97, *Centros*, Slg. 1999, I-1459, I-1466 sowie I-1490, Rn. 16.

b) *Beschränkung der Niederlassungsfreiheit*

Nach Auffassung des Europäischen Gerichtshofs hingegen war der Anwendungsbereich der Niederlassungsfreiheit eröffnet:[68] Die Niederlassungsfreiheit nach Art. 52 und 58 EG-Vertrag (heute: Art. 43 und 48) gelte für Gesellschaften, die nach dem Recht eines Mitgliedstaats gegründet seien und ihren satzungsmäßigen Sitz, ihre Hauptverwaltung oder ihre Hauptniederlassung in der Gemeinschaft hätten. Hieraus folge unmittelbar, dass diese Gesellschaften das Recht hätten, ihre Tätigkeit in einem anderen Mitgliedstaat durch eine Agentur, Zweigniederlassung oder Tochtergesellschaft auszuüben. Über die Zugehörigkeit der Gesellschaft zu einer bestimmten Rechtsordnung entscheide ihr satzungsmäßiger Sitz, ihre Hauptverwaltung oder ihre Hauptniederlassung. Dass die dänischen Eheleute die *Centros Ltd.* zu dem Zweck gegündet hatten, die dänischen Vorschriften über die Einzahlung eines Mindestgesellschaftskapitals zu umgehen, führte nach Auffassung des Gerichts zu keiner anderen Beurteilung. Die Frage der Anwendung der Art. 52 und 58 EG-Vertrag sei von der anderen Frage zu trennen, ob ein Mitgliedstaat Maßnahmen ergreifen könne, um zu verhindern, dass sich einige seiner Staatsangehörigen unter Missbrauch der durch den EG-Vertrag geschaffenen Erleichterungen der Anwendung des nationalen Rechts entzögen.

Ist die Anwendbarkeit der Niederlassungsfreiheit bejaht, fällt die Feststellung einer Beschränkung nicht schwer.[69] Die nach dem Recht eines anderen Mitgliedstaats gegründete Gesellschaft wird an der Wahrnehmung ihres Niederlassungsrechts aus den Art. 52 und 58 EG-Vertrag gehindert, wenn ein anderer Mitgliedstaat ihr die Eintragung einer Zweigniederlassung verweigert. Gemäß der vom Gerichtshof vorgebenen Prüfungsfolge schloss sich daran die Frage an, ob das Verhalten einen Missbrauch der durch den EG-Vertrag geschaffenen Erleichterungen darstelle.

c) *Missbrauchsprüfung*

Grundsätzlich gilt, dass die missbräuchliche oder betrügerische Berufung auf Gemeinschaftsrecht nicht gestattet ist.[70] Der Gerichtshof verneinte allerdings im vorliegenden Fall einen Rechtsmissbrauch.[71] Ziel der Niederlassungsfreiheit sei es gerade, die Errichtung von Gesellschaften nach dem Recht eines anderen Mitgliedstaats zu ermöglichen. Dies könne man nicht schon deshalb als missbräuchlich ansehen, weil dadurch die Vorschriften eines anderen Mitgliedstaats über die Errichtung von Gesellschaften nicht zum Zuge kämen. Es sei daher auch nicht missbräuchlich, wenn ein Staatsangehöriger eines Mitgliedstaats, der eine Gesellschaft gründen wolle, diese in dem Mitgliedstaat errichte, dessen gesellschaftsrechtliche

[68] EuGH, Rs. C-212/97, *Centros*, Slg. 1999, I-1459, I-1490 f., Rn. 17 bis 20.
[69] Dazu EuGH, Rs. C-212/97, *Centros*, Slg. 1999, I-1459, I-1492, Rn. 21, 22.
[70] EuGH, Rs. C-212/97, *Centros*, Slg. 1999, I-1459, I-1492, Rn. 24.
[71] Zum Weiteren EuGH, Rs. C-212/97, *Centros*, Slg. 1999, I-1459, I-1492, Rn. 25 ff.

Vorschriften ihm die größte Freiheit ließen, und sodann in anderen Mitgliedstaaten Zweigniederlassungen gründe. Dass eine Gesellschaft in dem Mitgliedstaat, in dem sie ihren Sitz habe, keine Geschäftstätigkeit entfalte und ihre Tätigkeit ausschließlich im Mitgliedstaat ihrer Zweigniederlassung ausübe, könne ebensowenig wie im Fall *Segers* Beleg für ein missbräuchliches oder betrügerisches Verhalten sein.

d) Rechtfertigungsprüfung

Gegenüber mitgliedstaatlichen Beschränkungen der Niederlassungsfreiheit bleibt als letzte Prüfungsstufe die Frage der Rechtfertigung.[72] Dabei verwendet der Gerichtshof im Fall Centros erstmals den im Bereich der anderen Grundfreiheiten entwickelten Prüfungskatalog:[73] Maßnahmen, die die Ausübung der durch den EG-Vertrag garantierten Grundfreiheiten behindern oder weniger attraktiv machen können, sind zulässig, wenn vier Voraussetzungen erfüllt sind: Sie müssen in nichtdiskriminierender Weise angewendet werden, sie müssen zwingenden Gründen des Allgemeinwohls entsprechen, sie müssen zur Erreichung des verfolgten Ziels geeignet sein, und sie dürfen nicht über das hinausgehen, was zur Erreichung des Ziels erforderlich ist.[74]

Die dänische Zentralverwaltung hatte geltend gemacht, die Einhaltung der Mindestkapitalvorschriften sei im Interesse des Gläubigerschutzes geboten.[75] Die Pflicht der Gesellschaften mit beschränkter Haftung zur Einzahlung eines Mindestkapitals verfolge den Zweck, die finanzielle Solidität der Gesellschaften zu verstärken, um die öffentlichen Gläubiger vor der Gefahr zu schützen, dass ihre Forderungen uneinbringlich würden; denn anders als private Gläubiger könnten sie ihre Forderungen nicht durch eine Sicherheit oder Bürgschaft sichern. Weiterhin solle sie ganz allgemein alle öffentlichen und privaten Gläubiger schützen, indem sie der Gefahr eines betrügerischen Bankrotts auf Grund der Zahlungsunfähigkeit von Gesellschaften mit unzureichendem Anfangskapital vorbeuge. Es gebe kein milderes Mittel, denn die Alternative einer Durchgriffshaftung auf die Gesellschafter sei nicht milder als die Verpflichtung zur Einzahlung eines Mindestkapitals.

Der Gerichtshof hält jedoch die Verweigerung der Eintragung für ein ungeeignetes Mittel zur Durchsetzung dieser Ziele.[76] Denn die Zweigniederlassung wäre nach Aussage der dänischen Zentralverwaltung anstandslos eingetragen worden, wenn die Gesellschaft in England eine Tätigkeit entfaltet hätte. In diesem Fall seien die dänischen Gläubiger aber ebenso gefährdet. Weiterhin sei für die Gläubiger er-

---

[72] EuGH, Rs. C-212/97, *Centros*, Slg. 1999, I-1459, I-1494 ff., Rn. 31 ff.

[73] In der Rechtssache Segers hatte sich der Gerichtshof noch auf eine kurze Prüfung des Schutzes der öffentlichen Ordnung gemäß Art. 56 EWG-Vertrag (heute: Art. 46 EG-Vertrag) beschränkt (EuGH, Rs. 79/85, *Segers*, Slg. 1986, 2375, 2388 [Rn. 17]).

[74] EuGH, Rs. C-212/97, *Centros*, Slg. 1999, I-1495 (Rn. 34).

[75] EuGH, Rs. C-212/97, *Centros*, Slg. 1999, I-1494 (Rn. 32).

[76] EuGH, Rs. C-212/97, *Centros*, Slg. 1999, I-1495 (Rn. 35 f.).

kennbar, dass es sich um eine englische Gesellschaft handele, die nicht den dänischen Regeln über das Mindestkapital unterliege. Die Gläubiger könnten sich auch auf bestimmte gemeinschaftsrechtliche Schutzvorschriften berufen wie die Vierte und die Elfte Richtlinie. Schließlich sei als milderes Mittel denkbar, für öffentliche Gläubiger die rechtliche Möglichkeit zu schaffen, sich die erforderlichen Sicherheiten einräumen zu lassen. Die Bekämpfung von Betrügereien sei zwar zulässig, wenn die Gesellschafter sich mittels der Errichtung der Gesellschaft ihren Verpflichtungen gegenüber inländischen privaten oder öffentlichen Gläubigern entziehen wollten. Die Bekämpfung von Betrügereien könne es aber nicht rechtfertigen, die Eintragung der Zweigniederlassung einer in einem anderen Mitgliedstaat niedergelassenen Gesellschaft zu verweigern.

5. Rechtssache „Überseering"

a) Sachverhalt

Überseering BV wurde 1990 im Handelsregister von Amsterdam und Haarlem als niederländische Gesellschaft eingetragen.[77] Die Gesellschaft war ausweislich des Grundbuchs Eigentümerin eines Grundstücks in Düsseldorf mit einem größeren Garagengebäude und einem Motel. Ende 1992 schloss sie mit der *NCC Nordic Construction Company Baumanagement GmbH* (nachfolgend „NCC GmbH") einen Vertrag über die Sanierung der beiden Gebäude. Im Dezember 1994 erwarben zwei in Düsseldorf wohnende deutsche Staatsangehörige sämtliche Geschäftsanteile an der *Überseering BV*. 1996 verklagte die Gesellschaft die *NCC GmbH* wegen Mängeln bei den Sanierungsarbeiten. Landgericht und Oberlandesgericht hielten die Klage für unzulässig. Denn *Überseering BV* habe seit dem Erwerb der Geschäftsanteile durch die in Düsseldorf lebenden deutschen Staatsbürger ihren tatsächlichen Verwaltungssitz in Düsseldorf. Nach deutschem Recht sei die Gesellschaft somit nicht rechtsfähig, weil sie sich nicht entsprechend den Gründungsregeln des deutschen Rechts neu gegründet habe.

Grund für diese Entscheidung der deutschen Gerichte war die Anwendung der bis dahin in Rechtsprechung und Lehre vorherrschenden Sitztheorie. Demnach soll der tatsächliche Verwaltungssitz der Gesellschaft darüber entscheiden, welches Recht auf die Gesellschaft anwendbar ist.[78] Maßgebend für den Verwaltungssitz ist

---

[77] Zum Sachverhalt siehe die Schlussanträge von Generalanwalt *Colomer*, EuGH, Rs. C-208/00, *Überseering*, Slg. 2002, I-9919, I-9923 ff., sowie die Entscheidungsgründe, a.a.O., I-9947 (Rn. 6 ff.).

[78] Bis zur *Überseering*-Entscheidung ständige Rechtsprechung (siehe insb. BGH, 30.1.1970, VZR 139/68, BGHZ 53, 181, 183; BGH, 21.3.1986, V ZR 10/85, BGHZ 97, 269, 271); ausführlich und mit weiteren Nachweisen die Kommentierungen bei *Großfeld*-Staudinger, Int. GesR, 1998, Rn. 26 ff., MüKo-*Kindler* Bd. 11, 4. Aufl., 2006, Rn. 400 ff.; Michalski-*Leible* GmbHG, 2002, Syst. Darst. 2, Rn. 4 ff.

der Tätigkeitsort der Geschäftsführung und der dazu berufenen Vertretungsorgane, also der Ort, wo die grundlegenden Entscheidungen der Unternehmensleitung effektiv in laufende Geschäftsführungsakte umgesetzt werden.[79] Eine ausländische Gesellschaft, die ihren Verwaltungssitz nach Deutschland verlegt, kann somit nur dadurch Rechtsfähigkeit erlangen, dass sie sich nach den Vorschriften über die GmbH neu gründet und in das Handelsregister an ihrem deutschen Sitz eintragen lässt.[80] Dies hatte *Überseering BV* nicht getan, obwohl sie ihren tatsächlichen Verwaltungssitz gemäß der Feststellung des Landgerichts nach Deutschland verlegt hatte. Da die Parteifähigkeit vor Gericht sich gemäß § 50 Abs. 1 ZPO nach der Rechtsfähigkeit richtet, fehlte ihr nach Auffassung der ersten beiden Instanzen mit der Rechtsfähigkeit auch die Parteifähigkeit. Der BGH legte dem Europäischen Gerichtshof zur Vorabentscheidung die Frage vor, ob dies mit den Vorschriften über die Niederlassungsfreiheit vereinbar sei.[81]

b) Beschränkung der Niederlassungsfreiheit

Der Gerichtshof bejaht zunächst die Anwendbarkeit der Art. 43 und 48 EG-Vertrag auf den vorliegenden Sachverhalt.[82] Dies hatten einige Verfahrensbeteiligte mit dem Hinweis bestritten, die Fragen der Sitzverlegung seien gemäß Art. 293 EG-Vertrag einer Vereinbarung unter den Mitgliedstaaten vorbehalten. Die maßgebliche Passage des Art. 293 EG-Vertrag lautet:

> „Soweit erforderlich, leiten die Mitgliedstaaten untereinander Verhandlungen ein, um zugunsten ihrer Staatsangehörigen folgendes sicherzustellen: ... die gegenseitige Anerkennung der Gesellschaften im Sinne des Artikels 48 Absatz 2, die Beibehaltung der Rechtspersönlichkeit bei Verlegung des Sitzes von einem Staat in einen anderen und die Möglichkeit der Verschmelzung von Gesellschaften, die den Rechtsvorschriften verschiedener Mitgliedstaaten unterstehen, ...“.

In der Entscheidung Daily Mail hatte der Gerichtshof daraus die Aussage abgeleitet, der EG-Vertrag betrachte die Modalitäten einer Verlegung des satzungsmäßigen oder wahren Sitzes einer Gesellschaft als Probleme, die durch die Bestimmungen über die Niederlassungsfreiheit nicht gelöst seien, sondern einer Lösung im Wege der Rechtsetzung oder des Vertragsschlusses bedürften.[83] In der Überseering-Entscheidung stellt er nun klar, dass die Übereinkünfte, zu deren Abschluss Art. 293 EG-Vertrag anrege, die Verwirklichung der Niederlassungfreiheit zwar erleichtern könnten, das Gebrauchmachen von dieser Freiheit aber nicht vom Abschluss

---

79 BGH, 21.3.1986, V ZR 10/85, BGHZ 97, 269, 272.

80 BGH, 21.3.1986, V ZR 10/85, BGHZ 97, 269, 272.

81 Der Vorlagebeschluss vom 30.3.2000, Az. VII ZR 370/98, ist abgedruckt in BGH, ZIP 2000, 967.

82 EuGH, Rs. C-208/00, *Überseering*, Slg. 2002, I-9919, I-9963 (Rn. 52).

83 Dazu bereits oben S. 84 ff.

solcher Übereinkünfte abhängen könne.[84] Alle Gesellschaften im Sinne des Art. 48 EG-Vertrag hätten das Recht, ihre Tätigkeit in einem anderen Mitgliedstaat auszuüben. Die Inanspruchnahme der Niederlassungsfreiheit setze zwingend die Anerkennung dieser Gesellschaften durch alle Mitgliedstaaten voraus, in denen sie sich niederlassen wollten.[85] Es sei daher insoweit für den Gebrauch der Niederlassungsfreiheit nicht mehr erforderlich, eine Übereinkunft zwischen den Mitgliedstaaten abzuschließen. Folglich könne aus dem Umstand, dass bis heute keine Übereinkunft über die gegenseitige Anerkennung von Gesellschaften geschlossen worden sei, kein Rechtfertigungsgrund für eine Beschränkung der vollen Wirksamkeit der Vorschriften über die Niederlassungsfreiheit hergeleitet werden.

Sodann prüft der Gerichtshof das Vorliegen einer Beschränkung der Niederlassungsfreiheit.[86] *Überseering BV* sei in den Niederlanden wirksam gegründet worden und habe dort ihren satzungsmäßigen Sitz. Sie genieße also nach den Art. 43 und 48 EG-Vertrag das Recht, als Gesellschaft niederländischen Rechts in Deutschland von ihrer Niederlassungsfreiheit Gebrauch zu machen. Dass nach der Gründung ihr gesamtes Kapital von in Deutschland ansässigen deutschen Staatsbürgern erworben worden sei, habe offenbar nicht zum Verlust der Rechtsfähigkeit geführt, die ihr die niederländische Rechtsordnung zuerkenne. Ihre Existenz hänge sogar untrennbar mit ihrer Eigenschaft als Gesellschaft niederländischen Rechts zusammen, da eine Gesellschaft jenseits der nationalen Rechtsordnung, die ihre Gründung und ihre Existenz regele, keine Realität habe. Nach deutschem Recht jedoch habe sie keine andere Wahl, als sich in Deutschland neu zu gründen, wenn sie vor einem deutschen Gericht Ansprüche aus einem mit einer Gesellschaft deutschen Rechts abgeschlossenen Vertrag geltend machen wolle. Darin liege eine mit den Art. 43 und 48 EG-Vertrag grundsätzlich nicht vereinbare Beschränkung der Niederlassungsfreiheit.

c) Rechtfertigungsprüfung

Der BGH hatte in seiner Vorlage darauf hingewiesen, dass die Gründung und Betätigung einer Gesellschaft auch die Interessen Dritter und des Staates berührten, in dem sich der tatsächliche Verwaltungssitz befinde, und die Sitztheorie diesem Schutzbedürfnis gerecht werden wolle, indem sie den gesellschaftsrechtlichen Vorschriften im Staat des tatsächlichen Verwaltungssitzes zur Geltung verhelfe.[87] Die deutsche Regierung hatte daran anknüpfend geltend gemacht, die aus der Anwendung der Sitztheorie folgende Beschränkung der Niederlassungsfreiheit sei durch zwingende Gründe des Allgemeinwohls gerechtfertigt und stehe in einem angemes-

---

[84] EuGH, Rs. C-208/00, *Überseering*, Slg. 2002, I-9919, I-9964 f. (Rn. 55 ff.).

[85] EuGH, Rs. C-208/00, *Überseering*, Slg. 2002, I-9919, I-9965 (Rn. 59).

[86] Siehe dazu die Entscheidungsgründe, EuGH, Rs. C-208/00, *Überseering*, Slg. 2002, I-9919, I-9970 f. (Rn. 78 ff.).

[87] EuGH, Rs. C-208/00, *Überseering*, Slg. 2002, I-9919, I-9949 f. (Rn. 15 und 16).

senen Verhältnis zu den verfolgten Zielen.[88] Die Sitztheorie stelle sicher, dass eine Gesellschaft, deren Tätigkeitsschwerpunkt im Gebiet der Bundesrepublik Deutschland liege, mit einem bestimmten Mindestkapital ausgestattet sei, was zur Sicherung ihrer Vertragspartner und Gläubiger beitrage. Außerdem liege es im Interesse des Schutzes von Minderheitsgesellschaftern, für den es keinen Gemeinschaftsstandard gebe, alle Gesellschaften, deren Tätigkeitsschwerpunkt im eigenen Hoheitsgebiet liege, den gleichen rechtlichen Rahmenbedingungen zu unterwerfen. Weiterhin brächte die Möglichkeit, den tatsächlichen Verwaltungssitz unter Wahrung der rechtlichen Identität nach Deutschland zu verlegen, die Gefahr einer Umgehung der deutschen Mitbestimmungsvorschriften mit sich. Und schließlich seien Fiskalinteressen gefährdet, wenn Gesellschaften in zwei oder mehr Mitgliedstaaten unbeschränkt steuerpflichtig seien und dadurch möglicherweise in mehreren Mitgliedstaaten parallel Steuervorteile beanspruchten und erlangten.

Der Gerichtshof verzichtet auf eine genauere Prüfung dieser Rechtfertigungsgründe.[89] Denn jedenfalls könnten die genannten Ziele es nicht rechtfertigen, einer Gesellschaft, die in einem anderen Mitgliedstaat ordnungsgemäß gegründet worden sei und dort ihren satzungsmäßigen Sitz habe, die Rechtsfähigkeit und die Parteifähigkeit abzusprechen. Dies komme nämlich einer Negierung der Niederlassungsfreiheit gleich.

d) Abgrenzung zu „Daily Mail"

Recht ausführlich widmet sich die Entscheidung der Abgrenzung zur Daily Mail-Entscheidung. Die deutsche und die italienische Regierung hatten geltend gemacht, das Urteil Daily Mail stütze die Auffassung, dass die Vorschriften über die Niederlassungsfreiheit keine Aussage dazu enthielten, unter welchen Voraussetzungen eine Gesellschaft, die in einem Mitgliedstaat wirksam gegründet worden sei, ihren tatsächlichen Sitz in einen anderen Mitgliedstaat verlegen könne.[90] Es falle vielmehr in die Befugnis der nationalen Rechtsordnungen festzulegen, wann eine Gesellschaft ihren Regelungen unterliege.

Der Gerichtshof jedoch sieht keine Parallele zum Daily Mail-Urteil und zieht zur Begründung dessen Anwendungsbereich noch einmal exakt nach:[91] Daily Mail betreffe allein die Beziehungen zwischen einer Gesellschaft und einem Mitgliedstaat, nach dessen Recht sie gegründet worden sei, und insoweit den Fall, in dem die Gesellschaft ihren tatsächlichen Verwaltungssitz unter Wahrung der ihr in ihrem Gründungsstaat zuerkannten Rechtspersönlichkeit in einen anderen Mitgliedstaat verlegen wolle. Hingegen handele es sich im Fall Überseering um die Anerkennung einer nach dem Recht eines Mitgliedstaats gegründeten Gesellschaft durch einen

---

[88] EuGH, Rs. C-208/00, *Überseering*, Slg. 2002, I-9919, I-9971 ff. (Rn. 84 ff.).
[89] EuGH, Rs. C-208/00, *Überseering*, Slg. 2002, I-9919, I-9974 (Rn. 92 ff.).
[90] EuGH, Rs. C-208/00, *Überseering*, Slg. 2002, I-9919, 9955 f. (Rn. 29 ff.).
[91] EuGH, Rs. C-208/00, *Überseering*, Slg. 2002, I-9919, 9965 ff. (Rn. 61 ff.).

anderen Mitgliedstaat.[92] Er wiederholt an dieser Stelle ausdrücklich eine der Kernaussagen des Daily Mail-Urteils, dass nämlich eine auf Grund einer nationalen Rechtsordnung gegründete Gesellschaft jenseits der nationalen Rechtsordnung, die ihre Gründung und ihre Existenz regele, keine Realität habe. Daily Mail beschränke sich auf die Feststellung, dass sich die Möglichkeit und Modalitäten, den satzungsmäßigen Sitz oder den tatsächlichen Verwaltungssitz in einen anderen Mitgliedstaat zu verlegen, ohne die durch die Rechtsordnung des Gründungsmitgliedstaats zuerkannte Rechtspersönlichkeit zu verlieren, nach den nationalen Rechtsvorschriften beurteilten, nach denen diese Gesellschaft gegründet worden sei. Das Urteil habe sich dagegen nicht zu der Frage geäußert, ob ein anderer Mitgliedstaat sich weigern dürfe, die Rechtspersönlichkeit anzuerkennen, die einer Gesellschaft nach der Rechtsordnung ihres Gründungsstaates zuerkannt werde. Der Gerichtshof habe den Mitgliedstaaten nicht die Möglichkeit einräumen wollen, in ihrem Hoheitsgebiet die tatsächliche Inanspruchnahme der Niederlassungsfreiheit durch in anderen Mitgliedstaaten wirksam gegründete Gesellschaften, von denen sie annähmen, dass sie ihren tatsächlichen Verwaltungssitz in ihr Hoheitsgebiet verlegt hätten, von der Beachtung ihres nationalen Gesellschaftsrechts abhängig zu machen.

e) Sitztheorie oder Gründungstheorie?

Die konkret gerügte Beschränkung der Niederlassungsfreiheit beruhte auf einer Anwendung der Sitztheorie; damit brachte der Fall Überseering implizit auch die deutsche Sitztheorie vor den europäischen Richterstuhl. Der BGH jedenfalls stellte in seinen Vorlagefragen deutlich auf diesen Zusammenhang ab:[93]

> „1. Sind Art. 43 und 48 EG dahin auszulegen, dass es im Widerspruch zur Niederlassungsfreiheit für Gesellschaften steht, wenn die Rechtsfähigkeit und die Parteifähigkeit einer Gesellschaft, die nach dem Recht eines Mitliedstaats wirksam gegründet worden ist, *nach dem Recht des Staates beurteilt werden, in den die Gesellschaft ihren tatsächlichen Verwaltungssitz verlegt hat*, und wenn sich aus dessen Recht ergibt, dass sie vertraglich begründete Ansprüche dort nicht mehr gerichtlich geltend machen kann?
>
> 2. Sollte der Gerichtshof diese Frage bejahen:
> Gebietet es die Niederlassungsfreiheit für Gesellschaften (Art. 43 und 48 EG), die Rechtsfähigkeit und die Parteifähigkeit *nach dem Recht des Gründungsstaates zu beurteilen*?“

Beide Vorlagefragen des Bundesgerichtshofs enthielten Hinweise auf den Gegensatz zwischen Sitz- und Gründungstheorie. In der ersten Frage wird unterstellt, die Rechts- und Parteifähigkeit werde nach dem Recht des Staates beurteilt, in den die Gesellschaft ihren tatsächlichen Verwaltungssitz verlegt habe (Sitztheorie). Die zweite Frage stellt darauf ab, ob die Rechts- und Parteifähigkeit statt dessen nach dem Recht des Gründungsstaates zu beurteilen sei (Gründungstheorie).

---

[92] Die Literatur unterscheidet anhand dessen „Wegzugs-“ und Zuzugsfälle“; dazu näher unten S. 409 ff.

[93] Kursive Hervorhebungen durch den *Verfasser*.

Es fällt auf, dass der Gerichtshof in seiner Antwort auf die Vorlagefragen gerade diese Formulierungen vermeidet:

1. „Auf die erste Frage ist daher zu antworten, dass es gegen die Artikel 43 und 48 EG verstößt, wenn einer Gesellschaft, die nach dem Recht des Mitgliedstaats, in dessen Hoheitsgebiet sie ihren satzungsmäßigen Sitz hat, gegründet worden ist und von der nach dem Recht eines anderen Mitgliedstaats angenommen wird, dass sie ihren tatsächlichen Sitz dorthin verlegt hat, in diesem Mitgliedstaat *die Rechtsfähigkeit und damit die Parteifähigkeit* vor seinen nationalen Gerichten für das Geltendmachen von Ansprüchen aus einem Vertrag mit einer in diesem Mitgliedstaat ansässigen Gesellschaft *abgesprochen wird.*“ [94]

Der Gerichtshof befasst sich hier allein mit der Rechtsfolge, nämlich dem Absprechen der Rechts- und Parteifähigkeit für die Geltendmachung von vertraglichen Ansprüchen. Auf die zweite Vorlagefrage antwortet er:

3. „Aus der Antwort auf die erste Vorlagefrage folgt, dass in dem Fall, dass eine Gesellschaft, die nach dem Recht eines Mitgliedstaats gegründet worden ist, in dessen Hoheitsgebiet sie ihren satzungsmäßigen Sitz hat, in einem anderen Mitgliedstaat von ihrer Niederlassungsfreiheit Gebrauch macht, dieser andere Mitgliedstaat nach den Artikeln 43 EG und 48 EG verpflichtet ist, die Rechtsfähigkeit und damit die Parteifähigkeit *zu achten*, die diese Gesellschaft nach dem Recht ihres Gründungsstaats besitzt.“ [95]

Auch hier spricht der Gerichtshof nur die Rechtsfolge an – die Rechts- und Parteifähigkeit muss gewahrt bleiben –, ohne den Mitgliedstaat darauf festzulegen, auf welchem rechtskonstruktiven Weg er zu diesem Ergebnis gelangt.

Man mag fragen, inwieweit diese Zurückhaltung sich mit der zuvor getroffenen Aussage verträgt, die Inanspruchnahme der Niederlassungsfreiheit durch eine in einem Mitgliedstaat ordnungsgemäß gegründete Gesellschaft setze zwingend die Anerkennung der Gesellschaft durch alle Mitgliedstaaten voraus, in denen sie sich niederlassen wolle.[96] Dies klingt danach, als sei die ausländische Gesellschaft vorbehaltlos nach dem Gesellschaftsrecht ihres Herkunftslandes zu beurteilen. Andererseits setzt die Anerkennung als Rechtsperson nicht zwingend die Beibehaltung des ausländischen Gesellschaftsstatuts voraus; es gibt durchaus Rechtsordnungen, die der Sitztheorie folgen, dabei aber eine identitätswahrende Sitzverlegung über die Grenze zulassen.[97] Aufschlussreich für die denkbaren Beweggründe des Europä-

---

[94] EuGH, Rs. C-208/00, *Überseering*, Slg. 2002, I-9919, I-9974 (Rn. 94); Hervorhebung in Kursiv durch *Verf.*

[95] EuGH, Rs. C-208/00, *Überseering*, Slg. 2002, I-9919, I-9974 (Rn. 95); Hervorhebung in Kursiv durch *Verf.*

[96] EuGH, Rs. C-208/00, *Überseering*, Slg. 2002, I-9919, I-9965 (Rn. 59).

[97] *Leible/Hoffmann* RIW 2002, 925, 929. Frankreich, das im Grundsatz gleichfalls der Sitztheorie folgt, lässt die rechtlich geordnete Sitzverlegung über die Grenze offenbar zu. Diese Rechtsauffassung ist allerdings in der französischen Literatur nicht unumstritten. *Menjucq* Droit international et européen des sociétés, 2001, leitet (S. 287 ff. und S. 300 f. jeweils m. w.

ischen Gerichtshofs sind die Schlussanträge des Generalanwalts *Colomer*.[98] Er hatte vorgeschlagen, die zweite Vorlagefrage nicht zu beantworten. Denn es sei nicht offensichtlich, welchen zusätzlichen Nutzen eine Antwort auf diese zweite Vorlagefrage für die Lösung des vom Bundesgerichtshof vorgelegten Problems der Auslegung des Gemeinschaftsrechts haben solle. Wenn feststehe, dass die in der Aberkennung der Klagemöglichkeit liegende Sanktion eine nicht zu rechtfertigende Beschränkung sei, so sei es unerheblich, auf welchem Wege das nationale Gericht dazu gekommen sei, die Sanktion zu verhängen. Solange es keine Harmonisierung gebe, stehe es den Mitgliedstaaten frei, ihre entsprechenden Vorschriften des Internationalen Privatrechts zu gestalten; sie müssten allerdings, was ihre praktischen Auswirkungen angehe, mit dem Gemeinschaftsrecht vereinbar sein.

Warum sich der Gerichtshof dennoch gehalten sah, auch auf die zweite Vorlagefrage eine Antwort zu geben, ist dem Urteil nicht zu entnehmen. Ein Widerschein der vom Generalanwalt geäußerten Skepsis, ob das Gemeinschaftsrecht insoweit überhaupt eine Aussage zu treffen habe, findet sich aber in den mit Sorgfalt gewählten und von den Vorlagefragen abweichenden Formulierungen.

6. Rechtssache „Inspire Art“

a) Sachverhalt

Die Gesellschaft *Inspire Art Ltd.* wurde am 28. Juli 2000 als Gesellschaft englischen Rechts mit Sitz in Folkestone (Vereinigtes Königreich) gegründet.[99] Ihr einziger Geschäftsführer war wohnhaft in Den Haag (Niederlande). Die Gesellschaft entfaltete ihre Geschäftstätigkeit ausschließlich in den Niederlanden. Die Aufnahme einer Geschäftstätigkeit im Vereinigten Königreich war nicht beabsichtigt.

Inspire Art Ltd. hatte im Handelsregister der Handelskammer Amsterdam eine Zweigniederlassung eintragen lassen. Die Handelskammer beantragte im Oktober 2000 beim Kantongerecht Amsterdam anzuordnen, dass die Eintragung um den Vermerk „formal ausländische Gesellschaft“ ergänzt werde. Grundlage war das damalige Gesetz über formal ausländische Gesellschaften (Wet op de formeel buitenlandse vennootschappen, abgekürzt „WFBV“).[100] Art. 1 dieses Gesetzes definierte die formal ausländische Gesellschaft als eine nach einem anderen als dem nieder-

---

Nachw. zur Diskussion) die Möglichkeit der identitätswahrenden grenzüberschreitenden Sitzverlegung aus den gesetzlichen Regelungen ab, die Mehrheitserfordernisse für Beschlüsse über eine Änderung der Nationalität der Gesellschaft aufstellen.

98 EuGH, Rs. C-208/00, *Überseering*, Slg. 2002, I-9919, I-9940 ff.

99 Siehe zum Sachverhalt der Entscheidung die Angaben in den Schlussanträgen des Generalanwalts *Alber* (EuGH, Rs. C-167/01, *Inspire Art*, Slg. 2003, I-10155, I-10159 ff.; NZG 2003, 262, 263 ff.) und in den Entscheidungsgründen (EuGH, Rs. C-167/01, *Inspire Art*, Slg. 2003, I-10155, I-10195 ff.; ZIP 2003, 1885, 1886 f.).

100 Zur Vorgeschichte des Gesetzes *de Kluiver*, ECFR 1 (2004), 121, 123 ff.

ländischen Recht gegründete Kapitalgesellschaft mit eigener Rechtspersönlichkeit, die ihre Tätigkeit vollständig oder nahezu vollständig in den Niederlanden ausübt und daneben keine tatsächliche Bindung an den Staat hat, in dem das Recht gilt, nach dem sie gegründet wurde.

Die Art. 2 bis 5 WFBV statuierten für solche formal ausländischen Gesellschaften unter anderem folgende Pflichten:

- Die Gesellschaft muss bei der Stellung des Antrags auf Eintragung im Handelsregister und bei allen Schriftstücken, die von ihr herrühren, angeben, dass sie eine formal ausländische Gesellschaft ist.
- Das gezeichnete Kapital der Gesellschaft muss sich auf mindestens den Betrag des Mindestkapitals belaufen, das nach dem niederländischen Recht für niederländische Gesellschaften mit beschränkter Haftung vorgeschrieben ist.
- Solange die Verpflichtung zur Eintragung in das Handelsregister nicht erfüllt ist und solange die Voraussetzungen bezüglich des Kapitals nicht erfüllt sind, haften die Geschäftsführer neben der Gesellschaft als Gesamtschuldner für die während ihrer Geschäftsführung im Namen der Gesellschaft vorgenommenen Rechtshandlungen.
- Die persönliche Haftung trifft die Geschäftsführer auch dann, wenn das Kapital während der Tätigkeit der Gesellschaft unter den gesetzlichen Mindestbetrag absinken sollte.

Die *Inspire Art Ltd.* machte geltend, diese gesetzlichen Regelungen verstießen gegen das Gemeinschaftsrecht, insbesondere die Art. 43 und 48 EG-Vertrag.

b) Prüfung am Maßstab der Elften gesellschaftsrechtlichen Richtlinie

Zum Teil diente das WFBV lediglich der Umsetzung der in der Elften Richtlinie vorgesehenen Offenlegungsmaßnahmen in innerstaatliches Recht. Die Vereinbarkeit der betreffenden Regelungen mit der Richtlinie stand im Verfahren außer Frage. Auch eine Behinderung der Niederlassungsfreiheit sieht der Gerichtshof in ihnen nicht.[101] Allerdings sollten Verletzungen dieser Bestimmungen als Sanktion die persönliche Haftung nach sich ziehen. Darin liege, so der Gerichtshof, ein Verstoß gegen Gemeinschaftsrecht, sofern formal ausländische Gesellschaften dadurch anders behandelt würden als inländische Gesellschaften; dies festzustellen, sei Sache des vorlegenden Gerichts.[102]

Einige der WFBV-Bestimmungen gingen allerdings über die Offenlegungsvorgaben der Elften Richtlinie hinaus, dazu gehörte insbesondere die Pflicht, die Eintragung mit dem Zusatz „formal ausländische Gesellschaft" zu versehen. Um die Vereinbarkeit derartiger Pflichten mit dem Gemeinschaftsrecht zu klären, prüft der Gerichtshof, ob die Elfte Richtlinie abschließend gemeint sei. An Hand von Sinn

[101] EuGH, Rs. C-167/01, *Inspire Art*, Slg. 2003, I-10155, I-10214 (Rn. 58).
[102] EuGH, Rs. C-167/01, *Inspire Art*, Slg. 2003, I-10155, I-10215 (Rn. 64).

und Zweck der Richtlinie bejaht er diese Frage.[103] Weitergehende Offenlegungspflichten seien daher nicht zulässig und verstießen gegen die Elfte Richtlinie.

c) Beschränkung der Niederlassungsfreiheit

Allein diejenigen Bestimmungen des Gesetzes, die nicht dem Geltungsbereich der Elften Richtlinie zuzuordnen sind, misst der Gerichtshof am Maßstab der Art. 43 und 48 EG-Vertrag. Dazu gehören die Vorschriften über das Mindestkapital und die an die Nichterfüllung dieser Verpflichtung geknüpfte Sanktion der gesamtschuldnerischen Haftung der Geschäftsführer.

Für die Anwendung der Niederlassungsfreiheit sei es ohne Bedeutung, so der Gerichtshof, dass eine Gesellschaft in einem Mitgliedstaat nur errichtet wurde, um sich in einem zweiten Mitgliedstaat niederzulassen und dort die wesentliche oder ausschließliche Geschäftstätigkeit auszuüben.[104] Auch sei es kein Missbrauch der Niederlassungsfreiheit, wenn diese Gründung gerade dazu diene, in den Genuss der vorteilhafteren Rechtsvorschriften des Gründungsstaates zu kommen.[105] Zwar werde – anders im Fall Centros – die Eintragung der Zweigniederlassung nicht verweigert. Mit dem Zwang, die Vorschriften über das Mindestkapital und die Haftung der Geschäftsleiter zu beachten, unterliege die ausländische Gesellschaft jedoch bestimmten Vorschriften, die in den Niederlanden für die Gründung einer Gesellschaft mit beschränkter Haftung gälten. Diese von der WFBV aufgestellten zusätzlichen Verpflichtungen führten dazu, dass die Ausübung der vom Vertrag anerkannten Niederlassungsfreiheit behindert werde.[106]

d) Rechtfertigungsprüfung

Als zwingender Grund des Allgemeininteresses, der die Anwendung der Vorschriften über das Mindestkapital und die Haftung der Geschäftsleiter hätte rechtfertigen können, wurde im Laufe des Verfahrens der Gläubigerschutz diskutiert. Der Gerichtshof hält dem – ausdrücklich „ohne weitere Prüfung, ob die Vorschriften über das Mindestkapital als solche einen geeigneten Schutzmechanismus bilden“ – entgegen, dass die *Inspire Art Ltd.* als Gesellschaft englischen Rechts und nicht als niederländische Gesellschaft auftrete und schließt daraus:[107]

> „Ihre potenziellen Gläubiger sind hinreichend darüber unterrichtet, dass sie anderen Rechtsvorschriften als denen unterliegt, die in den Niederlanden die Gründung von Gesellschaften mit beschränkter Haftung regeln, u.a. was die Vorschriften über das Mindestkapital und die Haftung der Geschäftsführer betrifft.“

---

[103] EuGH, Rs. C-167/01, *Inspire Art*, Slg. 2003, I-10155, I-10217 (Rn. 69). Näher zu diesem Aspekt der Entscheidung S. 230 ff. im Abschnitt über die Rechtsangleichung.
[104] EuGH, Rs. C-167/01, *Inspire Art*, Slg. 2003, I-10155, I-10223 (Rn. 95).
[105] EuGH, Rs. C-167/01, *Inspire Art*, Slg. 2003, I-10155, I-10224 (Rn. 96).
[106] EuGH, Rs. C-167/01, *Inspire Art*, Slg. 2003, I-10155, I-10225 (Rn. 101).
[107] EuGH, Rs. C-167/01, *Inspire Art*, Slg. 2003, I-10155, I-10234 (Rn. 135).

Ferner könnten sich die Gläubiger auf bestimmte gemeinschaftsrechtliche Schutzregelungen wie die Vierte und die Elfte Richtlinie berufen. Die missbräuchliche Berufung auf Gemeinschaftsrecht sei zwar nicht gestattet, der Umstand, dass eine Gesellschaft in dem Mitgliedstaat, in dem sie ihren Sitz habe, keine Tätigkeit entfalte und ausschließlich oder hauptsächlich im Mitgliedstaat ihrer Zweigniederlassung tätig werde, belege aber noch kein missbräuchliches oder betrügerisches Verhalten. Die Behinderung der Niederlassungsfreiheit, die sich aus nationalen Rechtsvorschriften wie den in Rede stehenden über das Mindestkapital und die persönliche gesamtschuldnerische Haftung der Geschäftsführer ergebe, sei daher durch den Gläubigerschutz nicht zu rechtfertigen.[108]

7. Zwischenergebnis zu den Leitentscheidungen

Im Verfahren der Vorabentscheidung entscheidet der Gerichtshof über Einzelfragen der Auslegung des Gemeinschaftsrechts. Zum nationalen Recht äußert er sich nicht. Er hat damit nur einen mittelbaren Einfluss auf das nationale Gesellschaftsrecht; eine dadurch induzierte Fernwirkung mag der Anstoß zu weiterer europäischer Harmonisierung im Gesellschaftsrecht sein. Dennoch sind die Aussagen des Gerichtshofs zur Auslegung der Vorschriften über die Niederlassungsfreiheit deutlich zu trennen von der Überlegung, was dies mittelbar für das nationale oder das zu harmonisierende europäische Gesellschaftsrecht bedeuten könne. Die Analyse der Leitentscheidungen sollte den Stand der Auslegung der Niederlassungsfreiheit von Gesellschaften dokumentieren und damit das Fundament der weiteren Untersuchung legen, die sich zwangsläufig vom gesicherten Stand gerichtlich entschiedener Sachverhalte mehr und mehr entfernen muss. Der hier behandelten Rechtsprechung lassen sich zusammenfassend folgende Kernaussagen entnehmen:

a) Unmittelbare Anwendbarkeit der Vorschriften über die Niederlassungsfreiheit

Die Vorschriften über die Niederlassungsfreiheit sind seit Ablauf der Übergangszeit in jedem Mitgliedstaat unmittelbar anwendbar. Obwohl diese Aussage beim heutigen Stand der Grundfreiheitendogmatik nahezu selbstverständlich erscheint, wiederholt der Gerichtshof sie in mehreren Entscheidungen.[109] Offenbar hält er dies für geboten gegenüber den in den Verfahren häufig vorgetragenen Argumenten, die

---

[108] EuGH, Rs. C-167/01, *Inspire Art*, Slg. 2003, I-10155, I-10236 (Rn. 142). Auf die weiteren zur Rechtfertigung vorgebrachten zwingenden Allgemeinwohlinteressen (Lauterkeit des Handelsverkehrs, Wirksamkeit der Steuerkontrollen) geht der Gerichtshof in der Sache nicht ein, da hierzu nicht dargetan worden sei, dass die betreffende Maßnahme die Kriterien der Wirksamkeit, der Verhältnismäßigkeit und der Gleichbehandlung erfülle (Rn. 140).

[109] EuGH, Rs. 270/83, *Kommission/Frankreich*, Slg. 1986, 273, 302 (Rn. 13); EuGH, Rs. 79/85, *Segers*, Slg. 1986, 2375, 2387 (Rn. 12); EuGH, Rs. 81/87, *Daily Mail*, Slg. 1988, 5483, 5510 (Rn. 15); EuGH, Rs. C-208/00, *Überseering*, Slg. 2002, I-9919, I-9965 (Rn. 60).

Niederlassungsfreiheit sei auf den konkreten Sachverhalt nicht anwendbar oder müsse hinter bestimmten Regelungsprärogativen der Mitgliedstaaten zurückstehen.

b) Aus der Niederlassungsfreiheit berechtigte Gesellschaften

Art. 48 Absatz 1 EG-Vertrag, der die in Art. 43 EG-Vertrag geregelte Niederlassungsfreiheit von natürlichen Personen auf Gesellschaften überträgt, entnimmt der Gerichtshof folgende zentrale Aussage: Jede Gesellschaft, die in einem Mitgliedstaat wirksam gegründet wurde und ihren satzungsmäßigen Sitz, ihre Hauptverwaltung oder ihre Hauptniederlassung innerhalb der Gemeinschaft hat, genießt in vollem Umfang den Schutz der Niederlassungsfreiheit. Der EG-Vertrag nennt keine weiteren Tatbestandsvoraussetzungen – und es ist eines der wesentlichen Anliegen des Gerichtshofs, den Vertrag insoweit beim Wort zu nehmen.[110] Über die Wirksamkeit der Gründung entscheidet das Recht des Staates, in dem die Gesellschaft gegründet wurde; die von der Rechtsordnung des Gründungsstaates verliehene Rechtsfähigkeit müssen andere Mitgliedstaaten respektieren.[111] Die weiteren in Art. 48 Abs. 1 EG-Vertrag genannten Anknüpfungspunkte des satzungsmäßigen Sitzes, der Hauptverwaltung und der Hauptniederlassung dienen dazu, die Zugehörigkeit der Gesellschaft zur Rechtsordnung eines Mitgliedstaats zu bestimmen.[112] Die Anknüpfungspunkte gelten zwar alternativ, es genügt also, wenn einer von ihnen vorliegt. Dabei genießt aber – vom EuGH nicht ausdrücklich wohl aber implizit zum Ausdruck gebracht – die im Recht des Gründungsstaates vorgenommene Anknüpfung den Vorrang: Überseering B.V., die in den Niederlanden gegründet wurde und dort ihren satzungsmäßigen Sitz hatte, durfte „als Gesellschaft niederländischen Rechts in Deutschland von ihrer Niederlassungsfreiheit“ Gebrauch machen,[113] obwohl sie in Deutschland ihre Hauptverwaltung hatte.

Unbeachtlich ist also, ob die Gesellschaft im Staat der Gründung eine Geschäftstätigkeit entfaltet. Unbeachtlich sind auch die Motive, die zur Gründung der Gesellschaft in dem einen oder anderen Mitgliedstaat geführt haben. Ebensowenig schadet eine Verlegung des tatsächlichen Sitzes, solange nicht die Rechtsordnung des Gründungsstaats daran den Verlust der Rechtsfähigkeit knüpft. Die Niederlassungsfreiheit ist eine Freiheit *der Gesellschaft* und damit voll wirksam, sobald und solange die Gesellschaft nach dem Recht irgendeines eines Mitgliedstaats rechtliche Existenz besitzt.

---

110 EuGH, Rs. 79/85, *Segers*, Slg. 1986, 2375, 2388 (Rn. 16); EuGH, Rs. C-212/97, *Centros*, Slg. 1999, I-1459, I-1490 (Rn. 17); EuGH, Rs. C-208/00, *Überseering*, Slg. 2002, I-9919, I-9970 (Rn. 80); EuGH, Rs. C-167/01, *Inspire Art*, Slg. 2003, I-10155, I-10223 (Rn. 95).

111 EuGH, Rs. C-208/00, *Überseering*, Slg. 2002, I-9919, I-9970f. (Rn. 80–82).

112 EuGH, Rs. 270/83, *Kommission/Frankreich*, Slg. 1986, 273, 304 (Rn. 18); EuGH, Rs. 79/85, *Segers*, Slg. 1986, 2375, 2387 (Rn. 13); EuGH, Rs. C-212/97, *Centros*, Slg. 1999, I-1459, I-1491 (Rn. 20); EuGH, Rs. C-167/01, *Inspire Art*, Slg. 2003, I-10155, I-10224 (Rn. 97).

113 EuGH, Rs. C-208/00, *Überseering*, Slg. 2002, I-9919, I-9970 (Rn. 80).

Ein vielfach vorgetragener Einwand der Mitgliedstaaten lautet, die Gründung der Gesellschaft in einem anderen Mitgliedstaat diene allein dem Zweck, die heimischen Rechtsvorschriften zu umgehen. Dem hält der Gerichtshof entgegen, dass die Frage der Anwendbarkeit der Vorschriften über die Niederlassungsfreiheit eine andere ist als diejenige, ob Mitgliedstaaten Maßnahmen ergreifen könnten, um zu verhindern, dass sich einige ihrer Staatsangehörigen unter Ausnutzung der durch den EG-Vertrag geschaffenen Möglichkeiten in missbräuchlicher Weise der Anwendung des nationalen Rechts entziehen.[114] Selbst wenn also die Gesellschaft einzig und allein zu dem Zweck gegründet worden sein sollte, ihre Geschäftstätigkeit im Wesentlichen oder ausschließlich in einem anderen Mitgliedstaat als dem ihrer Gründung auszuüben und damit die Gründungsvorschriften des Tätigkeitsstaats gezielt umgangen werden, ist dies für die grundsätzliche Anwendbarkeit der Niederlassungsfreiheit ohne Bedeutung.[115]

c) Missbrauch der Niederlassungsfreiheit

Die Eröffnung des Anwendungsbereichs der Niederlassungfreiheit ist von einem denkbaren Missbrauch begrifflich zu trennen. Selbst wenn der Anwendungsbereich einer Grundfreiheit der Sache nach eröffnet ist, ist doch die missbräuchliche oder betrügerische Berufung auf Gemeinschaftsrecht nicht gestattet.[116] Allerdings: Gründet der Staatsangehörige eines Mitgliedstaats eine Gesellschaft nur deshalb in einem anderen Mitgliedstaat, um in den Genuss vorteilhafterer Rechtsvorschriften zu kommen und die Anwendung der in seinem Staat geltenden Vorschriften zu umgehen, liegt darin für sich genommen noch keine missbräuchliche Ausnutzung der Niederlassungsfreiheit.[117] Wann ein Missbrauch vorliegt, dem der Mitgliedstaat unter Anwendung seiner nationalen Schutzregeln entgegentreten dürfe, lässt sich den untersuchten Entscheidungen nicht konkret entnehmen; denn der Missbrauchseinwand wurde in bislang allen Fällen zurückgewiesen.

d) Mit der Niederlassungsfreiheit grundsätzlich unvereinbare nationale Maßnahmen

Mit den Vorschriften über die Niederlassungsfreiheit unvereinbar sind unmittelbare und mittelbare Diskriminierungen aufgrund der Zugehörigkeit zu einer anderen Rechtsordnung. Werden Gesellschaften also allein deshalb anders behandelt, weil sie

---

[114] EuGH, Rs. C-212/97, *Centros*, Slg. 1999, I-1459, I-1491 (Rn. 18); EuGH, Rs. C-167/01, *Inspire Art*, Slg. 2003, I-10155, I-10224 (Rn. 98).

[115] EuGH, Rs. 79/85, *Segers*, Slg. 1986, 2375, 2388 (Rn. 16); EuGH, Rs. C-212/97, *Centros*, Slg. 1999, I-1459, I-1490 (Rn. 17); EuGH, Rs. C-167/01, *Inspire Art*, Slg. 2003, I-10155, I-10224 (Rn. 96).

[116] EuGH, Rs. C-212/97, *Centros*, Slg. 1999, I-1459, I-1492 (Rn. 24); EuGH, Rs. C-167/01, *Inspire Art*, Slg. 2003, I-10155, I-10234 (Rn. 136).

[117] EuGH, Rs. C-212/97, *Centros*, Slg. 1999, I-1459, I-1493 (Rn. 27); EuGH, Rs. C-167/01, *Inspire Art*, Slg. 2003, I-10155, I-10224 (Rn. 96).

ihren Sitz in einem anderen Mitgliedstaat haben, so verstößt dies gegen die Art. 43 und 48 EG-Vertrag.[118] Wird das Personal einer ausländischen Gesellschaft in Bezug auf den sozialen Schutz diskriminiert, schränkt dies mittelbar die Freiheit der Gesellschaft ein, sich in dem betreffenden Mitgliedstaat niederzulassen.[119] Auch dies verstößt gegen die Niederlassungsfreiheit.

Untersagt ist auch eine Einschränkung der Wahl zwischen den verschiedenen Formen der Niederlassung. Jede Gesellschaft hat das Recht, die geeignete Form ihrer Tätigkeit in einem anderen Mitgliedstaat frei zu wählen. Die Diskriminierung von Zweigniederlassungen lässt sich also nicht durch den Hinweis entkräften, die ausländische Gesellschaft könne jederzeit eine Tochtergesellschaft gründen.[120] Ebenso ist die Verweigerung der Eintragung einer Zweigniederlassung[121] eine Beschränkung der Niederlassungsfreiheit; dasselbe gilt für die Anwendung bestimmter Gründungsvorschriften des nationalen Rechts auf ausländische Gesellschaften, die in dem betreffenden Mitgliedstaat eine Zweigniederlassung errichten wollen.[122] In den Entscheidungen Centros und Inspire Art findet sich auch erstmals die von anderen Grundfreiheiten geläufige Definition der Beschränkung: Rechtfertigungsbedürftige Beschränkungen der Niederlassungsfreiheit sind alle nationalen Maßnahmen, die die Ausübung dieser Grundfreiheit behindern oder weniger attraktiv machen können.[123]

e) Beschränkungen der Niederlassungsfreiheit durch den Gründungsstaat

Zulässig bleiben Behinderungen des Wegzugs einer Gesellschaft. Dies ist die Kernaussage des Urteils in Sachen Daily Mail. Die Vorschriften über die Niederlassungsfreiheit gewähren einer Gesellschaft, die nach dem Recht eines Mitgliedstaats gegründet ist und in diesem ihren satzungsmäßigen Sitz hat, nicht das Recht, den Sitz der Geschäftsleitung in einen anderen Mitgliedstaat zu verlegen.[124]

Die unmittelbare Reichweite dieser Aussage erscheint gering. Denn es ging bei Daily Mail weder um die Verlegung des satzungsmäßigen Sitzes in einen anderen Mitgliedstaat noch um die Errichtung einer Zweitniederlassung in einem anderen Mitgliedstaat. Ausweislich des Sachverhalts der Entscheidung ging es nur darum, ob der EG-Vertrag einer britischen Gesellschaft zu Hilfe kommt, die einzig und

[118] EuGH, Rs. 270/83, *Kommission/Frankreich*, Slg. 1986, 273, 302 ff. (Rn. 11 ff.).

[119] EuGH, Rs. 79/85, *Segers*, Slg. 1986, 2375, 2387 f. (Rn. 15).

[120] EuGH, Rs. 270/83, *Kommission/Frankreich*, Slg. 1986, 273, 305 (Rn. 22).

[121] EuGH, Rs. C-212/97, *Centros*, Slg. 1999, I-1459, I-1492 (Rn. 21).

[122] EuGH, Rs. C-167/01, *Inspire Art*, Slg. 2003, I-10155, I-10225 (Rn. 101).

[123] EuGH, Rs. C-212/97, *Centros*, Slg. 1999, I-1459, I-1495 (Rn. 34); EuGH, Rs. C-167/01, *Inspire Art*, Slg. 2003, I-10155, I-10233 (Rn. 133). Für die Anwendung dieses allgemein für die Grundfreiheiten entwickelten Grundsatzes auf die Niederlassungsfreiheit der Gesellschaften bereits Generalanwalt *La Pergola*, EuGH, Rs. C-212/97, *Centros*, Slg. 1999, I-1459, I-1470.

[124] EuGH, Rs. 81/87, *Daily Mail*, Slg. 1988, 5483, 5512 (Rn. 24).

allein ihre Geschäftsleitung ins Ausland verlegen, ihren bisherigen satzungsmäßigen Sitz und auch ihre Eigenschaft als Gesellschaft britischen Rechts aber behalten möchte. – Ein aus Perspektive der Niederlassungsfreiheit eher ungewöhnlicher Fall, der sich allein vor dem steuerlichen Hintergrund erklärt; denn durch die Verlegung der Geschäftsleitung hätte sich zwar nicht das Gesellschaftsstatut, wohl aber das anwendbare Steuerrecht geändert. Die gemeinschaftsrechtliche Niederlassungsfreiheit hätte nach Vorstellung der Klägerin den britischen Staat zwingen sollen, ihr ungehindert die Verlegung der Geschäftsleitung zu gestatten und ihr dennoch die Eigenschaft als Gesellschaft britischen Rechts weiterhin zuzugestehen. Dies erschien dem Gerichtshof aber offenbar als eine Frage, die nach derjenigen Rechtsordnung entschieden werden muss, der die Gesellschaft ihre Existenz verdankt. Daher betont er in der Entscheidung, dass eine Gesellschaft jenseits der nationalen Rechtsordnung, die ihre Gründung und ihre Existenz regele, keine Realität habe.[125]

Die mittelbare Reichweite des Urteils ist beachtlich. Dies wird deutlich, wenn man sich eine entgegengesetze Antwort des Gerichtshof vorstellt. Hätte er entschieden, das Gemeinschaftsrecht gewähre einer Gesellschaft das Recht, ihre Geschäftsleitung zu verlegen, ohne damit ihre Eigenschaft als Gesellschaft ihres Gründungsstaates aufgeben zu müssen, hätte dies weniger das Vereinigte Königreich als vielmehr all' diejenigen Mitgliedstaaten getroffen, die der Sitztheorie folgen. Sie hätten ihren Gesellschaften die Verlegung des tatsächlichen Verwaltungssitzes unter Beibehaltung ihrer nationalen Identität gestatten müssen. Dass man diesen Zusammenhang durchaus gesehen hat, belegen die Ausführungen von Generalanwalt *Darmon* in seinen Schlussanträgen[126] und auch eine Passage des Urteils, in der auf die Regelungsunterschiede in den Mitgliedstaaten hingewiesen wird.[127] Generalanwalt *Darmon* führt aus, ein Mitgliedstaat müsse das Recht haben, von einer Gesellschaft vor der Verlegung ihrer Geschäftsleitung den Abschluss der Steuerrechnung zu verlangen. Denn da andere Mitgliedstaaten als das Vereinigte Königreich eine Verlegung der Geschäftsleitung ohne vorherige Liquidation der Gesellschaft überhaupt nicht zuließen und dies anerkanntermaßen mit dem Gemeinschaftsrecht vereinbar sei, wäre es paradox, einen Staat, der keine Liquidierung fordere, hinsichtlich seiner Steueransprüche schlechter zu stellen.

Hätte der Europäische Gerichtshof anders entschieden, wäre zwangsläufig allein der satzungsmäßige Sitz zum dauerhaften Anknüpfungspunkt für die Staatsangehörigkeit von Gesellschaften geworden. Diese Konsequenz stünde in Widerspruch zu Art. 48 Absatz 1 EG-Vertrag, der als gegeben voraussetzt, dass es Mitgliedstaaten gibt, in denen nicht der satzungsmäßige Sitz, sondern die Hauptverwaltung oder die Hauptniederlassung über die Zugehörigkeit zu ihrer Rechtsordnung ent-

---

[125] EuGH, Rs. 81/87, *Daily Mail*, Slg. 1988, 5483, 5511 (Rn. 19).

[126] EuGH, Rs. 81/87, *Daily Mail*, Slg. 1988, 5483, 5503.

[127] EuGH, Rs. 81/87, *Daily Mail*, Slg. 1988, 5483, 5511 (Rn. 20).

scheiden.[128] Allerdings steht einem Mitgliedstaat die Entscheidungsprärogative über Existenz und Sitzverlegungsmodalitäten allein hinsichtlich der nach seinem *eigenen* Recht gegründeten Gesellschaften zu. Gesellschaften, die nach anderen Rechtsordnungen wirksam gegründet sind, muss er vorbehaltlos als Träger der Niederlassungsfreiheit anerkennen; dies hat der Gerichtshof in den Entscheidungen Überseering und Inspire Art klargestellt.

f) Rechtfertigung von Beschränkungen der Niederlassungsfreiheit

Der weite Begriff der Beschränkung lässt immer häufiger die Frage der Rechtfertigung in den Mittelpunkt treten. In der Entscheidungsreihe zur Niederlassungsfreiheit bekennt sich der Gerichtshof immer deutlicher zu den auch für die anderen Grundfreiheiten geltenden Prüfungsschritten.[129] Nationale Maßnahmen, die die Ausübung der durch den EG-Vertrag garantierten Grundfreiheiten behindern oder weniger attraktiv machen können, sind zulässig, wenn vier Voraussetzungen erfüllt sind: sie müssen in nichtdiskriminierender Weise angewandt werden, sie müssen zwingenden Gründen des Allgemeininteresses entsprechen, sie müssen zur Erreichung des verfolgten Ziels geeignet sein, und sie dürfen nicht über das hinausgehen, was zur Erreichung dieses Ziels erforderlich ist.

Als für gesellschaftsrechtliche Fragen bedeutsame zwingende Gründe des Allgemeininteresses nennt der Gerichtshof den Schutz der Interessen der Minderheitsgesellschafter, der Gläubiger und der Arbeitnehmer.[130] Bezieht man dies auf die eingangs entwickelte interessenbezogene Sicht des Gesellschaftsrechts,[131] wird deutlich, dass der Gerichtshof damit Wege eröffnet, die gesellschaftsrechtliche Systematik stimmig in die Konzeption der Niederlassungsfreiheit einzupassen. Konkrete Maßstäbe für die Herstellung einer Kompatibilität von Gesellschaftsrecht und Niederlassungsfreiheit liefern die bislang ergangenen Entscheidungen allerdings nicht. Die Verweigerung der Eintragung einer Zweigniederlassung war nach Auffassung des Gerichtshofs in Sachen Centros weder geeignet noch erforderlich, um das Ziel des Gläubigerschutzes zu erreichen. Ebensowenig sah der Gerichtshof für die in Inspire Art zu beurteilenden zusätzlichen Pflichten für „formal ausländische Gesellschaften" eine Rechtfertigung. Beiden Urteilen gemeinsam ist der Gedanke, dass

---

128 Worauf der Gerichtshof (EuGH, Rs. 81/87, *Daily Mail*, Slg. 1988, 5483, 5512 [Rn. 21]) auch ausdrücklich hinweist.

129 EuGH, Rs. C-212/97, *Centros*, Slg. 1999, I-1459, I-1495 (Rn. 34); EuGH, Rs. C-167/01, *Inspire Art*, Slg. 2003, I-10155, I-10233 (Rn. 133).

130 EuGH, Rs. C-212/97, *Centros*, Slg. 1999, I-1459, I-1495f. (Rn. 35ff.); EuGH, Rs. C-208/ 00, *Überseering*, Slg. 2002, I-9919, I-9974 (Rn. 92); EuGH, Rs. C-167/01, *Inspire Art*, Slg. 2003, I-10155, I-10234 (Rn. 135).

131 Wie oben S. 5ff. entwickelt, erschließt sich ein gemeineuropäischer Begriff des Gesellschaftsrechts aus der Betrachtung der spezifischen Interessen, deren Schutz sich dieses Rechtsgebiet widmet.

die Gesellschaft als Gesellschaft englischen Rechts auftrete und die Gläubiger somit darüber informiert seien, dass die Gesellschaft nicht dem Recht des Aufnahmestaats über die Errichtung von Gesellschaften mit beschränkter Haftung unterliege. Ebenso spielt in beiden Entscheidungen eine Rolle, dass die Zweigniederlassung ohne weiteres eingetragen worden wäre, wenn sie im Gründungsstaat eine Geschäftstätigkeit entfaltet hätte. In diesem Fall hätte den Gläubigern aber ebensowenig ein Mindestkapital zur Verfügung gestanden wie bei einer Gesellschaft, die ausschließlich im Zuzugsstaat tätig wird. Daher erschien der Ort der Haupttätigkeit dem Gerichtshof als kein sinnvolles Differenzierungskriterium und die Verweigerung der Eintragung gegenüber einer Gesellschaft, die keine Geschäftstätigkeit im Gründungsstaat entfaltet, als kein geeignetes Mittel des Gläubigerschutzes.

Der Befund hinsichtlich der Rechtfertigungsprüfung fällt damit ähnlich aus wie im Bereich der Missbrauchsprüfung: Bislang sind alle mitgliedstaatlichen Versuche, gegenüber ausländischen Gesellschaften die eigenen Schutzvorschriften durchzusetzen, vom Gerichtshof als nicht zu rechtfertigende Beschränkungen der Niederlassungsfreiheit angesehen worden. Wie eine nationale Regelung beschaffen sein müsste, die den Rechtfertigungstest bestehen könnte, lässt sich daher nicht mit letzter Bestimmtheit sagen.

g) *Vorrang der gemeinschaftsrechtlichen Perspektive*

Die Entscheidungen des EuGH drehen sich bei aller Bedeutung, die ihnen für die kollisionsrechtliche Anknüpfung des Gesellschaftsrechts zukommen mag, in ihrem eigentlichen Kern nicht um Kollisionsrecht. Die Urteile des Gerichtshofs bestimmen vielmehr die Reichweite der Niederlassungsfreiheit und die Rechtfertigungsmöglichkeiten freiheitsbeschränkender Maßnahmen.[132] Dies wird spätestens seit der „Inspire Art“-Entscheidung in nahezu allen Kommentierungen klar erkannt.[133] Aus der gemeinschaftsrechtlichen Perspektive fügen sich die Urteile stimmig in die allgemeine Dogmatik der Grundfreiheiten ein.[134] Bestand vor Centros, Überseering und Inspire Art noch ein Restzweifel, ob der EuGH auch die Niederlassungsfreiheit

---

[132] Dies betonen namentlich – bezogen auf die *Centros*-Entscheidung – *Ebke* JZ 1999, 656, 658, *J. Lau Hansen* EBLR 2002, 85, 93 ff., *Micheler* Company Lawyer 2000, 179, 180 f., *Sonnenberger/Großerichter* RIW 1999, 721, 722, *Velasco San Pedro/Sánchez Felipe* RdS 2002, 15, 29, und *Zimmer* ZHR 164 (2000) 23, 35. In den Kommentaren zur *Überseering*- und *Inspire Art*-Entscheidung trat dieser Aspekt mehr und mehr in den Vordergrund; vgl. nur *Eidenmüller/Rehm* ZGR 33 (2004) 159 ff., *Vaquero López* RdS 2003, 181, 184

[133] Konzise Zusammenfassung beispielsweise bei *Eidenmüller/Rehm* ZGR 33 (2004) 159, 163 ff.

[134] Zu diesem Aspekt nach *Centros* namentlich *J. Lau Hansen* EBLR 2002, 85, 93 ff., *Kieninger* ZGR 28 (1999) 724, 737 ff., *W.-H. Roth* ZGR 29 (2000) 311, 330 ff., *Sonnenberger/Großerichter* RIW 1999, 721, 723, *Steindorff* JZ 1999, 1140 ff., *Timme/Hülk* JuS 1999, 1055, 1056 ff., und *Zimmer* ZHR 164 (2000) 23, 37 f. sowie *Zimmer* BB 2000, 1361, 1365 f., zu *Überseering* *Forsthoff* BB 2002, 318 ff. (betreffend die Schlussanträge des Generalanwalts).

von Gesellschaften im Sinne eines Beschränkungsverbots verstehen würde,[135] ist dies durch die drei Entscheidungen klargestellt worden. Jede Maßnahme, die die Ausübung der durch den EG-Vertrag garantierten Grundfreiheiten behindern oder weniger attraktiv machen kann, ist eine Beschränkung, die der Rechtfertigung bedarf.[136] Diese Sichtweise führt konsequent zu der Feststellung, dass der Gerichtshof über kollisionsrechtliche Fragen nicht entschieden habe, allerdings auch das Kollisionsrecht der Mitgliedstaaten – wie jede andere Rechtsnorm – mit den Grundfreiheiten vereinbar sein müsse.[137]

III. Niederlassungsfreiheit im Kontext der Grundfreiheitendogmatik

Binnenmarktkonforme Gesetzgebung muss sich künftig an den Strukturvorgaben der Niederlassungsfreiheit orientieren; das machen die soeben referierten Leitentscheidungen deutlich. Jede Norm des Gesellschaftsrechts ist an Hand des grundfreiheitlichen Rasters auf ihre beschränkende Wirkung und denkbare Rechtfertigungen zu hinterfragen. Allerdings: Weder in Centros, Überseering noch Inspire Art ist es gelungen, den Rechtfertigungstest zu bestehen. Es fehlt also bislang das Fallmaterial, um die Stellungnahme des Gerichthofs zu konkreten Maßnahmen der Mitgliedstaaten zuverlässig prognostizieren zu können. Darüber hinaus kann die stets auf den Einzelfall bezogene Rechtsprechung den Mitgliedstaaten für die konkrete Ausgestaltung ihrer Rechtsordnung ohnehin nur wenig konkrete Hilfestellung bieten. Denn die Grundfreiheiten „begrenzen die Optionen mitgliedstaatlichen Verhaltens"[138] zwar, geben aber keine Antwort darauf, nach welcher Systematik aus den verbliebenen Regelungsoptionen eine Auswahl getroffen werden könne. Die aktuelle Diskussion lässt allerdings schon Einigkeit darüber vermissen, welche Optionen dem nationalen Gesetzgeber überhaupt noch zur Verfügung stehen.[139]

Um weiteren Aufschluss über den verbliebenen Gestaltungsfreiraum des nationalen und auch des gemeinschaftsrechtlichen Gesetzgebers zu gewinnen, werden die Entscheidungen zur Niederlassungsfreiheit nachfolgend im Lichte der allgemeinen Grundfreiheiten-Dogmatik analysiert. Die Niederlassungsfreiheit zählt neben der Arbeitnehmerfreizügigkeit, der Warenverkehrs- und Dienstleistungsfreiheit sowie der Kapitalverkehr- und Zahlungsverkehrsfreiheit zu den Grundfreiheiten des

---

135 Ausführlich zu dieser Diskussion *Kainer* Unternehmensübernahmen im Binnenmarktrecht, 2004, S. 69 ff.

136 Vgl. die obige Darstellung der Leitentscheidungen ab S. 79 und insbesondere die Zusammenfassung ab S. 98.

137 So beispielsweise das Resumée von *Wouters* 2 EBOR (2001) 101, 120. Weiterhin *Eidenmüller/Rehm* ZGR 33 (2004) 159, 164 ff. und *J. Lau Hansen* EBLR 2002, 85, 94. Zuvor bereits *Randelzhofer/Forsthoff* in: Grabitz/Hilf, vor Art. 48 EGV, Rn. 30.

138 *Müller-Graff* in: FS Fischer, 2004, S. 363, 373.

139 Dazu unten am Beispiel des Gläubigerschutzes S. 449 ff.

EG-Vertrages.[140] In der Rechtsprechung des Europäischen Gerichtshofs ist seit vielen Jahren eine Angleichung bei der Interpretation der verschiedenen Grundfreiheiten zu beobachten, erkennbar namentlich an der vergleichbaren Strukturierung der rechtlichen Prüfung in den Entscheidungsgründen.[141] Diese Konvergenz der Grundfreiheiten hat in der Wissenschaft ein vielfältiges Echo gefunden.[142] Um die allgemeine Grundfreiheitendogmatik für das Gesellschaftsrecht fruchtbar machen zu können, ruft der erste Abschnitt (*unter 1.*) zunächst die wesentlichen Weichenstellungen in der Entfaltung einer gemeinsamen grundfreiheitlichen Dogmatik in Erinnerung. Ihr teleologisches Fundament ist die Orientierung der Grundfreiheiten am Binnenmarktziel; *unter 2.* werden daher die Wechselwirkungen zwischen dem Binnenmarktziel, den Grundfreiheiten und der Regelungskompetenz der Mitgliedstaaten näher beleuchtet.

1. Konvergenz der Grundfreiheiten in der Rechtsprechung

Erster grundlegender dogmatischer Schritt war die *unter a)* zu referierende Klärung des Verhältnisses der Grundfreiheiten zum mitgliedstaatlichen Recht im Sinne der heute allgemein anerkannten unmittelbaren Anwendbarkeit der Grundfreiheiten. Daneben ist das *unter b)* behandelte Verständnis als Diskriminierungsverbot schon seit langem festes Inventar der Grundfreiheitendogmatik. Neueren Datums ist die *unter c)* behandelte Ausdehnung der Grundfreiheiten zum Beschränkungsverbot.

---

140 Zur Frage, welche Vorschriften möglicherweise noch unter den Begriff der „Grundfreiheiten" zu fassen sind, *Jarass* EuR 1995, 202, 204: Verbot von Zöllen und zollgleichen Abgaben (ex Art. 12ff., heute Art. 25 ff. EG-Vertrag) und die Regelung über Steuern (ex Art. 95f., heute Art. 90f. EG-Vertrag); möglicherweise auch das Diskriminierungsverbot (ex Art. 6, heute Art. 12 EG-Vertrag). Teilweise werden Arbeitnehmerfreizügigkeit und Niederlassungsfreiheit zu einer „Freiheit des Personenverkehrs" zusammengefasst (dazu *Kingreen* Struktur der Grundfreiheiten, 1999, S. 20, Fn. 1).

141 Siehe dazu insb. *Behrens* EuR 1992, 145, 148ff. Von „normstrukturellen Parallelen" der Grundfreiheiten spricht *Müller-Graff* in: von der Groeben/Schwarze (Hrsg.), EGV, 2003, Art. 28, Rn. 6.

142 Erste Ansätze bei *Behrens* EuR 1992, 145 und *Jarass* EuR 1995, 202; weiterhin *Everling* GS Knobbe-Keuk, 1997, S. 607ff.; monographisch namentlich *M. Hoffmann* Grundfreiheiten, 2000, *Mojzesowicz* Dogmatik der Grundfreiheiten, 2001, und *Kingreen* Struktur der Grundfreiheiten, 1999, sowie *Körber* Grundfreiheiten, 2003. Ausgenommen davon war zunächst die Kapitalverkehrsfreiheit (so noch *Behrens* EuR 1992, 145, 154f.), jedoch wurden die Art. 67 bis 73 EWG-Vertrag, nach deren Wortlaut die Kapitalverkehrsfreiheit ausdrücklich unter den Vorbehalt positiver Liberalisierungsmaßnahmen gestellt war, mit Wirkung vom 1. Januar 1994 durch die Art. 73bff. EWG-Vertrag ersetzt (heute: Art. 56ff. EG-Vertrag). Der – vorerst gescheiterte – Verfassungsvertrag hätte keinen grundlegenden Wandel in der Konzeption der Grundfreiheiten gebracht (hierzu *Müller-Graff* in: FS Fischer, 2004, S. 363ff.).

a) *Verhältnis der Grundfreiheiten zum mitgliedstaatlichen Recht*

(1) *Unmittelbare Anwendbarkeit*

Der erste wichtige interpretatorische, bereits ausdrücklich mit dem Ziel des Gemeinsamen Marktes gerechtfertigte Schritt des Europäischen Gerichtshofs war die Anerkennung einer unmittelbaren Wirkung der Grundfreiheiten.[143] War nach der „Daily Mail"-Entscheidung noch vereinzelt angenommen worden, dies gelte nicht für die Niederlassungsfreiheit,[144] hat der EuGH diesen Einwand in seinen jüngsten Entscheidungen aus der Welt geräumt: Auch die Niederlassungsfreiheit ist unmittelbar anwendbar.

Ausgangspunkt dieser Entwicklung war das Urteil „van Gend & Loos" aus dem Jahre 1963,[145] dessen Aussagen zur Rechtsnatur des Gemeinschaftsrechts bis heute unverändert Gültigkeit haben. Es lohnt, sich diese Entscheidung kurz in Erinnerung zu rufen; denn so manches Argument aus dem aktuellen Streit um die Niederlassungsfreiheit von Gesellschaften wurde damals bereits abgehandelt. In „van Gend & Loos" stand die unmittelbare Wirkung des damaligen Art. 12 EWG-Vertrag im Streit. Nach dieser Vorschrift durften die Mitgliedstaaten untereinander weder neue Einfuhr- oder Ausfuhrzölle oder Abgaben gleicher Wirkung einführen, noch die in ihren gegenseitigen Handelsbeziehungen angewandten erhöhen.[146] Die Firma *van Gend & Loos* hatte aus der Bundesrepublik Deutschland Harnstoff-Formaldehyd in die Niederlande eingeführt. Darauf hatte die niederländische Finanzverwaltung einen Wertzoll von 8 % erhoben, obwohl dasselbe Produkt früher nur mit 3 % Zoll belastet worden war. *van Gend & Loos* machte geltend, dies sei eine gegen Art. 12 EWG-Vertrag verstoßende Erhöhung eines Einfuhrzolls. Die niederländische Finanzverwaltung entgegnete, der Einzelne könne sich auf Art. 12 EWG-Vertrag nicht unmittelbar berufen. Denn diese Bestimmung bedürfe weiterer Ausführungsvorschriften durch den nationalen Gesetzgeber. In ihren Stellungnahmen vor dem Gerichtshof schlossen sich verschiedene Regierungen diesem Standpunkt an und betonten, die Bestimmung lege den Mitgliedstaaten nur eine völkerrechtliche Verpflichtung auf, die der Vollziehung durch die zur Rechtsetzung befugten nationalen Organe bedürfe.[147] Der EuGH hingegen schuf mit seinem Urteil die

---

[143] Die unmittelbare Wirkung der Niederlassungsfreiheit und der übrigen Grundfreiheiten steht nach heute allgemein geltender Auffassung außer Frage. Siehe dazu nur: *M. Hoffmann* Grundfreiheiten, 2000, S. 20; *Jarass* EuR 1995, 202, 209; *Müller-Graff* in: von der Groeben/Schwarze (Hrsg.), EGV, 2003, Vorb. Art. 28 bis 31 EG, Rn. 12; *Leible* in: Grabitz/Hilf, EGV, 2002, Art. 28, Rn. 5

[144] Vgl. *Schnichels* Reichweite der Niederlassungsfreiheit, 1995, S. 121, der sich selbst jedoch a.a.O. für eine unmittelbare Anwendbarkeit ausspricht (m. Nachw. zur Gegenansicht).

[145] EuGH, Rs. 26/62, *Van Gend & Loos*, Slg. 1963, 1 ff. Zu Eigenständigkeit und Vorrang des Gemeinschaftsrechts im Überblick *Dauses* Wirtschafts- und Währungsunion, 2003, S. 6 ff.

[146] Die entsprechende Regelung findet sich heute, sprachlich geändert, in Art. 25 EG-Vertrag.

[147] So ausdrücklich die Stellungnahme der deutschen Regierung, EuGH, Rs. 26/62, *Van Gend & Loos*, Slg. 1963, 1, 18.

Grundlage für das bis heute geltende Verständnis von der Rechtsnatur des Gemeinschaftsrechts:[148]

> „Das Ziel des EWG-Vertrages ist die Schaffung eines gemeinsamen Marktes, dessen Funktionieren die der Gemeinschaft angehörigen Einzelnen unmittelbar betrifft; damit ist zugleich gesagt, daß dieser Vertrag mehr ist als ein Abkommen, das nur wechselseitige Verpflichtungen zwischen den vertragsschließenden Staaten begründet."

Im Vertrag findet der Gerichtshof verschiedene Anhaltspunkte, die seine These stützen. Er verweist insbesondere darauf, dass die Gemeinschaft besondere Organe geschaffen habe, denen Hoheitsrechte übertragen worden seien; dazu zähle auch der Gerichtshof selbst mit seiner Aufgabe, die einheitliche Auslegung des Vertrages zu sichern.[149]

> „Aus alledem ist zu schließen, daß die Gemeinschaft eine neue Rechtsordnung des Völkerrechts darstellt, zu deren Gunsten die Staaten, wenn auch in begrenztem Rahmen, ihre Souveränitätsrechte eingeschränkt haben, eine Rechtsordnung, deren Rechtssubjekte nicht nur die Mitgliedstaaten, sondern auch die Einzelnen sind. Das von der Gesetzgebung der Mitgliedstaaten unabhängige Gemeinschaftsrecht soll daher den Einzelnen, ebenso wie es ihnen Pflichten auferlegt, auch Rechte verleihen. Solche Rechte entstehen nicht nur, wenn der Vertrag dies ausdrücklich bestimmt, sondern auch auf Grund von eindeutigen Verpflichtungen, die der Vertrag den Einzelnen wie auch den Mitgliedstaaten und den Organen der Gemeinschaft auferlegt."[150]

In der ein Jahr später ergehenden Entscheidung „Costa" führt der Gerichtshof diese Linie fort mit der Überlegung,[151]

> „... dass dem vom Vertrag geschaffenen, somit aus einer autonomen Rechtsquelle fließenden Recht wegen dieser seiner Eigenständigkeit keine wie immer gearteten innerstaatlichen Rechtsvorschriften vorgehen können, wenn ihm nicht sein Charakter als Gemeinschaftsrecht aberkannt und wenn nicht die Rechtsgrundlage der Gemeinschaft selbst in Frage gestellt werden soll."[152]

Mit diesen Grundaussagen legt sich der Gerichtshof auch integrationspolitisch fest. Die Gemeinschaft ist kein Instrument der bloßen nationalstaatlichen Kooperation, sondern setzt durch Schaffung supranationaler Organe und einer eigenen Rechtsordnung einen sich partiell selbst steuernden Prozess der Integration in Gang.[153]

---

148 EuGH, Rs. 26/62, *Van Gend & Loos*, Slg. 1963, 1, 24.

149 Diese Aussagen werden aufgegriffen und vertieft als Argument dafür, dass der EWG-Vertrag eine eigene, aus einer autonomen Rechtsquelle fließende Rechtsordnung geschaffen habe, in EuGH, Rs. 6/64, *Costa*, Slg. 1964, 1251, 1269 ff. Dort, S. 1273, konstatiert der EuGH auch die unmittelbare Anwendbarkeit des Art. 53 EWGV über die Niederlassungsfreiheit; ebenso GA *Lagrange*, ebda., S. 1298 f., in seinen Schlussanträgen.

150 EuGH, Rs. 26/62, *Van Gend & Loos*, Slg. 1963, 1, 25.

151 EuGH, Rs. 6/64, *Costa*, Slg. 1964, 1251 ff.

152 EuGH, Rs. 6/64, *Costa*, Slg. 1964, 1251, 1270.

153 Zum Unterschied von Kooperation und Integration bereits eingangs S. 38 ff.

(2) Normen mit dem Charakter einer „eindeutigen Verpflichtung"

Seit den Entscheidungen van Gend & Loos und Costa steht also fest, dass Gemeinschaftsrecht unmittelbare Rechtspositionen von Einzelnen begründen kann, die nicht zur Disposition der mitgliedstaatlichen Gesetzgeber stehen. Allerdings gilt dies nicht für jede Norm des EWG-Vertrages. Es muss sich um „eindeutige Verpflichtungen" handeln, die keiner weiteren Umsetzung bedürfen. Diese Voraussetzung sah der Gerichtshof bei Art. 12 EWG-Vertrag als erfüllt an. Er habe unmittelbare Wirkung und bedürfe keines Vollzugs durch den nationalen Gesetzgeber.[154] In der Rechtsache Costa bejaht der Gerichtshof die unmittelbare Wirkung des Art. 53 EWG-Vertrag a.F., der die Mitgliedstaaten verpflichtete, keine neuen Niederlassungsbeschränkungen für Angehörige der anderen Mitgliedstaaten einzuführen.[155] In der Entscheidung „van Binsbergen" stellt er die unmittelbare Anwendbarkeit der Bestimmung über die Dienstleistungsfreiheit (Art. 59 EWG-Vertrag a.F.) fest mit dem Hinweis, es handele sich „um eine Verpflichtung, deren Ergebnis klar umrissen ist".[156] Nicht alle der genannten Entscheidungen bezogen sich auf den Bereich der vier Grundfreiheiten. Die Kriterien der unmittelbaren Anwendbarkeit treffen aber auf die Grundfreiheiten jedenfalls zu, denn sie begründen die Verpflichtung zu einem *Unterlassen*.[157] Unterlassungspflichten eignen sich, so der Gerichtshof, ihrem Wesen nach „vorzüglich dazu, unmittelbare Wirkung in den Rechtsbeziehungen zwischen den Mitgliedstaaten und den ihrem Recht unterworfenen Personen zu erzeugen".[158] Soweit es hingegen um Verpflichtungen zu einem Tun geht, die den Mitgliedstaaten einen gewissen Entscheidungsspielraum gewähren, lehnt der EuGH die unmittelbare Wirkung ab; sie seien zu unbestimmt, als

---

154 EuGH, Rs. 26/62, *Van Gend & Loos*, Slg. 1963, 1, 24 ff.

155 EuGH, Rs. 6/64, *Costa*, Slg. 1964, 1251, S. 1273.

156 EuGH, Rs. 33/74, *van Binsbergen*, Slg. 1974, 1299, 1311 (Rz. 24/26). Generalanwalt *Mayras* hatte in seinen Schlussanträgen von den „Kriterien der Klarheit und Genauigkeit" gesprochen; eine Vorschrift müsse außerdem „unbedingt und vollständig" sein und dürfe nicht vom Erlass späterer staatlicher oder gemeinschaftsrechtlicher Maßnahmen abhängig sein, um unmittelbare Anwendung finden zu können (a.a.O., S. 1320).

157 Auf den besonderen Charakter einer Verpflichtung zum Unterlassen weist der Gerichtshof in den beiden genannten Entscheidungen explizit hin: EuGH, Rs. 26/62, *Van Gend & Loos*, Slg. 1963, 1, 25; EuGH, Rs. 6/64, *Costa*, Slg. 1964, 1251, 1273; ebenso EuGH, Rs. 13/68, *Salgoil*, Slg. 1968, 679, 691.

158 EuGH, Rs. 13/68, *Salgoil*, Slg. 1968, 679, 691, zu Art. 31 und Art. 32 Abs. 1 a.F. (Warenverkehrsfreiheit). Die unmittelbare Geltung der Grundnorm des Art. 30 a.F. (heute Art. 28) ließ der Gerichtshof offen, da diese damals noch den Zusatz „unbeschadet der nachfolgenden Bestimmungen" führte. Er beschränkte seine Überlegungen folglich auf die genannten nachfolgenden Bestimmungen und ließ die Frage offen, wie Art. 30 a.F. nach Ablauf der Übergangszeit, wenn die nachfolgenden Vorschriften gegenstandslos würden, auszulegen sei. Der heutige Art. 28 EG-Vertrag gewährt die Warenfreiheit ohne die in Art. 30 a.F. enthaltene Einschränkung.

dass ihnen unmittelbare Wirkung im Verhältnis zwischen den Mitgliedstaaten und den Einzelnen beigemessen werden könne.[159]

(3) Verdrängung entgegenstehenden mitgliedstaatlichen Rechts

Unmittelbare Wirkung des Gemeinschaftsrechts bedeutet, dass die betreffenden Artikel des Vertrages Bestandteil der innerstaatlichen Rechtsordnung werden und in ihr ohne weiteren Umsetzungsakt gelten. Dies macht der Gerichtshof in zahlreichen Folgeentscheidungen deutlich, so auch im Fall „Salgoil" zur Warenverkehrsfreiheit.[160] Regelungen und Maßnahmen, die nicht im Einklang mit den Grundfreiheiten stehen, sind wegen des Anwendungsvorrangs des Gemeinschaftsrechts im innergemeinschaftlichen Verkehr nicht anwendbar.[161] Auf diese unmittelbare Rechtswirkung können sich die betroffenen Einzelpersonen auch vor ihren einzelstaatlichen Gerichten und Behörden berufen.[162] Aus Sicht des betroffenen Mitgliedstaats bedeutet dies, dass er die beanstandete Norm nur noch auf Inlandssachverhalte anwenden kann. Oft entsteht dadurch ein faktischer Druck zur Abschaffung der Norm, gemeinschaftsrechtlich ist dies allerdings nicht geboten.[163] So bedingt die Entscheidungreihe Centros-Überseering-Inspire Art möglicherweise nicht zwingend die Abschaffung der Sitztheorie, wohl aber ihre Modifikation im Hinblick auf Gesellschaften ausländischen Rechts und – als rechtspolitisches Argument – die Forderung, deutschen Gesellschaften kraft nationalen Rechts den Wegzug ebenso zu gestatten, wie gemeinschaftsrechtlich der Zuzug ausländischer Gesellschaften möglich geworden ist.

b) Diskriminierungsverbot

Im Anwendungsbereich des EG-Vertrages ist „jede Diskriminierung aus Gründen der Staatsangehörigkeit verboten".[164] Dies verdeutlicht den Sinn der Integration, nämlich die Überwindung des Nationalen, das außerhalb einer Gemeinschaft wie der EWG die Ungleichbehandlung in der Marktteilnahme durchaus rechtfertigen

---

159 EuGH, Rs. 13/68, *Salgoil*, Slg. 1968, 679, 692, zu Art. 32 letzter Satz und Art. 33 a.F. Neuerdings deutet sich allerdings an, dass die Grundfreiheiten ausnahmsweise auch eine Pflicht der Mitgliedstaaten zum Tätigwerden begründen können (vgl. dazu *Kainer* Unternehmensübernahmen im Binnenmarktrecht, 2004, S. 121 f.).

160 EuGH, Rs. 13/68, *Salgoil*, Slg. 1968, 679, 693.

161 *Müller-Graff* in: Streinz (Hrsg.), EUV/EGV, 2003, Art. 43, Rn. 90; zu Art. 28 EG-Vertrag *Leible* in: Grabitz/Hilf, EGV, 2002, Art. 28, Rn. 5; allgemein zum Anwendungsvorrang der Grundfreiheiten *Körber* Grundfreiheiten, 2003, S. 61 ff.

162 Näher *Müller-Graff* in: von der Groeben/Schwarze (Hrsg.), EGV, 2003, Art. 28, Rn. 316. *Kingreen* Struktur der Grundfreiheiten, 1999, S. 23 ff. bezeichnet die Grundfreiheiten wegen dieser Normstruktur als „subjektiv-öffentliche Rechte".

163 *Kingreen* Struktur der Grundfreiheiten, 1999, S. 34 f.

164 Art. 12 EG-Vertrag (früher Art. 7 EWGV, dann Art. 6 EWGV in der Maastrichter Fassung).

kann.[165] Die Grundfreiheiten sind konkrete Ausprägungen dieses allgemeinen Gleichheitssatzes.[166] Die Gründer der Gemeinschaft hätten es beim allgemein geltenden Diskriminierungsverbot belassen können; sie mögen aber schon damals die von *Ipsen* formulierte Erkenntnis erahnt haben, dass sich ein allgemeiner Gleichheitssatz allzu leicht in ein bloßes Willkürverbot verflüchtigt.[167] Der Vertrag zur Gründung der Europäischen Wirtschaftsgemeinschaft wählte daher mit den Grundfreiheiten eine „der Integration adäquate Variante des allgemeinen Gleichheitssatzes“[168]: Die Ausformung spezifischer Diskriminierungsverbote „gestattet und gebietet, ihre Wirksamkeit nach konkreteren Maßstäben zu entwickeln als dem des allgemeinen Willkürverbots“.[169] Die weitere Entwicklung hat diese Konkretisierung des allgemeinen Willkürverbots als äußerst bedeutsamen Schritt erwiesen. Ohne den normativen Rückhalt in der Ausformulierung spezieller Grundfreiheiten wäre die Entwicklung der Rechtsprechung bis hin zum heutigen weiten Verständnis ihrer Funktion als Beschränkungsverbot kaum denkbar gewesen. Es zeigt sich an dieser Stelle, wie die konkrete rechtliche Einkleidung den an und für sich ergebnisoffenen Integrationsprozess[170] nachhaltig geprägt hat.

Das Verständnis der Grundfreiheiten als Diskriminierungsverbot ergibt sich bereits aus Wortlaut und Historie der Vorschriften. Die Grundfreiheiten verbieten den Mitgliedstaaten, grenzüberschreitende Vorgänge schlechter zu stellen als vergleichbare Vorgänge im nationalen Raum. Das Diskriminierungsverbot bedeutet, dass die Herkunft eines Produkts oder eines Wirtschaftssubjekts aus einem anderern Mitgliedstaat nicht zum Anlass für eine unterschiedliche Behandlung gegenüber inländischen Produkten oder Wirtschaftssubjekten genommen werden darf. Die Teilnahme am zwischenstaatlichen Verkehr darf nicht zu unterschiedlicher Behandlung führen, jedenfalls nicht zu einer solchen, die einen Nachteil für den zwischenstaatlichen Verkehr bedeutet.[171] Diese Rechtsposition richtet sich sowohl gegen den Herkunftsstaat als auch gegen den Zielstaat.[172] Man spricht insoweit auch vom „Gebot der Inländergleichbehandlung“.[173] Der Beurteilung als Diskriminierung liegt damit ein Vergleich zugrunde: verglichen wird der inländische mit dem grenzüberschreitenden Sachverhalt.[174] Entscheidend ist daher auch nicht die Intensität der Belas-

---

165 *Ipsen* Europäisches Gemeinschaftsrecht, 1972, S. 592.

166 Allgemein zu den Grundfreiheiten *M. Hoffmann* Grundfreiheiten, 2000, S. 30 (m.w.N.), ebda., S. 34 ff. auch zur Ableitung des Diskriminierungsverbots aus Wortlaut und Systematik des EG-Vertrags; zu Art. 28 *Leible* in: Grabitz/Hilf, EGV, 2002, Art. 28, Rn. 8.

167 *Ipsen* Europäisches Gemeinschaftsrecht, 1972, S. 592.

168 *Ipsen* Europäisches Gemeinschaftsrecht, 1972, S. 592.

169 *Ipsen* Europäisches Gemeinschaftsrecht, 1972, S. 593.

170 Zu diesem Verständnis der Integration oben S. 43 ff.

171 *M. Hoffmann* Grundfreiheiten, 2000, S. 36; *Jarass* EuR 1995, 202, 211 ff.

172 *M. Hoffmann* Grundfreiheiten, 2000, S. 37.

173 *Arndt* Europarecht, 2003, S. 144.

174 *Kingreen* Struktur der Grundfreiheiten, 1999, S. 39.

tung, sondern die formale Tatsache der Ungleichbehandlung.[175] Durch die Verpflichtung, die Bewegung von Produkten und Wirtschaftssubjekten in das Staatsgebiet hinein oder aus ihm heraus nicht anders zu behandeln als Bewegungen innerhalb des Staatsgebiets, lassen sich alle spezifisch grenzübertrittsbedingten Hindernisse aus dem Weg schaffen.[176] Das Verständnis der Grundfreiheiten als Diskriminierungsverbot oder „Unterscheidungsverbot"[177] dient damit der Herstellung von Martkfreiheit im Binnenmarkt.[178]

In ihrer Eigenschaft als Diskriminierungsverbot erfassen die Grundfreiheiten ohne weiteres jede „offene" Diskriminierung, also eine Diskriminierung, die „in den Rechtsvorschriften selbst zum Ausdruck kommt".[179] Unter das Verbot fällt aber auch die sogenannte „versteckte" oder „indirekte" Diskriminierung, bei der grenzüberschreitende Vorgänge zwar formal ebenso behandelt werden wie inländische, faktisch aber die ausländischen Produkte oder Wirtschaftssubjekte benachteiligt werden.[180] Würde beispielsweise Finnland, das keine eigene Weinproduktion hat, generell den Ausschank von Wein in Gaststätten verbieten, läge darin eine indirekte Diskriminierung ausländischer Produkte.[181] Bei genauerer Betrachtung kann man viele Sachverhalte, die mittlerweile unter das Beschränkungsverbot subsumiert werden, ebenso gut als eine versteckte Diskriminierung auffassen. Dies ließe sich auch für die traditionelle Anwendung der Sitztheorie sagen: Die Anwendung inländischen Gesellschaftsrechts auf eine ausländische Gesellschaft benachteiligt diese schon deshalb, weil sie sich anders als die inländische Gesellschaft gewissermaßen zweimal gründen muss – zunächst im Ausland nach den dort geltenden Regeln und dann nochmals im Inland. Letztlich zeigt dies, dass schon der Begriff der versteckten oder mittelbaren Diskriminierung recht unscharf ist und daher jede Ausdehnung über die rein formalen Diskriminierungsfälle aus dem Binnenmarktbezug der Grundfreiheiten heraus erklärungsbedürftig ist.[182]

---

175 *Kingreen* Struktur der Grundfreiheiten, 1999, S. 39.

176 *M. Hoffmann* Grundfreiheiten, 2000, S. 55.

177 So die Terminologie bei *M. Hoffmann* Grundfreiheiten, 2000, insb. S. 55 ff.

178 Vgl. zur Marktfreiheit als Element des Gemeinsamen Marktes oben S. 52 f.

179 So die Begriffsbestimmung von Generalanwalt *Jacobs*, EuGH, Rs. 76/90, *Säger*, Slg. 1991, I-4221, 4233. Vgl. auch *Kingreen* Struktur der Grundfreiheiten, 1999, S. 38: „ausdrückliche tatbestandsmäßige Ungleichbehandlungen". Zur Niederlassungsfreiheit *Schnichels* Reichweite der Niederlassungsfreiheit, 1995, S. 88. Allgemein zur offenen Diskriminierung *Körber* Grundfreiheiten, 2003, S. 95 ff.

180 *Arndt* Europarecht, 2003, 144. *Körber* Grundfreiheiten, 2003, S. 98 ff. Generalanwalt *Jacobs*, EuGH, Rs. 76/90, *Säger*, Slg. 1991, I-4221, 4233. Siehe auch die Ausführungen von Generalanwalt *Mayras* in EuGH, Rs. 33/74, *van Binsbergen*, Slg. 1974, 1299, 1318: Die Anknüpfung an den Wohnsitz anstelle der Staatsangehörigkeit führt dazu, dass die Vorteile einer Regelung in Wirklichkeit den eigenen Staatsangehörigen vorbehalten bleiben. Zur Niederlassungsfreiheit *Schnichels* Reichweite der Niederlassungsfreiheit, 1995, S. 89 ff., der „versteckte" und „mittelbare" Diskriminierungen unterscheidet.

181 So das anschauliche Beispiel bei *M. Hoffmann* Grundfreiheiten, 2000, S. 88.

182 Dazu näher unten ab S. 118 ff.

c) *Beschränkungsverbot*

(1) *Von „Cassis de Dijon" bis „Gebhard"*

Der wesentliche Schritt bei der Entwicklung der Dogmatik der Grundfreiheiten war der Übergang vom Diskriminierungs- zum Beschränkungsverbot. Die „Vorreiterrolle für das Verständnis der anderen Grundfreiheiten"[183] kommt dabei der Warenverkehrsfreiheit zu. Nicht ohne Grund schreibt *Werlauff*, der Fall Centros sei für die Niederlassungsfreiheit von Gesellschaften, was Cassis de Dijon für die Warenverkehrsfreiheit gewesen sei.[184] Dies ist Anlass genug, bei der Entwicklung des Tatbestandes der Beschränkung auch die klassischen Entscheidungen Dassonville, Cassis de Dijon und Keck in Erinnerung zu rufen. Ausgangspunkt ist Art. 28 EG-Vertrag, der mengenmäßige Einfuhrbeschränkungen sowie alle Maßnahmen gleicher Wirkung verbietet. Zum Begriff der „Maßnahmen gleicher Wirkung" hat der Europäische Gerichtshof in der „Dassonville"-Entscheidung ausgeführt:[185]

> „Jede Handelsregelung der Mitgliedstaaten, die geeignet ist, den innergemeinschaftlichen Handel unmittelbar oder mittelbar, tatsächlich oder potentiell zu behindern, ist als Maßnahme mit gleicher Wirkung wie eine mengenmäßige Beschränkung anzusehen."[186]

Damit kommt es nicht mehr auf die Diskriminierung einzelner Produkte oder Marktteilnehmer an, sondern auf die *Behinderung des innergemeinschaftlichen Handels*. Auch Vorschriften, die unterschiedslos für inländische wie ausländische Waren gelten, können insoweit behindernd wirken. Bei genauerer Betrachtung lässt sich die „Dassonville-Formel" auf nahezu jede nationale Rechtsregel anwenden, die in irgendeiner Weise in die Freiheit des Handels eingreift.[187] Sie erfasst jede Maßnahme, welche die Einfuhren negativ beeinflusst, und sei es nur dadurch, dass Einfuhren erschwert oder verteuert werden.[188] Als erster Schritt der Prüfung hat sie somit die Funktion eines Trichters, der zunächst alle denkbaren Beschränkungen einfängt.[189] Dies reicht von Produktions- über Verpackungsvorschriften bis hin zu Regelungen über die Produktwerbung oder Ladenöffnungszeiten.[190] All' diese

---

[183] *Müller-Graff* in: von der Groeben/Schwarze (Hrsg.), EGV, 2003, Vorb. Art. 28 bis 31, Rn. 10; vergleichbar *Everling* GS Knobbe-Keuk, 1997, S. 607, 613; außerdem in diesem Sinne beispielsweise *Kingreen* Struktur der Grundfreiheiten, 1999, S. 21: Warenverkehrsfreiheit als „praktisch bedeutsamste und die gesamte Dogmatik prägende Grundfreiheit" (weiterhin ebda., S. 40).

[184] *Werlauff* ZIP 1999, 867.

[185] EuGH, Rs. 8/74, *Dassonville*, Slg. 1974, 837 ff.

[186] EuGH, Rs. 8/74, *Dassonville*, Slg. 1974, 837, 852.

[187] Näher zur „Dassonville-Formel": *Müller-Graff* in: von der Groeben/Schwarze (Hrsg.), EGV, 2003, Vorb. Art. 28, Rn. 39 ff.

[188] *Müller-Graff* in: von der Groeben/Schwarze (Hrsg.), EGV, 2003, Art. 28, Rn. 50.

[189] *Kingreen* Struktur der Grundfreiheiten, 1999, S. 41.

[190] Zum Fallmaterial betreffend die Warenverkehrsfreiheit *Müller-Graff* in: von der Groeben/Schwarze (Hrsg.), EGV, 2003, Art. 28, Rn. 71 ff.

rechtlichen Regelungen sind restriktiver Natur und beinträchtigen damit nicht nur den nationalen, sondern potentiell auch den innergemeinschaftlichen Handel.[191]

Dass daraus ein für alle Grundfreiheiten geltendes Prinzip werden könnte, zeigte sich noch im selben Jahr an der Entscheidung „van Binsbergen" zur Dienstleistungsfreiheit.[192] Anders als die Warenverkehrsfreiheit, bei der sich für das Beschränkungsverbot immerhin ein Ansatz im Wortlaut finden lässt („Maßnahmen gleicher Wirkung"), ist die Dienstleistungsfreiheit als reines Diskriminierungsverbot formuliert: Art. 50 Abs. 3 EG-Vertrag gewährt dem Dienstleistenden das Recht, seine Tätigkeit vorübergehend in dem Staat auszuüben, in dem die Leistung erbracht wird, „und zwar unter den Voraussetzungen, welche dieser Staat für seine eigenen Angehörigen vorschreibt." Die Vorschrift meint also ihrem Wortlaut nach nur die Inländergleichbehandlung.[193] Die van Binsbergen-Entscheidung formuliert jedoch wesentlich umfassender: Ein Verstoß gegen die Dienstleistungsfreiheit könne in allen Anforderungen liegen, die „nicht für im Staatsgebiet ansässige Personen gelten *oder in anderer Weise* geeignet sind, die Tätigkeit des Leistenden zu unterbinden oder zu behindern."[194] Darin klingt die Möglichkeit an, auch unterschiedslos anwendbare Regeln an der Grundfreiheit zu messen und daraufhin zu überprüfen, ob sie für Leistende aus anderen Mitgliedstaaten eine faktische Behinderung darstellen. Die in nachfolgenden Entscheidungen weiter ausdifferenzierte Rechtfertigungsprüfung ist hier bereits angesprochen. Denn es dürfen nach Auffassung des EuGH „diejenigen an den Leistungserbringer gestellten besonderen Anforderungen nicht als mit dem Vertrag unvereinbar angesehen werden, die sich aus der Anwendung durch das Allgemeininteresse gerechtfertigter Berufsregelungen … ergeben und für alle im Gebiet des Staates, in dem die Leistung erbracht wird, ansässigen Personen verbindlich sind".[195]

Die nächsten beiden Schritte in der Entwicklung der Grundfreiheiten zu einem Beschränkungsverbot waren die zur Warenverkehrsfreiheit ergangenen Entscheidungen Cassis de Dijon[196] und Keck[197], deren Grundgedanken der Gerichtshof in der Keck-Entscheidung folgendermaßen zusammenfasst:

> „Nach dem Urteil Cassis de Dijon stellen Hemmnisse für den freien Warenverkehr, die sich in Ermangelung einer Harmonisierung der Rechtsvorschriften daraus ergeben, dass Waren

---

[191] Die Behinderung alleine begründet allerdings noch keinen Verstoß gegen die Grundfreiheit, denn Behinderungen können im Einzelfall gerechtfertigt sein; dazu sogleich im Text.

[192] EuGH, Rs. 33/74, *van Binsbergen*, Slg. 1974, 1299.

[193] So war sie nach Auskunft von *Everling* GS Knobbe-Keuk, 1997, S. 607, 615, ursprünglich auch gedacht gewesen.

[194] EuGH, Rs. 33/74, *van Binsbergen*, Slg. 1974, 1299, 1309 (Rn. 10/12); kursive Hervorhebung durch den *Verfasser*.

[195] EuGH, Rs. 33/74, *van Binsbergen*, Slg. 1974, 1299, 1309 (Rn. 10/12).

[196] EuGH, Rs. 120/78, *Cassis de Dijon*, Slg. 1979, 649ff. Die zentrale Bedeutung dieser Entscheidung liegt in der Formel, wonach beschränkende Maßnahmen durch zwingende Erfordernisse des Gemeinwohls gerechtfertigt sein können; dazu sogleich im Text ab S. 138.

[197] EuGH, verbundene Rs. C-267/91 und C-268/91, *Keck*, Slg. 1993, I-6097ff.

aus anderen Mitgliedstaaten, die dort rechtmäßig hergestellt und in den Verkehr gebracht worden sind, bestimmten Vorschriften entsprechen müssen (wie etwa hinsichtlich ihrer Bezeichnung, ihrer Form, ihrer Abmessungen, ihres Gewichts, ihrer Zusammensetzung, ihrer Aufmachung, ihrer Etikettierung und ihrer Verpackung), selbst dann, wenn diese Vorschriften unterschiedslos für alle Erzeugnisse gelten, nach Artikel 30 verbotene Maßnahmen gleicher Wirkung dar, sofern sich die Anwendung dieser Vorschriften nicht durch einen Zweck rechtfertigen lässt, der im Allgemeininteresse liegt und den Erfordernissen des freien Warenverkehrs vorgeht.“ [198]

Schon zuvor hatte der Gerichtshof im Fall Säger die Gelegenheit genutzt, auch das Verständnis der Dienstleistungsfreiheit im Sinne eines allgemeinen Beschränkungsverbots zu festigen: [199]

„Art. 59 EWG-Vertrag verlangt nicht nur die Beseitigung sämtlicher Diskriminierungen des Dienstleistungserbringers aufgrund seiner Staatsangehörigkeit, sondern auch die Aufhebung aller Beschränkungen – selbst wenn sie unterschiedslos für einheimische Dienstleistende wie für Dienstleistende anderer Mitgliedstaaten gelten –, wenn sie geeignet sind, die Tätigkeit des Dienstleistenden, der in einem anderen Mitgliedstaat ansässig ist und dort rechtmäßig ähnliche Dienstleistungen erbringt, zu unterbinden oder zu behindern.“

Die Niederlassungsfreiheit wurde mit den Entscheidungen Kraus und Gebhard in diese Entwicklungslinie einbezogen.[200] Die Rechtssache Gebhard verdient auch deshalb Beachtung, weil das Beschränkungsverbot dort nicht mehr in Bezug auf die konkrete Grundfreiheit, sondern als allgemein anwendbarer Grundsatz formuliert wird. Demnach gilt,[201]

„daß nationale Maßnahmen, die die Ausübung der durch den Vertrag garantierten *grundlegenden Freiheiten* behindern oder weniger attraktiv machen können, vier Voraussetzungen erfüllen müssen: Sie müssen in nichtdiskriminierender Weise angewandt werden, sie müssen aus zwingenden Gründen des Allgemeinwohls gerechtfertigt sein, sie müssen geeignet sein, die Verwirklichung des mit ihnen verfolgten Ziels zu gewährleisten und sie dürfen nicht über das hinausgehen, was zur Erreichung deses Zieles erforderlich ist.“

Im Spannungsfeld zwischen Daily Mail und Gebhard diskutierte das Schrifttum lange Zeit intensiv die Frage, ob auch die Niederlassungsfreiheit von Gesellschaften im Sinne eines Beschränkungsverbots auszulegen sei.[202] Prüfstein der Überlegungen

---

198 EuGH, verbundene Rs. C-267/91 und C-268/91, *Keck*, Slg. 1993, I-6097, I-6131 (Rn. 15). Der Zusatz, dass auch Vorschriften erfasst seien, die „unterschiedslos für alle Erzeugnisse gelten“, fand sich in der Entscheidung *Cassis de Dijon* noch nicht und wurde erst in späteren Entscheidungen hinzugefügt (dazu *Kingreen* Struktur der Grundfreiheiten, 1999, S. 47f.). Dennoch wird die hier zitierte Formel allgemein als „*Cassis*-Formel“ bezeichnet.

199 EuGH, Rs. 76/90, *Säger*, Slg. 1991, I-4221, 4222 (Leitsatz 1) und 4243 (Rn. 12).

200 EuGH, *Kraus*, Slg. 1993, I-1663, 1697 (Rn. 32); EuGH, Rs. C-55/94, *Gebhard*, Slg. 1995, I-4165, I-4197f. (Rn. 37).

201 EuGH, Rs. C-55/94, *Gebhard*, Slg. 1995, I-4165, I-4197f. (Rn. 37); Hervorhebung in kursiver Schrift durch den *Verfasser*.

202 Genannt seien aus der monographischen Literatur: Eine Auslegung als Beschränkungsverbot befürwortend *Kainer* Unternehmensübernahmen im Binnenmarktrecht, 2004, S. 69ff., *Lackhoff* Niederlassungsfreiheit, 2000, S. 358ff., und *Schnichels* Reichweite der Niederlas-

war zumeist die Sitztheorie, deren europarechtliche Zulässigkeit umstritten war.[203] Den Wendepunkt sieht die kommentierende Literatur mit einiger Berechtigung in der Centros-Entscheidung, denn diese wendet im Vergleich zu Segers erstmals den detaillierteren Prüfkatalog der Geeignetheit, Erforderlichkeit und Verhältnismäßigkeit im Hinblick auf ein zwingendes Erfordernis des Gemeinwohls an.[204] Die Konvergenz der Grundfreiheiten kommt damit auch in der einheitlichen Wortwahl zum Ausdruck. Die Gebhard-Formel findet sich nahezu unverändert in den Entscheidungen Centros[205] und Inspire Art[206] wieder.

(2) Reduzierung des Prüfungsmaßstabs in Keck?

Bezogen auf die Warenverkehrsfreiheit löste Dassonville eine wahre Flut von Vorlagen an den EuGH aus, in denen nahezu jede beliebige als Beschränkung empfundene innerstaatliche Vorschrift zur Prüfung vorgelegt wurde. Ob sich Vergleichbares bei der Niederlassungsfreiheit für Gesellschaften ereignet, bleibt abzuwarten. Unmittelbar nach Centros hatte es den Anschein; denn es folgte eine ganze Reihe von Vorlagen, die der Gerichtshof teilweise als unzulässig zurückwies,[207] die ihm jedoch in Überseering und Inspire Art auch Gelegenheit gaben, seine Rechtsprechungslinie zu festigen. Schon kurze Zeit nach Verkündung der Inspire Art-Entscheidung sind weitere Vorlagen bekannt geworden.[208] Vielfach wird daher die Frage aufgeworfen, ob auch für den Bereich der Niederlassungsfreiheit eine zweite Keck-Entscheidung zu erwarten sei.[209] Die dort formulierte Reduzierung des Prüfungsmaßstabs beschäftigt die Interpreten bis heute:[210]

---

sungsfreiheit, 1995, S. 104 ff.; ablehnend hingegen *Eyles* Niederlassungsrecht der Kapitalgesellschaften, 1990, S. 71 ff., und *Nachbauer* Niederlassungsfreiheit, 1999, S. 143 ff.

[203] Für Vereinbarkeit der Sitztheorie mit der Niederlassungsfreiheit *Eyles* Niederlassungsrecht der Kapitalgesellschaften, 1990, S. 360 ff. Ablehnend *Schnichels* Reichweite der Niederlassungsfreiheit, 1995, S. 179 ff. Zweifelnd *W.-H. Roth* RabelsZ 55 (1991) 623, 646 ff. und *Zimmer* Internationales Gesellschaftsrecht, 1996, S. 205 ff. Vgl. weiterhin folgende Autoren, die im Ergebnis davon ausgingen, die Sitztheorie sei auch unter dem Aspekt des Beschränkungsverbots mit der Niederlassungsfreiheit vereinbar: *Eyles* Niederlassungsrecht der Kapitalgesellschaften, 1990, S. 360 ff.; *Niebel* Status der Gesellschaften in Europa, 1998, S. 144 ff.

[204] *W.-H. Roth* ZGR 29 (2000) 311, 320.

[205] EuGH, Rs. C-212/97, *Centros*, Slg. 1999, I-1459, I-1495 (Rn. 34), dort spricht der Gerichtshof nicht mehr von den „grundlegenden Freiheiten“, sondern ausdrücklich von den „durch den EG-Vertrag garantierten *Grundfreiheiten*“ (kursive Hervorhebung durch den *Verfasser*).

[206] EuGH, Rs. C-167/01, *Inspire Art*, Slg. 2003, I-10155, I-10233 (Rn. 133).

[207] So die Vorlage des AG Heidelberg, bei der es um die Sitzverlegung einer GmbH nach Spanien ging (= ZIP 2000, 1617 ff.); dazu *W.-H. Roth* ZIP 2000, 1597 ff. und *Zimmer* BB 2000, 1361 ff.

[208] LG Koblenz zu § 1 UmwG, BB 2003, 2530 (= ZIP 2003, 2210); hierzu die Schlussanträge des Generalanwalts *Tizzano*, ZIP 2005, 1227 ff. und die Entscheidung des EuGH vom 13.12. 2005 (Rs. C-411/03, ZIP 2005, 2311).

[209] Beispielsweise *Eidenmüller/Rehm* ZGR 33 (2004) 159, 161.

[210] EuGH, verbundene Rs. C-267/91 und C-268/91, *Keck*, Slg. 1993, I-6097, I-6131 (Rn. 16); kursive Hervorhebung durch den *Verfasser*.

> „Demgegenüber ist entgegen der bisherigen Rechtsprechung die Anwendung nationaler Bestimmungen, die *bestimmte Verkaufsmodalitäten* beschränken oder verbieten, auf Erzeugnisse aus anderen Mitgliedstaaten nicht geeignet, den Handel zwischen den Mitgliedstaaten im Sinne des Urteils Dassonville unmittelbar oder mittelbar, tatsächlich oder potentiell zu behindern, sofern diese Bestimmungen für alle betroffenen Wirtschaftsteilnehmer gelten, die ihre Tätigkeit im Inland ausüben, und sofern sie den Absatz der inländischen Erzeugnisse und der Erzeugnisse aus anderen Mitgliedstaaten rechtlich wie tatsächlich in der gleichen Weise berühren."

Während der Gerichtshof in Cassis de Dijon noch von „Regelungen über die Vermarktung" gesprochen hatte, entwickelt er nun folgende Differenzierung: Vorschriften, die das In-den-Verkehr-Bringen betreffen, unterfallen dem Verbot des Art. 28 (ex Art. 30), selbst wenn sie unterschiedslos für in- und ausländische Erzeugnisse gelten; hingegen sind Bestimmungen, die lediglich Verkaufsmodalitäten betreffen, grundsätzlich nicht geeignet, den Handel zwischen den Mitgliedstaaten zu behindern. Im Schrifttum ist diese Unterscheidung häufig als kaum handhabbar kritisiert worden.[211] Man wird jedoch zu beachten haben, dass auch Verkaufsmodalitäten nach der Auffassung des Gerichtshofs von dem Verbot des Art. 28 (ex Art. 30) nicht generell ausgenommen sind. Sie verstoßen gegen die Warenverkehrsfreiheit, sofern sie den Absatz der inländischen Erzeugnisse und der Erzeugnisse aus anderen Mitgliedstaaten in unterschiedlicher Weise berühren.[212] Es bleibt also im Grunde bei der schon in früheren Urteilen aufgezeigten Linie, dass es wesentlich darauf ankommt, ob die nationale Vorschrift dazu führt, dass der grenzüberschreitende Handelsverkehr besonderen Belastungen ausgesetzt ist.[213] Damit erweist sich für das Verständnis des Beschränkungsverbots der Binnenmarktbezug der Grundfreiheiten als der eigentliche Schlüssel. Ihre Auslegung ist geprägt von dem Bestreben, mit den Grundfreiheiten einen spezifischen Beitrag zur Verwirklichung des Binnenmarktes zu leisten. Dazu bedarf es im nachfolgenden Abschnitt einer Klärung, welcher Binnenmarkt-Zustand mit Hilfe der Grundfreiheiten anzustreben ist.

---

211 Ausführlich zur Diskussion m.w.N. *Müller-Graff* in: von der Groeben/Schwarze (Hrsg.), EGV, Art. 28, Rn. 237 ff.

212 Ein solches Verständnis findet sich in Rn. 17 bei EuGH, verbundene Rs. C-267/91 und C-268/91, *Keck*, Slg. 1993, I-6097, I-6131 bereits angedeutet: „Sind diese Voraussetzungen nämlich erfüllt, so ist die Anwendung derartiger Regelungen auf den Verkauf von Erzeugnissen aus einem anderen Mitgliedstaat … nicht geeignet, den Marktzugang für diese Erzeugnisse zu versperren oder stärker zu behindern, als sie dies für inländische Erzeugnisse tut."

213 So bereits die Entscheidungen zum Sonntagsverkaufsverbot: EuGH, Rs. 169/91, *B&Q PLC.*, Slg. 1992, I-6635 ff.

2. Binnenmarktbezug der Grundfreiheiten

Die Entwicklung der Grundfreiheiten zu einem Beschränkungsverbot hat zu erheblichen Unsicherheiten darüber geführt, welche mitgliedstaatlichen Maßnahmen bei einer derartigen Überprüfung noch Bestand haben können. Die vom Gerichtshof angebotenen Kriterien liefern für diese Frage kaum operationale Maßstäbe. Der Klärung dienlich hat sich demgegenüber eine teleologisch-systematische Betrachtung erwiesen, welche die Grundfreiheiten im Lichte des Binnenmarktziels interpretiert. Dass die Grundfreiheiten als „Instrumente zur Verwirklichung des Binnenmarktes"[214] zu verstehen und auszulegen sind, ist unstreitig.[215] Die subjektivrechtliche Position des einzelnen Marktbürgers, der sich auf die Grundfreiheiten beruft, kann nicht losgelöst von der ökonomischen Funktion der Freiheiten bestimmt werden.[216] Die Grundfreiheiten „dienen und prägen"[217] den Binnenmarkt, indem sie dazu beitragen, die staatlichen Grenzen abzubauen und die einzelstaatlichen Märkte zu öffnen.[218] Unsicherheiten über Tragweite und Inhalt der Grundfreiheiten reflektieren damit immer auch Zweifel an ihrem Normzweck, der in der Orientierung auf das Binnenmarktziel der Gemeinschaft besteht.

Allerdings ist diese Auslegungsmethode keine Einbahnstraße in dem Sinne, dass es eine festgelegte Bedeutung des Binnenmarktes gäbe, aus der sich die dogmatischen Inhalte der Grundfreiheiten ohne Umwege deduzieren ließen. Der Binnenmarkt ist ein in das primärrechtliche Gefüge eingebundener Begriff. Er wird verwirklicht „gemäß den Bestimmungen dieses Vertrages" (Art. 14 Abs. 2 EG-Vertrag), erhält sein Gepräge also nicht zuletzt auch aus der Tatsache, dass zu seiner Verwirklichung Grundfreiheiten statuiert wurden. Wegen dieser Wechselwirkungen ist jede Entscheidung über die Reichweite der Grundfreiheiten zugleich eine Entscheidung über den Begriff des Binnenmarktes und umgekehrt das Vorverständnis vom Binnenmarkt prägend für die Auslegung der Grundfreiheiten.[219]

Den von den Grundfreiheiten geschaffenen Zustand hat *Steindorff* im Begriff des „unvollkommenen Binnenmarkts" (dazu *unter a*) gebündelt. Weiteren Aufschluss

---

214 *Randelzhofer/Forsthoff* in: Grabitz/Hilf, vor Art. 39–55 EGV, Rn. 3.

215 Dazu stellvertretend für viele andere die ausführlichen Analysen bei *M. Hoffmann* Grundfreiheiten, 2000, S. 39 ff. und *Kainer* Unternehmensübernahmen im Binnenmarktrecht, 2004, S. 88 ff. Weiterhin: *Jarass* EuR 1995, 202, 214; *Körber* Grundfreiheiten, 2003, S. 21 ff.; *Mojzesowicz* Dogmatik der Grundfreiheiten, 2001, S. 194 ff.; *Leible* in: Grabitz/Hilf, EGV, 2002, Art. 28, Rn. 8; *Müller-Graff* in: von der Groeben/Schwarze (Hrsg.), EGV, 2003, Art. 28, Rn. 3; *Müller-Graff* in: Streinz (Hrsg.), EUV/EGV, 2003, Art. 43, Rn. 4 f.; *W.-H. Roth* ZHR 159 (1995) 78, 91 ff. zu Art. 29 (ex 34) EG-Vertrag; *Steindorff* ZHR 158 (1994) 149, 162 ff. zu Art. 28 (ex 30) EG-Vertrag).

216 *Randelzhofer/Forsthoff* in: Grabitz/Hilf, vor Art. 39–55 EGV, Rn. 4.

217 *Jarass* EuR 1995, 202, 214.

218 *M. Hoffmann* Grundfreiheiten, 2000, S. 41 ff.; *Jarass* EuR 1995, 202, 214.

219 Deutlich hervorgehoben bei *Kainer* Unternehmensübernahmen im Binnenmarktrecht, 2004, S. 89 ff., der die Bandbreite der teleologisch am Ziel des Binnenmarktes orientierten Auffassungen darstellt.

erlaubt *unter b)* der Brückenschlag zu den bereits erläuterten[220] Binnenmarkt-Elementen der Marktfreiheit und Marktgleichheit. Insgesamt drängt die binnenmarktbezogene Ausdehnung der Grundfreiheiten in gewisser Weise die Regelungshoheit der Mitgliedstaaten zurück; auf diese Problematik ist *unter c)* näher einzugehen.

a) Der „unvollkommene" Binnenmarkt

(1) Ausgangspunkt: Rechtszersplitterung im Binnenmarkt

Ökonomisch gesehen soll über die Herstellung des Binnenmarktes eine bessere Allokation der Ressourcen und eine Ausnutzung von Größenvorteilen (*economies of scale*) erreicht werden.[221] Die Grundfreiheiten leisten ihren Beitrag dazu, indem sie den grenzüberschreitenden Verkehr von Waren und Dienstleistungen, Personen und Kapital eröffnen. Die Notwendigkeit derartiger Rechtspositionen ergibt sich daraus, dass der gemeinschaftsrechtlich konstituierte Binnenmarkt aus verschiedenen Staaten besteht. In einem Einheitsstaat wären Grundfreiheiten der gemeinschaftsrechtlichen Art überflüssig; es bedürfte dort allenfalls eines Katalogs von Grundrechten. In einem Gebilde, das aus mehreren Staaten besteht, die ihre Souveränität nur partiell aufgegeben haben, bedarf die Freiheit des grenzüberschreitenden Wirtschaftens indes einer ausdrücklichen Betonung und rechtlichen Absicherung. Dies leisten die Grundfreiheiten des EG-Vertrages.

Wegen seiner Entstehung aus dem Zusammenschluss von Einzelstaaten hat der gemeinschaftsrechtlich konstituierte Binnenmarkt einen besonderen Charakter. Er folgt nicht allein der ökonomischen Prämisse, dass die Erzielung von komparativen Kostenvorteilen und von Größenvorteilen ein ungehindertes Wirtschaften in einem geographisch möglichst großen Wirtschaftsraum voraussetzt; er erfährt vielmehr eine immanente Schranke aus der fortbestehenden Staatlichkeit der Mitglieder der Gemeinschaft. In der von Rechtsprechung und Literatur entwickelten Dogmatik der Grundfreiheiten spiegelt sich dieses Spannungsverhältnis: Beschränkungen des grenzüberschreitenden Wirtschaftens durch die Mitgliedstaaten sind grundsätzlich untersagt, können jedoch im Einzelfall zur Verfolgung von Allgemeinwohlinteressen gerechtfertigt sein, jedenfalls solange die Gemeinschaft diesen Schutz nicht selbst durch Sekundärrecht besorgt.[222]

(2) Bestimmungslandprinzip

Betrachtet man die europäische Integration als eine zwar regelgeleitete, im Detail aber nicht rechtlich determinierte Entwicklung,[223] unterliegt auch die Vorstellung vom Binnenmarkt einem Wandel. Die begriffliche Skala der wirtschaftlichen Inte-

---

220 Siehe oben S. 52 ff.
221 Dazu bereits oben S. 27 ff.
222 Ausführlich zur Rechtfertigung von Beschränkungen unten S. 132 ff.
223 Dazu eingangs S. 43 ff.

gration geht aus von nationalen Teilmärkten, zwischen denen faktische und auch rechtliche Grenzen zwar in gewissem Umfang bestehen bleiben, nach und nach aber abgebaut werden sollen – idealiter bis hin zu einem Binnenmarkt ohne Grenzen und rechtliche Unterschiede.[224] An dieser Skala entlang bewegt sich die europäische Gemeinschaft seit ihrer Gründung. Versteht man die Grundfreiheiten allein als Diskriminierungsverbot, wird damit das von *Steindorff* so genannte „Prinzip des Bestimmungs- und Tätigkeitslandes“ verwirklicht:[225] Es dürfen zwar keine unterschiedlichen Maßstäbe an in- und ausländische Waren und Personen angelegt werden; diese müssen sich aber in jedem Mitgliedstaat den dort geltenden Normen unterwerfen. Dadurch werden die Grenzen zwar durchlässig, die nationalen Märkte bleiben aber als Teilmärkte mit jeweils eigener Marktordnung nebeneinander bestehen.[226] Der grenzüberschreitende Austausch von Waren, Dienstleistungen und Personen unterliegt dabei noch erheblichen Beschwernissen; denn jede grenzüberschreitend gehandelte Ware und jedes grenzüberschreitend tätige Wirtschaftssubjekt muss den unterschiedlichen Regelungsanforderungen aller Zielstaaten gerecht werden.

(3) Herkunftslandprinzip

Diese rechtliche Zersplitterung des Binnenmarktes zehrt die ökonomischen Vorteile des größeren Wirtschaftsraums zumindest teilweise wieder auf. Ein europaweit tätiger Hersteller kann sich zwar die Skalenvorteile zunutze machen, trägt aber wegen seines grenzüberschreitenden Absatzes zusätzliche Kosten aus der Anpassung an verschiedene Rechtssysteme. Wer beispielsweise für das in einem Mitgliedstaat behördlich genehmigte Produkt im anderen Staat nochmals eine Genehmigung einholen muss, trägt insoweit höhere Kosten und erleidet gegenüber den inländischen Produkten einen Wettbewerbsnachteil.[227] Wer seine berufliche Qualifikation in einem Mitgliedstaat erworben hat und dies in einem anderen Mitgliedstaat wiederholen oder zumindest durch weitere Qualifikationen ergänzen muss, investiert mehr Zeit und Geld als seine Konkurrenten, die sich von vornherein auf die Tätigkeit in einem einzigen Mitgliedstaat beschränken. Ein Binnenmarkt als Raum ohne Grenzen setzt also, wenn seine wirtschaftlichen Vorteile voll ausgeschöpft werden sollen,

---

224 Zu den verschiedenen Integrationsstufen aus ökomonischer Sicht bereits oben S. 33 ff.

225 *Steindorff* ZHR 150 (1986) 687, 690; ebenso *Grabitz* in: FS Steindorff, 1990, S. 1229, 1236.

226 *Steindorff* ZHR 150 (1986) 687, 691.

227 Zu eng *Kingreen* Struktur der Grundfreiheiten, 1999, S. 54, der meint, europaweit agierende Hersteller seien bei einer rechtlichen Marktzersplitterung nicht mehr konkurrenzfähig. Denn die Skalen- und Größenvorteile bleiben dem europaweit vertreibenden Hersteller erhalten. Es ist durchaus denkbar, dass diese Vorteile in der Summe höher ausfallen als die Kosten der Anpassung an verschiedene Rechtsordnungen; dies ist schließlich der wohlfahrtssteigernde Effekt jeder Freihandelszone (dazu oben S. 27 ff.). Unbestreitbar ist allerdings, dass die Rechtszersplitterung die ansonsten erzielbare Wohlfahrtssteigerung teilweise aufzehrt.

im Grunde die Aufhebung der nationalen Märkte voraus.[228] Nur dann herrschen wirklich gleiche Wettbewerbsbedingungen. Instrumentalisiert man die Grundfreiheiten mit dieser Zielrichtung, werden sie häufig im Sinne des Herkunftslandprinzips zu interpretieren sein.[229]

Auf der anderen Seite geht der EG-Vertrag erkennbar vom Fortbestand der Mitgliedstaaten aus und nimmt insoweit ein gewisses Maß an Regelungsunterschieden in Kauf.[230] Es liegt nahe, dieses Spannungsverhältnis ansatzweise dadurch aufzulösen, dass ein Produkt, das in einem Staat zulässigerweise in den Verkehr gelangt ist, auch in allen anderen Staaten vertrieben werden darf, wobei noch offen ist, inwieweit der Vetrieb selbst nationalen Regelungen unterworfen werden darf. Soweit *Steindorff* das Wesen des Binnenmarkts abgekürzt im „Herkunftsprinzip" sieht, ist damit gemeint, dass „jede Ware und Dienstleistung im ganzen Gemeinsamen Markt abgesetzt werden (kann), wenn sie den rechtlichen Anforderungen des Herkunftsstaates genügt."[231] Mit der Auslegung der Grundfreiheiten im Sinne eines Beschränkungsverbots wurde dieses Herkunftsprinzip zum Leitgedanken des Binnenmarktes.[232] Dies gilt nicht nur für die Warenverkehrsfreiheit, sondern für alle Grundfreiheiten, wie folgendes Zitat von Generalanwalt *Jacobs* aus der Säger-Entscheidung zur Dienstleistungsfreiheit zeigt: „Der Grundsatz sollte … lauten, dass ein Unternehmen dann, wenn es die Vorschriften des Mitgliedstaats, in dem es ansässig ist, erfüllt, für Kunden in anderen Mitgliedstaaten Dienstleistungen erbringen kann, und zwar auch dann, wenn das Erbringen solcher Dienstleistungen nach den Gesetzen des zweiten Mitgliedstaats normalerweise nicht rechtmäßig wäre."[233] Derselbe Gedanke klingt in Überseering an, wenn es dort heißt, jeder Mitgliedstaat habe die Rechtsfähigkeit und damit die Parteifähigkeit zu achten, die eine Gesellschaft nach dem Recht ihres Gründungsstaats besitze.[234] Das in Centros und Inspire Art zentrale Argument, die Information über die Rechtsform der ausländischen Gesellschaft sei als milderes Mittel des Gläubigerschutzes anderen Mechanismen

---

228 *Grabitz* in: FS Steindorff, 1990, S. 1229, 1232.

229 Wobei *Körber* Grundfreiheiten, 2003, S. 26ff., zu Recht klarstellt, dass das Herkunftslandprinzip kein dem Primärrecht innewohnendes Prinzip ist, sondern Folge einer bestimmten Interpretation der Grundfreiheiten.

230 *Kainer* Unternehmensübernahmen im Binnenmarktrecht, 2004, S. 141.

231 *Steindorff* ZHR 150 (1986) 687, 689; *Steindorff* ZHR 158 (1994) 149, 162ff. *Grabitz* in: FS Steindorff, 1990, S. 1229, 1232, sieht die Scheidelinie, an der das Bestimmungslandprinzip in das Herkunftslandprinzip überging, im Datum des 31. Dezember 1992, bis zu dem der Binnenmarkt verwirklicht sein sollte.

232 Bezogen auf die Warenverkehrs- und Dienstleistungsfreiheit umfassend analysiert bei *Drasch* Herkunftslandprinzip im IPR, 1997 (allerdings ebda., S. 189ff., noch zurückhaltend gegenüber einer Anwendung dieses Gedankens auf die Niederlassungsfreiheit).

233 EuGH, Rs. 76/90, *Säger*, Slg. 1991, I-4221, 4235.

234 EuGH, Rs. C-208/00, *Überseering*, Slg. 2002, I-9919, I-9974 (Rn. 95); vgl. oben die Besprechung der Entscheidung ab. S. 89.

vorzuziehen,[235] weist in dieselbe Richtung. Denn es führt dazu, dass es mit den rechtlichen Anforderungen des Herkunftsstaats sein Bewenden hat, und der Verbraucher oder Gläubiger darüber lediglich zu informieren ist.

Mit dem Verständnis der Grundfreiheiten als Beschränkungsverbot entfallen die Hemmnisse, die sich aus den unterschiedlichen Marktordnungen ergeben. Dass der Wegfall dieser Mehrfachbelastung den grenzüberschreitenden Waren- und Personenverkehr beflügelt, ist evident. Jeder Anbieter kann sein Produkt oder seine Dienstleistung gemeinschaftsweit anbieten und sich gemeinschaftweit niederlassen, und jeder Nachfrager hat Zugriff auf die nach Herkunftsstaaten unterschiedlichen Leistungen.[236]

(4) Verbleibende „Unvollkommenheit“

Die plakativ mit dem Begriff „Herkunftslandprinzip“ bezeichnete Wirkweise der Grundfreiheiten verschafft dem Binnenmarkt bereits auf der Ebene des Primärrechts weitreichende Geltung, erweist sich andererseits partiell als Leerformel, wenn mit dem Keck-Urteil die Frage aufgeworfen wird, für welche Art von Normen dieses Prinzip gelten soll und für welche nicht. Hinsichtlich der Vertriebsmodalitäten kann sich ein Hersteller offenbar nicht auf die Regelungen seines Herkunftslandes berufen; vielmehr muss er insoweit die jeweils verschiedenen innerstaatlichen Regelungen anderer Mitgliedstaaten respektieren. Die Grundfreiheiten verwirklichen somit, um wiederum *Steindorff* zu zitieren, nur einen „unvollkommenen Binnenmarkt“, in dem zwar das Herkunftsprinzip weitgehend zur Durchsetzung gelangt, aber dennoch nicht alle Rechtsunterschiede eingeebnet werden.[237] Vollkommen wäre der Binnenmarkt, wenn im Gebiet der Gemeinschaft nur eine Rechtsordnung herrschte.[238] Ein Binnenmarkt, in dem „bestimmte Verkaufmodalitäten“ nicht dem Anwendungsbereich des Art. 28 (ex 30) EG-Vertrag unterfallen, ist hingegen ein Markt, in dem Regelungsunterschiede zu einem gewissen Grade hingenommen werden. Der durch die Grundfreiheiten verwirklichte Binnenmarkt ist demnach „ein Binnenmarkt, der durch den Fortbestand von Regelungsunterschieden und gewissen normativen Hindernissen für gewerbliche Handlungsfreiheit gekennzeichnet ist“.[239] Dieser das Herkunftsprinzip eingrenzende Gedanke schlägt sich dogmatisch in der Möglichkeit nieder, Beschränkungen durch zwingende Gründe des Allgemeininteresses zu rechtfertigen.[240]

---

[235] Vgl. oben die Prüfung der Rechtfertigung der beschränkenden Maßnahme in der *Centros*- (ab S. 88) und der *Inspire Art*-Entscheidung (ab S. 97).

[236] So umschreibt *Steindorff* ZHR 158 (1994) 149, 162ff. das Herkunftsstaatsprinzip. Die Perspektive der Nachfrager, die durch eine beschränkende Maßnahme daran gehindert werden, Produkte und Dienstleistungen frei auszuwählen, findet sich z.B. in EuGH, Rs. 76/90, *Säger*, Slg. 1991, I-4221, 4244 (Rn. 14 a.E.) für die Dienstleistungsfreiheit.

[237] *Steindorff* ZHR 158 (1994) 149, 160.

[238] *Grabitz* in: FS Steindorff, 1990, S. 1229, 1236.

[239] *Steindorff* ZHR 158 (1994) 149, 160.

[240] Dazu näher unten S. 138 ff.

b) Marktfreiheit und Marktgleichheit

Das Schlagwort des „unvollkommenen Binnenmarktes“ soll die Eigenart des gemeinschaftlichen Wirtschaftsraumes deutlich machen, der sich auf absehbare Zeit aus verschiedenen staatlichen Territorien mit jeweils eigenem Rechtssystem konstituieren wird. Deutlich wird daran zunächst, was der Binnenmarkt der Europäischen Gemeinschaft *nicht* ist: Er ist kein Wirtschaftsraum mit völlig einheitlichen Rechtsregeln. Dies muss ergänzt werden durch eine *positive* Beschreibung dessen, was der Binnenmarkt ist und was auch durch die Grundfreiheiten erreicht und gewahrt werden soll. Hier ist auf die eingangs behandelten Elemente des Gemeinsamen Marktes zurückzukommen. Der Gemeinsame Markt und ebenso der Binnenmarkt sind gedacht als ein Zustand, in dem Marktfreiheit und Marktgleichheit herrschen.[241] Interpretiert man die Grundfreiheiten teleologisch auf dieses Wirkungsziel hin, ist ihnen der spezifische Zweck der Öffnung der Märkte und der Sicherung von Marktgleichheit aufgegeben.[242]

Marktfreiheit bedeutet einen Zustand, in dem der zwischenstaatliche Verkehr der Produkte und Wirtschaftssubjekte innerhalb der Gemeinschaft keinen grenzüberschrittsspezifischen Hindernissen begegnet.[243] Den Grundfreiheiten kommt insoweit die Aufgabe zu, den *Zugang* zu den mitgliedstaatlichen Märkten zu öffnen.[244] Damit lässt sich ihre Auslegung als Diskriminierungsverbot ohne weiteres erklären. Denn Diskriminierungen knüpfen gerade an den Grenzübertritt eines Produkts oder Wirtschaftssubjekts nachteilige rechtliche oder tatsächliche Folgen. Schwieriger zu erfassen sind die versteckten oder mittelbaren Diskriminierungen. Sie erscheinen äußerlich als eine Gleichbehandlung und können nur dadurch entlarvt werden, dass eine faktische Benachteiligung des grenzüberschreitenden gegenüber dem inländischen Wirtschaftsverkehr nachgewiesen wird. Soweit feststellbar ist, dass mitgliedstaatliche Maßnahmen eine solche faktische Benachteiligung verursachen, unterfallen auch diese Maßnahmen dem Diskriminierungsverbot. Hingegen lassen sich Behinderungen, die inländische und grenzüberschreitende Sachverhalte in gleicher Weise belasten, unter dem Aspekt der Marktfreiheit nicht angreifen.

Ergänzend gilt daher das Ziel der Marktgleichheit. Darunter ist vor allem *Gleichheit der Wettbewerbsbedingungen* im grenzüberschreitenden Verkehr zu verstehen.[245] Behinderungen, die gerade auf den zwischenstaatlichen Charakter einer Transak-

---

[241] *Grabitz* in: FS Steindorff, 1990, S. 1229, 1233 ff.; *M. Hoffmann* Grundfreiheiten, 2000, S. 41 ff. *Lackhoff* Niederlassungsfreiheit, 2000, S. 83 ff. Zu diesen Elementen als Grundlage des „Gemeinsamen Marktes“ bereits oben S. 52 ff.

[242] *Kainer* Unternehmensübernahmen im Binnenmarktrecht, 2004, S. 88 ff., insbesondere Zwischenergebnisse auf S. 109 f. und S. 118 f.

[243] *M. Hoffmann* Grundfreiheiten, 2000, S. 43 f.; *Randelzhofer/Forsthoff* in: Grabitz/Hilf, vor Art. 39–55 EGV, Rn. 5.

[244] *Grabitz* in: FS Steindorff, 1990, S. 1229, 1233; *Jüttner* Gesellschaftsrecht und Niederlassungsfreiheit, 2005, S. 92.

[245] *Kainer* Unternehmensübernahmen im Binnenmarktrecht, 2004, S. 120 f.

tion abstellen, sind daher untersagt.[246] Ausländische Marktteilnehmer sollen nicht durch grenzübertrittspezifische Belastungen gegenüber ihren im Inland angesiedelten Konkurrenten ins Hintertreffen geraten.[247] Die Gleichheit der Konkurrenten ist schon dann beeinträchtigt, wenn ausländische Wirtschaftsteilnehmer durch Maßnahmen im Zielstaat Anpassungszwängen unterworfen werden, die zusätzliche Kosten verursachen. Insoweit ist auch der Aspekt der Marktgleichheit eine Frage der Erleichterung des Marktzugangs. Denn auch wenn der Zugang zum inländischen Markt nicht versperrt wird – dies wäre eine Verletzung der Marktfreiheit –, kann er doch erheblich erschwert werden, indem administrative oder andere Zusatzbelastungen eine grenzüberschreitende Tätigkeit weniger attraktiv erscheinen lassen als eine rein inländische. Tragender Grund der Grundfreiheitendogmatik ist damit das *Verbot von Doppelbelastungen.*[248]

Die in der Keck-Entscheidung vorgenommene Trennung von Produktregelungen und Verkaufsmodalitäten ist vor diesem teleologischen Hintergrund zu sehen: Auf das Produkt bezogene Regelungen verursachen typischerweise Anpassungskosten, während Verkaufsmodalitäten dies nicht tun. Die Begriffe sind dabei nicht das Entscheidende; maßgeblich ist die dahinter stehende Wertung: Grundfreiheiten sichern die gleichberechtigte Teilnahme am Markt.[249] Sähe man in ihnen nur ein Diskriminierungsverbot, könnten sie den grenzüberschreitenden Marktzutritt nicht hinreichend sichern. Denn es blieben diejenigen Hindernisse bestehen, die sich aus der bloßen Unterschiedlichkeit der nationalen Rechtsordnungen ergeben.[250] Das Diskriminierungsverbot schafft, in den Worten *Hoffmann*s, nur eine „simulierte Markthomogenität“[251], weil die nationalen rechtlichen Regelungen unterschiedlich bleiben. Die Produkte und Wirtschaftssubjekte können sich zwar frei bewegen, „exportieren“ dabei aber die Rechtsordnung ihres Herkunftstaates oder „importieren“ vor dem Grenzübertritt die Rechtsordnung des Zielstaates.[252] Die Produkte und Wirtschaftssubjekte, die miteinander in Wettbewerb treten, unterliegen damit nicht in jeder Hinsicht den gleichen rechtlichen Regelungen.[253] Vorschriften des Importstaates, die das Inverkehrbringen oder die Vermarktung von Waren regulieren, wirken dabei auch dann behindernd, wenn sie unterschiedslos für inländische wie ausländische Marktteilnehmer gelten. Die Beschränkung wird daran erkennbar, dass eine europaweit vertriebene Ware letztlich unter kumulativer Berücksichtigung aller

---

246 *M. Hoffmann* Grundfreiheiten, 2000, S. 44.

247 Ebenso sieht *Kainer* Unternehmensübernahmen im Binnenmarktrecht, 2004, S. 98 ff. in seiner Analyse der *Keck*-Rechtsprechung zur Warenverkehrsfreiheit den tragenden teleologischen Gesichtspunkt darin, dass die Grundfreiheiten den Zugang zum Markt *und* die Wettbewerbsfähigkeit gegenüber einheimischen Produkten sichern sollen.

248 *Mojzesowicz* Dogmatik der Grundfreiheiten, 2001, S. 133.

249 *Kainer* Unternehmensübernahmen im Binnenmarktrecht, 2004, S. 118 ff.

250 *Behrens* EuR 1992, 145, 148.

251 *M. Hoffmann* Grundfreiheiten, 2000, S. 46 f.

252 *M. Hoffmann* Grundfreiheiten, 2000, S. 46 f.

253 *M. Hoffmann* Grundfreiheiten, 2000, S. 47.

Rechtsordnungen der verschiedenen Mitgliedstaaten hergestellt werden müsste.[254] Selbst Regelungen, die nur ein zusätzliches Regelungsregime aufstellen, ohne den Marktzutritt zu unterbinden, haben daher behindernde Wirkung, weil sie für ausländische Marktteilnehmer *Anpassungskosten* verursachen und dadurch die wohlfahrtsoptimierenden Kostenvorteile des Binnenmarktes reduzieren.

Erst die Interpretation der Grundfreiheiten als Beschränkungsverbot führt zum Zustand der Marktgleichheit. Denn nun sind auch unterschiedslos anwendbare Regelungen als Behinderung einzustufen, wenn sie faktisch bzw. im Ergebnis grenzüberschreitende Vorgänge schlechter stellen als rein inländische Vorgänge.[255] Das Beschränkungsverbot lässt sich somit verstehen als ein Verbot, grenzüberschreitende Wirtschaftsprozesse unverhältnismäßigen Beschränkungen zu unterwerfen. Da hiervon aber schon der Definition nach gerade solche Maßnahmen erfasst sind, die unterschiedslos für inländische wie ausländische Sachverhalte gelten, kommt es auf den Nachweis einer Schlechterstellung im Grunde gar nicht mehr an.[256] Beschränkend wirkt nicht etwa eine offen oder versteckt diskriminierende Wirkung der einzelnen Norm, sondern allein die *Unterschiedlichkeit der Rechtsordnungen*.[257]

Auch hier setzt aber die verbleibende Eigenstaatlichkeit der Mitglieder der Gemeinschaft Grenzen. Denn: Wollte man die beiden Teilziele Marktfreiheit und Marktgleichheit in vollem Umfang verwirklichen, müsste man eine materiell einheitliche Marktordnung schaffen.[258] Völlige Homogenität herrscht erst dann, wenn Produktions- *und* Vermarktungsbedingungen im gesamten Binnenmarkt einheitlich sind. Dies wiederum steht der Tatsache entgegen, dass der Binnenmarkt des EG-Vertrages den Fortbestand nationaler Rechtsordnungen voraussetzt und billigt. Die Grundfreiheiten als Unterlassungspflichten sind auch strukturell nicht geeignet, positive materielle Regelungen zu schaffen. Vielmehr ist ihr Charakter als Unterlassungspflichten gerade ihre Stärke, denn darauf wurde einstmals die unmittelbare Anwendbarkeit der Grundfreiheiten gestützt;[259] Pflichten, die auf ein positives Tun gerichtet sind, bedürfen hingegen der Umsetzung durch die Gemeinschaftsorgane

---

254 *Kingreen* Struktur der Grundfreiheiten, 1999, S. 54.

255 *Jarass* EuR 1995, 202, 216.

256 Zutreffend sieht *Kingreen* Struktur der Grundfreiheiten, 1999, S. 39 und S. 44 ff. in dem Übergang zum Beschränkungsverbot eine strukturelle Abkehr von der Interpretation der Grundfreiheiten als Gleichheitsrecht und eine Hinwendung zu einem Verständnis als Freiheitsrecht; ebenso *Lackhoff* Niederlassungsfreiheit, 2000, S. 358 ff. Im Gegensatz zu *Lackhoff* steht *Kingreen* diesem Wandel der Normstruktur jedoch kritisch gegenüber (ausführlich *Kingreen* Struktur der Grundfreiheiten, 1999, S. 84 ff.).

257 *Kainer* Unternehmensübernahmen im Binnenmarktrecht, 2004, S. 120; *Kingreen* Struktur der Grundfreiheiten, 1999, S. 45. Auch *Behrens* EuR 1992, 145, 148, sieht in der bloßen Unterschiedlichkeit der nationalen Rechtsordnungen den Ausgangspunkt für die Entwicklung des Grundfreiheitenverständnisses im Sinne eines Beschränkungsverbots.

258 *M. Hoffmann* Grundfreiheiten, 2000, S. 46.

259 Dazu oben S. 109 f.

oder die Mitgliedstaaten. Soweit also ein Bedürfnis nach gemeinschaftsweit einheitlichen materiellen Regeln besteht, stoßen die Grundfreiheiten an ihre Grenze, und es ist auf die Rechtsangleichung zurückzugreifen.[260]

c) *Wechselwirkung von Grundfreiheitendogmatik und mitgliedstaatlicher Gestaltungshoheit*

Mit der Erweiterung zum Beschränkungsverbot erfassen die Grundfreiheiten Behinderungen, die nicht diskriminierender Natur sind, sondern sich allein aus der Unterschiedlichkeit der Rechtsordnungen ergeben. Dies kam schon in Cassis de Dijon zum Ausdruck; denn der Gerichtshof begann dort, die „Hemmnisse für den Binnenhandel der Gemeinschaft" zu überprüfen, „die sich aus den Unterschieden der nationalen Regelungen über die Vermarktung dieser Erzeugnisse ergeben".[261] Er fügt zwar hinzu, diese müssten hingenommen werden, soweit sie notwendig seien, um zwingenden Erfordernissen gerecht zu werden, macht aber gerade damit deutlich, dass die bloße Unterschiedlichkeit der nationalen Regelungen immerhin Anlass für eine Prüfung am Maßstab der Grundfreiheiten ist.

In einem Binnenmarkt, der sich nach seiner Grundverfassung aus mehreren Mitgliedstaaten mit eigenen Rechtsordnungen zusammensetzt, eröffnet dieses Verständnis der Grundfreiheiten der Judikative das Privileg, sämtliche mitgliedstaatlichen Rechtsregeln auf ihre Verhältnismäßigkeit im Lichte eines gemeinschaftsrechtlich definierten zwingenden Erfordernisses zu überprüfen. Kritiker sehen darin eine Überdehnung der Grundfreiheiten zu einem grenzüberschreitend wirkenden Grundrecht auf Freistellung von unverhältnismäßigen Handelsbeschränkungen;[262] andere befürworten genau dies und fordern, die Grundfreiheiten künftig als Freiheitsrechte im Sinne einer Gewährleistung *allgemeiner Wirtschaftsfreiheit* zu interpretieren.[263] Zur Begründung dieser These wird argumentiert, dass Rechtsunterschiede zwischen den Mitgliedstaaten nicht hinnehmbar seien, weil sie dem Gedanken der Marktgleichheit zuwiderliefen.[264] Der Abbau aller unterschiedlichen Regeln sei nötig, damit der Wettbewerb nicht mehr vom künstlichen Standortfaktor Recht beeinflusst werde und sich statt dessen auf wirtschaftliche Fragen konzentrieren könne.[265]

---

260 Zum Zusammenspiel von Grundfreiheiten und Rechtsangleichung ausführlich *Körber* Grundfreiheiten, 2003, S. 58 ff.

261 EuGH, Rs. 120/78, *Cassis de Dijon*, Slg. 1979, 649, 662 (Rn. 8).

262 *Kingreen* Struktur der Grundfreiheiten, 1999, S. 45; zum Problem auch *Mojzesowicz* Dogmatik der Grundfreiheiten, 2001, S. 201 ff., die in ihrer eigenen Stellungnahme (S. 206) eine Kompetenzüberschreitung des EuGH verneint.

263 Namentlich *Lackhoff* Niederlassungsfreiheit, 2000, und *Schubert* Der Gemeinsame Markt, 1999. Für die Gegenposition *Körber* Grundfreiheiten, 2003, S. 24 f. (m.w.N.) und monographisch *Gebauer* Grundfreiheiten als Gemeinschaftsgrundrechte, 2004.

264 *Lackhoff* Niederlassungsfreiheit, 2000, S. 86 und S. 379.

265 *Lackhoff* Niederlassungsfreiheit, 2000, S. 379.

Dem ist entgegenzuhalten, dass unzweifelhaft auch Rechtsregeln eine wirtschaftliche Dimension haben. Darin liegt nichts Künstliches; auch das Recht ist ein Standortfaktor. Die Vorschriften, nach denen eine Gesellschaft zu gründen oder ein Produkt herzustellen und zu vertreiben ist, sind Kostenfaktoren; ineffiziente Regeln mindern den in der Volkswirtschaft erzielbaren Wohlstand. Das Ziel einer Wirtschaftsordnung muss also lauten, effiziente Rechtsregeln zu schaffen. Die Beseitigung der Unterschiede zwischen den Rechtsordnungen garantiert aber für sich genommen noch keine Effizienz.[266] Statt dessen beseitigt sie gerade die Möglichkeit, den Wettbewerb zwischen den Rechtsordnungen als Entdeckungsverfahren bei der Suche nach effizienten Rechtsnormen zu nutzen.[267] Es ist durchaus denkbar, dass die Produktion einer Ware durch die Abschaffung aller Rechtsunterschiede teurer wird, weil die nun für alle gleichermaßen verbindliche Rechtsnorm ineffizient ist. Dem Ziel, mit der Errichtung des Binnenmarktes eine allgemeine Wohlfahrtssteigerung zu erreichen, läuft dies zuwider.

Allerdings räumen auch diejenigen Autoren, die zur Erzielung von Marktgleichheit alle Rechtsunterschiede beseitigen wollen, ein, dass relevante Unterschiede überall dort bestehen bleiben können, wo Rechtsregeln eine *gerechtfertigte* Einschränkung der Grundfreiheiten enthalten.[268] Damit richtet sich der Blick auf die alles entscheidende Ebene der Rechtfertigung: Wird die Rechtfertigungsprüfung so gehandhabt, dass den Mitgliedstaaten ein substantieller Regelungsspielraum bleibt, kann ein Wettbewerb um die effizientesten Rechtsregeln stattfinden. Wird dieser Spielraum hingegen zu sehr eingeengt, bleibt den Mitgliedstaaten nur noch die Regelung interner Sachverhalte;[269] diese erlaubt aber letztlich keinen effizienten Wettbewerb, da Rechtsregeln in einem systematischen Bezug zueinanderstehen, der durch ein in Centros und Inspire Art möglicherweise gebilligtes „Rosinenpicken"[270] außer Kraft gesetzt werden könnte.

---

266 Ebenso *Rohe* RabelsZ 61 (1997), 1, 39 ff.

267 Für eine Aufrechterhaltung von Rechtsunterschieden aus diesem Grunde auch *Kainer* Unternehmensübernahmen im Binnenmarktrecht, 2004, S. 145; ebenso *Rohe* RabelsZ 61 (1997), 1, 39 ff.

268 *Lackhoff* Niederlassungsfreiheit, 2000, S. 89.

269 Sofern man diese umgekehrte Diskriminierung zulassen möchte (dazu ausführlicher unten S. 158 ff.). *Lackhoff* Niederlassungsfreiheit, 2000, S. 87 ff., lehnt die Andersbehandlung von Inländern ab und reduziert damit die Möglichkeiten eines Wettbewerbs der Gesetzgeber erheblich. Dass die Mitgliedstaaten nur „negativ" betroffen seien, da ihnen nur eine bestimmte Regelung verboten, nicht aber eine andere inhaltlich vorgeschrieben werde (S. 88), kann dies nicht entkräften. Denn das Gebot der Inländergleichbehandlung führt konsequent dazu, dass über kurz oder lang kein Mitgliedstaat Regelungen aufrechterhalten kann, die auch nur im Verhältnis zu irgend einem anderen Mitgliedstaat unterschiedliche Rechtspositionen begründen. Faktisch führt dies unausweichlich zu einer Angleichung der Rechtssysteme.

270 Damit ist gemeint, dass die Gründer einer Gesellschaft das liberale Gründungsrecht des einen Staates mit dem liberalen Tätigkeitsrecht eines anderen Staates kombinieren können, womit keines der beiden Rechtssysteme die ihm zugedachte Schutzwirkung effektiv entfalten kann.

Die Kritik sollte daher nicht an der Rechtfertigungsformel als solcher ansetzen, die im Sinne einer rechtlichen Strukturierung durchaus Zustimmung verdient, sondern an ihrer Anwendung im konkreten Einzelfall. Wiederum steht das Verständnis vom Binnenmarkt auf dem Prüfstand. Will man einen Wirtschaftsraum herstellen, der frei von jeder Beschränkung ist, welche aus der Unterschiedlichkeit der Rechtsordnungen resultieren könnte, muss man auch die Grundfreiheiten im Sinne eines umfassenden Beschränkungsverbotes interpretieren. Tatsächlich ist dem EG-Vertrag eine so weit reichende Tendenz aber nicht zu entnehmen. Die Gemeinschaft ist auf eine weitgehende Integration hin angelegt, anerkennt aber zugleich den Fortbestand der Mitgliedstaaten als souveräne Einheiten mit zumindest partiell abweichenden Rechtsordnungen. Der mit dem Binnenmarkt bezeichnete Zielzustand besteht nicht in der Ablösung der mitgliedstaatlichen Rechtsordnungen durch ein einheitliches supranationales Recht.[271] Für den in Art. 14 EG-Vertrag bezeichneten Binnenmarkt ist vielmehr das Fortbestehen der unterschiedlichen Rechtsordnungen der Mitgliedstaaten charakteristisch.[272] Es ist zwar konstituierendes Grundelement der Gemeinschaft, dass die Mitgliedstaaten ihre Souveränitätsrechte teilweise auf die Gemeinschaft übertragen haben.[273] Nach dem Prinzip der Einzelermächtigung (vgl. Art. 5 Abs. 1 EG-Vertrag) verfügt die Gemeinschaft aber nur über begrenzte Zuständigkeiten; in allem Übrigen bestehen die Zuständigkeiten der Mitgliedstaaten fort. Die Grundfreiheiten müssen daher im Spannungsverhältnis zur verbliebenen Regelungskompetenz der Mitgliedstaaten gesehen werden. Sie lassen sich nicht als Garant einer allgemeinen Handlungsfreiheit der Marktteilnehmer verstehen;[274] denn dies würde dazu führen, dass jede mitgliedstaatliche Maßnahme an Hand der Grundfreiheiten überprüfbar wäre. Der EuGH hat demgegenüber in der Keck-Entscheidung gerade zu verdeutlichen versucht, dass seine Rechtsprechung den Marktteilnehmern keinen Freibrief dafür erteile, „jedwede Regelung zu beanstanden, die sich als Beschränkung ihrer geschäftlichen Freiheit auswirkt, auch wenn sie nicht auf Erzeugnisse aus anderen Mitgliedstaaten gerichtet ist".[275]

Zudem ist die Übertragung von Hoheitsrechten der Mitgliedstaaten an das vertragliche Ziel der Verwirklichung des Binnenmarktes geknüpft; entsprechend haben auch die Grundfreiheiten als eines der Mittel zur Herstellung des Binnenmarktes Anteil an der immanenten Grenze gemeinschaftsrechtlicher Befugnisse. Ihre Reichweite ist so zu bestimmen, wie dies für die Verwirklichung des Binnenmarktes *erforderlich* ist.[276] Da der Binnenmarkt sich begriffsgemäß aus verschiedenen Staats-

---

[271] *Randelzhofer/Forsthoff* in: Grabitz/Hilf, vor Art. 39–55 EGV, Rn. 92.

[272] *Kingreen* Struktur der Grundfreiheiten, 1999, S. 87; *Randelzhofer/Forsthoff* in: Grabitz/ Hilf, vor Art. 39–55 EGV, Rn. 92.

[273] EuGH, Rs. 26/62, *Van Gend & Loos*, Slg. 1963, 1, 25.

[274] *Leible* in: Grabitz/Hilf, EGV, Art. 28, Rn. 8; *W.-H. Roth* ZHR 159 (1995) 78, 91; *Steindorff* ZHR 158 (1994) 149, 160.

[275] EuGH, verbundene Rs. C-267/91 und C-268/91, *Keck*, Slg. 1993, I-6097, I-6131, Rn. 14.

[276] *M. Hoffmann* Grundfreiheiten, 2000, S. 47 f.

gebieten zusammensetzt, lässt sich die Funktion der Grundfreiheiten nur so verstehen, dass sie die gerade daraus resultierenden Behinderungen beseitigen, also den Wirtschaftsverkehr über die Staatsgrenzen hinweg von Behinderungen freihalten sollen. Ein Verständnis der Grundfreiheiten im Sinne einer allgemeinen Freiheitsgewährleistung gegenüber unverhältnismäßigen Beschränkungen jeglicher Art lässt den Bezug zum *grenzüberschreitenden* Verkehr vermissen und überdehnt daher ihre Funktion. Wobei immer wieder daran zu erinnern ist, dass derartige Fragen vom Verständnis des Binnenmarktbegriffs abhängen. Hier wurde eingangs begründet,[277] dass der Binnenmarkt des EG-Vertrages ein Minus gegenüber einem nationalen Binnenmarkt ist und bleiben muss, solange die Gemeinschaft aus partiell weiterhin souveränen Einzelstaaten besteht. Angesichts dessen ist auch gegenüber der Rechtsprechung des Gerichtshofs stets die kritische Anfrage berechtigt, ob er bei seiner Interpretation der Grundfreiheiten das gemeinschaftsrechtlich gewährleistete Residuum der mitgliedstaatlichen Souveränitätsrechte hinreichend beachtet.[278]

Gewiss – aus einer streng formalen Sicht greifen die Grundfreiheiten nicht in die verbliebenen Souveränitätsrechte der Mitgliedstaaten ein. Soweit ihr Schutzbereich geht, markieren sie exakt den Bereich der von den Mitgliedstaaten abgetretenen Souveränität. Denn mit Unterzeichnung des EG-Vertrages haben sie sich der Geltung der Grundfreiheiten und der Interpretationshoheit des Gerichtshofs unterworfen. Die Schutzgüter der Grundfreiheiten sind damit eine präzise Abbildung des durch den Binnenmarktzweck geforderten Sinngehalts des Abwehrrechts.[279] In ihrer praktischen Auswirkung stehen die Grundfreiheiten allerdings durchaus in einem Spannungsverhältnis zu den bei den Mitgliedstaaten verbliebenen Regelungsbefugnissen, da fast jede nationale Regelung Auswirkungen auf den freien Verkehr von Waren, Dienstleistungen, Kapital oder Personen haben kann.[280] Das Verständnis der Grundfreiheiten als Beschränkungsverbot hat insoweit die gerichtliche Kontrolle nationaler Maßnahmen ganz erheblich ausgedehnt. Jede Maßnahme oder Regelung, die in den Wirtschaftsverkehr eingreift, lässt sich als Behinderung im Sinne einer der Grundfreiheiten verstehen – dies immer dann, wenn sie unterschiedlich ist im Vergleich zur Regelung anderer Mitgliedstaaten. Zur autonomen Ausgestaltung einer Rechtsregel gehört aber notwendig, dass sie auch einmal von denjenigen anderer Staaten abweichen darf. In Äußerungen zur Grundfreiheiten-Rechtsprechung wird daher nicht zu Unrecht eine ausgewogene Balance „zwischen

---

277 Siehe oben S. 59 ff.

278 Dazu *M. Hoffmann* Grundfreiheiten, 2000, S. 47 f.; s. weiterhin *Kingreen* Struktur der Grundfreiheiten, 1999, S. 90 ff., der die weite Auslegung der Grundfreiheiten auch deshalb kritisch sieht, weil damit nicht mehr die im Rat vertretenen Mitgliedstaaten, sondern der EuGH über die Notwendigkeit von Rechtsangleichungen entscheidet (S. 93).

279 *M. Hoffmann* Grundfreiheiten, 2000, S. 25.

280 *Leible* in: Grabitz/Hilf, EGV, 2002, Art. 28, Rn. 8, zur Warenverkehrsfreiheit.

dem Anliegen der Binnenmarktintegration auf der einen und der mitgliedstaatlichen Regelungsautonomie auf der anderen Seite" angemahnt.[281]

Die entscheidende Prüfungsstufe ist dabei die Ebene der Rechtfertigung: Eine beschränkende Maßnahme ist ausnahmsweise zulässig, wenn sie im Interesse des Allgemeinwohls geboten ist. „Je höher die Legitimationsanforderungen sind, desto mehr kommt das Herkunftsprinzip zur Durchsetzung und desto mehr nähern wir uns dem Binnenmarkt."[282] Die Judikatur erschließt sich damit weitgespannte Möglichkeiten zur Kontrolle über staatliche Maßnahmen und gelangt zu Legitimationsproblemen, für welche die Grundfreiheiten nicht geschaffen sind oder jedenfalls keine materiellen Maßstäbe liefern.[283] Darin liegt eine durchaus nachdenklich stimmende Kompetenzverlagerung von der Legislative zur Judikative.[284] Dass das primäre Gemeinschaftsrecht dafür keinerlei Bewertungsmaßstäbe liefert, ist ein Indiz, dass die Kompetenz der Judikative hier an ihre Grenzen stößt. Denn es handelt sich um Entscheidungen, die der Sache nach legislativ getroffen werden müssen. Zwar ließe sich einwenden, die Grundfreiheiten wirkten nur als kassatorische Abwehrrechte, die eine konkrete Regelung lediglich beseitigen, nicht aber durch eine andere ersetzen, und zur Ausfüllung der so entstandenen Lücke bliebe die Gestaltungshoheit des mitgliedstaatlichen Gesetzgebers erhalten. Die grundsätzliche Frage, ob der Gerichtshof überhaupt befugt war, die zuvor geltende mitgliedstaatliche Norm zu verwerfen, bleibt damit aber ungeklärt.

Wie zuvor gezeigt werden konnte,[285] legitimiert der Binnenmarktbezug der Grundfreiheiten ihre Ausweitung zum Beschränkungsverbot. Andernfalls wäre der grenzüberschreitende Wirtschaftsverkehr wegen der Unterschiedlichkeit der Rechtsordnungen mit erheblichen Zusatzkosten belastet. Es lässt sich aber auch nicht leugnen, dass damit die Unterschiedlichkeit der Rechtsordnungen *per se* schon die grundfreiheitliche Prüfung auslöst. Eine begriffliche Eingrenzung von Regelungen, die schlechterdings nicht überprüfbar wären, ist auf Basis des binnenmarktbezogenen teleologischen Verständnisses der Grundfreiheiten nicht mehr möglich; die Debatte um das Keck-Urteil hat dies deutlich gezeigt.[286] Umso mehr Bedeutung hat

---

[281] Zitat nach *Ackermann*, RIW 1994, 189, 192f. In diesem Sinne argumentiert bezogen auf die Niederlassungsfreiheit namentlich *Kindler* NJW 1999, 1993, 1998 und *ders.*, VGR Bd. 2 (2000), S. 87, 103ff.

[282] *Steindorff* ZHR 150 (1986) 687, 697.

[283] *Steindorff* ZHR 150 (1986) 687, 697.

[284] *Kingreen* Struktur der Grundfreiheiten, 1999, S. 90ff.; *Randelzhofer/Forsthoff* in: Grabitz/Hilf, vor Art. 39–55 EGV, 2001, Rn. 92.

[285] Siehe oben S. 123ff.

[286] Zur Unmöglichkeit, den Schutzbereich der Grundfreiheiten gewissermaßen „begriffsjuristisch" abzugrenzen, s. die Analyse von Keck und der nachfolgenden Entscheidungen bei *Kainer* Unternehmensübernahmen im Binnenmarktrecht, 2004, S. 98ff. Letztlich habe der EuGH, so das Resumee von *Kainer*, den Art. 28 EG-Vertrag immer dann angewendet, „wenn der Normzweck dies erforderlich machte, weil eine nationale Maßnahme den Marktzugang für eingeführte Produkte versperrt oder stärker als für inländische Produkte behindert hat."

die sorgfältige Argumentation auf der Rechtsfertigungsebene. Mangelnder Respekt gegenüber der Restsouveränität der Mitgliedstaaten ist dem Gerichtshof hier weniger in der Sache als im Stil vorzuhalten. Eingriffe, die tief in historisch gewachsene nationale Rechtstraditionen einschneiden, sollten nicht lediglich mit einer petitio principii – wie etwa der Wünschbarkeit eines Wettbewerbs der Rechtssysteme – begründet werden, sondern den sie allein legitimierenden Binnenmarktbezug deutlicher hervortreten lassen.[287]

3. Zwischenergebnis

Nach der für alle Grundfreiheiten entwickelten Dogmatik sind sie unmittelbar und gegenüber mitgliedstaatlichem Recht vorrangig anwendbar. Sie wirken dabei gegenüber mitgliedstaatlichen Maßnahmen nicht nur als Diskriminierungs-, sondern auch als Beschränkungsverbot. In dieser dogmatischen Entwicklung der Grundfreiheiten kommt ein spezifisches Verständnis von ihrer Rolle im Binnenmarkt zum Ausdruck: Sie öffnen den Zugang zum nationalen Markt (*Marktfreiheit*) und sorgen dafür, dass die Waren oder Wirtschaftsteilnehmer aus dem Ausland mit den inländischen Waren beziehungsweise Wirtschaftsteilnehmern unter gleichen Wettbewerbsbedingungen konkurrieren können (*Marktgleichheit*), also insbesondere ohne einer größeren Kostenbelastung ausgesetzt zu sein.[288]

Die Grundfreiheiten stellen damit keinen vollkommenen Binnenmarkt her. Denn sie gestalten den zwischenstaatlichen Verkehr nur formal, nicht aber materiell:[289] sie nehmen der beanstandeten Regelung die Wirkung im innerstaatlichen Verkehr, setzen aber keine neue an ihre Stelle. Außerdem bleiben beschränkende Maßnahmen

---

287 Die Entscheidungen Centros und folgende haben die häufig geübte Kritik am Begründungsstil des EuGH wieder aufleben lassen (z.B. *Eidenmüller/Rehm* ZGR 33 (2004) 159, 171: „kryptische(n) Begründungen des Gerichtshofs nicht immer hilfreich"; zuvor bereits *Hommelhoff* in: R. Schulze (Hrsg.), Auslegung europäischen Privatrechts, 1999, S. 29, 38 ff.; aus anderer Warte als der gesellschaftsrechtlichen gleichfalls kritisch *Hailbronner* NJW 2004, 2185 ff.). Demgegenüber verweisen namentlich ehemalige Richter des EuGH auf die besondere Struktur und Aufgabe des Gerichts, das insbesondere weder vorhersehen noch gar abschließend klären könne, welche Auswirkungen die Auslegung von Gemeinschaftsrecht auf das mitgliedstaatliche Recht zeitige (*Everling* FS Lutter, 2000, S. 31 ff.; *Hirsch* ZGR 31 (2002) 1, 15). Nach den lebhaften Diskussionen über Centros und Überseering wird man aber diesen Einwand zumindest für die Entscheidung Inspire Art kaum mehr gelten lassen können. Allgemein zur Transparenz der Rechtsfindung als „unmittelbare Frucht der Aufklärung" und Gebot moderner Rechtsstaatlichkeit in der demokratisch verfassten Gesellschaft: *Raisch* Juristische Methoden, 1995, S. 134 ff. Weiterhin zu Grundlagen und Grenzen europäischen Richterrechts jüngst *Calliess* NJW 2005, 929 ff.

288 Vgl. insbesondere die ausführliche teleologische Analyse der Grundfreiheiten-Rechtsprechung bei *Kainer* Unternehmensübernahmen im Binnenmarktrecht, 2004, S. 88 ff. und die Zwischenergebnisse S. 109 f. und S. 118 f.

289 *Steindorff* ZHR 150 (1986) 687, 693, spricht vom „negativen Effekt" der Grundfreiheiten, der darin besteht, dass sie staatliche Maßnahmen verbieten.

zulässig, sofern sie in verhältnismäßiger Weise dem Schutz zwingender Allgemeininteressen dienen. Beides lässt dem mitgliedstaatlichen Gesetzgeber einen gewissen Spielraum; er hat die Möglichkeit, eine beanstandete Norm durch eine andere ersetzen, die das Schutzziel binnenmarktverträglicher verfolgt.

Dennoch lässt sich nicht leugnen, dass der Europäische Gerichtshof mit der Ausdehnung der Grundfreiheiten zum Beschränkungsverbot die Kompetenz erlangt hat, nahezu jede mitgliedstaatliche Rechtsnorm auf ihre Vereinbarkeit mit den Grundfreiheiten zu überprüfen. Denn eine Beschränkung ergibt sich häufig schon aus der bloßen Unterschiedlichkeit der Rechtsordnungen; die Überprüfung von Beschränkungen bedeutet daher eine spürbare Beeinträchtigung der mitgliedstaatlichen Gestaltungshoheit. Gegenüber dieser Tendenz der Rechtsprechung ist stets daran zu erinnern, dass sich der Binnenmarkt nach der Konzeption des EG-Vertrages weiterhin aus Mitgliedstaaten zusammensetzt, die Hoheitsrechte nur insoweit abgegeben haben, als dies zur Verwirklichung des Binnenmarktes erforderlich ist.

Zentral für das Verständnis der Grundfreiheiten und die Legitimation ihrer Erweiterung zum Beschränkungsverbot ist der Gedanke der *Vermeidung von Mehrfachbelastungen.* Wer innerhalb des Binnenmarktes grenzüberschreitend am Wirtschaftsleben teilnimmt, soll aus den unterschiedlichen Regelungssystemen der Mitgliedstaaten keine doppelte Belastung erfahren. Auch die im Keck-Urteil eingeleitete eingeschränkte Überprüfung von „Verkaufsmodalitäten" lässt sich mit der Überlegung erklären, dass bei reinen Verkaufsmodalitäten keine doppelte Belastung durch Regeln des Herkunfts- und des Importstaates droht. Nimmt man die Grundaussage des EG-Vertrages ernst, wonach sich der Binnenmarkt seiner Natur nach aus verschiedenen Rechtsordnungen konstituiert, muss die Rechtfertigung nationaler Maßnahmen allerdings eine reale Möglichkeit bleiben. Inwieweit dazu der Rechtsprechung und der Dogmatik der Grundfreiheiten Maßstäbe entnommen werden können, wird Gegenstand des folgenden Abschnitts sein.

IV. Beschränkungen der Niederlassungsfreiheit und ihre Rechtfertigung

Im europäischen Binnenmarkt erweist sich vielfach schon die bloße Unterschiedlichkeit der Rechtsordnungen als hinderlich für den grenzüberschreitenden Wirtschaftsverkehr. Dieser Befund ist, wie unter III. herausgearbeitet, Ausgangspunkt des binnenmarktorientierten Grundfreiheitenverständnisses im Sinne eines Beschränkungsverbotes. Da aber der Fortbestand der mitgliedstaatlichen Rechtssysteme nicht in Frage gestellt werden soll, müssen gewisse Rechtsunterschiede hingenommen werden. Einen ersten gemeinschaftsrechtlichen Maßstab dafür, bis zu welchem Punkt mitgliedstaatliche Beschränkungen zulässig bleiben, bieten die expliziten Ausnahmevorschriften des EG-Vertrags (dazu *unter 1.*). Weitere Rechtfertigungsgründe hat die Rechtsprechung entwickelt. Dies sind die Konstellation einer missbräuchlichen Ausnutzung der Grundfreiheiten (dazu *unter 2.*) und die immanente Schranke des vierstufigen Rechtfertigungstests, dessen Formulierung mit der Entwicklung des Beschränkungsverbotes einherging (dazu *unter 3.*). Nicht immer legen die Entscheidungen des EuGH den Abwägungsvorgang im Rahmen dieses Rechtfertigungstests in einer Weise offen, die für den Leser nachvollziehbar wäre; um diese Lücke zu schließen, wird die Struktur der Abwägung *unter 4.* tiefer gehend untersucht. Schließlich bleibt *unter 5.* die Frage zu klären, inwieweit nicht nur der mitgliedstaatliche Gesetzgeber, sondern auch der Gemeinschaftsgesetzgeber seine Rechtsnormen dem Verhältnismäßigkeitstest unterwerfen muss.

1. Schrankenregelungen im EG-Vertrag

Der EG-Vertrag hat die Möglichkeit, von der Anwendung der Grundfreiheiten ausnahmsweise abzusehen, durchaus bedacht. So formuliert Art. 30 Ausnahmen für die Warenverkehrsfreiheit, wie auch Art. 46 Einschränkungen der Niederlassungsfreiheit zulässt, soweit sie sich aus Gründen der öffentlichen Ordnung, Sicherheit oder Gesundheit rechtfertigen lassen.

Im Bereich der Warenverkehrsfreiheit hat die Entscheidung Cassis de Dijon grundlegende Aussagen zur Reichweite dieser Ausnahmeregelungen getroffen.[290] Gegenstand des Verfahrens war ein in der Bundesrepublik Deutschland bestehendes Absatzverbot für Branntweine mit einem Alkoholgehalt von weniger als 32%. Dies traf das französische Produkt *Cassis de Dijon* mit einem Alkoholgehalt von 15 bis 20%. Das Absatzverbot diene, so die Regierung der Bundesrepublik Deutschland, dem Schutz der Gesundheit der Bevölkerung, denn Erzeugnisse mit mäßigem Weingeistgehalt könnten leichter zu einer Gewöhnung führen als solche mit höherem Weingeistgehalt. Sie berief sich damit auf Art. 36 EWGV a.F. (heute Art. 30), der zum Schutze der Gesundheit Ausnahmen vom Verbot der Einfuhrbeschränkungen erlaubt, sofern sie weder ein Mittel zur willkürlichen Diskriminierung noch eine verschleierte Beschränkung des Handels zwischen den Mitgliedstaaten darstellen.

Der Gerichtshof hielt das Argument des Gesundheitsschutzes jedoch nicht für stichhaltig. Der Verbraucher könne auf dem Markt ohnehin aus einem umfangreichen Angebot von Erzeugnissen mit geringem und mittlerem Alkoholgehalt wählen und überdies würden auch Getränke mit hohem Weingeistgehalt üblicherweise verdünnt genossen.[291] Hingegen sah er das Anliegen als legitim an, den Verbraucher vor Täuschungen und unlauteren Praktiken bei der Herstellung und dem Vertrieb von Spiritouosen zu schützen,[292] obwohl diese Schutzgüter in Art. 36 EWGV a.F. (heute Art. 30) gar nicht genannt sind. Am Ergebnis der Entscheidung änderte dies allerdings nichts. Denn den Schutz vor Täuschungen und unlauteren Praktiken

---

290 EuGH, Rs. 120/78, *Cassis de Dijon*, Slg. 1979, 649 ff.

291 EuGH, Rs. 120/78, *Cassis de Dijon*, Slg. 1979, 649, 663 (Rz. 10).

292 So das zweite von der Bundesrepublik Deutschland geltend gemachte Allgemeininteresse (EuGH, Rs. 120/78, *Cassis de Dijon*, Slg. 1979, 649, 655).

könne man nach Auffassung des Gerichts auch dadurch erreichen, dass man die Angabe von Herkunft und Alkoholgehalt auf der Verpackung des Erzeugnisses vorschreibe.[293]

Ebenso wie in Cassis de Dijon folgt der Gerichtshof auch in anderen Entscheidungen der Linie, die Ausnahmetatbestände des EG-Vertrages eng auszulegen.[294] Diese Linie musste sich früher oder später mit derjenigen kreuzen, die den Anwendungsbereich der Grundfreiheiten unter der Flagge eines Beschränkungsverbotes immer weiter auf nicht-diskriminierende Beschränkungen ausdehnte. Um diese Ausdehnung sinnvoll zu begrenzen, hat der EuGH aber nicht etwa seinen Grundsatz einer engen Auslegung der Ausnahmevorschriften aufgegeben,[295] sondern vielmehr die nachfolgend behandelten immanente Grenzen der Grundfreiheiten entwickelt.

2. Missbräuchliche Ausnutzung von Grundfreiheiten

a) Grundsatz

Neben den soeben angesprochenen ausdrücklichen Ausnahmevorschriften kennt die Rechtsprechung des EuGH auch eine ungeschriebene Grenze der Grundfreiheiten: Die missbräuchliche oder betrügerische Berufung auf Gemeinschaftsrechts ist nicht gestattet. Dieser Grundsatz gehört zur gefestigten Rechtsprechung des Europäischen Gerichtshofs.[296] Allerdings sind bei der Würdigung eines derartigen Verhaltens die Ziele der fraglichen Bestimmung des Gemeinschaftsrechts zu beachten.[297] So ist der Anwendungsbereich der Niederlassungsfreiheit nicht schon deshalb verschlossen, weil für die Errichtung einer Gesellschaft ein Gründungsstaat mit besonders liberalen Gründungsregeln gewählt wurde.[298] Die nationalen Gerichte können lediglich „im Einzelfall das mißbräuchliche oder betrügerische Verhalten der Betroffenen auf der Grundlage objektiver Kriterien in Rechnung stellen, um ihnen gegebenenfalls die Berufung auf ein einschlägiges Gemeinschaftsrecht zu verwehren".[299]

---

293 EuGH, Rs. 120/78, *Cassis de Dijon*, Slg. 1979, 649, 664 (Rz. 13).

294 Zu Art. 30 siehe *Müller-Graff* in: von der Groeben/Schwarze (Hrsg.), EGV, Art. 30, Rn. 22 ff.

295 Was dogmatisch durchaus denkbar und systematisch auch stimmiger gewesen wäre (*Müller-Graff* in: von der Groeben/Schwarze (Hrsg.), EGV, Art. 30, Rn. 28 ff.).

296 EuGH, Rs. C-212/97, *Centros*, Slg. 1999, I-1459, I-1492 (Rn. 24); EuGH, Rs. C-167/01, *Inspire Art*, Slg. 2003, I-10155, I-10234 (Rn. 136); grundlegend EuGH, Rs. 206/94, *Paletta II*, Slg. 1996, I-2357, I-2391 (Rn. 24).

297 EuGH, Rs. C-212/97, *Centros*, Slg. 1999, I-1492 (Rn. 25); EuGH, Rs. 206/94, *Paletta II*, Slg. 1996, I-2357, I-2391 (Rn. 25).

298 Dazu oben die Auswertung der Rechtsprechung zur Niederlassungsfreiheit von Gesellschaften, S. 100.

299 EuGH, Rs. C-212/97, *Centros*, Slg. 1999, I-1492, I-1493 (Rn. 25), gestützt auf EuGH, Rs. 206/94, *Paletta II*, Slg. 1996, I-2357, I-2391 (Rn. 25); ebenso in EuGH, Rs. C-167/01, *Inspire*

Für die hier unternommene Suche nach Maßstäben für die Ausgestaltung eines binnenmarktkonformen Gesellschaftsrechts trägt der gemeinschaftsrechtlich gestattete Missbrauchseinwand also kaum etwas bei;[300] denn er ist nur als Korrektiv für den *Einzelfall* gedacht. Generell-abstrakte Regeln zur Abwehr missbräuchlicher Gesellschaftsgründungen im Ausland lassen sich auf den gemeinschaftsrechtlichen Missbrauchseinwand nicht stützen. Allenfalls bleibt dem mitgliedstaatliche Recht die Tür einen Spalt geöffnet, durch den es mit Hilfe von Generalklauseln – im deutschen Recht beispielsweise § 826 BGB – einzelne Missbräuche sanktionieren kann.[301]

b) Der „U-Turn" in Dienstleistungs- und Niederlassungsfreiheit

Dass der Missbrauchseinwand in den Fällen Centros und Inspire Art vom EuGH leichter Hand verworfen wurde, hat dennoch viele Beobachter überrascht. Denn in seiner Rechtsprechung zur Dienstleistungsfreiheit hat er gerade die „*U-Turn*"-Konstruktion,[302] bei der ein Inländer sich ins Ausland begibt, um von dort Dienstleistungen ins Inland zu erbringen, ohne sich den dortigen Rechtsvorschriften unterwerfen zu müssen, in die Nähe des Missbrauchs gerückt.[303] In van Binsbergen betont der Gerichtshof das Recht der Mitgliedstaaten zum Erlass von Vorschriften, die verhindern sollen, dass der Erbringer einer Leistung, dessen Tätigkeit ganz oder vorwiegend auf das Gebiet dieses Staates ausgerichtet ist, sich die Dienstleistungsfreiheit zunutze macht, um sich den Berufsregelungen zu entziehen, die auf ihn Anwendung fänden, wenn er im Gebiet dieses Staates ansässig wäre. Denn wer die inländischen Anforderungen an die Erbringung von Dienstleistungen durch Aus-

---

Art, Slg. 2003, I-10155, I-10234 (Rn. 136f.). Anhand welcher Kriterien der EuGH zwischen „Missbrauch" und „Betrug" unterscheidet, bleibt unklar (dazu *Schön* FS Wiedemann, 2002, S. 1271, 1277ff. und *Fleischer* JZ 2003, 865, 870).

300 Ebenso die Einschätzung bei *Sandrock* ZVglRWiss 102 (2003) 447, 461 ff., *Ulmer* NJW 2004, 1201, 1203, *Eidenmüller* in: Eidenmüller (Hrsg.), Ausländische Kapitalgesellschaften, 2004, S. 69ff. (Rn. 73ff.) und *Fleischer* in: Lutter (Hrsg.), Auslandsgesellschaften, 2005, S. 49, 100f. Ein Fall der missbräuchlichen Ausnutzung der Niederlassungsfreiheit dürfte vorliegen, wenn die Verwendung einer ausländischen Gesellschaft dazu dient, ein inländisches Tätigkeitsverbot zu umgehen (*Jüttner* Gesellschaftsrecht und Niederlassungsfreiheit, 2005, S. 98; *Knapp* DNotZ 2003, 85, 89; OLG Zweibrücken, DB 2003, 1264, 1265, obiter dictum).

301 Denkbares Beispiel ist der vom AG Hamburg entschiedene Sachverhalt einer nach außen kaum zu durchschauenden Vermischung zweier Gesellschaften (englische Ltd. und deutsche GmbH) mit dem Ziel, der Ltd. alle Verbindlichkeiten und der GmbH alle Forderungen zuzuordnen (AG Hamburg, NJW 2003, 2385 f.). Dazu auch *Sandrock* ZVglRWiss 102 (2003) 447, 463.

302 *Schön* FS Wiedemann, 2002, S. 1271, 1274, nach *Kjellgren* EBLR 2000, 179, 183.

303 Dazu beispielsweise *Schön* FS Wiedemann, 2002, S. 1271, 1273ff. mit Nachw. zu vergleichbaren Fällen im Bereich der Warenverkehrsfreiheit. Ob in derartigen Fällen überhaupt ein grenzüberschreitender Sachverhalt vorliegt, ist nach *Körber* Grundfreiheiten, 2003, S. 65ff., nicht allein Tatsachenfrage, sondern wertend zu ermitteln.

wandern unterläuft, unterliegt nicht mehr dem Zugriff und der Überprüfung der staatlichen Behörden des Landes, in dem die Dienstleistungen erbracht werden.[304] Um dem zu begegnen, hat der Mitgliedstaat sogar „das Recht zum Erlaß von Vorschriften"[305], also generell-abstrakten Regelungen, die verhindern, dass sich der Erbringer einer Leistung den Berufsregeln entzieht, die auf ihn Anwendung fänden, wenn er in dem Gebiet des Staates der Dienstleistung ansässig wäre. In den Entscheidungen Centros und Inspire Art hingegen lässt der Gerichtshof den Mitgliedstaaten keinen Spielraum bei der Abwehr von Konstruktionen, mit denen sich ihre Staatsbürger den auf sie anwendbaren Gründungsregeln für Kapitalgesellschaften entziehen wollen.

Der Unterschied liegt wohl in der gemeinschaftsrechtlichen Abgrenzung von Dienstleistungs- und Niederlassungsfreiheit begründet, spricht der Gerichtshof doch nicht ohne Grund davon, dass die Ziele der jeweiligen Bestimmung zu beachten seien.[306] Grenzüberschreitende Dienstleistungen werden von jemandem erbracht, der im Staat des Leistungsempfängers nicht ansässig ist und dessen Tätigkeit dort nur vorübergehender Natur ist.[307] Dieses Verständnis ergibt sich unmittelbar aus dem Wortlaut des Art. 49 Abs. 1 EG-Vertrag. Entscheidet sich jedoch der Angehörige eines Mitgliedstaats für die Niederlassung in einem anderen Mitgliedstaat, unterliegt er schon auf Grund dieser Ansässigkeit dem Recht des Aufnahmelandes, kann sich den dort geltenden Regeln über die Erbringung von Dienstleistungen also nicht entziehen.[308] Die nationalen Vorschriften, denen sich die Betroffenen bei der *„U-Turn"*-Konstruktion der Niederlassungsfreiheit entziehen wollen, sind anderer Natur: Es sind „Vorschriften über die Errichtung von Gesellschaften, aber nicht Vorschriften über die Ausübung bestimmter beruflicher Tätigkeiten".[309]

Die Weigerung des EuGH, in den Konstellationen Centros und Inspire Art einen Missbrauch der Niederlassungsfreiheit zu sehen, wird vor diesem Hintergrund verständlich: Anders als ein Dienstleister, der außer Landes zieht, um sich den Tätigkeitsvorschriften seines Heimatstaates zu entziehen, wollten sich *Centros Ltd.* und *Inspire Art Ltd.* ja gerade im Staat ihrer Tätigkeit niederlassen und sich damit den dort geltenden Tätigkeitsregeln unterwerfen. Im Sinne der Dienstleistungsfreiheit verhalten sie sich also völlig korrekt; sie melden dort ihre Niederlassung an, wo sie ihre Tätigkeit ausüben wollen. Es handelt sich also um zwei völlig verschiedene Umgehungskonstruktionen. Im Lichte der Erfahrungen aus dem Bereich der Dienstleistungsfreiheit, musste es den EuGH geradezu merkwürdig anmuten, dass ein Mitgliedstaat etwas dagegen haben könne, wenn eine Gesellschaft sich offen dazu bekennt, im Staat der Niederlassung ihre Geschäfte zu tätigen. Sie unterwirft

---

304 GA *Mayras*, EuGH, Rs. 33/74, *van Binsbergen*, Slg. 1974, 1299, 1317.
305 EuGH, Rs. 33/74, *van Binsbergen*, Slg. 1974, 1299, S. 1309 (Rn. 13).
306 Siehe Nachweise in Fn. 297.
307 Dazu GA *Mayras*, EuGH, Rs. 33/74, *van Binsbergen*, Slg. 1974, 1299, 1315ff.
308 GA *Mayras*, EuGH, Rs. 33/74, *van Binsbergen*, Slg. 1974, 1299, 1317.
309 EuGH, Rs. C-212/97, *Centros*, Slg. 1999, I-1459, I-1493 (Rn. 26).

sich damit schließlich offen und ehrlich den dort geltenden Vorschriften für die Ausführung ihrer Geschäftstätigkeit.

c) Unterscheidung von Gründung und Tätigkeit der Gesellschaft

Die EG-vertragliche Dichotomie von Niederlassungsfreiheit und Dienstleistungsfreiheit erklärt, warum der Gerichtshof in der bloßen Suche nach dem großzügigsten Gründungsrecht keinen Fehlgebrauch der Niederlassungsfreiheit erkennen kann. Sie ist auch der Beleg dafür, dass die aktuelle Diskussion mit einiger Berechtigung verlangt, den Blick des Gesellschaftsrechts von der Gründung weg und zur Tätigkeit hinzulenken.[310] Man könnte die an der Grundfreiheitensystematik orientierte Sicht des EuGH vereinfacht in die Formel fassen: Solange sich die Gesellschaft noch in der Phase der Niederlassung befindet, wird sie nicht tätig und kann somit auch keinen Schaden anrichten; wenn sie tätig wird, unterliegt sie den Tätigkeitsregeln des Staates, in dem sie sich – und sei es auch nur über eine Zweigniederlassung – niedergelassen hat. Das mit der Tätigkeitsaufnahme gestiegene Schutzbedürfnis für den inländischen Rechtsverkehr erkennt das Gemeinschaftsrecht an; denn es ist gegenüber einem Missbrauch der Dienstleistungsfreiheit wesentlich sensibler. Ein präventiver gesellschaftsrechtlicher Schutz, der bereits am Vorgang der Niederlassung ansetzt, ist hingegen – zumindest auf der Basis des Missbrauchseinwandes – nicht möglich; denn dies würde die Niederlassungsfreiheit als solche erheblich entwerten.

Ein Missbrauch der Niederlassungsfreiheit dürfte dagegen näher liegen, wenn die Anteilsinhaber einer Gesellschaft im Verlaufe ihrer Tätigkeit Verpflichtungen eingegangen sind und sich diesen bereits *bestehenden* Verpflichtungen durch kunstvollen Gebrauch der Niederlassungsfreiheit entziehen wollen. Ein Anhaltspunkt für diese Auslegung findet sich in der Centros-Entscheidung. Dort heißt es:[311]

> „Kann somit ein Mitgliedstaat die Eintragung der Zweigniederlassung einer nach dem Recht eines anderen Mitgliedstaats, in der sie ihren Sitz hat, errichteten Gesellschaft nicht verweigern, so kann er doch alle geeigneten Maßnahmen treffen, um Betrügereien zu verhindern oder zu verfolgen. Das gilt sowohl – gegebenenfalls im Zusammenwirken mit dem Mitgliedstaat, in dem sie errichtet wurde – gegenüber der Gesellschaft selbst als auch gegenüber ihren Gesellschaftern, *wenn diese sich mittels der Errichtung der Gesellschaft ihren Verpflichtungen gegenüber inländischen privaten oder öffentlichen Gläubigern entziehen möchten.*“

Auch in der Inspire Art-Entscheidung betont der Gerichtshof den Bezug der beschränkenden Normen zum Vorgang der Gründung. Denn er stützt das seiner Auf-

---

310 Siehe nur als einen der ersten *Werlauff* ZIP 1999, 867, 875: „Man muss sich nur klar machen, dass ganz grundlegend zwischen Errichtung und Aktivität (Betrieb) unterschieden werden muss.“

311 EuGH, Rs. C-212/97, *Centros*, Slg. 1999, I-1459, I-1496 (Rn. 38); kursive Hervorhebung durch den *Verfasser*.

fassung nach fehlende Schutzbedürfnis der Gläubiger darauf, dass durch das Auftreten als Gesellschaft englischen Rechts erkennbar werde, dass die Gesellschaft „anderen Rechtsvorschriften als denen unterliegt, die in den Niederlanden die Gründung von Gesellschaften mit beschränkter Haftung regeln".[312] Daraus folgt: Die Gründung einer ausländischen Gesellschaft und die Errichtung von Zweigniederlassungen in anderen Mitgliedstaaten sind *für sich allein* genommen[313] kein Missbrauch. Dieselbe Handlung könnte aber einen Missbrauchscharakter annehmen, wenn sie in bereits vorhandene Rechtspositionen eingreift. Das Informationsargument kehrte sich sodann gegen die Gesellschaft; denn die Gläubiger und andere Schutzbedürftige haben bei Begründung ihrer Rechtsbeziehung zur Gesellschaft gerade auf das bisherige Rechtskleid vertraut und nicht auf das neue. Diese Differenzierung findet insbesondere in der Diskussion über den Fortbestand der deutschen *Mitbestimmung* zu wenig Beachtung. Die Auffassung, deutsche Unternehmen könnten durch den Einsatz ausländischer Rechtsformen der deutschen Mitbestimmung „entfliehen",[314] hat in der bisherigen Entscheidungspraxis des EuGH keine Grundlage.[315] Zumindest ein Unternehmen, das bereits der Mitbestimmung unterliegt, wird sich ihr allein durch Austauschen der Rechtsform oder Einfügen einer Zwischenholding ausländischer Rechtsform kaum entziehen können.[316]

3. Zwingende Gründe des Allgemeinwohls

a) Anerkennung von zwingenden Gründen des Allgemeinwohls

Beschränkungen von Grundfreiheiten sind nach mittlerweile gefestigter Rechtsprechung des Gerichtshofs nicht nur dort denkbar, wo der EG-Vertrag ausdrücklich Ausnahmen zulässt oder wo von Grundfreiheiten in missbräuchlicher Weise Gebrauch gemacht wird, sondern generell bei Vorliegen zwingender Gründe des Allgemeinwohls.[317] Hierin liegt ein notwendiges Korrektiv gegenüber der Entwicklung

---

312 EuGH, Rs. C-167/01, *Inspire Art*, Slg. 2003, I-10155, I-10234 (Rn. 135).

313 In diesem Sinne *Ebke* JZ 1999, 656, 659: „Die Betonung liegt freilich auf den Worten ‚für sich allein'."

314 *Schwark* AG 2004, 173, 177; in der Tendenz auch *Sandrock* AG 2004, 57, 65, der allerdings die Fälle der Gründung und des späteren Wechsels der Rechtsform nicht deutlich trennt.

315 So zu Recht *Thüsing* ZIP 2004, 381 ff.

316 Wesentlich schwieriger zu beantworten ist die Frage, ob das deutsche Mitbestimmungsregime einer in Deutschland tätigen ausländischen Gesellschaft aufgezwungen werden kann, obwohl diese vorher keine Mitbestimmung praktiziert hat (hierzu *Bayer* AG 2004, 534 ff.).

317 Kritisch gegenüber diesem dogmatischen Ansatz *Müller-Graff* in: von der Groeben/Schwarze (Hrsg.), EGV, 2003, Art. 30, Rn. 28 ff., der darauf verweist, dass sich die zwingenden Allgemeinwohlinteressen ebensogut und systemverträglicher unter den Begriff der öffentlichen Ordnung hätten subsumieren lassen. Als Grundsatz einer übergreifenden Grundfreiheitendogmatik hätte dies allerdings auch seine Schwierigkeiten, da es nicht zu allen Grundfreiheiten gleichlautende Ausnahmevorschriften gibt.

der Grundfreiheiten vom Diskriminierungsverbot zu einem allgemeinen Beschränkungsverbot, das andernfalls den Kreis der verbotenen Normen zu weit ziehen würde.[318] Einen ersten Schritt in diese Richtung unternahm der Gerichtshof in dem zur Dienstleistungsfreiheit ergangenen Urteil van Binsbergen aus dem Jahre 1974, in dem es heißt:[319]

> „In Anbetracht der Besonderheiten der Dienstleistungen dürfen jedoch diejenigen an den Leistungserbringer gestellten besonderen Anforderungen nicht als mit dem Vertrag unvereinbar angesehen werden, die sich aus der Anwendung durch das Allgemeininteresse gerechtfertigter Berufsregelungen – namentlich der Vorschriften über Organisation, Befähigung, Berufspflichten, Kontrolle, Verantwortlichkeit und Haftung – ergeben und die für alle im Gebiet des Staates, in dem die Leistung erbracht wird, ansässigen Personen verbindlich sind."[320]

Später bürgert sich in der Rechtsprechung des EuGH die Formulierung ein, beschränkende Regelungen müssten durch „zwingende Gründe des Allgemeininteresses" gerechtfertigt sein und „für alle im Hoheitsgebiet des Bestimmungsstaates tätigen Personen und Unternehmen gelten".[321] Die ausdrücklichen Ausnahmetatbestände des EG-Vertrags sind damit nicht völlig entbehrlich geworden; denn sie erlauben auch die Rechtfertigung diskriminierender Regelungen.[322] Einer Rechtfertigung mit zwingenden Allgemeininteressen sind hingegen nur Beschränkungen zugänglich, die sich aus formal unterschiedslos anwendbaren Regelungen oder Maßnahmen ergeben; dies selbst dann, wenn sie eine versteckte Diskriminierung beinhalten sollten. Offen diskriminierende Maßnahmen sind hingegen über zwingende Gründe des Allgemeinwohls niemals rechtfertigungsfähig.[323]

Die Liste der bislang von der Rechtsprechung anerkannten zwingenden Gründe des Gemeinwohls ist lang. Sie reicht von der wirksamen steuerlichen Kontrolle, der öffentlichen Gesundheit und der Lauterkeit des Handelsverkehrs bis hin zu Medienvielfalt und Umweltschutz.[324] Der Tendenz nach ist der Gerichtshof bei der

---

[318] Auf diesen Zusammenhang weist im Kontext der Warenverkehrsfreiheit *Müller-Graff* in: von der Groeben/Schwarze (Hrsg.), EGV, 2003, Art. 28, Rn. 190, hin.

[319] Bei der Dienstleistungsfreiheit fehlt eine Ausnahmeregelung, wie sie Art. 30 EG-Vertrag für die Warenverkehrsfreiheit bietet. Dies mag der Hintergrund dafür sein, dass der Gerichtshof dort schon früh den allgemeinen Vorbehalt der zwingenden Gründe des Allgemeinwohls entwickelt hat.

[320] EuGH, Rs. 33/74, *van Binsbergen*, Slg. 1974, 1299, 1309 (Rz. 10/12).

[321] So EuGH, Rs. 76/90, *Säger*, Slg. 1991, I-4221, 4244 (Rn. 15).

[322] Siehe *Basedow* RabelsZ 59 (1995) 1, 19.

[323] *Müller-Graff* in: Streinz (Hrsg.), EUV/EGV, 2003, Art. 43, Rn. 74. Entscheidungen zur Warenverkehrsfreiheit folgen diesem Prinzip allerdings in jüngster Zeit nicht mehr ausnahmslos und dehnen die Rechtfertigungsprüfung auf nicht-unterschiedslos anwendbare Maßnahmen aus (dazu *Müller-Graff* in: von der Groeben/Schwarze (Hrsg.), EGV, 2003, Art. 28, Rn. 196f.)

[324] Zur Warenverkehrsfreiheit *Müller-Graff* in: von der Groeben/Schwarze (Hrsg.), EGV, 2003, Art. 28, Rn. 203ff.

Einordnung bestimmter Schutzzwecke als Erfordernis des Allgemeinwohls relativ großzügig und verlagert die Detailprüfung einer konkreten Maßnahme damit auf die Rechtfertigungsebene.[325] Gemäß dem eingangs begründeten interessenbezogenen Verständnis des Gesellschaftsrechts[326] ist es von Bedeutung, dass der Gerichtshof diejenigen Interessen, die typischerweise Gegenstand gesellschaftsrechtlicher Regelungen sind, als schützenswerte Allgemeininteressen anerkannt hat: Schutz der Gesellschafterminderheit, der Gläubiger und auch der Arbeitnehmer.[327]

Als Parallele zur gesellschaftsrechtlichen Diskussion aufschlussreich ist, dass im Bereich der Warenverkehrsfreiheit auch das Bemühen um Verbraucherschutz eine Beschränkung rechtfertigen kann.[328] Der Gerichtshof folgt dabei dem Leitbild eines mündigen Verbrauchers, zu dessen Schutz vielfach die Information über Eigenschaften des Produktes ausreicht.[329] Diesen Gedanken überträgt der Gerichtshof in seinen jüngsten Urteilen auf die Niederlassungsfreiheit von Gesellschaften.[330] Somit darf die bisweilen im Schrifttum als „GmbH-light" bezeichnete Limited Company aus dem englischen Rechtskreis ebenso wenig an der Grenze gestoppt werden wie niedrigprozentiger Likör. Denn, so der Gerichtshof, die ausländische Gesellschaft trete im Rechtsverkehr auch als solche auf; potentielle Gläubiger seien also hinreichend darüber informiert, mit wem sie es zu tun hätten.[331]

Rein wirtschaftliche Zielsetzungen erkennt der EuGH nicht als zwingende Gründe des Allgemeininteresses an.[332] Dies lässt sich begründen mit der ökonomischen Zielsetzung der Gemeinschaft. Der Gemeinsame Markt wird deshalb angestrebt, weil er nach der ökonomischen Lehre am besten geeignet ist, Kostenvorteile und einen intensivierten Wettbewerb zu schaffen. Jede Behinderung des Grenzübertritts reduziert die positiven Effekte des Binnenmarktes.[333] Es ist daher von vornherein undenkbar, dass ein Mitgliedstaat die Behinderung des Grenzübertritts mit rein wirtschaftlichen Erwägungen begründet. Denn aus wirtschaftlicher Sicht ist gerade die vollkommene Verwirklichung eines „Raums ohne Binnengrenzen" (Art. 14 Abs. 2 EG-Vertrag) der Optimalzustand. Beschränkungen, welche die Bin-

---

325 *Basedow* RabelsZ 59 (1995) 1, 24; *Behrens* EuR 1992, 145, 153.

326 Dazu oben S. 12 ff.

327 Vgl. die Darstellung der Leitentscheidungen oben S. 90 ff. und die Zusammenfassung S. 103 f.

328 Näher *Müller-Graff* in: von der Groeben/Schwarze (Hrsg.), EGV, 2003, Art. 28, Rn. 214 ff.

329 *Müller-Graff* in: von der Groeben/Schwarze (Hrsg.), EGV, 2003, Art. 28, Rn. 218, spricht von „Etikettierungslösungen", betont aber ebda., Fn. 654, dass es im jeweiligen Einzelfall der Überprüfung bedürfe, ob Angaben auf der Verpackung für den Verbraucherschutz ausreichend seien.

330 Damit beginnt sich ein europäisches Informationsmodell herauszukristallisieren; dazu *Grundmann* in: FS Lutter, 2000, S. 61 ff. und *Grundmann* DStR 2004, 232 ff.

331 EuGH, Rs. C-167/01, *Inspire Art*, Slg. 2003, I-10155, I-10234 (Rn. 135). Zur Kritik an diesem Argument siehe unten im Abschnitt über den Gläubigerschutz (S. 503 ff.).

332 *Müller-Graff* in: von der Groeben/Schwarze (Hrsg.), EGV, 2003, Art. 28, Rn. 204 und 226 ff. (m.w.N.).

333 Dazu bereits oben ab S. 27.

nengrenzen kostenverursachend spürbar machen, können mithin allenfalls durch nicht-wirtschaftliche Interessen gerechtfertigt sein.

b) *Verhältnismäßigkeitsprüfung*

Generalanwalt *Trabucchi* hat in seinen Schlussanträgen zur Dassonville-Entscheidung deutlich gemacht, dass sich hinter dem Rechtfertigungstest letztlich eine Verhältnismäßigkeitsprüfung verbirgt.[334] Es gelte, „wie bei jeder Anwendung von Normen, die Ausnahmen von den tragenden Prinzipien des Gemeinsamen Marktes zulassen", der allgemeine Grundsatz, dass Abweichungen von den Verboten des Art. 30 (heute Art. 28)

> „nur insoweit statthaft sind, als sie zur Erreichung des Gesetzeszwecks erforderlich sind. Bei mehreren geeigneten Maßnahmen ist stets diejenige zu wählen, die das Funktionieren des Gemeinsamen Marktes weniger stört."[335]

Das Fallmaterial der Rechtsprechung des Europäischen Gerichtshofs liefert zahlreiche Beispiele von Regelungen, die zwar an und für sich einem legitimen Ziel galten, in ihrer Ausgestaltung jedoch – im wahrsten Sinne des Wortes – „über das Ziel hinausschießen". Ein Beispiel ist der Fall Säger zum deutschen Rechtsberatungsgesetz.[336] Auch wenn das Gesetz die legitime Zielsetzung verfolgt, den Bürgern qualifizierten Rechtsrat zu verschaffen,[337] darf es dabei nicht Dienstleistungen erfassen, die man ebenso gut ohne rechtliche Kenntnisse erbringen kann. Im konkreten Fall ging es um die Überwachung der Laufzeit von Patenten mit Hilfe eines elektronischen Datenverarbeitungssystems. Dazu bedürfe es keiner spezifischen beruflichen Fähigkeiten, so der Gerichtshof.[338] Außerdem sei das mit einer Pflichtverletzung verbundene Risiko sehr gering.[339] Die Beschränkung der Dienstleistungsfreiheit, die darin bestehe, derartige Tätigkeiten nur Personen mit besonderer beruflicher Qualifikation vorzubehalten, stehe daher zu dem verfolgten Ziel außer Verhältnis.[340]

Dabei wird auch in Betracht gezogen, ob dem Allgemeininteresse nicht bereits durch die Rechtsvorschriften Rechnung getragen wird, denen der Leistungserbringer in dem Staat unterliegt, in dem er ansässig ist.[341] Weiterhin spielt im Rahmen der

---

334 Monographisch zum Grundsatz der Verhältnismäßigkeit im Gemeinschaftsrecht *Emmerich-Fritsche* Grundsatz der Verhältnismäßigkeit, 2000, und *Koch* Grundsatz der Verhältnismäßigkeit, 2003.

335 EuGH, Rs. 8/74, *Dassonville*, Slg. 1974, 837, 862.

336 EuGH, Rs. 76/90, *Säger*, Slg. 1991, I-4221 ff.

337 Die Legitimität der Zielsetzung erkennt der Gerichtshof durchaus an (EuGH, Rs. 76/90, *Säger*, Slg. 1991, I-4221, 4244 [Rn. 17]).

338 EuGH, Rs. 76/90, *Säger*, Slg. 1991, I-4221, 4245 (Rn. 18).

339 EuGH, Rs. 76/90, *Säger*, Slg. 1991, I-4221, 4245 (Rn. 19).

340 EuGH, Rs. 76/90, *Säger*, Slg. 1991, I-4221, 4245 (Rn. 20).

341 So, bezogen auf die Dienstleistungsfreiheit, EuGH, Rs. 76/90, *Säger*, Slg. 1991, I-4221, 4244 (Rn. 15). *Basedow* RabelsZ 59 (1995) 1, 22 f., sieht darin weniger eine Ausprägung des Verhältnismäßigkeitsgrundsatzes als eine Parallele zur kollisionsrechtlichen „théorie de l'équi-

Verhältnismäßigkeitsprüfung die Konsequenz, mit der Schutzziele verfolgt werden, eine Rolle.[342] Wird der Zusammenhang staatlicher Normen beeinträchtigt, so kann auch dies eine Rücknahme von Grundfreiheiten rechtfertigen.[343] Die Verhältnismäßigkeitsprüfung ist der eigentliche Kern der Prüfung, an dem sich häufig die Zulässigkeit einer Maßnahme entscheidet; der damit verbundene Abwägungsprozesses wird daher sogleich *unter 4.* näher behandelt.

c) *Vorrang gemeinschaftsrechtlicher Spezialregelungen*

Eine Beschränkung der Grundfreiheiten durch mitgliedstaatliche Maßnahmen darf, selbst wenn sie inhaltlich zu rechtfertigen sein sollte, nicht gegen vorrangige Spezialregelungen des Gemeinschaftsrechts verstoßen.[344] In Betracht kommen vor allem europäische Richtlinien, sofern sie nicht nur einen Mindeststandard setzen, sondern einen Sachverhalt abschließend regeln.[345] Diesem Grundsatz folgend hat der EuGH in der Rechtssache Inspire Art einen Großteil der fraglichen Regelungen des niederländischen Gesetzes über formal ausländische Gesellschaften bereits deshalb verworfen, weil sie über die insoweit abschließende Regelung der Elften Richtlinie zur Offenlegung von Zweigniederlassungen hinausgingen.[346]

d) *Zwischenbefund*

Nach dem heutigen Stand der gemeinschaftsrechtlichen Dogmatik verbieten die Grundfreiheiten jede Beschränkung des zwischenstaatlichen Wirtschaftsverkehrs, die sich nicht durch ein zwingendes Allgemeininteresse rechtfertigen lässt. Um gerechtfertigt zu sein, muss eine beschränkende Maßnahme in Bezug auf das angestrebte Schutzziel geeignet, erforderlich und verhältnismäßig sein. Diese Struktur der Grundfreiheiten wird ungeachtet verbleibender Unschärfen von der deutlich überwiegenden Auffassung als dogmatisches Fundament akzeptiert.[347] Verblei-

---

valence" (d.h. der Einwand des ordre public greift nicht ein, wenn das nationale Recht aus anderen Erwägungen heraus zu denselben Ergebnissen käme wie das ausländische).

[342] *Kieninger* ZGR 28 (1999) 724, 741 (m.w.N.).

[343] *Steindorff* JZ 1999, 1140, 1142.

[344] *Müller-Graff* in: Streinz (Hrsg.), EUV/EGV, 2003, Art. 43, Rn. 72.

[345] *Müller-Graff* in: Streinz (Hrsg.), EUV/EGV, 2003, Art. 43, Rn. 72. *Körber* Grundfreiheiten, 2003, S. 90; vgl. weiterhin *dens.*, S. 90 ff. zu der Frage, inwieweit Richtlinien auch dann eine Sperrwirkung entfalten, wenn nur eine Mindestharmonisierung angestrebt wurde.

[346] Dazu näher im Abschnitt über die Rechtsangleichung (S. 230 f.).

[347] Den Übergang vom Diskriminierungs- zum Beschränkungsverbot behandeln für die Niederlassungsfreiheit insbesondere: *Eyles* Niederlassungsrecht der Kapitalgesellschaften, 1990, S. 64 ff.; *Kainer* Unternehmensübernahmen im Binnenmarktrecht, 2004, S. 69 ff.; *Lackhoff* Niederlassungsfreiheit, 2000, S. 210 ff.; *Nachbauer* Niederlassungsfreiheit, 1999, S. 143 ff.; *Schnichels* Reichweite der Niederlassungsfreiheit, 1995, S. 104 ff. Dass jedenfalls in den Ergebnissen weitgehend Einigkeit mit der fallbezogenen Rechtsprechung des Gerichtshofs bestehe, betonen beispielsweise *Randelzhofer/Forsthoff* in: Grabitz/Hilf, 2001, vor Art. 39–55 EGV, Rn. 90.

bende Kritik richtet sich vor allem darauf, dass mit dem Verzicht auf das Kriterium der Diskriminierung an die Stelle handhabbarer Maßstäbe eine einzelfallbezogene Verhältnismäßigkeitsprüfung getreten sei.[348] Dagegen lässt sich zwar einwenden, dass der Kriterienkatalog der Cassis-Formel zumindest eine rechtlich strukturierte Prüfung und Argumentation erlaubt.[349] Wer allerdings die auch nach Cassis und Keck weiter ausufernde Rechtsprechung zur Warenverkehrsfreiheit betrachtet und den kaum überschaubaren Katalog der gemeinschaftsrechtlich anerkannten zwingenden Erfordernisse – von der Lauterkeit des Handelsverkehrs bis hin zur Aufrechterhaltung von Medienvielfalt und dem Schutz regionaler und kultureller Besonderheiten –,[350] der mag an der Berechenbarkeit und Vorhersehbarkeit dieser Judikatur weiterhin zweifeln. Immerhin sind für das Gesellschaftsrecht mit dem „Schutz der Interessen der Gläubiger, der Minderheitsgesellschafter, der Arbeitnehmer oder auch des Fiskus"[351] gerade die für dieses Rechtsgebiet zentralen Regelungsinteressen[352] vom Europäischen Gerichtshof als zwingende Gründe des Gemeinwohls anerkannt worden. Dies bietet eine Grundlage, um gesellschaftsrechtliche Fragen in der argumentativen Struktur der Grundfreiheitendogmatik sinnvoll abzuhandeln. Die konkreten Ergebnisse werden indessen angesichts der knappen Begründungen des EuGH erst nachvollziehbar, wenn man die auch im grundfreiheitlichen Schrifttum häufig nur verkürzt behandelte Struktur des Abwägungsvorgangs klar herausarbeitet; dies soll im nachfolgenden Abschnitt geschehen.

4. Struktur des Abwägungsvorgangs

Die Formulierung der Niederlassungsfreiheit dürfte bei Abfassung des Vertrages allgemein als Gebot der Inländerbehandlung verstanden worden sein. Darüber hinausreichende Erschwernisse des grenzüberschreitenden Wirtschaftens, die sich aus der Unterschiedlichkeit der Rechtsordnungen ergaben, sollten von den Mitgliedstaaten gemeinsam im Wege der Rechtsangleichung beseitigt werden.[353] Allerdings: „Die Gemeinschaft hat bis heute nicht die notwendige, von einem staatenübergreifenden, allgemeinen Bewußtsein getragene Kraft entwickelt, um derartige, auf unterschiedlicher gesellschaftlicher Tradition beruhende Gegensätze zu überwinden."[354] Die Rechtsangleichung konnte daher – und das gilt nicht nur für das Gesellschaftsrecht – die in sie gesetzten Erwartungen nicht vollständig erfüllen. Dies

---

348 *Kingreen* Struktur der Grundfreiheiten, 1999, S. 38 ff., insbesondere S. 47.

349 So namentlich *Müller-Graff* in: von der Groeben/Schwarze (Hrsg.), EGV, 2003, Art. 28, Rn. 190.

350 Vgl. die Übersicht bei *Müller-Graff* in: von der Groeben/Schwarze (Hrsg.), EGV, Art. 28, Rn. 203 ff.

351 EuGH, Rs. C-208/00, *Überseering*, Slg. 2002, I-9919 (Rn. 92).

352 Vgl. die einleitende Erörterung der Regelungsinhalte des Gesellschaftsrechts (S. 12 ff.).

353 Zu diesem Aspekt der Entstehungsgeschichte *Everling* GS Knobbe-Keuk, 1997, S. 607, 608 ff.

354 *Everling* GS Knobbe-Keuk, 1997, S. 607, 610.

mag den Bedeutungswandel erklären, den die Grundfreiheiten mit der Ausdehnung zum Beschränkungsverbot erfahren haben. Der Beitrag der Grundfreiheiten zur Herstellung des Binnenmarktes wurde ausgebaut und kompensiert damit – vom Gerichtshof wohl nicht ganz unbeabsichtigt – die Defizite der Rechtsangleichung. Dass der Gerichtshof mit der Cassis-Formel einen Schlüssel gefunden hatte, um der Integration neue Türen zu öffnen, zeigt sich nicht zuletzt darin, dass es die Kommission war, die dem Urteil den dort so nicht ausgesprochenen „Grundsatz der gegenseitigen Anerkennung" entnahm und darauf ihr weiteres Harmonisierungsprogramm aufbaute.[355]

Allerdings liegt in der Entwicklung der Grundfreiheiten zum Beschränkungsverbot eine nicht ganz unbedenkliche Verlagerung der Machtbalance von den Mitgliedstaaten zur Gemeinschaft. Die Regelungshoheit der Mitgliedstaaten für grenzüberschreitende Sachverhalte wird zwar nicht ausgeschlossen, wohl aber umfassend zur gerichtlichen Überprüfung gestellt. Der Gerichtshof entwickelt damit ein Integrationskonzept, das nicht allein auf die – im Grundsatz freiwillige – Mitarbeit der Einzelstaaten vertraut,[356] sondern ihr Verhalten der supranationalen Kontrolle unterwirft; er verlagert damit die Gewichte von der Kooperation zur Integration.[357] Dank des Korrektivs, das im Rechtfertigungstest liegt, wird die Regelungshoheit der Mitgliedstaaten allerdings nicht völlig zurückgedrängt, sondern in einem Restbestand als schützenswert respektiert. Dem Grundgedanken nach – nämlich als Verfahren zur Herstellung praktischer Konkordanz bei einander widerstreitenden Prinzipien – ist der Rechtfertigungsansatz konsequent. Denn er verleiht der Abwägung zwischen dem für den Binnenmarkt erforderlichen Freiheitsraum und den Schutzinteressen der Allgemeinheit seine innere Struktur.[358] Die in der Keck-Entscheidung gebrauchte Formel von den „bestimmten Verkaufsmodalitäten", die aus dem Anwendungsbereich der Warenverkehrsfreiheit herausgenommen werden sollen, verdeckt noch diesen normativen Hintergrund, den erst die weitere Diskussion der Beschränkungsdogmatik herausgearbeitet hat: Es geht um den Konflikt zwischen den Erfordernissen des gemeinschaftsrechtlich begründeten Binnenmarktziels einerseits und der mitgliedstaatlichen Verfolgung bestimmter Allgemeinwohlinteressen andererseits.[359] Der Rechtfertigungstest erweist sich damit als besondere

---

[355] *Komission* Weißbuch, 1985, Rn. 61 ff.; siehe aus der Literatur zum Grundsatz der gegenseitigen Anerkennung und seiner Entwicklung den Überblick bei *Götz* FS Jaenicke, 1997, 763 ff.

[356] Dies um so mehr als der Europäische Rat von seiner Kompetenz, Richtlinien mit qualifizierter Mehrheit zu beschließen, nur sehr zurückhaltend Gebrauch macht.

[357] Zu diesem Begriffspaar im Kontext des Integrationskonzepts der Gemeinschaft oben S. 38 ff.

[358] Zu Recht kritisiert *Müller-Graff* in: von der Groeben/Schwarze (Hrsg.), EGV, 2003, Art. 28, Ansätze, die auf eine allgemeine Güterabwägung hinauslaufen; es bedürfe statt dessen einer „aus System und Zweck der Vorschrift heraus entwickelten, rechtlich kriterienstrukturierten Lösung".

[359] *Müller-Graff* in: von der Groeben/Schwarze (Hrsg.), EGV, 2003, Art. 28, Rn. 245.

Ausprägung des allgemein für den Binnenmarkt konstatierten Spannungsverhältnisses zwischen wirtschaftlicher Integration der Gemeinschaft bei fortbestehender Staatlichkeit ihrer Mitglieder.[360]

a) *Abwägung widerstreitender Interessen*

Das in die Rechtfertigungsformel eingebaute Verhältnismäßigkeitsprinzip dient strukturell der Abwägung widerstreitender Prinzipien, die beide Geltung beanspruchen und von denen keines völlig zurückgedrängt werden soll.[361] Auf der einen Seite steht unzweifelhaft das Prinzip der betreffenden Grundfreiheit, also beispielsweise der freie Warenverkehr oder die freie Niederlassung. Fraglich ist nur, welches Prinzip auf der anderen Seite in die Waagschale fällt. Man könnte annehmen, das gegenläufige Prinzip sei generell eine den Mitgliedstaaten in angemessenem Umfang zu reservierende Regelungshoheit. Und dies Argument – der Gerichtshof greife mit Auslegung der Grundfreiheiten zu sehr in die Regelungshoheit der Mitgliedstaaten ein – wird in der Diskussion durchaus vorgebracht.[362] Damit wird man aber der Struktur der Abwägung nicht gerecht. Denn der Grundfreiheit steht als konfligierendes Interesse nicht etwa die Regelungshoheit der Mitgliedstaaten gegenüber – sondern: das zwingende Allgemeininteresse. Dieses Schutzinteresse kann wiederum *entweder* auf mitgliedstaatlicher *oder* auf gemeinschaftsrechtlicher Ebene befriedigt werden. Sorgt das Gemeinschaftsrecht für den nötigen Schutz, bleibt mitgliedstaatlichen Beschränkungen schon deshalb die Rechtfertigung versagt, weil das zu schützende Interesse bereits Gegenstand gemeinschaftsrechtlicher Maßnahmen ist.[363] Daraus erklärt sich, dass beschränkende Maßnahmen vorrangig am Maßstab gemeinschaftsrechtlicher Spezialregelungen zu messen sind.[364]

Die den Grundfreiheiten widerstreitenden Prinzipien sind also nicht in der Kompetenzverteilung zwischen Gemeinschaft und Mitgliedstaaten zu suchen,[365] sondern

---

360 Dazu im Kontext des Binnenmarktbegriffs oben S. 65 f.

361 *Schroeder* Gemeinschaftsrechtssystem, 2002, 278 ff. Umfassend aufgearbeitet findet sich das Verhältnismäßigkeitsprinzip im Gemeinschaftsrecht bei *Emmerich-Fritsche* Grundsatz der Verhältnismäßigkeit, 2000, und *Koch* Grundsatz der Verhältnismäßigkeit, 2003.

362 Beispielsweise macht *Kindler* VGR Bd. 2 (2000), S. 87, 104, zum Fall Centros geltend, die gemeinschaftsrechtliche Vorgabe einer kollisionsrechtlichen Gründungsanküpfung „würde einen unverhältnismäßigen Eingriff in die mitgliedstaatlichen Kompetenzen darstellen".

363 Die mitgliedstaatliche Beschränkung ist jedenfalls dann nicht mehr zulässig, wenn das Gemeinschaftsrecht den Bereich abschließend regelt (zur Warenverkehrsfreiheit *Müller-Graff* in: von der Groeben/Schwarze (Hrsg.), EGV, 2003, Art. 28, Rn. 198). Für die Niederlassungsfreiheit von Gesellschaften hat das Urteil in Sachen Inspire Art diesen Gedanken zum Ausdruck gebracht, indem ein Teil der mitgliedstaatlichen Maßnahmen mit der Begründung verworfen wurde, die Elfte gesellschaftsrechtliche Richtlinie regele diesen Bereich abschließend (vgl. die Besprechung der Entscheidung oben ab S. 96).

364 Dazu soeben auf S. 142.

365 A.A. diejenigen Autoren, die in den Grundfreiheiten lediglich eine Regel zur Kompetenzabgrenzung sehen, namentlich *Kingreen* Struktur der Grundfreiheiten, 1999. Zur Diskussion

in denjenigen Wertungen, denen die von der Grundfreiheit verdrängte Norm gerecht werden sollte. Soweit diese Wertungen auf der Ebene des Gemeinschaftsrechts Anerkennung finden, kollidieren sie mit der Wirkung der Grundfreiheiten. Diese Kollision gegenläufiger Prinzipien bedarf einer Auflösung im Sinne der „praktischen Konkordanz“ des deutschen Verfassungsrechts.[366] Insoweit steht der dogmatische Ansatz der Europäischen Gerichtshofs, die beschränkenden Maßnahmen einer Rechtfertigungsprüfung nach dem Verhältnismäßigkeitsprinzip zu unterwerfen, nicht zuletzt auch in der Tradition der deutschen Grundrechtsdogmatik.[367]

An dieser Stelle trifft man auch auf eine Verbindungslinie zur rechtlichen Struktur des Integrationsprozesses. Die Integration vollzieht sich – nicht zuletzt mit Hilfe der Grundfreiheiten – als ein sich selbst steuernder Prozess eigenverantwortlich handelnder Individuen.[368] Eine Rechtsordnung, die den Einzelnen individuelle Handlungsfreiheit zugesteht, muss wegen der ambivalenten Wirkungen der Freiheitsnutzung zugleich Ausübungsgrenzen setzen.[369] Es geht also nicht um die Abgrenzung zwischen Gemeinschaftsrecht und mitgliedstaatlichem Recht, sondern um die Festlegung der Grenzen, denen sich jede Freiheitsausübung unterwerfen muss, wenn und soweit sie den Rechtskreis anderer berührt. Eine solche rechtliche Rahmensetzung wird im europäischen Rechtsraum allgemein als notwendiges Korrektiv von Freiheit verstanden; die Ausübung von Freiheit darf nicht zur Schädigung anderer Individuen oder der Allgemeinheit führen und sie bedarf eines rechtlichen Rahmens, der die sinnvolle Freiheitsausübung erst ermöglicht. Dies gilt auch für die Grundfreiheiten.

Soweit bereits *Sekundärrecht* existiert, tritt es auf zweierlei Weise in den Abwägungsprozess ein. Unmittelbar einschlägiges Sekundärrecht prüft der Gerichtshof vorrangig, es kommt überhaupt nicht mehr zur eigentlichen Rechtfertigungsprüfung; so bezüglich der Elften Richtlinie in Inspire Art.[370] Sekundärrecht, das den Sachverhalt nicht unmittelbar regelt, entfaltet zwar keine Sperrwirkung gegenüber dem Rechtfertigungstest, es kann aber im Einzelfall auf die Verhältnismäßigkeitsprüfung ausstrahlen. So hielt der Gerichtshof in Centros und Inspire Art die in Rede stehenden Beschränkungen der Niederlassungsfreiheit zum Schutze der Gläubiger schon deshalb nicht für *erforderlich*, weil die Gläubiger sich auf gemein-

---

Kainer Unternehmensübernahmen im Binnenmarktrecht, 2004, S. 89ff. Tendenziell anders als hier aber auch *ders.*, S. 97: Die in Cassis de Dijon vorgenommene Einschränkung der Reichweite der Warenverkehrsfreiheit wurzele in einer Abwägung zwischen dem Prinzip des Gemeinsamen Markts und den berechtigten Regelungsinteressen der Mitgliedstaaten.

366 Auch darauf weist *Schroeder* Gemeinschaftsrechtssystem, 2002, S. 281, ausdrücklich hin.

367 Ausführlich dazu *Koch* Grundsatz der Verhältnismäßigkeit, 2003, S. 158ff.; weiterhin *Emmerich-Fritsche* Grundsatz der Verhältnismäßigkeit, 2000, S. 49ff. zur Verwurzelung des Grundsatzes der Verhältnismäßigkeit in der europäischen Rechtskultur.

368 Dazu eingangs S. 43ff.

369 *Müller-Graff* Marktrecht, 1984, S. 290. Schon *Hallstein* Europäische Gemeinschaft, 1974, S. 27, sah darin eine wesentliche Aufgabe des Gemeinschaftsrechts.

370 S. oben S. 96f.

schaftsrechtliche Schutzbestimmungen der Vierten und Elften gesellschaftsrechtlichen Richtlinie stützen konnten.[371] Daraus wird deutlich: Es geht bei der Grundfreiheitenprüfung im Kern nicht darum, den Mitgliedstaaten eine bestimmte Regelungsdomäne vorzubehalten – dies ist eine kompetenzrechtliche Frage, die sich an anderer Stelle des Vertrages entscheidet; es geht vielmehr um eine Kollision der Grundfreiheit mit materiellen Schutzinteressen, bei welcher keines der widerstreitenden Prinzipien dem anderen gänzlich weichen soll. Die Grundfreiheiten sind insoweit bezüglich der Kompetenzordnung neutral. Entscheidend ist allein, ob das anerkennenswerte Schutzinteresse bei einer Abwägung nach dem Verhältnismäßigkeitsgrundsatz die Grundfreiheit verdrängt.

b) Überprüfung der mitgliedstaatlichen Interessenabwägung

Dennoch: Indem er einen mehr oder weniger strengen Maßstab der Verhältnismäßigkeit anwendet, entscheidet der Gerichtshor *mittelbar* über den verbleibenden Regelungsfreiraum der Mitgliedstaaten. Während der EuGH bei der Anerkennung legitimierender Allgemeininteressen recht großzügig ist, scheitern staatliche Maßnahmen häufig an der Geeignetheit und Erforderlichkeit. Das Beispiel Inspire Art macht es deutlich: Der Gläubigerschutz sei, so der EuGH, zwar ein legitimes Ziel, der Schutz durch Mindestkapital jedoch nicht erforderlich, da die Gläubiger durch Information über die Rechtsform des Unternehmens hinreichend geschützt seien. Dies Informationsmodell[372] lädt dem Gläubiger jedoch eine erhebliche Eigenverantwortung auf und wirkt insoweit tendenziell schwächer als präventive Maßnahmen des Kapitalschutzes; in der Abwägung des EuGH liegt also auch eine Wertung darüber, in welcher Intensität und auf welchem Niveau das grundsätzlich als legitim anerkannte Interesse zu schützen ist. Er nimmt damit eine materiell gesellschaftsrechtliche Abwägung vor; denn es gehört gerade zum Wesen des Gesellschaftsrechts einen Interessenausgleich zwischen den Personengruppen der Gesellschafter und der Gläubiger herzustellen.[373] Der Gerichtshof verschiebt mit seiner Entscheidung die vom mitgliedstaatlichen Gesetzgeber festgelegte Balance zwischen den Interessen der Gesellschafter und der Gläubiger: Erstere werden vom Erfordernis des Mindestkapitals befreit; der Schutz der Gläubiger wird dadurch tendenziell zurückgedrängt. Zwar mag man zweifeln, ob Mindestkapital tatsächlich gläubigerschützend wirkt; dass eine Abschaffung den Gläubigerschutz verbessern würde, lässt sich andererseits auch nicht ernsthaft behaupten. Der EuGH weicht diesem Kernproblem des materiellen Gesellschaftsrechts aus und behandelt die Frage als nicht entscheidungserheblich; denn es ist ja nach seiner Auffassung die Information als solche bereits ausreichend.

---

[371] EuGH, Rs. C-212/97, *Centros*, Slg. 1999, I-1459, I-1495 (Rn. 36); EuGH, Rs. C-167/01, *Inspire Art*, Slg. 2003, I-10155, I-10234 (Rn. 135).

[372] Als solches interpretiert namentlich von *Grundmann* DStR 2004, 232 ff.

[373] Dazu oben ab S. 12 ff.

Die damit vom Gerichtshof vorgenommene Akzentverschiebung im Interessenwiderstreit von Gesellschaftern und Gläubigern erscheint in zweierlei Hinsicht anfechtbar: Zum ersten setzt sie voraus, dass man die Wirksamkeit der in Frage stehenden Mechanismen – hier Mindestkapital, dort informationellen Schutz – ernsthaft prüft; zum zweiten bleibt offen, woraus der Gerichtshof als Organ der Judikative die Legitimation bezieht, seine Einschätzung von Geeignetheit und Erforderlichkeit bestimmter gesetzgeberischer Maßnahmen an die Stelle der Abwägung des parlamentarischen Gesetzgebers der Mitgliedstaaten zu setzen. Es geht dabei nicht nur um die Ausbalancierung der Gewaltenteilung zwischen Judikative und Exekutive, sondern auch um die Reichweite des Gemeinschaftsrechts gegenüber einer in den Mitgliedstaaten getroffenen gesetzgeberischen Abwägung.[374]

(1) Unterschiede zwischen nationaler und europarechtlicher Abwägung

Die vorangegangenen Überlegungen legen die Vermutung nahe, dass die Verhältnismäßigkeits-Abwägung des Gemeinschaftsrechts anderer Natur ist als diejenige eines nationalen Gerichts. Die bereits angesprochene Säger-Entscheidung veranschaulicht dies:[375] Einem britischen Unternehmen in der Rechtsform der Kapitalgesellschaft („Dennemeyer & Co. Ltd.") war auf Antrag eines deutschen Patentanwaltes von einem deutschen Gericht untersagt worden, die Dienstleistung der Überwachung von deutschen gewerblichen Schutzrechten auszuüben. Für diese Tätigkeit bedürfe es einer Genehmigung nach dem Rechtsberatungsgesetz. Denselben Anforderungen unterlagen deutsche Kapitalgesellschaften;[376] eine Diskriminierung der englischen Gesellschaft lag also nicht vor. Bei der Verhältnismäßigkeitsprüfung gelangte der Europäische Gerichtshof zu der Auffassung, dass zwar das mit dem Rechtsberatungsgesetz verfolgte Ziel einer qualifizierten rechtlichen Beratung legitim sei, dass hierfür aber bei der bloßen Überwachung von gewerblichen Schutzrechten kein Bedürfnis bestehe. Spezifische berufliche Fähigkeiten benötige man dafür nicht; zudem sei das mit einer Pflichtverletzung des Dienstleistenden verbundene Risiko sehr gering.

Bemerkenswert an dem Fall ist, dass auch der BGH diese Vorschrift einige Jahre zuvor einer Verhältnismäßigkeitsprüfung unterzogen und am Maßstab der verfassungsrechtlich garantierten Berufsfreiheit gemessen hatte. Er war zu dem Ergebnis gelangt, dass die Regelung mit Art. 12 GG vereinbar sei. Denn eine falsche Betreuung könne bei versäumten Schutzrechtsverlängerungen zu unabsehbaren Schäden führen.[377] Der EuGH schätzt das Risiko geringer ein, weil er annimmt, das Patentamt werde den Schutzrechtsinhaber von Amts wegen rechtzeitig vor dem Erlöschen

---

374 Ebenso beschreiben *Snell* EBLR 2000, 50 ff. und *Ueda* EBLR 2003, 557 ff. die Problematik.

375 EuGH, Rs. 76/90, *Säger*, Slg. 1991, I-4221 ff.

376 Siehe die Entscheidung BGH, NJW 1987, 3005.

377 BGH, NJW 1987, 3005, 3006.

benachrichtigen.[378] Wiederum greift der Gerichtshof auf sein grundfreiheitliches Informationsmodell zurück.

Der Fall illustriert in einer prima facie bedenklichen Weise, wie eine nationale – gar verfassungsrechtlich gebotene – Beurteilung der Verhältnismäßigkeit durch die europäische Gerichtsbarkeit außer Kraft gesetzt werden kann. Letztlich hängt das Ergebnis davon ab, welches Schutzniveau man anstrebt. Ein Schutz, der nur wirkt, wenn der Einzelne sich die verfügbaren Informationen verschafft oder auf offizielle Benachrichtigungen reagiert, ist naturgemäß weniger effektiv als ein Schutz, der bereits von Staats wegen verhindert, dass der Einzelne in eine Entscheidungssituation kommt, in der er Fehler begehen kann. Wer ein Warnschild aufstellt, kann nicht verhindern, dass doch einige Autos aus der Kurve getragen werden; wer zusätzlich eine Leitplanke montiert, wird dies verhindern können. Wenn der EuGH auf die offizielle Mitteilung des Patentamts abstellt, geht er davon aus, dass der Schutzrechtsinhaber auf diese Mitteilung rechtzeitig und angemessen reagieren wird. Wenn das deutsche Recht hingegen die Betreuung der Schutzrechte generell nur Patentanwälten zuweist, besteht eine erhöhte Gewähr dafür, dass bei Eingang offizieller Mitteilungen auch die richtigen Schlussfolgerungen gezogen werden. Hinzu kommt, dass der Berater bei Fehlern haftet, während der Schutzrechtsinhaber den Schaden aus eigenen Fehlern selbst tragen muss. Die Säger-Entscheidung zeigt also, dass im Bereich der Grundfreiheiten der hohe Schutzstandard eines Mitgliedstaates dem möglicherweise niedrigeren Standard anderer Mitgliedstaaten weichen muss. Da es offensichtlich Mitgliedstaaten gibt, in denen Dienstleister auch ohne besondere rechtliche Qualifikation Patente betreuen können, muss die Bundesrepublik Deutschland dies auch auf ihrem Territorium dulden. Es ist dem deutschen Gesetzgeber also letztlich untersagt, auf seinem Territorium das von ihm für richtig gehaltene Schutzniveau autonom festzulegen und durchzusetzen.

(2) Vermeidung von Marktzersplitterung

Der Schlüssel zum Verständnis dieser Rechtfertigungsprüfung liegt ein weiteres Mal in der Binnenmarktorientierung der Grundfreiheiten. Ihnen geht es darum, die mitgliedstaatlichen Märkte wechselseitig zu öffnen; der Grenzübertritt soll nach Möglichkeit kostenneutral sein. Von einzelnen Mitgliedstaaten geschaffene Beschränkungen sind somit schon allein deshalb rechtfertigungsbedürftig, weil sie eine *Marktzersplitterung* bewirken. Aus diesem Grund liegt der Maßstab für die Rechtfertigung mitgliedstaatlicher Beschränkungen im Gemeinschaftsrecht höher als bei einer Verhältnismäßigkeitsprüfung im nationalen Recht. Im nationalen Recht müssen nur die konfligierenden Schutzgüter gegeneinander abgewogen werden; im Binnenmarkt fällt hingegen schon die bloße *Unterschiedlichkeit der Rechtsordnungen* zu Lasten desjenigen Mitgliedstaats in die Waagschale, der eine be-

[378] EuGH, Rs. 76/90, *Säger*, Slg. 1991, I-4221, 4245 [Rn. 19].

stimmte Beschränkung durchsetzen will.[379] Um dies ausgleichen zu können, müssen die zur Rechtfertigung vorgebrachten zwingenden Allgemeininteressen ein besonderes Gewicht haben. Die Rechtfertigung wird den Mitgliedstaaten zusätzlich dadurch erschwert, dass ihnen die argumentative Last auferlegt wird, den gegenüber dem handelshemmenden Effekt überwiegenden Nutzen der Maßnahme zu belegen.[380] Die Fälle Centros und Inspire Art machen dies sehr deutlich: Der Gerichtshof lässt sich auf die Frage, ob Mindestkapital tatsächlich einen wirksamen Schutz gewährleistet und ob ein solcher Schutz angesichts von Schutzlücken im Heimatland notwendig sei, nicht ein, weil es ihm allein auf die beschränkende Wirkung dieser Maßnahme ankommt.

(3) Kritik am Begründungsweg des EuGH

Überraschend ist somit lediglich, dass der Gerichtshof seine Abwägungen in Centros und Inspire Art am Kriterium der Erforderlichkeit und nicht an der Verhältnismäßigkeit im engeren Sinne festmacht.[381] Die Ablehnung eines Mindestkapitalschutzes zugunsten von Information ist nicht die Abwägung zwischen zwei gleichermaßen geeigneten Mitteln, sondern die Bevorzugung eines milderen Mittels, das zugleich ein geringeres Schutzniveau gewährleistet.[382] Integriert man die Überlegungen des EuGH in das Raster der Verhältnismäßigkeitsprüfung, spricht manches dafür, sie der Verhältnismäßigkeit im engeren Sinne zuzuordnen.[383] Denn in die

---

[379] Ebenso *Krieger* JZ 2005, 1021, 1027. Auch *Ueda* EBLR 2003, 557, 561, betont, dass die Auswirkungen auf den grenzüberschreitenden Handelsverkehr in die Abwägung mit einfließe. In dieselbe Richtung weist die Feststellung von *Emmerich-Fritsche* Grundsatz der Verhältnismäßigkeit, 2000, S. 419, dass es bei der Abwägung weniger auf die subjektive Belastung des Einzelnen als vielmehr auf die objektive Beschränkung des innergemeinschaftlichen Handels ankomme.

[380] *Ueda* EBLR 2003, 557, 563. Zur Warenverkehrsfreiheit konstatiert *Emmerich-Fritsche* Grundsatz der Verhältnismäßigkeit, 2000, S. 428, der Gerichtshof gestehe den Mitgliedstaaten bei Einschätzung der Erforderlichkeit nur einen eingeschränkten Beurteilungsspielraum zu und judiziere einen „Prima-facie-Vorrang" der Warenverkehrsfreiheit; ein vergleichbares Ergebnis liefert ihre Untersuchung der Rechtsprechung zur Arbeitnehmerfreizügigkeit (S. 430).

[381] Nach hier vertretener Auffassung scheitert das Mindestkapitalerfordernis im Rahmen der Rechtfertigungsprüfung weder an der Geeignetheit, noch an der Erforderlichkeit, sondern letztlich an der Verhältnismäßigkeit im engeren Sinne (vgl. hierzu die Ausführungen zum Gläubigerschutz unten S. 500 ff.).

[382] Ebenso *Snell* EBLR 2000, 50, 53, zur Bevorzugung von Etikettierungen anstelle von Einfuhr- oder Vertriebsverboten in der Rechtsprechung zur Warenverkehrsfreiheit.

[383] So *Snell* EBLR 2000, 50, der unter dem „true proportionality test" die Abwägung von Kosten und Nutzen einer Regelung versteht, bei der die Nachteile für den Binnenmarkt mit den Vorteilen für das geschützte Allgemeininteresse abzuwägen sind. Er konstatitert allerdings ebda., S. 53, dass der Gerichtshof bisweilen unter der Rubrik der „Erforderlichkeit" eine Abwägung der Verhältnismäßigkeit im engeren Sinne vornimmt. Ebenso resümiert *Ueda* EBLR 2003, 557, 591, seine Analyse der EuGH-Entscheidungen im Bereich des Umweltschutzes, dass die Rechtsprechung nicht immer klar trenne zwischen dem Kriterium der Erforderlichkeit und der Verhältnismäßigkeit im engeren Sinne.

Prüfung der Geeignetheit und Erforderlichkeit – die sich ja auf das geltend gemachte Schutzgut bezieht – lässt sich der *zusätzliche* Faktor der negativen Auswirkung der Maßnahme auf den grenzüberschreitenden Wirtschaftsverkehr nicht sinnvoll integrieren.

Bei genauer Betrachtung versteht der EuGH in Centros und Inspire Art die Prüfung der Erforderlichkeit *nicht* als Suche nach einem milderen Mittel, das die *gleiche Eignung* aufweist. Denn er hält die Möglichkeit der Information dem Kapitalschutz entgegen, ohne sich dabei die Frage zu stellen, ob beide Mittel tatsächlich gleichermaßen geeignet sind – oder ob nicht gar der effektive Schutz überhaupt erst durch eine Kombination beider Mechanismen geschaffen werde. Kritikwürdig ist dies deshalb, weil der Gerichtshof nicht aufdeckt, dass die Abwägung der gesellschaftsrechtlichen Regelungsinteressen durch eine spezifisch binnenmarktbezogene Erwägung überlagert wird. Gerade die Verortung im Tatbestandsmerkmal der Erforderlichkeit muss zwangsläufig zu „Überinterpretationen" dergestalt führen, dass den Judikaten qualitative Aussagen über bestimmte Gläubigerschutzmodelle entnommen werden. Tatsächlich lässt sich den Entscheidungen nicht die Festlegung des EuGH entnehmen, der Informationsschutz sei – aus einer rein gesellschaftsrechtlichen Perspektive gedacht – gegenüber dem Kapitalschutz das „bessere" Modell.[384] Denn der Gerichtshof denkt nicht auf gesellschaftsrechtlicher Ebene. Sein Rechtfertigungstest ist eine Abwägung der nationalen Regelungsbedürfnisse mit dem gemeinschaftsrechtlichen Gebot der Marktöffnung.[385] Dies sollte er künftig dadurch deutlich machen, dass er den binnenmarktwidrigen Effekt der Maßnahme der Verhältnismäßigkeit im engeren Sinne zuordnet und nicht der strukturell unpassenden Erforderlichkeitsprüfung.

c) Leitidee eines Wettbewerbs der Rechtssysteme?

Von der Niederlassungsfreiheit ausdrücklich geschützt ist nach der Rechtsprechung des EuGH auch das Ausnutzen eines eventuellen Rechtsgefälles zwischen verschiedenen Mitgliedstaaten bei der Suche nach dem passenden Rechtskleid, das sodann teilweise oder sogar ausschließlich für die Tätigkeit in anderen Mitgliedstaaten verwendet werden kann.[386] Damit folgt der EuGH implizit – die Generalanwälte in ihren Schlussanträgen auch ausdrücklich[387] – derVorstellung, die Niederlassungsfreiheit von Gesellschaften sei gerade zu dem Zweck eröffnet worden, einen Wettbewerb der Regelungssysteme zu ermöglichen. Diese Auffassung ist allerdings ent-

---

384 Zu dieser weit verbreiteten Fehldeutung näher im Abschnitt über den Gläubigerschutz S. 456 ff.

385 *Everling* GS Knobbe-Keuk, 1997, S. 607, 614.

386 Vgl. oben die Zusammenfassung der Leitentscheidungen S. 79 ff.

387 GA *Darmon* in seinen Schlussanträgen zur Segers-Entscheidung (s. oben Text bei Fn. 56); zustimmend GA *La Pergola* in den Schlussanträgen zu Centros (EuGH, Rs. C-212/97, *Centros*, Slg. 1999, I-1459, S. I-1479).

stehungsgeschichtlich kaum haltbar. Denn die Gründungsstaaten der EWG folgten im Jahre 1957 der Sitztheorie,[388] wären also gar nicht auf den Gedanken gekommen, dass die Niederlassungsfreiheit von Gesellschaften dazu genutzt werden könne, sich für inländische Aktivitäten einer ausländischen Rechtform zu bedienen. Gewiss war die Gründungstheorie als solche bekannt und möglicherweise von einigen Mitgliedstaaten auch für ihr nationales Recht als konkrete Option ins Auge gefasst;[389] indessen verträgt es sich mit der Anwendung der Gründungstheorie ohne weiteres, gegenüber Scheinauslandsgesellschaften – und allein diese sind problematisch – Sonderanknüpfungen vorzunehmen[390]. Es lässt sich daher aus der Statuierung von Niederlassungsfreiheit im Gründungsvertrag der EWG nicht schließen, die damaligen vertragschließenden Parteien hätten einen von ihnen nicht mehr kontrollierbaren Wettbewerb der Gesellschaftsrechtsordnungen im Auge gehabt. Auch in der klassischen volkswirtschaftlichen Theorie der Wohlfahrtsgewinne durch Außenhandel, auf die sich die Gründer in ihren Überlegungen zur Ausgestaltung des EWG-Vertrages stützten, spielt der Wettbewerb der Regelgeber keine erkennbare Rolle.[391] Der Wohlfahrtsgewinn, der nach Ausschöpfung der allgemeinen Vor-

---

[388] Allein für die Niederlande mag dies zweifelhaft sein. Dort fanden sich in Schrifttum und Fallrecht sowohl Stellungnahmen zugunsten der einen als auch der anderen Theorie. Eine eindeutige Entscheidung zu Gunsten der Gründungstheorie traf der niederländische Gesetzgeber aber erst im Jahre 1959 (ausführlich *Rammeloo* Corporations in Private International Law, 2001, S. 96 ff.; vgl. außerdem *Wouters* 2 EBOR (2001) 101, 104, und *Großfeld* Internationales und Europäisches Unternehmensrecht, 2. Aufl., 1995, S. 54). Indes gelangt auch *Rammeloo*, der die niederländische Rechtslage (S. 96 ff.) kundig darstellt, auf S. 247 f. zu dem Schluss, die Gründer der EWG hätten sich über Fragen des Gesellschaftskollisionsrechts seinerzeit keine Gedanken gemacht, weil alle Gründungsstaaten im Grundsatz der Sitztheorie folgten und überdies das Konfliktpotential dieser Frage beim damaligen Stand der Integration nicht erkennbar war. Die Anknüpfungsmerkmale des Art. 48 EG-Vertrag nehmen alle damals gängigen kollisionsrechtlichen Anknüpfungen auf. Ziel des historischen Gesetzgebers war eine Vereinigung und Kumulierung der unterschiedlichen kollisionsrechtlichen Anknüpfungspunkte (*Eyles* Niederlassungsrecht der Kapitalgesellschaften, 1990, S. 87).

[389] Darauf verweist *Halbhuber* Limited Company statt GmbH?, 2001, S. 106 ff. und *Halbhuber* CML Rev. 2001, 1385, 1400.

[390] Dies bestätigt das Abkommen über die wechselseitige Anerkennung von Gesellschaften, das 1968 abgeschlossen wurde, allerdings nie in Kraft getreten ist. Nach dem Abkommen von 1968 wären Abwehrmaßnahmen gegen Scheinauslandsgesellschaften zulässig gewesen (Art. 4 Abs. 1: „Jeder Vertragsstaat kann ferner erklären, dass er die von ihm als zwingend angesehenen Vorschriften seines eigenen Rechts auf diejenigen in den Artikeln 1 und 2 bezeichneten Gesellschaften oder juristischen Personen anwendet, die zwar nach dem Recht eines anderen Vertragsstaates gegründet worden sind, ihren tatsächlichen Sitz aber in seinem Hoheitsgebiet haben." Art. 5 lautet: „Als tatsächlicher Sitz einer Gesellschaft oder juristischen Person ist im Sinne dieses Übereinkommens der Ort anzusehen, an dem sich ihre Hauptverwaltung befindet."). Weiterhin zur Behandlung ausländischer Gesellschaften in Gründungstheoriestaaten unten die Ausführungen zum englischen Regime von *oversea companies* (S. 435 ff.).

[391] Dazu bereits oben S. 31 ff.

teile des Binnenmarktes (Größenvorteile, vertiefte Spezialisierung, Intensivierung des Wettbewerbs) durch einen Wettbewerb der Regelgeber zusätzlich erzielt werden könnte, bewegt sich im Bereich des kaum noch Messbaren.

Dies alles schließt nicht aus, den Grundfreiheiten unter Fortschreibung ihrer Funktion im Binnenmarkt auch eine Rolle bei der Herstellung gesetzgeberischen Wettbewerbs beizumessen. Schließlich setzt die Integration gerade auf den Markt als sich selbst steuerndes Entdeckungsverfahren;[392] die Erkenntnis, dass die Verwendung ausländischer Rechtsformen effizienzsteigernd ist, mag eine solche Entdeckung sein. Der Hinweis auf einen *a priori* gegebenen Sinn und Zweck der Grundfreiheiten ist jedoch zirkulär. Denn die Frage, ob die Grundfreiheiten diesen Sinn entwickelt haben könnten, den ihnen bei Gründung der EWG noch niemand beigemessen hatte, wäre gerade zu begründen und nicht als bereits beantwortet anzusehen. Zu einer differenzierten Betrachtung würde auch gehören, nach den Regelungsbereichen zu unterscheiden, in denen ein solcher Wettbewerb funktionieren kann, und anderen, wo ein „Marktversagen“ festzustellen ist. Insoweit soll von den Ausführungen des diesem Thema gewidmeten Kapitels[393] allein der Hinweis vorweggenommen werden, dass die Sinnhaftigkeit eines Wettbewerbs der Gesetzgeber gerade für den in Centros und Inspire Art zentralen Aspekt des Gläubigerschutzes zweifelhaft ist.[394]

5. Überprüfung von Sekundärrecht am Maßstab der Grundfreiheiten

Sollte die zuvor begründete These zutreffen, dass mitgliedstaatliche Maßnahmen allein deshalb einer besonders strengen Verhältnismäßigkeitsprüfung unterworfen werden, weil sie eine marktzersplitternde Wirkung haben, müsste der Gerichtshof gegenüber Beschränkungen, die der Gemeinschaftsgesetzgeber aufstellt, wesentlich großzügiger sein. Denn Maßnahmen der Gemeinschaft haben grundsätzlich den Effekt die Unterschiede zwischen den Rechtsordnungen zu verringern, und sind daher unter dem Aspekt der Marktfreiheit und Marktgleichheit unbedenklich. Diese Frage hat auch für das Gesellschaftsrecht besondere Relevanz. Denn es findet sich vielfach die Auffassung, die Aussagen der Rechtsprechung zur Niederlassungsfreiheit von Gesellschaften seien gleichermaßen auf das Sekundärrecht anzuwenden.[395] Insbesondere die SE-Verordnung steht hier im Fokus mit ihrem zwingenden Erfordernis, Registersitz und Hauptverwaltung in demselben Mitgliedstaat anzusiedeln; nicht wenige Autoren sehen darin nach Überseering einen Verstoß gegen die Niederlassungsfreiheit.[396]

---

392 Zum Kontext dieser namentlich von *Müller-Graff* vertretenen These oben ab S. 43.

393 Siehe § 6. (S. 330 ff.).

394 Vgl. insb. unten S. 346 ff. die gegenüber dem Wettbewerb differenziert-kritischen Stimmen aus der US-amerikanischen Diskussion.

395 Beispielsweise *Grundmann* DStR 2004, 232, 233, und die in Fn. 396 genannten Autoren.

396 Einen Verstoß nehmen an: *Jestädt* Niederlassungsfreiheit und Gesellschaftskollisionsrecht, 2005, S. 146 f., *Ziemons* ZIP 2003, 1913, 1918, und *Wymeersch* CMLR 2003, 661, 692 f. An-

a) Binnenmarktfördernde Wirkung gemeinschaftsrechtlicher Maßnahmen

Auch die Organe der Gemeinschaft sind an die Grundfreiheiten und den Grundsatz der Verhältnismäßigkeit gebunden.[397] Allerdings wird ihnen ein bedeutender Ermessenspielraum zugestanden.[398] Handelsbeschränkende Maßnahmen der Gemeinschaft werden nur dann vom Gerichtshof kassiert, wenn die Interessenabwägung der Gemeinschaftsorgane „offensichtlich fehlerhaft"[399] war. Solange der Gerichtshof einen solchen offensichtlichen Fehler nicht erkennen kann, greift er in die Abwägung des Gemeinschaftsgesetzgebers nicht ein.

Die Entscheidung zur von der Bundesrepublik Deutschland angegriffenen Richtlinie über Einlagensicherungssysteme illustriert dies gerade im Kontrast zur jüngeren Niederlassungs-Rechtsprechung sehr anschaulich. Der Gerichtshof hebt dort bei der Würdigung der Erforderlichkeit hervor, dass der Sachverhalt, um dessen Regelung sich der Gemeinschaftsgesetzgeber bemüht habe, „wirtschaftlich komplex" sei.[400] Der Gemeinschaftsgesetzgeber habe sich dabei „zwischen einer allgemeinen Risikovorsorge" und der „Einführung eines punktuellen Schutzsystems" entscheiden müssen.[401] Und weiterhin:[402]

> „In einem solchen Fall kann der Gerichtshof die Beurteilung des Gemeinschaftsgesetzgebers nicht durch seine eigene ersetzen. Er könnte dessen gesetzgeberische Entscheidung allenfalls dann beanstanden, wenn sich diese als offensichtlich fehlerhaft erwiese oder wenn die Nachteile, die sich aus ihr für bestimmte Wirtschaftsteilnehmer ergeben, zu den im übrigen mit ihr verbundenen Vorteilen völlig außer Verhältnis stünden."

Man wird sagen dürfen, dass sich die deutsche Gesellschaftsrechtswissenschaft einen derart verständnisvollen Richter auch im Falle Inspire Art gewünscht hätte. Denn die soeben zitierten Überlegungen lassen sich ohne Abstriche auf die Regelung des Gläubigerschutzes übertragen: Es handelt sich um eine Frage von größter wirtschaftlicher Komplexität.[403] Und es steht mit dem gesetzlich angeordneten Kapital-

---

derer Auffassung unter Bezug auf die Daily Mail-Entscheidung etwa *C. Teichmann* ZGR 32 (2003) 367, 399 f. und *Zimmer* ZHR 168 (2004) 355, 363 f.

397 EuGH, Rs. 37/83, *Rewe*, Slg. 1984, 1229, 1248 (Rn. 18); EuGH, Rs. C-284/95, *Safety Hi-Tech*, Slg. 1998, I-4301, I-4348 (Rn. 57) und I-4350 (Rn. 63); aus der Literatur: *Emmerich-Fritsche* Grundsatz der Verhältnismäßigkeit, 2000, S. 413 ff.; *Leible* ZGR 2004, 531, 539 ff.; *Körber* Grundfreiheiten, 2003, S. 81 ff.; *Tietje* in: Grabitz/Hilf, 2003, vor Art. 94–97, Rn. 48.

398 EuGH, Rs. 331/88, *Fedesa*, Slg. 1990, I-4023, I-4063 (Rn. 14; die Entscheidung betrifft den allgemeinen Verhältnismäßigkeitsgrundsatz). Siehe weiterhin die ausführliche Analyse von *Koch* Grundsatz der Verhältnismäßigkeit, 2003, S. 369 ff.; außerdem *Emmerich-Fritsche* Grundsatz der Verhältnismäßigkeit, 2000, S. 436 ff.; *Leible* ZGR 2004, 531, 543; *Körber* Grundfreiheiten, 2003, S. 88 f.; *Tietje* in: Grabitz/Hilf, 2003, vor Art. 94–97, Rn. 57.

399 EuGH, Rs. 233/94, *Deutschland ./. Parlament und Rat*, Slg. 1997, I-2405, I-2461 (Rn. 56); in diesem Sinne auch EuGH, Rs. 331/88, *Fedesa*, Slg. 1990, I-4023, I-4063 (Rn. 16).

400 EuGH, Rs. 233/94, *Deutschland ./. Parlament und Rat*, Slg. 1997, I-2405, I-2461 (Rn. 55).

401 EuGH, Rs. 233/94, *Deutschland ./. Parlament und Rat*, Slg. 1997, I-2405, I-2461 (Rn. 56).

402 EuGH, Rs. 233/94, *Deutschland ./. Parlament und Rat*, Slg. 1997, I-2405, I-2461 (Rn. 57).

403 Siehe dazu die unten S. 474 ff. referierte Diskussion aus der ökonomischen Analyse des Rechts.

schutz ein System der allgemeinen Risikovorsorge dem punktuellen Schutzsystem gegenüber, das sich auf Information und Sorgfaltshaftung stützt. Gegenüber *mitgliedstaatlichen* Beschränkungen hat der Gerichtshof jedoch klar entschieden, dass der punktuelle Schutz als milderes Mittel Vorrang habe.

Sieht man die Funktion der Grundfreiheiten darin, Markteinheit herzustellen, liegt darin kein Widerspruch.[404] Die Niederlassungsfreiheit entscheidet nicht über die Sinnhaftigkeit gesellschaftsrechtlicher Schutzmaßnahmen, sondern über deren beeinträchtigende Wirkung im Binnenmarkt. In der Entscheidung „Rewe-Zentrale gegen Landwirtschaftskammer Rheinland" führt der EuGH aus, dass die Gemeinschaftsorgane zwar auch an die Grundfreiheiten gebunden seien. „Jedoch ist festzustellen, daß die streitige Richtlinie in keiner Weise darauf abzielt den Warenverkehr zu hemmen. Sie sucht im Gegenteil schrittweise die Maßnahmen abzubauen, die von den Mitgliedstaaten einseitig getroffen wurden ..."[405] Nicht die Beschränkung als solche, sondern die *einseitig* getroffene Beschränkung ist also problematisch. Sodann wird deutlich, dass der Verhältnismäßigkeitstest auf eine derartige Maßnahme der Gemeinschaft nur höchst zurückhaltend angewandt wird: „Angesichts der Besonderheiten der Materie ... gibt es keinen Anhaltspunkt dafür, daß der Rat seinen Ermessensspielraum überschritten hat, indem er durch die streitige Vorschrift stichprobenartige Kontrollen an bis zu einem Drittel der Sendungen zugelassen habe." Sekundärrechtlich angeordnete Stichproben bei der Einfuhr lässt der EuGH also zu; dieselbe Maßnahme von einem Mitgliedstaat einseitig angeordnet hätte kaum Gnade vor den Augen des Gerichts gefunden.[406]

Ein Schutz durch gemeinschaftliches Sekundärrecht beeinträchtigt die Markteinheit nicht, sondern stellt sie her oder kommt ihr zumindest näher als der vorherige Zustand. Die Ausübung der Grundfreiheiten wird dadurch nicht weniger attraktiv, sondern im Gegenteil erleichtert. Der Gerichtshof gewährt mit vollem Recht bei einer gemeinschaftsweit geltenden Beschränkung einen größeren Beurteilungsspielraum und lässt damit letztlich auch ein höheres Schutzniveau zu als bei nationalen Alleingängen; denn gemeinsame Regeln verzerren den Wettbewerb nicht, helfen vielmehr gerade, Verzerrungen abzubauen.[407] Aus diesem Grund ist es verfehlt, der Grundfreiheiten-Rechtsprechung Aussagen zu vermeintlich „europäischen" Mo-

---

404 Tendenziell a.A. *Emmerich-Fritsche* Grundsatz der Verhältnismäßigkeit, 2000, die auf S. 438 ff. den Umstandes eher kritisch bewertet, dass der EuGH offenkundig „mit zweierlei Maß" misst.

405 EuGH, Rs. 37/83, *Rewe*, Slg. 1984, 1229, 1249 (Rn. 19).

406 Dies bestätigt der Hinweis bei *Emmerich-Fritsche* Grundsatz der Verhältnismäßigkeit, 2000, S. 436 f., dass die in Cassis de Dijon verworfene Regelung des deutschen Rechts in ähnlicher Form in der EG-Spiritousenverordnung wieder aufgegriffen worden sei.

407 *Koch* Grundsatz der Verhältnismäßigkeit, 2003, S. 373. In diesem Sinne auch *Körber* Grundfreiheiten, 2003, S. 86: Während mitgliedstaatliche Produktregelungen geeignet sein können, den Marktzugang für ausländische Waren zu erschweren, steht eine gleich strenge, aber gemeinschaftsweit geltende Relung der freien Produktzirkulation nicht im Wege und ist daher nicht „binnenmarktwidrig".

dellen entnehmen zu wollen.[408] Denn die Grundfreiheiten sind nur eines von mehreren Mitteln zur Verwirklichung des Binnenmarktes[409] und sagen daher nur etwas über die Eignung bestimmer Maßnahmen *in Abwesenheit von Rechtsangleichung* aus. Für Maßnahmen des Sekundärrechts gilt hingegen ein weit großzügigerer Prüfungsmaßstab.[410] Denn anders als mitgliedstaatliche Maßnahmen vertiefen sie nicht den Graben zwischen den Rechtsordnungen, sondern überbrücken ihn und sind damit unter dem Aspekt der Anpassungskosten binnenmarktneutral. Der Gemeinschaftsgesetzgeber hat folglich die Freiheit, eine binnenmarktweite Regelung allein nach den sachlichen Notwendigkeiten zu entwerfen und kann damit zu anderen Ergebnissen gelangen als die Grundfreiheiten-Rechtsprechung, die gegenüber mitgliedstaatlichen Maßnahmen stets die binnenmarktwidrige Wirkung der Unterschiedlichkeit der Rechtsordnungen mitberücksichtigen muss. Der EuGH würde seine Kompetenzen – auch in fachlicher Hinsicht – weit überschreiten, wenn er den Mitgliedstaaten vorschreiben wollte, welches Gläubigerschutzsystem das Beste sei;[411] ihm obliegt lediglich der Schutz der Grundfreiheiten, die er gegen jede Beschränkung verteidigt, welche die grenzüberschreitende Tätigkeit übermäßig belastet.

b) Ein zweiter Blick auf Inspire Art

Nimmt man nach alledem die Inspire Art-Entscheidung ein zweites Mal in den Blick, wird deutlich, wie der EuGH im soeben beschriebenen Sinne mit zweierlei Maß misst. Soweit er nämlich die Beschränkungen an Hand der Elften Richtlinie überprüft, wirft er die Frage, ob etwa die Richtlinie unzulässige Beschränkungen eingeführt habe, erst gar nicht auf. Dabei wäre diese Frage keineswegs abwegig gewesen. Die Richtlinie soll zwar die Ausübung der Niederlassungsfreiheit erleichtern und erreicht dies dadurch, dass sie einen Höchststandard an Publizität festlegt, den die Mitgliedstaaten nicht überschreiten dürfen.[412] Die in der Richtlinie angeordnete Offenlegung hat aber für die Unternehmen auch einen belastenden Aspekt. Denn der Aufwand für die Gründung einer Zweigniederlassung kann dadurch im Einzel-

---

[408] So aber vielfach die gesellschaftsrechtliche Literatur, die den Entscheidungen des EuGH ein eigenständiges Gläubigerschutzmodell entnehmen will: *Grundmann* in: FS Lutter, 2000, S. 61 ff. und *Grundmann* DStR 2004, 232 ff., der aus der Rechtsprechung ein „Informationsmodell“ entwickelt; vergleichbar *Halbhuber* Limited Company statt GmbH?, 2001, S. 146 f. oder *Ehlers*, in: Sandrock/Wetzler (Hrsg.), Wettbewerb der Rechtsordnungen, 2004, S. 1 ff., die dem EuGH unterstellen, er lege das Bild eines informierten und verständigen Gläubigers zu Grunde, der seine Kreditentscheidungen eigenverantwortlich trifft. In diesem Sinne auch *Jüttner* Gesellschaftsrecht und Niederlassungsfreiheit, 2005, S. 112 ff.

[409] Dazu oben im Abschnitt über den Binnenmarkt (S. 64 f.).

[410] Weshalb es beispielsweise legitim ist, wenn der europäische Gesetzgeber in der zweiten gesellschaftsrechtlichen Richtlinie nicht dem Informationsmodell, sondern dem Mindestkapital-Modell folgt.

[411] So interpretieren ihn aber viele Autoren (vgl. die Nachweise in Fn. 408).

[412] So bereits *Seibert* GmbHR 1992, 738; bestätigt in EuGH, Rs. C-167/01, *Inspire Art*, Slg. 2003, I-10155, I-10216 f. (Rn. 66 ff.).

fall größer sein als vor der Regelung – dies jedenfalls immer dann, wenn das nationale Recht am Ort der Zweigniederlassung zuvor geringere Anforderungen an die Offenlegung stellte. Die Richtlinie fand seinerzeit auch und gerade in der Wirtschaft keineswegs ungeteilte Zustimmung. Unter dem Aspekt der unternehmerischen Gestaltungsfreiheit wurden die Vorschriften eher als „zusätzliche Erschwernisse" gesehen,[413] denn als binnenmarkfördernder Segen. Pointiert meinte *Wiesner*, die Richtlinie sei mit den Absichten der EG zur Verwirklichung eines europäischen Binnenmarktes und zur Entbürokratisierung kaum zu vereinbaren; Formalismen und Belastungen sollten abgeschafft und nicht neu eingeführt werden.[414] Schließlich ist nicht zu verkennen, dass ein Wettbewerb der Rechtsordnungen, den Manche voreilig zum Leitbild der EuGH-Rechtsprechung erheben, durch die Richtlinie gerade unterbunden wird. Es ist keinem Mitgliedstaat mehr möglich, durch reduzierte Offenlegungspflichten Zweigniederlassungen ins Land zu locken.

Dass ein und dieselbe Art von Beschränkung auf dem Boden der Rechtsangleichung zulässig, im Rahmen der allgemeinen Niederlassungsfreiheit aber verboten sein kann, zeigt das Urteil Inspire Art sehr deutlich. Kaum etwas trifft die Gesellschafter oder Geschäftsleiter einer Kapitalgesellschaft härter als die Aufhebung der beschränkten Haftung. Genau diese Sanktion drohte das niederländische Gesetz den „formal ausländischen Gesellschaften" an – und zwar sowohl bei Missachtung der Offenlegungspflichten als auch bei Missachtung der Mindestkapitalregeln. Im letzteren Fall, also als Sanktion für die Missachtung der Mindestkapitalregeln, sieht der Gerichtshof darin eine nicht zu rechtfertigende Beschränkung der Niederlassungsfreiheit. Soweit damit jedoch der Verstoß gegen Offenlegungspflichten sanktioniert wird, zeigt das Gericht auffällige Zurückhaltung: Es sei Sache des vorlegenden Gerichts, festzustellen, ob die Sanktion die formal ausländischen Gesellschaften gegenüber niederländischen Gesellschaften benachteilige. „Sollte das vorlegende Gericht zu dem Schluss gelangen, dass formal ausländische Gesellschaften anders behandelt würden als inländische Gesellschaften, wäre festzustellen, dass diese Bestimmung gegen das Gemeinschaftsrecht verstößt."[415] Der Gerichtshof zieht sich hier also auf eine rein formale Prüfung im Sinne eines Diskriminierungsverbots zurück. Dies liegt ganz auf der Linie dessen, dass Maßnahmen des Sekundärrechts grundsätzlich keine den Binnenmarkt hindernde Wirkung zeitigen und insofern einer reduzierten Prüfungsdichte unterliegen.

---

413 *Kindler* NJW 1993, 3301, 3302; *Seibert* GmbHR 1992, 738 f., sieht „zusätzlichen bürokratischen Aufwand" insbesondere in der Pflicht, die Unterlagen der Rechnungslegung der Hauptniederlassung offenzulegen.

414 *Wiesner* GmbHR 1987, 103.

415 EuGH, Rs. C-167/01, *Inspire Art*, Slg. 2003, I-10155, I-10215 (Rn. 64).

6. Zwischenergebnis

Beschränkungen einer Grundfreiheit können gerechtfertigt sein, wenn sie der Verfolgung eines zwingenden Allgemeininteresses dienen. Die Binnenmarktverträglichkeit einer Norm entscheidet sich dabei zumeist im Rahmen der Verhältnismäßigkeitsprüfung. Diese Prüfung bezweckt ihrer Natur nach die Abwägung miteinander kollidierender Prinzipien. Auf der einen Seite der Abwägung fällt die zu schützende Grundfreiheit ins Gewicht. Ihr gegenüber steht indessen nicht – wie vielfach angenommen – das Bedürfnis nach einem Restbestand mitgliedstaatlichen Regelungshoheit. Kollidierendes Schutzgut ist vielmehr das jeweilige schützenswerte zwingende Allgemeininteresse. Denn jeder Verhaltensfreiraum bedarf der Begrenzung, damit nicht andere schützenswerte Interessen unverhältnismäßig beeinträchtigt werden. Richtigerweise berücksichtigt der Gerichtshof daher bei seiner Abwägung auch die Existenz von gemeinschaftsrechtlichen Schutzvorkehrungen. Wird einem zwingenden Schutzinteresse bereits auf der Ebene des Gemeinschaftssekundärrechts entsprochen, ist für eine mitgliedstaatliche Regelung kein Bedarf mehr. Dies macht deutlich, dass es um eine Abgrenzung von individuellen Freiheitsräumen und allgemein anerkennenswerten Schutzinteressen geht und nicht um den Schutz mitgliedstaatlicher Regelungskompetenz um ihrer selbst willen.

Auch das Gemeinschaftsrecht selbst unterliegt der Prüfung am Maßstab der Verhältnismäßigkeit. Der Prüfungsmaßstab ist indessen gegenüber mitgliedstaatlichen Maßnahmen deutlich reduziert. Dies erklärt sich daraus, dass mitgliedstaatliche Maßnahmen die Unterschiede zwischen den Rechtsordnungen vertiefen und daher schon per se eine binnenmarktwidrige Tendenz aufweisen. Die Mitgliedstaaten tragen daher eine wesentlich höhere Begründungslast, wenn sie schützenswerte Allgemeininteressen verfolgen wollen als der europäische Gesetzgeber. Diesem gesteht der Gerichtshof bei seinen gesetzgeberischen Akten ein weites Ermessen zu – im Ergebnis zu Recht: Denn jede gesetzgeberische Maßnahme setzt komplexe Abwägungen voraus, die einem Gericht seiner Struktur nach nicht möglich und seiner Funktion nach nicht zugewiesen sind.

V. Beschränkungen gegenüber Inländern

In der allgemeinen Grundfreiheitendogmatik und auch in der Anwendung der Niederlassungsfreiheit auf das Gesellschaftsrecht ist die Benachteiligung von Inländern weiterhin ein umstrittenes Themenfeld. Man spricht auch von „Inländerbenachteiligung“, da ein Mitgliedstaat seine eigenen Staatsangehörigen gegenüber Marktteilnehmern aus anderen Mitgliedstaaten schlechter stellt. Während die Diskriminierung von Staatsangehörigen anderer Mitgliedstaaten ein unbestrittener Anwendungsfall der Grundfreiheiten ist, liegen die Dinge bei der Benachteiligung eigener Staatsbürger etwas anders. Ein bekannter Fall ist die Aufrechterhaltung des deutschen Reinheitsgebotes für Bier, das sich im Lichte der Grundfreiheiten nur gegenüber inländischen nicht aber gegenüber ausländischen Produzenten durchsetzen lässt.[416] Da der Fall Überseering die Sitztheorie gegenüber zuziehenden Gesellschaften ausländischen Rechts deutlich beschnitten hat,[417] stellt sich das Thema der Inländerbenachteiligung nun auch im Gesellschaftsrecht. Die im deutschen Recht bislang angewandte Sitztheorie führte dazu, dass eine ausländische Gesellschaft, die ihren Verwaltungssitz nach Deutschland verlegte, deutschem Gesellschaftsrecht unterworfen wurde und mangels der Beachtung der inländischen Gründungsvorschriften als nicht existent galt. Einer deutschen Gesellschaft, die ihren Verwaltungssitz ins Ausland verlegen wollte, erging es nicht besser. Sie galt und gilt aus Perspektive des deutschen Gesellschaftsrechts als aufgelöst.[418] Nun können ausländische Gesellschaften seit der Überseering-Entscheidung ihren tatsächlichen Verwaltungssitz nach Deutschland verlegen, ohne sich deshalb auflösen und neugründen zu müssen. Eine deutsche Gesellschaft, die ihren tatsächlichen Verwaltungssitz ins Ausland verlegen möchte, hat diese Freiheit nicht. Diese Interpretation der Niederlassungsfreiheit im Sinne einer „Einbahnstraße" wird vielfach kritisiert. Es sei zur Herstellung von Gleichheit im Wettbewerb nun auch inländischen Gesellschaften zu gestatten, ihren Verwaltungssitz ins Ausland zu verlegen, ohne sich dabei auflösen zu müssen.[419] Bei dieser Diskussion sind drei Ebenen zu unterscheiden. Es geht *unter 1.* um die Frage, wann überhaupt ein grenzüberschreitender Sachverhalt vorliegt sowie *unter 2.* darum, ob die Grundfreiheiten auch für innerstaatliche Sachverhalte gelten. Und es steht *unter 3.* speziell für die Niederlassungsfreiheit von Gesellschaften die Aussage der Daily Mail-Entscheidung im Raum, wonach eine Gesellschaft ihre Rechtspersönlichkeit von einer bestimmten Rechtsordnung verliehen bekomme und diese Rechtsordnung der Freizügigkeit der Gesellschaft auch Fesseln anlegen könne.[420]

1. Feststellung eines grenzüberschreitenden Sachverhalts

Der Anwendungsbereich der Niederlassungsfreiheit steht ebenso wie derjenige der übrigen Grundfreiheiten im Zusammenhang mit ihrer Zielsetzung, einen Beitrag zur Verwirklichung des Gemeinsamen Marktes zu leisten. Wenn sie zur Schaffung

---

[416] EuGH, Rs. 178/84, *Kommission/Deutschland*, Slg. 1987, 1227 ff.

[417] Zur *Überseering*-Entscheidung ausführlich oben S. 89 ff., zur damit verbundenen kollisionsrechtlichen Problematik oben S. 93 ff.

[418] Nachweise unten bei S. 171 ff.

[419] *Ziemons* ZIP 2003, 1913, 1919, leitet dies unmittelbar aus der Niederlassungsfreiheit ab; andere Stimmen sind – angesichts der Daily Mail-Entscheidung: zu Recht – zurückhaltender, was die Reichweite der Niederlassungsfreiheit angeht, fordern aber rechtspolitisch einen Verzicht auf Wegzugsbeschränkungen, beispielsweise: *Bayer* BB 2003, 2357, 2363; *Leible/Hoffmann* EuZW 2003, 677, 682, Fn. 43; *Spindler/Berner* RIW 2003, 949, 956; *Wetzler* GPR 2004, 84, 86.

[420] Siehe zur *Daily Mail*-Entscheidung bereits oben S. 84 ff. (Schilderung des Urteils) und S. 405 f. (Diskussion im Schrifttum).

eines „Raums ohne Binnengrenzen" (Art. 14 Abs. 2 EG-Vertrag) beitragen sollen, müssen die Grundfreiheiten in erster Linie grenzüberschreitende Vorgänge erfassen.[421] So betrifft die Niederlassungsfreiheit – zumindest in ihrer ursprünglichen Intention – nicht die Freiheit der EU-Bürger, in ihrem Heimatstaat ein Unternehmen zu gründen, sondern die Freiheit, dies in einem *anderen* Mitgliedstaat zu tun.[422] Den natürlichen Personen sind die Gesellschaften gleichgestellt (Art. 48 EG-Vertrag); die Niederlassungsfreiheit erfasst also auch den Fall, in dem sich eine in einem Mitgliedstaat gegründete Gesellschaft in einem anderen Mitgliedstaat niederlassen möchte, sei es durch Verlegung ihres Verwaltungssitzes,[423] sei es durch Errichtung einer Zweigniederlassung.[424]

Mitunter ist jedoch streitig, ob ein Sachverhalt überhaupt grenzüberschreitenden Bezug hat. Im Fall Centros hatte die dänische Regierung argumentiert, es handele sich um einen rein innerstaatlichen Sachverhalt.[425] Denn die klagenden dänischen Staatsbürger hätten nichts anderes im Sinn, als innerhalb Dänemarks geschäftlich tätig zu werden. Zwischen den Parteien war offenbar auch unstreitig, dass die *Centros Ltd.* in England seit ihrer Gründung keine Geschäftstätigkeit entfaltet hatte.[426]

a) Zuordnung des Freiheitsträgers zur Rechtsordnung eines Mitgliedstaats

(1) Staatsangehörigkeit (natürliche Personen)

Der Wortlaut der Grundfreiheiten liefert erste Anhaltspunkte dafür, wie der grenzüberschreitende Bezug eines Sachverhaltes festzustellen ist. Niederlassungsfreiheit genießen die „Staatsangehörigen eines Mitgliedstaats im Hoheitsgebiet eines anderen Mitgliedstaats" (Art. 43 Abs. 1 EG-Vertrag). Ebenso gilt der Schutz des freien Dienstleistungsverkehrs den Angehörigen der Mitgliedstaaten, die „in einem anderen Staat" der Gemeinschaft als demjenigen des Leistungsempfängers ansässig sind (Art. 49 Abs. 1 EG-Vertrag). Die Warenverkehrsfreiheit spricht von „Einfuhr" (Art. 28 EG-Vertrag), die Kapitalverkehrsfreiheit vom Kapitalverkehr „zwischen den Mitgliedstaaten" (Art. 58 Abs. 1 EG-Vertrag); auch diese Freiheiten knüpfen also an die räumlichen Bezüge an, die sich aus der Staatlichkeit der Gemeinschaftsmitglieder ergeben.[427]

---

421 Zur allgemeinen Diskussion um die „Inländerbenachteiligung" s. unten ab S. 165.

422 *Müller-Graff* in: Streinz (Hrsg.), EUV/EGV, 2003, Art. 43, Rn. 20.

423 EuGH, Rs. C-208/00, *Überseering*, Slg. 2002, I-9919.

424 EuGH, Rs. C-212/97, *Centros*, Slg. 1999, I-1459; EuGH, Rs. C-167/01, *Inspire Art*, Slg. 2003, I-10155.

425 Vgl. EuGH, Rs. C-212/97, *Centros*, Slg. 1999, I-1459, I-1490 (Rn. 16); siehe auch die Besprechung des Urteils oben ab S. 86.

426 Siehe die Feststellungen zum Sachverhalt in den Schlussanträgen des Generalanwalts *La Pergola* EuGH, Rs. C-212/97, *Centros*, Slg. 1999, I-1459, I-1461, und im Urteil selbst, S. I-1487 (Rn. 3).

427 *Ipsen* Europäisches Gemeinschaftsrecht, 1972, S. 594.

Für die Niederlassungsfreiheit bedeutet dies, dass zunächst die Staatsangehörigkeit dessen festzustellen ist, der sich auf die Grundfreiheit beruft. Wer Staatsangehöriger ist, richtet sich bei natürlichen Personen nach dem nationalen Recht des jeweiligen Mitgliedstaates.[428] Das Gemeinschaftsrecht selbst regelt dies nicht und hat dafür auch keine Zuständigkeit. Allerdings sind bei Verleihung oder Entzug der Staatsangehörigkeit durchaus die Wertungen des Gemeinschaftsrechts zu beachten.[429] *Randelzhofer/Forsthoff* sehen beispielsweise die Grundfreiheiten berührt, wenn durch eine Änderung des Staatsangehörigkeitsrechts Bürgern die gemeinschaftsrechtliche Freizügigkeit entzogen würde, die ihnen vor der Änderung zustand; für problematisch halten sie auch Regelungen, wonach der Gebrauch einer Grundfreiheit den Verlust der Staatsangehörigkeit nach sich ziehen würde.[430]

(2) Satzungssitz, Hauptverwaltung, Hauptniederlassung (Gesellschaften)

Um zu klären, ob eine Gesellschaft sich auf die Niederlassungsfreiheit berufen kann, muss analog zur natürlichen Person zunächst einmal ihre „Staatsangehörigkeit" festgestellt werden; der Europäische Gerichtshof spricht insoweit von der Feststellung der „Zugehörigkeit zur Rechtsordnung eines bestimmten Mitgliedstaats".[431] Art. 48 EG-Vertrag legt die Voraussetzungen dazu fest: Die Gesellschaft muss nach dem Recht eines Mitgliedstaats gegründet sein und ihren satzungsmäßigen Sitz, ihre Hauptverwaltung oder ihre Hauptniederlassung innerhalb der Gemeinschaft haben. Dies ergibt letztlich zwei Anknüpfungpunkte: Erstens die Gründung nach dem Recht eines Mitgliedstaats; zweitens die Ansiedlung in der Gemeinschaft, was *alternativ* im satzungsmäßigen Sitz, der Hauptverwaltung oder der Hauptniederlassung zum Ausdruck kommen kann. Aus der Entstehungsgeschichte dieser Norm ergibt sich, dass sie bewusst mehrere Anknüpfungsalternativen aufzählt. Es sollten damit die unterschiedlichen Regeln der Mitgliedstaaten zur Bestimmung des auf eine Gesellschaft anwendbaren Rechts kombiniert werden.[432] Die Auflistung verschiedener Anknüpfungsmerkmale bringt zum Ausdruck, dass in einem Staat, welcher der Gründungstheorie folgt, der Satzungssitz maßgebend ist, in einem Staat, welcher der Sitztheorie folgt, der Sitz der Hauptverwaltung.[433] Die Hauptniederlassung ist deshalb erwähnt, weil dies im italienischen Kollisionsrecht als zusätzlicher Anknüpfungspunkt vorgesehen ist.[434]

---

428 *Randelzhofer/Forsthoff* in: Grabitz/Hilf, vor Art. 39–55 EGV, 2001, Rn. 12 ff. Siehe ebda., Rn. 23 ff., auch die Ausführungen zu Staatsangehörigen von Drittstaaten.

429 *Randelzhofer/Forsthoff* in: Grabitz/Hilf, vor Art. 39–55 EGV, 2001, Rn. 13.

430 *Randelzhofer/Forsthoff* in: Grabitz/Hilf, vor Art. 39–55 EGV, 2001, Rn. 13.

431 So die Formulierung insbesondere in den Urteilen *Segers* und *Kommission/Frankreich*; dazu oben ab S. 79.

432 *Eyles* Niederlassungsrecht der Kapitalgesellschaften, 1990, 83 ff. (m.w.N.).

433 *Eyles* Niederlassungsrecht der Kapitalgesellschaften, 1990, 357.

434 *Eyles* Niederlassungsrecht der Kapitalgesellschaften, 1990, 85 f. Das italienische Recht (Art. 25 Abs. 1 Italienisches IPR-Gesetz) kombiniert die Gründungstheorie (für in Italien

Diese Anknüpfungsmomente dienen – ebenso wie bei natürlichen Personen die Staatsangehörigkeit – dazu, die Zugehörigkeit der Gesellschaft zur Rechtsordnung eines Mitgliedstaats zu bestimmen. Daraus könnte man schlussfolgern, Art. 48 EG-Vertrag lege im Sinne einer europarechtlichen Kollisionsregel fest, welcher Rechtsordnung eine Gesellschaft zuzuordnen ist. Dies wäre allerdings gegenüber der Rechtslage bei natürlichen Personen, deren Staatsangehörigkeit die Mitgliedstaaten selbst festlegen, eine ungewöhnliche Abweichung. Die Entstehungsgeschichte spricht auch gegen eine solche Interpretation des Art. 48 Abs. 1 EG-Vertrag. Die Vorschrift wollte lediglich sicherstellen, dass alle in den Mitgliedstaaten vorhandenen Anknüpfungmomente genannt sind und auf diese Weise jede Gesellschaft, die von einem der Mitgliedstaaten als seiner Rechtsordnung zugehörig betrachtet wird, Niederlassungsfreiheit genießt. Die Zugehörigkeit der Gesellschaft zu einem bestimmten Staat richtet sich also nach dessen eigener Rechtsordnung. Das Primärrecht greift in diese Zuordnung nicht ein, sondern setzt sie voraus und stellt sodann sicher, dass die solchermaßen einem konkreten Mitgliedstaat zugeordnete Gesellschaft im Hoheitsgebiet der anderen Mitgliedstaaten Niederlassungsfreiheit genießt. Die Auflistung des Art. 48 Abs. 1 EG-Vertrag wäre überdies auch völlig ungeeignet, die Zugehörigkeit einer Gesellschaft zu einer bestimmten Rechtsordnung eindeutig zu klären. Da die Merkmale dem Wortlaut nach untereinander gleichwertig sind, wären Gesellschaften mit Doppel- oder gar Dreifach-Staatsangehörigkeit denkbar. Um dies zu vermeiden hätte man innerhalb der Merkmale eine Rangfolge herstellen müssen, wenn man sie als europäische Kollisionsnorm hätte ausgestalten wollen.[435]

Der Europäische Gerichtshof hat dieses Verständnis der Norm im Daily Mail-Urteil bestätigt.[436] Gesellschaften werden auf Grund einer nationalen Rechtsordnung gegründet und haben jenseits dieser Rechtsordnung keine Realität. Solange das Gemeinschaftsrecht dazu keine eigene Regelung bereithält, muss es also den Rechtsordnungen der Mitgliedstaaten überlassen bleiben, unter welchen Voraussetzungen sie eine Verknüpfung einer Gesellschaft mit ihrer eigenen Rechtsordnung herstellen und unter welchen Voraussetzungen diese Verknüpfung wieder gelöst werden kann. Art. 48 Abs. 1 EG-Vertrag trägt dem Rechnung, indem er die in den Mitgliedstaaten üblichen Anknüpfungen als gleichwertig ansieht.

---

gegründete Gesellschaften) mit einer Sitztheorievariante für im Ausland gegründete Gesellschaften, die ihren Verwaltungssitz oder den Hauptgegenstand ihres Unternehmens in Italien haben. Näher *Moor* Das italienische internationale Gesellschaftsrecht, 1997, S. 39 ff., zum italienischen IPR im Kontext der Centros-Entscheidung *Bendettelli* Riv.d.int.priv.proc. 2001, 569, 617 ff. und *Mucciarelli* Giurisprudenzia Commerciale 2000, 553/II, 570/II ff. sowie nach Überseering *Lombardo* BBTC 2003, 456, 473 ff.

435 Zutreffend *Eyles* Niederlassungsrecht der Kapitalgesellschaften, 1990, 357 f.

436 Siehe die Besprechung oben ab S. 84.

(3) Irrelevanz der Nationalität der Anteilseigner

Die dänische Regierung hatte im Fall Centros geltend gemacht, es handele sich um einen internen dänischen Fall, weil die Kläger dänische Staatsbürger seien und ausschließlich in Dänemark geschäftlich tätig sein wollten. Nach dem Wortlaut von Art. 48 EG-Vertrag genießen allerdings die Gesellschaften Niederlassungsfreiheit. Folglich kommt es bei Bestimmung des Anwendungsbereichs der Niederlassungsfreiheit nicht darauf an, welcher Nationalität die Anteilseigner der Gesellschaft sind.[437] Wer diesen unmittelbar einleuchtenden Grundsatz akzeptiert, muss zwangsläufig zu den Grundaussagen der Entscheidungen in Sachen Centros und Inspire Art gelangen, die sich in der Rechtssache Segers schon klar abzeichneten: Die Absicht inländischer Gesellschafter, durch Nutzung einer ausländischen Gesellschaftsform zwingende Regeln des inländischen Rechts zu umgehen, kann der Niederlassungsfreiheit der *Gesellschaft* nicht entgegengehalten werden. Wenn eigene Staatsangehörige unter Ausnutzung der Grundfreiheiten einen grenzüberschreitenden Bezug herstellen, muss dies auch ihr eigener Mitgliedstaat hinnehmen. Zu Recht wandte sich Generalanwalt *La Pergola* gegen die Argumentation der dänischen Regierung im Fall Centros mit dem Hinweis, dass eine Gesellschaft, die nach dem geltenden Recht von England und Wales gegründet sei und dort ihren Sitz habe, in den Anwendungsbereich der Niederlassungsfreiheit falle.[438] Diese Grundfreiheit könne nicht so ausgelegt werden, dass die eigenen Staatsangehörigen von der Anwendung des Gemeinschaftsrechts ausgeschlossen wären, wenn sie sich – nachdem sie von Freizügigkeit und Niederlassungsfreiheit Gebrauch gemacht hatten – gegenüber ihrem Herkunftsland in einer Lage befinden, die mit derjenigen aller anderen Personen, die in den Genuss der durch den Vertrag garantierten Rechte und Freiheiten kommen, vergleichbar sei.[439] Generalanwalt *Darmon* hatte schon im Fall Segers zutreffend darauf hingewiesen,[440] dass die Angehörigen eines Mitgliedstaates hier lediglich kunstfertig die Vorteile zweier Grundfreiheiten miteinander kombinieren, nämlich der Freizügigkeit, die es ihnen erlaubt, in einen anderen Mitgliedstaat zu reisen und dort eine Gesellschaft zu gründen, und der Niederlassungsfreiheit, die der solchermaßen gegründeten Gesellschaft ein eigenes Recht auf Gründung von Zweigniederlassungen in anderen Mitgliedstaaten – und sei es auch der Heimatstaat des alleinigen Gesellschafters – gewährt.

Sind die Anteilseigner Staatsbürger eines Mitgliedstaats der Gemeinschaft, kommt die Niederlassungsfreiheit also gewissermaßen doppelt zur Anwendung.[441]

---

[437] Siehe bereits EuGH, Rs. 79/85, *Segers*, Slg. 1986, 2375 ff. zur Niederlassungsfreiheit einer von einem niederländischen Staatsbürger gegründeten englischen Gesellschaft, die ihre Geschäftstätigkeit ausschließlich in den Niederlanden entfaltete. Weiterhin *Eyles* Niederlassungsrecht der Kapitalgesellschaften, 1990, S. 87 f. (m.w.N.).

[438] EuGH, Rs. C-212/97, *Centros*, Slg. 1999, I-1459, I-1473 f.

[439] EuGH, Rs. C-212/97, *Centros*, Slg. 1999, I-1459, I-1474.

[440] GA *Darmon* EuGH, Rs. 79/85, *Segers*, Slg. 1986, 2375, 2380 f.

[441] Näher *Eyles* Niederlassungsrecht der Kapitalgesellschaften, 1990, 90 ff.

Ebenso partizipieren aber auch Bürger von Drittstaaten, die in einem Mitgliedstaat der Gemeinschaft eine Gesellschaft gründen, von der Niederlassungsfreiheit „ihrer" Gesellschaft.[442] Hingegen können sie sich für ihre eigene Person weder auf die Freizügigkeit aus Art. 39 EG-Vertrag noch auf das Recht der freien Niederlassung aus 43 EG-Vertrag berufen.[443] Das Beispiel zeigt, dass es dem EG-Vertrag mit der Gewährung der Niederlassungsfreiheit für Gesellschaften nicht primär um die Gewährleistung subjektiver Rechtspositionen geht – denn solche gewährt er grundsätzlich nur den EG-Marktbürgern – sondern um einen objektiven Bezugsrahmen für einen Wirtschaftsraum ohne Binnengrenzen.

b) Verbleibender Freiraum für mitgliedstaatliches Kollisionsrecht

Über die Zugehörigkeit einer Gesellschaft zu einer bestimmten Rechtsordnung entscheiden nach dem zuvor Festgestellten die Mitgliedstaaten selbst. Diese in Daily Mail bestätigte Aussage wurde lange Zeit dahingehend missverstanden, das mitgliedstaatliche Kollisionsrecht sei „niederlassungsfreiheitsresistent" oder mit anderen Worten: „Internationales Gesellschaftsrecht geht vor Niederlassungsfreiheit",[444] woraus gefolgert wurde, dass es jedem Staat selbst überlassen bleibe, an Hand der bei ihm geltenden Anknüpfungskriterien über die Existenz einer Gesellschaft und das auf sie anwendbare Recht zu entscheiden. Dies führte beispielsweise zu der Auffassung, ein deutsches Registergericht könne die Eintragung einer Zweigniederlassung einer englischen Gesellschaft ablehnen, wenn diese Gesellschaft nach der in Deutschland geltenden Sitztheorie wegen der Ansiedelung ihres tatsächlichen Verwaltungssitzes in Deutschland als deutschem Recht unterliegende Gesellschaft zu betrachten sei.[445] Damit beschwor man allerdings einen Konflikt zweier Mitgliedstaaten herauf: Ein der Gründungstheorie folgender Staat betrachtet die Gesellschaft als seiner Rechtsordnung zugehörig und selbstverständlich auch als existent; ein der Sitztheorie folgender Staat sieht dieselbe Gesellschaft als rechtliches „Nullum" an, da sie sich nicht gemäß den Regeln seiner eigenen Rechtsordnung gegründet hat. Dass dieser kategorische Ausschluss eines Personenverbandes vom Rechtsverkehr eines Binnenmarkts unwürdig ist, hätte auffallen müssen; und ebenso, dass man dies nicht *ad kalendas graecas* mit dem Verweis auf ein dereinst nach Art. 293 EG-Vertrag abzuschließendes Abkommen zwischen den Mitgliedstaaten in Kauf nehmen könne. Der Gerichtshof sieht daher in Art. 48 Abs. 1 EG-Vertrag zu Recht eine Regelung, die in diesem Konflikt zweier divergierender Kollisionsrechte klar Position bezieht: Eine Gesellschaft, die in einem Mitgliedstaat ihren satzungsmäßigen Sitz *oder* ihre Hauptverwaltung *oder* ihre Hauptniederlas-

---

[442] *Eyles* Niederlassungsrecht der Kapitalgesellschaften, 1990, 88.

[443] *Eyles* Niederlassungsrecht der Kapitalgesellschaften, 1990, 88 f.

[444] So namentlich *Kindler* VGR Bd. 2 (2000), S. 87, 102, und *Kindler* NJW 1999, 1993, 1999, jew. unter Berufung auf *Klinke* ZGR 22 (1993) 1, 7.

[445] BayObLG, NZG 1998, 936; zustimmend *Kindler* NJW 1999, 1993, 1994.

sung hat und von diesem Mitgliedstaat als seiner Rechtsordnung zugehörig angesehen wird, genießt Niederlassungsfreiheit. Aus Perspektive des Gemeinschaftsrechts ist die Gesellschaft jedenfalls als Gesellschaft ihres Herkunftsstaats schützenswert; ob sie darüber hinaus von anderen Rechtsordnungen gleichfalls als ein ihr zugehöriges Gebilde angesehen wird – in welcher Rechtsform des dort geltenden Rechts auch immer – ist für diese Gewährleistung irrelevant. Über die Niederlassungsfreiheit einer in einem Mitgliedstaat wirksam gegründeten Gesellschaft können andere Mitgliedstaaten nicht disponieren. Einzuschränken bleibt, dass es unter dem Aspekt des Binnenmarktes in erster Linie darauf ankommt, die Handlungsfähigkeit des Verbandes im Rechtsverkehr zu schützen, wie die Analyse des Begriffes der „Gesellschaft" eingangs gezeigt hat.[446] In sonstigen Fragen des Gesellschaftsrechts oder gar anderer Rechtsgebiete muss sich die ausländische Gesellschaft möglicherweise nach dem Recht des Niederlassungsstaates richten. Diese kollisionsrechtliche Fragestellung soll hier nicht näher vertieft werden; dies bleibt einem späteren Abschnitt[447] vorbehalten.

2. Anwendung der Grundfreiheiten auf innerstaatliche Sachverhalte

Nach ihrem Sinn und Zweck – der Förderung des Binnenmarktes – gelten die Grundfreiheiten in erster Linie für Sachverhalte, denen ein grenzüberschreitendes Element innewohnt.[448] Für die Niederlassungsfreiheit gilt nichts anderes, wie schon der Wortlaut deutlich macht: Verboten sind Beschränkungen der freien Niederlassung „von Staatsangehörigen eines Mitgliedstaats im Hoheitsgebiet eines *anderen* Mitgliedstaats"[449]. Die herrschende Auffassung sieht daher auf Grund von Wortlaut und Teleologie keinen Anlass für eine Anwendung der Grundfreiheiten auf rein interne Sachverhalte.[450] Dem halten andere Autoren entgegen, die Grundfreiheiten müssten ihrem Sinn und Zweck nach auch für innerstaatliche Vorgänge gelten.[451]

---

446 Vgl. oben S. 20 ff.

447 Vgl. § 7 über das Internationale Gesellschaftsrecht (S. 402 ff.).

448 *Jarass* EuR 1995, 202, 204 ff.; *Randelzhofer/Forsthoff* in: Grabitz/Hilf, vor Art. 39–55 EGV, Rn. 42 ff.

449 Art. 43 Abs. 1 Satz 1 EG-Vertrag; kursive Hervorhebung durch den *Verfasser*.

450 Siehe zu dieser Auffassung beipsielsweise: *M. Hoffmann* Grundfreiheiten, 2000, S. 98 ff.; *Jarass* EuR 1995, 202, 204 und 220; *Kingreen* Struktur der Grundfreiheiten, 1999, S. 84 ff.; *Kainer* Unternehmensübernahmen im Binnenmarktrecht, 2004, S. 140 ff.; *Randelzhofer/Forsthoff* in: Grabitz/Hilf, vor Art. 39–55 EGV, 2001, Rn. 42 ff. *Schnichels* Reichweite der Niederlassungsfreiheit, 1995, S. 124 f. Differenzierend für den Bereich der Warenverkehrsfreiheit *Müller-Graff* in: von der Groeben/Schwarze (Hrsg.), EGV, 2003, Art. 28, Rn. 321 (dazu sogleich im Text).

451 *Jestädt* Niederlassungsfreiheit und Gesellschaftskollisionsrecht, 2005, S. 118 ff.; *Lackhoff* Niederlassungsfreiheit, 2000, S. 67 ff.; *Schubert* Der Gemeinsame Markt, 1999, S. 154 ff. Weitere Nachw. zur Diskussion bei *Randelzhofer/Forsthoff* in: Grabitz/Hilf, vor Art. 39–55 EGV, 2001, Rn. 44, und *Kainer* Unternehmensübernahmen im Binnenmarktrecht, 2004, S. 140 ff.

Beide Auffassungen gehen bei Bestimmung der Teleologie der Grundfreiheiten davon aus, dass sie der Verwirklichung des Binnenmarktes dienen; im Streit steht somit ein unterschiedliches Verständnis vom Binnenmarkt:[452] Wer für eine generelle Anwendung der Grundfreiheiten auf Inlandssachverhalte eintritt, postuliert eine auf Ebene des Gemeinschaftsrechts gewährleistete „allgemeine Wirtschaftsfreiheit"[453]. Der Binnenmarkt wird damit zum wahrhaft einheitlichen Markt, auf dem für alle Beteiligten dieselben Wettbewerbsbedingungen herrschen. Begrifflich kann der Terminus „Binnenmarkt" ein solches Verständnis durchaus tragen. Denn wo es keine Binnengrenzen gibt, gibt es auch keine grenzüberschreitenden Sachverhalte mehr.[454] Die Anwendung der Grundfreiheiten kann dann auch nicht mehr vom Vorliegen eines grenzüberschreitenden Sachverhaltes abhängig gemacht werden.[455]

Auch wenn dies auf den ersten Blick plausibel klingt, bleiben Zweifel an der Vorstellung, es sei Aufgabe der Grundfreiheiten, den so verstandenen Binnenmarkt gewissermaßen im Alleingang herzustellen.[456] Ob mit der Einführung des Binnenmarkt-Begriffs in den EG-Vertrag tatsächlich das Ziel verfolgt werden sollte, die mitgliedstaatlichen Märkte zu öffnen und zu einem einheitlichen Markt zu verschmelzen,[457] ist eine Auslegungsfrage, die im Kontext des gesamten Vertragsgefüges zu klären ist. Dabei ist an die eingangs begründete These zu erinnern, dass sich der Binnenmarkt im Sinne des EG-Vertrags aus zumindest partiell souverän gebliebenen Mitgliedstaaten zusammensetzt.[458] Das Ziel der Gemeinschaft, wie es sich der Systematik des Vertrages entnehmen lässt, besteht zunächst darin, unter Hinnahme der *Eigenstaatlichkeit der Mitgliedstaaten* die bestehenden Grenzen in solchem Maße durchlässig zu machen, dass sie der grenzüberschreitenden Wirtschaftstätigkeit keine Hindernisse entgegenstellen.[459] Dem Text des EG-Vertrages kann indessen nicht die Vorstellung entnommen werden, mit dem Markt ohne Binnengrenzen sei ein Gebiet ohne Staatsgrenzen gemeint; denn der EG-Vertrag ist nicht auf die Auflösung der Mitgliedstaaten gerichtet, sondern unterstellt ihren Fortbestand.[460] Bei den Grundfreiheiten ergibt sich schon aus dem Wortlaut, dass sie von der Existenz verschiedener Mitgliedstaaten ausgehen, ja: die Unterschiede

---

452 So bereits *Behrens* EuR 1992, 145, 162; weiterhin *Kainer* Unternehmensübernahmen im Binnenmarktrecht, 2004, S. 140 ff.

453 Eine solche „allgemeine Wirtschaftsfreiheit des EG-Vertrages" zu belegen, ist das Grundanliegen der Arbeit von *Schubert* Der Gemeinsame Markt, 1999. Für die Interpretation der Niederlassungsfreiheit als Freiheitsrecht, auf das sich Inländer auch gegenüber ihrem eigenen Staat berufen können, *Lackhoff* Niederlassungsfreiheit, 2000, S. 88.

454 *Schubert* Der Gemeinsame Markt, 1999, S. 155.

455 *Schubert* Der Gemeinsame Markt, 1999, S. 155.

456 Dazu bereits oben S. 64 f.

457 So *Schubert* Der Gemeinsame Markt, 1999, S. 155.

458 Dazu oben S. 65 f.

459 *M. Hoffmann* Grundfreiheiten, 2000, 101 f.; *Randelzhofer/Forsthoff* in: Grabitz/Hilf, vor Art. 39–55 EGV, 2001, Rn. 45.

460 *Müller-Graff* in: Dauses (Hrsg.), EU-Wirtschaftsrecht, 2004, A. I, S. 29 (Rn. 67), Fn. 260.

zwischen den mitgliedstaatlichen Rechtsordnungen erklären überhaupt erst ihre Existenz.[461] Enthielten sie die Zielprojektion einer Gemeinschaft ohne grenzüberschreitende Sachverhalte, würden sie sich selbst überflüssig machen.

Die Gewährleistung eines Raums ohne Binnengrenzen gilt überdies nicht absolut, sondern nur „gemäß den Bestimmungen dieses Vertrags" (Art. 14 Abs. 2 EG-Vertrag). Bei dieser Betrachtung wird deutlich, dass die Grundfreiheiten – und allein um deren Reichweite geht es an dieser Stelle – nicht das einzige Instrument zur Verwirklichung des Binnenmarktes sind. Die Schaffung einheitlicher Verhältnisse ergibt sich erst aus dem Zusammenspiel verschiedener Regelungen des Vertrages, namentlich auch derjenigen zur Rechtsangleichung und den Wettbewerbsvorschriften. Das damit im Vertrag angelegte offene System der Integration lässt sich nicht dadurch überspielen, dass ein bestimmtes für wünschenswert gehaltenes Integrationsziel in den Vertrag oder gar allein in die Grundfreiheiten hineingelesen wird.[462]

Der Markt ohne Binnengrenzen ist bei einem Fortbestehen der Mitgliedstaaten in erster Linie so zu verstehen, dass die Staatsgrenzen für den Wirtschaftsverkehr nicht mehr spürbar oder jedenfalls nicht hinderlich sein sollen. Eingriffe in die Souveränität der Mitgliedstaaten müssen durch dieses Ziel legitimiert sein. Auf die Behandlung von *Inländern* muss die Gemeinschaft bei Verfolgung dieses Ziels grundsätzlich keinen Einfluss nehmen; insoweit bleibt die Souveränität der Mitgliedstaaten erhalten. Solange es noch verschiedene Mitgliedstaaten gibt, sind gewisse Regelungsunterschiede daher hinzunehmen. Es ist nicht Aufgabe der Grundfreiheiten, sämtliche rechtlichen Unterschiede einzuebnen.[463] Sollen aus Gründen der Einheitlichkeit grenzüberschreitende und innerstaatliche Vorgänge materiell gleich geregelt sein, ist die *Rechtsangleichung* das vom EG-Vertrag dafür vorgesehene Mittel der Wahl.[464]

Flankiert wird diese Überlegung durch die *ökonomische Perspektive* des Binnenmarktes. Es gibt keinen Anhaltspunkt dafür, dass sich die wirtschaftlichen Integrationsvorteile nur dann gänzlich ausschöpfen ließen, wenn die Grundfreiheiten auf inländische Sachverhalte ausgedehnt würden und damit einen unverfälschten Wettbewerb aller in- und ausländischen Produzenten garantierten. Der ökonomische Gedanke der Ausnutzung komparativer Kostenvorteile und der Größenvorteile[465] fordert keine völlige Angleichung der Rechtssysteme. Auch der im Inland gegenüber ausländischen Konkurrenten benachteiligte Produzent kann seine – nach strengeren Maßstäben hergestellten Produkte – im gesamten Binnenmarkt absetzen, ohne grenzüberschreitend bedingten Doppelbelastungen ausgesetzt zu sein. Es gehört nicht zwingend zum Gedanken der *economies of scale*, im eigenen Land

---

461 *Kingreen* Struktur der Grundfreiheiten, 1999, S. 16.

462 Ebenso *Kainer* Unternehmensübernahmen im Binnenmarktrecht, 2004, S. 141. Zum Verständnis der Integration als „offenes System" bereits oben S. 43 ff.

463 *Kingreen* Struktur der Grundfreiheiten, 1999, S. 27.

464 *Jarass* EuR 1995, 202, 218.

465 Zu diesen ökonomischen Vorteilen der wirtschaftlichen Integration siehe oben S. 27 ff.

nach den jeweils günstigsten Bedingungen produzieren zu können.[466] Entscheidend ist, dass die Produkte einheitlich für den gesamten Markt produziert werden können, der Kostenvorteil ergibt sich aus den dadurch möglichen größeren Stückzahlen. Wer sich darüber hinaus die jeweils günstigsten Produktionsbedingungen zu Nutze machen will, kann seinen Produktionsstandort in das betreffende Land verlagern. Gerade die Ergänzung der Warenverkehrsfreiheit durch die Niederlassungsfreiheit eröffnet den Unternehmen die Möglichkeit, nicht nur die Skalenvorteile, sondern auch die komparativen Kostenvorteile im Binnenmarkt auszunutzen. Eine Angleichung der Inländerbehandlung an die Maßstäbe, denen ausländische Produkte und Wirtschaftssubjekte unterliegen, ist also zur Errichtung des Binnenmarktes auch aus ökonomischer Perspektive nicht erforderlich.

Ein gewisses Unbehagen gegenüber einer spürbaren und anhaltenden Benachteiligung von Inländern ergibt sich allenfalls aus allgemeinen gemeinschaftsrechtlich-systematischen Erwägungen. Zum System des Gemeinsamen Marktes gehört neben den Grundfreiheiten auch der unverfälschte Wettbewerb. Die Tätigkeit der Gemeinschaft umfasst ein „System, das den Wettbewerb innerhalb des Binnenmarktes vor Verfälschungen schützt" (Art. 3 Abs. 2 lit. g EG-Vertrag).[467] Da sich der Binnenmarkt in einer Gemeinschaft mehrerer Staaten aus der Gesamtheit der Inlandsmärkte konstituiert, stößt es auf Bedenken, wenn auf einem oder mehreren dieser Inlandsmärkte inländische Waren dauerhaft und in spürbarer Weise mit eingeführten Waren konkurrieren, die geringeren Produktionsanforderungen unterliegen. Es herrscht dann keine völlige Gleichheit der Wettbewerbsbedingungen; denn das inländische Produkt oder Wirtschaftssubjekt unterliegt strengeren rechtlichen Anforderungen als die ausländischen Produkte oder Wirtschaftssubjekte, mit denen es im eigenen Land konkurrieren muss. Angesichts derartiger Verfälschungen des Wettbewerbs lässt sich aber allenfalls die mitgliedstaatliche *Loyalitätspflicht* gegenüber der Gemeinschaft (Art. 10 Abs. 2 EG-Vertrag) aktivieren.[468]

3. Niederlassungsfreiheit und Wegzugsbehinderungen

a) Rechtfertigungsbedürftige Beschränkung

Auch wenn man die Niederlassungsfreiheit mit der soeben begründeten Auffassung auf grenzüberschreitende Sachverhalte beschränkt, ist die Frage der Wegzugsbehinderungen noch nicht entschieden. Zwar behindert hier ein Mitgliedstaat nur seine eigenen Staatsbürger. Dies geschieht jedoch in einem potentiell grenzüber-

---

466 So aber *Lackhoff* Niederlassungsfreiheit, 2000, S. 101.

467 Darin sieht beispielsweise *Lackhoff* Niederlassungsfreiheit, 2000, S. 100ff., ein wesentliches Argument für die Anwendung der Grundfreiheiten auf interne Sachverhalte. Auch *Müller-Graff* in: von der Groeben/Schwarze (Hrsg.), EGV, Art. 28, Rn. 321, hält aus diesem Grund die Inländerbenachteiligung für problematisch.

468 *Müller-Graff* in: von der Groeben/Schwarze (Hrsg.), EGV, 2003, Art. 28, Rn. 321.

schreitenden Kontext, denn er hindert sie gerade daran, sein Territorium zu verlassen.[469] Fasst man das Problem allgemeiner, leuchtet es unmittelbar ein, dass sich die Vorteile des Binnenmarktes nicht entfalten könnten, wenn jeder Mitgliedstaat seine Bürger am Verlassen des Landes hindern dürfte. Bezogen auf die Niederlassungsfreiheit natürlicher Personen hat der EuGH dies in der Entscheidung „Hughes de Laysterie du Saillant" deutlich gemacht: „Auch wenn Art. 52 EG-Vertrag ebenso wie die anderen Bestimmungen über die Niederlassungsfreiheit nach seinem Wortlaut insbesondere die Inländerbehandlung im Aufnahmemitgliedstaat sichern soll, so verbietet er es doch auch, dass der Herkunftsmitgliedstaat die Niederlassung seiner Staatsangehörigen in einem anderen Mitgliedstaat behindert."[470]

Für das Niederlassungsrecht von Gesellschaften hat der EuGH diesen Gedanken schon in Daily Mail ausgesprochen: Sie wäre als Grundfreiheit sinnentleert, wenn ein Mitgliedstaat seinen Unternehmen verbieten könnte, auszuwandern und sich in einem anderen Mitgliedstaat niederzulassen.[471] Diese klare Aussage steht in einem Spannungsverhältnis zu einer zweiten wesentlichen Aussage der Entscheidung: Eine Gesellschaft ist eine Kreation der Rechtsordnung, der sie entstammt, und hat jenseits dieser Rechtsordnung, die ihre Gründung und ihre Existenz regelt, keine Realität.[472] Daher darf ein Mitgliedstaat selbständig über die Anknüpfungspunkte entscheiden, nach denen sich die Zugehörigkeit von Gesellschaften zu seiner eigenen Rechtsordnung richtet. Er kann insbesondere vom Gemeinschaftsrecht nicht gezwungen werden, eine Gesellschaft, die den Sitz ihrer Geschäftsleitung in einen anderen Mitgliedstaat verlegen möchte, weiterhin als eine seiner Rechtsordnung zugehörige Gesellschaft anzusehen.[473] Die Gesellschaft *Daily Mail and General Trust PLC* hatte daher mit ihrem Petitum, den Sitz ihrer Geschäftsleitung ungehindert verlegen zu dürfen, ohne dabei ihre Eigenschaft als englische Gesellschaft zu verlieren, keinen Erfolg.[474]

Zur Einordnung der Entscheidung Daily Mail ist in Erinnerung zu rufen, dass der Gerichtshof die Anknüpfungspunkte des Art. 48 EG-Vertrag – satzungsmäßiger Sitz, Hauptverwaltung und Hauptniederlassung – als Kriterien für die Bestimmung der „Staatsangehörigkeit" einer Gesellschaft, also für ihre Zugehörigkeit zu

---

469 Vgl. *Müller-Graff* in: Streinz (Hrsg.), EUV/EGV, 2003, Art. 43, wonach Art. 43 allein grenzüberschreitende Vorgänge erfasst (Rn. 20), Wegzugsbeschränkungen aber Beschränkungen der Grundfreiheit sein können (Rn. 69).

470 EuGH, Rs. C-9/02, *Hughes de Lasteyrie du Saillant*, Slg. 2004, I-2409, I-2452 (Rn. 42).

471 EuGH, Rs. 81/87, *Daily Mail*, Slg. 1988, 5483, 5510 (Rn. 16); auch nach Auffassung von *Mülbert/Schmolke* ZVglRWiss 100 (2001) 233, 244 ff. muss Gesellschaften im Binnenmarkt die Wahl zwischen rechtsformwahrendem Umzug und identitätswahrendem Statutenwechsel offen stehen.

472 EuGH, Rs. 81/87, *Daily Mail*, Slg. 1988, 5483, 5511 (Rn. 19). Darin sehen namentlich *Leible/Hoffmann* RIW 2002, 925, 928, den maßgeblichen Gesichtspunkt der Entscheidung.

473 EuGH, Rs. 81/87, *Daily Mail*, Slg. 1988, 5483, 5512 (Rn. 25).

474 Zum Sachverhalt der Entscheidung siehe oben S. 84.

einer bestimmten Rechtsordnung versteht.[475] Ebenso wie das Gemeinschaftsrecht nicht in die Vergabe und den Entzug der Staatsangehörigkeit an natürliche Personen eingreift,[476] übt es auch bei der Begründung der Staatsangehörigkeit von Gesellschaften Zurückhaltung. Allerdings sind den Mitgliedstaaten auch hier gewisse Grenzen gesetzt. Nach *Randelzhofer/Forsthoff* wäre beispielsweise eine Vorschrift problematisch, wonach – bezogen auf natürliche Personen – gerade der Gebrauch der Grundfreiheiten zum Verlust der Staatsangehörigkeit führte.[477] Dies entspricht der Überlegung, dass eine solche Behandlung der eigenen Staatsbürger nicht allein eine Inländerdiskriminierung wäre, sondern darüber hinaus eine Vereitelung des Gemeinsamen Marktes.

Das mitgliedstaatliche Recht scheint nun aber genau dies anzuordnen: den Verlust der Staatsangehörigkeit bei Verlassen des Landes.[478] Darunter fällt die Regel des deutschen Gesellschaftsrechts, wonach eine grenzüberschreitende Verlegung des tatsächlichen Verwaltungssitzes mit einer Auflösung der Gesellschaft gleichzusetzen ist, aber auch die Konstellation des Falles Daily Mail, in welcher der englischen Gesellschaft die Verlegung der tatsächlichen Geschäftsleitung unter Beibehaltung ihrer Zugehörigkeit zum englischen Recht nicht gestattet wurde. Daraus zu folgern, dass die primäre Niederlassungsfreiheit im Bereich der Niederlassung von Gesellschaften nicht unmittelbar anwendbar sei,[479] geht aber zu weit. Denn gegenüber dem Aufnahmestaat gilt die primäre Niederlassungsfreiheit durchaus, wie der Fall Überseering zeigt.[480] Lässt der Herkunftsstaat es zu, dass seinem Recht unterliegende Gesellschaften ihren tatsächlichen Verwaltungssitz ins Ausland verlegen, ohne damit ihre Eigenschaft als Gesellschaft des Herkunftsstaates zu verlieren, muss der Aufnahmestaat dies hinnehmen. Aus Perspektive des Zuzugs wird die primäre Niederlassungsfreiheit also gewährt. Allein der Wegzug lässt sich gegenüber einem Herkunftsstaat, dessen Recht sich dagegen sperrt, nicht ohne weiteres mittels der gemeinschaftsrechtlichen Niederlassungsfreiheit durchsetzen.

Bliebe man bei diesem Ergebnis stehen, wäre die erste Aussage aus Daily Mail, dass nämlich ein Mitgliedstaat die Niederlassung seiner Gesellschaften in einem anderen Mitgliedstaat nicht behindern darf, ein bloßes Postulat ohne bindende Wirkung. Dagegen spricht, dass der Gerichtshof in den Leitentscheidungen zur Niederlassungsfreiheit von Gesellschaften regelmäßig die unmittelbare Anwendbarkeit

---

[475] Siehe oben bei Fn. 112.

[476] *Randelzhofer/Forsthoff* in: Grabitz/Hilf, vor Art. 39–55 EGV, 2001, Rn. 12: Wer Staatsangehöriger ist, richtet sich nach nationalem Recht.

[477] *Randelzhofer/Forsthoff* in: Grabitz/Hilf, vor Art. 39–55 EGV, 2001, Rn. 13.

[478] Vgl. auch *Müller-Graff* ZHR 168 (2004) 1, 3, der in diesem Zusammenhang gleichfalls die Parallele zieht zur Aberkennung der Staatsangehörigkeit einer natürlichen Person bei Wohnsitzverlegung; auch *Eidenmüller* JZ 2004, 24, 29, greift diesen Gedanken auf.

[479] So aber *W.-H. Roth* ZGR 29 (2000) 311, 323f., der sich dabei allerdings (S. 326, bei Fn. 70) noch auf den insoweit zu weit geratenen Tenor der *Daily Mail*-Entscheidung stützt.

[480] Vgl. die Besprechung des Falles oben S. 89ff.

der Niederlassungsfreiheit betont.[481] Die Entscheidungsreihe von Daily Mail bis Inspire Art legt daher folgendes Verständnis der Niederlassungsfreiheit nahe: Die Wegzugsbehinderung bedarf wie jede Behinderung der Niederlassungsfreiheit einer *Rechtfertigung* anhand zwingender Erfordernisse des Gemeinwohls.[482] Das Urteil in Sachen Hughes de Lasteyrie du Saillant[483] bestätigt diese Auffassung, wenngleich es sich mit der Wegzugsbesteuerung gegenüber natürlichen Personen befasst.[484]

b) Überprüfung der deutschen Rechtslage

Vor dem Hintergrund der Rechtfertigungsbedürftigkeit von Wegzugsbeschränkungen ist die deutsche Rechtslage zu überprüfen. Die grenzüberschreitende Sitzverlegung einer nach deutschem Recht gegründeten Gesellschaft führt gemäß der sogleich *unter (1)* ausgeführten sachrechtlichen Argumentation zu ihrer Auflösung. Dies ist *unter (2)* einer kritischen Würdigung im Lichte der Niederlassungsfreiheit zu unterziehen.

(1) Wertung der Sitzverlegung als Auflösung der Gesellschaft

Rechtskonstruktiv sind die Verlegung des Verwaltungssitzes und des Satzungssitzes zu unterscheiden; das praktische Ergebnis ist zwar beide Male die Auflösung der Gesellschaft, dies beruht aber in den beiden Konstellationen auf verschiedenen rechtlichen Begründungen.[485] Verlegt eine in Deutschland gegründete Gesellschaft ihren *Verwaltungssitz* ins Ausland, wechselt nach der Sitztheorie das anwendbare Recht; die Gesellschaft „verabschiedet" sich gewissermaßen aus der deutschen Rechtsordnung. Dies führt nach herrschender Auffassung zwingend zur Auflösung.

---

481 Ausdrücklich auch in EuGH, Rs. 81/87, *Daily Mail*, Slg. 1988, 5483, 5510 (Rn. 15); frühere Entscheidungen: EuGH, Rs. 270/83, *Kommission/Frankreich*, Slg. 1986, 273, 302 (Rn. 13); EuGH, Rs. 79/85, *Segers*, Slg. 1986, 2375, 2387 (Rn. 12).

482 In diesem Sinne bereits *Everling* GS Knobbe-Keuk, 1997, S. 607, 612, der an der Entscheidung Daily Mail als Richter beteiligt war, a.a.O. (Fn. 25) allerdings konzediert, dass das Verständnis als Wegzugsfreiheit in der Begründung des Urteils nicht klar genug zum Ausdruck kommt; weiterhin *Kruse* Sitzverlegung, 1997, S. 67f., *Eidenmüller* JZ 2004, 24, 29 und *Rehm* in: Eidenmüller (Hrsg.), Ausländische Kapitalgesellschaften, 2004, S. 37 (Rn. 64). Nach Auffassung von *Bechtel* Umzug von Kapitalgesellschaften, 1998, S. 83, gewährt die Niederlassungsfreiheit ein Recht auf Umzug unter der Bedingung, dass die Gesellschaft ihre Satzung an das zwingende Gesellschaftsrecht des Zuzugsstaates angleicht. Mit etwas anderer Akzentsetzung auch *Drygala* ZEuP 2004, 337, 350f., der die Wegzugsfreiheit auf die Niederlassungsfreiheit der Gesellschafter stützt.

483 EuGH, Rs. C-9/02, *Hughes de Lasteyrie du Saillant*, Slg. 2004, I-2409.

484 Zu den steuerrechtlichen Implikationen der Entscheidung beispielsweise *Jaeger* GPR 2004, 279f. und *Schindler* IStR 2004, 300ff.

485 Zur Diskussion m.w.N. *Bechtel* Umzug von Kapitalgesellschaften, 1998, S. 51ff., *Großfeld*-Staudinger, Int. GesR, 1998, Rn. 605ff., *Hoffmann* ZHR 164 (2000) 43, 44ff., *Jaeger* Grenzüberschreitende Sitzverlegung, 2003, S. 24ff., Michalski-*Leible* GmbHG, 2002, Syst. Darst. 2, Rn. 131ff. Für eine flexiblere Handhabung sprechen sich beispielsweise *Behrens* RIW 1986, 590ff., und *Großfeld/Jasper* RabelsZ 53 (1989) 52ff., aus.

Die Verleihung der Rechtsfähigkeit durch das deutsche Recht ist, so lautet das zentrale Argument, an die Beachtung der im öffentlichen Interesse erlassenen zwingenden Schutzregeln des deutschen Gesellschaftsrechts gebunden.[486] Sie schützen Anteilseigner, Gläubiger, Arbeitnehmer und andere Personen, die mit der Gesellschaft in Kontakt treten und sich auf diesen Rechtsrahmen auch verlassen.[487] Der staatliche Hoheitsakt, der die Rechtsfähigkeit verleiht, steht also unausgesprochen unter der Bedingung, dass die Gesellschaft diesen Vorschriften kraft ihres Sitzes im Inland unterworfen bleibt.[488] Mit der Verlegung des Sitzes entfällt die Voraussetzung für die Verleihung der Rechtsfähigkeit, die Gesellschaft gilt damit als aufgelöst und tritt in die Abwicklung ein.[489] „Es tritt Liquidation ein, das Gesellschaftsvermögen wird nach Tilgung der Gesellschaftsschulden unter die Aktionäre verteilt".[490]

Eine Verlegung des *Satzungssitzes* ist eine Änderung des Gesellschaftsvertrages und bedarf daher eines Gesellschafterbeschlusses. Dieser Beschluss wird von der herrschenden Meinung als Auflösungsbeschluss gewertet. Die Sitztheorie ist hier ohne Belang, solange sich der tatsächliche Verwaltungssitz nicht ändert. Die Verlegung des Satzungssitzes ins Ausland wird auch nicht kollisionsrechtlich, sondern mit einer sachrechtlichen Argumentation erfasst. Eine Gesellschaft deutschen Rechts müsse ihren satzungsmäßigen Sitz zwingend in Deutschland haben.[491] Dazu werden für die GmbH die §§ 4a, 7 GmbHG herangezogen,[492] obwohl diese darüber, ob der

---

486 So grundlegend bereits das Reichsgericht in RGZ 7, 68, 69, und RGZ 88, 53, 54f. (zustimmend zitiert in BGHZ 25, 134, 144, der allerdings keinen Fall der Sitzverlegung behandelt). Die Entscheidungen differenzieren nicht danach, ob der Verwaltungssitz oder der Satzungssitz verlegt wurde; faktisch dürfte jeweils beides zusammengefallen sein. In RGZ 7, 68, deutet der Sachverhalt darauf hin, dass jedenfalls auch der Satzungssitz verlegt worden ist, denn es wird berichtet, dass die Hauptversammlung über die Sitzverlegung beschlossen habe. Zudem wird aus dem Statut der Gesellschaft die Regelung über den Sitz zitiert: „Sitz der Gesellschaft ist Berlin. Doch kann derselbe auf Beschluß des Aufsichtsrates nach einem anderen Orte verlegt werden". Das Reichsgericht übernimmt dabei die – nicht näher begründete – Auslegung durch das Berufungsgericht, wonach diese Klausel auch eine Sitzverlegung nach Bukarest (Rumänien) gestatte.

487 *Großfeld*-Staudinger, Int. GesR, 1998, Rn. 617f., mit der Einschränkung, dass dieser Gedanke „jedenfalls für einen Wegzug aus der Europäischen Union hinaus" gelte.

488 RGZ 7, 68, 69; RGZ 88, 53, 55.

489 Auflösung und Beendigung der Gesellschaft sind zu unterscheiden (dazu: *Kübler* Gesellschaftsrecht, 5. Aufl., 1999, S. 205ff. für die AG und 252f. für die GmbH sowie *Raiser/Veil* Kapitalgesellschaften, 4. Aufl., 2006, S. 339ff. für die AG und S. 616ff. für die GmbH; allgemein *K. Schmidt* Gesellschaftsrecht, 4. Aufl. 2002, S. 307ff.). Mit dem Auflösungsbeschluss tritt die Gesellschaft in die Liquidationsphase ein, beendet ist sie erst nach Abschluss der Liquidation (insb. der Befriedigung der Gläubiger und der Verteilung des verbleibenden Gesellschaftsvermögens an die Gesellschafter).

490 RGZ 7, 68, 70.

491 So jüngst wieder BayObLG, Beschl. v. 11.2.2004 – 3Z BR 175/03, ZIP 2004, 806, 807 (= BB 2004, 570 = DStR 2004, 1224). Dem zustimmend beispielsweise *Weller* DStR 2004, 1218ff.

492 So das Landgericht in der Entscheidung BayObLG, Beschl. v. 11.2.2004 – 3Z BR 175/03, ZIP 2004, 806 (= BB 2004, 570).

Sitz im In- oder Ausland zu liegen habe, nichts aussagen. Ausgangspunkt sind diese Vorschriften aber deshalb, weil sich aus ihnen ergibt, dass die Gesellschaft „bei dem Gericht, in dessen Bezirk sie ihren Sitz hat, zur Eintragung in das Handelsregister anzumelden" ist (§ 7 GmbHG);[493] dies muss nach der herrschenden Auffassung ein Gericht im Inland sein. Denn dieses Gericht ist für die registerrechtliche Prüfung zuständig; darüber hinaus begründet der inländische Satzungssitz die Zuständigkeit deutscher Gerichte. Die Anwendung und Durchsetzung deutschen Gesellschaftsrechts könne aber sinnvollerweise nur deutschen Gerichten übertragen werden.[494] Materielles Recht und prozessuale Durchsetzung seien so eng verzahnt, dass eine Verlegung des Satzungsitzes im Interesse der Allgemeinheit nicht zugelassen werden könne.[495] Folgerichtig könne eine in Deutschland gegründete Gesellschaft ihren satzungsmäßigen Sitz nicht ins Ausland verlegen, ohne ihre Rechtspersönlichkeit zu verlieren.[496] Der Beschluss über die Sitzverlegung sei als Auflösungsbeschluss zu verstehen.[497] Daher ist es gängige Praxis der Registergerichte, eine Verlegung des Satzungssitzes ins Ausland nicht in das Handelsregister einzutragen.[498]

(2) Würdigung im Lichte der Niederlassungsfreiheit

Die zwingende Auflösung bei Verlegung des Verwaltungs- oder Satzungssitzes ist eine Wegzugsbeschränkung, die am Maßstab der Niederlassungsfreiheit zu messen ist. Die Anforderung des deutschen Rechts, dass eine in Deutschland gegründete Gesellschaft ihren satzungsmäßigen Sitz in Deutschland haben muss, ist durch die Entscheidung Daily Mail gedeckt.[499] Denn der Staat, der einer Gesellschaft die Rechtsfähigkeit verleiht, darf auch über die Anknüpfungspunkte entscheiden, von denen die Zugehörigkeit zur eigenen Rechtsordnung abhängen soll. Der satzungsmäßige Sitz und der Verwaltungssitz sind nach Art. 48 EG-Vertrag denkbare Anknüpfungskriterien. Das englische Recht sieht dies im Übrigen nicht anders. Inhalt

---

493 Vgl. für die Aktiengesellschaft die zentrale Norm des § 14 AktG.

494 BayObLG, Beschl. v. 11.2.2004 – 3Z BR 175/03, ZIP 2004, 806, 807; in diesem Sinne auch *Zimmer* BB 2000, 1361, 1362.

495 *Großfeld*-Staudinger, Int. GesR, 1998, Rn. 652 (dort aber nur für Sitzverlegungen in Staaten, die nicht der Europäischen Gemeinschaft angehören; für Sitzverlegung innerhalb der Gemeinschaft deutlich nachdenklicher in Rn. 677). BayObLG, Beschl. v. 11.2.2004 – 3Z BR 175/03, ZIP 2004, 806, 807 (= BB 2004, 570) zitiert bezeichnenderweise nur die erste Aussage von *Großfeld*, nicht seine wesentlich zurückhaltendere Stellungnahme zu Sitzverlegungen innerhalb der Gemeinschaft – obwohl es bei dem zu beurteilenden Sachverhalt um eine Sitzverlegung nach Portugal ging.

496 BayObLG, Beschl. v. 11.2.2004 – 3Z BR 175/03, ZIP 2004, 806.

497 *Großfeld*-Staudinger, Int. GesR, 1998, Rn. 630 ff.

498 Zuletzt BayObLG, Beschl. v. 11.2.2004 – 3Z BR 175/03, ZIP 2004, 806 (= BB 2004, 570). Weiterhin BayObLG, DB 1992, 1400, OLG Hamm, GmbHR 1997, 848. Indessen ist es offenbar in Einzelfällen gelungen, die Eintragung einer grenzüberschreitenden Verschmelzung auf eine ausländische Gesellschaft zu erreichen (hierzu *Wenglorz* BB 2004, 1061 ff.).

499 Zur *Daily Mail*-Entscheidung oben S. 84 ff.

des Gründungsdokuments (*Memorandum of Association*) ist nach Art. 2 (1) (b) Companies Act die Angabe: *„whether the registered office of the company is to be situated in England and Wales, or in Scotland"*. Ein Registersitz außerhalb Großbritanniens ist nicht vorgesehen, eine Verlegung des Registersitzes nicht zulässig.[500] Es geht daher bei der Verlegung des Registersitzes nicht um eine Entscheidung zwischen Sitz- und Gründungstheorie,[501] sondern um Regeln des innerstaatlichen Sachrechts.[502] Als erster, gewissermaßen gemeineuropäischer Grundsatz kann somit festgehalten werden: Die Rechtsordnung, die einer Gesellschaft die Rechtsfähigkeit verleiht, darf auch über die Kriterien entscheiden, von denen die Zugehörigkeit zu dieser Rechtsordnung abhängen soll.

Die zweite wichtige Aussage von Daily Mail lautet jedoch, dass die Niederlassungsfreiheit sinnentleert wäre, wenn der Herkunftsstaat Unternehmen verbieten könnte auszuwandern, um sich in einem anderen Mitgliedstaat niederzulassen. Daily Mail wurde daher schon vor den Entscheidungen Centros, Überseering und Inspire Art von einigen Autoren so gelesen, dass Wegzugsbehinderungen durch zwingende Erfordernisse des Allgemeinwohls gerechtfertigt sein müssten.[503] Allerdings herrschte insoweit noch die Auffassung vor, die Sanktion der Auflösung sei gerechtfertigt, weil sie dem Schutz der inländischen Interessen am besten diene.[504] Diese Aussage muss spätestens nach der Überseering-Entscheidung revidiert werden. Wenn die Sanktion der Auflösung und Neugründung für den Zuzug von Gesellschaften unverhältnismäßig ist, sollte man auch im Hinblick auf den Wegzug neu darüber nachdenken, ob die zwangsweise Auflösung tatsächlich geeignet, erforderlich und verhältnismäßig ist, um zwingenden Erfordernissen des Gemeinwohls gerecht zu werden.

Auszugehen ist von den Rechtsfolgen, die eine Sitzverlegung auslöst: Nach der herrschenden Auffassung hat die Sitzverlegung ins Ausland die Auflösung der Gesellschaft und den Verlust ihrer Rechtspersönlichkeit zur Folge. Zudem wird der satzungsändernde Beschluss über eine Verlegung des Sitzes ins Ausland nicht ins Handelsregister eingetragen. Wessen Interessen soll dies schützen? Die Vorschriften über die Auflösung stellen sicher, dass die Allgemeinheit über die Abwicklung der Gesellschaft informiert wird[505] und dass Liquidatoren eingesetzt werden, die die

---

[500] *Prentice* EBLR 2003, 631, 633; ebenso m.w.N. *Hoffmann* ZVglRWiss 101 (2002) 283, 288 f.

[501] *Behrens* IPRax 1999, 323, 330 (= *Behrens* EBOR 2000, 125, 143) meint sogar, es sei eine Regel aller mitgliedstaatlichen Kollisionsnormen, dass eine Verlegung des Satzungssitzes einen Statutenwechsel bewirke.

[502] Insoweit zutreffend BayObLG, Beschl. v. 11.2.2004 – 3Z BR 175/03, ZIP 2004, 806, 807; ebenso *Zimmer* BB 2000, 1361, 1362.

[503] *Frowein*, Sitzverlegung, 2001, S. 133; *Goßfeld*-Staudinger, Int. GesR, 1998, Rn. 662 f.; *Großfeld/Jasper* RabelsZ 53 (1989) 52, 57; *Knobbe-Keuk* ZHR 154 (1990) 325, 354; *Kruse* Sitzverlegung, 1997, S. 67 f.; angedeutet auch bei *K. Schmidt* ZGR 28 (1999) 20, 26.

[504] *Großfeld*-Staudinger, Int. GesR, 1998, Rn. 677; a.A. *Knobbe-Keuk* ZHR 154 (1990) 325, 354 f.

[505] Die Auflösung ist zum Handelsregister anzumelden und öffentlich bekanntzumachen (§ 65

laufenden Geschäfte beendigen, die Verpflichtungen der Gesellschaft erfüllen, deren Forderungen einziehen und das Vermögen der Gesellschaft in Geld umsetzen[506]. Die Gläubiger werden insbesondere dadurch geschützt, dass die Verteilung des Gesellschaftsvermögens an die Gesellschafter nicht vor Ablauf eines Jahres nach Bekanntmachung der Auflösung beginnen darf.[507] Die Anwendung dieser Regeln beruht auf der Prämisse, dass sich die Gesellschaft mit der Sitzverlegung der Anwendung deutschen Rechts entzieht, sie gibt ihre Zugehörigkeit zur deutschen Rechtsordnung auf. Dies mag nicht dem Willen der Gesellschafter entsprechen; der einzelne Mitgliedstaat hat aber nach Daily Mail die Befugnis, bei der Verleihung der Rechtsfähigkeit auch die Kriterien festzulegen, von denen er den Bezug zu seiner Rechtsordnung abhängig macht. Wenn die Gesellschaft diesen Bezugspunkt aufgibt, endet damit auch ihre Zugehörigkeit zur betreffenden Rechtsordnung. Der Mitgliedstaat, dessen Rechtsordnung die Gesellschaft bislang unterworfen war, darf außerdem Regeln aufstellen, wonach er die Gesellschaft erst dann in eine andere Rechtsordnung entlässt, wenn sie legitime Drittinteressen, die durch das bislang anwendbare Recht geschützt waren, angemessen berücksichtigt hat.

Der Europäische Gerichtshof hat allerdings namentlich in der Entscheidung Inspire Art an die Rechtfertigung von Niederlassungsbeschränkungen einen sehr hohen Maßstab angelegt. Auch der Schutz von an sich legitimen Interessen konnte gesetzliche Erfordernisse wie ein Mindestkapital, flankiert durch persönliche Haftung der Geschäftsleiter, nicht rechtfertigen. Die Wegzugsfälle unterscheiden sich aber in einem wichtigen Punkt von den Zuzugsfällen: Beim Wegzug löst sich die Gesellschaft aus einem Geflecht bestehender Rechtsbeziehungen, um sich einen neuen rechtlichen Rahmen zu geben. Beim Zuzug argumentierten die Mitgliedstaaten immer nur mit dem Schutz von Außenstehenden, die zukünftig mit der Gesellschaft in Berührung kommen könnten. Dies ist ein rein abstraktes Schutzbedürfnis, in dem der Gerichtshof keinen hinreichenden Grund für präventive Sanktionen gegenüber der Gesellschaft gesehen hat. Außerdem lässt sich gegenüber künftig erst mit der Gesellschaft in Kontakt tretenden Personen mit einer gewissen Berechtigung das vom EuGH gebrauchte Informationsargument anführen. Wer mit einer Gesellschaft ausländischen Rechts Geschäfte macht, handelt, wenn die Rechtsform erkennbar war, auf eigene Gefahr.

Gerade das Argument des Selbstschutzes durch Information muss aber, zu Ende gedacht, dazu führen, dass Personen, die mit der Gesellschaft als Rechtsform nationalen Rechts Rechtsbeziehungen eingehen, sich auf den Fortbestand der bei Vertragsschluss ausgewiesenen Rechtsform grundsätzlich verlassen können. Ein Gläu-

---

GmbHG); bei der AG ist eine Anmeldung zum Handelsregister (§ 263 AktG) und ein öffentlicher Aufruf der Gläubiger (§ 267 AktG) vorgesehen. Näher zum Verfahren die in Fn. 489 zitierten Literaturstellen.

506 Vgl. § 70 GmbHG zu den Aufgaben der Liquidatoren und die Parallelnorm im Aktienrecht (§ 268 AktG).

507 Sperrjahr gemäß § 73 GmbHG und § 272 AktG.

biger, der mit einer Gesellschaft in Kenntnis von deren Gesellschaftsstatut einen Vertrag schließt, muss sich darauf verlassen können, dass diese Regeln anschließend nicht einseitig durch die Gesellschaft geändert werden können.[508] Insoweit steht gerade diejenige Rechtsordnung in der Pflicht, die der Gesellschaft die Rechtsfähigkeit und das sonstige Rechtskleid bereitgestellt hat. Eine bloße Information über die Sitzverlegung wäre sinnlos, wenn dem Gläubiger nicht gleichzeitig entsprechende Instrumentarien an die Hand gegeben würden, sich nun wiederum selbst zu schützen; also beispielsweise ein gesetzlich gewährtes Recht auf sofortige Befriedigung oder Sicherheitsleistung. Diese Rechtsbehelfe muss diejenige Rechtsordnung bereit stellen, der die wegzugswillige Gesellschaft angehört; denn auf den Schutz durch diese Rechtsordnung haben die Gläubiger bei Vertragsschluss vertraut.

Es ist daher konsequent, wenn der EuGH in Daily Mail den englischen Steuerbehörden gestattet, von der Gesellschaft eine Bereinigung ihrer steuerlichen Situation zu verlangen. Nicht anders wäre zu entscheiden, wenn ein Staat den Schutz anderer *bestehender* Gläubiger der Gesellschaft zur Bedingung des Wegzugs machte. Im Unterschied zum Zuzugsfall liegt hier ein konkretes einzelfallbezogenes Schutzinteresse vor, so dass Rechtsregeln zu dessen Schutz wesentlich leichter einer Rechtfertigung zugänglich sind als die in Centros, Überseering und Inspire Art eingewandten abstrakten Verkehrsinteressen.

Es ist also gemeinschaftsrechtlich zulässig, einer wegziehenden Gesellschaft die Zugehörigkeit zur eigenen Rechtsordnung zu entziehen und den Wegzug von der vorherigen Bereinigung der unter der bisher anwendbaren Rechtsordnung begründeten Verpflichtungen abhängig zu machen. Fraglich ist jedoch, ob es auch gerechtfertigt ist, dieser Gesellschaft ohne Prüfung des Einzelfalles stets pauschaliter die Rechtspersönlichkeit zu entziehen und die Eintragung der Sitzverlegung in das Handelsregister zu verweigern. Dies macht es der Gesellschaft unmöglich, im neuen Sitzstaat an ihre bisherige Geschäftstätigkeit anzuknüpfen. Daran kann sie aber gerade in einem Binnenmarkt durchaus ein berechtigtes Interesse haben. Nicht jede Sitzverlegung dient der Umgehung zwingender Rechtsnormen; ihr kann auch eine plausible unternehmerische Strategie zugrundeliegen. Es ist durchaus denkbar, dass eine ganze Reihe von Lieferanten, Kunden und Arbeitnehmern diese geschäftspolitische Entscheidung billigen und den Kontakt zur Gesellschaft keineswegs abbrechen wollen. Das deutsche Recht hingegen zwingt die Gesellschaft unausweichlich zur Auflösung und Neugründung und damit zu einer höchst mühsamen rechtlichen Rekonstruktion aller Rechtsbeziehungen, die zuvor bestanden haben. Verweigert wird mit anderen Worten: die *identitätswahrende Sitzverlegung*.

Für diese Verweigerung gibt es keine Rechtfertigung. Die Drittinteressen können durch weniger einschneidende Maßnahmen geschützt werden.[509] Denkbar ist eine

---

[508] Nur am Rande sei an die Parallele erinnert, dass auch der Wechsel zu einer anderen innerstaatlichen Rechtsform – jedenfalls im deutschen Recht – von der Beachtung gläubigerschützender Regeln abhängig gemacht wird (dazu § 204 UmwG).

[509] Ausführliche Überlegungen für einen Interessenschutz mit milderen Mitteln bei *Bechtel* Um-

analoge Anwendung der Abwicklungsvorschriften[510] oder der Regelungen des Umwandlungsgesetzes;[511] dessen Vorschriften zum Schutz von Minderheitsgesellschaftern und Gläubigern bei Formwechsel und Verschmelzung haben auch bei der deutschen Begleitgesetzgebung zur Europäischen Aktiengesellschaft Pate gestanden, die gleichfalls das Problem der grenzüberschreitenden Sitzverlegung zu lösen hatte.[512] Einschlägige Schutzinstrumente aus dem Umwandlungsrecht sind das Austrittsrecht für Minderheitsgesellschafter und die Sicherheitsleistung für Gläubiger.[513] Werden diese in das Verfahren der Sitzverlegung integriert, könnte nach Abschluss des Verfahrens anstelle einer Löschung im Handelsregister die Sitzverlegung ins

---

zug von Kapitalgesellschaften, 1998, S. 146 ff., *Frowein*, Sitzverlegung, 2001, S. 140 ff., *Kruse* Sitzverlegung, 1997, S. 129 ff. und *Jaeger* Grenzüberschreitende Sitzverlegung, 2003, S. 149 ff.

510 Dieser Gedanke findet sich schon in der Ausgangsentscheidung des Reichsgerichts in RGZ 7, 68, auf die sich die Registergerichte bis heute berufen (so auch die aktuelle Entscheidung BayObLG, Beschl. v. 11.2.2004 – 3Z BR 175/03, ZIP 2004, 806). Übersehen wird bei der Bezugnahme auf das Urteil, dass die Klage des Aktionärs, der den Verlegungsbeschluss anfechten wollte, abgewiesen wurde. Das Gericht stützte seine Entscheidung darauf, dass die Statuten der Gesellschaft eine Verlegung ins Ausland zuließen. Ein Schutzbedürfnis des klagenden Aktionärs wird damit abgelehnt. Zum Schutze der Gläubiger könnten die für den Fall der Auflösung getroffenen gesetzlichen Bestimmungen teils unmittelbare, teils entsprechend Anwendung finden (RGZ 7, 68, 71 f.). Der betroffene Aktionär jedenfalls könne nicht gegen die Löschung der Gesellschaft im Handelsregister oder „was damit gleichbedeutend ist, gegen die Eintragung der Verlegung des Sitzes in das Ausland im Handelsregister" (S. 71) Widerspruch erheben. Für das RG war also offenbar der rein abstrakte Verkehrsschutz kein ausreichender Grund, die Sitzverlegung zu unterbinden oder nicht als solche in das Handelsregister einzutragen.

511 Diesem Ansatz folgen (für den Zuzug von Gesellschaften) *Großfeld/Jasper* RabelsZ 53 (1989) 52 ff. Zuvor hat bereits *Behrens* RIW 1986, 590, 593, die Parallele zur formwechselnden Umwandlung gezogen. Zustimmend *K. Schmidt* ZGR 28 (1999) 20, 29. Auch *Bechtel* Umzug von Kapitalgesellschaften, 1998, S. 146 ff. zieht die Vorschriften des UmwG als Parallele heran. Bei der von *Wenglorz* BB 2004, 1061 ff. berichteten grenzüberschreitenden Verschmelzung haben die Parteien die Schutzinstrumente des Umwandlungsgesetzes offenbar aus eigenem Antrieb beachtet und flexibel an den grenzüberschreitenden Kontext angepasst; dies dürfte dazu beigetragen haben, dass sich das Registergericht von der Eintragung der Transaktion überzeugen ließ.

512 Die grenzüberschreitende Gründung oder Sitzverlegung einer SE tangiert im Grundsatz dieselben Schutzinteressen wie die Verlegung des Sitzes einer nationalen Gesellschaft (darauf verweist auch *Eidenmüller* JZ 2004, 24, 29). Zu den gesetzgeberischen Überlegungen bei Einführung entsprechender Begleitvorschriften im deutschen Recht *C. Teichmann* ZIP 2002, 1109, 1111, *Neye/Teichmann* AG 2003, 169, 174 f. sowie *C. Teichmann* in Theisen/Wenz (Hrsg.), Die Europäische Aktiengesellschaft, 2. Aufl., 2005, S. 573, 593 ff.

513 In diesem Sinne noch *Lutter/Hommelhoff* GmbHG, 15. Aufl., 2000, § 4a, Rn. 13 (in der 16. Aufl. von 2004 ist diese Passage allerdings entfallen). Diese Instrumente wurden auch in der Begleitgesetzgebung zur SE fruchtbar gemacht (siehe zum Minderheitenschutz bei Gründung und Sitzverlegung der SE *C. Teichmann* ZGR 32 (2003) 367 ff. und speziell zum Austrittsrecht *C. Teichmann* AG 2004, 67 ff.). Zum Schutz von Minderheitsgesellschaftern und Gläubigern bei Einführung der angekündigten Sitzverlegungsrichtlinie *Jaeger* Grenzüberschreitende Sitzverlegung, 2003, S. 149 ff.

Ausland eingetragen werden. Auch Fragen der Übergangsphase bis zur Eintragung wären lösbar, gegebenenfalls unter Rückgriff auf den Gedanken der Vorgesellschaft.[514] Am schwierigsten sicherzustellen ist der Schutz der Arbeitnehmer in Form der unternehmerischen Mitbestimmung.[515] Dies kann hier nicht in allen Einzelheiten untersucht werden. Der Sanktion der Auflösung fehlt aber jedenfalls bei Gesellschaften unterhalb der Mitbestimmungsschwelle schon jeder Bezug zum geschützten Interesse.[516] Zulässig müsste darüber hinaus eine Sitzverlegung sein, die im mitbestimmten Aufsichtsrat einstimmige Billigung gefunden hat. Darüber hinaus müsste geprüft werden, ob im Zuzugsstaat nicht andere gleichwertige Mechanismen der Mitbestimmung existieren.[517] Und schließlich ist die Sanktion der Auflösung auch in den übrigen Fällen zum Schutz der Arbeitnehmer ungeeignet. Denn die Auflösung als deutsche Gesellschaft und Neugründung als ausländische Gesellschaft entzieht der Mitbestimmung die rechtliche Grundlage und stellt die Arbeitnehmer damit völlig schutzlos. Viel effizienter im Sinne des geschützten Interesses wäre es, Möglichkeiten zur vereinbarten Mitbestimmung zu eröffnen, wie sie beispielsweise in der SE-Richtlinie vorgesehen sind.[518] Im Ergebnis ist damit die pauschale und von jeder Prüfung des Einzelfalles unabhängige Sanktion der Auflösung eine nicht zu rechtfertigende Beschränkung der Niederlassungsfreiheit deutscher Gesellschaften. In der Mehrzahl der Fälle lässt sich den schützenswerten Interessen auf andere Weise hinreichend Rechnung tragen.

---

[514] *Behrens* RIW 1986, 590, 594.

[515] Individualarbeitsrechtlich bestünde grundsätzlich Bestandsschutz; allerdings könnte der Austritt des Arbeitgebers aus dem nationalen Arbeitgeberverband auch individualvertragliche Nachteile mit sich bringen. Im Betriebsverfassungsrecht würden gegebenenfalls die Vertretungsorgane auf Unternehmens- und Konzernebene (Gesamtbetriebsrat, Wirtschaftsausschuss, Konzernbetriebsrat) wegfallen. Umfassend zu den arbeitsrechtlichen Fragen der Sitzverlegung *Bechtel* Umzug von Kapitalgesellschaften, 1998, S. 152 ff. und *Heinze* ZGR 1999, 54 ff.

[516] Ebenso *Schnichels* Reichweite der Niederlassungsfreiheit, 1995, S. 191. Zumindest nachdenklich in diesem Punkt auch *Großfeld*-Staudinger, Int. GesR, 1998, Rn. 677 m.w.N.

[517] So argumentiert *Schnichels* Reichweite der Niederlassungsfreiheit, 1995, S. 192, für Fälle des Zuzugs ausländischer Gesellschaften nach Deutschland. Vgl. dazu auch die kürzlich verabschiedete zehnte gesellschaftsrechtliche Richtlinie zur grenzüberschreitenden Verschmelzung (AblEU v. 25.11.2005, L 310/1 ff.); der im November 2003 vorgelegte Vorentwurf enthielt noch die vernünftige aber politisch offenbar nicht durchsetzbare Regelung, dass bei einer Verschmelzung in einen Aufnahmestaat, der gleichfalls eine Form der Mitbestimmung kennt, die Geltung dieses Modells für die aus der Verschmelzung hervorgegegangene Gesellschaft gelten solle (näher *Maul/ Teichmann/Wenz* BB 2003, 2633, 2636).

[518] Zur Beteiligung der Arbeitnehmer bei Gründung der SE neben vielen anderen *Heinze* ZGR 2002, 66 ff., *Herfs-Röttgen* NZA 2001, 424 ff., *Kleinsorge* RdA 2002, 343 ff., *Nagel* AuR 2001, 406 ff., *Pluskat* DStR 2001, 1483 ff. Speziell zu den Vorzügen der Verhandlungslösung *Heinze/Seifert/Teichmann* BB 2005, 2524 ff. Das Verhandlungsverfahren ist zwar als Gründungsvoraussetzung einer SE höchst schwerfällig, wäre aber im Fall der grenzüberschreitenden Sitzverlegung jedenfalls ein milderes Mittel gegenüber der Auflösung der Gesellschaft.

Ob der identitätswahrende Zuzug in den Aufnahmestaat gelingt, hängt dann allein von dessen Rechtsordnung ab. Einige Mitgliedstaaten sind dazu bereit.[519] In diesen Fällen könnte die Gesellschaft ihren Registersitz also nach dem Recht des Aufnahmestaates ohne Verlust ihrer Rechtspersönlichkeit verlegen, wenn nicht das deutsche Recht schon das bloße Vorhaben der Sitzverlegung als Auflösung der Gesellschaft interpretieren würde und daher die Prüfung der Frage, wie das ausländische Recht den Vorgang beurteilt, erst gar nicht aufnimmt.[520] Darin liegt ein Verstoß gegen den Daily Mail zu entnehmenden Grundsatz, dass ein Mitgliedstaat seinen Unternehmen die Auswanderung nicht verbieten und – so wird man im Lichte der inzwischen anerkannten Auslegung der Niederlassungsfreiheit als Beschränkungsverbot hinzufügen müssen: – sie auch nicht unnötig behindern darf. Als pauschale Sanktion schießt die Auflösung ebenso über das Ziel hinaus wie die Versagung der Parteifähigkeit gegenüber der zuziehenden Gesellschaft im Fall Überseering.[521] Eine grundfreiheitenkonform ausgestaltete Rechtsordnung muss daher richterrechtlich oder gesetzlich eine Möglichkeit der identitätswahrenden Sitzverlegung bereitstellen. Dies gilt auch für den Zuzug von Gesellschaften. Da der Mitgliedstaat die Kriterien für die Zugehörigkeit zu seiner Rechtsordnung selbst festlegen darf, kann er zwar verlangen, dass eine zuziehende Gesellschaft, die sich dem hiesigen Recht unterstellen will, die Gründungsvorschriften für nationale Gesellschaften einhält.[522] Eine kategorische Ablehnung der Eintragung im Zuzugsstaat verstößt jedoch gegen die Niederlassungsfreiheit; ebenso eine eventuelle gesetzliche oder richterrechtlich entwickelte Regel der Diskontinuität der Rechtspersönlichkeit. Die von der Kommission geplante 14. gesellschaftsrechtliche Richtlinie[523] würde diesem Problem abhelfen. Darauf untätig zu warten, wäre jedoch fatal. Denn die Erwartung künftiger Rechtsangleichung war für den Gerichtshof noch nie ein Hindernis, schon hier und heute die Achtung der Grundfreiheiten einzufordern.[524]

Die bislang von deutschen Gerichten entschiedenen Sachverhalte hatten, soweit die berichteten Tatsachen diese Einschätzung erlauben, teilweise Fälle zum Gegen-

---

519 Vgl. dazu *Behrens* RIW 1986, 590 ff. und *Großfeld/Jasper* RabelsZ 53 (1989) 52, 57 f.

520 Deutlich das BayObLG in dem Fall einer Sitzverlegung nach Portugal (Beschl. v. 11.2.2004 – 3Z BR 175/03, ZIP 2004, 806, 807): „Wie das portugiesische Recht die Sitzverlegung beurteilt, kann ... dahinstehen." Denn, so argumentiert das Gericht, die Sitzverlegung sei ja nach deutschem Recht ohnehin nicht zulässig.

521 So auch *Eidenmüller* JZ 2004, 24, 29.

522 Vgl. *K. Schmidt* ZGR 28 (1999) 20, 23 und 26, der die Sitztheorie als „Legitimationstheorie" apostrophiert, da sie der zuziehenden Gesellschaft den Weg weist, sich als Gesellschaft inländischen Rechts niederzulassen.

523 Angekündigt im Aktionsplan „Modernisierung des Gesellschaftsrechts und Verbesserung der Corporate Governance in der Europäischen Union", unter Gliederungspunkt 3.4. Der Text des Aktionsplans ist abrufbar über www.europa.eu.int/comm/internal_market/de/company/company/official/index.htm (letztmals eingesehen am 29. April 2004).

524 EuGH, *Reyners*, Rs. 2/74, Slg. 1974, 631 ff. (Rn. 26 ff.).

stand, in denen eine Gesellschaft den gesetzlichen Anknüpfungspunkt an ihre Rechtsordnung zwar lösen, dabei aber weiterhin dem bisherigen Recht unterstellt bleiben wollte.[525] Diese Freiheit steht den Gesellschaften nach den soeben erläuterten Grundsätzen nicht zu. Über die Anknüpfungspunkte zur eigenen Rechtsordnung entscheidet der jeweilige Mitgliedstaat autonom und kann dies, zumindest soweit es um den Schutz Dritter geht, auch zwingend anordnen. Eine Rechtsprechung, die kreativ genug ist, einen Verlegungsbeschluss in eine Auflösung umzudeuten, sollte sich aber der Überlegung nicht verschließen, denselben Beschluss als grenzüberschreitenden und identitätswahrenden Formwechsel zu lesen. Solange die Rechtsordnung ein derartiges Angebot nicht macht, kann es überdies kaum verwundern, dass sich keine Gesellschafterversammlung findet, die solches ausdrücklich beschließt. Es ist Aufgabe der Mitgliedstaaten, ein geregeltes Verfahren für die identitätswahrende Sitzverlegung bereitzustellen; Sache der umziehenden Gesellschaft ist es dann, die Verlegung unter Einhaltung der bereitgestellten Verfahrensregeln so zu gestalten, dass sie identitätswahrend ablaufen kann.

4. Zwischenergebnis

Die rechtliche Einordnung der „Inländerbenachteiligung" unterliegt folgenden Prämissen: Die Grundfreiheiten sind wegen ihrer binnenmarktbezogenen Funktion grundsätzlich nicht auf innerstaatliche Sachverhalte anwendbar. Dieser Grundsatz gilt allerdings nur unter Vorbehalt. Zunächst bedarf es einer Prüfung, ob überhaupt ein reiner Inlandssachverhalt vorliegt. Die Niederlassungsfreiheit ist bereits dann einschlägig, wenn eine Gesellschaft, die im Ausland wirksam gegründet wurde, sich im Inland niederlassen will. Es kommt nicht darauf an, welcher Nationalität die Anteilseigner sind. Es kann sich also durchaus um Inländer handeln, die sich der ausländischen Rechtsform allein deshalb bedienen, weil ihnen die ausländischen Gründungsvorschriften attraktiver erscheinen. Dennoch ist dies ein grenzüberschreitender Sachverhalt; denn Trägerin der Grundfreiheit ist die Gesellschaft, nicht der Anteilseigner.

Der im Schrifttum vertretenen These, die Grundfreiheiten seien im Sinne eines allgemeinen Freiheitsrechts zu verstehen und daher auch auf reine Inlandssachverhalte anwendbar, kann jedoch nicht gefolgt werden. Denn sie überdehnt den Sinn und Zweck der Grundfreiheiten. In einem Binnenmarkt, der aus Mitgliedstaaten mit unterschiedlichen Rechtsordnungen besteht, darf die Eigenständigkeit der Mitgliedstaaten nur insoweit eingeschränkt werden, als dies erforderlich ist, um den

---

[525] So offenbar im Verfahren, das vom AG Heidelberg dem EuGH vorgelegt wurde (AG Heidelberg, Beschl. Vom 3.3.2000 – HRB 831 – SNH, ZIP 2000, 1617). Der Beschluss berichtet, die Gesellschaft wolle sich wegen des dortigen Baubooms nach Spanien ausrichten, weil deutsche Auswanderer am besten durch „eine deutsche Gesellschaft vor Ort" betreut werden könnten.

grenzüberschreitenden Verkehr zu erleichtern. Eine Einwirkung auf innerstaatliche Sachverhalte ist davon grundsätzlich nicht gedeckt. Sie ist auch im Lichte der ökonomischen Zielsetzung der Grundfreiheiten nicht geboten; denn ihre Auslegung im Sinne des Herkunftsprinzips ermöglicht auch den Produzenten von Ländern mit strengeren Vorschriften, im gesamten Binnenmarkt tätig zu werden oder ihre Produktionsstandorte dorthin zu verlagern, wo sie günstiger produzieren können.

Ein Sonderfall der Inländerdiskriminierung ist die Wegzugsbeschränkung. Sie richtet sich zwar gegen Inländer, tangiert aber dennoch die Niederlassungsfreiheit. Wenn es den Mitgliedstaaten erlaubt wäre, ihre Staatsangehörigen am Verlassen des Staatsgebiets zu hindern, würde der Binnenmarkt nicht funktionieren. Zwar erscheint die Wegzugsbeschränkung auf den ersten Blick von Daily Mail gedeckt. Die Zusammenschau der Entscheidungen zur Niederlassungsfreiheit von Gesellschaften ergibt jedoch, dass auch die Wegzugsbeschränkung rechtfertigungsbedürtig ist. An diesem Maßstab gemessen ist die nach wie vor praktizierte deutsche Regel, wonach eine Gesellschaft, die ihren satzungsmäßigen Sitz oder ihre Hauptverwaltung ins Ausland verlegt, als aufgelöst gilt, ein Verstoß gegen die Niederlassungsfreiheit. Es gibt nämlich mildere Mittel, um die betroffenen Drittinteressen zu schützen. Im Ergebnis muss jedenfalls eine identitätswahrende Sitzverlegung unter Wechsel des anwendbaren Rechts ermöglicht werden; allein dies erlaubt – das Einverständnis der betroffenen Geschäftspartner vorausgesetzt – die Kontinuität der im Inland eingegangenen Rechtsbeziehungen, an der die Gesellschaft ein berechtigtes Interesse haben kann.

VI. Ergebnis zu § 3

Die Grundfreiheiten sind neben der Rechtsangleichung und den Wettbewerbsvorschriften ein zentrales Instrument zur Herstellung des Binnenmarktes und in ihrer Reichweite und ihren Grenzen auf dieses Ziel gerichtet zu interpretieren. In einem Binnenmarkt, der sich aus Mitgliedstaaten mit unterschiedlichen Rechtsordnungen konstituiert, sind die Grundfreiheiten nicht dazu gedacht, völlige Rechtseinheit herzustellen. Ihr Beitrag besteht darin, den Marktzugang über die Grenzen zu öffnen und dafür zu sorgen, dass der Grenzübertritt keine Zusatzbelastungen auslöst. Das Verständnis der Grundfreiheiten als *Beschränkungsverbot* unterwirft daher alle mitgliedstaatlichen Maßnahmen, die den Grenzübertritt gegenüber dem inländischen Wirtschaftsvorgang weniger attraktiv machen können, einer Verhältnismäßigkeitsprüfung. Als Beschränkung lässt sich jede Maßnahme ansehen, die für ausländische Produkte oder Wirtschaftssubjekte Anpassungskosten verursacht. Angesichts der Konstituierung des Binnenmarkts aus verschiedenen Rechtssystemen ergeben sich Anpassungskosten häufig schon aus der bloßen Unterschiedlichkeit der Rechtsordnungen.

Bei dieser Auslegung eröffnen die Grundfreiheiten letztlich eine Überprüfung nahezu jeder freiheitsbeschränkenden mitgliedstaatlichen Maßnahme. Dies steht in einem Spannungsverhältnis zu der Grundstruktur der Gemeinschaft, welche das Fortbestehen von Mitgliedstaaten voraussetzt und deren Identität respektiert. Das Verständnis der Grundfreiheiten als Beschränkungsverbot bedarf daher eines Korrektivs. Es liegt in der Möglichkeit, mitgliedstaatliche Maßnahmen mit beschränkender Wirkung dann aufrecht zu erhalten, wenn sie dem *Schutz zwingender Allgemeininteressen* dienen. Umgekehrt ist es Ausdruck der Loyalitätspflicht der Mitgliedstaaten, dass sie den freien Fluss der Waren und Wirtschaftssubjekte im Binnenmarkt nicht mehr behindern als zur Verfolgung des Schutzieles unbedingt nötig ist. Daher fordert der Gerichtshof im Grundsatz zu Recht, dass beschränkende Maßnahmen zur Verfolgung des Schutzinteresses geeignet, erforderlich und verhältnismäßig sein müssen.

Ihrer Struktur nach ist diese *Rechtfertigungsprüfung* keine Abwägung der Grundfreiheiten gegenüber den mitgliedstaatlichen Regelungskompetenzen. Abgewogen wird vielmehr einerseits das Ziel eines belastungsfreien grenzüberschreitenden Wirtschaftsverkehrs, dessen Verwirklichung die Grundfreiheiten dienen, und andererseits das legitime Allgemeininteresse, das durch die Beschränkung geschützt werden soll. Die Grundfreiheiten treten zurück, soweit dies zur Verwirklichung der Allgemeininteressen geboten ist. Dabei ist es für die Eröffnung des Anwendungsbereichs der Grundfreiheiten zunächst unerheblich, ob die Beschränkung dem mitgliedstaatlichen Recht entstammt oder dem Gemeinschaftsrecht. Im zweiten Prüfungsschritt gillt dann allerdings gegenüber mitgliedstaatlichen Maßnahmen ein wesentlich strengerer Prüfungsmaßstab. Denn hier fällt erschwerend ins Gewicht, dass jede mitgliedstaatliche Maßnahme schon für sich genommen einen binnenmarktwidrigen Effekt hat, weil sie die Kluft zwischen den verschiedenen Rechtsordnungen vertieft. Der EuGH verwirft derartige Beschränkungen im Rahmen der Verältnismäßigkeitsprüfung selbst dann, wenn dies im Ergebnis zu einem geringeren Schutzniveau für das in Frage stehende Allgemeininteresse führen sollte. Den Mitgliedstaaten wird, mit anderen Worten, nicht zugestanden, das gewünschte Schutzniveau autonom festzulegen. Anders liegen die Dinge im Sekundärrecht: Dies schafft regelmäßig mehr Markteinheit, als zuvor bestanden hat, und wird daher vom Gerichtshof nur einer äußerst zurückhaltenden Verhältnismäßigkeitprüfung unterzogen. Den Beurteilungsspielraum, den jeder Gesetzgeber bei der Abwägung verschiedener Schutzinstrumente zum Ausgleich einander widerstreitender Interessen benötigt, gesteht der EuGH nur dem Gemeinschaftsgesetzgeber zu.

Ordnet man die *Leitentscheidungen* zur Niederlassungfreiheit von Gesellschaften in das binnenmarktbezogene Verständnis der Grundfreiheiten ein, handelte es sich jedenfalls bei Centros und Überseering um eindeutige Fälle der Verhinderung des Marktzugangs. *Centros Ltd.* wurde in Dänemark die Eintragung einer Zweigniederlassung verweigert, *Überseering B. V.* in Deutschland der Zugang zu den Gerichten. Diese Gesellschaften waren nach dem Recht ihres Herkunftsstaates wirksam gegründet. Ihnen wurde – bildlich gesprochen – der Grenzübertritt verweigert. Dies ist eine Sanktion, die in einem „Raum ohne Binnengrenzen“ (Art. 14 Abs. 2 EG-Vertrag) kaum zu rechtfertigen ist. Dass die ausländischen Gesellschaften von

Staatsbürgern des Zuzugsstaats gegründet worden waren, ändert daran nichts. Denn es ist die Gesellschaft, die Niederlassungsfreiheit genießt, auf die Staatsangehörigkeit der Gesellschafter kommt es nicht an. Würde man auf die Identität der hinter der Gesellschaft stehenden natürlichen Personen abstellen, wäre die von Art. 48 Abs. 2 EG-Vertrag vorgenommene Gleichstellung der Gesellschaften mit den natürlichen Personen überflüssig. Auch Inspire Art betrifft den Marktzugang. Zwar wurde die Eintragung der Zweigniederlassung nicht von vornherein verweigert. Sie wurde aber an erschwerende Bedingungen geknüpft. Der Sache nach sollte mit dem Mindestkapitalerfordernis eine zentrale Vorschrift aus dem Gründungsverfahren niederländischer Kapitalgesellschaften angewandt werden. Materiell gesehen wäre die Gesellschaft ausländischen Rechts also gezwungen gewesen, das inländische Gründungsverfahren zu durchlaufen. Der Zwang, sich an Vorschriften zu halten, die im Aufnahmestaat für die Gründung einer Gesellschaft mit beschränkter Haftung gelten, dürfte ein wesentlicher Grund für die auch in diesem Fall angewandte Strenge des EuGH gewesen sein.

Die in allen drei Entscheidungen zu vermissende Argumentationstiefe bei der Rechtfertigungsprüfung dürfte darin ihre Ursache haben, dass die mitgliedstaatliche Sanktion bereits den *Zugang* zum inländischen Markt erschwerte, wenn nicht gar unmöglich machte. Die betreffenden Mitgliedstaaten haben gewissermaßen an ihren Grenzen die längst abgebauten Schlagbäume wieder errichtet und die ausländischen Gesellschaften nicht – oder nur unter erschwerten Bedingungen – passieren lassen. Dass dies dem Gedanken des Binnenmarktes diametral zuwiderläuft und daher kaum zu rechtfertigen ist, bedarf nicht vieler Worte der Begründung. Entsprechend schmal fällt die Verhältnismäßigkeitsanalyse denn auch aus. Zu kritisieren ist allerdings, dass der Gerichtshof in seinen Entscheidungen den Eindruck erweckt, mitgliedstaatliche Maßnahmen am Maßstab der Erforderlichkeit zu messen. Dies verleitet zu der Fehlinterpretation, das Gericht habe über die Qualität und Eignung konkurrierender Schutzmodelle entschieden. Tatsächlich aber wirft der Gerichtshof die Frage der Eignung gar nicht ernsthaft auf. Dies erklärt sich letztlich daraus, dass die mitgliedstaatliche Maßnahme wegen ihrer marktzersplitternden Wirkung einer besonderen Begründungslast unterliegt und daher jedenfalls an der Verhältnismäßigkeit im engeren Sinne scheitern musste. Dass sich aus den Grundfreiheiten keine inhaltlichen Aussagen darüber ableiten lassen, auf welche Weise einem legitimen Allgemeininteresse zu dienen sei, erhellt schon daraus, dass ein und derselbe Schutzmechanismus (z.B. Mindestkapital) in einem mitgliedstaatlichen Gesetz übermäßig beschränkend, im Sekundärrecht jedoch ohne weiteres binnenmarktkonform ist.

Für die Einschätzung sonstiger Behinderungen ausländischer Gesellschaften, soweit sie nicht bereits am Marktzutritt ansetzen, liefern die bisherigen Entscheidungen noch keine rechtssicher handhabbaren Kriterien. Die von den Mitgliedstaaten angeführten Schutzinteressen sind allesamt legitim. Sie müssen nur auf andere, den Binnenmarkt weniger beeinträchtigende Weise verfolgt werden. Dabei ist die Systematik der Grundfreiheiten ein erster Anhaltspunkt, die zwischen der grenzüberschreitenden Niederlassung und der grenzüberschreitenden Erbringung von Dienstleistungen trennt. Die Rechtsprechung ist deutlich von der – durchaus nachvollziehbaren – Vorstellung geprägt, dass nennenswerte Gefahren für den inländischen Rechtsverkehr erst mit Aufnahme der Tätigkeit einer erwerbstätigen natürlichen Person oder einer Gesellschaft entstehen können. Daher ist sie gegenüber einer Behinderung der Niederlassung streng, bei Einschränkungen der Tätigkeit jedoch großzügiger. Die Analyse des Missbrauchsarguments hat dies gezeigt: Wer sich außer Landes begibt, um von dort aus *Dienstleistungen* ins Inland zu erbringen, ohne sich an die im Inland geltenden Tätigkeitsregeln halten zu wollen, setzt sich erheblich schneller dem Vorwurf des Missbrauchs aus als jemand, der außer Landes geht, um dort eine Gesellschaft zu gründen und mit dieser wieder ins Inland zurückzukehren. Denn – so die unausgesprochene Prämisse der Rechtsprechung – wer sich im Inland *niederlässt*, unterstellt sich den dortigen Tätigkeitsregeln und bietet damit dem Zuzugsstaat genügend Angriffsfläche für allfällige Regeln zum Schutze der inländischen Interessen. Es besteht im Lichte der schützenswerten Allgemeininteressen kein hinreichender Grund, bereits die Niederlassung als solche zu behindern oder gar zu untersagen.

Gesellschaftsrechtssysteme wie das deutsche müssen vor diesem Hintergrund umdenken. Funktional gesehen sind Gläubigerschutzvorschriften *Tätigkeitsrecht*. Denn eine Gesellschaft, die nie tätig wird, kann auch keine Gläubiger gefährden. Erst wenn sie ihre Geschäfte aufnimmt, entstehen Verbindlichkeiten, deren Rückzahlung eines Tages gefährdet sein könnte. Der deutsche Gläubigerschutz ist als präventiver Schutz angelegt und dies hat außerhalb der Niederlassungsproblematik durchaus praktische Vorzüge. Denn bei der Gründung müssen die Gesellschafter mit den staatlichen Organen in Kontakt treten, um für ihre Gesellschaft die gewünschte Rechtsfähigkeit und Haftungsbeschränkung zu erhalten. Alle für notwendig gehaltenen Prüfungen in diesem Zeitpunkt durchzuführen, hat den Vorteil, dass die Gründer sich dem nicht entziehen können. Nimmt die Gesellschaft einmal ihre Geschäftstätigkeit auf, ist es wesentlich schwerer, der handelnden Personen habhaft zu werden. Daher verursacht jeder nachgeschaltete Gläubigerschutz dem Staatsapparat einen wesentlich größeren Verfolgungsaufwand. Andererseits muss er dann nur im konkreten Einzelfall tätig werden, in dem Fehlverhalten tatsächlich auftritt; welcher Ansatz gesamtwirtschaftlich kostengünstiger ist, lässt sich wohl kaum zuverlässig beantworten.

Die Rechtsprechung zur Niederlassungsfreiheit hat angesichts dessen die Diskussion über eine Reform des nationalen GmbH-Rechts neu entfacht. Soweit parallel über eine spezielle Gefahrenabwehr gegenüber ausländischen Briefkastengesellschaften nachgedacht wird, droht eine Zweispurigkeit des deutschen Gesellschaftsrechts: Das modernisierte GmbH-Recht würde als Gründungsform deutschen Rechts dazu dienen, den im Wettbewerb der Rechtsordnungen nachfragenden Unternehmen ein attraktives Angebot zu unterbreiten; daneben gäbe es deliktische, insolvenzrechtliche oder anderweitig angeknüpfte Mechanismen, die gegenüber ausländischen Gesellschaften zum Einsatz kommen, die das nationale System des

Drittschutzes zu unterlaufen drohen. Da jedoch jegliche Beschränkung der Niederlassungsfreiheit diskriminierungsfrei anzuwenden ist, müssten diese punktuellen außer-gesellschaftsrechtlichen Instrumentarien zugleich für die nationale GmbH gelten. Dies würde zu einer Unüberschaubarkeit der Materie und letztlich zu einer Doppelbelastung der inländischen Rechtsform führen. Denn deren Gesellschafter hätten sowohl das strenge Gründungsrecht (für die nationale GmbH) als auch die (auf ausländische Briefkastengesellschaften gemünzten) zusätzlichen tätigkeitsbezogenen Schutznormen zu beachten.

Soll der Anspruch eines systematisch stimmigen Gesellschaftsrechts auf deutschem Territorium nicht aufgegeben werden, muss aus beiden Gedanken eine Synthese gebildet werden: Das nationale Gesellschaftsrecht ist zu einem System zu entwickeln, das Interessen Dritter in einer Weise schützt, die den grenzüberschreitenden Verkehr möglichst wenig belastet. Damit erweisen sich präventive Maßnahmen, die bereits bei der Gründung der Gesellschaft greifen und anschließend nicht mehr nachgeholt werden können, als problematisch. Denn sie setzen voraus, dass die Gesellschaft im Territorium des Gründungsstaates auch ihre Geschäfte aufnimmt; nur dann können sich Prävention und Repression wie gewünscht die Waage halten. Ist die Wettbewerbssituation im Gesellschaftsrecht jedoch dadurch gekennzeichnet, dass einige Mitgliedstaaten an die Gründung keinerlei Anforderungen stellen, muss sich ein Staat, der seine Schutzinteressen bislang überwiegend durch Prävention zur Geltung brachte, von diesem Konzept möglicherweise lösen. Den Anforderungen an einen solchermaßen *binnenmarktkonformen* Gläubigerschutz soll in § 8 näher nachgegangen werden.[526]

Der deutsche Gesetzgeber wäre allerdings schlecht beraten, wenn er zur Zielgruppe seiner Bemühungen allein diejenigen Unternehmen kürte, die über Umgehungskonstruktionen nachdenken. Das ist aller Erfahrung nach nur eine Minderheit. Die große Mehrheit der Unternehmen fragt vor allem Rechtssicherheit nach, wie gerade die Diskussion um den US-amerikanischen „Delaware-Effekt" zeigt.[527] *Überseering B.V.* hatte nach allem, was man dem Sachverhalt des Urteils entnehmen kann, nicht die Absicht, deutsches Recht zu umgehen, war sich vielmehr des rechtlichen Vakuums gar nicht bewusst, in das sie sich hineinbegab. Nach dem Entscheid des EuGH darf sie nun ihre Tätigkeit als niederländische B.V. in Deutschland fortsetzen. Dennoch bleiben hinsichtlich der möglichen Anwendung deutschen Rechts viele offene Fragen, die künftig von Fall zu Fall gerichtlich geklärt werden müssen. Die rechtssichere Umwandlung in eine Gesellschaft deutschen Rechts wäre also durchaus eine attraktive Alternative. Die deutsche Rechtsordnung hat es bis heute versäumt, dafür ein Gestaltungsangebot zu unterbreiten; dies widerspricht möglicherweise nicht dem Buchstaben, jedenfalls aber dem Geist des

---

526 S. unten S. 449 ff.

527 *Roberta Romano* sieht den größten Standortvorteil des Staates Delaware darin, dass er mit seinem Rechtssystem „predictability und stability" anbieten kann (näher unten S. 341 ff.).

EG-Vertrages. In einem Gemeinsamen Markt ohne Grenzkontrollen kann es sich für eine ausländische Gesellschaft tagtäglich ergeben, dass durch Änderung des Gesellschafterkreises, durch Verlagerung der Geschäftstätigkeit oder andere tatsächliche Umstände der Schwerpunkt der geschäftlichen Verhältnisse über die Grenze nach Deutschland hineinwächst, ohne dass dies in irgendeiner Weise rechtlich zu missbilligen wäre, ja mitunter sogar ohne, dass dieser Umstand den Akteuren überhaupt bewusst wird. Wer in dieser Situation einen Berater nach einer rechtssicheren Lösung fragte, bekam bislang zur Antwort, dass seine Gesellschaft sich zum Zeitpunkt des Grenzübertritts in Luft aufgelöst habe.[528] Ebenso ergeht es einer deutschen Gesellschaft, die einen rechtssicheren Weg für die Verlagerung ihres Schwerpunktes ins Ausland sucht. Vor jeder Reform des materiellen Gesellschaftsrechts ist diesem Missstand zu allererst abzuhelfen. Das Problem liegt nicht auf der Ebene des Kollisionsrechts, das lediglich das anwendbare Recht bestimmt, sondern auf der Ebene des Sachrechts, das einen Wegzug nur unter Auflösung der Gesellschaft gestattet.[529] Das deutsche Recht sollte schnellstmöglich ein Verfahren anbieten, mit dem eine nach ausländischem Recht gegründete Gesellschaft unter Wahrung ihrer rechtlichen Identität das Personalstatut wechseln kann.[530] Ebensolches ist auch deutschen Gesellschaften zu ermöglichen, die ihren Schwerpunkt ins Ausland verlagern wollen. Auf eine europäische Richtlinie muss und darf nicht gewartet werden; denn es ist Aufgabe jedes einzelnen Mitgliedstaates, zumindest in seinem Kollisions- und Sachrecht die Voraussetzungen dafür zu schaffen, dass der Grenzübertritt möglich ist.

---

[528] Amüsant und völlig zutreffend schildert *K. Schmidt* ZGR 28 (1999) 20, 26f., diesen ausweglosen „Dialog" der anpassungswilligen (!) Auslandsgesellschaft mit der deutschen Rechtsordnung.

[529] *Behrens* IPRax 1999, 323, 329; *K. Schmidt* ZGR 28 (1999) 20, 22.

[530] Zu dieser schon früh von *Beitzke* erhobenen Forderung *Großfeld*-Staudinger, Int. GesR, 1998, Rn. 35; weiterhin *Behrens* IPRax 1999, 323, 329: Der Statutenwechsel muss wie eine formwechselnde Umwandlung behandelt werden können (ebenso *K. Schmidt* ZGR 28 (1999) 20, 29).

§ 4 Rechtsangleichung

Ungeachtet der aktuellen Entwicklungen im Bereich der Niederlassungsfreiheit hat sich aufs Ganze gesehen die Rechtsangleichung als das bei weitem wichtigste Mittel zur Verwirklichung des Binnenmarktes im Gesellschaftsrecht erwiesen. Elf Richtlinien wurden im Laufe der Jahrzehnte verabschiedet;[1] sie regeln die Publizität der Gesellschaften, ihr Kapital, nationale Verschmelzung und Spaltung, das Recht der Rechnungslegung und die Befähigung der Prüfer, die Zweigniederlassung und die Einpersonen-Gesellschaft, das Übernahmerecht und neuerdings auch die grenzüberschreitende Verschmelzung.[2] Weiterhin wurden Richtlinien zur Struktur der Aktiengesellschaften, zum Konzernrecht, der grenzüberschreitenden Sitzverlegung und zur Liquidation in Angriff genommen. Einige davon, insbesondere die Strukturrichtlinie und die Konzernrechtsrichtlinie, dürften kaum mehr Aussicht auf Verwirklichung haben. Andere, wie die Richtlinie über die grenzüberschreitende Sitzverlegung,[3] stehen nach längerem Stillstand wieder auf der Tagesordnung der Europäischen Kommission.

Die praktisch überragende Bedeutung der Rechtsangleichung für die Annäherung der Rechtsordnungen im Gesellschaftsrecht ist Anlass, auch hier zu fragen, welches Leitbild des Binnenmarktes diesen Maßnahmen zu Grunde liegt und auf welche Weise dies in konkrete Einzelfragen der Richtlinienauslegung und -anwendung ausstrahlt. Zunächst sind hierzu allgemeine Merkmale von Rechtsangleichung zu klären (*unter I.*), bevor dann legislative (*unter II.*) und judikative (*unter III.*) Rechtsangleichung näher betrachtet werden. Legislative Rechtsangleichung meint, der Begriffsbildung von *Franzen* folgend,[4] die Angleichung von Rechtsnormen durch Akte des Sekundärrechts, judikative Rechtsangleichung die Interpretation dieser Rechtsakte durch den Europäischen Gerichtshof.

---

1 Quellennachweise zu den Richtlinien finden sich im Anhang „Fundstellenverzeichnis". Im nachfolgenden Text wird daher auf einzelne Quellennachweise bei Nennung der Richtlinien verzichtet.

2 Vgl. den Überblick bei *Habersack* Europäisches Gesellschaftsrecht, 2. Aufl., 2003, S. 40ff. sowie bei *Lutter* Europäisches Unternehmensrecht, 4. Aufl., 1996, S. 36ff. und die ausführliche Darstellung bei *Schwarz* Europäisches Gesellschaftsrecht, 2000, 167ff. Zur Übernahmerichtlinie *Maul/Muffat-Jeandet* AG 2004, 221ff. Zur jüngst verabschiedeten zehnten Richtlinie zur grenzüberschreitenden Verschmelzung *Neye* ZIP 2005, 1893ff. Zum vorangegangenen Kommissionsvorschlag aus dem November 2003 *Maul/Teichmann/Wenz* BB 2003, 2633ff. und *Pluskat* EWS 2004, 1ff.

3 Sie sollte kurzfristig (d.h. im Zeitraum 2003–2005) verabschiedet werden. Siehe dazu *Kommission* Aktionsplan, 2003, Anhang I.

4 *Franzen* Privatrechtsangleichung, 1999, S. 12. Inwieweit auch die richterliche Auslegung des Primärrechts eine mittelbar harmonisierende Wirkung haben kann (dazu beispielsweise *Vogel* in: FS Peltzer, 2001, S. 599, 607ff.), bleibt hier ausgeklammert.

I. Rechtsangleichung als Form der zentralen Rechtsetzung

1. Begriff und Funktion der Rechtsangleichung im EG-Vertrag

a) Begriff

Über den Begriff der Rechtsangleichung herrschte nach Erlass des EWG-Vertrages zunächst eine gewisse Unsicherheit.[5] Anlass war die unterschiedliche Begriffswahl im Vertragstext. Teilweise ist von „Angleichung“ die Rede (Art. 3 Abs. 1 lit. h), teilweise von „Koordinierung“ (Art. 44 Abs. 2 lit. g), bei den Steuern auch von „Harmonisierung“ (Art. 93) und bei den Ausfuhrbeihilfen von „Vereinheitlichung“ (Art. 132 Abs. 1). Es dürfte heute Einigkeit darin bestehen, dass mit dieser verschiedenen Wortwahl keine sachlichen Unterschiede verbunden sind.[6] Der Sache nach geht es in allen genannten Fällen um ein bewusstes und gemeinsames Verfahren der Mitgliedstaaten mit dem Ziel, Rechtsnormen gleichen oder identischen Inhalts in ihre Rechtsordnungen einzuführen oder sonst ihre Rechte im Verhältnis zueinander gleich zu gestalten.[7] Rechtsangleichung ist dabei stets als wesensmäßiges Minus zur vollständigen Rechtsvereinheitlichung zu denken.[8] Sie belässt den Mitgliedstaaten einen gewissen Regelungsspielraum und ist insoweit eine dem Binnenmarkt, der den Fortbestand der Mitgliedstaaten impliziert, angemessene Form zentraler Regelsetzung.[9]

b) Binnenmarktbezug

Rechtsangleichung ist funktional an den Zielen des EG-Vertrages orientiert.[10] Sie ist ein Instrument zur Herstellung und Funktionssicherung des Gemeinsamen Marktes, indem sie die für das ordnungsgemäße Funktionieren des Gemeinsamen Marktes abträglichen Unterschiedlichkeiten beseitigt.[11] Rechtsangleichung hat also eine dienende und integrationsbezogene Funktion.[12] Konsequenterweise ist das Funktionsverständnis von Rechtsangleichung im Laufe der Jahre stets eng ver-

---

5 Zur Diskussion *Schmeder* Rechtsangleichung, 1978, S. 5ff.

6 *Franzen* Privatrechtsangleichung, 1999, S. 70f.; *Leible* in: Streinz (Hrsg.), EUV/EGV, 2003, Art. 94, Rn. 18; *Schmeder* Rechtsangleichung, 1978, S. 5 und S. 7.

7 *Schmeder* Rechtsangleichung, 1978, S. 8; weiterhin zum Begriff der Rechtsangleichung *Herrnfeld* in: Schwarze, EU-Kommentar, 2000, Art. 94, Rn. 7ff. und *Lukes/von Danwitz* in: Dauses (Hrsg.), EU-Wirtschaftsrecht, 2004, B II, Rn. 72ff.

8 *Leible* in: Streinz (Hrsg.), EUV/EGV, 2003, Art. 94, Rn. 17.

9 Dies gilt ungeachtet dessen, dass der auf die Einheitliche Europäische Akte zurückgehende Art. 95 EG-Vertrag neben den Richtlinien auch andere „Maßnahmen“ zulässt (*Everling* in: FS Steindorff, 1990, S. 1155, 1166).

10 *Franzen* Privatrechtsangleichung, 1999, S. 73ff.; *Schmeder* Rechtsangleichung, 1978, 39.

11 *Ipsen* Europäisches Gemeinschaftsrecht, 1972, S. 686; *Hallstein* RabelsZ 28 (1964) 211, 214; *Oppermann* Europarecht, 2. Aufl., 1999, S. 475 (Rn. 1200).

12 *Conrad* Mindestharmonisierung, 2004, S. 27ff.; *Oppermann* Europarecht, 2. Aufl., 1999, S. 477 (Rn. 1204). *Timmermans* RabelsZ 48 (1984) 1, 6ff.

knüpft gewesen mit den konzeptionellen Vorstellungen vom Gemeinsamen Markt. Dachte man ursprünglich vorwiegend an die Angleichung von Vorschriften aus dem Bereich des öffentlichen Rechts, die als Ursache von Wettbewerbsverzerrungen unmittelbar im Blickfeld standen, wurden mit fortschreitender Integration der Märkte auch die Unterschiede in anderen Regelungsbereichen als Hindernis empfunden.[13] Einen großen Aufschwung nahm die Angleichungstätigkeit in Umsetzung des Weißbuchs der Europäischen Kommission zur Errichtung des Binnenmarktes.[14] Die Einheitliche Europäische Akte unterstrich die Bedeutung der Rechtsangleichung dadurch, dass sie neue Kompetenznormen schuf und die Möglichkeiten zur Beschlussfassung mit qualifizierter Mehrheit deutlich ausdehnte.[15] Die Rechtsangleichung wurde damit „zu einer Art Hoffnungsträger des Binnenmarktes erhoben"[16]. Außerdem sorgte die Entwicklung der Grundfreiheitenrechtsprechung[17] für einen Bedeutungswandel. Solange Grundfreiheiten nur die Inländerbehandlung sicherten, waren die Unterschiede der Rechtsordnungen Handelshemmnisse, die allein durch Rechtsangleichung abgebaut werden konnten.[18] Nachdem die Grundfreiheiten in ihrer Interpretation als Beschränkungsverbot selbst zur Öffnung der Märkte beitragen, ist Rechtsangleichung insoweit nicht mehr zwingend nötig. Sie behält ihre Berechtigung aber einmal in denjenigen Bereichen, in denen Beschränkungen nach dem Rechtfertigungstest der Grundfreiheitendogmatik aufrechterhalten werden dürfen.[19] Sie kann außerdem – zur Vermeidung einer Inländerbenachteiligung[20] – dazu dienen, einen gemeinschaftlichen Schutzstandard gerade dort zu errichten, wo der Gerichtshof mitgliedstaatliche Beschränkungen als unverhältnismäßig verworfen hat.[21]

Für die Harmonisierung des Gesellschaftsrechts gilt im Grundsatz dasselbe. "The company law harmonization programme ... has to be judged largely, though not exlusively, by the contribution to the objetive of economic integration." Schreibt *Geoffrey Fitchew*, seinerzeit Generaldirektor in der Europäischen Kom-

---

[13] Dazu aus den frühen Jahren der EWG *Hallstein* RabelsZ 28 (1964) 211ff.; ebenso die Analyse bei *Everling* in: FS Steindorff, 1990, S. 1155, 1156. Weiterhin *Tietje* in: Grabitz/Hilf, 2003, vor Art. 94–97, Rn. 9ff.

[14] *Everling* in: FS Steindorff, 1990, S. 1155, 1163ff.; *Leible* in: Streinz (Hrsg.), EUV/EGV, 2003, Art. 94, Rn. 6; ausführlich dazu auch *Müller-Graff* EuR 1989, 107, 113ff.

[15] Zum rechtlichen Rahmen der Rechtsangleichung nach der Einheitlichen Europäischen Akte *Müller-Graff* EuR 1989, 107ff.; weiterhin *Steindorff* ZHR 150 (1986) 687ff. und *Everling* in: FS Steindorff, 1990, S. 1155, 1163 ff.

[16] *Müller-Graff* EuR 1989, 107, 109.

[17] S. oben S. 105 ff.

[18] *Steindorff* ZHR 150 (1986) 687, 690 f.

[19] *Everling* in: FS Steindorff, 1990, S. 1155, 1157; *Leible* in: Streinz (Hrsg.), EUV/EGV, 2003, Art. 94, Rn. 4; *Müller-Graff* in: von der Groeben/Schwarze (Hrsg.), EGV, 2003, Art. 28, Rn. 349.

[20] *Müller-Graff* in: von der Groeben/Schwarze (Hrsg.), EGV, 2003, Art. 28, Rn. 349.

[21] Allerdings wirft dies die Frage auf, inwieweit das Sekundärrecht seinerseits am Maßstab der Grundfreiheiten zu messen ist (dazu bereits oben S. 153 ff.).

mission.[22] Entsprechend beschreibt *Wymeersch* das Ziel der Rechtsangleichung im Gesellschaftsrecht:[23] Unternehmen sollten die Möglichkeit haben, sich überall im Binnenmarkt niederzulassen. Dabei solle die Überschreitung der Grenzen zwischen den Mitgliedstaaten nach Möglichkeit keine zusätzlichen Hindernisse oder Kosten verursachen.[24] In einem idealen europäischen Markt müsse es ebenso einfach sein, in einem anderen Staat tätig zu werden wie innerhalb eines Staates in einem anderen Bundesland, Département oder County. Ausgangspunkt für *Wymeersch* ist die Frage:[25] Was erwarten Unternehmen in Europa vom Gesellschaftsrecht? Die Antwort kann nur lauten: Einen Binnenmarkt, in dem die grenzüberschreitende Tätigkeit nicht mehr Kosten und Schwierigkeiten verursacht als die Tätigkeit innerhalb eines Landes.

Konkret geht es dabei erstens um die Beseitigung von rechtlichen Hemmnissen, die einer grenzüberschreitenden Umstrukturierung von Unternehmen entgegenstehen; hier sind namentlich die Richtlinien über die grenzüberschreitende Verschmelzung und Sitzverlegung zu nennen. Zweitens beruht die Harmonisierung auf der Annahme, dass den Unternehmen eine grenzüberschreitende Tätigkeit leichter falle, wenn sie in allen Mitgliedstaaten ein weitgehend gleiches rechtliches Umfeld antreffen. Dieser Effekt gilt auch den außenstehenden Personen, die mit den Unternehmen in Kontakt treten, sei es als potentielle Anleger, als Gläubiger oder als Arbeitnehmer; auch aus ihrer Sicht bedeutet es eine Erleichterung, im grenzüberschreitenden Verkehr mit weitgehend einheitlichen gesellschaftsrechtlichen Regeln rechnen zu dürfen. Den Interessen Dritter dienen namentlich die Richtlinien über die Offenlegung und die Rechnungslegung. Die Harmonisierung im Gesellschaftsrecht ist damit ein wichtiger Beitrag zu einer weiteren grenzüberschreitenden Vernetzung der Handelsbeziehungen.[26]

---

[22] *Fitchew* in: Buxbaum/Hertig/Hirsch/Hopt (Hrsg.), European Business Law, 1991, S. 11. Der dort angedeutete Vorbehalt, nicht alle Harmonisierungsmaßnahmen ließen sich mit dem Ziel der wirtschaftlichen Integration begründen, bezieht sich vor allem auf die Fünfte Richtlinie und die darin vorgesehene Mitbestimmung der Arbeitnehmer (*Fitchew*, ebda., S. 12). Weiterhin zur Erforderlichkeit von Harmonisierung im Bereich des Gesellschaftsrechts *Müller-Graff* in: Streinz (Hrsg.), EUV/EGV, 2003, Art. 44, Rn. 17.

[23] *Wymeersch* in: 1. Europäischer Juristentag, 2001, S. 85, 108.

[24] Vgl. auch die Zielsetzung der EG-Kommission laut *Timmermans* RabelsZ 48 (1984) 1, 16: „Den durch die EG-Kommission angestrebten Gemeinsamen Unternehmensmarkt – in dem eine grenzüberschreitende Niederlassung (einschließlich grenzüberschreitender Kooperationsverbände und Fusionen) genauso einfach durchführbar sein muß wie auf dem nationalen Markt – gibt es noch nicht."

[25] *Wymeersch* in: 1. Europäischer Juristentag, 2001, S. 85, 108.

[26] Zum Vorstehenden *Fitchew* in: Buxbaum/Hertig/Hirsch/Hopt (Hrsg.), European Business Law, 1991, S. 11. Kritisch *Timmermans* RabelsZ 48 (1984) 1, 20, der eine konkretere Zielvorgabe für nötig hält, als lediglich diejenige, die Gesellschaften müssten sich in anderen Mitgliedstaaten gewissermaßen gesellschaftsrechtlich „zu Hause" fühlen; denn dieses Bedürfnis könne man ebenso für Vertrags-, Deliktsrecht und vieles andere anführen.

c) *Kriterium der Erforderlichkeit*

Der EG-Vertrag betont den Bezug zum Vertragsziel des Gemeinsamen Marktes, indem er die Rechtsangleichung unter den Vorbehalt der Erforderlichkeit stellt. Art. 3 Abs. 1 lit. h EG-Vertrag benennt als Tätigkeit der Gemeinschaft die „Angleichung der innerstaatlichen Rechtsvorschriften, soweit dies für das Funktionieren eines Gemeinsamen Marktes erforderlich ist".[27] Auch in der für das Gesellschaftsrecht relevanten Kompetenznorm (Art. 44 Abs. 2 lit. g EG-Vertrag) begegnet das Merkmal der Erforderlichkeit. Der Bezug zum Binnenmarkt ergibt sich bei dieser Vorschrift im Zusammenspiel mit Art. 44 Abs. 1 EG-Vertrag, der den Erlass von Richtlinien „zur Verwirklichung der Niederlassungsfreiheit" gestattet, also zur Verwirklichung einer der Grundfreiheiten, die nach Art. 14 Abs. 2 EG-Vertrag konstituierendes Element des Binnenmarktes sind.

Ob Rechtsangleichung im Sinne des EG-Vertrages erforderlich ist, lässt sich nur mit Blick auf die Vertragsziele des Gemeinsamen Marktes und des Binnenmarktes beantworten. Damit ist allerdings nicht gemeint, sie habe sich auf das Mindestmaß dessen zu beschränken, was zum Funktionieren des Gemeinsamen Marktes unbedingt notwendig sei. Vielmehr haben die Rechtsetzungsorgane der Gemeinschaft bei Prüfung der Erforderlichkeit einen Ermessenspielraum, der nur begrenzt gerichtlich überprüfbar ist.[28] *Ipsen* meint gar, Rechtsangleichung könne überall dort eingesetzt werden, wo dies „für das Funktionieren des Gemeinsamen Marktes nützlich und förderlich ist".[29] Dies widerspricht aber schon dem allgemeinen Verhältnismäßigkeitsgrundsatz des Art. 5 Abs. 3 EG-Vertrag, wonach die Maßnahmen der Gemeinschaft nicht über das für die Erreichung der Vertragsziele notwendige Maß hinausgehen dürfen,[30] und der Erkenntnis, dass die Vertragsziele nicht nur die Tätigkeit der Gemeinschaft legitimieren, sondern auch eine beschränkende und bindende Wirkung haben.[31] Dennoch setzt die Erforderlichkeit letztlich wohl nur dort spürbar und justitiabel eine Grenze, wo eine Maßnahme mit dem Funktionieren des Gemeinsamen Marktes nicht mehr in Zusammenhang steht, beispielsweise weil sie jeden Bezug zum grenzüberschreitenden Wirtschaftsverkehr vermissen lässt.[32] Zumindest aber bedarf die Inanspruchnahme der Angleichungskompetenzen jeweils einer substantiierten Begründung (Art. 253 EG-Vertrag) hinsichtlich der Erforderlichkeit; der bloße Hinweis auf bestehende Rechtsunterschiede genügt dazu nicht.[33]

---

[27] Dazu, insb. in Abgrenzung zum Subsidiaritätsprinzip des Art. 5 EG-Vertrag *Müller-Graff* ZHR 159 (1995) 34, 71 f.

[28] *Franzen* Privatrechtsangleichung, 1999, S. 73 ff.; *Leible* in: Streinz (Hrsg.), EUV/EGV, 2003, Art. 94, Rn. 24; *Oppermann* Europarecht, 2. Aufl., 1999, S. 480 ff. (Rn. 1209 ff.); *Tietje* in: Grabitz/Hilf, 2003, vor Art. 94–97, Rn. 35 ff.

[29] *Ipsen* Europäisches Gemeinschaftsrecht, 1972, S. 690.

[30] *Leible* in: Streinz (Hrsg.), EUV/EGV, 2003, Art. 94, Rn. 35 ff.

[31] Dazu *Müller-Graff* in: Dauses (Hrsg.), EU-Wirtschaftsrecht, 2004, A. I, S. 68 f. (Rn. 178).

[32] *Leible* in: Streinz (Hrsg.), EUV/EGV, 2003, Art. 94, Rn. 24 (m. Nachw. zur Rechtsprechung).

[33] *Müller-Graff* in: Streinz (Hrsg.), EUV/EGV, 2003, Art. 44, Rn. 8.

2. Weitere Maßnahmen zentraler Rechtsetzung: supranationale Rechtsformen

Neben der Angleichung durch Richtlinien sind auch andere Maßnahmen zentraler Rechtsetzung möglich, im Gesellschaftsrecht insbesondere die Einführung supranationaler Rechtsformen. Zumindest rechtspolitisch stand ihre Verwirklichung immer auch im Konkurrenzverhältnis zur Alternative der Rechtsangleichung.[34] Dies rechtfertigt es, Rechtsangleichung und supranationale Rechtsformen unter der Rubrik der zentralen Rechtsetzung systematisch zusammenzufassen. Die begriffliche Frage, ob supranationale Rechtsformen eine Sonderform der Rechtsangleichung oder ein aliud sind, ist für den Binnenmarktbezug wenig ergiebig, spielt aber bei der Auwahl der Kompetenznorm eine entscheidende Rolle. Die Kommission sieht die Kompetenz zur Schaffung supranationaler Rechtsformen in der Generalnorm des Art. 308 EG-Vertrag.[35] Nach dieser Vorschrift erlässt der Rat einstimmig auf Vorschlag der Kommission und nach Anhörung des Parlaments die geeigneten Vorschriften, soweit ein Tätigwerden der Gemeinschaft erforderlich erscheint, um im Rahmen des Gemeinsamen Marktes eines ihrer Ziele zu verwirklichen, und im EG-Vertrag die hierfür erforderlichen Befugnisse nicht vorgesehen sind. Ob dies die zutreffende Rechtsgrundlage für supranationale Rechtsformen ist, stand und steht weiterhin im Streit. Die Kommission selbst änderte ihre Auffassung während der Entstehungsgeschichte der Societas Europaea (SE) mehrfach.[36] Die Vorschläge von 1970 und 1975 stützte sie auf den damaligen Art. 235 (heute: Art. 308), den Vorschlag von 1989 jedoch auf die Rechtsangleichungsvorschrift des Art. 100a EG-Vertrag (heute: Art. 95), um dann letztlich wieder auf Art. 308 EG-Vertrag einzuschwenken.

Gegen den zwischenzeitlichen Vorschlag, die Rechtsakte auf Art. 100a EG-Vertrag zu stützen, wurde eingewandt, es handele sich bei der Schaffung supranationaler Rechtsformen nicht um Rechtsangleichung, auch nicht in der gesteigerten Form der Rechtsvereinheitlichung.[37] Denn beides setze voraus, dass die zentrale Rechtsetzung bestehendes mitgliedstaatliches Recht anpasse beziehungsweise verdränge. Begriffliche Voraussetzung sei daher, dass der betreffende Vorgang auf mitgliedstaatlicher Ebene überhaupt regelbar sei. *Wahlers* hielt damals fest, eine supranationale Rechtsform könnten die Mitgliedstaaten schon von der Natur der Sache her nicht selbst regeln; denn zu ihrem Wesen gehöre gerade die gemeinschaftsweit zwingende Anerkennung dieser Rechtsform.[38] *Müller-Graff* hält dem in der Diskussion um die Rechtsgrundlage für die Europäische Privatgesellschaft entgegen, diese sei durch eine „konzertierte Rechtsetzung" der Mitgliedstaaten durchaus regelbar.[39] Daran

[34] Dazu näher unten bei Erörterung der Societas Europaea ab S. 243.

[35] So ausdrücklich Erwägungsgrund 28 der SE-Verordnung.

[36] Zur Entwicklung *Wahlers* AG 1990, 448, 449.

[37] *Wahlers* AG 1990, 448, 450 ff.

[38] *Wahlers* AG 1990, 448, 454.

[39] *Müller-Graff* in: Hommelhoff/Helms, Neue Wege in die EPG, 2001, 289, 303 ff. Anders hin-

ist richtig, dass ein Mitgliedstaat jede einzelne gesellschaftsrechtliche Frage auch selbst regeln könnte. Eine gemeinschaftsweit anerkannte Rechtspersönlichkeit kann aber nur die Gemeinschaft selbst verleihen. Die Verleihung der Rechtsfähigkeit durch einen Mitgliedstaat impliziert – dies deutet namentlich das Urteil Daily Mail[40] an – auch die Möglichkeit, die Rechtsfähigkeit wieder zu entziehen. Die durch konzertierte Aktion geschaffene „europäische" Gesellschaft wäre aber im Sinne der Rechtsquellenlehre eine Gesellschaft nationalen Rechts. So lagen die Dinge beispielsweise bei den vor Gründung der EWG hier und da durch Staatsvertrag errichteten internationalen Gesellschaften.[41] Nicht zuletzt aus diesem Grund ist man in der Diskussion über die Europäische Handelsgesellschaft von der Vorstellung, eine solche Gesellschaft durch völkerrechtlichen Vertrag einzuführen, alsbald nach Gründung der EWG abgekommen.[42] Dies bedeutet nicht, dass eine konzertierte Aktion unmöglich wäre. Die solchermaßen kraft nationalen Rechts entstandene Gesellschaft wäre jedoch ein qualitatives Minus gegenüber einer genuin supranationalen, das heißt gemeinschaftsrechtlich verankerten Rechtsform. Die für supranationale Rechtsformen typische Regelungstechnik der ergänzenden Verweisung auf nationales Recht[43] steht dem nicht entgegen. Sie bringt vielmehr gerade den Umstand zur Geltung, dass die Mitgliedstaaten materielles Gesellschaftsrecht für ihre eigenen Gesellschaften durchaus regeln können, nicht aber für eine supranationale Rechtsform. Diese wird erst durch die gemeinschaftsrechtlich angeordnete Rechtsfähigkeit und ihre Gleichstellung mit bestimmten nationalen Rechtsformen im Binnenmarkt ins Leben gerufen und handlungsfähig.[44]

Letztlich hängt die Regelbarkeit einer Materie also davon ab, welches Ziel man sich setzt.[45] Das Ziel der Bewegungsfreiheit im Binnenmarkt erreicht man über eine supranationale Rechtsform jedenfalls besser als über die konzertierte Rechtsetzung. Hierzu ist die von *Müller-Graff* gezogene Parallele zur gemeinschaftsweiten Marke durchaus erhellend.[46] Rechtstechnisch erscheint es nicht ausgeschlossen, eine in allen Mitgliedstaaten anerkannte Marke auch durch die mitgliedstaatliche Regelung einer wechselseitigen Anerkennung zu erreichen. In seiner *Funktionsfähigkeit* stünde

---

gegen *Müller-Graff* EuR 1989, 107, 129, zum Statut der Europäischen Aktiengesellschaft; dieses sei nicht vom nationalen Gesetzgeber regelbar und könne daher nicht auf Art. 100a Abs. 1 EWGV gestützt werden. *Müller-Graff* in: Streinz (Hrsg.), EUV/EGV, 2003, Art. 44, Rn. 17, lehnt auch den Art. 44 Abs. 2 lit. g EG-Vertrag als Kompetenzgrundlage für supranationale Rechtsformen ab.

[40] Dazu oben S. 84ff.

[41] Dazu unten S. 241f.

[42] Dazu unten S. 240ff.

[43] Dazu unten S. 277ff.

[44] Dazu unten S. 323ff.

[45] Damit wird im Übrigen auch die Frage vorentschieden, ob die Gemeinschaft nach dem Subsidiaritätsprinzip von einer Regelung abzusehen habe (*Schön* ZHR 160 (1996) 221, 229).

[46] *Müller-Graff* in: Hommelhoff/Helms, Neue Wege in die EPG, 2001, 289, 303.

dieses Konzept aber, so *Müller-Graff* zutreffend,[47] hinter einer Gemeinschaftsmarke zurück. Ebenso liegen die Dinge bei einer supranationalen Rechtsform. Der Gemeinschaftsgesetzgeber hat insoweit den rechtspolitischen Spielraum, das Maß der angestrebten Funktionsfähigkeit als Beitrag zur Verwirklichung des Binnenmarktes festzulegen. Im Sinne der für die supranationalen Gesellschaften gewünschten Funktionsfähigkeit ist eine Regelbarkeit auf mitgliedstaatlicher Ebene zu verneinen;[48] Art. 308 EG-Vertrag ist also die zutreffende Ermächtigungsnorm.

3. Rechtsangleichung als Akt der Gesetzgebung

a) Abbau der Unterschiedlichkeit der Rechtsordnungen

Eingangs wurde festgestellt, dass der EG-Vertrag die Verwirklichung des Binnenmarktes durch das Zusammenwirken verschiedener Rechtsinstrumente zu erreichen sucht, von denen jedes einen spezifischen Teilaspekt der Integration verwirklicht.[49] Die Grundfreiheiten bewirken in ihrer heute gängigen Auslegung als Beschränkungsverbote nicht nur die Gleichbehandlung aller Marktteilnehmer in einem bestimmten Mitgliedstaat, sondern erleichtern zugleich den Produkten und Marktakteuren den grenzüberschreitenden Marktzugang.[50] Dabei wurde auch deutlich, dass die Grundfreiheiten ihrer Struktur nach bei der Herstellung von Markteinheit an Grenzen stoßen. Denn sie können beschränkende Normen nur beseitigen, nicht aber durch neue ersetzen. Diese strukturelle Lücke im Binnenmarktkonzept schließt die Rechtsangleichung. Sie ist ihrer Natur nach ein Akt der Gesetzgebung[51] und damit in ganz besonderer Weise dazu bestimmt, die Funktionsstörungen im Binnenmarkt zu beseitigen, die sich aus der Unterschiedlichkeit der Rechtsordnungen ergeben.[52] Denn sie schaffen dort neue und in sich stimmige Regelungen, wo die Grundfreiheiten nur negatorisch die Anwendung mitgliedstaatlichen Rechts ausschließen können. Notwendige Folge ist damit ein Einstieg der Gemeinschaftsorgane in die entsprechende Sachpolitik.[53] Denn Rechtsangleichung verfolgt materiell betrachtet diejenigen Allgemeinwohlziele, deren eigenständige Wahrung den Mitgliedstaaten durch die Erweiterung der Grundfreiheiten zum Beschränkungsverbot deutlich erschwert wurde.[54]

---

47 *Müller-Graff* in: Hommelhoff/Helms, Neue Wege in die EPG, 2001, 289, 303.

48 In diesem Sinne auch *Schön* ZHR 160 (1996) 221, 230 und *Schwarz* Europäisches Gesellschaftsrecht, 2000, S. 18 (Rn. 23).

49 Oben S. 64 f.

50 Dieser spezifische Beitrag der Grundfreiheiten zur Herstellung des Binnenmarktes wurde bereits oben S. 123 ff. erörtert.

51 Dazu *Schmeder* Rechtsangleichung, 1978, S. 21 ff.; weiterhin *Timmermans* RabelsZ 48 (1984), 1, 5 ff.

52 *Herrnfeld* in: Schwarze, EU-Kommentar, 2000, Art. 94, Rn. 8.

53 *Conrad* Mindestharmonisierung, 2004, S. 35; *Timmermans* RabelsZ 48 (1984), 1, 6 f.

54 Dazu oben S. 143 ff.

Einschränkend bleibt zwar zu bemerken, dass Rechtsangleichung innerhalb eines „zweistufigen Rechtsetzungsverfahrens“ [55] nur die erste Stufe bildet: Sie erlegt den Mitgliedstaaten eine Verpflichtung zur Anpassung ihrer Rechtsordnung auf; die Rechtsstellung der Bürger verändert sich erst durch den Erlass der nationalen Durchführungsmaßnahmen.[56] Die Wirkungen der Richtlinie treffen den Gemeinschaftsbürger also mittels der im jeweiligen Mitgliedstaat ergriffenen Durchführungsmaßnahmen.[57] Der dadurch erreichbare Einfluss auf die mitgliedstaatliche Gesetzgebung wird von der Gemeinschaft jedoch gezielt und gestaltend eingesetzt, um das nötige Maß an Rechtseinheit herzustellen, das die Unternehmen brauchen, um die Vorteile des Binnenmarktes effektiv nutzen zu können.[58]

b) „Rechtsregeln“ und „Statusnormen“

Harmonisierung ist somit „das Feld, in dem die Gemeinschaft ihre eigenen Vorstellungen zur Rechtspolitik umsetzt und dadurch die nationalen Rechtsordnungen in den Mitgliedstaaten mitgestaltet.“ [59] Als schöpferische Aufgabe kann Rechtsangleichung durchaus zu neuen Regelungen durch die Gemeinschaft führen.[60] Sie hat damit Teil an der Eigenart von Gesetzgebung, denn sie übernimmt funktional gesehen die vormals von den Mitgliedstaaten ausgeübten Hoheitsrechte.[61] Nach *Schneider* ist Gesetzgebung die von einer Autorität vorgenommene allgemein verbindliche Festlegung von Rechtsnormen, d.h. von Rechtsregeln, Grundsatz- und Statusbestimmungen oder Plänen.[62] Er verwendet dabei den Begriff der „Rechtsnorm“ als Oberbegriff, der die Rechtsregeln, die Grundsatz- und Statusbestimmungen und die Pläne umfasst. Für den Bereich der Rechtsangleichung im Gesellschaftsrecht verdienen insbesondere die Rechtsregeln und die Statusbestimmungen nähere Aufmerksamkeit. „Rechtsregeln“ enthalten Aussagen über die Rechtsfolgen für eine

---

[55] *Brechmann* Richtlinienkonforme Auslegung, 1994, S. 9 (m.w.N.); *Conrad* Mindestharmonisierung, 2004, S. 42ff.; *Schwarz* Europäisches Gesellschaftsrecht, 2000, S. 140 (Rn. 222). *Oppermann* Europarecht, 2. Aufl., 1999, S. 212 (Rn. 555) spricht von der Richtlinie als einem zweistufigen Rechtsakt. Der Begriff des „zweistufigen Rechtsetzungsverfahrens“ erscheint jedoch präziser, da die Richtlinie selbst nur die erste Stufe der Rechtsetzung ist.

[56] Eine Ausnahme davon bilden die unmittelbar anwendbaren Richtlinienvorschriften; dazu ausführlich *Claßen* Nichtumsetzung von Gemeinschaftsrichtlinien, 1999, S. 63ff., *Conrad* Mindestharmonisierung, 2004, S. 46ff., *Herrmann* Richtlinienumsetzung, 2003, S. 31ff., *Leonhard* Nichtumsetzung von EG-Richtlinien, 1997, S. 35ff.

[57] EuGH, Rs. 102/79, *Kommission/Belgien*, Slg. 1980, 1473, 1487.

[58] *Fitchew*, seinerzeit Generaldirektor in der Europäischen Kommission, in: Buxbaum/Hertig/Hirsch/Hopt (Hrsg.), European Business Law, 1991, S. 14.

[59] *Hommelhoff* AcP 192 (1992) 71, 73; in diesem Sinne auch *Tietje* in: Grabitz/Hilf, EGV, 2003, vor Art. 94–97, Rn. 32.

[60] *Streinz* in: Streinz (Hrsg.), EUV/EGV, 2003, Art. 3, Rn. 28.

[61] *Tietje* in: Grabitz/Hilf, 2003, Art. 95, Rn. 17. Weiterhin *Conrad* Mindestharmonisierung, 2004, S. 35ff.

[62] *Schneider* Gesetzgebung, 3. Aufl., 2002, S. 20.

unbestimmte Vielzahl von Fällen.[63] Sie dienen der Verhaltenssteuerung und enthalten Gebote oder Verbote, also Imperative an die Adresse der Rechtsunterworfenen.[64] Im Zivil- und Strafrecht stehen sie zumeist ganz im Vordergrund der Betrachtung, ja werden mitunter mit dem Begriff der Rechtsnorm schlicht gleichgesetzt. Es gibt aber, worauf *Schneider* zu Recht hinweist, auch Normen, die unmittelbar keine Verhaltensanweisung geben, sondern lediglich einen Status festlegen („Statusnormen"). Dieser Status wiederum kann die Grundlage für Rechtsregeln sein, die ihn bei der Festlegung von Verhaltensnormen voraussetzen. Die meisten Beispiele dafür liefert das öffentliche Recht.[65] Aber auch das Privatrecht kennt derartige Festlegungen. Zu ihnen gehört die Feststellung des § 1 BGB: „Die Rechtsfähigkeit des Menschen beginnt mit der Vollendung der Geburt".[66] Konsequenterweise ist dann auch die Verleihung der Rechtsfähigkeit an eine juristische Person eine Statusnorm im Sinne der *Schneider*'schen Einteilung. Das europäische Sekundärrecht bietet für beide Kategorien Beispiele. Die Rechtsregel als Gebot oder Verbot bestimmter Verhaltensweisen überwiegt zwar. Es finden sich hier und da aber auch Statutsnormen; dies sind namentlich die Bestimmungen der Verordnungen zur Schaffung supranationaler Rechtsformen, in denen mit der Begründung der Rechts- und Handlungsfähigkeit der rechtliche Status der neuen Rechtsform festgelegt wird.[67]

c) Rechtsangleichung als Interessenangleichung

Als gemeinsamer Nenner einer europaweiten Betrachtung des Gesellschaftsrechts wurde eingangs die Erkenntnis ausgemacht, dass Gesellschaftsrecht in jedem Mitgliedstaat die Regelung der Interessenkonflikte zwischen bestimmten Personengruppen zum Gegenstand hat.[68] Es wurde auch bereits darauf hingewiesen, dass dies in der zentralen Norm zur Rechtsangleichung, dem Art. 44 Abs. 2 lit. g EG-Vertrag seine Entsprechung findet.[69] Insoweit ist die Rechtsangleichung nicht ohne Grund zum Dreh- und Angelpunkt des Gesellschaftsrechts im Binnenmarkt geworden. Denn jeder Akt der Gesetzgebung dient wesentlich dem Ausgleich widerstreitender Interessen.[70] Zwar ist das Gesetz nicht im kausalen Sinne das Ergebnis der

---

63 *Schneider* Gesetzgebung, 3. Aufl., 2002, S. 12.

64 *Schneider* Gesetzgebung, 3. Aufl., 2002, S. 17.

65 *Schneider* Gesetzgebung, 3. Aufl., 2002, S. 15f., nennt u.a. die Einordnung eines Gewässers als „Bundeswasserstraße", die gesetzliche Vergabe der Bezeichnung „Universität" oder die Einstufung einer Gemeinde als „Stadtkreis".

66 *Schneider* Gesetzgebung, 3. Aufl., 2002, S. 13.

67 Art. 1 EWIV-VO; Art. 1 SE-VO.

68 Siehe oben S. 12 ff.

69 Siehe oben S. 20 ff.

70 Dies ist eine der Kernaussagen der „Interessenjurisprudenz" (näher *Larenz* Methodenlehre, 6. Aufl., S. 49ff. und S. 119ff.). Grundlegend *Heck* AcP 112 (1914) 1, 17: „Die Gesetze sind die Resultanten der in jeder Rechtsgemeinschaft einander gegenübertretenden und um Anerkennung ringenden Interessen materieller, nationaler, religiöser und ethischer Richtung."

miteinander ringenden Interessen; vielmehr legt der Gesetzgeber eigene Wertmaßstäbe an, um den Interessenkonflikt zu entscheiden.[71] Zuvor jedoch analysiert er die Realfaktoren, auf die sich seine Gesetzgebung bezieht, und dazu gehört die Untersuchung der Interessenkonflikte, deren Lösung die Rechtsnorm dienen soll.[72] Entstehungsursache des Gesetzes ist ein Interessenkonflikt von Personen, die miteinander um Befriedigung ihrer Interessen auf Kosten der jeweils anderen Person ringen. Dies kann im Einzelfall dazu führen, kraft einer bewussten Wertentscheidung dem einem Interesse den Vorzug vor dem anderen zu geben. Der Angleichungsmethode ist daher die Interessenanalyse immanent.[73] Rechtsangleichung setzt ebenso wie mitgliedstaatliche Gesetzgebung die Bewertung und Lösung einer bestimmten Interessenlage voraus und unterzieht die rechtlichen Festlegungen der Mitgliedstaaten einer Neubewertung. Sie besteht materiell in dem Vergleich und der Angleichung der einzelstaatlichen Interessenregelungen. Rechtsangleichung ist insoweit auch „Interessenangleichung".[74]

Schon Eugen *Huber*, der Schöpfer des schweizerischen Zivilgesetzgbuchs, hat darauf hingewiesen, dass es weitere „Realien der Gesetzgebung" gibt.[75] Dazu gehört auch die Rechtsüberlieferung. Da heute jede Gesetzgebung einen bereits rechtlich geordneten Bereich antrifft, muss sie den vorhandenen Rechtszustand mit berücksichtigen.[76] Im Gemeinschaftsrecht gilt dies umso mehr, als hier in zahlreiche bereits existierende nationale Rechtssysteme eingegriffen wird. Zu den Realfaktoren gehört daher gerade bei der Rechtsangleichung im Gemeinschaftsrecht auch die Rechtslage in den Mitgliedstaaten.[77] Diese zu erfassen ist eine Vorstufe jeder methodengerecht vorgenommenen Rechtsangleichung. Inhaltlich bedeutet Rechtsangleichung indessen nicht zwangsläufig die Herstellung eines „arithmetischen Mittels" der mitgliedstaatlichen Regelungen, sondern zumindest im Idealfall die Auswahl einer funktions-optimalen Lösung.[78] Dabei kann der Vergleich der nationalrechtlichen Bewertungen und Bewertungsmaßstäbe den Blick für die gerechte Lösung schärfen.[79] Hinzu kommen allgemeine Rechtsgrundsätze, die den Rechtsordnungen der Mitgliedstaaten gemeinsam sind.[80] Wenn der europäische Gesetzgeber dann

---

71 *Schmeder* Rechtsangleichung, 1978, S. 25f.; *Larenz* Methodenlehre, 6. Aufl., S. 119.

72 Zu Begriff und Bedeutung der sogenannten „Realfaktoren" der Gesetzgebung *Schmeder* Rechtsangleichung, 1978, 24ff.

73 *Schmeder* Rechtsangleichung, 1978, S. 2; in diesem Sinne auch *Timmermans* RabelsZ 48 (1984), 1, 6 f.

74 *Tietje* in: Grabitz/Hilf, 2003, vor Art. 94–97, Rn. 34.

75 *Huber*, Recht und Rechtsverwirklichung, Basel 1921, S. 283, zitiert nach *Schneider* Gesetzgebung, 3. Aufl., 2002, S. 37.

76 *Schneider* Gesetzgebung, 3. Aufl., 2002, S. 37 f.

77 *Schmeder* Rechtsangleichung, 1978, S. 30 f.

78 *Ipsen* Europäisches Gemeinschaftsrecht, 1972, S. 694.

79 *Schmeder* Rechtsangleichung, 1978, S. 32.

80 *Schmeder* Rechtsangleichung, 1978, S. 33.

aber im Rahmen der Rechtsangleichung eine eigene Lösung entwickelt, trifft er damit eine eigenständige gesetzgeberische Wertentscheidung über den zu regelnden Interessenkonflikt.

II. Legislative Rechtsangleichung im Gesellschaftsrecht

Das gesellschaftsrechtliche Harmonisierungsprogramm ist andernorts vielfach umfassend behandelt worden und soll daher nachfolgend nicht in allen seinen Einzelheiten entfaltet werden.[81] Das Erkenntnisinteresse liegt hier in der Binnenmarktphilosophie, die hinter dem Rechtsangleichungsprogramm steht. Im historischen Verlauf zeigt sich hier ein bemerkenswerter Wandel der Harmonisierungsmethoden (*unter 1.*). Rechtlicher und argumentativer Dreh- und Angelpunkt ist die Frage, wann und inwieweit eine Harmonisierung „erforderlich" ist (*unter 2.*). Obwohl im Lichte der stets kontroversen Auffassungen hierzu ein geschlossenes Konzept des europäischen Gesellschaftsrechts nicht verwirklicht werden konnnte, lässt der heutige Stand der Rechtsangleichung doch einige systematische Grundlinien erkennen (*unter 3.*).

1. Wandel der Harmonisierungsmethoden

Die Angleichung gesellschaftsrechtlicher Normen folgte lange Zeit dem Ideal eines vollkommenen Binnenmarktes im Sinne einer Beseitigung aller Rechtsunterschiede. Dies zeigt schon die Palette der erfassten Regelungsbereiche, die buchstäblich „von der Gründung der Gesellschaft bis zur ihrer Liquidation"[82] reicht. Die Vision eines komplett europäischen Gesellschaftsrechts erschien zumindest in den ersten Jahrzehnten der Gemeinschaft erreichbar – zunächst eher in Form einer weitgehend vereinheitlichen Europäischen Gesellschaft (SE) angestrebt,[83] später vermehrt in der Bündelung von harmonisierenden Richtlinien. So ergibt die Zusammenschau der verabschiedeten und der im Planungsstadium stecken gebliebenen Sekundärrechtsakte ein recht vollständiges Bild dessen, was im Bereich des Gesellschaftsrechts zu regeln wäre. Ein solches Konzept der *vollständigen Harmonisierung* bedeutet, dass

---

[81] Zum Stand der Harmonisierung im Gesellschaftsrecht zu verschiedenen Epochen (in zeitlicher Reihenfolge) beispielsweise: *Lutter* EuR 1974, 44, *Timmermans* RabelsZ 48 (1984) 1 ff., *Schön* ZHR 160 (1996) 221 ff., *Hommelhoff* in: Everling/Roth (Hrsg.), Mindestharmonisierung, 1997, S. 83 ff., *Hopt* ZIP 1998, 96 ff., *Deckert* RabelsZ 64 (2000) 478 ff., *Wymeersch* in: 1. Europäischer Juristentag, 2001, S. 85 ff., *Drygala* ZEuP 2004, 337, 339 ff., *Weller* in: Gebauer/Wiedmann (Hrsg.), Zivilrecht unter europäischem Einfluss, 2005, S. 769, 795 ff. Weiterhin die Handbücher von *Grundmann* Europäisches Gesellschaftsrecht, 2004, *Habersack* Europäisches Gesellschaftsrecht, 2. Aufl., 2003, *Lutter* Europäisches Unternehmensrecht, 4. Aufl., 1996 und *Schwarz* Europäisches Gesellschaftsrecht, 2000.

[82] *Hopt* ZIP 1998, 96, 97.

[83] Dazu im folgenden Abschnitt S. 234 ff.

inländische und grenzüberschreitende Sachverhalte denselben Regeln unterliegen. Dadurch wird die Mobilität der Produktionsfaktoren im Binnenmarkt erhöht und es werden einheitliche Wettbewerbsbedingungen geschaffen.[84] Die Gleichheit der Wettbewerbsbedingungen taucht denn in den Erwägungsgründen gesellschaftsrechtlicher Richtlinien auch immer wieder auf. Die Zwölfte Richtlinie über die Einpersonengesellschaft lässt sich im Grunde nur damit rechtfertigen. In ihr werden Schutzbestimmungen ausweislich des ersten Erwägungsgrundes koordiniert, um eine „Äquivalenz" herzustellen. Anlass der Harmonisierung seien die „Unterschiedlichkeiten zwischen den Rechtsordnungen", die dadurch entstanden seien, dass einige Mitgliedstaaten ihr Gesellschaftsrecht reformiert und dabei die Gründung einer GmbH mit nur einem Gesellschafter zugelassen hätten. Angesichts dieser nationalen Besonderheiten äußert der Gemeinschaftsgesetzgeber die Auffassung: „Einzelunternehmern in der gesamten Gemeinschaft sollte das rechtliche Instrument einer Gesellschaft mit Haftungsbeschränkung geboten werden".[85] Zur Herstellung von Wettbewerbsgleichheit bekennt sich auch die Vierte Richtlinie, in deren dritten Erwägungsgrund es heißt, es sei erforderlich, „hinsichtlich des Umfangs der zu veröffentlichenden finanziellen Angaben in der Gemeinschaft gleichwertige rechtliche Mindestbedingungen für miteinander im Wettbewerb stehende Gesellschaften" herzustellen.

Indessen hat sich die Vorstellung vom Binnenmarkt gewandelt[86] – ob aus der Not gescheiterter Projekte geboren oder aus tieferer Einsicht, sei hier dahingestellt. Mit dem Weißbuch zur Vollendung des Binnenmarktes vollzog die Europäische Kommission die Wende von der vollständigen Harmonisierung zu einem Konzept der *Mindestharmonisierung*.[87] Dieser Begriff hat zwei Facetten:[88] Einmal lässt sich Mindestharmonisierung verstehen als Herstellung eines Basisniveaus, das von den Mitgliedstaaten lediglich als verbindliche Untergrenze zu respektieren ist, im nationalen Recht aber überschritten werden darf. Der konzeptionelle Unterschied zur vollständigen Harmonisierung ist hier nicht allzu groß; es werden lediglich bei der Zielerreichung bescheidenere Maßstäbe angelegt. Konzeptionell neu ist hingegen der zweite Aspekt von Mindestharmonisierung, der Rechtsangleichung mit dem Prinzip der *gegenseitigen Anerkennung* verbindet.[89] Eine so verstandene Rechtsan-

---

[84] Allgemein zur Unterscheidung von vollständiger Harmonisierung und Mindestharmonisierung im Gemeinschaftsrecht: *Conrad* Mindestharmonisierung, 2004, S. 79 ff.

[85] Fünfter Erwägungsgrund der Zwölften gesellschaftsrechtlichen Richtlinie.

[86] Wenngleich sich auch in der aktuellen Literatur immer wieder Stimmen finden, die Harmonisierung im Sinne einer vollständigen Angleichung verstehen. So schreibt *Vogel* in: FS Peltzer, 2001, S. 599, 611: „Nur eine vollständige Angleichung ermöglicht es, die Ziele zu erreichen, für welche die Gemeinschaften gegründet worden sind: die Verwirklichung der Wettbewerbsfreiheit und der Grundfreiheiten."

[87] Kommission, Weißbuch 1985, Rn. 67ff. 77ff. Zur Mindestangleichung im Gesellschaftsrecht namentlich *Schön* ZHR 160 (1996) 221ff.

[88] *Conrad* Mindestharmonisierung, 2004, S. 81 ff.

[89] *Conrad* Mindestharmonisierung, 2004, S. 88 ff.

gleichung lässt sich sinnvoll einpassen in das heutige Verständnis der Grundfreiheiten als Beschränkungsverbot.[90] Die Grundfreiheiten-Rechtsprechung erzwingt mittelbar die Anerkennung ausländischer Schutzstandards, indem sie die Anwendung der inländischen Standards als nicht gerechtfertigte Beschränkung klassifiziert. Dem können zwar legitime Schutzinteressen im Einzelfall entgegengestellt werden. Wie jedoch oben gezeigt wurde,[91] nimmt der EuGH in diesem Fall eine „binnenmarktfreundliche" Abwägung vor, bei welcher die bloße Unterschiedlichkeit der Schutzregeln bereits schwer in die Waagschale fällt und eine sachliche Legitimation nationaler Maßnahmen deutlich erschwert. Wie gleichfalls oben ausgeführt,[92] genießt demgegenüber das gemeinschaftliche Sekundärrecht einen wesentlich größeren Ermessensfreiraum darin, auch als beschränkend empfundene Schutzstandards durchzusetzen. Auf diese Weise verlagert sich die rechtspolitische Diskussion um das notwendige Maß von Verkehrsschutz im Binnenmarkt auf die Ebene der Rechtsangleichung.

2. Erforderlichkeit von Rechtsangleichung

a) Rechtlicher Bezugspunkt: Art. 44 Abs. 2 lit. g EG-Vertrag

Der Erlass von Richtlinien zur Angleichung des Gesellschaftsrechts stützt sich auf Art. 44 Abs. 2 lit. g EG-Vertrag. Demnach werden Rat und Kommission tätig, indem sie „soweit erforderlich die Schutzbestimmungen koordinieren, die in den Mitgliedstaaten den Gesellschaften im Sinne des Artikels 48 Absatz 2 im Interesse der Gesellschafter sowie Dritter vorgeschrieben sind, um diese Bestimmungen gleichwertig zu gestalten." Der Rat erlässt in diesen Fällen gemäß dem Verfahren des Artikels 251 und nach Anhörung des Wirtschafts- und Sozialausschusses Richtlinien zur Verwirklichung der Niederlassungsfreiheit für eine bestimmte Tätigkeit (Art. 44 Abs. 1 EG-Vertrag).

Der gegenständliche Bereich der Ermächtigung ist umschrieben mit „*Schutzbestimmungen* ..., die ... den Gesellschaften ... im Interesse der Gesellschafter sowie Dritter vorgeschrieben sind". Da Gesellschaftsrecht ganz allgemein zum Gegenstand hat, die Interessen der Gesellschafter und der unmittelbar betroffenen Dritten zum Ausgleich zu bringen,[93] liegt in dieser Umschreibung keine spürbare Eingrenzung des Harmonisierungsfeldes. Vielmehr kann das gesamte Gesellschaftsrecht potentiell Gegenstand von Angleichungsmaßnahmen sein.[94]

---

90 Die Kommission bezog sich in ihrem Weißbuch, 1985, Rn. 61ff. auch ausdrücklich auf die Rechtsprechung des EuGH zur Warenverkehrsfreiheit.

91 S. 143ff.

92 S. 153ff.

93 Vgl. oben S. 12ff.

94 Dies wird auch in der Literatur überwiegend so gesehen. Vgl. nur *Habersack* Europäisches Gesellschaftsrecht, 2. Aufl., 2003, S. 22ff. (Rn. 20), *Deckert* RabelsZ 64 (2000) 478, 485f., *Schön* ZHR 160 (1996) 221, 225, *Schwarz* Europäisches Gesellschaftsrecht, 2000, S. 127 (Rn. 196).

Die Ermächtigungsvorschrift des Art. 44 Abs. 2 lit. g EG-Vertrag findet sich im Kapitel über die Niederlassungsfreiheit. Nach Art. 44 Abs. 1 EG-Vertrag erlässt der Rat die Richtlinien „zur *Verwirklichung der Niederlassungsfreiheit*". Der Vertrag folgt also der Vorstellung, dass die Niederlassungsfreiheit ohne ein gewisses Maß an Rechtsangleichung nicht zu realisieren ist.[95] Man kann die Existenz der Ermächtigungsnorm auch umgekehrt darauf zurückführen, dass die Mitgliedstaaten den Gesellschaften anderer Mitgliedstaaten die uneingeschränkte Freiheit der Niederlassung nur unter der Voraussetzung gewähren wollten, dass diese einen gewissen gemeinsamen Schutzstandard beachten.[96] Die Rechtsangleichung hat somit auch die Funktion, berechtigten nationalen Schutzinteressen Rechnung zu tragen, in Bezug auf Kapitalgesellschaften namentlich dem Schutz von Gläubigern, Arbeitnehmern und Anteilseignern.[97]

Streitig ist die inhaltliche Reichweite der Ermächtigungsnorm.[98] Eine enge Auffassung geht davon aus, Richtlinien seien nur dann *erforderlich* im Sinne des Art. 44 Abs. 2 lit. g EG-Vertrag, wenn sie auf eine direkte Beseitigung bestehender Niederlassungsschranken zielten. Nach Auffassung der Kommission hingegen ist die Vorschrift weit zu interpretieren und im Gesamtzusammenhang der Ziele der Artt. 2 und 3 EG-Vertrag zu sehen. Eine vermittelnde Ansicht hält eine Rechtsangleichung in den außerhalb der Zielsetzung des Niederlassungskapitels liegenden Bereichen für zulässig, wenn sie einen Bezug zur Verwirklichung dieser Ziele aufweist.

Eine allzu weite Auslegung der Ermächtigungsnorm verstößt indessen gegen die Systematik des Vertrages, weil damit die Grenzen zwischen den verschiedenen legislativen Verfahren des EG-Vertrags obsolet würden.[99] Im Rahmen des Art. 44 EG-Vertrag gilt das Verfahren des Artikels 251, das den Rat zu einer Entscheidung mit qualifizierter Mehrheit berechtigt. Hingegen setzt eine Angleichungsmaßnahme nach Art. 94 EG-Vertrag Einstimmigkeit voraus; dasselbe gilt für Artikel 308 EG-Vertrag. Daraus folgt beispielsweise, dass der Fiskus nicht ein zu schützender „Dritter" im Sinne des Art. 44 Abs. 2 lit. g EG-Vertrag sein kann;[100] denn für das Steuerrecht gilt nach Art. 99 und Art. 100 a Abs. 2 EG-Vertrag das Prinzip der Ein-

---

95 Dazu unter Hinweis auf die Entstehungsgeschichte *Everling* GS Knobbe-Keuk, 1997, S. 607, 608 ff.

96 *Arnold* AWD 1963, 221; *Vasseur* ZHR 127 (1965) 177, 188; *Schneebaum* 14 Law & Pol. Int. Bus. (1982) 293, 296 (Fn. 8).

97 Ob auch Arbeitnehmer zu schützende Dritte im Sinne des Art. 44 Abs. 2 lit. g EG-Vertrag sind, ist allerdings streitig (vgl. *Eyles* Niederlassungsrecht der Kapitalgesellschaften, 1990, S. 137 f. und *Franzen* Privatrechtsangleichung, 1999, S. 85 f.).

98 Dazu jeweils m.w.N.: *Eyles* Niederlassungsrecht der Kapitalgesellschaften, 1990, 133 ff.; *Buxbaum/Hopt* Legal Harmonization, 1988, S. 204 f. *Lutter* Europäisches Unternehmensrecht, 4. Aufl., 1996, S. 10 f.; *Müller-Hauschke*, in: Schwarze, EU-Kommentar, 2000, Art. 44, Rn. 17 ff.; *Schwarz* Europäisches Gesellschaftsrecht, 2000, S. 126 (Rn. 194).

99 *Eyles* Niederlassungsrecht der Kapitalgesellschaften, 1990, S. 135; *Franzen* Privatrechtsangleichung, 1999, S. 86.

100 *Eyles* Niederlassungsrecht der Kapitalgesellschaften, 1990, S. 136.

stimmigkeit. Im Bereich der Gesellschaftsrechts sollte man den Gesetzgebungsorganen der Gemeinschaft allerdings einen großen Ermessensspielraum zugestehen bei der Frage, welche Vorschriften in welchem Umfang harmonisiert werden.[101] Nach dem Ausbau der Grundfreiheiten zum Beschränkungsverbot ist dies schon systematisch geboten. Denn zum Abbau von Niederlassungsbeschränkungen wird die Rechtsangleichung kaum mehr benötigt, wohl aber zum Schließen der Lücken, die eine Auslegung der Niederlassungsfreiheit als Beschränkungsverbot in die mitgliedstaatlichen Schutzsysteme reißt.

b) Gesellschaftsrechtliche Sachfragen und Binnenmarktbegriff im Spannungsverhältnis

Die Schwierigkeit einer Diskussion über Reichweite und Notwendigkeit von Rechtsangleichung liegt darin, dass auf zwei Argumentationsebenen zu denken ist: Zum einen geht es um gesellschaftsrechtliche Sachzusammenhänge; auf dieser Ebene ist beispielsweise *Hopt* Recht zu geben, wenn er noch im Jahre 1998 meint,[102] ein europäisches Gesellschaftsrecht ohne die fünfte Richtlinie zur Struktur von Aktiengesellschaften sei ein Unding. Daneben spielt aber stets auch das persönliche Verständnis vom idealerweise anzustrebenden Rechtszustand im europäischen Binnenmarkt eine Rolle; so konnte *Lutter* schon im Jahre 1974 mit guten Gründen einwenden, eine Strukturrichtlinie sei nicht erforderlich, und für den Binnenmarkt wegen der damit einhergehenden „Zementierung des Gesellschaftsrechts" eher hinderlich.[103]

Noch komplizierter werden die Argumentationslinien, wenn man bedenkt, dass Plädoyers für einen bescheideneren Harmonisierungsansatz im Kern häufig ihre Ursache in der Ablehnung der konkret vorgeschlagenen gesellschaftsrechtlichen Sachregelung haben. So erklärt sich die Ablehnung des Vorschlags für eine fünfte Richtlinie nicht zuletzt daraus, dass mit ihr das dualistische Modell deutscher Prägung einschließlich der Mitbestimmung für alle übrigen Staaten verbindlich gemacht werden sollte.[104] Erkennbar wird dies exemplarisch auch in der Kritik eines ausländischen Beobachters. *Schneebaum* erblickte seinerzeit in den Vorschlägen der 70er und 80er Jahre einen umfassenden Versuch, Arbeitnehmer, Gläubiger, Minderheitsgesellschafter und die Öffentlichkeit gegen bestimmte Risiken zu schützen, die sich aus dem Gebaren namentlich großer, multinationaler Unternehmen ergeben können.[105] Die Vorschläge zur Harmonisierung der Struktur der Gesellschaft,

---

[101] Ebenso *Eyles* Niederlassungsrecht der Kapitalgesellschaften, 1990, S. 136f., *Schwarz* Europäisches Gesellschaftsrecht, 2000, S. 128 (Rn. 198).

[102] *Hopt* ZIP 1998, 96, 101.

[103] *Lutter* EuR 1974, 44, 52f.

[104] Aus eben diesem Grunde ablehnend *Lutter* EuR 1974, 44, 48ff.; der Gedanke des Gemeinsamen Marktes könne es nicht rechtfertigen, das deutsche Modell für ganz Europa vorzuschreiben.

[105] *Schneebaum* 14 Law & Pol. Int. Bus. (1982) 293ff., siehe insbesondere die Schlussbemerkung auf S. 331.

des Konzernrechts und des Arbeitnehmerschutzes (Vredeling-Vorschlag) boten ihm Anlass zur Besorgnis, weil sich auch US-amerikanische Unternehmen bei Gründung einer europäischen Tochtergesellschaft diesen Regelungen hätten unterwerfen müssen.[106]

In dieser Verflechtung von Sachargumenten und Integrationsargumenten offenbart sich der janusköpfige Charakter von Rechtsangleichung.[107] Als Mittel der europäischen Integration bedarf sie der *funktionalen* Rechtfertigung im Hinblick auf die Herstellung des Binnenmarktes; hierüber lässt sich bereits trefflich streiten. Besteht sodann Einigkeit darüber, dass eine Angleichung im Grundsatz wünschenswert ist, bedeutet die nachfolgende Angleichung „Gesetzgebung im Sinne einer Feststellung der beteiligten Interessen, deren Abwägung und, falls erforderlich, deren Angleichung"[108] – gefragt ist dann, mit anderen Worten, ein genuin *gesetzgeberischer* Akt wie er sich seiner Struktur nach nicht von demjenigen eines mitgliedstaatlichen Gesetzgebers unterscheidet. Dennoch werden in der Harmonisierungsdiskussion – wie *Timmermans* feststellt[109] – nicht selten „die integrationsgebundenen Motive, die für sich eine Angleichung rechtfertigen, in ihrer Bedeutung durch die gesellschaftlichen und sozialökonomischen Interessengegensätze, die in dem betroffenen Rechtsgebiet auf dem Spiel stehen, überschattet."

c) Das Beispiel der Ersten Richtlinie

Bei Feststellung der „Erforderlichkeit" einer Rechtsangleichungsmaßnahme haben die Organe der Gemeinschaft nach alledem einen weiten Beurteilungsspielraum. Rechtlich handhabbare Kriterien für diesen Einschätzungsprozess lassen sich nur schwer formulieren, zumindest aber sollten die integrationsbezogenen Argumente und die Sachargumente – bei aller Interdependenz dieser beiden Ebenen – gedanklich getrennt werden. Die rechtspolitische Vorgeschichte der einzelnen Richtlinien liefert hinreichendes Anschauungsmaterial dafür, dass Integrationspolitik und Sachfragen des Gesellschaftsrechts häufig untrennbar miteinander verflochten sind. Dies soll hier nicht für jede einzelne Richtlinie nachgezeichnet, sondern exemplarisch an Hand der Diskussion um die Erste Richtlinie verdeutlicht werden.

(1) Koordinierung von Schutzbestimmungen

Die Erste Richtlinie sollte die Regeln über Publizität, die Vertretung und die Nichtigkeit von Gesellschaften angleichen.[110] Beleuchtet man dies gemäß der eingangs

---

106 Vgl. *Schneebaum* 14 Law & Pol. Int. Bus. (1982) 293, 308ff. (Fünfte Richtlinie), 317ff. (Neunte Richtlinie), 321ff. (Vredeling-Vorschlag).

107 Hierzu bereits *Timmermans* RabelsZ 48 (1984) 1, 5ff. und *Schwarz* FS von der Groeben, 1987, S. 333, 337.

108 *Timmermans* RabelsZ 48 (1984) 1, 8.

109 *Timmermans* RabelsZ 48 (1984) 1, 8.

110 Erste Richtlinie 68/151/EWG vom 9. März 1968, Abl. Nr. L 65/8; abgedruckt unter anderem

gefundenen Begriffsbestimmung des Gesellschaftsrechts unter dem Aspekt der geschützten Interessen,[111] ist die Richtlinie entsprechend der Ermächtigung in Art. 44 Abs. 2 lit. g EG-Vertrag erkennbar dem Drittschutz gewidmet. Die *Publizität* dient dem Schutz Dritter, die sich über die Verhältnisse der Gesellschaft informieren wollen, mit der sie Rechtsbeziehungen eingegangen sind oder eingehen werden. Auch eine Vorgabe zur *Vertretungsmacht* dient dem Drittschutz; denn der Rechtsverkehr bedarf verlässlicher Auskünfte darüber, wer für die Gesellschaft wirksam Rechte und Pflichten begründen kann. Die Regelung der *Nichtigkeit* schließlich betrifft einerseits das Innenverhältnis der Gesellschafter untereinander und zur Gesellschaft, andererseits aber auch das Außenverhältnis zu Dritten, die auf den äußeren Anschein der Existenz der juristischen Person vertrauen und denen es nur in eng begrenzten Fällen zumutbar ist, dass dieses Vertrauen enttäuscht wird. Insgesamt handelt es sich also bei allen Regelungen der Ersten Richtlinie um Schutzbestimmungen im Sinne des Art. 44 Abs. 2 lit. g EG-Vertrag.

(2) Erforderlichkeit

Bei der Bestimmung der Erforderlichkeit haben die Organe der Gemeinschaft, wie oben festgestellt,[112] einen nur begrenzt überprüfbaren Ermessensspielraum. Nach Auffassung von *Lutter* ist allerdings ein Angleichungserfordernis bei zentralen Drittschutz-Tatbeständen stets gegeben, weshalb es auf den Streit über die Reichweite des Ermessensspielraumes nicht ankommen soll.[113] Die Notwendigkeit der Angleichung ergibt sich für *Lutter* daraus, dass Gesellschaften immer dann, wenn sie vom Recht auf freie Niederlassung anders als durch Gründung einer Tochtergesellschaft Gebrauch machen, zugleich die Grundsätze ihres Personalstatuts in das fremde Rechtsgebiet importieren.[114] Die deutsche GmbH importiert also beispielsweise ihre Vertretungsregeln, wenn sie als deutsche GmbH – gegebenenfalls über eine Niederlassung – in den Niederlanden Geschäfte tätigt. Ihr niederländischer Vertragspartner muss sich über die Vertretungsregeln des deutschen Gesellschaftsrechts informieren und kann nicht darauf vertrauen, dass sie denjenigen der Niederlanden vergleichbar sind. Wenn überdies die Publizitätsvorschriften nicht angeglichen sind, muss er zunächst erforschen, auf welche Weise er überhaupt Informationen über die Vertretungsverhältnisse in einer deutschen GmbH erhalten kann.

Es ist sicherlich plausibel, auf diese Weise das Bedürfnis für eine Rechtsangleichung zu begründen. Dies ändert aber nichts daran, dass Rechtsangleichung immer eine gesetzgeberische Ermessensentscheidung bleibt. Denn einen zwingenden Be-

---

bei *Habersack* Europäisches Gesellschaftsrecht, 2. Aufl., 2003, S. 89ff. (Rn. 133ff.) und bei *Lutter* Europäisches Unternehmensrecht, 4. Aufl., 1996, S. 101ff.

111 Vgl. oben S. 12ff.

112 Siehe oben im Text S. 191 und S. 200 ff.

113 *Lutter* EuR 1969, 1, 7 f.

114 *Lutter* EuR 1969, 1, 7 f.

darf in dem Sinne, dass ein wirtschaftlicher Austausch andernfalls überhaupt nicht stattfinden könne, wird man nur höchst selten nachweisen können. Niemand behauptet etwa, dass die Wirtschaftsbeziehungen in den Jahren vor Erlass der Ersten Richtlinie wegen des fehlenden Vertrauens in die Publizitäts- oder Vertretungsregeln anderer Mitgliedstaaten gänzlich darnieder gelegen hätten. Allenfalls lässt sich mit *Fischer-Zernin* anführen, die unterschiedliche Rechtslage berge jedenfalls die Gefahr in sich, dass erwünschte grenzüberschreitende wirtschaftliche Aktivitäten unterbleiben, weil den potentiellen Geschäftspartnern die Risiken nicht hinreichend überschaubar erscheinen.[115] Es geht also auch hier um ein dynamisches Verständnis vom Binnenmarkt: Die Erforderlichkeit wird in Abhängigkeit vom erreichten Stand der Integration und mit Blick auf das Ziel bestimmt, dem Ideal eines Gemeinsamen Marktes immer näher zu kommen. Bei einem solchen Verständnis steht die Erforderlichkeit der Ersten Richtlinie außer Zweifel. Denn die Angleichung der Publizitäts-, Vertretungs- und Nichtigkeitsregelungen führt selbst auf einem bereits hohen Niveau der wirtschaftlichen Verflechtung zu einer deutlich *spürbaren Verbesserung* der Austauschbedingungen, was im Interesse einer Entwicklung in Richtung auf einen wirklichen Binnenmarkt die Rechtsangleichung legitimiert.

Ein weiterer für Rechtsangleichung streitender Aspekt ist die Verzerrung der Standortwahl.[116] Ohne eine Angleichung der Schutzbestimmungen könnten Gesellschaften veranlasst sein, ihren Sitz innerhalb des Binnenmarktes dort zu wählen, wo den Interessen der Gesellschaft der Vorrang eingeräumt wird. *Fischer-Zernin* weist zu Recht darauf hin, dass Bestimmungen über den Drittschutz immer die Entscheidung über eine Risikoverteilung enthalten.[117] Sowohl Gesellschafter als auch Gläubiger tragen zur Finanzierung der Gesellschaft bei. Wer die eine Gruppe schützt, stellt damit tendenziell die Interessen der anderen Gruppe zurück. Auch in den bislang zur Ersten Richtlinie ergangenen Entscheidungen des Gerichtshofs ist es zur Sprache gekommen, dass die Regeln über die Publizität, Vertretung und Nichtigkeit von Gesellschaften Ergebnis eines Interessenausgleichs zwischen den Gesellschaftern, den Gläubigern und Dritten sind.[118]

Das Beispiel der Vertretungsbefugnis macht dies deutlich. Eine nach außen unbeschränkte Vertretungsbefugnis schützt die Gläubiger, die sich auf Erklärungen der Vertreter verlassen, benachteiligt aber die Gesellschafter, die von ihnen nicht gebilligte Erklärungen des gesetzlichen Vertreters als wirksam hinnehmen müssen. Die-

---

115 *Fischer-Zernin* Erste Richtlinie, 1986, S. 9.

116 *Fischer-Zernin* Erste Richtlinie, 1986, S. 9 ff.

117 *Fischer-Zernin* Erste Richtlinie, 1986, S. 1 ff. Denselben Aspekt betont Generalanwalt *Mayras* in seinen Schlussanträgen zur Rechtssache „Haaga", EuGH Slg. 1974, 1201, 1209 ff. (näher zu diesem Urteil unten S. 211 ff.).

118 So Generalanwalt *Mayras* in seinen Schlussanträgen zur Rechtssache „Haaga" (EuGH Slg. 1974, 1201, 1209 ff.) und die Stellungnahme der Kommission in „Marleasing" (EuGH Slg. 1990, I-4135, 4141).

ser Interessenkonflikt wurde in den Mitgliedstaaten der EWG vor Erlass der Ersten Richtlinie durchaus mit unterschiedlicher Gewichtung entschieden. Gemäß der in zahlreichen Ländern vorherrschenden *Mandatstheorie* war der Geschäftsleiter einer Gesellschaft im Auftrag der Gesellschafter tätig und nach innen und außen an die Grenzen seines Auftrags gebunden.[119] Auch das englische Recht lässt sich dieser Gruppe von Ländern zurechnen; es sah in Handlungen der Geschäftsleiter, die nicht vom gesellschaftsvertraglich festgelegten Unternehmensgegenstand (*„object clause"*) gedeckt waren, eine Kompetenzüberschreitung (*„ultra vires"*), die zur Unwirksamkeit der Rechtshandlung führen konnte.[120] Beschränkungen im Innenverhältnis schlugen also auf das Außenverhältnis durch; eine Erklärung, mit der die Reichweite des Auftrags überschritten wurde, war für die Gesellschaft nicht bindend. Das Risiko, dass ein Geschäftsleiter seine Befugnisse überschritt, trug damit der Vertragspartner der Gesellschaft.[121] Dem stand die *Organtheorie* gegenüber, die im Geschäftsführer (GmbH) oder Vorstand (AG) ein Vertretungsorgan mit gesetzlich ausgestalteter Vertretungsmacht sieht.[122] Der Gesellschaftereinfluss tritt dahinter zurück und betrifft nur das Innenverhältnis, nicht aber die Vertretungsbefugnis nach außen. Dies kommt den Gläubigern zu Gute, die von den internen Interessenkonflikten zwischen den Gesellschaftsorganen verschont bleiben.

Der besondere Aspekt des Gläubigerschutzes bei Erlass der Ersten Richtlinie wird auch daran deutlich, dass ihr Anwendungsbereich auf die Kapitalgesellschaften beschränkt wurde, obwohl die Kompetenznorm des Art. 44 Abs. 2 lit. g EG-Vertrag (seinerzeit Art. 54 Abs. 3 lit. g EWGV) eine Erstreckung auf jede Gesellschaft im Sinne des Art. 48 EG-Vertrag zugelassen hätte. Ein wesentliches Argument für die Selbstbeschränkung des europäischen Gesetzgebers liegt darin, dass Kapitalgesellschaften das Privileg der Haftungsbeschränkung genießen; hier besteht ein besonderes Bedürfnis, komplementär für einen ausreichenden Gläubigerschutz zu sorgen.[123] Bestätigt wird dies durch den dritten Erwägungsgrund:

> „Auf diesen Gebieten müssen Vorschriften der Gemeinschaft für diese Gesellschaften gleichzeitig erlassen werden, da diese Gesellschaften zum Schutze Dritter lediglich das Gesellschaftsvermögen zur Verfügung stellen."

---

[119] Dazu *Fischer-Zernin* Erste Richtlinie, 1986, S. 15ff. Außerdem *Ch. Schmid* AG 1998, 127, 129f. sowie *Habersack* Europäisches Gesellschaftsrecht, 2. Aufl., 2003, S. 74 (Rn. 100) m.w.N.

[120] Zur geschichtlichen Entwicklung und der Vielfalt der Einzelfälle siehe (unter dem bezeichnenden Titel „rise and fall of the ultra vires doctrine") *Farrar's Company Law* 4. Aufl., 1998, S. 98ff.; weiterhin *Gower and Davies'* Principles of Modern Company Law, 7. Aufl., 2003, S. 130ff., *Edwards* EC Company Law, 1999, S. 33ff.

[121] Die Mandatstheorie wurde allerdings zu der Zeit, in der die Erste Richtlinie erlassen wurde, auch von den Staaten, die ihr grundsätzlich anhingen, nicht mehr in ihrer Reinform vertreten (vgl. dazu die Ausführungen bei *Fischer-Zernin* Erste Richtlinie, 1986, S. 19ff.).

[122] *Fischer-Zernin* Erste Richtlinie, 1986, S. 21 ff.

[123] *Fischer-Zernin* Erste Richtlinie, 1986, S. 31.

Das rechtliche Schutzniveau zu Gunsten der einen oder anderen Personengruppe – hier: Gesellschafter oder Gläubiger – ist das Ergebnis einer Interessenabwägung, die in jedem Mitgliedstaat verschieden ausfallen kann. Damit könnte die rechtliche Risikoverteilung zu einem Faktor der Standortwahl von Gesellschaften werden. Dies empfand man als sachfremdes Kriterium, es sollte daher als Unterscheidungsmerkmal der Mitgliedstaaten weitgehend eliminiert werden.[124] Die Risikoverteilung im Spannungsfeld zwischen Gesellschaft, Gesellschaftern und Dritten sollte soweit angeglichen werden, dass Überlegungen über ein höheres oder niedrigeres Risiko nicht mehr Motiv wirtschaftlicher Entscheidungen sein können.[125] Die dadurch entstehenden gleichen Wettbewerbsvoraussetzungen erleichtern den grenzüberschreitenden Verkehr, und die Unterschiede der nationalen Rechtsordnungen hindern Gesellschafter, Unternehmen und Gläubiger nicht mehr, die Vorteile des einheitlichen Marktes in Anspruch zu nehmen.[126]

Unter dem Aspekt der Erforderlichkeit stellt sich auch die Frage, ob es nötig war, den Mitgliedstaaten in der Richtlinie so detaillierte Vorgaben zu machen, dass von einem Umsetzungs-Spielraum kaum mehr die Rede sein konnte. Auch hier wirkt sich aber der dynamische Charakter der Vertragsziele aus. Wenn sich die Organe der Gemeinschaft von der Angleichung der Vorschriften über Vertretung, Publizität und Nichtigkeit einen positiven Beitrag zur Verwirklichung des Gemeinsamen Marktes versprechen und damit ermessensfehlerfrei die Erforderlichkeit einer Angleichungsmaßnahme begründen, ist die Feststellung konsequent, dass die positive Wirkung um so größer ist, je geringer die verbleibenden rechtlichen Unterschiede sind.[127] Der Detailreichtum der Richtlinie trägt insoweit dazu bei, die Unterschiede zu verringern. Fraglich ist dann eher, ob die Richtlinie für eine solche Maßnahme der geeignete Rechtsakt ist und nicht ebensogut eine Verordnung gewählt werden könnte.[128]

(3) Herstellung von Gleichwertigkeit

Die Koordinierung der Rechtsordnungen dient dazu, die Schutzvorschriften „gleichwertig“ zu gestalten (Art. 44 Abs. 2 lit. g EG-Vertrag). Häufig sind Richtlinien aber auch nur als europäischer Mindeststandard gedacht, der von den Mitgliedstaaten im Sinne eines besseren Schutzes auch überschritten werden darf.[129] Vom Ziel der einheitlichen Marktbedingungen entfernt man sich dadurch allerdings wieder. Zwar lässt sich aus Perspektive der geschützten Personenkreise gegen einen hie und da noch verbesserten Schutz nichts einwenden. Für die betroffenen Gesell-

---

124 *Fischer-Zernin* Erste Richtlinie, 1986, S. 10. Heute würde man dies möglicherweise differenzierter sehen und auch einem Wettbewerb der mitgliedstaatlichen Gesetzgeber eine gewisse Berechtigung zugestehen (näher unter § 6 S. 330 ff.).

125 *Fischer-Zernin* Erste Richtlinie, 1986, S. 10.

126 *Fischer-Zernin* Erste Richtlinie, 1986, S. 10 f.

127 In diesem Sinne *Lutter* EuR 1969, 1, 9.

128 Siehe dazu, bezogen auf die Erste Richtlinie, *Lutter* EuR 1969, 1, 9 ff.

129 Umfassend zur Zweiten Richtlinie *Drinkuth* Kapitalrichtlinie, 1998.

schaften bedeuten Schutzvorschriften aber zumeist eine Belastung; sie verfälschen insoweit ihre Wettbewerbsstellung im Vergleich zu den Gesellschaften anderer Mitgliedstaaten. Hier bestätigt sich indes, dass der Binnenmarkt zwar eine möglichst weitgehende Einheitlichkeit der Wirtschaftsbedingungen, keineswegs aber völlige Übereinstimmung bedeutet. Kennzeichen der Dynamik des Begriffes ist es, dass die Organe der Gemeinschaft auch auf einem Integrationsstand unterhalb der völligen Vereinheitlichung verharren dürfen. Anlass für Rechtsangleichung besteht dann, wenn die Unterschiede der Rechtsordnungen spürbare Verzerrungen hervorrufen. Diese „Spannung" zu beseitigen, ist Aufgabe der Rechtsangleichung, aber auch nicht mehr. Das Merkmal „erforderlich" setzt einen gewissen Mindestdruck aus den Bedürfnissen des geregelten Rechtsverkehrs voraus.[130] Um zu „Gleichwertigkeit" zu gelangen, muss die Rechtsangleichung diese Spannung beseitigen, nicht aber die volle Identität der Schutzregeln herstellen.[131]

3. Systematische Grundlinien der Harmonisierung im Gesellschaftsrecht

a) Konzentration auf Kapitalgesellschaften

Das Harmonisierungsprogramm der Gemeinschaft hat sich in weiten Teilen auf die am Leitbild der Publikumsgesellschaft orientierte Aktiengesellschaft konzentriert. Dies gilt für die Zweite Richtlinie über das Kapital ebenso wie für die Verschmelzungs- und die Spaltungsrichtlinie und die einstmals geplante Strukturrichtlinie. Die Koordinierung der Schutzbestimmungen hielt die Kommission im Recht der Aktiengesellschaft für besonders wichtig, „weil in der Wirtschaft der Mitgliedstaaten die Tätigkeit dieser Gesellschaften vorherrscht und häufig die Grenzen des nationalen Hoheitsgebiets überschreitet."[132] Das für andere Rechtsordnungen bisweilen ungewohnt rigide – weil häufig vom deutschen Rechtsdenken inspirierte – gemeinschaftliche Aktienrecht war in manchen Mitgliedstaaten Anlass, die in Deutschland seit dem Ende des neunzehnten Jahrhunderts fest verankerte Trennung in GmbH und Aktiengesellschaft nachzuvollziehen, um die kleinen und mittleren Unternehmen vor der Strenge des harmonisierten Aktienrechts zu bewahren.[133]

Ein abgeschwächtes, aber doch noch spürbares Bedürfnis für Harmonisierung sah die Kommission bei der kleinen Kapitalgesellschaft, in Deutschland also der GmbH. So heißt es in den Erwägungsgründen zur Ersten Richtlinie, die Koordinierung der Schutzbestimmungen sei bei den Aktiengesellschaften, den Kommanditgesellschaften auf Aktien und den Gesellschaften mit beschränkter Haftung nicht nur „dringlich, da die Tätigkeit dieser Gesellschaften häufig über die Grenzen des

---

[130] *Lutter* EuR 1969, 1, 19.
[131] *Lutter* EuR 1969, 1, 19.
[132] Erster Erwägungsgrund der Zweiten Richtlinie.
[133] *Lutter* Europäisches Unternehmensrecht, 4. Aufl., 1996, S. 45 f.

nationalen Hoheitsgebiets hinausreicht", sondern auch deshalb geboten, „da diese Gesellschaften zum Schutze Dritter lediglich das Gesellschaftsvermögen zur Verfügung stellen." Dieselbe Begründung findet sich bei der gleichfalls für Aktiengesellschaften und GmbH geltenden Richtlinie über den Jahresabschluss.[134] Auf den spezifischen Zusammenhang zwischen der Haftungsbeschränkung auf das Vermögen der Gesellschaft und der Notwendigkeit von Drittschutz wird im Abschnitt über den Gläubigerschutz zurückzukommen sein.[135]

b) „Informationsmodell"

Mit einer gewissen Berechtigung lässt sich dem Harmonisierungsprogramm im Gesellschaftsrecht ein „Informationsmodell" entnehmen.[136] Die meisten Richtlinien werden zumindest auch mit der Notwendigkeit der Information begründet. Für die Erste und Elfte Richtlinie, die zentral der Publizität gewidmet sind, versteht sich dies von selbst. Ebenso für die Vierte Richtlinie über den Jahresabschluss, die Siebente über den konsolidierten Abschluss und die Achte Richtlinie, die mit der Prüferbefähigung gewissermaßen einen Annexbereich zu den Rechnungslegungsrichtlinien regelt. Darin zeigen sich nach *Merkt* die Konturen eines marktgerichteten Systems, das Publizität beim Markteintritt (Registerpublizität), Publizität der laufenden Marktteilnahme (Rechnungslegung) und Publizität bei der Intensivierung der Marktteilnahme (Konzernpublizität) verbindet.[137] Zumindest partiell findet sich der Publizitätsgedanke auch in den Erwägungsgründen zur Zweiten Richtlinie, wo es heißt, die Satzung oder der Errichtungsakt einer Aktiengesellschaft müsse im Gebiet der Gemeinschaft „jedem Interessierten die Möglichkeit bieten, die wesentlichen Merkmale der Gesellschaft und insbesondere die genaue Zusammensetzung des Gesellschaftskapitals zu kennen." Indessen ist das Informationsmodell der Richtlinien nicht mit dem Leitbild des verständigen Verbrauchers oder – des „verständigen Gläubigers"[138] – in der Grundfreiheiten-Rechtsprechung gleichzusetzen, wie sich in der nachfolgenden Analyse der EuGH-Rechtsprechung zeigen wird.[139]

---

[134] Zweiter Erwägungsgrund der Vierten gesellschaftsrechtlichen Richtlinie.

[135] Unten § 8. (S. 449 ff.).

[136] *Grundmann* in: FS Lutter, 2000, S. 61 ff. und *Grundmann* DStR 2004, 232 ff. Auch *Habersack* Europäisches Gesellschaftsrecht, 2. Aufl., 2003, S. 43 (Rn. 49) sieht in der Schaffung von Publizität ein Systemelement der europäischen Rechtsangleichung. Weiterhin zur europäischen Harmonisierung im Bereich der handels- und kapitalmarktrechtlichen Publizität *Merkt* Unternehmenspublizität, 2001, S. 108 ff. und S. 132 ff.

[137] Näher *Merkt* Unternehmenspublizität, 2001, S. 132 ff., der in seine Differenzierung auch das hier ausgenommene Kapitalmarktrecht einbezieht.

[138] Den *Ehlers*, in: Sandrock/Wetzler (Hrsg.), Wettbewerb der Rechtsordnungen, 2004, S. 1 ff. seiner Analyse zu Grunde legt.

[139] Siehe insbesondere die Haaga-Entscheidung, unten S. 211 ff.

c) Systemelemente im Recht der Strukturmaßnahmen

Aus der Zusammenschau der gesellschaftsrechtlichen Richtlinien tritt als dritter Aspekt ein annähernd systematisch kohärentes Recht der Strukturmaßnahmen hervor.[140] Auch hier ist die Information ein wichtiges Element,[141] diesmal allerdings nicht diejenige Außenstehender, sondern die Information der Aktionäre. So setzt sich die Dritte Richtlinie über die – wohlgemerkt: innerstaatliche – Verschmelzung zum Ziel, „die Aktionäre der sich verschmelzenden Gesellschaften angemessen und so objektiv wie möglich zu unterrichten".[142] Als Gesellschafterinformation ist sie funktional bezogen auf das Recht zur Mitentscheidung in einem Beschluss, der bei derartigen Grundlagenentscheidungen mit qualifizierter Mehrheit gefasst werden muss. Diese Instrumentarien tauchen auf gemeinschaftsrechtlicher Ebene erstmals in den Richtlinien zur Verschmelzung und Spaltung auf, setzen sich aber mittlerweise fort in der SE-Verordnung, der Richtlinie über die grenzüberschreitende Verschmelzung und dem Richtlinienvorschlag für eine grenzüberschreitende Sitzverlegung. Ein solches Raster, das sich über mehrere Akte des Sekundärrechts in gleicher Weise erstreckt, bietet bereits ein solides Fundament für systematische Erwägungen bei Auslegungsproblemen in den einzelnen Rechtsakten.[143]

III. Judikative Rechtsangleichung im Gesellschaftsrecht

Gemäß der von *Franzen* entwickelten Begriffsbildung steht neben der legislativen Rechtsangleichung durch Rechtsakte der Gemeinschaft die judikative Angleichung in Form der Auslegung des Sekundärrechts durch den Europäischen Gerichtshof.[144] Diese Rechtsprechung liefert weitere Anhaltspunkte für Stellenwert und Funktion der Rechtsangleichung bei der Verwirklichung des Binnenmarktes, was die bislang ergangenen Entscheidungen zur Ersten (*unter 1.*), zur Zweiten (*unter 2.*), zur Vierten (*unter 3.*) und zur Elften Richtlinie (*unter 4.*) verdeutlichen.

---

[140] Dies haben namentlich *Hommelhoff/Riesenhuber* in: Grundmann (Hrsg.), Systembildung, 2000, S. 259ff. herausgearbeitet. Zur Systematik des Aktionärsschutzes bei den Gründungsformen der Societas Europaea (SE) *C. Teichmann* ZGR 32 (2003) 367ff.

[141] *Hommelhoff/Riesenhuber* in: Grundmann (Hrsg.), Systembildung, 2000, S. 259, 272.

[142] Vierter Erwägungsgrund der Dritten Richtlinie; ebenso der sechste Erwägungsgrund der Sechsten Richtlinie über die Spaltung von Aktiengesellschaften.

[143] Am Beispiel der Gründung einer SE durch Verschmelzung und als Holding-SE: *C. Teichmann* ZGR 31 (2002) 383, 415ff. sowie *C. Teichmann* ZGR 32 (2003) 367ff.

[144] *Franzen* Privatrechtsangleichung, 1999, S. 12.

1. Rechtsprechung zur Ersten gesellschaftsrechtlichen Richtlinie

a) Rechtssache „Haaga"

(1) Sachverhalt und Entscheidungsgründe

Die Integrationsfunktion einer Richtlinie, die bereits bei Prüfung der Erforderlichkeit zur Sprache kam, setzt sich fort in der Auslegung der Richtlinie. Die Erste Richtlinie gelangte im Jahre 1974 in der Rechtssache Haaga vor den Europäischen Gerichtshof auf Grund einer Vorlage durch den Bundesgerichtshof.[145] Im konkreten Fall ging es darum, ob das Handelsregister darüber Auskunft geben muss, dass ein alleiniger Geschäftsführer alleinvertretungsberechtigt ist. Die Eintragung der Firma Haaga GmbH lautete:

> „Sind mehrere Geschäftsführer bestellt, so wird die Gesellschaft durch zwei Geschäftsführer oder durch einen Geschäftsführer und einen Prokuristen vertreten."

Es fehlte der Hinweis, dass bei Bestellung nur eines Geschäftsführers dieser alleinvertretungsberechtigt sei. Das Handelsregister bat um entsprechende Nachbesserung. Die Haaga GmbH lehnte ab, weil sie die bisherige Eintragung für hinreichend aussagekräftig hielt. Denn ein allein bestellter Geschäftsführer sei bereits kraft Gesetzes alleinvertretungsberechtigt. Da man davon ohnehin nicht abweichen könne, sei eine Eintragung überflüssig; es genüge, auf die Besonderheiten bei der Bestellung mehrerer Geschäftsführer hinzuweisen. Die Entscheidung des Rechtsstreits spitzte sich somit auf die Frage zu, ob von einem ausländischen Geschäftspartner erwartet werden kann, dass er die Rechtslage nach deutschem GmbH-Gesetz kennt oder anders herum formuliert: ob es Aufgabe des Handelsregisters ist, über diese gesetzliche Regelung Auskunft zu geben.

Art. 2 Abs. 1 lit. d der Ersten Richtlinie bestimmt, dass bei der Offenlegung angegeben werden muss, ob die zur Vertretung der Gesellschaft befugten Personen die Gesellschaft allein oder nur gemeinschaftlich vertreten können. Die Europäische Kommission sah in ihrer Stellungnahme keine Notwendigkeit, die alleinige Vertretungsbefugnis eines alleinigen Geschäftsführers anzugeben.[146] Der Wortlaut des Art. 2 formuliere im Plural („die zur Vertretung der Gesellschaft berechtigten Personen"), lasse also keinen eindeutigen Schluss zu, ob auch Angaben zur Vertretungsbefugnis alleiniger Geschäftsführer zu machen seien. Der mit der Vorschrift intendierte Schutz der Interessen Dritter gebiete dies nicht. Denn die Vorschriften der Mitgliedstaaten wichen in diesem Punkt gerade nicht voneinander ab. Ein Dritter könne sich folglich überall darauf verlassen, dass das einzige Mitglied des Vertretungsorgans einer Gesellschaft auch allein für diese handeln könne.

Der Europäische Gerichtshof geht dagegen schon bei der Wortlautinterpretation einen anderen Weg. Der grammatikalische Plural erfasse gleichermaßen den Fall,

---

[145] EuGH, Rs. 32/74, *Haaga*, Slg. 1974, 1201 ff.

[146] EuGH, Rs. 32/74, *Haaga*, Slg. 1974, 1201, 1204 f.

dass nur eine einzige Person zur Vertretung befugt sei.[147] Der Gerichtshof sieht darin eine „Regel der Rechtssprache". Dem wird man in dieser Allgemeinheit nicht folgen können, denn es gibt sicherlich auch in der Rechtssprache Formulierungen, die bewusst im Plural formuliert sind und nur eine Mehrzahl von Personen meinen. Zur Klärung einer zweifelhaften Formulierung dient der Zweck der Regelung; ebenso verfährt auch der Gerichtshof, der neben dem Wortlaut auf den Zweck der Ersten Richtlinie rekurriert. Sie solle Rechtssicherheit gewährleisten in den Beziehungen zwischen der Gesellschaft und Dritten im Hinblick auf eine „Intensivierung des Geschäftsverkehrs zwischen den Mitgliedstaaten nach der Schaffung des Gemeinsamen Marktes".[148] Der Gerichtshof hält es daher für geboten, in den Bereichen, die der Offenlegung unterliegen, auch Angaben im Register aufzuführen, die sich ohne weiteres aus den nationalen Rechtsvorschriften ergeben oder offenkundig erscheinen.[149] Denn von einem Außenstehenden könne keine vollständige Kenntnis der Rechtsvorschriften eines anderen Mitgliedstaates oder der dort vorherrschenden Handelsbräuche erwartet werden. Damit verwirft der Gerichtshof implizit den naheliegenden Einwand, dass man sich über Umstände, die sich „ohne weiteres aus den nationalen Rechtsvorschriften ergeben", auch ohne größeren Aufwand erkundigen könnte. Daran wird deutlich, was bereits oben zur „Erforderlichkeit" der Ersten Richtlinie ausgeführt wurde:[150] Jede noch so geringfügige Erleichterung des Handelsverkehrs ist ein willkommener Beitrag zur Intensivierung des Geschäftsverkehrs im Gemeinsamen Markt.

Generalanwalt *Mayras* hatte in seinen Schlussanträgen gleichfalls für eine weite Auslegung der Richtlinie plädiert. Zwar könne man annehmen, dass der Schutz Dritter wie auch der Gesellschafter durch das deutsche Gesetz im nationalen Rahmen angemessen verwirklicht werde. Für den innergemeinschaftlichen Handel müsse man dies aber bezweifeln. Wenn auch vorauszusetzen sei, dass die zu schützenden Dritten ihr eigenes Recht kennen, so könne man von ihnen schwerlich verlangen, dass ihnen das Recht der Bundesrepublik Deutschland bekannt sei. Auch *Mayras* argumentiert also aus dem Sinn und Zweck der Richtlinie heraus, die dazu dient, den innergemeinschaftlichen Handel zu erleichtern.[151] Das Ziel der Rechtsangleichung liegt vor diesem Hintergrund nicht in erster Linie darin, einen angemessenen Schutz Dritter zu gewährleisten. Vielmehr soll die Art und Weise, in der Dritte geschützt werden, in den verschiedenen Mitgliedstaaten einander angeglichen und dadurch der innergemeinschaftliche Handel erleichtert werden.

---

[147] EuGH, Rs. 32/74, *Haaga*, Slg. 1974, 1201, 1207 (Rn. 5).
[148] EuGH, Rs. 32/74, *Haaga*, Slg. 1974, 1201, 1207 (Rn. 6).
[149] EuGH, Rs. 32/74, *Haaga*, Slg. 1974, 1201, 1207 (Rn. 6).
[150] Oben S. 204 ff.
[151] Zusätzlich greift *Mayras* auf die historische und die systematische Auslegung zurück (EuGH, Rs. 32/74, *Haaga*, Slg. 1974, 1201, 1215).

(2) Eigene Würdigung

Die Entscheidung bildet einen bemerkenswerten Kontrast zur Grundfreiheiten-Rechtsprechung: Dort das Leitbild des „verständigen Gläubigers"[152], der intelligent genug ist, sich selbst zu helfen;[153] hier der vermeintlich unbeholfene Dritte, dem ein Blick über die Grenze in andere Rechtsordnungen nicht zumutbar ist und der daher im nationalen Register auch über Dinge informiert werden müssen, die sich ohne weiteres dem Gesetz entnehmen lassen. Mutet man dem Dritten in Inspire Art zu, sich allein aus der Angabe der Rechtsform alle nötigen Informationen selbständig zu erschließen,[154] hält man es gemäß Haaga nicht für angebracht, ihm auch nur die Erkundigungspflicht über offenkundige und eindeutige Rechtsfragen, die zudem in allen Mitgliedstaaten gleich geregelt sind, aufzuerlegen.

Der Widerspruch zwischen beiden Entscheidungen lässt sich nicht etwa durch den Hinweis auflösen, der von Inspire Art zur eigenverantwortlichen Recherche aufgeforderte Marktbürger könne sich ja auf die gemäß der Ersten Richtlinie offen gelegten Informationen stützen. Denn die meisten den Gläubigerschutz prägenden Rechtsvorschriften – und um diese ging es in Inspire Art – lassen sich dem Register gerade nicht entnehmen. Indessen liegt der tiefere Sinn des unterschiedlich verständigen Dritten anderswo: Bei der Rechtsprechung zu den Grundfreiheiten geht es um die Überprüfung mitgliedstaatlicher Beschränkungen, die bereits ihrer Natur nach dem Gedanken eines einheitlichen Marktes zuwiderlaufen; Vorschriften des Sekundärrechts hingegen stellen Markteinheit her und können folglich im Lichte des Binnenmarktziels ohne weiteres ausdehnend im Sinne eines möglichst weitgehenden Schutzes der Verkehrsteilnehmer interpretiert werden. Dies bestätigt die oben vertretene Auffassung, dass für Vorschriften des Sekundärrechts ein anderer Prüfungsmaßstab gilt;[155] weitergehend deutet sich an, dass für das Sekundärrecht eine andere Auslegungsmethodik angezeigt ist als im Bereich der Grundfreiheiten.[156]

b) Rechtssache „Ubbink Isolatie"

(1) Sachverhalt und Entscheidungsgründe

In der Rechtssache Ubbink Isolatie ging es um die Nichtigkeitsregelung des Art. 11 der Ersten Richtlinie. Sie soll im Interesse der Rechtssicherheit die Fälle der Nich-

152 So namentlich der Beitrag von *Ehlers* in: Sandrock/Wetzler (Hrsg.), Wettbewerb der Rechtsordnungen, 2004, S. 1 ff.

153 Siehe nur EuGH, Rs. 210/96, *Gut Springeheide*, Slg. 1998, I-4657, I-4691 (Rn. 31): Der Gerichtshof stellt bei der Beurteilung einer Irreführung „auf die mutmaßliche Erwartung eines durchschnittlich informierten, aufmerksamen und verständigen Durchschnittsverbrauchers" ab. Ebenso EuGH, Rs. 220/98, *Estée Lauder*, Slg. 2000, I-117, I-146 (Rn. 27).

154 Zur Inspire Art-Entscheidung oben S. 95 ff.

155 Siehe oben S. 153 ff.

156 Dazu in der Zusammenfassung ab S. 231.

tigkeit von Gesellschaften beschränken.[157] Insbesondere kann eine Gesellschaft erst dann als nichtig angesehen werden, wenn dies durch gerichtliche Entscheidung ausgesprochen worden ist (Art. 11 Abs. 1 Nr. 1). Gegenüber der Gesellschaft *Ubbink Isolatie* stellte sich die Frage, ob die Nichtigkeit auch dann durch gerichtliche Entscheidung ausdrücklich ausgesprochen werden müsse, wenn eine Gesellschaft materiell-rechtlich nicht wirksam gegründet worden, nach außen aber bereits als existierende Gesellschaft aufgetreten ist.

Die *Ubbink Isolatie BV* war im niederländischen Handelsregister als in Gründung befindliche Gesellschaft – mit dem Hinweis „i.o." – eingetragen. Sie erfüllte noch nicht die Voraussetzungen des niederländischen Rechts für die Gründung einer BV (öffentlich beurkundeter Errichtungsakt und ministerielle Zustimmung) und konnte demnach nur als offene Handelsgesellschaft tätig werden.[158] Dennoch hatte die Gesellschaft bereits als „BV" Rechtshandlungen vorgenommen, ohne dabei den Zusatz „i.o." zu verwenden. Für das vorlegende niederländische Gericht stellte sich daher die Frage, ob die nach außen in Erscheinung getretene Gesellschaft gemäß Art. 11 als bestehend anzusehen sei, solange sie nicht durch gerichtliche Entscheidung für nichtig erklärt worden sei.

Der Gerichtshof lehnt eine Anwendung des Art. 11 jedoch ab.[159] Maßgeblich dafür ist der Inhalt der Handelsregistereintragung. Geschützt sei das Vertrauen Dritter auf die Angaben, die im Einklang mit den Bestimmungen der Richtlinie offengelegt worden seien. Der Glauben an den bloßen äußeren Anschein sei hingegen durch die Richtlinie nicht geschützt. Auch die Regelung über die Nichtigkeit finde nur dann Anwendung, wenn Dritte durch die offengelegten Angaben zu der Annahme veranlasst wurden, es bestehe eine Gesellschaft. Sie fänden keine Anwendung, wenn im Namen einer Gesellschaft gehandelt worden sei, deren Bestehen sich nicht aus dem öffentlichen Register ergebe.

(2) Eigene Würdigung

Festzuhalten bleibt von der Entscheidung, dass der Gerichtshof eine systematische Beziehung herstellt zwischen der formalen Offenlegung und den daran anknüpfenden Rechtsfolgen. Allein die formal gemäß den Bestimmungen der Richtlinie in einem Register offengelegten Angaben genießen den Vertrauensschutz, den die Richtlinie intendiert. Auf den Anschein des öffentlichen Registers kann sich ein Dritter verlassen, auf sonstige Rechtsscheinstatbestände nicht. Dies betont den besonderen Mechanismus, mit dem die Erste Richtlinie im Binnenmarkt Rechtssicherheit herstellen möchte. Allein die Anknüpfung an ein formalisiertes Verfahren der Offenlegung kann zwischen den verschiedenen Rechtssystemen und -kulturen

---

157 Erwägungsgrund 6 der Ersten Richtlinie.

158 Vgl. die Angaben zum Sachverhalt in den Schlussanträgen von Generalanwalt *José Luís da Cruz Vilaça*, EuGH, Rs. 136/87, *Ubbink Isolatie*, Slg. 1988, S. 4665, 4676.

159 EuGH, Rs. 136/87, *Ubbink Isolatie*, Slg. 1988, S. 4665, 4686ff. (Rn. 11ff.).

vermitteln und die zügige Abwicklung von Geschäften im grenzüberschreitenden Verkehr sicherstellen. Andere Rechtsscheintatbestände – beispielsweise das Auftreten der Gesellschaft am Markt – sind tatbestandlich zu unscharf, um die gewünschte Rechtssicherheit herstellen zu können.

c) Rechtssache „Marleasing"

(1) Sachverhalt und Entscheidungsgründe

Auch die Rechtssache Marleasing[160] behandelte die Regeln über die Nichtigkeit von Gesellschaften. Art. 11 der Ersten Richtlinie nennt in seiner Ziff. 2 diejenigen Fälle, in denen die Nichtigkeit einer Gesellschaft durch gerichtliche Entscheidung ausgesprochen werden darf. Danach ist eine Nichtigerklärung unter anderem dann möglich,

> „wenn der tatsächliche Gegenstand des Unternehmens rechtswidrig ist oder gegen die öffentliche Ordnung verstößt;"

Die *Marleasing SA* hatte bei einem spanischen Gericht Klage erhoben und beantragt, die neu gegründete Gesellschaft *La Comercial Internacional de Alimentación SA* für nichtig zu erklären, da deren einziger Geschäftszweck darin bestehe, das Vermögen einer an der Gründung beteiligten Gesellschaft dem Zugriff ihrer Gläubiger zu entziehen. Es stellte sich somit die Frage, ob eine Gesellschaft für nichtig erklärt werden dürfe, die angeblich zu dem Zweck gegründet worden war, die Gläubiger der Gründer zu schädigen.[161]

Generalanwalt *van Gerven* vertrat die Auffassung, dass die Nichtigkeitsgründe eng auszulegen seien.[162] Ziel der Richtlinie sei es, Rechtssicherheit in den Beziehungen zwischen der Gesellschaft und Dritten zu schaffen. Es müsse daher so weit wie möglich vermieden werden, Mängel in den Vertragsbeziehungen zwischen den Gesellschaftern oder zwischen den Gesellschaftern und der Gesellschaft durch die Nichtigkeit der Gesellschaft zu sanktionieren.

Das Bestreben, die Nichtigkeitsgründe eng begrenzt zu halten, kommt auch in Art. 11 der Richtlinie zum Ausdruck; denn dieser bestimmt ausdrücklich, dass eine Nichtigerklärung von Gesellschaften nur aus den in der Richtlinie ausdrücklich genannten Gründen zulässig ist. Dies muss nach Auffassung *van Gervens* zu einer res-

---

[160] EuGH, Rs. 106/89, *Marleasing*, Slg. 1990, I-4135.

[161] So die Fragestellung in der Formulierung des Generalanwalts *van Gerven*, EuGH, Rs. 106/89, *Marleasing*, Slg. 1990, I-4135, 4149 (Rn. 13). Daneben warf der Fall zwei weitere Grundfragen auf: Zum Einen die Frage einer Direktwirkung von Richtlinien im Rechtsverhältnis zwischen einzelnen Bürgern, die der EuGH an dieser Stelle gemäß seiner ständigen Rechtsprechung verneint. Zum Zweiten die Frage, ob der Grundsatz der richtlinienkonformen Auslegung auch für Gesetze gelte, die gar nicht der Umsetzung der Richtlinie dienen sollten; dies bejaht der Gerichtshof (näher zu diesem Aspekt des Urteils: *M. Schwab* ZGR 29 (2000) 446ff., insb. 467ff. m.w.N. in Fn. 114).

[162] *van Gerven*, EuGH, Rs. 106/89, *Marleasing*, Slg. 1990, I-4135, 4152 (Rn. 16).

triktiven Auslegung der einzelnen Nichtigkeitgründe führen. Unter dem Gegenstand der Gesellschaft, der bei Rechtswidrigkeit zur Nichtigkeit der Gesellschaft führen kann, ist daher allein der Gegenstand zu verstehen, wie er im Errichtungsakt oder in der Satzung definiert und veröffentlicht worden ist.[163] Er „nuanciert“[164] dies allerdings insoweit, als der tatsächlich ausgeübte Gegenstand, wenn er von Beginn an ausgeübt wird, gleichfalls eine Nichtigerklärung rechtfertigen kann. Dagegen könne ein von den Gründungsgesellschaftern verfolgter rechtswidriger Zweck nicht die Nichtigkeit der Gesellschaft rechtfertigen.[165]

Der Gerichtshof folgt in seiner Entscheidung der engen Auslegung der Nichtigkeitsgründe. Er vertritt dabei sogar eine noch restriktivere Auffassung als der Generalanwalt: Der Ausdruck „tatsächlicher Gegenstand“ sei so zu verstehen, dass er sich auf den im Errichtungsakt oder in der Satzung umschriebenen Unternehmensgegenstand bezieht.[166] Die vom Generalanwalt vorgenommene „Nuancierung“ hinsichtlich einer von Beginn an tatsächlich ausgeübten Tätigkeit übernimmt der Gerichtshof nicht.

(2) Eigene Würdigung

Ebenso wie in Ubbink Isolatie betont der Gerichtshof die Bedeutung streng formaler Regeln für die Rechtssicherheit im grenzüberschreitenden Geschäftsverkehr. Die Weigerung, den tatsächlichen Unternehmensgegenstand als Nichtigkeitsgrund anzusehen, dürfte nicht zuletzt darin begründet liegen, dass dieses Tatbestandsmerkmal zu unscharf wäre, um im Verfahren der Nichtigerklärung die nötige Rechtssicherheit zu bieten. Nach dem Sinn und Zweck der Richtlinie soll sich der Rechtsverkehr grundsätzlich auf die Existenz einer Gesellschaft verlassen können und nicht Nachforschungen oder Spekulationen darüber anstellen müssen, ob und aus welchen Gründen sie möglicherweise für nichtig erklärt werden könnte.

d) Rechtssache „Daihatsu“

(1) Sachverhalt und Entscheidungsgründe

In der Rechtssache Daihatsu ging es um die korrekte Umsetzung der Ersten und Vierten Richtlinie betreffend die Offenlegung des Jahresabschlusses von Kapitalgesellschaften. Art. 2 Abs. 1 der Ersten Richtlinie schreibt den Mitgliedstaaten vor, die „erforderlichen Maßnahmen“ zu treffen, damit sich die Pflicht zur Offenlegung auch auf die Bilanz und die Gewinn- und Verlustrechnung für jedes Geschäftsjahr

---

[163] *van Gerven*, EuGH, Rs. 106/89, *Marleasing*, Slg. 1990, I-4135, 4152 (Rn. 16).
[164] So die Formulierung *van Gervens*, EuGH, Rs. 106/89, *Marleasing*, Slg. 1990, I-4135, 4152 (Rn. 17).
[165] *van Gerven*, EuGH, Rs. 106/89, *Marleasing*, Slg. 1990, I-4135, 4152 (Rn. 16).
[166] EuGH, Rs. 106/89, *Marleasing*, Slg. 1990, I-4135, 4160 (Rn. 12).

erstreckt.[167] Die Bundesrepublik Deutschland hatte den Verstoß gegen die Offenlegungspflicht in § 335 HGB mit der Festsetzung eines Zwangsgeldes von bis zu 100.000,00 DM sanktioniert. Allerdings konnte das Registergericht dieses Zwangsgeld nicht von Amts wegen erheben, sondern nur auf Antrag eines Gesellschafters, Gläubigers oder des Betriebsrats. Faktisch war die Androhung damit wirkungslos; über 90% der deutschen Kapitalgesellschaften kamen ihrer Verpflichtung zur Offenlegung nicht nach. Die Europäische Kommission hatte aus diesem Grund bereits im Jahre 1995 ein Vertragsverletzungsverfahren gegen die Bundesrepublik Deutschland eingeleitet.[168] Mit demselben Anliegen klagte nun der Verband deutscher Daihatsu-Händler e.V., dem es nicht gelungen war, den Erlass eines Zwangsgeldes gegen die Daihatsu Deutschland GmbH zu erreichen, die ihre Bilanzen für die Jahre 1989 und 1990 nicht offengelegt hatte.

Zentraler Streitpunkt war der Begriff des „Dritten" in der Kompetenznorm des Art. 44 Abs. 2 lit. g EG-Vertrag (ex-Art. 54). Die Bundesrepublik Deutschland hatte geltend gemacht, die Publizitätsrichtlinien schützten nur die Gläubiger der Gesellschaft und ihre Arbeitnehmer.[169] Der Gerichtshof entgegnet, dass der EG-Vertrag ganz allgemein vom Schutz der Interessen Dritter spreche, ohne einzelne Gruppen zu unterscheiden oder auszuschließen. Der Begriff des Dritten könne daher nicht auf die Gläubiger der Gesellschaft beschränkt werden.[170] Darüber hinaus ergebe sich aus der Ersten Richtlinie, dass die dort genannten Informationen jeder interessierten Person zugänglich zu machen seien. Denn Artikel 3 sehe die Führung eines öffentlichen Registers vor, von dessen Inhalt jedermann Abschriften erhalten könne; außerdem ergebe sich aus den Erwägungsgründen, dass die Richtlinie gleichwertige rechtliche Mindestbedingungen für miteinander im Wettbewerb stehende Gesellschaften herstellen wolle.[171] Die deutsche Regelung, die lediglich den Gesellschaftern, Gläubigern und Arbeitnehmervertretungen das Recht einräumten, die Verhängung einer Sanktion zu beantragen, verstoße daher gegen Art. 6 der Ersten Richtlinie.[172] Dieses Ergebnis bestätigte der EuGH bald darauf in der Entscheidung über das bereits erwähnte Vertragsverletzungsverfahren.[173]

---

167 Diese Vorschrift der Ersten Richtlinie stand für Gesellschaften mit beschränkter Haftung noch unter dem Vorbehalt der Verabschiedung einer Richtlinie zur Koordinierung des Inhalts der Bilanzen und der Gewinn- und Verlustrechnungen (Art. 2 Abs. 1 lit. f Erste Richtlinie). Mit Erlass der Vierten Richtlinie war diese Regelungslücke geschlossen (so entgegen der im Verfahren vorgetragenen Auffassung der Bundesrepublik Deutschland EuGH, Rs. C-97/96, *Daihatsu*, Slg. 1997, I-6843, I-6863 [Rn. 14]).

168 EuGH, Rs. C-191/95, *Kommission/Deutschland*, Slg. 1998, I-5449 ff.

169 EuGH, Rs. C-97/96, *Daihatsu*, Slg. 1997, I-6843, I-6949 (berichtet in den Schlussanträgen des Generalanwalts *Cosmas*).

170 EuGH, Rs. C-97/96, *Daihatsu*, Slg. 1997, I-6843, I-6864 (Rn. 20).

171 EuGH, Rs. C-97/96, *Daihatsu*, Slg. 1997, I-6843, I-6865 (Rn. 22).

172 EuGH, Rs. C-97/96, *Daihatsu*, Slg. 1997, I-6843, I-6865 (Rn. 23).

173 EuGH, Rs. C-191/95, *Kommission/Deutschland*, Slg. 1998, I-5449, I-5504 (Rn. 67).

(2) Eigene Würdigung

Der Gerichtshof fasst den Begriff des „Dritten" in seiner Entscheidung sehr weit. Anders als Generalanwalt *Cosmas* macht sich das Gericht auch nicht die Mühe, ein besonderes Informationsinteresse des klagenden Verbandes darzutun. Der Generalanwalt hatte noch darauf verwiesen, dass die Richtlinie den Schutz derjenigen Personen bezwecke, die mit der Gesellschaft möglicherweise künftig Rechtsbeziehungen aufnehmen wollten. Diese müssten beurteilen können, ob die Aufnahme von Rechtsbeziehungen zweckmäßig sei.[174] Darüber hinaus zeige gerade der konkrete Fall, dass es auch andere Personengruppen als die Gläubiger gebe, die ein legitimes Interesse an den Informationen haben könnten. Es sei verständlich und richtig, dass die Handelsvertreter einer Gesellschaft an deren wirtschaftlicher Lage interessiert seien.[175] Der Gerichtshof argumentiert demgegenüber wie schon in den zuvor referierten Entscheidungen sehr formal. Die Richtlinie schreibe die Führung eines öffentlichen Registers vor, zu dem jedermann Zugang haben solle.[176] Weitere Erwägungen stellt das Gericht nicht an, insbesondere fehlt jede Andeutung, dass interessierte Personen ihr Informationsinteresse in irgendeiner Weise glaubhaft machen müssen. Der Zielsetzung der Richtlinie ist dies gewiss förderlich, wäre doch jede Glaubhaftmachung ein Hemmnis des grenzüberschreitenden Informationsflusses und damit der Entfaltung des Binnenmarktes hinderlich.

Auf den ersten Blick scheint die Erste Richtlinie damit den Bereich des Gesellschaftsrechts zu verlassen und einen allgemeinen Verkehrsschutz anzustreben. Der zweite Blick zeigt jedoch, dass dieser Eindruck trügt. Denn die Richtlinie gilt von vornherein und aus guten Gründen nur für die Rechtsform der Kapitalgesellschaften, weil diese „zum Schutze Dritter lediglich das Gesellschaftsvermögen zur Verfügung stellen".[177] Sie adressiert damit ein spezifisches Problem des Rechts der Kapitalgesellschaften, nämlich die besonderen Gefahren, die sich aus der Beschränkung der Haftung auf das Gesellschaftsvermögen ergeben.[178]

e) Rechtssache „Rabobank ./. Mediasafe"

(1) Sachverhalt und Entscheidungsgründe

In der Entscheidung Rabobank ./. Mediasafe wurde dem Gerichtshof eine Bestimmung des niederländischen Rechts vorgelegt, wonach die Gesellschaftsorgane die Gesellschaft im Falle eines Interessenkonflikts nicht wirksam vertreten können; vertretungsberechtigt sind in einer solchen Ausnahmekonstellation die Kommissare

---

174 EuGH, Rs. C-97/96, *Daihatsu*, Slg. 1997, I-6843, I-6849.
175 EuGH, Rs. C-97/96, *Daihatsu*, Slg. 1997, I-6843, I-6850.
176 EuGH, Rs. C-97/96, *Daihatsu*, Slg. 1997, I-6843, I-6865 (Rn. 22).
177 Dritter Erwägungsgrund der Ersten Richtlinie.
178 Dazu näher im Abschnitt über den Gläubigerschutz S. 449 ff.

der Gesellschaft.[179] Das vorlegende Gericht sah darin einen möglichen Verstoß gegen Art. 9 der Ersten Richtlinie. Denn nach dieser Vorschrift wird die Gesellschaft Dritten gegenüber durch Handlungen ihrer Organe verpflichtet. Der Gerichtshof vertrat allerdings die Auffassung, dass Art. 9 den Fall nicht erfasse, in dem sich das Mitglied eines Organs aufgrund seiner persönlichen Situation in einem Interessenkonflikt befinde.[180] Ob die Rechtshandlung Dritten gegenüber wirksam sei, richte sich daher nach dem einzelstaatlichen Recht.[181]

(2) Eigene Würdigung

Die Entscheidung ist teilweise auf Unverständnis gestoßen.[182] Dem Wortlaut nach sei die Lösung des EuGH zwar vertretbar,[183] dem Sinn und Zweck der Richtlinie entspreche sie aber nicht.[184] Denn nach den Erwägungsgründen gehe es der Richtlinie darum, die Gründe, aus denen im Namen der Gesellschaft eingegangene Verpflichtungen unwirksam sein könnten, so weit wie möglich zu beschränken. Dritte, die auf die Vertretungsbefugnis des ordnungsgemäß bestellten Organs vertrauten, sollten in diesem Vertrauen grundsätzlich nicht enttäuscht werden.

Sieht man das Ziel der Richtlinie darin, jede Art von Durchbrechungen der Vertretungsbefugnis von Gesellschaftsorganen zu unterbinden, ist die Entscheidung des EuGH in der Tat nicht recht nachvollziehbar. Es scheint auch ein Widerspruch zur Entscheidung in Sachen Haaga zu bestehen,[185] in welcher dem Schutz des Dritten und dessen Möglichkeit, sich über die Reichweite der Vertretungsbefugnis Kenntnis zu verschaffen, ein hoher Stellenwert eingeräumt wurde. Das Urteil ist indessen unter einem anderen Gesichtspunkt durchaus systemkonform. Es stellt nämlich klar, dass die gesellschaftsrechtlichen Richtlinien nur spezifisch *gesellschaftsrechtliche* Interessenkonflikte regeln. Einen Hinweis darauf geben die Schlussanträge des Generalanwalts *La Pergola*: Bei Lichte besehen sei der Interessenkonflikt des Vertreters ein „Unzuständigkeitsgrund allgemeiner Natur", der alle Fälle der Vertretung betreffe, nicht nur solche des Gesellschaftsrechts.[186] Die Richtlinie

---

[179] Vgl. das Zitat der Vorschrift bei EuGH, Rs. C-104/96, *Rabobank ./. Mediasafe*, Slg. 1997, I-7211, I-7223 (Rn. 10).

[180] EuGH, Rs. C-104/96, *Rabobank ./. Mediasafe*, Slg. 1997, I-7211, I-7227 (Rn. 22); ebenso die Schlussanträge des Generalanwalts *La Pergola*, ebda., S. I-7216.

[181] EuGH, Rs. C-104/96, *Rabobank ./. Mediasafe*, Slg. 1997, I-7211, I-7227 (Rn. 24).

[182] Siehe namentlich die Kritik bei *M. Schwab* ZGR 29 (2000) 446ff. Überdies stellt sich die Frage nach den Auswirkungen der Entscheidung für das deutsche Recht (s. dazu beispielsweise *Ch. Schmid* AG 1998, 127ff.).

[183] *M. Schwab* ZGR 29 (2000) 446, 451 ff.

[184] *M. Schwab* ZGR 29 (2000) 446, 457ff.

[185] Dazu bereits oben S. 211 ff.

[186] GA *La Pergola*, EuGH, Rs. C-104/96, *Rabobank ./. Mediasafe*, Slg. 1997, I-7211, I-7217. Der deutsche § 181 BGB bestätigt dies. Die niederländische Vorschrift war zwar spezifisch auf Gesellschaften bezogen; dennoch wird man annehmen dürfen, dass sie Ausprägung eines allgemeinen zivilrechtlichen Grundsatzes ist.

erfasse diesen Bereich ebensowenig wie Fälle der natürlichen oder rechtlichen Unfähigkeit oder der Willensmängel, die gleichfalls Einfluss auf die Gültigkeit der vom Vertreter vorgenommenen Handlungen haben könnten.

Damit plädiert der Generalanwalt für eine immanente Selbstbeschränkung der Richtlinie auf die spezifisch gesellschaftsrechtliche Fragestellung. Er lenkt zu Recht den Blick darauf, dass die Erste Richtlinie der Koordinierung gesellschaftsrechtlicher Regeln und nicht des allgemeinen Zivilrechts dient. Die Entscheidung des EuGH fügt sich somit als Mosaikstein in das eingangs skizzierte Bild, wonach das Gesellschaftsrecht im Kontext des Binnenmarktes als eigener Regelungsbereich aus den spezifischen Interessenkonflikten der erwerbstätigen Personenvereinigungen heraus zu entwickeln ist.[187] Art. 9 Abs. 1 der Ersten Richtlinie ist insoweit durchaus konsequent; denn er regelt Problemfälle der Vertretungsmacht, die spezifisch gesellschaftsrechtlicher Natur sind: die Begrenzung der Vertretungsmacht auf den satzungsmäßigen Unternehmensgegenstand und sonstige satzungsmäßige Beschränkungen. All' dies soll im Interesse eines rechtssicheren Handelsverkehrs nicht auf Dritte durchschlagen. Hingegen ist es nicht Anliegen der Angleichung des Gesellschaftsrechts, den Vertragspartner einer Gesellschaft von Risiken freizustellen, die sich aus dem allgemeinen Recht der Stellvertretung oder der Willenserklärungen ergeben, im deutschen Recht also namentlich aus § 181 BGB.

2. Rechtsprechung zur Zweiten gesellschaftsrechtlichen Richtlinie

a) „Karella/Karellas" und „Syndesmos Melon tis Eleftheras Evangelikis Ekklisias"

(1) Sachverhalt und Entscheidungsgründe

Ausgangspunkt der Verfahren Karella und Karellas sowie Syndesmos Melon tis Eleftheras Evangelikis Ekklisias waren Vorschriften des griechischen Rechts, die es erlaubten, Aktiengesellschaften zum Zwecke der Sanierung unter staatliche Verwaltung zu stellen.[188] Die staatliche Behörde hatte im Rahmen dieser Sanierungsverwaltung unter anderem die Befugnis, das Grundkapital der Aktiengesellschaft ohne Beschluss der Hauptversammlung zu erhöhen. Die Kläger sahen darin einen Verstoß gegen Art. 25 Abs. 1 der Zweiten Richtlinie, in dessen ersten Satz es heißt: „Jede Kapitalerhöhung muss von der Hauptversammlung beschlossen werden."

Der griechische Staat hatte eingewandt, es handele sich um eine Ausnahmeregelung für in Schwierigkeiten geratene Unternehmen. Dagegen machten sowohl Generalanwalt *Tesauro* als auch der Gerichtshof geltend, derartige Sonder- und Ausnahmevorschriften würden den einheitlichen Mindestschutz der Aktionäre in Frage

---

[187] Oben S. 12 ff.

[188] Der dritte Fall aus dieser Entscheidungsreihe – EuGH, verb. Rs. C-134/91 und C-135/91, *Kerafina*, Slg. 1992, S. I-5699 ff. – enthält keine neuen Gesichtspunkte und wird daher nicht näher behandelt.

stellen, den die Richtlinie bezwecke.[189] Sie untermauern dies durch systematische Argumente. Zum einen enthalte die Zweite Richtlinie ausdrücklich „begrenzte Abweichungen", um bestimmte lebenswichtige Belange der Mitgliedstaaten zu schützen;[190] weder der EWG-Vertrag noch die Zweite Richtlinie sehe jedoch eine Erlaubnis vor, in Krisensituationen von Art. 25 Abs. 1 abzuweichen. Zum anderen gebe es in der Richtlinie über die Verschmelzung eigens eine Ausnahmevorschrift für den Fall, in dem sich eine Gesellschaft in einem Konkurs-, Vergleichs- oder ähnlichen Verfahren befinde.[191] Aus beidem ziehen Generalanwalt *Tesauro* und das Gericht den Umkehrschluss, dass der europäische Gesetzgeber für die Zweite Richtlinie andere als die ausdrücklich genannten Ausnahmen nicht habe zulassen wollen.

Der griechische Staat hatte außerdem geltend gemacht, die Ausnahmeregelungen beträfen nicht das Gesellschaftsrecht, sondern das Insolvenzrecht. Der EuGH zieht auch hier die Grenzlinie anhand des Schutzzwecks der Richtlinie: Die Richtlinie stehe zwar nicht der Einführung von Zwangsvollstreckungsmaßnahmen und von Abwicklungsregeln entgegen, die die Gesellschaft zum Schutze der Rechte ihrer Gläubiger einer Zwangsverwaltungsregelung unterstellen. Sie solle aber sicherstellen, dass insbesondere bei den Vorgängen der Gründung einer Gesellschaft sowie der Erhöhung und der Herabsetzung ihres Kapitals die Rechte der Gesellschafter und Dritter gewahrt würden. Diese Sicherheit sei nur wirksam, wenn sie den Gesellschaftern so lange gewährt werde, wie die Gesellschaft mit ihren eigenen Strukturen fortbestehe. Die Richtlinie finde daher so lange weiter Anwendung, wie die Aktionäre und die satzungsmäßigen Organe der Gesellschaft nicht ihrer Rechte enthoben werden.[192] Dies sei jedenfalls bei einer bloßen Sanierungsregelung mit Beteiligung öffentlicher Einrichtungen oder privatrechtlicher Gesellschaften der Fall, wenn das Recht der Gesellschafter am Kapital und auf Teilhabe an der Entscheidungsgewalt in der Gesellschaft in Frage stehe.[193]

Der griechische Staat war außerdem der Auffassung, die Aktionäre hätten dem Verfahren mittelbar zugestimmt. Die Gesellschaft selbst habe den Antrag gestellt,

---

189 GA *Tesauro*, EuGH, Rs. C-19/90 und C-20/90, *Karella und Karellas*, Slg. 1991, I-2691, I-2706 f.; EuGH, Rs. C-19/90 und C-20/90, *Karella und Karellas*, Slg. 1991, I-2691, I-2717 (Rn. 25 f.); bestätigt in EuGH, Rs. 381/89, *Syndesmos Melon tis Eleftheras Evangelikis Ekklisias*, Slg. 1992, I-2111, I-2144 (Rn. 32 f.).

190 EuGH, Rs. C-19/90 und C-20/90, *Karella und Karellas*, Slg. 1991, I-2691, I-2716 (Rn. 27); EuGH, Rs. 381/89, *Syndesmos Melon tis Eleftheras Evangelikis Ekklisias*, Slg. 1992, I-2111, I-2145 (Rn. 34).

191 GA *Tesauro*, EuGH, Rs. C-19/90 und C-20/90, *Karella und Karellas*, Slg. 1991, I-2691, I-2707.

192 EuGH, Rs. C-19/90 und C-20/90, *Karella und Karellas*, Slg. 1991, I-2691, I-2719 (Rn. 30); EuGH, Rs. 381/89, *Syndesmos Melon tis Eleftheras Evangelikis Ekklisias*, Slg. 1992, I-2111, I-2143 (Rn. 27).

193 EuGH, Rs. C-19/90 und C-20/90, *Karella und Karellas*, Slg. 1991, I-2691, I-2719 (Rn. 30); EuGH, Rs. 381/89, *Syndesmos Melon tis Eleftheras Evangelikis Ekklisias*, Slg. 1992, I-2111, I-2143 (Rn. 27).

den Regelungen des griechischen Gesetzes unterworfen zu werden; die Aktionäre hätten sich stillschweigend mit dem Verfahren einverstanden erklärt und die Richtlinie lege nicht fest, wie die Hauptversammlung eine Kapitalerhöhung zu beschließen habe. Eine solche Auslegung könne allerdings, so der Generalanwalt, die Verwirklichung des mit der Richtlinie verfolgten Zwecks, für die Aktionäre ein Mindestmaß des Schutzes zu gewährleisten, ernsthaft in Frage stellen.[194] Ließe man zu, dass die Befugnis zur Vornahme von Kapitalerhöhungen durch bloßen Antrag der Geschäftsleitung auf Unterwerfung unter ein staatlich geregeltes Verfahren übertragen werden könnte, so würde damit nicht nur ein Wille konstruiert, der wahrscheinlich in Wirklichkeit nie vorhanden gewesen sei, sondern vor allem von einer Befugnis der Hauptversammlung ausgegangen, die Gesellschaft der Anwendung der einschlägigen Bestimmungen der Richtlinie vollständig zu entziehen.[195]

(2) Eigene Würdigung

Die Entscheidungen erlauben es, mehrere der bereits zu anderen Entscheidungen angesprochenen Überlegungen zu vertiefen.[196] Wiederum argumentiert der Gerichtshof im Sinne einer streng formalen Auslegung, die es nicht erlaubt, über den Wortlaut der Richtlinie hinaus Ausnahmetatbestände zu eröffnen, die den Mitgliedstaaten ein gewisses Ermessen bei der Anwendung der Richtlinie einräumen würden. Dies dient ebenso wie in den vorangegangenen Entscheidungen der Rechtssicherheit des grenzüberschreitenden Verkehrs und der Einheitlichkeit des Aktionärsschutzes. Ein wesentliches Ziel der gesellschaftsrechtlichen Richtlinien ist somit die Herstellung einheitlicher Marktverhältnisse; dies scheint in den Urteilen zur Ersten Richtlinie mehrfach auch und findet sich hier wieder. Um der Einheitlichkeit willen muss bisweilen etwas formal argumentiert werden, was der freieren Auslegungstechnik mancher nationalen Rechtsordnung zuwiderlaufen mag, hier aber vor allem der Notwendigkeit folgt, im Binnenmarkt der unterschiedlichen Rechtsordnungen zumindest dort, wo harmonisiert wurde, für einheitliche Regelungsinhalte zu sorgen.

Auch die Abgrenzung des Gesellschaftsrechts zu anderen Rechtsmaterien – zuvor war es das allgemeine Zivilrecht, hier nun das Insolvenzrecht – kommt zur Sprache. Der Gerichtshof räumt durchaus ein, dass sich mit der Eröffnung eines Insolvenzverfahrens die gesellschaftsrechtliche Lage ändern und die Zweite Richtlinie ihren Regelungsanspruch zurücknehmen könne. Er behält sich aber auch hier vor, den

---

194 GA *Tesauro*, EuGH, Rs. 381/89, *Syndesmos Melon tis Eleftheras Evangelikis Ekklisias*, Slg. 1992, I-2111, I-2130.

195 GA *Tesauro*, EuGH, Rs. 381/89, *Syndesmos Melon tis Eleftheras Evangelikis Ekklisias*, Slg. 1992, I-2111, I-2131.

196 Ein weiterer Aspekt der Entscheidung, die unmittelbare Anwendung des Art. 25 der Zweiten Richtlinie, soll hier außen vor bleiben. Näher EuGH, Rs. C-19/90 und C-20/90, *Karella und Karellas*, Slg. 1991, I-2691, I-2717 (Rn. 19ff.); bestätigt in EuGH, Rs. 381/89, *Syndesmos Melon tis Eleftheras Evangelikis Ekklisias*, Slg. 1992, I-2111, I-2146 (Rn. 38).

Einfluss gesellschaftsrechts-fremder Materien zumindest insoweit zu kontrollieren, als diese das gesellschaftsrechtliche Regelungsanliegen nicht konterkarieren dürfen.

b) Rechtssache „Pafitis"

(1) Sachverhalt und Entscheidungsgründe

Auch im Fall Pafitis ging es um eine griechische Aktiengesellschaft, die unter staatliche Verwaltung gestellt worden war. Der Verwalter hatte ohne Beteiligung der Hauptversammlung beschlossen, das Grundkapital der Gesellschaft heraufzusetzen.[197] Insoweit war nicht anders zu entscheiden, als in den vorangegangenen Fällen: Artikel 25 der Zweiten Richtlinie erlaubt keine Ausnahme von dem Grundsatz, dass Kapitalerhöhungen durch die Hauptversammlung zu beschließen sind.[198]

Der neue Aspekt dieser Entscheidung liegt darin, dass das griechische Gericht die Überlegung angedeutet hatte, die Klage wegen Rechtsmissbrauchs abzuweisen.[199] Nach der allgemein gefassten Bestimmung des griechischen Rechts in Art. 281 Zivilgesetzbuch ist die Ausübung eines Rechts unzulässig, wenn sie offensichtlich die Grenzen überschreitet, die durch Treu und Glauben, die guten Sitten oder den sozialen und wirtschaftlichen Zweck des betreffenden Rechts gezogen sind. Die Gründe für den Rechtsmissbrauch sah das griechische Gericht im mangelnden Rechtsschutzinteresse der Kläger als Minderheitsaktionäre einer dem Sanierungsverfahren unterworfenen Gesellschaft und in der Tatsache, dass sie durch die staatlich angeordnete Sanierung der Gesellschaft keine Nachteile erlitten, sondern vielmehr davon profitiert hätten.

Generalanwalt *Tesauro* sprach den nationalen Gerichten grundsätzlich das Recht zu, auf der Grundlage der eigenen Rechtsordnung die missbräuchliche Ausübung eines Rechts anzunehmen.[200] Wenn allerdings gemeinschaftsrechtlich gewährte Rechte auf dem Spiel stünden, müsse der Gerichtshof prüfen, ob der nach den nationalen Rechtsordnungen vorgesehene Rechtsschutz angemessen sei. Im konkreten Falle sei ein Rechtsmissbrauch nicht zu erkennen; statt dessen würde der Vorwurf des Rechtsmissbrauchs dazu führen, die Ausübung des Rechts schlechthin zu verweigern.

Der Gerichtshof schließt sich dieser Argumentation an.[201] Die einheitliche Anwendung des Gemeinschaftsrechts sei gefährdet, wenn von einem Aktionär, der sich auf Art. 25 der Zweiten Richtlinie berufe, allein deshalb angenommen werde, dass

---

197 Zum Sachverhalt siehe die Schlussanträge des Generalanwalts *Tesauro*, EuGH, Rs. C-441/93, *Pafitis*, Slg. 1996, S. I-1347, I-1349 ff.

198 Schlussanträge des Generalanwalts *Tesauro*, EuGH, Rs. C-441/93, *Pafitis*, Slg. 1996, S. I-1347, I-1353 ff., Entscheidungsgründe, ebda., S. I-1370 ff. (Rn. 14 ff.).

199 Zum Sachverhalt die Schlussanträge des Generalanwalts *Tesauro*, EuGH, Rs. C-441/93, *Pafitis*, Slg. 1996, S. I-1347, I-1352.

200 EuGH, Rs. C-441/93, *Pafitis*, Slg. 1996, S. I-1347, I-1360 f.

201 EuGH, Rs. C-441/93, *Pafitis*, Slg. 1996, S. I-1347, I-1382 f. (Rn. 67 ff.).

er sein Recht missbräuchlich ausübe, weil er Minderheitsaktionär einer Gesellschaft sei, die einer Sanierungsregelung unterliege, oder weil er angeblich Vorteile aus der Sanierung der Gesellschaft gezogen habe. Da Art. 25 unterschiedslos für alle Aktionäre und unabhängig vom Ausgang eines etwaigen Sanierungsverfahrens gelte, würde die Qualifizierung einer solchen Klage als rechtsmissbräuchlich darauf hinauslaufen, die Tragweite der gemeinschaftsrechtlichen Vorschrift zu verändern.

(2) Eigene Würdigung

Der Fall Pafitis weist eine Parallele zum Fall Rabobank ./. Mediasafe auf.[202] In beiden Fällen ging es um die Anwendung allgemeiner zivilrechtlicher Grundsätze, die in Konflikt mit einer gesellschaftsrechtlichen Richtlinie geraten könnte. In beiden Entscheidungen lässt der Gerichtshof die Anwendung des allgemeinen Zivilrechts zu, behält sich aber die Überprüfung vor, ob dadurch im Einzelfall die vom Gemeinschaftsrecht gewährte Rechtsposition über Gebühr beeinträchtigt wird.

c) Rechtssache „Siemens/Nold"

(1) Sachverhalt und Entscheidungsgründe

In der Rechtssache *Siemens* AG gegen *Henry Nold* standen die Regelungen des deutschen Aktienrechts zum Bezugsrecht bei einer Kapitalerhöhung durch Sacheinlagen auf dem Prüfstand. Die Zweite Richtlinie regelt ein Bezugsrecht der Aktionäre nur bei Kapitalerhöhungen durch Bareinlagen. Somit stellte sich die Frage, ob das deutsche Recht weiter gehen und auch für die Sachkapitalerhöhung ein Bezugsrecht vorsehen dürfe. Für die Beantwortung der Frage kam es darauf an, ob die Regelungen der Richtlinie als abschließend anzusehen sind. Generalanwalt *Tesauro* bemerkte zu dieser Grundsatzfrage, dass der abschließende Charakter der Richtlinie nicht abstrakt, sondern nur unter Berücksichtigung der einzelnen Vorschriften beantwortet werden könne.[203] Dabei sei von wesentlicher Bedeutung, dass die Interessen der durch die Richtlinie geschützten Rechtssubjekte (Gläubiger und Aktionäre) nicht stets identisch seien: Ein stärkerer Schutz der einen Gruppe könne nämlich für die andere Gruppe nachteilig sein.[204] Sodann entnimmt er der Entstehungsgeschichte der Richtlinie, dass die Kapitalerhöhung durch Sacheinlage vor allem deshalb nicht geregelt sei, weil die meisten Mitgliedstaaten dieses Instrument gar nicht kennen.[205] Eine nationale Regelung, welche die Ratio des Bezugsrechtsausschlusses – gleichbleibende prozentuale Beteiligung der Aktionäre am Gesellschaftskapital – auch auf Kapitalerhöhungen durch Sacheinlagen anwende, hält er daher für unproblematisch.[206] Eine Beeinträchtigung der Gläubigerinteressen liege

---

202 Siehe oben S. 218 ff.

203 EuGH, Rs. C-42/95, *Siemens/Nold*, Slg. 1996, I-6017, I-6023.

204 EuGH, Rs. C-42/95, *Siemens/Nold*, Slg. 1996, I-6017, I-6023.

205 EuGH, Rs. C-42/95, *Siemens/Nold*, Slg. 1996, I-6017, I-6024.

206 EuGH, Rs. C-42/95, *Siemens/Nold*, Slg. 1996, I-6017, I-6025.

darin nicht; allein die durch einen möglichen Rechtsstreit eintretende Verzögerung der Kapitalerhöhung genüge dafür nicht.[207]

Der Gerichtshof folgt diesen Argumenten in einer äußerst knappen Begründung, deren zentrale Aussage lautet:[208] „Da die Zweite Richtlinie lediglich ein Bezugsrecht für Erhöhungen des gezeichneten Kapitals durch Bareinlagen vorschreibt und keine Regelung für den komplexen, den meisten Mitgliedstaaten unbekannten Sachverhalt der Ausübung des Bezugsrechts bei Kapitalerhöhungen durch Sacheinlagen enthält, stellt sie es den Mitgliedstaaten im Gegenteil frei, ein Bezugsrecht für den letztgenannten Fall vorzusehen."

(2) Eigene Würdigung

Die Entscheidung erlaubt – sofern man die bemerkenswerten Schlussanträge von GA *Tesauro* in die Betrachtung einbezieht – einige grundsätzliche Aussagen zur Auslegung der gesellschaftsrechtlichen Richtlinien.[209] Zunächst ist die Frage, ob die durch eine Richtlinie eingeführte Regelung abschließend ist, nicht abstrakt, sondern nur unter Berücksichtigung der einzelnen Vorschriften der Richtlinie zu beantworten. Die Prüfungsfolge der konkreten Vorschriften vollzieht sich in drei Schritten: *Erstens* ist der Wortlaut der fraglichen Bestimmung zu untersuchen. Dabei sind – dies zeigen die weiteren Ausführungen[210] – auch die Entstehungsgeschichte und der systematische Zusammenhang der Norm heranzuziehen. *Zweitens* ist die Ratio der Bestimmung zu klären. Wenn sich daraus ergibt, dass das mitgliedstaatliche Recht über die Richtlinie hinaus Regelungen treffen darf, ist *drittens* zu fragen, ob damit in den von der Richtlinie vorgegebenen Interessenausgleich eingegriffen wird. Gerade der letzte Schritt signalisiert das Verständnis der Richtlinie als Instrument der „Interessenangleichung"[211], in deren gesetzgeberische Wertung der Gerichtshof nur sehr zurückhaltend eingreift, weil dadurch das vom Gemeinschaftsgesetzgeber festgelegte Interessen-Gleichgewicht gestört würde.

---

207 EuGH, Rs. C-42/95, *Siemens/Nold*, Slg. 1996, I-6017, I-6026.

208 EuGH, Rs. C-42/95, *Siemens/Nold*, Slg. 1996, I-6017, I-6035 (Rn. 18).

209 Generalanwalt *Tesauro* vertritt dieselbe methodische Linie im Fall EuGH, Rs. 83/91, *Meilicke*, Slg. 1990, S. I-4871 ff. (S. I-4907 ff.), in dem der Gerichtshof allerdings aus gut nachvollziehbaren Gründen nicht auf die konkreten Vorlagefragen eingegangen ist (vgl. Entscheidungsgründe, ebda., S. I-4919 ff.).

210 GA *Tesauro*, EuGH, Rs. C-42/95, *Siemens/Nold*, Slg. 1996, I-6017, I-6024: Die Regelung über das Bezugsrecht bei einer Kpaitalerhöung durch Sacheinlagen sei nicht „übersehen" worden, denn die Besonderheiten der Sacheinlage habe der Gemeinschaftsgesetzgeber in anderen Bestimmungen der Richtlinie durchaus angesprochen. Es sei weiterhin davon auszugehen, dass das Bezugsrecht bei Sachkapitalerhöhung deshalb nicht geregelt worden sei, weil es in den meisten Mitgliedstaaten eine solche Regelung nicht gebe.

211 Siehe oben S. 196 ff.

3. Rechtsprechung zur Vierten gesellschaftsrechtlichen Richtlinie

a) Die Rechtssache „Tomberger"

(1) Sachverhalt und Entscheidungsgründe

Im Fall Tomberger hatte der EuGH über die phasengleiche Aktivierung von ausgeschütteten Gewinnen im Verhältnis zwischen Mutter- und Tochtergesellschaft zu entscheiden.[212] Die beklagte Muttergesellschaft hatte im Jahre 1990 in der Gesellschafterversammlung ihrer Tochtergesellschaft den Beschluss gefasst, dass die in 1989 erzielten Gewinne der Tochtergesellschaft an die Muttergesellschaft auszuschütten seien. Eine Gesellschafterin der Muttergesellschaft vertrat die Ansicht, diese aus dem Jahre 1989 stammenden Gewinne müssten auch bei der Muttergesellschaft im Jahresabschluss 1989 ausgewiesen werden. Der BGH legte dem Europäischen Gerichtshof die Frage vor, ob dieser phasengleiche Ausweis mit der Vierten Richtlinie vereinbar sei.

Generalanwalt *Tesauro* sah im phasengleichen Ausweis einen Verstoß gegen die Vierte Richtlinie.[213] Denn diese schreibe in Art. 31 Abs. 1 lit. c aa) vor, dass nach dem Vorsichtsprinzip nur die am Bilanzstichtag „realisierten Gewinne" ausgewiesen werden dürften. Da der Gewinnverwendungsbeschluss erst einige Zeit nach dem Bilanzstichtag der Tochtergesellschaft gefasst worden sei, könne man für den Bilanzstichtag noch nicht von einem realisierten Gewinn der Muttergesellschaft ausgehen. Der Gerichtshof hingegen hielt den phasengleichen Ausweis für zulässig.[214] Dabei spielte offenbar eine Rolle, dass sich aus dem Jahresabschluss der Tochtergesellschaft ergab, dass der im Geschäftsjahr 1989 entstandene Gewinn der Muttergesellschaft am 31. Dezember 1989, also vor Abschluss des Geschäftsjahres zugewiesen worden war.[215]

(2) Eigene Würdigung

Die Regel, wonach nur realisierte Gewinne ausgewiesen werden dürfen, ist Ausprägung des Vorsichtsprinzips. Dies steht in einem Spannungsverhältnis zum Grundsatz des „True and fair view", wonach die Bilanz ein „den tatsächlichen Verhältnissen entsprechendes Bild der Vermögens-, Finanz- und Ertragslage der Gesellschaft" vermitteln muss (Art. 2 Abs. 3 der Richtlinie).[216] Generalanwalt *Tesauro* hatte seine Ablehnung der phasengleichen Aktivierung im konkreten Fall dezidiert darauf ge-

---

212 EuGH, Rs. C-234/94, *Tomberger*, Slg. 1996, I-3133ff.

213 Schlussanträge, EuGH, Rs. C-234/94, *Tomberger*, Slg. 1996, I-3133, 3140 ff.

214 EuGH, Rs. C-234/94, *Tomberger*, Slg. 1996, I-3133, I-3155 (Rn. 25).

215 EuGH, Rs. C-234/94, *Tomberger*, Slg. 1996, I-3133, I-3154 (Rn. 23). Der Sachverhalt äußert sich nicht näher dazu, in welcher Form diese „Zuweisung" zum Ausdruck gekommen sein soll.

216 Zu diesem Grundproblem europäischer Bilanzrechtsharmonisierung *Hommelhoff* RabelsZ 62 (1998) 381, 386 ff.

stützt, dass die Gewinne – mangels Gewinnverwendungsbeschluss – im Zeitpunkt des Bilanzstichtags der Muttergesellschaft noch nicht als „realisiert" angesehen werden könnten. Der Gerichtshof hingegen ließ den Umstand ausreichen, dass die Gewinne der Tochtergesellschaft in deren Jahresabschluss bereits der Muttergesellschaft „zugewiesen" gewesen seien. Dem wird vielfach eine Entscheidung des Gerichtshofes für den True and fair view als vorrangiges Prinzip („overriding principle") der Bilanzrichtlinie entnommen.[217] Allerdings lässt der Gerichtshof in seinen Ausführungen die Gründe der Entscheidung völlig im Dunkeln und beschränkt sich im wesentlichen darauf, die entscheidungserheblichen Vorschriften zu zitieren.

Damit bleiben für die Entscheidung folgende Beweggründe denkbar: Entweder denkt der Gerichtshof an eine großzügige Auslegung des Begriffs der „realisierten" Gewinne; oder er fasst den Sachverhalt unter die periodengerechte Zuweisung von Aufwendungen und Erträgen (immerhin ist der Gewinn der Tochtergesellschaft bei der Muttergesellschaft zunächst als Ertrag zu verbuchen); oder aber er hält im konkreten Fall gar einen Verstoß gegen das Gebot, nur realisierte Gewinne auszuweisen, für geboten, weil man nur so dem Gebot des True and fair view gerecht werden könne – dann hätte man allerdings erwarten sollen, dass er sich zur damit gemäß Art. 2 Abs. 5 verbunden Pflicht äußert, die Abweichung im Anhang offenzulegen und zu begründen. Die Entscheidungsgründe sind derart knapp, dass sich über die Hintergründe nur spekulieren lässt.[218] Allerdings liefert die sogleich zu besprechende Entscheidung DE + ES Bauunternehmung weitere Hinweise zur Bedeutung des True and fair view im europäischen Bilanzrecht.

b) Die Rechtssache „DE + ES Bauunternehmung"

(1) Sachverhalt und Entscheidungsgründe

In DE + ES Bauunternehmung ging es um die Bilanzierung von Gewährleistungsrückstellungen. Die *DE + ES Bauunternehmung GmbH* hatte eine Pauschalrückstellung für Gewährleistungsansprüche gebildet, da sie aus bereits ausgeführten Bauaufträgen mit Gewährleistungen rechnen musste, deren Höhe noch nicht genau bekannt war. Die GmbH hatte dafür pauschal eine Rückstellung in Höhe von 2%

---

[217] In diesem Sinne *Habersack* Europäisches Gesellschaftsrecht, 2. Aufl., 2003, S. 234 (Rn. 285); a.A. (Zielkonflikt nicht entschieden) *Schwarz* Europäisches Gesellschaftsrecht, 2000, S. 295 (Fn. 302); beide Textstellen mit weiteren Nachweisen zur Diskussion.

[218] Vgl. auch die Kritik bei *Hommelhoff* in: R. Schulze (Hrsg.), Auslegung europäischen Privatrechts, 1999, S. 29, 30f. und 44, die namentlich *Everling* FS Lutter, 2000, S. 31, 36, aufgreift und zum Anlass nimmt, um Verständnis für die Arbeitstechnik des Gerichtshofs mit dem Hinweis zu werben: „Die Richter einigen sich oft leichter über das Ergebnis eines Urteils als über dessen Begründung, weil dabei die unterschiedlichen dogmatischen Grundlagen der Rechtsordnungen, durch die sie geformt sind, sichtbar werden." (ebda., S. 40). Insoweit mag es kein Zufall sein, dass gerade im Bilanzrecht, bei dem zwei völlig unterschiedliche Philosophien aufeinandertreffen, eine zufriedenstellende Begründung ausblieb.

des Umsatzes angesetzt.[219] Diese Rückstellung wollte sie der Ermittlung der Körperschaft- und Gewerbesteuer zugrundelegen. Das zuständige Finanzamt hatte zwar nicht die Rückstellung als solche, wohl aber deren Höhe beanstandet. Nach seiner Auffassung genügte eine Rückstellung in Höhe von 0,5 %. Für eine das Branchenübliche übersteigende Rückstellung müsse das Unternehmen nachweisen, in der Vergangenheit über diese Erfahrungssätze hinaus in Anspruch genommen worden zu sein.

Die Schlussanträge des Generalanwalts *Léger* setzen sich ausführlich mit den Grundsätzen der Bilanzwahrheit (True and fair view) und dem Vorsichtsprinzip auseinander.[220] Der Grundsatz der Bilanzwahrheit sei das Hauptziel der Richtlinie und genieße Vorrang vor anderen, in der Richtlinie verankerten Grundsätzen. Dies habe der Gerichtshof im Fall Tomberger bestätigt. Allerdings sieht er im konkreten Fall keinen Konflikt zwischen dem Grundsatz der Bilanzwahrheit und dem Vorsichtsprinzip. Denn ein den tatsächlichen Verhältnissen entsprechendes Bild könne man nur zeichnen, wenn man Aufwendungen, die sehr wahrscheinlich zu erwarten seien, in der Bilanz erscheinen lasse. Auch der Grundsatz der Vorsicht verpflichte eine Gesellschaft, Gewährleistungsansprüche selbst dann in der Bilanz zu passivieren, wenn noch keine Mängel aufgetreten seien oder die aufgetretenen Mängel noch nicht zu einer Inanspruchnahme geführt hätten. Da Rückstellungen unter anderem für Verluste oder Verbindlichkeiten zulässig seien, die ihrer Höhe nach unbestimmt seien, müsse auch eine Pauschalbewertung zulässig sein.

Ebenso stellt der Gerichtshof in seinen Entscheidungsgründen fest, es würde nicht nur dem Vorsichtsprinzip, sondern auch dem Grundsatz der Bilanzwahrheit widersprechen, wenn derartige potentielle Verbindlichkeiten nicht in der Bilanz erscheinen würden; denn dies würde zu einer Überbewertung des Vermögens führen.[221] Der Grundsatz der Bilanzwahrheit gebiete, dass die Angaben im Abschluss so gemacht würden, dass sie möglichst verlässlich und in möglichst geeigneter Weise das Informationsbedürfnis Dritter befriedigen, ohne die Interessen der Gesellschaft zu beschädigen.[222] Die Gewährleistungsrisiken seien potentielle Verbindlichkeiten, für die weder die Höhe noch der Zeitpunkt des Eintritts angegeben werden könne. Daher müsse eine einheitliche Rückstellung für alle derartigen Risiken gebildet werden, wenn eine Pauschalbewertung das geeignete Mittel sei, um ein den tatsächlichen Verhältnissen entsprechendes Bild von der Höhe der Aufwendungen zu geben.[223] Über die Berechnung der Höhe derartiger Rückstellungen mache die Richtlinie keine Angaben; insoweit gelte das nationale Recht, das sich allerdings am

---

219 Zum Sachverhalt die Schlussanträge des Generalanwalts *Léger*, EuGH, Rs. C-275/97, *DE + ES Bauunternehmung*, Slg. 1999, S. I-5331, I-5337ff., und die Entscheidungsgründe, ebda., S. I-5353ff. (Rn. 12ff.).

220 EuGH, Rs. C-275/97, *DE + ES Bauunternehmung*, Slg. 1999, S. I-5331, I-5342 ff.

221 EuGH, Rs. C-275/97, *DE + ES Bauunternehmung*, Slg. 1999, S. I-5331, I-5358 (Rn. 26).

222 EuGH, Rs. C-275/97, *DE + ES Bauunternehmung*, Slg. 1999, S. I-5331, I-5358 (Rn. 27).

223 EuGH, Rs. C-275/97, *DE + ES Bauunternehmung*, Slg. 1999, S. I-5331, I-5359 (Rn. 34).

Grundsatz der Bilanzwahrheit orientieren müsse.[224] Die von nationalen Stellen festgelegten Kriterien für die Bewertung der Pauschalrückstellung müssten es somit zulassen, die Erfahrungen zu berücksichtigen, die die betroffene Gesellschaft oder andere in derselben Branche tätige Unternehmen mit der Inanspruchnahme auf Gewährleistungen aus ähnlichen Verträgen gemacht haben.[225] Die Bildung der Pauschalrückstellung könne daher von der Verwaltung nicht von vornherein abstrakt auf einen festen Prozentsatz des garantiebehafteten Umsatzes beschränkt werden. Andererseits dürfe das Unternehmen die Rückstellung auch nicht höher ansetzen, als es in Anbetracht des jeweiligen Risikos angemessen erscheine.

(2) Eigene Würdigung

Analysiert man die Entscheidungsgründe, kann kaum mehr ein Zweifel bestehen, dass der Gerichtshof im Grundsatz der Bilanzwahrheit das Hauptziel der Richtlinie sieht. Zum einen spricht er – wie schon in Tomberger[226] – ausdrücklich vom „Hauptziel der Richtlinie";[227] zum anderen interpretiert er auch einzelne Vorschriften der Richtlinie „im Licht des mit der Richtlinie verfolgten Zwecks", der darin bestehe, dass „die Jahresabschlüsse der erfassten Gesellschaften ... ein den tatsächlichen Verhältnissen entsprechendes Bild der Vermögens-, Finanz- und Ertragslage der Gesellschaften zu vermitteln haben".[228] Besonders bedeutsam ist, dass dieser Auslegungsgrundsatz sich in der zitierten Passage auf Art. 31 Abs. 2 der Richtlinie bezieht, also die Voraussetzungen, unter denen ausnahmsweise von dem in Art. 31 Abs. 1 statuierten Vorsichtsprinzip abgewichen werden darf.

Ob damit allerdings tatsächlich die angelsächsische Konzeption des „true and fair view" die Oberhand gewonnen hat oder sich nicht vielmehr ein gemeinschaftsrechtlich eigenständiger Grundsatz der Bilanzwahrheit entwickelt, kann hier nur als Frage eröffnet werden; die Beantwortung setzt einen intensiven Vergleich der nationalen Bilanzrechtssysteme mit den Entscheidungsgründen der Urteile voraus. Prinzipiell sind Rechtsbegriffe des Gemeinschaftsrechts autonom auszulegen.[229] Insoweit fällt eines auf: In beiden maßgeblichen Entscheidungen (Tomberger und DE + ES Bauunternehmung) kam es auf den in der Systematik der Richtlinie im Grunde angelegten Konflikt zwischen Bilanzwahrheit und Vorsichtsprinzip letztlich nicht an. Bemerkenswert ist weiterhin, dass sowohl die Generalanwälte als auch der Gerichtshof Wert auf die Feststellung legen, dass beide Prinzipien im konkreten Fall zu demselben Ergebnis führen. Darin deutet sich eine Auslegungsmaxime an, wo-

---

[224] EuGH, Rs. C-275/97, *DE + ES Bauunternehmung*, Slg. 1999, S. I-5331, I-5359 f. (Rn. 35 f.).
[225] EuGH, Rs. C-275/97, *DE + ES Bauunternehmung*, Slg. 1999, S. I-5331, I-5360 (Rn. 37).
[226] EuGH, Rs. C-234/94, *Tomberger*, Slg. 1996, I-3133, I-3153 (Rn. 17).
[227] EuGH, Rs. C-275/97, *DE + ES Bauunternehmung*, Slg. 1999, S. I-5331, I-5358 (Rn. 26).
[228] EuGH, Rs. C-275/97, *DE + ES Bauunternehmung*, Slg. 1999, S. I-5331, I-5359 (Rn. 31).
[229] Näher zu den gemeinschaftsrechtlichen Auslegungsmethoden: *Anweiler* Auslegungsmethoden, 1997, *Bleckmann* NJW 1982, 1177ff., *Oppermann* Europarecht, 2. Aufl., 1999, S. 253ff. (Rn. 680ff.)

nach das Vorsichtsprinzip *gemeinschaftsrechtlich* weitgehend im Gleichlauf mit dem Grundsatz der Bilanzwahrheit zu interpretieren ist. Immerhin lässt sich für eine vorsichtige Bilanzierung, sofern sie sich auf einen tatsächlichen Anhalt stützen kann, stets ins Feld führen, dass gerade sie ein den tatsächlichen Verhältnissen entsprechendes Bild zeichne. So betonen sowohl Generalanwalt *Léger* als auch der Gerichtshof, dass es dem Grundsatz der Bilanzwahrheit widerspräche, Risiken, für deren Realisierung es bereits einen konkreten Anhaltspunkt gibt, nicht in der Bilanz aufscheinen zu lassen. Möglicherweise führt also die Zusammenfassung zweier bislang widerstreitender Prinzipien zu einer gemeinschaftsrechtlichen Synthese der Begrifflichkeiten.

4. Rechtsprechung zur Elften gesellschaftsrechtlichen Richtlinie („Inspire Art")

a) Sachverhalt und Entscheidungsgründe

Der bereits im Kontext der Niederlassungsfreiheit behandelte[230] Fall Inspire Art betraf das niederländische Gesetz über formal ausländische Gesellschaften (WFBV).[231] Mit diesem Gesetz wollte der niederländische Gesetzgeber verhindern, dass niederländische Staatsangehörige Gesellschaften allein zu dem Zweck im Ausland gründeten, um in den Niederlanden geschäftlich tätig werden zu können, ohne die dortigen Vorschriften für die Errichtung einer Gesellschaft beachten zu müssen. Das WFBV regelte dazu Verfahren, Voraussetzungen und Inhalt der Eintragung einer Zweigniederlassung von derartigen nur formal als ausländisch betrachteten Gesellschaften. Auf europäischer Ebene regelt jedoch bereits die Elfte Richtlinie, welche Anforderungen an die Offenlegung von Zweigniederlassungen zu stellen sind. Entgegen der Vorlagefrage – und insoweit auch abweichend von den Schlussanträgen des Generalanwalts – maß der Gerichtshof daher die Vorschriften des WFBV zunächst an der Elften Richtlinie. Soweit das WFBV lediglich der Umsetzung der Richtlinie diente und mit den Vorschriften dieser Richtlinie vereinbar war, wurde es vom Gerichtshof nicht als Behinderung der Niederlassungsfreiheit angesehen.[232]

Das WFBV enthielt allerdings auch Offenlegungspflichten, die über die Elfte Richtlinie hinausgingen: die Angabe, dass es sich um eine formal ausländische Gesellschaft handele; das Datum der ersten Eintragung im ausländischen Handelsregister sowie Informationen über den Alleingesellschafter; die zwingende Hinterlegung einer Erklärung von Wirtschaftsprüfern, dass die Gesellschaft die Voraussetzungen bezüglich des gezeichneten und eingezahlten Mindestkapitals und des

---

230 Siehe oben S. 95 ff.

231 Vgl. zum Inhalt der niederländischen Regelung die Sachverhaltswiedergabe in EuGH, Rs. C-167/01, *Inspire Art*, Slg. 2003, I-10155, I-10204 ff. (Rn. 22 ff.)

232 EuGH, Rs. C-167/01, *Inspire Art*, Slg. 2003, I-10155, I-10214 (Rn. 56–58). Zur Frage, inwieweit Sekundärrecht an der Niederlassungsfreiheit zu messen ist, s. oben S. 153 ff.

Eigenkapitals erfülle. Der Europäische Gerichtshof prüfte daher, ob die Richtlinie abschließend sei. Dies bejaht er auf Grund des Sinn und Zwecks der Richtlinie.[233] Sie diene dazu, die Unterschiede zwischen den Mitgliedstaaten zu beseitigen, da sich diese als Behinderung der Niederlassungsfreiheit erwiesen hätten. Diesen Zweck könne sie nur erfüllen, wenn sie abschließend sei.[234] Auch der Wortlaut des Art. 2 der Richtlinie stützt die These der abschließenden Wirkung. In Absatz 1 der Vorschrift heißt es: „Die Pflicht zur Offenlegung nach Artikel 1 erstreckt sich lediglich auf folgende Urkunden und Angaben ..." Absatz 2 zählt sodann fakultative Offenlegungsmaßnahmen auf, was nur dann Sinn hat, wenn die Mitgliedstaaten andere als die dort genannten Maßnahmen nicht vornehmen können.[235]

b) Eigene Würdigung

Die abschließende Regelung der offenzulegenden Tataschen entnimmt der Gerichtshof überzeugend Wortlaut und Systematik der Richtlinie. Dahinter steht aber wiederum auch ein binnenmarktbezogener Grundgedanke: Um einerseits den Wirtschaftsverkehr erleichtern und dabei andererseits allen Unternehmen gleiche Wettbewerbsbedingungen bieten zu können, muss die Offenlegung von Informationen streng formalisiert werden. Das Vertrauen der Verkehrsteilnehmer darf sich auf die im öffentlichen Register niedergelegten Informationen stützen, diese müssen aber auch verlässlich und vor allem überall möglichst einheitlich gewährt werden. Die Entscheidung Inspire Art ist damit einzureihen in die Linie von Ubbink Isolatie und Marleasing, die gleichfalls im Dienste der binnenmarktweiten Publizität einen formalen Ansatz und eine daraus resultierende restriktive Norminterpretation favorisiert haben.

IV. Ergebnis zu § 4

Rechtsangleichung ist funktional gesehen ein Akt der *Gesetzgebung*. Sie unterscheidet sich insoweit strukturell von den lediglich kassatorisch wirkenden Grundfreiheiten und ergänzt diese sinnfällig. Während nämlich die Grundfreiheiten ihrer dogmatischen Struktur nach Beschränkungen lediglich beseitigen, dem dahinter stehenden Allgemeininteresse selbst aber nicht Genüge tun können, führt Rechtsangleichung die partiell gegenläufigen Interessen der Wirtschaftsteilnehmer im Wege des wertenden Interessenausgleichs einem materiellen Ausgleich zu. Dabei kommt es allerdings nicht nur auf den als gerecht empfundenen Ausgleich an, sondern auch auf eine binnenmarktverträgliche Lösung. Rechtsangleichung führt daher nicht einfach zum kleinsten gemeinsamen Nenner der mitgliedstaatlichen Lö-

---

233 Dazu bereits oben S. 96 f.

234 EuGH, Rs. C-167/01, *Inspire Art*, Slg. 2003, I-10155, I-10216 f. (Rn. 66 ff.).

235 EuGH, Rs. C-167/01, *Inspire Art*, Slg. 2003, I-10155, I-10217 (Rn. 70).

sungen, ja muss nicht einmal zwingend eine von ihnen zum Vorbild nehmen. Anzustreben ist vielmehr diejenige Lösung, die einem mehrere Rechtsordnungen überschreitenden Wirtschaftsraum funktional am besten gerecht wird. Die Erste Richtlinie ist dafür ein Beispiel, bei welcher die im nationalen Kontext durchaus funktionierende englische „ultra-vires"-Lehre der im grenzüberschreitenden Kontext leistungsfähigeren Organtheorie weichen musste.

Das *Rechtsangleichungsprogramm* war ursprünglich um eine konsistente Erfassung aller für das Gesellschaftsrecht relevanten Regelungsfragen bemüht. Dieser spezifisch gesellschaftsrechtliche Sinnzusammenhang ist teilweise verloren gegangen, weil nicht alle Elemente des ursprünglichen ambitionierten Angleichungsprogramms verwirklicht werden konnten. Dennoch haben sich folgende systematische Grundlinien ergeben: Rechtsangleichung widmet sich bevorzugt den Kapitalgesellschaften, denn dort besteht wegen der auf das Gesellschaftsvermögen beschränkten Haftung ein besonderes Schutzbedürfnis für den Rechtsverkehr; Rechtsangleichung fördert den grenzüberschreitenden Wirtschaftsverkehr durch Angleichung der Informationsregeln, sowohl für den Inhalt der Information als auch für das Verfahren ihrer Bereitstellung; und Rechtsangleichung verfolgt das Anliegen, gleiche Wettbewerbsbedingungen für die im Binnenmarkt tätigen Unternehmen zu schaffen. Ein eigenständiger systematischer Beitrag des europäischen Rechts sind sodann die Grundprinzipien zur informierten Mitwirkung der Aktionäre bei gesellschaftsrechtlichen Strukturmaßnahmen.

Die *Erforderlichkeit* von Rechtsangleichung wird allerdings nicht zu jeder Sachfrage und nicht zu allen Zeiten einheitlich beantwortet. Insoweit steht den gesetzgebenden Organen der Gemeinschaft auch durchaus ein Beurteilungsspielraum zu. Die rechtspolitische Diskussion setzt mittlerweile andere Schwerpunkte als in den ersten Jahrzehnten der Gemeinschaft. Auf das Programm einer weitgehenden Durchnormierung des europäischen Gesellschaftsrechts folgte das Konzept der Mindestharmonisierung, aktuell noch angereichert durch den Gedanken eines Wettbewerbs der mitgliedstaatlichen Gesetzgeber, der für eine Zurückhaltung im Sekundärrecht spricht. Im Lichte der jüngeren Grundfreiheiten-Rechtsprechung, die den mitgliedstaatlichen Gestaltungsfreiraum deutlich eingeengt hat, gewinnt andererseits die Rechtsangleichung ihr besonderes funktionales Gewicht zurück als Akt der Gesetzgebung über die im Gesellschaftsrecht auszugleichenden Interessen. Da die grundsätzlich integrationsfördernde Rechtsangleichung einer weniger strengen Überprüfung am Maßstab der Niederlassungsfreiheit unterliegt, kann ein systematisch stimmiges Gesellschaftsrecht im Binnenmarkt auf flankierendes Sekundärrecht nicht verzichten. Der Gemeinschaftsgesetzgeber steht mehr denn je in der Pflicht, seinen Beitrag zu einem konsistenten Ausgleich der verschiedenen vom Gesellschaftsrecht erfassten Interessen zu leisten.

In der nicht allzu reichhaltigen *Rechtsprechung* zum bislang erlassenen Sekundärrecht findet sich eine gewisse Bestätigung für die systembildende Aufgabe der Rechtsangleichung. In den Entscheidungen „Rabobank/Mediasafe" und „Pafitis" hatte sich der Gerichtshof mit Rechtsinstituten auseinanderzusetzen, die systematisch nicht dem Gesellschaftsrecht angehören, sondern dem allgemeinen Zivilrecht. Der Gerichtshof nimmt hier eine teleologische Reduktion des Sekundärrechts vor; zivilrechtliche Institute bleiben anwendbar, auch wenn dies dem Buchstaben einer Richtlinie widersprechen sollte. Dies gilt für das zivilrechtliche Prinzip, wonach die Vertretungsmacht des Stellvertreters bei persönlichen Interessenkonflikten einer immanenten Begrenzung unterliegt; dies gilt ebenso für den Grundsatz des Rechtsmissbrauchs. Der Gerichtshof erkennt damit implizit an, dass die Richtlinien der Regelung eines bestimmten Rechtsgebiets dienen und lediglich die dort spezifisch anzutreffenden Interessenkonflikte ansprechen. Er stellt letztlich zwischen Gesellschaftsrecht und Zivilrecht ein Verhältnis praktischer Konkordanz her: Institute des allgemeinen Zivilrechts werden durch die gesellschaftsrechtlichen Richtlinien nicht verdrängt, müssen allerdings in ihrer konkreten Anwendung den Geltungswillen gemeinschaftsrechtlich begründeter Rechtspositionen angemessen berücksichtigen.

Der zweite systematische Ansatz, der die Richtlinien aus einem spezifisch gesellschaftsrechtlichen Blickwinkel auslegt, ist die Analyse der in einer Richtlinie geregelten Interessen. Die Betrachtung des Gesellschaftsrechts als eines eigenen Rechtsgebiets erhält überhaupt nur aus der Warte einen Sinn, dass dieses Rechtsgebiet dem Ausgleich spezifischer Interessenkonflikte dient, die in dieser Form allein in erwerbsorientierten Personenzusammenschlüssen auftreten. Für diese in § 1 der Untersuchung aus den mitgliedstaatlichen Rechtsordnungen und aus dem Primärrecht entwickelte gemeineuropäisch interessenbezogene Sicht auf das Gesellschaftsrecht finden sich besonders deutliche Anhaltspunkte in den verschiedenen Schlussanträgen des Generalanwalts *Tesauro*. Ein Beispiel ist seine Argumentation in „Siemens/Nold“, der Wortlaut der Richtlinien dürfe nicht extensiv ausgelegt werden, weil damit in die vom Gemeinschaftsgesetzgeber hergestellte Interessenbalance eingegriffen werde.

Eine dritte Grundlinie der EuGH-Rechtsprechung ist die systematische Auslegung durch Zusammenschau verschiedener Richtlinien oder Richtlinienentwürfe. In der Entscheidung „Rabobank/Mediasafe“ ziehen Generalanwalt und EuGH zur Begründung ihrer Auslegung der Ersten Richtlinie Vorschriften aus dem Entwurf einer Fünften Richtlinie heran. Dass in dem Entwurf spezifische Regelungen zu Interessenkonflikten in der Person der Organe vorgesehen seien, spreche dafür, dass dieser Bereich in der Ersten Richtlinie noch nicht geregelt sei. Als Methode der historischen Ermittlung des subjektiven Gesetzgebungswillens erscheint dies angreifbar, ist doch der Entwurf zur Fünften Richtlinie erst einige Jahre nach Verabschiedung der Ersten Richtlinie formuliert worden. Versteht man die Vorgehensweise des EuGH jedoch im Sinne der objektiven Methode, die darum bemüht ist, das Geflecht der Regelungen innnerhalb eines bestimmten Rechtsgebietes stimmig auszulegen, kann der Vergleich mit anderen Richtlinien – seien sie vorher oder nachher erlassen oder gar noch im Entwurfsstadium – sinnvoll sein. Es geht dann nicht darum, den historischen Willen des Gesetzgebers zu belegen, sondern darum, in dem betreffenden Rechtsgebiet eine stimmige Systematik zu entwickeln.

§ 5 Supranationale Rechtsformen

Supranationale Rechtsformen haben den Gedanken des Binnenmarktes gewissermaßen verinnerlicht: Sie stützen sich auf ein Statut, das in allen Mitgliedstaaten inhaltlich gleich und unmittelbar wirksam ist. Als Binnenmarkt-Gesellschaften in vollendeter Form teilen sie allerdings auch das Schicksal des Binnenmarktes, der die Gegensätze und Unterschiede der mitgliedstaatlichen Rechtsordnungen lediglich überbrücken, nicht aber beseitigen kann. Der Versuch, in einem Wirtschaftsraum mit einzelstaatlich segmentierten Rechtsordnungen eine frei bewegliche Rechtsform zu schaffen, gleicht der Quadratur des Kreises. Die leidvolle Geschichte der „Societas Europaea" (SE), der Europäischen Aktiengesellschaft, legt davon beredt Zeugnis ab. Wer mitverfolgt, wie sich der Geist dieses Projektes von den Anfängen (dazu *unter I.*) bis zum heutigen Rechtszustand (dazu *unter II.*) gewandelt hat, erfährt Manches über die Schwierigkeiten, ein in sich stimmiges und systematisches Gesellschaftsrecht für den Binnenmarkt zu konzipieren. Was die SE als „Flaggschiff des Europäischen Gesellschaftsrechts" [1] über die Schwierigkeiten des Gesellschaftsrechts im Binnenmarkt offenbart hat, soll *unter III.* bei Betrachtung der übrigen supranationalen Rechtsformen weiter vertieft und variiert werden. Aufschluss verspricht sodann *unter IV.* die Betrachtung der Regelungstechnik der supranationalen Rechtsformen mit ihren zahlreichen Verweisen auf das mitgliedstaatliche Recht. Hier zeigt sich wiederum die Besonderheit, ja geradezu die Notwendigkeit, eine supranationale Rechtsform in einem Binnenmarkt, der sich aus mehreren zumindest partiell souverän gebliebenen Staaten konstituiert, mit dem Recht der Mitgliedstaaten zu verzahnen.

I. Die „Europäische Handelsgesellschaft" als Projekt der Rechtsvereinheitlichung

1. Rechtspolitische Diskussion in der Frühzeit der EWG

a) Bedürfnis für eine Europäische Handelsgesellschaft

Schon in den frühen Jahren der Europäischen Wirtschaftsgemeinschaft sah man eine wichtige Voraussetzung eines funktionierenden Gemeinsamen Marktes darin, die Unterschiede im Gesellschaftsrecht abzubauen.[2] Die Entwicklung des internationalen Handels verlange nach wechselseitigem Vertrauen und nach Rechtssicherheit. Beides sei durch unterschiedliche Gesellschaftsrechte gefährdet.[3] Ein Geschäftsmann, der in einem anderen Land Geschäfte mache, müsse fürchten, wegen seiner

---

[1] Nach *Hopt* ZIP 1998, 96, 99.

[2] Zum Folgenden: *von Arnim* AWD 1965, 346, 347 ff.; *Arnold* AWD 1963, 221 ff.; *Sanders* AWD 1960, 1 ff.; *Vasseur* ZHR 127 (1965) 177, 179 ff.

[3] *Vasseur* ZHR 127 (1965) 177, 180.

geringeren Kenntnisse im dortigen Recht von seinem Gegenüber, das sich dort bestens auskennt, übervorteilt zu werden. Zugleich biete ihm die fremde Rechtsordnung nicht die gewohnte Sicherheit im Umgang mit den Rechtsregeln, die sein Handeln steuern. Wenn man an die Gründung eines gemeinsamen Unternehmens denke, sei derjenige Partner im Vorteil, dessen innerstaatliches Recht gewählt werde, da er darüber besser informiert sei.[4] Hinzu komme die Unsicherheit der Ermittlung des anwendbaren Rechts nach unterschiedlichen Regeln des Internationalen Privatrechts.[5]

Es reiche daher nicht aus, lediglich die Hemmnisse abzubauen, die der Niederlassung einer in einem Mitgliedstaat gegründeten Gesellschaft in einem anderen Mitgliedstaaten entgegenstünden; die Gesellschaften aus verschiedenen Staaten würden immer noch wegen ihrer unterschiedlichen rechtlichen Struktur die Rechtssicherheit im Geschäftsverkehr erheblich beeinträchtigen.[6] Die Kontaktaufnahme mit anderen Unternehmen dürfe aber nicht durch Unsicherheiten über die Regelung der Geschäftsführung und Vertretung behindert werden, und die Errichtung von Gesellschaften mit Gründern anderer Nationalität dürfe nicht am unterschiedlichen Rechtsverständnis scheitern. Es müsse weiterhin vermieden werden, dass die Errichtung von Tochtergesellschaften zu einer Zersplitterung der Organisationsstrukturen führe. Und schließlich dürfe die Verlegung des Sitzes über die Grenze nicht schwieriger sein als etwa ein Umzug von Stuttgart nach Köln.

Gegen diese Forderung nach einheitlichen Regeln wurde eingewandt, die Unternehmen seien schon immer gut mit den unterschiedlichen Rechtssystemen klar gekommen.[7] Aus der Praxis werde nicht berichtet, dass unterschiedliche Regeln des Vertretungsrechts je zu schädigenden Irrtümern geführt hätten,[8] ebensowenig seien bedeutsame Hindernisse bei der Gründung von Tochtergesellschaften oder gemeinsamen Unternehmen im Gemeinsamen Markt bekannt geworden.[9] Die Handha-

---

4 *Sanders* AWD 1960, 1, 3.

5 Dieses von *Rault* auf einem Kongress der Pariser Anwaltskammer 1960 vorgebrachte Argument berichtet *Bärmann* AcP 160 (1961) 97, 100 (und auch ebda., S. 114 sowie S. 126), der kritisch anmerkt, auch eine Gesellschaft europäischen Typs habe ihren Sitz in einem bestimmten Land, auf dessen Recht zur Lückenfüllung zurückgegriffen werden müsse.

6 *von Arnim* AWD 1965, 346, der a.a.O. als denkbares Mittel zum Abbau dieser Beeinträchtigung sowohl die Koordinierung der Schutzbestimmungen nach Art. 54 Abs. 3 lit. g EWGV als auch die Schaffung einer „europäischen" Handelsgesellschaft untersucht.

7 *Geßler* BB 1967, 381, 383; *Vasseur* ZHR 127 (1965) 177, 180. Aufschluss- und detailreich zur Reaktion der Praxis ist namentlich der Bericht von *Bärmann* AcP 160 (1961) 97 ff. vom Kongress der Pariser Anwaltskammer 1960, der sich ausführlich mit der Schaffung einer europäischen Handelsgesellschaft befasste. *Bärmann* zieht, ebda., S. 112 f., das Resumée, dass eine besondere Neigung der Industrie zu einer übernationalen europäischen Gesellschaftsform nicht feststellbar sei.

8 *Bärmann* AcP 160 (1961) 97, 99.

9 Siehe auch dazu den Bericht von *Bärmann* AcP 160 (1961) 97, 103 ff., über den Kongress der Pariser Anwaltskammer von 1960. Von deutscher Seite – und vergleichbar auch von belgischer Seite – sei dort vorgebracht worden, dass sich in der Praxis bei der Gründung von Toch-

bung des ausländischen Gesellschaftsrechts werde als Selbstverständlichkeit angesehen und falle im Zusammenhang mit der Anpassung an das sonstige ausländische Recht kaum ins Gewicht. Auch ernste psychologische Schwierigkeiten bestünden im Grunde nicht. Gravierend seien hingegen Verwaltungsformalitäten und steuerliche Schwierigkeiten. Weitgehend einig war man sich allerdings in der Einschätzung, dass jedenfalls für die Sitzverlegung und die Verschmelzung von Gesellschaften, die dem Recht verschiedener Mitgliedstaaten unterliegen, etwas getan werden müsse.[10] In diesen Punkten enthielt auch der Vertrag über die EWG in Art. 220 (heute: Art. 293) einen eindeutigen Auftrag zum Tätigwerden.

Den Hinweisen, wonach die Industrie mit den bestehenden Rechtsunterschieden zurecht komme, wurde entgegengehalten, dies möge für Großunternehmen gelten, für kleine und mittlere Unternehmen seien die Hindernisse jedoch bisweilen unüberwindbar; und selbst für Großunternehmen seien sie zumindest ein vermeidbarer Kostenfaktor. Die Unterschiede in der Gesetzgebung verfälschten damit die Wettbewerbsbedingungen,[11] denn sie schafften Standortvor- oder -nachteile, die mit der eigentlichen wirtschaftlichen Leistungsfähigkeit des Unternehmens nichts zu tun haben. Sodann hatte das Bemühen um eine europäische Handelsgesellschaft noch eine ganz andere Wurzel: Es sollte gerade den Großunternehmen helfen, ihren Rückstand im Vergleich zu US-amerikanischen Großunternehmen aufzuholen. Mit einer Europäischen Handelsgesellschaft könnten europäische Unternehmen das nötige Kapital aufbringen, um „den Giganten aus Übersee“[12] zu widerstehen. In der Europäischen Handelsgesellschaft sah man also auch ein Mittel zur Zusammenfassung des europäischen Kapitalmarktes.[13]

b) Leitgedanke Gemeinsamer Markt

Vielfach findet sich auch das Argument, die Schaffung einer europäischen Gesellschaftsform sei nach dem Leitgedanken des Gemeinsamen Marktes geboten, denn sie verschaffe den Unternehmen dieselbe Bewegungsfreiheit wie in einem nationa-

---

tergesellschaften oder gemeinsamen Unternehmen im Gemeinsamen Markt keine wesentlichen gesellschaftsrechtlichen Schwierigkeiten gezeigt hätten. *Bärmann* AcP 160 (1961) 97, 106, spricht allgemein davon, die internationale Zusammenarbeit „der Industrie“ habe genügend andere Formen.

10 *Arnold* AWD 1963, 221 f.

11 *Vasseur* ZHR 127 (1965) 177, 179 und 183.

12 *Geßler* BB 1967, 381, 383.

13 *Geßler* BB 1967, 381, 383. Laut *von Arnim* AWD 1965, 346, 348, verstand auch der Vorschlag der französischen Regierung die europäische Handelsgesellschaft als Mittel zur Förderung der Unternehmenskonzentration. Bemerkenswerterweise findet sich dieselbe Argumentation bereits in den Beratungen der International Law Association von 1952 (darüber berichtet *Duden* RabelsZ 27 (1962) 89, 92). Kritisch zum Argument einer besseren Nutzung des Kapitalmarktes *Bärmann* AcP 160 (1961) 97, 99 und 106: Die Zulassung von Aktien an der Börse sei ohnehin nicht Gegenstand des Gesellschaftsrechts.

len Markt.[14] Dies erfülle die impliziten Anforderungen mehrerer Vorschriften des EG-Vertrages: Niederlassungsfreiheit (Art. 52 a.F.), Kapitalverkehrsfreiheit (Art. 67 a.F.) und Sitzverlegung sowie Ermöglichung internationaler Zusammenschlüsse (Art. 220 a.F.).[15] „An dem Tag, an dem eine derartige Gesellschaft in Anwendung gemeinsamen Rechts gegründet werden und funktionieren könnte, hätte keines der Gründungsmitglieder oder Aktionäre das Gefühl, benachteiligt zu sein."[16] Eine Sitzverlegung werde erheblich erleichtert, denn sie entspräche einer Verlegung des Gesellschaftssitzes innerhalb der Grenzen des eigenen Landes; man unterläge denselben rechtlichen Regeln wie bisher und hätte sich nicht mit der Unannehmlichkeit einer Satzungsänderung auseinanderzusetzen.[17] Die Kontrolle einer Kette von Tochtergesellschaften werde deutlich erleichtert, wenn sie an einheitlichen rechtlichen Regeln ausgerichtet seien.[18]

Ziel der europäischen Gesellschaft sei es, die derzeit noch nationalen Wirtschaften zu einer europäischen Wirtschaft zusammenzufassen.[19] Dieses Ziel lasse sich nur erreichen, wenn die neuen Gesellschaften europäische Gesellschaften im wahrsten Sinne des Wortes seien. Nur dann würden die psychologischen nationalen Hemmungen fallen und sich die Tore zu einer europäischen Wirtschaft öffnen.[20] Die Auswahl der für die europäische Gesellschaft geltenden Regeln solle daher nicht in einer bloßen Addition der Anforderungen der nationalen Rechte bestehen. Keinesfalls dürfe die neue Gesellschaftsform alle zwingenden Vorschriften auf sich vereinigen, die die nationalen Gesetzgeber für ihre Aktiengesellschaft vorschrieben; dann wäre sie nämlich ein „unbrauchbares Monstrum"[21] und werde allenfalls ein „Schattendasein"[22] führen. Sie hätte sich statt dessen am Ziel einer Erleichterung der Entwicklung internationaler Handels- und Finanzbeziehungen zu orientieren.[23] Zu empfehlen seien solche Regeln, die diesem Ziel am ehesten dienen könnten. Man müsse zwar jenen, die mit der Gesellschaft in Beziehung treten, ein Höchstmaß an

---

[14] Dezidiert a.A. *Bärmann* AcP 160 (1961) 97, 126, der den primären Auftrag des EWG-Vertrages wohl in der Rechtsangleichung sieht. Das damit angesprochene Konkurrenzverhältnis zur Rechtsangleichung wird unten ab S. 243 ff. näher behandelt.

[15] *Vasseur* ZHR 127 (1965) 177, 183. *Bärmann* AcP 160 (1961) 97, 127, hingegen sieht das zentrale Anliegen des EWG-Vertrages gerade darin, den in diesen Normen konkret formulierten Aufträgen nachzukommen; damit seien praktisch wohl alle wichtigen Fragen gestellt und zur Lösung aufgerufen.

[16] *Vasseur* ZHR 127 (1965) 177, 182.

[17] *Vasseur* ZHR 127 (1965) 177, 181; auch *Möhring* NJW 1965, 2225, 2226, sieht in der größeren Mobilität der Gesellschaft einen wesentlichen Vorteil.

[18] *Vasseur* ZHR 127 (1965) 177, 180.

[19] *Geßler* BB 1967, 381, 387.

[20] *Geßler* BB 1967, 381, 387. Ebenso die psychologischen Vorteile betonend *Sanders* AWD 1960, 1, 2f. und *Möhring* NJW 1965, 2225, 2226.

[21] *Geßler* BB 1967, 381, 383.

[22] *Möhring* NJW 1965, 2225, 2226.

[23] *Vasseur* ZHR 127 (1965) 177, 195 ff.

Sicherheit bieten.[24] Jedoch solle den Gründern und Organen einer solchen Gesellschaft umfassende Freiheit eingeräumt werden, soweit dies mit der Notwendigkeit des Schutzes von Aktionären und Dritten vereinbar sei.[25] Nötig sei eine Regelung von größtmöglicher Einfachheit; jede Lösung, die zu Komplikationen bei der Errichtung oder Tätigkeit der europäischen AG führen könne, müsse verworfen werden.[26] Das Statut solle daher genügend Spielraum lassen, um die Satzung den Bedürfnissen des Einzelfalles anzupassen.[27] Schließlich müsse die europäische AG den Gesellschaften anderer Struktur streng gleichberechtigt werden.[28]

Gegen diese Vorstellungen ließen sich auch kritische Stimmen vernehmen. Die Schaffung einer neuen Rechtsform beseitige nicht die rechtlichen Unsicherheiten, sondern führe ihrerseits zu neuen Komplikationen.[29] Die Forderung nach Gestaltungsfreiheit sei kaum zu erfüllen, denn Aktienrecht sei naturgemäß zwingender Natur, soweit es die Gesellschaft des Zugangs zu einem breiten Publikum würdig machen solle.[30] Auch wurde schon früh prognostiziert, dass die nationalen Gesetzgeber auf die gesetzliche Mitbestimmung und andere zwingende Schutzbestimmungen nicht verzichten würden, weil andernfalls die neue Gesellschaftsform der Umgehung zwingender nationaler Vorschriften dienen könnte.[31] Ernüchternd verlief offenbar auch eine Umfrage der Europäischen Kommission bei den europäischen Wirtschaftsverbänden im Jahre 1962.[32] Die Anpassung an das Recht ausländischer Staaten werde als normaler Vorgang angesehen, hieß es, jedenfalls durch eine europäische Gesellschaftsform nicht wesentlich erleichtert. Weiterhin fürchtete man, eine europäische Gesellschaft werde sämtliche zwingenden Normen aller Mitgliedstaaten auf sich vereinigen und damit für die wirtschaftliche Betätigung unattraktiv sein. Eine allzu großzügige Ausgestaltung des Statuts sei wiederum auch bedenklich, denn dies würde die nationalen Gesellschaften diskriminieren. Schließlich sei die Betätigung im Gemeinsamen Markt ohnehin allen Gesellschaften in gleicher Weise gestattet, weshalb eine europäische Rechtsform der Idee der Europäischen Wirtschaftsgemeinschaft in gewisser Weise widerspreche.

---

24 *Vasseur* ZHR 127 (1965) 177, 195.

25 *Vasseur* ZHR 127 (1965) 177, 195.

26 *Vasseur* ZHR 127 (1965) 177, 195.

27 *Sanders* AWD 1960, 1, 2.

28 *Vasseur* ZHR 127 (1965) 177, 195.

29 *Duden* RabelsZ 27 (1962) 89, 103.

30 *Duden* RabelsZ 27 (1962) 89, 104.

31 Vgl. aus dem Bericht über den Kongress der Pariser Anwaltskammer von 1960 bei *Bärmann* AcP 160 (1961) 97, 104f., die Stellungnahme der italienischen und belgischen Seite. *Bärmann* selbst weist (S. 107) auf die großen Schwierigkeiten hin, wolle man ein ganzes, einheitliches und erschöpfendes Gesellschaftsrecht schaffen.

32 So jedenfalls referiert *Arnold* AWD 1963, 221, 223, den Rücklauf der Befragung.

c) Zugang zur Europäischen Handelsgesellschaft

Im Zusammenhang mit der Erörterung der wirtschaftlichen Vorteile einer europäischen Rechtsform war immer auch über den Zugang zu dieser Rechtsform diskutiert worden.[33] Das Attribut „europäisch" müsse den Gesellschaften von tatsächlich europäischer Prägung vorbehalten bleiben, hieß es.[34] Beispielsweise sollte eine hohe Mindestkapitalsumme sicherstellen, dass die Gesellschaftsform nur von solchen Unternehmen genutzt würde, die ihrer für die Ausnutzung des europaweiten Kapitalmarktes wirklich bedürften.[35] Ein gemeinsames Zentralhandelsregister sollte die Voraussetzungen nachprüfen, die von den Unternehmen, die die neue Rechtsform annehmen wollten, zu erfüllen seien. Über den Wegfall der Voraussetzungen hätten die Wirtschaftsprüfer in ihrem jährlichen Prüfungsbericht zu berichten.[36] Aufgabe des Registers könne weiterhin die Kontrolle der Ordnungsmäßigkeit der Satzung sein.[37] *Sanders* schlug die Einrichtung eines Europäischen Amtes für Aktiengesellschaften vor,[38] *Duden* sprach gar von einer europäischen Börsenzulassung, einem europäischen Strafrecht sowie einer europäischen Währung und Besteuerung.[39] Mehrfach wurde auch auf die Notwendigkeit einer einheitliche Auslegung des Statuts durch eine zentrale Rechtsprechungsinstanz hingewiesen.[40]

Schwierigkeiten bereitete allerdings die Festlegung einer geeigneten Summe, zumal sich insbesondere Frankreich für ein eher geringes Grundkapital einsetzte.[41] Zudem wurde befürchtet, man setze eine Entwicklung in Gang, bei der Gesellschaften ab einer bestimmten Größe immer die europäische Rechtsform annehmen und für die nationalen Aktienrechte nur die kleinen Gesellschaften übrig bleiben würden.[42] Alternativ wurde daher diskutiert, die Gründung ohne Anknüpfung an

---

33 Kritisch *Duden* RabelsZ 27 (1962) 89, 100ff., der meint, einleuchtende Kriterien der Abgrenzung von internen und übernationalen Gesellschaften könne es – gerade wenn man einen „Gemeinsamen Markt" verschiedener Nationen anstrebe – nicht geben.

34 *Vasseur* ZHR 127 (1965) 177, 196; in diesem Sinne auch *Geßler* BB 1967, 381, 383.

35 *Geßler* BB 1967, 381, 383; *Sanders* AWD 1960, 1, 4.

36 *Geßler* BB 1967, 381, 384, schlägt als Voraussetzung für die Gründung der europäischen Handelsgesellschaft eine ausländische Zweigniederlassung oder Betriebsstätte mit einem Betriebskapital von mindestens 4 Millionen DM vor. Über den eventuellen Wegfall dieser Voraussetzungen hätten die Wirtschaftsprüfer in ihrem jährlichen Prüfungsbericht zu berichten.

37 S. den Bericht von *Bärmann* AcP 160 (1961) 97, 108, vom Kongress der Pariser Anwaltskammer im Jahre 1960.

38 *Sanders* AWD 1960, 1, 4.

39 *Duden* RabelsZ 27 (1962) 89, 109 ff.

40 Bei *Sanders* AWD 1960, 1, 5, nur als Notwendigkeit genannt; *Vasseur* ZHR 127 (1965) 177, 197f., schlägt vor, die Auslegung der anzustrebenden internationalen Konvention dem Europäischen Gerichtshof zu übertragen. Vgl. auch den Hinweis von *Duden* RabelsZ 27 (1962) 89, 92f., auf die Tagung der International Law Association 1952 in Luzern, bei der die Schaffung einer supranationalen Gesellschaft und die Einrichtung eines internationalen Gerichts für Streitigkeiten über solche Gesellschaften diskutiert wurde.

41 Dazu *Geßler* BB 1967, 381, 383.

42 *Duden* RabelsZ 27 (1962) 89, 105. Ihn führt dies zu der Überlegung, einen übernationalen

bestimmte Finanzdaten nur für Sachverhalte zuzulassen, bei denen das Bedürfnis für eine Unternehmsstruktur von europäischer Dimension zu vermuten sei.[43] Um die gewünschte wirtschaftliche Bedeutung der Unternehmung zu unterstreichen, sollten auch nur Aktiengesellschaften eine solche Gesellschaft gründen können.[44] Dies war die Geburtsstunde des heute noch im Rechtstext zu findenden numerus clausus der Gründungsformen (Verschmelzung, Holding-SE, Tochtergesellschaft, Umwandlung von Aktiengesellschaften in SE).[45] Als Ergänzung sollte die Gründung vom Vorliegen eines konkreten europäischen Sachverhaltes abhängig sein. Nur wer sich über den nationalen Bereich hinaus auch im europäischen Raum betätige, habe das Recht, sich der neuen Rechtsform zu bedienen.[46] Also fügte man dem Katalog der Gründungsformen einen Katalog der europäischen Sachverhalte hinzu, insbesondere das Erfordernis einer Zweigniederlassung oder Tochtergesellschaft in einem anderen Mitgliedstaat.[47] An das Vorliegen dieser europäischen Sachverhalte sollten dann aber doch bestimmte vermögensmäßige Mindestanforderungen gestellt werden, damit sich niemand das Attribut „europäisch" erschleichen könne.[48]

2. Internationales Übereinkommen oder gemeinschaftliches Sekundärrecht?

Die Idee einer internationalen Gesellschaftsform folgt mit einer gewissen Zwangsläufigkeit aus jeder Erleichterung des internationalen Handels. Es kann daher nicht überraschen, dass über eine derartige Rechtsform schon vor Gründung der EWG nachgedacht worden war. Bereits im Jahre 1926 hatte sich der 34. Deutsche Juristentag der Frage angenommen und dazu folgenden Beschluss gefasst:[49]

> „Der Juristentag regt ... die Bildung einer überstaatlichen kapitalistischen Gesellschaftsform an, die wahlweise neben den innerstaatlichen Gesellschaftsformen zur Verfügung stehen soll."

Der Europarat beriet in der Zeit nach seiner Gründung im Jahre 1949 mehrfach über die Schaffung einer internationalen Gesellschaft, im Jahre 1948 befasste sich

---

Status im Wege eines Konzessionssystems nur für konkrete Projekte von europäischer Dimension (z.B. Energieversorgung) vorzusehen (S. 108). Es gehe um eine „Société à vocation européenne", die ihrer Verwendung und Konstruktion nach wirklich europäisch sei (S. 111).

43 *Geßler* BB 1967, 381, 383.

44 *Geßler* BB 1967, 381, 383.

45 Dazu *C. Teichmann* ZGR 31 (2002) 383, 409ff.

46 *Geßler* BB 1967, 381, 383, hält es auch für ein Gebot der Firmenwahrheit, dass ein Unternehmen sich nur unter dieser Voraussetzung „Europäische Handelsgesellschaft" nennen dürfe.

47 Vgl. den Katalog bei *Geßler* BB 1967, 381, 384.

48 *Geßler* BB 1967, 381, 384,

49 Zitiert bei *Duden* RabelsZ 27 (1962) 89, 90.

auch die International Law Association mit dem Thema.[50] Die ideengeschichtliche Wurzel der europäischen Handelsgesellschaft hat also eine völkerrechtliche Färbung; entsprechend dachte man als Rechtsinstrument zur Verwirklichung der europäischen Handelsgesellschaft lange Zeit an ein internationales Übereinkommen.[51] Dieses Abkommen sollte die Mitgliedstaaten verpflichten, inhaltlich übereinstimmende nationale Gesetze zu schaffen. Jeder Staat hätte also in seinem nationalen Gesellschaftsrecht eine neue Gesellschaftsform nach den Vorgaben des Übereinkommens einführen müssen (*mittelbare* staatsvertragliche Lösung). Das Abkommen hätte alternativ festlegen können, dass das darin festgelegte Einheitsgesetz in allen Mitgliedstaaten unmittelbar wirksam sei (*unmittelbare* staatsvertragliche Lösung).[52] Vorgeschlagen wurde auch, den Text des Übereinkommens durch Mustersatzungen zu entlasten, deren Verwendung obligatorisch sein sollte.[53] Ausdrücklich wurde der Vorzug hervorgehoben, dass einem Staatsvertrag Staaten außerhalb der Europäischen Gemeinschaft hätten beitreten können.[54]

Die Entscheidung für oder gegen die unmittelbare staatsvertragliche Lösung hatte insbesondere Bedeutung für Auslegung und Lückenfüllung des Abkommens. Bei einer unmittelbaren Wirkung hätte für Auslegung und Lückenfüllung eine europäische Lösung nahegelegen, bei der Umsetzung durch nationale Gesetze eher ein Einbetten in das jeweilige nationale Umfeld.[55] Die mittelbare Lösung hätte somit die angestrebte Rechtseinheit der europäischen Gesellschaft gefährdet.[56] Zur Korrektur wurde angeregt, materielle Regelungen über die einheitliche Auslegung und Lückenfüllung in das europäische Übereinkommen aufzunehmen.[57]

Für derartige internationale Abkommen gab es auch schon eine Reihe von Vorbildern.[58] So waren etwa die Bank für Internationale Zahlungen, die Gesellschaft für den Flughafen von Basel, die Europäische Gesellschaft für die Finanzierung

---

50 Davon berichten *Bärmann* AcP 156 (1957) 156, 158ff., *Duden* RabelsZ 27 (1962) 89, 91ff. und *Marty* RabelsZ 27 (1962) 73, 75.

51 So beispielsweise *Sanders* AWD 1960, 1, 4; *Vasseur* ZHR 127 (1965) 177, 194. *von Arnim* AWD 1965, 346, 348, weist darauf hin, dass dies Teil des von der französischen Regierung vorgelegten Vorschlags gewesen sei. Ausführlich dazu auch *Thamm* Europäische Aktiengesellschaft und Lückenfüllung, 1972, S. 12ff.

52 Zu den beiden staatsvertraglichen Lösungen insb. *Thamm* Europäische Aktiengesellschaft und Lückenfüllung, 1972, S. 12 ff.

53 *Vasseur* ZHR 127 (1965) 177, 196.

54 *Sanders* AWD 1960, 1, 4; *Vasseur* ZHR 127 (1965) 177, 194.

55 *Thamm* Europäische Aktiengesellschaft und Lückenfüllung, 1972, S. 14ff. Auch *von Arnim* AWD 1965, 346, 348, befürchtet bei der Umsetzung durch gleichlautende nationale Gesetze eine unterschiedliche Fortbildung der Rechtstexte in den einzelnen Staaten; er plädiert daher für eine einheitliche Auslegung durch den Europäischen Gerichtshof.

56 *Thamm* Europäische Aktiengesellschaft und Lückenfüllung, 1972, S. 15.

57 *Thamm* Europäische Aktiengesellschaft und Lückenfüllung, 1972, S. 15.

58 Siehe dazu insbesondere *Bärmann* AcP 156 (1957) 156, 159ff., *Bärmann* AcP 160 (1961) 97, 101, *Duden* RabelsZ 27 (1962) 89, 96f., *Marty* RabelsZ 27 (1962) 73, 78ff., *Thamm* Europäische Aktiengesellschaft und Lückenfüllung, 1972, S. 9ff.

von Eisenbahnmaterial („Eurofima“) und die Internationale Mosel-Gesellschaft durch Staatvertrag entstandene internationale Gesellschaften. Ihrer Rechtsform nach wurden allerdings auch diese Gesellschaften zumeist einem bestimmten nationalen Recht zugeordnet.[59] Denn die internationalen Abkommen wählten jeweils das Recht eines der beteiligten Staaten als Gründungsrecht; nach diesem Recht wurde der Gesellschaft die Rechtsfähigkeit verliehen. Und für die in den Übereinkommen nicht geregelten Fragen galt subsidiär das nationale Recht eines beteiligten Landes. Die Internationale Mosel-Gesellschaft war eine GmbH deutschen Rechts,[60] die Eurofirma eine schweizerische SA[61]. Immerhin fand sich aber häufig die Regelung, dass die Gesellschaft in erster Linie den Vorschriften des zwischenstaatlichen Abkommens unterworfen sei und nur ergänzend, soweit das Abkommen nichts regele, den Vorschriften des im Abkommen genannten nationalen Gesellschaftsrechts.[62]

Einen Schritt weiter ging das Statut der Gesellschaft „Saarlor“ (Saar-Lothringische-Kohlenunion). Ihr lässt sich aus zwei Gründen ein supranationaler Charakter beimessen: sie erhielt einen doppelten Sitz und ihr Statut verwies zur Lückenfüllung auf allgemeine Rechtsgrundsätze.[63] Der Doppelsitz wurde nicht nur aus symbolischen Gründen gewählt. Da die Bestimmung des Sitzes Bedeutung für die Frage des anwendbaren Rechts hat, verkörpert der Doppelsitz die Vorstellung, die Gesellschaft gehöre beiden Rechtsordnungen an. Entsprechend hieß es in der Satzung, für die Rechtsverhältnisse der Gesellschaft gälten neben dem zugrundeliegenden Staatsvertrag und der Satzung die „allgemeinen Grundsätze(n) des französischen und des deutschen Rechts“.[64] Zur Klärung der Rechtsverhältnisse dieser Gesellschaft müsse man daher, so *Bärmann*, eine Assimilierung der Grundgedanken der beteiligten Rechtsordnungen herbeiführen.[65]

Allerdings ließ die Gründung der EWG mit den dadurch erweiterten legislativen Möglichkeiten das Bedürfnis für eine völkerrechtliche Konstruktion deutlich zurücktreten. *Arnold* wies schon im Jahre 1963 darauf hin, dass die Pläne der Inter-

---

59 *Bärmann* AcP 156 (1957) 156, 160; *Marty* RabelsZ 27 (1962) 73, 80; *Thamm* Europäische Aktiengesellschaft und Lückenfüllung, 1972, S. 10.

60 *Marty* RabelsZ 27 (1962) 73, 80.

61 *Bärmann* AcP 156 (1957) 156, 160.

62 *Duden* RabelsZ 27 (1962) 89, 96: Vorrang der Satzung vor dem nationalen Recht. *Marty* RabelsZ 27 (1962) 73, 80.

63 *Marty* RabelsZ 27 (1962) 73, 81. Ausführlich zu den Rechtsproblemen dieser ersten „supranationalen Aktiengesellschaft“ *Bärmann* AcP 156 (1957) 156ff. siehe auch *Bärmann* AcP 160 (1961) 97, 101, Zitat der maßgeblichen Satzungsbestimmung ebda., S. 130; *Thamm* Europäische Aktiengesellschaft und Lückenfüllung, 1972, S. 11.

64 Zitiert nach *Bärmann* AcP 160 (1961) 97, 130.

65 *Bärmann* AcP 156 (1957) 156, 170. Er führt sodann diesen Gedanken am Beispiel einer „deutsch-französischen AG“ näher aus betreffend insb. die Rechtsfragen der Gründung, der Rechte und Pflichten der Gesellschafter und der Organe der Gesellschaft. In vielen Fällen führt dies allerdings zu einer kumulativen Anwendung der zwingenden Vorschriften beider Rechtsordnungen.

national Law Association und des Europarates überholt seien, da sie allein den Zweck gehabt hätten, bestimmten von mehreren Staaten gegründeten Gesellschaften besondere Vorrechte und Vergünstigungen zu gewähren. Dafür bestehe nach Einführung der Wirtschaftsgemeinschaft kein Bedürfnis mehr, denn gemäß den vier Grundfreiheiten habe nun jede Gesellschaft einen solchen „europäischen Status".[66]

Der Nachteil eines Staatsvertrages wurde auch darin gesehen, dass er sich nur schwer nachträglich anpassen ließe. Bedarf dafür könnte bei nachträglichen Änderungen der nationalen Aktienrechte auftreten, um eine Privilegierung oder Diskriminierung der europäischen Gesellschaft zu vermeiden;[67] ebenso müsste deren Statut gegebenenfalls bei nachträglich verabschiedeten europäischen Richtlinien an den neuen europäischen Rechtsstand angepasst werden.[68] Zudem würden Sitzverlegung und grenzüberschreitende Fusion solcher Gesellschaften komplizierte rechtliche Fragen aufwerfen, die man mit einer Regelung auf Ebene des Gemeinschaftsrechts besser lösen könne.[69] Die Waagschale neigte sich also bald zugunsten eines Rechtsaktes des Gemeinschaftsrechts. Schon der erste Vorschlag der Europäischen Kommission aus dem Jahre 1970 für ein Statut der Europäischen Gesellschaft zielte auf den Erlass einer Verordnung,[70] wozu es nach langen und mühevollen Verhandlungen und unter erheblich veränderten Vorzeichen erst im Jahre 2001 gekommen ist.[71]

3. Konkurrenzverhältnis zur Rechtsangleichung

Das Gemeinschaftsrecht bietet zur Herstellung binnenmarktähnlicher Verhältnisse neben der Schaffung supranationaler Rechtsformen noch einen zweiten Weg: die Rechtsangleichung. In den Überlegungen zur Schaffung einer europäischen Handelsgesellschaft taucht dieser Aspekt immer wieder auf. Schon damals sah man das Ziel des EWG-Vertrages darin, einen einheitlichen Wirtschaftsraum mit binnenmarktähnlichen Verhältnissen zu schaffen.[72] Wenn man jedoch den Auftrag ernst

---

[66] *Arnold* AWD 1963, 221, 222. *Bärmann* AcP 156 (1957) 156, 159f., berichtet von den Privilegien, die der Europarat europäischen Gesellschaften zukommen lassen wollte (insb. freier Transfer von Kapital, Zollfreiheit, Freizügigkeit der Beschäftigten); derartige Bestrebungen haben sich in der Tat für die Staaten der Europäischen Wirtschaftsgemeinschaft erübrigt.

[67] *Nissen* Europäische Handelsgesellschaft, 1969, S. 146.

[68] *Nissen* Europäische Handelsgesellschaft, 1969, S. 150.

[69] *von Arnim* AWD 1965, 346, 350.

[70] Vorschlag einer Verordnung (EWG) des Rates über das Statut für europäische Aktiengesellschaften, ABl EG, 10.10.1970, C 124/1. Der Ausdruck „Statut" hat sich eingebürgert als Bezeichnung für den Inbegriff der Regelungen für eine bestimmte Organisation oder Körperschaft (*Geßler* BB 1967, 381, 382); gemeint ist der Rechtstext, der die Regelungen über die Rechtsform enthält.

[71] Verordnung (EG) Nr. 2157/2001 des Rates vom 8. Oktober 2001 über das Statut der europäischen Gesellschaft (SE), ABl EG, 10.11.2001, L 294/1.

[72] So beispielsweise *von Arnim* AWD 1965, 346.

nehme, den Wirtschaftsunternehmen der Mitgliedstaaten die volle Bewegungsfreiheit über die Grenzen hinweg zu gewähren, sei es dann nicht verfehlt, mit den Überlegungen zu einer europäischen Gesellschaft gewissermaßen die Trennung zwischen internen und internationalen Gesellschaften zu verewigen?[73] Oder führten die Befürworter der europäischen Rechtsform etwas ganz anderes im Schilde? „Reden wir also in Wahrheit schon über Vereinheitlichung des Aktienrechts? Sind *Sanders* und unsere Pariser Freunde kluge Taktiker, die den kleinen Wimpel der Bemühung um eine Sonderform zeigen, aber auf der Straße marschieren, auf der sie eines Tages das große Banner der vollen Vereinheitlichung hissen müssen und wollen, das sie verborgen mit sich führen?“[74] – so *Duden* pointiert auf der Trierer Tagung für Rechtsvergleichung im Jahre 1961.

Hellsichtig legt *Duden* den Widerspruch offen, der darin besteht, zur Herstellung binnenmarktähnlicher Verhältnisse eine zusätzliche Rechtsform schaffen zu wollen. Die Einführung einer europäischen Gesellschaft führe zu einer Zweispurigkeit des Gesellschaftsrechts.[75] Für die europäischen Gesellschaften gelte das europäische Statut, für die nach nationalem Recht gegründeten Gesellschaften weiterhin das nationale Recht. Den Überlegungen zur Schaffung einer Europäischen Aktiengesellschaft müsse man daher entgegenhalten: „Sie gehen in Wahrheit von Vorstellungen aus, die dem EWG-Vertrag zuwiderlaufen.“[76] Wie groß man auch die Schwierigkeiten einer Rechtsvereinheitlichung angesichts der historischen Bindungen des Gesellschaftsrechts ansehen möge – dies ändere „jedenfalls nichts am eindeutigen Programm der EWG, den Wirtschaftsunternehmen der beteiligten Länder die volle Bewegung über die Grenzen weg freizumachen.“[77]

Sofern man den europäischen Unternehmen wirklich einen einheitlichen Rechtsrahmen bieten wolle, müsse man dies über den Weg der Rechtsvereinheitlichung tun.[78] Die isolierte Schaffung einer neuen Gesellschaftsform sei schon deshalb nicht erfolgversprechend, weil man im Gesellschaftsrecht den internen vom internationalen Sachverhalt nicht sinnvoll abgrenzen könne. „Die Beschränkung der Vereinheitlichung auf internationale Sachverhalte kann sich empfehlen, wo es sich um die

---

[73] In diese Richtung weist die Kritik von *Duden* RabelsZ 27 (1962) 89, 100ff., an den Plänen zur Schaffung einer europäischen Gesellschaft. Ähnlich wohl auch *Bärmann* AcP 160 (1961) 97, der sich einerseits (S. 97ff.) gegenüber der Idee einer europäischen Gesellschaft recht kritisch äußert, andererseits (S. 117ff.) ein sehr ambitioniertes Programm einer Angleichung der nationalen Gesellschaftsrechte skizziert.

[74] *Duden* RabelsZ 27 (1962) 89, 105. Der Hinweis auf die „Pariser Freunde“ bezieht sich auf die Diskussionen einer Tagung der Pariser Anwaltskammer im Juni 1960 (siehe dazu den ausführlichen Bericht von *Bärmann* AcP 160 (1961) 97ff.).

[75] *Duden* RabelsZ 27 (1962) 89, 100ff. Dazu auch *Geßler* BB 1967, 381, 382ff., und *Thamm* Europäische Aktiengesellschaft und Lückenfüllung, 1972, S. 16ff.

[76] *Duden* RabelsZ 27 (1962) 89, 102. In diesem Sinne auch *Bärmann* AcP 160 (1961) 97, 125.

[77] *Duden* RabelsZ 27 (1962) 89, 102.

[78] Dazu tendierend *Duden* RabelsZ 27 (1962) 89, 103f., der auf die Diskussion zum „charter mongering“ in den USA verweist (vgl. § 6 I unten S. 332 ff.).

Rechtsverhältnisse handelt, die durch den Akt ihrer Begründung die endgültigen räumlichen Merkmale empfangen, z.B. Transportgeschäfte aller Art, internationale Käufe …".[79] Eine Gesellschaft hingegen erschöpfe sich nicht in von vornherein bestimmten Pflichten und Rechten der Gesellschafter; vielmehr schaffe der korporative Gründungsakt vor allem eine Grundlage für künftige Entschlüsse, aus denen sich Art, Ausdehnung und insbesondere die räumliche Reichweite der Aktivitäten der Korporation erst ergeben würden. Hinzu kommen rechtspraktische Bedenken: „Zwei Aktienrechte im selben Land zu haben, ist keine Vereinfachung, sondern eine *Komplikation.*"[80]

Implizit schwang daher bei der Diskussion über die Vorzüge einer europäischen Handelsgesellschaft immer auch die Frage mit, ob man dieselbe Mühe nicht gleich auf eine Angleichung der nationalen Aktienrechte verwenden solle. Befürworter und Kritiker der Rechtsform schieden sich an diesem konzeptionellen Ansatz. *Bärmann* streift in seiner ausführlichen Auswertung des Kongresses der Pariser Anwaltskammer im Jahre 1960, der sich mit der europäischen Handelsgesellschaft befasst hatte, mehrfach die konzeptionelle Grundfrage der Wahl zwischen einer europäischen Gesellschaft und der Rechtsangleichung.[81] Für eventuelle Staatsvertragsverhandlungen über eine europäische Gesellschaftsform prognostiziert er die allergrößten Schwierigkeiten, weil es dabei nicht nur um die Koordinierung der Schutzvorschriften im Sinne von Art. 54 Abs. 3 lit. g EWG-Vertrag gehe, „sondern um Schaffung eines *ganzen*, einheitlichen, und zwar erschöpfenden, kodifizierenden Gesellschaftsrechts, … wodurch zugleich jede subsidiäre Geltung eines nationalen Rechts ausgeschlossen werden müßte."[82] Damit werde eine künftige Rechtsangleichung vorweggenommen oder doch präjudiziert und eine Revision des nationalen Rechts erschwert, weshalb die Länder größte Hemmungen bei solchen Verhandlungen zeigen würden.[83] Auch er sieht den Kern der Diskussion darin, dass „im Grunde eine *Rechtsangleichung* angestrebt wird", wenn auch nicht in allen Fragen, so doch in den Bereichen, die für das Funktionieren des Gemeinsamen Marktes von Bedeutung seien.[84] Hierfür allerdings offenbart *Bärmann* große Sympathie und unternimmt eine erste Analyse der Fragen, die unter den Begriff der Schutzvorschriften im Sinne des Art. 54 Abs. 3 lit. g EWG-Vertrag fallen könnten.[85] Für eine solche Koordinierung der Schutzbestimmungen sieht er wesentlich größere Erfolgschancen als für die Schaffung einer europäischen Gesellschaftsform.[86]

---

79 *Duden* RabelsZ 27 (1962) 89, 101.

80 *Duden* RabelsZ 27 (1962) 89, 103 (kursive Hervorhebung im Original).

81 *Bärmann* AcP 160 (1961) 97ff.

82 *Bärmann* AcP 160 (1961) 97, 107 (kursive Hervorhebung im Original).

83 Auch *Möhring* NJW 1965, 2225, befürchtete, dass die Schaffung einer europäischen Gesellschaft die Koordinierung der gesellschaftsrechtlichen Schutzbestimmung präjudizieren werde.

84 *Bärmann* AcP 160 (1961) 97, 113 (kursive Hervorhebung im Original).

85 *Bärmann* AcP 160 (1961) 97, 117ff.

86 *Bärmann* AcP 160 (1961) 97, 127.

Andere Autoren sahen die Chancen für Rechtangleichung skeptischer und plädierten gerade aus diesem Grund für eine europäische Gesellschaftsform. Man könne den Unternehmen dann wenigstens wahlweise eine europäisch einheitliche Rechtsform anbieten; die dabei gewonnen Erfahrungen könnten sodann in den weiteren Prozess der Rechtsangleichung einfließen. Es sei besser, zunächst an einem solchen „Versuchstyp“ zu experimentieren, dessen Wahl fakultativ sei, als im Wege der bindenden Richtlinie eine Zwangsvereinheitlichung für alle Gesellschaftsformen durchzuführen.[87] Einige sahen die europäische Gesellschaft gänzlich als alternatives Koordinationsmodell, das parallel zur Rechtsangleichung entwickelt werden könne.[88] Ihr Vorteil liege gerade darin, dass sie eine Angleichung oder Vereinheitlichung des Gesellschaftsrechts ermögliche, ohne in die nationalen Gesellschaftsrechte einzugreifen.[89]

II. Die Societas Europaea (SE)

Aus der Europäischen Handelsgesellschaft wurde die Societas Europaea (SE), und was kaum jemand noch für möglich gehalten hatte, wurde auf dem Gipfel von Nizza wahr: Das Statut der SE fand allgemeine politische Zustimmung.[90] Vorangegangen war eine lange Leidensgeschichte, die hier nicht in allen Einzelheiten, sondern nur in ihren groben Linien nachgezogen werden soll.[91] Als Projekt der ge-

---

[87] *Möhring* NJW 1965, 2225, 2226.

[88] *Nissen* Europäische Handelsgesellschaft, 1969, S. 149.

[89] *Arnold* AWD 1963, 221, 223.

[90] Der Gipfel fand Ende des Jahres 2000 statt. Im darauffolgenden Jahr wurden die maßgeblichen Rechtsakte erlassen: Verordnung (EG) Nr. 2157/2001 des Rates vom 8. Oktober 2001 über das Statut der Europäischen Gesellschaft (SE), ABl. EG vom 10.11.2001, L 294/1 ff. Die Verordnung wird flankiert durch die Richtlinie 2001/86/EG des Rates vom 8. Oktober 2001 zur Ergänzung des Statuts der Europäischen Gesellschaft hinsichtlich der Beteiligung der Arbeitnehmer. Zur Terminologie: Offiziell übersetzt bedeutet Societas Europaea (SE) „*Europäische Gesellschaft*“. Da sich die Rechtsform aber an diejenige der Aktiengesellschaft anlehnt (die Verweisungen auf nationales Recht, exemplarisch Art. 9 der Verordnung, richten sich auf das für Aktiengesellschaften geltend Recht) hat sich im deutschen Sprachraum die Bezeichnung „Europäische Aktiengesellschaft“ eingebürgert. Vgl. auch Art. 1 Abs. 1 der Verordnung: „Handelsgesellschaften können im Gebiet der Gemeinschaft in der Form europäischer Aktiengesellschaften (Societas Europaea, nachfolgend ‚SE‘) unter den Voraussetzungen gegründet werden, die in dieser Verordnung vorgesehen sind.“

[91] Die lange Entstehungsgeschichte wird begleitet von zahlreichen monographischen Darstellungen. Genannt seien daraus (in zeitlicher Reihenfolge): *Thamm* Europäische Aktiengesellschaft und Lückenfüllung, 1972; *Grote* Statut der europäischen Aktiengesellschaft, 1990; *Leupold* Europäische Aktiengesellschaft und Portugal, 1993; *Wenz* Societas Europaea, 1993; *Jaeger* Europäische Aktiengesellschaft, 1994; *Liesegang* Europäische Aktiengesellschaft, 1994; *Kunz* Insolvenz der Europäischen Aktiengesellschaft, 1995; *Maul* Faktisch abhängige SE, 1998; *Buchheim* Europäische Aktiengesellschaft, 2001; *Mävers* Mitbestimmung in der Europäischen Aktiengesellschaft, 2002. Nach wie vor informativ auch der Sammelband von Lutter (Hrsg.), Die Europäische Aktiengesellschaft, 1978.

meinschaftsrechtlichen Gesetzgebung lässt sich die SE bis in das Jahr 1959 zurückverfolgen, zu dem Referat von *Thibièrge* auf dem französischen Notarkongress und der Rotterdamer Antrittsrede von *Sanders*.[92] Nach Vorarbeiten einer Arbeitsgruppe unter der Leitung von *Sanders* unterbreitete die Europäische Kommission im Jahre 1970 einen ersten Vorschlag,[93] den im Jahre 1975 eine überarbeitete Fassung ablöste.[94] Es folgten weitere Vorschläge in den Jahren 1989[95] und 1991[96] bis schließlich im Jahre 2001 die endgültige Fassung als Verordnung (EG) Nr. 2157/2001 über das Statut der Europäischen Gesellschaft (SE) verabschiedet werden konnte.[97]

1. Das integrationspolitische Ziel: Bewegungsfreiheit im Gemeinsamen Markt

Die Vorschläge von 1970 und 1975 verfolgten das Ziel, der SE ein vollständiges und eigenständiges Aktienrecht zu unterlegen.[98] Die Erwägungsgründe zur 1970 vor-

---

92 Zur Entwicklung der SE m.w.N. *Habersack* Europäisches Gesellschaftsrecht, 2. Aufl., 2003, S. 396ff., *Schwarz* Europäisches Gesellschaftsrecht, 2000, 640ff. und *Lutter* Europäisches Unternehmensrecht, 4. Aufl., 1996, S. 715f. Siehe außerdem den kurzen Überblick zur Entstehungsgeschichte bei *Blanquet* Rev. dr. int. comp. 2001, 139, 140ff. und *Blanquet* ZGR 31 (2002) 20, 21ff. Die Antrittsrede von *Sanders* ist in deutscher Sprache abgedruckt in AWD/RIW 1960, 1 ff. Sie wird häufig neben einer Rede von *Thibièrge* vor dem Notarkongress von 1959 in Frankreich als Initialzündung des Projekts gesehen; die Idee einer internationalen Handelsgesellschaft war allerdings, wie oben S. 240 ff. gezeigt, schon wesentlich älter.

93 Vorschlag einer Verordnung des Rates über das Statut für europäische Aktiengesellschaften, ABl. EG vom 10.10.1970, Nr. C 124/1 ff.

94 Geänderter Verordnungsvorschlag eines Statuts für Europäische Aktiengesellschaften, KOM (75) 150 endg.; abgedruckt in *Lutter* Europäisches Gesellschaftsrecht, 1. Aufl., 1979, S. 278ff. Dazu ausführlich die Beiträge in Lutter (Hrsg.), Die Europäische Aktiengesellschaft, 1978.

95 Zweiter geänderter Vorschlag für eine Verordnung über das Statut der Europäischen Aktiengesellschaft, ABl. EG Nr. C 263 vom 16.10.1989, Nr. C 263/41ff.; abgedruckt in *Lutter* Europäisches Unternehmensrecht, 3. Aufl., 1991, S. 561ff. Siehe dazu insb. die Beiträge des Bonner Symposions zur Europäischen Aktiengesellschaft von *Lutter* AG 1990, 413, *Hommelhoff* AG 1990, 422, *Knobbe-Keuk* AG 1990, 435, *von Maydell* AG 1990, 442 und *Wahlers* AG 1990, 448; weiterhin *Abeltshauser* EWS 1991, 58.

96 Geänderter Vorschlag für eine Verordnung (EWG) des Rates über das Statut der Europäischen Aktiengesellschaft, ABl. EG vom 8.7.1991, Nr. C 176/1ff.; abgedruckt in *Lutter* Europäisches Unternehmensrecht, 4. Aufl., 1996, S. 724ff. Siehe aus der Literatur dazu neben anderen die Beiträge von *Hauschka* EuZW 1992, 147, *Merkt* BB 1992, 652, *Rasner* ZGR 21 (1992) 314, *Sagasser/Swienty* DStR 1991, 1188/1222, *Trojan-Limmer* RIW 1991, 1010.

97 Verordnung (EG) Nr. 2157/2001 des Rates vom 8. Oktober 2001 über das Statut der Europäischen Gesellschaft (SE), ABl. EG vom 10.11.2001, L 294/1ff.; ergänzt durch die Richtlinie 2001/86/EG des Rates vom 8. Oktober 2001 zur Ergänzung des Statuts der Europäischen Gesellschaft hinsichtlich der Beteiligung der Arbeitnehmer, ABl. EG vom 10.11.2001, L 294/22ff. Umfassende Nachweise zur Diskussion dieser Rechtstexte im In- und Ausland bei *C. Teichmann* ZGR 32 (2003) 367, Fn. 1. und in den Länderberichten in Oplustil/Teichmann (Hrsg.), The European Company – all over Europe, 2004.

98 Aus der Literatur zur Entstehungsgeschichte beispielsweise *Blanquet* ZGR 31 (2002) 20, 21ff.

geschlagenen Verordnung, aus denen nachfolgend zitiert wird, greifen viele Argumente der vorangegangenen Diskussion auf und liefern einige Erkenntnisse über das damals verfolgte integrationspolitische Programm:[99]

> „Die harmonische Entwicklung des Wirtschaftslebens innerhalb der Gemeinschaft erfordert den Übergang von der Zollunion in die Wirtschaftsunion."

Die Kommission bezieht sich hier ausdrücklich auf eines der in Artikel 2 des Vertrages genannten Ziele („harmonische Entwicklung des Wirtschaftslebens") und rechtfertigt damit die angestrebte Maßnahme.[100] Zugleich bekennt sie sich ökonomisch gesehen zu einer Gemeinschaft, die weit über eine Zollunion hinausgehen und auf eine Wirtschaftsunion hinauslaufen soll.[101] Bemerkenswert ist, dass die Kommission damals schon der Vorstellung anhing, der Gemeinsame Markt der Gemeinschaft müsse im Kern funktionieren wie ein nationaler Markt:

> „Die Verwirklichung der Wirtschaftsunion setzt voraus, daß außer der Beseitigung der Handelshemmnisse vor allem die Produktions- und Absatzbedingungen entsprechend der Größe der Gemeinschaft neu gegliedert werden, damit der erweiterte Markt wie ein nationaler Markt funktionieren kann."

Auch die Überlegung, dass die europäische Wirtschaft durch eine allgemeine Konzentration ihrer Kräfte den Großunternehmen jenseits des Atlantik entgegentreten solle, finden ihren Widerhall:

> „Eine strukturelle Reorganisation auf der Ebene der Gemeinschaft setzt voraus, daß die Möglichkeit geschaffen wird, das Potential bereits bestehender Unternehmen mehrerer Mitgliedstaaten durch Konzentrations- und Fusionsmaßnahmen zusammenzufassen."

Es folgt die Beschreibung und Bewertung des status quo, dessen Beseitigung sich die Kommission zum Ziel gesetzt hat.

> „Der Gründung europäischer Unternehmen stehen jedoch rechtliche, steuerliche und psychologische Schwierigkeiten entgegen. Die im Vertrag vorgesehenen Möglichkeiten hinsichtlich der Harmonisierung der Rechtsvorschriften und des Abschlusses von Übereinkommen zur Ermöglichung der Freizügigkeit von Gesellschaften durch Sitzverlegung und Fusion sind zwar geeignet, bei verschiedenen dieser Schwierigkeiten Abhilfe zu schaffen, sie bieten aber keine Möglichkeit, dem Zwang zu entgehen, sich für eine bestimmte nationale Rechtsordnung zu entscheiden, um einer wirtschaftlich als europäisches Unternehmen geltenden Gesellschaft die unerlässliche Rechtsform der Handelsgesellschaft zu verleihen."

---

sowie (mit zahlreichen Nachw.) *Schwarz* Europäisches Gesellschaftsrecht, 2000, 643ff. (Rn. 1087ff.). Aus dem monographischen Schrifftum: *Mävers* Mitbestimmung in der Europäischen Aktiengesellschaft, 2002, 87ff., *Wenz* Societas Europaea, 1993, S. 10ff.

[99] Vorangegangen war eine Denkschrift der Kommission aus dem Jahre 1966, in der die einzelnen (hier nachfolgend im Text behandelten) Argumente erörtert und belegt wurden (*Kommission* Denkschrift 1966).

[100] Zur Bedeutung der in Artikel 2 genannten Ziele oben S. 50 ff.

[101] Zu diesen verschiedenen Stufen der Integration oben S. 33 ff.

Das Problem liegt in der Zersplitterung der Rechtsordnungen, dies macht die Kommission ganz deutlich:

> „Somit entspricht der rechtliche Rahmen, in dem die europäischen Unternehmen sich noch bewegen müssen und der immer noch national bestimmt bleibt, nicht mehr dem wirtschaftlichen Rahmen, in dem sie sich entfalten sollen, um der Gemeinschaft die Möglichkeit zu geben, ihre Ziele zu verwirklichen."

Der Kommission schwebte daher die Einführung einer völlig autarken, von den mitgliedstaatlichen Rechtsordnungen unabhängigen Gesellschaftsform vor:

> „Die einzige Lösung, die die Möglichkeit bietet, gleichzeitig die wirtschaftliche und die rechtliche Einheit des europäischen Unternehmens zu verwirklichen, besteht daher in einer Regelung, die es erlaubt, neben Gesellschaften, die einzelstaatlichem Recht unterliegen, Gesellschaften zu gründen, die ausschließlich einem einheitlichen und in allen Mitgliedstaaten unmittelbar anwendbaren Recht unterworfen sind, für diese Gesellschaftsform also die Beachtung einer rechtlichen Bindung an ein bestimmtes Land beseitigt."

Der Einheitlichkeit des Marktes, in dem die Unternehmen tätig sind, sollte mithin die Einheitlichkeit der rechtlichen Rahmenbedingungen entsprechen.[102] Dies würde grenzüberschreitende Kooperationen, die europaweite Gründung von Tochtergesellschaften und die Sitzverlegung über die Grenze deutlich erleichtern.[103] Daher sollten Gründung, Struktur und Funktionsweise einer Europäischen Aktiengesellschaft vollständig und abschließend auf europäischer Ebene geregelt sein. Nur so könne eine in der gesamten Gemeinschaft ohne rechtliche Reibungsverluste einsetzbare Rechtsform entstehen.[104]

2. Entwicklung vom „Vollstatut" zum „Torso"

Der Anspruch, Gründung, Struktur und Funktionsweise einer SE vollständig auf europäischer Ebene zu regeln, wurde mit den ersten Entwürfen weitgehend eingelöst: Das Statut bemühte sich darum, sämtliche gesellschaftsrechtlichen Fragen einer Aktiengesellschaft umfassend und lückenlos zu regeln. Was *Lutter* zu der Bemerkung veranlasste, das Statut mit seinen vier Anhängen sei „schon vom Umfang her (über 400 Artikel) eindrucksvoll und seinem Inhalt nach einem Aktiengesetz und Teilen eines Betriebsverfassungsgesetzes vergleichbar".[105] Ein solches Kompliment aus der Gesellschaftsrechtslehre Deutschlands, das mit dem Aktiengesetz von 1965 die seinerzeit wohl modernste Kodifikation des Aktienrechts vorzuweisen

---

102 *Kommission* Denkschrift 1966, S. 6 und S. 24.

103 Vgl. dazu *Kommission* Denkschrift 1966, S. 8 ff.

104 Stellvertretend für viele *Sanders* AG 1967, 344, 345, der den Verordnungsentwurf ersten maßgeblich geprägt hat. Weiterhin *Kommission* Denkschrift 1966, S. 22.

105 *Lutter*, in: Lutter (Hrsg.), Die Europäische Aktiengesellschaft, 1978, S. VI. Diese Bemerkung von *Lutter* bezieht sich bereits auf den überarbeiteten Entwurf aus dem Jahre 1975.

hatte, war von Gewicht. Und tatsächlich hatte man in den Entwürfen von 1970 und 1975 an nahezu alles gedacht: von der Gründung der Gesellschaft, ihrem Kapital und ihren Aktien über die Geschäftsleitung durch den Vorstand, dessen Überwachung durch den Aufsichtsrat,[106] den Kompetenzen und Abläufen der Hauptversammlung, der Vertretung der Arbeitnehmer im Aufsichtsrat, der Rechnungslegung, dem Konzernrecht, bis hin zu Auflösung, Abwicklung und Konkurs der Gesellschaft.

Nach dem Jahre 1975 gerieten die Arbeiten am SE-Statut allerdings ins Stocken. Es trat die schon früh von *Bärmann* und anderen geäußerte Prophezeiung ein,[107] dass die Mitgliedstaaten sich bei einem derart umfassenden Ansatz nur sehr schwer in allen Sachfragen würden einigen können. Im Jahre 1982 wurden die Beratungen bis auf Weiteres ausgesetzt. Zu den vorangegangenen Verhandlungen heißt es in einer Mitteilung der Kommission vieldeutig: „Die Gespräche verliefen in einer konstruktiven und eher positiven Atmosphäre".[108] Offenbar hatte der Rat die Kommission zunächst mit der weiteren Klärung konzernrechtlicher Fragen betraut;[109] aber auch die unterschiedlichen Vorstellungen von den Mitbestimmungsrechten der Arbeitnehmer spielten sicherlich eine Rolle.[110] Erst die Binnenmarkt-Idee verlieh auch dem Projekt der SE neuen Schwung. Im Weißbuch der Kommission von 1985 über die Vollendung des Binnenmarktes wurde das Projekt genannt;[111] ergänzend gab die Kommission im Jahre 1988 ein Memorandum heraus, welches das anhaltende Bedürfnis für diese Rechtsform begründete und ihre Grundkonzeption darlegte.[112] Zwischenzeitlich waren einige europäische Zusammenschlüsse spektakulär wieder auseinandergebrochen – darunter namentlich die Kooperation von *Hoesch* und *Hoogovens* – was die Kommission zumindest teilweise auch auf den fehlenden gesellschaftsrechtlichen Rahmen der Zusammenarbeit zurückführte.[113] Der Befund zu den Behinderungen der grenzüberschreitenden Zusammenarbeit hatte sich kaum verändert. Das Memorandum nennt steuerliche Hindernisse, die Unterschiede in den Gesellschaftsrechten, die Unmöglichkeit grenzüberschreitender Fusionen und die Schwierigkeiten, in verschiedenen Rechtsordnungen einen Konzern als homogene Einheit zu führen.[114] Dem wird erneut die Idee einer supranationalen

---

106 Der Entwurf folgte dem dualistischen Modell der Unternehmensleitung.

107 Vgl. oben S. 243 ff. zur Konkurrenz der Idee einer Europäischen Handelsgesellschaft mit der Alternative der partiellen Rechtsangleichung.

108 *Kommission* Memorandum 1988, S. 30.

109 So jedenfalls der Hinweis in *Kommission* Memorandum 1988, S. 30.

110 Dazu *Kommission* Memorandum 1988, S. 4. Auch *Blanquet* ZGR 31 (2002) 20, 23, die an den Vorarbeiten beteiligt war, nennt das Konzernrecht und die Mitbestimmung als die entscheidenden Hindernisse.

111 *Kommission* Weißbuch, 1985, Rn. 137; weiterhin heißt es dort, bis 1992 müsse eine Entscheidung über das Statut fallen.

112 *Kommission* Memorandum 1988.

113 *Kommission* Memorandum 1988, S. 6.

114 *Kommission* Memorandum 1988, S. 7 ff.

Gesellschaft entgegengesetzt. Denn die Koordinierung der innerstaatlichen Rechtsvorschriften sei ein langwieriges Unterfangen und trete ungeachtet ihrer Teilerfolge mitunter auf der Stelle.[115] Das Statut der SE hingegen müsse das gesamte moderne Gesellschaftsrecht in allen seinen Aspekten berücksichtigen.[116] Um ein einheitliches Statut zu schaffen, müssten gegebenenfalls Bestimmungen eingeführt werden oder Lösungen für Rechtsprobleme gefunden werden, die es im einzelstaatlichen Recht nicht gebe oder die zumindest in dieser Form in keinem Mitgliedstaat vorkämen.[117]

Mit den Vorschlägen von 1989 und 1991 vollzog die Europäische Kommission allerdings den Wechsel vom Vollstatut zum „Torso".[118] Dafür gab es mehrere Gründe. Zum einen waren die Arbeiten am Statut der SE von der gesellschaftsrechtlichen Harmonisierung zeitlich eingeholt worden. Die bereits harmonisierten Bereiche des Gesellschaftsrechts im SE-Statut nun eigens oder gar anders zu regeln, erschien nicht sinnvoll. „Seit der Vorlage des Kommissionsvorschlags ... im Jahre 1970 und der Vorlage des 1975 geänderten Vorschlags sind bei der Angleichung des nationalen Gesellschaftsrechts beachtliche Fortschritte erzielt worden, so dass in Bereichen, in denen es für das Funktionieren der SE keiner einheitlichen Gemeinschaftsregelung bedarf, auf das Aktienrecht des Sitzmitgliedstaats verwiesen werden kann." – so der neunte Erwägungsgrund des Vorschlags von 1989. Die fortschreitende Harmonisierung machte deutliche Kürzungen in folgenden Bereichen möglich: handelsrechtliche Publizität, Gültigkeit der von der Gesellschaft eingegangenen Verpflichtungen sowie Nichtigkeit der Gesellschaft (Erste Richtlinie); Kapitalschutz (Zweite Richtlinie); Verschmelzung (Dritte Richtlinie); Rechnungslegung (Vierte und Siebte Richtlinie). Rechtstechnisch bezieht das Statut die Richtlinien ein, indem es entweder direkt auf die Bestimmungen einer Richtlinie[119] oder auf das mitgliedstaatliche Transformationsrecht verweist.[120]

So manche Kürzung beruhte allerdings auch schlicht auf Uneinigkeit der Verhandlungsdelegationen. Über wichtige Fragen des materiellen Gesellschaftsrechts konnte kein Konsens erzielt werden; dazu gehörten die Mitbestimmung der Arbeitnehmer[121] und das Konzernrecht[122]. Im Vorschlag von 1991 wurden dann gegen-

---

[115] *Kommission* Memorandum 1988, S. 11.

[116] *Kommission* Memorandum 1988, S. 12.

[117] *Kommission* Memorandum 1988, S. 15.

[118] Vgl. *Lutter* AG 1990, 413, 414: „Der jetzige Entwurf ist ein Torso." Diese Entwicklung ist in den Stellungnahmen zu den Vorschlägen von 1989 und 1991 vielfach beschrieben worden (siehe dazu die in den Fn. 91 und 92 zitierte Literatur).

[119] Vgl. als Beispiel Art. 22 SE-Verordnung: „... unabhängige Sachverständige im Sinne des Artikels 10 der Richtlinie 78/855/EWG ..."

[120] Vgl. als Beispiel Art. 18 SE-Verordnung: „... sind bei der Gründung einer SE durch Verschmelzung auf jede Gründungsgesellschaft die mit der Richtlinie 78/855/EWG in Einklang stehenden für die Verschmelzung von Aktiengesellschaften geltenden Rechtsvorschriften des Mitgliedstaats anzuwenden, dessen Recht sie unterliegt."

[121] Ausführlich zu diesem Aspekt der Entstehungsgeschichte *Mävers* Mitbestimmung in der Europäischen Aktiengesellschaft, 2002, S. 95 ff.

[122] Vgl. *Maul* Faktisch abhängige SE, 1998, S. 1 ff.

über dem Vorschlag von 1989 namentlich die Vorschriften über Organisation und Ablauf der Hauptversammlung und über die Liquidation der SE deutlich gekürzt. Während für die Mitbestimmung ein gesonderter Kompromiss in einer getrennt zu verabschiedenden Richtlinie gesucht wurde,[123] blieb für die übrigen Materien zur Lückenfüllung nur der Verweis auf das mitgliedstaatliche Recht. Nach 1991 kam die redaktionelle Arbeit für weitere zehn Jahre zum Stillstand, ungeachtet zahlreicher politischer Initiativen zur Wiederbelebung des Projekts.[124] Weiterhin blieb die Mitbestimmung der Arbeitnehmer zentraler Streitpunkt. Erst die Arbeiten einer Kommission unter Leitung von *Etienne Davignon* brachten die Wende.[125] Dort wurde das Modell entwickelt, das auch heute die SE-Richtlinie prägt: Vorrang von Verhandlungen, ergänzt durch eine Auffanglösung, die für den Fall des Scheiterns der Verhandlungen dem Vorher-Nachher-Prinzip folgt und damit den mitbestimmungsrechtlichen Status Quo im Zweifelsfall sichert.[126]

3. Zum Binnenmarktbezug der verabschiedeten SE-Verordnung

a) Europäische Regelung

Das im Jahre 2001 verabschiedete SE-Statut lässt die lange Zeit angestrebte inhaltlich geschlossene und in sich stimmige Regelung des Gesellschaftsrechts weitgehend vermissen. Etwa die Hälfte der Vorschriften der SE-Verordnung befasst sich mit der Gründung; ist die SE jedoch einmal gegründet, lebt sie fast nur noch von den zahlreichen Verweisungen auf nationales Recht. Diese spezielle Regelungstechnik ist als besonderer Ausdruck eines verschiedene Rechtssysteme übergreifenden Binnenmarktes an anderer Stelle zu würdigen.[127] Hier bleibt zu fragen, ob und inwieweit die Societas Europaea in ihrer nun vorliegenden Form zum Ziel der Förderung des Binnenmarktes beitragen kann. Ausgangspunkt ist der von der Kommission selbst zugrundegelegte Befund, der auch in der verabschiedeten Fassung die Erwägungsgründe leitet:[128] Der rechtliche Rahmen, in dem sich die Unternehmen in der Gemeinschaft bewegen und der hauptsächlich vom mitgliedstaatlichen Recht geprägt ist, entspricht nicht dem wirtschaftlichen Rahmen, innerhalb dessen sie sich entfalten sollen. Der Blick kehrt damit zurück zum Ausgangspunkt der Betrachtungen:

---

[123] Siehe dazu insbesondere *von Maydell* AG 1990, 442ff. und *Mävers* Mitbestimmung in der Europäischen Aktiengesellschaft, 2002, S. 207ff.

[124] Vgl. *Blanquet* ZGR 31 (2002) 20, 28 ff.

[125] *Blanquet* ZGR 31 (2002) 20, 30ff.; *Heinze* ZGR 31 (2002), 66, 70ff.; *Mävers* Mitbestimmung in der Europäischen Aktiengesellschaft, 2002, S. 294ff.

[126] Zur SE-Richtlinie: *Heinze* ZGR 31 (2002), 66ff.; *Herfs-Röttgen* NZA 2001, 424ff.; *Kleinsorge* RdA 2002, 343ff.; *Nagel* AuR 2001, 406ff.; *Pluskat* DStR 2001, 1483ff.

[127] Siehe unten ab S. 277 ff.

[128] Vgl. Erwägungsgrund 4 SE-Verordnung.

Welchen Beitrag leistet die Societas Europaea zur Verwirklichung des Binnenmarktes? Dabei treten folgende Aspekte in den Vordergrund:[129]

Ein wesentlicher Fortschritt der SE-Verordnung liegt in den grenzüberschreitenden *Gründungsformen*. Namentlich die grenzüberschreitende Verschmelzung ist – solange die darauf abzielende Richtlinie nicht umgesetzt ist[130] – ein wesentlicher Innovationsgehalt der neuen Rechtsform und erlaubt die Zusammenführung von Unternehmen verschiedener Nationalität ohne komplizierte rechtliche Umwege. Da die grenzüberschreitende Verschmelzung auch innerhalb von Unternehmensgruppen zulässig ist (Art. 31 SE-Verordnung), kann sie zugleich ein Weg sein, um internationale Konzerne durch Zusammenfassung von Gesellschaften verschiedener Nationalität zu restrukturieren.

Der einmal gegründeten SE steht nach dem Verfahren des Art. 8 SE-Verordnung die *Sitzverlegung* in einen anderen Mitgliedstaat offen. Auch dafür fehlte bislang vielfach ein rechtssicherer Rahmen.[131] In Deutschland ist eine identitätswahrende Sitzverlegung über die Grenze nach nationalem Recht unmöglich.[132] Mancher andere Mitgliedstaat ist offenbar großzügiger – in diesem Zusammenhang wird beispielsweise Frankreich genannt;[133] aber frei von Unklarheiten ist die Rechtslage dort auch nicht.[134] Die SE-Verordnung bringt somit teilweise ein Verfahren, das es bislang nicht gab, teilweise zumindest einen Gewinn an Klarheit und Verlässlichkeit des Rechtsrahmens.

Hinsichtlich der *Organisationsverfassung* der SE ist der Befund ambivalent. Die SE-Verordnung gewährt für die Leitungsstruktur ein Wahlrecht zwischen der monistischen und der dualistischen Struktur; es erscheint also erstmals möglich, die

---

[129] Zu den Einsatzmöglichkeiten der SE in der Binnenmarkt-Praxis aus der Literatur: *Buchheim* Europäische Aktiengesellschaft, 2001; *Götz* ZIP 2003, 1067; *Kallmeyer* AG 2003, 197ff.; *C. Teichmann* ZGR 31 (2002) 383, 384f.; *Wenz* AG 2003, 185ff.

[130] Die Kommission hat dazu im November 2003 einen Vorschlag unterbreitet (Dok. KOM (2003) 703; im Überblick dazu *Maul/Teichmann/Wenz* BB 2003, 2633ff., *Pluskat* EWS 2004, 1); nach Stellungnahme des Europäischen Parlaments wurde der letztgültige Text vom Rat am 27. Juli 2005 verabschiedet (ABl. EU v. 25.11.2005, S. L 310/1 ff.).

[131] Eine Vierzehnte Richtlinie zur grenzüberschreitenden Sitzverlegung ist seit langem geplant, bislang aber nicht verabschiedet worden (vgl. die Beiträge des Bonner Symposions vom 24. April 1998 in ZGR 28 (1999), S. 3ff.). Die Kommission zählt die Richtlinie in ihrem Aktionsplan vom 21.5.2003 zu den kurzfristig zu erledigenden Aufgaben (abrufbar unter http://europa.eu.int/comm/internal_market/company/index_de.htm). Anfang 2004 hat sie eine Konsultation zur grenzüberschreitenden Sitzverlegung durchgeführt, bislang aber noch keinen überarbeiteten Richtlinientext vorgelegt.

[132] Zu dieser Problematik bereits oben S. 171 ff.

[133] *Leible/Hoffmann* RIW 2002, 925, 929, Fn. 36.

[134] *Menjucq* Droit international et européen des sociétés, 2001, S. 287ff. und S. 300f. (jeweils m. w. Nachw.) hält eine grenzüberschreitende Sitzverlegung zwar für zulässig, zitiert aber auch entgegenstehende Auffassungen. Auch nach *Behrens* Frankreich, in: Behrens (Hrsg.), GmbH im internationalen und europäischen Recht, 2. Aufl., 1977, S. 280 (Rn. F 53), sind die Folgen einer Sitzverlegung über die Grenze im französischen Recht „noch nicht völlig geklärt".

Kluft zwischen dem Vorstand-Aufsichtsrats-System deutscher Prägung und dem angelsächsischen Board-Modell zu überwinden.[135] Ein europaweit aufgestellter Konzern mit zahlreichen Tochtergesellschaften könnte sich mittels der Rechtsform der SE eine durchgängig einheitliche Leitungsstruktur schaffen.[136] Keine Vereinheitlichung gibt es hingegen bei der Hauptversammlung. Organisation und Ablauf der Hauptversammlung richten sich nach mitgliedstaatlichem Recht (Art. 53 SE-Verordnung).[137] Dies wiegt um so schwerer, als gerade für die innere Struktur von Aktiengesellschaften eine Harmonisierung bislang nicht gelungen und derzeit auch nicht zu erwarten ist.[138]

Dem Grundgerüst an einheitlichen Regeln zu Gründung und Unternehmensverfassung steht also ein großer Variantenreichtum, vermittelt durch die partielle Einbeziehung mitgliedstaatlichen Rechts, gegenüber. Einige der in der Verordnung durch Verweise geregelten Materien sind zwar gemeinschaftsrechtlich harmonisiert. Dazu gehören die Publizität, das Kapital und die Rechnungslegung. Allerdings bedeutet *Harmonisierung* nicht Vereinheitlichung. Insoweit kann zwar jeder, der eine SE leitet oder an ihr beteiligt ist, „im großen und ganzen mit den gleichen Rechtsstrukturen“[139] rechnen. Die Unsicherheit in Einzelfragen und die damit verbundene Notwendigkeit, sich zu erkundigen oder beraten zu lassen, bleiben jedoch bestehen.

Hinzu kommt die äußerst komplexe Regelung der *Arbeitnehmerbeteiligung* in der SE-Richtlinie. Positiv zu bewerten ist die Möglichkeit, hierüber eine Verhandlungslösung zu treffen.[140] Dies ist gerade im Vergleich zur deutschen, durch Gesetz zwingend festgelegten Mitbestimmung ein Gewinn an Bewegungsfreiheit. Denn nicht jede grenzüberschreitende Zusammenarbeit stößt sich an der Mitbestimmung. Vielmehr war bisher selbst bei uneingeschränkter Einigkeit der Verhandlungspartner eine maßgeschneiderte Lösung nicht möglich. Beim Zusammenschluss von Hoechst (Deutschland) und Rhone-Poulenc (Frankreich) zur Aventis SA mit Sitz in Straßburg wurde beispielsweise das auch in Frankreich zulässige dualistische Leitungsmodell mit Vorstand und Aufsichtsrat gewählt. Die Leitungsstruktur würde also eine Mitbestimmung deutscher Prägung erlauben, das für die Gesellschaft geltende französische Gesellschaftsrecht kennt sie aber nicht.[141] Ebenso wird aus der Praxis

---

135 Zu den damit eröffneten Gestaltungsmöglichkeiten *C. Teichmann* BB 2004, 53ff.

136 *Wenz* AG 2003, 185, 195, spricht von der „Reengineering-SE“.

137 Dazu im Einzelnen *Brandt* Hauptversammlung der SE, 2004.

138 Die Fünfte Richtlinie (Strukturrichtlinie) wird von der Kommission seit längerer Zeit nicht mehr weiterverfolgt. Zum aktuellen Diskussionsstand *Habersack* Europäisches Gesellschaftsrecht, 2. Aufl., 2003, S. 47f. (Rn. 55ff.).

139 So die Charakterisierung der Rechtsangleichung in *Kommission* Memorandum 1988, S. 26.

140 In diesem Sinne *Heinze/Seifert/Teichmann* BB 2005, 2524.

141 Zu den gesellschaftsrechtlichen Problemen *Hoffmann* NZG 1999, 1077, 1084f. Über die parallel geführten Verhandlungen der deutschen und französischen Gewerkschaften – auch dort mussten verschiedene Kulturen zusammengeführt werden – berichten *Bischoff* Mitbestimmung 1999, 42f. und *Rehfeld* Mitbestimmung 1999, 46f.

von dem versuchten Zusammenschluss einer deutschen mit einer österreichischen Gesellschaft berichtet, bei welchem die von allen Partnern gewünschte mitbestimmungsrechtliche Lösung – insbesondere die Aufteilung der Arbeitnehmer-Sitze auf verschiedene Nationalitäten – am zwingenden Gesetzesrecht beider Staaten gescheitert war.[142] Die SE-Richtlinie ist insoweit dem Binnenmarktgedanken angemessen, denn sie erlaubt es in solchen Fällen, die fortbestehenden nationalen Unterschiede zu überbrücken. Diese Überbrückung geschieht auch nicht auf Kosten der einen zu Lasten der anderen Rechtskultur, sondern durch Bildung einer im Verhandlungswege gefundenen Synthese beider Rechtstraditionen.

Der Nachteil der Verhandlungslösung der SE-Richtlinie liegt darin, dass die Verhandlungen den gesamten Prozess der Zusammenführung aufhalten. Nach der rechtlichen Klammer, die SE-Verordnung und SE-Richtlinie miteinander verknüpft, darf eine SE erst in das Handelsregister eingetragen werden, wenn das Verhandlungsverfahren zum Abschluss gekommen ist (Art. 12 Abs. 2 SE-Verordnung). Die Verhandlungen jedoch können bis zu sechs Monaten dauern (Art. 5 Abs. 1 SE-Richtlinie).[143] Der Zeitraum beginnt erst mit der Einsetzung des besonderen Verhandlungsgremiums (Art. 3 SE-Richtlinie), das aus Vertretern der Arbeitnehmer aller beteiligten Gesellschaften sowie der betroffenen Tochtergesellschaften oder Betriebe gebildet wird. Bei einem Zusammenschluss größerer Unternehmen können auf diese Weise von der Bekanntmachung des geplanten Zusammenschlusses bis zum Abschluss der Verhandlungen neun Monate oder mehr verstreichen. Den Zeitplan derart strikt an die Verhandlungen mit den Arbeitnehmern zu binden, ist namentlich für börsennotierte Unternehmen, deren Kurs in diesem Zeitraum unvorhersehbare Kapriolen schlagen kann, kaum hinnehmbar.[144] In diesem Punkt bietet das europäische Recht gegenüber dem zuvor bestehenden Zustand keine Verbesserung. Denn bei den grenzüberschreitenden Zusammenschlüssen, die bislang in kunstvoller Verknüpfung der nationalen Rechtssysteme erarbeitet werden mussten, konnte die Mitbestimmung der Arbeitnehmer flexibel in den Ablauf integriert werden. Im Fall des Zusammenschlusses von Hoechst (Deutschland) und Rhone-Poulenc (Frankreich) unter dem Dach der Aventis SA mit Sitz in Straßburg gaben sich die Arbeitnehmer zunächst mit einer Absichtserklärung der deutschen Unternehmensleitung zufrieden, die Mitbestimmung auf angemessene Weise in die Gesellschaft französischer Rechtsform zu integrieren.[145]

---

[142] Vgl. den Diskussionsbericht von *W. Heinze*, ZGR 32 (2003), 810ff. zum Bonner SE-Symposion vom 9. Mai 2003.

[143] Eine Ausdehnung auf ein Jahr ist möglich, aber nur im beiderseitigen Einvernehmens (Art. 5 Abs. 2 SE-Richtlinie).

[144] Insoweit berechtigt die Kritik von *Götz* ZIP 2003, 1067.

[145] Vgl. dazu aus dem Bericht des Vorstands der Hoechst AG über den Unternehmenszusammenschluss von Hoechst und Rohne-Poulenc, Juni 1999, S. 82: „Nach französischem Recht ist eine Mitbestimmung durch Arbeitnehmer im Aufsichtsrat einer Aktiengesellschaft nicht zwingend vorgeschrieben. Dem Aufsichtsrat von Aventis werden deshalb nach der Durchführung des Umtauschangebots keine Arbeitnehmervertreter angehören. Der Vorstand von

b) Mitgliedstaatliche Ausführungsgesetzgebung

Auch die mitgliedstaatliche Ausführungsgesetzgebung hält Regelungen vor, die in der Praxis auf Kritik stoßen. Bezogen auf das deutsche SE-Ausführungsgesetz[146] finden vor allem folgende Elemente den Widerspruch der Praxis[147]: Bei der Gründung einer SE durch Verschmelzung sollen Aktionäre der deutschen Gründungsgesellschaft ein *Austrittsrecht* haben, wenn die künftige SE ihren Sitz im Ausland haben wird.[148] Ein solches Austrittsrecht ist außerdem für bestimmte Konstellationen der Holding-Gründung und für den Fall der Sitzverlegung der SE vorgesehen.[149] Auf den ersten Blick verträgt es sich nicht mit dem Gedanken einer supranationalen Rechtsform, derartigen Aktionärsschutz ausgerechnet an den Wechsel des Mitgliedstaates zu knüpfen.[150] Der dahinter stehende Schutzgedanke liegt aber gerade darin, dass die SE nach ihrer letztlich verwirklichten Konzeption keine einheitliche Rechtsform ist. Die innere Struktur, die über die Rechte und Pflichten des einzelnen Aktionärs entscheidet, blieb ungeregelt und dem Verweis auf nationales Recht überlassen, das in dieser Frage nicht harmonisiert ist. Der deutsche Gesetzgeber und manche andere Staaten sahen sich daher in der Pflicht, Aktionären einer Gesellschaft nationalen Rechts gegen möglicherweise gravierende und von ihnen nicht konsentierte Änderungen ihrer Rechtspositionen zu schützen.[151] Es manifestiert

---

Hoechst wird sich jedoch dafür einsetzen, die Zustimung des Vorstands von Aventis für die Einrichtung eines Ausschusses zu erhalten, der aus Vertretern des Managements von Aventis und Hoechst sowie aus Vertretern der Arbeitnehmer bestehen wird. Dieser Ausschuss soll die Möglichkeit einer Vertretung der Arbeitnehmer in dem Aufsichtsrat von Aventis auf freiwilliger Basis prüfen.“ Nach Vollzug des Zusammenschlusses wurde folgende Lösung gefunden: Alle Mitglieder des Aufsichtsrates werden formal von der Hauptversammlung von Aventis bestellt; dafür werden jedoch zu etwa einem Drittel Vertreter der Arbeitnehmer benannt.

146 Artikel 1 des Gesetzes zur Einführung der SE (BGBl. I vom 28.12.2004, S. 3675 ff.).

147 Umfassend zur Diskussion um das SE-Ausführungsgesetz *C. Teichmann* in: Theisen/Wenz (Hrsg.), Die Europäische Aktiengesellschaft, 2. Aufl., 2005, S. 691 ff.

148 § 7 SE-Ausführungsgesetz.

149 § 9 und § 12 SE-Ausführungsgesetz.

150 In diesem Sinne die Fundamentalkritik von *Kübler* ZHR 167 (2003), 627ff. und einiger Diskusstionsteilnehmer auf dem Bonner Symposion vom 9. Mai 2003 (Diskussionsbericht *C. Teichmann*, ZGR 32 (2003), 647ff.). Die von anderen Autoren geäußerte Kritik am Austrittsrecht bezieht sich zumeist auf die weite Fassung des Diskussionsentwurf vom März 2003 (abgedruckt in AG 2003, 204ff.), der ein Austrittsrecht auch für Gründung von SE mit Sitz im Inland vorgesehen hatte. Stellungnahmen zu dieser Vorschrift hatten vielfach darauf hingewiesen, dass ein Austrittsrecht wohl nur bei einem Wechsel der Rechtsordnung gerechtfertigt sei (*Ihrig/Wagner* BB 2003, 969, 972; *Kalss* ZGR 32 (2003) 593, 624ff.; *Schindler* ecolex 2003, Script 26, 1, 7; Stellungnahme Handelsrechtsausschuss DeutscherAnwaltVerein, November 2003, zu § 7 DiskE, NZG 2004, 75, 77f.). Dieser Kritik wurde in der letztlich verabschiedeten Fassung des SEAG Rechnung getragen.

151 Neben der deutschen Gesetzgebung hatten auch die Gesetzgeber in Österreich, Tschechien, Dänemark, Griechenland, Ungarn, Italien, Polen und Spanien identische oder vergleichbare

sich an dieser Stelle wiederum die Aufspaltung des Binnenmarktes in verschiedene Rechtssysteme. Überall dort, wo der europäische Gesetzgeber keinen eigenen Standard schafft, ist der mitgliedstaatliche Gesetzgeber aus Gründen der Kohärenz der eigenen Rechtsordnung nahezu gezwungen, seine eigenen Schutzstandards durchzusetzen. Die für die SE vorgesehenen Austrittsrechte fügen sich stimmig in das Schutzsystem des deutschen Aktienrechts ein und sind insoweit auch keine Diskriminierung der SE;[152] denn selbst der Wechsel von der deutschen AG in eine deutsche GmbH löst ein Austrittsrecht aus (§ 207 UmwG), da sich dabei die Rechtsposition des Aktionärs wesentlich ändert und er selbst entscheiden soll, ob er darin einen Vorteil oder einen Nachteil sieht.

Ein weiterer Aspekt der nationalen Ausführungsgesetzgebung stößt in der Fachliteratur vielfach auf Unverständnis: Die Ausgestaltung des *monistischen Modells* in der SE. Sie wird in einem späteren Abschnitt angesprochen,[153] daher sei hier nur das Kernproblem beschrieben. Eine SE mit Sitz in Deutschland wird, wenn sie das monistische Modell wählt, einen Verwaltungsrat und geschäftsführende Direktoren haben. Dies wird von Kritikern als „verkapptes dualistisches Modell“[154] gebrandmarkt. Allerdings beruht diese Konstruktion gerade auf der hybriden Rechtsnatur der SE. Sie ist in Bezug auf das Leitungsmodell supranational, hinsichtlich des allgemeinen Aktienrechts jedoch mitgliedstaatlich geprägt. Es wäre nach der SE-Verordnung auch nicht zulässig, das allgemeine Aktienrecht außerhalb der ausdrücklichen Optionen und Ermächtigungen der SE-Verordnung speziell auf die SE zuzuschneiden.[155] Die SE-Verordnung ist vielmehr vom Grundsatz der Gleichstellung

---

Regeln zum Schutz von Minderheitsaktionären geplant. Siehe dazu die Beiträge in Oplustil/Teichmann (Hrsg.), The European Company – all over Europe, 2004 von *Arlt/Grechenig/Kalss* (Österreich), *Pelikánová/Čzech* (Tschechien), *F. Hansen* (Dänemark), *Perakis* (Griechenland), *Kozma* (Ungarn), *Pernazza/Allotti* (Italien), *Oplustil/Rachwal/Sokołowski* (Polen) und *Muñoz Paredes* (Spanien). Vgl. außerdem *Schindler/C. Teichmann*, in: Theisen/Wenz (Hrsg.), Die Europäische Aktiengesellschaft, 2. Aufl., 2005, S. 739 ff.

152 Zum Verständnis der Austrittsrechte als systemstimmiger Fortschreibung des nationalen Schutzsystems *C. Teichmann* AG 2004, 67 ff.

153 Siehe unten ab S. 599 ff.

154 Stellungnahme des DAV (s. oben Fn. 150) sowie *Hoffmann-Becking* ZGR 33 (2004) 355, 368 ff.

155 Zu diesem Grundansatz der nationalen Ausführungsgesetzgebung *C. Teichmann* ZIP 2002, 1109 f. Ihm folgen soweit ersichtlich alle Mitgliedstaaten (vgl. die Beiträge in Oplustil/Teichmann (Hrsg.), The European Company – all over Europe, 2004). Allein Frankreich ist in gewisser Weise einen Sonderweg gegangen (inspiriert durch den Gesetzentwurf einer Arbeitsgruppe unter Leitung des Senators *Marini*; dazu *Fages/Menjucq* JCP, G, 2003, aperçu rapide, act. 505), um einer SE auch die besonderen Gestaltungsmöglichkeiten der SAS zu eröffnen (zur SAS bereits oben § 1 bei Fn. 11). Die europarechtliche Zulässigkeit dieses Weges, der das kraft der Verweisung des Art. 9 SE-Verordnung geltende zwingende Aktienrecht unterläuft, ist allerdings zweifelhaft (hierzu *Schindler/C. Teichmann*, in: Theisen/Wenz (Hrsg.), Die Europäische Aktiengesellschaft, 2. Aufl., 2005, S. 739, 751 f. Der konkur-

der SE mit der mitgliedstaatlichen AG geprägt.[156] In einem Mitgliedstaat wie Deutschland, dessen allgemeines Aktienrecht in zahlreichen Vorschriften ausdrücklich oder stillschweigend ein dualistisches Leitungsmodell voraussetzt, muss dies bei der Einführung eines monistischen Modells zu regelungstechnischen Problemen führen. Diese versucht das SE-Ausführungsgesetz mit der Schaffung der Figur des geschäftsführenden Direktors zu lösen.[157] Die Wesenszüge des monistischen Modells, das die unternehmerische Leitungsmacht bei einem Organ konzentriert,[158] werden gewahrt durch seine Weisungsunterworfenheit gegenüber dem Verwaltungsrat verbunden mit der Möglichkeit der jederzeitigen Abberufung durch den Verwaltungsrat.

III. Weitere supranationale Rechtsformen

1. Die Europäische Genossenschaft

Das Flaggschiff Societas Europaea führte in seinem Schlepptau stets die Europäische Genossenschaft.[159] Schon 1967 erarbeitete eine europäische Arbeitsgruppe der Verbände der Konsumgenossenschaften einen Entwurf für ein europäisches Genossenschaftsgesetz, das als besonderer Titel dem Statut der Europäischen Aktiengesellschaft beigefügt werden sollte.[160] 1975 legten die europäischen Genossenschaftsverbände einen Entwurf für das Statut für eine Europäische Genossenschaft vor.[161] Die parallele Entwicklung beider Rechtsformen ging so weit, dass in Phasen der Windstille nicht nur die Arbeiten am Statut der SE, sondern zugleich auch die Europäische Genossenschaft zum Stillstand kam, um sodann weniger als zwei Jahre nach Verabschiedung der SE-Verordnung gleichfalls die Ziellinie zu überschreiten: Am 22. Juli 2003 verabschiedete der Rat die Verordnung über das Statut der Europäischen Genossenschaft („Societas Cooperativa Europaea" – SCE).[162]

---

rierende Entwurf der Senatoren *Branger* und *Hyest* war dieser Konzeption daher nicht gefolgt (zu diesem Entwurf *Colombani* in: Oplustil/Teichmann (Hrsg.), The European Company – all over Europe, 2004, S. 79).

156 Dazu näher unten (S. 296f.) bei Analyse der Generalverweisung des Art. 9 SE-VO.

157 Näher *C. Teichmann* BB 2004, 53, 57ff. und *ders.* in: *Lutter/Hommelhoff* (Hrsg.), Europäische Gesellschaft, 2005, S. 195, 220 ff.

158 Dazu näher unten S. 574ff.

159 Zur Entwicklung der Idee einer Europäischen Genossenschaft: *Fischer* Die Europäische Genossenschaft, 1995, S. 40ff.; *Hagen-Eck* Die Europäische Genossenschaft, 1995, S. 28ff.; *Luttermann* ZVglRWiss 93 (1994), 1ff.; *Schwarz* Europäisches Gesellschaftsrecht, 2000, S. 712f. (Rn. 1232).

160 Dazu *Fischer* Die Europäische Genossenschaft, 1995, S. 41f., *Hagen-Eck* Die Europäische Genossenschaft, 1995, S. 31.

161 Zur Diskussion um diesen Entwurf *Hagen-Eck* Die Europäische Genossenschaft, 1995, S. 33.

162 Verordnung (EG) Nr. 1435/2003 des Rates vom 22. Juli 2003 über das Statut der Europäischen Genossenschaft (SCE), ABl EU, 18.8.2003, L 207/1; parallel dazu erging die Richt-

Unter dem Aspekt der europäisch-einheitlichen Regelung dürfte die Genossenschaft gegenüber der großen Schwester SE sogar die Nase vorne haben: Denn während der aktienrechtliche Gehalt des SE-Statuts mit fortschreitender Harmonisierung und angesichts der Uneinigkeit der mitgliedstaatlichen Verhandlungsdelegationen mehr und mehr verwässerte, musste das Statut der Europäischen Genossenschaft eine Rechtsform vereinheitlichen, für die es bislang weder eine Rechtsangleichung noch eine annähernd einheitliche Ausgangslage in den mitgliedstaatlichen Rechtsordnungen gibt. Die Arbeiten am europäischen Statut der SCE waren daher mehr noch als im Aktienrecht ein Versuch, aus den verschiedenen in den Mitgliedstaaten anzutreffenden rechtlichen Strukturen gemeinsame Grundsätze zu entwickeln. Dies zu illustrieren, beginnt der nachfolgende Abschnitt *unter a)* mit einem kurzen rechtsvergleichenden Überblick, um sodann *unter b)* das Bedürfnis für eine Europäische Genossenschaft anzusprechen und *unter c)* einige Elemente des SCE-Statuts herauszugreifen, die der SCE in Abweichung vom deutschen Genossenschaftsrecht eine eigenständig europäische Identität verleihen. Abschließend soll *unter d)* ein kurzer Blick auf die weiteren zur sogenannten „Économie sociale" zählenden Projekte geworfen werden.

a) Vielfalt der rechtlichen Erscheinungsformen in den Mitgliedstaaten

Die rechtliche Regelung der Genossenschaft ist in den Mitgliedstaaten der Europäischen Union sehr unterschiedlich. Zwar kennen viele Staaten ein allgemeines Genossenschaftsgesetz, dieses hat jedoch keineswegs in allen Ländern denselben Stellenwert. Kann eine Genossenschaft in Deutschland nur nach den Regeln des Genossenschaftsgesetzes gegründet werden, gibt es in manch' anderem Mitgliedstaat neben der allgemeinen Regelung noch zahlreiche Spezialgesetze für verschiedene Genossenschaftsformen. Gemeinsam ist allen Staaten das Phänomen der Rechtspraxis, dass genossenschaftliche Unternehmungen in verschiedenen Rechtsformen begegnen können. Die exemplarische Betrachtung des deutschen, französischen und englischen Rechts illustriert die Vielfalt der mitgliedstaatlichen Ausgangslage.[163]

(1) Deutschland

Deutschland widmet den Genossenschaften ein eigenes Gesetz und definiert sie dort (§ 1 GenG) als „Gesellschaften von nicht geschlossener Mitgliederzahl, welche die Förderung des Erwerbes oder der Wirtschaft ihrer Mitglieder mittels gemein-

---

linie 2003/72/EG des Rates vom 22. Juli 2003 zur Ergänzung des Statuts der Europäischen Genossenschaft hinsichtlich der Beteiligung der Arbeitnehmer, ABl EU, 18.8.2003, L 207/25.

163 S. dazu den Rechtsvergleich bei *Hagen-Eck* Die Europäische Genossenschaft, 1995, S. 45ff. und *Fischer* Die Europäische Genossenschaft, 1995, S. 47ff.; *Hagen-Eck* behandelt a.a.O. neben Frankreich und England auch Italien, Belgien, die Niederlande, Luxemburg, Dänemark, Irland, Griechenland, Spanien und Portugal.

schaftlichen Geschäftsbetriebes bezwecken". Darin kommt der spezifisch genossenschaftliche Verbandszweck zum Ausdruck: Die Genossenschaft ist ein Instrument der verbandsmäßig organisierten Selbsthilfe.[164] Sie verfolgt keine eigenen wirtschaftlichen Ziele, strebt nicht nach Gewinn für sich selbst, sondern will günstige Erwerbs- und Wirtschaftsbedingungen für ihre Mitglieder schaffen (*Förderzweck*).[165] Grundsätzlich ist damit ein Mitglied zugleich auch Kunde der Genossenschaft (*Identitätsprinzip*).[166] Dem personalen Charakter der Genossenschaft entsprechend nehmen alle Mitglieder in gleichem Maße an der internen Willensbildung teil. Nicht die Kapitalbeteiligung, sondern die Mitgliedschaft entscheidet; die Stimmen aller Mitglieder sind gleichwertig.[167] Eine Kapitalverzinsung findet grundsätzlich nicht statt, Gewinne werden an die Genossen ausgeschüttet.[168] Weiterhin gilt das Prinzip der *Selbstverwaltung*, weshalb die Mitglieder von Vorstand und Aufsichtsrat Genossen sein müssen (§ 9 Abs. 2 Satz 1 GenG).

Genossenschaftliche Zwecke können auch in anderen Rechtsformen betrieben werden.[169] Da allerdings Deutschland ein eigenes Genossenschaftsgesetz geschaffen hat, ist Genossenschaft im Rechtssinne allein eine Gesellschaft, die nach den Vorschriften des Genossenschaftsgesetzes gegründet und eingetragen ist („eingetragene Genossenschaft"). Insofern lassen sich ein formeller und ein materieller Genossenschaftsbegriff unterscheiden.[170] Formelle Genossenschaften sind die nach dem Genossenschaftsgesetz gegründeten Vereinigungen; materielle Genossenschaften sind all' diejenigen Vereinigungen, die einen spezifisch genossenschaftlichen Verbandszweck verfolgen.

Historisch sind die Genossenschaften als ein Instrument der Selbsthilfe in Reaktion auf Missstände der Industrialisierung entstanden.[171] Die gegenseitige Verbin-

---

[164] *Großfeld/Aldejohann*, in: Schubert (Hrsg.), 100 Genossenschaftsgesetz, 1989, S. 3; *K. Schmidt* Gesellschaftsrecht, 4. Aufl., 2002, S. 1264 (§ 41 I 1 a).

[165] *Fischer* Die Europäische Genossenschaft, 1995, S. 75; *Großfeld/Aldejohann*, in: Schubert (Hrsg.), 100 Genossenschaftsgesetz, 1989, S. 3; *Hagen-Eck* Die Europäische Genossenschaft, 1995, S. 52.

[166] *Fischer* Die Europäische Genossenschaft, 1995, S. 75f.; *Großfeld/Aldejohann*, in: Schubert (Hrsg.), 100 Genossenschaftsgesetz, 1989, 4f.; *Hagen-Eck* Die Europäische Genossenschaft, 1995, S. 52. Soll der Geschäftsbetrieb auf Personen ausgedehnt werden, die nicht Mitglieder sind, muss dies gemäß § 8 Abs. 1 Ziff. 5 GenG im Statut festgehalten werden.

[167] *Großfeld/Aldejohann*, in: Schubert (Hrsg.), 100 Genossenschaftsgesetz, 1989, S. 4. Mehrstimmrechte sind möglich, jedoch dürfen einem Genossen nicht mehr als drei Stimmen gewährt werden (§ 43 Abs. 3 GenG).

[168] Von diesen Grundsätzen sind Abweichungen im Statut möglich (vgl. §§ 19ff. GenG).

[169] *Fischer* Die Europäische Genossenschaft, 1995, S. 74; *Hagen-Eck* Die Europäische Genossenschaft, 1995, S. 51; *K. Schmidt* Gesellschaftsrecht, 4. Aufl., 2002, S. 1264f. (§ 41 I 1 a).

[170] *Fischer* Die Europäische Genossenschaft, 1995, S. 74; *K. Schmidt* Gesellschaftsrecht, 4. Aufl., 2002, S. 1265 (§ 41 I 1 a).

[171] Näher zur Entwicklung in Deutschland m.w.N. *Großfeld/Aldejohann*, in: Schubert (Hrsg.), 100 Genossenschaftsgesetz, 1989, S. 5ff.; *Hagen-Eck* Die Europäische Genossenschaft, 1995, S. 48ff.; *K. Schmidt* Gesellschaftsrecht, 4. Aufl., 2002, S. 1265 (§ 41 I 1 b). Zur Entstehung des

dung sollte die Schwäche des einzelnen gegenüber den von der Industrialisierung geschaffenen Wirtschaftsbedingungen überwinden. Dies galt für Handwerksbetriebe und kleine Gewerbetreibende, die sich zu Einkaufs- und Kreditgenossenschaften zusammenschlossen, ebenso wie für Arbeiter, die eine Konsumgenossenschaft gründeten, oder Landwirte, die eine genossenschaftliche Darlehenskasse ins Leben riefen. Damit waren die Genossenschaften politisch gesehen ein Modell, das den Solidaritätsgedanken des Sozialismus innerhalb des liberalistischen Systems von Markt und Wettbewerb aufgriff. Die Genossenschaftsbewegung „beruhte auf dem christlichen Lebensprinzip, dem Humanitätsideal und dem sozialen Gedanken; sie bejahte aber Marktwirtschaft und Wettbewerb." [172]

(2) Frankreich

In Frankreich entstand die Genossenschaft historisch gesehen als Spezialform der Aktiengesellschaft.[173] Die rechtlichen Besonderheiten von Genossenschaften wurden zunächst durch Sonderregeln im Gesetz über Aktiengesellschaften von 1867 berücksichtigt. Sodann entstanden Sondergesetze für bestimmte Genossenschaftsformen wie landwirtschaftliche Kreditkassen (1894), landwirtschaftliche Genossenschaften (1906), Wohnungsbaugenossenschaften (1906) und andere. Erst im Jahre 1947 wurde ein allgemeines Genossenschaftsgesetz erlassen, das in modifizierter Form bis heute gilt.[174] Art. 1 des allgemeinen Genossenschaftsgesetzes enthält eine Definition, welche die Förderung der Wirtschaft der Genossen in den Vordergrund stellt.[175] Weiterhin finden sich Regelungen über das Prinzip der Stimmengleichheit und die Identität von Mitgliedern und Kunden.[176] Das Verständnis der Genossenschaft als Wirtschaftsform weist also in den Kernbereichen Parallelen zu deutschen Vorstellungen auf.

Genossenschaftsgesetzes von 1889 *Schubert* in: Schubert (Hrsg.), 100 Genossenschaftsgesetz, 1989, S. 21 ff.

172 *Großfeld/Aldejohann*, in: Schubert (Hrsg.), 100 Genossenschaftsgesetz, 1989, S. 6.

173 Vgl. den historischen Überblick bei *Fischer* Die Europäische Genossenschaft, 1995, S. 61 ff. und *Hagen-Eck* Die Europäische Genossenschaft, 1995, S. 56 ff.

174 Loi 47-1775 vom 10. September 1947.

175 «Les coopératives sont des sociétés dont les objets essentiels sont :
1. De réduire, au bénéfice de leurs membres et par l'effort commun de ceux-ci, le prix de revient et, le cas échéant, le prix de vente de certains produits ou de certains services, en assumant les fonctions des entrepreneurs ou intermédiaires dont la rémuneration grèverait ce prix de revient;
2. D'améliorer la qualité marchande des produits fournis à leurs membres ou de ceux produits par ces derniers et livrés aux consommateurs.
3. Et plus généralement de contribuer à la satisfaction des besoins et à la promotion des activités économiques et sociales de leurs membres ainsi qu' à leur formation.
Les coopératives exercent leur action dans toutes les branches de l'activité humaine.»

176 Art. 3 und Art. 9 des Gesetzes vom 10. September 1947.

Allerdings hat auch das allgemeine Genossenschaftsgesetz nichts an der Existenz zahlreicher Spezialregelungen geändert. Es gibt somit keine eigenständige Rechtsform der Genossenschaft. Als Beispiel mag die Regelung für Genossenschaften der Einzelhändler gelten. Der Code de Commerce schreibt ausdrücklich vor, dass sie in der Form der Aktiengesellschaft mit veränderbarem Kapital zu betreiben sind; sie sind also im Grundsatz Aktiengesellschaften, unterscheiden sich jedoch von den übrigen Aktiengesellschaften durch ihr veränderbares Kapital.[177] Das Kapital der Genossenschaft muss schon deshalb variabel sein, weil sie als Instrument der solidarischen Selbsthilfe jedermann offen steht, der die satzungsmäßig festgelegten Voraussetzungen der Mitgliedschaft erfüllt.[178] Bemerkenswert ist, dass der Code de commerce an dieser Stelle auch eine gesetzliche Definition der Genossenschaft liefert, die den konkreten Förderzweck der Genossenschaft betont.[179]

(3) England

Auch in England gibt es ein allgemeines Gesetz über Genossenschaften, den Industrial and Provident Societies Act aus dem Jahre 1952. Mit der Registrierung als Industrial and Provident Society erlangt die Genossenschaft eigene Rechtspersönlichkeit.[180] Dennoch ist die Genossenschaften keine eigenständige Rechtsform; genossenschaftliche Vereinigungen können vielmehr unter den Rechtsformen frei wählen.[181] In Betracht kommen neben der Registrierung als Industrial and Provident Society die Nutzung der Rechtsformen der Company oder Partnership.[182] Eine gesetzliche Definition dessen, was eine Genossenschaft ausmacht, gibt es nicht. Der genossenschaftliche Charakter ergibt sich letztlich aus der Gestaltung der Satzung. Da eine gesetzliche Begriffsbestimmung fehlt, spielt die Verwaltungspraxis der Registerbeamten eine große Rolle, die über Anträge auf eine Registrierung als Industrial and Provident Society entscheiden;[183] außerdem geben die Genossenschaftsverbände Mustersatzungen heraus.[184] In der Praxis haben sich auf diese Weise auch in England den anderen Staaten vergleichbare Prinzipien des Genossenschaftswe-

---

177 Art. L. 124-3 Abs. 1 S. 1 Code de commerce: «Les sociétés coopératives de commerçants de détail sont des sociétés anonymes à capital variable constituées et fonctionnant conformément aux dispositions du livre II, titre III, chapitre Ier.»

178 *Hagen-Eck* Die Europäische Genossenschaft, 1995, S. 89.

179 Art. L. 124-1 Abs. 1 S. 1 Code de commerce: «Les sociétés cooperatives de commerçants détaillants ont pour objet d'améliorer par l'effort commun de leurs associés les conditions dans lesquelles ceux-ci exercent leur activité commerciale.»

180 *Fischer* Die Europäische Genossenschaft, 1995, S. 55; *Hagen-Eck* Die Europäische Genossenschaft, 1995, S. 62, zum Verfahren der Registrierung S. 64f.

181 *Fischer* Die Europäische Genossenschaft, 1995, S. 48ff.; *Hagen-Eck* Die Europäische Genossenschaft, 1995, S. 63ff.

182 *Fischer* Die Europäische Genossenschaft, 1995, S. 56ff.; *Hagen-Eck* Die Europäische Genossenschaft, 1995, S. 63ff.

183 *Hagen-Eck* Die Europäische Genossenschaft, 1995, S. 64.

184 *Hagen-Eck* Die Europäische Genossenschaft, 1995, S. 67.

sens entwickelt: Dazu gehört der Fördergedanke, die offene Mitgliedschaft, die demokratische Leitung und Kontrolle, das Prinzip des gleichen Stimmrechts und die begrenzte Kapitalverzinsung.[185]

(4) Europäische Gemeinsamkeiten

Der Vergleich an Hand der exemplarisch ausgewählten Staaten Deutschland, Frankreich und England zeigt, dass bei allen Unterschieden in der rechtlichen Einrahmung ein gemeinsamer Begriff der Genossenschaft im Sinne einer besonderen Art des Wirtschaftens erkennbar wird.[186] Die Genossenschaft wird überall als ein personalistisch strukturierter Verband verstanden.[187] Daraus folgt das Prinzip der demokratischen Selbstverwaltung, insbesondere die Abstimmung nach Köpfen und nicht nach Kapitalanteilen. Ausnahmen sind zwar möglich, zumeist aber begrenzt auf eine Höchstzahl von Stimmen pro Person.[188] Weiterhin liegt das Ziel der Genossenschaft nicht in einer Gewinnmaximierung des Verbandes, sondern in der Förderung der Wirtschaftstätigkeit der Mitglieder.[189] Überschüsse werden daher grundsätzlich ausgeschüttet, eine nennenswerte Verzinsung des Kapitals ist nicht intendiert. Für die Wirtschaftstätigkeit bedeutet der personalistische Charakter, dass die Mitglieder der Genossenschaft zugleich ihre wichtigste Kundschaft sind. Dem Solidaritätsgedanken entsprechend steht die Genossenschaft jedem offen, der die abstrakt formulierten Voraussetzungen an die Mitgliedschaft erfüllt.

Diese klassischen genossenschaftlichen Grundsätze sind für Genossenschaften, die sich in erster Linie als Wirtschaftsunternehmen verstehen, eher hinderlich. Abweichungen vom personalistischen Prinzip gewinnen daher mehr und mehr an Bedeutung.[190] Die Verzinsung des Kapitals, die Zulassung von Mehrstimmrechten

---

185 *Fischer* Die Europäische Genossenschaft, 1995, S. 52ff.; *Hagen-Eck* Die Europäische Genossenschaft, 1995, S. 63f., 67.

186 So das Fazit bei *Fischer* Die Europäische Genossenschaft, 1995, S. 76f. auf Grund eines Vergleichs der Rechtsordnungen von Deutschland, Frankreich und England. *Hagen-Eck* Die Europäische Genossenschaft, 1995, S. 45ff. bezieht in den Vergleich neben Frankreich und England auch Italien, Belgien, die Niederlande, Luxemburg, Dänemark, Irland, Griechenland, Spanien und Portugal ein. Die Grundaussage der materiellen Gemeinsamkeit in rechtlicher Vielfalt wird auch bei dieser Erweiterung der Vergleichsbasis bestätigt (siehe das Resumee der Gemeinsamkeiten bei *Hagen-Eck* Die Europäische Genossenschaft, 1995, S. 87ff.).

187 Zum Folgenden insb. *Hagen-Eck* Die Europäische Genossenschaft, 1995, S. 88ff.

188 Die soweit ersichtlich einzige Ausnahme ist Belgien, das die Stimmenzahl von der Höhe der Beteiligung abhängig macht; auch dort gilt aber für Grundlagenentscheidungen weiterhin der Grundsatz des gleichen Stimmrechts für alle (*Hagen-Eck* Die Europäische Genossenschaft, 1995, S. 73 und S. 90)

189 Der deutsche Begriff des „Förderzwecks" ist allerdings möglicherweise enger als das Verständnis der mitgliederbezogenen Tätigkeit in anderen Staaten. Letztlich gibt gerade die europäische Diskussion Anlass, diese Fixierung auf einen allzu eng verstandenen Förderbegriff zu überdenken. Zur Diskussion *Hagen-Eck* Die Europäische Genossenschaft, 1995, S. 91ff.

190 *Hagen-Eck* Die Europäische Genossenschaft, 1995, S. 91.

und die Ausdehnung des Kundenkreises auf Nicht-Mitglieder sind keineswegs eine Seltenheit. Dies hatte auch für die Europäisierung der Rechtsform Bedeutung, denn die Ausdehnung über die Grenze dürfte weniger vom Selbsthilfegedanken getragen sein als von dem Bestreben, die sich anderswo bietenden Geschäftsmöglichkeiten auszunutzen.

b) Bedürfnis für eine supranationale genossenschaftliche Rechtsform

In allen Mitgliedstaaten gibt es Überschneidungen zwischen dem Gesellschaftsrecht und dem Genossenschaftsrecht. Zum einen organisieren sich Genossenschaften häufig formal als Gesellschaft und bringen ihren genossenschaftlichen Charakter nur in der Gestaltung der Satzung zum Ausdruck. Zum anderen ist selbst dort, wo Genossenschaften eine eigene rechtliche Regelung erfahren haben – wie im deutschen Genossenschaftsgesetz – die Regelung der Genossenschaften inhaltlich in Anlehnung an das Kapitalgesellschaftsrecht ausgestaltet. Dieselbe Art und Weise des Wirtschaftens kann also in den verschiedenen Mitgliedstaaten in höchst unterschiedliche juristische Form gegossen werden.[191] Diese Überschneidungen führen dazu, dass die europäische Rechtsangleichung im Gesellschaftsrecht die Genossenschaften zwar berührt, jedoch in ihrer Eigenart nicht wirklich erfasst.[192] Speziell die Genossenschaften betreffende Angleichungsakte sind nicht zustande gekommen. Die Richtlinien zur Angleichung des Aktienrechts eröffnen sogar ausdrücklich die Option, auf Genossenschaften, die in der Rechtsform einer Aktiengesellschaft gegründet wurden, nicht angewandt zu werden.[193]

Die Genossenschaft ist aus rechtsvergleichender Perspektive eher eine *Wirtschafts*form als eine *Rechts*form.[194] Gemeinsamkeiten in der rechtlichen und wirtschaftlichen Struktur der Genossenschaften beruhen auf der gemeinsamen Geschichte, nicht aber auf aktiver Rechtsangleichung durch die Europäische Gemeinschaft.[195] Für die Genossenschaft gilt also in ungleich stärkerem Maße als für die Aktiengesellschaft, dass die europäische Rechtsform den Binnenmarkt für diese Art von Unternehmungen überhaupt erst eröffnet. Eine Vereinheitlichung der nationalen Genossenschaftsrechte wurde von vornherein nicht in Betracht gezogen, weil man die Unterschiede als zu groß erachtete.[196] Eine Angleichung wurde auch und gerade von den Genossenschaftsverbänden vehement abgelehnt, die einen Verlust der his-

---

191 So generell zur „Economie sociale" *Schwarz* Europäisches Gesellschaftsrecht, 2000, S. 709 (Rn. 1229).

192 Dazu *Fischer* Die Europäische Genossenschaft, 1995, S. 80.

193 Art. 1 Abs. 2 Zweite Richtlinie; Art. 1 Abs. 2 Dritte Richtlinie; Art. 1 Abs. 4 Sechste Richtlinie.

194 *Hagen-Eck* Die Europäische Genossenschaft, 1995, S. 46, unter Berufung auf *Münkner*, Ausprägungen genossenschaftlicher Struktur in Westeuropa, 1985, S. 22.

195 Vgl. die Darstellung der Grundstrukturen des Genossenschaftsrechts in England, Frankreich und Deutschland bei *Fischer* Die Europäische Genossenschaft, 1995, S. 47ff.

196 *Hagen-Eck* Die Europäische Genossenschaft, 1995, S. 30 f. und 43 ff.

torisch gewachsenen nationalen Individualität der Genossenschaften fürchteten.[197] Statt dessen versprach man sich von einem einheitlichen Statut einen angleichenden Einfluss auf die Entwicklung der nationalen Genossenschaftsrechte.[198] Dieser hat sich auch vor Verabschiedung der Verordnung bereits bemerkbar bemacht, indem nationale Gesetzesreformen Gedankengut des noch im Entwurfsstadium befindlichen SCE-Statuts übernahmen. So nahm das französische Recht im Jahre 1992 erstmals den Förderzweck als Merkmal der Genossenschaft ausdrücklich in das Gesetz auf.[199]

Die Notwendigkeit, sich bei grenzüberschreitender Zusammenarbeit auf das Recht eines Mitgliedstaates einigen zu müssen, wurde im Genossenschaftswesen aus denselben Gründen als misslich empfunden wie im Bereich der Aktiengesellschaften:[200] Das Recht des einen Mitgliedstaats ist den Partnern aus anderen Mitgliedstaaten fremd; rechtliche, steuerliche und auch psychologische Schwierigkeiten erschweren die Zusammenarbeit. Darüber hinaus befürchteten die Genossenschaften, die häufig dem Sektor der kleinen und mittleren Unternehmen angehören, einen Wettbewerbsvorteil der Großunternehmen, wenn allein diesen – mit der Europäischen Aktiengesellschaft – eine europaweit einsetzbare Rechtsform zur Verfügung gestellt werde.[201] Die Europäische Aktiengesellschaft wiederum sei für Genossenschaften nicht geeignet, weil sie keinen Raum für die typisch genossenschaftlichen Charakterzüge – insbesondere den Vorrang der Person vor dem Kapital – lasse.[202] Die einheitliche Rechtsform einer Europäischen Genossenschaft sollte daher bestehende rechtliche und administrative Schwierigkeiten überwinden und die grenzüberschreitende Zusammenarbeit und Tätigkeit der Genossenschaften fördern. Der rechtliche Rahmen sollte soweit wie möglich dem wirtschaftlichen bzw. dem sozialen Tätigkeitsrahmen entsprechen.[203]

Die Bemühungen um ein Statut der Europäischen Genossenschaft lassen damit noch wesentlich deutlicher als bei der SE den Charakter einer supranationalen Rechtsform hervortreten. Sie stehen – wie anfangs auch die SE – neben einer denkbaren Rechtsangleichung und lassen diese möglicherweise sogar entbehrlich erscheinen. Damit bietet die supranationale Rechtsform in diesem Bereich einen originären Weg zur Erschließung des Binnenmarktes durch einheitliches europäisches Recht.

---

197 Nachweise bei *Hagen-Eck* Die Europäische Genossenschaft, 1995, S. 44.

198 *Hagen-Eck* Die Europäische Genossenschaft, 1995, S. 43.

199 *Fischer* Die Europäische Genossenschaft, 1995, S. 91.

200 Dazu *Hagen-Eck* Die Europäische Genossenschaft, 1995, S. 32.

201 Erwägungsgrund 6 SCE-Verordnung erwähnt ausdrücklich das Motiv der „Wahrung gleicher Wettbewerbsbedingungen".

202 Erwägungsgrund 4 SCE-Verordnung bestätigt dies ausdrücklich. Differenzierender die Einschätzung von *Hagen-Eck* Die Europäische Genossenschaft, 1995, S. 234ff., die das SE-Statut auch für genossenschaftliche Zwecke für „grundsätzlich tauglich" (S. 238) hält.

203 *Schwarz* Europäisches Gesellschaftsrecht, 2000, 714 (Rn. 1234); Erwägungsgrund 3 SCE-Verordnung.

c) Zum europäischen Charakter der SCE

(1) Grundsätze eines europäischen Genossenschaftsrechts

Die Europäische Genossenschaft ist in weit geringerem Maße als die SE auf einen kleinsten Nenner der mitgliedstaatlichen Rechtsordnungen geschrumpft, sondern zeichnet sich durch eigene europäische Charakterzüge aus. Die Verordnung dient der Einführung einer „europäischen Rechtsform für Genossenschaften, die sich auf gemeinsame Grundsätze stützt, aber ihren Besonderheiten Rechnung trägt."[204] Die Verordnung über die Europäische Genossenschaft beruft sich damit explizit auf allgemeine Grundsätze eines europäischen Genossenschaftsrechts, die aus einer wertenden Umschau unter den mitgliedstaatlichen Rechtsordnungen gewonnen wurden. Wie schon vor Erlass der Verordnung werden diese Gedanken auch nach deren Inkrafttreten Ausstrahlung auf das nationale Genossenschaftsrecht haben. Das Statut der Europäischen Genossenschaft wird zum „Leitbild"[205] für das nationale Genossenschaftsrecht der Mitgliedstaaten.

Im Vergleich zur SE besonders bemerkenswert ist die sehr detaillierte Ausarbeitung dieser Grundsätze. Es handelt sich dabei nicht um nebulöse Allgemeinplätze, sondern um konkrete, rechtlich operationale Regeln, wie folgendes Zitat aus den Erwägungsgründen der Verordnung belegt:

> „Bei Genossenschaften handelt es sich vor allem um Vereinigungen von natürlichen oder juristischen Personen, für die besondere und andere Funktionsprinzipien als für andere Wirtschaftssubjekte gelten. Dazu gehören beispielsweise das Prinzip der demokratischen Struktur und Kontrolle oder das der Verteilung des Netto-Jahresüberschusses nach dem Billigkeitsgrundsatz."[206]

> „Die besonderen Prinzipien betreffen vor allem den Grundsatz des Vorrangs der Person gegenüber dem Kapital, der seinen Ausdruck in spezifischen Regeln für den Eintritt, den Austritt und den Ausschluss der Mitglieder sowie in der Regel ‚ein Mitglied, eine Stimme' findet, wobei das Stimmrecht an die Person gebunden ist und beinhaltet, dass es den Mitgliedern verwehrt ist, auf das Vermögen der Genossenschaft zurückzugreifen."[207]

> „Eine Europäische Genossenschaft (nachstehend ‚SCE' genannt) sollte zum Hauptzweck haben, im Einklang mit den nachstehenden Grundsätzen den Bedarf ihrer Mitglieder zu decken und/oder deren wirtschaftliche und/oder soziale Tätigkeiten zu fördern:
>
> – Zweck der Geschäftstätigkeit sollte der gegenseitige Nutzen ihrer Mitglieder in der Form sein, dass jedes Mitglied einen seiner Beteiligung entsprechenden Nutzen aus der Tätigkeit der SCE zieht.
> – Ihre Mitglieder sollten gleichzeitig Kunden, Angestellte oder Lieferanten oder auf eine sonstige Art und Weise in die Geschäftstätigkeit der SCE eingebunden sein.

---

[204] Erwägungsgrund 12 SCE-Verordnung.

[205] *Fischer* Die Europäische Genossenschaft, 1995, S. 91, 167; *Luttermann* ZVglRWiss 93 (1994), 1, 32 f.

[206] Erwägungsgrund 7 SCE-Verordnung.

[207] Erwägungsgrund 8 SCE-Verordnung.

- Die Kontrolle sollte von allen Mitgliedern gleichermaßen ausgeübt werden, wobei jedoch eine gewichtete Stimmabgabe zulässig sein kann, um den Beitrag des einzelnen Mitglieds zur SCE korrekt wiederzugeben.
- Die Verzinsung des Fremdkapitals und der Geschäftsguthaben sollte begrenzt sein.
- Gewinne sollten im Verhältnis zu den mit der SCE getätigten Geschäften ausgeschüttet oder zur Deckung des Bedarfs der Mitglieder einbehalten werden.
- Es sollte keine künstlichen Beitrittsschranken geben.
- Im Fall der Auflösung sollten ein Vermögen und Rücklagen nach dem Grundsatz der nicht gewinnorientierten Übertragung auf eine andere genossenschaftlich konstituierte Stelle, die vergleichbare Ziele verfolgt oder dem Allgemeininteresse dient, übertragen werden.“[208]

(2) Die SCE-Verordnung im Überblick

Die allgemeinen Grundsätze aus den Erwägungsgründen konkretisieren sich in einzelnen Vorschriften der Verordnung. Der Prozess einer europäischen Begriffsbildung lässt sich vor allem dort mit Händen greifen, wo die Verordnung von nationalen Vorstellungen abweicht.

Der Zweck der SCE liegt gemäß Art. 1 Abs. 3 der Verordnung darin, „den Bedarf ihrer Mitglieder zu decken und/oder deren wirtschaftliche und/oder soziale Tätigkeiten zu fördern“. Dieser Förderzweck deckt sich nicht nahtlos mit dem deutschen; denn das deutsche Recht kennt die Genossenschaft zur Förderung rein sozialer Belange nicht (§ 1 Abs. 1 GenG: „Förderung des Erwerbs oder der Wirtschaft ihrer Mitglieder mittels gemeinschaftlichen Geschäftsbetriebs“);[209] diese Erweiterung des Genossenschaftsgedankens stammt aus anderen Rechtsordnungen, namentlich aus dem romanischen Rechtskreis.[210]

Anders als bei der SE ist die Gründung einer Europäischen Genossenschaft auch natürlichen Personen eröffnet. Hierfür genügen fünf Personen, deren Wohnsitze in mindestens zwei verschiedenen Mitgliedstaaten liegen (Art. 2 Abs. 1 SCE-Verordnung). Bezüglich der Personenzahl ist das europäische Recht großzügiger als das deutsche, das mindestens sieben Gründer verlangt (§ 4 GenG). Darin zeigt sich, dass die Binnenmarktorientierung der SCE nicht zwingend eine besonders umfangreiche Geschäftstätigkeit voraussetzt. Vielmehr sollte die neue Rechtsform auch für Genossenschaften kleineren Zuschnitts in grenznahen Gebieten geöffnet werden.[211]

Andererseits sah man gerade für die europäische Rechtsform ein Akzeptanzproblem, wenn sie nicht mit ausreichendem Eigenkapital ausgestattet sei. Daher hat die Europäische Genossenschaft – anders als eine deutsche – ein Mindestkapital aufzu-

---

208 Erwägungsgrund 12 SCE-Verordnung.

209 Zum Förderzweck als „deutsches Spezifikum“ *Hagen-Eck* Die Europäische Genossenschaft, 1995, S. 91 ff.

210 *Fischer* Die Europäische Genossenschaft, 1995, S. 91 f.

211 *Fischer* Die Europäische Genossenschaft, 1995, S. 97. Die Gründungsmöglichkeit durch natürliche Personen wurde erst nachträglich auf Wunsch der europäischen Genossenschaftsverbände in den geänderten Verordnungsvorschlag aufgenommen (*Fischer*, ebda.).

bringen (Art. 3 Abs. 2 SCE-Verordnung: mindestens 30.000 EUR).[212] Das Kapital ist, um die Genossenschaft ihrem Wesen nach für die Aufnahme neuer Mitglieder offen zu halten, oberhalb des Mindestkapitalbetrags variabel. Änderungen des Grundkapitals fordern weder eine Satzungsänderung noch eine Bekanntmachung (Art. 3 Abs. 5 Unterabs. 2 SCE-Verordnung).

Aus deutscher Sicht ungewöhnlich ist auch die in Art. 64 der Verordnung geregelte Befugnis der SCE, Wertpapiere und Schuldverschreibungen auszugeben. In Verbindung mit der Möglichkeit, bloße investierende Mitglieder aufzunehmen,[213] räumt die Verordnung damit dem Finanzierungsinteresse der Genossenschaft einen besonders hohen Rang ein;[214] auch darin äußert sich der besondere Binnenmarktbezug der Rechtsform.

Charakteristisch ist auch die – im Vergleich zum SE-Statut – größere Regelungsdichte der SCE-Verordnung. Zwar gibt es auch hier einen Generalverweis auf nationales Recht, der bis in den Wortlaut hinein Art. 9 der SE-Verordnung gleicht, auf den noch zurückzukommen sein wird.[215] Anders als bei der SE regelt das europäische Recht bei der SCE aber nicht nur die Gründung und das Leitungssystem, sondern auch Bereiche, in denen die SE-Verordnung keine eigene Regelung anbietet. Dazu gehören Vorschriften über Einberufung und Ablauf der Generalversammlung (Art. 52 bis 63), über die Bildung einer gesetzlichen Rücklage (Art. 65 bis 67), die Rechnungslegung und Prüfung (Art. 68 bis 71) und die Auflösung (Art. 72 bis 76).

Ein kleines, aber nicht unwichtiges Etikett der Supranationalität ist die europäisch einheitliche Bezeichnung „SCE".[216] In früheren Entwürfen waren noch sprachlich verschiedene Bezeichnungen – für Europäische Genossenschaften mit Sitz in Deutschland die sinnige Abkürzung „EUGEN" – vorgesehen; dies war im Lichte der verwirrenden Vielfalt nationaler Abkürzungen bei der Europäischen wirtschaftlichen Interessenvereinigung (in Deutschland „EWIV" abgekürzt) kritisiert worden. Angesichts des europäischen Charakters der Rechtsform seien national unterschiedliche Bezeichnungen wenig sachgerecht.[217]

Dieser kursorische Überblick über die Verordnung zeigt, dass die Europäische Genossenschaft deutlicher als die SE Züge einer zwar von mitgliedstaatlichem Gedankengut geprägten, dabei aber doch eigenständigen supranationalen Rechtsform trägt. Sie ist damit mehr als die SE auch ein Konkurrenzprodukt gegenüber den

---

[212] Dazu näher *Fischer* Die Europäische Genossenschaft, 1995, S. 125ff., *Hagen-Eck* Die Europäische Genossenschaft, 1995, S. 128 ff., *Luttermann* ZVglRWiss 93 (1994), 1, 11ff.

[213] Allerdings nur, wenn das Recht des Sitzstaates der SCE dies zulässt (Art. 14 Abs. 1 SCE-Verordnung), also nicht für eine in Deutschland ansässige SCE. Die Regelung lehnt sich an die Rechtslage in den romanischen Ländern an (näher *Fischer* Die Europäische Genossenschaft, 1995, S. 108).

[214] *Fischer* Die Europäische Genossenschaft, 1995, S. 145.

[215] S. unten ab S. 281.

[216] Sie ist gemäß Art. 5 Abs. 4 SCE-Verordnung zwingender Bestandteil der Firma.

[217] *Fischer* Die Europäische Genossenschaft, 1995, S. 100.

nationalen Genossenschaftsformen. Dies haben die Mitgliedstaaten aber offenbar in der Vorstellung hingenommen, dass sich Vor- und Nachteile im Vergleich zu den nationalen Formen im Wesentlichen die Waage halten. Ihren weiteren Binnenmarktbezug erhält die SCE – insoweit an das SE-Statut angelehnt – durch die grenzüberschreitenden Gründungsformen (insb. die Verschmelzung über die Grenze) und die Möglichkeit der Sitzverlegung über die Grenze.

d) Weitere Rechtsformen der „Économie sociale"

Der Begriff der *Économie sociale* entstammt der französischen Diskussion und erfasst dort die Genossenschaft, die Vereinigung auf Gegenseitigkeit sowie die gemeinnützigen Vereine und Selbsthilfeeinrichtungen.[218] Man sieht darin einen „Dritten Sektor" der Wirtschaft, der im Außenverhältnis zwar am Marktgeschehen teilnimmt, im Innenverhältnis aber dem Gedanken der Solidarität verpflichtet ist.[219] Diese Gedanken haben auch auf die europäische Ebene übergegriffen. Die Europäische Genossenschaft wird häufig gemeinsam mit dem Europäischen Verein und der Europäischen Vereinigung auf Gegenseitigkeit – diese beiden Projekte befinden sich noch im Entwurfsstadium[220] – unter dem Begriff der Èconomie sociale zusammengefasst.[221] Seit einer Konferenz in Paris im Jahre 1989 werden die zuvor noch getrennt diskutierten Rechtsformen als eng zusammenhängend behandelt.[222] Ihnen ist gemeinsam der besondere personale Charakter. Dazu gehört insbesondere das von der Kapitalbeteiligung unabhängige personenbezogene Stimmrecht und die förderungswirtschaftliche Ausrichtung der Geschäftsführung.[223] Der Europäische Verein und die Europäische Vereinigung auf Gegenseitigkeit weisen für die hier aufgeworfenen gesellschaftsrechtlichen Fragen indessen keine Besonderheiten auf und werden daher nicht näher behandelt.[224]

---

218 *Fischer* Die Europäische Genossenschaft, 1995, S. 61; *Hagen-Eck* Die Europäische Genossenschaft, 1995, S. 55; *Luttermann* ZVglRWiss 93 (1994), 1, 2ff.

219 *Hagen-Eck* Die Europäische Genossenschaft, 1995, S. 55 und 101.

220 Vorschlag für eine Verordnung (EWG) des Rates über das Statut des Europäischen Vereins (ABl. EG 1993, C 236/1); Vorschlag für eine Verordnung (EWG) des Rates über das Statut der Europäischen Gegenseitigkeitsgesellschaft (ABl. EG 1993, C 236/40).

221 Z.B. *Schwarz* Europäisches Gesellschaftsrecht, 2000, 705 ff. (Rn. 1223 ff.).

222 *Hagen-Eck* Die Europäische Genossenschaft, 1995, S. 41.

223 *Hagen-Eck* Die Europäische Genossenschaft, 1995, S. 42, Fn. 101.

224 Beim Europäischen Verein muss ähnlich wie bei der Genossenschaft in einem Bereich, der von Rechtsangleichung weitgehend unberührt ist, eine gemeinsame europäische Basis geschaffen werden. Dazu umfassend *Wagner* Der Europäische Verein, 1999.

2. Die Europäische wirtschaftliche Interessenvereinigung (EWIV)

a) Wesensmerkmale der Rechtsform

Die Europäische wirtschaftliche Interessenvereinigung stützt sich auf eine europäische Verordnung aus dem Jahre 1985;[225] sie war damit zeitlich die erste supranationale europäische Rechtsform. Sie soll Unternehmen im Gemeinsamen Markt die Möglichkeit bieten, grenzüberschreitend zusammenzuarbeiten, ohne dabei ihre Selbständigkeit aufgeben zu müssen. Die Vereinigung selbst betreibt kein Unternehmen, sondern dient dazu, die wirtschaftliche Tätigkeit ihrer Mitglieder zu erleichtern oder zu entwickeln. Das nationale Vorbild zur Schaffung dieser neuartigen Rechtsform war das französische Groupement d'Interêt Économique (GIE).[226] Das GIE wurde im Jahre 1967 in Frankreich eingeführt, um kleinen und mittleren Unternehmen eine Möglichkeit der Kooperation zu bieten, bei der sie ihre jeweilige Eigenständigkeit wahren konnten.[227] Anders als das Recht der Kapitalgesellschaften gewährt es umfassende Vertragsfreiheit; und gegenüber dem Verein zeichnet es sich dadurch aus, dass Gewinne aus der wirtschaftlichen Tätigkeit an die Mitglieder ausgeschüttet werden können.

Die EWIV muss aus mindestens zwei Mitgliedern bestehen, die aus verschiedenen Mitgliedstaaten kommen. Mitglieder können Gesellschaften im Sinne des Art. 48 Abs. 2 EG-Vertrag oder natürliche Personen sein. Der Zweck der Vereinigung besteht darin, die wirtschaftliche Tätigkeit ihrer Mitglieder zu fördern; eigene Gewinnerzielung darf die Vereinigung nicht anstreben.[228] Der Vereinigung ist es damit nicht verboten, Gewinne zu erzielen, im Vordergrund stehen sollte aber Kooperationszweck.[229] Für das Verhältnis der Mitglieder untereinander gilt der Grundsatz der Vertragsfreiheit, weshalb die Rechtsform sich für vielfältige Arten der Kooperation eignet.[230] Die Vereinigung verfügt über kein Haftungskapital, für ihre Verbindlichkeiten haften die Mitglieder persönlich und gesamtschuldnerisch (Art. 24

---

225 Verordnung (EWG) Nr. 2137/85 über die Schaffung einer Europäischen wirtschaftlichen Interessenvereinigung (EWIV) vom 25. Juli 1985, ABl. Nr. L 199/1.

226 *Ganske* EWIV, 1988, S. 14; *Gleichmann* ZHR 149 (1985) 633, 634; *Lentner* Gesellschaftsrecht der EWIV, 1994, S. 29f.; *Scriba* Die Europäische wirtschaftliche Interessenvereinigung, 1988, S. 24ff.; *von Rechenberg* in: von der Heydt/von Rechenberg (Hrsg.), EWIV, 1991, 3, 5.

227 Näher *Guyon* Droit des Affaires I, 2003, S. 577ff. (Nr. 527ff.) vgl. bereits oben bei § 1 Fn. 12 die Ausführungen zum französischen Gesellschaftsrecht.

228 Vgl. zum Vorstehenden Art. 3 und 4 der Verordnung (EWG) Nr. 2137/85.

229 *Ganske* EWIV, 1988, S. 29, spricht daher vom „genossenschaftlichen Element der neuen Rechtsform"; weiterhin zum Zweck der Vereinigung: *von Rechenberg* in: von der Heydt/von Rechenberg (Hrsg.), EWIV, 1991, 3, S. 18, und *Schwarz* Europäisches Gesellschaftsrecht, 2000, 593 (Rn. 983).

230 Zu den Einsatzmöglichkeiten aus Sicht der Praxis namentlich *von Rechenberg* in: von der Heydt/von Rechenberg (Hrsg.), EWIV, 1991, 3, 9 ff.

EWIV-VO).[231] Sie hat kraft europäischen Rechts die Fähigkeit, im eigenen Namen Träger von Rechten und Pflichten zu sein (Art. 1 Abs. 2 EWIV-VO); ob sie darüber hinaus eine eigene Rechtspersönlichkeit besitzt, bleibt der mitgliedstaatlichen Regelung überlassen (Art. 1 Abs. 3 EWIV-VO). Das deutsche EWIV-Ausführungsgesetz[232] stellt die EWIV einer offenen Handelsgesellschaft gleich (§ 1). Sie hat also in Deutschland keine eigene Rechtspersönlichkeit, in den übrigen europäischen Ländern ist dies zumeist anders.[233] Die EWIV kann nach dem Verfahren der Artikel 13 und 14 der Verordnung ihren Sitz in einen anderen Mitgliedstaat verlegen.

b) Bedeutung für den Binnenmarkt

Mit der EWIV wollte der europäische Gesetzgeber den Unternehmen vor allem ein flexibles, zugleich aber mit eigener Handlungsfähigkeit ausgestattetes Instrument zur grenzüberschreitenden Kooperation bieten.[234] Sie ist kraft europäischen Rechts Träger von Rechten und Pflichten und bietet damit die nötige rechtliche Verselbständigung, um gegebenenfalls als Kooperationseinheit mit eigener Identität am Markt auftreten zu können. Darüber hinaus gewährt das Statut umfassende Vertragsfreiheit und gestattet damit maßgeschneiderte Gestaltungen. Wie die übrigen supranationalen Rechtsformen soll auch die EWIV dazu beitragen, psychologische Hemmnisse bei der grenzüberschreitenden Zusammenarbeit zu überwinden.[235] Sie ist gezielt als Mittel der Kooperation gedacht; darin liegt der Grund für die Regelung des Art. 3 Abs. 1 S. 2 EWIV-Verordnung, wonach ihre Tätigkeit „im Zusammenhang mit der wirtschaftlichen Tätigkeit ihrer Mitglieder" stehen muss. Der Umfang der Tätigkeit kann dabei durchaus beachtliche Dimensionen annehmen; die Vorschrift möchte lediglich sicherstellen, dass die Mitglieder noch eine eigene Tätigkeit entfalten und sich nicht auf eine bloße Holdingfunktion beschränken.[236] Wichtig war bei den Verhandlungen auch, die Vereinigung für natürliche Personen und darunter inbesondere für Freiberufler zu öffnen (Art. 4 Abs. 1 lit. b EWIV-VO).[237]

---

[231] Diese Charakteristika der Rechtsform führen bemerkenswerterweise *Boucourechliev/Huet* in: Boucourechliev/Hommelhoff (Hrsg.), Vorschläge EPG, 1999, S. 196, zu der Feststellung, die EWIV sei keine Gesellschaft, sondern ein Vertrag.

[232] Gesetz zur Ausführung der EWG-Verordnung über die Europäische wirtschaftliche Interessenvereinigung (EWIV-Ausführungsgesetz), BGBl. I, 1988, S. 514.

[233] Vgl. die Länderberichte in *von der Heydt/von Rechenberg* EWIV, 1991, S. 227ff. Demnach findet das deutsche Beispiel allein in Italien Nachahmung, während die EWIV in Belgien, Dänemark, Frankreich, Griechenland, Großbritannien, Irland, Luxemburg, den Niederlanden und Portugal eine eigene Rechtspersönlichkeit hat.

[234] Zu den gesetzgeberischen Intentionen *Ganske* EWIV, 1988, S. 26f., *Gleichmann* ZHR 149 (1985) 633ff., und *Lentner* Gesellschaftsrecht der EWIV, 1994, S. 31f.

[235] *Ganske* EWIV, 1988, S. 27; *Gleichmann* ZHR 149 (1985) 633; Erwägungsgrund 2 der EWIV-Verordnung.

[236] *Gleichmann* ZHR 149 (1985) 633, 635f.

[237] *Ganske* EWIV, 1988, S. 34; *Gleichmann* ZHR 149 (1985) 633, 638.

Wegen ihrer vielfältigen Einsatzmöglichkeiten anfangs freudig begrüßt,[238] wird die EWIV im Rückblick nicht selten als Fehlschlag gewertet.[239] Letztlich hängt die Bewertung davon ab, wie hoch man die Messlatte für den Erfolg einer supranationalen Rechtsform legen will. Wie so häufig, liegt auch hier das Missverständnis nahe, eine supranationale Rechtsform erweise sich schon dadurch als überflüssig, dass grenzüberschreitende Tätigkeit in der Realität auch in anderen Formen stattfinde. Denkbar ist ebenso das umgekehrte Argument, dass die supranationale Rechtsform eben nur dann genutzt wird, wenn sie wirklich ohne Alternative ist;[240] dies sollte im Binnenmarkt Rechtfertigung genug für die Existenz derartiger Organisationsformen sein. Immerhin waren bis zum Jahr 2004 circa 1.440 EWIV in ganz Europa gegründet.[241] Die Zahl hat sich damit gegenüber dem für 1997 berichteten Stand[242] etwa verdoppelt. Die EWIV wird dabei relativ häufig für die grenzüberschreitende Kooperation von Freiberuflern genutzt, dient aber auch vielen anderen Zwecken.[243] Die aus der Praxis berichteten Rechtsprobleme erscheinen eher geringfügig,[244] nur in einem Fall erging eine Entscheidung des EuGH zu Auslegungsfragen der Verordnung.[245] Die Tatsache, dass es ein supranationales Angebot zur Gestaltung von grenzüberschreitenden Kooperationen gibt, das in einer nicht ganz unerheblichen Zahl von Fällen genutzt werden konnte, ohne gravierende rechtliche Probleme aufzuwerfen, sollte gerade bei der ersten supranationalen Rechtsform weniger als Fehlschlag, denn als Ermutigung begriffen werden.

3. Die Europäische Privatgesellschaft (EPG)

a) *Gesellschaftsrecht der kleinen und mittleren Unternehmen im Binnenmarkt*

Neben der für Großunternehmen konzipierten SE wird seit einigen Jahren verstärkt über eine supranationale Rechtsform der kleinen und mittleren Unternehmen nachgedacht. Die sogenannten KMU sind im Gemeinsamen Markt zwar Gegenstand

---

238 Z.B. *von Rechenberg* in: von der Heydt/von Rechenberg (Hrsg.), EWIV, 1991, 3, 9 ff.

239 Beispielsweise *Ehricke*, in: Hommelhoff/Helms, Neue Wege in die EPG, 2001, S. 17, 20, der vom „Fehlversuch der EWIV“ spricht.

240 *Ganske* EWIV, 1988, S. 14, äußerte seinerzeit bereits die Einschätzung, dass das zum Vorbild dienende GIE im nationalen französischen Kontext einen erheblich weiteren Anwendungsbereich habe, als es für ein gemeinschaftsrechtliches Rechtsinstitut vorstellbar sei.

241 Vgl. dazu die EWIV-Statistik bei www.libertas-institut.com/de/de_vorlage.htm.

242 *Neye* DB 1997, 861, berichtet mit Stand Februar 1997 von insgesamt 796 EWIV.

243 Vgl. die auf www.libertas-institut.com/de/de_vorlage.htm angegebenen Links zu existierenden EWIV, die von der gemeinsamen Tischlerwerkstatt bis zu Tourismuskooperationen reichen.

244 Vgl. den Bericht von *Neye* DB 1997, 861, 862 f. Es handelte sich um Einzelfälle überhöhter Eintragungsgebühren, das Auftauchen mehrerer EWIV mit vergleichbaren Namen, die in einem Land versagte Aufnahme in eine Liste zur Vergabe öffentlicher Aufträge und – vielleicht das einzige wirklich bedeutsame Problem – Steuerfragen.

245 Dazu unten S. 311 ff.

zahlreicher Förderprogramme, finden jedoch bei Rechtsetzungsmaßnahmen der Gemeinschaft immer noch allzu wenig Aufmerksamkeit.[246] Die meisten Richtlinien im Gesellschaftsrecht gelten nur für die Aktiengesellschaft oder sind zumindest in erster Linie auf sie zugeschnitten;[247] dies gilt namentlich für die Kapital-, die Verschmelzungs- und die Spaltungsrichtlinie, aber auch für die Europäisierung der Rechnungslegung.[248] Ebenso ist die Societas Europaea aus vielerlei Gründen primär für Großunternehmen geeignet:[249] Der numerus clausus der Gründungsformen ist nur bei bestimmten Gründungsformen für die GmbH als typische Rechtsform des Mittelstandes geöffnet;[250] gerade die einfachste Form der Gründung, die Umwandlung (in deutscher Terminologie: der Formwechsel) in eine SE, steht nur der Aktiengesellschaft offen,[251] setzt also zunächst einen Formwechsel von der GmbH in die AG voraus. Hinzu kommt die hochkomplexe Regelungstechnik von SE-Verordnung und SE-Richtlinie mit ihren aufwendigen Gründungsvorschriften und den umfangreichen Verweisen auf das Recht am Sitzstaat der SE; dies erfordert eine intensive rechtliche Beratung, deren Kosten bei kleinen und mittleren Unternehmen wesentlich stärker ins Gewicht fallen als bei großen Unternehmen. Schließlich bietet die SE wegen ihrer europarechtlich verordneten Satzungsstrenge[252] und des Verweises auf das nationale *Aktien*recht den Gesellschaften personalistischen Zuschnitts nicht die gewünschte Freiheit bei der Ausgestaltung ihrer Innenbeziehungen.

---

246 Zusammenfassend jüngst *Krause* EuZW 2003, 747 ff.

247 Den Rückstand der kleinen und mittleren Unternehmen bei der Verwirklichung der Niederlassungsfreiheit unter Flankierung durch gesellschaftsrechtliche Harmonisierung kritisiert neben anderen *Boucourechliev* in: Boucourechliev/Hommelhoff (Hrsg.), Vorschläge EPG, 1999, S. 62 ff. Soweit gesellschaftsrechtliche Richtlinien alle Gesellschaftsformen erfassen – das gilt im weitesten Sinne für den Bereich der Publizität (Erste, Vierte und Elfte Richtlinie) – haben sie ihren Beitrag zur Niederlassungsfreiheit von kleinen und mittleren Gesellschaften geleistet, als sie dem EuGH in den Entscheidungen Centros und Inspire Art die argumentative Grundlage boten, weitergehende mitgliedstaatliche Beschränkungen der Niederlassungsfreiheit als nicht erforderlich zu verwerfen (näher dazu bei der Besprechung der Entscheidungen oben S. 86 ff. [Centros] und S. 95 ff. [Inspire Art])

248 Kritisch gegenüber dieser „von Groß zu Klein" entwickelten Rechnungslegung *Hommelhoff* in: FS W. Müller, 2001, S. 449, 452 f.

249 Zum Folgenden monographisch *Gutsche* Eignung der Europäischen Aktiengesellschaft, 1994; weiterhin: *Boucourechliev* in: Boucourechliev/Hommelhoff (Hrsg.), Vorschläge EPG, 1999, S. 62 f., *Helms* Europäische Privatgesellschaft, 1998, S. 23, *Hommelhoff* AG 2001, 279, 286 f., *Krause* GS Blomeyer, 2004, S. 387, S. 393; *C. Teichmann* ZGR 31 (2002) 383, 388 f.

250 Zum numerus clausus der Gründungsformen bei der SE (Art. 2 SE-Verordnung) siehe *C. Teichmann* ZGR 31 (2002) 383, 409 ff. Umfassend zur Gründung *Neun* in: Theisen/Wenz (Hrsg.), Die Europäische Aktiengesellschaft, 2. Aufl., 2005, S. 57, 65 ff. Die GmbH kann an der Gründung einer SE-Holding oder SE-Tochtergesellschaft teilnehmen. Die Verschmelzung zur SE und die Umwandlung in die SE sind ihr verschlossen.

251 Art. 2 Abs. 2 i.V.m. Art. 37 SE-Verordnung.

252 Zur Satzungsstrenge in der SE *Hommelhoff* FS Ulmer, 2003, S. 267 ff.

b) *Anforderungsprofil für eine supranationale Rechtsform*

Interessenvertreter aus der Wirtschaft formulieren daher seit einigen Jahren gemeinsam mit Vertretern der Rechtswissenschaften das Bedürfnis nach einer supranationalen Rechtsform für personalistisch strukturierte Gesellschaften.[253] Auch die Kommission widmet diesem Projekt seit einiger Zeit ihre Aufmerksamkeit.[254] Die Vorteile einer solchen Rechtsform liegen vor allem in ihrer europaweit gewährleisteten Einheitlichkeit. Denn kleine und mittlere Unternehmen leiden wesentlich mehr als Großunternehmen unter der Verschiedenheit der nationalen Rechtssysteme, die mangels einer Harmonisierung und angesichts unterschiedlicher nationaler Traditionen im Recht der personalistisch strukturierten Gesellschaften noch deutlich größer sind als im Recht der Aktiengesellschaft. Dies betrifft nicht nur Fragen der Gründung, sondern weitaus mehr noch die im laufenden Betrieb auftretenden Fragen der inneren Organisation; *Helms* verweist als Beispiel auf die unterschiedlichen Regeln der Abberufung von Geschäftsführern.[255] Die Kosten einer jeweils im nationalen Recht kompetenten Beratung sind für ein Unternehmen, zu dessen Mitarbeiterstamm häufig nicht einmal ein fest angestellter Jurist gehört, überproportional hoch im Verhältnis zu dem Geschäftsumfang, den sie im jeweiligen Land tätigen.

---

[253] Das Forschungsinstitut CREDA (Centre de recherche sur le droit des affaires) der Pariser Industrie- und Handelskammer hatte dazu bereits Anfang der 70er Jahre eine Studie vorgelegt. Wiederbelebt wurde der Gedanke durch eine gleichfalls von CREDA initiierte Arbeitsgruppe von Praktikern und Wissenschaftlern, die im Jahre 1997 einen Vorschlag für eine europäische Verordnung über eine „Société Privée Européenne", „Private European Company" oder „Europäische Privatgesellschaft" vorlegte (abgedruckt bei Boucourechliev/Hommelhoff (Hrsg.), Vorschläge EPG, 1999, S. 281; in diesem Werk sind auch die Vorarbeiten der Arbeitsgruppe dokumentiert). Ein in dieselbe Richtung weisender Vorschlag findet sich auch bei *de Kluiver* in: de Kluiver/van Gerven (Hrsg.), The European Private Company, 1995, S. 21, 36f. Das Projekt der Europäischen Privatgesellschaft wurde in den Mitgliedstaaten mehrfach öffentlich vorgestellt und diskutiert (vgl. die Berichte zu den Tagungen in Heidelberg [*Helms* GmbHR 1999, 963], London [*Helms* GmbHR 2000, 125], Rotterdam [*Schautes* GmbHR 2000, 1255] und den Beratungen im Europäischen Wirtschafts- und Sozialausschuss [*Dejmek* GmbHR 2002, 107]). Aus der Heidelberger Tagung ist der Sammelband Hommelhoff/Helms (Hrsg.), Neue Wege in die EPG, 2001 hervorgegangen. Stellvertretend für die Interessenverbände der Wirtschaft sei die Stellungnahme des europäischen Wirtschafts- und Sozialausschusses vom 21. März 2002 unter Berichterstatter *Malosse* genannt (Dokument CES 363/2002, abrufbar über http://www.esc.eu.int). Zum Stand der Diskussion zuletzt *Hommelhoff* FS Doralt, 2004, 199ff. (vgl. auch die dort [S. 201f.] berichteten Ergebnisse einer Umfrage des deutschen Verbandes Deutscher Maschinen- und Anlagenbau [VDMA]), *Krause* GS Blomeyer, 2004, S. 387ff. und *C. Teichmann* ECL 2004, 162ff.).

[254] Im Aktionsplan „Modernisierung des Gesellschaftsrechts und Verbesserung der Corporate Governance in der Europäischen Union" vom 21. Mai 2003 (KOM (2003) 284 endg) wurde unter Ziff. 3.5. die Erstellung einer Machbarkeitsstudie in Aussicht gestellt. Für diese Studie wurde Ende 2003 der Zuschlag erteilt; die Ergebnisse wurden Ende 2005 präsentiert; die Kommission hat in ihrer Anfang 2006 laufenden Konsultation zum Aktionsplan allerdings erneut die Frage gestellt, ob eine solche Rechtsform benötigt werde.

[255] *Helms* Europäische Privatgesellschaft, 1998, S. 14.

Der Anlauf zur Errichtung eines Netzes von Vertriebsgesellschaften über mehrere europäische Staaten hinweg scheitert so mitunter schon an der Hürde der unverhältnismäßig hohen Rechtsberatungskosten.[256] Die Verwendung der eigenen nationalen Rechtsform – sei es durch die Errichtung von Zweigniederlassungen, sei es in Ausnutzung der jüngsten Rechtsprechung zur Niederlassungsfreiheit – ist keine wirkliche Alternative. Denn sie schafft neue Rechtsprobleme und gewährt überdies nicht das nötige Vertrauen im Markt, das nur eine im Tätigkeitsstaat bekannte Rechtsform schaffen kann.[257]

c) Gesetzgeberische Konzeption

(1) Gemeinschaftsrechtliches „Vollstatut"

In der wissenschaftlichen Diskussion wird als Ansatz zur Regelung einer Europäischen Privatgesellschaft vorgeschlagen, ein Vollstatut zu schaffen, das alle gesellschaftsrechtlich relevanten Fragen abschließend regelt.[258] Ein Rückgriff auf mitgliedstaatliches Recht soll nach Möglichkeit ausgeschlossen sein. Zu diesem Zweck soll eine Verweisungsnorm aufgenommen werden, die derjenigen aus den früheren Entwürfen zum SE-Statut entspricht[259]: Primär gelten die europäische Verordnung und die Satzung der Gesellschaft; subsidiär gelangen die Prinzipien der Verordnung und die allgemeinen Prinzipien des Gesellschaftsrechts der Gemeinschaft und der nationalen Rechtsordnungen zur Anwendung. Mitgliedstaatliches Recht soll nur anwendbar sein, soweit die Verordnung darauf ausdrücklich verweist.[260] Um die Zahl der Lücken möglichst gering zu halten, soll die Verordnung Regelungsaufträge an die Gesellschafter enthalten, denen sie in der Satzung nachzukommen haben;[261] zusätzlich sollen Mustersatzungen nach dem Vorbild des englischen *Table A* beige-

---

256 Vgl. die bei *Hommelhoff* FS Doralt, 2004, 199, 201, berichtete Umfrage des Verbands Deutscher Maschinen und Anlagenbau (VDMA) unter seinen Mitgliedern. Aus diesem Verband wird auch berichtet, dass beispielsweise einzelne Unternehmen der spezialisierten Werkzeugherstellung mit nur zehn Arbeitnehmern 80 % ihres Umsatzes im Ausland erzielen. Dass hier die Errichtung einer einzigen Tochtergesellschaft nicht mehrere tausend Euro Rechtsberatungskosten verschlingen darf, liegt auf der Hand.

257 Zum anhaltenden Bedürfnis für eine Europäische Privatgesellschaft nach Inspire Art *Hommelhoff* FS Doralt, 2004, 199 ff.

258 *Boucourechliev*, in: Boucourechliev/Hommelhoff (Hrsg.), Vorschläge EPG, 1999, S. 65 ff.; ebda. auch *Drury/Hicks*, S. 121 ff., *Hommelhoff/Helms*, S. 162, *Boucourechliev/Huet*, S. 213 ff.; *Dejmek* EPG und Anpartsselskab, 2003, S. 123 ff.; *Helms* Europäische Privatgesellschaft, 1998, 153 ff.; zum Problem des Lückenschlusses *Völter* Lückenschluss, 2000. Für umfangreicheren Verweis auf das Recht des Sitzstaates hingegen *Timmerman* in: Boucourechliev/Hommelhoff (Hrsg.), Vorschläge EPG, 1999, S. 136.

259 Zu Entwicklung und Inhalt der Verweisungsnorm im SE-Statut sogleich ausführlicher auf S. 281 ff.

260 Umfassend zum Problem der Lückenfüllung im Rahmen einer solchen Rechtsanwendungsnorm: *Völter* Lückenschluss, 2000.

261 Monographisch zum Regelungsauftrag als Gesetzgebungsinstrument *Beier* Regelungsauftrag, 2000; zum Regelungsauftrag im Rahmen eines EPG-Statuts ebda., S. 256 ff.

fügt werden, auf welche die Gesellschafter für die Gestaltung ihres Innenverhältnisses zurückgreifen können.[262]

Grundgedanke der Regelung der EPG in einem Vollstatut ist, dass der grenzüberschreitend tätige Rechtsverkehr sich dann im Gemeinsamen Markt nur an eine neue Rechtsform gewöhnen muss, und nicht etwa an eine durch die Erweiterung erreichte Zahl von 25 verschiedenen Gesellschaftsrechtssystemen. Dies gilt für Anbieter und Nachfrager gleichermaßen. Das als EPG auftretende Unternehmen kann überall in der Gemeinschaft Tochtergesellschaften mit derselben einmal entworfenen Mustersatzung gründen und demgemäß die innere Organisation seines Netzes von kleinen und kleinsten Vertriebsgesellschaften einheitlich strukturieren. Um das oben genannte Beispiel[263] der Abberufung von Geschäftsführern noch einmal aufzugreifen: Der mittelständische Unternehmer kann bei Verwendung der EPG, *erstens*, durch die Vorgaben in der von ihm selbst entworfenen und europaweit für jede Tochter-EPG verwendeten Standardsatzung die Voraussetzungen und das Verfahren der Geschäftsführer-Abberufung autonom festlegen; er kann dies, *zweitens*, einheitlich gestalten, so dass in jeder Tochtergesellschaft, die er in irgendeinem Mitgliedstaat der Gemeinschaft gründet, dieselben Regeln für die Abberufung des dort eingesetzten Geschäftsführers gelten; und er kann sich, *drittens*, dabei durchweg von seinem heimischen Anwalt beraten lassen, muss also nicht für jedes Land einen dort tätigen Anwalt aufsuchen. Eine solchermaßen ausgestattete Gesellschaftsform wäre nicht nur für die mittelständische Wirtschaft, sondern wegen der freien Ausgestaltbarkeit ihrer internen Verhältnisse ebenso als Konzernbaustein oder Joint-Venture geeignet.[264]

(2) Spezifische Schwierigkeiten der Regelung als Vollstatut

Das Ansinnen, ein europäisches Vollstatut zu schaffen, erinnert auf den ersten Blick an die ersten erfolglosen Anläufe zur Schaffung der Europäischen Aktiengesellschaft.[265] Die strukturellen Unterschiede einer Rechtsform für kleine und mittlere Unternehmen rechtfertigen jedoch die Erwartung, dass eine Einigung auf gemeinschaftsweit einheitliche Regeln hier eher gelingen wird: Sie bietet weitgehende Gestaltungsfreiheit im Innenverhältnis; und sie ist als typischweise kleines oder mittleres Unternehmen weniger anfällig für das Problem der Mitbestimmung.[266]

---

[262] Dazu *Helms*, in: Hommelhoff/Helms (Hrsg.), Neue Wege in die EPG, 2001, S. 259 ff.

[263] Siehe oben bei Fn. 255.

[264] Vgl. in Hommelhoff/Helms (Hrsg.), Neue Wege in die EPG, 2001, *Ehricke*, S. 17 ff., zu den Einsatzmöglichkeiten einer EPG, *Kallmeyer*, S. 83 ff., zur Eignung der EPG als Tochtergesellschaft im Gefüge großer Konzerne, und *Hellwig*, S. 89 ff., zum Einsatz der EPG als Joint-Venture.

[265] Zur wechselvollen Entwicklung der dort enthaltenen Rechtsanwendungsregel sogleich S. 281 ff.

[266] Dazu im Überblick *Krause* GS Blomeyer, 2004, S. 387, 410 ff.

Die Binnenorganisation der personalistisch organisierten Gesellschaften ist in allen Mitgliedstaaten vom Grundsatz der Gestaltungsfreiheit geprägt, und dies soll auch der Leitgedanke des europäischen Statuts einer EPG sein. Die gleichfalls vom Grundsatz der Vertragsfreiheit geprägte EWIV hat bislang keine erkennbaren rechtlichen Schwierigkeiten verursacht. Die Parteien kommen offenbar mit der ihnen übertragenen Regelungsverantwortung zurecht. Streitpotentiel liegt hier allenfalls im Konflikt zwischen Gesellschaftermehrheit und -minderheit; dies vor allem dann, wenn die typischerweise auftretenden Konflikte im Gesellschaftsvertrag nicht geregelt wurden. Dem können die Regelungsaufträge und die Mustersatzungen entgegenwirken. Denkbar wäre auch die Zulässigkeit von Schiedsklauseln, um Rechtsstreitigkeiten im Falle eines Falles effizienter abwickeln zu können.

Besonderen Anlass zu gesetzgeberischer Vorsorge bietet der Gläubigerschutz. Kennzeichen und wesentlicher Grund für die Attraktivität der Europäischen Privatgesellschaft ist neben der Freiheit der Satzungsgestaltung die Haftungsbeschränkung der Gesellschafter.[267] Darin unterscheidet sich die EPG von der EWIV, bei der alle Mitglieder einer persönlichen Haftung unterliegen. Wenn mit Rechtsstreitigkeiten zu rechnen sein wird, dann vor allem in diesem Bereich. Es wird also der Erfolg der neuen Rechtsform wesentlich davon abhängen, für den Gläubigerschutz eine konsensfähige und binnenmarkttaugliche Lösung zu finden. Die Überlegungen im Abschnitt über den binnenmarktkonformen Gläubigerschutz[268] mögen dazu erste Anhaltspunkte bieten.

IV. Verknüpfung der Regelungsebenen

Die bereits in § 1 angesprochene Abgrenzung des Gesellschaftsrechts von anderen Rechtsmaterien[269] stellt sich bei der Schaffung supranationaler Rechtsformen in ganz besonderer Dringlichkeit. Denn sie bedürfen einerseits zu ihrer Eigenständigkeit, um als europäische Rechtsform überhaupt lebensfähig zu sein, eines eigenen rechtlichen Grundgerüstes. Sie müssen andererseits als lebende Gebilde in den verschiedenen mitgliedstaatlichen Rechtsordnungen handlungsfähig sein. Die dazu *unter 1.* grundsätzlich aufgeworfenen Fragen der Ergänzung des supranationalen

---

[267] Diese beiden zentralen Elemente auf die EPG zu übertragen, befürworten die Autoren in Boucourechliev/Hommelhoff (Hrsg.), Vorschläge EPG, 1999, auch und gerade vor dem Hintergrund der Erfahrungen ihrer jeweiligen nationalen Rechtsordnungen: *Drury/Hicks* für das Vereinigte Königreich, S. 76ff. (englische private company), S. 113ff. (EPG); *Timmerman* für die Niederlande, S. 129ff. (niederländische B.V.), S. 138f. (EPG); *Hommelhoff/Helms* für die Bundesrepublik Deutschland, S. 156f. (deutsche GmbH), S. 168f. (EPG); *Boucurechliev/Huet* für Frankreich, S. 183ff. (französische SARL), S. 210ff. (EPG); zusammenfassend sodann *Boucourechliev*, S. 227ff.

[268] Vgl. den Abschnitt § 8 über den Gläubigerschutz S. 449 ff.

[269] S. oben S. 12ff.

Statuts durch mitgliedstaatliches Recht werden bei Betrachtung der Regelungstechnik der SE-Verordnung (*unter 2.*) und der EWIV-Verordnung (*unter 3.*) konkret fassbar.

1. Ergänzung der gemeinschaftsrechtlichen Regelung durch mitgliedstaatliches Recht – Ausgangsfragen

Die bislang existierenden supranationalen Rechtsformen wurden im Wege der Verordnung eingeführt, also mittels eines Rechtsaktes, der in allen seinen Teilen verbindlich ist und unmittelbar in jedem Mitgliedstaat gilt (vgl. Art. 249 Abs. 2 EG-Vertrag); ebenso wird voraussichtlich bei den weiteren geplanten Rechtsformen verfahren werden. Im Vergleich zu sonstigen Rechtsakten des Sekundärrechts besteht jedoch eine Besonderheit: Die Verordnung über eine supranationale Rechtsform schafft mehr Rechtsbeziehungen als sie regeln kann.[270] Eine Verordnung über die gerichtliche Zuständigkeit oder eine Richtlinie über den Fernabsatz können mit einiger Berechtigung den Anspruch erheben, ihren Sachbereich vollständig zu regeln – abgesehen von den bei jedem Rechtsakt anzutreffenden außerplanmäßigen Unvollkommenheiten, die im Wege der Auslegung, Analogie oder richterlichen Rechtsfortbildung zu beheben sind. Anders die Verordnung über eine supranationale Rechtsform. Sie schafft ein neues Rechtssubjekt, das fähig sein soll, Rechte und Pflichten zu erwerben, Verträge abzuschließen und vor Gericht aufzutreten. Als eigenständiges Rechtssubjekt kann die neue Rechtsform potentiell mit nahezu allen Rechtsnormen der gemeinschaftsrechtlichen und mitgliedstaatlichen Rechtsordnungen in Berührung kommen. Diese Rechtsnormen allerdings sind keineswegs alle gemeinschaftsweit einheitlich. Und doch erhebt die supranationale Rechtsform den Anspruch gemeinschaftsweit einheitlicher Regelung. Dass damit nicht eine Vereinheitlichung aller denkbaren Rechtsbeziehungen gemeint sein kann, liegt auf der Hand. Dies würde – und sei es nur für die Zwecke der neuen Rechtsform – die vollständige Angleichung der mitgliedstaatlichen Rechtsordnungen bedeuten; ein Unterfangen, das praktisch kaum erreichbar und politisch derzeit auch wenig erstrebenswert erscheint.

Wo also die Grenze ziehen zwischen Einheitlichkeit und Vielfalt? Die Antwort liegt nahe: Zwischen dem Gesellschaftsrecht und allen übrigen Rechtsmaterien. Supranationale Rechtsformen sollen eine einheitliche gesellschaftsrechtliche Grundausstattung mit auf den Weg bekommen und sich sodann in der Vielfalt der Rechtssysteme innerhalb der Europäischen Gemeinschaft frei und unbehelligt bewegen können. Wegen dieses inneren Bezugs zur Niederlassungsfreiheit gehören nicht nur die Gründung und die innere Struktur, sondern auch eine Regelung zur grenzüber-

[270] Zu dieser Grundfrage supranationaler Rechtsformen auch *Schwarz* Europäisches Gesellschaftsrecht, 2000, 571 ff. (Rn. 953 ff.).

schreitenden Sitzverlegung zum festen Inventar jeder supranationalen Rechtsform.[271]

Die damit notwendigerweise zu definierende Grenzlinie zwischen dem gemeinschaftsrechtlich vorgegebenen Gesellschaftsrecht und den übrigen auf die Rechtsform anwendbaren allgemeinen Rechtsmaterien hat für die Rechtsanwendung erhebliche Bedeutung. Denn soweit das Gemeinschaftsrecht reicht, hat es Vorrang und kollidierendes nationales Recht tritt zurück. In allen Fragen, die das supranationale Recht nicht regelt, bleibt es hingegen bei der Anwendung nationalen Rechts. Dies ist bei gemeinschaftsrechtlichen Sekundärakten im Grunde eine Selbstverständlichkeit, die nicht eigens betont zu werden braucht. So versteht es sich von selbst, dass eine Richtlinie über den Fernabsatz nichts daran ändert, dass die Rechts- und Geschäftsfähigkeit der Vertragspartner nach nationalem Recht bestimmt wird. Das Schweigen der Richtlinie genügt; es bleibt dann bei dem vorherigen Rechtszustand, wonach das nationale Recht über die Rechts- und Geschäftsfähigkeit der ihm angehörenden Rechtssubjekte entscheidet. Dasselbe gilt für Willensmängel bei Vertragsschluss und andere Fragen des allgemeinen Zivilrechts. Bei einer supranationalen Rechtsform stellt sich die Lage jedoch gesetzgebungstechnisch anders dar. Sie existiert als Rechtsform nur kraft gemeinschaftsrechtlicher Anordnung. Die mitgliedstaatlichen Rechtsordnungen kennen sie nicht und können sie auch nicht kennen, weil sie nur auf ihr Territorium begrenzt verbindlich Recht setzen können. Ein Schweigen des gemeinschaftlichen Gesetzgebers genügt hier nicht, um mitgliedstaatliches Recht zur Anwendung zu bringen. Vielmehr muss die Verordnung ausdrücklich anordnen, dass die neue Rechtsform auch in denjenigen Rechtsbereichen, die materiell nicht von der Verordnung geregelt werden, einem Rechtssubjekt nationalen Rechts gleichzustellen ist. Erst auf Grund dieser Anordnung gelangt mitgliedstaatliches Recht zur Anwendung.

Der europäische Gesetzgeber übernimmt damit eine Aufgabe, die ihm bei Maßnahmen der Rechtsangleichung – also von Materien, die bereits mitgliedstaatlich geregelt sind oder jedenfalls geregelt sein könnten – nicht in demselben Maße obliegt. Er muss autoritativ entscheiden, welcher Fragenkreis zum Gesellschaftsrecht der neuen Rechtsform gehören und damit im europäischen Statut geregelt sein soll. Er muss damit auch ganz bewusst darüber entscheiden, was ungeregelt und dem mitgliedstaatlichen Recht überlassen bleiben kann. Dass Schweigen des Gesetzgebers hier nicht genügt, um mitgliedstaatliches Recht eingreifen zu lassen, erkennt man recht deutlich an der Gesetzgebungstechnik der SE-Verordnung: Der europäische Gesetzgeber konnte oder wollte nicht alles, was an und für sich in den Bereich des Gesellschaftsrechts fällt, ausdrücklich regeln; also fügte er verschiedentlich an Stelle einer materiellen Regelung einen Verweis auf das nationale Recht ein. Dieses Verweises bedurfte es, um der Anwendung des nationalen Rechts auf die supranationale Rechtsform eine Grundlage zu bieten. Darin liegt zugleich ein Element ma-

---

[271] Vgl. als Beispiel Art. 8 SE-Verordnung.

teriell-rechtlicher Gestaltung; denn der europäische Gesetzgeber legt selbst fest, welcher Rechtsform des nationalen Rechts die supranationale Gesellschaft gleichzustellen ist.[272] Durch den Verweis auf das Recht der Aktiengesellschaft wird den Mitgliedstaaten beispielsweise die Freiheit genommen, die SE in bestimmten Einzelfragen einer GmbH gleichzustellen.

Nach Erlass der Verordnung verlagert sich die Aufgabe der Bestimmung des anwendbaren Rechts auf den Rechtsanwender. Er muss zunächst durch Auslegung ermitteln, ob die Verordnung auf eine konkrete Regelungsfrage eine Antwort gibt; insofern gilt dann kraft des allgemeinen Vorrangs des Gemeinschaftsrechts allein die Verordnung. Findet sich in der Verordnung eine Regelung, ist allerdings weiterhin zu fragen, ob sie abschließend gemeint ist. Auch dazu ein Beispiel aus der SE-Verordung: Gemäß Art. 55 Abs. 1 SE-VO können Aktionäre, deren Anteil am gezeichneten Kapital mindestens 10% beträgt, die Einberufung der Hauptversammlung verlangen; der Antrag auf Einberufung muss die Punkte für die Tagesordnung enthalten (Art. 55 Abs. 2 SE-VO). Nach § 122 Abs. 1 AktG müssen die Aktionäre einer deutschen AG einen solchen Antrag „schriftlich unter Angabe des Zwecks und der Gründe" an den Vorstand richten. Die Angabe des Zwecks und der Gründe verlangt die SE-Verordnung nicht. In Art. 9 ordnet sie aber an, dass, „sofern ein Bereich nur teilweise geregelt ist, in Bezug auf die von dieser Verordnung nicht erfassten Aspekte" die Rechtsvorschriften der Mitgliedstaaten Anwendung finden, „die auf eine nach dem Recht des Sitzstaats der SE gegründete Aktiengesellschaft Anwendung finden würden". Der Vorstand einer in Deutschland ansässigen SE mag sich also fragen, ob er den Antrag von Minderheitsaktionären zurückweisen darf, weil die nach § 122 Abs. 1 AktG gebotene „Angabe des Zwecks und der Gründe" fehlt. Die Aktionäre würden entgegnen, dies sei nach Art. 55 SE-Verordnung nicht gefordert und dieser sei insoweit als abschließend zu verstehen.

Wie die Frage zu entscheiden ist, muss hier offen bleiben.[273] Sie illustriert jedoch, dass selbst bei von der Verordnung ausdrücklich geregelten Fragen Unsicherheiten darüber auftreten können, ob die Regelung abschließend ist. Sollte sie nicht abschließend gemeint sein, stellt sich die Folgefrage, auf welche Weise eventuelle Lücken zu schließen sind.[274] Bevor man über Art. 9 SE-Verordnung auf nationales Recht zurückgreift, bleibt eine Lückenfüllung auf Ebene des Gemeinschaftsrechts zu bedenken. Da die SE in Anbetracht des numerus clausus der Gründungsformen typischerweise aus einem grenzüberschreitenden Zusammenschluss hervorgegangen ist, hätte es eine gewisse Logik, zur Ergänzung des Art. 55 SE-Verordnung

---

272 *Grote* Statut der europäischen Aktiengesellschaft, 1990, S. 50.

273 Vgl. dazu *Brandt* Hauptversammlung der SE, 2004, S. 191 f., der sich mit historischen und teleologischen Argumenten für eine Begründungspflicht ausspricht.

274 Zu dieser Problematik *Brandt* Hauptversammlung der SE, 2004, S. 33 ff., *Brandt/Scheifele* DStR 2002, 547 ff., *Casper* FS Ulmer, 2003, S. 51 ff. und *C. Teichmann* ZGR 31 (2002) 383, 394 ff.

gemeineuropäische Grundsätze zu entwickeln oder zumindest eine Ergänzung in der Satzung zuzulassen.[275]

In Bereichen, zu denen die Verordnung weder ausdrücklich noch implizit eine Aussage trifft, stellt sich eine letzte Frage: Wie wird das anwendbare Recht außerhalb des Regelungsbereichs ermittelt? Gibt es dazu Hinweise im europäischen Rechtstext – zum Beispiel die bereits erwähnten ausdrücklichen Verweisungen – oder sind die allgemeinen Regeln des Internationalen Privatrechts anzuwenden?

Die damit aufgeworfenen Probleme werden gebündelt in der Frage nach dem *Regelungsbereich* des europäischen Rechtstextes: Innerhalb des Regelungsbereichs gilt der Vorrang des Gemeinschaftsrechts, außerhalb findet mitgliedstaatliches Recht Anwendung.[276] Da die Intention des Verordnungsgebers zumeist darin liegt, mit dem Regelungsbereich gerade die gesellschaftsrechtlichen Fragen zu erfassen und alles Übrige dem mitgliedstaatlichen Recht zu überlassen, verspricht diese Diskussion auch bei der Suche nach einem gemeinschaftsrechtlichen Begriff des Gesellschaftsrechts wertvolle Hinweise.

2. Societas Europaea (SE)

Die Verordnung über die Societas Europaea war ursprünglich, dies wurde bereits ausgeführt,[277] als vollständige gesellschaftsrechtliche Regelung geplant. Dabei erlagen die Verfasser der ersten Entwürfe keineswegs der Illusion, sämtliche die Gesellschaft betreffenden Rechtsbeziehungen umfassend regeln zu können. Zumindest das Gesellschaftsrecht sollte aber auf Ebene des Gemeinschaftsrechts abschließend geregelt werden. „Die Regelung des Statuts ist auf ihrem Gebiet, d.h. in den Fragen des Gesellschaftsrechts, als *vollständige* gemeint." So erläuterte *von Caemmerer* im Jahre 1967 die Zielsetzung des ersten Entwufs, an dessen Ausarbeitung er beteiligt gewesen war.[278] Die dabei verwandte Regelungstechnik (dazu *unter a*) sollte inner-

---

275 So unterstützt *Brandt* Hauptversammlung der SE, 2004, S. 192, seine oben in Fn. 273 erwähnte Argumentation für eine Begründungspflicht von Minderheitsanträgen mit dem Argument, dies entspreche einem gemeinschaftsweiten Grundsatz. Er bezieht sich dabei zutreffend auf *Werlauff* EC Company Law, 1993, S. 230, der diesen Hinweis allerdings in der neuen Auflage an entsprechender Stelle (*Werlauff* EU Company Law, 2003, S. 357) nicht wiederholt. Dies dürfte jedoch mit der zwischenzeitlich geänderten Formulierung des SE-Statuts zusammenhängen. Im Entwurf von 1991, der *Werlauffs* erster Auflage zugrunde lag, war eine Begründung noch ausdrücklich vorgesehen und *Werlauff* fügte a.a.O. hinzu, darin komme ein allgemeiner Grundsatz der nationalen Rechtsordnungen zum Ausdruck. Da die im Jahre 2001 verabschiedete Fassung der SE-Verordnung die Begründungspflicht nicht mehr erwähnt, hat *Werlauff* die Passage offenbar ersatzlos entfallen lassen.

276 So die Zuspitzung der Frage namentlich bei *Schwarz* Europäisches Gesellschaftsrecht, 2000 573 (Rn. 955).

277 S. oben S. 234 ff.

278 *von Caemmerer* FS Kronstein, 1967, S. 171, 194 (kursive Hervorhebung im Original). Er bezog sich damit auf den von *Sanders* im Jahre 1967 vorgelegten ersten Entwurf. Die Euro-

halb des Regelungsbereichs der Verordnung jeden Rückgriff auf nationales Recht verwehren. Dies warf naturgemäß die Vorfrage auf, welche Bereiche als vom Statut behandelt anzusehen seien und welche nicht (dazu *unter b*). Das fortschreitende Abschmelzen der Verordnung im Laufe ihrer Entstehungsgeschichte bedingte denn auch eine laufende Anpassung der Regelungstechnik (dazu *unter c*). Obwohl sich dabei die Grundkonzeption der Verordnung vollständig änderte, zieht sich die Suche nach dem „Regelungsbereich" der Verordnung bis heute durch die Diskussion, obwohl es dafür nach der hier vertretenen und *unter d)* näher begründeten Auffassung kein Bedürfnis und im aktuellen Verordnungstext auch keine zwingenden Hinweise mehr gibt.

a) Regelungstechnik zur Gewährleistung eines vollständig europäischen Statuts

Die Verfasser der frühen Entwürfe zum SE-Statut waren der kodifikatorischen Grunderfahrung eingedenk, dass auch ein scheinbar lückenloses Gesetz immer Fragen offen lässt. Gerade die angesehenen zivilrechtlichen Kodifikationen der Neuzeit enthalten nicht selten Hinweise auf die notwendige Ergänzung und Fortbildung durch die Gerichte;[279] diese Erfahrung hatte man auch bei Abfassung des SE-Statuts berücksichtigt. Eine allgemeine *Rechtsanwendungsregel* sollte dafür sorgen, dass die Gerichte offene Fragen klären, ohne damit den Gedanken der einheitlichen Kodifikation zu verletzen.[280] Artikel 7 des Vorschlags der Kommission aus dem Jahre 1970 fasste dies in folgende denkwürdige Bestimmung:

> „Vorbehaltlich entgegenstehender Vorschriften sind die von dem Statut behandelten Gegenstände selbst hinsichtlich der Rechtsfragen, die nicht ausdrücklich geregelt werden, der Anwendung des Rechts der Mitgliedstaaten entzogen."

Wenn das Statut das Recht der Mitgliedstaaten ausblenden wollte, musste es dem Rechtsanwender und den Gerichten andere Hilfsmittel an die Hand geben, um eventuelle Lücken zu schließen. Soweit Rechtsfragen nicht ausdrücklich geregelt waren, sollten sie daher gemäß Art. 7 Abs. 1 Satz 2 entschieden werden,

---

päische Kommission erarbeitete auf Grundlage dieses Entwurfs den im Jahre 1970 veröffentlichten Vorschlag für ein SE-Statut, der von derselben Philosophie der vollständigen Regelung des Gesellschaftsrechts geprägt war.

279 *Ficker* in: liber amicorum Sanders, 1972, S. 37, 38 f. unter Verweis auf das Schweizer ZGB (findet sich in Gesetz und Gewohnheitsrecht keine Regel, soll der Richter nach der Regel entscheiden, die er als Gesetzgeber aufstellen würde), den französischen Code civile (der Richter, der unter dem Vorwand des Schweigens des Gesetzes nicht entscheidet, macht sich der Rechtsverweigerung schuldig) und den italienischen Codice civile (der Richter solle Lücken im Gesetz durch Analogie oder durch Heranziehung der allgemeinen Grundsätze der Rechtsordnung schließen).

280 Dieses Konzept einer „zentralen Rechtsanwendungsvorschrift" ist ein genereller Ansatz bei der Ausgestaltung supranationaler Rechtsformen; dazu *Schwarz* Europäisches Gesellschaftsrecht, 2000 571 ff. (Rn. 953 ff.) und *Wagner* Der Europäische Verein, 1999, S. 47 ff.

„a) nach den allgemeinen Grundsätzen, auf denen dieses Statut beruht;

b) falls diese allgemeinen Grundsätze keine Lösung der Rechtsfragen bieten, nach den gemeinsamen Regeln oder den gemeinsamen allgemeinen Grundsätzen der Rechte der Mitgliedstaaten."

Ein Rückgriff auf das Recht der Mitgliedstaaten war also nicht gestattet, nicht einmal als letzter Ausweg.[281] Dies alles betraf aber nur die in dem Statut behandelten Gegenstände, wie der zweite Absatz des Art. 7 deutlich macht:

„Die in dem Statut *nicht* behandelten Gegenstände werden nach dem im Einzelfall anwendbaren Recht der Mitgliedstaaten beurteilt."[282]

Nach dem Grundgedanken der ersten Entwürfe waren Lücken im Statut somit *entweder* durch Anwendung allgemeiner Grundsätze *oder* durch einen Rückgriff auf das Recht der Mitgliedstaaten zu schließen. Die Weiche wurde gestellt mit der Entscheidung darüber, ob eine Rechtsfrage zu den in dem Statut behandelten Gegenständen gehörte. Ist ein Gegenstand vom Statut behandelt, bleibt der Rückgriff auf mitgliedstaatliches Recht versperrt. Gemäß der Intention, zumindest die gesellschaftsrechtlichen Rahmenbedingungen der SE europäisch zu vereinheitlichen, war die Frage nach dem Regelungsbereich des Statuts gleichbedeutend mit der Frage, welche Gegenstände sachnotwendig dem *Gesellschaftsrecht* zuzuordnen sind.

b) Die „von dem Statut behandelten Gegenstände"

Als Methode zur Abgrenzung des Regelungsbereichs der Verordnung wurde vorgeschlagen, sich am *Kollisionsrecht* der Mitgliedstaaten zu orientieren:[283] Alle Sachfragen, die man kollisionsrechtlich als zum Gesellschaftsrecht gehörig qualifizieren würde, sollten dem Geltungsanspruch des nationalen Rechts entzogen sein. Ein Beispiel dafür aus der Gesetzgebungsgeschichte des Statuts:[284] Im Vorschlag von 1970

---

[281] Vorbild für diese Formulierung waren nach dem Bericht von *Ficker* in: liber amicorum Sanders, 1972, S. 37, 42, Vorschriften aus zwei internationalen Abkommen. Zum einen Art. 17 des Haager Entwurfs für ein Einheitsgesetz über den internationalen Kauf beweglicher körperlicher Gegenstände: „Les questions concernant des matières régis par la présente loi et qui ne sont pas expressément tranchées par elle, seront réglées selon les principes généraux dont elle s'inspire." (zitiert nach *Ficker*, ebda., S. 40 f.). Zum zweiten ein entsprechender Passus in der Satzung der „Saarländisch-Lothringischen Kohlenvertriebsgesellschaft", über die oben im Text bei Fußnote 63 bereits berichtet worden ist: „Die Rechtsverhältnisse der Gesellschaft bestimmen sich nach Art. 84 und Anlage 29 des Staatsvertrages vom 27. Okt. 1956 zwischen der Bundesrepublik Deutschland und der Französischen Republik zur Regelung der Saarfrage (...), nach diesem Statut (...) sowie nach den gemeinsamen Grundsätzen des französischen und deutschen Rechts" (zitiert nach *Bärmann* AcP 160 (1961) 97, 130). Die Vorschriften werden auch erwähnt in *Kommission* Denkschrift 1966, S. 22.

[282] Kursive Hervorhebung durch den *Verf.*

[283] *von Caemmerer* FS Kronstein, 1967, S. 171, 195; *Lindacher* in: Lutter (Hrsg.), Die Europäische Aktiengesellschaft, 2. Aufl., 1978, S. 1, 5.

[284] Vgl. den entsprechenden Hinweis bei *Lindacher* in: Lutter (Hrsg.), Die Europäische Aktiengesellschaft, 2. Aufl., 1978, S. 1, 5.

fehlte eine Regelung darüber, ob ein Vorstandsmitglied für Sorgfaltspflichtverletzungen nur der Gesellschaft oder auch Dritten gegenüber haftet. Dies ist eine klassische gesellschaftsrechtliche Frage, die in Ermangelung einer Regelung im Statut aus den allgemeinen Grundsätzen im Sinne des Artikels 7 Abs. 1 Satz 2 hätte entwickelt werden müssen. Um die gewünschte einheitliche Behandlung der Gesellschaft in der gesamten Gemeinschaft sicherzustellen, hätte man dann allerdings auch Folgefragen klären müssen, die nicht mehr ohne weiteres dem Gesellschaftsrecht zuzuordnen sind. Insbesondere müssten Art, Form und Umfang des Schadensersatzes aus den allgemeinen Grundsätzen des Statuts oder rechtsvergleichend aus den Rechten der Mitgliedstaaten ermittelt werden,[285] obwohl dies Fragen des allgemeinen Zivilrechts sind.

Der Ansatz am Kollisionsrecht hat also seine Schwächen. Dazu gehört die Schwierigkeit der Abgrenzung des Gesellschaftsrechts vom *Insolvenzrecht*. Haftungsfragen sind auch hier das beste Anschauungsmaterial;[286] denn die meisten, wenn nicht alle mitgliedstaatlichen Rechtsordnungen kennen Haftungstatbestände für Fehlverhalten der Geschäftsleiter unmittelbar vor oder während der Insolvenz der Gesellschaft. Die französische *Action en comblement du passif* beispielsweise beruht auf dem Vorwurf, der Geschäftsleiter habe einen Geschäftsführungsfehler begangen und damit zur Überschuldung der Gesellschaft beigetragen; dies führt zu einem Schadensersatzanspruch der Gläubiger, die in Folge der Überschuldung nicht vollständig befriedigt werden konnten.[287] Das englische *Wrongful trading* lässt einen Geschäftsleiter haften, wenn er die Gesellschaft fortgeführt hat, obwohl erkennbar war, dass sich die Insolvenz realistischerweise nicht mehr vermeiden ließ.[288] Vorstandsmitglieder einer deutschen Aktiengesellschaft haften den Gläubigern bei einem Verstoß gegen die Insolvenzantragspflicht des § 92 Abs. 2 AktG.[289] All' diese Ansprüche liegen systematisch auf der Grenze zwischen Gesellschaftsrecht und In-

---

[285] In diesem Sinne *von Caemmerer* FS Kronstein, 1967, S. 171, 195, und tendenziell auch *Lindacher* in: Lutter (Hrsg.), Die Europäische Aktiengesellschaft, 2. Aufl., 1978, S. 1, 6.

[286] Das nachfolgende Beispiel erörtert *Lindacher* in: Lutter (Hrsg.), Die Europäische Aktiengesellschaft, 2. Aufl., 1978, S. 1, 5 f.

[287] Näher *Guyon* Droit des Affaires II, 2001, S. 427 ff. (Rn. 1372 ff.); *Zimmer* Internationales Gesellschaftsrecht, 1996, S. 281 ff. sowie unten S. 511. Da auch die Muttergesellschaft als faktischer Geschäftsleiter („dirigeant de fait“) in Haftung genommen werden kann, hat dieses Haftungsinstitut zugleich eine konzernrechtliche Dimension; dazu: *Forum Europaeum* ZGR 27 (1998) 672, 757 ff. und *Lübking* Ein einheitliches Konzernrecht für Europa, 2000, 195 ff.

[288] Näher *Davies* Introduction to Company Law, 2002, S. 95 ff., *Zimmer* Internationales Gesellschaftsrecht, 1996, S. 285 ff. und unten S. 508. Auch dieses Institut hat eine konzernrechtliche Dimension, da der Muttergesellschaft eine Haftung als „shadow director“ droht; dazu: *Forum Europaeum* ZGR 27 (1998) 672, 753 ff., *Lübking* Ein einheitliches Konzernrecht für Europa, 2000, 209 ff. und *Schuberth* Konzernrelevante Regelungen im britischen Recht, 1997, S. 191 ff.

[289] Die Insolvenzantragspflicht ist ein Schutzgesetz im Sinne des § 823 Abs. 2 BGB zu Gunsten der Gesellschaftsgläubiger (BGH, 6. Juni 1994, II ZR 292/91, BGHZ 126, 181, 190, für die entsprechende Vorschrift des § 64 Abs. 1 GmbHG).

solvenzrecht; infolgedessen ist auch die kollisionsrechtliche Anknüpfung keineswegs eindeutig.[290] Da die genannten Haftungsnormen in aller Regel erst im Insolvenzverfahren zum Tragen kommen, liegt eine insolvenzrechtliche Qualifikation nahe.

Der Europäische Gerichtshof hat die französische *Action en comblement du passif* dem Insolvenzrecht zugeordnet.[291] Gegen diese Anknüpfung spricht aber der funktionale Bezug zum Gesellschaftsrecht: Der Handlungsvorwurf besteht darin, die Geschäfte der Gesellschaft nicht ordnungsgemäß geführt zu haben. Die Insolvenz ist nur deshalb der Auslöser der Haftung, weil sich erst in diesem Zeitpunkt ein Schaden der Gläubiger realisiert. Solange die Gesellschaft zahlungsfähig ist, bleiben die Pflichtverletzungen ohne Folge; dies ändert nichts daran, dass der Sorgfaltsmaßstab, dessen Verletzung Haftungsgrund für den Schadensersatzanspruch ist, ein gesellschaftsrechtlicher ist. Zudem besteht zwischen allen gläubigerschützenden Normen einer Rechtsordnung ein funktionaler Zusammenhang; erst in ihrem Zusammenspiel ergibt sich das vom Gesetzgeber als sinnvoll erachtete Maß des Gläubigerschutzes. Dies zeigt sich deutlich am englischen Beispiel, das den Verzicht auf ein Mindestkapital durch Haftungsnormen wie das *Wrongful trading* kompensiert. Manches spricht daher für eine einheitlich gesellschaftsrechtliche Anknüpfung der gläubigerschützenden Normen.[292]

Auch wenn sich auf diese Weise über das Kollisionsrecht eine eindeutige Zuordnung bestimmter Rechtsbereiche erzielen lassen sollte, bleibt der Bezug auf das Kollisionsrecht der Mitgliedstaaten methodisch angreifbar. Denn mit dem Statut einer supranationalen Gesellschaft wird Gesellschaftsrecht auf der *Ebene des Gemeinschaftsrechts* geschaffen. Eine Auslegung unter Anlehnung an das Kollisionsrecht der Mitgliedstaaten wird dem aus zweierlei Gründen nicht gerecht: Erstens geht es bei der Auslegung der Verordnung um materielles Gesellschaftsrecht. Es müssen also die genuin gesellschaftsrechtlichen Wertungen herausgearbeitet werden; der Rückgriff auf kollisionsrechtliche Wertungen droht diesen Zusammenhang zu verdunkeln. Zweitens ist die Verordnung nach den allgemeinen methodischen Grundsätzen des Gemeinschaftsrechts autonom auszulegen.[293] Der Rückgriff auf mitgliedstaatliche Rechtsvorstellungen ist dabei eines der Erkenntnismittel, kann die

---

290 Zur Diskussion *Kunz* Insolvenz der Europäischen Aktiengesellschaft, 1995, S. 150ff. Die aktuelle Diskussion über den Gläubigerschutz bei Scheinauslandsgesellschaften hat die Thematik neu belebt; vgl. *Ulmer* NJW 2004, 1201ff.

291 EuGH, Rs. 133/78, *Gourdain/Nadler*, Slg. 1979, 733, 745. Differenzierend dazu *Zimmer* Internationales Gesellschaftsrecht, 1996, S. 295f.: Entscheidung des EuGH betrifft nur Verfahrensrecht.

292 In diesem Sinne *Kunz* Insolvenz der Europäischen Aktiengesellschaft, 1995, S. 153f. und *Zimmer* Internationales Gesellschaftsrecht, 1996, S. 291ff. (jeweils mit umfangreichen Nachw. zur Diskussion). Die Frage wird im Lichte der Europäischen Insolvenzverordnung besonders brisant; dazu näher im Kapitel über den Gläubigerschutz (S. 522 ff.).

293 Vgl. zur Auslegung von Gemeinschaftsrecht *Anweiler* Auslegungsmethoden, 1997, *Bleckmann* NJW 1982, 1177ff., *Oppermann* Europarecht, 2. Aufl., 1999, S. 253 ff. (Rn. 680ff.).

Auslegung alleine aber nicht tragen. Das Kollisionsrecht kann schon deshalb nicht das letzte Wort haben, weil es vom Grundsatz der Gleichrangigkeit der verschiedenen Rechtsordnungen ausgeht, Gemeinschaftsrecht jedoch Vorrang vor den mitgliedstaatlichen Rechtsordnungen genießt. Das Gemeinschaftsrecht bestimmt also selbst, wie und unter welchen Voraussetzungen es zur Anwendung kommt.[294] Nirgendwo ist dieser Auslegungsgrundsatz passender als bei einer Bestimmung wie Art. 7 des Entwurfs von 1970, deren Zweck gerade darin besteht, die Supranationalität der neuen Gesellschaftsform gegenüber drohenden Rückgriffen auf mitgliedstaatliches Gedankengut zu verteidigen. Ob ein Gegenstand vom Statut „behandelt“ wird oder nicht, ist somit keine Frage des Kollisionsrechts, sondern eine originär gemeinschaftsrechtliche Auslegungsfrage. *Ficker* hat dies schon früh betont;[295] mittlerweile dürfte der gemeinschaftsrechtliche Ansatz unbestritten sein.[296]

Wendet man den Blick nach Klärung des methodischen Ansatzes den eigentlichen Auslegungsfragen zu, erscheint eine erste Anleihe beim Kollisionsrecht nicht mehr ganz so abwegig; denn seiner Methode nach prüft auch das Kollisionsrecht die Frage, welchem Regelungszusammenhang eine Norm sinnvollerweise zuzuordnen ist. Auch die gemeinschaftsrechtlich autonome Auslegung des SE-Statuts stößt auf diese Frage, wenn zu prüfen ist, ob eine nicht ausdrücklich geregelte Frage lediglich „vergessen“ wurde oder tatsächlich nach Sinn und Zweck des Statuts als „nicht behandelt“ anzusehen ist. Nimmt man sich vor diesem Hintergrund erneut die gläubigerschützenden Haftungstatbestände des Insolvenzrechts vor, greifen hier dieselben Argumente, die in der kollisionsrechtlichen Diskussion auftauchen: Der Gläubigerschutz ist sinnvollerweise in seiner Gesamtheit zum Regelungsbereich der Verordnung zu rechnen. Denn alle von einer Rechtsordnung bereitgestellten Normen des Gläubigerschutzes stehen in einem inneren Zusammenhang. Wer mit Regeln der Kapitalaufbringung und -erhaltung den präventiven Schutz fördert, kann bei der repressiven Sanktion – also der nachgelagerten persönlichen Haftung von Geschäftsleitern oder Gesellschaftern – großzügiger sein. Er würde sogar das berechtigte Vertrauen dieser Personengruppen enttäuschen, wenn er ihnen ungeachtet einer korrekten Einhaltung der Kapitalschutzregeln den schützenden Schirm der juristischen Person entziehen würde. Umgekehrt müssen Gesellschafter und Geschäftsleiter, immer dann, wenn sie die beschränkte Haftung ohne jede Gegenleistung erhalten haben – weil sie kein Mindestkapital aufbringen mussten – naturgemäß mit einer verstärkten Verhaltenskontrolle rechnen.

Die Erkenntnis, dass innerhalb einer Rechtsordnung und innerhalb eines Rechtsgebietes Systemzusammenhänge bestehen, muss auch für eine supranationale

---

[294] *Kunz* Insolvenz der Europäischen Aktiengesellschaft, 1995, S. 34; *C. Teichmann* ZGR 31 (2002) 383, 395 ff.

[295] *Ficker* in: liber amicorum Sanders, 1972, S. 37, 45.

[296] Vgl. *Kunz* Insolvenz der Europäischen Aktiengesellschaft, 1995, S. 56; *Merkt* BB 1992, 652, 657; aus der aktuellen Diskussion *Brandt* Hauptversammlung der SE, 2004, S. 31, *Brandt/Scheifele* DStR 2002, 547, 550, und *Wagner* NZG 2002, 985, 988 f.

Rechtsform gelten, die auf der Ebene des Gemeinschaftsrechts geschaffen wird. Da die Vorschläge für das Statut der Europäischen Aktiengesellschaft stets Regeln über die Kapitalaufbringung und -erhaltung, aber auch über die Sorgfaltspflichten der Geschäftsleiter enthielten, gehört der Gläubigerschutz offenkundig in seiner ganzen Breite zum Regelungsbereich der Verordnung. Ob der Gläubigerschutz gelingt, erweist sich aber zumeist erst bei drohender oder eintretender Insolvenz. Es würde jede supranationale Systematik des Gläubigerschutzes sprengen, wenn im entscheidenden Stadium der Insolvenz urplötzlich mitgliedstaatliches Recht auf den Plan träte. Will man ein in gesellschaftsrechtlichen Fragen vollständiges Statut, muss man also auch vermeintlich insolvenzrechtlich anzuknüpfende Haftungstatbestände dem Regelungsbereich der Verordnung zuweisen, soweit sie ihrer Funktion nach dem Gläubigerschutz dienen. In alledem erweist sich wiederum die Berechtigung des interessenbezogenen Blickes auf das Gesellschaftsrecht:[297] Um seiner systematischen Geschlossenheit willen ist seine Reichweite so zu bestimmen, dass die relevanten Interessenkonflikte in sich stimmig und umfassend zum Ausgleich gebracht werden können.

c) Entwicklung der Rechtsanwendungsregel auf dem Weg vom Vollstatut zum „Torso"

Die im Verlauf der Jahre einsetzenden Entwicklungslinien der Rechtsvereinheitlichung und der Ausklammerung von Streitfragen führten dazu, dass Verweisungen auf nationales Recht die heutige SE-Verordnung in besonderer Weise prägen.[298] Davon konnte die Diskussion über den Regelungsbereich der Verordnung nicht unberührt bleiben. Denn sie bezieht sich auf den ursprünglich selbst gesetzten Anspruch, mit dem SE-Statut jedenfalls das Gesellschaftsrecht der SE vollständig zu erfassen. Wenn aber der Wille zur Herstellung eines einheitlichen europäischen Rechtsrahmens für die SE verloren geht,[299] liegt darin möglicherweise eine konzeptionelle Kehrtwende, mit welcher die Frage nach einem abstrakt zu bestimmenden Regelungsbereich der Verordnung ihren Sinn verliert.

Ein solcher Paradigmenwechsel müsste sich auch in der allgemeinen Rechtsanwendungsnorm niederschlagen. Artikel 7 des Entwurfs von 1970 hatte den Anspruch auf Vollständigkeit des Statuts bekräftigt, indem er einen Rückgriff auf nationales Recht für alle vom Statut behandelten Gegenstände ausdrücklich untersagte.[300] Dieselbe Vorschrift lautet nun in der Fassung von 1989:

> „In den der Verordnung unterliegenden Bereichen werden die nicht ausdrücklich geregelten Fragen wie folgt entschieden:

---

[297] Dazu oben S. 12 ff.
[298] Dazu bereits bei Behandlung der Entstehungsgeschichte oben S. 234 ff.
[299] So bereits die Kritik bei *Lutter* AG 1990, 413, 414.
[300] Dazu oben S. 282 ff.

a) nach den allgemeinen Grundsätzen, auf denen diese Verordnung beruht;

b) falls diese allgemeinen Grundsätze keine Lösung aufzeigen, nach dem im Sitzstaat der SE für Aktiengesellschaften geltenden Recht."

Absatz 3 der Vorschrift ergänzt dazu:

„In den von dieser Verordnung nicht geregelten Bereichen finden die Vorschriften des Gemeinschaftsrechts und des Rechts der Mitgliedstaaten auf die SE Anwendung."

Im Vergleich zum früheren Wortlaut dieser Vorschrift fällt auf, dass die Unterscheidung zwischen den „der Verordnung unterliegenden Bereichen" (Abs. 1) und den „von dieser Verordnung nicht geregelten Bereichen" (Abs. 3) äußerlich beibehalten wird;[301] es gibt also weiterhin einen „Regelungsbereich" der Verordnung. Aufgegeben wird aber der Anspruch, innerhalb des Regelungsbereichs der Verordnung das mitgliedstaatliche Recht auszuschließen. Denn es ist nach ergebnisloser Durchmusterung der allgemeinen Grundsätze der Verordnung ein Rückgriff auf das am Sitzstaat der SE geltende Aktienrecht zulässig. Entfallen ist damit das ausdrückliche Verbot, im Regelungsbereich der Verordnung auf mitgliedstaatliches Recht zurückzugreifen; entfallen ist auch der Auftrag, rechtliche Lösungen gegebenenfalls den gemeinsamen Regeln oder gemeinsamen allgemeinen Grundsätzen des Rechts der Mitgliedstaaten zu entnehmen. Es lässt sich leicht ausmalen, dass die nationalen Gerichte den Rückgriff auf das am Sitzstaat geltende Aktienrecht (Art. 7 Abs. 1 lit. b) keineswegs im Sinne einer ultima ratio, sondern eher als willkommene Abkürzung auf dem Weg zu einer sachgerechten Lösung verstanden hätten. Zu befürchten war daher, dass die mitgliedstaatlichen Rechtsordnungen mit all' ihren Unterschiedlichkeiten in erheblichem Maße in den zentralen Regelungsbereich der SE-Statuts eindringen würden.[302]

Diese Tendenz verstärkte sich im Vorschlag von 1991. In dessen Art. 7 war von der Anwendung der allgemeinen Grundsätze, auf denen die Verordnung beruht, überhaupt nicht mehr die Rede. Die Kommission begründet dies lapidar damit, die Rangfolge des auf die SE anwendbaren Rechts sei nun „präziser und klarer formuliert" worden.[303] Art. 7 Abs. 1 des Vorschlags von 1991 lautet folgendermaßen:

„SE unterliegen:
a) – den Bestimmungen dieser Verordnung;
– sofern diese Verordnung dies ausdrücklich zuläßt, den von den Parteien in der Satzung der SE frei festgelegten Bestimmungen.

b) anderenfalls:
– dem im Sitzstaat der SE für Aktiengesellschaften geltenden Recht;

---

301 Noch klarer wird dies in der englischen und der französischen Fassung des Textes, worauf *Lind,* Rechtsanwendungsvorschriften, 2004, S. 64f. zu Recht hinweist.

302 *Lutter* AG 1990, 413, 416ff.

303 Begründung zum geänderten Vorschlag (KOM (91) 174 endg. – SYN 218 –), BT-Drs. 12/1004 vom 30.7.1991, S. 2.

– den von den Parteien in der Satzung frei festgelegten Bestimmungen unter den gleichen Voraussetzungen wie im Fall von Aktiengesellschaften, für die das Recht des Sitzstaates der SE gilt."

Ungeachtet der Intention der Kommission, die Frage des anwendbaren Rechts damit klarer und präziser zu formulieren, ließ auch diese Rechtsanwendungsnorm manche Frage offen. Unklar war insbesondere die Bedeutung des Wörtchen „anderenfalls", das von der Anwendung der Verordnung zum mitgliedstaatlichen Recht überleitet.[304] Es bot keinen wesentlichen Aufschluss darüber, ob von der ersten Stufe – den Bestimmungen der Verordnung – bereits dann auf die zweite Stufe – das im Sitzstaat geltende Recht – übergegangen werden dürfe, wenn sich zu einer Sachfrage in der Verordnung keine vollständige Lösung findet, oder ob der Rückgriff auf nationales Recht zunächst noch versperrt bleiben solle, wenn ein Bereich zumindest teilweise in der Verordnung geregelt ist.[305] Schließlich wurde nicht deutlich, ob bei Auslegung und gegebenenfalls Ergänzung der Verordnung nach wie vor auf allgemeine Grundsätze der gemeinschaftsrechtlichen Regelungsebene zurückgegriffen werden könne, *bevor* mitgliedstaatliches Recht zur Geltung kommt.

Wegen der offenkundigen Lückenhaftigkeit der Verordnung konnte man zu dem Schluss gelangen, der Anspruch auf ein vollständiges gemeinschaftsrechtliches Statut in gesellschaftsrechtlichen Fragen sei aufgegeben, und es gelte in jeder von der Verordnung nicht ausdrücklich geregelten Frage mitgliedstaatliches Recht. Bei einem „Schweigen der Verordnung" wäre dann automatisch mitgliedstaatliches Recht anwendbar.[306] Dies löst das Anwendungsproblem allerdings nicht, denn gerade bei *teilweise* geregelten Bereichen ist auch ein „beredtes Schweigen" denkbar in dem Sinne, dass strengere oder auch liberalere Bestimmungen des mitgliedstaatlichen Rechts die Aussage der Verordnung nicht verfälschen dürfen.[307] Systematisch bedeutsam ist auch, dass zahlreiche Einzelnormen der Verordnung zur Ergänzung ausdrücklich auf mitgliedstaatliches Recht verweisen; dies wäre überflüssig, wenn kraft der allgemeinen Verweisungsnorm des Art. 7 ohnehin in jede denkbare Lücke das mitgliedstaatliche Recht stieße.[308]

Überall dort, wo eine spezielle Verweisung fehlt, ist also vorrangig zu fragen, ob die Verordnung in diesem Punkt eine abschließende Regelung intendiert und damit den über Art. 7 Abs. 1 lit. b grundsätzlich eröffneten Weg in das mitgliedstaatliche Recht verbaut. Dabei ist auch Folgendes zu bedenken: Schon die Einschätzung, ein Bereich sei nur „teilweise" geregelt, impliziert häufig den Vergleich mit einer ver-

---

304 Kritisch dazu *Merkt* BB 1992, 652, 656.

305 Erinnert sei hier an die oben genannten Beispiele der Haftung von Leitungsorganen (oben bei Fn. 284) oder der Einberufung der Hauptversammlung durch eine Aktionärsminderheit (oben den Text vor Fn. 273).

306 *Rasner* ZGR 21 (1992) 314, 319: bei „Schweigen der Verordnung" gelte mitgliedstaatliches Recht.

307 *Trojan-Limmer* RIW 1991, 1010, 1012.

308 *Kunz* Insolvenz der Europäischen Aktiengesellschaft, 1995, S. 54f.

meintlich besseren, weil „vollständigen" Regelung. Vergleichsmaßstab des Exegeten wird dabei zwangsläufig das ihm bekannte nationale Recht im Sitzstaat der SE sein. Gerade diese Vergleichsebene scheidet aber für den autonom gemeinschaftsrechtlich auszulegenden Verordnungstext aus. Es bleibt also nur die Möglichkeit, jede einzelne Bestimmung unter Anwendung der gemeinschaftsrechtlichen Auslegungsmethoden auf ihren Vollständigkeitsanspruch hin zu überprüfen.[309]

Bei dieser auf Ebene des Gemeinschaftsrechts angesiedelten Auslegungsarbeit ist es weiterhin denkbar, auf allgemeine Grundsätze der Verordnung zurückzugreifen, wenn sie zur Klärung des Inhalts einer konkreten Bestimmung beitragen können.[310] Die Streichung des entsprechenden Passus im Vergleich zum Vorschlag von 1989 ändert nichts an der allgemein und auch im Gemeinschaftsrecht geltenden Auslegungsregel, dass Rechtsvorschriften im systematischen Zusammenhang und mit dem Ziel einer innerhalb der betreffenden Rechtsordnung stimmigen Begriffsbildung auszulegen sind. Bei Auslegung der SE-Verordnung ist insbesondere häufig der Sinnzusammenhang mit den gesellschaftsrechtlichen Richtlinien zu berücksichtigen.

Ein Beispiel aus dem heute geltenden Verordnungstext kann dies illustrieren. Art. 20 SE-Verordnung regelt für eine Gründung der SE im Wege der Verschmelzung den Inhalt des Verschmelzungsplans. In Absatz 1 Satz 2 der Vorschrift heißt es: „Der Verschmelzungsplan enthält ...", und es folgt eine Aufzählung verschiedener Gegenstände, die Inhalt des Verschmelzungsplans sein müssen. Aus Sicht des deutschen Rechts ist diese Liste unvollständig, denn sie nennt nicht die in § 5 Abs. 1 Nr. 9 UmwG vorgesehenen Angaben zu den „Folgen der Verschmelzung für die Arbeitnehmer und ihre Vertretungen". Blendet man jedoch diese spezifisch deutsche Sicht aus, erscheint es mehr als naheliegend, dass der europäische Rechtstext abschließend sein soll. Er stützt sich maßgeblich auf Art. 5 Abs. 2 der Verschmelzungsrichtlinie.[311] Dort sind ebensowenig wie in Art. 20 SE-Verordnung Angaben zu den Folgen für die Arbeitnehmer vorgesehen; diese Information gehört also offenbar nicht zum europäischen Standard und ist eine spezifisch deutsche Erscheinung. Während die Dritte gesellschaftsrechtliche Richtlinie jedoch Ergänzungen durch mitgliedstaatliches Recht ausdrücklich zulässt, fehlt diese Öffnung in der SE-Verordnung.[312] Die kürzlich verabschiedete (Zehnte) Richtlinie über grenzüberschreitende Verschmelzungen[313] folgte in diesem Punkt zunächst nicht dem Konzept der Dritten Richtlinie, sondern demjenigen der SE-Verordnung, ließ also gleichfalls

[309] So insb. *Merkt* BB 1992, 652, 657.

[310] Ebenso *Kunz* Insolvenz der Europäischen Aktiengesellschaft, 1995, S. 53.

[311] Dritte Richtlinie 78/855/EWG (Nachw. siehe Anhang „Fundstellen").

[312] Art. 5 Abs. 2 Dritte Richtlinie: „Der Verschmelzungsplan muss *mindestens* folgende Angaben enthalten ..."; Art. 20 Abs. 1 Satz 2 SE-Verordnung: „Der Verschmelzungsplan enthält ..." (kursive Hervorhebung durch den *Verf.*).

[313] Richtlinie 2005/56/EG, ABl. EU, 25.11.2005, S. L 310/1 ff.

keine Ergänzungen durch mitgliedstaatliches Recht zu. Entgegen einer Vorversion enthält der endgültig verabschiedete Text allerdings wieder eine Öffnung („mindestens folgende Angaben"). Zusätzliche Angaben dürften aber nur nach Entscheidung der beteiligten Gesellschaften und nicht im mitgliedstaatlichen Recht zulässig sein. Denn die Gesellschaften müssen einen „gemeinsamen Plan" (Art. 3 Satz 1) aufstellen, was unterschiedliche Anforderungen mitgliedstaatlichen Rechts ausschließt. Bei einer rein nationalen Verschmelzung sind Ergänzungen durch mitgliedstaatliches Recht unschädlich, denn es gilt für alle beteiligten Gesellschaften. Bei einer Verschmelzung über die Grenze hingegen müssen verschiedene Rechtsordnungen aufeinander abgestimmt werden. Daher schreiben die europäischen Regeln in diesem Bereich den Inhalt der Verschmelzungspläne einheitlich und abschließend vor. Dieser Gedanke kommt in der SE-Verordnung auch in Art. 26 Abs. 3 zum Ausdruck, wonach bei der Rechtmäßigkeitsprüfung der Verschmelzung darauf zu achten ist, dass die sich verschmelzenden Gesellschaften einem „gleich lautenden Verschmelzungsplan" zugestimmt haben.[314] Abgerundet wird dieses Konzept durch den Art. 20 Abs. 2 SE-Verordnung, der die Aufnahme weiterer Punkte in den Verschmelzungsplan den „sich verschmelzenden Gesellschaften" gestattet, also nur beiden Gesellschaften gemeinsam,[315] nicht aber dem jeweiligen mitgliedstaatlichen Gesetzgeber. Folglich ist die Regelung zum Inhalt des Verschmelzungsplans in Art. 20 SE-Verordnung nach Wortlaut, Systematik und ihrem Sinnzusammenhang zu anderen europäischen Rechtsakten so zu verstehen, dass der ergänzende Rückgriff auf das Recht der Mitgliedstaaten nicht gestattet ist.

Bei einzelnen Bestimmungen der SE-Verordnung ist also ein Rückgriff auf das unmittelbare und entferntere normative Umfeld geboten, um ihren abschließenden Charakter beurteilen zu können. Offen ist nach wie vor die Frage, welche Bedeutung die Kategorie des „Regelungsbereichs" in diesem Kontext noch haben kann. Dazu ist zunächst die Entstehungsgeschichte der SE-Verordnung bis zu ihrem vorläufigen Abschluss zu betrachten. Denn die Rechtsanwendungsregel von 1991 wurde auf dem Weg zur letztlich verabschiedeten Verordnung des Jahres 2001 noch einmal modifiziert und lautet heute (Art. 9 Abs. 1 SE-VO):

„Die SE unterliegt
a) den Bestimmungen dieser Verordnung,
b) sofern die vorliegende Verordnung dies ausdrücklich zulässt, den Bestimmungen der Satzung der SE,

---

314 Sinngemäß ebenso Art. 3 Abs. 1 Satz 1 der Zehnten Richtlinie: „Die Leitungs- oder Verwaltungsorgane der sich verschmelzenden Gesellschaften stellen einen *gemeinsamen* Plan für die grenzüberschreitende Verschmelzung ... auf." (kursive Hervorhebung durch den *Verf.*).

315 Ebenso Art. 3 Abs. 2 des Vorschlags einer Zehnten Richtlinie: „Die sich verschmelzenden Gesellschaften können den gemeinsamen Verschmelzungsplan einvernehmlich durch weitere Angaben ergänzen." In der verabschiedeten Fassung ist dieser Abs. 2 entfallen, dafür wurde in Abs. 1 das Wort „mindestens" eingefügt, das sich demzufolge an die Gesellschaften richtet (s. die soeben im Text hierzu vertretene Auffassung).

c) in Bezug auf die nicht durch diese Verordnung geregelten Bereiche, oder, sofern ein Bereich nur teilweise geregelt ist, in Bezug auf die nicht von dieser Verordnung erfassten Aspekte
   i) den Rechtsvorschriften, die die Mitgliedstaaten in Anwendung der speziell die SE betreffenden Gemeinschaftsmaßnahmen erlassen,
   ii) den Rechtsvorschriften der Mitgliedstaaten, die auf eine nach dem Recht des Sitzstaats der SE gegründete Aktiengesellschaft Anwendung finden würden,
   iii) den Bestimmungen ihrer Satzung unter den gleichen Voraussetzungen wie im Falle einer nach dem Recht des Sitzstaats der SE gegründeten Aktiengesellschaft."

Diese Vorschrift führt den Rechtsanwender eine „kunstvoll aufgeschichtete Rechtsquellenpyramide"[316] hinab, deren letzte Stufe das Aktienrecht der Mitgliedstaaten bildet – und dies ausdrücklich auch in Bezug auf die nur teilweise geregelten Bereiche. Geblieben ist der Terminus der „durch diese Verordnung geregelten Bereiche" und damit die Problematik des Regelungsbereichs. Es ist aber nicht mehr recht einsichtig, welchen Stellenwert diese früher grundlegende Kategorie in der nunmehr geltenden Fassung des SE-Statuts noch haben soll. Denn auf der entscheidenden ersten Stufe der Pyramide, in Art. 9 Abs. 1 lit. a, taucht sie nicht auf. Dort ist nur von den „Bestimmungen der Verordnung" die Rede. Es gibt demnach nur zwei Alternativen:

Erstens: Eine Sachfrage findet in den Bestimmungen der Verordnung eine Regelung. Es gilt dann die Verordnung, was auf Grund des Vorrangs des europäischen Rechts selbstverständlich ist. Ebenso verhält es sich mit Sachfragen, die im Text der Verordnung ausdrücklich der Regelung durch Satzung vorbehalten sind; auch hier gilt der Vorrang des Gemeinschaftsrechts.

Zweitens: Eine Sachfrage ist in den Bestimmungen der Verordnung nicht geregelt und auch nicht der Satzung der SE zugewiesen. Es gelten dann die mitgliedstaatlichen Rechtsvorschriften bzw. die Satzung der SE, soweit das mitgliedstaatliche Recht Satzungsfreiheit eröffnet.

Die Erwähnung der „teilweise geregelten Bereiche" in Art. 9 Abs. 1 lit. c irritiert in diesem Zusammenhang. Denn weiterhin gilt, dass die Frage, ob eine teilweise Regelung vorliegt, nicht an Hand mitgliedstaatlicher Vorstellungen von Vollständigkeit, sondern nur aus dem Kontext der Verordnung selbst heraus entschieden werden kann.[317] Das oben angeführte Beispiel des Art. 20 SE-VO zeigt auch, dass die Verordnung dem Interpreten mit ihrem ausdrücklichen Hinweis, dass mitgliedstaatliches Recht auch für die nicht erfassten „Teilbereiche" gelte,[318] keine nennenswerte

---

[316] *Hommelhoff* AG 2001, 279, 285.

[317] Ebenso *Schwarz* Europäisches Gesellschaftsrecht, 2000, S. 649 (Rn. 1098).

[318] So die Formulierung der Verweisungsnorm des Art. 18 SE-Verordnung, die für den Bereich der SE-Gründung durch Verschmelzung als speziellere Verweisung Vorrang vor der allgemeinen Norm des Art. 9 hat; einer solchen Vorschrift bedarf es schon deshalb, weil Art. 9 allein das auf die SE anwendbare Recht regelt und für die mitgliedstaatlichem Recht unterliegenden Gründungsgesellschaften seinem Wortlaut nach nicht gilt.

Hilfestellung bietet; denn ungeachtet dessen muss im Wege der gemeinschaftsrechtlich autonomen Auslegung die konkrete Reichweite jeder einzelnen Norm ermittelt werden. Allerdings ist dies eine konkret normgebundene Analyse, während mit der Kategorie des Regelungsbereichs allgemein ein innerhalb der Intention der Verordnung liegender Sachbereich bestimmt werden sollte, der sich nicht in jeder Einzelheit zwingend im konkreten Wortlaut hätte niederschlagen müssen.

d) Verbleibendes Bedürfnis für Feststellung des Regelungsbereichs

(1) Gemeinschaftsrechtlicher Anwendungsbefehl für Geltung mitgliedstaatlichen Rechts

Auf den ersten Blick hat sich mit der Änderung der allgemeinen Rechtsanwendungsnorm die Frage nach dem Regelungsbereich der Verordnung erledigt.[319] Denn es wird ohnehin für alle nicht ausdrücklich in der Verordnung geregelten Fragen über die allgemeine Rechtanwendungsregel auf nationales Recht verwiesen. Dennoch prägt die Kategorie des Regelungsbereichs immer noch die Diskussion um das auf supranationale Rechtsformen anwendbare Recht.[320] Die herrschende Auffassung begründet dies damit, dass innerhalb des Regelungsbereichs primär Gemeinschaftsrecht und nur subsidiär mitgliedstaatliches Recht gelte, während außerhalb des Regelungsbereichs unmittelbar mitgliedstaatliches Recht eingreife.[321] Oder mit anderen Worten formuliert: Die Anwendung mitgliedstaatlichen Rechts beruht innerhalb des Regelungsbereichs auf einem ausdrücklichen europäischen Rechtsanwendungsbefehl; diesen erteilt entweder eine spezielle Verweisungsnorm oder aber die allgemeine Rechtsanwendungsregel des Art. 9 Abs. 1 SE-VO. Außerhalb des Regelungsbereichs kommt mitgliedstaatliches Recht hingegen unmittelbar, also ohne einen ausdrücklichen Rechtsanwendungsbefehl der Verordnung zur Anwendung. Die mehrheitliche Auffassung setzt dabei den Regelungsbereich – ebenso wie

---

319 In diesem Sinne *Leupold* Europäische Aktiengesellschaft und Portugal, 1993, S. 22 ff. Differenzierend *Lind,* Rechtsanwendungsvorschriften, 2004, S. 65, der zwar auch darauf verweist, dass die Gegenüberstellung von Fragen, die von der Verordnung geregelt sind und solchen, die von ihr nicht geregelt sind, im Verlauf der Genese des heutigen Artikel 9 SE-VO verloren ging. Er unterscheidet nun aber einen „sachrechtlichen" Regelungsbereich innerhalb des „gesamten Regelungsbereichs" der Verordnung.

320 Siehe beispielsweise *Brandt* Hauptversammlung der SE, 2004, S. 29 ff., *Brandt/Scheifele* DStR 2002, 547, 549, *Casper* FS Ulmer, 2003, S. 51, 66 f., *Lächler/Oplustil* NZG 2005, 381 ff., *Lind,* Rechtsanwendungsvorschriften, 2004, S. 63 ff., *Mäntysaari* JFT 6/2003, 622, *Schwarz* Europäisches Gesellschaftsrecht, 2000, S. 573 (Rn. 955), *Wagner* NZG 2002, 985, 988. Ebenso für die nahezu wortgleiche Rechtsanwendungsregel im Verordnungsentwurf zum Europäischen Verein *Wagner* Der Europäische Verein, 1999, S. 51 ff.

321 *Brandt* Hauptversammlung der SE, 2004, S. 29; *Schwarz* Europäisches Gesellschaftsrecht, 2000, S. 573 (Rn. 955); *Wagner* Der Europäische Verein, 1999, S. 52; *Wagner* NZG 2002, 985, 988.

zu früheren Zeiten – im Wesentlichen mit dem Bereich des Gesellschaftsrechts gleich.[322]

Gegenüber dieser Sichtweise sind jedoch Zweifel anzumelden. In den Jahren 1970 und 1975 – und in schwächerer Form auch noch 1989 – entschied die Abgrenzung des Regelungsbereichs darüber, ob eine Lücke mit Hilfe allgemeiner europäischer Grundsätze oder aber durch Rückgriff auf mitgliedstaatliches Recht zu füllen sei. Unter der nunmehr geltenden Fassung des SE-Statuts kommt es auf diese Frage nicht mehr an. Bietet das Statut für eine Sachfrage keine Lösung, greift man auf das am Sitzstaat für Aktiengesellschaften geltende Recht zurück. Diese Methode der Lückenfüllung greift selbst dann, wenn der Bereich, dem die Sachfrage zuzuordnen ist, in der SE-Verordnung teilweise geregelt ist – also auch in Fällen, die man nach der Konzeption des Vollstatuts dem genuin gemeinschaftsrechtlichen Regelungsbereich der Verordnung und nicht dem mitgliedstaatlichen Recht zugewiesen hätte. Die Frage des Regelungsbereichs erscheint somit rein akademischer Natur, denn für jede Rechtsfrage, die in der Verordnung nicht geregelt ist, gelangt mitgliedstaatliches Recht zu Anwendung.

Es kommt also nicht mehr auf einen wie auch immer zu bestimmenden Regelungsbereich an, sondern das anwendbare Recht ist aus der konkrete Sachfrage heraus zu ermitteln. Bei dieser Suche nach dem anwendbaren Recht geht es einzig und allein um die Auslegung einzelner Bestimmungen der Verordnung. Wenn diese den Fall regeln, finden sie Anwendung, falls nicht, gelangt man über Art. 9 Abs. 1 lit. c ii) SE-VO zur Anwendung mitgliedstaatlichen Rechts. Für eine darüber hinausgehende Kategorie des Regelungsbereichs besteht in dieser Frage kein Bedarf mehr. Hinzu kommt, dass entgegen der herrschenden Auffassung die Geltung mitgliedstaatlichen Rechts auch außerhalb des vermeintlichen Regelungsbereichs auf einem gemeinschaftsrechtlichen Anwendungsbefehl beruht. Denn das Steuer-, Wettbewerbs- oder Konkursrecht[323] der Mitgliedstaaten kennt die Rechtsform der SE nicht; ihre Berücksichtigung bedarf also einer gemeinschaftsrechtlichen Grundlage. Einschlägig ist hierfür Art. 1 Abs. 3 SE-Verordnung: „Die SE besitzt Rechtspersönlichkeit." Da diese Festlegung einer europäischen Verordnung in allen Mitgliedstaaten unmittelbar gilt, kann die SE überall Verträge abschließen, Rechte und Pflichte erwerben und vor Gericht auftreten, mit anderen Worten: sich in die nationale Rechtsordnung integrieren.

---

[322] *Brandt* Hauptversammlung der SE, 2004, S. 32: „Alle grundlegenden Rechtsverhältnisse, die für Gläubiger und Gesellschafter der SE von Bedeutung sind ..."; *Casper* FS Ulmer, 2003, S. 51, 66: „alle klassischen gesellschaftsrechtlichen Fragestellungen"; *Wagner* NZG 2002, 985, 988: „alle gesellschaftsrechtlichen Fragen"; zu vergleichbaren Ergebnissen dürfte man bei Anwendung der von *Brandt/Scheifele* DStR 2002, 547, 550 f., entwickelten Kriterien gelangen.

[323] Diese Bereiche nennt Erwägungsgrund 20 der SE-Verordnung; sie werden daher häufig als typische Felder angeführt, die außerhalb des Regelungsbereichs der Verordnung liegen (z.B. *Brandt* Hauptversammlung der SE, 2004, S. 31).

Zur vollständigen Integration bedarf es jedoch noch einer zweiten Regelung; dies ist die Gleichstellung mit den im Sitzstaat der SE gegründeten Aktiengesellschaften. Denn es gibt in den verschiedensten Rechtsgebieten hin und wieder Vorschriften, die nach der Rechtsform einer Gesellschaft differenzieren. Ein Beispiel dafür ist das Steuerrecht. Da die SE in diesen Gesetzen naturgemäß nicht vorkommt und der Gemeinschaftsgesetzgeber ihre Zuordnung zu einer bestimmten Kategorie von Rechtssubjekten auch nicht der mitgliedstaatlichen Hoheitsmacht überlassen möchte, ordnet das Gemeinschaftsrecht eine Gleichstellung mit nationalen Aktiengesellschaften an.[324] Die SE ist also beispielsweise wie eine nationale Aktiengesellschaft zu besteuern. Die Rechtsanwendungsbefehle der Verordnung entfalten somit auch außerhalb des eigentlichen Kernbereichs der Verordnung Wirkung.

(2) Sachnorm- oder Gesamtnormverweisung?

Bedeutsam bleibt die Kategorie des Regelungsbereichs jedoch in einer anderen Hinsicht. Nach der herrschenden Auffassung findet innerhalb des Regelungsbereichs zwingend das Sachrecht im Sitzstaat der SE Anwendung, während außerhalb des Regelungsbereichs das mitgliedstaatliche Kollisionsrecht über die Ermittlung des anwendbaren Sachrechts entscheidet.[325] Begeht also eine in Deutschland ansässige SE einen Wettbewerbsverstoß in Spanien, der sich in Frankreich auswirkt, ist über das Kollisionsrecht zu ermitteln, welche Rechtsordnung Anwendung findet.[326] Geht es hingegen um die gesellschaftsrechtliche Frage, inwieweit Aktionäre der SE Minderheitenschutz genießen, findet über Art. 9 Abs. 1 SE-VO unmittelbar das deutsche Aktienrecht Anwendung. Eine kollisionsrechtliche Prüfung entfällt, da Art. 9 Abs. 1 lit. c ii) SE-Verordnung nach herrschender Auffassung unmittelbar auf das Aktienrecht im Sitzstaat der SE verweist.

Art. 9 Abs. 1 SE-Verordnung wird also von der herrschenden Meinung als eine Sachnormverweisung verstanden.[327] Anwendbar sei das mitgliedstaatliche Recht

---

[324] Dies geschieht zum einen durch Art. 9 Abs. 1 lit. c ii), wonach die SE den Rechtsvorschriften der Mitgliedstaaten unterliegt, die auf eine nach dem Recht des Sitzstaats der SE gegründete Aktiengesellschaft Anwendung finden würden, zum zweiten durch Art. 10, wonach eine SE in jedem Mitgliedstaat wie eine Aktiengesellschaft behandelt wird, die nach dem Recht des Sitzstaats der SE gegründet wurde.

[325] *Brandt* Hauptversammlung der SE, 2004, S. 29; *Brandt/Scheifele* DStR 2002, 547, 549; *Casper* FS Ulmer, 2003, S. 51, 66; *Lächler/Oplustil* NZG 2005, 381, 383 f., *Schwarz* Europäisches Gesellschaftsrecht, 2000, S. 577 (Rn. 960); *Wagner* NZG 2002, 985, 987.

[326] Beispiel nach *Casper* FS Ulmer, 2003, S. 51, 66.

[327] *Brandt/Scheifele* DStR 2002, 547, 553; *Casper* FS Ulmer, 2003, S. 51, 65 f.; *Jaecks/Schönborn* RIW 2003, 254, 257 (jedoch unter Ausschluss des Konzernrechts); *Schwarz* Europäisches Gesellschaftsrecht, 2000, S. 650 f. (Rn. 1100); *von Bar/Mankowski* Internationales Privatrecht I, 2. Aufl., 2003, S. 168, Fn. 428; *Wagner* NZG 2002, 985, 989; ebenso *Wagner* Der Europäische Verein, 1999, S. 58 f. für die vergleichbare Rechtsanwendungsnorm im Verordnungsvorschlag für einen Europäischen Verein. A.A. *C. Teichmann* ZGR 31 (2002) 383, 395 ff. sowie *Mäntysaari* JFT 6/2003, 622, 634 ff.

unter Ausschluss des Internationalen Privatrechts, denn Art. 9 Abs. 1 lit. c ii) verweise direkt auf das Recht des Sitzstaats der SE. Eine Weiterverweisung auf ein anderes Recht käme demnach nicht in Betracht; der Sitzstaat muss die Verweisung des Art. 9 SE-VO auf sein Sachrecht hinnehmen. Die Abgrenzung des Regelungsbereichs der Verordnung entscheidet somit darüber, ob ein Sachverhalt über Art. 9 Abs. 1 lit. c ii) SE-Verordnung unmittelbar den Sachnormen des Sitzstaats zugewiesen wird oder ob es außerhalb der Verordnung zu einer Bestimmung des anwendbaren Rechts kommt, was eine Zwischenschaltung des mitgliedstaatlichen Kollisionsrecht notwendig macht.

(a) Das Wortlautargument

Diese Interpretation wird unter anderem mit dem Wortlaut der Verweisungsnorm begründet. Es werde nämlich auf ganz konkrete Sachvorschriften des Sitzstaates verwiesen, und zwar auf das Recht einer bestimmten Rechtsform.[328] Bei genauerer Betrachtung spricht der Wortlaut jedoch nicht zwingend für eine Sachnormverweisung. Art. 9 Abs. 1 lit. c) ii) SE-VO verweist auf die „Rechtsvorschriften der Mitgliedstaaten, die auf eine nach dem Recht des Sitzstaats der SE gegründete Aktiengesellschaft Anwendung finden würden". Diese Formulierung lässt nicht eindeutig erkennen, dass nur das materielle Aktienrecht gemeint sei; es geht um alle Rechtsvorschriften, die auf eine nationale Aktiengesellschaft Anwendung finden.[329] Dies schließt das Aktienrecht ein, erfasst aber ebenso alle anderen für die Tätigkeit einer Gesellschaft maßgeblichen Rechtsvorschriften wie beispielsweise das Gewerberecht, das Wettbewerbsrecht, das Kartellrecht und vieles andere mehr. Es geht der Sache nach nicht um eine Verweisung im internationalprivatrechtlichen Sinne, sondern um ein an die Mitgliedstaaten gerichtetes *Gleichbehandlungsgebot*: Sie sollen die SE nicht anders behandeln als ihre eigenen Aktiengesellschaften.

Gegen eine solche Interpretation des Artikel 9 Abs. 1 ließe sich einwenden, dass es einen Unterschied geben müsse zwischen dem Regelungsbereich der Verordnung und den außerhalb davon liegenden Gegenständen. Denn der zwanzigste Erwägungsgrund weise ausdrücklich darauf hin, dass es Rechtsbereiche wie das Steuerrecht, das Wettbewerbsrecht, den gewerblichen Rechtsschutz und das Konkursrecht gebe, die „nicht von dieser Verordnung erfasst" werden. Auf einen Rechtsbereich, der von vornherein nicht von der Verordnung erfasst werde, könne aber auch nicht der Artikel 9 Anwendung finden, denn als Bestandteil der Verordnung könne er nur die von der Verordnung erfassten Gegenstände regeln.

---

[328] So namentlich *Schwarz* Europäisches Gesellschaftsrecht, 2000, S. 650f. (Rn. 1100); zustimmend *Brandt/Scheifele* DStR 2002, 547, 553, und *Jaecks/Schönborn* RIW 2003, 254, 257. Hingegen konstatiert *Wagner* NZG 2002, 985, 989, dass sich dem Wortlaut eine Verweisung auf das Recht eines bestimmten Mitgliedstaats nicht eindeutig entnehmen lasse; jedoch spreche der Sinn und Zweck der Verweisungsnorm für eine Sachnormverweisung.

[329] Ebenso *Mäntysaari* JFT 6/2003, 622, 635.

Dem ist entgegenzuhalten, dass Artikel 9 ohne Zweifel gerade die außerhalb der Verordnung liegenden Bereiche anspricht, der zwanzigste Erwägungsgrund hier also gewissermaßen sein normatives Echo findet. Art. 9 Abs. 1 lit. c SE-VO gilt seinem Wortlaut nach für die „nicht durch diese Verordnung geregelten Bereiche", also für die *außerhalb* des Regelungsbereichs liegenden Sachverhalte. Er dient damit einerseits der Klarstellung, hat aber andererseits auch einen materiellen Gehalt, indem er die Mitgliedstaaten zwingt, auf eine SE in allen Bereichen dieselben Vorschriften anzuwenden, die für eine nationale Aktiengesellschaft gelten würden.

Sieht man folglich in Artikel 9 Abs. 1 lit. c ii) SE-VO ein Gleichbehandlungsgebot, erhebt sich die Frage, welche Bedeutung daneben dem Art. 10 SE-VO zukommt. Dieser lautet:

> „Vorbehaltlich der Bestimmungen dieser Verordnung wird eine SE in jedem Mitgliedstaat wie eine Aktiengesellschaft behandelt, die nach dem Recht des Sitzstaates der SE gegründet wurde."

Das soeben Art. 9 Abs. 1 SE-VO zugeschriebene Gleichbehandlungsgebot scheint in Art. 10 SE-VO bereits enthalten zu sein. Bei genauerem Hinsehen haben die beiden Vorschriften aber verschiedene Adressaten. Art. 10 SE-VO richtet sich nicht speziell an den Sitzstaat der SE, sondern an jeden Mitgliedstaat. Er gebietet insbesondere denjenigen Mitgliedstaaten, in denen die SE *nicht* ihren Sitz hat, diese SE ebenso zu behandeln, wie sie eine im Sitzstaat ansässige Aktiengesellschaft behandeln würden. Das an den Sitzstaat gerichtete Gleichbehandlungsgebot des Art. 9 Abs. 1 lit. c ii) SE-VO wird also ergänzt um ein an alle übrigen Mitgliedstaaten gerichtetes Gleichbehandlungsgebot. Das Zusammenspiel beider Normen ergibt, dass eine SE in der ganzen Gemeinschaft und in jeder rechtlichen Beziehung, die nicht eigens in der Verordnung geregelt ist, einer Aktiengesellschaft nationalen Rechts gleichgestellt ist.[330]

(b) Entstehungsgeschichte

Die Entstehungsgeschichte der Rechtsanwendungsnorm liefert einigen Aufschluss für den hier vorgetragenen Meinungsstreit. Deutlich wird dies bei einem Vergleich mit der allerersten Vorläufernorm, dem Art. 7 der Vorschläge von 1970 und 1975.[331] Die Rechtsanwendungsregel setzte sich damals aus zwei Teilen zusammen. *Erstens*

---

[330] Vgl. *Mäntysaari* JFT 6/2003, 622, 633 ff. Auch er betont (a.a.O., S. 635) den funktionalen Zusammenhang zwischen Art. 9 Abs. 1 lit. c ii) und Art. 10 SE-VO: "The wording of Art. 9 (1) (c) (ii) only mirrors the wording of Article 10 which provides that an SE shall be treated in every Member State as if it were a public limited-liability company formed in accordance with the law of the Member State in which it has its registered office." Allerdings fasst er (a.a.O., S. 633) den Anwendungsbereich des Art. 10 weiter; dieser gelte für jeden Mitgliedstaat, also für denjenigen, in dem die SE ihren Sitz habe, ebenso wie für alle übrigen Mitgliedstaaten.

[331] Dazu bereits oben S. 282 ff.

einer Festlegung des Regelungsbereichs („von dem Statut behandelten Gegenstände"), welcher der Anwendung des Rechts der Mitgliedstaaten strikt entzogen war. Zweitens dem Verweis auf mitgliedstaatliches Recht für die außerhalb des Regelungsbereichs liegenden Rechtsfragen (die „in dem Statut *nicht* behandelten Gegenstände"). Dieselbe Systematik findet sich im Vorschlag von 1989. Dort spricht die Rechtsanwendungsregel in Absatz 1 von den „der Verordnung unterliegenden Bereichen", während Absatz 2 für die „von dieser Verordnung nicht geregelten Bereiche(n)" auf das sonstige Gemeinschaftsrecht und das Recht der Mitgliedstaaten verwies. Als später der Anspruch, die vom Statut zu behandelnden Gegenstände exklusiv gemeinschaftsrechtlich zu gestalten, aufgegeben wurde, blieb mit Art. 9 Abs. 1 lit. c) SE-VO nur der zweite Teil der Rechtsanwendungsnorm übrig: Der Verweis auf das Recht der Mitgliedstaaten in allen von der Verordnung nicht geregelten Fragen. Im ersten Teil der heutigen Rechtsanwendungsregel findet sich hingegen kein Hinweis mehr auf die von der Verordnung geregelten Bereiche. Dort ist lediglich von den „Bestimmungen dieser Verordnung" die Rede, was dafür spricht, dass die Reichweite der Verordnung nunmehr deckungsgleich ist mit dem konkreten Inhalt ihrer Bestimmungen und es einen darüber hinausgehenden „Regelungsbereich" nicht mehr gibt.[332]

Der heutige Art. 9 Abs. 1 lit. c SE-VO entspricht also entstehungsgeschichtlich dem jeweils zweiten Teil der früheren Rechtsanwendungsregeln, wonach für die in der Verordnung nicht geregelten Gegenstände oder Bereiche mitgliedstaatliches Recht gelten sollte.[333] Diese Erkenntnis aus der Entstehungsgeschichte ist deshalb bedeutsam, weil dieser zweite Teil der Rechtsanwendungsregel immer so verstanden wurde, dass er auf das Recht der Mitgliedstaaten *einschließlich* des Kollisionsrechts verweise. Bei der Diskussion der Vorschläge von 1970 und 1975 stand dies offenbar außer Zweifel. *Lindacher* meinte dazu, Art. 7 Abs. 2 spreche die Selbstverständlichkeit aus, dass die im Statut nicht behandelten Gegenstände nach dem Recht der Mitgliedstaaten zu beurteilen seien; der nationale Richter entscheide in diesem Bereich nach seinem Kollisionsrecht und dem nationalen Recht, auf das jenes verweise.[334]

---

332 Die französische Fassung stützt diese Interpretation: Abs. 1: „La SE est régie a) par *les dispositions du présent règlement*; … c) pour les matières non réglées par le présent règlement …". Die englische Fassung ist hier weniger klar und schließt dem Wortlaut nach die Konzeption eines Regelungsbereichs nicht völlig aus: Abs. 1: "An SE shall be governed by (a) *this Regulation*; ...(c) in the case of matters not regulated by this Regulation …". (Hervorhebungen durch den *Verf.*).

333 In diesem Sinne auch *Lind,* Rechtsanwendungsvorschriften, 2004, S. 65: Art. 7 Abs. 3 des Vorschlags von 1989 sei im Vorschlag von 1991 ersatzlos gestrichen worden.

334 *Lindacher* in: Lutter (Hrsg.), Die Europäische Aktiengesellschaft, 2. Aufl., 1978, S. 4.

(c) Objektiv-teleologische Argumente

Die Befürworter einer Sachnormverweisung verwenden indessen auch ein objektiv-teleologisches Argument.[335] Ließe man das mitgliedstaatliche Kollisionsrecht entscheiden, käme es zu einer Einschränkung der Praktikabilität durch einen weiteren Prüfungsschritt. Außerdem würde die Einheitlichkeit und Vorhersehbarkeit der Verweisungsregelung beeinträchtigt. Dem Ziel, ein einheitliches Statut für die supranationale Rechtsform zu schaffen, könne man nur durch eine Sachnormverweisung gerecht werden. Denn nur dies könne gewährleisten, dass die Rechtsform unabhängig von dem Mitgliedstaat, in dem es zu einem Rechtsstreit komme, ein und demselben Recht unterliege. Eine Gesamtnormverweisung könne diese Sicherheit nicht bieten. Sie berge die Gefahr, dass in derselben Rechtsfrage Sachnormen aus verschiedenen nationalen Rechtsordnungen anzuwenden seien und könne sogar dazu führen, dass Sachnormen eines Nichtmitgliedstaats zur Anwendung gelangten.

Die Prämisse dieser Argumentation verdient Zustimmung: Das auf eine supranationale Rechtsform anwendbare Recht sollte einheitlich und zuverlässig feststellbar sein; eine Entscheidungsdivergenz der Gerichte in verschiedenen Mitgliedstaaten wäre dem supranationalen Charakter abträglich. Man unterstellt den Rechtsetzungsorganen der Gemeinschaft sicherlich zu Recht, dass sie eine solche Situation tunlichst vermeiden wollten. Dies war nach der Entwicklung des Vollstatuts zum „Torso" mehr denn je das Gebot der Stunde. Allein – der Schluss von dieser Prämisse auf den Charakter der Rechtsanwendungsnorm als Sachnormverweisung ist keineswegs zwingend.

Denn was geschieht, wenn man Artikel 9 Abs. 1 lit. c) ii) SE-VO *nicht* als Sachnormverweisung versteht? Es gelten diejenigen Rechtsvorschriften, die auf eine nach dem Recht des „Sitzstaats der SE" gegründete Aktiengesellschaft Anwendung finden. Welches der *Sitzstaat* ist, ergibt sich eindeutig aus dem Text der Verordung. Mit dem „Sitz" meint die Verordnung immer den Registersitz.[336] Dies erweist schon Art. 7 Satz 1 SE-VO, der die Begriffe „Sitz" und „Hauptverwaltung" trennt, offenbar also die Hauptverwaltung als ein aliud gegenüber dem Sitz versteht. Hinzu kommen die Bestimmungen über die Sitzverlegung in Art. 8 SE-VO. Auch dort ist

---

335 Dazu insb. *Schwarz* Europäisches Gesellschaftsrecht, 2000, 651 (Rn. 1100). Zustimmend *Jaecks/Schönborn* RIW 2003, 254, 257, *Lind,* Rechtsanwendungsvorschriften, 2004, S. 62 und S. 67 sowie *Wagner* NZG 2002, 985, 989. Dieselbe Argumentation findet sich bei *Wagner* Der Europäische Verein, 1999, S. 58 f. zur nahezu identischen Rechtsanwendungsnorm des Art. 6 Abs. 1 im Vorschlag für ein Statut über den Europäischen Verein. Soweit diese Autoren auf *A. Meyer-Landrut* Die Europäische Wirtschaftliche Interessenvereinigung, 1988, S. 14 und S. 18 f. verweisen, handelt es sich um nicht vergleichbare Sachverhalte; denn die allgemeine Rechtsanwendungsvorschrift der EWIV-VO betrifft gerade Gegenstände *innerhalb* des Regelungsbereichs der Verordnung (dazu näher unten S. 309 ff.).

336 *Schwarz* ZIP 2001, 1847, 1849; *C. Teichmann* ZGR 31 (2002) 383, 455 f.; ebenso *Lind,* Rechtsanwendungsvorschriften, 2004, S. 71, und mit ausführlicher Begründung *Zang*, Sitz der SE, 2005, S. 5 ff.

allein die Verlegung des satzungsmäßigen oder Registersitzes gemeint; denn von einer Verlegung der Hauptverwaltung ist in den Verfahrensvorschriften zur Sitzverlegung nicht die Rede. Infolgedessen können Sitz und Hauptverwaltung auch nach einer Sitzverlegung für begrenzte Zeit in verschiedenen Mitgliedstaaten liegen. Art. 64 SE-VO ordnet ausdrücklich an, diesen Art. 7 Satz 1 SE-VO widersprechenden Zustand zu bereinigen, indem entweder die „Hauptverwaltung wieder im Sitzstaat errichtet" oder „nach dem Verfahren des Artikels 8" der Sitz verlegt wird. All' diese Vorschriften belegen, dass „Sitz" in einem formalen Sinne zu verstehen und von der „Hauptverwaltung" begrifflich zu unterscheiden ist. Sollte es noch einer Bestätigung dieses Auslegungsergebnisses bedürfen, liefern sie die englische und die französische Fassung der SE-Verordnung. Wo in der deutschen Fassung lediglich das Wort „Sitz" steht, findet sich – präziser – im englischen Text *„registered office"* und im französischen *„siège statutaire"*. Daraus folgt: Der „Sitzstaat" der SE ist eindeutig festgelegt; es ist derjenige Staat, in dem die SE gemäß Art. 12 SE-VO im Register eingetragen ist.

Damit aber ist eine Entscheidungsdivergenz nicht denkbar: Jedes mit einem Rechtstreit um eine SE befasste nationale Gericht muss das Recht des Sitzstaates der SE anwenden. Schließt dies nach hier vertretener Auffassung auch das Kollisionsrecht ein, ist dies unschädlich. Denn es kommt ungeachtet dessen, welchem Mitgliedstaat das entscheidende Gericht angehört, immer das Kollisionsrecht des Sitzstaates der SE zur Anwendung; die Anwendung des eigenen Kollisionsrecht ist einem Gericht anderer Nationalität verwehrt.[337] Ist auf diese Weise eine einheitliche Behandlung der SE sichergestellt, gibt es keinen vernünftigen Grund, warum die SE-Verordnung sich darüber hinaus zu der Frage verhalten sollte, welches Sachrecht anwendbar ist. Ihr Ziel liegt allein darin, die „Gründung und Leitung von Gesellschaften europäischen Zuschnitts" zu ermöglichen, „ohne dass die bestehenden Unterschiede zwischen den für Handelsgesellschaften geltenden einzelstaatlichen Rechtsvorschriften und ihr räumlich begrenzter Geltungsbereich dafür ein Hindernis darstellten" (siebter Erwägungsgrund der SE-Verordnung). Fragt man unter dem Aspekt der Subsidiarität danach, was zur Erreichung dieses Ziels nötig ist, so muss allein die Grenze zwischen europäischem und nationalem Recht klar bestimmt werden; ein Eingriff in das nationale Kollisionsrecht ist hingegen nicht erforderlich.[338]

---

337 *Mäntysaari* JFT 6/2003, 622, 637, stützt diese Aussage auch mit einem Verweis auf das Inspire Art-Urteil des Europäischen Gerichtshofs ab (dazu oben ab S. 95). Es wäre ein Verstoß gegen die Niederlassungsfreiheit, auf eine SE das eigene Kollisionsrecht anzuwenden. Ob man der Entscheidung wirklich Aussagen zum Kollisionsrecht entnehmen kann, erscheint allerdings zweifelhaft (ausführlich zu dieser Frage unten im Abschnitt § 7 auf S. 405 ff.).

338 Darauf weist *Mäntysaari* JFT 6/2003, 622, 636, nachdrücklich hin. Er versteht daher auch die speziellen Verweisungen der Art. 47 Abs. 1, 47 Abs. 2 lit. a, 53, 61 und 62 SE-VO nicht als Sachnormverweisungen. Ihr Sinn liege allein darin, die Grenze zwischen europäischem und nationalem Recht zu bestimmen.

Versteht man Art. 9 Abs. 1 lit. c ii) SE-VO daher so, dass er Kollisionsrecht nicht ausschließt, sondern mit dem Aufruf des im Sitzstaat der SE geltenden Rechts Entscheidungseinklang hinsichtlich des anwendbaren Kollisionsrechts herstellt, legt dies eine weitere Schlussfolgerung nahe: Diese Rechtsanwendungsregel muss auch und gerade für die *außerhalb* des Regelungsbereichs liegenden Rechtsmaterien gelten. Der Wortlaut des Art. 9 Abs. 1 lit. c SE-VO („die nicht von dieser Verordnung geregelten Bereiche") legt dies ohnehin nahe. Aber auch das objektiv-teleologische Argument spricht dafür. Erst bei einer Erstreckung auf alle Rechtsmaterien ist ein einheitliches Rechtsregime für die SE hergestellt. Es gilt also auch bei Anwendung des Steuerrechts, des Wettbewerbsrechts und anderer Materien ausschließlich das Kollisionsrecht des Sitzstaates, gleichgültig in welchem Mitgliedstaat sich das mit der Angelegenheit befasste Gericht befindet. Bei dieser Interpretation kommt Art. 9 Abs. 1 lit. c) ii) SE-VO eine ungleich wichtigere Vereinheitlichungsrolle zu im Vergleich zu der Auffassung, die ihn lediglich als Sachnormverweisung innerhalb des Regelungsbereichs versteht.

Daraus folgt: Art. 9 Abs. 1 lit. c) ii) SE-VO verweist auf die gesamte Rechtsordnung des Sitzstaates der SE, einschließlich des Kollisionsrechts. Dies wird, wie festgestellt, dem Bedürfnis nach Einheitlichkeit der Rechtsanwendung vollauf gerecht.[339] Es ist überdies ein Gebot der *Sachgerechtigkeit*. Denn eine supranationale Rechtsform wird typischerweise und in aller Regel eine Vielzahl grenzüberschreitender Fragestellungen aufweisen. Ein Blick in Kommentierungen des Internationalen Gesellschaftsrechts zeigt, welche diffizilen Abgrenzungsfragen auch und gerade in Kernbereichen des Gesellschaftsrechts auftreten können.[340] Grenzüberschreitende Ausübung des Stimmrechts in der Hauptversammlung, schuldrechtliche Vereinbarungen von Gesellschaftern verschiedener Nationalität, Bildung und Führung von grenzüberschreitenden Konzernen – all' dies lässt sich ohne den Zwischenschritt des Kollisionsrechts nicht sinnvoll behandeln. Denn bei Sachverhalten mit Auslandsbezug ist es gerade Aufgabe des Kollisionsrechts zu gewährleisten, dass nicht ein beliebiges, sondern das der Sache angemessene Recht berufen wird.[341] Wollte man hingegen das Kollisionsrecht von vornherein ausblenden, würde man gerade auf diejenige Prüfungsstufe verzichten, die bei Sachverhalten mit Auslandsberührung überhaupt erst die Sachgerechtigkeit der Ergebnisse sicherstellt. Entsprechend willkürlich wären die Ergebnisse. Die SE würde überdies in ihrem Sitzstaat anders behandelt als die dort ansässigen Aktiengesellschaften; denn auf diese wird der Mit-

---

339 In diesem Sinne auch *Mäntysaari* JFT 6/2003, 622, 635: "This interpretation, which is based on the wording of Art. 9 (1), would not disturb the attainment of the Regulation; instead, the law governing grey areas would be determined by the Member States' existing choice of law rules without creating an additional layer of complexity based on the unclarities of the Regulation."

340 Hingegen sieht *Mäntysaari* JFT 6/2003, 622, 634, den Schwerpunkt der Problematik des anwendbaren Rechts vor allem in den Fragen, die nicht zum Kernbereich des Gesellschaftsrechts gehören.

341 MüKo-*Sonnenberger* Bd. 10, 3. Aufl., 1998, Einl. IPR, Rn. 9.

gliedstaat ganz selbstverständlich bei jeder Rechtsfrage mit Auslandsberührung zunächst sein Kollisionsrecht und dann das hiernach berufene Sachrecht anwenden.

Zwar gibt es in der kollisionsrechtlichen Diskussion eine Auffassung, die den Sachnormen selbst Aussagen über ihren internationalen Anwendungsbereich entnehmen möchte (sog. Statutentheorie).[342] Dieser Auffassung nach tragen die Sachnormen gewissermaßen ihren räumlichen Geltungsanspruch in sich, weshalb sich durch Auslegung der Sachnorm auch Aussagen über ihre Anwendbarkeit auf Sachverhalte mit Auslandsberührung gewinnen lassen. Die wohl überwiegende Auffassung hält dem aber entgegen, dass über den internationalen Anwendungsbereich einer Norm spezifisch kollisionsrechtliche Wertungen entscheiden müssten, die sich zumeist nicht der Sachnorm selbst entnehmen lassen.[343] Es gibt keinen Anhaltspunkt dafür, dass der Verordnungsgeber in diesen Methodenstreit hätte eingreifen wollen. Es bestand aus seiner Sicht auch kein Bedürfnis dafür; denn mit dem Verweis auf den Sitzstaat der SE ist dieser aufgerufen, die seiner Auffassung nach angemessenen kollisionsrechtlichen Normen zu entwickeln. Zudem wäre bei einem Verständnis der Rechtsanwendungsregel als Sachnormverweisung eine kollisionsrechtliche Wertung an Hand der Statutentheorie ausgeschlossen, da eine Sachnormverweisung begrifflich jegliche kollisionsrechtliche Wertung von vornherein ausschließt. Und auch die Statutentheorie ist eine kollisionsrechtliche Theorie, die unter Umständen zum Verweis auf ein ausländisches Recht führen kann; gerade dies wäre aber beim Verständnis des Art. 9 SE-VO als Sachnormverweisung ausgeschlossen.

Es sind also keine tragfähigen Argumente dafür ersichtlich, warum die SE-Verordnung es verwehren sollte, in Sachverhalten mit Auslandsberühung anhand des Kollisionsrechts das sachlich angemessene Recht zu ermitteln. Die unverzichtbare Funktion des Kollisionsrechts liegt darin, bei einem Sachverhalt mit Auslandsberührung das für den Lebenssachverhalt anwendbare Recht unter Einschaltung spezifisch kollisionsrechtlicher Wertungen zu ermitteln. So wird man bei der grenzüberschreitenden Stimmrechtsausübung in der Hauptversammlung zu dem Ergebnis kommen, dass der Schwerpunkt des Rechtsverhältnisses im Sitzstaat der Gesellschaft liegt, der ausländische Aktionär sich also den dort geltenden Regeln der Stimmrechtsausübung unterwerfen muss;[344] diese Aussage ist nicht naturgegeben, sondern das Ergebnis einer kollisionsrechtlichen Wertung. Würde man diesen Zwischenschritt ausschließen, wäre an Rechtssicherheit nichts gewonnen, dafür aber der Weg zu sachgerechten Lösungen von Sachverhalten mit Auslandsberührung verbaut. Es spricht auch nicht gegen die Einheitlichkeit des SE-Statuts, dass in die-

---

342 Zum Methodenstreit im IPR: MüKo-*Sonnenberger* Bd. 10, 3. Aufl., 1998, Einl. IPR, Rn. 11 ff.; weiterhin für das konzernrechtliche IPR *Bayer* Beherrschungsvertrag, 1988, S. 37 ff.

343 Dazu MüKo-*Sonnenberger* Bd. 10, 3. Aufl., 1998, Einl. IPR, Rn. 70 ff.

344 Die innere Verfassung der Gesellschaft wird üblicherweise vollständig ihrem Personalstatut zugeordnet (MüKo-*Kindler* Bd. 11, 4. Aufl., 2006, Rn. 564 [m.w.N.]).

ser Frage mitgliedstaatliche Wertungen zur Anwendung kommen. Denn die Sachfrage ist in der Verordnung nicht geregelt, es kommt also unvermeidbar zur Anwendung mitgliedstaatlichen Rechts. Es ist kein Grund ersichtlich, warum die SE-Verordnung, wenn sie schon die Sachfrage nicht regelt, die kollisionsrechtlichen Wertungen des Sitzstaates abschneiden sollte. Wichtig ist, dass es nicht zu einer „Kollision der Kollisionsrechte" kommt. Dies vermeidet Art. 9 Abs. 1 lit. c) ii) SE-VO, indem er ausschließlich das Kollisionsrecht desjenigen Staates zur Anwendung beruft, in dem die SE im Handelsregister eingetragen ist.[345]

(3) Zur Diskussion um das Konzernrecht der SE

Praktische Relevanz gewinnt die Interpretation der Rechtsanwendungsnorm möglicherweise für die von *Hommelhoff* angestoßene Diskussion über das Konzernrecht der SE.[346] Das deutsche Konzernrecht modifiziert grundlegende Prinzipien des Aktienrechts und betrifft damit zentrale Fragen des Gesellschaftsrechts. So setzt § 291 Abs. 3 AktG für Leistungen der abhängigen Gesellschaft, die auf einem Beherrschungs- oder Gewinnabführungsvertrag beruhen, die Kapitalerhaltungsvorschriften der §§ 57, 58 und 60 AktG außer Kraft. Außerdem ist das herrschende Unternehmen bei Bestehen eines Beherrschungsvertrages gemäß § 308 Abs. 1 Satz 1 AktG berechtigt, dem Vorstand der abhängigen Gesellschaft Weisungen zu erteilen; dies überspielt die in § 76 Abs. 1 AktG vorgesehene Eigenverantwortlichkeit des Vorstands.

Die Prinzipien der Kapitalerhaltung und der Eigenverantwortlichkeit des Vorstands gelten kraft Gemeinschaftsrechts auch für die SE (Art. 5 und Art. 39 Abs. 1 Satz 1 SE-VO). Hingegen fehlt in der SE-Verordnung jegliche Regelung eines Konzernrechts.[347] *Hommelhoff* hat daraus den Schluss gezogen, dass diejenigen Regeln des deutschen Konzernrechts, die zur Durchbrechung der Kapitalerhaltungsvorschriften und der Eigenverantwortlichkeit des Vorstands führen, auf eine SE mit Sitz in Deutschland nicht anwendbar seien.[348] Es sei damit europarechtlich ausge-

---

345 Dieselben Argumente gelten überall dort, wo eine Spezialverweisung der SE-Verordnung allgemein das „für Aktiengesellschaften geltende Recht" im Sitzstaat der SE in Bezug nimmt. Auch dort besteht kein Anlass, dem (durch die Verordnung eindeutig bestimmten) Sitzstaat den Filter seines eigenen Kollisionsrechts aus der Hand zu nehmen; derartige Verweisungen sind also gleichfalls als Gesamtnormverweisungen zu verstehen (a.A. für Art. 15 SE-VO *Kersting* DB 2001, 2079 f.: Sachnormverweisung).

346 *Hommelhoff* AG 2003, 179 ff.; die Diskussion aufgreifend *Brandi* NZG 2003, 889, *Habersack* ZGR 32 (2003) 724, *Jaecks/Schönborn* RIW 2003, 254, und *Maul* ZGR 32 (2003) 743. Vgl. zum auf die SE anwendbaren Konzernrecht außerdem *Jaecks/Schönborn* RIW 2003, 254.

347 In den frühen Entwürfen war das Konzernrecht noch ausführlich geregelt (dazu *Geßler* in: Lutter (Hrsg.), Die Europäische Aktiengesellschaft, 2. Aufl., 1978, 275 ff.). Diese Bestimmungen wurden jedoch im Zuge der Diskussion nach und nach gestrichen; dazu *Maul* Faktisch abhängige SE, 1998, S. 2 ff. und *Habersack* ZGR 32 (2003) 724, 737 ff.

348 *Hommelhoff* AG 2003, 179, 182. Auf die vorgelagerte Frage, ob die Durchbrechung der Ka-

schlossen, eine SE als abhängige Gesellschaft in einen Vertragskonzern nach deutschem Recht zu integrieren.

Die weitaus überwiegende Zahl der Autoren gelangt allerdings zu dem Ergebnis, das Konzernrecht deutscher Prägung sei auf eine in Deutschland ansässige SE uneingeschränkt anwendbar.[349] Dabei kommt auch der Begriff des Regelungsbereichs ins Spiel. Denn – so lässt sich das zentrale Argument zusamenfassen – das Konzernrecht gehört nicht zum Regelungsbereich der SE-Verordnung und kann daher von dieser nicht verdrängt werden.[350] Zum Beleg wird auf die Entstehungsgeschichte verwiesen: Die Vorschläge von 1970 und 1975 regelten das Konzernrecht noch detailliert, bei der Vorbereitung des Vorschlags von 1989 nahm man jedoch von diesem Konzept Abschied. Im Jahre 1985 wurde ein Vorentwurf für eine Konzernrechtsrichtlinie vorgelegt,[351] der allerdings nicht einmal innerhalb der Kommission die nötige Mehrheit erhielt, um zu einem offiziellen Vorschlag zu gedeihen.[352] In diesen rechtspolitischen Schwebezustand wollte man nicht durch Schaffung eines SE-spezifischen Konzernrechts eingreifen. Die Kommission äußerte damals, man wolle dem Ergebnis der Überlegungen zur Rechtsangleichung nicht vorgreifen und überdies nicht die rasche Verabschiedung des Verordnungsvorschlags für ein Statut der SE gefährden.[353]

Diesem Sinneswandel kommt für die heutige Diskussion maßgebliche Bedeutung zu. Denn anlässlich der Überarbeitung des Vorschlags für ein SE-Statut wurden im Jahre 1989 neue Erwägungsgründe eingefügt, die sich noch in der im Jahre 2001 verabschiedeten Fassung finden haben:[354] „Die Rechte und Pflichten hinsichtlich

---

pitalerhaltungsregeln mit der Kapitalrichtlinie vereinbar ist, soll hier nicht näher eingegangen werden. Einen Konflikt mit der Kapitalrichtlinie hält insb. *Schön* RabelsZ 64 (2000) 1, 22 ff. sowie *Schön* FS Kropff, 285, 298 ff. für denkbar; ebenso wohl *Werlauff* EU Company Law, 2003, 283, der für eine der Kapitalrichtlinie widersprechende Vermögensverlagerung im Konzern eine spezifisch europarechtliche Ermächtigung verlangt (wie sie der Entwurf einer Konzernrechtsrichtlinie vorsah, der jedoch kaum noch Aussicht auf Verabschiedung hat). Für die Gegenauffassung (Vereinbarkeit der konzernrechtlichen Modifizierungen der Kapitalerhaltung mit der Kapitalrichtlinie): *Habersack* Europäisches Gesellschaftsrecht, 2. Aufl., 2003 S. 124 ff. (Rn. 169 ff.), *Habersack* ZGR 32 (2003) 724, 731 ff., *Schwarz* Europäisches Gesellschaftsrecht, 2000, S. 380 (Rn. 596, Fn. 653), und *Veil* WM 2003, 2169, 2171.

349 *Brandi* NZG 2003, 889 ff.; *Habersack* ZGR 32 (2003) 724 ff.; *Maul* ZGR 32 (2003) 743 ff.; *Veil* WM 2003, 2169 ff.; ebenso *Jaecks/Schönborn* RIW 2003, 254 ff. (die allerdings den Beitrag von *Hommelhoff* noch nicht berücksichtigen konnten). *Ebert* BB 2003, 1854 ff. analysiert die verschiedenen Möglichkeiten, das anwendbare Konzernrecht zu bestimmen und präferiert dabei offenbar den Weg über das allgemeine Kollisionsrecht, also außerhalb des Art. 9 Abs. 1 SE-VO.

350 *Habersack* ZGR 32 (2003) 724, 727 f., 737.

351 Nachweis siehe Anhang „Fundstellen"

352 Dazu *Schwarz* Europäisches Gesellschaftsrecht, 2000, S. 535 ff. (Rn. 887 ff.).

353 Beilage 5/89 zum Bulletin der Europäischen Gemeinschaften, Erläuterung zu Art. 114, S. 28.

354 In der Verordnung Nr. 2157/2001 die Erwägungsgründe 15 bis 17. Diese Nummerierung wird im Folgenden zu Grunde gelegt.

des Schutzes von Minderheitsaktionären und von Dritten, die sich für ein Unternehmen aus der Kontrolle durch ein anderes Unternehmen, das einer anderen Rechtsordnung unterliegt, ergeben, bestimmen sich gemäß den Vorschriften und allgemeinen Grundsätzen des internationalen Privatrechts nach dem für das kontrollierte Unternehmen geltenden Recht, ..." (Erwägungsgrund 15). Liest man dazu die Begründung der Kommission ergibt sich, dass dieser Erwägungsgrund die ohnehin in den Mitgliedstaaten geltenden Grundsätze des Internationalen Privatrechts festhalten wollte und es lediglich darum ging sicherzustellen, dass eine kontrollierte SE insoweit einer Aktiengesellschaft gleichgestellt werde, die dem Rechts des Sitzstaates unterliege.[355] In Erwägungsgrund 17 folgt der Hinweis, es sei anzugeben, welches Recht anwendbar ist; hierzu sei auf die Rechtsvorschriften zu verweisen, die für Aktiengesellschaften gelten, die dem Recht des Sitzstaates der SE unterliegen. Diesen selbst gestellten Regelungsauftrag erfüllte das Statut im Vorschlag von 1989 mit der Bestimmung des Art. 114 Abs. 1:

> „Die Rechte und Pflichten zum Schutz von Minderheitsaktionären und Dritten, die sich für ein Unternehmen aus der Tatsache ergeben, daß es eine SE beherrscht, richten sich nach dem Recht, das auf Aktiengesellschaften anwendbar ist, die dem Recht des Sitzstaates der SE unterliegen."

Dieser Artikel hatte damals folgende Funktion: Er sollte sicherstellen, dass eine SE ebenso behandelt würde wie eine nationale Aktiengesellschaft im Sitzstaat der SE. Eine eigene Kollisionsnorm war er nicht. Vielmehr setzte er gedanklich voraus, dass in allen Mitgliedstaaten ohnehin der Grundsatz gelte, der Schutz kontrollierter Gesellschaften richte sich in grenzüberschreitenden Konzernen nach dem Gesellschaftsstatut der kontrollierten Gesellschaft und nicht nach demjenigen der Obergesellschaft.

Im Vorschlag von 1991 wurde Art. 114 ersatzlos gestrichen. Die Begründung dazu lautete:[356]

> „Die Ad-hoc-Gruppe und die Kommission haben festgestellt, daß die Bestimmung insofern überflüssig ist, als diese Frage in Artikel 7 geregelt ist."

Nach Auffassung der Verfasser des Vorschlags von 1991 sollte also das Konzernrecht von der allgemeinen Rechtsanwendungsregel des Art. 7 (heute: Art. 9 Abs. 1) erfasst sein.[357] Wie verhält sich dies zu der Auffassung, Konzernrecht liege außerhalb des Regelungsbereichs? Sofern man die Kategorie des Regelungsbereichs über-

---

355 Beilage 5/89 zum Bulletin der Europäischen Gemeinschaften, S. 28.

356 Begründung der Kommission, abgedruckt in BT-Drs. 12/1004; das Zitat findet sich dort auf S. 11.

357 Ebenso *Maul* Faktisch abhängige SE, 1998, S. 22, *Jaecks/Schönborn* RIW 2003, 254, 255. Dieses Schlaglicht aus der Entstehungsgeschichte bestätigt die oben vertretene Interpretation der allgemeinen Rechtsanwendungsnorm: Sie greift nicht in das Kollisionsrecht der Mitgliedstaaten ein, sondern setzt es als gegeben voraus; ihre zentrale Funktion liegt darin, die SE einer im Sitzstaat ansässigen nationalen Aktiengesellschaft gleichzustellen.

haupt für sinnvoll hält, muss man annehmen, die allgemeine Rechtsanwendungsregel gelte für alle Rechtsfragen innerhalb des Regelungsbereichs.[358] Unter den Autoren, die mit der Kategorie des Regelungsbereichs arbeiten, besteht Übereinstimmung darüber, dass er jedenfalls die Kernbereiche des Gesellschaftsrechts erfasst.[359] Dann müsste konsequent auch das Konzernrecht zum Regelungsbereich gehören. Denn Konzernrecht ist nicht etwa eine eigene Rechtsmaterie wie Steuerrecht oder Wettbewerbsschutz. Konzernrecht ist originäres Gesellschaftsrecht. Dies zeigt sich rechtsvergleichend schon daran, dass alle Mitgliedstaaten – außer Deutschland und Portugal – konzernspezifische Probleme mit dem Instrumentarium des allgemeinen Gesellschaftsrechts lösen.[360] Im Kern geht es um zentrale gesellschaftsrechtliche Fragen wie die Kapitalerhaltung und den Interessenkonflikt zwischen Mehrheits- und Minderheitsgesellschaftern.

Siedelt man das Konzernrecht innerhalb des Regelungsbereichs der Verordnung an, ist deutsches Konzernrecht in der Tat blockiert, soweit die SE-Verordnung selbst Regelungen über das Kapital (Art. 5 SE-VO) und die Eigenverantwortlichkeit des Vorstands (Art. 39 Abs. 1 Satz 1 SE-VO) trifft.[361] Fasst man das Konzernrecht damit konsequenterweise auch unter die allgemeine Rechtsanwendungsregel des Art. 9 Abs. 1 SE-VO, treten für die *Hommelhoff*s Ansicht ablehnenden Autoren unüberwindbare Widersprüche auf. Besonders merkwürdig wäre das Ergebnis bei einer SE, die konzernverbundene Tochtergesellschaften im Ausland hat, die selbst nicht in der Rechtsform der SE organisiert sind. Ausgangspunkt sei das Beispiel einer in Deutschland ansässigen SE, die 80% der Anteile an einer britischen private limited company hält und mit dieser einen Beherrschungsvertrag abschließen möchte. Da die herrschende Auffassung Art. 9 Abs. 1 lit. c ii) SE-VO als Sachnormverweisung versteht, müsste sie für diese in der Verordnung nicht geregelte Frage das nationale Konzernrecht im Sitzstaat der SE heranziehen. Die deutsche SE könnte also mit ihrer britischen Tochtergesellschaft einen Beherrschungsvertrag abschließen, den das britische Recht überhaupt nicht kennt – und den auch das deutsche Recht nicht zulassen würde, wenn man sein Kollisionsrecht zwischenschaltete, welches in Konzernfragen auf das Recht der abhängigen Gesellschaft verweist.

Aus dieser Sackgasse befreit sich die herrschende Auffassung auf wenig überzeugende Weise: Teilweise wird das Konzernrecht gänzlich aus dem Regelungsbereich

---

358 So *Brandt/Scheifele* DStR 2002, 547, 548 f., *Jaecks/Schönborn* RIW 2003, 254, 255, und *Wagner* NZG 2002, 985, 988.

359 *Brandt/Scheifele* DStR 2002, 547, 550; *Casper* FS Ulmer, 2003, S. 51, 66; *Wagner* NZG 2002, 985, 988; zur vergleichbaren Frage beim Europäischen Verein *Wagner* Der Europäische Verein, 1999, S. 55.

360 Dazu im Überblick *Forum Europaeum* ZGR 27 (1998) 672, 676 ff. und monographisch *Lübking* Ein einheitliches Konzernrecht für Europa, 2000.

361 In diesem Sinne versteht *Hommelhoff* AG 2003, 179, 182 ff., die Verordnung; a.A. *Habersack* ZGR 32 (2003) 724, 737 ff. sowie *Brandi* NZG 2003, 889, 893.

der Verordnung verbannt,[362] teilweise wird Art. 9 Abs. 1 SE-VO ausnahmsweise als Gesamtnormverweisung interpretiert[363] oder aber nur auf die abhängige SE und nicht auf die herrschende SE angewandt.[364] Das Ziel dieser ganzen Überlegungen besteht darin, den Erwägungsgründen gerecht zu werden, die postulieren, für den Schutz der abhängigen Gesellschaft müsse nach den allgemeinen Grundsätzen des Internationalen Privatrechts das Recht am Sitzstaat der abhängigen Gesellschaft gelten. Dass dies das zutreffende Ergebnis sein muss, steht außer Streit. Es lässt sich aber viel einfacher und ohne innere Widersprüche erreichen, wenn man Art. 9 Abs. 1 lit. c ii) SE-VO in dem oben herausgearbeiteten Sinne versteht: Er ordnet für alle in der Verordnung nicht geregelten Bereiche die Anwendung des Rechts im Sitzstaat der SE an, einschließlich der Regeln des Internationalen Privatrechts. Erreicht wird damit eine Gleichstellung der SE mit der nationalen Aktiengesellschaft. Schließlich wurde Art. 114 des Vorschlags von 1989, wie oben bereits bemerkt, aus genau diesem Verständnis heraus gestrichen. Die Autoren der Verordnung gingen davon aus, eine kollisionsrechtliche Regelung speziell für Konzernsachverhalte sei überflüssig, da dasselbe Ergebnis sich aus der allgemeinen Rechtsanwendungsregel des damaligen Art. 7 ergebe. Versteht man in diesem Sinne auch die heutige Regel des Art. 9 Abs. 1 SE-VO, wird die deutsche SE im geschilderten Beispiel wie eine deutsche Aktiengesellschaft behandelt, und dazu gehört auch das deutsche Kollisionsrecht. Es lässt einen Beherrschungsvertrag mit einer im Ausland ansässigen Tochtergesellschaft nicht zu, wenn deren Recht diesen Vertrag nicht kennt. Denn für den Schutz der abhängigen Gesellschaft ist nach deutschem Kollisionsrecht das ausländische materielle Gesellschaftsrecht zuständig.[365]

Das zwischen *Hommelhoff* und den übrigen Autoren streitige Problem ist folglich auf der Ebene des Sachrechts zu lösen: Es geht im Kern um die Frage, ob für eine SE mit Sitz in Deutschland, auf die kraft der kollisionsrechtlichen Regeln deutsches Konzernrecht Anwendung findet, ebendiese konzernrechtlichen Regeln durch einzelne Vorschriften der SE-Verordnung blockiert werden. Die Durchbrechung der Kapitalvorschriften nach deutschem Aktienkonzernrecht dürfte anwendbar sein; denn Art. 5 SE-Verordnung verweist für die Regelung des Kapitals pauschal auf das Recht am Sitzstaat der SE. Anders könnten die Dinge bezüglich der Leitungsmacht des Vorstands liegen. Er führt nach Art. 39 Abs. 1 SE-Verordnung die Geschäfte der

---

362 So *Habersack* ZGR 32 (2003) 724, 727 f., der aber als ausgewiesener Konzernrechtler konzediert, dass dies „auf den ersten Blick überraschend" sei.

363 So *Lächler/Oplustil* NZG 2005, 381, 386. Diese Alternative erwägen auch *Jaecks/Schönborn* RIW 2003, 254, 257, ohne sich aber definitiv für die eine oder andere Lösung zu entscheiden. Überzeugend demgegenüber das Argument von *Veil* WM 2003, 2169, 2172, dass es für die Klärung der Vereinbarkeit des deutschen Konzernrechts mit der SE-Verordnung gar nicht darauf ankomme, wie man die Verweisung interpretiert; die Verordnung als Gemeinschaftsrecht hat in jedem Fall Vorrang vor mitgliedstaatlichem Recht. Ohne eigene Festlegung im Streit um Regelungsbereich und Charakter der Verweisungsvorschrift auch *Brandi* NZG 2003, 889, 890 f.

364 Dies deutet *Wagner* NZG 2002, 985, 988, an.

365 Siehe dazu nur *Raiser/Veil* Kapitalgesellschaften, 4. Aufl., 2006, S. 845 f. (Rn. 39), m.w.N.

SE „in eigener Verantwortung“. Eine Durchbrechung dieser Regel mittels eines Beherrschungsvertrages sieht die SE-Verordnung nicht vor. Wer *Hommelhoffs* Ansicht ablehnen möchte, müsste in dieser Vorschrift eine nicht abschließende Regelung verstehen, so dass über Artikel 9 die im nationalen Recht begründete Möglichkeit, einen Beherrschungsvertrag abzuschließen, zum Zuge käme. Entstehungsgeschichtlich dürften die Verfasser der Verordnung dies so gemeint haben, da sie Konzernrecht generell nicht in der Verordnung regeln wollten. Methodisch ist dieser Weg allerdings schwer gangbar, da er den abschließenden Charakter der Vorschrift allein aus der Perspektive des deutschen Rechts beurteilt. Die gemeinschaftsrechtlich autonome Auslegung folgt jedoch nicht den mitgliedstaatlichen Begrifflichkeiten. Da kaum ein Land in der Gemeinschaft den Beherrschungsvertrag kennt, ist es schwer vorstellbar, diese dem deutschen Recht entlehnte immanente Schranke der Eigenverantwortlichkeit des Vorstands in die Norm der SE-Verordnung hineinzulesen.

e) Zwischenergebnis

Der ursprüngliche Regelungsansatz, für die SE ein in sich vollständiges und geschlossenes Regelwerk zu schaffen, führt dazu, dass die Entstehungsgeschichte der SE-Verordnung zahlreiche Hinweise für die Abgrenzung des Gesellschaftsrechts von anderen Rechtsmaterien liefert. Zum Gesellschaftsrecht gehören demnach die Gründung und Auflösung der Gesellschaft, das Verhältnis der Gesellschafter untereinander und die innere Struktur der Gesellschaft mit ihren verschiedenen Organen. In diesem „Regelungsbereich“ der Verordnung sollte ein Rückgriff auf nationales Recht nicht möglich sein. Zum Regelungsbereich wurden, vereinfacht gesagt, alle dem Gesellschaftsrecht zugehörigen Fragen gerechnet.

Die Abkehr vom Konzept eines Vollstatuts hat allerdings die zuvor sinnvolle Kategorie des Regelungsbereichs ihrer Bedeutung beraubt. Die Regelungstechnik der im Jahre 2001 erlassenen Verordnung besteht darin, für alle Rechtsfragen, die in den Bestimmungen der Verordnung nicht geregelt sind, auf nationales Recht zu verweisen. Dies ist keine Verweisung im Sinne des Internationalen Privatrechts, sondern eine Rechtsanwendungsregel im hierarchischen Verhältnis zwischen Gemeinschaftsrecht und mitgliedstaatlichem Recht.[366] Nach der hier vertretenen Auffassung dient die Rechtsanwendungsregel des Art. 9 Abs. 1 SE-VO der Gleichstellung der SE mit Aktiengesellschaften nationalen Rechts und erfasst auch das mitgliedstaatliche Kollisionsrecht. Der Einheitlichkeit der Rechtsform ist dadurch kein Abbruch getan; es kommt allein das Kollisionsrecht im Sitzstaat der SE zur Anwendung und der Begriff des Sitzes ist in der Verordnung terminologisch eindeutig als Ort der Registereintragung festgelegt. Allein dies führt auch zu sachgerechten Ergebnissen, was sich insbesondere im Fall des Konzernrechts zeigt. Die Gegenauffassung, wonach die Rechtsanwendungsregel das mitgliedstaatliche Kollisionsrecht ausschließt,

---

[366] *C. Teichmann* ZGR 31 (2002) 383, 395ff.; insoweit zustimmend *Habersack* ZGR 32 (2003) 724, 727.

sieht sich gerade in der praktisch bedeutsamen Konstellation grenzüberschreitender Konzernverhältnisse zu Abweichungen gezwungen und kann auch aus diesem Grunde nicht überzeugen.

3. Europäische wirtschaftliche Interessenvereinigung (EWIV)

a) Regelungsbereich der Verordung

Auch bei der Europäischen wirtschaftlichen Interessenvereinigung bestand das Regelungsproblem, dass sich auf europäischer Ebene nicht alle Rechtsfragen regeln lassen, denen die Vereinigung bei ihrer Gründung und Tätigkeit begegnen wird. „Die Verordnung über die EWIV kann und will ... nicht bewirken, dass die EWIV in allen Bereichen allein dem europäischen und in keiner Weise dem einzelstaatlichen Recht unterliegt." [367] In weiten Bereichen musste man Zuflucht nehmen zu bereits existierenden Vorschriften, seien sie gemeinschaftsrechtlicher oder mitgliedstaatlicher Herkunft. Die Abgrenzung des Regelungsbereichs der Verordnung von allen übrigen Regelungsmaterien war daher eminent wichtig. Art. 2 Abs. 1 der Verordnung entscheidet sich für einen weitgehenden Verweis auf mitgliedstaatliches Recht: [368]

> „Vorbehaltlich dieser Verordnung ist das innerstaatliche Recht des Staates anzuwenden, in dem die Vereinigung nach dem Gründungsvertrag ihren Sitz hat, und zwar einerseits auf den *Gründungsvertrag* mit Ausnahme der Fragen, die den Personenstand und die Rechts-, Geschäfts- und Handlungsfähigkeit natürlicher Personen sowie die Rechts- und Handlungsfähigkeit juristischer Personen betreffen, und andererseits auf die *innere Verfassung* der Vereinigung." [369]

Bemerkenswert ist, dass Gegenstand der Verweisung nur der Gründungsvertrag und die innere Verfassung der Vereinigung sein sollen, obwohl doch gerade diese beiden Aspekte bereits Schwerpunkt der Verordnung selbst sind. Jedoch ist dies kein Widerspruch; denn der Sinn und Zweck der Regelung liegt darin, gerade für diese dem Verordnungsgeber wichtigen Fragen Klarheit bei der Bestimmung des anwendbaren Rechts zu schaffen. Das Ziel der Verweisung auf innerstaatliches Recht sind die materiell-rechtlichen Sachnormen unter Ausschluss des mitgliedstaatlichen Internationalen Privatrechts.[370] Daran kann hier schon wegen der klaren Terminologie der EWIV-VO kein Zweifel bestehen, die zwischen „einzelstaatlichen" und „innerstaatlichen" Vorschriften unterscheidet.[371] Damit steht zumindest

---

367 *Abmeier* NJW 1986, 2987, 2988.

368 Vgl. zur Entstehungsgeschichte dieser Vorschrift *A. Meyer-Landrut* Die Europäische Wirtschaftliche Interessenvereinigung, 1988, S. 12ff.

369 Kursive Hervorhebungen durch den *Verfasser*.

370 *Ganske* EWIV, 1988, S. 22; *A. Meyer-Landrut* Die Europäische Wirtschaftliche Interessenvereinigung, 1988, S. 18f.

371 *Ganske* EWIV, 1988, S. 18. Diese Begriffswahl ist auch in kollisionsrechtlichen Staatsverträ-

für die in Art. 2 Abs. 1 EWIV-VO genannten Gegenstände ein klar und eindeutig bestimmbares nationales Recht zur Lückenfüllung bereit.[372] Dies wird erreicht durch die Verknüpfung mit dem Sitz, der gemäß Art. 12 der Verordnung am Ort der Hauptverwaltung der Vereinigung oder am Sitz eines der Mitglieder liegen muss: das heißt am Ort der Hauptverwaltung, wenn das betreffende Mitglied eine Gesellschaft ist, und am Ort der Haupttätigkeit, wenn es sich um eine natürliche Person handelt.

Bereiche, die von Art. 2 Abs. 1 nicht erfasst und auch von anderen Bestimmungen der Verordnung nicht geregelt werden, liegen außerhalb des Regelungsbereichs der Verordnung. Es gilt dann unmittelbar mitgliedstaatliches Recht, das anwendbare Recht muss also auf dem Weg über die mitgliedstaatlichen Kollisionsrechte ermittelt werden.[373] Erwägungsgrund 15 der Verordnung bringt diesen Grundsatz zum Ausdruck:

> „In den nicht durch diese Verordnung erfaßten Bereichen gelten die Rechtsvorschriften der Mitgliedstaaten und der Gemeinschaft, zum Beispiel
> - im Sozial- und Arbeitsrecht,
> - im Wettbewerbsrecht,
> - im Recht des geistigen Eigentums.“

Eine Durchsicht der Bestimmungen der Verordnung ergibt, dass sie im Wesentlichen die Entstehung und die innere Organisation der EWIV regelt.[374] Die Außenbeziehungen sind hingegen nur zu einem sehr geringen Teil einer gemeinschaftsrechtlichen Regelung zugeführt worden. Die Tätigkeit der Vereinigung, also ihren wesentlichen Kontakt mit der rechtlichen Umwelt, regelt die Verordnung überhaupt nicht, sieht man einmal von der Vorschrift über den Gesellschaftszweck (Art. 3) ab.[375] Diese deutlich verschiedene Behandlung des Innen- und des Außenverhältnisses führt *Meyer-Landrut* zu der These, eigentlicher Regelungsgegenstand der Verordnung sei allein das Innenverhältnis.[376] Soweit sich Regeln zu den Außenbeziehungen in der Verordnung finden, geschieht dies gewissermaßen akzidentiell und ohne Anspruch einer vollständigen Regelung.

Aus dieser These ergeben sich zumindest zwei konkrete Folgen: Erstens gilt die Generalverweisung auf das mitgliedstaatliche Sachrecht allein für den Bereich des

---

gen üblich (*Schwarz* Europäisches Gesellschaftsrecht, 2000, S. 577 [Rn. 960]): Die Verweisung auf innerstaatliches Recht ist eine Sachnormverweisung, die Verweisung auf einzelstaatliches Recht eine Gesamtnormverweisung.

372 *Ganske* EWIV, 1988, S. 18; *A. Meyer-Landrut* Die Europäische Wirtschaftliche Interessenvereinigung, 1988, S. 19.

373 *A. Meyer-Landrut* Die Europäische Wirtschaftliche Interessenvereinigung, 1988, S. 22 f.

374 Dazu näher *A. Meyer-Landrut* Die Europäische Wirtschaftliche Interessenvereinigung, 1988, S. 15 ff.; vergleichbar *Abmeier* NJW 1986, 2987, 2989: Regelungsgegenstand der Verordnung seien die „Errichtung, Existenz und Struktur der Vereinigung“.

375 *Abmeier* NJW 1986, 2987, 2989; *Gleichmann* ZHR 149 (1985) 633, 649.

376 *A. Meyer-Landrut* Die Europäische Wirtschaftliche Interessenvereinigung, 1988, S. 16.

Innenverhältnisses. Zweitens ergeben sich Folgerungen für die Auslegung der einzelnen Bestimmungen der Verordnung. Soweit sie das Innenverhältnis der Vereinigung regeln, sind sie im Zweifel als abschließende Regelung gedacht.[377] Hingegen können die nur kursorisch und punktuell anzutreffenden Bestimmungen über das Außenverhältnis kaum Anspruch auf Vollständigkeit erheben; diese in sich unvollständigen Regeln bedürfen einer Ergänzung durch nationales Recht.[378] Das insoweit berufene nationale Recht ergibt sich in diesen, gänzlich außerhalb des Regelungsbereichs der Verordnung liegenden Fragen nicht aus der Generalverweisung, sondern aus den Regeln des Internationalen Privatrechts der Mitgliedstaaten.

Die grundsätzliche Beschränkung auf die innere Verfassung der Vereinigung bestätigen gerade Vorschriften, die ausnahmsweise doch eine Aussage zu den Außenbeziehungen treffen – wie etwa Art. 24 Abs. 1 über die Haftung der Mitglieder. Der dort anzutreffende Verweis auf das „einzelstaatliche" Recht und damit auf die mitgliedstaatlichen Rechtsordnungen einschließlich des Internationalen Privatrechts bestätigt die grundsätzliche Selbstbeschränkung der Verordnung auf die innere Verfassung der Vereinigung.[379] Die Spezialverweisungen unterscheiden sich insoweit bewusst von der Verweisungstechnik des Art. 2 Abs. 1 EWIV-VO. Diese Überlegung lässt sich auch mit der Entstehungsgeschichte der Vorschrift belegen. Denn frühere Fassungen des Art. 2 Abs. 1 waren wesentlich weiter gefasst; im Zuge der Diskussionen kam man jedoch zu dem Ergebnis, dass eine eindeutige Festlegung auf das Sachrecht des Sitzstaates der EWIV nur für eng begrenzte Bereiche sinnvoll sei.[380] Einem wiederum anderen rechtstechnischen Weg folgt die Verordnung im Bereich der Publizität. Hier verpflichtet sie die Mitgliedstaaten, insoweit für die nötigen Regeln zu sorgen (Art. 39 der Verordnung). Was nur bestätigt, dass sich die Verordnung in Fragen der Außenbeziehungen grundsätzlich einer eigenen sachlichen Regelung enthält.

b) Die Rechtssache „European Information Technology Observatory"

(1) Sachverhalt und Entscheidungsgründe

Das Verständnis der Literatur, wonach der Regelungsbereich der Verordnung nach dem Willen des Verordnungsgebers grundsätzlich auf den Bereich der inneren Verfassung beschränkt sein soll, findet eine gewisse Bestätigung in der soweit ersicht-

---

377 *A. Meyer-Landrut* Die Europäische Wirtschaftliche Interessenvereinigung, 1988, S. 22.

378 *A. Meyer-Landrut* Die Europäische Wirtschaftliche Interessenvereinigung, 1988, S. 17.

379 *A. Meyer-Landrut* Die Europäische Wirtschaftliche Interessenvereinigung, 1988, S. 23. Art. 24 Abs. 1 der Verordnung lautet: „Die Mitglieder der Vereinigung haften unbeschränkt und gesamtschuldnerisch für deren Verbindlichkeiten jeder Art. Das einzelstaatliche Recht bestimmt die Folgen dieser Haftung." Auf das „einzelstaatliche Recht über Zahlungsunfähigkeit und Zahlungseinstellung" verweist Art. 36 der Verordnung.

380 Zur Entstehungsgeschichte der Vorschrift *A. Meyer-Landrut* Die Europäische Wirtschaftliche Interessenvereinigung, 1988, S. 12ff. sowie *Schwarz* Europäisches Gesellschaftsrecht, 2000, S. 588f. (Rn. 974).

lich einzigen bislang zur EWIV-Verordnung ergangenen Entscheidung des Europäischen Gerichtshofs.[381] Die in Gründung befindliche „European Information Technology Observatory, Europäische wirtschaftliche Interessenvereinigung" hatte die Eintragung in das Handelsregister A des Amtsgerichts Frankfurt am Main beantragt. Das Amtsgericht lehnte den Antrag ab, die nachfolgenden Instanzen folgten dem.[382] Das damals geltende Firmenrecht der offenen Handelsgesellschaft in den §§ 19, 18 Abs. 2 HGB erlaubte nur die Bildung einer reinen Personenfirma oder einer Personenfirma mit Zusätzen, nicht aber die Bildung einer reinen Sachfirma. Dies galt nach Auffassung der Gerichte auch für die EWIV. Die Verordnung enthalte keine verbindlichen Vorgaben für die Firmierung einer EWIV, somit gelte innerstaatliches Recht. § 1 EWIV-Ausführungsgesetz habe für die EWIV mit Sitz in Deutschland, soweit nicht die Verordnung gelte, die Anwendung der für eine OHG geltenden Vorschriften angeordnet.

Die Antragstellerin berief sich demgegenüber auf Art. 5 lit. a der Verordnung.[383] Diese Bestimmung lautet:

> „Der Gründungsvertrag muss mindestens folgende Angaben enthalten: a) den Namen der Vereinigung mit den voran- oder nachgestellten Worten ‚Europäische wirtschaftliche Interessenvereinigung' oder der Abkürzung ‚EWI', es sei denn, dass diese Worte oder diese Abkürzung bereits im Namen enthalten sind; …"

Die Antragstellerin legte dies folgendermaßen aus: Die Verordnung sehe ausdrücklich die Möglichkeit vor, dass der Rechtsformzusatz Bestandteil des Namens der Vereinigung sei. Dies weise gerade auf eine Sachfirma hin. Denn bei einer Personenfirma sei der Rechtsformzusatz nicht *Bestandteil*, sondern nur ein Zusatz des Namens.[384] Folglich sei bereits von seiten des europäischen Rechts die Wahl einer Sachfirma eröffnet. Insoweit werde das innerstaatliche Recht in dieser Frage verdrängt.

Weiterhin verwies die Antragstellerin auf die Erwägungsgründe der Verordnung. Darin sei die Absicht ausgesprochen, den Mitgliedern der Vereinigung weitgehende Freiheit bei der Gestaltung ihrer vertraglichen Beziehungen einzuräumen.[385] Dies erfordere zwingend die Zulässigkeit von Sachfirmen. Zudem dürfe die Auslegung der Verordnung nicht allein die deutsche Rechtslage berücksichtigen. Eine EWIV

---

381 EuGH, *EITO*, Slg. 1997, I-7515 (= EuZW 1997, 285).

382 Siehe dazu den Vorlagebeschluss des OLG Frankfurt am Main, EuZW 1997, 285.

383 Zur Argumentation der Antragstellerin vgl. EuGH, *EITO*, Slg. 1997, I-7515, I-7525 f. (Rn. 11 ff.).

384 Ebenso in der Literatur *Müller-Guggenberger* BB 1989, 1922, 1923; siehe für die a.A. *von Rechenberg* in: von der Heydt/von Rechenberg (Hrsg.), EWIV, 1991, 3, 37.

385 Erwägungsgrund 4 lautet: „Die Fähigkeit der Vereinigung zur Anpassung an die wirtschaftlichen Bedingungen ist dadurch zu gewährleisten, dass ihren Mitgliedern weitgehende Freiheiten bei der Gestaltung ihrer vertraglichen Beziehungen sowie der inneren Verfassung der Vereinigung gelassen wird."

mit Sachfirma sei in den meisten anderen Mitgliedstaaten zulässig, so dass über 80 % aller gegründeten EWIV unter einer Sachfirma firmierten.[386]

In der Literatur wurde auch die Entstehungsgeschichte der EWIV-Verordnung herangezogen.[387] Sie folge dem Vorbild des französischen „*groupement d'intérêt économique*" (GIE). Dessen Name werde im französischen mit „*dénomination*" bezeichnet, demselben Begriff, den auch der französische Verordnungstext verwende. Dieser Begriff sei im französischen Recht für die Kapitalgesellschaften und eben das GIE reserviert, beides Rechtsformen, die nach französischem Recht eine Sachfirma bilden könnten. Bei Personenhandelsgesellschaften, die auch im französischen Recht dem Zwang zur Personenfirma unterlägen, spreche man hingegen von „*raison sociale*". Mit der Begriffswahl für die EWIV-Verordnung habe man sich also für die Sachfirma entschieden. Das französische GIE habe die Vorstellungen der europäischen Normsetzungsorgane erkennbar auch hinsichtlich der Firmierung geprägt.

Der Europäische Gerichtshof hingegen legte den Art. 5 lit. a EWIV-Verordnung restriktiv und streng am Wortlaut orientiert aus.[388] Ziel der Bestimmung sei es, dass die Vereinigung in ihren Außenbeziehungen durch die Nennung der Vereinigungsform identifiziert und unterschieden werden könne. Die Verordnung stelle keine weiteren Erfordernisse hinsichtlich des Inhalts der Firmenbezeichnung auf. Der Satzteil „es sei denn, dass diese Worte oder diese Abkürzung bereits im Namen enthalten sind" solle nur überflüssige Wiederholungen vermeiden. Zum Inhalt der Firmenbezeichnung stelle sie kein weiteres Erfordernis auf. Folglich könne das gemäß Art. 2 Abs. 1 der Verordnung anwendbare innerstaatliche Recht inhaltliche Anforderungen für die Firmierung aufstellen.

(2) Stellungnahme

Eine am Sinn und Zweck der Rechtsform orientierte Auslegung hätte auch zu einem anderen Ergebnis kommen können. Die Verordnung verfolgt das Ziel, den Gründern weitgehende Gestaltungsfreiheit zu gewähren. Dies kommt in zahlreichen Einzelbestimmungen[389] und im vierten Erwägungsgrund zum Ausdruck.[390] Konsequenterweise haben die Vorschriften des Gründungsvertrages der EWIV

---

386 *von Rechenberg* in: von der Heydt/von Rechenberg (Hrsg.), EWIV, 1991, 3, 37, bestätigt, dass in anderen Mitgliedstaaten zumeist Sachfirmen gewählt würden.

387 *Müller-Guggenberger* BB 1989, 1922, 1923.

388 EuGH, *EITO*, Slg. 1997, I-7515, Rn. 21 ff. des Urteils (EuZW 1998, 117, 118).

389 Dem Gründungsvertrag und damit der Regelung durch die Gründer zugewiesen sind beispielsweise die Schaffung zusätzlicher Organe (Art. 16), ergänzende Regelungen zu Stimmrecht und Beschlussfassung (Art. 17), Bestellung und Entlassung von Geschäftsführern sowie deren Befugnisse (Art. 19 Abs. 3).

390 Vgl. Fn. 385.

selbst gegenüber zwingendem nationalen Recht Vorrang;[391] denn die Verweisung auf das innnerstaatliche Recht des Sitzstaates gilt gemäß Art. 2 Abs. 1 nur „vorbehaltlich der Verordnung". Art. 5 lit. a der Verordnung schreibt vor, dass der Gründungsvertrag den Namen der Vereinigung enthalten muss. Es versteht sich von selbst, dass dieser Name nicht von außen an die Vereinigung herangetragen, sondern von den Gründern bestimmt wird. Wenn Art. 5 lit. a der Verordnung nun, wie der Gerichtshof zu Recht feststellt, neben dem Rechtsformzusatz „kein weiteres Erfordernis hinsichtlich des Inhalts der Firmenbezeichnung" aufstellt,[392] hätte man daraus auch schließen können, dass es dann eben kein weiteres Erfordernis hinsichtlich der Firmenbezeichnung geben dürfe, auch und erst recht nicht solche, die von den Mitgliedstaaten aufgestellt werden.

Diese Interpretation des Art. 5 lit. a der Verordnung als abschließende Regelung der von den Gründern zu beachtenden Vorgaben hätte auch dem Sinn und Zweck der neuen Rechtsform besser entsprochen als die vom EuGH vertretene Auffassung. Der Wunsch des Verordnungsgebers war es, natürliche Personen, Gesellschaften und andere juristische Einheiten über die Grenzen hinweg zusammenarbeiten zu lassen. Dieser grenzüberschreitenden Kooperation ist aber eine Zersplitterung des Firmenrechts eher hinderlich.[393] Bei einer Personenfirma müssten alle Beteiligten ihre (Firmen-) Namen in den Namen der EWIV einfließen lassen. Man stelle sich in diesem Fall allein die endlose Firmierung der „Airbus Industries" vor, die jahrzehntelang als französisches GIE organisiert war,[394] dort aber eine Sachfirma führen durfte.

Ein Weiteres kommt hinzu: Die EWIV kann ihren Sitz über die Grenze verlegen. Dies ist ein besonderer Ausdruck ihres supranationalen Charakters; das Verfahren der Sitzverlegung ist in den Artt. 13 und 14 der Verordnung ausdrücklich geregelt.

---

[391] Diese Konzeption verfolgte jedenfalls die Kommission mit ihrem Vorschlag von 1973 (dazu *Scriba* Die Europäische wirtschaftliche Interessenvereinigung, 1988, S. 46; Beilage 1/74 zum Bulletin der EG, S. 17); etwas zurückhaltender *Scriba*, ebda., S. 51: Beschränkt werde die Gestaltungsfreiheit nur durch das zwingende Recht der Verordnung und das zwingende, aber subsidiäre nationale Recht, „sofern letzteres dem Geist der Verordnung nicht widerspricht". Scheinbar enger auch *Ganske* EWIV, 1988, S. 21, wonach die Gestaltungsfreiheit der Mitglieder an innerstaatlichen Vorschriften zwingenden Rechts eine Grenze finde; als Beispiel nennt er jedoch den Grundsatz der Gleichbehandlung, „dessen Geltung wegen seiner überragenden Bedeutung in den Gesellschaftsrechten der Mitgliedstaaten in den Verhandlungen als selbstverständlich vorausgesetzt worden ist". Damit lässt auch *Ganske* den Gesellschaftsvertrag der EWIV offenbar nicht hinter jede beliebige innerstaatliche zwingende Norm zurücktreten, sondern setzt eine gemeinschaftsweite Anerkennung bestimmter gesellschaftsrechtlicher Grundsätze voraus.

[392] EuGH, *EITO*, Slg. 1997, I-7515, I-7627 f. (Rn. 21), ebenso Generalanwalt *La Pergola*, ebda., S. I-7519.

[393] In diesem Sinne namentlich *Müller-Guggenberger* BB 1989, 1922, 1924.

[394] So das treffende Beispiel von *Müller-Guggenberger* BB 1989, 1922, 1924. Heute ist Airbus als französische Société par actions simplifiée (S.A.S.) organisiert.

Denn die EWIV sollte innerhalb der Gemeinschaft „die gleiche Mobilität haben wie ein nationales Instrument innerhalb des Gebietes seiner Rechtsordnung".[395] Der Sitz soll verlegt werden können, „ohne dass daraus negative Rechtsfolgen für die Vereinigung entstehen".[396] Diese von *Gleichmann* so formulierte Intention lässt sich der Verordnung unschwer entnehmen. Zwar stellt die Verordnung durchaus in Rechnung, dass sich durch die Sitzverlegung das nach Art. 2 Abs. 1 anwendbare Recht ändern[397] und dies auch durchaus dazu führen kann, dass Anpassungen an das neu anwendbare Recht nötig werden;[398] die Frage ist nur, ob man dieses Phänomen durch eine restriktive Auslegung der Verordnung noch verschärft oder nicht zumindest im Rahmen des Vertretbaren den supranationalen Charakter der Vereinigung betont. Die Entscheidung des EuGH führt dazu, dass die ihren Sitz verlegende EWIV unter Umständen ihre Firma ändern muss. Das widerspricht ihrer Kontinuität als Rechtsperson und erschwert es überdies den Vertrags- und Geschäftspartnern der EWIV, nach der Sitzverlegung festzustellen, ob es sich noch um dieselbe Vereinigung handelt. Dass aus deutscher Sicht das Problem heutzutage durch die Liberalisierung des Firmenrechts entschärft ist,[399] ändert an dieser grundsätzlichen Frage wenig; das Firmenrecht ist weiterhin nicht harmonisiert, so dass nach wie vor die Gefahr einer erzwungenen Umfirmierung bei Sitzverlegung besteht.

Dieser im wesentlichen auf die vertragliche Selbstbestimmung der Gründer gestützten Argumentation lässt sich entgegenhalten, dass die Firmierung dem Bereich der Außenbeziehungen zuzuordnen ist.[400] Dieser Aspekt scheint auch in der Begründung des Gerichtshofs auf, wenn er betont, Ziel der Bestimmung des Art. 5 lit. a EWIV-VO sei es, dass die Vereinigung „in ihren Außenbeziehungen" identifiziert und unterschieden werden könne. Dies ist sicher zutreffend. Ebenso selbstverständlich ist aber, dass die Namensfindung zunächst einmal in der Hand der Gründer liegt. Die Rechtsfrage lautet also, inwieweit es hier geboten ist, der Gründerfreiheit im Hinblick auf die Außenbeziehungen der Vereinigung Grenzen zu setzen. Die Argumentation des Gerichtshofs zu diesem Punkt kann nicht restlos über-

---

395 *Gleichmann* ZHR 149 (1985) 633, 647.

396 *Gleichmann* ZHR 149 (1985) 633, 647.

397 Vgl. Art. 14 Abs. 1 S. 1: „Hat die Sitzverlegung einen Wechsel des nach Artikel 2 anwendbaren Rechts zur Folge, so muss ein Verlegungsplan erstellt und gemäß den Artikeln 7 und 8 hinterlegt und bekanntgemacht werden."

398 *von Rechenberg* in: von der Heydt/von Rechenberg (Hrsg.), EWIV, 1991, 3, 97.

399 Der seit 1998 geltende neue § 18 Abs. 1 HGB verlangt nur noch, dass die Firma zur Kennzeichnung des Kaufmanns geeignet ist und Unterscheidungskraft besitzt. Sachfirmen und auch Phantasienamen sind damit in aller Regel zulässig. Zur Neuregelung des Firmenrechts u.a. *Bokelmann* GmbHR 1998, 57; *Kögel* BB 1998, 1645; *Lutter/Welp* ZIP 1999, 1073; *K. Schmidt* NJW 1998, 2161.

400 Dass die Firmierung in erster Linie den Bereich der Außenbeziehungen betrifft, räumen auch Vertreter der Gegenansicht ein; siehe *Müller-Guggenberger* BB 1989, 1922, 1923.

zeugen. Sie lautet im Kern: Die Verordnung stellt keine weiteren Erfordernisse auf, daher können die Mitgliedstaaten dies tun.[401] Das ist eine Feststellung, aber keine Begründung. Denn die entscheidende Frage ist gerade, ob die Verordnung an dieser Stelle möglicherweise abschließend ist und mitgliedstaatliche Regelungen nicht zulässt. Insoweit ist der Hinweis auf die Außenbeziehungen ein gewichtiges und möglicherweise entscheidendes teleologisches Argument. Denn die von den Antragstellern ins Feld geführte Gestaltungsfreiheit bezieht sich in der EWIV-VO nur auf die vertraglichen Beziehungen zwischen den Mitgliedern und auf die innere Verfassung der Vereinigung.[402] Und damit ergibt sich eine direkte Verbindungslinie zwischen der Argumentation des Gerichtshofs und der oben beschriebenen Diskussion über den Regelungsbereich der Verordnung: Der Gerichtshof ordnet die Firmierung ihrem Sinn und Zweck nach den Außenbeziehungen zu. Damit entzieht er sie dem Regelungsbereich der Verordnung und gelangt konsequent zu der Feststellung, das mitgliedstaatliche Recht könne für die Firmierung inhaltliche Anforderungen aufstellen. Weniger konsequent ist, dass er an dieser Stelle Art. 2 Abs. 1 der Verordnung erwähnt, denn dieser gilt nur für den Gründungsvertrag und die innere Verfassung der Vereinigung, nicht aber für die Außenbeziehungen.

Methodisch fällt an der Entscheidung auf, dass der Gerichtshof in die Auslegung des Verordnungstextes die Entstehungsgeschichte, bei der das französische GIE unbestreitbar Vorbildfunktion hatte,[403] nicht erkennbar einfließen lässt. Dies ist als methodisches Vorgehen korrekt, denn es unterstreicht die autonome Auslegung des Gemeinschaftsrechts. Auch wenn eine nationale Rechtsform Pate gestanden hat, kann dies doch nicht so weit gehen, dass beispielsweise deren firmenrechtliche Konzeption nunmehr für die supranationale und in der gesamten Gemeinschaft einsetzbare Rechtsform gelten müsse. Die Verordnung ist aus sich selbst heraus auszulegen und allein auf dieser Ebene ist die Entscheidung zumindest in der Begründung, wie soeben dargelegt, angreifbar.

c) *Zwischenergebnis*

Regelungsbereich der EWIV-Verordnung ist das Innenverhältnis der Vereinigung. Dazu gehört der Gründungsvertrag zwischen den Mitgliedern und die innere Verfassung der Vereinigung. Innerhalb dieses Bereichs trifft die Verordnung selbst einige Regelungen, verweist im übrigen aber auf das mitgliedstaatliche Recht am Sitz der Vereinigung. Das Kollisionsrecht wird dabei ausgeschlossen, es handelt sich

---

401 EuGH, *EITO*, Slg. 1997, I-7515, I-7627 f. (Rn. 21 f.).

402 Vgl. den Wortlaut des vierten Erwägungsgrundes (s. oben Fn. 385).

403 Siehe dazu nur *Gleichmann* ZHR 149 (1985) 633, 634, sowie mit ausführlicher Beschreibung des GIE *Scriba* Die Europäische wirtschaftliche Interessenvereinigung, 1988, S. 24 ff. *Ganske* EWIV, 1988, S. 23, empfiehlt daher, bei Auslegung der Verordnung zumindest dort auf die Rechtsprechung zum GIE zurückzugreifen, wo die EWIV-VO erkennbar auf das französische Recht zurückgeht.

also um eine Verweisung auf das mitgliedstaatliche Sachrecht. Außerhalb des Regelungsbereichs gilt mitgliedstaatliches Recht einschließlich des Kollisionsrechts. Die Entscheidung in Sachen *EITO* hat das Firmenrecht zum Gegenstand und lässt die zwingende mitgliedstaatliche Anordnung einer Personenfirma zu. Dies hätte man zwar mit Blick auf den supranationalen Charakter der Rechtsform auch anders entscheiden können. Das Ergebnis lässt sich aber damit rechtfertigen, dass Firmenrecht eine Frage der Außenbeziehungen ist und damit nicht zum Regelungsbereich der EWIV-VO gehört.

4. Europäische Privatgesellschaft

a) Regelungstechnik

Die Europäische Privatgesellschaft soll ein leicht handhabbares und europaweit einheitliches Vollstatut für personalistisch strukturierte Gesellschaften bieten.[404] Angestrebt ist daher eine abschließende europäische Regelung des Sachbereichs Gesellschaftsrecht. Verweise auf nationales Recht, wie sie in der SE-Verordnung auf Schritt und Tritt begegnen, würden die Europäische Privatgesellschaft für ihre spezifischen Zwecke völlig ungeeignet machen. Der von der Pariser Industrie- und Handelskammer initiierte Arbeitskreis fordert daher einerseits, den Bereich der Gestaltungsfreiheit in der zu erlassenden EPG-Verordung möglichst weit zu ziehen, andererseits aber, „für die in dieser Verordnung geregelten Bereiche“ jeden Rückgriff auf nationales Recht zu versagen. Der Arbeitskreis schlägt als Art. 12 des Vorschlags für eine EPG-Verordnung vor:[405]

> „1. Auf eine EPG finden die Bestimmungen dieser Verordnung und ihre Satzungsregelungen, soweit sie dieser nicht widersprechen, Anwendung.
>
> Die in dieser Verordnung geregelten Bereiche sind der Anwendung des nationalen Rechts der Mitgliedstaaten entzogen; dies gilt auch für die nicht ausdrücklich geregelten Gegenstände.
>
> 2. Subsidiär gelten in folgender Reihenfolge:
>
> die allgemeinen Prinzipien dieser Verordnung;
>
> die allgemeinen Prinzipien des Gesellschaftsrechts der Gemeinschaft und die allgemeinen Prinzipien, die den nationalen Rechtsordnungen gemeinsam sind, soweit sie dieser Verordnung nicht widersprechen.
>
> 3. Die Bestimmungen des nationalen Gesellschaftsrechts am Sitz der Gesellschaft gelten nur, soweit diese Verordnung ausdrücklich auf nationales Gesellschaftsrecht verweist.“

Diese Regelung gleicht weitgehend den Formulierungen in den frühen Fassungen der SE-Verordnung. Bemerkenswert ist die ausdrückliche Erwähnung des „Gesell-

---

404 Dazu bereits oben S. 272 ff.

405 Abgedruckt in Boucourechliev/Hommelhoff (Hrsg.), Vorschläge EPG, 1999, S. 297 f.

schaftsrechts“ in Art. 12 Abs. 3 des Vorschlags. Sie verdeutlicht, dass der abschließende Charakter der Verordnung – und die damit verbundene Aufgabe der Lückenfüllung an Hand allgemeiner Rechtsgrundsätze nach Art. 12 Abs. 2 – allein für den Bereich des Gesellschaftsrechts gilt, also die in Art. 12 Abs. 1 genannten „in dieser Verordnung geregelten Bereiche“ im Grundsatz nichts anderes als das Gesellschaftsrecht meinen;[406] sofern nicht ausnahmsweise ausdrücklich eine Regelung aufgenommen wurde, die einen Bereich außerhalb des Gesellschaftsrechts berührt.[407]

Ein solcher Ausschließlichkeitsanspruch im Bereich des Gesellschaftsrechts ist nach dem Selbstverständnis der Rechtsform einerseits nötig, um die gewünschte Einheitlichkeit zu schaffen; die EPG soll einen gemeinschaftsweit einheitlichen Rechtsrahmen bieten. Er ist andererseits unerlässlich, um das Wesenselement der Vertragsfreiheit gegenüber Eingriffen durch nationale Gerichte zu verteidigen; denn Gründer und Gesellschafter einer EPG sollen sicher sein, dass der von ihnen auf Basis der Verordnung artikulierte Wille von den Gerichten in den verschiedenen Mitgliedstaaten nicht doch unter ausdrücklicher oder stillschweigender Bezugnahme auf nationale Rechtsgewohnheiten wieder außer Kraft gesetzt wird.[408] Am bereits oben genannten Beispiel der Abberufbarkeit von Geschäftsführern:[409] Es muss sichergestellt sein, dass die Gerichte eines jeden Mitgliedsstaates eine nach dem Gesellschaftsvertrag mögliche fristlose Abberufung des Geschäftsführers ohne wichtigen Grund hinnehmen und nicht auf Grund der mitgliedstaatlichen Vorstellungen von Treu und Glauben oder anderer Rechtsgedanken entgegen der Regelung des Gesellschaftsvertrages für unwirksam erklären.

b) Regelungsbereich

Der Ansatz, das EPG-Statut als Vollstatut zu konzipieren, zieht notwendig die Frage nach dem eigentlichen Regelungsbereich dieses Statuts nach sich. Denn da-

---

406 Etwas unglücklich daher, dass die Kommentierung des Artikels 12 in Boucourechliev/ Hommelhoff (Hrsg.), Vorschläge EPG, 1999, S. 298, durchgehend vom „Unternehmensrecht“ spricht. Um der Klarheit der begrifflichen Abgrenzung willen, sollte man dort, wo man ein und dasselbe meint, auch dieselben Termini verwenden. Möglicherweise soll die Kommentierung andeuten, dass „Gesellschaftsrecht“ im Sinne der Verordnung nicht zwingend dasselbe meinen muss, was man im deutschen Recht oder anderen Mitgliedstaaten darunter versteht. Dieses autonome Verständnis gemeinschaftsrechtlicher Begriffe folgt aber ohnehin aus den allgemeinen Auslegungsregeln europäischen Rechts. Allerdings ist auch im Gemeinschaftsrecht der Wortlaut der Ausgangspunkt der Auslegung. Somit muss, wenn die Verordnung von „Gesellschaftsrecht“ spricht, die Auslegung auch an diesem Begriff ansetzen.

407 So verweisen die Art. 32 bis 34 für den Bereich der Rechnungslegung, der Beteiligung der Arbeitnehmer und des Strafrechts ausdrücklich auf mitgliedstaatliches Recht.

408 Auch die Kommentierung des Art. 12 in Boucourechliev/Hommelhoff (Hrsg.), Vorschläge EPG, 1999, S. 298, betont „in Erwägung der ständigen Versuchung der Gesetzgeber, an die Stelle der Parteien zu treten,“ die Bedeutung der Vorschrift für den Schutz der Vertragsfreiheit.

409 Siehe oben S. 274.

ran entscheidet sich, ob eine Regelungslücke durch Rückgriff auf mitgliedstaatliches Recht oder durch Entwicklung allgemeiner Grundsätze zu schließen ist. Anders als für das SE-Statut in seiner letztlich verabschiedeten Fassung, hat also die Abgrenzung des Regelungsbereichs für ein EPG-Statut eminent praktische Bedeutung. Die Abgrenzung dieses Bereichs kann sich auf die eingangs[410] erarbeiteten Elemente des Sachbereichs Gesellschaftsrecht stützen.

(1) Innenverhältnis

Ein zentrales Element des Regelungsbereichs sind die Beziehungen der Gesellschafter untereinander. In diesem Bereich kraft gemeinschaftsrechtlicher Regelung für Vertragsfreiheit zu sorgen, ist eines der wesentlichen Anliegen der Rechtsform. Es handelt sich hier unzweifelhaft um einen der „von dieser Verordnung geregelten Bereiche" im Sinne des Art. 12 Abs. 1 VO-Vorschlag. Denn die innere Organisation wird in Art. 14 des VO-Vorschlags ausdrücklich geregelt. Dabei verweisen die Vorschriften immer wieder auf die vorrangig geltende vertragliche Regelung und zementieren damit den vom mitgliedstaatlichen Recht nicht angreifbaren Bereich der Vertragsfreiheit.[411] Ebenso gehören Regelungsfragen im Zusammenhang mit der Übertragung der Geschäftsanteile sowie dem Ausschluss oder Austritt von Gesellschaftern unzweifelhaft zum Regelungsbereich der Verordnung.[412]

Die Übertragung der Regelungsverantwortung auf die Gesellschafter kann in der Praxis gerade bei einer noch unbekannten Rechtsform zu eklatanten Regelungslücken führen. Da die Lückenfüllung an Hand allgemeiner Grundsätze regelungstechnisch nur ultima ratio sein soll, bemüht sich der VO-Vorschlag durch die Instrumente des Regelungsauftrags und der Mustersatzungen um Vollständigkeit der vertraglichen Regelung.[413] Der *Regelungsauftrag* hat den Vorzug, den Parteien ihre Gestaltungsfreiheit zu belassen, dabei aber das Entstehen von richterrechtlich auszufüllenden Regelungslücken zu vermeiden. So findet sich in den Art. 14 und 15 des VO-Vorschlags der ausdrückliche Auftrag an die Gesellschafter, den Organisationsaufbau und -ablauf der Gesellschaft sowie die mit dem einzelnen Anteil verbunden Vermögens- und Verwaltungsrechte klar festzulegen. Nicht der Inhalt, aber

---

410 Siehe oben S. 12 ff.

411 Zum Beispiel Art. 14: „Die Satzung regelt die Organisation der Gesellschaft. Sie legt insbesondere das Verfahren der Ernennung, die Befugnisse und die Funktionsweise der Gesellschaftsorgane und ihre Beziehungen untereinander fest."

412 Vgl. dazu Art. 20 ff. des VO-Vorschlags.

413 Ausführlich zum Einsatz dieser beiden Gesetzgebungstechniken bei Erlass eines Statuts für die EPG *Helms* Europäische Privatgesellschaft, 1998, S. 178 ff. Monographisch zum Regelungsauftrag als Instrument der Gesetzgebung *Beier* Regelungsauftrag, 2000. Die Idee der Mustersatzungen lehnt sich an das englische „Table A" an (dazu näher *Drury/Hicks* in: Boucourechliev/Hommelhoff (Hrsg.), Vorschläge EPG, 1999, S. 77). Zum methodischen Problem der ergänzenden Auslegung des Gesellschaftsvertrags einer EPG *Dejmek* EPG und Anpartsselskab, 2003, S. 137 ff.

das Vorhandensein derartiger Regelungen sind vor der Eintragung einer EPG vom Registergericht zu überprüfen. Um den Gesellschaftern ihre Arbeit zu erleichtern, sollen der Verordnung als Anhang eine oder mehrere *Mustersatzungen* beigefügt sein. Sie verstehen sich als ein weiterer Beitrag dazu, die Entstehung von Regelungslücken zu vermeiden. Zugleich bieten sie im Bedarfsfall einen Anhaltspunkt für die gegebenenfalls für den Lückenschluss zu entwickelnden allgemeinen gesellschaftsrechtlichen Grundsätze.

Damit ist weitgehend Vorsorge dafür getroffen, dass sich im Streitfall Regeln für die internen Verhältnisse der EPG ohne Rückgriff auf nationales Recht ermitteln lassen. Da es sich um eine personalistisch strukturierte Gesellschaft handelt, ist allerdings auch das Bedürfnis für einen allgemeinen Gedanken der Loyalitäts- oder Treuepflicht unabweisbar. Ihn benötigt man weniger zur Lückenfüllung als zur sinnvoll wertenden Begrenzung der gesetzlich eingeräumten Rechtspositionen. *Dejmek* hat überzeugend dargelegt, dass eine solche Loyalitätspflicht als Rechtsausübungskontrolle beispielsweise zur Korrektur unangemessener Beschlüsse erforderlich sein kann.[414] Sie schlägt daher vor, in die künftige EPG-Verordnung eine Vorschrift zur materiellen Beschlusskontrolle aufzunehmen.[415] Man wird den Erkenntniswert ihrer Überlegungen aber noch weiter zu fassen haben: Es kann in einer personalistisch strukturierten Gesellschaft immer wieder zu Situationen kommen, in denen man des Korrektivs einer Treue- oder Loyalitätspflicht bedarf. Der bisherige Textvorschlag bietet für derartige Fälle nur den Rückgriff auf allgemeine Grundsätze der Verordnung oder allgemeine gesellschaftsrechtliche Grundsätze der Gemeinschaft oder der Mitgliedstaaten. Nimmt man diesen Auftrag ernst, müsste ein Gericht in jedem Einzelfall versuchen, aus dem gesamten Normenbestand der Verordnung, des Gemeinschaftsrechts und der mitgliedstaatlichen Gesellschaftsrechte eine Lösung für den konkreten Streitfall herauszudestillieren. Dies wäre schon rein praktisch eine Überforderung. Zudem vermittelt es methodisch die falsche Vorstellung, es gebe für das konkrete Problem irgendwo eine Lösung und man müsse sie nur finden. Eine Nadel im Heuhaufen zu suchen, ist schon wegen des unverhältnismäßigen Aufwands ein unsinniger Auftrag, und er wird es umso mehr, wenn man einräumen muss, dass sich die Nadel möglicherweise gar nicht im Heuhaufen befindet. Praktisch brauchbarer und methodisch ehrlicher wäre es, den Grundsatz von Treu und Glauben – in welcher gemeineuropäisch tragfähigen Formulierung auch immer – *ausdrücklich* in der EPG-Verordnung zu verankern. Er wird damit unzweifelhaft und ohne mühsame Umwege über den „Heuhaufen“ der gemeinschaftsrechtlichen und mitgliedstaatlichen Normenvielfalt ein originärer „Grundsatz der Verordnung“ und ist der Sache nach ein Auftrag an den nationalen Richter, den europäischen Rechtstext unmittelbar auszulegen. Die Ausführungen zur Europäischen Genossenschaft haben gezeigt,[416] dass dort eine supranationale Rechtsform ungeachtet

---

414 *Dejmek* EPG und Anpartsselskab, 2003, S. 229ff.
415 *Dejmek* EPG und Anpartsselskab, 2003, S. 257.
416 S. oben S. 258 ff.

aller Wurzeln im mitgliedstaatlichen Recht eigene Wesenszüge entwickelt hat. Auch die EPG wird sich als supranationale Form bald von ihren mitgliedstaatlichen Wurzeln zu emanzipieren haben. In diesem Sinne gibt ein allgemeiner europäischer Grundsatz von Treu und Glauben dem nationalen Gericht den Auftrag und die Befugnis zur originär europäischen Rechtsfortbildung. Dies mag über längere Zeit in verschiedenen Mitgliedstaaten zu abweichenden Lösungen führen. In einem nationalen Binnenmarkt wäre dies bei Einführung eines neuen Rechtsinstituts aber auch nicht anders. Die Rolle des Europäischen Gerichtshofes müsste darin bestehen, diesen europäischen Dialog der Gerichte zu begleiten. Bei unmittelbaren Vorlagen zur Auslegung der Vorschrift über Treu und Glauben wäre er gehalten, lediglich zu überprüfen, ob die Auslegung des nationalen Gerichts keinesfalls mehr unter den Gedanken von Treu und Glauben subsumierbar ist. In der Mehrzahl der Fälle, die sich innerhalb der Bandbreite des Begriffes von Treu und Glauben bewegt, würde es somit bei der von den nationalen Gerichten entwickelten Lösung bleiben. Ergänzt werden müsste dies um ein Verfahren der *Divergenzvorlage* an den EuGH; wenn nationale Gerichte dieselbe Frage unterschiedlich unter Treu und Glauben subsumieren, wäre es Aufgabe des Europäischen Gerichtshofs, eine von ihnen für verbindlich zu erklären.

(2) Außenbeziehungen

Anders als bei der EWIV lässt sich der Regelungsbereich der EPG-Verordnung nicht sinnvoll auf den Innenbereich beschränken. Die der EPG verliehene Haftungsbeschränkung macht es erforderlich, Regeln zum Schutze der Gläubiger vorzusehen;[417] auch dies ist ein europaweit anerkanntes Regelungsbedürfnis.[418] Der VO-Vorschlag greift hier auf das kontinentaleuropäische Modell des Mindestkapitals zurück.[419] Darauf hat sich die international zusammengesetzte Arbeitsgruppe ungeachtet der verschiedenen nationalen Traditionen – namentlich des auf ein Mindestkapital völlig verzichtenden englischen Rechts – geeinigt; dies nicht mit dem Gedanken, damit eine dauerhafte Garantie für die Forderungen der Gläubiger zu schaffen, sondern in erster Linie als „Seriositätsschwelle" zur Vermeidung allzu leichtfertiger Gründungen.[420] Das zweite Standbein eines effektiven Gläubigerschutzes, die Publizität, ist dabei durchaus mitgedacht.[421] Eine Regelung in der

---

417 *Helms* Europäische Privatgesellschaft, 1998, S. 168; *Völter* Lückenschluss, 2000, S. 45.

418 Dazu unten S. 453 ff.

419 Vgl. Art. 3 und 4 (Kapitalaufbringung) sowie Art. 26 ff. (Kapitalmaßnahmen) des VO-Vorschlags.

420 Vgl. dazu die Länderberichte in: Boucourechliev/Hommelhoff (Hrsg.), Vorschläge EPG, 1999, S. 111 ff. (*Drury/Hicks*: Vereinigtes Königreich), S. 140 (*Timmerman*: Niederlande), S. 164 (*Hommelhoff/Helms*: Bundesrepublik Deutschland), S. 201 f. (*Boucourechliev/Huet*: Frankreich) sowie zusammenfassend *Boucourechliev*, ebda., S. 229 f.

421 Dies betonen die Autoren der Arbeitsgruppe ausdrücklich in: Boucourechliev/Hommelhoff (Hrsg.), Vorschläge EPG, 1999, S. 110 (*Drury/Hicks*), S. 139 (*Timmerman*), S. 166 (*Hommelhoff/Helms*), S. 202 (*Boucourechliev/Huet*).

künftigen EPG-Verordnung ist jedoch entbehrlich, da dieser Bereich auch für die kleinen und mittleren Unternehmen gemeinschaftsweit harmonisiert wurde; der erreichte Zustand der Harmonisierung der Rechnungslegung ist insbesondere bei der Regelung des Art. 32 VO-Vorschlag mitzudenken, der für das Recht der Rechnungslegung auf das mitgliedstaatliche Recht verweist. Die praktisch wichtige Frage der Ermittlung des anwendbaren Insolvenzrechts ist durch die Europäische Insolvenzverordnung weitgehend entschärft. Sollte es darüber hinaus zur Entwicklung einer europäischen krisenbezogenen Verhaltenshaftung kommen,[422] wäre damit auch für die EPG ein großer Schritt an Rechtsklarheit getan.

(3) Verbleibende Abgrenzungsfragen

Der Regelungsbereich einer künftigen EPG-Verordnung lässt sich auch mit den Schlagworten „Organisationsrecht" und „Gläubigerschutz" noch nicht abschließend und mit der im Interesse der Rechtssicherheit gebotenen Trennschärfe abgrenzen.[423] Daher lässt sich auch hier erwägen, den für die Societas Europaea zeitweise favorisierten Ansatz zu wählen und den Regelungsbereich an Hand dessen zu bestimmen, was kollisionsrechtlich zum Gesellschaftsrecht gezählt wird.[424] Dies verringert jedoch die praktischen Abgrenzungsschwierigkeiten nicht,[425] und begegnet im Übrigen den bereits zur SE erörterten methodischen Bedenken,[426] wonach eine europäische Verordnung aus sich selbst heraus zu interpretieren ist und nicht im Lichte der mitgliedstaatlichen Kollisionsrechts. *Helms* plädiert daher für eine entsprechend der Zielsetzung der Verordnung verlaufende Trennlinie: Geregelt ist durch das Statut, was sinnvollerweise nur einheitlich geregelt sein kann.[427] Dieser methodische Ausgangspunkt lässt sich auf allgemeine Auslegungsgrundsätze des Gemeinschaftsrechts stützen, wonach ein Rückgriff auf nationales Recht ausgeschlossen ist, wenn eine einheitlich europäische Lösung aus Gründen der Effektivität geboten ist.[428] Zwar ist eine derart extensive Auslegung gemeinschaftlichen Sekundärrechts eher selten; die großen Schritte der Rechtsfortbildung – nicht zuletzt unter Rückgriff auf „allgemeine Grundsätze des Gemeinschaftsrechts" – hat

---

422 Dazu näher in Abschnitt § 8. über den Gläubigerschutz (S. 449 ff.).

423 *Helms* Europäische Privatgesellschaft, 1998, S. 169, unter Verweis auf *Grote* Statut der europäischen Aktiengesellschaft, 1990, S. 103.

424 *Helms* Europäische Privatgesellschaft, 1998, S. 169; *Völter* Lückenschluss, 2000, S. 46.

425 Kritisch gegenüber diesem Weg daher *Helms* Europäische Privatgesellschaft, 1998, S. 169, während *Völter* Lückenschluss, 2000, S. 46, ihn für gangbar hält mit dem Hinweis, die Meinungsunterschiede hinsichtlich des Umfangs des Gesellschaftsrechts dürften zwischen den verschiedenen Mitgliedstaaten relativ gering sein.

426 Dazu oben ab S. 283.

427 *Helms* Europäische Privatgesellschaft, 1998, S. 170; zustimmend *Völter* Lückenschluss, 2000, S. 47, offenbar als Ergänzung zu der von ihr (S. 46) gleichfalls bejahten Möglichkeit, den Regelungsbereich an Hand der kollisionsrechtlichen Begriffsbildung abzugrenzen.

428 *Völter* Lückenschluss, 2000, S. 47, m.w.N. in Fn. 60.

der Europäische Gerichtshof zur Ergänzung des Primärrechts vollzogen. Jedoch ist die Ausgangslage bei einer Verordnung zur Schaffung einer neuen Rechtsform insoweit der Auslegung von europäischem Primärrecht vergleichbar, als hier eine neue Organisationseinheit geschaffen wird, die im Interesse ihrer Funktionsfähigkeit einer europaweit einheitlichen Basisregelung zwingend bedarf. Anders als bei den gesellschaftsrechtlichen Richtlinien, die Bereiche regeln, in denen in Ermangelung von Gemeinschaftsrecht auch der mitgliedstaatliche Gesetzgeber tätig werden kann, bedarf eine supranationale Rechtsform begriffsnotwendig der Konstituierung durch Gemeinschaftsrecht.[429] Sollte der europäische Gesetzgeber dabei Regelungsfragen übersehen haben, die begriffs- oder doch sachnotwendig einer einheitlichen Regelung bedürfen, können sie nicht durch Rückgriff auf mitgliedstaatliches Recht gelöst werden.

Die praktischen Schwierigkeiten bei der Bestimmung des Regelungsbereichs vermag auch der teleologisch auf den europäischen Rechtsakt bezogene Ansatz nicht unmittelbar zu lösen. Sie können aber verringert werden durch eine sorgfältige Regelungstechnik. Im Vorschlag für eine EPG-Verordnung erlaubt die Kombination der (seltenen) materiellrechtlichen Regelung im Statut mit den (häufiger anzutreffenden) Regelungsaufträgen und den (relativ detaillierten) Mustersatzungen in vielen Grenzfällen eine sichere Zuordnung. Die hier vorgeschlagene Ergänzung um einen EPG-spezifischen Grundsatz von Treu und Glauben schafft für Zweifelsfälle die Kompetenz zur fallgruppenweisen Rechtsfortbildung durch die Gerichte. Mit dem methodisch gebotenen Verweis auf den europäischen Rechtstext richtet sich der Blick also auf den europäischen Gesetzgeber. Er hat die Möglichkeit und die Verantwortung, bei Abfassung der Verordnung die Zahl der Zweifelsfälle – vor allem durch einen überlegten Einsatz der Instrumente des Regelungsauftrags und der Mustersatzungen – gering zu halten.

V. Ergebnis zu § 5

Der Überblick zur frühen rechtspolitischen Diskussion über die *Schaffung einer europäischen Gesellschaft* zeigt, dass die Fronten in den ersten Jahren nach Gründung der EWG gänzlich anders verliefen als heutzutage. Man blickte zurück auf einige durch völkerrechtlichen Vertrag geschaffene internationale Gesellschaften als Vorbilder, schaute zugleich aber visionär auf den gemeinsam zu errichtenden europäischen Markt. Immerhin – die US-amerikanische Parallele mit ihrem Wettbewerb der Gesellschaftsrechte wurde bereits gesehen,[430] bestärkte aber eher den Ruf nach Rechtseinheit. Kritiker und Befürworter der europäischen Handelsgesellschaft wa-

---

[429] Auf diesen Umstand und seine Auswirkungen auf die Methodik der Auslegung und Lückenschließung wurde, bezogen auf die SE, andernorts bereits hingewiesen (*C. Teichmann* ZGR 31 (2002) 383, 394 ff.).

[430] Vgl. *Duden* oben Fn. 78.

ren sich weitgehend einig in dem Ziel, den europäischen Unternehmen einen möglichst einheitlichen Rechtsrahmen für ihre grenzüberschreitende Tätigkeit anzubieten.

Von dieser gemeinsamen Ausgangsbasis aus sprach gegen die Einführung einer supranationalen Rechtsform vor allem die Überlegung, dass danach die Bemühungen um eine Angleichung des nationalen Rechts alsbald erlahmen würden. Gerade die Kritiker der supranationalen Rechtsform sprachen sich daher für die Schaffung eines gemeineuropäischen Gesellschaftsrechts aus. Dies gilt in besonderer Weise für *Bärmann*,[431] dessen Kritik an der europäischen Gesellschaft in die Feststellung mündet: „Man wird sich im Bereich wirtschaftlicher und daraus folgend rechtlicher Fusionen notwendigerweise über die Enge des nationalen Rechtsdenkens hinwegsetzen und, wie schon angedeutet, zur Bejahung eines ius commune europaeum im Rahmen des Gemeinsamen Marktes als einer für die wirtschaftliche Zusammenarbeit gebildeten homogenen Gemeinschaft kommen müssen." Auch *Duden* steht einem einheitlichen Aktienrecht aufgeschlossen gegenüber und schlägt vor, zunächst im Wege eines Konzessionssystems einige wenige europäische Gesellschaften, deren Unternehmung wirklich euopäischen Zuschnitt hat, zuzulassen. Daraus könne sich ein eigenständig europäisches Aktienrecht entwickeln.[432]

In der wechselvollen Historie des SE-Statuts spiegelt sich die Entwicklung des Gesellschaftsrechts im Binnenmarkt. Jeder Entwurf nahm zu seiner Zeit die jeweils aktuellen rechtspolitischen Strömungen auf. So waren die Entwürfe von 1970 und 1975, die heute schwerfällig und bemüht erscheinen, damals auf der Höhe der Zeit. Sie durften zu ihrer Zeit als „modern" gelten, denn sie integrierten Erfahrungen der deutschen Aktienrechtsreform von 1965 und deckten sich mit den konzeptionellen Überlegungen der Angleichungsvorhaben zur Struktur der Aktiengesellschaften und zum Konzernrecht. Die innere Verwandtschaft der gesellschaftsrechtlichen Projekte der Gemeinschaft fiel bezeichnenderweise dem außenstehenden Beobachter besonders auf. *Schneebaum* untersuchte im Jahre 1982 das europäische Rechtsangleichungsprogramm und sorgte sich um die US-amerikanischen Unternehmen, die bei einer Ansiedlung in Europa mit solchen fremdartig und schwerfällig anmutenden Rechtskonstruktionen würden arbeiten müssten. Der Beschreibung der Harmonisierungsprojekte folgt sein Kommentar zur SE: "The draft S.E. Charter presents in microcosm many of the concerns seen in the company law harmonization program."[433]

---

431 *Bärmann* AcP 160 (1961) 97, 131. Vgl. auch *Bärmann* JZ 1959, 553, 560: Über der schon positivistisch gegebenen Ordnung supranationalen Charakters dürfe man nicht vergessen, dass es im Rahmen der homogenen Zivilisationsvoraussetzungen Europas „allgemeine Rechtsgrundsätze" gebe und dass diese in einer natürlichen supranationalen Rechtsordnung, insbesondere des Wirtschaftsrechts, verwirklicht seien.

432 Näher *Duden* RabelsZ 27 (1962) 89, 108 ff.

433 *Schneebaum* 14 Law & Pol. Int. Bus. (1982) 293, 330.

Unabhängig von der negativen Konnotation bestätigt das Zitat, dass die SE immer ein Kind ihrer Zeit war. Der wechselhafte Verlauf ihrer Entstehungsgeschichte fasst wie in einem Brennglas die Entwicklungen und Schwierigkeiten des Gesellschaftsrechts im Binnenmarkt zusammen. Noch in ihrer heute geltenden Fassung steht die SE-Verordnung für die „Quadratur des Kreises", die es bedeutet, in einem europäischen Binnenmarkt ein einheitliches Gesellschaftsrecht zu schaffen und dabei die Rechtstraditionen der Mitgliedstaaten nach Möglichkeit zu schonen. Die Verweise auf nationales Recht mögen gerechtfertigt sein, soweit das Aktienrecht bereits harmonisiert ist. Sie haben damit aber Anteil an der allgemeinen Problematik der Harmonisierung, dass nämlich die mitgliedstaatlichen Regeln ungeachtet ihrer gemeinsamen Grundlinien in vielen Details unterschiedlich bleiben. Darüber hinaus zeigen die zahlreichen Öffnungsklauseln zu Gunsten mitgliedstaatlichen Rechts – vom Minderheitenschutz bei der Verschmelzung bis hin zur Ausgestaltung des monistischen oder dualistischen Leitungssystems – das Bestreben der SE-Verordnung, mit den nationalen Traditionen behutsam umzugehen. Unversehens landet der „Schwarze Peter" damit in den Händen der Mitgliedstaaten, denen bei Umsetzung der SE unter Wahrung nationaler Rechtsgedanken vorgeworfen wird, nicht „europäisch" genug zu sein.

Dennoch trägt die SE zumindest partiell zur Verwirklichung des Binnenmarktes bei. Erstmals bietet sich ein rechtssicheres Verfahren für grenzüberschreitende Unternehmensgründungen und für die Sitzverlegung über die Grenze. Erstmals können die für ein europäisches Unternehmen passenden Mitbestimmungsstrukturen entworfen werden, wenn auch das hierfür vorgesehene Verfahren recht schwerfällig ist. Und erstmals können Unternehmen im Binnenmarkt unabhängig von ihrem Standort die freie Wahl treffen zwischen dem monistischen und dem dualistischen Modell der Unternehmensleitung. Gewiss, die SE ebnet die Unterschiede der Rechtstraditionen nicht völlig ein – auf die ersten Verhandlungen etwa britischer und deutscher Arbeitnehmer mit ihren Unternehmensleitungen über das für eine gemeinsame SE geltende Mitbestimmungsmodell darf man gespannt sein. Aber es sollte nicht übersehen werden, dass in der erweiterten Gemeinschaft eine Vielzahl von Rechtsordnungen durchaus Ähnlichkeiten aufweisen und ihnen bislang nur die Brücke fehlte, über die man zueinander gelangen konnten. Einer deutsch-österreichischen Mitbestimmungsvereinbarung stand nach bisheriger Rechtslage nicht etwa ein diametral entgegengesetztes Verständnis von Arbeitnehmerbeteiligung, sondern schlicht das Fehlen einer geeigneten transnationalen rechtlichen Struktur entgegen. Und die wirtschaftlich bedeutendste Vorankündigung einer SE-Gründung erreicht uns wohl nicht rein zufällig aus Skandinavien, dessen Rechtstraditionen gleichfalls eng miteinander verwoben sind.[434]

Rechtspolitisch weisen die hier aufgezeigten binnenmarktrelevanten Grundlinien über das Projekt der SE hinaus. Bei Umsetzung der Richtlinie zur grenzüberschrei-

---

434 Nordea Bank Schweden (siehe www.nordea.com).

tenden Verschmelzung und einer eventuellen Sitzverlegungsrichtlinie besteht Gelegenheit, aus den Erfahrungen der SE und deren Einführung in die mitgliedstaatlichen Rechtsordnungen zu lernen. Fragen des Gläubigerschutzes, des Schutzes von widersprechenden Minderheitsaktionären und von Arbeitnehmern stellen sich bei diesen grenzüberschreitenden Transaktionen in derselben Weise wie bei der SE.

Die Diskussion über den *Regelungsbereich* supranationaler Rechtsformen liefert zudem wertvolle Erkenntnisse über die Wechselwirkungen zwischen Gemeinschaftsrecht und mitgliedstaatlichem Recht. Zunächst ist die Regelung supranationaler Rechtsformen ein Akt des Gemeinschaftsrechts. Die Bestimmung des Regelungsbereichs erfordert daher eine gemeinschaftsrechtlich autonome Auslegung der jeweiligen Verordnung.[435] Zum zweiten ist die Abgrenzung des Regelungsbereichs einer supranationalen Rechtsform funktional gesteuert durch das damit verbundene gesetzgeberische Ziel. Soll für die Rechtsbeziehungen der Gesellschaft weitgehend europäische Rechtseinheit hergestellt werden, muss das Statut möglichst detailliert sein. Dann muss die allgemeine Rechtsanwendungsregel sicherstellen, dass innerhalb des intendierten Regelungsbereichs nicht auf mitgliedstaatliches Recht zurückgegriffen wird. Der außerhalb des Regelungsbereichs drohende Rückgriff auf nationales Recht ist dann bloße „ultima ratio der Rechtsfindung“[436]. Deshalb wurde bezogen auf die ersten Vorschläge zur SE-Verordnung überwiegend für eine weite Auslegung des Begriffs der „behandelten Gegenstände“ plädiert.[437] Dies rechtfertigte es beispielsweise, bei der Haftung von Leitungsorganen nicht nur den Rechtsgrund der Haftung, sondern auch die Ausfüllung des Schadensersatzanspruchs dem Regelungsbereich der Verordnung zuzuschlagen. Angesichts der heutigen abgespeckten Version mag man an dem übergeordneten Ziel der Einheitlichkeit zweifeln,[438] dies bestätigt aber nur die Abhängigkeit der Abgrenzung von der Funktion, die man ihr beimisst. Im heutigen Rechtstext hat die Abgrenzung eines

---

435 Für die SE *Brandt/Scheifele* DStR 2002, 547, 550; für den Europäischen Verein: *Wagner* Der Europäische Verein, 1999, S. 54.

436 So *Grote* Statut der europäischen Aktiengesellschaft, 1990, S. 76. Er bezieht sich damit allerdings auf die Fassung des Vorschlags von 1989. Dort war die Bedeutung der allgemeinen Grundsätze bereits insoweit abgeschwächt, als eine Lösung nach nationalem Recht auch innerhalb des Regelungsbereichs immer dann in Betracht kommen sollte, „falls diese allgemeinen Grundsätze keine Lösungen aufzeigen“ (so Art. 7 Abs. 1 lit. b des Vorschlags von 1989, abgedruckt in AG 1990, 111 ff.). Außerhalb des Regelungsbereichs fand allerdings unmittelbar nationales Recht Anwendung (Art. 7 Abs. 3 des Vorschlags von 1989); insoweit war die Abgrenzung weiterhin von Bedeutung.

437 *von Caemmerer* FS Kronstein, 1967, S. 171, 193 ff.; *Grote* Statut der europäischen Aktiengesellschaft, 1990, S. 96 ff.; tendenziell auch *Lindacher* in: Lutter (Hrsg.), Die Europäische Aktiengesellschaft, 2. Aufl., 1978, S. 1, 6, der allerdings, ebda., S. 7, eine gegenläufige Tendenz von seiten der Rechtsprechung befürchtete, die sich angesichts der mit einer Rechtsvergleichung verbundenen Unsicherheiten zwangsläufig für eine eher restriktive Interpretation des Regelungsbereichs entscheiden würde.

438 Vgl. *Casper* FS Ulmer, 2003, S. 51, 58, der in Fragen der Lückenfüllung dafür plädiert, die „politisch gewollte Nationalisierung der SE“ zu respektieren.

Regelungsbereichs der Verodnung keine eigenständige Bedeutung mehr. Denn es findet ohnehin für jede in der Verordnung nicht oder auch nur teilweise geregelte Frage ergänzend nationales Aktienrecht Anwendung. Die Verweisung des Art. 9 SE-Verordnung auf das im Sitzstaat der SE geltende allgemeine Aktienrecht dient – für alle von der Verordnung selbst nicht geregelten Fragen – der Gleichstellung der SE mit der Aktiengesellschaft nationalen Rechts. Wegen dieser Zielrichtung muss die Verweisung auch das für nationale Aktiengesellschaften geltende Kollisionsrecht einschließen. Die herrschende Meinung, die darin eine Verweisung nur auf das Sachrecht sieht, ist abzulehnen. Sie führt zu einer Ungleichbehandlung von SE und nationaler Aktiengesellschaft ausgerechnet in den Bereichen mit grenzüberschreitendem Bezug, die für eine supranationale Gesellschaft gerade zu den Wesensmerkmalen gehören. Die von der herrschenden Meinung erstrebte Rechtssicherheit und der gewünschte Entscheidungseinklang bleiben auch bei Einbeziehung des Kollisionsrechts gewahrt. Denn es gilt allein das Kollisionsrecht im Sitzstaat der SE; dies ist nach der eindeutigen Terminologie der SE-Verordnung derjenige Staat, in welchem die SE eingetragen ist.

Die Erfahrungen mit der EWIV-Verordnung bestätigen diesen funktionalen Ansatz der Regelungstechnik. Dort ging es dem europäischen Gesetzgeber vor allem darum, eine Rechtsform mit weitgehend flexiblen Innenverhältnissen zu schaffen. Insoweit stehen das europäische Recht und die gemeinschaftsrechtlich gewährte Vertragsfreiheit der Mitglieder einem Einbruch mitgliedstaatlichen Rechts entgegen. Anders im Außenverhältnis der Vereinigung. Hier sah das europäische Recht keine Notwendigkeit zu einer umfassenden Regelung, da die Mitglieder der Vereinigung persönlich haften und sich somit das Problem des Drittschutzes in wesentlich geringerer Schärfe stellt als bei Kapitalgesellschaften. Entsprechend hat der Gerichtshof in der Entscheidung „EITO" im Firmenrecht als einer Frage, die dem Außenverhältnis angehört, den Vorrang zwingenden mitgliedstaatlichen Rechts vor dem Gründungsvertrag gebilligt.

Eine weitere Beobachtung verdient festgehalten zu werden. Es gibt offenbar ein unausgesprochenes Einverständnis darüber, dass eine supranationale Rechtsform jedenfalls nicht mehr bedarf als eines *gesellschaftsrechtlichen* Rahmens, um ihrer Funktion gerecht werden zu können. So wird es allgemein als selbstverständlich hingenommen, dass auf eine supranationale Rechtsform das jeweilige mitgliedstaatliche Arbeits-, Kreditsicherheiten- oder Vertragsrecht Anwendung findet,[439] der Bereich der Einheitlichkeit also auf die zentralen gesellschaftsrechtlichen Fragen beschränkt bleibt. Andererseits erwächst aus der Arbeit an supranationalen Rechtsformen eine besondere Sensibilität dafür, dass „die allgemeinen rechtlichen Regeln eines jeden Landes – sei es das Vertragsrecht, das Deliktsrecht oder das Strafrecht – eine wichtige Rolle in der Balance der Rechte und Befugnisse der Ge-

439 Vgl. zur EPG *Helms* Europäische Privatgesellschaft, 1998, S. 157, zur SE *Lindacher* in: Lutter (Hrsg.), Die Europäische Aktiengesellschaft, 2. Aufl., 1978, S. 3.

schäftsleitung, der Gesellschafter und Dritter" spielen.[440] Dies bestätigt die aus den mitgliedstaatlichen Rechtsordnungen gewonnene Erkenntnis. Gesellschaftsrecht ist kein Bereich enumerativ abschließend aufzählbarer Rechtsnormen, sondern ein Regelungsgeflecht, dessen einzelne Elemente durch einen inneren Sachzusammenhang verbunden sind, der sich nicht aus der äußeren Einteilung von Rechtsgebieten ergibt, sondern aus ihrem Bezug zu den spezifisch gesellschaftsrechtlichen Fragestellungen: Beziehungen der Gesellschafter untereinander und im Verhältnis zur Gesellschaft; Verhältnis zwischen Gesellschaft, Gesellschafterversammlung und Geschäftsleitung; Erwerb der Rechtsfähigkeit der Gesellschaft; bei Verleihung von Haftungsbeschränkung auch das Verhältnis zu Dritten.

Wenn in Abgrenzung dazu betont wird, die „Tätigkeit" der supranationalen Gesellschaft habe sich grundsätzlich nach dem nationalen Recht des Staates zu richten, in dem sie ihre geschäftlichen Aktivitäten entfalte,[441] beleuchtet dies schlaglichtartig den inneren Zusammenhang der hier diskutierten Problematik mit einer ganz anderen gemeinschaftsrechtlichen Fragestellung: der Reichweite der Niederlassungsfreiheit. Es deutet sich hier eine binnenmarktspezifische Gesetzmäßigkeit an, wonach ein Wirtschaftsraum, der aus verschiedenen Rechtsgebieten besteht, zumindest die Gewährleistung einer binnenmarktweiten rechtlichen Handlungsfähigkeit der Gesellschaft voraussetzt. Dies zeigt sich deutlich bei der EWIV-Verordnung. Der EWIV wird vom europäischen Recht keine Rechtsfähigkeit verliehen; gemeinschaftsrechtlich abgesichert ist aber ihre *rechtliche Handlungsfähigkeit*, also die Fähigkeit, Verträge zu schließen, Rechte und Pflichten zu erwerben und vor Gericht aufzutreten. Hier zeigt sich eine innere Verwandtschaft mit der Auslegung der Niederlassungsfreiheit durch den Gerichtshof, die dazu führt, dass auch nationale Gesellschaften zumindest die Gewähr haben müssen, überall im Binnenmarkt rechtlich handlungsfähig zu sein.

Zum unveräußerlichen Inventar einer jeden supranationalen Gesellschaft im Binnenmarkt gehört neben der Verleihung rechtlicher Handlungsfähigkeit die rechtlich abgesicherte Möglichkeit der *grenzüberschreitenden Gründung* und *Sitzverlegung*. Auch dies sind offenbar unerlässliche Voraussetzungen einer Organisationsform, die zum Einsatz in einem Binnemarkt mit mehreren Rechtsordnungen bestimmt ist. Wegen ihres grenzüberschreitenden Charakters können diese Vorgänge nicht sinnvoll dem mitgliedstaatlichen Recht überlassen bleiben. Auch in diesem Punkt deuten sich Parallelen zur Interpretation der Niederlassungsfreiheit an. Denn nach hier vertretener Auffassung ist bereits auf Grund der Niederlassungsfreiheit auch Gesellschaften nationalen Rechts zumindest diese Grundausstattung an Handlungsfreiheit zu gewähren. Allerdings bedürfen grenzüberschreitende Restrukturierun-

---

440 Boucourechliev in: Boucourechliev/Hommelhoff (Hrsg.), Vorschläge EPG, 1999, S. 66.

441 *Helms* Europäische Privatgesellschaft, 1998, S. 157 und 168f.; *Völter* Lückenschluss, 2000, S. 45f.; zur SE *Lindacher* in: Lutter (Hrsg.), Die Europäische Aktiengesellschaft, 2. Aufl., 1978, S. 3; *Grote* Statut der europäischen Aktiengesellschaft, 1990, S. 102ff.

gen wie etwa eine Sitzverlegung oder Verschmelzung einer verfahrensrechtlichen Ausformung. So verlangt Art. 8 SE-VO für den Hauptversammlungsbeschluss über die Sitzverlegung eine qualifizierte Mehrheit und flankiert dies mit einer besonderen Informationspflicht, also der Aufstellung eines Verlegungsplans, der die in Art. 8 Abs. 2 SE-VO vorgeschriebenen Angaben enthalten muss. Hingegen überlässt die SE-Verordnung Organisation und Ablauf der Hauptversammlung einer SE im Allgemeinen dem im Sitzstaat für Aktiengesellschaften maßgeblichen Recht (Art. 53 SE-VO). Dieser Verweis bedeutet nicht, dass der europäische Gesetzgeber dieses Verfahren nicht für regelungsbedürftig hielte; auch der Verweis auf mitgliedstaatliches Recht ist eine Regelung. Der Sache nach hält der gemeinschaftsrechtliche Gesetzgeber hier aber wegen des fehlenden grenzüberschreitenden Bezugs eine europäisch-einheitliche Regelung für entbehrlich und bedient sich daher aus pragmatischen Gründen der in den Mitgliedstaaten bereits vorhandenen Normen.

§ 6 Wettbewerb der Gesetzgeber

Die Rechtsprechung des EuGH zur Niederlassungsfreiheit von Gesellschaften gibt nach weit verbreiteter Auffassung den Startschuss für einen Wettbewerb der Rechtsordnungen im Gesellschaftsrecht.[1] Die Ausnutzung des Regelungsgefälles zwischen den Rechtsordnungen ist aus dieser Perspektive eine „logische Konsequenz der vom Vertrag garantierten Rechte."[2] Ein solcher Wettbewerb der Gesetzgeber im Gesellschaftsrecht lässt sich in den USA seit dem Ende des neunzehnten Jahrhunderts beobachten. Das Phänomen hat eine langanhaltende intensive Diskussion in der rechtswissenschaftlichen und ökonomischen Literatur ausgelöst, die bis in die jüngste Zeit neue Erklärungsmuster und Sichtweisen generiert hat.[3] In einem Binnenmarkt, der auf die autonome Selbststeuerung der Marktakteure setzt, übt der Gedanke eine besondere Faszination aus, den Wettbewerb in seiner Eigenschaft als Entdeckungsverfahren auch im Bereich der Gesetzgebung wirken zu lassen. Insoweit erscheint es nur konsequent, dass Generalanwalt *La Pergola* in seinen Schlussanträgen zur Centros-Entscheidung den Gesichtspunkt des „Wettbewerbs zwischen den normativen Systemen" herangezogen hat, um zu begründen, warum es ein funktionsgemäßer Gebrauch der Grundfreiheiten sein könne, aus verschiedenen Rechtsordnungen die nachgiebigste auszuwählen. Die Gründer der *Centros*

---

1 In den Besprechungen wird dieser Aspekt betont beispielsweise bei *Bayer* BB 2003, 2357 ff., *de Kluiver* ECFR 1 (2004) 121, 132 f., *Eidenmüller* ZIP 2002, 2233 ff., *Freitag* EuZW 1999, 267 ff., *Höfling* DB 1999, 1206 ff., *Kersting/Schindler* RdW 2003, 621 ff., *Kieninger* ZGR 28 (1999) 724, 747 ff., *Lauterfeld* EBLR 2001, 79, 84 f.; *Leible/Hoffmann* EuZW 2003, 677, 682, *Munari/Terrile* in: Ferrarini/Hopt/Wymeersch (Hrsg.), Capital Markets in the Age of the Euro, 2002, S. 529 ff., *Roussos* EBLR 2001, 7, 17, *Schanze/Jüttner* AG 2003, 661 ff. und *Spindler/Berner* RIW 2003, 949 ff.

2 EuGH, Rs. C-212/97, *Centros*, Slg. 1999, I-1459, I-1478. Vergleichbar auch bereits Generalanwalt *Darmon* in: EuGH, Rs. 79/85, *Segers*, Slg. 1986, 2375, 2380. Kritisch *Steindorff* JZ 1999, 1140, 1142; diese Aussage lasse sich aus den Grundfreiheiten nicht unmittelbar ableiten, es handele sich vielmehr um eine petitio principii. Kritisch auch *Kieninger* ZGR 28 (1999) 724, 749: In Ermangelung anderer Erklärungsmöglichkeiten erweise sich der Gedanke eines „Wettbewerbs der Rechtsordnungen" als der tragende Auslegungstopos für die Niederlassungsfreiheit. Um dies festzustellen hätten Generalanwälte und EuGH wesentlich gründlicher die Rahmenbedingungen eines solchen Wettbewerbs in der EU, seine Vor- und Nachteile und seine Verankerung im EG-Vertrag analysieren müssen.

3 Aus dem umfangreichen Schrifttum seien genannt: *Adolff* Jb.J.ZivRWiss. 2002, S. 61 ff.; *Dreher* JZ 1999, 105ff.; *Bebchuk* Harvard Law Review 105 (1992) 1435 ff.; *Birkmose* Delawareeffekten, 2003; *Cary* 83 Yale L.J. (1974) 663 ff.; *Charny* 32 Harv. Int. Law J. (1991) 423 ff.; *Dammann* Yale J. Int. L. 29 (2004) 477 ff.; *Grundmann* ZGR 30 (2001) 783 ff.; *Heine* Regulierungswettbewerb im Gesellschaftsrecht, 2003; *Kieninger* Wettbewerb der Privatrechtsordnungen, 2002; *Kitch* in: Buxbaum/Hertig/Hirsch/Hopt (Hrsg.), European Business Law, 1991, S. 35 ff.; *Lombardo* Regulatory Competition, 2002; *Merkt* RabelsZ 59 (1995) 545, 549 ff.; *Papmehl* ZVglRWiss 101 (2002) 200 ff.; *Roe* Harv. L. R. 117 (2003) 588 ff.; *Romano* I J. L. Econ. & Org. (1985), 225; *Sandrock* 42 RabelsZ (1978) 227 ff.

Ltd. hatten die Niederlassungsfreiheit seiner Auffassung nach nicht etwa zweckentfremdet, sondern von ihr bestimmungsgemäßen Gebrauch gemacht.[4] Auch die Kommentatoren von Centros und den nachfolgenden Entscheidungen sehen den zentralen Aspekt dieser Judikate darin, dass sie in Europa den Wettbewerb der Rechtsordnungen im Gesellschaftsrecht eröffnet haben.[5]

In den USA wählen die Gesellschaften schon seit langem mit dem Ort der Registrierung auch das auf sie anwendbare Gesellschaftsrecht. Im Bemühen um eine möglichst hohe Zahl von Registrierungen wetteifern die US-Bundesstaaten um das attraktivste Gesellschaftsrecht. Der Vergleich des europäischen Binnenmarktes mit den USA ist – wie alle Vergleiche – bereichernd und hinkend zugleich. Die USA waren als politische Einheit von Anfang an Bundesstaat, die Europäische Gemeinschaft hingegen ist ein Zusammenschluss historisch gewachsener und auf ihre Eigenständigkeit weiterhin bedachter Nationalstaaten.[6] Die gemeinsame politisch-kulturelle Identität der US-amerikanischen Bundesstaaten steht seit langem nicht mehr ernsthaft in Frage, während die Europäische Gemeinschaft sich bei jedem Erweiterungsschritt fragen muss, wieviel Vielfalt sie vertragen kann, ohne den inneren Zusammenhalt zu gefährden. Die Vereinigten Staaten von Amerika sind als Staatenbund seit langem konsolidiert, während sich die Gemeinschaft bis heute mit der Beschreibung eines Zusammenschlusses „sui generis" begnügen muss. Entsprechend konnte sich in den USA auch die föderale Balance im System des Gesellschaftsrechts über einen wesentlich längeren Zeitraum entwickeln als innerhalb der Europäischen Gemeinschaft,[7] die weiterhin um ihre endgültige innere und äußere Form ringt.

Dennoch gibt es eine gemeinsame Vergleichsbasis.[8] Sowohl die USA als auch die Europäische Gemeinschaft sind Systeme, die partiell einzelstaatliche Souveränität in einen gemeinsamen Wirtschaftsraum zu integrieren haben. Daraus resultieren Rechtsunterschiede zwischen den Einzelstaaten. Sie erschienen in der herkömm-

---

4 EuGH, Rs. C-212/97, *Centros*, Slg. 1999, I-1459, I-1479. Der Sache nach hatte schon Generalanwalt *Darmon* in seinen Schlussanträgen zur *Segers*-Entscheidung so argumentiert (EuGH, Rs. 79/85, *Segers*, Slg. 1986, 2375, 2380). Auch er sah es als vom Zweck der Grundfreiheiten gedeckt an, dass der Angehörige eines Mitgliedstaats eine Gesellschaft nur deshalb in einem anderen Mitgliedstaat gründet, weil er dessen Nachgiebigkeit ausnutzen wolle.

5 Vgl. die in Fn. 1 genannten Beiträge.

6 Zur Vergleichbarkeit der beiden Staatensysteme aus politologischer Sicht *Elazar/Greilshammer* in: Cappelletti/Seccombe/Weiler (Hrsg.), Integration Through Law, Vol. 1, Book 1, 1986, S. 71 ff.

7 Zur Geschichte des Gesellschaftsrechts unter dem Aspekt der föderalen Gewaltenteilung *Buxbaum/Hopt* Legal Harmonization, 1988, S. 29 ff.

8 Vgl. auch den Forschungsansatz des von *Cappelletti*, *Seccombe* und *Weiler* herausgegebenen Werkes „Integration Through Law", das die europäischen und die US-amerikanischen Erfahrungen aus politischer, juristischer und ökonomischer Warte analysiert (zum Forschungsansatz die *Herausgeber* in der Einleitung zu Volume 1 „Methods, Tools and Institutions", Book 1 „A Political, Legal and Economic Overview", 1986, S. 3 ff.).

lichen europäischen Betrachtung als Hemmnisse des grenzüberschreitenden Wirtschaftsverkehrs; die USA hingegen haben aus dieser Not für den Bereich des Gesellschaftsrechts offenbar eine Tugend gemacht: "The genius of American corporate law is in its federalist organization."[9] Dieses Diktum von *Roberta Romano* richtet das Erkenntnisinteresse bei einem Vergleich mit den USA vor allem darauf, unter welchen Rahmenbedingungen sich dort der Wettbewerb der Rechtsordnungen entfaltet und welche guten oder schlechten Erfahrungen dabei gesammelt werden konnten. Dies erlaubt zumindest eine Einschätzung, ob und inwieweit ein vergleichbarer Mechanismus im europäischen Binnenmarkt funktionieren und welche Ergebnisse er haben kann. Es besteht also hinreichend Anlass, sich *unter I.* mit den Ursprüngen dieser Idee, *unter II.* mit ihren allgemeinen Funktionsbedingungen und *unter III.* mit der Übertragbarkeit auf den europäischen Binnenmarkt zu befassen.

I. Verlauf und Ergebnisse der US-amerikanischen Diskussion

Den historischen Startschuss für den Wettlauf der US-amerikanischen Bundesstaaten um das attraktivste Gesellschaftsrecht gab zum Ende des 19. Jahrhunderts der Bundesstaat New Jersey, dem alsbald Delaware folgte, das die Rangliste bis heute anführt (dazu *unter 1*). Kritiker sehen in dieser Entwicklung ein „race for the bottom", also einen Qualitätsverlust im Gesellschaftsrecht (dazu *unter 2*), während Befürworter ein „race for the top", mithin einen positiv zu bewertenden Qualitätswettbewerb zu erkennen meinen (dazu *unter 3*); eine vermittelnde Meinung sieht die Stärken Delawares vor allem in der Vorhersehbarkeit und Stabilität seiner Rechtsordnung (dazu *unter 4*). Differenzierend wird die These vertreten, dass ein effizientes Gesellschaftsrecht nur aus einer sinnvollen Arbeitsteilung zwischen einzelstaatlichem und bundesstaatlichem Recht hervorgehen könne (dazu *unter 5*).

1. Der historische Startschuss zum Wettlauf um das liberalste Gesellschaftsrecht

Die Grundlage für den Wettbewerb der Regelgeber in den Vereinigten Staaten von Amerika ist die einzelstaatliche Gesetzgebungskompetenz im Bereich des Gesellschaftsrechts. Insbesondere sind die Einzelstaaten – mangels einer anderweitigen Kompetenzregelung in der Verfassung – selbständig zur Inkorporation von Gesellschaften befugt.[10] Die Bundesverfassung regelt die Zuständigkeit für das Gesellschaftsrecht nicht, nach der sogenannten „Reserved Powers Clause" bleibt es also insoweit bei der Zuständigkeit der einzelnen Bundestaaten.[11] Bundesrecht kann auf

---

[9] *Romano* The Genius of American Corporate Law, 1993, S. 1.

[10] *Forstinger* Takeover Law, 2002, S. 15 ff.; *Kersting* 28 Brook. J. Int. L. (2002) 1, 2; *Merkt/Göthel* US-amerikanisches Gesellschaftsrecht, 2. Aufl., 2006, S. 64 (Rn. 13).

[11] *Forstinger* Takeover Law, 2002, S. 16.

Basis der „Commerce Clause“ zwar dort eingreifen, wo der zwischenstaatliche Handel betroffen ist.[12] Damit bleibt den Bundesstaaten freilich für den Kernbereich des Gesellschaftsrechts, namentlich für die Regelung der Innenbeziehungen der Gesellschaft, ein erheblicher Gestaltungsfreiraum. *Roe* weist allerdings relativierend darauf hin, dass dieser Freiraum letztlich zur Disposition des Bundesgesetzgebers stehe, der mit seiner Zuständigkeit für den zwischenstaatlichen Handel im Grunde jeden Sachbereich des Gesellschaftsrechts zumindest im Bereich der Großunternehmen an sich ziehen könne – und dies auch schon vielfach getan habe.[13] Der Bereich, der dem Wettbewerb eröffnet bleibt, ist also letztlich derjenige Regelungsbereich, in dem der Bundesgesetzgeber auf eine eigene Regelung verzichtet. Zwischen den Bundesstaaten wird dann aber die Geltung des jeweils anderen Gesellschaftsrechts weitgehend anerkannt. Nach der sogenannten „Internal Affairs Rule“ ist auf die inneren Angelegenheiten der Gesellschaft grundsätzlich das Recht des Staates anwendbar, in dem die Gesellschaft inkorporiert wurde.[14] Mit den inneren Angelegenheiten sind die Beziehungen der Gesellschafter untereinander sowie die Beziehungen der Gesellschaft zu den Gesellschaftern und den Geschäftsleitern gemeint.[15]

In der historischen Entwicklung hat diese Ausgangslage zu einer auffälligen Häufung von Registrierungen im US-Bundesstaat Delaware geführt. Offenbar ist es diesem Bundesstaat in besonderer Weise gelungen, Gesellschaften von der Vorteilhaftigkeit einer Ansiedelung auf seinem Territorium zu überzeugen. Dabei ist zu beachten, dass die Gesellschaften nach US-amerikanischem Recht nicht gehalten sind, am Ort ihrer Registrierung auch den Schwerpunkt ihrer Geschäftstätigkeit zu entfalten. Viele Unternehmen haben daher lediglich ihren registrierten Sitz in Delaware, während der Schwerpunkt ihrer Geschäftstätigkeit woanders liegt.

Die Entstehung dieses Phänomens lässt sich bis in das späte neunzehnte Jahrhundert zurückverfolgen.[16] Lange Zeit konnte man in Delaware und den übrigen

---

12 Article I, Section 8, clause 3 der US-amerikanischen Verfassung: “The Congress shall have the power … to regulate Commerce … among the several States …” Zur historischen Entwicklung der Rechtsprechung und insbesondere der Auslegung des Begriffes „Commerce“, die über die Reichweite der Gesetzgebungskompetenz des Bundes entscheidet: *Buxbaum/Hopt* Legal Harmonization, 1988, S. 40ff.

13 *Roe* Harv. L. R. 117 (2003) 588, 596ff.,

14 *Buxbaum/Hopt* Legal Harmonization, 1988, S. 62ff.; *Kersting* 28 Brook. J. Int. L. (2002) 1, 3ff. (mit Verweis auf einzelne Entscheidungen, die von der Regel eine Ausnahme gemacht haben); weiterhin *Forstinger* Takeover Law, 2002, S. 17, und *Lombardo* Regulatory Competition, 2002, S. 83ff. Zur historischen Entstehung der Regel *Buxbaum* FS Kegel, 1987, S. 75ff. Auch hier gilt allerdings die Relativierung von *Roe* Harv. L. R. 117 (2003) 588, 596ff., der ausführt, die internal affairs rule sei kein verfassungsrechtlicher Grundsatz, sondern beruhe letztlich nur auf einer informellen Übereinkunft der Bundesstaaten, ihr Gesellschaftsrecht wechselseitig zu respektieren.

15 *Buxbaum/Hopt* Legal Harmonization, 1988, S. 63.

16 Siehe zur geschichtlichen Entwicklung namentlich *Papmehl* ZVglRWiss 101 (2002) 200ff.; weiterhin: *Cary* 83 Yale L.J. (1974) 663ff., *Heine* Regulierungswettbewerb im Gesellschaftsrecht, 2003, S. 86ff., *Merkt/Göthel* US-amerikanisches Gesellschaftsrecht, 2. Aufl., 2006, S. 59ff. (Rn. 1ff.); *Roe* Harv. L. R. 117 (2003) 588, 607ff.; *Sandrock* 42 RabelsZ (1978) 227, 233ff.

US-amerikanischen Bundesstaaten eine *Corporation* nur auf Grund gesetzgeberischen Aktes gründen;[17] es bedurfte dazu einer vom Parlament verabschiedeten *Charter*.[18] Dieses schwerfällige Verfahren wurde solange nicht als störend empfunden, als landwirtschaftliche Strukturen vorherrschten und der Handel sich mit den Rechtsformen der *Proprietorship* und der *Partnership* zufrieden gab.[19] Im Jahre 1894 jedoch erließ New Jersey als erster US-amerikanischer Bundesstaat ein allgemeines Gesetz, das es erlaubte, ohne parlamentarische Zustimmung zu nahezu jedem denkbaren Zweck eine Gesellschaft zu gründen.[20] Dies lockte eine derart große Zahl von Gesellschaften ins Land, dass New Jersey im Jahre 1902 auf Grund der enormen Einnahmen in Form von Gründungsgebühren und laufenden Steuern jede Art von privater Steuer abschaffen konnte.[21]

Schon 1899 hatte Delaware nachgezogen und einen „General Corporation Act" erlassen, der die Registrierung von Gesellschaften nach einfachen Gründungsformalitäten und ohne das Erfordernis einer parlamentarischen oder richterlichen Zustimmung ermöglichte.[22] Weitere Vorzüge waren eine niedrige Besteuerung und ein breiter Handlungsspielraum der Corporation und ihrer Leitung. Allerdings war die Zahlung von Dividenden nur aus dem Gewinn möglich; bei Verletzung dieser Vorschrift drohte den Direktoren die persönliche Haftung.[23] Dass man ganz bewusst den Zustrom der Gesellschaften von New Jersey nach Delaware umleiten wollte, zeigt sich an zwei Dingen: Das Gesetz von Delaware war inhaltlich mit demjenigen von New Jersey nahezu identisch; wetteifernd erhob man jedoch in Delaware geringere Gebühren und Steuern als in New Jersey.[24]

Den Durchbruch im Wettbewerb mit New Jersey verdankte Delaware allerdings nicht seiner eigenen Gesetzgebung, sondern derjenigen von New Jersey. Auf Initiative von Gouverneur *Woodrow Wilson* hin erließ New Jersey im Jahre 1913 ein Gesetz zur Bekämpfung von Monopolen, wodurch insbesondere die Bildung von

---

[17] Wesentliches Merkmal der Corporation war zu Beginn, dass sie übertragbare Anteile ausgeben konnte; das Prinzip der beschränkten Haftung trat erst später hinzu (näher *Papmehl* ZVglRWiss 101 (2002) 200, 201 f.).

[18] Dieses Verfahren hatte seine Ursprünge im englischen Recht; dazu *Merkt/Göthel* US-amerikanisches Gesellschaftsrecht, 2. Aufl., 2006, S. 59 ff. (Rn. 2 ff.).

[19] *Papmehl* ZVglRWiss 101 (2002) 200, 202.

[20] Bedeutsam war auch, dass New Jersey einer Gesellschaft erlaubte, Anteile an anderen Gesellschaften zu halten, und damit die Bildung von Holding-Gesellschaften ermöglichte (näher *Spindler* Recht und Konzern, 1993, S. 236 ff.).

[21] *Papmehl* ZVglRWiss 101 (2002) 200, 208; *Sandrock* 42 RabelsZ (1978) 227, 235 f. Berühmt und vielzitiert ist das Wort des damaligen Gouverneurs: "Of the entire income of the government, not a penny was contributed directly by the people …" (zitiert beispielsweise bei *Sandrock* 42 RabelsZ (1978) 227, 236).

[22] *Papmehl* ZVglRWiss 101 (2002) 200, 210 ff.

[23] *Papmehl* ZVglRWiss 101 (2002) 200, 212.

[24] Dass mit diesem Wettbewerbsvorteil auch explizit geworben wurde, verdeutlicht *Papmehl* ZVglRWiss 101 (2002) 200, 212 f.

Holding-Gesellschaften deutlich erschwert wurde.[25] Dieses politisch motivierte Bekenntnis – *Wilson* stand im Wahlkampf um das Präsidentenamt – zu einem System des freien Wettbewerbs unter tendenziell eher kleinen Unternehmen ließ New Jersey im Rennen um Inkorporationen weit zurückfallen. Noch im Jahre 1913 zog Delaware in der Zahl der Inkorporationen erstmals an New Jersey vorbei.[26] Und obwohl New Jersey das Gesetz binnen kürzester Zeit als Fehlgriff erkannte und im Jahre 1917 wieder zurücknahm, gelang es ihm seither nicht mehr, Delaware die einmal errungene Vorreiterposition streitig zu machen.[27]

2. „Race for the Bottom"

Ein wichtiger Grund für die Beliebtheit Delawares ist unstreitig sein besonders liberales Gesellschaftsrecht. Dies macht es bei Managern beliebt, die faktisch häufig diejenigen sind, die über eine Sitzverlegung entscheiden.[28] Es gilt daher als eine keineswegs zufällig Koinzidenz, dass eine Sitzverlegungen nach Gründung der Gesellschaft – die sogenannte *Reincorporation* – auffallend häufig in den Staat Delaware führt,[29] dessen Recht den Bedürfnissen der Manager entgegen kommt, die das Unternehmen weitgehend unbehindert von formalen Restriktionen führen wollen. Delaware hat in dieser Beziehung immer wieder eine Vorreiterrolle übernommen, nicht nur zu Beginn des zwanzigsten Jahrhunderts, sondern beispielsweise auch mit der bedeutenden Gesetzesnovelle von 1967, welche die monatlichen Inkorporationen auf einen Schlag von 300 auf 800 ansteigen ließ.[30] Dieser gesetzgeberische Stil – den viele andere Bundesstaaten notgedrungen nachahmen – wird vom Management und seinen Beratern als *Enabling Law* begrüßt, also als Rechtsregeln, deren oberstes Ziel darin besteht, die Gründung und Führung von Unternehmen zu erleichtern.[31]

---

[25] *Papmehl* ZVglRWiss 101 (2002) 200, 215 ff.; *Spindler* Recht und Konzern, 1993, S. 239.

[26] Zahlenmaterial bei *Papmehl* ZVglRWiss 101 (2002) 200, 214.

[27] Vgl. die statistischen Daten bei *Merkt/Göthel* US-amerikanisches Gesellschaftsrecht, 2. Aufl., S. 165 ff. (Rn. 206 ff.).

[28] Die Sitzverlegung wird häufig in Form der Verschmelzung auf eine in Delaware neu gegründete Gesellschaft durchgeführt (*Bebchuk* Harvard Law Review 105 (1992) 1435, 1458 sowie 1470, Fn. 118). Sie setzt daher einen Beschluss der Gesellschafter voraus; den Antrag dazu stellt jedoch die Verwaltung.

[29] Mehr als vierzig Prozent der Gesellschaften, die an der Börse von New York notiert sind, haben ihren Sitz in Delaware; Sitzverlegungen von Gesellschaften, die an der New Yorker Börse notiert sind, haben in über achtzig Prozent der Fälle nach Delaware geführt (Zahlen nach *Bebchuk* Harvard Law Review 105 (1992) 1435, 1443).

[30] *Heine* Regulierungswettbewerb im Gesellschaftsrecht, 2003, 88; *Sandrock* 42 RabelsZ (1978) 227, 237.

[31] Siehe *Winter* 6 J. of L. St. (1977) 251, 252 ("most state corporation laws are 'enabling' rather than regulatory"); weiterhin: *Cary* 83 Yale L.J. (1974) 663, 666; *Merkt* US-amerikanisches Gesellschaftsrecht, 1991, S. 147 (Rn. 167). Zum Begriff der „enabling rules" weiterhin *Chef-*

Als hinderlich empfinden Manager naturgemäß die Einflussnahme von Aktionären auf die Unternehmenspolitik und die Androhung persönlicher Haftung bei Fehlentscheidungen. In Delaware hat man dies frühzeitig erkannt und sowohl die Haftungsandrohung als auch die Rechte der Aktionäre beschnitten. Schon 1899 wurde für die Inkorporierung in Delaware mit dem Hinweis geworben: „Eine Prüfung der Bücher der Gesellschaft ist unter dem Recht von Delaware sehr viel schwieriger zu erreichen als unter dem Recht jedes anderen Staates.“[32] Und zu Zeiten des ersten Kopf-an-Kopf-Rennens mit New Jersey im Jahre 1911 führte Delaware eine Regelung ein, wonach Direktoren für gesetzwidrige Dividendenzahlungen nicht mehr verschuldensunabhängig, sondern nur noch bei Vorsatz und Fahrlässigkeit hafteten – zu beweisen durch den Kläger.[33] Derartiges Entgegenkommen gewährt Delaware den Geschäftsleitern bis in die jüngste Zeit; seit 1986 sind dort Satzungsklauseln zulässig, welche die Haftung von Direktoren für Verstöße gegen die Treuepflicht (*fiduciary duties*) weitgehend ausschließen.[34] Dass die Gesetzgeber anderer Staaten den dadurch entstehenden Anpassungsdruck spüren, zeigen die vielzitierten Gesetzgebungsmaterialien des Staates New Jersey aus dem Jahre 1969, in denen die pekuniäre Motivation der gesetzgebenden Körperschaft in kaum zu überbietender Offenheit hervortritt:[35] Jeder Versuch, die Interessen der Aktionäre zu schützen, so heißt es dort, habe nur den Effekt, die Gesellschaften aus dem eigenen Bundesstaat zu vertreiben; eventuelle Regelungslücken müsse der Bund stopfen, nicht der einzelstaatliche Gesetzgeber. Dies Zitat erweckt den Eindruck, die Bundesstaaten hätten vor dem fiskalischen Druck längst kapituliert und jeden Versuch aufgegeben, ihr Gesellschaftsrecht an materiellen Gerechtigkeitsvorstellungen zu orientieren.

Die wohl pointierteste Kritik gegenüber dieser Entwicklung formulierte *Cary* im Jahre 1974. Er sah in dem Wettbewerb der Bundesstaaten um die Registrierung von Gesellschaften ein *„race for the bottom“*.[36] Seine umfassende Analyse der Rechtslage ergab, dass nicht nur die Gesetze, sondern auch die Gerichte von Delaware in der Tendenz managerfreundlich eingestellt waren. Ihre Entscheidungen stünden in

---

fins Company Law, 1997, S. 218, der darauf hinweist, dass diese Vorschriften mitunter Gestaltungen überhaupt erst möglich machten, deren Wirksamkeit andernfalls zweifelhaft wäre; als wichtigstes Beispiel dafür nennt er die Erlangung der beschränkten Haftung selbst.

32 Zitiert bei *Papmehl* ZVglRWiss 101 (2002) 200, 213, aus einem Informationsblatt der „Corporation Trust Company of Delaware“, einer Dienstleistungsgesellschaft zur Betreuung inkorporationswilliger Gesellschaften.

33 *Papmehl* ZVglRWiss 101 (2002) 200, 215.

34 *Merkt* US-amerikanisches Gesellschaftsrecht, 1991, S. 60 (Rn. 25).

35 Zitiert bei *Cary* 83 Yale L.J. (1974) 663, 666, und bei *Merkt/Göthel* US-amerikanisches Gesellschaftsrecht, 2. Aufl., 2006, S. 71 (Rn. 25).

36 Vgl. die grundlegende Kritik bei *Cary* 83 Yale L.J. (1974) 663 ff., der ebda., S. 705, den Begriff des *„race for the bottom“* gebraucht; weiterhin, jeweils m.w.N. zur Diskussion: *Bebchuk* Harvard Law Review 105 (1992) 1435, 1444 f., *Charny* 32 Harv. Int. Law J. (1991) 423, 430 f., *Grundmann* ZGR 30 (2001) 783, 786.

auffälligem Kontrast zu vergleichbaren Entscheidungen der Bundesgerichte, die mit den Geschäftsleitern wesentlich strenger verfahren würden als die Richter in Delaware.[37] Offenbar, so *Cary*, bestehe die Staatsräson in Delaware nur noch darin, mit Hilfe von Inkorporationen das Staatssäckel zu füllen, woran vom Gesetzgeber bis hin zum einzelnen Richter jeder sein Handeln orientiere: „Perhaps there is no public policy left in Delaware corporate law except the objective of raising revenue."[38]

Die damit einhergehende Entrechtung der Aktionäre hält *Cary* für höchst bedenklich. Auf einen strengen Verhaltensmaßstab für Manager könne man nicht verzichten; denn die Bereitschaft, Geld am Kapitalmarkt zu investieren, setze auch ein gewisses Vertrauen in die Integrität der Manager voraus.[39] Ebensowenig dürfe man grundlegende Prinzipien wie Unabhängigkeit und Unparteilichkeit der Gerichte und deren Orientierung am Gemeinwohl auf dem Altar einer evolutionären Rechtsentwicklung opfern.[40] Dass hier grundlegende Fragen der Gewaltenteilung aufgeworfen sind, macht die von *Cary* aufgezeigte enge personelle Verflechtung von Anwaltschaft, Gesetzgebung und Richterschaft deutlich.[41] Besonders auffällig, aber wohl keineswegs untypisch ist der Fall des Vorsitzenden einer Gesetzgebungskommission, der zuvor 12 Jahre lang Vorsitzender Richter und anschließend lange Jahre Berater einer führenden Anwaltskanzlei war. Dass die Bundesgerichte demgegenüber vergleichsweise aktionärsfreundlich judizieren, erklärt *Cary* unter anderem mit der größeren inneren Unabhängigkeit der Richter, die auf Lebenszeit ernannt sind.[42]

Dass gerade die unternehmensberatende Anwaltschaft in Delaware einen erheblichen Einfluss auf Rechtsprechung und Gesetzgebung ausübt, wird im Schrifttum soweit ersichtlich von niemandem bestritten. In der Literatur findet sich vielmehr häufig der Hinweis, die meisten Gesetzesvorlagen stammten aus den Schubladen führender Anwaltsbüros.[43] Das ökonomische Interesse derjenigen, die das Manage-

---

37 Vgl. die Analyse der Rechtsprechung bei *Cary* 83 Yale L.J. (1974) 663, 670ff. (Rechtsprechung in Delaware) und 692ff. (Rechtsprechung der Bundesgerichte). Auch *Charny* 32 Harv. Int. Law J. (1991) 423, 445, sieht in dem auffälligen Kontrast der Position der Gerichte in Delaware und derjenigen der Bundesgerichte ein gewisses Indiz dafür, dass das Recht von Delaware hinsichtlich der Geschäftsleiterpflichten „suboptimal" sei.

38 *Cary* 83 Yale L.J. (1974) 663, 684. Vgl. auch ebda., S. 698, das Zitat eines Mitglieds der Kommission, die im Jahre 1968 über eine Reform des Gesellschaftsrechts in Delaware beriet, und die Bedeutung der Einnahmen aus Inkorporierungen als Leitmotiv der Gesetzgebung deutlich anspricht: "… franchise tax dollar is very important … that is one of the reasons for the formation of this committee – to modernize and liberalize the Delaware Corporation law."

39 *Cary* 83 Yale L.J. (1974) 663, 671 und 698.

40 *Cary* 83 Yale L.J. (1974) 663, 696 ff.

41 *Cary* 83 Yale L.J. (1974) 663, 690 ff.

42 *Cary* 83 Yale L.J. (1974) 663, 695.

43 *Cary* 83 Yale L.J. (1974) 663, 687; *Charny* 32 Harv. Int. Law J. (1991) 423, 433; *Papmehl* ZVglRWiss 101 (2002) 200, 219. Der Beitrag von *Alva* 15 Del. J. Corp. L. (1990), 885ff., der ausführlich zu den Abläufen in der gesellschaftsrechtlichen Gesetzgebung von Delaware Stellung nimmt, bestätigt diesen Eindruck.

ment rechtlich beraten, besteht offenkundig darin, möglichst viele Gesellschaften zu einer Entscheidung für dasjenige Recht zu bewegen, in dem sie sich auskennen.[44] *Cary* verweist denn auch sarkastisch darauf, dass die Gesetze von Delaware bei aller Liberalität doch sicherstellten, dass für dort registrierte Gesellschaften stets ein Gerichtsstand im Staate Delaware existiere.[45] Eine der wenigen für Gesellschaften und ihre Aktionäre tendenziell abschreckende Regel ist die Möglichkeit einer Sequestration von Gesellschaftsanteilen. Für *Cary* fügt sich dies in das Bild der Wahrung anwaltlicher Standesinteressen: Durch die Androhung der Sequestration können Personen, die nicht in Delaware ansässig sind – und das dürfte für die große Mehrzahl der Manager der dort registrierten Gesellschaften gelten – gezwungen werden, vor den Gerichten von Delaware zu erscheinen.

3. „Race for the Top"

Die beißende Kritik von *Cary* blieb nicht ohne Widerspruch. Eine konsistente Gegenposition formulierte *Winter* im Jahre 1977:[46] Die Argumentation von *Cary* habe keinerlei Plausibilität, denn wenn sich die Aktionäre in Delaware unangemessen behandelt fühlten, würden sie in dort angesiedelte Gesellschaften nicht investieren. Zumindest aber müsste sich eine negative Einschätzung des rechtlichen Umfelds in den Aktienkursen manifestieren. Angesichts der öffentlich geäußerten Kritik an Delaware sei es keineswegs ein Geheimnis, dass die dortige Rechtslage Manager begünstige. An der Börse würden sich weniger wichtige Informationen in Windeseile verbreiten und zu Kursstürzen führen, warum also nicht auch diese? Selbst wenn der einfache Aktionär derartige Rechtsfragen nicht zuverlässig einschätzen könne, so müssten zumindest die institutionellen Investoren Alarm schlagen, auf deren Anlageentscheidungen man allgemein achte. Dass Delaware über lange Jahre hinweg so erfolgreich gewesen sei und viele Bundesstaaten es für nötig erachtet hätten,

---

[44] Die Bedeutung der Inkorporationen als Einkommensquelle der Berater betonen nicht nur diejenigen Autoren, die im Wettbewerb ein „race for the bottom" sehen (z.B. *Cary* 83 Yale L.J. (1974) 663, 668), sondern auch Vertreter der „race for the top"-These (*Winter* 6 J. of L. St. (1977) 251, 255) und *Romano*, deren differenzierender Ansatz nachfolgend ab S. 341 noch dargestellt werden wird (vgl. *Romano* I J. L. Econ. & Org. (1985), 225, 273ff.; auf Basis des empirischen Befunds, dass Sitzverlegungen nach Delaware in den meisten Fällen von den externen Rechtsberatern angeregt werden).

[45] *Cary* 83 Yale L.J. (1974) 663, 686, führt auch diese Regeln auf den Einfluss der örtlichen Anwaltschaft zurück und meint (S. 687) zu Überlegungen, diese Regel abzuschaffen: "it would indeed be killing the goose that laid such golden fees."

[46] *Winter* 6 J. of L. St. (1977) 251 ff. Vgl. weiterhin zum Argument des „race for the top": *Bebchuk* Harvard Law Review 105 (1992) 1435, 1445f., *Charny* 32 Harv. Int. Law J. (1991) 423, 431 f.; *Romano* in: Hopt/Kanda/Roe/Wymeersch/Prigge (Hrsg.), Comparative Corporate Governance, 1998, S. 143, 149ff., spricht sich mit demselben marktorientierten Argument für einen Regulierungswettbewerb der Börsen aus; einen solchen Systemwettbewerb der Börsen befürwortet für das europäische Gemeinschaftsrecht *Adolff* Jb.J.ZivRWiss. 2002, S. 61ff.

ihre Gesetze an diejenigen von Delaware anzupassen, mache eines deutlich: Die Investoren seien anderer Meinung als Professor *Cary*; sie gingen davon aus, dass sie mit dem Recht von Delaware besser bedient seien als mit demjenigen anderer Staaten.[47]

Winter bestreitet nicht, dass der Wettlauf der Gesetzgeber zu einer Lockerung des Gesellschaftsrechts geführt habe.[48] Die Durchsetzung von Grundlagenentscheidungen – dazu rechnet er beispielsweise Verschmelzungen oder den Ausschluss von Minderheitsaktionären – sei erleichtert worden, wie ganz generell dem Management mehr Möglichkeiten gegeben worden seien, seinen Willen durchzusetzen. Ebenso offensichtlich sei, dass Reformen des Gesellschaftsrechts in den Einzelstaaten vor allem dem Zweck dienten, die Ansiedlung von Gesellschaften im eigenen Staat zu begünstigen und damit Geld zu verdienen. Schließlich stehe auch außer Frage, dass die Anwaltschaft in Delaware an dem dadurch generierten Beratungsgeschäft außerordentlich gut verdiene.

Diese Umstände seien jedoch kein Anlass, dem Recht von Delaware mangelnde Qualität vorzuwerfen. Jede Restriktion im Bereich des Gesellschaftsrechts verursache Kosten und reduziere damit den Ertrag, der an die Aktionäre ausgeschüttet werden könne.[49] Auch Regeln zum Schutz der Aktionäre seien kostenträchtig, da sie das Management in seiner Bewegungsfreiheit behinderten. Sicherlich werde durch die Abschaffung derartiger Regeln die Gefahr erhöht, dass das Management die Freiheit missbrauche, um sich persönlich zu bereichern. Der Profit, den ein effizientes Management zum Wohl aller Aktionäre erziele, übersteige aber die Kosten derartiger Missbräuche bei weitem. Letztlich plädiert *Winter* also dafür, die Kosten eventueller Missbräuche in Kauf zu nehmen, weil ein liberales Gesellschaftsrecht in Summe mehr Wohlstand für die Aktionäre produziere als ein restriktives.

Selbst wenn man diese Einschätzung nicht teile, müsse man es den Aktionären selbst überlassen, die Vor- und Nachteile eines liberalen Gesellschaftsrechts abzuwägen. Bei Geschäften zwischen Privatleuten, die für Außenstehende keine Bedeutung hätten, solle man die Regelung der Angelegenheit den Beteiligten selbst überlassen; diese wüssten besser als irgendeine staatliche Stelle, was zu ihrem Vorteil sei.[50] Immerhin befasse sich das einzelstaatliche Gesellschaftsrecht nahezu ausschließlich mit den inneren Angelegenheiten der Gesellschaft.[51] Eine staatliche Intervention sei in diesen Bereichen nur zu rechtfertigen, soweit sie der Durchsetzung der privatrechtlichen Vereinbarungen diene oder die Transaktionskosten verringere.[52] In diesem Sinne liege eine wesentliche Funktion des Gesellschaftsrechts der Einzelstaaten darin, ein Regelungsmuster zu bieten, das die Verhandlungs-

---

47 *Winter* 6 J. of L. St. (1977) 251, 258.
48 *Winter* 6 J. of L. St. (1977) 251, 254 ff.
49 Zu dieser Argumentation *Winter* 6 J. of L. St. (1977) 251, 258 ff.
50 *Winter* 6 J. of L. St. (1977) 251, 253.
51 *Winter* 6 J. of L. St. (1977) 251, 252.
52 *Winter* 6 J. of L. St. (1977) 251, 259.

kosten reduziere. Wer statt dessen für zwingendes Recht zum Schutze einer Seite plädiere, erhöhe aufs Ganze gesehen die Kosten; denn er verbaue den Parteien die Möglichkeit, im Wege der Verhandlung alternative interessengerechtere Lösungen zu finden.[53]

Damit liegt die Argumentation von *Winter* letztlich auf einer anderen Ebene als diejenige von *Cary*. Während *Cary* und andere den *Inhalt* des in Delaware geltenden Rechts missbilligen, greifen die Befürworter des Regulierungswettbewerbs zu einer *formalen* Rechtfertigung: Wie auch immer der Inhalt der Regeln beschaffen sein mag – wenn er die Zustimmung der Anleger findet, hat er die Vermutung der Effizienz für sich. Effizient in diesem Sinne ist ein Regelwerk, unter dessen Geltung die Unternehmen die meisten Gewinne erzielen können. Solange von diesen Gewinnen genügend bei den Aktionären ankommt, haben sie keinen Grund zur Klage. Denn für sie ist letztlich entscheidend, welchen Ertrag ihre Anlage abwirft. Wenn sich auf diese Weise besonders liberale Regeln durchsetzen, ist auch zu vermuten, dass die Anleger den potentiellen Ertrag liberaler Regeln höher einschätzen als die Kosten der dadurch eröffneten Missbräuche.

Andere Autoren entwickelten diese Thesen weiter und verwiesen auf die disziplinierende Kraft der Märkte, welche die Missbrauchsgefahr deutlich reduziere.[54] Manager müssten auf verschiedenen Märkten mit anderen Managern und Unternehmen konkurrieren. Auf dem Kapitalmarkt hätten sie ein Interesse daran, zu möglichst günstigen Konditionen Kapital aufzunehmen;[55] dies könne ihnen kaum gelingen, wenn der Markt ihnen eigennütziges Verhalten zu Lasten der Aktionäre unterstelle. Eine Erhöhung des Unternehmenswertes liege im eigenen Interesse der Manager, weil ihr Gehalt davon abhänge. Wer sich am Unternehmen bereichern wolle, müsse dort immerhin erst einmal Werte schaffen; denn von einem größeren Kuchen könne man sich auch ein größeres Stück abschneiden.[56] Dies sei ein Anreiz, die Führungsaufgabe im Unternehmen zufriedenstellend zu erfüllen. Außerdem hänge die persönliche Karriere davon ab, dass man unternehmerische Erfolge vorweisen könne.[57] Zu guter letzt werde ein schlecht geführtes Unternehmen auch im Produktwettbewerb zurückfallen.[58] Der Produktmarkt, auf dem das Unternehmen tätig sei, übe also gleichfalls einen beständigen Anreiz aus, größte Anstrengungen für das Interesse des Unternehmens und damit der Aktionäre zu unternehmen.

---

[53] *Winter* 6 J. of L. St. (1977) 251, 259.

[54] Namentlich *Easterbrook* 9 Del. J. Comp. L. (1984) 540 ff.; weitere Nachweise bei *Kieninger* Wettbewerb der Privatrechtsordnungen, 2002, S. 100 f.

[55] *Easterbrook* 9 Del. J. Comp. L. (1984) 540, 543 ff.

[56] *Easterbrook* 9 Del. J. Comp. L. (1984) 540, 554, 559 ff.

[57] *Easterbrook* 9 Del. J. Comp. L. (1984) 540, 555.

[58] *Easterbrook* 9 Del. J. Comp. L. (1984) 540, 557.

4. „Predictability and Stability"

Ein vielbeachtetes und differenzierteres Bild der Mechanismen, die den Wettbewerb der Rechtsordnungen auslösen und begleiten, bietet die von *Roberta Romano* angestoßene empirische Analyse der Wanderung zwischen den Jurisdiktionen.[59] Ausgangspunkt ist der Befund, dass die bei weitem überwiegende Zahl von Sitzverlegungen nach Delaware führt.[60] *Romano* betrachtet dieses Phänomen einerseits aus Sicht der untereinander konkurrierenden Staaten und andererseits aus Sicht der sitzverlegenden Unternehmen.

a) Angebotsseite: „Responsiveness" der Einzelstaaten

Für die konkurrierenden Staaten entwickelt *Romano* eine Rangfolge der *„Responsiveness"*, das heißt der Flexibilität, mit der sie auf neue Entwicklungen im Gesellschaftsrecht reagieren. Der Grad des Entgegenkommens gegenüber den Bedürfnissen der Gesellschaften bemisst sich dabei als Kombination zweier Elemente: Erstens der Tatsache, dass liberales Recht überhaupt eingeführt wird; zweitens der Geschwindigkeit, mit der auf entsprechende Entwicklungen in anderen Staaten reagiert wird.[61] *Romano* konzentriert sich dabei exemplarisch auf vier tendenziell managerfreundliche Regelungen, die von den Unternehmen besonders häufig als Motiv für eine Sitzverlegung genannt wurden.[62] Sie stellte fest, dass gesetzgeberische Innovationen eines Bundesstaates nach einer gewissen Anzahl von Jahren von vielen anderen übernommen werden,[63] ein zeitlicher Wettbewerbsvorsprung einzelner Bundesstaaten also in der Regel schnell verbraucht ist. Delaware war nur in einem der vier untersuchten Fälle der Vorreiter; in den übrigen drei Fällen kam die Innovation aus anderen Bundesstaaten. Aber: Delaware war stets einer der ersten Staaten, der eine neu auftauchende gesellschaftsrechtliche Regelung in sein eigenes Recht übernahm. Vor allem dieser Befund führt zur günstigsten *„Responsiveness Variable"* aller Einzelstaaten.[64]

Eine Folgefrage ist, warum bestimmte Staaten schneller reagieren als andere. *Romano* sieht die Ursache im fiskalischen Interesse an der Registrierung von Gesellschaften und illustriert dies anhand der Zusammensetzung der Staatseinnahmen in den einzelnen Staaten. In Delaware stellen die Einnahmen aus der Inkorporation

---

59 Grundlegend *Romano* I J. L. Econ. & Org. (1985), 225 ff. und *Romano* The Genius of American Corporate Law, 1993.

60 Vgl. für die Jahre 1961 bis 1983 die Statistik bei *Romano* I J. L. Econ. & Org. (1985), 245.

61 *Romano* I J. L. Econ. & Org. (1985), 225, 237.

62 *Romano* I J. L. Econ. & Org. (1985), 225, 233: Regelungen zur Vergütung von Managern, Erleichterungen bei der Durchführung von Verschmelzungen, Abschaffung von Austrittsrechten der Gesellschafter bei börsennotierten Gesellschaften sowie Gesetze zur Erschwerung von Unternehmensübernahmen.

63 Vgl. die Statistik bei *Romano* I J. L. Econ. & Org. (1985), 225, 234.

64 *Romano* I J. L. Econ. & Org. (1985), 225, 240.

von Gesellschaften den vergleichsweise größten Anteil. Die Einnahmen aus der Corporate Franchise Tax belaufen sich dort in den Jahren von 1960 bis 1981 im Durchschnitt auf 16,9% des gesamten Staatshaushaltes.[65] An zweiter Stelle liegt Pennsylvania mit durchschnittlich 9,8%;[66] dieser Staat belegt zugleich in der „Responsiveness" den zweiten Platz hinter Delaware.[67]

b) Nachfrageseite: Interessenlage der Unternehmen

Wie sich der Wettbewerb der Jurisdiktionen aus Perspektive der Unternehmen darstellt, ermittelte *Romano* durch eine umfangreiche Befragung von Gesellschaften, die in den vorangegangenen Jahren ihren Sitz verlegt hatten. Auffällig ist, dass es für Sitzverlegungen nach Delaware häufig einen konkreten Anlass gab:[68] In den meisten Fällen hingen sie mit der Vorbereitung eines Börsengangs zusammen, in anderen Fällen sollten sie größere Akquisitionen und Umstrukturierungen vorbereiten oder die Abwehrmöglichkeiten gegen feindliche Übernahmen verbessern. All' diese Anlässe erhöhen die Gefahr von Rechtsstreitigkeiten, wie *Romano* richtig bemerkt.[69] Der Rechtsrahmen, den Unternehmen anonsten eher selten als kalkulatorische Größe berücksichtigen,[70] gewinnt in diesem Moment an Bedeutung.[71] Offenbar versprechen sich die Unternehmen von der Rechtsordnung des Staates Delaware eine kostengünstigere Abwicklung drohender Rechtsstreitigkeiten als von derjenigen anderer Staaten.

Dabei hat die Sitzverlegung nach Delaware durchaus ihren Preis; die dort zu entrichtenden *Registrierungsgebühren* sind heutzutage höher als in anderen Bundesstaaten.[72] Hinzu kommen beachtliche Kosten für Rechtsberatung und zahlreiche administrative Aufwendungen bis hin zur Umschreibung von Patenten oder anderen eingetragenen Rechten. Insgesamt, so die Ergebnisse der von *Romano* durch-

---

65 *Romano* I J. L. Econ. & Org. (1985), 225, 240 (fortgeführt bis in das Jahr 1990 in *Romano* The Genius of American Corporate Law, 1993, S. 7f.). Für das Jahr 1990 nennt *Bebchuk* Harvard Law Review 105 (1992) 1435, 1443, Fn. 24, einen Anteil von 20% der Staatseinnahmen aus Corporate Franchise Tax und Registrierungsgebühren.

66 In der mehrere Bundestaaten vergleichenden Tabelle für die Jahre 1960, 1970, 1980 und 1990 bei *Romano* The Genius of American Corporate Law, 1993, S. 10f., liegen die Werte für Pennsylvania zwar niedriger, es steht aber weiterhin im Vergleich zu allen anderen Bundesstaaten deutlich herausragend an zweiter Stelle.

67 *Romano* I J. L. Econ. & Org. (1985), 225, 240, Fn. 24.

68 *Romano* I J. L. Econ. & Org. (1985), 225, 250ff. und *Romano* The Genius of American Corporate Law, 1993, S. 32ff.

69 *Romano* I J. L. Econ. & Org. (1985), 225, 250.

70 Aufschlussreich dazu die – allerdings schon einige Zeit zurückliegende – Untersuchung von *Macaulay* 28 ASR (1963) 55ff.

71 *Romano* I J. L. Econ. & Org. (1985), 225, 261.

72 Laut *Romano* I J. L. Econ. & Org. (1985), 225, 248, Fn. 38, betrug die Gebühr für eine Registrierung in Delaware seinerzeit etwa $ 5.000. Vgl. auch die Zahlenangaben bei *Heine* Regulierungswettbewerb im Gesellschaftsrecht, 2003, S. 91ff.

geführten Umfrage, kostet ein Sitzwechsel nach Delaware die Unternehmen im Durchschnitt etwa $ 40.000, mit einer Bandbreite von einigen Tausend bis hin zu einer Million Dollar.[73] Auch die laufende Besteuerung mit der jährlich anfallenden *Franchise Tax* fällt in Delaware überdurchschnittlich hoch aus; die Sitzverlegung nach Delaware hat daher für die meisten Unternehmen eine dauerhafte Erhöhung der Steuerlast zur Folge.[74] Die Ersparnis von Steuern wurde denn auch kaum als Motiv für die Sitzverlegungen nach Delaware genannt; soweit Unternehmen dieses Ziel im Auge hatten, verlegten sie ihren Sitz in andere Bundesstaaten, deren steuerliche Konditionen günstiger sind.[75]

Romano vergleicht schließlich auch die Aktionärsstruktur der in Delaware registrierten Gesellschaften mit derjenigen anderer Gesellschaften.[76] Die weit verbreitete Einschätzung, das Recht von Delaware begünstige das Management, ließ erwarten, dass in Delaware registrierte Gesellschaften eher eine breit gestreute Aktionärsstruktur aufweisen. Denn bei einer breiten Streuung der Aktien ist die Verselbständigung des Management typischerweise größer. Dies erleichtert es dem Management, die Entscheidung über die Sitzverlegung selbst zu treffen, erhöht aber tendenziell die Gefahr von gerichtlich ausgetragenen Interessenkonflikten; denn ein aktiv kontrollierender Aktionär würde den Wechsel in eine aktionärsfeindliche Rechtsordnung von vornherein verhindern, ein insoweit machtloser Einzelaktionär muss sich auf spätere Rechtsstreitigkeiten verlegen. Die empirischen Daten liefern allerdings keine Bestätigung für die Ausgangsthese; eine klare Tendenz ist weder in die eine noch in die andere Richtung erkennbar. Mit anderen Worten: Zwischen der Aktionärsstruktur und der Neigung, nach Delaware abzuwandern, lässt sich kein signifikanter Zusammenhang feststellen.[77]

c) Delawares Wettbewerbsvorteil

Aus den Ergebnissen ihrer empirischen Untersuchung fügt *Romano* ein konsistentes Bild über die spezifischen Vorteile Delawares im Wettbewerb um die Registrierung von Gesellschaften:[78] Wenn Delaware ungeachtet der damit verbundenen Kosten der beliebteste Zielstaat für Sitzverlegungen ist, muss es einen geldwerten Vorteil bieten, der in den Augen des Management die einmaligen und laufenden Kosten der Inkorporation rechtfertigt. Offenbar erwartet es sich von dem Rechtssystem des Staates Delaware eine Verringerung der unternehmerischen Transaktionskosten,

---

[73] *Romano* I J. L. Econ. & Org. (1985), 225, 246.

[74] *Romano* I J. L. Econ. & Org. (1985), 225, 255.

[75] *Romano* I J. L. Econ. & Org. (1985), 225, 255 ff.

[76] Grundlage waren die damals 200 größten Unternehmen, von denen etwa die Hälfte in Delaware registriert war (*Romano* I J. L. Econ. & Org. (1985), 225, 261).

[77] *Romano* I J. L. Econ. & Org. (1985), 225, 264 f.

[78] *Romano* I J. L. Econ. & Org. (1985), 225, 273 ff.; *Romano* The Genius of American Corporate Law, 1993, S. 37 ff.

welche die Kosten der Sitzverlegung übersteigt.[79] Dass der Sitzwechsel häufig mit einer Unternehmenspolitik einhergeht, die das juristische Streitpotential erhöht, lässt zwar darauf schließen, dass die Manager sich wegen des liberalen Gesellschaftsrechts auf den Weg nach Delaware machen; einen solchen Rechtsrahmen können allerdings mittlerweile auch viele andere Staaten bieten. Denn wie bereits erwähnt werden rechtliche Innovationen einzelner Staaten nach einer gewissen Zeit jedenfalls von der Gruppe derjenigen Staaten, die sich um Attraktivität für Gesellschaften bemühen, regelmäßig nachvollzogen. Eine Reihe von Gesellschaften vertraut offenkundig diesem Mechanismus und wechselt angesichts kurzfristiger Innovationsvorsprünge anderer Bundesstaaten nicht ohne weiteres den Sitz – vorausgesetzt, sie befinden sich in einem Bundesstaat mit hinreichend großer „Responsiveness", von dem man erwarten kann, dass er Modernisierungen anderer Staaten aufmerksam verfolgen und zügig nachvollziehen wird.[80]

Der Erfolg Delawares lässt sich also aus dem Inhalt seines Gesellschaftsrechts allein nicht erklären; es muss noch eine andere Ursache geben. Nach den Erkenntnissen von *Romano* sorgt gerade die langanhaltend hohe Dichte von Gesellschaften für eine Verstetigung des Erfolges. Denn je mehr Gesellschaften ihren Sitz in Delaware nehmen, um so größer ist der Anreiz, die unternehmerfreundliche Politik fortzusetzen. Dass Delaware dazu bereit ist, hat es in der Vergangenheit belegt. Die große Abhängigkeit von den Inkorporationseinnahmen zwingt zu einer Fortsetzung der liberalen Politik, Delaware ist gewissermaßen „Geisel" seines eigenen Erfolgs geworden.[81] Gerade dies bürgt aber in den Augen der Unternehmen für eine besondere Verlässlichkeit der rechtlichen Rahmenbedingungen.

Ein weiterer Garant für Beständigkeit ist der Juristenstand. Die Anwaltschaft von Delaware ist mindestens ebenso wie der Staat selbst darauf bedacht, möglichst viele Gesellschaften nach Delaware zu holen und sie dort zu halten. Es passt in dieses Bild, dass der Anstoß für eine Sitzverlegung in der überwiegenden Zahl der Fälle von den externen Rechtsberatern ausgeht.[82] Für die wirtschaftsberatenden Anwälte ist das Recht von Delaware bekanntes Terrain, sie können daher effizient und kostensparend beraten, wenn ihre Klientel dort angesiedelt ist. Im Gegensatz dazu muss der angestellte Hausjurist eine gewisse Hemmschwelle überwinden, um eine Empfehlung für Delaware auszusprechen; denn er muss damit das ihm bekannte

---

[79] *Romano* I J. L. Econ. & Org. (1985), 225, 263, spricht daher auch von einer „transactions explanation" des Phänomens.

[80] *Romano* I J. L. Econ. & Org. (1985), 225, 278, weist darauf hin, dass die meisten dieser nicht in Delaware angesiedelten Gesellschaften in Bundesstaaten ihren Sitz haben, bei denen sich im Rahmen ihrer Untersuchung gleichfalls eine hohe Aufmerksamkeit (*„responsiveness"*) gegenüber den unternehmerischen Bedürfnissen feststellen ließ.

[81] *Romano* I J. L. Econ. & Org. (1985), 225, 235: "… states that obtain a higher proportion of their revenues from franchise tax collection will be the most responsive to corporate desires … In effect, these states are hostages to their own success." Ebenso *Romano* The Genius of American Corporate Law, 1993, S. 38.

[82] *Romano* I J. L. Econ. & Org. (1985), 225, 274.

rechtliche Umfeld verlassen. Entsprechend geht die Initiative für einen Sitzwechsel seltener von den angestellten als von den externen Juristen aus.[83] Dass der Juristenstand in Delaware sehr homogen strukturiert und auf intensiven Austausch zwischen Rechtsberatung, Judikative und Legislative angelegt ist, wurde bereits angesprochen. Unter dem Aspekt der Gewaltenteilung mag dieser Zustand problematisch sein,[84] aus Sicht der Unternehmen ist er von Vorteil. Denn der starke Bezug zur Praxis verhindert, dass der Gesetzgeber oder die Gerichte unüberlegte Änderungen im Gesellschaftsrecht vornehmen. Der Gesetzgeber Delawares ist im Übrigen sogar von Verfassungs wegen vor Übereilung geschützt. Denn Änderungen im Gesellschaftsrecht bedürfen in beiden Kammern des Parlaments einer Zwei-Drittel-Mehrheit.[85] Deutlicher kann das Bekenntnis zu einem attraktiven Standort für Gesellschaftsrecht nicht ausfallen als es in Verfassungsrang zu erheben.

Den Gesetzgebungsprozess in Delaware hat *Alva*, selbst Anwalt einer in Delaware ansässigen Kanzlei, detailliert beschrieben.[86] Die Gesetzentwürfe stammten überwiegend von der gesellschaftsrechtlichen Abteilung der Anwaltskammer (*General Corporation Law Section of the Delaware Bar Association*). Das Parlament sei fachlich und personell nicht in der Lage, Gesetzentwürfe zum Gesellschaftsrecht zu entwerfen oder auch nur zu diskutieren. Zitiert wird ein Mitglied des Rechtsausschusses, das frank und frei einräumt, Gesetzesvorschläge zum Gesellschaftsrecht würden, wenn sie von der Anwaltskammer und dem zuständigen Ministerium befürwortet worden seien, das Parlament ohne Debatten oder gar Änderungen passieren.[87] *Alva* zufolge haben sich auch die in Delaware vertretenen politischen Parteien noch niemals zu einer gesellschaftsrechtlichen Gesetzesvorlage geäußert.[88] Er sieht darin eine geradezu vorbildliche Effizienz des Gesetzgebungsverfahrens von Delaware.[89] Die Arbeitsteilung zwischen Fachleuten, welche die Gesetze entwerfen, und dem Parlament, das ihnen staatliche Autorität verleiht, liefere schnell und kostengünstig ein effizientes Gesellschaftsrecht.[90] Vorteilhaft sei auch die Abwesenheit jeden politischen Einflusses. Die meisten in Delaware registrierten Unternehmen würden dort weder Arbeitnehmer beschäftigen noch bedeutende Vermögenswerte vorhalten.[91] Es gebe also keine konkurrierenden Interessengruppen, die zu Lasten

---

83 *Romano* I J. L. Econ. & Org. (1985), 225, 274 f.

84 Vgl. die Kritik von *Cary*, s. oben S. 337.

85 *Romano* I J. L. Econ. & Org. (1985), 225, 241.

86 *Alva* 15 Del. J. Corp. L. (1990), 885 ff.

87 *Alva* 15 Del. J. Corp. L. (1990), 885, 898.

88 *Alva* 15 Del. J. Corp. L. (1990), 885, 898.

89 Vgl. die Überschrift der abschließenden Bemerkungen: "Delaware as a Model of Efficiency" (*Alva* 15 Del. J. Corp. L. (1990), 885, 917).

90 *Alva* 15 Del. J. Corp. L. (1990), 885, 917 f.

91 *Kieninger* Wettbewerb der Privatrechtsordnungen, 2002, S. 192, verweist darauf, dass Delaware nur etwa 670.000 Einwohner habe, aber rund 250.000 nach seinem Recht inkorporierte Gesellschaften.

einer Wohlfahrtsoptimierung der Aktionäre in den Gesetzgebungsprozess eingreifen könnten.[92]

Nicht nur die Gesetzgebung, auch die Rechtsprechung liefert effiziente Ergebnisse. *Romano* verweist darauf, dass die hohe Zahl von Inkorporierungen bedeutender Unternehmen auch eine überproportional hohe Anzahl von Gerichtsentscheidungen nach sich ziehe. Delawares Recht unterstützt auch dies: Der Zugang zu den Gerichten ist dort tendenziell leichter als in anderen Bundesstaaten;[93] darin liegt einer der aktionärsfreundlichen Aspekte dieser Rechtsordnung. In einem vom Fallrecht geprägten Rechtssystem ist die große Falldichte Delawares ein wichtiger Standortvorteil; bei Klärung gesellschaftsrechtlicher Streitfragen ist das Ergebnis wesentlich besser vorhersehbar als in anderen Staaten. Zwar übernehmen andere Bundesstaaten mit den Gesetzen von Delaware in gewisser Weise auch dessen ausgefeilte Judikatur; eine Garantie dafür, dass ihre Gerichte den Präjudizien von Delaware folgen werden, können sie aber nicht abgeben. Warum also sollten die Unternehmen die Kopie dem Original vorziehen? In größeren Flächenstaaten gibt es zudem eine größere Zahl von Richtern, was die Gefahr uneinheitlicher Rechtsprechung erhöht. Der kleine Staat Delaware hat den Vorteil einer überschaubaren Richterschaft, deren Entscheidungen relativ homogen ausfallen.[94] Auf der Beratungsseite findet sich aus denselben Gründen großer Sachverstand. Die für Transaktionen so wichtigen *Legal Opinions*, die dem Management in rechtlichen Zweifelsfragen den Rücken stärken, können mit hoher Geschwindigkeit und Zuverlässigkeit eingeholt werden. Dies Geflecht wechselseitiger Abhängigkeiten zwischen den Unternehmen, dem Staat und der Juristenschaft bürgt für Stabilität und Vorhersehbarkeit der Rechtsordnung – *„Stability and Predictability"*, so *Romano*, seien die Schlüssel zum langanhaltenden Erfolg Delawares.[95]

5. Gesellschaftsrechts-Optimierung unter Einfluss des Bundesgesetzgebers

Die Attraktivität des Gesellschaftsrechts von Delaware auf dessen Vorhersehbarkeit und Stabilität zurückzuführen, hat große Überzeugungskraft. Damit ist aber, nach Auffassung anderer Autoren die Frage noch nicht beantwortet, ob ein Wettbewerb der Gesetzgeber tatsächlich wünschenswert sei.[96] Der Erklärungsansatz von

---

92 *Alva* 15 Del. J. Corp. L. (1990), 885, 918.

93 Anders als viele andere Bundesstaaten verlangt Delaware bei Aktionärsklagen keine Sicherheit für die Gerichtskosten (*Romano* I J. L. Econ. & Org. (1985), 225, 264). Allerdings müssen die Klagen von Anwälten erhoben werden, die in Delaware zugelassen sind (*Romano* I J. L. Econ. & Org. (1985), 225, 241, Fn. 27).

94 Auch dazu aufschlussreich die Detailangaben bei *Alva* 15 Del. J. Corp. L. (1990), 885, 902f. und 918.

95 *Romano* I J. L. Econ. & Org. (1985), 225, 281.

96 *Bebchuk* Harvard Law Review 105 (1992) 1435, 1447: "... the question whether state competition is desirable remains unanswered." Denselben Ausgangspunkt vertreten *Bebchuk/Cohen/Ferrell* Cal. L.R. 90 (2002) 1775ff.

Romano gebe keine Auskunft darüber, welche Qualität das rechtssicher und klar gesetzte Recht habe. Auch ein die Aktionäre benachteiligendes Recht könne sicher und stabil sein, so das Bedenken von *Bebchuk*.[97] Überdies könne Vorhersehbarkeit und Stabilität auch durch eine bundesrechtliche Regelung geschaffen werden; die Frage, ob ein Wettbewerb der Einzelstaaten überhaupt wünschenswert sei, bleibe damit offen.[98] Einen weiteren Gedanken hat *Roe* in die Debatte geworfen: Der Wettbewerb der Gesetzgeber führe nur deshalb zu weitgehend zufriedenstellenden Ergebnissen, weil er im Schatten des Bundesgesetzgebers stehe.[99] Delaware und die übrigen Bundesstaaten müssten stets damit rechnen, dass der Bundesgesetzgeber eingreife und würden ihr Wettbewerbsverhalten daran ausrichten. Im Kern gehen diese vermittelnden Stimmen davon aus, dass der Wettbewerb der Gesetzgeber zwar im Grundsatz ein sinnvolles Konzept sei, jedoch nicht in allen Fragen des Gesellschaftsrechts optimale Ergebnisse liefere und daher notwendig des Korrektivs der Bundesgesetzgebung bedürfe.[100] Es gelte also herauszufinden, in welchen Rechtsbereichen Defizite entstehen; diese müsste man gegebenenfalls bundesrechtlich regeln.

a) Suboptimale gesellschaftsrechtliche Regelungen

Ausgangspunkt einer kritischen Überprüfung der *race for the top*-These – auch in ihrer Variante der „stability and predictability" – ist der Befund, dass sich gerade in den beliebtesten Inkorporationsstaaten Regeln finden, die in der ökonomischen Theorie als nachteilig für die Anteilseigner gelten.[101] Das wichtigste Beispiel sind Maßnahmen zur Verhinderung oder Erschwerung von Übernahmen, von denen das einzelstaatliche Recht auch und gerade in Delaware einige bereithält.[102] Diese

---

97 *Bebchuk* Harvard Law Review 105 (1992) 1435, 1447. *Bebchuk/Ferrell*, in: Esty/Geradin (Hrsg.), Regulatory Competition, 2001, S. 68, 86 f., bezweifeln überdies die Vorhersehbarkeit von Gerichtsentscheidungen in Delaware; vieles am Fallrecht von Delaware sei einzelfallabhängig und daher gerade nicht vorhersehbar. Im Bereich des Übernahmerechts sei die Regelung des englischen City Code on Takeovers wesentlich präziser und besser justitiabel als die Regelungen der US-amerikanischen Bundestaaten (ebda., S. 87 ff.).

98 *Bebchuk* Harvard Law Review 105 (1992) 1435, 1447 f.

99 *Roe* Harv. L. R. 117 (2003) 588 ff.

100 Hierzu auch die allgemeine Analyse der begrenzten Leistungsfähigkeit des gesetzgeberischen Wettbewerbs bei *Esty/Geradin* in: Esty/Geradin (Hrsg.), Regulatory Competition, 2001, S. 30, 33 ff.

101 *Bebchuk* Harvard Law Review 105 (1992) 1435, 1446. Ausführlich analysieren *Bebchuk/Ferrell*, in: Esty/Geradin (Hrsg.), Regulatory Competition, 2001, S. 68 ff. und *Bebchuk/Cohen/Ferrell* Cal. L.R. 90 (2002) 1775, 1800 ff. den Einfluss des gesetzgeberischen Wettbewerbs auf das Übernahmerecht. Vgl. auch den umfassenden Vergleich mit der europäischen Rechtslage bei *Forstinger* Takeover Law, 2002.

102 Ausführlich dazu *Bebchuk/Cohen/Ferrell* Cal. L.R. 90 (2002) 1775 ff., *Bebchuk/Ferrell*, in: Esty/Geradin (Hrsg.), Regulatory Competition, 2001, S. 68, 75 ff. und *Bebchuk/Cohen* JoLE 56 (2003) 383, 410 ff. *Romano* The Genius of American Corporate Law, 1993, S. 59, weist allerdings auf den bemerkenswerten Umstand hin, dass Delaware in diesem Bereich immer nur mit Verzögerung auf neue Entwicklungen reagiert habe, in Anti-Übernahmeregeln also offenbar keine Qualitätssteigerung seines Rechts sieht.

haben aus ökonomischer Sicht den Makel, dass sie Manager gegen eine unerwünschte Übernahme schützen und dadurch die Effizienz des Kapitalmarktes verringern. Damit würden gerade diejenigen Marktkräfte, die nach Aussage der *race for the top*-These den Eigennutz der Manager domestizieren sollten, außer Kraft gesetzt.[103] Dennoch schneiden Bundesstaaten, deren Recht Übernahmen erschwert, im Wettbewerb der Gesetzgeber überdurchschnittlich gut ab.[104] Wie *Roe* berichtet, war es der Wettbewerbsdruck anderer Bundesstaaten, der das anfänglich zurückhaltende Delaware dazu veranlasste, Anti-Übernahmeregelungen einzuführen; denn renommierte Anwaltskanzleien hatten bereits begonnen, ihren Klienten eindringlich den Wegzug von Delaware nahezulegen.[105]

Wenn allerdings die These vom derart suboptimalen Gesellschaftsrecht zuträfe, müssten die Aktienkurse von Gesellschaften, die sich in Delaware reinkorporieren wollen, nach Bekanntgabe dieser Entscheidung unter Druck geraten. Ein solch nachteiliger Effekt auf den Aktienkurs hat sich jedoch nicht nachweisen lassen.[106] Autoren wie *Bebchuk* und *Charny* bezweifeln allerdings auch, dass es überhaupt gelingen könne, die Qualität einzelner Regeln isoliert mit Hilfe empirischer Untersuchungen zu klären.[107] Dass die Aktienkurse nach der Ankündigung einer Sitzverlegung nicht fallen, könne auch damit zusammenhängen, dass derartige Entscheidungen häufig als positives unternehmerisches Signal gelten; eine Aussage über die Qualität der gewählten Rechtsordnung sei damit kaum verbunden. Gerade die Untersuchung von *Romano* habe gezeigt, dass Unternehmensleiter die Entscheidung für eine Sitzverlegung häufig mit dem Hinweis auf bedeutende Transaktionsvorhaben begründen, die sich nach dem Gesellschaftsrecht von Delaware leichter realisieren ließen. Dementsprechend werte der Kapitalmarkt die Sitzverlegung grundsätzlich als positives Zeichen dafür, dass es dem Unternehmen gut gehe und eine bedeutende unternehmerische Transaktion bevorstehe.[108] Dies kompensiere möglicherweise die eigentlich zu erwartenden negativen Effekte des Abwanderns in eine managerfreundliche Rechtsordnung. Zudem sei der Wechsel des materiellen Gesellschaftsrechts nicht so gravierend, dass ihm eine signifikante Bedeutung für die Bewertung der Aktien zukomme; denn das Gesellschaftsrecht der meisten Bundesstaaten habe sich demjenigen von Delaware ohnehin schon sehr stark angenä-

---

[103] *Bebchuk* Harvard Law Review 105 (1992) 1435, 1467 ff.

[104] So das Ergebnis der Studie von *Bebchuk/Cohen/Ferrell* Cal. L.R. 90 (2002) 1775, 1806 ff.

[105] *Roe* Strong Managers, Weak Owners, 1996, S. 163 ff.

[106] Dazu *Charny* 32 Harv. Int. Law J. (1991) 423, 434.

[107] *Bebchuk* Harvard Law Review 105 (1992) 1435, 1448 ff.; *Charny* 32 Harv. Int. Law J. (1991) 423, 434, spricht von „disappointingly inconclusive statistical outcomes". Siehe weiterhin die Auswertung der empirischen Untersuchungen bei *Bebchuk/Cohen/Ferrell* Cal. L.R. 90 (2002) 1775, 1790 ff. Hingegen zieht *Romano* The Genius of American Corporate Law, 1993, S. 19 ff. aus den vorliegenden Studien den Schluss, dass jedenfalls mehr für einen positiven Effekt des Wettbewerbs spreche als dagegen.

[108] *Charny* 32 Harv. Int. Law J. (1991) 423, 433; *Bebchuk/Cohen/Ferrell* Cal. L.R. 90 (2002) 1775, 1794 f.

hert. Schließlich sei zu bedenken, dass sich ein Rechtssystem aus einer Vielzahl von Regeln zusammensetze, von denen ein Aktionär manche als positiv, andere hingegen als negativ bewerte; beides könne sich gegeneinander aufheben, so dass die Sitzverlegung in der Summe keinen spürbaren Einfluss auf den Aktienkurs habe.[109]

Die Schwierigkeit empirischer Studien liegt allerdings darin, dass sich die Auswirkungen der unterschiedlichen Einflüsse auf den Aktienkurs kaum klar trennen lassen.[110] Weiterhin darf nicht außer acht gelassen werden, dass sich der Wettbewerb zu keiner Zeit völlig ungehindert entfaltet hat, vielmehr stets unter dem Damoklesschwert der Bundesgesetzgebung stand. Mehrfach in der Geschichte des US-amerikanischen Gesellschaftsrechts wurde ernsthaft diskutiert, das Gesellschaftsrecht insgesamt bundeseinheitlich zu regeln;[111] mehrfach hat der Bundesgesetzgeber in konkreten Einzelfällen korrigierend eingegriffen.[112] Ein Beispiel sind die Regelungen der SEC zum sogenannte „proxy voting", mit welchen in das Wahlverfahren der Board-Mitglieder – zweifellos eine „internal affair" der Gesellschaften – eingegriffen wurde.[113] Den Protagonisten in Delaware ist nach Auffassung von *Roe* daher vollauf bewusst, dass sie den Bogen nicht überspannen dürfen, wollen sie nicht ihre lukrative Gesetzgebungskompetenz im Gesellschaftsrecht aufs Spiel setzen.

Diese relativierte Sicht der *race for the top*-These sieht zwar im Ausgangspunkt durchaus positive Effekte eines Wettbewerbs der Rechtsordnungen, plädiert aber dafür, die richtige Balance zwischen zentraler und dezentraler Regelung zu finden und das Gesellschaftsrecht auf diese Weise zu optimieren.[114] Es gelte, diejenigen Kategorien von Normen zu definieren, auf die sich der Wettbewerb positiv auswirken könne. Gehe man davon aus, dass in den meisten Fällen die Initative für eine Sitzverlegung von der Geschäftsleitung ausgehe, müsse man vor allem deren Anreizstruktur überprüfen.[115] Solange es um Normen gehe, die keinen Einfluss auf die Vermögensverteilung zwischen Managern und Aktionären hätten, bestehe ein Gleichlauf der Interessen. Die Geschäftsleitung werde hier im eigenen Interesse darum bemüht sein, nach der effizientesten Rechtsordnung zu suchen und auf diese Weise den Unternehmenserfolg zu optimieren.

Bei Regeln indessen, die eine Vermögensverschiebung von den Aktionären zu den Managern bewirken könnten, sei Skepsis angebracht gegenüber der Entschei-

---

109 *Bebchuk* Harvard Law Review 105 (1992) 1435, 1449.

110 *Charny* 32 Harv. Int. Law J. (1991) 423, 438 f.; ausführlich zur Problematik *Bebchuk/Cohen/Ferrell* Cal. L.R. 90 (2002) 1775, 1790 ff.

111 *Roe* Harv. L. R. 117 (2003) 588, 602 ff.

112 *Roe* Harv. L. R. 117 (2003) 588, 607 ff.

113 *Roe* Harv. L. R. 117 (2003) 588, 612 ff.

114 Eher skeptisch allerdings *Roe* Harv. L. R. 117 (2003) 588, 636 ff.: Angesichts der Tatsache, dass sich der reale Wettbewerb in einem föderalen System abspiele, könne man nicht mit Sicherheit sagen, welcher Anteil des geltenden Gesellschaftsrechts dem Wettbewerb selbst und welcher der Rücksichtnahme auf drohendes bundestaatliches Eingreifen geschuldet sei.

115 *Bebchuk* Harvard Law Review 105 (1992) 1435, 1458 ff.

dung des Management und der Rechtsordnung des aufnehmenden Staates.[116] Beispiele seien Möglichkeiten zum Insiderhandel oder die Nutzung von Geschäftschancen der Gesellschaft.[117] Bei diesen Rechtsregeln könne sich die disziplinierende Wirkung des Marktes, auf welche sich die *race for the top*-These stütze, nicht recht entfalten.[118] Denn die für die Manager erreichbaren persönlichen Vorteile seien aus deren Perspektive wesentlich bedeutender als der negative Markteffekt. Wer im Einzelfall eine Möglichkeit nutze, seine persönliche Stellung zu verbessern, löse damit noch keine feindliche Übernahme aus. Ebensowenig bestehe ernsthaft Anlass zur Sorge um das berufliche Fortkommen oder künftige Finanzierungsmöglichkeiten der Gesellschaft oder gar deren Stellung auf den Warenmärkten. Letztlich hänge der Erfolg des Unternehmens und damit auch das persönliche Schicksal des Management in wesentlich größerem Umfang von anderen internen und externen Faktoren ab. Der disziplinierende Effekt der Marktkräfte stehe zwar einer allzu offensichtlichen Bereicherung der Geschäftsleiter entgegen – den Sitz in ein „Super-Delaware" zu verlegen, würden Aktionäre wohl kaum dulden. Dennoch spreche eine gewisse Vermutung dafür, dass ein Staat wie Delaware, in den zahlreiche Geschäftsleiter streben, diese Gruppe zumindest in moderater Weise bevorzuge. Denn es sei doch auffallend, dass die in Delaware angewandten Standards in aller Regel großzügiger seien als diejenigen der Bundesgerichte in vergleichbaren Fällen.[119] Kritiker des gesetzgeberischen Wettbewerbs führen dies auf den Umstand zurück, dass in Gesellschaften mit breit gestreutem Aktienbesitz faktisch das Management über die Sitzverlegung entscheidet.[120]

Allerdings kann der Sitz in aller Regel nicht gegen den erklärten Willen der Aktionäre verlegt werden, da die übliche Sitzverlegungstechnik der Verschmelzung auf eine in Delaware neu gegründete Gesellschaft einen Hauptversammlungsbeschluss verlangt.[121] Kritiker eines zügellosen Wettbewerbs sehen aber auch darin kein hinreichendes Korrektiv. Die Notwendigkeit eines Beschlusses biete eine gewisse Gewähr dafür, dass die Rechtsordnung des Zielstaates keine offenkundig aktionärsfeindlichen Regeln enthalte. Eine Mischkalkulation von der Art, dass in der allgemein höheren Effizienz einer Rechtsordnung auch einige Bereiche mit eher

---

116 *Bebchuk/Cohen/Ferrell* Cal. L.R. 90 (2002) 1775, 1799 f.

117 *Bebchuk* Harvard Law Review 105 (1992) 1435, 1462.

118 *Bebchuk* Harvard Law Review 105 (1992) 1435, 1461 ff.

119 *Charny* 32 Harv. Int. Law J. (1991) 423, 447. *Charny* verweist ebda., Fn. 60, auch auf die Rolle der Richter, die auf Grund ihres eigenen Erfahrungshorizonts zumeist mehr Verständnis für die Sorgen und Nöte des Managements haben als für diejenigen der Aktionäre. Schon *Cary* 83 Yale L.J. (1974) 663, 670, merkte kritisch an, dass die Richter in Delaware wohl eher das öffentliche Wohl – das heißt, die vollen Kassen des Staates Delaware – im Auge hätten als die Interessen der Parteien. Er belegt dies mit einer Reihe von Entscheidungen (ebda., S. 672 ff.).

120 *Bebchuk/Ferrell*, in: Esty/Geradin (Hrsg.), Regulatory Competition, 2001, S. 68, 71.

121 *Bebchuk* Harvard Law Review 105 (1992) 1435, 1470, Fn. 118. Darauf verweist auch *Romano* The Genius of American Corporate Law, 1993, S. 18.

aktionärsfeindlichen Regeln aufgingen, könne es aber nicht verhindern. Denn die Aktionäre würden der Sitzverlegung solange zustimmen, wie sie insgesamt den Wert des Unternehmens erhöhe.[122] Damit sei aber nicht gesagt, dass man damit bereits den optimalen Regelungszustand erreicht habe. Wenn man hingegen die für Aktionäre nachteiligen Regeln isolieren und durch Bundesgesetz regeln könne, würden auf Ebene des einzelnen Bundestaates allein die wirklich effizienten Regeln übrigbleiben und die Wohlfahrt der Aktionäre ließe sich gegenüber dem jetzigen Zustand erhöhen.

b) *Ausblendung von „Externalitäten"*

Ein weiterer Aspekt, den der gesellschaftsrechtliche Wettbewerb ausblendet, sind die sogenannten „Externalitäten".[123] Damit sind Interessen gemeint, die außerhalb der Beziehung zwischen Management und Gesellschaftern stehen; also beispielsweise Gläubiger, Arbeitnehmer oder die Allgemeinheit in Form von Umweltschutz oder anderen Gemeingütern. Bewerte man Rechtsnormen aus Sicht der Gemeinschaft, sei nur diejenige Regelung effizient, die auch negative externe Effekte angemessen berücksichtige und damit zur allgemeinen, nicht nur zur Wohlfahrtssteigerung der Aktionäre beitrage.[124] Wenn allerdings die Geschäftsleiter zwischen zwei Rechtsordnunge zu entscheiden haben, von denen sich die eine strikt der Maximierung des *shareholder value* verschrieben hat, die andere hingegen die Interessen Dritter mit einbezieht (was sich auf den *shareholder value* tendenziell nachteilig auswirkt), wäre es geradezu eine Pflichtverletzung, den Sitz ausgerechnet in denjenigen Staat zu verlegen, dessen Recht sich weniger am Wohl der Aktionäre orientiert. Geschäftsleiter und Gesellschafter haben bei der Wahl des Gesellschaftssitzes verständlicherweise allein die eigene Gewinnmaximierung im Auge; Regeln zum Schutze Dritter sind für ihre Rechtswahl kein Krtierium. Wenn es Staaten mit ansonsten vergleichbaren Bedingungen gibt, die solche Regeln nicht kennen, wird die rechtliche Berücksichtigung von Externalitäten sogar zum Ausschlusskriterium. Ein Staat, der sein Gesellschaftsrecht an anderen Interessen ausrichten würde als an

---

[122] *Bebchuk* Harvard Law Review 105 (1992) 1435, 1471 f. *Bebchuk* nennt, ebda., S. 1472 ff. noch zwei weitere Gründe, warum die Aktionäre einer Sitzverlegung in eine Rechtsordnung mit für sie partiell nachteiligen Regeln zustimmen könnten: Erstens mag ihnen die nötige Information fehlen, um die einzelnen Vor- und Nachteile der Sitzverlegung umfassend abzuwägen; zweitens kann das Management den Vorschlag der Sitzverlegung mit der Entscheidung über eine andere Maßnahme verbinden, der die Aktionäre positiv gegenüber stehen. *Bebchuk/Cohen/Ferrell* Cal. L.R. 90 (2002) 1775, 1799, verweisen außerdem darauf, dass es ohne die Initiative des Managements nicht zu einer Sitzverlegung komme, also auch das Unterbleiben einer an sich wertsteigernden Sitzverlegung als Fehlsteuerung denkbar sei.

[123] *Bebchuk* Harvard Law Review 105 (1992) 1435, 1485 f. Allgemein zur Bedeutung von negativen Externalitäten im Gesellschaftsrecht *Cheffins* Company Law, 1997, S. 24 ff. und S. 138 ff.

[124] *Bebchuk* Harvard Law Review 105 (1992) 1435, 1485.

denjenigen der Geschäftsleiter und Gesellschafter, würde also über kurz oder lang einen Großteil seiner Gesellschaften an andere Bundesstaaten verlieren.

Für den Bereich des Gesellschaftsrechts relevante Dritte sind beispielsweise die Gläubiger. Vertragliche Gläubiger sollten sich zwar nach US-amerikanischer Philosophie am besten selbst schützen können; dies gilt allerdings weniger oder gar nicht für Gläubiger kleinerer Beträge und für die unfreiwilligen Gläubiger.[125] Da diese Gläubiger an der Entscheidung über die Sitzverlegung nicht beteiligt sind, haben die Bundesstaaten keinerlei Anlass, deren Interessen ins legislatorische Kalkül einzubeziehen. Ebenso wäre der zwischenstaatliche Wettbewerb im Bereich der Pulizitätsregeln weitgehend wirkungslos, weil eine allzu weitgehende Offenlegung von Unternehmensdaten nicht im Interesse der Manager und Aktionäre liege. Sie würden sich aus eigenem Antrieb auf diejenigen Informationen beschränken, die nötig seien, um neue Investoren zu gewinnen.[126] Bei der Regelung von Übernahmen gibt es gleichfalls eine effizienzwidrige Anreizstruktur. Denn optimale Regelungen im Übernahmerecht dienen zumindest teilweise den Interessen des Bieters. Da diese auf aktuelle Sitzverlegungsentscheidungen naturgemäß keinen Einfluss haben, tendiert der Wettbewerb der Gesetzgeber auch hier zu suboptimalen Ergebnissen.[127]

Die Grundsatzfrage lautet: Soll das Gesellschaftsrecht die Geschäftsleiter veranlassen, auch außenstehende Interessen und damit die sogenannten Externalitäten in ihre Entscheidungen mit einzubeziehen? Die US-amerikanische Entwicklung hat das Gesellschaftsrecht mehr und mehr um derartige Fremdeinflüsse bereinigt und die Behandlung der Externalitäten anderen Rechtsgebieten – gegebenenfalls auf der Ebene des Bundesrechts – überlassen. Auch der gesetzliche Gläubigerschutz steht außerhalb des Wettbewerbs; denn er wird über das Insolvenzrecht gewährleistet, das nicht am Ort der Gründung anknüpft.[128] Die Anfechtungstatbestände des US-amerikanischen Insolvenzrechts gleichen auffälligerweise in vielem den Kapitalschutzregeln kontinentaleuropäischer Prägung; beispielsweise müssen die Gesellschafter erhaltene Ausschüttungen zurückerstatten, wenn die Zahlungen zur Insolvenz der Gesellschaft geführt haben. Der gläubigerschützende Grundgedanke des deutschen Gesellschaftsrechts, Ausschüttungen an die Gesellschafter gewissen beschränkenden Regeln zu unterwerfen, wird also über insolvenzrechtliche Regeln verwirklicht, die nicht dem Gründungsstatut unterfallen.

Das Management der Gesellschaft hat vor diesem Hintergrund die klar definierte Aufgabe, allein den Interessen der Aktionäre zu dienen.[129] Dem korrespondiert die „internal affairs rule", wonach die Freiheit der Rechtswahl sich eben nur auf die inneren Angelegenheiten der Gesellschaft erstreckt und auch nur insoweit ein Wett-

---

[125] In diesem Sinne *Bebchuk* Harvard Law Review 105 (1992) 1435, 1489f. Vgl. weiterhin die Ausführungen zur ökonomischen Analyse der Haftungsbeschränkung unten S. 486 ff.

[126] *Bebchuk* Harvard Law Review 105 (1992) 1435, 1490f.

[127] *Bebchuk* Harvard Law Review 105 (1992) 1435, 1487.

[128] *Kahan* in: Hopt/Wymmersch, Capital Marktes and Company Law, 2003, S. 145ff.

[129] *Bebchuk* Harvard Law Review 105 (1992) 1435, 1492.

bewerb der Systeme stattfindet. Eine Gesellschaft kann sich folglich durch die Sitzverlegung nach Delaware zwar ein anderes internes Regime verschaffen, nicht aber beispielsweise dem auf ihre Betriebsstätten bislang anwendbaren Arbeits- oder Umweltrecht oder dem bundesweit geltenden Insolvenzrecht entgehen. *Bebchuk* nimmt diese systematische Weichenstellung hin, argumentiert aber, für die Frage, ob und inwieweit Geschäftsleiter außenstehende Interessen zu berücksichtigen hätten, müsse das Bundesrecht Vorgaben machen.[130] Die Verantwortung des Bundesgesetzgebers besteht darin, diejenigen Bereiche zu definieren, die als Externalitäten vom Wettbewerb der Gesellschaftsrechte ignoriert werden, und sie – falls rechtspolitisch ein Regelungsbedürfnis bejaht wird – einer zentralen Regelung zuzuführen.

II. Wettbewerb der Gesetzgeber in Europa

Ein den USA vergleichbarer Wettbewerb der Gesetzgeber hat sich in der europäischen Gemeinschaft bislang nicht eingestellt. Dies hat verschiedene Gründe. Schon die Legitimation eines derartigen Wettbewerbs wird in Europa nach wie vor deutlich kritischer gesehen als in den USA. Die Aussage von *Wiedemann*: „Das Wettbewerbsprinzip ist kein sachgerechter Maßstab für den Gesetzgeber"[131] stieße in den USA heute wohl kaum mehr auf Verständnis, dürfte hingegen in Europa noch vielen aus der Seele sprechen. Führt man indessen die US-amerikanische Diskussion auf den Gedanken der Privatautonomie zurück, finden sich Berührungspunkte mit Wertungsgedanken, wie sie auch in Europa verbreitet Anerkennung finden; daraus ergeben sich Legitimation und Grenzen des Wettbewerbsmodells in der Gesetzgebung (*unter 1.*). Ungeachtet der Frage nach seiner Legitimation wird der Wettbewerb in Europa bislang auch durch die rechtlichen Rahmenbedingungen gebremst, die denjenigen der USA nicht in jeder Hinsicht vergleichbar sind (*unter 2.*). Angesichts dessen bleibt *unter 3.* zu fragen, inwieweit ein Wettbewerb der Gesetzgeber systematisches Konstruktionselement des binnenmarktkonformen Gesellschaftsrechts sein kann.

1. Legitimationsbasis des Wettbewerbs: Selbstbestimmung der Gesellschafter

In der US-amerikanischen Diskussion wird ein Vorzug des gesetzgeberischen Wettbewerbs darin gesehen, dass auf diese Weise allein die Fachleute die Gesetze gestalten und der politische Prozess ausgeschaltet wird (dazu *unter a*). Dies weckt Zweifel, ob das amerikanische Vorbild tatsächlich als Modell für den als Gemeinschaft

---

[130] *Bebchuk* Harvard Law Review 105 (1992) 1435, 1492.
[131] *Wiedemann* Gesellschaftsrecht, 1980, § 14 II 1 (S. 783).

demokratischer Staaten konstituierten Binnenmarkt taugt. Allerdings lässt sich die vom Effizienzdenken geprägte „race for the top"-These durchaus um Legitimationselemente anreichern. Solange nämlich die Zurückhaltung der gesetzgebenden Organe ein bewusster und überlegter Respekt vor der Privatautonomie der Parteien (dazu *unter b*) ist, lässt sie sich auch unter dem Demokratieprinzip rechtfertigen. Dies setzt weiter voraus, dass die gesetzgebenden Körperschaften auf einzelstaatlicher und zentraler Ebene die Funktionsvoraussetzungen im Blick behalten, unter denen sich privatautonom verantwortete Entscheidungen bilden können (dazu *unter c*). Schließlich ist zu bedenken, das der Wettbewerb typischerweise keine Rücksicht auf die Interessen Dritter nimmt (dazu *unter d*).

a) Demokratisches Legitimationsdefizit des gesetzgeberischen Wettbewerbs

Die Auseinandersetzung zwischen den Vertretern der *race for the bottom-* und *race for the top*-These hat deutlich gemacht, dass das Gewährenlassen der Marktkräfte im Bereich des Gesellschaftsrechts auch eine Frage der inneren Legitimation des hierdurch gewonnenen Rechts ist. Die Instrumentalisierung der gesetzgebenden Körperschaften, wie sie namentlich von *Alva* als besonderer Vorzug des Staates Delaware beschrieben wird, ist aus ökonomischer Perspektive effizient, weil eine parlamentarischen Debatte Zeit kostet und den rein fachbezogenen Ansatz der Gesetzentwürfe zu verwässern droht. Auch *Romano* wendet sich nicht zuletzt deshalb gegen zentrale Rechtsetzung, weil sie das Gesetzgebungsverfahren im US-amerikanischen Kongress für zu schwerfällig und ineffizient hält.[132] Dies gipfelt in der Feststellung, die Öffentlichkeit sei ohnehin nicht in der Lage, wirtschaftliche Zusammenhänge zu verstehen und solle daher besser nicht beteiligt werden.[133] Die Genialität des US-amerikanischen Gesellschaftsrechts läge also darin, die Modernisierung des Gesellschaftsrechts der politischen Debatte entzogen und in die Hände der Fachleute gelegt zu haben. Dem offenbar folgend postuliert *Kübler*: „Ein ‚postmodernes' Verfahren des legislatorischen Wettbewerbs löst das Gesetz von seiner neuzeitlichen Legitimationsbasis der staatlichen Souveränität. Seine Verbindlichkeit beruht immer weniger auf der formalen Autorität der zur Proklamation berufenen Instanz; an ihre Stelle treten komplexe Verfahren, die die Zweckmäßigkeit der verabschiedeten Regelungen zu gewährleisten haben."[134]

---

[132] *Romano* The Genius of American Corporate Law, 1993, S. 75ff. Allerdings berichtet *Roe* Strong Managers, Weak Owners, 1996, S. 151ff. über die Ausbreitung von Anti-Übernahmegesetzen, dass dafür in verschiedenen Bundesstaaten das allgemeine politische Klima günstig gewesen sei und sich letztlich auch Delaware diesem mittelbaren Druck habe beugen müssen, um zu verhindern, dass Gesellschaften abwandern oder jedenfalls nicht mehr nach Delaware zuwandern.

[133] *Romano* The Genius of American Corporate Law, 1993, S. 81f. bezieht dies insbesondere auf die negative Einstellung der Öffentlichkeit gegenüber Unternehmensübernahmen, obwohl diese wirtschaftlich gesehen positiv zu werten seien.

[134] *Kübler* KritV 77 (1994) 79, 88f.

Das dahinter stehende Demokratieverständnis kann indessen kaum Modellcharakter für den europäischen Binnenmarkt haben.[135] Gewiss ist das Wahlvolk in wirtschaftlichen Dingen unwissend; dies gilt aber auch für viele andere Bereiche des modernen Lebens. Der politische Prozess kennt genügend Mechanismen, um dieses Defizit auszugleichen, und sollte dieser Aufgabe auch nicht resignativ durch Verlagerung der Sacharbeit in Zirkel von Fachleuten enthoben werden. Fachleute sollten die Politik beraten, diese ihrerseits darum bemüht sein, die notwendigen Maßnahmen dem Wähler in verständlicher Form zu vermitteln. Oder mit den Worten *Kirchhofs*:[136] „Das Parlament ist sachverständig kraft Wahl, spezialisiert sich in den Ausschüssen, bedient sich im übrigen in Anhörungen des in Staat und Gesellschaft verfügbaren Sachverstands ... Das Demokratieprinzip baut darauf, dass der Sachverständige seinen Sachverstand weitergeben kann, das Parlament für sachverständigen Rat zugänglich ist." Die rein ökonomische Betrachtung neigt dazu, diesen Ansatz als ineffizient zu verwerfen und statt dessen die Fachleute die Gesetze gleich selbst schreiben zu lassen. Die Europäische Gemeinschaft ist jedoch eine Rechts- und Wertegemeinschaft, wovon die Präambel des Unionsvertrags mit ihrem Bekenntnis zu den Grundsätzen der Demokratie und der Rechtsstaatlichkeit Zeugnis ablegt. Eine Reduzierung der gesetzgebenden Gewalt auf ein Vollzugsorgan bestimmter Interessengruppen verträgt sich mit diesen Grundsätzen nicht. Zwar kennt auch das Recht europäischer Staaten ebenso wie das Gemeinschaftsrecht die Verlagerung von Regelungskompetenzen auf kundige Fachgremien;[137] ein Beispiel ist die Festlegung von Regeln der Unternehmensführung in Corporate Governance-Kodices und von Rechnungslegungsstandards durch „Standard Setting Bodies". Gegenüber derartigen Tendenzen wird jedoch zu Recht angemahnt, dass die grundlegenden Prinzipien der Entscheidung und Ordnung durch den Gesetzgeber vorbehalten bleiben müssen.[138] Der Gesetzgeber dürfe zwar die Zusammenarbeit mit privaten Gremien suchen, sich dabei aber nicht vollständig aus seiner Verantwortung zurückziehen.[139] Entsprechend wird auch der Wettbewerb der Gesetzgeber im Ge-

---

[135] *Kübler* KritV 77 (1994) 79, 89, betont zwar, dass durch den gesetzgeberischen Wettbewerb die legislatorische Verantwortung von der Europäischen Gemeinschaft mit ihrem Mangel an demokratischer Repräsentation zu den demokratisch legitimierten Parlamenten der Mitgliedstaaten verlagert werde. Er berücksichtigt jedoch nicht den Umstand, dass der Erfolg des US-amerikanischen Modells gerade darauf beruht, den demokratischen Prozess auf Ebene der Einzelstaaten faktisch außer Kraft zu setzen.

[136] *Kirchhof* ZGR 29 (2000) 681, 689.

[137] Zu diesen und anderen Alternativen zur legislatorischen Regelbildung *Ebke* FS Max-Planck-Institut, 2001, S. 196, 208 ff.

[138] *Baums* (Hrsg.) Bericht der Regierungskommission Corporate Governance, 2001, S. 52; zur Regelsetzung durch „Staats-ersetzende Privatgremien" *Hommelhoff/Schwab* FS Kruse, 2001, S. 693 ff.; monographisch zur verfassungskonformen Ausgestaltung der gesellschaftlichen Selbststeuerung im Bilanzrecht *Berberich* DRSC, 2002.

[139] Dazu m.w.N. *Hommelhoff/Schwab* FS Kruse, 2001, S. 693, 699 ff. und *Berberich* DRSC, 2002, S. 112 ff.

sellschaftsrecht nur unter Beachtung der Grundprinzipien demokratischer Willensbildung auf europäische Verhältnisse übertragbar sein, mag dies auch im Einzelfall Abstriche bei der ökonomischen Effizienz bedeuten.

b) Privatautonomie

Die Durchsicht der zentralen Argumente der US-amerikanischen Diskussion macht deutlich, dass die Bewertung des Wettbewerbs der Gesellschaftsrechte von der Betrachtungsebene abhängt. Prüft man die inhaltliche Legitimität der Rechtsregeln, wird man die Ergebnisse des Wettbewerbs nicht immer gutheißen können. Der deutschen gesellschaftsrechtlichen Tradition widerspricht es jedenfalls, das Gefüge der internen Machtbalance und der Vermögensordnung in der Aktiengesellschaft zur freien Disposition der Marktkräfte zu stellen.[140] Letzteres ist indessen die Betrachtungsebene, die in den USA in den Vordergrund gerückt ist: Es stehe der Rechtsordnung grundsätzlich nicht zu, über die Qualität einer Regelung zu urteilen, für die sich die Beteiligten aus freien Stücken entschieden hätten. Wenn das Management eine Sitzverlegung nach Delaware vorschlägt und die Aktionäre damit einverstanden sind oder jedenfalls ihre Papiere aus diesem Anlass nicht verkaufen, ruht diese Entscheidung auf dem Sockel der Privatautonomie und trägt insoweit ihre Rechtfertigung in sich. Dass diese Position in der US-amerikanischen Diskussion breite Akzeptanz fand, dürfte nicht zuletzt daran liegen, dass die ökonomische Analyse des Rechts an das Unternehmen primär eine vertragliche Sichtweise heranträgt und die Rolle des Rechts darin sieht, die vertraglichen Abreden der Beteiligten zu ermöglichen und zu unterstützen[141].

Der zentrale Gedanke der US-amerikanischen Diskussion ist damit aber europäischem Rechtsdenken keineswegs fremd – es geht um die „Richtigkeitsgewähr" privatautonomer Vereinbarungen.[142] Die Willenseinigung der Parteien bietet grundsätzlich die Gewähr für sachliche Richtigkeit und ist jeder hoheitlichen Gestaltung vorzuziehen. Darin liegt der Grundgedanke der US-amerikanischen *race for the top*-These, und das deutsche Zivilrecht ist durchaus in der Lage, diesen Gedanken aufzugreifen. In seiner Konsequenz sind nämlich die Bedingungen zu ermitteln, unter denen die Richtigkeitsgewähr funktionieren kann; eine Aufgabe, die *Schmidt-*

---

[140] Vgl. die bereits in Fn. 138 zitierte Textstelle im Bericht der Regierungskommission Corporate Governance, wo es heißt, dass „grundlegende Prinzipien der deutschen Unternehmensverfassung" der „Entscheidung und Ordnung durch den Gesetzgeber vorbehalten bleiben müssen".

[141] *Kitch* in: Buxbaum/Hertig/Hirsch/Hopt (Hrsg.), European Business Law, 1991, S. 44; *Lombardo* Regulatory Competition, 2002, S. 93ff.

[142] Grundlegend *Schmidt-Rimpler* AcP 147 (1941) 131ff. Will man die sachrechtliche Privatautonomie und die kollisionsrechtliche Freiheit der Rechtswahl unterscheiden, spricht man hinsichtlich letzterer von „Parteiautonomie" (*von Bar/Mankowski* Internationales Privatrecht I, 2. Aufl., 2003, S. 592ff. [§ 7 Rn. 67ff.]). Diese Wortwahl wird hier – unter unter Inkaufnahme einer gewissen Unschärfe – nicht übernommen.

Rimpler für das Vertragsrecht schon vor mehr als sechzig Jahren formulierte: „Rechtspolitische Aufgabe ist es ..., in sorgfältiger Analyse die Voraussetzungen festzustellen und die Grenzen zu erforschen, und auf dieser Grundlage dann allerdings den V.[ertrag] da auszuschalten, sei es im Einzelfall, sei es typisch, wo er keine genügende Richtigkeitsgewähr bietet, hier dann aber ehrlich und bewußt zu hoheitlicher Gestaltung zu schreiten."[143] Er hat damit mutatis mutandis dieselbe These aufgestellt wie *Bebchuk* zum US-amerikanischen Gesellschaft, dass man nämlich nicht jede Art von Rechtsregel der freien Einigung der Parteien überlassen könne, sondern einige dem Wirken des Wettbewerbs entziehen müsse. Diese immanente Grenze der *race for the top*-These leuchtete schon in der Auseinandersetzung zwischen *Winter* und *Cary* auf. Die Privatautonomie soll Vorrang haben, weil und solange es ausschließlich um die Regelung der internen Verhältnisse der Beteiligten geht – dazu bekennen sich die Protagonisten des *race for the top*,[144] und sie müssen sich an der damit implizit begrenzten Tragweite ihrer Argumentation messen lassen: Unterstellt man, dass über den Ort der Registrierung die Gesellschafter und die Geschäftsleitung entscheiden, trägt der Gedanke der Privatautonomie grundsätzlich soweit, wie allein die Interessen dieser Personengruppen betroffen sind. Darin liegt die tiefergehende Legitimation dafür, dass der Wettbewerb sich nach der *internal affairs rule* im Wesentlichen auf die Regelung der Innenverhältnisse der Gesellschaft bezieht.

c) Willensbildung und Handlungsmöglichkeiten der Aktionäre

Wie in der deutschen Zivilrechtsdogmatik, so gilt aber auch in der US-amerikanischen Diskussion über den Wettbewerb der Rechtsordnungen der Grundsatz, dass eine privatautonom verantwortete und damit gegenüber hoheitlicher Korrektur resistente Entscheidung nur dann vorliegt, wenn bestimmte Funktionsbedingungen gegeben sind. Die vertragliche Regelung wird getragen von der Selbstbestimmung beider Partner; damit wäre es unvereinbar, wenn jemand über einen anderen zu bestimmen hätte und sich dieser damit einer Fremdbestimmung ausgesetzt sähe.[145] Im Wettbewerb der Gesetzgeber wird namentlich befürchtet, dass die Manager mit der Wahl des Gesellschaftsrechts die Position der Aktionäre beschneiden könnten.[146] Dem ist entgegenzuhalten, dass die Aktionäre ihrem Willen in der Hauptversamm-

---

143 *Schmidt-Rimpler* AcP 147 (1941) 131, 157.

144 Zur Argumentation von *Winter* siehe oben S. 338 ff.

145 Ob allerdings der Geltungsgrund einer vertraglichen Regelung in der (formalen) Vereinbarung der Parteien liegt oder in einem auf materialer Gerechtigkeit beruhenden Gesetzesbefehl, ist bis in unsere Tage umstritten (vgl. *Oechsler* Gerechtigkeit im modernen Austauschvertrag, 1997, S. 125 ff.). Umfassend zum Gedanken der Privatautonomie und seiner Relativierung auch *Fastrich* Richterliche Inhaltskontrolle, 1992, S. 36 ff.

146 Allgemein zur Freiheit der Rechtswahl *von Bar/Mankowski* Internationales Privatrecht I, 2. Aufl., 2003, S. 599 (§ 7 Rn. 77): Sie komme dort nicht ernsthaft in Betracht, wo Interessen der Allgemeinheit oder Interessen Dritter berührt seien.

lung Ausdruck verleihen (dazu *unter (1)*) und die Aktie bei Unzufriedenheit mit der Unternehmensleitung auch jederzeit verkaufen können (dazu *unter (2)*).

(1) Hauptversammlungsbeschluss

Um beurteilen zu können, welcher Stellenwert dem Willen der Aktionäre im Wettbewerb um das beste Gesellschaftsrecht zukommt, hat *Bebchuk* die konkreten Umstände analysiert, unter denen die Entscheidung für eine Sitzverlegung getroffen wird.[147] Da die Sitzverlegung regelmäßig über die Verschmelzung auf eine im Zielstaat neugegründete Gesellschaft vollzogen wird, müssen ihr die Aktionäre in einem Hauptversammlungsbeschluss zustimmen. Diese Entscheidung sei allerdings im Hinblick auf die Wahl der Gesellschaftsrechtsordnung nur bedingt aussagekräftig. Denn erstens fehle vielen Aktionären die nötige Information; zweitens werde das Recht des Zuzugsstaates möglicherweise wegen spezifischer Vorteile in der Summe als positiv bewertet, obwohl es in einzelnen Bereichen auch ungünstige Regeln aufweise; drittens werde der Beschluss häufig mit einer positiv konnotierten Unternehmensentscheidung verbunden, so dass ein möglicherweise nachteiliges Rechtsregime des Zuzugsstaates bei der Gesamtbewertung nicht maßgeblich ins Gewicht falle.

Auch *Grundmann* betont, dass ein funktionierender Wettbewerb immer eine „Freiheit zu informierter Entscheidung" voraussetzt.[148] Die Nachfrageseite müsse verschiedene Entscheidungsmöglichkeiten haben und sie müsse die Informationen darüber mit vertretbarem Aufwand erwerben und verarbeiten können. Die relevanten Nachfrager für einen Wettbewerb der Gesellschaftsrechtsordnungen sind nach Auffassung von *Grundmann* die Gesellschaften selbst und die Anleger.[149] Sie müssten bei der Entscheidung für oder gegen ein bestimmtes Gesellschaftsrecht hohe Informationskosten tragen, denn die Komplexität eines solchen Normengeflechts erschwere die Bewertung.[150] Die Hauptakteure seien jedoch hochprofessionell und die betroffenen Summen typischerweise sehr hoch. Dies gelte auf Seiten der Anleger zumindest für die institutionellen und die professionellen Investoren; die Privatanleger würden deren Entscheidungen typischerweise folgen.[151]

Das Problem liegt in der Tat bei den Privatanlegern. Ob jemand, der lediglich die Entscheidung eines *anderen* nachvollzieht, im vertragstheoretischen Sinne selbstbestimmt handelt, erscheint sehr zweifelhaft. Gewiss steht es jedem frei, sich die Entscheidung von anderen abnehmen zu lassen. Eine Basis für die Zurechnung etwaiger nachteiliger Rechtsfolgen dieser Entscheidung ist dies aber nur dann, wenn der

---

147 *Bebchuk* Harvard Law Review 105 (1992) 1435, 1470ff.; dieselbe Problemsicht greifen *Bebchuk/Cohen/Ferrell* Cal. L.R. 90 (2002) 1775, 1790ff. auf.

148 *Grundmann* ZGR 30 (2001) 783, 793.

149 *Grundmann* ZGR 30 (2001) 783, 794.

150 *Grundmann* ZGR 30 (2001) 783, 796.

151 *Grundmann* ZGR 30 (2001) 783, 799f.

Betroffene zumindest die reale Möglichkeit hatte, die Entscheidung auch selbst zu treffen. Die Lehre von den Transaktionskosten hat jedoch belegt, dass die „Apathie“ der Kleinaktionäre ein rationales Verhalten ist, weil ihre Informationskosten im Verhältnis zum Betrag der Kapitalanlage viel zu hoch wären.[152] Daher wird auch kaum ein Kleinaktionär die Entscheidung eines institutionellen Investors in ihrer Begründung inhaltlich kritisch nachvollziehen; er verlässt sich in aller Regel schlicht auf dessen Reputation und Erfahrung. Auch institutionelle Investoren stimmen aber in der Beurteilung einer Anlage und deren künftiger Entwicklung keineswegs immer überein. Die Entscheidung des Kleinanlegers zwischen den abweichenden Empfehlungen verschiedener institutioneller Investoren wird damit vollends zu einem Entschluss „aus dem Bauch heraus“; dies ist – um es nochmals zu betonen – angesichts der hohen Informationskosten auch das einzig „rationale“ Verhalten. Die These, wonach sich die Richtigkeitsgewähr einer solchen Entscheidung aus der theoretisch existierenden Entschlussfreiheit des Kleinaktionärs ableiten ließe, erscheint allerdings unter diesen Umständen kaum mehr tragfähig.

(2) Verkaufsmöglichkeit

Um die Entwicklung des Gesellschaftsrechts dennoch dem freien Spiel der Marktkräfte überlassen zu können, bedarf es folglich neben der – zumindest bei Kleinaktionären zweifelhaften – eigenverantwortlich entwickelten Entscheidung für oder gegen die Sitzverlegung einer zweiten Begründungslinie. Da der einzelne Aktionär häufig keinen derart bestimmenden Einfluss hat, dass sich Entscheidungen über Strukturmaßnahmen wie Verschmelzung oder Sitzverlegung in dem Maße, wie es für die Richtigkeitsgewähr nötig wäre, auf seinen persönlichen Willen zurückführen ließen, muss er zumindest die Möglichkeit haben, seine Aktie vor und nach der Sitzverlegung jederzeit zu verkaufen. *Voice* oder *exit* sind hier durchaus als äquivalente Mechanismen anzuerkennen.[153] In der US-amerikanischen Diskussion ist dies in dem Argument enthalten, die Aktionäre seien ja nicht gezwungen, in Unternehmen zu investieren, die ihren Sitz nach Delaware verlegten. Zur Bestätigung der Attraktivität von Delaware wird sodann auf Untersuchungen verwiesen, wonach eine Registrierung in Delaware den Börsenkurs eines Unternehmens nicht negativ beeinflusse. Da die relevanten Fälle der Inkorporierung in Delaware zumeist Fälle der Sitzverlegung sind, setzt dies Argument voraus, dass die Aktionäre sich aus einem bestehenden Investment auch im Falle einer Sitzverlegung unproblematisch wieder lösen können und der Börsenkurs vor und nach der Sitzverlegung die Wertschätzung des Marktes adäquat widerspiegelt. Diese Voraussetzungen wiederum sind nur unter den Bedingungen eines funktionierenden Kapitalmarkts und einer breit

---

152 *Easterbrook/Fischel* The Economic Structure of Coroporate Law, 1991, S. 66. Die Apathie der Kleinaktionäre ist ein typisches Problem von Publikumsgesellschaften, deren Aktien in Streubesitz sind (näher *C. Teichmann* ZGR 30 (2001) 645, 651 ff.).

153 Umfassend zu diesem Begriffspaar *Kalss* Anlegerinteressen, 2001, S. 339 ff.

gestreuten Aktionärsschaft (*dispersed ownership*) gegeben; nur dann greift die von den Befürwortern der *race for the top*-These angeführte disziplinierende Wirkung der Märkte gegenüber dem Management.[154] Zu Recht weist *Bebchuk* darauf hin, dass die Gefahren für Kleinanleger in einer Gesellschaft mit einem beherrschenden Großaktionär exponentiell anwachsen. Denn hier halten weder die Marktkräfte noch das Erfordernis eines Hauptversammlungsbeschlusses das Management davon ab, den Interessen des Großaktionärs den Vorrang vor einer allgemeinen Steigerung des *shareholder value* zu geben.[155] Die Beispiele, mit denen *Romano* den Kritikern eines ungezügelten Wettbewerbs entgegentritt, belegen gleichfalls die Bedeutung eines entwickelten Kapitalmarktes: Nach Einführung von Anti-Übernahmegesetzen im Staate Pennsylvania forderten institutionelle Investoren die Gesellschaften auf, gegen die Anwendung dieses Gesetzes zu optieren.[156] Die Mehrheit der börsennotierten Gesellschaften gab diesem Druck nach.[157] Bei einer Übertragung der US-amerikanischen Erfahrungen auf den europäischen Binnenmarkt wird daher auch zu bedenken sein, dass jedenfalls der kontinentaleuropäische Kapitalmarkt noch sehr stark von Großaktionären dominiert wird.[158] Auf dem deutschen Kapitalmarkt stehen mehr als drei Viertel der Gesellschaften unter dem Einfluss von Großaktionären mit Beteiligungen in Höhe von 25% oder mehr, die häufig auf der Hauptversammlung bereits die Stimmenmehrheit sichern.[159] Die Auffassung von *Lombardo*, die europäischen Kapitalmärkte seien ebenso effizient wie der US-amerikanische,[160] vermag angesichts dessen nicht zu überzeugen. Der zumeist heilsame Einfluss der institutionellen Investoren, die in den USA beispielsweise die Einführung allzu rigider Anti-Übernahmevorschriften bekämpfen, weil sie den Interessen der Aktionäre widersprechen,[161] fehlt auf dem europäischen Kontinent noch weitgehend. Zwar kontrollieren häufig die Großaktionäre das Management in durchaus effizienter Weise; einer Sitzverlegungsentscheidung, die von Management und Großaktionär gemeinsam vorbereitet wurde, sind aber die Minderheitsaktionäre wehrlos ausgeliefert. Die „exit"-Option – also der Verkauf der Aktie – ist wegen der geringeren Tiefe und Liquidität der kontinentaleuropäischen Kapitalmärkte als Schutzmechanismus weniger leistungsfähig als in den USA.

---

154 Dazu auch *Kieninger* Wettbewerb der Privatrechtsordnungen, 2002, S. 202 ff.

155 *Bebchuk* Harvard Law Review 105 (1992) 1435, 1477.

156 Nach der gesetzlichen Regelung war es möglich, seine Geltung innerhalb der ersten neunzig Tage nach Inkrafttreten auszuschließen (*Romano* The Genius of American Corporate Law, 1993, S. 68 [Fn. 26]).

157 Siehe die Tabelle bei *Romano* The Genius of American Corporate Law, 1993, S. 69.

158 Ebenso *Birkmose* Delaware-effekten, 2003, S. 361. Vgl. zu Anteilseignerstruktur in Publikumsgesellschaften die Länderberichte in Barca/Becht (Hrsg.), The Control of Corporate Europe, 2001.

159 *Wackerbarth* ZGR 34 (2005) 686, 691 ff.

160 *Lombardo* Regulatory Competition, 2002, S. 177.

161 Vgl. den von *Romano* The Genius of American Corporate Law, 1993, S. 68, berichteten Widerstand institutioneller Investoren gegen die Einführung von Anti-Übernahmeregelungen in Pennsylvania.

d) Drittbeziehungen (Marktversagen)

Der Wettbewerb zwischen den Einzelstaaten der USA erfasst vor allem die Regelung der Innenverhältnisse der Gesellschaft, also das Verhältnis der Aktionäre untereinander, der Aktionäre zum Management und beider Personengruppen zur Gesellschaft. Dies korrespondiert mit der Reichweite der in den USA geltenden Gründungstheorie.[162] Das von den Gründern mit der Wahl des Gründungsstaates bestimmte Recht erfasst vor allem die Rechtsbeziehungen zwischen der Gesellschaft, den Geschäftsleitern und den Gesellschaftern.[163] Allerdings betrifft dies auch einige Rechtsfragen, die durchaus Auswirkungen auf Dritte haben können; dies gilt namentlich für die Beschränkung der Haftung der Gesellschafter für Gesellschaftsschulden und die Pflichten der Geschäftsleiter gegenüber Gesellschaftsgläubigern.[164] Ein allgemeiner Auffangtatbestand verweist für sämtliche Rechte und Pflichten der Gesellschaft gegenüber außenstehenden Dritten auf das Inkorporationsrecht; dieser Verweis auf das Recht des Gründungsstaats gilt jedoch nicht, wenn nach allgemeinem Kollisionsrecht, etwa des Vertrags- oder Deliktsrechts, ein anderes Statut gilt, oder wenn die Gesellschaft eine engere Verbindung zu einem anderen Bundestaat hat.[165]

Ungeklärt scheint die Anknüpfung der praktisch wichtigen Regeln über die Durchgriffshaftung (*piercing the corporate veil*).[166] Außerdem haben zahlreiche Einzelstaaten Gesetze erlassen, die eine Anwendung ihres eigenen Gesellschaftsrechts auf Gesellschaften aus anderen Einzelstaaten anordnen, sofern eine hinreichend enge Verbindung zum eigenen Staatsgebiet besteht (*outreach statutes*).[167] Diese Erstreckung des eigenen Rechts auf eine in einem anderen Staat gegründete Gesell-

[162] Das Kollisionsrecht fällt zwar in die Zuständigkeit der Einzelstaaten, es folgt jedoch überall weitgehend dem Restatement (Second) of Conflict of Laws des American Law Institute (siehe *Merkt/Göthel* US-amerikanisches Gesellschaftsrecht, 2. Aufl., 2006, S. 154 [Rn. 183]).

[163] Dazu im Einzelnen *Merkt/Göthel* US-amerikanisches Gesellschaftsrecht, 2. Aufl., 2006, S. 154 ff. (Rn. 184 ff.); weiterhin *Kieninger* Wettbewerb der Privatrechtsordnungen, 2002, S. 107.

[164] *Merkt/Göthel* US-amerikanisches Gesellschaftsrecht, 2. Aufl., 2006, S. 156 f. (Rn. 187); *Kieninger* Wettbewerb der Privatrechtsordnungen, 2002, S. 107.

[165] *Merkt/Göthel* US-amerikanisches Gesellschaftsrecht, 2. Aufl., 2006, S. 157 (Rn. 187).

[166] *Kieninger* Wettbewerb der Privatrechtsordnungen, 2002, S. 108.

[167] *Merkt/Göthel* US-amerikanisches Gesellschaftsrecht, 2. Aufl., 2006, S. 159 ff. (Rn. 193 ff.); *Kersting* 28 Brook. J. Int. L. (2002) 1, 25 ff.; *Kieninger* Wettbewerb der Privatrechtsordnungen, 2002, S. 109 ff. Die Verfassungsmäßigkeit der *outreach statutes* ist nicht frei von Zweifeln (*Merkt/Göthel* a.a.O., S. 161 [Rn. 198]). Sollte der US Supreme Court – wie einzelne Entscheidungen anzudeuten scheinen – ein für auswärtige Gesellschaften geltendes Gesetz daran messen, ob der Bundesstaat ein berechtigtes Interesse zur Regelung der internen Angelegenheiten auswärtiger Gesellschaften geltend machen kann, läge darin eine bemerkenswerte Parallele zur Rechtfertigungsprüfung, die der EuGH angesichts von Beschränkungen der Niederlassungsfreiheit vornimmt. Offenbar beziehen sich die verfassungsrechtlichen Zweifel aber vor allem auf die Regelung der internen Angelegenheiten auswärtiger Gesellschaften; soweit der Schutz außenstehender Dritter betroffen ist, mag eine andere Bewertung angebracht sein.

schaft erfasst auch die internen Angelegenheiten der Gesellschaft. Prominentes Beispiel ist der Staat Kalifornien, der alle Gesellschaften, deren Anteile mehrheitlich von Kaliforniern gehalten werden und deren Geschäft zu mehr als der Hälfte in Kalifornien abgewickelt wird, seinen gesellschaftsrechtlichen Regeln unterwirft.[168] Zumindest aber verlangen praktisch alle Bundesstaaten, dass eine Gesellschaft, die in dem betreffenden Staat geschäftlich tätig werden möchte, sich dort in der Form anmeldet, dass sie ihre *articles of incorporation* einreicht und einen in dem Bundesstaat ansässigen Prozessvertreter für die Zustellung von Klageschriften benennt (sog. *qualification*).[169]

Die Schwierigkeiten der Abgrenzung im US-amerikanischen Recht illustrieren, wo das Legitimationsproblem des Regelwettbewerbs liegt. Die privatautonome Unterwerfung unter ein bestimmtes Gesellschaftsrecht trägt nur soweit, wie die Unterworfenen an der Auswahlentscheidung mitwirken konnten. Hat die Entscheidung negative Folgen für Dritte, wird man die Freiheit der Rechtswahl nicht mehr ohne weiteres anerkennen können. Die ökonomische Analyse des Rechts fasst derartige Fälle unter den Begriff der „Externalitäten" und spricht insoweit von einem „Marktversagen".[170] Dies gilt für *Minderheitsaktionäre* jedenfalls dann, wenn sie sich nicht durch qualifizierte Mitwirkung an der Entscheidung oder durch jederzeitigen Verkauf der Aktie zu einem marktgerechten Preis selbst schützen können. *Gläubiger* haben gleichfalls keinen Einfluss auf die Rechtswahl der Gesellschaft. Sie können sich allerdings bei Abschluss des Vertrages, der ihre Gläubigerposition begründet, gegen das Ausfallrisiko schützen. Nach US-amerikanischer Auffassung ist ein gesetzlicher Schutz mithin entbehrlich.[171] Sollte man rechtspolitisch jedoch zu der Auffassung gelangen, dass ein gewisser Gläubigerschutz gesetzlich festgelegt sein muss,[172] wäre dies gleichfalls ein Bereich, den man nicht dem Gesellschaftsrecht der Einzelstaaten überlassen kann. Schließlich berücksichtigt der Wettbewerb der Gesellschaftsrechte nicht die Interessen der *Arbeitnehmer*. Auch hier gilt: Soweit man einen Schutz für erforderlich hält, kann man ihn nicht der Selbsregulierung durch den Markt für Gesellschaftsrecht überantworten.[173]

Nach Auffassung von *Grundmann* sind die Fälle, in denen Mitgliedstaaten die Grundfreiheiten aus Gründen des Allgemeinwohls einschränken dürfen, gerade

---

168 Abgesichert wird die Anwendung des Gesetzes durch eine Pflicht der Geschäftsleiter, jährlich eine Erklärung über die Anteilsstruktur ihrer Gesellschaft abzugeben (näher *Merkt/Göthel* US-amerikanisches Gesellschaftsrecht, 2. Aufl., 2006, S. 161 [Rn. 195]).

169 *Merkt/Göthel* US-amerikanisches Gesellschaftsrecht, 2. Aufl., 2006, S. 163 ff. (Rn. 203 ff.).

170 Siehe beispielsweise *Bebchuk* Harvard Law Review 105 (1992) 1435, 1485 f., *Grundmann* ZGR 30 (2001) 783, 800, 802 ff., 812 f., 827 f.

171 Dazu *Merkt* ZGR 33 (2004) 305. Auch *Grundmann* ZGR 30 (2001) 783, 816 ff., sieht im Fall der freiwilligen Gläubiger kein Marktversagen. Differenzierend nach denjenigen vertraglichen Gläubigern, die sich schützen können, und anderen, denen diese Möglichkeit faktisch fehlt *Bebchuk* Harvard Law Review 105 (1992) 1435, 1489 f.

172 Zu dieser Problematik ausführlich unten S. 486 ff.

173 Ebenso für Arbeitnehmer- und Gläubigerschutz *Birkmose* Delaware-effekten, 2003, S. 361 f.

diejenigen Fälle, in denen Marktversagen auftritt.[174] Eine Regulierung auf zentraler Ebene sei nur angezeigt, wenn das Vorliegen von Marktversagen und das Instrument zur Bekämpfung weitgehend konsentiert sei.[175] Solange noch kein Konsens erzielbar sei, bestehe noch Bedarf für den Wettbewerb als Entdeckungsverfahren. Das Rechtssetzungsverfahren der Gemeinschaft biete eine gewisse Gewähr dafür, dass diese Grundlinie respektiert werde, denn Harmonisierung setze eine Mehrheitsentscheidung voraus und diene darüber hinaus immer nur der Schaffung von Mindeststandards.[176]

Das US-amerikanische Modell trifft in Europa auch deshalb auf Widerstände, weil das Gesellschaftsrecht der meisten europäischen Staaten Allgemeinwohlüberlegungen inkorporiert; Bereiche der Selbstbestimmung und der Drittbeziehungen lassen sich daher nicht klar trennen. Das US-amerikanische Gesellschaftsrecht hat sich historisch in eine andere Richtung entwickelt. Es orientiert sich vorrangig an den wirtschaftlichen Interessen der Unternehmer bzw. Eigenkapitalgeber.[177] Bei einer solchen Eindimensionalität ist recht eindeutig definierbar, wie ein attraktives Gesellschaftsrecht auszusehen hat.[178] Die Berücksichtigung anderer Interessen – von Arbeitnehmern, Fremdkapitalgebern, Konsumenten und der Allgemeinheit – erfolgt praktisch nur über das Bundesrecht.[179] Die Einzelstaaten ziehen es vor, sich auf der Ebene des Anleger-freundlichen Rechts Konkurrenz zu machen und ihr „Profil" im Markt nicht durch Berücksichtigung externer Interessen zu verfälschen. Der in Europa häufig anzutreffende mehrdimensionale Regelungsansatz erschwert es hingegen außerordentlich, eine bestimmte Klientel bevorzugt zu bedienen. Gesetzgebung im pluralistischen Staat beruht typischerweise auf dem Ausgleich gegenläufiger Interessen und kann damit nicht hinsichtlich nur einer Dimension in den Wettbewerb zu anderen Staaten treten.[180] Ein Beispiel ist die in Deutschland immer wieder zu beobachtende Lähmung gesellschaftsrechtlicher Reformen durch die Problematik der Mitbestimmung.

2. Rahmenbedingungen des gesetzgeberischen Wettbewerbs in Europa

Mit dem Konzept der privatautonomen Selbstbestimmung besteht durchaus eine Legitimationsbasis, die den Wettbewerb über ökonomische Begründungsansätze hinaus auch rechtsethisch tragen kann. Die Frage, ob sich ein derart lebhafter gesetzgeberischer Wettbewerb wie in den USA auch in Europa ereignen könne und

---

174 *Grundmann* ZGR 30 (2001) 783, 802ff.

175 *Grundmann* ZGR 30 (2001) 783, 806 f.

176 *Grundmann* ZGR 30 (2001) 783, 807.

177 *Merkt* RabelsZ 59 (1995) 545, 554ff.

178 *Merkt* RabelsZ 59 (1995) 545, 554ff.

179 *Merkt* RabelsZ 59 (1995) 545, 556f.

180 Dazu auch *Merkt* RabelsZ 59 (1995) 545, 558.

welcher Rahmenbedingungen es dafür bedarf, lohnt also durchaus weiteres Nachdenken.[181] Will man das für einen gesetzgeberischen Wettbewerb günstige Umfeld beschreiben, empfiehlt sich eine Anleihe bei der ökonomischen Terminologie. Sieht man im Gesellschaftsrecht ein Produkt, das von Staaten angeboten und von Unternehmen nachgefragt wird,[182] bedarf es für einen funktionierenden Markt einer Handlungsfreiheit auf beiden Seiten. Die Unternehmen benötigen mit anderen Worten die Freiheit der Rechtswahl (*unter a*); die Einzelstaaten müssen ihrerseits die Möglichkeit und genügend Anreize haben, auf Signale des Marktes zu reagieren und die Eigenschaften ihrer „Produkte“ an die Wünsche der Nachfrager anzupassen (*unter b*). Bei der Entfaltung des Wettbewerbs wird dem Phänomen der Pfadabhängigkeit eine weitaus größere Bedeutung zukommen als in den USA (*unter c*). Schließlich ist zu bedenken, dass der US-amerikanische Wettbewerb vom latenten Einfluss des Bundesgesetzgebers geprägt ist; für Europa bleibt zu fragen, ob die zentrale Gesetzgebung in der Lage sein wird, die Rolle des Schiedsrichters in ähnlicher Weise zu übernehmen (*unter d*). Indessen: Selbst wenn die Voraussetzungen für einen Wettbewerb der Gesetzgeber nicht von heute auf morgen herzustellen sind, eröffnet sich doch den Gesellschaften in zunehmendem Maße die Möglichkeit einer sog. regulativen Arbitrage (dazu *unter e*).

a) Nachfrageseite: Wahlfreiheit der Unternehmen

(1) Rechtswahl durch Gründung und Sitzverlegung

Unter der Standortwahl eines Unternehmens versteht man häufig die Entscheidung für den Ort, an dem die Unternehmenszentrale oder wichtige Betriebsstätten angesiedelt werden.[183] Damit entscheidet das Unternehmen mittelbar auch über ein ganzes Bündel von anwendbaren Rechtsregeln; sie reichen vom Gesellschaftsrecht über Arbeits- und Steuerrecht bis hin zu technischen oder Umweltstandards. Die Rechtsordnung, der sich ein Unternehmen durch seine Standortwahl unterwirft, ist allerdings nur eine von vielen Rahmenbedingungen – und keineswegs die wichtigste. Der in der allgemeinpolitischen Diskussion als „Standortwettbewerb“ bezeichnete

---

[181] Aus der reichhaltigen Literatur hierzu seien exemplarisch genannt (in zeitlicher Reihenfolge): *Sandrock* 42 RabelsZ (1978) 227 ff., *Kübler* KritV 77 (1994) 79 ff., *Merkt* RabelsZ 59 (1995) 545 ff., *Ebke* RabelsZ 62 (1998) 195 ff., *Dreher* JZ 1999, 105 ff., *Heine/Kerber* Eu.J.L.E. 13 (2002) 47 ff., *Kieninger* Wettbewerb der Privatrechtsordnungen, 2002, *Heine* Regulierungswettbewerb im Gesellschaftsrecht, 2003, *Dammann* Yale J. Int. L. 29 (2004) 477 ff., *Grundmann* Europäisches Gesellschaftsrecht, 2004, S. 75 ff., *Eidenmüller* in: Eidenmüller (Hrsg.), Ausländische Kapitalgesellschaften, 2004, S. 6 ff. (Rn. 10 ff.) und *Röpke/Heine* Jb.J.ZivR-Wiss. 2004, S. 265 ff.

[182] Dies im Anschluss an *Romano* The Genius of American Corporate Law, 1993, S. 6: "Corporation codes can be viewed as products, whose producers are states and whose consumers are corporations."

[183] Zur ökonomischen Betrachtung der Standortwahl *Kieninger* Wettbewerb der Privatrechtsordnungen, 2002, S. 12 f.

Vorgang ist im Hinblick auf Rechtsnormen zumeist nur ein indirekter Wettbewerb, da ein Unternehmen alle rechtlichen und tatsächlichen Gegegenheiten des Standorts akzeptieren muss und die rechtlichen Regeln als solche nur selten isoliert zur Wahl stehen.[184] Der Wettbewerb mit seiner Innovationsfunktion[185] kann bezogen auf Rechtsnormen nur greifen, wenn sich aus den Standortentscheidungen einzelner Unternehmen isolierte Aussagen über die Bewertung einzelner Rechtsregeln ableiten lassen. Die Standortwahl von Gesellschaften erlaubt eine Aussage über die Qualität des Gesellschaftsrechts nur dann, wenn es möglich ist, eine allein am Inhalt des Gesellschaftsrechts orientierte Entscheidung zu treffen und dies von anderen Standortfaktoren zu isolieren. Wettbewerb um Rechtsregeln ergibt sich daher nur in dem Maße, in dem kollisionsrechtlich *Rechtswahlfreiheit* herrscht.[186]

Bezogen auf das anwendbare Gesellschaftsrecht ist der erste relevante Zeitpunkt, zu dem sich die Frage nach Rechtswahlfreiheit stellt, derjenige der *Gründung* der Gesellschaft. Entscheiden sich die Gründer für die Rechtsordnung eines Staates, der der *Sitztheorie* folgt, müssen sie ihren Verwaltungssitz in diesem Staat ansiedeln; denn nur dann kommt dessen Gesellschaftsrecht zur Anwendung. Damit entscheiden sie häufig gewollt oder ungewollt über eine Reihe weiterer Standortfaktoren, beispielsweise über das anwendbare Steuer- oder Arbeitsrecht sowie über die Infrastruktur und die geographische Lage ihres Hauptsitzes. Gesellschaftsrecht ist also unter der Geltung der Sitztheorie kaum als isolierter Faktor bewertbar, die Entscheidung für einen bestimmten Sitz nicht zwingend als Entscheidung für das dort geltende Gesellschaftsrecht zu werten. Unter Geltung der *Gründungstheorie* ist dies anders. Bei ihr entscheidet die Registrierung in einem bestimmten Staat allein über das anwendbare Gesellschaftsrecht, das damit zu einem isoliert bewertbaren Entscheidungsfaktor wird – nicht nur aus Sicht des Unternehmens, sondern auch aus Sicht des Staates, für dessen Gesellschaftsrecht sich die Gründer entscheiden.

Die Frage nach dem attraktivsten Gesellschaftsrecht stellt sich indessen nicht allein bei Gründung einer Gesellschaft. Nach der US-amerikanischen Erfahrung ist die Rechtswahl im Stadium der Gründung sogar von eher untergeordneter Bedeutung. Das anwendbare Gesellschaftsrecht wird erst dann zu einem Kalkulationsfaktor, wenn bedeutsame unternehmerische Weichenstellungen anstehen, die das Risiko von Rechtsstreitigkeiten erhöhen.[187] Die Freiheit der Rechtswahl wird in dieser Phase durch die rechtliche Möglichkeit der *Sitzverlegung* gewährt. Rechtstech-

---

184 *Kieninger* Wettbewerb der Privatrechtsordnungen, 2002, S. 13 und S. 241. *Heine/Kerber* Eu.J.L.E. 13 (2002) 47, 51, nennen diesen indirekten Wettbewerb „type A-regulatory competition" und unterscheiden dies von der „type B-regulatory competition", bei welcher einzelne Rechtsnormen isoliert gewählt werden können und damit ein direkter Wettbewerb um die Qualität der Wettbewerb allein dieser Rechtsnormen entstehen kann.

185 Zu dieser und anderen Funktionen des Wettbewerbs *Kieninger* Wettbewerb der Privatrechtsordnungen, 2002, S. 24 ff.

186 *Heine* Regulierungswettbewerb im Gesellschaftsrecht, 2003, S. 248 ff.

187 Vgl. oben im Text S. 342.

nisch wird sie in den USA zumeist durch Neugründung einer Gesellschaft im Zielstaat und anschließende Verschmelzung der bestehenden auf die neugegründete Gesellschaft vollzogen.[188] Bei Anwendung der Gründungstheorie lässt sich dieses Datum isoliert von anderen Standortfaktoren verändern. Gilt indessen die Sitztheorie, muss der Verwaltungssitz des Unternehmens verlegt werden, was – zumal, wenn man darin eine Auflösung der Gesellschaft sieht – ein rechtstechnisch kompliziertes Unterfangen ist.

(2) Europäische Rahmenbedingungen für eine freie Rechtswahl

Die Gründer einer Gesellschaft hatten bislang im europäischen Binnenmarkt keine uneingeschränkt freie Wahl des anwendbaren Gesellschaftsrechts. In Staaten, die der Sitztheorie folgten, mussten die Unternehmen mit der Wahl des Gesellschaftsrechts zugleich den Sitz der Hauptverwaltung festlegen. Es fand also nur der sogenannte „indirekte" Wettbewerb[189] statt, bei dem das Gesellschaftsrecht als einer unter vielen Entscheidungsfaktoren auftritt und insoweit eine eher untergeordnete Rolle spielt. Dies gilt nach der überzeugend begründeten Auffassung von *Kieninger* selbst für den Wettbewerb um die Ansiedlung von Holding-Gesellschaften, der in erster Linie von steuerrechtlichen und nicht von gesellschaftsrechtlichen Parametern geprägt ist.[190]

Die Rechtsprechung zur Niederlassungsfreiheit hat nun den Handlungsspielraum der Unternehmen deutlich erweitert. Es ist möglich geworden, die Gründung einer Gesellschaft in demjenigen Mitgliedstaat vorzunehmen, dessen Gesellschaftsrecht besonders attraktiv erscheint.[191] Andere Mitgliedstaaten dürfen dieser Gesellschaft nicht die Neugründung nach eigenem Regeln abverlangen, selbst wenn die Gesellschaft im Gründungsstaat keinerlei Tätigkeit ausübt. Damit ist die Freiheit der Rechtswahl im Zeitpunkt der *Gründung* eröffnet. Offen bleibt, in welchem Umfang die Rechtswahl durch spätere *Sitzverlegung* abänderbar ist. Die US-amerikanische Konstruktion der Neugründung und anschließenden grenzüberschreitenden

---

188 Dazu bereits oben Fn. 121.

189 Zu diesem Begriff bereits oben bei Fn. 184.

190 *Kieninger* Wettbewerb der Privatrechtsordnungen, 2002, S. 246 ff. Die Einführung der oben in § 1 bei Fn. 11 bereits erwähnten französischen Rechtsform der *Société par Actions simplifiée* (S.A.S.) wurde zwar explizit damit begründet, die Abwanderung internationaler Holdings zu vermeiden; es gibt jedoch keine greifbaren Anhaltspunkte dafür, dass Frankreich, das steuerlich nicht zu den bevorzugten Holdingstandorten zählt, dadurch die Zahl der Holdings signifikant erhöhen konnte. Der große Erfolg der Rechtsform dürfte eher auf Wanderungen zwischen den verschiedenen französischen Rechtsformen beruhen (so die Einschätzung bei *Kieninger* Wettbewerb der Privatrechtsordnungen, 2002, S. 250 und S. 260 f.). Auch für *Munari/Terrile* in: Ferrarini/Hopt/Wymeersch (Hrsg.), Capital Markets in the Age of the Euro, 2002, S. 529, 556, haben die steuerlichen Konditionen ein wesentlich größeres Gewicht bei der Standortwahl als das Gesellschaftsrecht.

191 Ausführlich dazu oben S. 79 ff.

Verschmelzung stößt im europäischen Binnenmarkt auf große rechtspraktische Hindernisse. Auch das Vereinigte Königreich bildet hier nach weit verbreiterer Auffassung keine Ausnahme; dort ist zwar die erstmalige Registrierung einfach zu erreichen, eine spätere identitätswahrende Sitzverlegung mit Statutenwechsel aber rechtspraktisch kaum möglich.[192] Allein die supranationalen Rechtsformen bieten derzeit die rechtlich gesicherte Möglichkeit, den Sitz über die Grenze zu verlegen oder sich über die Grenze zu verschmelzen. Sie werden aus diesem Grunde auch – ungeachtet ihrer sonstigen Schwächen – in der Literatur als Vehikel für eine Wanderung zwischen den Jurisdiktionen willkommen geheißen.[193] Den nationalen Kapitalgesellschaften bietet die kürzlich verabschiedete zehnte gesellschaftsrechtliche Richtlinie zur grenzüberschreitenden Verschmelzung[194] die theoretische Möglichkeit, sich derselben Sitzverlegungs-Mechanismen zu bedienen, die in den USA gängig sind. Inwieweit dies praktisch angenommen werden wird, bleibt abzuwarten; die Richtlinie ist innerhalb von 24 Monaten in nationales Recht umzusetzen.[195] Weiterhin ist möglicherweise bald mit einem erneuten Vorschlag zur vierzehnten Richtlinie über die grenzüberschreitende Sitzverlegung zu rechnen.[196] Schließlich ergibt sich ein Zuwachs an Gestaltungsfreiheit durch das Urteil des EuGH in Sachen „SEVIC".[197] Demnach muss Gesellschaften ausländischen Rechts die Beteiligung an einer Verschmelzung unter dem Regime des nationalen Verschmelzungsrechts gestattet werden.[198] Dies eröffnet die Möglichkeit, eine ausländische Gesellschaft auf eine inländische Vorratsgesellschaft zu verschmelzen und auf diese Weise den Satzungssitz zu verlegen. Nach der Rechtsprechung des EuGH in Sachen Überseering dürfte dies nicht zur Negierung der Existenz der Gesellschaft führen, selbst wenn die inländische aufnehmende Gesellschaft im Inland keinerlei Geschäftstätigkeit entfaltet. Auch nach der Entscheidung in Sachen SEVIC bleibt allerdings offen,

---

192 *Cheffins* Company Law, 1997, 427; *Deakin* in: Esty/Geradin (Hrsg.), Regulatory Competition, 2001, S. 190, 201 f.; *Hoffmann* ZHR 164 (2000) 43, 55.

193 Siehe *Enriques* ZGR 33 (2004) 735 ff. Die geplante Europäische Privatgesellschaften hingegen wäre wegen ihrer in sich abgeschlossenen Regelung gesellschaftsrechtlicher Fragen weniger ein Vehikel der Rechtswahl als ein zusätzliches Angebot auf der Palette der Rechtsformen. Zur Rolle supranationaler Rechtsformen im Wettbewerb der Rechtsordnungen auch *Röpke/Heine* Jb.J.ZivRWiss. 2004, S. 265 ff.

194 ABlEU, 25.11.2005, S. L 310/1.

195 Zum Vorschlag der EU-Kommission, der Ausgangspunkt der Richtlinie war, *Pluskat* EWS 2004, 1 ff. und *Maul/Teichmann/Wenz* BB 2003, 2633 ff.

196 Der Aktionsplan der Europäischen Kommission vom 21.5.2003 (abrufbar unter http://europa.eu.int/comm/internal_market/company/index_de.htm) rechnet die vierzehnte Richtlinie zu den kurzfristig (d.h. im Zeitraum zwischen 2003 und 2005) zu realisierenden Maßnahmen (vgl. Anhang 1 zum Aktionsplan).

197 EugH, Rs. C-411/03, Slg. 2005, I-10805.

198 Dass das mitgliedstaatliche Recht nach dem hier vertretenen Verständnis der Niederlassungsfreiheit auch in Abwesenheit einschlägiger Richtlinien eine Sitzverlegung ermöglichen muss, wurde oben S. 168 ff. eingehend begründet.

inwieweit der Heimatstaat diesen Wegzug seiner Gesellschaft dulden oder gar ermöglichen muss.[199]

(3) Reichweite der Rechtswahl

Welche Rechtsregeln im Wettbewerb stehen, entscheidet sich aber nicht nur daran, ob überhaupt Rechtswahlfreiheit besteht, sondern auch daran, welche Reichweite die Rechtswahl hat: Bereiche, in denen Sonderanknüpfungen oder zentrale Regelsetzung die Rechtswahl überlagern, sind dem Einfluss des Wettbewerbs entzogen. Die in den USA angewandte kollisionsrechtliche *internal affairs rule*, wonach das Recht der gesellschaftlichen Innenbeziehungen nicht durch andere Rechtsordnungen verdrängt wird, hat zur Folge, dass der Wettbewerb vor allem um eine möglichst effiziente Gestaltung der Innenbeziehungen geführt wird. Im Recht der Außenbeziehungen hingegen wird der Wettbewerb durch Bundesgesetze oder „outreach statutes" der Bundesstaaten vielfach außer Kraft gesetzt.[200] Gegenstand zentraler Regelung[201] sind insbesondere Publizitätsvorschriften und andere Regulierungen der Börsen mit der aufsichtsrechtlichen Unterstützung durch die Securities and Exchange Commission (SEC) sowie das Insolvenzrecht.

Im europäischen Binnenmarkt eröffnet die Rechtsprechung zur Niederlassungsfreiheit zwar für die *Gründung* von Gesellschaften weitgehende Rechtswahlfreiheit; ungeklärt ist aber bislang, wie weit die Entscheidung für ein bestimmtes Gründungsrecht trägt. Denn die Mitgliedstaaten können auch gegenüber im Ausland gegründeten Gesellschaften Beschränkungen einführen, die zum Schutz von Allgemeininteressen geeignet, erforderlich und verhältnismäßig sind. Der EuGH hatte bislang kaum Gelegenheit, die Konturen der rechtfertigungsfähigen Beschränkungen der Niederlassungsfreiheit schärfer nachzuzeichnen. Die allenthalben verbreitete Auffassung, alles, was zum Gesellschaftsrecht gehöre, sei nunmehr der freien Rechtswahl unterworfen,[202] ist eine Scheingewissheit. Denn die Reichweite des Gründungsstatuts ist im europäischen Kontext noch völlig ungeklärt.[203] Die bislang entschiedenen Fälle betrafen – zieht man eine Parallele zu natürlichen Personen – den behinderten Grenzübertritt. Derartige Marktzugangsschranken hat der EuGH aus Binnenmarkt-Perspektive zu Recht einem strengen Prüfungsmaßstab unterworfen. Keiner der bislang auf europäischer Ebene entschiedenen Fälle betraf indessen

---

[199] Zur Reichweite des Niederlassungsfreiheit im Sinne einer Wegzugsfreiheit oben S. 168 ff.

[200] *Kersting* 28 Brook. J. Int. L. (2002) 1, 25 ff.

[201] Dazu *Romano* The Genius of American Corporate Law, 1993, S. 3 f.

[202] Beispielsweise *Paefgen* ZIP 2004, 2253, 2254, *Spindler/Berner* RIW 2003, 949, 955; siehe weiterhin die in § 7 (S. 402 ff.) behandelte Diskussion zum Internationalen Gesellschaftsrechts.

[203] Näher zu den Auswirkungen der EuGH-Rechtsprechung auf das Internationale Gesellschaftsrecht unten S. 402 ff.

einen Sachverhalt, bei dem nach Ausübung der unternehmerischen Tätigkeit im Zuzugsstaat Drittinteressen konkret gefährdet gewesen wären. Somit ist höchstrichterlich noch nicht geklärt, inwieweit sich das „importierte" Gesellschaftsrecht am Tätigkeitsort auf Dauer gegen Einflüsse des dort geltenden Rechts abschotten kann. Hingewiesen sei nur auf die reichhaltige und keineswegs einheitliche Literatur zu der Frage, welchen Regeln eine englische Scheinauslandsgesellschaft im Inland zu unterwerfen sei;[204] selbst wenn man konsequent englisches Recht anwenden wollte, bliebe offen, was deutsche Gerichte daraus machen, mit welchem Inhalt sie beispielsweise die aus dem englischen Recht stammenden und häufig sehr unbestimmt gefassten Tatbestände der Geschäftsleiterhaftung versehen. Hinzu kommen die ungeklärten Fragen der Abgrenzung des Gesellschaftsstatuts vom Insolvenzstatut. Ordnet man das viel zitierte *wrongful trading* des englischen Rechts insolvenzrechtlich ein, so kommt es bei einer englischen Gesellschaft mit Tätigkeitsschwerpunkt in Deutschland möglicherweise gar nicht zur Anwendung, weil das Insolvenzverfahren in Deutschland stättfände und deutschem Insolvenzrecht unterläge.[205] Ob die Rechtsprechung es bei einer derartigen Normanwendungslücke schlicht bewenden lassen würde, bleibt abzuwarten. Die Problematik wird im Hinblick auf den Gläubigerschutz in § 8 dieser Untersuchung näher beleuchtet werden.[206]

Ungeklärt ist auch, welchen Beschränkungen eine grenzüberschreitende *Sitzverlegung* unterworfen werden darf. Es wurde bereits ausgeführt, dass die Möglichkeit zu einer Sitzverlegung bestehen muss.[207] Beschränkungen dieses Vorgangs lassen sich aber voraussichtlich leichter rechtfertigen als diejenigen einer Gründung, da die grenzüberschreitende Verschmelzung oder Sitzverlegung im Wegzugsstaat auf bereits bestehende Rechtsbeziehungen einwirkt, die legitimerweise Bestandschutz verlangen dürfen.

Das Schutzbedürfnis von Minderheitsaktionären und Gläubigern bei grenzüberschreitenden Transaktionen resultiert aus der Unterschiedlichkeit der Rechtsordnungen im europäischen Binnenmarkt. Dass ein Schutz hier – in Abhängigkeit von den jeweils im mitgliedstaatlichen Recht begründeten Rechtspositionen – geboten ist, schlägt sich im gemeinschaftsrechtlichen Sekundärrecht nieder: Die SE-Verordnung ermächtigt die Mitgliedstaaten sowohl für die Sitzverlegung als auch für die grenzüberschreitende Verschmelzung zu Regelungen zum Schutz der Gläubiger

---

204 Siehe dazu nur die Beiträge in den Sammelbänden von Eidenmüller (Hrsg.), Ausländische Kapitalgesellschaften im deutschen Recht, 2004, Hirte/Bücker (Hrsg.), Grenzüberschreitende Gesellschaften, 2005, Lutter (Hrsg.), Auslandsgesellschaften, 2005 und Sandrock/Wetzler (Hrsg.), Wettbewerb der Rechtsordnungen, 2004. Weiterhin *Schall*, ZIP 2005, 965 ff.

205 Siehe nur *Schall*, ZIP 2005, 965, 972.

206 Siehe unten S. 462 ff.

207 Siehe oben im Abschnitt § 3 (S. 168 ff.).

und Minderheitsaktionäre;[208] eine ebensolche Öffnungsklausel enthält die zehnte Richtlinie über grenzüberschreitende Verschmelzungen.[209]

Die Gesellschaft wird sich bei dem Versuch, rechtliche Bindungen, die sie zu einem früheren Zeitpunkt eingegangen ist, einseitig zu verändern, kaum auf die Niederlassungsfreiheit berufen können. Dies gilt in Bezug auf Minderheitsaktionäre, die mit dem Wechsel der Rechtsordnung nicht einverstanden sind, ebenso wie für Gläubiger, die bei Vertragsschluss häufig noch nicht absehen konnten, dass die Gesellschaft ihren Sitz verlegen wird. Das Argument, sie könnten sich selbst schützen, trägt gegenüber einer grenzüberschreitenden Verschmelzung oder Sitzverlegung nur dann, wenn wirksame Mechanismen zum Selbstschutz bereit gestellt werden. Dies können für Minderheitsaktionäre gesteigerte Mitspracherechte (etwa das Erfordernis einer qualifizierten Beschlussmehrheit) bis hin zu Austrittsrechten sein; Gläubigern wird man die Möglichkeit zur Lösung vom Vertrag oder die Gewährung von Sicherheiten anbieten müssen.

(4) Differenzierung nach Unternehmensgröße

In der Diskussion über einen Wettbewerb der Gesellschaftsrechtssysteme in Europa wird ein Punkt bislang höchst selten thematisiert: Der Wettbewerb zielt in den USA auf Großunternehmen ab, die zumeist auch börsennotiert sind, während er sich in Europa aktuell auf der Ebene der kleinen Gesellschaften abspielt, was mit dem Schlagwort der „Billig-GmbH" sinnfällig belegt wird. Die Erfahrungen aus einem gesetzgeberischen Wettbewerb, bei welchem sich die Unternehmen die Sitzverlegung in den erfolgreichsten Staat durchschnittlich 40.000 $ kosten lassen, dürften nicht so ohne weiteres übertragbar sein auf eine Situation, bei welcher der Wettbewerb um Existenzgründer geführt wird, die ein Gründungskapital von einigen Tausend Euro nicht aufbringen wollen oder können. Nachfolgend soll daher zumindest in Ansätzen der Frage nachgegangen werden, inwieweit eine Differenzierung nach der Unternehmensgröße geboten ist und welchen Kriterien sie folgen könnte.

(a) Publikumsgesellschaften

Die „Kunden" der Einzelstaaten im US-amerikanischen Wettbewerb der Gesellschaftsrechte sind typischerweise börsennotierte Großunternehmen. Delaware beheimatet mehr als vierzig Prozent aller Gesellschaften, die an der New York Stock Exchange notiert sind; aus der Gruppe der fünfhundert größten Unternehmen hat

---

208 Zum Minderheitenschutz bei Gründung und Sitzverlegung der SE *C. Teichmann* ZGR 32 (2003) 367 ff. und, unter besonderer Behandlung der Konkurrenz zum übernahmerechtlichen Austrittsrecht *C. Teichmann* AG 2004, 67 ff. Zum Gläubigerschutz *Neye/Teichmann* AG 2003, 169, 174 f. Es spricht Manches dafür, dass der deutsche Gesetzgeber bei Umsetzung der Zehnten und Vierzehnten Richtlinie denselben Grundgedanken folgen wird.

209 Art. 4 Abs. 2 der Richtlinie.

die Hälfte ihren Sitz in Delaware.[210] *Romano* hat zwar in ihrer empirischen Untersuchung der Wanderung von Gesellschaften keinen Beleg für die These gefunden, der Erfolg Delawares beruhe gerade auf einem besonders günstigen Umfeld für Großunternehmen.[211] Diese Aussage bezieht sich jedoch in erster Linie auf das Wettbewerbsverhältnis Delawares gegenüber anderen Staaten. Da von den zweihundert größten Unternehmen immerhin die Hälfte nicht in Delaware inkorporiert sei, so *Romano*, müsse der Wettbewerbsvorteil woanders liegen. *Romano* sieht ihn, wie oben bereits erläutert,[212] in der Vorhersehbarkeit und Stabilität des Rechtssystems. Dieses Ergebnis stellt aber nicht die andere Grundaussage in Frage, dass der Wettbewerb überhaupt nur um die großen Unternehmen geführt wird. Kleine Unternehmen sind schon deshalb für die Staaten keine interessanten „Kunden", weil für sie die teilweise erheblichen Kosten der Sitzverlegung ebenso wie die laufenden Zahlungen aus der Franchise Tax überpropotional hoch ausfallen.[213] Vermutet wird auch, dass es für Kleinunternehmen wegen ihrer großen Diversität weniger sinnvoll sei, gesetzliche Standardisierung anzubieten; darin liegt wiederum gerade der Anreiz für Großunternehmen, sich einem bewährten und modernen „Enabling Law" zu unterstellen.[214]

Vergleichbar erwarten Kommentatoren für die europäische Gemeinschaft, dass die neue Freiheit der Rechtsformwahl besonders von großen und finanzstarken Gesellschaften genutzt werde, für welche die Möglichkeit abweichender gesellschaftsrechtlicher Gestaltung einen höheren Wert habe, als die Konstituierung unter fremdem Recht Kosten verursache.[215] Bezogen auf die Aktiengesellschaft sind allerdings dem gesetzgeberischen Wettbewerb momentan noch deutliche Grenzen gesetzt durch die für alle Mitgliedstaaten verbindlichen Vorgaben der Zweiten gesellschaftsrechtlichen Richtlinie. Für europaweit agierende Konzerne wird es aber immerhin auch bei der Gründung von Tochtergesellschaften oder Akquisitionsvehikeln künftig durchaus eine Rolle spielen, die dafür günstigste Jurisdiktion herauszufinden. Hierfür kommen die europäisch nicht regulierten kleinen Kapitalgesellschaften, wie GmbH oder private limited, durchaus in Betracht. Gerade als Akquisitionsvehikel sind ausländische Gesellschaften möglicherweise besser einsetzbar als die deutsche GmbH.[216] Der Zeitvorteil der schnelleren Gründung kann

---

210 *Bebchuk* Harvard Law Review 105 (1992) 1435, 1443.

211 *Romano* I J. L. Econ. & Org. (1985), 225, 279.

212 Vgl. oben S. 341 ff.

213 *Romano* The Genius of American Corporate Law, 1993, S. 25.

214 *Romano* The Genius of American Corporate Law, 1993, S. 26 ff.

215 *Forsthoff* DB 2000, 1109, 1114; in diesem Sinne auch *Kieninger* Wettbewerb der Privatrechtsordnungen, 2002, S. 169 ff. Ebenso betrachten *Munari/Terrile* in: Ferrarini/Hopt/Wymeersch (Hrsg.), Capital Markets in the Age of the Euro, 2002, S. 529, 550 ff. nahezu ausschließlich den Anpassungsdruck, den die Kapitalmärkte auf den Gesetzgeber ausüben können. In dieselbe Richtung weisen die Ausführungen von *Enriques* ZGR 33 (2004) 735 ff. zur Nutzung der SE im Wettbewerb der Rechtssysteme.

216 *Mock/Westhoff* DZWiR 2004, 23 ff.

hier einen erheblichen geldwerten Vorteil bedeuten. Erwünscht ist auch eine Vermeidung deutschen Insolvenzrechts, welches Akquisitionsvehikeln in Form einer deutschen GmbH hier und da in Schwierigkeiten bereitet haben soll.[217] Die Notwendigkeit, dies mit der Europäischen Insolvenzverordnung abzustimmen,[218] zeigt demgegenüber, dass es auch bei dieser Einsatzmöglichkeit ausländischer Rechtsformen eines hoch spezialisierten Rechtsrates bedarf.

Diskutiert wird darüber hinaus ein Systemwettbewerb der Börsen.[219] Dafür spricht, dass bei Wertpapierbörsen die Informationsvermittlung effizient organisiert ist und die Regelsetzer sich – ähnlich wie Delaware – ausschließlich an den Bedürfnissen ihrer Zielgruppe orientieren könnten. Ein von den USA abweichendes Nachfrageverhalten kann sich allerdings daraus ergeben, dass vor allem der kontinentaleuropäische Kapitalmarkt nach wie vor nur wenige Publikumsgesellschaften mit breit gestreuter Aktionärsstruktur kennt.[220] Die Attraktivität eines Gesellschaftsrechts entscheidet sich nicht abstrakt, sondern aus dem konkreten Blickwinkel der Entscheidungsträger. Insoweit ist es durchaus denkbar, dass ein kontrollierender Mehrheitsaktionär den Wechsel in eine Rechtsordnung ablehnt, die zwar für die Gesellschaft insgesamt günstiger wäre, dem Mehrheitsaktionär jedoch die Möglichkeit eigennützigen Umgangs mit dem Gesellschaftsvermögen verwehrt.[221]

(b) Personalistische Gesellschaften

Kleine und mittlere Gesellschaften sind in den USA keine Zielgruppe für den Wettbewerb der Gesetzgeber.[222] Sie inkorporieren sich zumeist dort, wo sie ihren tatsächlichen Tätigkeitsschwerpunkt haben.[223] Eine Gründung in oder Sitzverlegung nach Delaware ist für sie schon wegen der beträchtlichen Kosten nicht attraktiv. Die dor-

---

217 *Mock/Westhoff* DZWiR 2004, 23 ff.

218 Die Auffassung von *Mock/Westhoff* DZWiR 2004, 23, 27, dass auf eine ausländische Gesellschaft mit tatsächlichem Sitz in Deutschland das deutsche Insolvenzantragsrecht keine Anwendung findet, kann im Lichte von Art. 4 EuInsVO nicht überzeugen. Die Gesellschaft wird typischerweise ihren Interessenmittelpunkt in Deutschland haben, daher bestimmen sich die Wirkungen eines in Deutschland eröffneten Insolvenzverfahrens nach deutschem Recht. Dies kann auch zeitlich vor der Verfahrenseröffnung liegende Vorgänge betreffen, wie die Regelung zur Anfechtbarkeit von gläubigerschädigenden Geschäften beispielhaft zeigt (näher zu Bestimmung des anwendbaren Rechts nach der EuInsVO unten S. 522 ff.). Höchstrichterlich geklärt ist die Frage bislang nicht, was die rechtliche Unsicherheit beim Einsatz von Scheinauslandsgesellschaften noch erhöht.

219 *Adolff* Jb.J.ZivRWiss. 2002, S. 61 ff; *Romano* in: Hopt/Kanda/Roe/Wymeersch/Prigge (Hrsg.), Comparative Corporate Governance, 1998, S. 143 ff.

220 Umfassend dazu die Länderberichte in Barca/Becht (Hrsg.), The Control of Corporate Europe, 2001.

221 *Munari/Terrile* in: Ferrarini/Hopt/Wymeersch (Hrsg.), Capital Markets in the Age of the Euro, 2002, S. 529, 551.

222 Allgemein zu dieser Frage: *Romano* The Genius of American Corporate Law, 1993, S. 24 ff.

223 *Bebchuk* Harvard Law Review 105 (1992) 1435, 1442; dies wird durch empirische Daten bestätigt in *Bebchuk/Cohen* JoLE 56 (2003) 383, 400 ff.

tige *franchise tax* nimmt mit zunehmender Größe des Unternehmens ab, belastet kleine Unternehmen also überproportional.[224] Delaware oder andere Staaten mit liberalem Gesellschaftsrecht werden erst dann attraktiv, wenn das Unternehmen seinen Aktionsradius ausweitet und damit schon rein tatsächlich vom Rechtssystem mehrerer Staaten betroffen ist. Wegen der in diesem Stadium ohnehin anfallenden Verwaltungs- und Beratungskosten lohnt sich der Blick über die Grenze auf der Suche nach dem liberalsten System. Gerade deshalb verdankt Delaware seine Spitzenstellung nicht den Neugründungen, sondern den Sitzverlegungen.[225]

Hinzu kommt der Verwaltungsaufwand, den ein Auseinanderfallen von Registersitz und Tätigkeitsort mit sich bringt. Auch die teure rechtliche Beratung, die nach Angaben der von *Romano* befragten Unternehmen stets den größten Einzelposten bei einer Sitzverlegung ausmachte, fällt für die kleinen Gesellschaften überproportional ins Gewicht. Wegen der rechtlichen Unsicherheiten hinsichtlich der Reichweite des Gründungsstatuts – insbesondere der drohenden Überlagerung durch Sonderanknüpfungen der Rechtsprechung oder *outreach statutes* – geht die Empfehlung der US-amerikanischen Praxis in aller Regel dahin, die Gesellschaft in dem Staat zu errichten, in dem sie ihre Haupttätigkeit entfalten soll.[226] Im Bereich der kleinen und mittleren Unternehmen können also die rechtliche Unsicherheit und der administrative Aufwand die Vorteile eines möglicherweise liberaleren Gesellschaftsrechts in aller Regel nicht aufwiegen; zumal die für ihre Bedürfnisse nötige Gestaltungsfreiheit in internen Angelegenheiten in allen Einzelstaaten nahezu gleichwertig angeboten wird.[227]

(c) Bewertung

Vor diesem Hintergrund wird deutlich, dass viele Befürworter eines europäischen Wettbewerbs der Rechtsordnungen letztlich vorwiegend die Zielgruppe der Großunternehmen im Blick haben. So beispielsweise *Grundmann* wenn er annimmt, bei den Gründern einer Gesellschaft könnten genügend Expertise und die richtigen Anreize vorausgesetzt werden, sich über die wichtigsten Vor- und Nachteile der verschiedenen Rechte zu informieren.[228] Dies mag für den international operierenden Konzern mit eigener Rechtsabteilung gelten, keineswegs aber für den Existenzgrün-

---

224 *Romano* I J. L. Econ. & Org. (1985), 225, 258.

225 *Kieninger* Wettbewerb der Privatrechtsordnungen, 2002, S. 113. Vgl. dazu auch die Zahlenangaben bei *Merkt/Göthel* US-amerikanisches Gesellschaftsrecht, 2. Aufl., 2006, S. 71 f. (Rn. 25) und S. 165 ff. (Rn. 206 ff.). Die Begriffe „Sitzverlegung" und auch „reincorporation" sind unscharf. Rechtstechnisch handelt es sich zumeist um die Verschmelzung auf eine in Delaware gegründete Mantelgesellschaft (*Kieninger* Wettbewerb der Privatrechtsordnungen, 2002, S. 114 f.).

226 *Kieninger* Wettbewerb der Privatrechtsordnungen, 2002, S. 112.

227 *Dammann* Yale J. Int. L. 29 (2004) 477, 507; *Merkt/Göthel* US-amerikanisches Gesellschaftsrecht, 2. Aufl., 2006, S. 191 f. (Rn. 265 ff.); *Kieninger* Wettbewerb der Privatrechtsordnungen, 2002, S. 112.

228 *Grundmann* ZGR 30 (2001) 783, 816, 826; ebenso *Grundmann* in: Ferrarini/Hopt/Wymeersch (Hrsg.), Capital Markets in the Age of the Euro, 2002, S. 561, 573.

der, der sich eine Limited deshalb wählt, weil ihm der Gründungaufwand einer GmbH zu hoch erscheint. Kleinunternehmen verfügen gerade im Stadium der Gründung zumeist über wenig Betriebskapital, das der Gründer nicht ausgerechnet für teuren Rechtsrat opfern möchte.[229] Ein Blick auf die vom EuGH entschiedenen Sachverhalte macht die Unterschiede deutlich: Während es Großunternehmen mit entsprechender Beratung noch immer gelungen ist, den Konflikt zwischen Sitz- und Gründungstheorie elegant zu umschiffen, waren sich die Gesellschafter im Fall Überseering des rechtlichen Vakuums, in dem sie sich bewegten, offenbar überhaupt nicht bewusst. Und die Fälle Centros und Inspire Art dürften nach allem, was man hört,[230] Musterprozesse von Dienstleistern gewesen sein, die gewerblich die Gründung englischer Gesellschaften anbieten. Die Gründer selbst hätten einen derartigen Prozess wegen der damit verbundenen Kosten kaum aus eigenem Antrieb unternommen; in der Diskussion nach Centros wurde zu Recht darauf hingewiesen, dass allein die Prozesskosten das eingesparte Mindestkapital um ein Vielfaches überstiegen haben dürften.[231]

Auch die Auffassung *Grundmanns*, bei der Entscheidung über eine Sitzverlegung oder Umstrukturierung sei das Volumen der möglichen Gewinne typischerweise so groß, dass sich selbst umfangreiche Informationskosten amortisieren, ist erkennbar auf Großunternehmen zugeschnitten. Denn die zu erwartenden Vorteile für die Gründer einer Limited bestehen zunächst allein in der Vermeidung des Mindestkapitals. Dabei lässt ein Vergleich der Gründungs- und laufenden Kosten einer englischen „Briefkastengesellschaft"[232] mit den Gründungskosten einer Standard-GmbH,[233] nicht einmal signifikante Kostenvorteile der Auslandsgesellschaft erkennen. Zwar muss bei der GmbH das Mindestkapital – bei einer Bargründung zumindest teilweise (§ 7 Abs. 2 GmbHG) – aufgebracht werden; es kann danach aber für den Geschäftsbetrieb verwendet werden. Es handelt sich also betriebswirtschaftlich nicht um Kosten, sondern um Startkapital. Die durch die Mindestkapitalregeln *zusätzlich* verursachten Kosten tendieren zumindest bei einer Bargründung gegen Null. Die dafür gewährten Gegenleistungen in Form von materieller Rechtssicherheit und einem Justizsystem, das sich in dem betreffenden Rechtsgebiet

---

229 Auf diese ungleiche Ausgangsposition haben in der Diskussion um die Einführung einer Europäischen Privatgesellschaft gerade die Vertreter kleiner und mittlerer Unternehmen immer wieder hingewiesen (vgl. die bei *Hommelhoff* FS Doralt, 2004, 199, 201, referierte Umfrage des Verbandes Deutscher Maschinen- und Anlagenbau unter seinen Mitgliedern).

230 Bezüglich *Inspire Art* berichtet bei *de Kluiver* ECFR 1 (2004) 121, 123. Die *Centros Ltd.* wird im englischen Companies House bis zum heutigen Tage als inaktive Gesellschaft geführt.

231 *Kiem* in: VGR 1999, S. 199, 202.

232 *Ulmer* NJW 2004, 1201, Fn. 6, berichtet vom Angebot eines inländischen Vermittlers, wonach die Einmalkosten der Gründung 2.150 Euro betrugen. Hinzu kamen monatlich laufende Kosten von 40 Euro und jährliche Gebühren von 200 Euro.

233 Nach dem Bericht des Notars *Heckschen* GmbHR 2004, R 25, belaufen sich die realen Kosten der Gründung einer Einpersonen-GmbH inklusive notarieller Beurkundung auf 380 Euro.

auskennt, dürften damit recht günstig erworben sein. Aus ökonomischer Sicht sind also gerade die Fälle Centros, Überseering und Inspire Art keine Belege für die Effizienz des Informationsmodells im Hinblick auf kleine und mittlere Unternehmen. Sie zeigen zwar, dass gewerblich tätige Intermediäre eine gewisse Vorreiterrolle übernehmen können; die für eine Rechtswahl nötige differenzierte Einzelfallberatung können sie jedoch nicht leisten – sie wäre auch für das Kleinunternehmen nicht bezahlbar. Erst dies ermöglicht aber einen sinnvollen Gebrauch der Vorteile des gesetzgeberischen Wettbewerbs. Es genügt nicht, wenn der Anbieter einer Limited darüber „informiert", England habe ein „sehr einfaches Gesellschaftsrecht"[234]. Wirklich zielführend wäre nur die Analyse, ob gerade das englische Gesellschaftsrecht für das konkrete unternehmerische Vorhaben spezifische Vorteile im Vergleich zu anderen Rechtsordnungen bietet. Eine derartige Analyse kann wegen der hohen Informationskosten von kleinen und mittleren Unternehmen nicht sinnvoll erwartet und von Informationsmediären nicht zu annehmbaren Preisen geliefert werden. Nicht ohne Grund wird daher aus Kreisen der Wirtschaft schon seit längerem der Ruf nach einer europaweit einheitlich zu handhabenden „Europäischen Privatgesellschaft" laut und gerade mit Blick auf die Wettbewerbs- und Kostennachteile mittelständischer Unternehmen im Dickicht der europäischen Gesellschaftsrechte begründet.[235]

b) *Angebotsseite: Gesetzgeberische Möglichkeiten und Anreize*

Die Wahlfreiheit der Nachfrager ist zwar notwendige, aber nicht hinreichende Bedingung für einen Wettbewerb der Gesetzgeber. Die Staaten als die Anbieter müssen auch hinreichende Reaktions- und Anpassungsmöglichkeit haben, um ihre Gesetzgebung am Nachfrageverhalten ausrichten zu können.[236] In den USA konnten die Einzelstaaten einen Wettbewerb um das attraktivste Gesellschaftsrecht nur deshalb aufnehmen, weil das Gesellschaftsrecht im Rahmen der bundesstaatlichen Kompetenzordnung in ihre gesetzgeberische Zuständigkeit fällt. Der Bund interveniert auf Grundlage der *commerce clause* nur dort, wo der zwischenstaatliche Han-

---

[234] So die Aussage des Anbieters „Go Ahead Limited" auf der website www.tschuess-deutschland.de" (vom Autor zuletzt eingesehen am 2.12.2005). Ganz anders die Einschätzung der Reformkommission in England: "Final Report" der Company Law Review Steering Group: Modern Company Law – For a Competitive Economy, Volume I, S. ix.: "Too much of British company law frustrates, inhibits, restricts and undermines. It is over-cautious, placing too high a premium on regulation and avoidance of risk. ... significant parts are outmoded or have become redundant, and they are enshrined in law that is often unnecessarily complicated and inaccessible." Vgl. außerdem die Nachweise zur britischen Reformdiskussion bei *Bachmann* ZGR 30 (2001) 351, 354 und *Lembeck* NZG 2003, 956ff.

[235] Zu ihr oben S. 272 ff.

[236] Zum Folgenden auch *Dammann* Yale J. Int. L. 29 (2004) 477, 520ff., *Kieninger* Wettbewerb der Privatrechtsordnungen, 2002, S. 175ff., sowie *Grundmann* in: Ferrarini/Hopt/Wymeersch (Hrsg.), Capital Markets in the Age of the Euro, 2002, S. 561, 570f.

del betroffen ist. Damit ist wiederum die Reichweite des Wettbewerbs definiert: Überall dort, wo der Bund interveniert, findet kein Wettbewerb mehr zwischen den Bundesstaaten statt.

Neben der föderalen Kompetenzaufteilung gibt es faktische Umstände, die Anreize für eine aktive Teilnahme am Wettbewerb der Gesellschaftsrechte bieten. Wichtige Voraussetzung für eine aktive Marktteilnahme ist die Möglichkeit, sich beim Produktdesign ganz auf die Bedürfnisse der Nachfrager konzentrieren zu können. Hier muss der Staat diejenigen Personen ins Auge fassen, die in einer Gesellschaft über die Wahl der anwendbaren Rechtsordnung entscheiden. Dies sind entweder beherrschende Gesellschafter oder aber die Geschäftsleiter. Erfolgreich ist somit ein Anbieter, der ein besonders für diese beiden Personengruppen attraktives Recht offerieren kann. Kleine Bundesstaaten sind hier typischerweise im Vorteil, da ihre Bevölkerung von den Auswirkungen der gesellschaftsrechtlichen Regeln kaum betroffen ist. Die Gesetzgebung kann daher die Interessen außenstehender Dritter unberücksichtigt lassen und sich ganz der Optimierung des Innenverhältnisses der Gesellschaft widmen. Das Beispiel Delawares zeigt dies sehr deutlich:[237] Drittinteressen wie diejenigen der Gläubiger oder Arbeitnehmer spielen im Gesetzgebungsprozess keine Rolle, weil der Bundesstaat Delaware mit etwa einer halben Million Einwohnern kaum damit rechnen muss, dass eine nennenswerte Zahl der eigenen Bürger als Gläubiger oder Arbeitnehmer mit den in Delaware registrierten Gesellschaften in Berührung kommt. Die meisten dieser Gesellschaften haben ihren Tätigkeitschwerpunkt andernorts. Die überschaubare Größe des Bundesstaates erleichtert auch die qualitativ hochstehende Produktpflege in Form eines effizientes Rechtssystems im Dienste des Gesellschaftsrechts. Denn die Zahl der Juristen ist überschaubar, entsprechend homogen ist der Berufsstand geprägt.

Zur rechtlichen und faktischen Möglichkeit, auf die Bedürfnisse der Unternehmen einzugehen, müssen Anreize hinzutreten, die es attraktiv erscheinen lassen, die Rechtswahlentscheidung der Nachfrager zu beeinflussen.[238] Kaum ein Staat modernisiert seine Rechtsordnung um ihrer selbst willen. Flächenstaaten haben ein Interesse an attraktiven Standortbedingungen, weil die Ansiedlung von Unternehmen Arbeitsplätze und Steuereinnahmen bringt. Allerdings müssen sie aus genau diesen Gründen auch negative Externalitäten berücksichtigen und können ihre Rechtsordnung nicht allein an den Interessen der Gesellschafter und Manager orientieren. Kleinere Staaten hingegen benötigen weniger Steuermittel und weniger Arbeitsplätze; ihnen fällt es daher leichter, sich ganz auf die Registrierung von Gesellschaften zu spezialisieren. Zudem ist es nur in relativ kleinen Staaten möglich, allein aus den Einnahmen für die Inkorporation von Gesellschaften einen nennenswerten

---

[237] Vgl. die Ausführungen zur Vorreiterrolle Delawares im vorangegangenen Abschnitt S. 332 ff.

[238] *Dammann* Yale J. Int. L. 29 (2004) 477, 520; *Grundmann* in: Ferrarini/Hopt/Wymeersch (Hrsg.), Capital Markets in the Age of the Euro, 2002, S. 561, 570; *Kieninger* Wettbewerb der Privatrechtsordnungen, 2002, S. 177 ff.

Teil des Staatshaushaltes zu bestreiten. US-Bundesstaaten wie New Jersey oder Delaware haben den Wettbewerb nicht zuletzt deshalb aufgenommen, weil sie mit den Einnahmen aus der Registrierung einen im Vergleich zu Flächenstaaten überproportional hohen Anteil ihres Staatshaushaltes decken können. In der Europäischen Gemeinschaft ist derzeit noch kein Staat in Sicht, für den die Registrierung von Gesellschaften eine vergleichbar hohe finanzielle Attraktivität haben könnte.[239]

Gerade die fiskalische Abhängigkeit von den registrierten Gesellschaften sorgt letztlich für die konstante rechtspolitische Ausrichtung an den Unternehmensinteressen. Hinzu kommt das lukrative Geschäft der Rechtsberatung, das in Delaware eine Interessengemeinschaft aus Anwälten, Richtern und Gesetzgebern schmiedet. Den großen europäischen Flächenstaaten wird es schwerfallen, ein ähnliches Vertrauen in die Stabilität der rechtspolitischen Zielsetzung zu erwerben;[240] ihr Gesetzgebungsprozess wird nie in derart einzigartiger Weise, wie es in Delaware geschieht, von einer kleinen sachverständigen Zahl von Wirtschaftsjuristen gesteuert sein. Parteien, Verbände, Gewerkschaften und andere Gruppierungen nehmen Einfluss auf die Gesetzgebung, womit das Ergebnis gesetzgeberischer Initiativen schwer vorhersehbar wird. Wenn demgegenüber einige Autoren auf die Verdienstmöglichkeiten von Wirtschaftsjuristen, Unternehmensberatern und Wirtschaftsprüfern verweisen,[241] so ist doch kaum anzunehmen, dass diese Personengruppe den politischen Prozess in einem pluralistisch geprägten Flächenstaat in einer Weise zu steuern vermag, wie dies für Delaware berichtet wird.

Großbritannien war in den Fällen Centros und Inspire Art vor allem wegen seiner Gründungsvorschriften bevorzugt worden. Ob das während der Tätigkeit geltende Gesellschaftsrecht flexibler und liberaler ist als das anderer Mitgliedstaaten, mag man bezweifeln.[242] Bedenkt man, dass der Vorteil Delawares gerade in der hohen Dichte der Gerichtsentscheidungen liegt, stimmt es nachdenklich, wenn zu einer so wichtigen Haftungsnorm, wie derjenigen des *wrongful trading* aus zwei Jahrzehnten kaum mehr als zwanzig Gerichtsentscheidungen vorliegen.[243] Betrachtet man die englische Diskussion zur Reform des Gesellschaftsrechts, die sich be-

---

[239] Selbst das Steueraufkommen kleiner Staaten wie Luxemburg oder Irland ist deutlich größer als dasjenige von Delaware (dazu *Kieninger* Wettbewerb der Privatrechtsordnungen, 2002, S. 191). In diesem Sinne äußert sich auch *Charny* 32 Harv. Int. Law J. (1991) 423, 447. Allerdings liegt Luxemburg bei einem Vergleich der Bruttosozialprodukte weit hinter Delaware (*Dammann* Yale J. Int. L. 29 (2004) 477, 529).

[240] Ebenso *Munari/Terrile* in: Ferrarini/Hopt/Wymeersch (Hrsg.), Capital Markets in the Age of the Euro, 2002, S. 529, 553 ff.

[241] *Dammann* Yale J. Int. L. 29 (2004) 477, 521 ff.; *Eidenmüller* in: Eidenmüller (Hrsg.), Ausländische Kapitalgesellschaften, 2004, S. 7 (Rn. 15).

[242] Die vielgerühmte Einfachheit des englischen Rechts bezweifeln *Maul/Schmidt* BB 2003, 2297 ff. Auch in England ist man wesentlich (selbst-)kritischer als auf dem Kontinent, wie die seit Jahren anhaltende Diskussion um eine Reform des englischen Gesellschaftsrechts zeigt (siehe dazu nur *Bachmann* ZGR 30 (2001) 351, 354 ff. und *Lembeck* NZG 2003, 956 ff.).

[243] Näher dazu auf S. 508 ff.

reits über viele Jahre bislang ergebnislos hinzieht,[244] ist auch die Effizienz des gesetzgeberischen Verfahrens eines Staates wie Delaware nicht unbedingt erkennbar. Ein Vorteil des englischen Rechts im Wettbewerb der Gesetzgeber liegt sicherlich darin, dass es das Gesellschaftsrecht traditionell freigehalten hat von Schutzinteressen Dritter. Gläubiger, Arbeitnehmer und andere außenstehende Dritte werden prinzipiell nicht mit den Mitteln des Gesellschaftsrechts – jedenfalls nicht im Gründungsstadium der Gesellschaft – geschützt. Dies macht Großbritannien als Gründungsort für Gesellschaften interessant, die ohnehin nicht dort tätig werden wollen und den korrespondierenden Schutzregeln anderer Rechtsgebiete damit faktisch nicht unterworfen sind.[245] Ob für Großbritannien allerdings diese Art von Gründungen eine sprudelnde Einnahmequelle nach dem Vorbild Delawares' werden kann, erscheint höchst fraglich. Zum einen erlaubt das Gemeinschaftsrecht bei der Registrierung nur die Erhebung *kostendeckender* Gebühren.[246] Zum anderen betrafen die bisherigen Fälle kleine Unternehmen, denen bereits das andernorts geforderte Mindestkapital von einigen Tausend Euro Anlass war, die Jurisdiktion zu wechseln. Die Gewinnspanne, die sich hier für den registrierenden Staat eröffnet, ist äußerst schmal. Schon die Einführung einer nennenswerten laufenden Gebühr für die Registrierung oder Betreuung von Gesellschaften würde derartige Gründungen wieder von der Insel vertreiben.

c) Pfadabhängigkeit

Bei Eröffnung des Wettbewerbs der Rechtsordnungen im europäischen Binnenmarkt ist schließlich mehr als in den USA mit dem Phänomen der Pfadabhängigkeit zu rechnen.[247] Die Theorie der „Path Dependence" erklärt, warum es für Marktteilnehmer mitunter effizienter sein kann, einem überkommenen System weiter anzuhängen und ein neues System zu meiden, selbst wenn es für sich genommen effizienter sein sollte. Wesentliche Faktoren, die das jeweils existierende System stabilisieren, sind: versunkene Kosten, Komplementaritäten und Netzwerkexternalitäten.[248] Unter versunkenen Kosten (*sunk costs*) versteht man die Investitionen, die

---

[244] Vgl. die Nachweise auf der website des britischen Department of Trade and Industrie (http://www.dti.gov.uk/cld/condocs.htm).

[245] Ausführlich zur rechtlichen Stellung englischer „Briefkastengesellschaften" *Gernoth* Pseudo Foreign Company, 2005.

[246] EuGH, Rs. C-188/95, *Østre Landsret/Dänemark*, ZIP 1998, 206; dazu im Kontext des Wettbewerbs der Gesetzgeber *Kieninger* Wettbewerb der Privatrechtsordnungen, 2002, S. 188 ff.

[247] Grundlegend zur „Path Dependence" *Bebchuk/Roe* Stanford Law Review 52 (1999) 127 ff. Zur Bedeutung dieses Phänomens im europäischen Wettbewerb der Gesetzgeber *Heine* Regulierungswettbewerb im Gesellschaftsrecht, 2003, S. 194 ff., *Heine/Kerber* Eu.J.L.E. 13 (2002) 47, 59 ff., *Grundmann* in: Ferrarini/Hopt/Wymeersch (Hrsg.), Capital Markets in the Age of the Euro, 2002, S. 561, 590 f. und *Kirchner/Painter/Kaal* ECFR 2 (2005) 159, 167 ff. sowie 176 ff.

[248] *Bebchuk/Roe* Stanford Law Review 52 (1999) 127, 139 ff.; *Heine* Regulierungswettbewerb im Gesellschaftsrecht, 2003, S. 203 ff.

bereits in das bestehende System getätigt wurden und die bei dem Wechsel zu einem anderen System unwiederbringlich verloren wären. Dazu gehört im Gesellschaftsrecht die Ausbildung der Anwälte und Richter, die sich im überkommenen System gut auskennen und ein neues mühsam erlernen müssten – möglicherweise, ohne es dort je zu der gewohnten Fertigkeit zu bringen. Nimmt man an, das englische Gesellschaftsrecht sei tatsächlich effizienter als das deutsche, würde die Anwendung englischen Rechts durch deutsche Rechtsanwälte und Richter – bei einer Scheinauslandsgesellschaft mit Tätigkeitsschwerpunkt in Deutschland geradezu der Regelfall[249] – noch lange nicht dieselben effizienten Ergebnisse liefern wie im Mutterland dieser Rechtsordnung. Komplementaritäten (*complementarities*) betreffen die Anpassungskosten anderer Marktteilnehmer. Sie haben sich an die gängigen Rechtsregeln gewöhnt und müssen bei einem Wechsel des Systems umdenken: Sollten zahlreiche Kleinunternehmer in Deutschland die englische Limited verwenden, müssten die Kunden dieser Unternehmen auf ihr gewohntes rechtliches Umfeld verzichten und sich zunächst genau darüber informieren, was es mit der neuen Rechtsform auf sich hat.

Netzwerkexternalitäten (*network externalities*) ergeben sich daraus, dass bestimmte Leistungen mit zunehmender Zahl der Nutzer für den einzelnen günstiger werden. So kann die Verwendung der nationalen Rechtsform wegen der allgemeinen Verbreitung grundlegender Kenntnisse über diese Form günstiger sein als die Verwendung einer fremden Rechtsform, selbst wenn diese in ihrem eigenen rechtlichen Umfeld komparative Kostenvorteile aufweist. Der Anwalt oder Notar, der es mit einer deutschen GmbH zu tun bekommt, wird weniger Honorar berechnen, als wenn er Rechtsprobleme einer englische Limited zu lösen hat. Denn die deutsche Rechtsform hat er schon viele Male bearbeitet, so dass er jeden neuen Fall wegen der zunehmenden Wiederholung derselben Rechtsfragen günstiger bearbeiten kann. Ebenso steigt die Verlässlichkeit der Rechtsprechung, je mehr Fälle zu einer bestimmten Rechtsform entschieden worden sind.[250]

Diese Elemente der Pfadabhängigkeit sind im europäischen Rechtsraum wesentlich stärker ausgeprägt als im US-amerikanischen.[251] In den USA sind die Gesellschaftsrechtssysteme einander so ähnlich, dass bei dem Wechsel von einem zum anderen die oben genannten Kostenfaktoren nicht in nennenswertem Umfang zu Buche schlagen. Völlig anders liegen die Dinge in der Gemeinschaft: Gesellschaftsrecht oder auch nur Teile davon sind zwischen den Staaten nicht austauschbar. Schon der Gegenstandsbereich der europäischen Gesellschaftsrechte ist unterschiedlich. Was in England in einem Corporate Governance Kodex steht, regelt in

---

249 Siehe nur *Schall*, ZIP 2005, 965 ff.

250 *Kirchner/Painter/Kaal* ECFR 2 (2005) 159, 195 ff. sehen daher in der Übertragung von Streitigkeiten auf professionelle Schiedsgerichte eine Möglichkeit, ein ausländisches Gesellschaftsstatut effizient zu handhaben.

251 Zum Folgenden namentlich *Heine* Regulierungswettbewerb im Gesellschaftsrecht, 2003, S. 224 ff.

Deutschland das Aktiengesetz. Wo in Deutschland Mitbestimmung herrscht, verlegen sich die Gewerkschaften anderer Staaten auf den Arbeitskampf. Bei einer wahllosen Verknüpfung verschiedener Regelungselemente drohen Inkonsistenzen; es kommt unter Effizienzgesichtspunkten zu einer Verschlechterung gegenüber der Situation ohne Wettbewerb.[252] Ebenso ist denkbar, dass die stabilisierenden Faktoren der nationalen Gesellschaftsrechte so stark sind, dass sie vom Wettbewerb weitgehend unbeeinflusst bleiben.[253] Ein drittes denkbares Szenario besteht darin, dass sich eine bestimmte Rechtsordnung gegenüber allen anderen durchsetzt. Darüber entscheiden dann weniger die Qualität dieser Rechtsordnung als deren dynamische Skalenvorteile. Es kommt insbesondere darauf an, welche Rechtsordnung schneller positive Lerneffekte verschafft.[254] Denn bekanntlich wiegen aktuell positive Erlebnisse subjektiv schwerer als künftig zu erwartende Nachteile.[255] Die zunächst positiven Erfahrungen werden weitergegeben und führen zu einer steigenden Zahl von Gesellschaften, was letztlich auch die Netzwerkexternalitäten (Zahl der Gerichtsentscheidungen u.a.) verfestigt. „Nach einer gewissen Zeit von Anpassungsprozessen bleibt nur dieses eine Gesellschaftsrecht auf dem Markt für Gesellschaftsrechte in Europa übrig. ... Es wäre jedoch ein Zufall, wenn sich gerade das effizienteste Gesellschaftsrecht als Hegemon durchsetzte, das zudem auch in Zukunft jeweils die denkbar effizientesten Regulierungen bereithält."[256]

Es bedarf keiner prophetischen Gabe, um bei einem Eintritt des dritten Szenarios einen deutlichen Startvorteil des englischen Rechts zu konstatieren.[257] Es produziert am schnellsten positive Lerneffekte, weil es eine unkomplizierte Gründung ermöglicht. Dieser grundsätzlich positiven Erfahrung der ersten Gründer werden viele weitere Unternehmer folgen; ob und wann sich die Rechtswahl später für einzelne von ihnen als „Boomerang" erweist, wird aller Voraussicht nach wesentlich weniger in das Bewusstsein der Öffentlichkeit dringen. Demgegenüber ist das Gründungsverfahren einer deutschen GmbH vergleichsweise abschreckend, was im Sinne einer „Seriositätsschwelle" gar nicht einmal unbeabsichtigt ist. Im wertenden Vergleich der Unternehmensgründer wird es entsprechend schlechte Noten erhalten. Hinzu kommt für das englische Recht der eminente Vorteil der allgemein gebräuchlichen Sprache.[258] Schon aus diesem Grund wird allein das englische Recht überhaupt eine Chance haben, zur allgemein gebräuchlichen europäischen Rechtsordnung aufzu-

---

252 *Heine* Regulierungswettbewerb im Gesellschaftsrecht, 2003, S. 227.

253 *Heine* Regulierungswettbewerb im Gesellschaftsrecht, 2003, S. 226.

254 *Heine* Regulierungswettbewerb im Gesellschaftsrecht, 2003, S. 215ff.

255 Zu diesen und anderen Fragen der beschränkten Rationalität unten in § 8 im Abschnitt über die ökonomische Analyse der Haftungsbeschränkung (S. 483f.).

256 *Heine* Regulierungswettbewerb im Gesellschaftsrecht, 2003, S. 228.

257 Ähnlich die Einschätzung von *Eidenmüller* in: Eidenmüller (Hrsg.), Ausländische Kapitalgesellschaften, 2004, S. 7 (Rn. 16).

258 In diesem Sinne auch *Kirchner/Painter/Kaal* ECFR 2 (2005) 159, 176f.

steigen.[259] Wegen seiner komparativen Kostenvorteile könnte es sich das englische Recht dabei theoretisch sogar erlauben, qualitativ ein partiell schlechteres Rechtssystem anzubieten als andere Staaten.

d) Korrelat einer effizienten Zentralinstanz

Die US-amerikanische Diskussion wurde in jüngerer Zeit angereichert durch die von *Roe* eingehend begründete These,[260] dass der gesetzgeberische Wettbewerb sich letztlich nur deshalb zu einem Qualitätswettbewerb entwickelt hat, weil die Einzelstaaten stets im Schatten des Bundesgesetzgebers agieren und sich dessen auch bewusst sind. Im Wettbewerb der Einzelstaaten werde antizipiert, dass bei einer allzu einseitig bestimmte Interessengruppen benachteiligenden Gesetzgebung der Bundesgesetzgeber eingreife. Derartige Eingriffe sind auch in der Tat erfolgt; sie betreffen namentlich das Insolvenzrecht und die Regulierung der Wertpapierbörsen. Demnach gehört zu einem effizienten Wettstreit der Gesetzgeber auch ein effizient arbeitender Schiedsrichter, der notfalls korrigierend eingreifen kann. Weitere Voraussetzung der Effizienz wäre sodann, eine Verflechtung der beiden Jurisdiktionsebenen zu vermeiden. Die politisch-administrativen Prozesse der einzelnen Jurisdiktionsebenen müssen klar voneinander getrennt sein.[261] Andernfalls könnten die auf zentraler Ebene zu treffenden Entscheidungen von den am dezentralen Wettbewerb teilnehmenden Regulierern manipuliert werden.

Diese These ist für den europäischen Kontext von außerordentlicher Bedeutung. *Roe* selbst weist in seinem grundlegenden Beitrag darauf hin, dass die europäische Diskussion bislang zu wenig Augenmerk darauf gerichtet habe, die Funktionsmechanismen in „Brüssel“ und „Washington“ zu vergleichen: “If European policymakers want to create an EU structure parallel to America’s, Brussels must be as good or bad as Washington ...”[262] Es zeigt sich hier ein weiterer, überaus gravierender Unterschied zwischen der US-amerikanischen Ausgangslage und der europäischen. Denn der Rechtsetzungsprozess in der Europäischen Gemeinschaft ist deutlich schwerfälliger als derjenige eines echten Bundestaates; und er sichert den Mitgliedstaaten erhebliche Einflussmöglichkeiten zur Wahrung ihrer eigenen Interessen. Der Ministerrat als das eigentliche Machtzentrum ist allzu häufig ein Forum, in dem ungeschminkt nationale Interessen artikuliert und durchgesetzt werden. Die Notwendigkeit, qualifizierte Mehrheiten zu erlangen, führt dabei weitaus häufiger zur schlichten Blockade, denn zu aktiv politischer Gestaltung. Darin dürfte einer der wesentlichen Gründe dafür liegen, dass die Rechtsangleichung im Gesellschaftsrecht nicht das Maß an Vereinheitlichung herstellen konnte, das die Kom-

---

259 Zur Sprachenvielfalt in der europäischen Gemeinschaft auch *Dammann* Yale J. Int. L. 29 (2004) 477, 502.

260 *Roe* Harv. L. R. 117 (2003) 588 ff.

261 *Röpke/Heine* Jb.J.ZivRWiss. 2004, S. 265, 278.

262 *Roe* Harv. L. R. 117 (2003) 588, 644.

mission ihr ursprünglich zugedacht hatte. In den Begrifflichkeiten des Wettbewerbs gesprochen stimmt es bedenklich, dass über eine Regulierung des Wettbewerbs die Akteure selbst entscheiden und dabei bereits eine Minderheit jegliche gemeinschaftsrechtliche Regulierung verhindern kann. Die Voraussetzung einer Entflechtung der Jurisdiktionsebenen ist damit nicht gegeben.[263] Soll also dem Regulierungswettbewerb unter den Mitgliedstaaten ein größerer Stellenwert zukommen, ergibt sich daraus paradoxerweise die Forderung nach einer gleichzeitigen Effektuierung des Rechtsetzungsprozesses in der Gemeinschaft.

e) Regulative Arbitrage und regulativer Wettbewerb

Ob die europäischen Staaten bereit und in der Lage sind, aktiv in einen Wettbewerb um das beste Gesellschaftsrecht einzutreten, und ob dies ein effizienter Qualitätswettbewerb sein wird, lässt sich nach alledem kaum vorhersagen. Bleibt damit der Handlungsspielraum der *Anbieter* weiter im Unklaren, haben die Intensivierung der Niederlassungsfreiheit durch den EuGH und die Einführung der Societas Europaea mit der Möglichkeit der Sitzverlegung doch unverkennbar die Flexibilität auf Seiten der *Nachfrager* erhöht: Sie können aus verschiedenen Rechtsordnungen wählen und sich gegebenfalls bestehende Unterschiede zunutze machen; sie können – mit anderen Worten – *regulative Arbitrage* betreiben. Dieser Begriff bezeichnet das Verhalten der Nachfrageseite, die von ihrer Wahlfreiheit Gebrauch macht, unabhängig davon, ob die Anbieter darauf flexibel reagieren oder nicht.[264] Allein die tatsächliche Unterschiedlichkeit der Rechtsordnungen ermöglicht regulative Arbitrage. Ein *regulativer Wettbewerb* hingegen, also ein aktiver Wettstreit unter den Gesetzgebern, wird nur dann entstehen, wenn diese genügend Handlungsspielraum und Verhaltensanreize haben, um auf die Signale der Nachfrager zu reagieren.

3. Regulatorischer Wettbewerb und binnenmarktkonformes Gesellschaftsrecht

Entgegen der jahrzehntelang vorherrschenden Auffassung, zum Binnenmarkt gehöre eine weitgehende Rechtsangleichung, wird in jüngerer Zeit zunehmend der Wettbewerb der Gesetzgeber als Triebfeder eines europäischen Gesellschaftsrechts angesehen (dazu *unter a*). Dabei ist zu unterscheiden zwischen einer europäischen Gesetzgebung, die Gestaltungsmöglichkeiten der Unternehmen reduziert (*unter b*), und einer solchen, die sie erweitert (*unter c*). Auf seiten der Nachfrager von Gesellschaftsrecht ist sodann *unter d)* deutlich zu trennen zwischen den Bedürfnissen der Großunternehmen und denjenigen kleiner und mittlerer Unternehmen.

---

263 Ebenso *Röpke/Heine* Jb.J.ZivRWiss. 2004, S. 265, 286.

264 Hierzu *Enriques* ZGR 33 (2004) 735, 737; außerdem *Kieninger* Wettbewerb der Privatrechtsordnungen, 2002, S. 16ff. zur „Wahlfreiheit ohne gesetzgeberische Reaktion".

a) Systemwettbewerb als konstituierendes Element des Binnenmarktes

Nach den unter 2. angeführten Überlegungen bleiben zwar Zweifel, ob es in der Europäischen Gemeinschaft zu einem vergleichbar intensiven Wettbewerb der Gesetzgeber kommen wird wie in den USA. Für die Herausbildung eines binnenmarktkonformen Gesellschaftsrechts ist allerdings die Frage, ob es tatsächlich ein europäisches „Delaware" geben wird, nicht entscheidend. Gemäß der Grundidee, dass sich die Integration aus der autonomen Entscheidung der Marktteilnehmer entfaltet,[265] ist es nicht erforderlich, mit der Eröffnung des Wettbewerbs die Erwartung bestimmter Ergebnisse zu verbinden. Ausgehend von der auch in den USA unangefochtenen Prämisse, dass ein Wettbewerb der Gesetzgeber qualitätssteigernde Wirkung haben *kann*, ist er als architektonisches Element eines binnenmarktkonformen Gesellschaftsrechts ernst zu nehmen. Teilweise wird gar davon gesprochen, der Wettbewerb der Regelgeber sei als Systemelement „EG-verfassungsrechtlich geboten".[266] Diese Auffassung reduziert indessen den normativen Gehalt des Binnenmarktes einseitig auf das Subsidiaritätsprinzip und die Grundfreiheiten. Tatsächlich aber gewinnt der Binnenmarkt konkrete Gestalt im Zusammenwirken *aller* primärrechtlichen Konstituierungsmerkmale, zu denen auch die Rechtsangleichung gehört. In diesem normativen Kontext ist der Integrationsprozess bewusst ergebnisoffen und zu weiten Teilen in das politische Ermessen der Gemeinschaftsorgane gestellt, das gerichtlich kaum überprüfbar ist.[267] Es wäre „EG-verfassungsrechtlich" also ebenso legitim, einen Wettbewerb der Gesetzgeber durch Sekundärrechtsakte weitgehend zu unterbinden. Ob sich die Waagschale mehr zum freien Spiel der Kräfte neigt oder zur Rechtsangleichung bzw. -vereinheitlichung, ist primärrechtlich nicht determiniert.

Im Gefüge der normativen Rahmenbedingungen des EG-Vertrags ist der Systemwettbewerb nicht eigens genannt. Er ist gewissermaßen ein Residuum, die „Restmenge" dessen, was den Mitgliedstaaten unter Beachtung der grundfreiheitlichen Beschränkungsverbote einerseits und der gemeinschaftsrechtlichen Rechtsangleichung andererseits an eigenem Regelungsspielraum bleibt. Der EG-Vertrag trifft dazu zwei Grundaussagen: Einerseits das Prinzip der begrenzten Einzelermächtigung, das unterstellt, dass außerhalb der Einzelermächtigungen ein originärer Kompetenzbereich der Mitgliedstaaten fortbesteht. Andererseits die Ermächtigungen zur Rechtsangleichung, die offenbar auf der Vorstellung beruhen, dass es in den davon erfassten Bereichen möglicherweise einer Gleichstellung und Harmonisierung bedarf.[268]

---

265 Dazu oben S. 43 ff.

266 So aber *Grundmann* Europäisches Gesellschaftsrecht, 2004, S. 75 f. (Rn. 158); in dieselbe Richtung argumentierend bereits *Grundmann* ZGR 30 (2001) 783, 801.

267 Dazu ausführlich oben § 2 (S. 43 ff.).

268 *Grabitz* in: FS Steindorff, 1990, S. 1229, 1241.

Einen überzeugenden Bezug zwischen dem Wettbewerb der Ordnungssysteme und der Grundfreiheitendogmatik hat *Hoffmann* hergestellt:[269] Die Grundfreiheiten seien nur formale Abwehrrechte, also gerade nicht dazu geschaffen, materielle Regelungen zu treffen; daher seien sie mit einem Wettbewerb der Gesetzgeber gut zu vereinbaren.[270] Die Anwendung des Herkunftsprinzips führe im Ergebnis dazu, dass ein Zielstaat Produkte oder Wirtschaftssubjekte eines Staates mit geringeren rechtlichen Anforderungen ungehindert am nationalen Markt teilnehmen lassen müsse. Dadurch entstehe für die nationalen Produkte und Wirtschaftssubjekte ein Nachteil, weil sie sich den für sie geltenden strengeren Regeln nicht entziehen könnten. Dies führe zu einem Wettbewerb der Ordnungssysteme, der vom Binnenmarktverständnis der Grundfreiheiten durchaus getragen werde. Denn diese seien lediglich dazu bestimmt, Martkfreiheit und Marktgleichheit herzustellen. Gleichheit werde im System der Grundfreiheiten nicht durch materiell gleichwertige Regelungen geschaffen, sondern durch das Herkunftsprinzip, das allen Produkten und Wirtschaftssubjekten erlaube, innerhalb der Gemeinschaft unbehindert zu zirkulieren. Andererseits macht diese Betrachtung auch deutlich, dass die Grundfreiheiten im System des EG-Vertrages nur einen spezifisch begrenzten Beitrag zur Herstellung des Binnenmarktes zu leisten haben, nämlich den der Marktöffnung. Für die materielle Annäherung der Marktordnungen steht, sofern das Bedürfnis dafür verspürt wird, im System des EG-Vertrags die Rechtsangleichung zur Verfügung.

Der Auffassung *Hoffmanns* ist zuzustimmen, einschließlich ihres expliziten Bezugs auf die Dogmatik der Grundfreiheiten. Die Reichweite des Wettbewerbs der Rechtsordnungen ist im europäischen Binnenmarkt gewissermaßen die Kehrseite der Grundfreiheitendogmatik: Der freien Wahl des Gesellschaftsrechts stehen nur solche Beschränkungen entgegen, die sich grundfreiheitendogmatisch rechtfertigen lassen. Damit wird aber auch deutlich: Der Wettbewerb der Rechtsordnungen ist entgegen der Auffassung vieler Autoren kein eigenständiges Auslegungskriterium in der Bestimmung der Reichweite der Grundfreiheiten. Und das Subsidiaritätsprinzip ist an dieser Stelle ohnehin nicht einschlägig.[271] Es betrifft das Kompetenzverhältnis zwischen der Gemeinschaft und den Mitgliedstaaten, das bei der Auslegung der Grundfreiheiten zwar mittelbar tangiert wird, aber nicht unmittelbarer Regelungsgegenstand ist.[272] Die Grundfreiheiten sind aus sich selbst heraus auszulegen; der Rechtsetzungs-Wettbewerb der Mitgliedstaaten ergibt sich mittelbar aus der Reichweite der Rechtfertigungsmöglichkeiten von Beschränkungen.

Zu Recht macht *Hoffmann* deutlich, dass sich die Verwirklichung des Binnenmarktes erst aus einer Gesamtschau der Vorschriften des EG-Vertrages erschließe.

---

269 *M. Hoffmann* Grundfreiheiten, 2000, S. 64 ff.

270 Vgl. oben S. 118 ff. die Ausführungen zum Binnenmarktbezug der Grundfreiheiten.

271 Allgemein zum Verhältnis der Grundfreiheiten zum Subsidiaritätsprinzip: *M. Hoffmann* Grundfreiheiten, 2000, S. 52 f.; *Müller-Graff* ZHR 159 (1995) 34, 72 ff.; beide lehnen eine Anwendbarkeit des Subsidiaritätsprinzips im Bereich der Grundfreiheiten ab.

272 Dazu bereits oben S. 126 ff.

Auf die dem Binnenmarktbegriff entsprechende Integration der Märkte seien viele Vertragsvorschriften gerichtet, und keine dieser Vorschriften beschreibe den Integrationsprozess als Ganzes.[273] Richtig ist also, dass die Grundfreiheiten einen Wettbewerb der Rechtssysteme nicht unterbinden, ja dass er sogar in der Konsequenz der modernen Dogmatik der Grundfreiheiten liegt. Einschränkend ist aber hinzuzufügen, dass sich der gemeinschaftsrechtliche Begriff des Binnenmarktes nicht allein aus den Grundfreiheiten erschließt. Gerade der Auftrag zur Rechtsangleichung macht deutlich, dass der Prozess der Integration nach den Vorstellungen des Vertrages über die von den Grundfreiheiten gewährte formale Freiheit und Gleichheit hinausgehen soll.

Andererseits lässt sich der Vorteil eines Wettbewerbs der Systeme fruchtbar machen, indem er als Gegengewicht zu allfälligen Vereinheitlichungstendenzen dient. Die Vereinheitlichung in der Gemeinschaft sollte angesichts der kulturellen, sozialen und rechtlichen Vielfalt nicht weiter gehen, als es zur Verwirklichung ihrer Ziele erforderlich ist.[274] Auch damit ist aber letztlich nur die Frage aufgeworfen und noch nicht beantwortet, wie die Ziele definiert werden, um deren Verwirklichung willen man Vereinheitlichung in Kauf nehmen will. Reduzieren lässt sich der Effekt eines Wettbewerbs der Rechtsordnungen durch Rechtsangleichung.[275] Soweit europäisches Recht einen gemeinschaftsweit verbindlichen Mindeststandard schafft, ist sichergestellt, dass das „race to the bottom" nicht ins Bodenlose stürzt. Wer auf die Kräfte des Marktes vertraut, mag umgekehrt allein auf Grund eines freien Wettbewerbs der Rechtsordnungen mit einer durch die Märkte veranlassten Harmonisierung rechnen, da eine Zersplitterung der Rechtsregeln ökonomisch kaum effizient sein kann.[276] *Wymeersch* plädiert vor diesem Hintergrund für eine Harmonisierung, deren oberstes Ziel darin besteht, den Wettbewerb der Rechtsordnungen zu befördern.[277] Denn Harmonisierung kann dazu dienen, Hindernisse aus dem Weg zu räumen, die sich einer Ausnutzung von Rechtsordnungs-Differenzen in den Weg stellen. Typisches Beispiel ist eine Harmonisierung der Sitzverlegung.[278] Sie erleichtert es den Gesellschaften, durch Sitzverlegungen über die Grenze von dem Wettbewerb der Rechtsordnungen Gebrauch zu machen. Dasselbe gilt für harmonisierte Informationsregeln.[279] Die informierte Entscheidung ist wesentliche Voraussetzung für einen funktionierenden Wettbewerb; je größer der Aufwand zur Beschaffung der

---

273 *M. Hoffmann* Grundfreiheiten, 2000, S. 49. Vgl. oben S. 64 f. die Ausführungen zum Begriff des Binnenmarktes.

274 *Everling* in: FS Steindorff, 1990, S. 1155, 1172.

275 *Wymeersch* in: 1. Europäischer Juristentag, 2001, S. 85, 120.

276 *Wymeersch* in: 1. Europäischer Juristentag, 2001, S. 85, 120.

277 *Wymeersch* in: 1. Europäischer Juristentag, 2001, S. 85, 120 ff.; in diesem Sinne auch *Grundmann* ZGR 30 (2001) 783, 791 ff.

278 *Grundmann* ZGR 30 (2001) 783, 797.

279 *Grundmann* ZGR 30 (2001) 783, 799.

Information ist, desto weniger kann von der Wahlmöglichkeit, die der Wettbewerb bietet, Gebrauch gemacht werden. Eine Vereinheitlichung der Informationsregeln senkt also Kosten, erleichtert den Zugang zu entscheidungserheblichen Informationen und belebt damit den Wettbewerb. Und tatsächlich dominiert in den Richtlinien des Europäischen Gesellschaftsrechts ein Informationsansatz.[280]

Inwieweit der Wettbewerb durch Maßnahmen der Rechtsangleichung eingeschränkt werden soll, bleibt letztlich eine Ermessensentscheidung der rechtsetzenden Organe der Gemeinschaft. Sie sollten sich dabei der Überzeugungskraft der Argumente nicht verschließen, die aus der Analyse der US-amerikanischen Erfahrungen folgen. In die Abwägung für oder gegen zentrale Rechtsetzung sollten also die spezifischen Vorteile eines Systemwettbewerbs durchaus einfließen.[281] Dabei geht es darum, die Trennlinie zwischen zentraler und dezentraler Regelsetzung sinnvoll zu ziehen.[282] Der sich aus verschiedenen Rechtsordnungen konstituierende Binnenmarkt lebt von der Vielfalt der in ihm vertretenen Rechtsordnungen, bedarf aber für einen effizienten Ablauf der wirtschaftlichen Transaktionen auch zentral gesetzter Rahmenbedingungen. Zentrale Regelsetzung kann den Wettbewerb unter den Mitgliedstaaten ausschalten, wenn sie inhaltliche Vorgaben für das Gesellschaftsrecht macht, sie kann ihn aber auch dort befördern, wo er sich aus eigener Kraft nicht zu entfalten vermag. Harmonisierung wirkt insoweit ambivalent; sie muss einen Wettbewerb der Regelgeber nicht immer bremsen, sondern kann ihn auch teilweise überhaupt erst begründen.[283] Greift sie in das materielle Recht ein, ist ein Wettbewerb insoweit ausgeschlossen. Zumeist geben die europäischen Richtlinien aber nur einen Mindeststandard vor; im darüber hinaus gehenden Bereich bleibt Wettbewerb möglich.[284] In diesem harmonisierungsfreien Teil wird der Wettbewerb sogar überhaupt erst hergestellt, denn die strengeren nationalen Regeln können ausländischen Anbietern nicht entgegengehalten werden.[285] Auf diese Weise haben die Anbieter eine Auswahl zwischen verschiedenen Rechtsordnungen, die sich durch den über den harmonisierten Mindeststandard hinaus gehenden Teil unterscheiden, jedoch auch die jeweils anderen Anbieter zulassen müssen, da sie alle dem angeglichenen Recht mit seinen europäisch für notwendig erachteten Mindestanforderungen entsprechen.

---

280 Dazu bereits oben S. 209. Weiterhin: *Grundmann* ZGR 30 (2001) 783, 800 und *Grundmann* in: FS Lutter, 2000, S. 61 ff.

281 *Tietje* in: Grabitz/Hilf, 2003, vor Art. 94–97, Rn. 31.

282 Ebenso *Grundmann* Europäisches Gesellschaftsrecht, 2004, S. 76 (Rn. 159). Für eine Zurückdrängung der Rechtsangleichung und eine Verstärkung des Wettbewerbsgedankens beispielsweise auch *Tietje* in: Grabitz/Hilf, 2003, vor Art. 94–97, Rn. 25 ff.

283 *Grundmann* ZGR 30 (2001) 783, 791.

284 *Grundmann* ZGR 30 (2001) 783, 798.

285 *Grundmann* ZGR 30 (2001) 783, 798.

b) Reduzierung von Gestaltungsoptionen

Die Bewertung zentraler Regelsetzung soll entsprechend der zuvor getroffenen Entscheidung zunächst für eine Harmonisierung des materiellen Rechts vorgenommen werden, die notgedrungen mit einer Reduzierung von Gestaltungsoptionen einhergeht, während die anschließend *unter c)* behandelte Form der Rechtsetzung Gestaltungsmöglichkeiten im mehrstaatlichen Binnenmarkt erhöht.

(1) Vor- und Nachteile zentraler Regelsetzung

Eine Reduzierung von Gestaltungsalternativen tritt ein, wenn das Gemeinschaftsrecht materielle gesellschaftsrechtliche Fragen regelt und sie im Wege der Rechtsangleichung oder –vereinheitlichung den Mitgliedstaaten verbindlich vorschreibt. Die US-amerikanische Diskussion liefert einige Anhaltspunkte zu der Frage, ob und in welchen Bereichen eine für alle Staaten verbindliche Regelsetzung vorteilhaft sein kann. Zentral gesetzte Regeln haben generell den Vorteil, den Einheitlichkeit stets für sich in Anspruch nehmen kann: sie erlauben – ähnlich einem großen Absatzmarkt – die Ausnutzung von Größenvorteilen.[286] Die Unternehmen können standardisierte Texte und Verträge verwenden, brauchen ihr Personal nur hinsichtlich einer Rechtsregel zu schulen und können sich gegenüber Behörden auf gleichartige Verfahrensabläufe einstellen.[287] Dies kann besonders für kleine und mittlere Unternehmen eine spürbare Kostenersparnis bringen.[288]

Eine einheitliche bundestaatliche bzw. gemeinschaftsrechtlich verordnete Regelung erspart außerdem den Marktteilnehmern, die mit Unternehmen in Kontakt treten, erhebliche Informationskosten.[289] Sie müssen nicht bei jeder Gesellschaft, in die sie investieren oder mit der sie kontrahieren wollen, fragen, wo sie ihren Sitz hat und welche Rechtsregeln dort gelten; es genügt die Kenntnis der allgemein geltenden Regeln. Auch eventuelle Änderungen lassen sich leichter verfolgen, wenn nur ein Regelgeber im Spiel ist. Dieser Vorteil kann allerdings nur dann in vollem Umfang genutzt werden, wenn die allgemein geltenden Regeln zwingender Natur sind.[290] Denn sobald Abweichungen erlaubt sind, beginnt die Informationssuche von neuem: Es muss für jede Gesellschaft, der man im Rechtsverkehr begegnet, herausgefunden werden, ob sie den allgemeinen Vorgaben folgt oder eigene Regeln entwickelt hat.[291] Die zwingende Natur der Regeln schützt außerdem diejenigen

---

286 *Kitch* in: Buxbaum/Hertig/Hirsch/Hopt (Hrsg.), European Business Law, 1991, S. 40f.

287 *Kitch* in: Buxbaum/Hertig/Hirsch/Hopt (Hrsg.), European Business Law, 1991, S. 41.

288 *Schmidt* in: Buxbaum/Hertig/Hirsch/Hopt (Hrsg.), European Business Law, 1991, S. 54.

289 *Charny* 32 Harv. Int. Law J. (1991) 423, 436.

290 *Charny* 32 Harv. Int. Law J. (1991) 423, 436.

291 Erhellend dazu die Randbemerkung in *Romano* The Genius of American Corporate Law, 1993, S. 68, Fn. 27: "I would like to thank the many Pennsylvanian firms whose counsel provided me with information about their firm's choice and Robert Daines, who provided assistance in compiling this information." Es ging dabei um die Frage, welche in Pennsylvania re-

Marktteilnehmer, die auf Grund mangelnder Kenntnisse oder anderweitig fehlender Ressourcen nicht in der Lage sind, Verhandlungen über privatautonom zu schaffende Regelungen sinnvoll zu führen.[292] Schließlich verhindert eine einheitliche und zwingende Regelung, dass Martkteilnehmer sich den Regeln eines Landes entziehen, indem sie die Rechtsordnung eines anderen Landes wählen.[293] Die Verlagerung der Regelungsverantwortung auf die zentrale Ebene mag bisweilen auch den Nebeneffekt haben, dass sich dadurch Blockaden der nationalen Politik auflösen lassen. Gerade im europäischen Kontext lässt sich beobachten, dass es dem europäischen Gesetzgeber mitunter gelingt, Hürden zu überwinden, die im nationalen politischen Diskurs nicht zu nehmen waren.[294]

Eine zentrale Rechtsangleichung oder -vereinheitlichung hat allerdings auch signifikante Nachteile. Viele Staaten werden durch sie gezwungen, ihren gewohnten Rechtsrahmen zu ändern. Dies verursacht in der Übergangszeit erhebliche Kosten (*transition costs*).[295] Denn die neuen Regeln müssen nicht nur formuliert, sie müssen auch verstanden und angewandt werden. Die Marktteilnehmer müssen sich entsprechend informieren und ihr Verhalten umstellen. Rechtliche und andere Berater müsen sich fortbilden; ihre bis dato aufgebrachten Aufwendungen für Aus- und Weiterbildung erweisen sich als teilweise nutzlos. Schließlich darf nicht außer acht gelassen werden, dass Rechtsregeln zumeist in ein System von anderen Rechtsregeln und auch von außerrechtlichen Verhaltensmustern und Gebräuchen eingebettet sind; dieses Netz wird zerrissen, dadurch arbeiten die neuen Regeln für eine beträchtliche Übergangszeit weniger effektiv als die zuvor geltenden.[296] Wegen dieser Überleitungskosten sieht *Kitch* einen wesentlichen Grund für die konkrete Ge-

---

gistrierte Gesellschaft gegen das dortige Anti-Übernahmegesetz optiert hatte. Offenbar ist es kein einfaches Unterfangen, allein hinsichtlich *einer* konkreten Rechtsfrage auch nur die Gesellschaften *eines* Bundesstaates vergleichend auszuwerten.

292 *Charny* 32 Harv. Int. Law J. (1991) 423, 436.

293 *Charny* 32 Harv. Int. Law J. (1991) 423, 437.

294 *Fitchew* in: Buxbaum/Hertig/Hirsch/Hopt (Hrsg.), European Business Law, 1991, S. 14. Ein Beispiel ist die aktuell wieder aufflammende Diskussion um die deutsche Mitbestimmung. Europäische Rechtsakte – wie die SE-Richtlinie oder die Richtlinie zu grenzüberschreitenden Verschmelzungen – werden von der deutschen Wirtschaft vehement kritisiert, weil sie gemäß dem Vorher-Nachher-Prinzip den status quo der Mitbestimmung aufrechterhalten; dies obwohl für die Existenz der Mitbestimmung nicht die europäische, sondern die deutsche Gesetzgebung verantwortlich ist. Die Kritik kann demnach nur als Appell an Brüssel verstanden werden, Europa möge eine unerwünschte, national verfestigte Rechtslage von außen aufbrechen.

295 *Charny* 32 Harv. Int. Law J. (1991) 423, 440; *Kitch* in: Buxbaum/Hertig/Hirsch/Hopt (Hrsg.), European Business Law, 1991, S. 41.

296 Diese Effekte sind ein wesentlicher Grund für die sogenannte *path dependance*, also eine Erklärung dafür, warum es für Rechtsgemeinschaften häufig billiger und effizienter ist, die ausgefahrenen Bahnen weiter zu benutzen als moderne Entwicklungen anderer Staaten in das eigene System zu implantieren (vgl. die Nachweise in Fn. 247).

wichtsverteilung in einem föderalen System schlicht darin, von welchem historischen Ausgangspunkt es gestartet ist.[297]

Ein weiterer Nachteil der Zentralisierung von Regelungskompetenz liegt darin, dass der Wettbewerb zwischen den Staaten nicht mehr als Entdeckungsverfahren zum Auffinden neuer Lösungsmöglichkeiten genutzt werden kann.[298] Zwar ist auch der zentrale Gesetzgeber ökonomischen Zwängen unterworfen, die ihn veranlassen sollten, seine Gesetze regelmäßig auf ihre Sinnhaftigkeit zu überprüfen. Aber die Anpassung an wechselnde Gegebenheiten fällt doch zumeist schwerer, weil der Gesetzgebungsprozess auf zentraler Ebene schwerfälliger verläuft als in den Einzelstaaten.[299] Nach Auffassung von *Charny* erlaubt dezentrale Gesetzgebung auch eher Experimente mit neuartigen Regelungskonzepten, da sich die negativen Auswirkungen von Irrtümern besser eingrenzen lassen.[300] Dem wird man aber wohl entgegenhalten müssen, dass ein Einzelstaat, der sich im Wettbewerb mit anderen Staaten sieht, kaum absichtlich riskante Experimente eingehen wird. Dennoch können ihm Fehler unterlaufen, und insoweit ist die Annahme richtig, dass sich diese gesetzgeberischen Fehler gesamtwirtschaftlich weniger gravierend auswirken und möglicherweise auch schneller aufgedeckt werden können, wenn sie nur in einem Einzelstaat begangen werden. Schließlich kann zentrale Gesetzgebung sich weniger gut an lokale Besonderheiten anpassen.[301] Während zentrale Gesetzgebung die vielfältigen Beziehungen einer Rechtsnorm zu ihrem rechtlichen, sozialen und kulturellen Umfeld notgedrungen außer acht lassen muss, kann lokale Gesetzgebung dies berücksichtigen und damit eine größere Effizienz der Normen in ihrem lokalen Umfeld sicherstellen.

(2) Neutrale Regelungen („focal point rules")

Es gibt eine Reihe von Regeln, die in dem Sinne formaler Natur sind, dass Vorschriften verschiedenen Inhalts gleichermaßen effizient sein können. *Charny* illustriert dies mit der Regel des Straßenverkehrs, wonach alle Fahrzeuge auf der rechten Seite der Fahrbahn zu fahren haben. Eine Regel, wonach alle auf der linken Seite fahren, sei ebenso effizient; entscheidend sei, dass alle derselben Regel folgten.

---

297 *Kitch* in: Buxbaum/Hertig/Hirsch/Hopt (Hrsg.), European Business Law, 1991, S. 41.

298 *Charny* 32 Harv. Int. Law J. (1991) 423, 440; *Kitch* in: Buxbaum/Hertig/Hirsch/Hopt (Hrsg.), European Business Law, 1991, S. 40.

299 In der Europäischen Union führte dies zum Stichwort der „Versteinerung" durch Rechtsangleichung (*Buxbaum/Hopt* Legal Harmonization, 1988, S. 241; *Fitchew* in: Buxbaum/Hertig/Hirsch/Hopt (Hrsg.), European Business Law, 1991, S. 14; *Schmidt*, ebda., S. 58). Auch *Romano* The Genius of American Corporate Law, 1993, S. 75 ff., begründet ihre Skepsis gegenüber bundesstaatlicher Regelung nicht zuletzt mit der geringen Effizienz des Gesetzgebungsverfahrens im Kongress. Dass dies für die europäische Gemeinschaft noch in weit größerem Maß zutrifft als für die USA, betont *Dammann* Yale J. Int. L. 29 (2004) 477, 533 ff.

300 *Charny* 32 Harv. Int. Law J. (1991) 423, 441.

301 *Charny* 32 Harv. Int. Law J. (1991) 423, 440 f.; *Kitch* in: Buxbaum/Hertig/Hirsch/Hopt (Hrsg.), European Business Law, 1991, S. 41.

Er nennt diese Art von Regelungen *„focal point rules"*.[302] Im Bereich des Gesellschaftsrechts gehörten dazu die Vorschriften über den Entscheidungsprozess in der Gesellschaft – also beispielsweise: Einberufungsfristen, Häufigkeit von Sitzungen der Leitungsorgane, Verfahren zur Ernennung von Geschäftsleitern, Mehrheitsregeln. Hier gebe es eine Bandbreite von denkbaren Regeln, die alle gleichermaßen effizient seien, sofern sie von jedermann beachtet würden. Der Wert der zentralen Regelsetzung liege darin, dass die Beteiligten nicht in jedem Einzelfall nachprüfen müssten, nach welchen Regeln eine bestimmte Gesellschaft verfährt. Dies spreche auch dafür, diese Regelungen mit zwingendem Charakter auszustatten.[303] Demgegenüber fielen die üblichen Vorteile einer dezentralen Regelung kaum ins Gewicht.[304] Das Experimentieren mit verschiedenen Lösungen würde zu anderen, aber kaum zu besseren Regeln führen, da funktional alle gleichwertig seien. Es sei wichtiger, dass es überhaupt eine Regel gebe, als welchen Inhalt sie habe.

Charny selbst gesteht allerdings ein, dass es im Gesellschaftsrecht keineswegs so leicht ist wie im Straßenverkehr, diese Art von Regelungen zu identifizieren. Deutlich wird dies am zweiten Beispiel, das er nennt, dem Recht der Rechnungslegung.[305] Auch hier kommt es seiner Auffassung nach weniger auf den Inhalt der Regeln an als auf deren Einheitlichkeit. Gut ausgebildete Fachleute könnten zwar aus jeder Art von Bilanzierung die für sie relevanten Informationen herausfiltern; der für einen Vergleich mehrerer Unternehmen gegebenenfalls nötige Abgleich unterschiedlicher Rechnungslegungssysteme verursache aber erhebliche Kosten. Diese könne man sparen, wenn man sich auf eines der gängigen Systeme einige. Vor dem Hintergrund der europäischen Erfahrung fällt es allerdings etwas schwer, die von *Charny* postulierte inhaltliche Neutralität des Bilanzrechts zu akzeptieren. Die vom europäischen Bilanzrecht gestellte Aufgabe, die HGB-Bilanzierung nach dem Vorsichtsprinzip auf den angelsächsischen „true and fair view" umzustellen, birgt doch erhebliche Anpassungsprobleme. Die Schwierigkeiten der Umstellung haben den Blick dafür geschärft, dass Bilanzrecht eng verknüpft ist mit Gläubigerschutz und Steuerrecht.[306] Eines dieser Elemente zu ändern, ohne dabei die übrigen zu berücksichtigen, schafft nicht mehr Effizienz sondern weniger. *Charny* räumt auch durchaus ein, dass bei der Einführung der neuen Regel erhebliche Überleitungskosten entstehen können.[307] Er zählt dazu aber nur die Kosten einer Umorientierung der handelnden Personen, die sich auf neue Regeln einstellen müssen. Viel schwerer ins Gewicht fallen jedoch die Komplementaritäten, wegen derer die Änderung eines Regelungsbereichs notwendig die Änderung weiterer Bereiche nach sich ziehen

---

302 *Charny* 32 Harv. Int. Law J. (1991) 423, 442ff.
303 *Charny* 32 Harv. Int. Law J. (1991) 423, 444.
304 *Charny* 32 Harv. Int. Law J. (1991) 423, 445.
305 *Charny* 32 Harv. Int. Law J. (1991) 423, 442f.
306 Dazu stellvertretend für zahlreiche andere *Hommelhoff* RabelsZ 62 (1998) 381ff. und *Schön* ZGR 29 (2000) 706ff.
307 *Charny* 32 Harv. Int. Law J. (1991) 423, 445.

muss, wenn sie erfolgreich sein will. So stellt die Umwälzung im Bilanzrecht das gesellschaftsrechtliche System des Gläubigerschutzes und das steuerrechtliche Maßgeblichkeitsprinzip in Frage. Die Effizienz, die das neu eingeführte System in seinem Herkunftsstaat hat, lässt sich nur erreichen, wenn die flankierenden Regeln mit übernommen werden; dies wiederum verursacht enorme Anpassungskosten.

Somit ist die Kategorie der *focal point rules* als abstrakte Kategorie zwar einleuchtend, in ihrer Reinform allerdings im Gesellschaftsrecht deutscher Prägung kaum anzutreffen. Dies ist letztlich eine Folge dessen, dass die allermeisten Vorschriften des Gesellschaftsrechts dem Ausgleich partiell gegenläufiger Interessen dienen. Mit der Variierung der Regelung verschiebt sich auch das Interessengleichgewicht. Es werden sich also nur wenige Normen finden lassen, die als „neutral" in dem Sinne einzustufen sind, dass ihre bloße Existenz genügend und ihr Inhalt zweitrangig sei.

(3) Innenverhältnis zwischen Geschäftsleitern und Gesellschaftern

Als zweiter Bereich, der eine besondere Betrachtung verdient, haben sich in der US-amerikanischen Diskussion die Regelungen herauskristallisiert, die dem Interessenausgleich der Geschäftsleiter und der Gesellschafter dienen, bei denen mithin der Gefahr eines opportunistischen Verhaltens der Geschäftsleiter vorzubeugen ist.[308] Anders als bei den formalen Regeln handelt es sich bei allen Regeln, die über die Vermögensverteilung zwischen Aktionären und Geschäftsleitern entscheiden, nicht um Regeln, bei denen unterschiedliche Inhalte gleich effizient sein können. Daher besteht hier in einem einheitlichen Wirtschaftsgebiet ein gewisses Interesse an zentraler Steuerung. Andererseits sollten die Vorteile einer dezentralen Regelung so weit wie möglich aufrecht erhalten werden. Es müsste lediglich sichergestellt sein, dass alle Staaten wirklich um die „beste" Regelung konkurrieren, also gemeinsam das Ziel verfolgen, die Interessen von Geschäftsleitern und Anteilseignern zu einem fairen Ausgleich zu bringen. Dies dürfte gewährleistet sein zwischen Staaten mit annähernd vergleichbarem wirtschaftlichen Entwicklungsstatus und einer gewissen Größe der Bevölkerungszahl. Ob dies in der Europäischen Union – zumal nach der Erweiterung des Jahres 2004 – gewährleistet ist, erscheint fraglich. Solange jedoch keine konkreten Anzeichen für einen „Dumping-Wettbewerb" auftreten, erscheint es gerechtfertigt, mit Harmonisierungsbestrebungen zurückhaltend zu sein. Allenfalls ist an die Schaffung eines europäischen Mindeststandards zu denken.[309] Im Übrigen könnte man diese Art von Regelungen dem Wettbewerb zwischen den Mitgliedstaaten überlassen.[310]

---

308 *Charny* 32 Harv. Int. Law J. (1991) 423, 446 ff.; *Bebchuk* Harvard Law Review 105 (1992) 1435, 1461 ff.; *Bebchuk/Cohen/Ferrell* Cal. L.R. 90 (2002) 1775, 1799.

309 Vergleiche die Forderung von *Cary* 83 Yale L.J. (1974) 663, 702, für die USA angesichts des gesellschaftsrechtlichen Niveauverlustes in Delaware ein Bundesgesetz zu erlassen, das unter anderem Mindeststandards zu den *fiduciary duties* der Geschäftsleiter festlegt.

310 *Charny* 32 Harv. Int. Law J. (1991) 423, 447.

(4) Schutz der Investoren

Eine dritte Gruppe von Normen sind diejenigen Vorschriften, die dem Interesse der Investoren als Gesamtheit dienen.[311] Dazu gehören namentlich die Regeln des Kapitalmarktrechts. Sie dienen einem allgemeinen Interesse, indem sie die Funktionsfähigkeit und Vertrauenswürdigkeit des Kapitalmarktes stärken. Allerdings werden sie deshalb von den Aktionären einer konkreten Gesellschaft nicht immer als wertsteigernd empfunden; ihr Sinn ergibt sich vielmehr aus der institutionellen Stärkung des Kapitalmarktes. Hier fällt auf der einen Seite das Interesse an Regelungsvielfalt ins Gewicht, die einen Freiraum für Experimente mit neuen Regelungsformen bietet, und auf der anderen Seite die Notwendigkeit, ein Abweichen von den Regeln zu verhindern. Der Anreiz, die Regeln zu umgehen, ist dort besonders groß, wo Geschäftsleiter und Aktionäre einheitlich der Ansicht sind, die Regeln würden in ihrem konkreten Fall nicht zur Wertsteigerung des Unternehmens beitragen. Andererseits können Regeln wie das Übernahmerecht oder Publizitätsregeln ihre ganze Wirksamkeit nur entfalten, wenn sich alle Marktteilnehmer daran halten. Sobald einzelne die Gelegenheit nutzen, sich einer Regelung zu entziehen, an die andere sich weiterhin halten, entsteht ein Ungleichgewicht, das die Regelung auszuhebeln droht. Da kapitalmarktrechtliche Regelungen gerade der Aufrechterhaltung der Marktkräfte dienen, die in ihrer disziplinierenden Wirkung auf das Management aus Sicht der *race for the top*-These unentbehrlich sind, sprechen die besseren Gründe dafür, gewisse Grundstandards zentral festzulegen. In den USA hat sich der Bundesgesetzgeber schon früh des Rechts der Kapitalmärkte angenommen. Die Depression der dreißiger Jahre führte 1933 zum Federal Securities Act und 1934 zum Securities Exchange Act.[312] Zur Überwachung des Kapitalmarktes wurde mit der Securities Exchange Commission (SEC) eine äußerst schlagkräftige Bundesbehörde geschaffen. Diese Entwicklung führte schon früh zu der für die USA charakteristischen Trennung von Gesellschaftsrecht (einzelstaatliches Recht) und Kapitalmarktrecht (Bundesrecht), wobei der Schutz der Anleger im Wesentlichen Sache der bundestaatlichen Gesetzgebung im Kapitalmarktrecht ist.[313]

(5) Regeln zum Schutz Dritter

Regeln, die den Interessen Dritter dienen, sollen die Externalitäten ausschalten, die der Markt für Gesellschaftsrecht nicht berücksichtigt. Dazu gehören die Mitbestimmung deutscher Prägung und die Regelung des Gläubigerschutzes, sei es durch Mindestkapital oder durch Haftung. Für die Geschäftsleiter und Aktionäre besteht zumeist kein hinreichender Anreiz, sich derartigen Regeln freiwillig zu unterwerfen.

---

311 *Charny* 32 Harv. Int. Law J. (1991) 423, 448 ff.; *Bebchuk* Harvard Law Review 105 (1992) 1435, 1485 f.

312 Dazu und zur weiteren Entwicklung *Merkt/Göthel* US-amerikanisches Gesellschaftsrecht, 2. Aufl., 2006, S. 73 ff. (Rn. 29 ff.).

313 *Cary* 83 Yale L.J. (1974) 663, 667.

Sie müssen daher zwingend sein. Überdies haben die Einzelstaaten ein Interesse daran, eine Flucht aus ihrem Regelungssystem zu verhindern. Die derzeit lebhafte Diskussion zu den Themen Gläubigerschutz und Mitbestimmung hängt weniger mit dem Regelungsmodell des Wettbewerbs der Rechtsordnungen zusammen als mit der Frage, ob man in diesen Bereichen überhaupt eine gesetzliche Regelung treffen soll. Sofern man diese Frage bejaht – und für den Gläubigerschutz ist dies europaweit der Fall[314] – muss man den betreffenden Bereich dem Einfluss des Wettbewerbs entziehen oder zumindest mit der ernsthaften Möglichkeit einer zentralen Regelung drohen können. Andernfalls lässt sich das gewünschte Schutzniveau nicht erzielen.

c) *Erweiterung von Gestaltungsoptionen*

Im europäischen Binnenmarkt mit seiner gegenüber den USA weitaus stärker ausgeprägten Vielfalt der Rechtskulturen liegt ein wesentliches Strukturelement des gesetzgeberischen Wettbewerbs in Sekundärrecht, welches zusätzliche grenzüberschreitende Gestaltungsoptionen eröffnet.[315] Gerade weil die Rechtsordnungen weiterhin große Unterschiede aufweisen, bedarf es beispielsweise einer Regelung zur grenzüberschreitenden *Sitzverlegung* und *Verschmelzung*, welche die Unterschiede nicht einebnet, sie aber gewissermaßen moderiert. Zu Recht eröffnen daher die Rechtsakte in diesem Bereich den Mitgliedstaaten die Möglichkeit, den betroffenen Personengruppen einen gewissen Schutz angedeihen zu lassen, der sich beispielsweise in Austrittsrechten von Minderheitsgesellschaftern oder Verhandlungsrechten von Arbeitnehmern niederschlägt.[316] Denn auf diese Weise werden Blockaden aufgelöst, die grenzüberschreitende Umstrukturierungen zuvor behindert haben. Die Lösung aus der nationalen Rechtsordnung mag dabei mit gewissen Schwierigkeiten verbunden sein, sie ist aber immerhin möglich – und dies unter zumindest partieller Respektierung der zuvor erworbenen Besitzstände. Zusätzliche Gestaltungsoptionen eröffnen auch die *supranationalen Rechtsformen*,[317] die mit ihrer immanenten Sitzverlegungsoption ungeachtet der rechtlichen Unvollkommenheiten immer noch einen Fortschritt gegenüber dem vorherigen Rechtszustand bedeu-

---

314 Dazu unten in § 8 die S. 449 ff.

315 In diesem Sinne beispielsweise auch *Eidenmüller* in: Eidenmüller (Hrsg.), Ausländische Kapitalgesellschaften, 2004, S. 9 f. (Rn. 21 ff.).

316 Konkret wurde dies bislang vor allem im Bereich der Societas Europaea. Vgl. zum Schutz der Minderheitsgesellschafter einer deutschen Gesellschaft, die anlässlich einer grenzüberschreitenden SE-Gründung aus der Gesellschaft ausscheiden wollen *Kalss* ZGR 32 (2003) 593 ff. und *C. Teichmann* ZGR 32 (2003) 367 ff.

317 Zu ihnen bereits oben § 5 (S. 234 ff.). Zur Rolle der SE im Wettbewerb der Rechtssysteme grundsätzlich optimistisch *Enriques* ZGR 33 (2004) 735 ff.; für die SE skeptisch, für die EPG hingegen verhalten optimistisch *Röpke/Heine* Jb.J.ZivRWiss. 2004, S. 265, 279 ff.; für die EPG als sinnvolle Ergänzung des gesetzgeberischen Wettbewerbs auch *Bachmann* ZGR 30 (2001) 351, 370 ff. und *C. Teichmann* in Bartmann (Hrsg.), European Company Law in Accelerated Progress, 2006, S. 145 ff.

ten. In derartigen Vorschriften, die den Unternehmen zusätzliche grenzüberschreitende Gestaltungsoptionen eröffnen, liegt das derzeit wohl erfolgversprechendste Betätigungsfeld des europäischen Gesetzgebers im Interesse einer Stimulierung des Wettbewerbs der Rechtsordnungen.

d) Zielgruppen auf Nachfrageseite

(1) Publikumsgesellschaften

Die Wahl zwischen verschiedenen Gesellschaftsrechten kann, das haben die vorangegangenen Überlegungen ergeben,[318] vor allem für Großunternehmen attraktiv sein. Im europäischen Gesellschaftsrecht folgte die Kommission zwar bislang der Politik, gerade das Recht der Aktiengesellschaften weitgehend zu harmonisieren. Aber auch beim derzeitigen Stand der Harmonisierung bleiben Unterschiede, die ein kundiger Rechtsberater zu nutzen weiß. *Enriques* sieht aus diesem Grund noch hinreichend Anreize für eine Wanderung zwischen den Jurisdiktionen;[319] Rechtstechnisch ist dies derzeit allein durch Umgründung in eine Societas Europaea und anschließende Sitzverlegung zu bewerkstelligen; künftig wird die Möglichkeit einer grenzüberschreitenden Verschmelzung auf Basis der Zehnten Richtlinie hinzukommen.

Soweit die Harmonisierung Regeln schafft, die als formale Regeln einzustufen sind, liegt ihr Wert in der Schaffung von Einheitlichkeit. Dies trifft namentlich auf die Erste und Elfte gesellschaftsrechtliche Richtlinie und in beschränkterem Maße auch auf die Harmonisierung der Rechnungslegung zu. Die Zweite Richtlinie hingegen vereinheitlicht mit dem Kapitalschutz eine zentrale Säule des gesellschaftsrechtlich verorteten Gläubigerschutzes. Diese Regeln sind aus Sicht der Gesellschaft effizienzhemmend und unter der Lupe des jurisdiktionellen Wettbewerbs nur aus der Überlegung heraus zu rechtfertigen, dass der Wettbewerb für hinreichende Gläubigerschutzregeln von alleine nicht sorgen würde. Ob Gläubigerschutz überhaupt der gesetzlichen Regelung bedarf, soll an dieser Stelle zunächst offenbleiben.[320] Denn es wurde im Kontext der Rechtsangleichung feststellt, dass der Begriff der „Erforderlichkeit" von Rechtsangleichung einen politischen Ermessensbereich kennzeichnet, der mit der Festlegung auf einen Mindeststandard im Gläubigerschutz sicherlich nicht überschritten ist. Will man indessen das Gesellschaftsrecht für den Wettbewerb öffnen, muss es als Regelungsbereich von Drittinteressen entlastet werden. Insoweit ist es konsequent, dass die Kommission sich daran gemacht hat, den durch die Zweite Richtlinie gewährten Kapitalschutz an einzelnen Stellen zu reduzieren.[321]

---

318 Siehe oben S. 370 ff.

319 *Enriques* ZGR 33 (2004) 735 ff.

320 Dazu ausführlich unten S. 486 ff.

321 Monographisch *Baldamus* Reform der Kapitalrichtlinie, 2002. Siehe auch den Vorschlag der EU-Kommission zur Änderung der Zweiten Richtlinie vom 21.9.2004 (abrufbar unter http://europa.eu.int/comm/internal_market/company/capital/index_de.htm; vom Autor letztmalig eingesehen am 7.11.2005).

Die innere Struktur von Aktiengesellschaften konnte bislang trotz entsprechender Vorüberlegungen nicht harmonisiert werden.[322] Der Gedanke eines von Privatautonomie getragenen Wettbewerbs der Rechtsordnungen legt es nahe, diesen Bereich auch in Zukunft nicht zu vereinheitlichen. Die SE-Verordnung hat gleichfalls auf eine zwingende Vorgabe der internen Struktur verzichtet. Im Bereich der Leitungsmodelle eröffnet sie ein Wahlrecht zwischen dem dualistischen und dem monistischen Modell,[323] für Organisation und Ablauf der Hauptversammlung verweist sie weitgehend auf nationales Recht (Art. 53 SE-Verordnung)[324].

(2) Kleine und mittlere Unternehmen

Die typischerweise von kleinen und mittleren Unternehmen verwandten Rechtsformen sind nur in geringem Maße der gemeinschaftsrechtlichen Harmonisierung unterworfen. Insoweit steht ihnen der Markt der Rechtsordnungen uneingeschränkt offen. Hier bleiben lediglich die bereits angesprochenen Rechtsfragen der grenzüberschreitenden Sitzverlegung und der Reichweite des Gesellschaftsstatuts zu klären. Die Gemeinschaft kann hierzu durch die Richtlinien zur grenzüberschreitenden Sitzverlegung und Verschmelzung beitragen, die für alle Kapitalgesellschaften gelten.[325] Den Nachteil, dass Verwaltungs- und Beratungskosten bei kleinen Gesellschaften verhältnismäßig stärker zu Buche schlagen als bei Großunternehmen, kann der Gemeinschaftsgesetzgeber durch Schaffung einer supranationalen Rechtsform für diese Unternehmen (Europäische Privatgesellschaft) dämpfen.[326]

Inwieweit für einen europaweiten Wettbewerb der Gesellschaftsformen für kleine und mittlere Unternehmen wirklich ein langanhaltendes Bedürfnis besteht, bleibt abzuwarten. Für das Innenverhältnis der Gesellschafter und ihre Beziehung zu den Geschäftsführern dürfte das Recht der meisten Mitgliedstaaten hinreichende Gestaltungsfreiheit bieten, so dass insoweit kein Abwanderungsdruck spürbar wurde.[327] Anlass der Gründung im Ausland ist derzeit soweit ersichtlich vor allem die Vermeidung des Mindestkapitals und die schnellere Abwicklung der Gründung. Sollten sich diejenigen Staaten, die bislang ein Mindestkapital vorsehen, zu einem

---

[322] Die Grundlinien der zeitweise geplanten Fünften Richtlinie werden unten S. 596ff. dargestellt.

[323] Dazu umfassend unten S. 593ff.

[324] Zu den Einzelheiten jüngst *Brandt* Hauptversammlung der SE, 2004.

[325] So jedenfalls die bereits erlassene Zehnte Richtlinie.

[326] Zur Europäischen Privatgesellschaft bereits oben S. 272ff.

[327] Bezeichnend dürfte sein, dass in den rechtsvergleichenden Berichten des Sammelbandes de Kluiver/van Gerven (Hrsg.), The European Private Company, 1995, das Innenverhältnis der Gesellschafter kaum thematisiert wird, offenbar weil es dort – abgesehen vom Bereich des Minderheitenschutzes – kaum zwingende gesetzliche Regeln gibt. Auch bei den Arbeiten zur Europäischen Privatgesellschaft bestand über die Notwendigkeit, für das Innenverhältnis Gestaltungsfreiheit zu gewähren, länderübergreifender Konsens (vgl. *Boucourechliev*, in: Boucourechliev/Hommelhoff (Hrsg.), Vorschläge EPG, 1999, S. 232ff.).

Verzicht darauf entschließen und zugleich die Eintragungsverfahren beschleunigen, dürfte die Auslandsgründung deutlich an Attraktivität verlieren. Dass kleine und mittlere Unternehmen den Markt der Rechtsordnungen tatsächlich in Anspruch nehmen, dürfte nach dem Anstieg der Limited-Gründungen mit Hauptsitz in Deutschland kaum mehr einem Zweifel unterliegen. Allerdings fehlen die Voraussetzungen dafür, dass dieser Wettbewerb die gewünschte Steuerungsfunktion in Richtung auf eine Qualitätsverbesserung des Gesellschaftsrechts entfaltet. Die Nachfrager in diesem Wettbewerb können die Eignung des Gesellschaftsrechts für ihr konkretes Vorhaben letztlich nicht fundiert beurteilen;[328] und die Anbieter können sich von dieser Art Kunden kaum nennenswerte wirtschaftliche Erträge erhoffen.[329] Dies alles spricht dafür, an einen Wettbewerb um kleine und mittlere Unternehmen nicht allzuhohe Erwartungen zu richten und die Handlungsoptionen der betreffenden Unternehmen statt dessen durch Einführung einer zweiten supranationalen Rechtsform zu erweitern.

III. Ergebnis zu § 6

Der Bundesstaat Delaware nimmt in den USA seit einem knappen Jahrhundert die unbestrittene Führung im Wettbewerb der Gesellschaftsrechte ein. Dabei hebt sich das Gesellschaftsrecht von Delaware inhaltlich nicht derart von demjenigen anderer Bundesstaaten ab, dass sich allein daraus die überragende Führungsposition erklären ließe. Delaware hat jedoch stets zügig auf Innovationen anderer Staaten reagiert und sich damit den Ruf eines besonders zuverlässigen und beständigen Advokaten der Unternehmensinteressen erworben. Zudem ist es als kleiner Staat verhältnismäßig stärker als alle anderen Bundesstaaten von Einnahmen aus der Inkorporation von Gesellschaften abhängig; sein Bekenntnis zu einer konstant unternehmensfreundlichen Gesetzgebung ist daher glaubwürdig. Schließlich gewährleistet die spezialisierte Richter- und Anwaltschaft eine gleichbleibend hohe Qualität der Rechtspflege. Der eigentümliche Gesetzgebungsprozess, bei dem sich weder Legislativorgane noch politische Parteien in die gesellschaftsrechtliche Fachdiskussion einschalten, ist zumindest aus Sicht der dort angesiedelten Unternehmen ein weiterer Pluspunkt für Delaware.

Die Annahme, dies führe zwangsläufig zu einem „race for the bottom", dürfte als widerlegt gelten. Die Gesetzgeber können es sich in ihrem Wettbewerb untereinander nicht erlauben, einen Rechtsrahmen anzubieten, der die Manager allzu einseitig gegenüber den Aktionären bevorzugt. Das Argument, die Aktionäre würden in Delawares Gesellschaften nicht investieren, wenn sie dort Übervorteilung befürchten würden, hat starke Überzeugungskraft. Es spricht daher manches dafür, dass der Wettbewerb der Gesetzgeber ein Qualitätswettbewerb sein muss („race for the

328 Dazu bereits oben S. 372 ff.

329 Dazu oben S. 375 ff.

top"-These). Eine Modifizierung dieser These liefert die Beobachtung, dass sich der Gesetzgeber stets nur „im Schatten des Bundesgesetzgebers" abspielt, die Einzelstaaten also die Möglichkeit eines bundesrechtlichen Eingreifens antizipieren und eine extreme Bevorzugung einzelner Interessengruppen aus diesem Grund unterbleibt.

Selbst unter diesem Vorbehalt erzielt der Wettbewerb aber offenbar nicht in allen Punkten das optimale Ergebnis. Bedenken stützen sich auf den Umstand, dass faktisch zumeist die Manager über die Sitzwahl entscheiden. Denn die gezielte Inkorporierung in einem Staat nach Maßgabe des dortigen Gesellschaftsrechts geschieht vor allem als Sitzverlegung bereits existierender Gesellschaften. Erst wenn eine Gesellschaft eine gewisse Größe erreicht hat, wird das anwendbare Gesellschaftsrecht zu einem Datum, das kalkulatorisch ins Gewicht fällt. Die Entscheidung über die Sitzverlegung trifft angesichts der auf dem US-amerikanischen Kapitalmarkt typischen breiten Streuung des Aktienbesitezs faktisch das Management. Aus dessen Sicht wird tendenziell ein Bundesstaat den Zuschlag bekommen, der mit seinem Gesellschaftsrecht einerseits die Wertsteigerung des Unternehmens begünstigt, andererseits aber dafür sorgt, dass davon möglichst viel beim Management verbleibt. Bundesstaat und Management verfolgen also gemeinsam das Interesse, die Wohlfahrt der Aktionäre (nur) in dem Maße zu steigern, dass diese sich unter dem Strich besser stehen als anderswo. Unterstellt man diese Anreiz- und Entscheidungsstruktur in den Gesellschaften, kann ein Bundesstaat, der allein das Interesse der Aktionäre in den Vordergrund stellt und insbesondere deren Rechte gegenüber dem Management stärkt, kaum eine führende Rolle erlangen. Denn das Management wird eine Sitzverlegung in diesen Staat nicht betreiben wollen; und ohne die Initiative des Managements kommt es zu keiner Sitzverlegung. Daher ist anzunehmen, dass der Wettbewerb der Gesetzgeber zwar in vielerlei gesellschaftsrechtlichen Fragen funktioniert, aber bei denjenigen Regelungen, welche die Macht- und Vermögensverteilung zwischen Aktionären und Management betreffen, notwendig eine gewisse Präferenz für die Interessen der Manager entwickelt.

Eine weitere Schwäche der *race for the top*-These liegt darin, dass sie die Bewertung von Normen allein an den Interessen der Manager und Aktionäre orientiert. Ausgeblendet werden die Interessen Dritter. Diese Selbstbeschränkung erfasst in bemerkenswerter Weise das gesamte US-amerikanische Gesellschaftsrecht, das die Interessen Dritter nicht zu seinem Regelungsgegenstand erklärt. Damit lässt sich zwar die isolierte Wirkung von Veränderungen im Gesellschaftsrecht empirisch besser beobachten, offen bleibt aber die Frage, ob die dabei generierten Regeln auf die gesamte Volkswirtschaft gesehen tatsächlich einen positiven Saldo hinterlassen oder ob nicht der gesellschaftsrechtliche Nutzen durch negative externe Effekte gemindert oder gar aufgezehrt wird.

Betrachtet man für den europäischen Binnenmarkt die Lage der Unternehmen als Nachfrager im Wettbewerb der Rechtsordnungen, ergibt sich folgender Befund: Die Rechtsprechung des EuGH hat die Tür zu einem europäischen Wettbewerb der Gesetzgeber zumindest im Gründungsstadium weit geöffnet. Nur eingeschränkt besteht indessen die Möglichkeit der grenzüberschreitenden Sitzverlegung, die in den USA gerade das Hauptinstrument bei der Auswahl des geeigneten Gesellschaftsrechts darstellt. Zudem ist die Reichweite des Gründungsstatuts und damit der Vorteil eines Wechsels der Jurisdiktion noch nicht hinreichend geklärt. Solange dies und der rechtstechnische Ablauf der grenzüberschreitenden Sitzverlegung unklar bleiben, wird eine *reincorporation* nach US-amerikanischem Muster kaum zum Massenphänomen werden.

Wegen der hohen Kosten der Rechtsberatung ist die gezielte Auswahl unter mehreren Rechtsordnungen auf mittlere Sicht auch allein für Großunternehmen lohnend. Kleinunternehmer mögen sich bisweilen von großzügigeren Gründungsvorschriften anderer Mitgliedstaaten anziehen lassen; es spricht allerdings manches – darunter nicht zuletzt die US-amerikanische Erfahrung – dafür, dass der gesetzgeberische Wettbewerb in diesem Bereich wegen des in Relation zum Geschäftsvolumen ökonomisch unvertretbar hohen Informationsaufwandes nicht hinreichend leistungsfähig ist. Denn der Wettbewerb als Entdeckungsverfahren funktioniert nur, wenn die Signale der Nachfrager – auf welche die Anbieter gegebenenfalls reagieren – auf einer auf hinreichend fundierten Informationsverarbeitung beruhen.

Lenkt man den Blick damit zu den Anbietern, wird deutlich, dass auf Seiten der meisten europäischen Mitgliedstaaten die Möglichkeiten beschränkt sind, das Gesellschaftsrecht frei vom Einfluss nationaler Interessengruppen auszugestalten. Denn Gebühren für die Eintragung von Gesellschaften dürfen nach Vorgaben des Gemeinschaftsrechts derzeit nur kostendeckend erhoben werden. Es ist bislang auch kein Staat erkennbar, für den die Einnahmen aus der Registrierung von Gesellschaften einen annähernd hohen Stellenwert erlangen könnten wie für den US-amerikanischen Bundesstaat Delaware. Nach der Erweiterung der Gemeinschaft ist das Bild der Mitgliedstaaten zwar bunter und zunächst auch unübersichtlicher geworden. Aber selbst wenn einer der jüngst der Gemeinschaft beigetretenen Staaten einen Anreiz darin sehen sollte, sich zusätzliche Einnahmen durch das Angebot eines besonders attraktiven Gesellschaftsrechts zu verschaffen, wird es längere Zeit dauern, bis dort das für Delaware charakteristische Maß an Verlässlichkeit und Stabilität des Rechtsrahmens einschließlich der qualifizierten und spezialisierten Rechtsberatung geboten werden kann.

Auch das Phänomen der Pfadabhängigkeit spricht eher gegen einen intensiven Wettbewerb der Gesellschaftsrechte in Europa. Die Unterschiede der Rechtsordnungen und -kulturen sind erheblich größer als zwischen den US-amerikanischen Bundesstaaten, so dass die Anpassungs- und Informationskosten wesentlich höher ausfallen. Soweit dennoch ein Wettbewerb einsetzt, dürfte das englische Recht die besten Aussichten haben, sich durchzusetzen. Seine Vorteile sind die Einfachheit der Gründung und die damit verbundene erste positive Erfahrung, die weiter getragen werden wird, sowie *last but not least*: die international gebräuchliche Sprache. Andere Staaten müssten ein deutlich besseres Gesellschaftsrecht anbieten, um diese Startnachteile auszugleichen. Da jedoch prima facie das englische Gesellschaftsrecht jedenfalls nicht weniger effizient ist als andere Rechtsordnungen, wird es in einem reinen Qualitätswettbewerb kaum möglich sein, sich ihm gegenüber zu behaupten.

All dies spricht keineswegs zwingend gegen einen Wettbewerb der Gesetzgeber im europäischen Gesellschaftsrecht. Zwar lässt sich dem Integrationsziel des EG-Vertrages nicht unmittelbar eine gewissermaßen „verfassungsrechtliche" Aussage zu Gunsten des Systemwettbewerbs entnehmen. Denn die konkrete Gestalt des Binnenmarktes ergibt sich aus einem Zusammenwirken *aller* EG-vertraglichen Strukturelemente, zu denen neben dem Subsidiaritätsprinzip und den Grundfreiheiten auch die Rechtsangleichung gehört, deren Ausgestaltung aus guten Gründen einem weiten, kaum justitiablen Ermessen der Gemeinschaftsorgane unterliegt. Wohl aber sollten die Argumente, die für einen Systemwettbewerb sprechen, in diese Abwägung mit einfließen: Grundsätzlich sollte der Markt als Entdeckungsverfahren auch für das Gesellschaftsrecht nicht ungenutzt bleiben. Die US-amerikanische Erfahrung lehrt dazu aber auch, dass die zentrale Rechtsetzung eine wichtige Kompensationswirkung hat. Dem Sekundärrecht im europäischen Binnenmarkt kommt außerdem die Funktion zu, dem Wettbewerb im Dickicht der nationalen Rechtstraditionen eine Schneise zu schlagen. Die Richtlinien über die grenzüberschreitende Verschmelzung und Sitzverlegung tragen dazu ebenso bei wie die Verordnungen über supranationale Rechtsformen. All dies reduziert die Gestaltungsmöglichkeiten der Unternehmen nicht, sondern eröffnet ihnen zusätzliche Optionen. Inwieweit Sekundärrecht darüber hinaus die Aufgabe zukommt, materielle Mindeststandards im Gesellschaftsrecht zu setzen, bleibt eine Frage, die im integrationspolitischen Diskurs der Gemeinschaftsorgane zu klären ist, dessen Ergebnisse der EG-Vertrag nicht im einzelnen determiniert. Die US-amerikanischen Erfahrungen erinnern allerdings daran, dass den kompetitiven Einzelstaaten eine handlungsfähige Zentralmacht gegenüberstehen muss. Der europäische Rechtsetzungsprozess, bei dem die Mitgliedstaaten allzu häufig erfolgreich ihre Partikularinteressen geltend machen und dadurch notwendige Angleichungsmaßnahmen blockieren, ist unter diesem Aspekt dringend reformbedürftig. Hätte Delaware im Prozess der Bundesgesetzgebung jeweils um seine Zustimmung gebeten werden müssen – das US-amerikanische Wechselspiel von zentraler und dezentraler Regelsetzung hätte nicht die Vorbildfunktion entfalten können, welche ihm heutzutage von europäischer Warte aus vielfach zugeschrieben wird.

Teil 3: Einzelfragen eines binnenmarktkonformen Gesellschaftsrechts

Die zu den Strukturelementen des binnenmarktkonformen Gesellschaftsrechts gewonnenen Ergebnisse erweisen ihre Brauchbarkeit in der praktischen Anwendung. Mehrere konkrete Einzelfragen stehen derzeit in der Diskussion, wovon drei herausgegriffen werden sollen. Deren erste ist das *Internationale Gesellschaftsrecht*, das im Gefolge der Rechtsprechung zur Niederlassungsfreiheit von Gesellschaften in § 7 einer Neubewertung unterzogen werden soll. Dabei wird für eine differenzierte Sicht plädiert, die das Heil weder in einem Festhalten an der Sitztheorie, noch in einem übereilten Schwenk zur Gründungstheorie sucht. Die kollisionsrechtlichen Anknüpfungsprobleme lassen sich gerade bei den Fragen des Drittschutzes im Staat der Tätigkeit einer Gesellschaft durch die bloße Hinwendung zu der einen oder anderen Theorie nicht angemessen lösen. Dies wird in § 8 am Beispiel des *Gläubigerschutzes* besonders deutlich. Er ist nicht nur wegen der Fragen der kollisionsrechtlichen Anknüpfung, sondern auch wegen grundlegender Zweifel am bisher in Europa vorherrschenden Modell des Kapitalschutzes ein ergiebiges und zentrales Thema der Neugestaltung eines binnenmarktkonformen Gesellschaftsrechts. Im Lichte der ökonomischen Analyse und der gemeinschaftsrechtlichen Rahmenbedingungen spricht vieles dafür, den Kapitalschutz durch einen an der Unternehmenskrise ansetzenden verhaltensorientierten Haftungsmaßstab zu ergänzen oder gar zu ersetzen. Zu guter Letzt wendet sich die Arbeit in § 9 einem Thema zu, das besonders die Aktiengesellschaft betrifft, nämlich dem *Leitungssystem von Publikumsgesellschaften*. In diesem Bereich ist der Binnenmarkt von einer Vielfalt der Modelle geprägt, die sich in die zwei Gruppen des monistischen und des dualistischen Systems zusammenfassen lassen. Zwar deutet sich in der Praxis eine Konvergenz der Systeme an, es wird jedoch zu zeigen sein, dass systematische Unterschiede bestehen, die sich weder durch eine faktische Konvergenz, noch durch ein europäisches Optionsmodell, wie von der High Level Group of Company Law Experts vorgeschlagen, ohne weiteres überbrücken lassen.

§ 7 Internationales Gesellschaftsrecht

Das Verhältnis zwischen Gemeinschaftsrecht und Internationalem Privatrecht ist bereits vielfach Gegenstand wissenschaftlicher Betrachtung gewesen.[1] Die Grundfreiheiten erfassen Behinderungen, die am Grenzübertritt einer Ware oder Person anknüpfen. Schon aus diesem Grund ist das Verhältnis der Grundfreiheiten zum Internationalen Privatrecht klärungsbedürftig, das sich gleichfalls mit grenzüberschreitenden Sachverhalten befasst. Zur Annäherung an das Thema sollen *unter I.* zunächst die Grundlinien der Diskussion in der Entscheidungsreihe von Daily Mail bis Inspire Art nachgezogen werden, bevor als Überleitung zu einer eigenen Stellungnahme *unter II.* die Funktionen und Wesenszüge der beiden Rechtsgebiete noch einmal klar voneinander abgehoben werden. Sodann folgt *unter III.* eine Auseinandersetzung mit der Frage, inwieweit den Grundfreiheiten ein kollisionsrechtlicher Verweisungsgehalt zugeschrieben werden kann.

I. Von „Daily Mail" zu „Inspire Art"

1. Sitztheorie und Gründungstheorie

Die vom Europäischen Gerichtshof zu entscheidenden Sachverhalte zur Niederlassungsfreiheit von Gesellschaften hatten stets einen kollisionsrechtlichen Einschlag. Es ging um eine nach dem Recht des einen Mitgliedstaats gegründete Gesellschaft, die in einem anderen Mitgliedstaat über eine Zweigniederlassung,[2] durch die Verlegung ihrer Geschäftsleitung[3] oder ihres Tätigkeitsschwerpunktes[4] tätig werden wollte oder bereits tätig geworden war. Dies wirft in vielerlei Hinsicht die Frage auf, welche Rechtsordnung zur Anwendung kommt. Bei Sachverhalten mit Auslandsberührung bestimmt das Kollisionsrecht oder Internationale Privatrecht (IPR), welcher Rechtsordnung die Normen zur Beurteilung des Sachverhalts zu entnehmen sind.[5] Wurde mit Hilfe des Kollisionsrechts die einschlägige Rechtsordnung ermittelt, gelangt das dort geltende Sachrecht zur Anwendung. Im Gegensatz zum

---

[1] Umfassend aufgearbeitet wurde sie in der Gemeinschaftsmonographie von *Brödermann* und *Iversen*, Europäisches Gemeinschaftsrecht und Internationales Privatrecht, 1994. Siehe weiterhin *Basedow* RabelsZ 59 (1995) 1ff., MüKo-*Sonnenberger* Bd. 10, 4. Aufl., 2006, Einl. IPR, Rn. 146ff., und *W.-H. Roth* RabelsZ 55 (1991) 623ff.

[2] EuGH, Rs. 270/83, *Kommission/Frankreich*, Slg. 1986, 273; EuGH, Rs. 79/85, *Segers*, Slg. 1986, 2375; EuGH, Rs. C-212/97, *Centros*, Slg. 1999, I-1459; EuGH, Rs. C-167/01, *Inspire Art*, Slg. 2003, I-10155.

[3] EuGH, Rs. 81/87, *Daily Mail*, Slg. 1988, 5483.

[4] EuGH, Rs. C-208/00, *Überseering*, Slg. 2002, I-9919.

[5] MüKo-*Sonnenberger* Bd. 10, 4. Aufl., 2006, Einl. IPR, Rn. 3; *Kegel/Schurig* Internationales Privatrecht, 9. Aufl., 2004, S. 53 (§ 1 VIII. 1); *von Bar/Mankowski* Internationales Privatrecht I, 2. Aufl., 2003, S. 2 (§ 1 Rn. 1).

Kollisionsrecht, das auf die eine oder andere Rechtsordnung verweist, dabei aber die Rechtsfrage selbst noch keiner inhaltlichen Klärung zuführt, sind mit dem Sachrecht diejenigen Normen einer Rechtsordnung gemeint, die den Sachverhalt unmittelbar und inhaltlich regeln.[6]

Soweit es um die Frage des anwendbaren Gesellschaftsrechts geht, stehen sich im wesentlichen zwei Theorien gegenüber: Nach der *Sitztheorie* ist diejenige Rechtsordnung anwendbar, in deren Geltungsbereich die Gesellschaft ihren tatsächlichen Verwaltungssitz hat.[7] Als Verwaltungssitz gilt der „Tätigkeitsort der Geschäftsführung und der dazu berufenen Vertretungsorgane, also der Ort, wo die grundlegenden Entscheidungen der Unternehmensleitung effektiv in laufende Geschäftsführungsakte umgesetzt werden".[8] Aus Perspektive der Sitztheorie entscheidet die nach dem tatsächlichen Verwaltungssitz bestimmte Rechtsordnung umfassend und abschließend über alle Rechtsbeziehungen des Innen- und Außenverhältnisses der Gesellschaft.[9] Ihre innere Rechtfertigung findet die Sitztheorie darin, dass sich das Recht des Staates durchsetzt, der von der Tätigkeit der Gesellschaft am stärksten betroffen ist.[10] Darauf könne schon deshalb nicht verzichtet werden, so Verteidiger der Sitztheorie, weil das Gesellschaftsrecht widerstreitende Interessen zum Ausgleich bringe und insoweit teilweise auch zwingende Schutzvorschriften enthalte.[11]

Die *Gründungstheorie* wendet hingegen auf eine Gesellschaft das Recht des Staates an, nach dessen Recht sie gegründet wurde.[12] Je nach der betreffenden Rechtsord-

---

[6] MüKo-*Sonnenberger* Bd. 10, 3. Aufl., 1998, Einl. IPR, Rn. 319; *von Bar/Mankowski* Internationales Privatrecht I, 2. Aufl., 2003, S. 197 (§ 4 Rn. 1).

[7] Sie wurde – bis zu den jüngsten Entscheidungen des EuGH – von Rechtsprechung und herrschender Lehre in Deutschland vertreten. Siehe dazu nur (mit jeweils umfangreichen Nachweisen): *Ebenroth/Auer* GmbHR 1994, 16f., *Großfeld* Internationales und Europäisches Unternehmensrecht, 2. Aufl., 1995, S. 38ff., *Großfeld*-Staudinger, Int. GesR, 1998, Rn. 26ff., MüKo-*Kindler* Bd. 11, 3. Aufl., 1999, Rn. 312ff., Michalski-*Leible* GmbHG, 2002, Syst. Darst. 2, Rn. 4ff., *von Bar* Internationales Privatrecht II, 1991, S. 449ff. (§ 5 Rn. 619ff.), *Wimmer-Leonhardt* Konzernhaftungsrecht, 2004, S. 703ff. und *Zimmer* Internationales Gesellschaftsrecht, 1996, S. 28f. und 213ff.; weiterhin (rechtsvergleichend) *Guillaume* Lex Societatis, 2001, S. 133ff., *Moor* Das italienische internationale Gesellschaftsrecht, 1997, S. 15ff., *Rammeloo* Corporations in Private International Law, 2001, und *Wouters* 2 EBOR (2001) 101, 103ff. Zu den gesellschafts- und zivilrechtlichen Folgeproblemen der Anwendung deutschen Sachrechts auf eine im Ausland gegründete Gesellschaft, die ihren tatsächlichen Verwaltungssitz in Deutschland hat: *Eidenmüller/Rehm* ZGR 26 (1997) 89ff. Die Sitztheorie hat immer wieder auch in der deutschsprachigen Literatur grundsätzliche Kritik hervorgerufen (z.B. *Knobbe-Keuk* ZHR 154 (1990) 325ff.).

[8] BGH v. 21.3.1986, V ZR 10/85, BGHZ 97, 269, 272 nach *Sandrock*, FS für Beitzke, 1979, 669, 683.

[9] *Ebenroth/Auer* GmbHR 1994, 16, 17; *von Bar* Internationales Privatrecht II, 1991, S. 452 (§ 5 Rn. 622).

[10] *Ebenroth/Auer* GmbHR 1994, 16, 18f.; *Großfeld*-Staudinger, Int. GesR, 1998, Rn. 41.

[11] *Ebenroth/Auer* GmbHR 1994, 16, 19, *Großfeld*-Staudinger, Int. GesR, 1998, Rn. 39.

[12] Vgl. *Prentice* EBLR 2003, 631, 633f., zum englischen Recht: "It is the law of the domicile of the corporation – that is, the place of incorporation – that governs all aspects of the affairs

nung bestimmt sich dies nach dem Registersitz oder dem satzungsmäßigen Sitz; in den meisten Gründungstheoriestaaten ist es Voraussetzung für eine wirksame Gründung, dass die Gesellschaft in diesem Staat auch registriert wird.[13] Auf den Ort der tatsächlichen Tätigkeit kommt es hingegen nicht an. Die Gründungstheorie ist damit getragen vom Gedanken der Freiheit der Rechtswahl.[14] Die Gründer selbst bestimmen mit der Wahl des Gründungsstaats das auf ihre Gesellschaft anwendbare Recht. Der große Vorteil der Gründungstheorie liegt darin, dass sich der Ort der Gründung zumeist schnell und unzweifelhaft feststellen lässt.[15]

Kommt es zu einer *Divergenz* der kollisionsrechtlichen Regeln einzelner Staaten, kann es geschehen, dass ein der Gründungstheorie folgender Staat eine bestimmte Gesellschaft nach ihrem Gründungsrecht als rechtsfähig ansieht, während ein der Sitztheorie folgender Staat sein eigenes Sachrecht anwendet und derselben Gesellschaft in Ermangelung einer im Inland ordnungsgemäß vollzogenen Gründung die Rechtsfähigkeit abspricht. Teilweise regeln internationale Vereinbarungen den Konflikt. Prominentes Beispiel ist der zwischen der Bundesrepublik Deutschland und den USA in den 50er Jahren geschlossene Vertrag.[16] Im Anwendungsbereich dieses Abkommens erkennt die Bundesrepublik Deutschland Gesellschaften, die nach dem Recht der USA wirksam errichtet sind, als rechtsfähig an, unabhängig davon, wo sich ihr tatsächlicher Verwaltungssitz befindet.[17] Unter den Mitglied-

---

of a company". Ausführlich zum Anknüpfungsmoment der Gründungstheorie *Hoffmann* ZVglRWiss 101 (2002) 283ff. Allgemein zur Gründungstheorie, jeweils mit weiteren Nachweisen: *Großfeld*-Staudinger, Int. GesR, 1998, Rn. 31ff.; *Guillaume* Lex Societatis, 2001, S. 115ff.; *Rammeloo* Corporations in Private International Law, 2001, S. 16ff., *Wouters* 2 EBOR (2001) 101, 108f., *Zimmer* Internationales Gesellschaftsrecht, 1996, S. 28f. und S. 213ff.

[13] *Rammeloo* Corporations in Private International Law, 2001, S. 16f.; *Hoffmann* ZVglRWiss 101 (2002) 283, 289 und ebda., S. 300ff. zu den verschiedenen Spielarten der Gründungstheorie in den Niederlanden, der Schweiz und Dänemark.

[14] *Großfeld* Internationales und Europäisches Unternehmensrecht, 2. Aufl., 1995, S. 44; *Guillaume* Lex Societatis, 2001, S. 115; *Knobbe-Keuk* ZHR 154 (1990) 325, 326; *Rammeloo* Corporations in Private International Law, 2001, S. 16; *Zimmer* Internationales Gesellschaftsrecht, 1996, S. 28.

[15] Der Aspekt der größeren Rechtssicherheit wird vielfach betont, beispielsweise bei *Guillaume* Lex Societatis, 2001, S. 115, *J. Lau Hansen* EBLR 2002, 85, 88, *Rammeloo* Corporations in Private International Law, 2001, S. 17, *Roussos* EBLR 2001, 7, 8, *Schnichels* Reichweite der Niederlassungsfreiheit, 1995, S. 147, *Wouters* 2 EBOR (2001), 101, 109.

[16] Freundschafts-, Handels- und Schiffahrtsvertrag zwischen der Bundesrepublik Deutschland und den Vereinigten Staaten von Amerika vom 29.10.1954, BGBl. II 1956, 487ff.; dazu *Großfeld*-Staudinger, Int. GesR, 1998, Rn. 209ff., MüKo-*Kindler* Bd. 11, 3. Aufl., 1999, Rn. 241ff. Der BGH folgt auf Basis des völkerrechtlichen Vertrages im Verhältnis zu US-amerikanischen Gesellschaften der Gründungstheorie (vgl. BGH v. 5.7.2004, II ZR 389/02, BB 2004, 1868ff. zur Gesellschafterhaftung).

[17] Vgl. dazu die folgenden Entscheidungen: BGH, 29.1.2003, VIII ZR 155/02, BGHZ 153, 353ff.; BGH 13.10.2004, I ZR 245/01, BB 2004, 2595ff., BGH, 5.7.2004, II ZR 389/02, RIW 2004, 787ff. sowie den Beitrag von *Ebke*, RIW 2004, 740ff.

staaten der Europäischen Gemeinschaft sollte das Übereinkommen über die gegenseitige Anerkennung von Gesellschaften und juristischen Personen die Situation klären.[18] Es wurde bereits im Jahre 1968 von allen Mitgliedstaaten unterzeichnet, dann jedoch von den Niederlanden nicht ratifiziert. Indessen fällt gerade zwischen den Mitgliedstaaten der Gemeinschaft möglicherweise auch ins Gewicht, dass sie alle sich im EG-Vertrag zur Respektierung der Niederlassungsfreiheit verpflichtet haben. Inwieweit dies einen Verzicht auf kollisionsrechtliche Traditionen oder zumindest deren Modifizierung erfordert, ist eine seit Jahrzehnten viel diskutierte Frage.

2. Verhältnis der Niederlassungsfreiheit zum Kollisionsrecht

a) Die Diskussion nach Daily Mail

Als wegweisend für das Verhältnis von Kollisionsrecht und Niederlassungsfreiheit galt lange Zeit die Daily Mail-Entscheidung.[19] Sie wurde vielfach so verstanden, dass die primärrechtliche Niederlassungsfreiheit das Kollisionsrecht der Mitgliedstaaten unberührt lasse, die Sitztheorie damit europarechtlich unproblematisch sei.[20] Dies hatte eine gewisse Logik für sich. Denn die Art. 43, 48 EG-Vertrag

---

18 Dazu seinerzeit *Pipkorn* ZHR 137 (1973) 35, 36ff.

19 Zu dieser Entscheidung oben ab S. 84.

20 Aus der reichhaltigen Literatur seien genannt: *Ebenroth/Auer* GmbHR 1994, 16, 19f.; *Ebke* JZ 1999, 656, 660; *Eyles* Niederlassungsrecht der Kapitalgesellschaften, 1990, S. 348ff.; *Großfeld* Internationales und Europäisches Unternehmensrecht, 2. Aufl., 1995, S. 54f.; *Michalski* NZG 1998, 762; *Niebel* Status der Gesellschaften in Europa, 1998, S. 158ff.; *Rammeloo* Corporations in Private International Law, 2001, S. 54; *W.-H. Roth* ZGR 29 (2000) 311, 321ff.; *Sandrock* BB 1999, 1337, 1338; ähnlich auch *Roussos* EBLR 2001, 7, 11f. (primäre Niederlassung von Grundfreiheit nicht erfasst) und *Wouters* 2 EBOR (2001), 101, 120 (Mitgliedstaaten können aus den in Art. 48 EG-Vertrag genannten Anknüpfungspunkten frei wählen). Auch *Großfeld*-Staudinger, Int. GesR, 1998, Rn. 119ff., entnimmt *Daily Mail* die Europarechtskonformität der Sitztheorie, berücksichtigt dabei aber auch die Grundfreiheiten-Dogmatik und nimmt an, die Sitztheorie sei durch zwingende Erfordernisse des Allgemeinwohls gerechtfertigt; ebenso prüft *Kruse* Sitzverlegung, 1997, S. 227ff., die Sitztheorie am Maßstab der Niederlassungsfreiheit als Beschränkungsverbot und hält sie im Ergebnis für gerechtfertigt. Hingegen sah *Schnichels* Reichweite der Niederlassungsfreiheit, 1995, S. 166f., in der Entscheidung die gewissermaßen letzte Aufforderung durch den EuGH an die Mitgliedstaaten, die Regeln des internationalen Gesellschaftsrechts den Anforderungen des EG-Vertrags anzupassen. Kritisch *Knobbe-Keuk* ZHR 154 (1990) 325, 331ff., die dem Daily Mail-Urteil gemäß dem entschiedenen Sachverhalt allein Bedeutung für die Zulässigkeit steuerlicher Wegzugsbeschränkungen beimessen wollte (ebda., S. 333). Auch *Velasco San Pedro/Sánchez Felipe* RdS 2002, 15, 27, sehen die Besonderheit des Falles vorwiegend darin, dass es um Fragen des Steuerrechts ging. *Gounalakis/Radke* ZVglRWiss 98 (1999) 1, 22f., leiteten aus Art. 58 EGV bereits einen Zwang zur Anwendung der Gründungstheorie ab. Zur Diskussion in Italien: *Gestri* Riv.d.int. 2000, 71, 80f.

schützen zwar die Niederlassungsfreiheit von Gesellschaften, das Gemeinschaftsrecht selbst enthält jedoch – von den seltenen supranationalen Rechtsformen einmal abgesehen – keine Regelungen darüber, ob und auf welche Weise eine Gesellschaft entsteht. Ob eine Gesellschaft überhaupt existiert, entscheidet somit zunächst das mitgliedstaatliche Recht.[21] Da das Gemeinschaftsrecht die Gründung und Existenz von Gesellschaften nicht regelt, ist die Anwendung mitgliedstaatlichen Rechts der Anwendung der Niederlassungsfreiheit logisch vorgeschaltet. So lässt sich jedenfalls der Hinweis des EuGH in Daily Mail verstehen, wonach eine Gesellschaft auf Grund einer nationalen Rechtsordnung gegründet werde und jenseits der nationalen Rechtsordnung, die ihre Gründung und ihre Existenz regele, keine Realität habe.[22] Viele Autoren schlossen daraus auf einen Vorrang des Kollisionsrechts vor der primärrechtlichen Niederlassungsfreiheit.[23]

b) Die Diskussion nach Centros

Die Centros-Entscheidung brachte diese Gewissheit ins Wanken.[24] Denn nach ihrem Tenor muss die Zweigniederlassung der in einem anderen Mitgliedstaat gegründeten Gesellschaft eingetragen werden, selbst wenn diese Gesellschaft nur im Staat der Zweigniederlassung tätig werden will.[25] Nach der Sitztheorie hat diese Gesellschaft aber ihren tatsächlichen Verwaltungssitz im Staat der Zweigniederlassung. Sie wäre also keine ausländische Gesellschaft, sondern ein inländisches Gebilde, welcher Rechtsform auch immer[26]; damit kommt die Eintragung einer Zweigniederlassung nicht in Betracht.[27] Aus diesem Zusammenhang folgerten zahlreiche Autoren, der EuGH habe in Centros eine kollisionsrechtliche Aussage getroffen und die Sitztheorie entweder implizit verworfen, zumindest aber in der Reichweite ihrer

---

21 *Randelzhofer/Forsthoff* in: Grabitz/Hilf, 2001, Art. 48 EGV, Rn. 10.

22 EuGH, Rs. 81/87, *Daily Mail*, Slg. 1988, 5483, 5511 (Rn. 19).

23 Von einem „Vorrang des nationalen Gesellschaftskollisionsrechts" spricht beispielsweise *Eyles* Niederlassungsrecht der Kapitalgesellschaften, 1990, S. 352, als „niederlassungsfreiheitsresistent" bezeichnen *Klinke* ZGR 22 (1993) 1, 7, *Ebenroth/Auer* GmbHR 1994, 16, 22, und *Kindler* VGR Bd. 2 (2000), S. 87, 102, das Kollisionsrecht. Zu Recht kritisch gegenüber dieser Formulierung *W.-H. Roth* ZGR 29 (2000) 311, 323.

24 Vgl. aus der monographischen Literatur mit umfassenden Nachweisen zur Diskussion namentlich *von Halen* Gesellschaftsstatut nach Centros, 2001, S. 60ff.

25 Zur *Centros*-Entscheidung oben ab S. 86.

26 Nach im Schrifttum weit verbreiteter Ansicht wäre die Scheinauslandsgesellschaft entweder als OHG oder als Gesellschaft bürgerlichen Rechts einzuordnen (*Eidenmüller/Rehm* ZGR 26 (1997) 89, 91; *Kindler* RIW 2000, 649, 650; *Kösters* NZG 1998, 241, 245; *W.-H. Roth* ZIP 2000, 1597, 1600; *Sonnenberger/Großerichter* RIW 1999, 721, 726; *Zimmer* Internationales Gesellschaftsrecht, 1996, S. 300; *Wiedemann* FS Kegel, 1977, S. 187, 197). Der VII. Zivilsenat des BGH hat diesen Lösungsweg allerdings in seiner Vorlage in der Rechtssache Überseering nicht gesehen oder zumindest nicht angesprochen.

27 Entsprechend wurde in Deutschland seit jeher entschieden. Vgl. BayObLG, 26.8.1998, 3Z BR 78/98, NZG 1998, 936.

Rechtsfolgen deutlich reduziert.[28] Der österreichische Oberste Gerichtshof (OGH) hat die Sitztheorie im Gefolge der Centros-Entscheidung aufgegeben.[29]

Denkbar war allerdings auch eine engere Auslegung der Entscheidung. Dänemark folgt im Kollisionsrecht prinzipiell der Gründungstheorie;[30] Gesellschaften, die nach einem ausländischen Gesellschaftsstatut wirksam gegründet sind, werden in Dänemark als Gesellschaften fremden Rechts behandelt und nicht dem dänischen Gesellschaftsrecht unterworfen.[31] *Centros Ltd.* war somit aus dänischer Sicht eine wirksam gegründete englische Gesellschaft. Die Vorfrage, nach welchem nationalen Recht die Existenz der Gesellschaft zu beurteilen sei, stellte sich dem EuGH also nicht. Eine Absage an Daily Mail ließ sich dem Urteil daher nicht unmittelbar entnehmen.[32] Dies könnte auch den auf den ersten Blick überraschenden Umstand erklären, dass der EuGH die frühere Grundsatzentscheidung in Centros mit keinem Wort erwähnt.

---

[28] *Behrens* IPRax 1999, 323, 325f. (= *Behrens* EBOR 2000, 125, 132); *Cascante* RIW 1999, 450; *Freitag* EuZW 1999, 267, 268; *Gestri* Riv.d.int. 2000, 71, 82ff.; *Göttsche* DStR 1999, 1403, 1405f.; *Kersting* 28 Brook. J. Int. L. (2002) 1, 40; *Leible* NZG 1999, 300, 301; *Lutter/Hommelhoff* GmbHG, 16. Aufl., 2004, Einl., Rn. 33; *Meilicke* DB 1999, 627; *Munari/Terrile* in: Ferrarini/Hopt/Wymeersch (Hrsg.), Capital Markets in the Age of the Euro, 2002, S. 529, 540ff.; *Neye* EWiR 1999, 259, 260; *Roussos* EBLR 2001, 7, 13f.; *Sandrock* BB 1999, 1337ff.; *Schön* FS Lutter, 2000, S. 685, 687; *Sedemund/Hausmann* BB 1999, 810; *Werlauff* ZIP 1999, 867, 874f.; *Werlauff* EBLR 2001, 2, 3; *Wymeersch* FS Buxbaum, 2000, S. 629, 646ff. Differenzierend nach den verschiedenen gesellschaftsrechtlichen Gestaltungsmöglichkeiten, im Ergebnis aber (S. 225ff.) auch für eine Aufgabe der Sitztheorie plädierend *von Halen* Gesellschaftsstatut nach Centros, 2001.

[29] Beschlüsse vom 15.7.1999, abgedruckt in EuZW 2000, 156; dazu *Halbhuber* Limited Company statt GmbH?, 2001, S. 60ff.

[30] *Alsted/Friis Hansen* in: Hohloch (Hrsg.), EU-Handbuch Gesellschaftsrecht, 1997, Rn. 8; *Engsig Sørensen/Neville* Col. J. Eu. Law 6 (2000) 181, 183; *Werlauff* ZIP 1999, 867, 874; differenzierend *Carsten* in: Behrens (Hrsg.), GmbH im internationalen und europäischen Recht, 2. Aufl., 1997, DK 50ff.: Das Gründungsstatut ist jedenfalls maßgeblich für die Anerkennung als Gesellschaft; auch *J. Lau Hansen* EBLR 2002, 85, 88ff., betont, Dänemark lasse sich so eindeutig nicht einordnen und folge insbesondere gegenüber Scheinauslandsgesellschaften schon immer einer Variante der Sitztheorie, während es für die internen Streitigkeiten der Gesellschaft in der Regel das Gründungsstatut respektiere.

[31] *Carsten* in: Behrens (Hrsg.), GmbH im internationalen und europäischen Recht, 2. Aufl., 1997, DK 51.

[32] In diesem Sinne: *Bungert* DB 1999, 1841, 1842; *Ebke* JZ 1999, 656, 658 und 660; *Engsig Sørensen/Neville* Col. J. Eu. Law 6 (2000) 181, 190; *Görk* GmbHR 1999, 793, 796; *Göttsche* DStR 1999, 1403, 1405f. (unter Beschränkung auf „Zuzugsfälle"); *Kindler* NJW 1999, 1993, 1996ff.; *Kindler* VGR Bd. 2 (2000), S. 87, 101ff.; *Kindler* RIW 2000, 649, 652; *Lange* DNotZ 1999, 599, 606f.; *W.-H. Roth* ZGR 29 (2000) 311, 326ff.; *Sonnenberger/Großerichter* RIW 1999, 721, 726; *Timme/Hülk* JuS 1999, 1055, 1058. Demgegenüber weist *von Halen* Gesellschaftsstatut nach Centros, 2001, S. 105ff. darauf hin, dass die Vorlagefrage allgemein gehalten und allgemein beantwortet worden sei, der tragende Gedanke der Entscheidung daher auch auf Sitztheoriestaaten anwendbar sei.

Einige Autoren machten allerdings schon früh auf einen wesentlichen Unterschied aufmerksam: Daily Mail betreffe die Anforderungen, die ein Mitgliedstaat an seine *eigenen* Gesellschaften stellen dürfe, während Centros die Behandlung einer *ausländischen* Gesellschaft betreffe – zu unterscheiden seien also die „Wegzugs-“ und die „Zuzugsfälle“.[33] Daily Mail war ein Wegzugsfall und illustriert, dass ein Mitgliedstaat relativ große Freiheit genießt, den nach seinem eigenen Recht gegründeten Gesellschaften Beschränkungen aufzuerlegen. Centros hingegen war ein Zuzugsfall und zeigt, dass ein Mitgliedstaat denjenigen Gesellschaften, die im Ausland bereits wirksam gegründet wurden, grundsätzlich keine Beschränkungen auferlegen darf.

Noch eine weitere Differenzierung war denkbar: Manche Stimmen sahen die wesentliche Abgrenzung der beiden Entscheidungen darin, dass in Daily Mail die primäre, bei Centros hingegen die sekundäre Niederlassungsfreiheit behandelt worden sei.[34] Somit habe der Gerichtshof Daily Mail gar nicht aufgegeben. Die primäre Niederlassungsfreiheit reiche eben weniger weit als die sekundäre; dies lasse sich dadurch erklären, dass die Ausübung der primären Niederlassungsfreiheit die Mitgliedstaaten potentiell stärker betreffe als die der sekundären.[35] Für die sekundäre Niederlassungsfreiheit wiederum sei kaum anzunehmen, dass der Gerichtshof die Centros-Konstellation für einen Sitztheoriestaat anders entschieden hätte.[36] Auch dort hätte die Zweigniederlassung wohl eingetragen werden müssen. Andernfalls würde man den Mitgliedstaaten die Freiheit zubilligen, mit ihrem Kollisionsrecht die Reichweite der gemeinschaftsrechtlichen Niederlassungsfreiheit zu bestimmen. Die merkwürdige Konsequenz wäre, mit den Worten von *Sonnenberger/Großerichter*:[37] „Der liberale Gesetzgeber wird bestraft, der reglementierende dagegen belohnt.“[38] Auf dieser Linie liegen auch Autoren, die Centros auf Sitztheoriestaaten

---

33 *Göttsche* DStR 1999, 1403, 1405; *Halbhuber* Limited Company statt GmbH?, 2001, S. 72; *Micheler* Company Lawyer 2000, 179, 181; *Mülbert/Schmolke* ZVglRWiss 100 (2001) 233, 257; *Rammeloo* Corporations in Private International Law, 2001, S. 54; *Schön* FS Lutter, 2000, S. 685, 702; *Zimmer* ZHR 164 (2000) 23, 27.

34 So namentlich *Zimmer* ZHR 164 (2000) 23ff. und *Zimmer* BB 2000, 1361, 1364. Dieser Gedanke findet sich auch bei *Kieninger* ZGR 28 (1999) 724, 738; auch *Steindorff* JZ 1999, 1140, 1141, und *Munari/Terrile* in: Ferrarini/Hopt/Wymeersch (Hrsg.), Capital Markets in the Age of the Euro, 2002, S. 529, 533f., dürften in diesem Sinne zu verstehen sein.

35 *Zimmer* ZHR 164 (2000) 23, 33.

36 *Zimmer* ZHR 164 (2000) 23, 31f.; in diesem Sinne auch *Behrens* in: Ferrarini/Hopt/Wymeersch (Hrsg.), Capital Markets in the Age of the Euro, 2002, 503, 511. Bemerkenswert insoweit der Hinweis des ehemaligen EuGH-Richters *Hirsch* ZGR 31 (2002) 1f., es sei dem Gericht natürlich bekannt gewesen, dass Dänemark der Gründungstheorie folge; dies sei aber für die nachgefragte Auslegung des Gemeinschaftsrechts ohne Belang gewesen und daher im Urteil unerwähnt geblieben.

37 *Sonnenberger/Großerichter* RIW 1999, 721, 727; diese verwenden das Argument allerdings nicht zur Auslegung des Urteils, sondern explizit nur als „Anstoß *de lege ferenda*“.

38 Dagegen ließe sich allerdings mit *Lauterfeld* EBLR 2001, 79, 81, einwenden, dass es nur konsequent ist, eine liberalere Rechtsordnung in ihrer Liberalität beim Wort zu nehmen.

zumindest insoweit übertragen wollen, dass einer ausländischen Gesellschaft die Eintragung einer Zweigniederlassung nicht versagt werden darf.[39]

c) Die Diskussion nach Überseering

Die Überseering-Entscheidung reduzierte die Deutungsmöglichkeiten erheblich. Denn sie betraf mit Deutschland einen Staat, der der Sitztheorie folgt.[40] Das Verdikt, ein Mitgliedstaat dürfe der in einem anderen Mitgliedstaat wirksam gegründeten Gesellschaft die Parteifähigkeit nicht versagen, trifft unmittelbar die Sitztheorie in ihrer bis dahin in der deutschen Rechtsprechung gebräuchlichen Form.[41] Damit lässt sich die These vom Vorrang des nationalen Kollisionsrechts nicht mehr halten; Kollisionsrecht ist keineswegs immun gegen eine Überprüfung am Maßstab der Niederlassungsfreiheit. Ebenso gerät die nach primärer und sekundärer Niederlassungsfreiheit differenzierende These ins Wanken. Denn die Verlegung des tatsächlichen Verwaltungssitzes ist aus Sicht der Sitztheorie eine primäre Niederlassung. Der EuGH sieht die Dinge hier jedoch sehr formal: Eine im Ausland gegründete und registrierte Gesellschaft errichtet auch dann lediglich eine *Zweit*-Niederlassung, wenn sie ihren tatsächlichen Verwaltungssitz in einen anderen Mitgliedstaat verlegt.[42] Die Unterscheidung zwischen primärer und sekundärer Niederlassung reduziert sich damit auf eine Trennung der Errichtung der Gesellschaft von ihrem anschließenden Tätigwerden.[43]

In Überseering geht der Gerichtshof nun sehr ausführlich auf das Verständnis der Daily Mail-Entscheidung ein. Sie wird zwar aufrechterhalten, in ihrer Aussage jedoch präzisiert und damit – jedenfalls im Vergleich zum bis dahin vorherrschenden Verständnis – auch reduziert. Die Prämisse bleibt bestehen: Das Recht der Mitgliedstaaten regelt die Gründung und Existenz von Gesellschaften. Die Schlussfolgerung ist jedoch eine andere, als sie zuvor von der herrschenden Auffassung zur Rechtfertigung der Sitztheorie gezogen wurde. Es ist nämlich nicht das Recht des Zuzugsstaates, autonom über die Existenz einer zuziehenden Gesellschaft zu entscheiden. Es genügt vielmehr, dass die Gesellschaft in ihrem Gründungsstaat die rechtliche Existenz verliehen bekommen hat und diese auch anlässlich der grenzüberschreitenden Niederlassung nicht entzogen bekommt. Eine solche Gesellschaft

---

[39] *Bungert* DB 1999, 1841, 1843; *Forsthoff* DB 2000, 1109, 1112; *Kieninger* ZGR 28 (1999) 724, 738; *Leible* NZG 1999, 300, 301; *Mucciarelli* Giurisprudenzia Commerciale 2000, 553/II, 572/II ff.; *Randelzhofer/Forsthoff* in: Grabitz/Hilf, 2001, Art. 48 EGV, Rn. 17 (unter Verweis auf den Grundsatz der einheitlichen Tragweite des Gemeinschaftsrechts).

[40] Zu den Einzelheiten der Entscheidung siehe oben ab S. 89.

[41] *Forsthoff* BB 2002, 318 ff. (auf Basis der Schlussanträge des Generalanwalts).

[42] Dies bestätigt die *Inspire Art*-Entscheidung, bei welcher der EuGH die Eintragungserfordernisse des niederländischen Rechts an der Niederlassungsfreiheit und – bezeichnenderweise – an der Elften Richtlinie über die Eintragung von Zweigniederlassungen misst (dazu oben S. 96 f.).

[43] *J. Lau Hansen* EBLR 2002, 85, 92.

genießt gemeinschaftsrechtlich Niederlassungsfreiheit. Über ihre Existenz entscheidet also der Staat, in dem sie sich gründet. Der Gründungsstaat kann – dies ist die weiterhin gültige Aussage von Daily Mail – den Fortbestand seiner Gesellschaften an bestimmte Voraussetzungen knüpfen. Das Besondere an Daily Mail bestand gerade darin, dass die britische Gesellschaft den Sitz ihrer Geschäftsleitung aus dem Vereinigten Königreich herausverlegen, ihre Rechtspersönlichkeit als Gesellschaft britischen Rechts aber behalten wollte.[44] Das Gemeinschaftsrecht zwingt einen Mitgliedstaat demnach nicht dazu, es zu dulden, dass die nach seinem Recht gegründeten Gesellschaften seine Rechtsordnung nach Belieben „exportieren". Der Gründungsstaat kann verlangen, dass eine Gesellschaft, die sich nach seinem Recht organisieren will, den Sitz ihrer Geschäftsleitung innerhalb des eigenen Staatsgebietes hat. Er darf auch selbst bestimmen, ob sich die nach seinem Recht gegründete Gesellschaft unter Beibehaltung ihrer Rechtspersönlichkeit im Ausland durch Verlegung des Verwaltungssitzes niederlassen kann. Wenn er jedoch entscheidet, der Gesellschaft auch bei einer Sitzverlegung ins Ausland ihre Rechtsfähigkeit nicht zu entziehen, müssen alle anderen Mitgliedstaaten dies respektieren.

Ungeklärt bleibt, wie die Aussage in Daily Mail zu verstehen ist, dass ein Mitgliedstaat auch seinen eigenen Gesellschaften die Niederlassungsfreiheit nicht vorenthalten dürfe.[45] Dieses Postulat steht schon in der damaligen Entscheidung merkwürdig isoliert, löst es sich doch durch die anschließende Billigung der freiheitsbeschränkenden Vorgehensweise der britischen Behörden geradezu in Luft auf.[46] Dieses scheinbare Paradox tritt umso stärker ans Licht angesichts der weiterhin gängigen Praxis deutscher Gerichte, einer Gesellschaft deutschen Rechts den identitätswahrenden Wegzug zu verweigern[47] – eine Verweigerung, die anders als im Fall Daily Mail im Einzelfall nicht einmal mit konkreten Schutzinteressen des Wegzugsstaates, sondern lediglich pauschal damit begründet wird, eine Sitzverlegung ins Ausland sei nach deutschem Recht nun einmal nicht möglich.[48]

---

[44] Vgl. EuGH, Rs. 81/87, *Daily Mail*, Slg. 1988, 5483, 5511 (Rn. 18).

[45] Vgl. oben die Besprechung des Urteils S. 85.

[46] So die Kritik von *Edwards* EC Company Law, 1999, S. 378: "The Court's apparently bold statement early in the judgment that there is a right of primary establishment for companies seems thus to be whittled down to nothing until the differences in national law have been smoothed out by legislation or convention ..." Auch *Behrens* in: Ferrarini/Hopt/Wymeersch (Hrsg.), Capital Markets in the Age of the Euro, 2002, 503, 516, meint, die Entscheidung führe zu widersprüchlichen Ergebnissen.

[47] Zuletzt BayObLG, Beschluss vom 11.2.2004 – 3Z BR 175/03, ZIP 2004, 806 (= BB 2004, 570).

[48] Das BayObLG stützt sich in der in Fn. 47 genannten Entscheidung darauf, dass sich nach deutschem GmbH-Recht der Sitz einer GmbH im Inland befinden müsse. Die Möglichkeit, dass die Sitzverlegung nach dem Recht des Zuzugsstaates möglicherweise als Neugründung zu bewerten sei, wird ausdrücklich als irrelevant verworfen und daher inhaltlich nicht geprüft. Damit verwehrt das deutsche Recht eine identitätswahrende Sitzverlegung unter Wechsel des anwendbaren Rechts, ohne auch nur den Versuch zu unternehmen, dies im Einzelfall durch zwingende Gründe des Allgemeinwohls zu rechtfertigen. Vgl. zur Rechtfertigung von Wegzugsbeschränkungen ausführlich S. 168 ff.

Die Aussage des EuGH, dass auch inländische Gesellschaften gegenüber ihrem eigenen Gründungsstaat Niederlassungsfreiheit genießen, ist gewiss kein folgenloses Postulat.[49] In Daily Mail zog der Gerichtshof aus ihr zwar keine spürbaren Konsequenzen, in der Rechtssage „Hughes de Lasteyrie du Saillant“[50] jedoch wurde sie zum tragenden Entscheidungsgrund: Der Wegzug einer natürlichen Person dürfe nicht ohne weiteres zu einer steuerlichen Belastung führen. Dies verstoße gegen die EG-vertragliche Niederlassungsfreiheit. „Auch wenn Art. 52 EG-Vertrag ebenso wie die anderen Bestimmungen über die Niederlassungsfreiheit nach seinem Wortlaut insbesondere die Inländerbehandlung im Aufnahmemitgliedstaat sichern soll, so verbietet er es doch auch, dass der Herkunftsmitgliedstaat die Niederlassung seiner Staatsangehörigen in einem anderen Mitgliedstaat behindert.“[51] Dies bezog sich zwar auf die Niederlassungsfreiheit von natürlichen Personen; da ihnen aber die Gesellschaften gemäß Art. 48 EG-Vertrag gleich gestellt sind, besteht kein Zweifel, dass die Niederlassungsfreiheit von Gesellschaften grundsätzlich auch gegenüber dem Herkunftstaat gelten muss. Zu bedenken bleibt lediglich, dass eine Gesellschaft im Gegensatz zu natürlichen Personen ihre Existenz der Rechtsordnung des Herkunftstaates verdankt und ohne diese Verleihung der Rechtsfähigkeit nicht denkbar und nicht existent ist. Dies ist die weiterhin gültige Kernaussage von Daily Mail. Die Niederlassungsfreiheit von Gesellschaften kann daher derjenigen von natürlichen Personen nicht völlig nachgebildet sein, sondern muss entsprechend angepasst werden.

Eine denkbare Interpretation könnte dahin gehen, dass der Gründungsstaat „seiner“ Gesellschaft zwar nicht den Wegzug unter Beibehaltung ihres Gründungsstatuts, wohl aber die identitätswahrende Sitzverlegung ermöglichen muss, bei der die Gesellschaft im Wege des Formwechsels eine vergleichbare Rechtsform des Zuzugsstaates annimmt.[52] Dafür spricht, dass der Gerichtshof in Daily Mail den Vorbehalt einer internationalen Vereinbarung nur auf die Frage einer Sitzverlegung „unter Beibehaltung der Rechtspersönlichkeit“ bezieht.[53] Da er aus den Anknüpfungen des Art. 48 EG-Vertrag die Zuordnung zu der Rechtsordnung eines bestimmten Mitgliedstaats ableitet,[54] könnte dies so zu verstehen sein, dass eine Sitzverlegung unter Beibehaltung dieser Zuordnung nur dann möglich ist, wenn das

---

49 Ebenso *Ebke* EBLR 2005, 9, 23 ff.

50 EuGH, Rs. C-9/02, *Hughes de Lasteyrie du Saillant*, Slg. 2004, I-2409.

51 EuGH, Rs. C-9/02, *Hughes de Lasteyrie du Saillant*, Slg. 2004, I-2409, I-2452 (Rn. 42).

52 Dazu bereits oben in § 3 über die Niederlassungsfreiheit (S. 168 ff.). Enger *Ebke* EBLR 2005, 9, 24, der meint, ohne sekundärrechtliche Flankierung sei eine grenzüberschreitende Sitzverlegung derzeit nicht möglich. Nach hier vertretener Auffassung (oben S. 173 ff.) ist eine grenzüberschreitende Sitzverlegung auch ohne sekundärrechtliche Basis gestaltbar und von den Mitgliedstaaten zu ermöglichen.

53 EuGH, Rs. 81/87, *Daily Mail*, Slg. 1988, 5483, 5512 (Rn. 21); auf die Bedeutung dieser Formulierung weist in diesem Zusammenhang auch *J. Lau Hansen* EBLR 2002, 85, 92 f. hin.

54 Siehe oben S. 99.

Recht des Gründungsstaates dies vorsieht. Hingegen müsste ein Wegzug unter Änderung des anwendbaren Rechts zugelassen oder dürfte jedenfalls nicht unnötig erschwert werden.[55] Insoweit bleibt die deutsche Rechtslage, die einen solchen Wegzug nicht zulässt, europarechtlich fragwürdig.[56]

In den Kommentierungen der Überseering-Entscheidung setzte sich noch deutlicher als nach Centros die Auffassung durch, die Sitztheorie sei für gemeinschaftsrechtswidrig erklärt worden und die Niederlassungsfreiheit erzwinge eine Kehrtwende zur Gründungstheorie – jedenfalls für die in Überseering relevante Frage der Rechts- und Parteifähigkeit.[57] Allerdings fehlt auch nicht der Hinweis, dass die Vorlage des BGH eine konsequente Trennung von Kollisionsrecht und Sachrecht vermissen lässt und damit möglicherweise die gemeinschaftsrechtliche Frage für die Entscheidung gar nicht erheblich war.[58] Denn die Sitztheorie verweist zunächst nur auf das nationale Gesellschaftsrecht; ob das deutsche Recht der *Überseering B. V.* als GbR oder als OHG Parteifähigkeit verleiht, hat der vorlegende VII. Zivilsenat des BGH nicht untersucht, obwohl es in seinem Fall allein auf die Frage der Parteifähigkeit ankam.[59] Da der Europäische Gerichtshof traditionell die Erheblichkeit der Vorlage nicht überprüft, konnte dieser Aspekt in dem Vorlageverfahren keine Bedeutung erlangen.

Andere Kommentatoren entgegnen, der Europäische Gerichtshof habe auch im Fall Überseering über Fragen des Kollisionsrechts nicht entschieden.[60] Anhalts-

---

[55] In diesem Sinne auch *Rammeloo* Corporations in Private International Law, 2001, S. 55f.; ähnlich *Wooldridge* EBLR 2003, 227, 235, für die Verlegung des tatsächlichen Sitzes: Ein Mitgliedstaat könne beispielsweise den vorherigen Abschluss der Steuerrechnung verlangen, nicht aber die Verlegung gänzlich untersagen.

[56] Kaum nachvollziehbar ist die weiterhin vertretene Auffassung der Gerichte, eine Vorlage an den EuGH sei entbehrlich, da die Niederlassungsfreiheit nicht zwingend gebiete, eine Verlegung des Satzungssitzes zuzulassen (so BayObLG, a.a.O. [Fn. 47], S. 572). Über eine Verlegung des Satzungssitzes hatte der EuGH in *Daily Mail* nicht zu entscheiden, die Frage ist also noch nicht geklärt und müsste dem EuGH vorgelegt werden.

[57] *De Diego* Scheinauslandsgesellschaften, 2004, S. 110ff.; *Ebke* EBLR 2005, 9, 26ff.; *Eidenmüller* ZIP 2002, 2233, 2338f.; *Forsthoff* BB 2002, 318ff; *Koch/Köngeter* JURA 2003 692, 696; *Leible/Hoffmann* RIW 2002, 925, 928; *Lombardo* 4 EBOR (2003), 301, 310; *Robertson* Company Lawyer 2003, 184f.; *Zimmer* RabelsZ 67 (2003) 298, 307f. So auch der BGH im weiteren Fortgang des Überseering-Verfahrens (NJW 2003, 1461). Ebenso sehen dies zahlreiche Kommentatoren der *Inspire Art*-Entscheidung: *Bayer* BB 2004, 1, 4; *Horn* NJW 2004, 893, 894ff.; *Leible/Hoffmann* EuZW 2003, 677, 681; *Ziemons* ZIP 2003, 1913, 1917.

[58] *Altmeppen* DStR 2000, 1061, 1062f.; *Forsthoff* DB 2000, 1109f.; *Jaeger* NZG 2000, 918, 919; *Kindler* RIW 2000, 649, 651; *W.-H. Roth* ZIP 2000, 1597, 1600.

[59] Die Anerkennung der Parteifähigkeit als GbR hatte der für Gesellschaftsrecht zuständige II. Senat erst nach der Vorlage des VII. Senats an den BGH vollzogen. Dennoch überrascht, dass der VII. Senat nicht einmal die Möglichkeit einer Parteifähigkeit als OHG, die im Schrifttum seit längerem angeregt wurde, geprüft und diskutiert hat. *Kindler* RIW 2000, 649, 651, gelangt in seiner Besprechung des Vorlagebeschlusses wegen des Unternehmensgegenstandes der Gesellschaft (Vermögensverwaltung) zu dem Ergebnis, sie sei GbR und damit nicht parteifähig.

[60] Vgl. die Nachweise in Fn. 66.

punkt dafür ist die Antwort auf die zweite Vorlagefrage.[61] Darin hatte der BGH gefragt: „Gebietet es die Niederlassungsfreiheit für Gesellschaften (Artikel 43 EG und 48 EG), die Rechtsfähigkeit und die Parteifähigkeit nach dem Recht des Gründungsstaats zu beurteilen?“[62] Mit dieser Frage ging es offenkundig darum zu klären, ob die Niederlassungsfreiheit für die Rechts- und Parteifähigkeit einer Gesellschaft die Anwendung der Gründungstheorie gebiete.[63] Generalanwalt *Colomer* regte in seinen Schlussanträgen an, die zweite Vorlagefrage nicht zu beantworten.[64] Es sei nicht Sache des Gemeinschaftsrechts, dem nationalen Recht vorbehaltene Untersuchungen anzustellen. Die Mitgliedstaaten müssten ihr Internationales Privatrecht lediglich so gestalten, dass es in seinen praktischen Auswirkungen mit dem Gemeinschaftsrecht vereinbar sei.

Der Anregung, die Frage unbeantwortet zu lassen, folgte der Gerichtshof nicht. Er folgte allerdings auch nicht der Formulierung der Vorlagefrage. Statt dessen antwortete er, der aufnehmende Mitgliedstaat sei verpflichtet, die Rechtsfähigkeit und damit die Parteifähigkeit „zu achten“, die die Gesellschaft nach dem Recht ihres Gründungsstaates besitze.[65] Nimmt man dies mit den Aussagen des Generalanwalts zusammen, lassen sich folgende Schlussfolgerungen ziehen: Indem der EuGH das vom BGH vorgeschlagene Wort „beurteilen“ nicht übernimmt, verzichtet er darauf, die Mitgliedstaaten auf eine der aktuell existierenden mitgliedstaatlichen Kollisionsregeln festzulegen;[66] indem er dennoch eine Antwort auf die zweite Vorlagefrage gibt, macht er deutlich, dass zwar eine autonome Gestaltung des nationalen Kollisionsrechts möglich bleibt, der Gestaltungsspielraum aber gerade in der Frage der Rechts- und Parteifähigkeit gegen Null tendiert. Insoweit beschränkt die Niederlassungsfreiheit den Anwendungsbereich des Kollisionsrechts: Es darf die Existenz der Gesellschaft als solcher nicht mehr in Frage stellen.[67]

---

[61] Dazu bereits oben S. 93 ff.

[62] EuGH, Rs. C-208/00, *Überseering*, Slg. 2002, I-9919, I-9952 (Rn. 21).

[63] So zutreffend die Feststellung von *W.-H. Roth* ZIP 2000, 1597, 1599.

[64] GA *Colomer*, EuGH, Rs. C-208/00, *Überseering*, Slg. 2002, I-9919, I-9940f. Zur Argumentation des Generalanwalts bereits oben S. 95 bei der Besprechung der Entscheidung.

[65] EuGH, Rs. C-208/00, *Überseering*, Slg. 2002, I-9919, I-9974 (Rn. 95).

[66] In diesem Sinne auch: *Kindler* NJW 2003, 1073, 1076f.; *Vaquero López* RdS 2003, 181, 185; *Wooldridge* EBLR 2003, 227, 234. Differenzierend *Schanze/Jüttner* AG 2003, 30ff.: Rechts- und Parteifähigkeit bestimmen sich nach Gründungsstatut, andere kollisionsrechtliche Wertungen sind am Maßstab der Niederlassungsfreiheit im Einzelfall zu überprüfen. *Leible/Hoffmann* RIW 2002, 925, 928, sehen in der Beantwortung der zweiten Vorlagefrage eine klare Absage an die Sitztheorie (was sie allerdings kritisieren, weil sich den Grundfreiheiten keine Vorgabe dazu entnehmen lasse, auf welche Weise eine Grundfreiheitenbeschränkung zu beseitigen sei; dies sei vielmehr Sache des nationalen Rechts).

[67] So überzeugend *Vaquero López* RdS 2003, 181, 189; ebenso *Kindler* NJW 2003, 1073, 1076f.

d) Die Diskussion nach Inspire Art

Das Inspire Art-Urteil hat die Fronten kaum mehr verändert. Der VII. Senat des BGH hat in der auf die Überseering-Vorlage folgenden Entscheidung der klagenden Gesellschaft die Prozessfähigkeit als Gesellschaft niederländischen Rechts zugesprochen,[68] der II. Zivilsenat in einer Entscheidung vom 14.3.2005 für die Haftung des Geschäftsführers einer Limited auf englisches Recht verwiesen[69]. Das Schrifttum stellt sich mehrheitlich auf einen Übergang zur Gründungstheorie oder zumindest eine substantielle Modfizierung der Sitztheorie ein.[70] Nach wie vor gibt es aber auch differenzierende Stimmen, die betonen, der Gerichtshof habe zwar den Spielraum des Kollisionsrechts deutlich begrenzt, selbst aber keine bestimmte kollisionsrechtliche Theorie für verbindlich erklärt.[71] Stellungnahmen, die sich der Aufgabe zuwenden, das künftig geltende Kollisionsrecht in Worte zu fassen, lassen sich bislang kaum bestimmten Lagern zurechnen; die kollisionsrechtliche Terminologie hat einstweilen ihren klaren Zuweisungsgehalt eingebüßt: Heißt es die Sitztheorie aufzugeben, wenn man die Existenz einer im Ausland wirksam gegründeten Gesellschaft respektiert? Oder war nicht vielmehr die rigorose Versagung der Rechts- und Parteifähigkeit schon immer eine überzogene Rechtsfolge, die mit dem eigentlichen Anliegen der Sitztheorie wenig zu tun hat? Das derzeitige Internationale Gesellschaftsrecht in Deutschland ist ein Bereich mit vielen verschiedenen Graustufen, in dem die einzig klar erkennbare Linie in der zwingenden Respektierung der Existenz der ausländischen Gesellschaft besteht, im Übrigen die Konturen in mehr oder weniger weit reichenden Sonderanknüpfungen verschwimmen. Handelt es sich

---

[68] BGH v. 13.3.2003, VII ZR 370/98, NJW 2003, 1461.

[69] BGH, II ZR 5/03, JZ 2005, 848 (m. Anm. *Rehberg*); vgl. auch die Nachweise zur Reaktion der deutschen Rechtsprechung auf die EuGH-Entscheidungen bei *Hirte*, NJW 2005, 477, 478f.

[70] *Adensamer/Bervoets* RdW 2003, 617; *Behrens* IPRax 2004, 20, 24ff.; *Ebke* EBLR 2005, 9, 41; *Eidenmüller* JZ 2004, 24; *Friis Hansen* Scandinavian Studies in Law, 2004, 147ff.; *Horn* NJW 2004, 893, 896; *Jestädt* Niederlassungsfreiheit und Gesellschaftskollisionsrecht, 2005, S. 164ff.; *Kersting/Schindler* RdW 2003, 621, 622f.; *Leible* ZGR 2004, 531, 532ff.; *Leible/Hoffmann* EuZW 2003, 677, 681; *Maul/Schmidt* BB 2003, 2297, 2298; *Riedemann* GmbHR 2004, 345f.; *Sandrock* BB 2004, 897ff.; *ders.* in Sandrock/Wetzler (Hrsg.), Wettbewerb der Rechtsordnungen, 2004, S. 33, 36; *Schanze/Jüttner* AG 2003, 661ff.; *Spindler/Berner* RIW 2003, 949; *Spindler/Berner* RIW 2004, 7, 8; *Ulmer* NJW 2004, 1201; *Weller* IPRax 2003, 207; *Weller* DStR 2003, 1800; *Wetzler* GPR 2004, 84, 85; *Ziemons* ZIP 2003, 1913, 1917. Dezidiert kritisch gegenüber dem sich damit abzeichnenden Umschwung der bislang herrschenden Meinung *Altmeppen* NJW 2004, 97ff. und *Altmeppen/Wilhelm* DB 2004, 1083ff.

[71] *Binge/Thölke* DNotZ 2004, 21, 26; *Bitter* WM 2004, 2190ff.; *Bitter* Jb.J.ZivRWiss. 2004, S. 299ff.; *Eidenmüller/Rehm* ZGR 33 (2004) 159, 164ff.; *Hirte* in: Hirte/Bücker (Hrsg.), Grenzüberschreitende Gesellschaften, 2005, S. 9ff. (Rn. 17ff.); *Koch* JuS 2004, 755, 756; *Leible* ZGR 2004, 531, 534; *Martin-Ehlers* in: Sandrock/Wetzler (Hrsg.), Wettbewerb der Rechtsordnungen, 2004, S. 1, 13ff.; *Rehm* in: Eidenmüller (Hrsg.), Ausländische Kapitalgesellschaften, 2004, S. 39 (Rn. 70); *Schanze/Jüttner* AG 2003, 661, 665; *Ulmer* NJW 2004, 1201, 1205; *Ungan* ZVglRWiss 104 (2005) 355, 357.

dabei um *die* Gründungstheorie, um eine „europarechtliche Gründungstheorie“ [72], eine „europarechtlich moderierte Kontrolltheorie“ [73] oder lediglich um eine Modifizierung der Sitztheorie? [74] Zur Bestimmung der eigenen Position sollen nachfolgend die Vorgaben der Niederlassungsfreiheit für das Internationale Gesellschaftsrecht schärfer umrissen werden.

II. Kollisionsrechtliche Implikationen der Niederlassungsfreiheit

Lässt man die Diskussion der vergangenen Jahre Revue passieren, changiert das Bild von der Vorstellung Internationales Gesellschaftsrecht sei geradezu „niederlassungsresistent“ bis hin zur heute weit verbreiteten Meinung, die Niederlassungsfreiheit lasse keine andere Wahl, als die Gründungstheorie anzuwenden. Im Lichte der Grundfreiheitendogmatik ist diese These nicht zwingend. Denn die Wirkung der Grundfreiheiten besteht darin, einer nationalen Norm die Anwendung zu versagen, nicht darin, an ihrer Stelle eine andere vorzuschlagen. Allerdings setzen die Grundfreiheiten an der Unterschiedlichkeit der Rechtsordnungen an; und wenn die Norm des einen Staates gerade wegen ihrer Abweichung von derjenigen eines zweiten Staates unanwendbar ist, bleibt die letztere übrig. Dies legt die These nahe, die Grundfreiheiten hätten einen kollisionsrechtlichen Gehalt. Dennoch ist die Gleichsetzung mit einer Verweisung im Sinne des Kollisionsrecht allzu vereinfachend. Der spezifische Wirkungsmechanismus der Grundfreiheiten im Vergleich zum Kollisionsrecht soll daher *unter 1.* noch einmal klar herausgearbeitet werden.

Studiert man im Lichte dessen *unter 2.* nochmals die Entscheidungen Centros, Überseering und Inspire Art, lässt sich ihnen entgegen weit verbreiteter Auffassung keine zwingende Aussage für oder gegen die Sitz- oder Gründungstheorie entnehmen; dabei liegt das wesentliche Missverständnis der aktuellen Diskussion in der Vorstellung, mit der Zuweisung von Rechtsfähigkeit sei bereits über sämtliche gesellschaftsrechtlichen Fragen abschließend entschieden.

Ein Wechsel zur Gründungstheorie sollte daher nicht unkritisch der Prämisse folgen, dies sei gemeinschaftsrechtlich geboten, sondern allenfalls das Ergebnis einer sorgfältigen Auslotung der verbleibenden kollisionsrechtlichen Gestaltungsfreiheit sein. Wie *unter 3.* zu zeigen ist, wäre eine endgültige Festlegung auf eine generelle Gründungsanknüpfung bei weitem verfrüht, da die enge Verknüpfung von kollisions- und sachrechtlichen Fragestellungen einen weit umfassenderen Änderungsbedarf hervorruft als nur einen Wechsel zur Gründungstheorie. Bei der Ent-

---

[72] *Leible* ZGR 2004, 531, 534; *Leible/Hoffmann* RIW 2002, 925, 930.

[73] *Schanze/Jüttner* AG 2003, 661.

[74] Vgl. *Altmeppen/Wilhelm* DB 2004, 1083, 1086 und 1089, die zwar im Wesentlichen eine gesellschaftsrechtliche Anknüpfung am tatsächlichen Sitz der Gesellschaft fordern, dabei jedoch betonen, mit der Sitztheorie im herkömmlichen Sinne einer „Nichtanerkennungstheorie“ habe dies nichts zu tun.

scheidung zwischen Gründungs- und Sitztheorie geht es nicht um die Alternative zwischen Liberalität oder Xenophobie, sondern um das Spannungsverhältnis zwischen einer eindeutigen Anknüpfung *oder* einer Klarheit der Rechtsfolgen – sowohl Gründungs- als auch Sitztheorie können immer nur *eine* der beiden Anforderungen zufriedenstellend lösen.

1. Wirkungsweise von Grundfreiheiten und Kollisionsrecht

a) Kollisionsrecht: Bestimmung des anwendbaren Sachrechts

Um die Grundfreiheiten und das Internationale Privatrecht (oder: Kollisionsrecht)[75] in ihrer unterschiedlichen Wirkungsweise sinnvoll gegeneinander abgrenzen zu können, soll zunächst ein Blick auf die funktionelle Eigenart beider Rechtsmaterien geworfen werden. Das Kollisionsrecht bestimmt bei Sachverhalten mit Auslandsbezug, ob die Normen zur Beurteilung des Sachverhalts der inländischen oder der ausländischen Rechtsordnung zu entnehmen sind.[76] Es ist zu unterscheiden vom Sachrecht, das den Sachverhalt unmittelbar regelt.[77] Im Kern geht das deutsche Kollisionsrecht davon aus, dass die Verweisung auf ausländisches Recht nicht davon abhängig gemacht werden soll, zu welchem Ergebnis die dortigen Sachnormen im konkreten Fall führen.[78] Entscheidend ist, welches Recht dem Sachverhalt besser gerecht wird; somit stehen sich bei der Entscheidung darüber, welches Sachrecht zur Anwendung kommt, inländisches und ausländisches Recht grundsätzlich gleichrangig gegenüber.[79] Die Wertvorstellungen der inländischen

---

[75] Wenn nachfolgend von „Kollisionsrecht" gesprochen wird, so vor dem Hintergrund, dass IPR und Kollisionsrecht weithin als austauschbare Bezeichnungen für denselben Fragenkreis gelten (*von Bar/Mankowski* Internationales Privatrecht I, 2. Aufl., 2003, S. 11 [§ 1 Rn. 16]).

[76] *Kegel/Schurig* Internationales Privatrecht, 9. Aufl., 2004, S. 53 (§ 1 VIII 1); MüKo-*Sonnenberger* Bd. 10, 4. Aufl., 2006, Einl. IPR, Rn. 3; *von Bar/Mankowski* Internationales Privatrecht I, 2. Aufl., 2003, S. 2 (§ 1 Rn. 1).

[77] *Kegel/Schurig* Internationales Privatrecht, 9. Aufl., 2004, S. 53 (§ 1 VIII 1); *von Bar/Mankowski* Internationales Privatrecht I, 2. Aufl., 2003, S. 197 (§ 4 Rn. 1ff.); MüKo-*Sonnenberger* Bd. 10, 4. Aufl., 2006, Einl. IPR, Rn. 362.

[78] MüKo-*Sonnenberger* Bd. 10, 3. Aufl., 1998, Einl. IPR, Rn. 76. Dies ist nicht selbstverständlich; zu den verschiedenen Auffassungen darüber, wie das „sachlich angemessene" Recht zu ermitteln ist: MüKo-*Sonnenberger* Bd. 10, 4. Aufl., 2006, Einl. IPR, Rn. 9ff. m.w.N. Das IPR baut jedoch, so *von Bar/Mankowski* Internationales Privatrecht I, 2. Aufl., 2003, S. 707 (§ 7 Rn. 249), auf der Vorstellung auf, dass das räumlich beste Recht im Zweifel auch das beste Recht in der Sache selbst ist; ebenso *Kegel/Schurig* Internationales Privatrecht, 9. Aufl., 2004, S. 131 (§ 2 I).

[79] MüKo-*Sonnenberger* Bd. 10, 4. Aufl., 2006, Einl. IPR, Rn. 9. Dies gilt jedenfalls für das Privatrecht (nicht unbedingt für das öffentliche Recht). *von Bar/Mankowski* Internationales Privatrecht I, 2. Aufl., 2003, S. 198 (§ 4 Rn. 4): „Grundsätzlich kennt nur das Privatrecht echte Verweisungen auf fremdes Recht. Grundsätzlich wohnt nur ihm der Gedanke inne, die Rechtsordnungen der Staaten als gleichrangig anzusehen ..."; in diesem Sinne auch *Gounalakis/Radke* ZVglRWiss 98 (1999) 1, 5.

Rechtsordnung kommen korrigierend ins Spiel vermittelt über den Vorbehalt des *ordre public*, der die Anwendung einer ausländischen Norm untersagt, wenn dies zu einem Ergebnis führen würde, das „mit wesentlichen Grundsätzen des deutschen Rechts offensichtlich unvereinbar ist" (Art. 6 EGBGB).

Diese kurze Charakterisierung macht deutlich, dass sich Kollisionsrecht im Verhältnis verschiedener staatlicher Hoheitsgewalten entfaltet, die einander *gleichrangig* gegenüber stehen. Es äußert sich hingegen nicht zu der Frage, ob ein Sachverhalt durch europäisches Gemeinschaftsrecht geregelt wird oder durch nationales Recht.[80] Denn im Verhältnis zwischen Gemeinschaftsrecht und nationalem Recht der Mitgliedstaaten gilt nicht etwa Gleichrangigkeit, vielmehr herrscht der Vorrang des Gemeinschaftsrechts.[81] Soweit das Gemeinschaftsrecht einen Sachverhalt (abschließend) regelt, ist für die Anwendung des mitgliedstaatlichen Rechts kein Raum mehr. Es stellt sich dabei anders als im Kollisionsrecht nicht die Frage, welches Recht dem Sachverhalt besser gerecht wird. Maßgebend ist allein, ob der Sachverhalt tatbestandlich unter das Gemeinschaftsrecht fällt. Da der Erlass von Gemeinschaftsrecht auf eigener Hoheitsgewalt der Gemeinschaft beruht und die Mitgliedstaaten insoweit auf ihre Souveränität verzichtet haben, geht es aus Perspektive der Gemeinschaft auch nicht um einen Auslandssachverhalt, sondern um die konkurrierende Regelungsbefugnis zweier Gesetzgeber auf ein und demselben Territorium und damit letztlich nicht um ein Verhältnis der Gleichrangigkeit, sondern um die Bestimmung der anwendbaren Norm innerhalb einer *Normenhierarchie*. Dadurch unterscheidet sich der Konflikt zwischen Gemeinschaftsrecht und mitgliedstaatlichem Recht von den im Kollisionsrecht behandelten Anwendungskonflikten gleichrangiger Rechtsordnungen. Die Regeln, die über das Verhältnis des Gemeinschaftsrechts zum mitgliedstaatlichen Recht entscheiden, werden daher mitunter auch als „Rangkollisionsrecht" bezeichnet.[82]

b) Grundfreiheiten: Herkunftslandprinzip

Der Vorrang des Gemeinschaftsrechts führt dazu, dass einer nationale Norm, die für denselben Sachverhalt Geltung beansprucht und den Anforderungen des Gemeinschaftsrechts nicht entspricht, die Anwendung versagt bleibt. Dies kann im Einzelfall auch eine nationale Kollisionsnorm treffen.[83] Ungeachtet dessen bleibt der Anwendungskonflikt zwischen Gemeinschaftsrecht und nationalem Recht eine

---

[80] MüKo-*Sonnenberger* Bd. 10, 4. Aufl., 2006, Einl. IPR, Rn. 148.

[81] Grundlegend entwickelt in den bereits oben S. 107ff. angesprochenen Entscheidungen EuGH, Rs. 26/62, *Van Gend & Loos*, Slg. 1963, 1ff., und EuGH, Rs. 6/64, *Costa*, Slg. 1964, 1251ff.

[82] *Brödermann* in: *Brödermann/Iversen* Europäisches Gemeinschaftsrecht und Internationales Privatrecht, 1994 S. 8.

[83] Ebenso *Brödermann* in: *Brödermann/Iversen* Europäisches Gemeinschaftsrecht und Internationales Privatrecht, 1994, S. 7f., *Drasch* Herkunftslandprinzip im IPR, 1997, S. 254f. und *Sonnenberger* ZVglRWiss 95 (1996) 3, 4.

Frage nach dem sachlichen Anwendungsbereich des Gemeinschaftsrechts.[84] Die Grundfreiheiten setzen dem mitgliedstaatlichen Kollisionsrecht insoweit Schranken, als sie mit den Freiheiten des EG-Vertrages nicht kollidieren dürfen.[85] Denn das Gemeinschaftsrecht kontrolliert nicht nur die Wirkung von Sachnormen, sondern auch den von den Mitgliedstaaten in Anspruch genommenen internationalen Anwendungsbereich der in Frage stehenden Sachnormen.[86] Dies macht vor der Schranke des Ordre Public nicht Halt. Selbst die Berufung auf den Ordre Public ist gemeinschaftswidrig, wenn sie sich nicht durch zwingende Gründe des Allgemeininteresses im Sinne der Grundfreiheiten-Rechtsprechung rechtfertigen lässt.[87] Sachrecht *und* Kollisionsrecht sind also dem grundfreiheitlichen Rechtfertigungszwang unterworfen.[88]

Die Anwendung der Grundfreiheiten hat gegebenenfalls zur Folge, dass einer entgegenstehenden nationalen Kollisionsregel die Anwendung versagt bleibt. Dies wirft die Frage auf, ob die Grundfreiheiten selbst Verweisungsnormen sind. Oder anders gewendet:[89] Bestimmen die Grundfreiheiten für einen konkreten Anknüpfungsgegenstand des Privatrechts, welchen Staates Sachrecht anwendbar ist? Rechtsdogmatisch ist dies nicht ausgeschlossen. Zwar ist das Verhältnis zwischen den Grundfreiheiten und dem nationalen Recht kein Kollisionsrecht im Sinne des zwischenstaatlichen Kollisionsrechts; dennoch kann das Gemeinschaftsrecht Rechtsquelle kollisionsrechtlicher Regelungen sein, indem es anordnet, welches mitgliedstaatliche Recht auf einen grenzüberschreitenden Sachverhalt Anwendung finden soll.[90] Ein Beispiel dafür ist die Europäische Insolvenzverordnung, wonach auf grenzüberschreitende Insolvenzen das Insolvenzrecht des Staates der Verfahrenseröffnung anzuwenden ist.[91] Ebenso ist es denkbar, dass das Primärrecht kollisions-

---

84 MüKo-*Sonnenberger* Bd. 10, 4. Aufl., 2006, Einl. IPR, Rn. 148, sowie *Sonnenberger* ZVglR-Wiss 95 (1996) 3ff. Hierzu auch *Jestädt* Niederlassungsfreiheit und Gesellschaftskollisionsrecht, 2005, S. 83ff.

85 Vgl. dazu *W.-H. Roth* RabelsZ 55 (1991) 623, 637 sowie auf S. 645ff. die Untersuchungen der Schrankenwirkung in einzelnen Teilbereichen des Privatrechts; weiterhin *Drasch* Herkunftslandprinzip im IPR, 1997, S. 244ff., zu Warenverkehrs- und Dienstleistungsfreiheit und *Höpping* Warenverkehrsfreiheit, 1997, S. 4ff. Zum Gesellschaftskollisionsrecht *Jestädt* Niederlassungsfreiheit und Gesellschaftskollisionsrecht, 2005, S. 75ff.

86 *W.-H. Roth* RabelsZ 55 (1991) 623, 600, der ebda. auch von der Kontrolle der „legislative jurisdiction" spricht.

87 Dazu *W.-H. Roth* RabelsZ 55 (1991) 623, 660ff. sowie *Sonnenberger* ZVglRWiss 95 (1996) 3, 40ff.

88 *W.-H. Roth* RabelsZ 55 (1991) 623, 671. Diese Erkenntnis hat sich nach anfänglichen Unsicherheiten auch in der Diskussion zum internationalen Gesellschaftsrecht nach der Centros-Inspire Art-Entscheidungsreihe durchgesetzt; siehe hierzu die Nachweise bei *Forsthoff* in: Hirte/Bücker (Hrsg.), Grenzüberschreitende Gesellschaften, 2005, S. 64, Fn. 102.

89 Nach *Brödersen*, in: *Brödermann/Iversen* Europäisches Gemeinschaftsrecht und Internationales Privatrecht, 1994, S. 67.

90 Dazu *Brödersen*, in: *Brödermann/Iversen* Europäisches Gemeinschaftsrecht und Internationales Privatrecht, 1994, S. 36ff.

91 Dazu näher unten im Kontext des Gläubigerschutzes ab S. 522 ff.

rechtliche Regelungen trifft, die sich dann auf Grund des Anwendungsvorrgans gegenüber nationalem Kollisionsrecht durchsetzen.

Versteht man die Grundfreiheiten als Ausprägung des Herkunftslandprinzips,[92] liegt es nahe, ihnen einen kollisionsrechtlichen Gehalt zuzuweisen: Wenn der Importstaat im Bereich der Warenverkehrsfreiheit einem Produkt, das im Herkunftsland ordnungsgemäß in Verkehr gebracht wurde, nicht die Verkehrsfähigkeit im eigenen nationalen Markt absprechen darf, entscheidet im Ergebnis die Rechtsordnung des Herkunftsstaats darüber, ob und mit welchen Eigenschaften das Produkt im Binnenmarkt in den Verkehr gebracht wird. Und wenn im Fall Überseering der niederländischen Gesellschaft das Recht zugesprochen wird, „als Gesellschaft niederländischen Rechts“[93] von ihrer Niederlassungsfreiheit Gebrauch zu machen, scheint darin der positive Rechtsanwendungsbefehl zu liegen, niederländisches Recht anzuwenden.

Allerdings bewirken die Grundfreiheiten nicht notwendig eine Verlagerung der Regelungskompetenz zu einem konkreten Mitgliedstaat, etwa dem Herkunftsstaat beim Warenverkehr. Vielmehr bleibt es bei der Regelungskompetenz des Aufnahmestaates, diese wird aber inhaltlich modifiziert.[94] Es handelt sich nicht um eine Verweisung auf die ausländische Sachnorm, sondern um eine „Rücksichtnahme auf ausländische Rechtslagen bei Anwendung des inländischen Sachrechts“.[95] Das ausländische Recht wird – so schreibt *Roth* bezogen auf das Verwaltungsrecht – zwar berücksichtigt, aber nicht als Entscheidungsnorm, sondern als Vorfrage oder als Faktum.[96] Daher lässt sich die Wirkungsweise der Grundfreiheiten nicht als kollisionsrechtliche Verweisung auf das Recht des Herkunftslandes verstehen.[97] Tatsächlich regeln die Grundfreiheiten überhaupt nicht, auf welche Weise die Sachfrage gelöst wird.[98] Die für unanwendbar erklärte Kollisionsnorm des Aufnahmestaats wird zumeist nicht wegen ihrer selbst gegen die Grundfreiheiten verstoßen, sondern wegen des Sachrechts, auf das sie verweist und dessen Anwendung zu einer Beschränkung der Grundfreiheit führt.[99] Der Aufnahmestaat behält also seine Ent-

---

92 Dazu oben S. 120 ff.

93 EuGH, Rs. C-208/00, *Überseering*, Slg. 2002, I-9919, I-9970 (Rn. 20).

94 *W.-H. Roth* RabelsZ 55 (1991) 623, 666.

95 *W.-H. Roth* RabelsZ 55 (1991) 623, 667.

96 *W.-H. Roth* RabelsZ 55 (1991) 623, 667.

97 In diesem Sinne aber *M. Hoffmann* Grundfreiheiten, 2000, S. 60ff., der allerdings für die Grundfreiheiten den Begriff „Koordinationsrechte“ prägt, weil Grundlage ihrer Verweisungen andere Wertungen sind als diejenigen des IPR. Vergleichbar *Basedow* RabelsZ 59 (1995) 1, 15, der von einer „versteckten kollisionsrechtlichen Verweisung“ spricht. Für das Internationale Gesellschaftsrecht *Behrens* IPRax 1999, 323, 325 (= *Behrens* EBOR 2000, 125, 131), der in Art. 48 EG-Vertrag eine Sachnormverweisung auf das Gesellschaftsrecht des Herkunftsstaates sieht. Wie hier mit ausführlicher Begründung *Kruse* Sitzverlegung, 1997, S. 195ff., und *Jestädt* Niederlassungsfreiheit und Gesellschaftskollisionsrecht, 2005, S. 79ff.

98 In diesem Sinne auch *Franzen* Privatrechtsangleichung, 1999, S. 145.

99 MüKo-*Sonnenberger* Bd. 10, 3. Aufl., 1998, Einl. IPR, Rn. 143.

scheidungskompetenz, kann beispielsweise für die Sachfrage eine neue Norm erlassen – sei es im Kollisionsrecht, sei es im Sachrecht. Er muss allerdings darauf achten, dass die umgestaltete Norm mit dem Gemeinschaftsrecht zu vereinbaren ist.[100] Wenn das Bestimmungsland keine binnenmarktverträgliche materiell-rechtliche Regelung treffen möchte, bleibt ihm *faktisch* nur das Vertrauen auf die Marktordnung des Herkunftslandes. Die Anwendung der Grundfreiheiten führt aber – anders als eine kollisionsrechtliche Verweisung – nicht zwingend zur Anwendbarkeit des ausländischen Rechts. Denkbar wäre auch, das Verdikt der Grundfreiheiten über das Recht des Zuzugsstaats untätig hinzunehmen mit der Folge, dass das ausländische Produkt oder der ausländische Staatsbürger im Inland überhaupt keinen rechtlichen Beschränkungen – also nicht einmal denjenigen seines Herkunftslandes – unterworfen ist. Im Gesellschaftsrecht droht derzeit eine solche Entwicklung, nachdem die an der Gründung anknüpfenden gläubigerschützenden Mechanismen des deutschen Rechts als binnenmarktwidrig verworfen wurden, der Gläubigerschutz des ausländischen Rechts im Inland jedoch zumindest bei den sogenannten „Briefkastengesellschaften" keine oder nur unzureichende Wirkung entfaltet.[101]

Denkbar ist auch die Entwicklung, dass der Zielstaat unter dem Eindruck der Konkurrenz einer anderen, liberaleren Rechtsordnung, sein eigenes materielles Recht dereguliert. Ein Beispiel ist die Reform des deutschen Wettbewerbsrechts.[102] Nach Liberalisierung seines Sachrechts könnte der nationale Gesetzgeber ohne weiteres wieder eine kollisionsrechtliche Verweisung auf inländisches Recht anordnen, ohne damit gegen die gemeinschaftsrechtliche Grundfreiheit zu verstoßen. Wenn das Recht des Bestimmungslandes das liberalere ist, kann es bei der Anwendung dieser Rechtsordnung bleiben; ein Produkt oder eine Dienstleistung würden nicht etwa deshalb vom Markt ausgeschlossen, weil sie in ihrem eigenen Herkunftsland möglicherweise nicht zugelassen worden sind.[103] Letztlich führt dies zu einem Günstigkeitsprinzip: Der grenzüberschreitend tätige Wirtschaftsteilnehmer kann sich jeweils auf diejenige Rechtsordnung berufen, die seiner Tätigkeit weniger Behinderungen entgegensetzt.[104]

c) Anknüpfung des Gründungsvorgangs am Sachrecht des Gründungsstaates

Die allgemeine Wirkungsweise der Grundfreiheiten lässt sich, wie soeben untersucht, nicht kollisionsrechtlich beschreiben, sondern folgt ihren eigenen Gesetzmäßigkeiten. Etwas anderes könnte für die Niederlassungsfreiheit insoweit gelten,

---

100 MüKo-*Sonnenberger* Bd. 10, 4. Aufl., 2006, Einl. IPR, Rn. 174.

101 Zu den Schutzlücken, die durch die Tätigkeit englischer Briefkastengesellschaften in Deutschland entstehen können, umfassend *Gernoth* Pseudo Foreign Company, 2005; siehe außerdem *Weller* Europäische Rechtsformwahlfreiheit, 2004, S. 99ff.

102 Darauf weist *Basedow* RabelsZ 59 (1995) 1, 51 (Fn. 205), hin.

103 *Basedow* RabelsZ 59 (1995) 1, 16.

104 *Basedow* RabelsZ 59 (1995) 1, 16.

als sie zu den Berechtigten der Grundfreiheit alle Gesellschaften zählt, die „nach den Rechtsvorschriften eines Mitgliedstaats gegründet" worden sind. *Brödermann* hat entgegen der seinerzeit noch herrschenden Auffassung überzeugend belegt, dass Art. 48 EG-Vertrag mit diesen Worten eine kollisionsrechtliche Aussage trifft.[105] Denn der Hinweis auf die Gründung der Gesellschaft nach dem Recht eines Mitgliedstaats ist so zu verstehen, dass über die Wirksamkeit der Gründung das Sachrecht des Mitgliedstaates entscheidet, nach dessen Rechtsvorschriften sich die Gesellschaft gegründet hat. Ist sie nach dem Recht des Gründungsstaates wirksam gegründet, dürfen andere Mitgliedstaaten diese Gründung nicht in Frage stellen. Ihnen ist damit verwehrt, bei der Prüfung der Gründung ihr eigenes Kollisionsrecht vorzuschalten.[106] Das heißt nichts anderes, als dass Art. 48 EG-Vertrag das maßgebliche Sachrecht bestimmt und somit eine kollisionsrechtliche Aussage trifft.

Jestädt stimmt damit in der Sache zwar überein,[107] stellt aber den kollisionsrechtlichen Charakter der gemeinschaftsrechtlichen Vorgabe in Frage.[108] Eine Sachnormverweisung lehnt *Jestädt* mit der Begründung ab, zur Bestimmung der sachrechtlichen Gründungsvorschriften könne man auf das Kollisionsrecht nicht verzichten.[109] Ebensowenig könne man in Art. 48 Abs. 1 EG-Vertrag eine Gesamtnormverweisung sehen, weil dann auch Gesellschaften eines Drittstaates, die in einem der Gründungstheorie folgenden Mitgliedstaat als rechtsfähig anerkannt würden, in den Genuss der Niederlassungsfreiheit kämen; auch diese seien dann nämlich Gesellschaften, die im Sinne des Art. 48 Abs. 1 EG-Vertrag „nach den Rechtsvorschriften eines Mitgliedstaates gegründet" seien.[110] Das muss man allerdings nicht so sehen. Denn eine Gesellschaft, deren Gründung sich nach den Regeln eines Drittstaates richtet und die in einem Mitgliedstaat der Gemeinschaft lediglich als existent anerkannt wird, hat sich nicht nach den Vorschriften dieses Mitgliedstaates gegründet, sondern nach denjenigen des Drittstaates. Sie unterfällt also nicht dem Wortlaut des Art. 48 EG-Vertrag.

Im Ergebnis ist dies nur ein Streit um Worte. Entscheidend ist, dass jede Gesellschaft, die von einem Mitgliedstaat als nach seinem Recht gegründet angesehen wird, Träger der Niederlassungsfreiheit ist. Die wirksame Gründung wird gemeinschaftsrechtlich hingenommen, gleichgültig, welche kollisions- und sachrechtlichen

---

105 *Brödermann* in: *Brödermann/Iversen* Europäisches Gemeinschaftsrecht und Internationales Privatrecht, 1994, S. 60ff.

106 *Brödermann* in: *Brödermann/Iversen* Europäisches Gemeinschaftsrecht und Internationales Privatrecht, 1994, S. 108. Ebenso jüngst *Jestädt* Niederlassungsfreiheit und Gesellschaftskollisionsrecht, 2005, S. 76ff.

107 *Jestädt* Niederlassungsfreiheit und Gesellschaftskollisionsrecht, 2005, S. 84: „europarechtskonforme Zustände (lassen) sich allein mit der Anknüpfung an den Gründungsakt einer Gesellschaft realisieren".

108 *Jestädt* Niederlassungsfreiheit und Gesellschaftskollisionsrecht, 2005, S. 81ff.

109 *Jestädt* Niederlassungsfreiheit und Gesellschaftskollisionsrecht, 2005, S. 83. Für eine Sachnormverweisung hingegen *von Halen* Gesellschaftsstatut nach Centros, 2001, S. 124.

110 *Jestädt* Niederlassungsfreiheit und Gesellschaftskollisionsrecht, 2005, S. 81f.

Vorschriften der Mitgliedstaat angewandt hat, um zu diesem Ergebnis zu gelangen. Folgen die Mitgliedstaaten verschiedenen kollisionsrechtlichen Theorien, ist letztlich sogar denkbar, dass eine Gesellschaft als bi-nationaler „Zwitter" ihre Existenz und damit ihre Niederlassungsfreiheit aus zwei Rechtsordnungen ableiten kann. In diesen Konflikt zweier Rechtsordnungen würde Art. 48 EG-Vertrag nicht eingreifen. Letztlich sprechen daher die besseren Argumente dafür, in Art. 48 Abs. 1 EG-Vertrag hinsichtlich des Gründungsaktes eine Gesamtnormverweisung auf das Recht des Staates zu sehen, der die Gesellschaft als nach seinem Recht wirksam gegründet reklamiert. Sollten dies mehrere Staaten sein, kann der Konflikt jedenfalls nicht durch Aberkennung der im Ausland verliehenen Rechtsfähigkeit entschieden werden; außerdem dürfte diese „Duplizierung der Rechtspersönlichkeit"[111] nicht in eine Beschränkung der Niederlassungsfreiheit münden. Im praktischen Ergebnis müsste die Gesellschaft also weitgehend nach dem für sie weniger belastenden Recht behandelt werden. Daher dürften Fälle einer doppelt verliehenen Rechtspersönlichkeit praktisch kaum relevant werden.

Die zweite Voraussetzung des Art. 48 EG-Vertrag (satzungsmäßiger Sitz, Hauptverwaltung oder Hauptniederlassung in der Gemeinschaft) enhält keine kollisionsrechtliche Aussage; denn sie trifft keine Festlegung zu Gunsten eines der dort genannten Anknüpfungspunkte. Es handelt sich lediglich um tatsächliche Voraussetzungen, die den Bezug zur Gemeinschaft herstellen, der für eine Inanspruchnahme der Niederlassungsfreiheit gegeben sein muss.[112] Eine Gesellschaft, die nach dem Recht eines Mitgliedstaats wirksam gegründet wurde, hat also kraft der Gründung ein „bedingtes" oder „ruhendes" Recht auf Niederlassungsfreiheit,[113] dessen Aktivierung allein davon abhängt, dass die Gesellschaft den räumlichen Bezug zur Gemeinschaft herstellt, indem sie dort ihren satzungsmäßigen Sitz, ihre Hauptverwaltung oder ihre Hauptniederlassung ansiedelt.

Demgegenüber vertrat das deutsche Schrifttum im Gefolge der Entscheidung Daily-Mail vielfach die Auffassung, jeder Mitgliedstaat könne der Grundfreiheitenprüfung sein eigenes Kollisionsrecht vorschalten und an Hand dessen selbst festlegen, nach welchem Sachrecht die Wirksamkeit der Gründung zu beurteilen sei.[114] Die jüngsten Entscheidungen des EuGH haben statt dessen die Auffassung von *Brödermann* bestätigt: Ob eine Gesellschaft nach dem Recht eines Mitgliedstaates wirksam gegründet ist, entscheidet allein das Recht des Gründungsstaates. Die Existenz einer solchermaßen ins Leben getretenen Gesellschaft darf von keinem der übrigen Mit-

---

[111] *Jestädt* Niederlassungsfreiheit und Gesellschaftskollisionsrecht, 2005, S. 94.

[112] *Brödermann* in: *Brödermann/Iversen* Europäisches Gemeinschaftsrecht und Internationales Privatrecht, 1994, S. 99ff. Ebenso *Jestädt* Niederlassungsfreiheit und Gesellschaftskollisionsrecht, 2005, S. 85ff.

[113] Zur Terminologie *Brödermann* in: *Brödermann/Iversen* Europäisches Gemeinschaftsrecht und Internationales Privatrecht, 1994, S. 104ff.

[114] Siehe zur Entscheidung Daily Mail oben S. 84ff. und zur kollisionsrechtlichen Sichtweise dieser Entscheidung im deutschen Schrifttum S. 405f.

gliedstaaten mehr in Frage gestellt werden. Das Sachrecht des Gründungsstaates entscheidet mithin über die Wirksamkeit der Gründung.

Brödermann trifft eine weitere wichtige Unterscheidung: Art. 48 EG-Vertrag verlangt die Respektierung des ausländischen *Gründungsvorgangs*, äußert sich aber nicht zur Beurteilung sonstiger gesellschaftsrechtlicher Fragen. Wandte er sich mit seiner ersten Aussage über den kollisionsrechtlichen Gehalt des Art. 48 EG-Vertrag gegen die damals herrschende Sitztheorie, verläuft seine zweite Schlussfolgerung entgegen den Linien der heute herrschend gewordenen Meinung. Diese hat nämlich die Sitztheorie nicht nur für die Fragen der Gründung aufgegeben, sondern hält nunmehr die Anknüpfung aller gesellschaftsrechtlichen Fragen am Gründungsstatut für ein Gebot des Gemeinschaftsrechts.[115] Sie folgt damit dem Postulat der „Einheit des Gesellschaftsstatuts", das unter der Ägide der Sitztheorie entwickelt worden war. *Brödermann* hielt dem schon damals entgegen, dass dieses Postulat nicht gemeinschaftsrechtlicher Natur sei und daher keine Prämisse für die Auslegung des Art. 48 EG-Vertrag sein könne.[116] Die Richtigkeit dieser nach wie vor aktuellen These soll nachfolgend im Lichte der aktuellen Entscheidungen des EuGH zur Niederlassungsfreiheit von Gesellschaften überprüft werden.

2. Kollisionsrechtliche Implikationen der Centros-Entscheidungsreihe

a) Zurückhaltung des EuGH in kollionsrechtlichen Fragen

Den Entscheidungen des Europäischen Gerichtshofs zur Niederlassungsfreiheit von Gesellschaften werden im Schrifttum häufig Aussagen zum Internationalen Gesellschaftsrecht entnommen; mittlerweile dürfte es herrschende Auffassung sein, dass die Niederlassungsfreiheit zur Anwendung der Gründungstheorie zwinge.[117] Dabei gerät aus dem Blick, dass der Gerichtshof in Überseering die vom vorlegenden Gericht gewünschte klare Aussage zu Gunsten der Gründungstheorie gerade verweigert hat.[118] Die Antwort auf die zweite Vorlagefrage ist keine Aussage zu Gunsten einer bestimmten kollisionsrechtlichen Theorie; sie präzisiert allein den Maßstab, den die Niederlassungsfreiheit setzt: Es darf eine Gesellschaft, die in

---

[115] Vgl. die Darstellung der Diskussion oben S. 405 ff.

[116] *Brödermann* in: *Brödermann/Iversen* Europäisches Gemeinschaftsrecht und Internationales Privatrecht, 1994, S. 64. Schon an dieser Stelle sei erwähnt, dass auch *Brödermann* sich im weiteren Verlauf seiner Darlegungen (a.a.O., S. 154ff.) für eine umfassende Anknüpfung am Gründungsstatut ausspricht. Er entnimmt dies allerdings nicht dem Wortlaut des Art. 48 EG-Vertrag, sondern befürwortet die Anknüpfung am Gründungsstatut wegen der dadurch herstellbaren Einheitlichkeit der Anknüpfung.

[117] Vgl. die Darstellung der Diskussion oben ab S. 409 ff.

[118] Zur insoweit maßgeblichen Passage des Urteils bereits oben S. 93ff. Ebenso wie hier wehren sich auch *Schanze/Jüttner* AG 2003, 661, 665, gegen den vorherrschenden Eindruck, der EuGH habe zwischen den Alternativen Sitztheorie und Gründungstheorie eine Entscheidung getroffen.

einem Mitgliedstaat Rechts- und Parteifähigkeit genießt, diese beim Zuzug über die Grenze nicht verlieren. Wenn der Gerichtshof im Sinne der Gründungstheorie hätte entscheiden wollen, dass diese Frage nach dem Recht des Gründungsstaates zu beurteilen ist, hätte er dies ausdrücklich gesagt. Immerhin war er in diesem Sinne explizit vom vorlegenden Gericht befragt worden. Dass er in seiner Antwort nicht – wie der vorlegende BGH – von „beurteilen" spricht, sondern nur von „achten" der Rechts- und Parteifähigkeit, ist offenbar kein Redaktionsversehen. Denn die Bedeutung der zweiten Vorlagefrage musste dem Gericht nicht zuletzt nach den Schlussanträgen des Generalanwalts vollauf bewusst gewesen sein. Es enthält daher bereits ein Element der Interpretation, wenn man unterstellt, der Gerichtshof habe vorgegeben, die Rechts- und Parteifähigkeit sei nach dem Recht des Gründungsstaates „zu beurteilen".[119] Diese Formulierung hat der Gerichtshof gerade *nicht* gewählt, obwohl sie ihm vorgelegt worden war. Es besteht kein Anhaltspunkt dafür, dass er diese Umformulierung nicht sorgfältig erwogen hätte.[120]

Dass der Gerichtshof entgegen der Empfehlung des Generalanwalts die zweite Vorlagefrage nicht unbeantwortet gelassen hat, bedeutet nicht, dass er damit auch die Prämisse des Generalanwalts – nationales Kollisionsrecht sei Angelegenheit der Mitgliedstaaten – verworfen hätte.[121] Seine Antwort auf die zweite Vorlagefrage lässt sich auch dahingehend verstehen, dass er nicht nur negativ einen Verstoß gegen die Niederlassungsfreiheit postulieren, sondern positiv deutlich machen wollte,[122] dass die Rechts- und Parteifähigkeit so zu respektieren ist, wie sie im Gründungsstaat verliehen wurde. Dass er dabei nicht die Formulierung verwendet, die Gesellschaft sei nach dem Recht ihres Gründungsstaates zu „beurteilen", lässt zumindest methodisch den Weg offen, die Gleichbehandlung allein materiell an Hand ihrer fehlenden Beschränkungswirkung zu messen, nicht formell danach, dass sie buchstabengetreu dem Recht des Gründungsstaates entnommen ist.

Als weiteres Indiz für eine Bejahung der Gründungstheorie werten Kommentatoren, dass die *Überseering B. V.* ihre Niederlassungsfreiheit nach Auffassung des Gerichtshofs „als Gesellschaft niederländischen Rechts" wahrnehmen könne.[123] Dies bedeutet aber nicht zwingend, dass der Zuzugsstaat sämtliche gesellschafts-

---

119 So aber *Eidenmüller* ZIP 2002, 2233, 2238f.

120 Keines der drei maßgeblichen Urteile ist *„en passant"* entschieden worden (vgl. *Zimmer* ZHR 164 (2000) 23, 30, betreffend *Centros*); vielmehr verging jeweils nach Vorliegen der Schlussanträge eine beträchtliche Zeit, bis das Urteil gesprochen wurde (*Centros*: siebeneinhalb Monate; *Überseering*: elf Monate; *Inspire Art*: acht Monate). Die Bedeutung der zweiten Vorlagefrage im Fall *Überseering* hatte im Übrigen der Generalanwalt deutlich herausgestellt (dazu siehe oben bereits S. 95 ff.).

121 So wird das Vorgehen des EuGH jedoch vielfach interpretiert (namentlich *Eidenmüller* ZIP 2002, 2233, 2238).

122 Insoweit ist *Eidenmüller* ZIP 2002, 2233, 2240, zuzustimmen.

123 EuGH, Rs. C-208/00, *Überseering*, Slg. 2002, I-9919, I-9970 (Rn. 80). Darauf verweisen beispielsweise *Eidenmüller* ZIP 2002, 2233, 2241, und *Ziemons* ZIP 2003, 1913, 1916f.

rechtlichen Vorschriften des niederländischen Rechts anwenden müsste. Die Eigenschaft als Gesellschaft niederländischen Rechts dient in erster Linie der Feststellung, welcher Nationalität die Gesellschaft ist und damit der Feststellung, dass sie grundfreiheitsberechtigt ist. Aus gemeinschaftsrechtlicher Sicht ist sie berechtigt, sich auf die Niederlassungsfreiheit zu berufen, weil sie nach niederländischem Recht wirksam gegründet ist. Da eine jede Gesellschaft ihre Existenz einer bestimmten Rechtsordnung verdankt, ist *Überseering B. V.* zunächst überhaupt nicht anders denkbar, denn als Gesellschaft niederländischen Rechts. Eine Gesellschaft deutschen Rechts ist sie nicht, da sie nicht nach deutschem Recht gegründet wurde, und „in der Luft hängen", also ohne Anbindung an eine Rechtsordnung existieren, kann sie auch nicht. Im Kontext der Entscheidungsgründe hat die Feststellung des EuGH den Zweck, dem Zwang zur Neugründung entgegenzutreten, den das deutsche Recht (vermeintlich) ausübt.[124] Der Hinweis auf das niederländische Gründungsrecht belegt, dass die Gesellschaft vom deutschen Recht als existent angesehen werden muss, solange das niederländische Recht der Gesellschaft die einmal verliehene Existenz nicht wieder entzogen hat. Schließlich ist die Festlegung der Nationalität auch Voraussetzung dafür, überhaupt einen grenzüberschreitenden Sachverhalt feststellen zu können. Der Hinweis, es handele sich um eine Gesellschaft niederländischen Rechts, hat also im Wesentlichen die Bedeutung, die Anwendbarkeit der Niederlassungsfreiheit überhaupt erst zu begründen.[125] Gegenüber der so gegründeten Gesellschaft ist jede Maßnahme des Zuzugsstaates am grundfreiheitlichen Rechtfertigungstest zu überprüfen. Diese Prüfung lässt sich aber nicht dadurch abkürzen, dass man sämtliche gesellschaftsrechtlichen Fragen – namentlich die vom Gründungsstaat festgelegte Haftungsverfassung – zum Bestandteil der „Identität" der Gesellschaft erklärt[126] und damit für unantastbar erklärt. Gewiss ist ein Eingriff in das Haftungsstatut eine schwerwiegende Belastung und daher im Regelfall nicht zu rechtfertigen; völlig ausgeschlossen erscheint er jedoch nicht.

Schließlich wird die Anwendung der Gründungstheorie auch nicht durch folgende, von *Spindler/Berner* ausdrücklich herangezogene Passage der Inspire Art-Entscheidungsgründe, gefordert:

> „Ihre potenziellen Gläubiger sind hinreichend darüber unterrichtet, dass sie anderen Rechtsvorschriften als denen unterliegt, die in den Niederlanden die Gründung von Gesell-

---

[124] Wie bereits in Fn. 26 erwähnt, stand ein großer Teil der gesellschaftsrechtlichen Literatur seit langem auf dem Standpunkt, die ausländische Gesellschaft nach den Regeln des deutschen Sachrechts als rechts- und parteifähig anzusehen (als GbR oder OHG).

[125] Dazu bereits oben in der Zusammenfassung der Leitentscheidungen ab S. 98.

[126] So aber *Jestädt* Niederlassungsfreiheit und Gesellschaftskollisionsrecht, 2005, S. 96ff. und S. 166ff. Es ist demgegenüber daran zu erinnern, dass der EuGH in Inspire Art nicht über die gesellschaftsrechtliche Haftungsverfassung als solche, sondern nur über Haftungstatbestände entschieden hat, die an eine Verletzung des WFBV geknüpft waren (vgl. die Besprechung der Entscheidung oben S. 95 ff.).

> schaften mit beschränkter Haftung regeln, u.a. was die Vorschriften über das Mindestkapital und die Haftung der Geschäftsführer betrifft.“[127]

Spindler/Berner ziehen daraus den Schluss, für alle gesellschaftsrechtlichen Fragen sei das Gründungsstatut berufen.[128] Dies geht aus zweierlei Gründen über die Aussagen des Urteils und gerade auch der zitierten Passage hinaus:[129] Zum einen ist die Aussage im Kontext der konkret zur Prüfung vorgelegten Bestimmungen zu sehen. Da der Gerichtshof es dem niederländischen Staat untersagt, auf die ausländische Gesellschaft einzelne Elemente des niederländischen Gründungsrechts anzuwenden, muss er bei der Rechtfertigungsprüfung konsequenterweise darauf hinweisen, dass es den Gläubigern erkennbar werde, dass diese für niederländische Gesellschaften geltenden Vorschriften auf die ausländische Gesellschaft nicht anwendbar seien. Dieses Argument trägt aber nur für die zuvor konkret verworfenen Beschränkungen und nicht weiter. Deutlich wird dies zum zweiten an dem ausdrücklichen Bezug auf diejenigen Rechtsvorschriften, die in den Niederlanden für die *Gründung* von Gesellschaften mit beschränkter Haftung gelten. Der nachfolgende Hinweis auf die *Haftung der Geschäftsführer* meint also ausschließlich die als Sanktion gedachte Haftung bei Missachtung bestimmter Gründungsformalitäten. Damit ist nichts gesagt über: die Haftung der Gesellschafter; die Haftung der Geschäftsführer nach der Gründung; die Haftung der Geschäftsführer aus anderem Anlass als der Verletzung von Gründungsformalitäten.

Zutreffend ist hingegen das Ergebnis von *Spindler/Berner*, dass nämlich eine Prüfung an den Artikeln 43, 48 EG-Vertrag geboten sei, wenn neben den Vorschriften des Gründungsstatuts weitere Vorschriften des Niederlassungsstaates zur Anwendung gebracht würden.[130] Eine derartige Prüfung wäre aber methodisch überflüssig, wenn von vornherein kollisionsrechtlich nur das Recht des Gründungsstaate gälte. Denn dann kämen die Vorschriften des Aufnahmestaates schon aus kollisionsrechtlichen Gründen nicht zur Anwendung, einer Prüfung als Beschränkung bedürfte es gar nicht mehr. Der Vorwurf gegenüber dem Niederlassungsstaat liegt aber gerade nicht darin, die Gründungstheorie missachtet zu haben, sondern er beruht auf der *Doppelbelastung* des grenzüberschreitenden Verkehrs, die sich – möglicherweise und im Einzelfall zu prüfen – aus der Anwendung des nationalen Sachrechts ergibt. Die Entscheidung Inspire Art bestätigt dies mittelbar, wenn es dort heißt, dass

> „... die Bestimmungen des WFBV über das Mindestkapital (sowohl zum Zeitpunkt der Gründung als auch während des Bestehens der Gesellschaft) und über die Haftung der Geschäftsführer Beschränkungen der in den Art. 43 EG und 48 EG garantierten Niederlassungsfreiheit darstellen.“[131]

---

[127] EuGH, Rs. C-167/01, *Inspire Art*, Slg. 2003, I-10155 Rn. 135.

[128] *Spindler/Berner* RIW 2003, 949, 953, dezidiert nochmals auf S. 956: „Die Art. 43 und 48 EG erfordern eine einheitliche Anwendung der Gründungstheorie.“

[129] So zutreffend auch *Altmeppen* NJW 2004, 97, 99, Fn. 19.

[130] *Spindler/Berner* RIW 2003, 949, 953.

[131] EuGH, Rs. C-167/01, *Inspire Art*, Slg. 2003, I-10155 (Rn. 104).

Vorschriften über das Mindestkapital sind in der Tat eine Beschränkung, dies auch und erst recht, weil sie nicht nur bei der Gründung, sondern während des gesamten Bestehens der Gesellschaft gelten. Beschränkungen können jedoch im Einzelfall gerechtfertigt sein; diese Prüfung ist aber nur dann überhaupt denkbar, wenn die Anwendung der Beschränkung nicht schon aus kollisionsrechtlichen Gründen ausscheidet.[132] Die Dogmatik der EuGH-Entscheidung setzt also voraus, dass der Aufnahmestaat grundsätzlich auch gesellschaftsrechtliche Fragen der zugezogenen Gesellschaft regeln darf, diese aber einem durchaus strengen Rechtfertigungsmaßstab zu unterwerfen hat.

Folgende Kontrollüberlegung zeigt, dass die Niederlassungsfreiheit nicht sinnvoll als Zwang zur Anwendung des Gründungsstatuts verstanden werden kann:[133] Zieht eine Gesellschaft in eine Rechtsordnung, deren Sachrecht liberaler ist als das eigene, wäre sie selbst bei einer kollisionsrechtlichen Umqualifizierung keinerlei grenzübertrittspezifischen Belastungen unterworfen. Ihr Rechtskleid würde sich gewissermaßen ändern, ohne dass sie dies bemerkt, möglicherweise sogar zu ihrem Vorteil. Ein Zuzugsstaat, dessen Haftungsregeln liberaler sind als diejenigen des Herkunftsstaates, wäre keineswegs europarechtlich gezwungen, die strengen Regeln des Herkunftsstaates anzuwenden; er kann ohne weiteres die Maßstäbe seines eigenen Rechts auch auf ausländische Gesellschaften anwenden. Die Vorlagefrage, ob es gegen die Niederlassungsfreiheit verstoße, wenn ein Mitgliedstaat auf eine zugezogene Gesellschaft sein eigenes Recht anwendet, ohne sie dadurch zu belasten, wäre offenbar unsinnig. Wo keine Beschränkung ist, ist auch kein (europäischer) Richter. Es bleibt also bei der Feststellung: Die Beschränkung ergibt sich aus einer *Kombination* von Kollisionsrecht und Sachrecht; wenn die Kombination keine Beschränkungen verursacht, ist es aus Sicht der Grundfreiheiten irrelevant, ob dieses Ergebnis wegen einer kollisionsrechtlichen Verweisung auf das Heimatrecht oder erst in der zweiten Stufe wegen inhaltlicher Parallelität des Sachrechts – oder gar wegen der größeren Liberalität des Sachrechts im Zuzugstaat – zustande kommt.

Der Entscheidung Inspire Art lässt sich also keineswegs zwingend ein „kollisionsrechtlicher Gehalt“[134] oder gar die Festlegung auf eine weitgehend uneingeschränkte Gründungstheorie[135] entnehmen. Der Grund für die Entscheidung liegt darin, dass

---

[132] Daher auch unzutreffend der Hinweis von *Leible* ZGR 2004, 531, 534 (Fn. 25), der die zitierte Passage dahingehend interpretiert, es sei gemeinschaftsrechtlich der Wechsel zur Gründungstheorie geboten.

[133] Auf eine andere Variante, bei der die Gründungstheorie wohl auch nach der neueren EuGH-Rechtsprechung nicht zur Anwendung gelangen muss, verweist *Zimmer* ZHR 168 (2004) 355, 360: Im Verhältnis zwischen Sitztheorie-Staaten bleibt die Anwendung der Sitztheorie weiterhin denkbar.

[134] So aber *Leible/Hoffmann* EuZW 2003, 677, 681 f.

[135] So *Spindler/Berner* RIW 2003, 949, 951. Ebenso wenig durch den Wortlaut der *Überseering-* oder *Inspire Art*-Entscheidung abgesichert sind Feststellungen wie diejenige, dass die nach englischem Recht wirksam gegründete Gesellschaft „ausschließlich nach ihrem englischen Gesellschaftstatut lebt“ (*Horn* NJW 2004, 893, 894), oder dass nicht nur die in *Inspire Art*

es für die englische Gesellschaft eine Zusatzbelastung bedeutet hätte, wenn sie neben den Gründungsvoraussetzungen des englischen Rechts auch noch diejenigen des niederländischen Rechts hätte einhalten müssen. Eine solche Mehrfachbelastung wollen die Grundfreiheiten vermeiden.[136] Es kommt aber nicht darauf an, auf welche Weise die Mitgliedstaaten die Belastungen vermeiden. Die Anwendung der Gründungstheorie, für die sich der VII. Zivilsenat entschieden hat,[137] ist gewiss eine gut begründbare nationale Reaktion auf die Entscheidung, aber nicht die einzig denkbare.

b) Vom Begriff der „Rechtsfähigkeit"

(1) „Staatsangehörigkeit" und „Anerkennung" einer Gesellschaft

Wenn die Entscheidungen zur Niederlassungsfreiheit auch keine Aussage für eine bestimmt kollisionsrechtliche Theorie treffen, bleibt doch zu fragen, welche Bandbreite sie für das Kollisionsrecht der Mitgliedstaaten noch übrig lassen. Eine solche grundlegende Diskussion der sach- und kollisionsrechtlichen Fragen setzt voraus, das die Rechts- und Parteifähigkeit einer ausländischen Gesellschaft von der Frage ihrer *Anerkennung* getrennt wird. Die Sitztheorie entscheidet nicht über die Rechts- und Parteifähigkeit einer ausländischen Gesellschaft.[138] Sie bestimmt als Regel des Kollisionsrechts lediglich in einem *ersten* Schritt die anwendbare Rechtsordnung, wobei sie sich am tatsächlichen Verwaltungssitz der Gesellschaft orientiert. In einem *zweiten* Schritt ist diese Rechtsordnung dann daraufhin zu befragen, ob sie der Gesellschaft Rechts- und Parteifähigkeit gewährt. Ist dies zu bejahen, stellt sich in einem *dritten* Schritt die Frage, ob diese im Ausland als rechts- und parteifähig geltende Gesellschaft, auch im Inland als solche anzuerkennen ist.[139] Der Begriff der Anerkennung in diesem engen Sinne beantwortet also nur die Frage, ob eine Gesellschaft ausländischen Rechts im eigenen Land als rechts- und parteifähig anzu-

---

ausdrücklich genannten, sondern auch die übrigen Vorschriften des Rechts des Gründungsstaates, „etwa betreffend Kapitalaufbringung und Kapitalerhaltung, Haftung der Gesellschafter, Verhältnis der Gesellschafter untereinander, Minderheitenrechte sowie Organstruktur und Verhältnis der Organe untereinander" anwendbar seien (*Ziemons* ZIP 2003, 1913, 1917).

136 Siehe dazu die Ausführungen über den Binnenmarktbezug der Grundfreiheiten oben S. 118 ff.

137 BGH, v. 13.3.2003, VII ZR 370/98, NJW 2003, 1461.

138 Zu Recht kritisieren *Leible/Hoffmann* RIW 2002, 925, 929, und *W.-H. Roth* ZIP 2000, 1597, 1599, dass der Sitztheorie eine derartige Wirkung in der aktuellen Diskussion häufig zugeschrieben werde. Dieses Missverständnis richtigstellend schon *K. Schmidt* ZGR 28 (1999) 20, 24 f.; ebenso *von Halen* Gesellschaftsstatut nach Centros, 2001, S. 28 f.

139 So denkt insbesondere noch das romanische Recht (dazu *Brödermann* in: *Brödermann/Iversen* Europäisches Gemeinschaftsrecht und Internationales Privatrecht, 1994, S. 81 ff.). Das deutsche Recht hält die kollisionsrechtliche Verweisung auf das Heimatstatut für ausreichend und nimmt keine gesonderte Anerkennungsprüfung vor (*Großfeld*-Staudinger, Int. GesR, 1998, Rn. 168 f.).

sehen ist. Historisch war eine solche Öffnung gegenüber Gesellschaften ausländischen Rechts keineswegs selbstverständlich; heute erkennen aber die meisten Staaten die Gesellschaften anderer Staaten automatisch, d.h. ohne das Erfordernis eines bestätigenden Offizialaktes, an.[140] Für in der Gemeinschaft wirksam gegründeten Gesellschaften folgt dies bereits zwingend aus dem Gemeinschaftsrecht.[141]

(2) Der Vertrauensgedanke der Sitztheorie

Auch im deutschen Recht liegen die Probleme nicht in diesem dritten Schritt der Anerkennung. Auf eine englische Gesellschaft mit Verwaltungssitz in England findet nach der Sitztheorie englisches Recht Anwendung; sie kann ohne weitere Voraussetzungen in Deutschland Verträge schließen oder vor Gericht auftreten, wird also unproblematisch und ohne zwischengeschalteten Rechtsakt als Gesellschaft englischen Rechts anerkannt. Ebenso werden kollisionsrechtliche Weiterverweisungen auf das Recht von Drittstaaten anerkannt;[142] sollte das englische Recht die Gesellschaft nach dem Sachrecht einer anderen Rechtsordnung beurteilen, wird dies von der deutschen Sitztheorie respektiert. Die immer noch häufig zu lesende Auffassung,[143] die Sitztheorie verlange von einer Gesellschaft, dass sie ihren Verwaltungssitz im Staat der Gründung habe, ist daher nicht zutreffend. Die Sitztheorie verweist auf das Recht des Staates, in dem die Gesellschaft ihren Verwaltungssitz hat; wenn diese Rechtsordnung es hinnimmt, dass die Gesellschaft in einem anderen Staat gegründet worden ist und sich nach dessen Recht organisiert, übernimmt dies auch die Sitztheorie. Darin liegt nicht etwa eine Inkonsequenz im Hinblick auf ihr Schutzanliegen.[144] Denn die Sitztheorie vertraut darauf, dass ein Staat bei Gesellschaften, deren Tätigkeitsschwerpunkt in seinem Territorium liegt, schon aus eigenem Antrieb für einen hinreichenden Schutz der außenstehenden Interessen sorgen werde – dies ganz unabhängig davon, wo sie gegründet wurde. Das Eigeninteresse des hauptbeteiligten Staates übt ein „Wächteramt"[145] aus, welches anderen Staaten zugute kommt. Die Sitztheorie folgt damit einem realistisch geprägten Vertrauensgedanken.

---

140 Dazu: *Großfeld* Internationales und Europäisches Unternehmensrecht, 2. Aufl., 1995, S. 56ff.; *Großfeld*-Staudinger, Int. GesR, 1998, Rn. 162ff.; *Guillaume* Lex Societatis, 2001, S. 64ff.; *Zimmer* ZHR 168 (2004) 355ff.; *Wiedemann* FS Kegel, 1977, S. 187, 191ff.

141 Zutreffend *Schön* FS Lutter, 2000, S. 685, 691.

142 *Großfeld* Internationales und Europäisches Unternehmensrecht, 2. Aufl., 1995, S. 41f.

143 Beispielsweise *Halbhuber* CML Rev. 2001, 1385, 1392, Fn. 29.

144 Was aber der EuGH offenbar unterstellt. Denn in *Centros* betont er, dass die ausländische Gesellschaft den beschränkenden Regelungen nicht unterfallen wäre, wenn sie im Heimatstaat eine Geschäftstätigkeit unterhalten hätte. Er schließt daraus, dass die inländische Schutzmaßnahme von vornherein ungeeignet sei, das verfolgte Ziel des Gläubigerschutzes zu erreichen (EuGH, Rs. C-212/97, *Centros*, Slg. 1999, I-1459, I-1495, Rn. 35).

145 *Großfeld/Beckmann* ZVglRWiss 91 (1992) 351, 360; *Großfeld*-Staudinger, Int. GesR, 1998, Rn. 41 (Anführungszeichen im Original).

(3) Einheit des Gesellschaftsstatuts

Probleme bereiten folglich allein diejenigen Gesellschaften, die ihre Existenz von einer ausländischen Rechtsordnung ableiten, ihren Verwaltungssitz aber im Inland haben. Die Sitztheorie verweist dann im ersten Schritt auf das deutsche Gesellschaftsrecht. Dieses entscheidet im zweiten Schritt über die Rechts- und Parteifähigkeit der Gesellschaft. Der dritte Schritt der Anerkennung stellt sich nicht, da es sich um eine inländische Gesellschaft handelt. Allerdings: Die Rechtsordnung des Gründungsstaates mag dies anders sehen. Folgt sie der Gründungstheorie, gewährt sie der Gesellschaft die Rechts- und Parteifähigkeit nach eigenem Recht, obwohl der Verwaltungssitz im Ausland liegt. Die Ergebnisse der beiden Rechtsordnungen fallen also auseinander.

In diesen Streitfällen ist die Frage nach dem anwendbaren Recht die entscheidende Weichenstellung für die Klärung der Rechts- und Parteifähigkeit der Gesellschaft. Denn um eine Gesellschaft als existent anerkennen zu können, muss feststehen, welchem Recht sie ihre Existenz verdankt.[146] Es besteht damit im praktischen Ergebnis durchaus eine Verknüpfung zwischen der Sitztheorie und der Rechts- und Parteifähigkeit einer Gesellschaft. Da die Sitztheorie von der Einheitlichkeit des Gesellschaftsstatuts ausgeht,[147] verbindet sich bei ihr die Frage nach der Existenz der Gesellschaft stets mit der Festlegung des gesamten Personalstatuts.[148] Aus diesem Grund hat die bislang herrschende Meinung auf dem Boden der Sitztheorie dem Begriff der Anerkennung keine eigenständige Bedeutung zugeschrieben.[149]

Eine Gegenauffassung macht geltend, dass mit der Feststellung der Rechtsfähigkeit einer Gesellschaft noch nicht zwingend über ihre sonstigen gesellschaftsrechtlichen Verhältnisse entschieden sein müsse.[150] Man könne die Frage nach dem

---

146 *Guillaume* Lex Societatis, 2001, S. 70f.

147 *Ebenroth/Auer* GmbHR 1994, 16, 17; *Großfeld* Internationales und Europäisches Unternehmensrecht, 2. Aufl., 1995, S. 42; *von Bar* Internationales Privatrecht II, 1991, S. 452 (§ 5 Rn. 622).

148 Auch *Rammeloo* Corporations in Private International Law, 2001, S. 10, unterscheidet einen *engen* (lediglich die Rechtsfähigkeit der Gesellschaft betreffenden) und einen *weiten* (das Ergebnis der kollisionsrechtlichen Anknüpfung betreffenden) Anerkennungsbegriff. Über vergleichbare terminologische Schwierigkeiten berichtet *J. Lau Hansen* EBLR 2002, 85, 88f. aus der dänischen Rechtslehre; sie waren ein Grund dafür, dass im Gefolge der *Centros*-Entscheidung lange Zeit unklar war, ob Dänemark der Gründungstheorie oder der Sitztheorie folge.

149 MüKo-*Kindler* Bd. 11, 4. Aufl., 2006, Rn. 297ff. (m.w.N.). *Ebenroth/Auer* GmbHR 1994, 16, 17, betonen, es bestünde für eine gesonderte „Anerkennung" der Gesellschaft, die allein ihre Rechtsfähigkeit, nicht notwendig aber sonstige Innen- und Außenbeziehungen beträfe, nach der Sitztheorie kein Raum. *Großfeld*-Staudinger, Int. GesR, 1998, Rn. 187: „Bei einem einheitlichen Gesellschaftsstatut … bleibt … nur ein schmaler Bereich für eine davon unterschiedene Anerkennungsproblematik."

150 Dazu *Großfeld*-Staudinger, Int. GesR, 1998, Rn. 177ff.

Bestehen und der Rechtsfähigkeit einer Gesellschaft durchaus von ihrem Personalstatut im Übrigen unterscheiden. Auf dieser Linie liegen auch Autoren, die meinen, es sei mit den Grundgedanken der Sitztheorie nicht zwingend verbunden, einer im Ausland rechtmäßig gegründeten Gesellschaft, die ihren Verwaltungssitz nach Deutschland verlege, die Rechts- und Parteifähigkeit zu verweigern; dies sei nur eine besonders scharfe Sanktion, um der Theorie als Schutztheorie besondere Wirksamkeit zu verleihen.[151] Die Vertreter der Einheitlichkeit des Gesellschaftsstatuts entgegnen, der Funktionszusammenhang des Gesellschaftsrechts forme dieses zu einer geschlossenen Einheit, die man nicht beliebig aufspalten könne. So sei der Erwerb der Rechtsfähigkeit beispielsweise häufig von der Aufbringung einer Haftungsmasse abhängig, die Gestaltung der Haftungsverhältnisse sei dann mit der Erlangung der Rechtsfähigkeit untrennbar verknüpft.[152] Eine abstrakte Rechtsfähigkeit könne es daher nicht geben, sondern nur eine Rechtsfähigkeit in der Form der in den jeweils maßgeblichen Rechtsordnungen gegebenen Gesellschaftstypen.[153]

Gerade das Beispiel des Haftkapitals zeigt aber, dass die Anerkennung der Rechtsfähigkeit und sonstige gesellschaftsrechtliche Fragen durchaus getrennte Wege gehen können. Die Aufbringung der Haftungsmasse ist in der deutschen Rechtsordnung – nicht notwendig in anderen Rechtsordnungen – Voraussetzung für die Erlangung der Rechtsfähigkeit. Stellt sich aber nachträglich heraus, dass die Aufbringung der Haftungsmasse fehlerhaft war, berührt dies *nicht* die einmal verliehene Rechtsfähigkeit der Gesellschaft. Folgen hat die fehlerhafte Kapitalaufbringung dann nur noch für die Anteilsinhaber, denen möglicherweise eine persönliche Haftung droht. Rechtsfähigkeit und Haftungsbeschränkung sind also nur im praktischen Alltag zwei Seiten derselben Medaille; begrifflich handelt es sich um zwei verschiedene Dinge, die durchaus auch auseinanderfallen können – erinnert sei an das Beispiel der EWIV, die keine Haftungsbeschränkung kennt, je nach Ausgestaltung durch das mitgliedstaatliche Recht aber durchaus eigene Rechtspersönlichkeit haben kann.[154] Damit zeigt sich: Die einheitliche Anknüpfung ist nicht logisch zwingend, sondern hat sich lediglich als zweckmäßig erwiesen. Andererseits sind diese Funktionszusammenhänge eben gerade ein Spezifikum des deutschen Gesellschaftsrechts, das sich unter der Geltung der Sitztheorie unbehelligt entfalten konnte, damit aber keineswegs die einzig denkbare Art gesellschaftsrechtlicher Regelung ist. Der funktionale Zusammenhang gesellschaftsrechtlicher Normen lässt sich zwar nicht bestreiten, weshalb ein einheitliches Gesellschaftsstatut auch durchaus wünschenswert erscheint.[155] Die Einheitlichkeit der Anknüpfung hat aber den im Grunde eigenständigen Charakter der Rechtfähigkeitsfrage nur verdeckt; dieser

---

151 *Wouters* 2 EBOR (2001) 101, 132.
152 MüKo-*Kindler* Bd. 11, 4. Aufl., 2006, Rn. 301.
153 MüKo-*Kindler* Bd. 11, 4. Aufl., 2006, Rn. 301.
154 Dazu oben S. 270 ff.
155 *Großfeld*-Staudinger, Int. GesR, 1998, Rn. 249.

kann – wie *Großfeld* prophetisch bemerkt hat – stets wieder auftauchen.[156] Die gegenwärtigen Umwälzungen im Internationalen Gesellschaftsrecht sollten Anlass sein, die darin liegenden Möglichkeiten einer Differenzierung nicht von vornherein zu verwerfen.

(4) Rechtsfähigkeit im Sinne von Handlungsfähigkeit

Einen europarechtlichen Zwang zur Gründungstheorie könnte man auf den ersten Blick der Überseering-Entscheidung entnehmen, da sie verlangt, die nach ihrem Heimatrecht rechts- und parteifähige Gesellschaft auch im Zuzugsstaat als solche zu behandeln. Dennoch bleibt auch hier der Vorbehalt anzubringen, dass der EuGH nicht sagt, ob dies durch Verweis auf das Recht des Gründungsstaates oder durch Anwendung des nationalen Gesellschaftsrechts zu geschehen hat. Gegenüber einer Lösung über das nationale Sachrecht wird eingewandt, der Gesellschaft werde damit eine „andere Rechtsfähigkeit" zugestanden als diejenige, die sie nach ihrem Heimatrecht genieße.[157] Dieser Einwand kann jedoch nicht überzeugen. Es bestätigt sich hier der zu Artikel 48 Abs. 2 EG-Vertrag und den supranationalen Rechtsformen ermittelte Befund, dass es für die Bewegungsfreiheit im Binnenmarkt nicht auf die Rechtsfähigkeit im Sinne des deutschen Rechts ankommt:[158] Die freie Beweglichkeit im Binnenmarkt verschiedener Rechtsordnungen setzt nur voraus, dass eine Personenvereinigung als solche *handlungsfähig* ist, also selbständig Rechte und Pflichte erwerben kann.[159] Die EWIV kann ohne weiteres als binnenmarktweit einsetzbare Rechtsform existieren, obwohl sie in manchen Mitgliedstaaten Rechtsfähigkeit genießt, in anderen jedoch nicht. Entscheidend ist, dass diese Handlungsfähigkeit im gesamten Binnenmarkt von allen dort vertretenen Rechtsordnungen anerkannt wird. Dies bestätigt sich in der Grundregel von Art. 1 Abs. 2 EWIV-VO ebenso wie in der Überseering-Entscheidung des Europäischen Gerichtshofs.[160]

---

[156] *Großfeld*-Staudinger, Int. GesR, 1998, Rn. 186.

[157] So *Spindler/Berner* RIW 2003, 949, 951.

[158] Siehe oben S. 23 f. und S. 323 ff.

[159] So im Ausgangspunkt auch *Behrens* in: Ferrarini/Hopt/Wymeersch (Hrsg.), Capital Markets in the Age of the Euro, 2002, 503, 512, der allerdings ebda. in einem zweiten Schritt zugleich alle übrigen Fragen des Gesellschaftsrechts von der Gewährleistung des Art. 48 EG-Vertrag erfasst sieht, ihn also als generelle Verweisungsnorm auf das Recht des Gründungsstaates versteht.

[160] Lediglich der Vollständigkeit halber sei auf das Übereinkommen vom 29. Februar 1968 über die gegenseitige Anerkennung von Gesellschaften und juristischen Personen verwiesen, das allerdings nie ratifiziert wurde. Dort findet sich in Art. 6 ein Hinweis darauf, dass die Rechts-, Geschäfts- und Parteifähigkeit ein unveräußerlicher Kern der Anerkennung sei. In Art. 7 heißt es sodann, dass einschränkende Maßnahmen eines Vertragsstaates jedenfalls nicht zur Folge haben dürften, „daß einer dieser Gesellschaften oder juristischen Personen die Fähigkeit versagt wird, Träger von Rechten und Pflichten zu sein, Verträge zu schließen oder andere Rechtshandlungen vorzunehmen und vor Gericht zu stehen." Nachw. bei *Schön* FS Lutter, 2000, S. 685, 691, Fn. 24.

(5) Trennung der rechtlichen Handlungsfähigkeit von anderen gesellschaftsrechtlichen Fragen

Die Auffassung vieler Autoren,[161] mit der Frage der Rechtsfähigkeit sei zwingend die Frage der persönlichen Haftung der Gesellschafter verknüpft, erweist sich demnach als ein Missverständnis, das primär auf der Besonderheit des deutschen Gesellschaftsrechts beruht, das Rechtsfähigkeit allein Kapitalgesellschaften mit beschränkter Haftung verleiht. In der Konsequenz dessen wird dann nicht selten angenommen, die Frage der Rechtsfähigkeit entscheide zugleich über die persönliche Haftung der Gesellschafter. So heißt es in einer Entscheidung des BGH, nach dem Personalstatut entscheide sich der „Umfang“ der Rechtsfähigkeit „und damit auch die Frage, ob der Gesellschafter einer als juristische Person organisierten Gesellschaft im Wege der Durchgriffshaftung ausnahmsweise den Gesellschaftsgläubigern persönlich haftet“.[162] Dies ist jedoch schon nach deutschem Recht unzutreffend, gibt es doch in (seltenen) Fällen einen Haftungsdurchgriff auf die Gesellschafter, welcher die Rechtspersönlichkeit der Gesellschaft völlig unberührt lässt. Der in § 13 Abs. 2 GmbHG vorgesehene Ausschluss der Gesellschafterhaftung ist, so *Ulmer*, „nicht etwa notwendig mit der Anerkennung der GmbH als selbständiger juristischer Person verbunden“.[163] In europäischer Sicht ist auch hier die EWIV aufschlussreich. Da allein die Mitgliedstaaten festlegen, ob die EWIV Rechtspersönlichkeit besitzt oder nicht, gibt es in den verschiedenen Staaten EWIV mit und ohne Rechtspersönlichkeit;[164] für alle gilt aber die in Art. 24 EWIV-VO angeordnete persönliche Haftung der Mitglieder für die Verbindlichkeiten der Vereinigung. Haftung und Rechtsfähigkeit sind also keine siamesischen Zwillinge, sondern allenfalls häufig gemeinsam auftretende Bekannte.

Die Vorstellung, die Rechtsfähigkeit könne einen mehr oder großen „Umfang“ haben, vermischt demnach mehrere Aspekte, die nicht nur im deutschen Recht, sondern erst recht in einer rechtsvergleichend-funktionalen Perspektive klar zu trennen sind: Die Eigenpersönlichkeit der Gesellschaft und die Haftung der Gesellschafter oder Geschäftsführer für deren Verbindlichkeiten. Ausländische Rechtsordnungen und auch das europäische Recht sehen hier keineswegs einen zwingenden Zusammenhang. So liegt aus französischer Warte das Wesen der Rechtsfähigkeit in erster Linie darin, dass eine Vereinigung mehrerer Personen als solche Trägerin von Rechten und Pflichten sein kann;[165] selbst ein Konzernbetriebsrat ist dort rechtsfähig.[166]

---

[161] Genannt seien *Behrens* in: Ferrarini/Hopt/Wymeersch (Hrsg.), Capital Markets in the Age of the Euro, 2002, 503, 512, *Leible* ZGR 2004, 531, 533, *Spindler/Berner* RIW 2003, 949, 951.

[162] BGHZ 78, 318, 334.

[163] Hachenburg-*Ulmer* GmbHG, 8. Aufl., 1992, Anh § 30, Rn. 52.

[164] In Deutschland ergibt sich durch den Verweis auf das Recht der Offenen Handelsgesellschaft, dass die EWIV keine eigene Rechtspersönlichkeit besitzt (§ 1 EWIV-Ausführungsgesetz, BGBl. 1988 I, S. 514).

[165] *Guyon* Droit des Affaires I, 2003, S. 181.

[166] *C. Teichmann* Gesellschaftsgruppe, 1999, S. 326.

Dem dänischen Recht ist der Begriff der juristischen Person schlicht unbekannt; es fragt lediglich danach, ob eine rechtlich geregelte Organisation vorliegt, die Träger eigener Rechte und Pflichten sein kann.[167] Für das englische Recht hält *Davies* fest, dass die Rechtspersönlichkeit der Gesellschaft die Haftungsbegrenzung der Gesellschafter rechtstechnisch erleichtere, mit ihr aber nicht zwingend verbunden sei.[168] Englische Gerichte scheuen sich auch keineswegs, gegenüber ausländischen Gesellschaften einen Haftungsdurchgriff (*lifting the corporate veil*) nach englischem Recht anzuordnen.[169] Und der europäische Gesetzgeber zeigt in Artikel 1 der EWIV-Verordnung ganz pragmatisch, worauf es ankommt und worauf nicht. Wesentlich ist die Fähigkeit, am Rechtsverkehr teilnehmen zu können, unwesentlich, mit welchem Etikett man dies versieht.[170]

Die Rechtsfähigkeit einer Gesellschaft ist andererseits nach wohl gemeineuropäischer Auffassung eine Voraussetzung dafür, ihr ein eigenes Vermögen zuordnen zu können.[171] Dies heißt aber nicht zwingend, dass die Gesellschafter für Verbindlichkeiten der Gesellschaft nicht einstehen müssen. Im französischen Recht jedenfalls ist eine persönliche Haftung der Gesellschafter mit dem Konzept der „*personnalité morale*" ohne weiteres zu vereinbaren:[172] Die *société civile* genießt uneingeschränkte Rechtsfähigkeit, obwohl dort alle Gesellschafter persönlich und unbeschränkt haften; dasselbe gilt für die *société en nom colletif* und das *groupement d'intérêt économique*.[173]

Es ist nicht unbedingt anzunehmen, dass sich der Europäische Gerichtshof diese dogmatischen Differenzierungen des mitgliedstaatlichen und gemeinschaftsrechtlichen Gesellschaftsrechts vor Augen gehalten hat. Sie waren auch gar nicht Gegenstand der Inspire Art-Entscheidung. Aber der rechtsvergleichende Befund ist ebenso wie die Erkenntnis, dass der Gerichtshof mit jeder Entscheidung nur die ihm vorgelegte Frage beantwortet, Anlass genug, eine Ausdehnung der Entscheidungs-

---

[167] *Alsted/Friis Hansen* in: Hohloch (Hrsg.), EU-Handbuch Gesellschaftsrecht, 1997, Rn. 16. Differenzierend *Friis Hansen/Krenchel* Selskabsrecht I, 1999, S. 31, die auf die wissenschaftliche Diskussion zum Begriff der „juristischen Person" verweisen und meinen, es handele sich um einen Sammelbegriff für verschiedene rechtliche Aussagen, namentlich diejenige, dass eine Gesellschaft Träger von Rechten und Pflichten sein könne. Dies bedeute eine Verselbständigung gegenüber den Mitgliedern der Gesellschaft.

[168] *Davies* Introduction to Company Law, 2002, S. 9 und S. 11. Ebenso *Farrar's Company Law* 4. Aufl., 1998, S. 79.

[169] Dazu *Höfling* Das englische internationale Gesellschaftsrecht, 2002, S. 180 ff.

[170] Siehe zur EWIV S. 270 ff.

[171] *Guyon* Droit des Affaires I, 2003, S. 192 ff.; vgl. *Friis Hansen/Krenchel* Selskabsrecht I, 1999, S. 31 f., die zum Wesen der Rechtsfähigkeit die Fähigkeit rechnen, über eigenes Hab und Gut verfügen und – in letzter Konsequenz – auch Konkurs machen zu können.

[172] So ausdrücklich *Guyon* Droit des Affaires I, 2003, S. 194.

[173] Der Unterschied liegt darin, dass die Gesellschafter einer *société civile* für die Schulden der Gesellschaft auch gegenüber den Gläubigern nur anteilig einstehen müssen; die Gesellschafter einer *société en nom collectif* und die Mitglieder eines *groupement d'intérêt économique* hingegen haften gesamtschuldnerisch. Dazu *Guyon* Droit des Affaires I, 2003, S. 194.

gründe auf allgemeine Fragen der Rechtsfähigkeit oder gar der damit eventuell verknüpften Haftungsbeschränkung nur mit äußerster Vorsicht anzunehmen.

3. Das kollisions- und sachrechtliche Regelungsproblem

Wird in die Entscheidungen des EuGH dennoch sehr häufig eine Festlegung zwischen Sitz- oder Gründungstheorie hineingelesen, so liegt dies auch am national-kollisionsrechtlichen Vorverständnis, das bislang vorwiegend den Kategorien von Sitz- und Gründungstheorie verhaftet war. Der EuGH jedoch lässt durch seine zurückhaltende Urteilsformulierung – völlig zu Recht – die Möglichkeit offen, dass es zwischen Schwarz und Weiß eine Reihe von Graustufen gibt, die möglicherweise im nationalen Recht künftig erst noch zu entwickeln sind.

a) Das Beispiel Englands

Das eigentliche Sachproblem, das sich hinter dem kollisionsrechtlichen Theorienstreit immer wieder erfolgreich verbergen kann, erhellt ein Blick nach England. Als Gründungstheoriestaat mit liberalen Gründungsvorschriften scheint es Vorbildcharakter zu haben, ja geradezu auf dem Weg zum europäischen „Delaware" zu sein. Und tatsächlich wird in England die Haftungsbeschränkung in einer Kapitalgesellschaft gewährt, ohne dass dies Privileg bei der Gründung mit besonderen Anforderungen erkauft werden müsste; insbesondere ist kein Mindestkapital vorgesehen.[174] Die dadurch drohende Schutzlücke wird jedoch kompensiert durch umfangreiche Publizitätsregeln, die Möglichkeit der *disqualification*, aufsichtsbehördliche Eingriffsmöglichkeiten und Tatbestände der Geschäftsleiterhaftung.[175]

Diese Vorschriften wiederum gelten in erheblichem Umfang auch für ausländische Gesellschaften, die in Großbritannien eine Geschäftstätigkeit entfalten (sog. *Oversea Companies*).[176] Die ausländische Gesellschaft muss jährlich eine nach eng-

---

174 Dazu *Prentice* EBLR 2003, 631 ff. Wenn sich die Gesellschafter allerdings dafür entscheiden, ein Kapital auszuweisen, müssen sie durchaus Vorschriften der Kapitalaufbringung und -erhaltung beachten (dazu *Micheler* ZGR 33 (2004) 324 ff.).

175 Umfassende Darstellung des englischen Gläubigerschutzsystems zuletzt bei *Gernoth* Pseudo Foreign Company, 2005, S. 81 ff.

176 Dazu *Behrens* GB/NI/EI, in: Behrens (Hrsg.), GmbH im internationalen und europäischen Recht, 2. Aufl., 1997, S. 894 f. (Rn. GB/NI/EI 64), und *Höfling* Das englische internationale Gesellschaftsrecht, 2002, S. 161 ff.; weiterhin *Gower and Davies'* Principles of Modern Company Law, 7. Aufl., 2003, S. 105 ff., *Höfling* DB 1999, 1206, 1208 und *Prentice* EBLR 2003, 631, 635 ff. *Zimmer* RabelsZ 67 (2003) 298, 304 f. verweist außerdem darauf, dass so manche Rechtsvorschrift des englischen Rechts (und der City Code on Takeovers and Mergers) nicht am Satzungssitz, sondern an der „residence" anknüpft, die wiederumg definiert wird als derjenige Ort, an dem die Geschäftsleitung („central management") angesiedelt ist.

lischen Vorschriften erstellte Bilanz mit Gewinn- und Verlustrechnung zum Gesellschaftsregister einreichen; sie muss weiterhin in allen geschäftlichen Schriftstücken ihre Firma, ihr Gründungsland und einen Hinweis auf die Haftungsbeschränkung aufnehmen. Das Ziel besteht bewusst darin, den englischen Geschäftspartnern einer *oversea company* dasselbe Schutzniveau zu garantieren, das sie bei Geschäftsabschlüssen mit englischen Gesellschaften genießen.[177] Es gebe, so schreibt *Prentice*, gar keinen Grund, ausländischen Gesellschaften ein großzügigeres Regelungsumfeld zu gewähren als englischen Gesellschaften.[178] Art. 700 Sec. 1 Companies Act bringt dies mit aller wünschenswerten Deutlichkeit zum Ausdruck:

> "Every oversea company shall in respect of each financial year of the company prepare the like accounts and directors' report, and cause to be prepared such an auditors' report, *as would be required if the company were formed and registered under this Act.*"[179]

Das englische Recht verlässt sich also im Bereich des Gläubigerschutzes allein auf die eigenen nationalen Regeln und verfährt damit der Sache nach nicht anders als ein Sitztheoriestaat: Man erlegt ausländischen Gesellschaften die eigenen Gläubigerschutzvorschriften auf. Und dies ohne Berücksichtigung der Tatsache, dass diese Gesellschaften in ihrem Heimatstaat möglicherweise äquivalenten Schutzmechanismen unterliegen – also beispielsweise bereits ein Mindestkapital aufgebracht haben. Hinzu kommt die Anwendung der Vorschriften über die Disqualifizierung von Geschäftsleitern (*disqualification*).[180] Sie bedeutet, dass die betreffende Person nicht mehr Geschäftsführer einer Gesellschaft sein darf und namentlich in ein entsprechendes Register aufgenommen wird; Zuwiderhandlungen sind strafbewehrt und führen zu persönlicher Haftung für die eingegangenen Verbindlichkeiten.[181]

Ebenso greift die vom Department of Trade and Industry (DTI) ausgeübte Staatsaufsicht zumindest teilweise auch gegenüber ausländischen Gesellschaften.[182] Auf dieser Grundlage können beispielsweise Sonderprüfungen zu Geschäften der Gesellschaft durchgeführt werden.[183] Wegen der hohen Kosten, die damit verbunden sind, werden derartige Prüfungen aber nur in besonders gravierenden Fällen angeordnet.[184] Darüber hinaus können ausländische Gesellschaften, die nicht mehr in

---

177 So ausdrücklich *Prentice* EBLR 2003, 631, 636.

178 *Prentice* EBLR 2003, 631, 636: "There is no indication that any attempt has been made to make the regulatroy environment any more clement for overseas companies than it is for their UK counterparts. Such a regulatory policy would be a bizzare one to adopt."

179 Kursive Hervorhebung durch den *Verfasser*.

180 Näher *Höfling* Das englische internationale Gesellschaftsrecht, 2002, S. 183ff. und *Höfling* DB 1999, 1206, 1208.

181 *Farrar's Company Law* 4. Aufl., 1998, S. 360f.; *Höfling* Das englische internationale Gesellschaftsrecht, 2002, S. 187 f.

182 Näher *Höfling* Das englische internationale Gesellschaftsrecht, 2002, S. 167ff.

183 *Farrar's Company Law* 4. Aufl., 1998, S. 498.

184 *Farrar's Company Law* 4. Aufl., 1998, S. 498; vgl. den Bericht bei *Höfling* Das englische internationale Gesellschaftsrecht, 2002, S. 172, über die Untersuchung der Umtriebe einer deut-

der Lage sind, ihre Schulden zu zahlen, zwangsweise aufgelöst werden.[185] Es genügt dafür das vage Kriterium, dass die Auflösung im Interesse der lokalen Gläubiger liegen muss; es ist hingegen nicht einmal zwingend erforderlich, dass Vermögensgegenstände der Gesellschaft im Vereinigten Königreich belegen sind.[186] Auch die Anwendung englischen Insolvenzrechts auf ausländische Gesellschaften ist keineswegs ausgeschlossen.[187] Dies ist deshalb bemerkenswert, weil nach englischer Auffassung wesentliche Normen des Gläubigerschutzes – nicht zuletzt der Haftungstatbestand des *wrongful trading* – insolvenzrechtlicher Natur sind.[188]

Im Lichte der Inspire Art-Entscheidung gilt auch für das englische Recht der Rechtfertigungstest der Niederlassungsfreiheit. Es hat allerdings insoweit einen Vorteil, als die spezifisch englische Variante des Gläubigerschutzes, nämlich die Publizität, über die Erste, die Vierte und die Elfte Richtline europäischer Standard geworden sind. Die Umsetzung der Elften gesellschaftsrechtlichen Richtlinie hat in England zu einem zweispurigen System der *oversea companies* geführt, mit solchen, die den früher geltenden Regeln unterliegen, und solchen, die den Umsetzungsvorschriften der Richtlinie unterworfen sind.[189] Für Gesellschaften aus anderen Staaten der Gemeinschaft genügt daher die Vorlage der im Heimatstaat aufgestellten Bilanz.[190] Für *oversea companies* gilt aber beispielsweise auch das britische Firmenrecht.[191] Dies kann zu einer Beschränkung der Niederlassungsfreiheit führen, die sich allerdings wohl im Hinblick auf die schützenswerten Interessen des Rechts-

---

schen GmbH, die in England ein umfangreiches Schneeballsystem betrieben hatte, das nach englischem Recht als illegales Glücksspiel anzusehen war.

185 Näher *Prentice* EBLR 2003, 631, 637ff. *Höfling* Das englische internationale Gesellschaftsrecht, 2002, S. 201ff.

186 *Prentice* EBLR 2003, 631, 638.

187 Dazu im Einzelnen *Höfling* Das englische internationale Gesellschaftsrecht, 2002, S. 218ff. sowie zusammenfassend S. 240. Das nationale Kollisionsrecht wird allerdings insoweit von der Europäischen Insolvenzverordnung überlagert (hierzu unten S. 522 ff.).

188 Dazu *Höfling* Das englische internationale Gesellschaftsrecht, 2002, S. 222ff.

189 Die Regelung ist dadurch recht unübersichtlich, mit den Worten von *Gower and Davies'* Principles of Modern Company Law, 7. Aufl., 2003, S. 105, sogar „a complete mess"

190 *Gower and Davies'* Principles of Modern Company Law, 7. Aufl., 2003, S. 108. Gemäß Art. 3 der Elften Richtlinie erstreckt sich die Pflicht zur Offenlegung „lediglich auf die Unterlagen der Rechnungslegung der Gesellschaft, die *nach dem Recht des Mitgliedstaats, dem die Gesellschaft unterliegt*, im Einklang mit den Richtlinien 78/660/EWG, 83/349/EWG und 84/253/EWG erstellt, geprüft und offengelegt worden sind." (kursive Hervorhebung durch *Verf.*). Sogenannte „Section 700 Accounts" sind daher nur zu erstellen, wenn das Heimatrecht die Erstellung einer geprüften Bilanz nicht vorsieht (dazu Merkblatt „Oversea Companies" des Companies House, August 2003, abrufbar unter http://www.companieshouse.gov.uk). Ein Konflikt mit dem Gemeinschaftsrecht kann sich insoweit wohl nur ergeben, wenn ein Mitgliedstaat für seine eigenen Gesellschaften von der Möglichkeit des Art. 51 Abs. 2 der Vierten gesellschaftsrechtlichen Richtlinie Gebrauch gemacht hat, wonach „kleine" Kapitalgesellschaften von dem Erfordernis der Prüfung befreit werden können.

191 *Gower and Davies'* Principles of Modern Company Law, 7. Aufl., 2003, S. 77.

verkehrs rechtfertigen lässt.[192] Ebenso sind die Regeln der Disqualification und die Staatsaufsicht leichter zu rechtfertigen als ein gesetzliches Mindestkapital, weil sie nicht an der Gründung der Gesellschaft anknüpfen oder ihre Rechtsfähigkeit in Frage stellen, sondern ein konkretes Fehlverhalten im Stadium der Tätigkeit sanktionieren.

b) *Zur Notwendigkeit einer sach- und kollisionsrechtlichen Gesamtkonzeption*

Inwieweit das englische Recht für *oversea companies* in jeder Einzelheit mit dem Primär- und Sekundärrecht der Gemeinschaft harmoniert, mag hier dahinstehen. Das Vorstehende macht jedenfalls eines deutlich: Eine kollisionsrechtliche Theorie lässt sich nicht reibungslos durch eine andere, vermeintlich liberalere ersetzen. Gerade das Recht der Rechnungslegung, das England den ausländischen Gesellschaften auferlegt, weil es zentrales Element seines Gläubigerschutzsystems ist, wäre nach Auffassung der deutschen Literatur gesellschaftsrechtlich anzuknüpfen und somit – bei Anwendung der Gründungstheorie – nach dem Recht des Gründungsstaates auszufüllen.[193] Ebenso verhält es sich mit Straf- und Ordnungsvorschriften. Sie werden im deutschen Kollisionsrecht allein auf deutsche Gesellschaften beschränkt, während sie im englischen Recht auch auf ausländische Gesellschaften Anwendung finden.[194]

Somit beruht die Diskussion über Sitz- oder Gründungstheorie allzuhäufig auf der unreflektierten Annahme, mit der kollisionsrechtlichen Anknüpfung sei über alle Fragen des Gesellschaftsrechts umfassend entschieden.[195] *Roth* hat schon gegenüber der *Centros*-Entscheidung darauf hingewiesen, dass man dies auch differenzierter sehen könne.[196] Zwischen der Anerkennung der Rechtsfähigkeit einer Gesell-

---

[192] *Gower and Davies'* Principles of Modern Company Law, 7. Aufl., 2003, S. 108, sieht hier einen denkbaren Konflikt mit der Niederlassungsfreiheit, hält die Anwendung britischen Firmenrechts zum Schutze Dritter aber für gerechtfertigt. Ein wenig pauschal erscheint das – ohne nähere Begründung gezogene – Fazit von *Prentice* EBLR 2003, 631, 640, wonach die *Centros*-Entscheidung keinen nennenswerten Einfluss auf die Behandlung ausländischer Gesellschaften durch das englische Recht haben soll.

[193] In der deutschen Diskussion wird von der h.M. angenommen, dass die Rechnungslegung gesellschaftsrechtlich zu qualifizieren sei und damit dem Gesellschaftsstatut unterliege (vgl. *Zimmer* Internationales Gesellschaftsrecht, 1996, S. 179ff., m.w.N.). Auch die am Ort der Zweigniederlassung offenzulegenden Unterlagen der Rechnungslegung sind *Zimmer* zufolge (a.a.O., S. 187) nach den Regeln des Gesellschaftsstatuts zu erstellen. Im Folgenden (S. 188) schlägt er *de lege ferenda* eine – der britischen Konzeption vergleichbare – Verselbständigung der an eine Niederlassung geknüpften Offenlegungspflichten vor.

[194] Dazu m.w.N. *Höfling* DB 1999, 1206, 1208 und *Höfling* Das englische internationale Gesellschaftsrecht, 2002, S. 161ff.

[195] So beispielsweise: *Eidenmüller* ZIP 2002, 2233 (eine nach dem Recht eines Mitgliedstaats wirksam gegründete Kapitalgesellschaft mit Sitz in der Gemeinschaft müsse „nach ihrem Gründungsrecht beurteilt werden").

[196] *G.H. Roth* ZIP 1999, 861, 862f.; auch *Forsthoff* DB 2000, 1109, 1113, betont, der Grundsatz, das Gründungsrecht als Gesellschaftsstatut heranzuziehen, zwinge nicht dazu, all die

schaft und dem Haftungsregime ihrer Gesellschafter lässt sich gedanklich ohne weiteres eine Trennung vollziehen; der traditionellen Sitztheorie ist dies zwar fremd, mit der Gründungstheorie wäre eine solche Betrachtung jedoch durchaus zu vereinbaren. Die Überlagerung des Gründungsstatuts durch nationale Schutzregeln „gehört genuin zur Gründungstheorie als deren Korrektiv".[197]

Vor dem Hintergrund dieses Missverständnisses wird auch die von der Gründungstheorie gewährte Freiheit, das auf die Gesellschaft anwendbare Recht frei wählen zu können,[198] deutlich überschätzt. Der programmatische Gegensatz, hier abwehrend gegen alles Fremde (Sitztheorie), dort weltoffen und liberal (Gründungstheorie)[199], besteht nur vordergründig und wird der Rechtswirklichkeit nicht gerecht. Die Entscheidung für oder gegen eine kollisionsrechtliche Theorie lässt sich nicht bewerten ohne den Rückgriff auf die Interessen und Wertungen des materiellen Rechts;[200] bezieht man die Regeln über die Zulassung ausländischer Gesellschaften zur Tätigkeit im Inland und fremdenrechtliche Bestimmungen mit ein, erweist sich die Liberalität der Gründungstheorie häufig als nur vordergründig.[201] Das englische Beispiel zeigt, dass die Gründungstheorie ihre Liberalität nur gegenüber den eigenen Gesellschaften entfaltet; auf diese wird das eigene Gesellschafts- und Insolvenzrecht angewandt, wo auch immer sie ihren tatsächlichen Tätigkeitsschwerpunkt haben.[202] Ausländischen Gesellschaften hingegen wird der eigene Gläubigerschutz auferlegt, wenn sie nur irgendeine Tätigkeit auf englischem Territorium entfalten; es ist anders als bei der Sitztheorie nicht einmal Vorausset-

---

Rechtsmaterien, die herkömmlich dem Gesellschaftsstatut zugeordnet werden, nach dem Gründungsrecht anzuknüpfen. Für einen dergestalt differenzierenden Ansatz auch schon *Bechtel* Umzug von Kapitalgesellschaften, 1998, S. 95ff.

197 *Horn* NJW 2004, 893, 898. So entwickelte *Sandrock* 42 RabelsZ (1978) 227ff. seine „Überlagerungstheorie" nach dem Vorbild des US-amerikanischen Rechts, das gleichfalls der Gründungstheorie folgt. *Halbhuber* Limited Company statt GmbH?, 2001, S. 188f., zieht dies zwar mit dem Hinweis in Zweifel, die strengen gesellschaftsrechtlichen Regeln des Bundesrechts gälten vielfach nur für börsennotierte Gesellschaften; dies ist allerdings kein Widerspruch, da in der Praxis auch nur die börsennotierten Gesellschaften den Wettbewerb der Gesetzgeber nutzen (vgl. oben S. 370 ff.).

198 Darauf verweist beispielsweise *Eidenmüller* ZIP 2002, 2233, 2235; sehr weitgehend *Cascante* RIW 1999, 450, der meint, Gesellschaften könnten jetzt in dem EU-Staat errichtet werden, der ihnen die günstigsten rechtlichen Rahmenbedingungen eröffne, „zum Beispiel im Hinblick auf die Mindestkapitalanforderungen, Haftungsvorschriften und Mitbestimmungen der Arbeitnehmer".

199 In diesem Sinne übermäßig kritisch gegenüber der Sitztheorie etwa *Knobbe-Keuk* ZHR 154 (1990) 325, 342, oder auch *Paefgen* ZIP 2004, 2253 („Ausländerphopie").

200 *Großfeld*-Staudinger, Int. GesR, 1998 Rn. 23; vgl. auch die Untersuchung von *Ebenroth/Einsele* ZVglRWiss 87 (1988) 217ff. zu den zahlreichen Einschränkungen der Gründungstheorie im US-amerikanischen Recht.

201 *Großfeld*-Staudinger, Int. GesR, 1998, Rn. 149.

202 So *Prentice* EBLR 2003, 631ff., der sich allerdings nicht zu der Frage äußert, ob die Anwendung nationalen Insolvenzrechts auf britische Gesellschaften mit Tätigkeitsschwerpunkt im Ausland mit der Europäischen Insolvenzverordnung (dazu unten S. 522 ff.) vereinbar ist.

zung, dass sie im Inland den Schwerpunkt ihrer Tätigkeit haben. Die englischen Regeln über *oversea companies* gelten immer dann, wenn eine ausländische Gesellschaft einen „Place of Business" im Inland hat. Der Leitfaden des britischen Companies House[203] definiert dies als: "A premises where there is a physical or visible indication that the company may be contacted there".[204]

In der Realität können die Gesellschafter unter der Geltung der Gründungstheorie somit häufig nur die auf das Innenverhältnis der Gesellschaft anwendbaren Regeln frei wählen.[205] Diese sind jedoch gar nicht das zentrale Anliegen der Sitztheorie, deren tragender Geltungsgrund in der Regelung der Rechtsbeziehungen zu Dritten liegt.[206] Im praktischen Ergebnis dürfte es bei einer Sitzverlegung nach Deutschland unter Neugründung als GmbH zumeist möglich sein, im Rahmen der GmbH-rechtlichen Gestaltungsfreiheit die zuvor unter ausländischem Gesellschaftsrecht praktizierten internen Gestaltungen zu bewahren. Spürbaren Veränderungen wären allein – wie beim Zuzug in einen Gründungstheoriestaat nicht anders – die Beziehungen zu Dritten unterworfen.

Gegen die Sitztheorie lässt sich allenfalls einwenden, dass sie in ihrer extremen Version, die zu einer Nichtexistenz der ausländischen Gesellschaft führt, über das Ziel hinausschießt. Der Gesellschaft vom Grenzübertritt an die Existenz abzusprechen, liegt nicht im Interesse des inländischen Rechtsverkehrs, der mit dem angeblich nicht existenten Gebilde in Geschäftskontakt tritt. Wer jedoch der Sitztheorie vorwirft, die ausländische Gesellschaft zu „erschlagen",[207] sollte nicht verhehlen, dass Gründungstheoriestaaten sie zwar ins Land lassen, ihr dann aber eine Zwangsjacke überziehen. Welchen Weg man wählt, ist weniger eine Frage der Liberalität, als eine Frage der Zweckmäßigkeit, die es zumeist nahelegt, von den historisch gewachsenen Rechtsregeln nicht ohne Not abzuweichen. Diese Bewertung allerdings hat sich mit der Rechtsprechung des EuGH geändert. Es mag nun durchaus zweckmäßig und regelungstechnisch einfacher sein, zur Gründungstheorie überzugehen,

---

203 S. oben Fn. 190.

204 *Prentice* EBLR 2003, 631, 636, führt dazu aus: "What is important about this definition is that it would cover *not only the principal business activity of the company* but also any activities which are incidental to the main activity of the company which are carried on in Great Britain." (Hervorhebung durch den *Verf.*).

205 *Höfling* DB 1999, 1206, 1208. Daher unterstellen auch viele Autoren bei ihrer Analyse der Gründungstheorie ganz selbstverständlich, dass es dabei nur um Gründung und Auflösung der Gesellschaft sowie um die Regelung des Innenverhältnisses gehe (in diesem Sinne beispielsweise *Roussos* EBLR 2001, 7, 8, *Wouters* 2 EBOR (2001) 101, 109). Vergleichbare Erkenntnisse liefert eine Analyse der Rechtslage in den USA; dazu oben S. 368 ff. und *Ebenroth/Einsele* ZVglRWiss 87 (1988) 217ff.

206 Zur Rechtfertigung der Sitztheorie wird allerdings auch der Schutz der Minderheitsgesellschafter und damit eine Frage des gesellschaftsrechtlichen Innenverhältnisses angeführt (so im Fall Überseering; vgl. die Besprechung des Falles oben auf S. 89ff.)

207 So das drastische, aber durchaus treffende Bild von *Knobbe-Keuk* ZHR 154 (1990) 325, 335.

anstatt die Überreste der konventionellen Sitztheorie mit komplizierten Sonderanknüpfungen zu konservieren.

Somit steht zwar fest, „dass es ein Gründungsrechtsland mit der EuGH-Rechtsprechung leichter haben wird. Aber daraus folgt noch keine abgeschlossene Doktrin.“[208] Denn der Übergang von einer Theorie zur anderen wird dadurch erschwert, dass beide Theorien in eine „Gesamtkonzeption des internationalen Gesellschaftsrechts“[209] eingebettet und in ihrer konkreten Reichweite von den Querverbindungen zum jeweiligen Sachrecht abhängig sind. Wer den Gläubigerschutz über Publizität und Staatsaufsicht realisiert, tut sich leichter darin, eine nach ausländischen Vorschriften gegründete Gesellschaft aufzunehmen, als ein Staat, der Gläubigerschutz gerade über die Gründungsvorschriften realisiert. Angesichts dieser Vielfalt der kollisionsrechtlichen und sachrechtlichen Kombinationsmöglichkeiten erscheint es bei weitem verfrüht, die Rechtsprechung des EuGH auf eine konkrete kollisionsrechtliche Theorie umzumünzen.

Denkbar wäre, die Sitztheorie allein für inländische Gesellschaften aufrecht zu erhalten. Ein rechtspolitisches Interesse dafür ist allerdings nicht erkennbar. Denn die Sitztheorie dient gerade der Durchsetzung des zwingenden Rechts auf eigenem Territorium. Gegenüber einer Gesellschaft, die auf eigenem Territorium zwar gegründet wurde, dort aber nicht mehr tätig ist, stehen keine schutzbedürftigen Interessen des Inlands auf dem Spiel.[210] Somit wäre der völlige Verzicht auf die Sitztheorie eine denkbare Konsequenz, dies verlangt aber zwingend die vorherige Klärung, welche Kompensationsmöglichkeiten es zum Schutze der Interessen des inländischen Rechtsverkehrs gibt. Beschränkungen der Niederlassungsfreiheit ließen sich andererseits auch über eine Änderung des Sachrechts beseitigen.[211] Es mag hier allerdings Bereiche geben, in denen der gesetzgeberische Spielraum gegen Null tendiert. Dass der EuGH jedoch eine konkrete Lösung zwingend angeordnet habe, lässt sich schon deshalb nicht annehmen, weil er für alle Mitgliedstaaten gültige Aussagen trifft und der Änderungsbedarf im Kollisions- oder Sachrecht naturgemäß für jeden Mitgliedstaat höchst unterschiedlich ausfallen kann. Gründungstheoriestaaten werden eher im Sachrecht, insbesondere im Fremdenrecht nachbessern müssen, Sitztheoriestaaten im Kollisionsrecht. Für beide gilt die Aussage von *Sonnenberger/Großerichter*: „Man kann sich nicht aufgrund einer Einzelentscheidung eines Teilaspekts von einer zusammenhängenden Gesamtkonzeption verabschieden, ohne dass Klarheit besteht, was an ihre Stelle treten soll.“[212]

---

[208] *K. Schmidt* ZHR 168 (2004) 493, 496.
[209] *Sonnenberger/Großerichter* RIW 1999, 721, 722.
[210] *G.H. Roth* ZIP 1999, 861, 863.
[211] *Sonnenberger/Großerichter* RIW 1999, 721, 722.
[212] *Sonnenberger/Großerichter* RIW 1999, 721, 728.

c) Schutz inländischer Interessen

Kehrt man vor diesem Hintergrund zum materiellen Gehalt der Sitztheorie zurück, erscheint dieser keineswegs binnenmarktfeindlich. Ihr geht es darum, den auf inländischem Territorium stattfindenden Rechtsverkehr nach den eigenen Regeln zu gestalten. Darin findet sich der Gedanke der „engsten Verbindung" des Lebenssachverhaltes zu einem bestimmten Staatsgebiet, der das Internationale Privatrecht in vielen Bereichen prägt.[213] Demselben Prinzip folgt mittlerweile die Europäische Insolvenzverordnung.[214] Es spricht *prima facie* auch alles dafür, dass auf Lebenssachverhalte, die sich einem bestimmten Territorium zuordnen lassen, die dort geltenden rechtlichen Wertungen am besten passen.

Zweitens und für die vorliegende kollisionsrechtliche Betrachtung noch Wichtiger: Auch Gründungstheoriestaaten folgen diesem Grundgedanken mit der allergrößten Selbstverständlichkeit. Daher betonen *Sonnenberger/Großerichter* zu Recht,[215] dass die Probleme mit einem schlichten Wechsel zur Gründungstheorie beileibe nicht gelöst sind.[216] Dänemark ist ein Gründungstheoriestaat und glaubte bis zur Centros-Entscheidung, die dadurch entstehenden Schutzlücken durch staatliche Aufsichtsmaßnahmen schließen zu können; zutreffend meint *Kieninger*,[217] die dänischen Mittel des Gläubigerschutzes gegenüber der *Centros Ltd.* unterschieden sich nur „quantitativ" von dem Schutzmechanismus der Sitztheorie. Um die Verwirrung vollkommen zu machen, wird von dänischer Seite ergänzt, das dänische System sei im Grunde eine Kombination aus Elementen der Sitz- und der Gründungstheorie.[218] Dasselbe ließe sich über die Niederlande sagen, denen die Inspire Art-Entscheidung ihr Gesetz über formal ausländische Gesellschaften aus der Hand geschlagen hat, mit dem man auch dort die Defizite der Gründungstheorie meinte kompensieren zu können. Wer also den schlichten Übergang zur Gründungstheorie fordert, ohne die dänischen, niederländischen aber auch englischen Erfahrungen mit den Missbrauchsgefahren von Scheinauslandsgesellschaften ernst zu nehmen, handelt geradezu fahrlässig. Denn anders als Überseering, das die Sitztheorie in ihrer von der deutschen Rechtsprechung entwickelten Ausprägung traf, werfen Centros und Inspire Art ein Schlaglicht nicht auf die Sitztheorie, sondern auf ein

---

213 „An die engste Verbindung anzuknüpfen ist ... das Grundprinzip des gesamten IPR" (*von Bar/Mankowski* Internationales Privatrecht I, 2. Aufl., 2003, S. 606 [§ 7 Rn. 92]), was allerdings nicht davon entbindet, Klarheit über die Kriterien zu gewinnen, an Hand derer die engste Verbindung festzustellen ist.

214 Dazu näher unten S. 522ff.

215 *Sonnenberger/Großerichter* RIW 1999, 721, 728.

216 Schon *Ebenroth/Einsele* ZVglRWiss 87 (1988) 217ff., wiesen auf Basis eines Vergleichs mit der US-amerikanischen Rechtslage darauf, dass es mit einem bloßen Wechsel zur Gründungstheorie nicht getan sei, dies vielmehr korrespondierende Veränderungen im materiellen Gesellschaftsrecht nach sich ziehen müsste.

217 *Kieninger* ZGR 28 (1999) 724, 740.

218 *J. Lau Hansen* EBLR 2002, 85, 88ff.

Zentralproblem der Gründungstheorie: Die Gründungsanknüpfung ist geradezu sachnotwendig mit einer Überlagerung des Gründungsrechts durch zwingendes Sachrecht im Staat der Tätigkeit verbunden.[219]

Diejenigen Stimmen aus der deutschen Literatur, die schon früh, und ohne bei der herrschenden Meinung Gehör zu finden, für eine Hinwendung zur Gründungstheorie eintraten, forderten auch keineswegs, alle gesellschaftsrechtlichen Fragen nach dem Recht des Gründungsstaates zu lösen. Ihnen lag vor allem und in erster Linie daran, der Sitztheorie den Stachel zu ziehen, der darin lag, einer ausländischen Gesellschaft allein wegen der Verlagerung ihres Verwaltungssitzes die Rechts- und Parteifähigkeit abzusprechen. *Knobbe-Keuk* plädierte bei ihrem engagierten Angriff auf die Sitztheorie[220] dafür, die Frage der Rechts- und Parteifähigkeit einer Gesellschaft von der Suche nach ihrem tatsächlichen Verwaltungssitz abzukoppeln; denn eine derartige Statusfrage könne man nicht von der Unsicherheit der tatsächlichen Verhältnisse abhängig machen. Verfehlt sei der Anspruch der Sitztheorie, über die Rechtsfähigkeit einer juristischen Person entscheiden zu wollen.[221] Sie führe über die Versagung der Existenz in eine Sackgasse, weil ein tatsächlich äußerst lebendiges Gebilde, das Verträge abschließe und anderweitig am Rechtsverkehr teilnehme, rechtlich als nicht existent angesehen werde.[222] Der Fall Überseering belegt ihre These auf das Anschaulichste: Dem europäischen Richterkollegium war es nicht begreiflich zu machen, warum das realiter Verträge abschließende Gebilde *Überseering B. V.* in den Augen der deutschen Rechtsprechung ein prozessunfähiges Nullum sein solle. In diese „von der Sitztheorie gebaute Sackgasse" gerate man nicht, so *Knobbe-Keuk*, „wenn man zwischen der Frage der Anerkennung der Rechtsfähigkeit einer ausländischen Gesellschaft und der ganz anderen Frage, welchen zwingenden Vorschriften des Sitzstaats die ausländische Gesellschaft unterworfen ist, einen großen Trennstrich zieht."[223]

Damals hat *Knobbe-Keuk* bis in die Formulierungen hinein die Entscheidung des EuGH in Sachen Überseering vorweggenommen: „Die … nach dem Recht eines Mitgliedstaats errichteten Gesellschaften mit Satzungssitz, Hauptverwaltung oder Hauptniederlassung in der Gemeinschaft haben als solche das Recht der freien Niederlassung, … und zwar haben sie das Recht, so wie sie formiert sind, als nach

---

219 Nicht ganz zu Unrecht sehen daher *Sandrock* BB 1999, 1337, und *Höfling* DB 1999, 1206, in der Rechtsprechung eine Entwicklung in Richtung auf eine „Überlagerungstheorie" für Europa. *Sandrock* ZVglRWiss 102 (2003) 447 ff. sieht allerdings den Spielraum für derartige Überlagerungen schwinden und spricht ebda. von einer „Schrumpfung der Überlagerungstheorie".

220 *Knobbe-Keuk* ZHR 154 (1990) 325 ff., viel zitiert ist ihr Hinweis, ebda. S. 335, eine ausländische Gesellschaft, die ihren Verwaltungssitz nach Deutschland verlege, werde „von der Sitztheorie erschlagen".

221 *Knobbe-Keuk* ZHR 154 (1990) 325, 351.

222 *Knobbe-Keuk* ZHR 154 (1990) 325, 335 ff.

223 *Knobbe-Keuk* ZHR 154 (1990) 325, 338.

dem Recht eines Mitgliedstaats errichtete Gesellschaften."[224] Gegen den Hinweis von Verteidigern der Sitztheorie, diese habe keine diskriminierende Wirkung, weil sie das für inländische Gesellschaften geltende Recht auch auf ausländische anwende, vermerkte sie, es komme nicht darauf an wie man die Theorie formuliere. „Entscheidend ist allein die Wirkung der Sitztheorie, dass sie einer nach ausländischem Recht errichteten Gesellschaft ... den Zuzug versperrt."[225] Damit hat sie die Kernaussage der nahezu zehn Jahre später einsetzenden Rechtsprechung vorweggenommen: Es kommt nicht auf die kollisionsrechtliche Konstruktion an, sondern auf deren Wirkung. Die Niederlassungsfreiheit einer Gesellschaft sei nur gewährleistet, „wenn sie unter Aufrechterhaltung ihrer rechtlichen Identität umziehen kann".[226] Dem hätte der EuGH sicherlich kein Wort hinzuzufügen.

Diese Wesensverwandtschaft der Gedanken *Knobbe-Keuks* mit den wesentlich später ergangenen Entscheidungen des EuGH ist deshalb aufschlussreich, weil ihre darauf aufbauenden weiteren Schlussfolgerungen möglicherweise den Ausweg aus der derzeitigen Sackgasse der Sitztheorie aufweisen: Es sei zwar grundsätzlich die Rechtsordnung des Staates anzuwenden, der der ausländischen Gesellschaft die Rechtsfähigkeit verliehen habe und dessen Rechtsordnung sie sich unterstellt habe. Es sei sodann aber zu fragen, inwieweit zum Schutze inländischer Interessen – wozu sie namentlich Minderheitsgesellschafter, Gläubiger und Arbeitnehmer rechnet – eine Sonderanknüpfung geboten sei.[227] Ein Schutzbedürfnis der Minderheitsgesellschafter lehnt sie nachvollziehbar ab, denn deren Mitgliedschaft in der Gesellschaft ausländischer Rechtsform beruhe auf einer privatautonomen Entscheidung.[228] Für den Gläubigerschutz verweist sie in erster Linie auf die dazu bereits ergangenen Harmonisierungsmaßnahmen,[229] auch insoweit den EuGH – Inspire Art – vorwegnehmend. Soweit die Harmonisierung nicht oder nur partiell greife, also insbesondere bei den Kapitalgesellschaften, die keine Aktiengesellschaften sind, müsse an eine Sonderknüpfung gedacht werden. Dies allerdings nicht, ohne zuvor die Schutzwirkungen des ausländischen Rechts geprüft zu haben. Häufig werde sich herausstellen, dass das ausländische Gesellschaftsrecht notwendigen Gläubigerschutz in vergleichbarer Weise, wenn vielleicht auch mit anderer Technik gewährleiste.[230] Etwas anderes gelte für die englische *private limited company*, für die eine Eigenkapitalausstattung nicht vorgesehen sei. Dem Schutzbedürfnis werde hier zwar durch eine Reihe öffentlich-rechtlicher Aufsichts- und Eingriffsrechte Rechnung getragen. Dieser Schutzmechanismus könne aber naturgemäß nur territorial begrenzt

224 *Knobbe-Keuk* ZHR 154 (1990) 325, 343f.
225 *Knobbe-Keuk* ZHR 154 (1990) 325, 344.
226 *Knobbe-Keuk* ZHR 154 (1990) 325, 345.
227 *Knobbe-Keuk* ZHR 154 (1990) 325, 345f.; die „Überlagerungstheorie" *Sandrocks* lehnt sie ebda. als zu kompliziert ab.
228 *Knobbe-Keuk* ZHR 154 (1990) 325, 346.
229 *Knobbe-Keuk* ZHR 154 (1990) 325, 346.
230 *Knobbe-Keuk* ZHR 154 (1990) 325, 347.

seine Wirkung entfalten, entfalle also, wenn die Gesellschaft ihren Verwaltungssitz ins Ausland verlege. In einem solchen Falle müsse bis zur Höhe des Mindestkapitals einer deutschen GmbH die Ausfallhaftung der Gründer und ihrer Rechtsnachfolger (in entsprechender Anwendung der §§ 24, 16 Abs. 3 GmbHG) eintreten.[231] *Knobbe-Keuk* hat damit bemerkenswert hellsichtig die Probleme der Fälle Centros und Inspire Art vorausgeahnt und erste Hinweise geliefert, die in ihrer Tiefe selbst über die Ausführungen der EuGH-Urteile und der Verfahrensbeteiligten hinausgehen. Insbesondere das Problem, dass sich die im Ausland gegründete Gesellschaft elegant den Gläubigerschutzmechanismen des Gründungsstatuts entzieht, ohne sich den im Zuzugsstaat geltenden unterwerfen zu wollen, wurde in den beiden Entscheidungen nicht zufriedenstellend angesprochen, geschweige denn gelöst.

d) Widerstreit von Klarheit der Anknüpfung und Klarheit der Rechtsfolgen

Bei der Entscheidung zwischen Gründungs-, Sitztheorie oder Mischformen ist ein weiterer Grundkonflikt zu beachten: Die rechtssichere *Anknüpfung* der Gründungstheorie zeitigt Unsicherheiten in den *Rechtsfolgen.* Der große Vorzug der Gründungstheorie liegt darin, dass der Ort der Gründung leicht zu ermitteln ist, wohingegen der tatsächliche Verwaltungssitz gerade bei grenzüberschreitend tätigen Unternehmen schon schwer abstrakt zu definieren und noch schwerer konkret zu ermitteln ist. Indes – was ist mit der eindeutigen Festlegung des Gründungsrechts gewonnen? Die im Ausland tätige Gesellschaft hat die Gewissheit, als Rechtsperson nicht in Frage gestellt zu werden. Wichtig für den Unternehmer ist aber die Rechtssicherheit bei Ausübung seiner *Tätigkeit.* Diese kann die Gründungstheorie nicht bieten und die Rechtsprechung des EuGH hat hier die Unsicherheit nur vergrößert.[232] Je tiefer eine Gesellschaft in den Markt eines anderen Staates eintaucht, desto größer wird die Gefahr, dass bestimmte Rechtsbeziehungen nicht mehr dem Recht des Heimatstaates, sondern – gemeinschaftsrechtlich legitimierbar – dem Recht des Aufnahmestaates unterliegen. An welchem Punkt der Integration in den Markt des Aufnahmestaates dies geschieht, bleibt ungewiss. Es kann das Firmenrecht sein, das einen klarstellenden Zusatz fordert – und das Unterlassen möglicherweise scharf sanktioniert. Es kann die Haftung der Geschäftsleiter sein, die sich in der Insolvenz unvermittelt nach dem Recht des Tätigkeitsortes ermittelt, obwohl zuvor alle Angelegenheiten der Gesellschaft stets nach dem Recht des Herkunftslandes betrieben wurden. Es kann eine fehlerhafte Bilanzierung sein, die im Konfliktfall die persönliche Haftung oder andere Sanktionen nach sich zieht.

---

[231] *Knobbe-Keuk* ZHR 154 (1990) 325, 347. Nur am Rande sei bemerkt, dass *Knobbe-Keuk*, ebda., S. 348, das deutsche Recht der Mitbestimmung als Zuzugsbeschränkung für mit dem EWG-Vertrag vereinbar hält.

[232] Infolge der Rechtsprechung zur Niederlassungsfreiheit von Gesellschaften fordern mehrere Autoren mit einiger Berechtigung eine getrennte Betrachtung von Errichtung der Gesellschaft einerseits und Tätigkeit der Gesellschaft andererseits (z.B. *Werlauff* ZIP 1999, 867, 875).

Die Sitztheorie bot hier bei aller Unsicherheit in der Anknüpfung Klarheit in der Rechtsfolge: Wer seinen tatsächlichen Verwaltungssitz im Aufnahmestaat hat, wird konsequent nach dem dort geltenden Recht beurteilt.[233] Die Sitztheorie hat auch im internationalen Kontext eine gewisse Berechtigung. Denn andere Staaten können davon ausgehen, dass der Sitzstaat das Verhalten der Gesellschaft schon im eigenen Interesse hinreichend überwachen wird.[234] Das auch im Gemeinschaftsrecht mitunter eingeforderte Vertrauen in die Schutzregelungen anderer Mitgliedstaaten ist im Grunde nur dort gerechtfertigt, wo eigene Interessen dieser Staaten betroffen sind. Wer hingegen einer Gesellschaft lediglich die Rechtsfähigkeit verleiht und sie dann ziehen lässt, hat keinen Anlass, sich für das weitere Gebaren dieser Gesellschaft zu interessieren. Insoweit ist es kein Zufall, dass England als Gründungstheoriestaat seine Schutzinteressen tendenziell eher mit der territorial begrenzten Staatsaufsicht verfolgt. Einerseits ist es von der Tätigkeit englischer Gesellschaften im Ausland nicht betroffen; andererseits muss es als Gründungstheoriestaat damit rechnen, dass ausländische Gesellschaften im Inland tätig werden, bei denen man sich nicht auf den Schutzstandard des Heimatrechts verlassen will.

Diese Unsicherheit ist im Kern nicht der Rechtsprechung des Gerichtshofs anzulasten. Sie ist notwendige Folge eines Binnenmarktes mit verschiedenen Rechtsordnungen. Wer die Binnengrenzen abschafft, legt es geradezu darauf an, die Zahl der „Grenzfälle“ im tatsächlichen und im juristischen Sinne zu vermehren. Sollte dies zu unerträglichen Spannungen im Gebälk der nationalen Rechtsordnungen führen, ist die Harmonisierung das geeignete Instrument der Abhilfe.[235] Solange eine Harmonisierung fehlt und in den Mitgliedstaaten unterschiedliche gesellschaftsrechtliche Regeln gelten – und der Bereich des Gesellschaftsrechts ist hier weit zu fassen bis hin zu Rechnungslegung, Arbeitnehmermitbestimmung und Firmenrecht[236] – muss immer die Linie bestimmt werden, an der das Recht des Herkunftslandes verlassen und das Recht des Aufnahmestaates betreten wird. Aus dem Recht der Warenverkehrsfreiheit ist diese Frage bestens bekannt, und man kann nicht behaupten, dass sie in jedem Einzelfall *ex ante* mit hinreichender Sicherheit zu beantworten sei.[237] Die rechtliche Klärung wird immer eine Anknüpfung an die tatsächlichen

---

233 Mit diesen Argumenten befürwortet namentlich *Großfeld*-Staudinger, Int. GesR, 1998, Rn. 38ff. die Sitztheorie.

234 *Großfeld*-Staudinger, Int. GesR, 1998, Rn. 41.

235 Entsprechend plädiert *Höfling* DB 1999, 1206, 1208 für Harmonisierung in den begrenzten Bereichen, in denen die Überlagerung ausländischen durch nationales Recht tatsächlich unüberwindbare Probleme schafft.

236 Dies in Anknüpfung an die eingangs in § 1 (S. 12ff.) festgelegte interessenbezogene Sicht: Alle Regeln, die dem durch die rechtliche Verselbständigung der Gesellschaft nötig werdenden Interessenausgleich zwischen Gesellschaftern, Geschäftsleitern und außenstehenden Dritten dienen, sind dem Regelungsbereich des Gesellschaftsrechts zuzuordnen.

237 Das belegen die Kommentierungen des kaum mehr überschaubaren Fallmaterials zu Art. 28 EG-Vertrag (siehe beispielsweise *Müller-Graff* in: von der Groeben/Schwarze (Hrsg.), EGV, 2003, Kommentierung zu Art. 28 EG-Vertrag).

Verhältnisse erforderlich machen, unabhängig davon, ob man sich kollisionsrechtlich für die Sitz- oder die Gründungstheorie entscheidet. Ebensowenig lassen sich Fragen der Firmierung, der Rechnungslegung, der Beteiligung von Arbeitnehmern, der Haftung von Geschäftsleitern oder jeder anderen Rechtsbeziehung, die das Verhältnis der Gesellschaft zur Außenwelt betrifft, ohne Aufklärung der Fakten lösen. Dies kann bei der Subsumtion unter Kollisionsrecht oder unter Sachrecht geschehen. Die Rechtsprechung des Gerichtshofs ruft dazu auf, das Verhältnis von Kollisionsrecht und Sachrecht neu zu überdenken. Für endgültige Antworten ist es bei weitem zu früh.

Dass die Schwierigkeiten bei einem Wechsel zur Gründungstheorie nicht geringer werden, belegen auch die ersten zur Europäischen Insolvenzverordnung[238] ergangenen Entscheidungen. Gemäß Art. 3 der EuInsVO ist das Insolvenzverfahren dort zu eröffnen, wo sich der Mittelpunkt der wirtschaftlichen Interessen des Schuldners befindet. Nach dem Zusammenbruch des italienischen Parmalat-Konzerns eröffnete ein Gericht in Dublin das Insolvenzverfahren über eine Finanzierungsgesellschaft des Konzerns in Dublin, weil die Gesellschaft dort ihren Registersitz hatte. Das Tribunale di Parma war jedoch der Auffassung, dies sei nur ein pro-forma Sitz gewesen und eröffnete über dieselbe Gesellschaft das Insolvenzverfahren in Italien.[239] Im Fall „Hettlage“ eröffnete das AG München das Insolvenzverfahren über eine österreichische Tochtergesellschaft der Hettlage-Gruppe mit dem Argument, die österreichische Gesellschaft sei von München aus geführt worden.[240] Die Schwierigkeiten fangen also genau in dem Moment an, in dem es in Fragen des Gläubigerschutzes zum Schwur kommt, nämlich bei Insolvenz der Gesellschaft. Hier ist die Anknüpfung am tatsächlichen Interessenschwerpunkt die sachgerechtere – dies praktizieren auch diejenigen Staaten, die der Gründungstheorie folgen, und nicht zuletzt die Europäische Insolvenzverordnung.

III. Ergebnis zu § 7

Die Leitentscheidungen zur Niederlassungsfreiheit gebieten keinen Übergang zur Gründungstheorie. Denn die Grundfreiheiten sind ihrer Wirkungsweise nach strukturell nicht geeignet, um daraus Aussagen zum Kollisionsrecht abzuleiten. Sie stellen lediglich sicher, dass der grenzüberschreitende Verkehr nicht behindert wird und überprüfen das Ergebnis mitgliedstaatlicher Normanwendung, wie es sich aus dem Zusammenwirken von Sachrecht und Kollisionsrecht ergibt. Der mitgliedstaatliche Gesetzgeber bleibt frei in seiner Entscheidung, binnenmarktkonforme Verhältnisse durch Korrekturen auf kollisionsrechtlicher oder auf sachrechtlicher Ebene herzustellen. Diese im System der Grundfreiheiten angelegte *Gestaltungs-*

---

238 Zu ihr im Kontext des Gläubigerschutzes S. 522 ff.

239 Tribunale di Parma, ZIP 2004, 1220 ff. Hierzu Schlussanträge des Generalanwalts *Francis Geoffrey Jacobs*, ZIP 2005, 1878 ff. („Eurofood“).

240 AG München, ZIP 2004, 962 f.

freiheit des mitgliedstaatlichen Gesetzgebers sollte nicht vorschnell durch einen unreflektierten Übergang zur Gründungstheorie aufgeben werden. Denn das Problem, inländische Schutzinteressen gegenüber ausländischen Gesellschaften durchzusetzen, haben auch Staaten, die der Gründungstheorie folgen. Wie das Beispiel Englands zeigt, verlassen sich gerade Gründungstheoriestaaten nicht darauf, dass der Herkunftsstaat ein hinreichendes Schutzniveau herstellt. Vielmehr stellen Gründungstheoriestaaten im eigenen Lande gegenüber allen dort tätigen Gesellschaften die Anwendung des inländischen Schutzniveaus sicher. Es bedarf daher ungeachtet der Frage, welcher kollisionsrechtlichen Theorie man letztlich folgt, einer in sich stimmigen Konzeption von Kollisions- *und* Sachrecht.

Staaten, die bislang der Sitztheorie folgten, müssen daher umdenken. Ihrem Zusammenspiel von Kollisions- und Sachrecht lag bislang die Prämisse zu Grunde, dass der Heimatstaat, auf den die Sitztheorie verweist, im eigenen Interesse für ein hinreichendes Schutzniveau sorgen werde. Diese Prämisse gilt weiterhin. Ein wirkliches Schutzbedürfnis besteht nur gegenüber den sogenannten *Scheinauslandsgesellschaften*, die ihre gesamte Tätigkeit im Inland entfalten, sich dazu jedoch einer ausländischen Rechtsform bedienen. In diesen Fällen greift der Ansatz der Sitztheorie künftig ins Leere. Ein unreflektierter Schwenk zur Gründungstheorie löst zwar den Konflikt mit der Niederlassungsfreiheit, ist aber systematisch unstimmig, weil den Sitztheoriestaaten das in Gründungstheoriestaaten historisch gewachsene Schutzinstrumentarium gegenüber Auslandsgesellschaften fehlt. Man muss dies nicht dramatisieren, jedoch werden über kurz oder lang vermehrt Fälle auftreten, in denen das Instrumentarium des ausländischen Rechts zum Schutze Dritter nicht wirksam greift und das Fehlen eines inländischen Intrumentariums schmerzlich bewusst werden wird. Eine ungeordnete Reaktion auf Basis deliktsrechtlicher Generalklauseln wäre ein Rückschritt gegenüber einem systematisch konsistenten Gesellschaftsrecht. Da Auslandsgesellschaften im Binnenmarkt nicht anders behandelt werden dürfen als inländische, wird das deutsche Gesellschaftsrecht auf mittlere Sicht nicht umhin kommen, den Schutz des Rechtsverkehrs – insbesondere den Gläubigerschutz – vom strukturellen und bei der Gründung ansetzenden Schutz zu einem während der Tätigkeit greifenden und stärker verhaltensbezogenen Schutz fortzuentwickeln.

§ 8 Binnenmarktkonformer Gläubigerschutz

Die Schwierigkeiten, ein binnenmarktkonformes Gesellschaftsrecht in Europa zu entwickeln, lassen sich wohl an keiner anderen Rechtsfrage besser demonstrieren als an derjenigen des Gläubigerschutzes. In den Leitentscheidungen Centros, Überseering und Inspire Art war der Gläubigerschutz jeweils zentraler Baustein der mitgliedstaatlichen Argumentation zur Rechtfertigung beschränkender Maßnahmen – in allen drei Entscheidungen ohne Erfolg[1]. Die europäische Diskussion hat die verschiedenen konzeptionellen Ansätze einzelner Mitgliedstaaten deutlich hervortreten lassen. Die englische Limited als „Billig-GmbH", die spanische „Blitz-GmbH"[2] oder die französische „Ein-Euro-GmbH"[3] kontrastieren mit der zunehmend – gerade wegen der gläubigerschützenden Regelungen – als schwerfällig empfundenen GmbH deutschen Rechts. Hinter der plakativen Verballhornung der ausländischen Rechtsformen verbergen sich durchaus gesellschaftsrechtlich-konzeptionelle Divergenzen. Trägt ein Mindestkapital etwas zum Gläubigerschutz bei? Sollen Vorschriften zum Gläubigerschutz präventiv oder erst nachträglich greifen? Gehören sie überhaupt ins Gesellschaftsrecht oder nicht besser in den Bereich des Insolvenzrechts? Angesichts der disparaten Lösungsvorschläge ist es angezeigt, sich *unter I.* zunächst einmal auf die weiterhin bestehenden europäischen Gemeinsamkeiten zu besinnen. Sie lassen sich hier – wie bereits an manch' anderer Stelle – finden, wenn man nach den zu schützenden Interessen fragt. Dass die Gläubigerinteressen schützenswert sind und dass darin eine spezifisch gesellschaftsrechtliche Aufgabe liegt, darüber lässt sich offenbar erstaunlich schnell Einigkeit herstellen.

Ziel der weiteren Überlegungen soll es nicht sein, die Effizienz verschiedener Gläubigerschutzmodelle abschließend zu bewerten; die Beiträge dazu sind Legion und führten zu einem „argumentativen Patt"[4], das nur schwer auflösbar erscheint. Vorliegend geht es um den Bezug zum Binnenmarktauftrag des europäischen Gemeinschaftsrechts. Unter diesem Blickwinkel reicht es nicht aus festzustellen, dass sich ein bestimmtes Modell im nationalen Kontext bewährt habe. Im Binnenmarkt muss die Präferenz auf einem Gläubigerschutzsystem liegen, das effizient ist *und* die grenzüberschreitende Niederlassung von Gesellschaften so wenig wie möglich behindert. Der gemeinschaftsrechtliche Ausgangspunkt legt es nahe, *unter II.* verschiedene Regelungsebenen zu unterscheiden: Sekundärrecht auf der einen, qua Niederlassungsfreiheit vermittelter Wettbewerb der Rechtsordnungen auf der anderen Seite. Wie bereits an anderer Stelle herausgearbeitet,[5] hat der europäische Gesetzgeber im Sekundärrecht einen wesentlich größeren legislatorischen Gestal-

---

1 Näheres dazu in der Analyse der Entscheidungen oben S. 86 ff.

2 Zur aktuellen Reform des spanischen GmbH-Rechts: *Embid Irujo* RIW 2004, 760, *Vietz* GmbHR 2003, 26ff.

3 Dazu *Becker* GmbHR 2003, 706ff. und *Becker* GmbHR 2003, 1120ff.

4 *Fleischer* ZGR 30 (2001) 1, 13.

5 Dazu oben S. 153 ff.

tungsspielraum als der mitgliedstaatliche Gesetzgeber. Eine gläubigerschützende Norm in einer Richtlinie wird vom EuGH allenfalls auf offenkundige Unverhältnismäßigkeit überprüft, dieselbe Norm in einem mitgliedstaatlichen Gesetz unterliegt hingegen dem bekannt strengen Rechtfertigungstest der Niederlassungsfreiheit. Schon aus diesem Grund muss die derzeitige Diskussion um die Reform der Zweiten Richtlinie deutlich geschieden werden von der Frage des Gläubigerschutzes gegenüber Scheinauslandsgesellschaften. Bei der Reform der Zweiten Richtlinie geht es allein um die materiell-gesellschaftsrechtliche Erwägung, wie ein Gläubigerschutzsystem effizient und zugleich möglichst wenig belastend für die unternehmerische Freiheit ausgestaltet werden kann. Bei dem Gläubigerschutz gegenüber Scheinauslandsgesellschaften geht es zusätzlich um die Frage, ob und inwieweit nationale Beschränkungen dem Prüfungsmaßstab der Niederlassungsfreiheit Stand halten können.

Für beide Bereiche ist die *unter III.* behandelte ökonomische Diskussion über den Sinn und Zweck der Haftungsbeschränkung von Bedeutung. Die materiell-gesellschaftsrechtliche Diskussion um die Zweite Richtlinie bedarf eines argumentativen Fundaments, um klären zu können, ob und inwieweit bestimmte gesetzliche Maßnahmen ein effizientes Mittel des Gläubigerschutzes sein können. Aber auch die binnenmarktbezogene Prüfung der Geeignetheit und Erforderlichkeit einer die Niederlassungsfreiheit beschränkenden Maßnahme lässt sich ohne einen Seitenblick auf die ökonomische Analyse nicht sinnvoll führen. Denn diese bietet argumentative Anhaltspunkte dafür, ob eine Maßnahme überhaupt geeignet und erforderlich zum Schutze der Gläubiger sein kann. Ist sie schon aus Sicht der Ökonomie ungeeignet, muss sie am Rechtfertigungstest der Niederlassungsfreiheit ohne weiteres scheitern. Ist sie hingegen ökonomisch sinnvoll oder gar geboten, kann man dies bei Prüfung der Rechtfertigung am Maßstab der Grundfreiheiten nicht ignorieren.

I. Auf der Suche nach europäischen Gemeinsamkeiten

1. Legitimationskrise des Kapitalschutzes

Betrachtet man die Frage des Gläubigerschutzes aus der Perspektive des europäischen Binnenmarktes geht es um die Verknüpfung von zwei gedanklichen Ebenen: Erstens die *materiell-rechtliche* Frage, welche Regelungen im Interesse eines effektiven Gläubigerschutzes sinnvoll sind; zweitens um das dahinter stehende *Binnenmarkt*-Verständnis. Auf der materiell-rechtlichen Ebene galt neben den Richtlinien zur Publizität der Handelsgesellschaften lange Zeit die Zweite gesellschaftsrechtliche Richtlinie als unangefochtenes Leitbild. Sie ist für das Recht der Aktiengesellschaft ein europäisches Bekenntnis zum Kapitalschutz im Wege einer Kombination von Regelungen über Mindestkapital, Kapitalaufbringung und Kapitalerhaltung; und sie verkörpert als Akt der Rechtsangleichung zugleich das Binnenmarktkonzept eines Wirtschaftsraums mit einheitlichen rechtlichen Regelungsstandards.

Auf beiden Ebenen kündigt sich ein Paradigmenwechsel an. 1996 ergriff die EU-Kommission die Initative zu einer Überarbeitung der Zweiten Richtlinie. Bei der Anwendung der Richtlinie sei deutlich geworden, dass einige ihrer Bestimmungen, insbesondere diejenigen über das Gesellschaftskapital, im Interesse einer größeren Flexibilität für die Gesellschaften und die Aktionäre einer Änderung bedürften.[6] Im Rahmen der Initiative „Simpler Legislation for the Single Market (SLIM)" nahm die Kommission Anlauf, um die Regeln über die Sacheinlage und den Erwerb eigener Aktien zu lockern.[7] Beginnt damit der europäische Konsens im Aktienrecht zu bröckeln, so hat er im Recht der zweiten Kapitalgesellschaftsform nie bestanden. Während in Deutschland auch das Recht der GmbH vom Gedanken des Kapitalschutzes durchdrungen ist,[8] setzt das englische Recht seit jeher den Akzent stärker auf Publizität und persönliche Haftung der Geschäftsleiter.[9] Auch kontinentale Rechtsordnungen, die traditionell dem Kapitalschutzmodell folgten, zeigen Auflösungserscheinungen, wie insbesondere das französische Gesetz vom 1. August 2003 belegt, mit dem das gesetzliche Mindestkapital ersatzlos abgeschafft wurde.[10]

Gegenwind erhielt der Kapitalschutz auch von der im September 2001 eingesetzten Hochrangigen Expertengruppe auf dem Gebiet des Gesellschaftsrechts, die in der ersten Jahreshälfte 2002 eine Konsultation zu den gesellschaftsrechtlichen Rahmenbedingungen in Europa durchführte.[11] In ihrem Konsultationspapier fragte sie gezielt[12] – und in einer für manche Beteiligte geradezu suggestiv anmutenden

---

[6] Bericht der Kommission an das Europäische Parlament und den Rat – Ergebnisse der vierten Phase der SLIM-Initiative, Dok KOM (2000) 56 endg.

[7] Bericht der Kommission an das Europäische Parlament und den Rat – Ergebnisse der vierten Phase der SLIM-Initiative, Dok KOM (2000) 56 endg., S. 5f.; dazu auch *Wymeersch* in: 1. Europäischer Juristentag, 2001, S. 85, 123ff., insb. 126ff.; sodann Änderungsvorschlag zur zweiten Richtlinie vom 21.9.2004 (KOM (2004) endg.).

[8] In jüngerer Zeit belegt durch die restriktive Entscheidungspraxis des BGH zur Verwendung von Vorratsgesellschaften (BGH, 9.12.2002, BGHZ 153, 158) und von Mantelgesellschaften (BGH, 7.7.2003, ZIP 2003, 1698); dazu *Röhricht* in VGR (Hrsg.), Gesellschaftsrecht in der Diskussion 2003, 2004, S. 1, 12ff. (m.w.N. zur Diskussion).

[9] Siehe dazu aus der deutschsprachigen Literatur *Gernoth* Pseudo Foreign Company, 2005, S. 81ff., *Micheler* ZGR 33 (2004) 324ff. sowie rechtsvergleichend *Neuling* GmbH und private company, 1996, S. 139ff.

[10] *Becker* GmbHR 2003, 1120f.: Das bisherige Mindestkapital von 7.500 € entfällt; es ist nunmehr zulässig, eine S.A.R.L. (die vom Typus her der deutschen GmbH entspricht) mit nur einem Euro Stammkapital zu gründen. Dazu *Pietrancosta* in: Couret/Nabasque (Hrsg.), Quel avenir pour le capital social?, 2004, S. 127ff.

[11] Der Text des Konsutationspapiers ist im Internet abrufbar unter: http://europa.eu.int/comm/internal_market/de/company/company/modern/consult/1_de.htm#onlineconsult (vom Autor letztmalig überprüft am 31.10.2005).

[12] Frage 16 des Konsultationspapiers lautete:
„a) Glauben Sie, dass der Mindestnennbetrag alle oben genannten Funktionen erfüllt?
b) Gibt es Möglichkeiten, dieselben Ergebnisse durch andere Methoden zu erreichen?
c) Meinen Sie, dass europäische Unternehmen gegenüber Gesellschaften aus Staaten mit einem flexibleren Kapitalwesen im Nachteil sind?"

Weise[13] – nach Alternativen zu den herkömmlichen Kapitalbildungs- und Kapitalerhaltungsregeln. In ihrem Abschlussbericht vom 4. November 2002 schlägt die Expertengruppe sodann eine Reform der Zweiten Richtlinie und die Prüfung alternativer, das Mindestkapital ersetzender Regelungsmechanismen vor. Ausdrücklich heißt es in dem Bericht:[14] „Die Gruppe ist zu dem Schluss gekommen, dass die einzige Funktion des Mindestkapitals in der Abschreckung vor einer leichtfertigen Gründung von Aktiengesellschaften besteht." Weiter heißt es, die Gruppe sei „nicht davon überzeugt, dass das Mindestkapital in seiner derzeitigen Höhe irgendeine andere nützliche Funktion erfüllt". Die EU-Kommission äußert sich in ihrem dem Bericht folgenden Aktionsplan vom 21. Mai 2003 zurückhaltender, kündigt dort jedoch an, die Realisierbarkeit einer Alternative zum Kapitalerhaltungssytem zu prüfen und hierzu mittelfristig eine Studie in Auftrag zu geben.[15] Die erste mitgliedstaatliche Reaktion auf diese rechtspolitische Entwicklung kommt aus Großbritannien. Eine Arbeitsgruppe unter der Leitung von *Jonathan Rickford* stellt in ihrem Mitte 2004 bekanntgegebenen Abschlussbericht das System des Kapitalschutzes prinzipiell in Frage und schlägt statt dessen vor, Ausschüttungen an die Gesellschafter von einer Solvenzerklärung der Geschäftsleiter abhängig zu machen.[16] Dieser Vorschlag zielt sowohl auf die nationale als auch auf die europäische Regelungsebene. Fazit: Das Ansehen des Garantiekapitals als einer „Kulturleistung ersten Ranges"[17] scheint auf einem vorläufigen Tiefpunkt angekommen zu sein.

---

[13] Die Stellungnahme des Deutschen Industrie- und Handelskammertages (DIHK) vermerkt dazu: „Die Fragen 16b) und – besonders – 16c) erwecken den Anschein eines suggestiven Herangehens an die Thematik." Auch die Stellungnahme der deutschen Expertengruppe Gesellschaftsrecht geht offenbar davon aus, dass die Antwort schon in der Frage nahegelegt wird, und antwortet daher in Abweichung vom Text der Frage (ZIP 2002, 1310, 1316): „Das im europäischen Gemeinschaftsrecht geltende System des legal capital erfüllt *die ihm zugedachte Aufgabe*, den Vermögenstransfer zwischen Gesellschaft und Gesellschaftern zu kontrollieren und damit eine Gefährdung der Gesellschafter- und Gläubigerinteressen weniger wahrscheinlich zu machen." (Hervorhebung durch *Verf.*). Angesichts dieser und anderer in dieselbe Richtung weisender Stellungnahmen aus dem deutschen Rechtskreis (insb. Deutscher Industrie- und Handelskammertag und Deutscher Notarverein) ist es schon mehr als suggestiv, wenn die Hochrangige Expertengruppe in ihrem Abschlussbericht (Quelle: s. Fn. 14) auf S. 94 festhält: „In den Stellungnahmen zum Konsultationspapier wurde das Konzept, vom derzeitigen System des Mindestnennbetrags abzugehen und ein neues System zu erarbeiten, das in den Aufbau des europäischen Gesellschaftsrechts passt, allgemein unterstützt."

[14] Bericht der Hochrangigen Gruppe von Experten auf dem Gebiet des Gesellschaftsrechts über moderne gesellschaftsrechtliche Rahmenbedingungen in Europa, 4. November 2002, S. 88. (der Bericht ist abrufbar im Internet unter http://europa.eu.int/comm/internal_market/de/company/company/modern/index.htm; letztmalig vom Autor überprüft am 31.10.2005).

[15] *Kommission* Aktionsplan, 2003, S. 21. Die Ausschreibung ist mittlerweile erfolgt.

[16] Der Abschlussbericht der Arbeitsgruppe ist veröffentlicht in EBLR 2004, 919 ff.

[17] *Wiedemann* Gesellschaftsrecht, 1980, § 10 IV 1 b (S. 558).

Ist damit der Gedanke der Kapitalaufbringung und -erhaltung als materiellrechtliches Instrument des Gläubigerschutzes deutlicher Skepsis ausgesetzt, kündigt sich mit der Rechtsprechung des Europäischen Gerichtshofs auch eine Wende in der Binnenmarkt-Konzeption an. Das Ausnutzen von Regelungsunterschieden zwischen den Mitgliedstaaten, das in den Fällen Centros und Inspire Art gezielt der Vermeidung der Mindestkapitalanforderungen diente, ist nach Auffassung des Gerichtshofs ein legitimer Gebrauch der gemeinschaftsrechtlich garantierten Niederlassungsfreiheit.[18] Zwar deutet der Gerichtshof an, dass Beschränkungen der Niederlassungsfreiheit durch das Allgemeininteresse an einem effizienten Gläubigerschutz gerechtfertigt sein können. Im Erfordernis eines Mindestkapitals sieht er jedoch eine nicht zu rechtfertigende Beschränkung. Der Gerichtshof weist damit ein Instrument des Gläubigerschutzes als unverhältnismäßig zurück, das in der Zweiten Richtlinie den Konsens aller Mitgliedstaaten gefunden hat. Er entscheidet dabei zwar ausdrücklich „ohne weitere Prüfung ob die Vorschriften über das Mindestkapital als solches einen geeigneten Schutzmechanismus bilden".[19] Dennoch liegt es nahe, dass der Gerichtshof von der europaweit um sich greifenden Skepsis nicht unbeeindruckt geblieben ist; in den Schlussanträgen der Generalanwälte hat sie sich jedenfalls deutlich niedergeschlagen.[20]

2. Gläubigerschutz – ein europaweit anerkanntes Regelungsbedürfnis

Die im Gefolge von Inspire Art geführte Debatte um den Schutz der Gläubiger erweckt nun den Eindruck, als ob manche europäische Staaten dieser Personengruppe weniger Schutz angedeihen ließen als andere. Nicht nur werden im Ausland gegründete Kapitalgesellschaften als „Billig-GmbH" apostrophiert;[21] zahlreiche Besprechungs-

---

[18] Siehe oben den Bericht über die Entscheidungen S. 86ff. (Centros) und S. 95ff. (Inspire Art).

[19] Zitat aus EuGH, Rs. C-167/01, *Inspire Art*, Slg. 2003, I-10155 (Rn. 135). EuGH, Rs. C-212/97, *Centros*, Slg. 1999, I-1459, I-1495 (Rn. 35) stützt sich lediglich darauf, dass die Gesellschaft bei Aufnahme einer Geschäftstätigkeit in England eingetragen worden wäre, obwohl sie in diesem Fall auch nicht über Mindestkapital verfügt hätte, argumentiert also gleichfalls formal, ohne sich auf eine Wirksamkeitsanalyse des Mindestkapitals einzulassen. In EuGH, Rs. C-208/00, *Überseering*, Slg. 2002, I-9919, I-9974, wird die Wirksamkeit der Schutzmechanismen ebensowenig erörtert, da jedenfalls eine „Negierung" der Niederlassungsfreiheit nicht zugelassen werden könne.

[20] *La Pergola*, EuGH, Rs. C-212/97, *Centros*, Slg. 1999, I-1459, I-1481 sieht im Mindestkapital nur mehr ein „Idolum theatri"; *Ruiz-Jarabo*, EuGH, Rs. C-208/00, *Überseering*, Slg. 2002, I-9919, I-9936, meint, der Gerichtshof habe im Fall Centros „bereits Gelegenheit (gehabt), den Schutz zu relativieren, den die Verpflichtung zur Einzahlung des Mindestgesellschaftskapitals den Gläubigern einer Gesellschaft bieten kann". Deutliche Skepsis spricht auch aus den Schlussanträgen von Generalanwalt *Alber* in der Rechtssache Inspire Art (NZG 2003, 262, 273).

[21] Kennzeichnend für die Schärfe der Auseinandersetzung ist die zwischen *Altmeppen* und *Sandrock* ausgetragene Kontroverse. *Altmeppen* NJW 2004, 97, verwendet den Begriff der „Billig-GmbH", spricht allerdings relativierend von einem „Scherz- und Schimpfkürzel".

aufsätze führen das Stichwort des Gläubigerschutzes schon im Titel[22] und legen damit die Vermutung nahe, hier drohe eine Schutzlücke. Dies lenkt ab von dem grundsätzlichen Konsens, der in Europa herrscht: Haftungsbeschränkung und Gläubigerschutz sind zwei Seiten derselben Medaille, die nicht voneinander getrennt werden können.

Der tatsächliche Befund erweist eindeutig die Haftungsbeschränkung als den Normalzustand. Denn die Form der Gesellschaft mit auf das Gesellschaftsvermögen beschränkter Haftung ist allerorten bekannt – von Finnland bis nach Portugal, auf dem Kontinent ebenso wie in Großbritannien, in den bisherigen wie in den neuen Mitgliedstaaten der Europäischen Union. Sollte es für diesen gemeineuropäischen Konsens noch einer Bestätigung bedurft haben, so hat ihn die kürzlich verabschiedete Richtlinie zur grenzüberschreitenden Verschmelzung geliefert.[23] Erstmals wird hier in einem Akt des Sekundärrechts – zur Bestimmung des Anwendungsbereichs der Richtlinie – der Begriff der „Kapitalgesellschaft" verwendet und definiert. Gemäß Artikel 2 Nr. 1 lit. b der Richtlinie ist die Kapitalgesellschaft „eine Gesellschaft, die über Rechtspersönlichkeit und über gesondertes Gesellschaftskapital verfügt, das allein für die Verbindlichkeiten der Gesellschaft haftet". In der Begründung des vorangegangenen Vorschlags von 2003 hieß es noch erläuternd, dieser Begriff der Kapitalgesellschaft entspreche dem „einhelligen Verständnis aller Mitgliedstaaten".[24]

Einig dürften sich die in der Gemeinschaft vertretenen Rechtsordnungen auch in der Konsequenz sein: Wird einer Rechtsform von Gesetzes wegen das Privileg der beschränkten Haftung zugestanden, steht zugleich der Schutz der Gläubiger auf der gesetzgeberischen Agenda.[25] Die allgemein zivilrechtlichen Instrumentarien reichen hier nicht aus, denn Gläubigerschutz ist ein spezifisch (kapital-) gesellschaftsrechtliches Regelungsproblem. Diesen Zusammenhang zwischen Haftungsbeschränkung und zwingenden Regeln des Gläubigerschutzes machen – stellvertretend für viele – die folgenden Zitate deutlich:

Dennoch wirft *Sandrock* BB 2004, 897, *Altmeppen* vor, er suggeriere mit der Verwendung dieser Bezeichnung, derartige Gesellschaften seien für ihre Gläubiger besonders gefährlich. Vgl. auch die Erwiderung auf *Sandrock* von *Altmeppen/Wilhelm* DB 2004, 1083ff.

[22] Zum Beispiel *Adensamer/Bervoets* RdW 2003, 617ff. und *Spindler/Berner* RIW 2004, 7ff.

[23] Dokument des Parlaments PE-CONS 3632/05 vom 27.07.2005 (abrufbar unter http://europa.eu.int/comm/internal_market/company/mergers/index_de.htm; vom Autor letztmalig am 31.10.2005 geprüft); der Ministerrat hat diesem Vorschlag am 20.09.2005 zugestimmt.

[24] Ziff. 3.1 der Begründung; Dokument KOM (2003) 703 vom 18.11.2003 (abrufbar unter http://europa.eu.int/comm/internal_market/company/mergers/index_de.htm; vom Autor letztmalig am 31.10.2005 geprüft). In der letztlich verabschiedeten Fassung der Richtlinie ist dieser Hinweis entfallen.

[25] So dezidiert auch die von *Jonathan Rickford* geleitete englische Arbeitsgruppe zur Reform des Gläubigerschutzes (*Rickford* EBLR 2004, 919, 966: "The case for ... special creditor protection is recognized in almost all the legal systems we have examined and we argue below that there is a case for it.") Zum Gläubigerschutz als europäischem Rechtsgrundsatz auch *Schluck-Amend* Rückforderung gemeinschaftsrechtswidriger Beihilfen, 2004, S. 153ff.

Yves Guyon : „Dans certaines formes de sociétés, les associés répondent personnellement et indéfiniment du passif. ... Cette garantie fondamentale assure suffisamment la protection des créanciers sociaux. ... Au contraire dans les SARL et les sociétés anonymes, les créanciers n'ont pas de recours contre les associés. L'actif social est leur seul gage. La contrepartie est l'existence d'un statut plus contraignant."[26]

Paul Davies: "Company law adresses only creditor issues which are unique to companies. In the main, such issues arise out of the adoption by company law of the doctrine of 'limited liability'..."[27] und *Farrar/Hannigan*: "With the advent of limited liability, the courts' concern at the end of the last century turned to the protection of creditors."[28]

Herbert Wiedemann: „Mit einer die widerstreitenden Interessen ausgleichenden und auf die Dauer funktionierenden Wirtschaftsordnung ist es nicht vereinbar, dass die Gesellschafter von vornherein und mit hoher Wahrscheinlichkeit die Risiken des unternehmerischen Versagens und der Unsicherheit des Marktes auf die Gläubiger abwälzen können."[29]

Der Zusammenhang zwischen Haftungsbeschränkung und Gläubigerschutz kommt auf europäischer Ebene auch in den Erwägungsgründen verschiedener gesellschaftsrechtlicher Richtlinien zur Sprache.[30] So wird zur Begründung der Ersten Richtlinie über die Publizität der Gesellschaften angeführt, gemeinschaftsrechtliche Publizitätsvorschriften seien nötig, „da diese Gesellschaften zum Schutze Dritter lediglich das Gesellschaftsvermögen zur Verfügung stellen."[31] Zentral dem Gläubigerschutz ist die Zweite Richtlinie gewidmet. Insbesondere ihre Vorschriften über die Ausschüttungsgrenzen und den Erwerb eigener Aktien dienen dazu, „das Kapital als Sicherheit für die Gläubiger zu erhalten".[32] In konzeptioneller Übereinstimmung mit dem mitgliedstaatlichen und dem Sekundärrecht zählt der Europäische Gerichtshof den Gläubigerschutz zu den „zwingenden Allgemeinwohlinteressen", die eine Beschränkung der Niederlassungsfreiheit rechtfertigen können.[33]

Die Frage nach einem binnenmarktkonformen Gläubigerschutz betrifft demnach nicht das „Ob", sondern das „Wie" des Gläubigerschutzes. Denn bei der Auswahl der Instrumentarien gehen die mitgliedstaatlichen Rechtsordnungen durchaus

---

26 *Guyon* Les sociétés, 5. Aufl., 2002, S. 23.

27 *Davies* Introduction to Company Law, 2002, S. 8.

28 *Farrar's Company Law* 4. Aufl., 1998, S. 172.

29 *Wiedemann* Gesellschaftsrecht, 1980, § 10 I 1 b (S. 517). Auch in der Reformdiskussion vor der GmbHG-Novelle von 1980 wurde der Zusammenhang zwischen Gläubigerschutz und Haftungsbeschränkung betont und disktutiert (vgl. die Forderung in *Arbeitskreis GmbH-Reform* Band 2, 1972, S. 12, der „Gläubigerschutz als Korrelat der Haftungsbeschränkung" müsse in der anstehenden Reform verstärkt werden).

30 Vgl. auch *Schön* ZHR 168 (2004) 268, 293ff., der den inneren Zusammenhang zwischen der Haftungsbeschränkung und den gesellschaftsrechtlichen Richtlinien herausarbeitet und daraus eine „europäische Vorgabe der Vermögenstrennung" (S. 295) entwickelt.

31 Erwägungsgrund 3 der Ersten Richtlinie (Nachw. siehe Anhang I).

32 Erwägungsgrund 4 der Zweiten Richtlinie (Nachw. siehe Anhang I).

33 EuGH, Rs. C-208/00, *Überseering*, Slg. 2002, I-9919, I-9974 (Rn. 92).

unterschiedliche Wege. Einige setzen auf einen präventiven Schutz durch strenge Regeln der Kapitalaufbringung, andere auf einen nachgeschalteten Schutz durch Haftungsregeln, die an bestimmte Verhaltensweisen anknüpfen, oder auf den Selbstschutz der Gläubiger, den sie durch gesetzlich angeordnete Informations- und Offenlegungspflichten unterstützen. Auch hier ist vor Vereinfachungen zu warnen: In nahezu jeder Rechtsordnung finden sich *alle drei Elemente*, nur eben in unterschiedlicher Nuancierung.

II. Regelungsebenen

Die Überlegungen zum Wettbewerb der Gesetzgeber haben gezeigt, dass in Rechtssystemen mit mehreren Regelungsebenen stets eine bewusste Entscheidung für oder gegen eine zentrale Regelung zu treffen ist.[34] Dies gilt auch für die Frage des Gläubigerschutzes: Eine Regelung ist denkbar sowohl auf mitgliedstaatlicher als auch auf europäischer Ebene. Dreh- und Angelpunkt gesellschaftsrechtlicher Regelungen im Gemeinschaftsrecht ist die primärrechtlich verankerte Niederlassungsfreiheit. Das *unter 2.* behandelte Sekundärrecht dient der Verwirklichung der Niederlassungsfreiheit, das *unter 1.* behandelte mitgliedstaatliche Recht darf ihr zumindest nicht entgegenstehen. Die Analyse der Rechtsprechung hat indessen gezeigt, dass der legislatorische Ermessensspielraum der Mitgliedstaaten wesentlich geringer ist als derjenige des Gemeinschaftsgesetzgebers.[35] Auch dies bleibt bei der Frage nach der Verortung des Gläubigerschutzes zu bedenken. Die folgende Betrachtung der Regelungsebenen soll daher auch veranschaulichen, welche Gestaltungsspielräume gesetzgeberisch bestehen, je nach dem, welche Regelungsebene gewählt wird.

1. Mitgliedstaatliches Recht

a) Überprüfung am Maßstab der Niederlassungsfreiheit

Maßnahmen zum Gläubigerschutz konstituieren typischerweise eine Beschränkung der Niederlassungsfreiheit. Nach der mittlerweile gefestigten Formel des EuGH sind alle nationalen Maßnahmen rechtfertigungsbedürftig, „die die Ausübung der durch den Vertrag garantierten grundlegenden Freiheiten behindern oder weniger attraktiv machen können“[36] Aus der interessenbezogenen Perspektive[37] wird deut-

---

[34] Vgl. oben Abschnitt § 6. (S. 330 ff., insb. S. 382 ff.).

[35] Vgl. oben S. 143 ff. zur Struktur der Verhältnismäßigkeitsprüfung bei mitgliedstaatlichen und S. 153 ff. bei gemeinschaftsrechtlichen Maßnahmen.

[36] EuGH, Rs. C-167/01, *Inspire Art*, Slg. 2003, I-10155 Rn. 133; grundlegend zu dieser Formel EuGH, Rs. C-55/94, *Gebhard*, Slg. 1995, I-4165 I-4197 f. (Rn. 37); allgemein zur Entwicklung des Beschränkungsverbots in der EuGH-Rechtsprechung oben S. 106 ff.

[37] Dazu oben S. 12 ff.

lich, dass Gläubigerschutzvorschriften einen Interessenkonflikt zwischen Gesellschaftern und Gläubigern regeln. Die Gesellschafter haben ein Interesse an Ausschüttungen, während den Gläubigern daran gelegen sein muss, dass das Gesellschaftsvermögen in der Gesellschaft verbleibt, solange ihre Forderungen noch nicht befriedigt sind.[38] Daher wird eine gläubigerschützende Maßnahme – von Mindestkapital über Publizität bis hin zu Haftungsvorschriften – von Gesellschaft und Gesellschaftern stets als Einschränkung ihrer unternehmerischen Freiheit empfunden. Bei Kapitalaufbringung und persönlicher Haftung ist dies evident; aber auch in Offenlegungspflichten sieht die Geschäftswelt eine empfindliche Einschränkung ihrer Betätigungsfreiheit.[39]

Somit kommt es wesentlich auf die Rechtfertigungsmöglichkeiten an. Beschränkungen einer Grundfreiheit sind gerechtfertigt, wenn sie in nichtdiskriminierender Weise angewendet werden, einem zwingenden Allgemeininteresse dienen, zur Erreichung des verfolgten Ziels geeignet sind und nicht über das hinausgehen, was zur Erreichung dieses Ziels erforderlich ist.[40] Das erste Erfordernis, die *nichtdiskriminierende* Anwendung, erschwert es den Mitgliedstaaten, spezielle Regeln für Scheinauslandsgesellschaften aufzustellen. Zur Vermeidung eines Verstoßes gegen die Niederlassungsfreiheit muss das legislative Ziel darin bestehen, allgemeine Gläubigerschutzregeln zu entwickeln, die auf inländische und ausländische Gesellschaften gleichermaßen anwendbar sind. Darüber hinaus ist zu bedenken, dass die Beeinträchtigung ausländischer Gesellschaften gemäß der Binnenmarktkonzeption der Grundfreiheiten[41] allein schon darin liegt, dass ihnen neben ihrem Heimatrecht eine *zusätzliche Belastung* auferlegt wird. Eine „Überlagerung"[42] des Heimatrechts durch das Recht des Tätigkeitsstaates wird also nur dort zu rechtfertigen sein, wo das Heimatrecht wirkungslos ist, also insbesondere dort, wo konkrete Schutzlücken auftreten.

Bei alledem ist zu bedenken, dass den Mitgliedstaaten nur ein geringer Beurteilungsspielraum bleibt.[43] Denn mitgliedstaatliche Maßnahmen verstoßen ungeachtet

---

[38] Diesen Interessenkonflikt hat namentlich die britische Arbeitsgruppe um *Jonathan Rickford* unlängst als Regelungsanliegen des Gläubigerschutzes deutlich herausgestellt (*Rickford* EBLR 2004, 919, 968).

[39] Aktuell zutage getreten ist dies anlässlich der europäischen Rechtsangleichung in denjenigen Staaten, deren Publizitätsanforderung zuvor geringer waren (siehe beispielsweise *Hommelhoff* in: FS W. Müller, 2001, S. 449 ff. zur „Publizitätsverweigerung" durch den deutschen Mittelstand). Die belastende Wirkung von Publizitätsvorschriften kommt auch in der Kritik von *Wiesner* GmbHR 1987, 103 gegenüber der Elften Richtlinie zum Ausdruck: Formalismen und Belastungen sollten abgeschafft und nicht neu eingeführt werden.

[40] EuGH, Rs. C-167/01, *Inspire Art*, Slg. 2003, I-10155 (Rn. 133). Umfassend zur Rechtfertigung von Grundfreiheitenbeschränkungen oben S. 132 ff.

[41] Dazu oben S. 123 ff.

[42] Dies in Anlehnung an die plastische Formulierung bei *Sandrock* 42 RabelsZ (1978) 227, 246 („Überlagerungstheorie").

[43] Während dem Gemeinschaftsgesetzgeber in der Regel ein erheblicher Ermessensspielraum bleibt (zur Problematik oben S. 153 ff.).

ihres Inhalts schon deshalb gegen den Binnenmarktgedanken, weil sie die Unterschiedlichkeit der Rechtsordnungen vertiefen und an den bloßen Grenzübertritt spezifische Belastungen knüpfen. Man legt daher zu viel Gehalt in die Urteile des EuGH hinein, wenn man meint, er habe ein bestimmtes Modell des Gläubigerschutzes gegenüber anderen „favorisiert".[44] Der EuGH trifft keine Aussage darüber, welches Modell für die *Gläubiger* das bessere sei, sondern allein darüber, welches für den *Binnenmarkt* das bessere ist. Zwar haben sich die Generalanwälte hier und da zu einer Bewertung des Kapitalschutzes veranlasst gesehen,[45] dies jedoch allein in Anknüpfung an landläufig geäußerte Meinungen und ohne eigenständige Auseinandersetzung mit der Systematik dieses Modells. Der Gerichtshof hat sich darauf in weiser Zurückhaltung nicht eingelassen. Für ihn zählt allein, dass ein Modell des Mindestkapitals jedenfalls gegenüber ausländischen Gesellschaften eine übermäßige Beschränkung von deren Bewegungsfreiheit im Binnenmarkt ist. Da in diese Bewertung der dem Binnenmarkt zuwiderlaufende Effekt einer mitgliedstaatlichen Maßnahme einfließt, ist es aus Sicht der Grundfreiheiten durchaus denkbar, ein weniger effizientes Gläubigerschutzsystem – etwa die bloße Information, dass es sich um eine ausländische Rechtsform handelt – allein deshalb zu favorisieren, weil es die Grundfreiheiten weniger beeinträchtigt.

Wegen dieser Prinzipien ist der mitgliedstaatliche Gesetzgeber gehalten, das Schutzniveau der ausländischen Rechtsordnung gründlich zu prüfen, bevor er eigene zusätzliche Maßnahmen für erforderlich halten darf. Die Überlegungen zum Internationalen Gesellschaftsrecht haben gezeigt, dass die Sitztheorie – anders als die Gründungstheorie – grundsätzlich ein ausreichendes Schutzniveau des ausländischen Rechts unterstellt.[46] Problematisch sind allein die Scheinauslandsgesellschaften, bei denen diese Vermutung nicht mehr trägt. Auch gegenüber Scheinauslandsgesellschaften greift allerdings der Prüfungsmaßstab der Niederlassungsfreiheit. Es darf also nicht pauschal unterstellt werden, dass sie ein geringeres Schutzniveau bieten; vielmehr muss im Einzelfall konkret erkennbar sein, dass eine Gefährdung des inländischen Rechtsverkehrs gerade aus dem Umstand erwächst, dass die Gesellschaft in ihrem Gründungsstaat keine Geschäftstätigkeit entfaltet.

b) Insbesondere: der Maßstab der Erforderlichkeit

Entscheidende Weichenstellung der Verhältnismäßigkeitsprüfung ist zumeist das Kriterium der Erforderlichkeit. Jede Beschränkung ist unverhältnismäßig, zu der sich ein milderes Mittel finden lässt. In den Leitentscheidungen Centros und Inspire Art stuft der Gerichtshof die Information über die ausländische Rechtsform als milderes Mittel des Gläubigerschutzes im Vergleich zum präventiven Schutz durch

---

[44] So aber beispielsweise *Merkt* ZGR 33 (2004) 305 309f.; vergleichbar *Grundmann* in: FS Lutter, 2000, S. 61, 64f. und *Grundmann* DStR 2004, 232, 233, der den Entscheidungen ein Bekenntnis des EuGH zu einem europäischen „Informationsmodell" entnehmen will.

[45] Dazu bereits oben bei Fn. 20.

[46] Dazu oben S. 429

Mindestkapitalregeln ein.[47] Ob Information ein gleichermaßen wirksames Mittel ist wie Mindestkapital prüft der EuGH nicht; dies lässt sich letztlich allein dadurch erklären, dass mitgliedstaatliche Maßnahmen schon wegen ihres marktaufplitternden Effekts einem besonders strengen Rechtfertigungsmaßstab unterworfen sind.[48]

(1) Die „Etikettierungslösung" des EuGH

Der Verweis auf den Schutz durch Information erinnert an die „Etikettierungslösung"[49] in der Rechtsprechung zur Warenverkehrsfreiheit. Schon in Cassis de Dijon stellt der Gerichtshof fest, der Schutz der Verbraucher könne anstelle eines Einfuhrverbots von niedrigprozentigem Likör ebenso gut dadurch erreicht werden, dass „man die Angabe von Herkunft und Alkoholgehalt auf der Verpackung des Erzeugnisses vorschreibt".[50] Vermarktungsverbote sind also unverhältnismäßig, wenn Angaben auf der Verpackung ausreichen.[51] Mit dieser „Etikettierungsdoktrin hat der Gerichtshof eine einfach handhabbare Entscheidungsregel geschaffen, die ihm bis heute als Königsweg zur Abwehr mitgliedstaatlicher Verkehrsverbote dient".[52] Er legt dabei den Maßstab des *mündigen*, also des „durchschnittlich informierten, aufmerksamen und verständigen Verbrauchers" zu Grunde.[53] Für die Niederlassungsfreiheit setzt der EuGH auf vergleichbare Lösungen: Gegenüber der Behinderung der Niederlassung erscheint die Information über die Rechtsform als der mildere Eingriff.

Allerdings gewährleistet Information keineswegs immer einen hinreichend effizienten Schutz.[54] Dies ist dem Gerichtshof im Bereich der Warenverkehrsfreiheit auch keineswegs entgangen. Er anerkennt beispielsweise, dass Gefahren für die Gesundheit allein durch Etikettierung nicht ausreichend begegnet werden kann.[55] Insbesondere wenn wissenschaftlich fundierte Indizien für eine Gesundheitsgefährdung von Zusatzstoffen sprechen, lässt der Gerichtshof neben der Etikettierung

---

[47] Dazu oben S. 103 f.

[48] Die vom EuGH unter der Erforderlichkeit behandelten Fragen, sind daher bei genauer Betrachtung häufig eher ein Aspekt der Verhältnismäßigkeit im engeren Sinne; dazu oben S. 150 ff.

[49] *Müller-Graff* in: von der Groeben/Schwarze (Hrsg.), EGV, 2003, Art. 28, Rn. 218.

[50] EuGH, Rs. 120/78, *Cassis de Dijon*, Slg. 1979, 649, 664 (Rn. 13).

[51] *Müller-Graff* in: von der Groeben/Schwarze (Hrsg.), EGV, 2003, Art. 28, Rn. 218.

[52] *Koch* Grundsatz der Verhältnismäßigkeit, 2003, S. 417.

[53] Aus der Rechtsprechung EuGH, Rs. 210/96, *Gut Springeheide*, Slg. 1998, I-4657, I-4691 (Rn. 31), EuGH, Rs. 220/98, *Estée Lauder*, Slg. 2000, I-117, I-146 (Rn. 27); aus der Literatur: *Koch* Grundsatz der Verhältnismäßigkeit, 2003, S. 437ff., *Müller-Graff* in: von der Groeben/Schwarze (Hrsg.), EGV, 2003, Art. 28, Rn. 218, *Wiedenmann* Verbraucherleitbilder, 2004, S. 203ff.

[54] Vgl. die Analyse der Stärken und Schwächen des Informationsmodells bei *Eidenmüller* in: Eidenmüller (Hrsg.), Ausländische Kapitalgesellschaften, 2004, S. 58ff. (Rn. 33ff.).

[55] *Koch* Grundsatz der Verhältnismäßigkeit, 2003, S. 418f. (m. Nachw. zur Rechtsprechung).

auch ein Verkehrsverbot zu.[56] Entsprechend mag auch im Gesellschaftsrecht ausnahmsweise eine präventive Schutzmaßnahme zulässig sein, wenn der Beleg gelingt, dass die dadurch geregelte Situation typischerweise zu einer Gläubigergefährdung führt. In den Entscheidungen Centros und Inspire Art konnte der Gerichtshof davon insbesondere deshalb nicht überzeugt werden, weil die betreffenden Staaten eine Gesellschaft englischen Rechts immer dann ohne weitere Anforderungen in ihren Rechtsverkehr aufnehmen, wenn sie auch eine Tätigkeit im Heimatland entfaltet. Da sie auch in diesem Fall kein Mindestkapital vorzuweisen hat, müsste eine zusätzliche Gefährdung belegt werden, die sich allein daraus ergibt, dass die Gesellschaft im Heimatland nicht tätig wird.

(2) Gleichwertigkeit ausländischer Standards

Eine zweite Generallinie der Rechtsprechung zu den Grundfreiheiten liegt in der grundsätzlichen Anerkennung ausländischer Schutzstandards als gleichwertig. So ist es im Bereich der Warenverkehrsfreiheit als unverhältnismäßig anzusehen, wenn ein Marktteilnehmer zur Einholung von Genehmigungen oder Zulassungen gezwungen wird, die er im Herkunftsland bereits erhalten hat.[57] Unter dem Aspekt der Verhältnismäßigkeitsprüfung ergibt dies nur dann einen Sinn, wenn die ausländischen Regeln gleichwertig sind; denn dann ist eine zusätzliche Maßnahme im Zielstaat nicht erforderlich. Auch im Bereich der Dienstleistungsfreiheit sind „bloß wiederholende" Genehmigungspflichten wegen der Doppelbelastung des grenzüberschreitenden Verkehrs unverhältnismäßig.[58] In Einzelfällen hat der Gerichtshof allerdings begründete Zweifel an der Gleichwertigkeit ausländischer Regeln in die Abwägung einbezogen.[59]

Eine Parallele zum Gesellschaftsrecht liegt insoweit auf der Hand, als jedenfalls eine Kapitalgesellschaft zunächst eines staatlichen Aktes bedarf, bevor sie am Rechtsverkehr teilnehmen kann.[60] Sie ist eine Kreation des Rechts und hat, wie der EuGH in Daily Mail feststellt, jenseits der jeweiligen nationalen Rechtsordnung, die ihre Gründung und ihre Existenz regelt, keine Realität.[61] Die Anerkennung ausländischer Gesellschaften erfasst auch den staatlichen Akt, durch den die Gesellschaft ihre Rechtsfähigkeit erhalten hat. Selbst wenn dadurch – infolge der Gewährung von Haftungsbeschränkung – gewisse Gefahren für die Gläubiger geschaffen wer-

---

[56] EuGH, Rs. C-95/89, *Kommission/Italien*, Slg. 1992, I-4545, I-4574f. (Rn. 8ff.); *Koch* Grundsatz der Verhältnismäßigkeit, 2003, S. 419 (m.w.N. zur Rechtsprechung).

[57] *Koch* Grundsatz der Verhältnismäßigkeit, 2003, S. 419.

[58] *Koch* Grundsatz der Verhältnismäßigkeit, 2003, S. 421.

[59] Dazu *Götz* FS Jaenicke, 1997, 763ff.

[60] Vgl. die Übersicht zum deutschen, englischen und französischen Gesellschaftsrecht oben S. 5ff. Es dürfte ein allgemeiner Grundsatz der mitgliedstaatlichen Rechtsordnungen sein, dass jedenfalls eine Kapitalgesellschaft zu ihrer Entstehung der Eintragung in ein Register bedarf.

[61] EuGH, Rs. 81/87, *Daily Mail*, Slg. 1988, 5483, 5511 (Rn. 19).

den, haben andere Staaten dies grundsätzlich hinzunehmen auf Grund der Annahme, dass der Gründungsstaat den ihren gleichwertige Schutzmechanismen vorsehen werde. Kombiniert mit der „Etikettierung", also der Information über den Umstand, dass es sich um eine Rechtsform ausländischen Rechts handelt, bietet dies hinreichenden Schutz, um jede weitere Schutzmaßnahme als unverhältnismäßige Doppelbelastung der Gesellschaften ausländischen Rechts erscheinen zu lassen.

Allerdings gesteht der EuGH den Mitgliedstaaten in anderen Bereichen durchaus das Recht zu, die Gleichwertigkeit ausländischen Rechts in Frage zu stellen.[62] Dass dies auch im Gesellschaftsrecht denkbar sein könnte, deutet sich darin an, dass der EuGH es immerhin für notwendig hält, die beschränkenden Maßnahmen argumentativ für ungeeignet oder jedenfalls nicht erforderlich anzusehen. Wäre eine Beschränkung schlechterdings nicht denkbar, hätte er sich jede Auseinandersetzung mit der Schutzinteressenargumentation der betroffenen Mitgliedstaaten ersparen können. Auf eine derartige argumentative Auseinandersetzung verzichtet hat er nur im Fall Überseering. Dort lagen die Dinge auch tatsächlich so, dass die Sanktion der Aberkennung der Rechts- und Parteifähigkeit so überschießend war, dass eine Rechtfertigung schlechterdings nicht denkbar erschien; die Versagung der Rechts- und damit der Parteifähigkeit „kommt nämlich der Negierung der den Gesellschaften in den Artikeln 43 EG und 48 EG zuerkannten Niederlassungsfreiheit gleich"[63].

(3) Festlegung des Schutzniveaus

In seiner Rechtsprechung zu den Grundfreiheiten gesteht der Gerichtshof den Mitgliedstaaten nur selten zu, das Schutzniveau, an dem die Geeignetheit und Erforderlichkeit einer Maßnahme zu messen ist, selbst festzulegen.[64] Das bereits behandelte Urteil im Fall Säger ist ein Beispiel dafür, dass ein Mitgliedstaat häufig das Schutzniveau als ausreichend hinnehmen muss, das der Herkunftsstaat festgelegt hat.[65] Die Leitentscheidungen zur Niederlassungsfreiheit von Gesellschaften lassen keinen Zweifel daran, dass dies auch für den Gläubigerschutz gilt: Indem der EuGH die Information über die Herkunft der Gesellschaft ausreichen lässt, verweist er die inländischen Gläubiger auf das im ausländischem Recht anzutreffende Schutzniveau. Gemessen am Ziel der Verwirklichung des Binnenmarktes ist dies plausibel. Wenn es den Mitgliedstaaten gestattet wäre, das Schutzniveau selbst festzulegen, wäre der Ausgang der Verhältnismäßigkeitsprüfung vorprogrammiert; denn gerade das im Verhältnis zum Ausland höhere Schutniveau würde *zusätzliche* gläubigerschützende Maßnahmen erforderlich machen. Die Unterschiedlichkeit

---

[62] *Koch* Grundsatz der Verhältnismäßigkeit, 2003, S. 422f.

[63] EuGH, Rs. C-208/00, *Überseering*, Slg. 2002, I-9919, I-9974 (Rn. 93).

[64] *Koch* Grundsatz der Verhältnismäßigkeit, 2003, S. 439f., nennt als Beispiele Entscheidungen zur Zulässigkeit von Glücksspielen und Wetten.

[65] S. oben S. 147 ff.

der Rechtsordnungen wäre überall dort, wo unterschiedliche Vorstellungen über das angemessene Schutzniveau herrschen, zementiert. Damit aber wäre der Grenzübertritt einer Gesellschaft regelmäßig mit zusätzlichen Aufwendungen belastet. Dies widerspricht der Idee des freien und gleichen Marktzugangs im Binnenmarkt.

c) Das Spektrum der Schutzmaßnahmen gegenüber Scheinauslandsgesellschaften

In der Literatur werden im Gefolge der EuGH-Rechtsprechung verschiedene Schutzmechanismen gegenüber dem Einsatz von Scheinauslandsgesellschaften diskutiert.[66] Sie setzen auf erweiterte Publizitätspflichten *(1)*, persönliche Haftung der Geschäftsleiter oder Gesellschafter *(2)* und auf das Instrument der gesetzlich angeordneten Sicherheitsleistung *(3)*.

(1) Qualifizierte Publizität

Dem Schutz des inländischen Rechtsverkehrs dient zunächst die Information. Bei Eintragung der Zweigniederlassung einer ausländischen Gesellschaft sind die Firma und die Rechtsform der Gesellschaft offenzulegen.[67] Durch die Centros- und Inspire Art-Entscheidung haben diese Angaben besonderes Gewicht erhalten, beruht doch auf ihnen ganz entscheidend der Schutz der inländischen Gläubiger, der nach Auffassung des Gerichtshofs weitere Schutzmaßnahmen entbehrlich erscheinen lässt. Allerdings ist es den Mitgliedstaaten untersagt, die ausländische Gesellschaft durch den Zusatz „formal ausländische Gesellschaft" gewissermaßen zu brandmarken. Dies war der Gedanke des niederländischen Gesetzes über formal ausländische Gesellschaften, den der EuGH als Verstoß gegen die Elfte Richtlinie verworfen hat.[68] Immerhin fordert die Elfte Richtlinie in Art. 2 Abs. 1 lit. d die Offenlegung der „Rechtsform" und dieser Begriff ist gemäß dem Informationszweck, den die Richtlinie und auch der EuGH mit dieser Angabe verbinden, so auszulegen, dass die Angabe der Rechtsform eine eindeutige Zuordnung zum Recht des Gründungsstaates ermöglichen muss. Denn nur dann greift die auf *Inspire Art Ltd.* bezogene Argumentation des EuGH, die Gesellschaft trete „als Gesellschaft englischen Rechts" auf und unterrichte auf diese Weise die Gläubiger darüber, dass sie anderen Gründungsvorschriften unterliege als niederländische Gesellschaften.[69] Das Auftreten als „Gesellschaft englischen Rechts" ist nur gegeben, wenn bei Zweideutigkeit des Rechtsformzusatzes auch eine Angabe des Gründungsstaates hinzugefügt wird. Da eine „private limited company" nicht nur in England, sondern

---

[66] Dazu bereits unmittelbar nach Centros *Ulmer* JZ 1999, 662ff. Weiterhin *Bitter* WM 2004, 2190ff. und Jb. J. ZivRWiss. 2004, 299ff., *Eidenmüller* in: Eidenmüller (Hrsg.), Ausländische Kapitalgesellschaften, 2004, S. 89ff. (Rn. 7ff.), *Spindler/Berner* RIW 2004, 7ff., *Ulmer* NJW 2004, 1201ff. und – zur Diskussion im niederländischen Recht nach Inspire Art – *de Kluiver* ECFR 1 (2004) 121, 128ff.

[67] Art. 2 Abs. 1 lit. d Elfte Richtlinie 89/666/EWG.

[68] EuGH, Rs. C-167/01, *Inspire Art*, Slg. 2003, I-10155, Rn. 65ff.; dazu oben ab S. 96.

[69] EuGH, Rs. C-167/01, *Inspire Art*, Slg. 2003, I-10155, Rn. 135.

beispielsweise auch in Irland existiert,[70] müsste die Angabe bei Eintragung der Zweigniederlassung also lauten „private company limited by shares nach britischem Recht".[71] Andere Autoren halten selbst dies für zu weit gehend.[72] Der Streit dürfte kaum praktische Bedeutung haben, da sich die Zuordnung zum Staat der Gründung regelmäßig bereits aus dem satzungsmäßigen Sitz ergibt.[73]

Die Information über die Rechtsform ist allerdings für sich genommen kein hinreichender Schutz der Gläubiger. Gerade Staaten wie England, die dem Schutz durch Information größeres Gewicht beimessen als das deutsche Recht, gehen in den Publizitätsanforderungen weit über die firmenrechtliche Publizität hinaus. Eine weitreichende externe Publizität gesellschaftsinterner Angelegenheiten erfüllt dort die Schutzfunktion im Interesse Dritter, die in vielen kontinentaleuropäischen Rechtsordnungen durch präventive Rechtmäßigkeitskontrolle wahrgenommen wird.[74] Die Publizität ist daher nach angelsächsischem Verständnis auch keine handelsrechtliche, sondern ein spezifisch gesellschaftsrechtliches Instrument, das gerade für die mit beschränkter Haftung ausgestatteten Rechtsformen gilt und deshalb speziell im Companies Act geregelt ist.[75] Offenzulegen sind im Vereinigten Königreich und in Irland gesellschaftsinterne Vorgänge wie Änderungen im Gesellschafterkreis und außerordentliche Gesellschafterbeschlüsse oder auch bestimmte Belastungen des Gesellschaftsvermögens.[76] Ein weiterer Schwerpunkt liegt auf der Information über die finanzielle Lage der Gesellschaft.[77] Dem entsprechend verweist der EuGH nicht nur auf die Elfte Richtlinie, sondern auch auf die Vierte Richtlinie zur Harmonisierung des Bilanzrechts.[78]

---

70 Näher *Behrens* GB/NI/EI, in: Behrens (Hrsg.), GmbH im internationalen und europäischen Recht, 2. Aufl., 1997, S. 840ff.

71 *Ulmer* JZ 1999, 662, 663.

72 So *Eidenmüller/Rehm* ZGR 33 (2004) 159, 183, die einen herkunftsspezifischen Zusatz nur dann für erforderlich halten, wenn eine Verwechslungsgefahr mit einer inländischen Rechtsform besteht (also z.B. die englische Ltd. in Irland).

73 Die Satzung gehört nach Art. 2 Abs. 1 lit. a der Ersten Richtlinie zu den offenlegungspflichtigen Urkunden.

74 *Behrens* GB/NI/EI, in: Behrens (Hrsg.), GmbH im internationalen und europäischen Recht, 2. Aufl., 1997, S. 848 (Rn. GB/NI/EI 10); *Gernoth* Pseudo Foreign Company, 2005, S. 103ff.

75 *Behrens* GB/NI/EI, in: Behrens (Hrsg.), GmbH im internationalen und europäischen Recht, 2. Aufl., 1997, S. 848 (Rn. GB/NI/EI 10).

76 *Behrens* GB/NI/EI, in: Behrens (Hrsg.), GmbH im internationalen und europäischen Recht, 2. Aufl., 1997, S. 848ff. (Rn. GB/NI/EI 10ff.); *Gernoth* Pseudo Foreign Company, 2005, S. 110ff.

77 *Behrens* GB/NI/EI, in: Behrens (Hrsg.), GmbH im internationalen und europäischen Recht, 2. Aufl., 1997, S. 884 (Rn. GB/NI/EI 50); *Behrens* verweist allerdings ebda. auch auf die umfangreichen Erleichterungen, die gerade den kleinen Gesellschaften gewährt werden; *Gernoth* Pseudo Foreign Company, 2005, S. 104ff.

78 EuGH, Rs. C-167/01, *Inspire Art*, Slg. 2003, I-10155, Rn. 134.

(2) Persönliche Haftung der Gesellschafter oder der Geschäftsleiter

Im Fall Centros ging es den Gründern der Gesellschaft darum, das für dänische Kapitalgesellschaften vorgesehene Mindestkapital nicht aufbringen zu müssen. Dies hat Überlegungen wachgerufen, derartigen Gründungen mit einer persönlichen Haftung der Gesellschafter zu begegnen.[79] In Einzelfällen mag eine Vertrauenshaftung in Betracht kommen, insbesondere wenn der die Verhandlungen persönlich führende Gesellschafter nicht auf die schlechte finanzielle Ausstattung der Gesellschaft hinweist.[80] Hier wird man aber im Lichte der EuGH-Rechtsprechung schon den Hinweis auf die ausländische Rechtsform als ausreichend ansehen müssen, um das Vertrauen in eine Mindestkapitalausstattung zu zerstören. Auch eine drohende Rechtsscheinhaftung[81] dürfte damit ausgeschlossen sein.

Weitergehend wäre daher an eine Haftung wegen materieller Unterkapitalisierung zu denken.[82] Sie wird allerdings im deutschen GmbH-Recht bislang nur mit großer Zurückhaltung diskutiert.[83] Denn dem Gesetz lässt sich kein Hinweis darauf entnehmen, dass das Kapital einer GmbH in einem angemessenen Verhältnis zum angestrebten oder tatsächlichen Geschäftsumfang oder Finanzierungsbedarf stehen müsse. Der Gesetzgeber hat von einer derartigen Regelung auf Grund der Erwägung Abstand genommen, dass sich der Betrag eines solchen angemessenen Eigenkapitals nicht mit hinreichender Sicherheit feststellen lasse.[84] Eine gesetzliche Pflicht zur angemessenen Kapitalausstattung besteht also nicht; oberhalb der Mindestkapitalziffer obliegt die Festsetzung des Kapitals der Privatautonomie der Gesellschafter.[85] Eine Grenze findet diese Freiheit der Kapitalausstattung allerdings dort, wo eine defizitäre Finanzausstattung als Missbrauch der beschränkten Haftung erscheint. Der Missbrauchseinwand wäre beispielsweise denkbar in Fällen, in denen schon bei der Gründung erkennbar ist, dass die Gesellschaft mit der bloßen Mindestkapitalausstattung bei normalem Lauf der Dinge nicht überleben kann; es

---

[79] *Ulmer* JZ 1999, 662, 664.

[80] *Ulmer* JZ 1999, 662, 664f.; allgemein zur Vertrauenshaftung der Gesellschafter Hachenburg-*Ulmer* GmbHG, 8. Aufl., 1992, Anh § 30, Rn. 26.

[81] Dazu Hachenburg-*Ulmer* GmbHG, 8. Aufl., 1992, Anh § 30, Rn. 27.

[82] Zur Begrifflichkeit Hachenburg-*Ulmer* GmbHG, 8. Aufl., 1992, Anh § 30, Rn. 9 und 21: Von der materiellen ist die „nominelle" Unterkapitalisierung zu unterscheiden, bei welcher die Gesellschafter der Gesellschaft zwar Geld zur Verfügung stellen, dies jedoch als Gesellschafterdarlehen ausweisen wollen (Fragenkreis der eigenkapitalersetzenden Gesellschafterdarlehen). Die nominelle Unterkapitalisierung hat nur eine Umqualifizierung der gewährten Mittel in Eigenkapital zur Folge, während den Gesellschaftern bei der materiellen Unterkapitalisierung eine Ausfallhaftung droht.

[83] Umfassend dazu Hachenburg-*Ulmer* GmbHG, 8. Aufl., 1992, Anh § 30.

[84] Hachenburg-*Ulmer* GmbHG, 8. Aufl., 1992, Anh § 30, Rn. 3, zu den Reformüberlegungen vor der GmbH-Novelle von 1980. Bemerkenswert ist, dass der Arbeitskreis GmbH-Reform in dieser Diskussion den Vorschlag einer insolvenzrechtlich anzuknüpfenden Unterkapitalisierungshaftung unterbreitet hatte (*Arbeitskreis GmbH-Reform* Band 2, 1972, S. 21ff.).

[85] Hachenburg-*Ulmer* GmbHG, 8. Aufl., 1992, Anh § 30, Rn. 10 und 50.

würde dann gewissermaßen auf dem Rücken der Gläubiger mit geringem Einsatz auf einen wenig wahrscheinlichen Gewinn spekuliert. Die nähere Ausformung dieses Missbrauchstatbestandes braucht hier nicht weiterverfolgt zu werden.[86] Da jedoch der Europäische Gerichtshof bereit ist, in Missbrauchsfällen eine Beschränkung der Niederlassungsfreiheit hinzunehmen, erscheint die Anwendung des Gedankens der Unterkapitalisierung grundsätzlich denkbar. Allerdings setzt dies voraus, die jeweiligen Begriffe dessen, was man unter „Missbrauch" versteht, zur Deckung zu bringen. Der Missbrauch im Sinne der Rechtsprechung zu den Grundfreiheiten muss keineswegs inhaltsgleich sein mit dem Missbrauch der Rechtsform, wie ihn die deutsche Rechtslehre entwickelt hat.[87] Selbst dann wird die Haftung wegen Unterkapitalisierung aber nur in den extrem und eindeutig gelagerten Fällen greifen.[88] Sie erreicht damit bei weitem nicht die Wirkung – vor allem nicht die Präventivwirkung der Verhinderung aussichtloser Existenzgründungen – wie ein ausgebautes Kapitalschutzsystem.

Da sich die möglicherweise mangelnde Seriosität einer Scheinauslandsgesellschaft spätestens mit Eintritt der Insolvenz erweist, liegt die Anwendung von Haftungstatbeständen nahe, die zum Insolvenzrecht gehören oder zumindest im unmittelbaren Vorfeld der Insolvenz angesiedelt sind. Dies sind die Regeln über eigenkapitalersetzende Gesellschafterdarlehen, die Existenzvernichtungshaftung und die Insolvenzverschleppungshaftung.[89] Auch hier ist jedoch die Prüfung am Maßstab der Grundfreiheitendogmatik vorrangig.[90] Dies gilt – entgegen einer häufig vertretenen Auffassung[91] – auch für Tatbestände des allgemeinen Vertrags- oder Delikts-

---

86 Weiterführend Hachenburg-*Ulmer* GmbHG, 8. Aufl., 1992, Anh § 30, Rn. 11ff. und Rn. 35ff.

87 Näher zum Missbrauchseinwand gegenüber dem Gebrauch der Niederlassungsfreiheit oben ab S. 134.

88 Hachenburg-*Ulmer* GmbHG, 8. Aufl., 1992, Anh § 30, Rn. 18 und auch Rn. 55; bezogen auf die *Centros*-Konstellation spricht *Ulmer* JZ 1999, 662, 665, davon, dass es um Haftung „wegen eindeutiger Unterkapitalisierung" bei gänzlich fehlender oder offensichtlich unzureichender Kapitalausstattung gehe.

89 *Ulmer* JZ 2004, 1201, 1207, der allerdings allein das Recht eigenkapitalersetzender Gesellschafterdarlehen insolvenzrechtlich qualifiziert. Weiterhin zur Verlagerung des Gläubigerschutzes in das Insolvenzrecht *Fischer* ZIP 2004, 1477ff. *Horn* NJW 2004, 893, 899, hält die Existenzvernichtungshaftung gegenüber Scheinauslandsgesellschaften für anwendbar, da sie unter die gemeinschaftsrechtliche Kategorie des „Missbrauchs" falle. Für eine insolvenzrechtliche Qualifikation der Existenzvernichtungshaftung *Weller* Europäische Rechtsformwahlfreiheit, 2004, S. 223ff.

90 So auch *Ulmer* JZ 2004, 1201, 1208. *Eidenmüller/Rehm* ZGR 33 (2004) 159, 181ff., halten angesichts dieses Maßstabs die deutschen Regeln des Gläubigerschutzes im Grundsatz nicht für anwendbar, da zumeist auch das ausländische Recht einen insgesamt adäquaten Schutz biete.

91 Beispielsweise *Ulmer* JZ 2004, 1201, 1207f.; der allerdings ebda., S. 1205, klarstellt, die Qualifikation als delikts-, vertrags- oder insolvenzrechtlicher Tatbestand sei nur ein „Indiz" für die Vereinbarkeit mit der Niederlassungsfreiheit. *Horn* NJW 2004, 893, 899, meint, man könne dem Verdikt des EuGH entkommen, indem man das Gesellschaftsstatut enger fasse und bisher gesellschaftsrechtlich einzuordnende Tatbestände dem allgemeinen Vertrags- oder

rechts, wie die Vertreterhaftung nach § 311 Abs. 2 BGB oder die Haftung aus § 826 BGB.

(3) Sicherheitsleistung

Ein weiterer Ansatz, nationale Schutzinteressen gegenüber ausländischen Gesellschaften durchzusetzen, könnte darin liegen, von einer im Inland tätigen Gesellschaft – gewissermaßen in Analogie zum Mindestkapitalschutz – den Nachweis eines bestimmten Vermögens oder gar die Hinterlegung einer Sicherheit für eventuell auftretende Forderungen von Gläubigern zu verlangen. Dänemark hat diesen Weg unmittelbar nach Centros eingeschlagen, indem es von ausländischen Gesellschaften nunmehr eine Sicherheitsleistung in Höhe von 125.000 Dänische Kronen verlangt.[92] Dieser Betrag soll der Absicherung künftiger Steuerschulden dienen. Dies lässt sich auf den ersten Blick auf folgende Passage der Centros-Entscheidung stützen:[93]

> „Außerdem könnten entgegen dem Vorbringen der dänischen Behörden mildere Maßnahmen getroffen werden, die die Grundfreiheiten weniger beeinträchtigten. So könnten etwa die öffentlichen Gläubiger die Möglichkeit erhalten, sich die erforderlichen Sicherheiten einräumen zu lassen."

Dennoch dürfte der Vorwurf von *Werlauff* zutreffen, Dänemark habe das gegenüber der *Centros Ltd.* verworfene Mindestkapitalerfordernis nun durch die Hintertür wieder eingeführt.[94] Denn die Verpflichtung zur Sicherheitsleistung entfällt, wenn die Gesellschaft ein Mindestkapital in entsprechender Höhe hat. Damit wird ein mittelbarer Zwang ausgeübt, sich als Gesellschaft dänischen Rechts zu gründen. Anders als das Mindestkapital, das im Geschäftsbetrieb einsetzbares Kapital ist, bleibt aber der als Sicherheit geleistete Betrag der Verwendung durch die Gesellschaft entzogen. Darin liegt sogar eine Diskriminierung der ausländischen Gesellschaft, da eine dänische Gesellschaft diesen Betrag nur bei der Gründung, nicht aber dauerhaft vorhalten muss. Darüber hinaus lässt der Betrag jeden Bezug zur tatsächlichen oder zu erwartenden Steuerschuld der Gesellschaft vermissen. Eine an den Grundsätzen der EuGH-Rechtsprechung orientierte Regelung müsste zumindest in Beachtung des Verhältnismäßigkeitsgrundsatzes am Geschäftsumfang der Gesellschaft und damit an der zu erwartenden Steuerschuld orientiert sein.[95]

Deliktsrecht zuordne. In diesem Sinne auch *Munari/Terrile* in: Ferrarini/Hopt/Wymeersch (Hrsg.), Capital Markets in the Age of the Euro, 2002, S. 529, 547. Zu eng auch *Behrens* IPRax 1999, 323, 328 (= *Behrens* EBOR 2000, 125, 136), der meint, für eine gemeinschaftsrechtliche Rechtfertigung kämen überhaupt nur solche inländischen Normen in Betracht, die unabhängig vom Gesellschaftsstatut gesondert angeknüpft werden.

92 Näher *Werlauff* EBLR 2001, 2ff. und *Friis Hansen* EBOR 2 (2001) 141ff.

93 EuGH, Rs. C-212/97, *Centros*, Slg. 1999, I-1459, I-1496, Rn. 37.

94 *Werlauff* EBLR 2001, 2, 4; zum Folgenden auch *Friis Hansen* EBOR 2 (2001), 141, 152ff., der die Vorschrift gleichfalls für europarechtswidrig hält.

95 *Werlauff* EBLR 2001, 2, 5.

d) Modernisierung des GmbH-Rechts

Ein speziell auf Scheinauslandsgesellschaften zugeschnittenes Schutzkonzept erscheint nach alledem fragwürdig. Erschwert wird es schon durch den Umstand, dass Beschränkungen der Niederlassungsfreiheit überhaupt nur rechtfertigungsfähig sind, wenn sie ausländische Gesellschaften nicht diskriminieren. Aussichtsreicher ist daher die Überlegung, dem deutschen Gesellschaftsrecht eine binnenmarktkonforme Gestalt zu verleihen und damit das Problem der Scheinauslandsgesellschaft von der Wurzel her anzugehen. Die Diskussion um Scheinauslandsgesellschaften wird denn auch vielfach zum Anlass genommen, eine Liberalisierung oder zumindest eine kritische Bestandsaufnahme des deutschen GmbH-Rechts einzufordern.[96] Ganz im Sinne des Wettbewerbs der Rechtsordnungen lässt sich auch der gegenläufige rechtspolitische Ansatz – gewissermaßen als deutsches Reinheitsgebot für die GmbH – vertreten: Man solle die deutsche GmbH durch noch konsequentere Vorkehrungen zur Sicherung einer hinreichenden finanziellen Ausstattung mit einer im Vergleich zu ausländischen Gesellschaften erhöhten Vertrauens- und Kreditwürdigkeit ausstatten.[97] Der augenblickliche Startvorteil anderer Rechtsordnungen sollte in der Tat nicht den Blick auf die Vorzüge des eigenen und die Schwachstellen ausländischer Rechtssysteme trüben. Zwar nötigt die effiziente Kanalisierung der britischen Reformdiskussion mittels der Company Law Steering Group Respekt ab.[98] Ob dies auch immer für das materielle englische Gesellschaftsrecht zutrifft, steht auf einem anderen Blatt.[99] Wer zur Erhöhung des Reformdrucks darauf verweist, dass der englische Gesetzgeber derzeit die Modernisierung seines „ohnehin schon liberalen Gesellschaftsrechts“[100] in Angriff nehme, sieht das englische Recht wesentlich positiver als die Engländer selbst. Der Abschlussbericht der Company Law Review Steering Group meint zur derzeitigen Rechtslage:

> “Too much of British company law frustrates, inhibits, restricts and undermines. It is over-cautious, placing too high a premium on regulation and avoidance of risk. … significant parts are outmoded or have become redundant, and they are enshrined in law that is often unnecessarily complicated and inaccessible.”[101]

---

96 Dazu beispielsweise *Bayer* BB 2003, 2357, 2366, *Eidenmüller/Rehm* ZGR 33 (2004) 159, 186, *Heckschen* GmbHR 2004, R 25f., *Kallmeyer* GmbHR 2004, 377ff., *G.H. Roth* ZIP 1999, 861, 864ff., *Wachter* GmbHR 2004, 88, 95ff.

97 *Görk* GmbHR 1999, 793, 798; in der Tendenz auch *Hommelhoff/Teichmann* StudZR 2006, 3 ff. sowie *Wachter* GmbHR 2004, 88, 97, der eine volle Einzahlung des Mindestkapitals fordert.

98 Vgl. die Berichte zur Company Law Review unter www.dti.gov.uk/cld/reviews/condocs.htm.

99 Kritisch zu den Vorzügen der englischen Ltd. gegenüber der deutschen GmbH beispielsweise *Maul/Schmidt* BB 2003, 2297, Vgl. auch *Habersack/Verse* ZHR 168 (2004) 174ff. zur Effizienz der *wrongful trading rule*, die den Vorbildcharakter dieser Regelung für die europäische Ebene stark in Zweifel ziehen.

100 *Eidenmüller/Rehm* ZGR 33 (2004) 159, 186.

101 “Final Report” der Company Law Review Steering Group: Modern Company Law – For a Competitive Economy, Volume I, S. ix. Das britische Department of Trade and Industry hat,

Es besteht also für das deutsche Recht kein Anlass zum „Defaitismus“ [102]; angezeigt ist vielmehr eine wohl überlegte Reform, die auf Bewährtem aufbaut, dabei aber dem grenzüberschreitenden Verkehr mehr Freiraum bietet.

2. Sekundärrecht

Nach Durchsicht der auf mitgliedstaatlicher Ebene diskutierten Gläubigerschutzmechanismen wechselt die Betrachtung nun auf die europäische Regelungsebene. Für den Gläubigerschutz relevantes Sekundärrecht findet sich zum einen in den gesellschaftsrechtlichen Richtlinien, zum anderen in den Verordnungen über supranationale Rechtsformen.

a) Bezug zur Niederlassungsfreiheit

Die Niederlassungsfreiheit wirkt auf zweierlei Weise in die sekundärrechtliche Gesetzgebung hinein: sie ist legitimierende Basis und Begrenzung zugleich. Ein erster Bezug des Sekundärrechts zur Niederlassungsfreiheit ergibt sich aus den Kompetenznormen des EG-Vertrages. Für die gesellschaftsrechtlichen Richtlinien folgt dies aus dem Zusammenspiel von Art. 44 Abs. 2 lit. g und Art. 44 Abs. 1 EG-Vertrag: Die Koordinierung der Schutzbestimmungen dient – soweit erforderlich – der Verwirklichung der Niederlassungsfreiheit. Sie ist also auf die Niederlassungsfreiheit bezogen und bedarf einer Rechtfertigung unter dem Gesichtspunkt der Erforderlichkeit. Allerdings genießt der europäische Gesetzgeber hier einen nur sehr begrenzt gerichtlich überprüfbaren Ermessensspielraum.[103] Solange die getroffene Maßnahme nicht jeden Bezug zum grenzüberschreitenden Verkehr vermissen lässt, bleibt das Merkmal der Erforderlichkeit gewahrt.

Die zweite Kategorie sekundärrechtlicher Normen, die europäischen Verordnungen zur Schaffung supranationaler Rechtsformen, stützt sich auf die Kompetenznorm des Art. 308 EG-Vertrag.[104] Auch diese Norm verlangt, dass die ergriffene Maßnahme erforderlich ist, um im Rahmen des Gemeinsamen Marktes eines der Ziele der Gemeinschaft zu verwirklichen. Sie ist zudem nur als Auffangnorm gedacht für Fälle, in denen die nötigen Befugnisse im Vertrag nicht vorgesehen sind. Die Erforderlichkeit supranationaler Rechtsformen lässt sich aus Sicht des Ge-

---

aufbauend auf der Arbeit der Company Law Review Steering Group, im März 2005 ein White Paper mit umfangreichen Vorschlägen zur Reform des Gesellschaftsrechts vorgestellt (abrufbar über www.dti.gov.uk/cld).

102 So zu Recht kritisch gegenüber der aktuellen Diskussion *Kanzleiter* DNotZ 2003, 885, 886, und der Diskussionsbeitrag eines Vertreters der österreichischen Rechtswissenschaft auf dem ZGR-Symposion 2004 (vgl. Diskussionsbericht *C. Teichmann*, ZGR 2004, 348, 351).

103 Dazu oben S. 153 ff.

104 Die Diskussion darüber, ob dies die zutreffende Kompetenzgrundlage ist, soll hier nicht noch einmal aufgegriffen werden; dazu oben S. 192 ff.

meinsamen Marktes gewiss bejahen. Dass sie ihre Funktion nicht stets im gewünschten Maße erfüllen, steht auf einem anderen Blatt; zumindest aber leisten sie ihren spezifischen Beitrag zur Erleichterung grenzüberschreitender Kooperationen, Unternehmensgründungen und -umstrukturierungen. Die Diskussion um die Kompetenznorm des Art. 308 EG-Vertrag entzündet sich denn auch nicht an Zweifeln hinsichtlich der Erforderlichkeit, sondern an den unterschiedlichen Beteiligungsformen des Europäischen Parlaments, die mit der einen oder anderen Kompetenznorm verbunden sind.[105]

Die Niederlassungsfreiheit ist für das Sekundärrecht aber nicht nur legitimierende Basis, sondern auch inhaltliche Grenze. Auch Akte des Sekundärrechts unterliegen der Überprüfung am Maßstab der Grundfreiheiten. Allerdings fällt die Rechtfertigungsprüfung hier deutlich großzügiger aus als gegenüber mitgliedstaatlichen Maßnahmen. Der Grund dafür liegt, wie andernorts bereits ausgeführt,[106] in der unterschiedlichen Einwirkung auf den Binnenmarkt. Während mitgliedstaatliche Beschränkungen der Niederlassungsfreiheit per se binnenmarktfeindlich sind, weil sie die Kluft zwischen den Rechtsordnungen vertiefen, zielt das Sekundärrecht auf die Herstellung einheitlicher Rechtsverhältnisse und wird daher von der europäischen Judikative lediglich auf grobe Ermessenfehler überprüft.

b) Richtlinien

Die gesellschaftsrechtlichen Richtlinien schaffen zwei gläubigerschützende Elemente: Publizität (einschließlich der Rechnungslegung) und Kapitalschutz. Wird der Gedanke des Gläubigerschutzes durch Publizität derzeit kaum in Frage gestellt, gilt gänzlich anderes für den Kapitalschutz.

(1) Zur Diskussion um die Zweite Richtlinie

„The Case Against European Legal Capital Rules" – bereits der provokante Titel der Abhandlung von *Enriques* und *Macey*[107] zeigt die fundamentale Kritik, der sich das Regelungsmodell der Zweiten gesellschaftsrechtlichen Richtlinie aktuell ausgesetzt sieht.[108] Das Mindestkapital von 25.000 Euro habe für den Gläubigerschutz

---

[105] Der SE-Verordnung drohte aus diesem Grund bis zuletzt eine Klage des Europäischen Parlaments (dazu *Neye* ZGR 31 (2002) 377ff.).

[106] Siehe oben S. 153 ff.

[107] *Enriques/Macey* 86 Cornell L.R. (2001) 1165ff.

[108] Grundlegend zur entstehungsgeschichtlichen Ausgangslage der Zweiten Richtlinie *Lutter* Kapital, 1964. Zur aktuellen Reformdiskussion siehe namentlich die Beiträge von *Enriques/Macey* 86 Cornell L.R. (2001) 1165ff., *Mülbert/Birke* EBOR 3 (2002) 695ff., *Mülbert* Der Konzern 2004, 151ff. und *Schön* Der Konzern 2004, 162ff. weiterhin die Monographien von *Baldamus* Reform der Kapitalrichtlinie, 2002, *Bezzenberger* Kapital der Aktiengesellschaft, 2005 und *Krüger* Mindestkapital, 2004, sowie den Bericht der britischen *Rickford*-Arbeitsgruppe bei *Rickford* EBLR 2004, 919 ff.

kaum Bedeutung.[109] Auch die Regelung über die Gewinnausschüttung (Art. 15 Zweite Richtlinie) böte keinen Schutz, denn die dort enthaltenen Schwellenwerte seien reine Bilanzkennzahlen und hätten keinen zwingenden Bezug zum realen Vermögen der Gesellschaft;[110] zudem ließen sich die Ausschüttungsregeln durch Verkehrsgeschäfte mit einzelnen Aktionären ohne weiteres umgehen.[111] Der zweifelhafte Nutzen der Kapitalregeln wiege um so schwerer, als er spürbare Kosten verursache. Die Vorschriften über die Sacheinlagen verzögerten und verteuerten die Gründung.[112] Die Einschränkungen beim Erwerb eigener Aktien erschwerten den Auskauf von Aktionären und würden damit eventuelle Streitigkeiten unnötig in die Länge ziehen.[113] Auch das Verbot der Finanzierungshilfe beim Erwerb von Aktien schränke die unternehmerische Freiheit unverhältnismäßig ein.[114] Das Verbot der Ausgabe von Aktien unter Nennbetrag mache gegebenenfalls eine vorhergehende Kapitalherabsetzung nötig und kompliziere damit das Verfahren der Aktienausgabe.[115] Da die strengen Kapitalregeln nur für Aktiengesellschaften nicht aber für kapitalmarktferne Gesellschaften gälten, diskriminierten sie die Finanzierung über die Börse gegenüber anderen Finanzierungsarten.[116]

Diese hier nur äußerst gestrafft wiedergegebene Kritik ist ernst zu nehmen. Ihr schloss sich unlängst mit im wesentlichen gleichlautenden Argumenten die britische Arbeitsgruppe unter Leitung von *Jonathan Rickford* an.[117] Und auch die Europäische Kommission denkt seit langem über eine Modifizierung der Zweiten Richtlinie nach. Im Rahmen des allgemeinen Kommissionsprojekts „Simpler Legislation for the Internal Market" (SLIM) wurden im Jahre 1999 Vorschläge für eine Reform der Kapitalrichtlinie vorgelegt, die sich auf folgende Punkte beziehen:[118] Festlegung von Fällen, in denen die Wertprüfung von Sacheinlagen durch einen Sachverständigen entbehrlich erscheint; Zwangseinziehung von Aktien als Alternative zum sogenannten Squeeze Out; Erleichterung des Erwerbs eigener Aktien; Lockerung des Verbots der finanziellen Unterstützung des Aktienerwerbs; Konkretisierung der materiellen Voraussetzungen des Bezugsrechtsausschlusses bei börsennotierten Gesellschaften. Diese Punkte aufgreifend hat die Europäische Kommission im Herbst 2004 einen Vorschlag zur Änderung der Zweiten Richtlinie vorgelegt.[119]

---

109 *Enriques/Macey* 86 Cornell L.R. (2001) 1165, 1185.
110 *Enriques/Macey* 86 Cornell L.R. (2001) 1165, 1190.
111 *Enriques/Macey* 86 Cornell L.R. (2001) 1165, 1190.
112 *Enriques/Macey* 86 Cornell L.R. (2001) 1165, 1195.
113 *Enriques/Macey* 86 Cornell L.R. (2001) 1165, 1197.
114 *Enriques/Macey* 86 Cornell L.R. (2001) 1165, 1197.
115 *Enriques/Macey* 86 Cornell L.R. (2001) 1165, 1198.
116 *Enriques/Macey* 86 Cornell L.R. (2001) 1165, 1195 und 1200.
117 Vgl. den ausführlichen Abschlussbericht von *Rickford* EBLR 2004, 919 ff.
118 Vgl. die Übersicht bei *Baldamus* Reform der Kapitalrichtlinie, 2002, 42ff.
119 Vorschlag vom 21.9.2004 (abrufbar unter http://europa.eu.int/comm/internal_market/company/capital/index_de.htm; vom Autor letztmalig eingesehen am 7.11.2005).

In der deutschen Diskussion finden sich jedoch auch Stimmen, die dem Grundkonzept der Zweiten Richtlinie weiterhin positiv gegenüberstehen.[120] Es erfülle seinen Hauptzweck, nämlich die Verschiebung von Vermögen zwischen Gesellschaft und Gesellschaftern zu regulieren, in zufriedenstellender Weise.[121] Die meisten Aktiengesellschaften hätten ein Grundkapital deutlich oberhalb der Mindestkapitalziffer gewählt und damit zum Ausdruck gebracht, dass sie die Kapitalregeln nicht als zu beschwerlich empfinden. Vielmehr nutzten sie die Gelegenheit, mit einem hohen Grundkapital ein „Bonitätssignal" zu setzen.[122] Weiterhin bemerkt *Bezzenberger* zu Recht, dass die Kritiker des Systems der Kapitalerhaltung zumeist nicht danach differenzieren, welche Positionen davon erfasst seien.[123] Während die Zweite Richtlinie nur das Grundkapital schütze, gehe die Kapitalbindung im deutschen, österreichischen und englischen Recht darüber hinaus.[124]

Die Kritiker des Kapitalschutzes argumentieren denn bisweilen auch allzu simplifizierend. Wenn *Enriques/Macey* konstatieren „Law, not contract, protects creditors in Europe"[125], konstruieren sie einen Gegensatz, der in dieser Form gar nicht existiert. Denn selbstverständlich ist auch auf dem europäischen Kontinent der vertragliche Selbstschutz ein unentbehrlicher Baustein des Gläubigerschutzes.[126] Statt dessen suggerieren diese und andere kritische Äußerungen,[127] europäische Rechtspolitik unterliege dem Irrglauben, Gläubigerschutz allein durch gesetzliche Kapital-

---

[120] Siehe namentlich die umfassende Analyse von *Bezzenberger* Kapital der Aktiengesellschaft, 2005. Weiterhin: Stellungnahme der Group of German Experts on Corporate Law zum Konsultationsdokument der High Level Group of Experts on Corporate Law, ZIP 2002, 1310, 1316ff.; *Baldamus* Reform der Kapitalrichtlinie, 2002, S. 85ff.; *Schön* Der Konzern 2004, 162ff. (mit Ausnahme des Mindestkapitals, ebda., S. 164ff.).

[121] Stellungnahme der Group of German Experts on Corporate Law zum Konsultationsdokument der High Level Group of Experts on Corporate Law, ZIP 2002, 1310, 1316; *Schön* Der Konzern 2004, 162, 168 ff.

[122] *Schön* Der Konzern 2004, 162, 166.

[123] *Bezzenberger* Kapital der Aktiengesellschaft, 2005, S. 77.

[124] Zu denken ist insbesondere an gebundene Rücklagen und Aufgeldzahlungen (*Bezzenberger* Kapital der Aktiengesellschaft, 2005, S. 25ff.).

[125] *Enriques/Macey* 86 Cornell L.R. (2001) 1165, 1173.

[126] Vgl. den Bericht von *Walter* AG 1998, 370ff. zur Kreditvergabepraxis der Banken. Dezidiert auch *Reich-Rohrwig* Kapitalerhaltung, 2004, S. 21ff. unter Verweis auf Stimmen in der österreichischen Rechtsprechung und Rechtslehre, wonach den Gläubiger, der sich nicht hinreichend schützt, gar ein Mitverschulden am Ausfall seiner Forderung treffen könne. Vgl. allerdings die bei *Escher-Weingart* Deregulierung, 2001, S. 110f. resümierten empirischen Erkenntnisse, wonach eine Vielzahl von Gläubigern auf die rechtlich mögliche Kreditsicherung verzichtet.

[127] *Enriques/Macey* 86 Cornell L.R. (2001) 1165, 1186: "The legal capital doctrine assumes, falsely, that the fixed amount of a firm's legal capital informs current and potential creditors of the resources that a firm possesses and may not freely distribute to its shareholders." Die hier angenommene Vorstellung, das Grundkapital repräsentiere das tatsächlich vorhandene Vermögen, wird man indessen weder in der europäischen Rechtslehre noch bei geschäftskundigen europäischen Gläubigern antreffen.

regeln sicherstellen zu können. Ebenso zweifelhaft ist es, den im Gesamtsystem relativ unbedeutenden Mosaikstein Mindestkapital in das Zentrum der Kritik zu stellen[128] und damit den zentralen Gedanken des Kapitalsschutzes, nämlich den Vermögenstransfer zwischen Gesellschaft und Gesellschaftern zu kontrollieren[129], gänzlich auszublenden. Es genügt auch nicht der Hinweis, dass Kapitalschutz Kosten versursacht. Denn kostenlose Wege zum Gläubigerschutz gibt es nicht; auch vertraglicher Selbstschutz verursacht Kosten. In Wirklichkeit geht es um die richtige Mischung aus gesetzlich festgelegtem und vertraglich selbst verantwortetem Schutz.[130] Entscheidend ist die *vergleichende* Bewertung mit alternativen Gläubigerschutzinstrumenten sowohl auf der Kosten- als auch auf der Nutzenseite. Diesen Vergleich bleiben sowohl *Enriques/Macey* als auch die *Rickford*-Arbeitsgruppe schuldig. Einen empirischen Beleg für die These von *Enriques/Macey*, dass der „equity insolvency"-Test des US-amerikanischen Rechts in der Kosten-Nutzen-Analyse bessere Ergebnisse aufweise,[131] sucht man vergeblich.

(2) Europäisches Optionsmodell?

Angesichts der empirisch ungeklärten Lage plädierte die High Level Group of Company Law Experts dafür, die Anforderungen der Zweiten Richtlinie zu reduzieren und die Regelung des Gläubigerschutzes den Mitgliedstaaten zu überlassen.[132] Ausdrücklich oder implizit steht dahinter auch der Gedanke des Wettbewerbs der Rechtsordnungen.[133] Dieser Vorschlag berücksichtigt allerdings nicht, dass dadurch der gesetzgeberische Gestaltungsspielraum deutlich reduziert würde.[134] Treffen die Mitgliedstaaten gemeinsam eine Regelung im Wege des Sekundärrechts, verfügen sie über einen großen legislatorischen Beurteilungsspielraum. Einzelstaatliche Schutzmaßnahmen lassen sich indessen gegenüber ausländischen Gesellschaften auf eigenem Territorium kaum durchsetzen. Denn wegen des strengeren Prüfungsmaßstabs, den der EuGH – aus der Binnenmarktperspektive zu Recht – an mitgliedstaatliche Maßnahmen anlegt, wird es häufig so sein, dass eine inhaltlich identische Regelung als Sekundärrecht zulässig als mitgliedstaatliche Maßnahme hingegen ein Verstoß gegen die Niederlassungsfreiheit ist.

---

[128] Beispielsweise *Krüger* Mindestkapital, 2004. Auch die Konsultation der High Level Expert Group befasste sich mit dem System des Kapitalschutzes unter der verkürzenden Rubrik „Mindestnennbetrag" (vgl. oben Fn. 11 ff.).

[129] Group of German Experts on Corporate Law, ZIP 2002, 1310, 1316; zuvor bereits *Schön* ZHR 166 (2002) 1 ff.

[130] So völlig zutreffend *Rickford* EBLR 2004, 919, 966 ff.

[131] *Enriques/Macey* 86 Cornell L.R. (2001) 1165, 1185.

[132] *High Level Group* Abschlussbericht, 2002, S. 84 und 97. In diesem Sinne auch *Mülbert/Birke* EBOR 3 (2002) 695, 731.

[133] *Mülbert/Birke* EBOR 3 (2002) 695, 731.

[134] Zum legislatorischen Gestaltungsspielraum im Rahmen der Niederlassungsfreiheitsgewährleistung oben S. 143 ff.

c) Supranationale Rechtsformen

Fragen des Gläubigerschutzes stellen sich naturgemäß auch bei der Schaffung supranationaler Rechtsformen, insbesondere wenn es sich um Gesellschaften mit Haftungsbeschränkung handelt. Die SE-Verordnung verweist in ihrem Artikel 5 auf das mitgliedstaatliche Recht, wobei die Verfasser implizit davon ausgingen, dass dieser Bereich für die Aktiengesellschaften mittels der Zweiten Richtlinie bereits harmonisiert sei. In ganz anderer Weise stellt sich das Regelungsproblem bei der Europäischen Privatgesellschaft. Sie steht der Rechtsform der GmbH gleich und kann daher nicht auf einen harmonisierten Gläubigerschutzstandard aufbauen. Der von Wissenschaftlern erarbeitete Vorschlag für ein EPG-Statut sieht die Aufbringung eines Mindestkapitals vor und ergänzt dies durch eine Verhaltenshaftung der Geschäftsleiter.[135] Im Falle von Sacheinlagen ist ein Bewertungsbericht eines Wirtschaftsprüfers zu verfassen. Dieser Vorschlag ist somit strenger als die wohl meisten mitgliedstaatlichen Rechtsordnungen.[136] Da im Bereich des Sekundärrechts ein weites gesetzgeberisches Ermessen besteht, wäre dies aus Sicht der Niederlassungsfreiheit unproblematisch. Es dient darüber hinaus dem Bestreben, die EPG als europäische Rechtsform mit einer besonderen Seriosität auszustatten, deren Vorzug gerade nicht darin besteht, dass sie besonders „billig zu haben" ist.[137] Ein weiterer Grund für eine tendenziell eher strenge Gläubigerschutzregelung lässt sich darin finden, dass richterliche Durchbrechungen des Prinzips der beschränkten Haftung, wie sie aus allen mitgliedstaatlichen Rechtsordnungen bekannt sind, nach Möglichkeit vermieden werden sollen.[138]

3. Zwischenergebnis

Der Vergleich der Regelungsebenen steht im Lichte der Erkenntnis, die bei der Betrachtung der Niederlassungsfreiheit gewonnen werden konnte: Das Primärrecht setzt dem mitgliedstaatlichen Gesetzgeber wesentlich engere Ermessensgrenzen als dem Gemeinschaftsgesetzgeber. Daher ist es eine nur scheinbar rechtspolitisch elegante Lösung, Fragen des Gläubigerschutzes aus dem Sekundärrecht (Zweite Richtlinie) in das mitgliedstaatliche Recht zu verlagern. Der inhaltliche Gestaltungsspielraum würde sich dadurch unversehens deutlich reduzieren; denn Vorschriften zwingenden Rechts wären zumeist nur gegenüber den im Inland gegründeten Gesellschaften durchsetzbar, nicht aber gegenüber ausländischen. Eine Vorschrift ist aber faktisch erst dann zwingend, wenn sie nicht durch den Wechsel des Gründungsstatuts umgangen werden kann.

---

135 Näher zum Gläubigerschutz in der EPG *Haas* in: Hommelhoff/Helms (Hrsg.), Neue Wege in die EPG, 2001, S. 155ff. sowie *Reichert*, ebda., S. 201ff.

136 Siehe den Rechtsvergleich bei *Helms* Europäische Privatgesellschaft, 1998, S. 265ff.

137 Kritisch dazu *Krüger* Mindestkapital, 2004, S. 312f.

138 Vgl. *Boucourechliev* in: Boucourechliev/Hommelhoff (Hrsg.), Vorschläge EPG, 1999, S. 230.

Dem Vorschlag, das Problem schlicht in das mitgliedstaatliche Recht zu verlagern, liegt auch eine allzu vereinfachte Vorstellung vom Wettbewerb der Rechtsordnungen zu Grunde. Denn in den USA, dem „Mutterland“ dieses Wettbewerbs, ist der Gläubigerschutz gerade nicht Gegenstand des Wettbewerbs. Einesteils wird dort der Schutz den Gläubigern weitgehend selbst überlassen, andererseits finden sich dem Kapitalschutz funktional vergleichbare Regelungen im Insolvenzrecht, das gerade nicht dem Gründungsstatut folgt.[139] Eine konsequente Fortschreibung der Idee des Wettbewerbs der Rechtsordnungen führt also zu zwei Regelungsalternativen: (1) eine zentrale Regelung des Gläubigerschutzes durch europäisches Sekundärrecht oder (2) eine mitgliedstaatliche Regelung im Bereich des Insolvenzrechts. Darauf wird alsbald zurückzukommen sein.[140]

III. Zusammenhang zwischen Gläubigerschutz und Haftungsbeschränkung

Zwischen Haftungsbeschränkung und Gläubigerschutz besteht ein innerer Zusammenhang. Die nationale und internationale Diskussion um Reichweite und Rechtfertigung von Gläubigerschutz ist daher nur zu begreifen vor dem Hintergrund des Rechtsinstituts der beschränkten Haftung. Letztlich ist die Forderung nach Gläubigerschutz Ausdruck eines Unbehagens gegenüber den negativen Steuerungseffekten der Haftungsbeschränkung. Wäre es nicht möglich, mit Hilfe einer Kapitalgesellschaft die Haftung auf das dort eingesetzte Vermögen zu beschränken, bräuchte man über Gläubigerschutz kaum ein Wort zu verlieren. Daher soll nachfolgend die ökonomische Diskussion zu diesem Thema nachgezeichnet werden. An ihr werden die Sollbruchstellen des Konzepts der Haftungsbeschränkung deutlich, an denen die Korrektur durch gesetzlich zwingenden Gläubigerschutz ansetzen muss.

Juristen und Ökonomen gehen bei dieser Diskussion häufig von verschiedenen Vorstellungen über den eigentlichen Normalzustand aus. Der dem Juristen nahe liegende Ausgangspunkt – *Mülbert* spricht vom „rechtsethischen Blickwinkel“[141] – ist die Vorstellung von der unbeschränkten persönlichen Haftung als dem rechtlichen Naturzustand. Haftungsbeschränkung bedarf daher einer besonderen Rechtfertigung. In diesem Sinne meint beispielsweise *K. Schmidt*: „Jede Haftungsbeschränkung stellt eine Belastung des Rechtsverkehrs dar. Im Unternehmensrecht bedarf sie besonderer Legitimation ...“[142] Eine vergleichbare Aussage entnimmt *Altmeppen* der Rechtsprechung des BGH zur Haftung der Gesellschafter einer Gesellschaft bürgerlichen Rechts. Es handele sich um das „Bekenntnis zu einem Grundverständnis von der Haftung, die immer unbeschränkt ist, es sei denn, man

---

139 *Kahan* in: Hopt/Wymmersch, Capital Marktes and Company Law, 2003, S. 145ff.

140 Siehe unten S. 508 ff.

141 *Mülbert* Der Konzern 2004, 151, 156.

142 *K. Schmidt* Gesellschaftsrecht, 4. Aufl., 2002, S. 540 (§ 18 IV 1 b bb).

hat mit dem Gläubiger etwas anderes vereinbart oder sich eine Rechtsform zugelegt, zu deren Wesen die beschränkte Haftung gehört."[143] Dem empirischen Befund, dass im Wirtschaftsleben die Haftungsbeschränkung der Normalfall ist, hält die rechtsethische Auffassung entgegen, es gehe hier nicht um eine statistische Regel, sondern um ein Postulat im normativen Sinne.[144]

Aus ökonomischer Sicht ist beschränkte Haftung hingegen kein ungewöhnlicher Zustand.[145] Um dies zu verdeutlichen, muss man zwischen der Gesellschaft und ihren Anteilseignern differenzieren: Die Gesellschaft haftet keinesweg beschränkt, sondern muss in vollem Umfang für alle Verbindlichkeiten einstehen – dies solange, bis ihr Vermögen aufgebraucht ist. Darin liegt kein Unterschied zu Privatpersonen; denn auch deren Vermögen reicht in der Krise häufig nicht mehr aus, um alle Forderungen zu bedienen. Wenn man im Hinblick auf Kapitalgesellschaften von beschränkter Haftung spricht, geht es allein um die Haftung der Investoren. Denn diese verlieren bei einem Scheitern der Unternehmung nicht mehr als ihren Kapitaleinsatz. Für die Gläubiger verhält es sich indessen nicht anders; auch deren Risiko beschränkt sich auf den Betrag des Kapitals, das sie der Gesellschaft anvertraut haben. Der ökonomische Normalzustand ist also die auf den Kapitaleinsatz beschränkte Haftung. Die Ökonomie geht sogar so weit zu sagen, es komme auf die gesetzliche Regelung kaum an; wäre beschränkte Haftung nicht gesetzlich geregelt, würde man sie vertraglich vereinbaren.[146] Aus Sicht dieser ökonomischen Schule geht es bei der rechtlichen Legitimation von Haftungsbeschränkung allein um eine Begründung dafür, warum der Gesetzgeber etwas regeln sollte, was sich unter dem Regime der Vertragsfreiheit ohnehin von selbst einstellen würde.

1. Gesamtwirtschaftliche Funktion der Haftungsbeschränkung

Die Feststellung, dass Rechtsformen mit Haftungsbeschränkung in allen Rechtsordnungen angeboten werden, ersetzt noch nicht die Erklärung, warum dies so ist. Der wichtigste Grund wird allgemein darin gesehen, dass Haftungsbeschränkung die Aufbringung großer Kapitalsummen erleichtert (dazu *unter a*); darüber hinaus fördert sie den unternehmerischen Wagemut (dazu *unter b*). Allerdings hat die Haftungsbeschränkung unbestreitbar auch negative Konsequenzen, die in einer Veränderung der Anreizstruktur der unternehmerisch tätigen Gesellschafter oder

---

143 *Altmeppen* Anm. zu BGH v. 27.9.1999 – II ZR 371/98, ZIP 1999, 1758, 1760; ebenso *Keßler* GmbHR 2002, 945, 948, und *Bezzenberger* Kapital der Aktiengesellschaft, 2005, S. 85f.

144 *K. Schmidt* Gesellschaftsrecht, 4. Aufl. S. 540 (§ 18 IV 1 b bb).

145 *Easterbrook/Fischel* The Economic Structure of Coroporate Law, 1991, S. 40; ihnen folgend *Cheffins* Company Law, 1997, S. 497.

146 So beispielsweise *Easterbrook/Fischel* The Economic Structure of Coroporate Law, 1991, S. 41. Dass Rechtsregeln einen viel geringeren Einfluss auf die tatsächlichen Ergebnisse haben, als Juristen gemeinhin vermuten, ist in der ökonomischen Analyse des Rechts vielfach belegt worden (vgl. *Cheffins* Company Law, 1997, S. 24ff.).

Geschäftsleiter liegen (dazu *unter c*). Die Chancen und Risiken von Haftungsbeschränkung, die für die weitere Diskussion über den Gläubigerschutz von grundlegender Bedeutung sind, werden *unter d)* zusammengefasst.

a) Aufbringung großer Kapitalsummen

Die Kapitalgesellschaft mit Haftungsbeschränkung wird üblicherweise als die effizienteste Organisationsform angesehen, um die großen Summen aufzubringen, die man für Industrieprojekte benötigt.[147] Die wesentlichen Gründe dafür liegen in einer Reduzierung der Informationskosten der Anleger und Gläubiger (dazu *unter (1)*) sowie in der Möglichkeit der Risikodiversifizierung (dazu *unter (2)*).

(1) Reduzierung der Informationskosten

Aus Sicht der Anleger wird der Handel mit Anteilen wesentlich erleichtert, wenn sich der Wert des Anteils ausschließlich an Wert und Ertragskraft des Unternehmens messen lässt.[148] Wäre mit dem Erwerb des Anteils eine persönliche Haftung verbunden, müsste der Erwerber nicht nur die Ertragskraft des Unternehmens, sondern auch die Bonität der übrigen Gesellschafter ins Kalkül ziehen, um beurteilen zu können, ob und in welchem Umfang ihm aus der Beteiligung möglicherweise eine persönliche Inanspruchnahme droht. Weiterhin müsste er nach dem Erwerb des Anteils laufend überwachen, wie sich der Kreis der Anteilseigner entwickelt und ob sich sein persönliches Risiko dadurch verändert. Unter solchen Bedingungen wäre ein liquider Handel von Unternehmensanteilen deutlich erschwert, denn der Aufwand einer derart umfassenden Risikoanlayse (*monitoring costs*) würde sich allenfalls für Großinvestitoren lohnen.[149] Die Beiträge der Kleinanleger fielen damit für den Kapitalmarkt aus.

Die Kreation von Gesellschaften mit Haftungsbeschränkung erlaubt aber auch den Gläubigern eine bessere Einschätzung ihres Risikos; denn die jeweils ihrem Zugriff unterliegenden Haftungsmassen sind klar getrennt. Gläubigern der Gesell-

---

[147] Zur Legitimation von Haftungsbeschränkung aus dem reichhaltigen Schrifttum: *Bauer* Gläubigerschutz durch formale Nennkapitalziffer, 1995, S. 100; *Bezzenberger* Kapital der Aktiengesellschaft, 2005, S. 81ff.; *Bitter* Konzernrechtliche Durchgriffshaftung bei Personengesellschaften, 2000, S. 166ff.; *Davies* Introduction to Company Law, 2002, S. 63ff.; *Easterbrook/Fischel* The Economic Structure of Coroporate Law, 1991, S. 41; *Fleischer* ZGR 30 (2001) 1, 16ff.; *Hommelhoff* ZIP 1990, 761, 768; *Lehmann* ZGR 1986, 345, 353; *G.H. Roth* ZGR 34 (2005) 348 356ff.; *Vagts* ZGR 23 (1994) 227, 229.

[148] *Cheffins* Company Law, 1997, S. 499; *Davies* Introduction to Company Law, 2002, S. 65; *Easterbrook/Fischel* The Economic Structure of Coroporate Law, 1991, S. 42.

[149] *Davies* Introduction to Company Law, 200, S. 65ff.; in diesem Sinne auch *Hommelhoff* ZIP 1990, 761, 768f.: Trennungsprinzip ist Voraussetzung für die Umlauffähigkeit der Aktie, und *Lehmann* ZGR 1986, 345, 354f., 370: Voraussetzung für das effiziente Funktionieren eines Kapitalmarkts. Nachweise zu dieser kapitalmarkttheoretischen Sicht in der ökonomischen Literatur bei *Meyer* Haftungsbeschränkung, 2000, 1002f.

schaft ist das Privatvermögen der Aktionäre verschlossen; ebensowenig können private Gläubiger der Aktionäre das Vermögen der Gesellschaft in Anspruch nehmen.[150] Die verschiedenen Gläubigergruppen sind also klar voneinander geschieden – die eine kann nicht auf Vermögenswerte zugreifen, auf deren Grundlage die andere Gruppe die Bonität ihres Schuldners eingeschätzt hat. Dadurch wird besser überschaubar, mit wie vielen und welcher Art von Gläubigern man sich eine bestimmte Vermögensmasse gegebenenfalls teilen muss. Das Bonitätsrisiko eines konkreten Schuldners lässt sich damit zuverlässiger einschätzen.

(2) Risikodiversifizierung

Der Steigerung der Attraktivität des Kapitalmarktes dient es auch, wenn sich das Risiko durch Streuung mehrerer Investitionen auf verschiedene Unternehmen minimieren lässt. Diese Risikodiversifizierung ist nur möglich, wenn sich das Risiko der einzelnen Anlage auf das konkret eingesetzte Kapital beschränkt. Wäre mit jeder Beteiligung eine persönliche Haftung verbunden, hätte eine Streuung des Portfolios gerade den umgekehrten Effekt; das Risiko, aus einer dieser Anlagen persönlich in Anspruch genommen zu werden, würde sich potenzieren. Viele Anleger würden ihr Geld unter diesen Bedingungen entweder überhaupt nicht am Kapitalmarkt investieren oder allenfalls ein einzelnes Unternehmen auswählen, das ihnen besonders solide erscheint. Der Mechanismus der Diversifizierung kommt letztlich der Liquidität des Kapitalmarktes zugute, denn es ist anzunehmen, dass Anleger um so mehr Mittel am Kapitalmarkt investieren, je besser sie das damit verbundene Risiko überschauen und streuen können.[151] Der geringere Aufwand der Anleger bei der Risikoabwägung führt auf Seiten der Unternehmen zu günstigeren Finanzierungskonditionen.[152]

Etwas kritischer sieht die Literatur die Risikodiversifizierung im Konzern, bei der eine bereits mit Haftungsbeschränkung arbeitende Kapitalgesellschaft durch Schaffung weiterer Gesellschaften ihr Risiko minimiert.[153] Auch hier hat die Haftungsbeschränkung aber positive Effekte. Sie erlaubt insbesondere eine Diversifizierung des Riskos entsprechend der besonderen Risikostruktur eines Projekts. So können für ein hochriskantes Projekt risikobereite Anleger gewonnen werden, während die eher konservativen Anleger in die Muttergesellschaft investieren. Durch die Verteilung der unternehmerischen Aktivitäten auf verschiedene Gesellschaften lässt sich sodann das Risikopotential bestimmter Geschäftszweige isolieren. Es wird dadurch vermieden, dass Krisen, die in einem Geschäftszweig auftre-

---

150 *Davies* Introduction to Company Law, 2002, S. 66ff.

151 *Cheffins* Company Law, 1997, S. 499; *Easterbrook/Fischel* The Economic Structure of Coroporate Law, 1991, S. 44.

152 *Easterbrook/Fischel* The Economic Structure of Coroporate Law, 1991, S. 43.

153 Vgl. neben anderen *Wiedemann* ZGR 15 (1986) 656, 671, der von einem überflüssigen „Mehrfachmantel" spricht.

ten, andere noch gesunde Zweige des Unternehmens mit in den Abgrund reißen.[154] Diese klare Zuordnung von unterschiedlich zu gewichtenden Risiken erleichtert sowohl den Anlegern als auch – wie oben bereits ausgeführt – den Gläubigern die Risikoanalyse, wenn sie ihre Mittel einer bestimmten Gesellschaft anvertrauen wollen.

b) Förderung der unternehmerischen Initiative

Haftungsbeschränkung erleichtert nicht nur die Kapitalakkumulation für Großprojekte, sondern erlaubt auch einzelnen natürlichen Personen, mit verhältnismäßig geringem Risiko unternehmerisch tätig zu werden. Häufig wird daher argumentiert,[155] ohne die Möglichkeit der Haftungsbeschränkung würden risikoreiche Unternehmungen nicht durchgeführt, obwohl sie gesamtwirtschaftlich nützlich wären (dazu *unter (1)*). Die daraus resultiertende Verlagerung des Risikos auf die Gläubiger lasse sich damit rechtfertigen, dass Gläubiger die besseren Risikoträger seien (dazu *unter (2)*).

(1) Risikoaversion natürlicher Personen

Wird Haftungsbeschränkung mit der Funktion der „Wagnisfinanzierung" und „Förderung des Unternehmertums" legitimiert,[156] so verdienen die dahinterstehenden Prämissen eine nähere Betrachtung. Denn die These von der Wagnisfinanzierung unterstellt, dass die Risikoaversion natürlicher Personen volkswirtschaftlich sinnvolle Projekte zu verhindern droht, sofern man ihnen nicht gesetzlich eine Möglichkeit zu Haftungsbeschränkung anbietet. Dabei arbeitet die Ökonomie – im Grundsatz zu Recht[157] – mit der Hypothese des rational handelnden Menschen, so dass zu fragen ist, aus welchen Gründen ein rational handelnder Mensch ein erfolgversprechendes Projekt nur unter den Bedingungen der Haftungsbeschränkung in Angriff nehmen sollte. Historisch gesehen gibt es für diese These keinen eindeutigen Beleg. Wie die Untersuchung von *Meyer* zeigt, stand die Aktiengesellschaft als

---

[154] *Hommelhoff* ZIP 1990, 761, 769: „Haftungssegmentierung" im Konzern. Umfassend zur Rechtfertigung der Haftungsbeschränkung im Konzern *Bitter* Konzernrechtliche Durchgriffshaftung bei Personengesellschaften, 2000, S. 171ff.

[155] *Easterbrook/Fischel* The Economic Structure of Coroporate Law, 1991, S. 50; *Lehmann* ZGR 1986, 345, 355; *Meyer* Haftungsbeschränkung, 2000, S. 1043ff., diskutiert dies unter dem Stichwort „Sozialisierung von Fortschrittsrisiken".

[156] So *Lehmann* ZGR 1986, 345, 353; weiterhin *Fleischer* ZGR 30 (2001) 1, 18: „investitionsfördernde Wirkung".

[157] *Schäfer/Ott* Lehrbuch der ökonomischen Analyse des Zivilrechts, 4. Aufl., 2005, S. 58ff. Ungeachtet der real existierenden Irrationalität leistet diese Hypothese in der Summe gute Dienste; denn sie kommt der Wirklichkeit hinreichend nahe, um im wirtschaftlichen Bereich zutreffende Prognosen zu erlauben (*Schäfer/Ott*, a.a.O., S. 62ff.). Siehe zur Rechtfertigung der Hypothese des rationalen egoistischen Menschen auch *Cheffins* Company Law, 1997, S. 5.

Rechtsform mit Haftungsbeschränkung erst in der Hochphase der Industrialisierung zur Verfügung;[158] die eigentlichen Wagnisse wurden also bereits vorher von Personen eingegangen, die unter der Rahmenbedingung persönlicher Haftung operieren mussten.[159] Wer sich hinreichenden Profit verspricht, lässt sich offenbar von der Gefahr persönlicher Haftung nicht abschrecken. Auch in einem Zustand ohne Haftungsbeschränkung würden sich also Interessenten für riskante Projekte finden, solange nur die Aussicht auf angemessenen Gewinn entsprechend hoch ist.[160] Für ein Projekt, das gute Erfolgsaussichten bietet, sollte sich auch ohne beschränkte Haftung ein Initiator finden.

Wenn die These von der Wagnisfinanzierung unterstellt, dass unter einem Regime der Haftungsbeschränkung Projekte begonnen werden, die ein rational handelnder Mensch bei persönlicher Haftung als zu risikoreich eingeschätzt und unterlassen hätte, geht es dabei insbesondere um Vorhaben, bei denen die Risiken die Chancen übersteigen. Ob derartige Vorhaben tatsächlich gesamtwirtschaftlich nützlich sind, darf bezweifelt werden. Im Einzelfall mag sich ein Nutzen ergeben; die Mehrzahl dieser Vorhaben jedoch wird scheitern – eine logische Folge der Prämisse, dass es sich um Vorhaben handelt, bei denen die Risiken die Chancen übersteigen – und die Gesamtwirtschaft trägt dafür die Kosten. Überdies verteilen sich diese Kosten keineswegs gleichmäßig; sie treffen gerade die ungesicherten Vertragspartner und die Deliktsgläubiger.[161] Es spricht manches für die Annahme, dass eine Volkswirtschaft, bei der von vornherein nur Projekte mit einer realistischen Erfolgschance in Angriff genommen werden, aufs Ganze gesehen eine größere Wohlfahrtssteigerung erzielt.

Die Legitimation der Haftungsbeschränkung ergibt sich daher erst aus einer Zusatzüberlegung: Natürliche Personen bewerten subjektiv die Gefahr des Scheiterns höher als die Möglichkeit des Erfolgs.[162] Denn Scheitern bedeutet – etwas überspitzt

---

158 *Meyer* Haftungsbeschränkung, 2000, S. 286f.

159 *Bezzenberger* Kapital der Aktiengesellschaft, 2005, S. 83, verweist allerdings darauf, dass wegen der damaligen Wirtschaftsweise zumeist nur das eingesetzte Kapital (insb. Schiffe und Waren) auf dem Spiel stand.

160 Eine in England auf der Basis von 152 Interviews mit kleinen Unternehmen durchgeführt Studie kommt zu dem Ergebnis, dass die Erlangung von Haftungsbeschränkung für Unternehmensgründer keineswegs der entscheidende Faktor ist (dazu *Drury/Hicks*, in: Boucourechliev/Hommelhoff (Hrsg.), Vorschläge EPG, 1999, S. 87). Wichtiger ist die zügige Überwindung administrativer Hürden und die einfache Handhabbarkeit der Rechtsform. Die Studie schlägt daher die Einführung einer „Business Corporation“ vor, die mit Ausnahme der Haftungsbeschränkung alle Vorteile einer eingetragenen Gesellschaft bietet, wegen des Verzichts auf die Haftungsbeschränkung aber wesentlich einfacheren Regeln unterworfen sein kann. Anders als die Autoren der Studie interpretiert *Cheffins* Company Law, 1997, S. 500, bei Fn. 27, deren Ergebnisse und hält die Haftungsbeschränkung durchaus für ein wichtiges Kriterium bei der Unternehmensgründung.

161 *Meyer* Haftungsbeschränkung, 2000, S. 1044f.; *Röhricht* FS BGH, 2000, S. 83, 99.

162 *Bezzenberger* Kapital der Aktiengesellschaft, 2005, S. 91f.; *Kübler* Gesellschaftsrecht, 5. Aufl., 1999, 405; in diesem Sinne auch *Easterbrook/Fischel* The Economic Structure of

gesprochen – lebenslange Armut. Gegenüber einem solchen Risiko, dessen Eintritt man schlechterdings nicht wollen kann, versagt die Kalkulation, dass es genügen müsse, wenn die Wahrscheinlichkeit des Erfolges etwas größer sei als diejenige des Scheiterns. Wenn sich Alternativen bieten, bei denen sich nur ein geringeres Einkommen erzielen, dafür aber die Gefahr der persönlichen Armut vermeiden lässt, erscheint es durchaus rational, sich diesen zuzuwenden. Die Gewinnerwartung muss also recht hoch ausfallen, um den rational denkenden Menschen zum Tätigwerden zu veranlassen. Daher würde ein rational denkender Mensch selbst Projekte, bei denen die Erfolgswahrscheinlichkeit leicht über 50% liegt, kaum in Angriff nehmen, und den Einsatz erst dann wagen, wenn die Erfolgswahrscheinlichkeit deutlich höher anzusetzen ist. Im Interesse des gesamtwirtschaftlichen Wachstums ist es jedoch sinnvoll, jedes Vorhaben in Angriff zu nehmen, dessen Erfolgsaussichten 50% übersteigen.

Die Risikoaversion natürlicher Personen lässt sich auch aus den Unwägbarkeiten unternehmerischer Entscheidungen begründen. Für derart komplexe Entscheidungen stehen nie alle erforderlichen Informationen zur Verfügung.[163] Wer absolut zuverlässig einschätzen möchte, wie sich der Markt entwickeln, ob das Produkt einschlagen wird, ob die eingestellten Mitarbeiter zur Zufriedenheit arbeiten werden etc., müsste eine solche Unmenge von Daten sammeln, dass er zur Entscheidung letztlich unfähig wäre. Es muss also die Entscheidung immer in einer Situation des Mangels an Informationen getroffen werden. Die Entscheidung ist rational, wenn sie in Abhängigkeit von den verfügbaren Informationen korrekt getroffen ist. Selbst wenn sich die Prognose im Nachhinein als falsch erweisen sollte, wäre sie auf Basis der Informationen, die bei der Entscheidung vorlagen, weiterhin als „richtig" anzusehen. Dies bedeutet aber nichts anderes, als dass selbst die gründlich vorbereitete und rational getroffene Entscheidung im Ergebnis falsch sein kann. Eine falsche Weichenstellung bedeutet jedoch in einer Rechts- und Wirtschaftsordnung, die auf den unternehmerischen Wettbewerb setzt, die Auslese des erfolglosen Unternehmens. Um diese Aussicht für den Unternehmer erträglich zu machen, bedarf es einer Kompensation: der auf das unternehmerische Vermögen beschränkten Haftung.[164]

Alternative Mechanismen, die denselben Effekt der Förderung des unternehmerischen Wagemutes haben könnten, sind nicht ersichtlich. Gegen das Risiko des wirtschaftlichen Misserfolges hilft insbesondere keine Versicherung. Eine allgemeine Versicherung gegen unternehmerisches Scheitern wäre für die Versicherungsgesellschaften nicht kalkulierbar; denn die potentiellen Schadensursachen sind

---

Coroporate Law, 1991, S. 44: "In a world of unlimited liability, managers … would reject as 'too risky' some projects with positive net present value." Weiterhin *Bitter* Konzernrechtliche Durchgriffshaftung bei Personengesellschaften, 2000, S. 160, *Fleischer* ZGR 30 (2001) 1, 18.

163 Dies führt zum Problem der beschränkten Rationalität (*bounded rationality*, dazu *Schäfer/Ott* Lehrbuch der ökonomischen Analyse des Zivilrechts, 4. Aufl., 2005, S. 65).

164 In diesem Sinne *Lehmann* ZGR 15 (1986) 345, 356.

nicht überschaubar.[165] Die Versicherung derartiger Risiken würde außerdem den negativen Verhaltensanreiz schaffen, sich nun gänzlich unbesorgt in hochriskante unternehmerische Abenteuer zu stürzen (sogenannter *moral hazard*).[166] Diese Art von Versicherungen wäre schon nach kurzer Zeit nicht mehr bezahlbar.[167]

(2) Verlagerung des Risikos auf die „besseren" Risikoträger

Mit dem Angebot der beschränkten Haftung wird das unternehmerische Risiko nicht aus der Welt geschaffen, sondern zumindest teilweise von den Gesellschaftern auf die Gläubiger verlagert.[168] Vom rechtsethischen Standpunkt aus erscheint das bedenklich; die ökonomische Lehre hält dem entgegen, die Gläubiger seien ohnehin die besseren Risikoträger.[169] Dies beruht auf folgender Überlegung: Während der Gesellschafter bei unbeschränkter Haftung seine persönliche Existenz aufs Spiel setzt, verliert der Gläubiger bei beschränkter Haftung nur den Betrag seiner Forderung. Für ihn ist das Ausfallrisiko somit klar kalkulierbar und diversifizierbar.[170] Wenn ein Schuldner ausfällt, bleiben ihm zumeist noch andere, wenn er auf entsprechende Streuung des Risikos geachtet hat. Er kann zudem je nach Einschätzung des Risikos einen Risikoaufschlag verlangen (insb. einen höheren Zins) oder vertraglich Vorsorge treffen. Gläubiger gehen also ein bewusst kalkuliertes Risiko ein und lassen sich dafür bezahlen; insoweit geschieht ihnen durch die Verlagerung von Risiken kein Unrecht.[171]

c) Negative Verhaltensanreize von Haftungsbeschränkung

(1) Gründungsphase

Die Förderung des Unternehmertums hat allerdings auch ihre Kehrseite. Haftungsbeschränkung bietet nämlich nicht nur einen Anreiz zum unternehmerischen Wag-

---

165 *Easterbrook/Fischel* The Economic Structure of Coroporate Law, 1991, S. 48f.

166 *Easterbrook/Fischel* The Economic Structure of Coroporate Law, 1991, S. 49; *Lehmann* ZGR 1986, 345, 355.

167 Der grundsätzlich bei jeder Versicherung bestehenden Gefahr opportunistischen Verhaltens des Versicherten begegnet die Versicherung in ihren Vertragsbedingungen beispielsweise mit Informationsobliegenheiten oder einem Selbstbehalt des Versicherten. Hier liegt durchaus eine Parallele zur Diskussion um die Haftungsbeschränkung, die gleichfalls der Korrekturen bedarf, um die Gefahr opportunistischen Verhaltens zu reduzieren.

168 *Arbeitskreis GmbH-Reform* Band 2, 1972, S. 11; *Lehmann* ZGR 15 (1986) 345, 350; *Meyer* Haftungsbeschränkung, 2000, S. 952.

169 Dies ist die Argumentation der sog. *Chicago School.* Zusammenfassend *Cheffins* Company Law, 1997, S. 499ff., *Easterbrook/Fischel* The Economic Structure of Coroporate Law, 1991, S. 50ff. sowie *Meyer* Haftungsbeschränkung, 2000, S. 1000ff.; weiterhin dazu *Bauer* Gläubigerschutz durch formale Nennkapitalziffer, 1995, S. 102ff. und *Kübler* Gesellschaftsrecht, 5. Aufl., 1999, 405.

170 *Kübler* Gesellschaftsrecht, 5. Aufl., 1999, 405.

171 Diese Argumentation trägt allerdings nur bei freiwilligen Gläubigern, nicht bei deliktischen (dazu unten S. 497 f.).

nis; sie verfälscht auch die Risikoanalyse:[172] Die Gesellschafter verbuchen in ihrer Kalkulation für sich weiterhin die volle Gewinnchance, müssen auf der Passivseite aber nur mit dem Verlust des eingesetzten Kapitals rechnen. Sie werden also nicht nur Projekte mit realistischer Erfolgschance angehen, sondern auch solche, bei denen die Risiken überwiegen – solange nur der Anteil der *sie treffenden Risiken* nicht die Gewinnchance übersteigt. Damit entsteht ein Anreiz, Wagnisse zu unternehmen, die ein „vernünftiger" Mensch nicht eingehen würde. Das Risiko des Scheiterns wird dadurch nicht eliminiert, sondern auf andere Personengruppen verlagert; gesamtwirtschaftlich ergibt sich ein negativer Saldo.[173] Dabei geht es keineswegs allein oder auch nur vorrangig um Fälle der betrügerischen Ausnutzung von Haftungsbeschränkung. Schon im normalen Geschäftsgang ist es bedenklich, wenn der Unternehmer seiner Planung nicht alle damit verbundenen Gefahren zu Grunde legt, letztlich also zu risikofreudig kalkuliert.[174] Das Korrektiv der persönlichen Haftung könnte hier in vielen Fällen dazu anhalten, die Lage realistischer einzuschätzen.[175]

(2) Eintritt der Krise

Die unerwünschte Anreizstruktur der Haftungsbeschränkung verstärkt sich, wenn die Geschäfte der Gesellschaft schlecht gehen.[176] Jeder unternehmerisch denkende Mensch wird in dieser Situation alles Denkbare versuchen, um das Steuer noch einmal herumzureißen.[177] Wer einer persönlichen Haftung ausgesetzt ist, überlegt sich allerdings zweimal, ob er in der Krise noch weitere Schulden anhäuft. In dieser Situation wirkt sich die beschränkte Haftung besonders ungünstig auf die unternehmerische Risikoanalyse aus. Denn unter dem Schutzschild der Haftungsbeschränkung haben die Gesellschafter nach Aufzehrung des Eigenkapitals nichts mehr zu verlieren, sie arbeiten von nun an nur noch mit fremdem Geld; verlieren können ab jetzt nur noch die Gläubiger.[178] Denn mit der fortschreitenden Aus-

---

[172] Wegen ihrer schädlichen Lenkungswirkung wird die Haftungsbeschränkung insbesondere von Vertretern der ordoliberalen Schule bekämpft. Dazu m.w.N. *Meyer* Haftungsbeschränkung, 2000, S. 988ff. und *Wiedemann* Gesellschaftsrecht, 1980, S. 543ff.

[173] In diesem Sinne auch *Röhricht* FS BGH, 2000, S. 83, 99: Ohne angemessenen Gläubigerschutz würde der ökonomische Schaden den erstrebten volkswirtschaftlichen Nutzen spürbar übersteigen. Vgl. auch Hachenburg-*Ulmer* GmbHG, 8. Aufl., 1992, Anh § 30, Rn. 11 zur Diskussion um die Haftung der Gesellschafter bei Unterkapitalisierung.

[174] *Meyer* Haftungsbeschränkung, 2000, S. 1039.

[175] *Meyer* Haftungsbeschränkung, 2000, S. 1039; ebenso *Wiedemann* Gesellschaftsrecht, 1980, S. 537 (§ 10 III 1 a aa).

[176] *Davies* AG 1998, 346, 349; *Frankel/Hax* Finanzwirtschaft, 5. Aufl., 2004, S. 431ff.; *Meyer* Haftungsbeschränkung, 2000, S. 959; *Skeel* Yale L.J. 113 (2004) 1519, 1552ff.

[177] *Meyer* Haftungsbeschränkung, 2000, S. 1039.

[178] Diese negative Anreizstruktur wird vor allem in der englischen Literatur zum *wrongful trading* immer wieder betont: *Davies* Introduction to Company Law, 2002, S. 93ff.; *Hirt* ECFR 1 (2004) 71, 82ff.; aus der US-amerikanischen Diskussion jüngst *Skeel* Yale L.J. 113 (2004) 1519, 1556.

zehrung des Unternehmens reduziert sich die Vermögensmasse, aus der sie befriedigt werden könnten. Der rational handelnde Unternehmer wird unter den Bedingungen der Haftungsbeschränkung das Geschäft so lange in der Hoffnung auf baldige Erholung fortführen, bis auch das zur Deckung der Schulden nötige Vermögen aufgebraucht ist. Die Gläubiger werden damit um diejenigen Vermögenswerte gebracht, aus denen sie sich bei Eintritt der Krise möglicherweise noch hätten befriedigen können.

(3) Beschränkte Rationalität

Die beschriebenen negativen Verhaltensanreize werden verstärkt durch bestimmte Verhaltensanomalien, die zu einer Einschränkung der Hypothese des rational handelnden Individuums führen.[179] Die sogenannte Framing-Anomalie bewirkt, dass eine Entscheidung unter verschiedenene Alternativen nicht allein von den Fakten, sondern auch von der Art der Präsentation beeinflusst wird. So entscheidet sich ein signifikant höherer Prozentsatz von Menschen für eine riskante Operation, wenn man das Risiko mit „70% Überlebenswahrscheinlichkeit" beschreibt, als wenn man von „30% Sterbewahrscheinlichkeit" spricht.[180] Unternehmensgründer sind, wenn sie in Kontakt zu Eigen- oder Fremdkapitalgebern treten, typischerweise darum bemüht, ihr Projekt in positiven Formulierungen zu beschreiben; es ist dann nur folgerichtig, wenn der Unternehmer von seinen positiv gefärbten Darstellungen selbst eingenommen und übermäßig optimistisch gestimmt ist.

Eine weitere Anomalie ist das Denken in Szenarien. Offenbar wird ein Risko, das nicht zum Szenario gehört, in die Abwägung erst gar nicht einbezogen.[181] Es erscheint naheliegend, darin eine weitere für Unternehmensgründungen typische Verfälschung der Risikoanalyse zu sehen: Es werden Szenarien entworfen, in denen die Möglichkeit des Scheiterns schlechterdings nicht vorkommt. Hinzu kommt die Selbstüberschätzungsanomalie, also die Neigung, die eigene Anfälligkeit für Gefahren und Risiken zu unterschätzen.[182] Die Fähigkeit, die eigenen Erfolgschancen selbstkritisch einzuschätzen, ist offenbar nicht gleichmäßig über die Menschheit verteilt, sondern statistisch gesehen eher die Ausnahme.

Eine Verhaltensanomalie, die sich sowohl bei der Gründung eines Unternehmens als auch in der Krise auswirken kann, ist so genannte Prospekttheorie.[183] In einer Situation, in der Vermögenszuwachs zu erwarten ist, verhalten sich Menschen eher risikoavers; wenn hingegen Verluste drohen oder bereits eingetreten sind, wächst

179 Zur beschränkten Rationalität insb. *Schäfer/Ott* Lehrbuch der ökonomischen Analyse des Zivilrechts, 4. Aufl., 2005, S. 65ff. Weiterhin zu diesem Aspekt *G.H. Roth* ZGR 34 (2005) 348, 371ff.

180 *Schäfer/Ott* Lehrbuch der ökonomischen Analyse des Zivilrechts, 4. Aufl., 2005, S. 66.

181 *Schäfer/Ott* Lehrbuch der ökonomischen Analyse des Zivilrechts, 4. Aufl., 2005, S. 66f.

182 *Schäfer/Ott* Lehrbuch der ökonomischen Analyse des Zivilrechts, 4. Aufl., 2005, S. 67.

183 *Schäfer/Ott* Lehrbuch der ökonomischen Analyse des Zivilrechts, 4. Aufl., 2005, S. 68.

erstaunlicherweise die Risikofreude. Dies ist ein häufig beobachtetes Phänomen an der Börse, bei der Aktionäre ihre Aktien nach Gewinnsteigerungen schnell verkaufen, um die Wertsteigerung zu realisieren, damit aber den weiteren Kursanstieg verpassen, während sie das Papier bei sinkenden Kursen viel zu lange halten, in der Hoffnung, doch noch eine Trendwende zu erleben. Das Unternehmen in der Krise immer tiefer in die Verlustzone rutschen zu lassen, ist also nur selten ein bewusst gläubigerschädigendes Verhalten, sondern zutiefst menschlich.

(4) Unternehmerischer Normalbereich

Die negative Lenkungswirkung der Haftungsbeschränkung ist allerdings dahingehend zu relativieren, dass über weite Phasen des Geschäftslebens durchaus ein Gleichlauf der Gesellschafter- und der Gläubigerinteressen besteht.[184] Der Anreiz, ein Unternehmen zu gründen, liegt nicht darin, Haftung zu vermeiden, sondern Gewinne zu erzielen. Gewinne können die Gesellschafter aber aus dem Unternehmen nur dann erzielen, wenn es gelingt, die Forderungen der Gläubiger pünktlich zu bezahlen. Die allermeisten Gesellschaften bewegen sich daher in einem „Normalbereich“, in dem sie darum bemüht und auch dazu in der Lage sind, ihre Verbindlichkeiten pünktlich zu erfüllen. Die Frage der Haftungsbeschränkung ist dann ohne praktische Relevanz.[185] Was in diesem Stadium zählt, ist das Ertragsrisiko; und das tragen allein die Gesellschafter. Werden keine oder weniger Gewinne erzielt, die an die Gesellschafter ausgeschüttet werden könnten, leiden darunter allein die Gesellschafter. Denn die Zahlungen an die Gläubiger können, solange überhaupt noch Vermögen vorhanden ist, nicht von der Ertragslage abhängig gemacht werden. Außerhalb der Insolvenz sind also die Gesellschafter die ersten Risikoträger. Um persönlichen Profit zu erzielen, müssen sie die Gläubiger pünktlich bedienen und *darüber hinaus* Gewinne erzielen. Sie werden also im normalen Geschäftsgang keineswegs überproportional riskante Geschäfte eingehen, sondern nur solche, deren Erfolgsaussichten in einem vernünftigen Verhältnis zum Risiko stehen.[186]

d) Zwischenergebnis: Chancen und Risiken der Haftungsbeschränkung

Haftungsbeschränkung hat somit verschiedene volkswirtschaftlich erwünschte Aspekte. Die Allokation von Finanzmitteln über den Kapitalmarkt kann unter einem Regime der Haftungsbeschränkung effizienter organisiert werden, als wenn jedem Investor die persönliche Haftung drohte. Persönliche Haftung würde eine Investition durch Kleinanleger wohl gänzlich unterbinden, und Großanlegern entginge die Möglichkeit, ihr Kapital in verschiedene Anlagen zu diversifizieren. Zwar ist durch-

---

184 *Meyer* Haftungsbeschränkung, 2000, S. 959ff.
185 *Meyer* Haftungsbeschränkung, 2000, S. 953ff.
186 *Meyer* Haftungsbeschränkung, 2000, S. 957f.

aus anzunehmen, dass sich für erfolgversprechende Unternehmungen Investoren auch ohne das Privileg der Haftungsbeschränkung finden lassen;[187] dennoch erschließt die Haftungsbeschränkung *zusätzliche* Finanzierungsquellen als Eigenkapital, die andernfalls – vermittelt über die Banken – als Fremdkapital aufgenommen werden müssten.

Bei kleinen und mittleren Gesellschaften fallen diese Vorteile kaum ins Gewicht, da sie nicht darauf angelegt sind, Kapital bei einer großen Zahl von Investoren einzusammeln.[188] Die Legitimation der Haftungsbeschränkung bedarf hier einer differenzierteren Betrachtung: Aus volkswirtschaftlicher Sicht ist es wünschenswert, wenn unternehmerische Projekte immer dann begonnen werden, wenn die Erfolgsaussichten über 50% liegen. Die nachvollziehbare Risikoscheu natürlicher Personen bewertet jedoch das nur schwer kalkulierbare und vor allem nicht versicherbare Risiko des unternehmerischen Scheiterns subjektiv höher als die Erfolgsaussichten. Daher werden selbst Projekte mit einer realistischen Erfolgsaussicht möglicherweise gescheut. Haftungsbeschränkung leistet also volkswirtschaftlich gesehen einen Beitrag dazu, dass alle erfolgversprechenden unternehmerischen Möglichkeiten auch tatsächlich ausgeschöpft werden. Allerdings hat Haftungsbeschränkung hier auch einen überschießenden Effekt. Die Aussicht, die Ertragschance selbst zu genießen, andere aber das Risiko tragen zu lassen, verfälscht die unternehmerische Analyse und es werden selbst solche Projekte unternommen, deren Erfolgswahrscheinlichkeit unterhalb von 50% liegt. Bedenkt man andererseits, dass jeder Unternehmer an Gewinnen interessiert ist und deshalb in normalen Zeiten um die Zufriedenheit seiner Gläubiger besorgt sein wird, treten die schädlichen Lenkungseffekte der Haftungsbeschränkung letztlich in zwei Situationen besonders hervor: Bei der Gründung und bei Eintritt einer existentiellen Krise; vor allem in diesen beiden Stadien besteht der Anreiz, Risiken einzugehen, die außer Verhältnis zur Gewinnchance stehen.

Folglich bedarf die Haftungsbeschränkung eines Korrektivs. Sie soll zwar die unternehmerische Tätigkeit und Risikobereitschaft fördern, zugleich muss aber sichergestellt sein, dass der Unternehmer sorgfältig kalkuliert. In diesem Spannungsfeld die Balance zu finden, die im Ergebnis den größten volkswirtschaftlichen Nutzen bringt, ist die Aufgabe der rechtspolitischen Diskussion über den Gläubigerschutz.

---

187 Vgl. den bereits erwähnten rechtshistorischen Befund von *Meyer* Haftungsbeschränkung, 2000, S. 286f.

188 Dass kleine und mittlere Unternehmen bei der ökonomischen Analyse der Haftungsbeschränkung einer gesonderten Betrachtung bedürfen, ist weithin anerkannt. Siehe nur: *Easterbrook/Fischel* The Economic Structure of Coroporate Law, 1991, S. 55f.; *Hirt* ECFR 1 (2004) 71, 75 ("the wrongful trading remedy is particularly relevant for creditors of small companies run by shareholder-directors"); *Meyer* Haftungsbeschränkung, 2000, der S. 1031ff. „Anlagegesellschafter" und „Unternehmergesellschafter" einer gesonderten Analyse unterzieht.

2. Legitimation gesetzgeberischen Eingreifens

Die ökonomische Analyse zeigt: Das Institut der Haftungsbeschränkung kann den volkswirtschaftlichen Nutzen mehren, wenn seine negativen Effekte unter Kontrolle bleiben. Die rechtspolitische Diskussion zum Gläubigerschutz ist damit ein Streit um den goldenen Mittelweg. Auf welche Weise kann der potentielle Schaden für die Gläubiger minimiert werden, ohne dabei die wohlfahrtssteigernden Impulse der Haftungsbeschränkung zu ersticken? Bereits die Gestaltung des Regel-Ausnahme-Verhältnisses stellt eine wichtige Weiche. Soll Haftungsbeschränkung generell zur Verfügung stehen und nur im Ausnahmefall durchbrochen werden? Oder ist die unbeschränkte persönliche Haftung der Regelfall, gegenüber dem jede Abweichung besonderer Rechtfertigung bedarf?

Würde man auf eine gesetzliche Regelung gänzlich verzichten, wären Haftungsbeschränkung und Gläubigerschutz der Vertragsfreiheit überlassen. Insoweit decken sich der ökonomische und der rechtsethische Ausgangspunkt; denn es hätte grundsätzlich jedermann für seine vertraglich gegebenen Zusagen in vollem Umfang persönlich einzustehen. Die ökonomische Analyse des Rechts argumentiert allerdings, dass dieses freie Spiel der Kräfte zu einem Zustand führen würde, in dem die vertraglich vereinbarte Haftungsbeschränkung vorherrscht.[189] Dafür sind die oben genannten Vorteile der Haftungsbeschränkung maßgeblich: Haftungsbeschränkung erlaubt Investoren und Gläubigern eine zuverlässigere Kalkulation ihrer Risiken; Gläubiger sind zudem die besseren Risikoträger, da sie nur einen festgelegten Einsatz bringen, ihr Risiko auf mehrere Schuldner verteilen können und nicht ihre gesamte persönliche Existenz aufs Spiel setzen müssen. Aus Sicht der Gläubiger ist die Haftung einer natürlichen Person nur bedingt erstrebenswert, denn dies garantiert keineswegs die pünktliche und vollständige Zahlung der Schuld. Gläubiger streben in erster Linie nach einer klaren Kalkulationsgrundlage und werden statt der persönlichen Haftung eine dem kalkulierten Risiko entsprechende Risikoprämie verlangen.[190]

Das Gesetz sollte sich daher nicht damit begnügen, die Haftungsbeschränkung als das typischerweise zu erwartende Verhandlungsergebnis zu standardisieren, sondern zugleich die Gläubiger in ihrem Anliegen unterstützen, sich durch vertragliche Regelungen angemessen gegen die Gefahren der Haftungsbeschränkung zu schützen. Lässt man (*unter a*) die typischerweise vertraglich vereinbarten Gläubigerschutzregeln Revue passieren und berücksichtigt man deren Kosten (*unter b*) ergibt sich, dass der Gesetzgeber zu diesem vertraglichen Selbstschutz durch Unterstützung bei der Informationsbeschaffung und durch Standardisierung typischer Ver-

---

[189] *Easterbrook/Fischel* The Economic Structure of Coroporate Law, 1991, S. 40; *Cheffins* Company Law, 1997, S. 497.

[190] So insbesondere *Easterbrook/Fischel* The Economic Structure of Coroporate Law, 1991, S. 50ff.

tragsregelungen beitragen kann (*unter c*). Nutzen und Kosten dieses gesetzgeberischen Eingreifens werden *unter d)* zusammengefasst.

a) Vertraglicher Selbstschutz

Der vertragliche Gläubiger überlässt dem Schuldner Vermögenswerte auf Zeit; damit ist untrennbar das Risiko des späteren Ausfalls verbunden.[191] Der wirtschaftliche Sinn des Kredits liegt gerade darin, den unternehmerischen Handlungsspielraum des Schuldners zu vergrößern, indem er die überlassenen Werte innerhalb des vereinbarten Zeitraums gewinnbringend einsetzen kann. Um das Risiko späteren Ausfalls auf Null zu reduzieren, müsste dem Schuldner auferlegt werden, die überlassenen Werte nicht anzutasten. Damit hätte der Kredit seinen wirtschaftlichen Sinn verloren. Es würde auch die Basis für die vereinbarte Gegenleistung fehlen, denn wirtschaftlich betrachtet soll gerade der unternehmerische Einsatz der überlassenen Werte einen Mehrbetrag erwirtschaften, der zumindest teilweise an den Gläubiger abzuführen ist. Kredit ohne Risiko gibt es also nicht. Um das Risiko gering zu halten, treffen vertragliche Gläubiger typischerweise verschiedene Vorkehrungen.[192] Dazu gehört die Risikoeinschätzung bei Kreditvergabe *(1)*, die Kreditüberwachung *(2)*, die Einräumung persönlicher Sicherheiten *(3)*, Vereinbarungen zur Vermögensbindung des Schuldners *(4)* und Möglichkeiten der Einflussnahme auf die Geschäftsführung *(5)*.

(1) Risikoeinschätzung

Zur Einschätzung des konkreten Kreditrisikos nehmen Kreditgeber häufig eine mehr oder weniger tiefgehende Bonitätsprüfung vor und erstellen auf dieser Basis eine Prognose über die künftige Zahlungsfähigkeit des Schuldners. Banken gehen mittlerweile mehr und mehr dazu über, die rechnerische Ausfallwahrscheinlichkeit zu ermitteln und ihre Kreditnehmer verschiedenen Risikoklassen zuzuordnen.[193] Der aktuelle Vermögensbestand des Schuldners ist dabei nur ein erster Anhaltspunkt; denn entscheidend für die Rückzahlung des Kredits ist der Vermögensbestand der Zukunft. Daher gehören zu einer Kreditwürdigkeitsprüfung nicht nur die aktuellen Vermögensdaten, sondern auch die persönliche Zuverlässigkeit und der Ruf des Unternehmers,[194] die Qualität der Produkte und die Tragfähigkeit des

---

191 Zum Begriff des Kreditrisikos auch *Mülbert* Der Konzern 2004, 151, 153f. und *Winter* VGR 2003, 2004, S. 115, 123.

192 Dies gilt in Reinform wohl nur für die professionellen Kreditgeber, insbesondere die Banken. Ihr Vorgehen bei der Kreditvergabe wird in jüngster Zeit zunehmend durch die Empfehlungen des Baseler Ausschusses für die Bankenaufsicht geprägt, von denen die Bankenaufsicht die Anforderungen an die Eigenkapitalausstattung der Banken abhängig macht. Zu den sogenannten „Basel II"-Empfehlungen *Winter* VGR 2003, 2004, S. 115ff.

193 *Winter* VGR 2003, 2004, S. 115, 123ff.

194 Dies ist besonders bei personalistisch strukturierten Unternehmen wichtig, bei denen sich die Kreditprüfung konsequenterweise nicht nur auf Managementqualität, sondern auch auf

in die Zukunft gerichteten unternehmerischen Konzepts. Bei der Finanzierung größerer Investitionen muss die Rückzahlung letztlich aus dem Ertrag der Investition erwirtschaftet werden. Daher kann es auch erforderlich sein, die Erfolgsaussichten der finanzierten Investition einzuschätzen.[195]

(2) Kreditüberwachung

Die bei der Prognose unterstellte Entwicklung kann jedoch anders als erwartet verlaufen. Viele Kreditverträge enthalten daher zusätzlich Mechanismen der Kreditüberwachung.[196] Dazu gehört die Auswertung allgemeinwirtschaftlicher Daten und die laufende Übermittlung aktueller Unternehmensdaten. Als vertraglich vereinbarte Reaktionsmöglichkeit auf negative Entwicklungen des Schuldnervermögens kommt ein außerordentliches Kündigungsrecht in Betracht. Die laufende Informationskontrolle hat außerdem die Funktion eines Frühwarnsystems, anhand dessen der Gläubiger auffällige Veränderungen im Vermögensbestand des Schuldners rechtzeitig erkennt.[197]

(3) Einräumung persönlicher Sicherheiten

Angesichts der negativen Verhaltensanreize, die das sichere Ruhekissen der Haftungsbeschränkung mit sich bringt,[198] liegt es häufig im Interesse der Gläubiger, sich der persönlichen Einstandspflicht derjenigen zu versichern, die die Geschicke des Unternehmens leiten. In personalistisch geführten Unternehmen müssen daher die geschäftsführenden Gesellschafter sehr häufig persönliche Sicherheiten (Bürgschaften) anbieten, um einen Kredit zu erhalten.[199]

(4) Vermögensbindung des Schuldners

Ist die Verwendung des gewährten Kredits unternehmerisch motiviert, besteht zwar grundsätzlich ein Interessengleichlauf; denn auch der Schuldner wird darum

---

die Nachfolgeregelung erstrecken muss (so schon *Wiedemann* Gesellschaftsrecht, 1980, § 10 I 3a) [S. 521]; aktuell *Winter* VGR 2003, 2004, S. 115, 125).

[195] Umfassend zur Entscheidungsfindung angesichts von Unsicherheit über die künftige Entwicklung *Frankel/Hax* Finanzwirtschaft, 5. Aufl., 2004, S. 245 ff.; zur Bewertung von Investitionen, *ebda.*, S. 296 ff.

[196] Dazu neben anderen *Bezzenberger* Kapital der Aktiengesellschaft, 2005, S. 114 ff.

[197] *Alberth* WPg 1997, 744, 747, zu den US-amerikanischen *covenants*. Vergleichbares berichtet *Davies* AG 1998, 346, 350, von der *floating charge* des englischen Rechts, deren Nutzen sehr davon abhängt, dass der Kreditgeber über finanzielle Fehlentwicklungen des Kreditnehmers rechtzeitig informiert wird; hierzu werden entsprechende vertragliche Informationspflichten vereinbart.

[198] Dazu bereits oben S. 481 ff.

[199] So auch die Erfahrung im englischen Rechtskreis: *Davies* AG 1998, 346, 350; *Davies* Introduction to Company Law, 2002, 69; *Farrar's Company Law* 4. Aufl., 1998, S. 159; *Fleischer* DStR 2000, 1015, 1018.

bemüht sein, Gewinne zu erzielen und seine Schulden pünktlich zu bedienen.[200] Die Interessen kollidieren jedoch immer dann, wenn die Gesellschaft Ausschüttungen an die Gesellschafter vornehmen will. Denn das abfließende Vermögen verringert die Wahrscheinlichkeit, dass zum Zeitpunkt der Fälligkeit genügend Vermögen vorhanden sein wird, um den Gläubiger zu bedienen. Die Kontrolle von Vermögensverschiebungen zwischen Gesellschaft und Gesellschafter ist daher ein wesentliches Anliegen des gesetzlichen Kapitalschutzes,[201] wird aber bei Abwesenheit oder zur Ergänzung gesetzlicher Regelungen häufig auch vertraglich vereinbart.[202]

Mit der Frage der Vermögensbindung verknüpft, dennoch von eigenständiger Bedeutung ist das Erfordernis eines bestimmten Mindestkapitals. Es kann sinnvoll sein, eine Ausschüttungssperre nicht erst bei einem Gleichstand von Vermögen und Schulden eingreifen zu lassen, sondern einen „Puffer" vorzusehen.[203] Denn erstens benötigt das Unternehmen einen gewissen Überschuss an Vermögenswerten, wenn es seine Schulden begleichen und unternehmerisch tätig bleiben will. Und zweitens birgt die Bewertung des Schuldnervermögens viele Unwägbarkeiten. Ein Sicherheitspuffer kann vor der unliebsamen Überraschung schützen oder sie zumindest abmildern, dass im Fall der Krise die zuvor veranschlagten Vermögenswerte nicht realisierbar sind. So finden sich in US-amerikanischen Kreditverträgen häufig Klauseln, die zur Aufrechterhaltung eines bestimmten Mindestkapitals, eines bestimmten Betriebskapitals oder einer festgelegten Wertrelation zwischen Vermögensgegenständen und Verbindlichkeiten verpflichten.[204]

(5) Einflussnahme auf die Geschäftsführung

Für Gläubiger kann es weiterhin – jedenfalls bei langfristigen Krediten über große Summen, bei denen sich der Aufwand lohnt – von Interesse sein, sich einen gewissen Einfluss auf die Geschäftsführung zu sichern oder den Handlungsspielraum der

---

200 Vgl. oben zum Interessengleichlauf in „normalen Zeiten" S. 484. Diese Sicht ist allerdings vereinfachend (vgl. zu den Strategien im Interessenkonflikt Eigenkapitalgeber und Fremdkapitalgeber *Smith/Warner* JoFE 7 (1979) 117ff. und *Kalay* JoFE 10 (1982) 211ff.). Die Gesellschaft kann nach Begründung der Verbindlichkeit unternehmerische Strategien einschlagen, die tendenziell die Eigenkapitalgeber bevorzugen, beispielsweise weil sie hohe Gewinnerwartungen mit einem hohen Risiko verbinden. Die hohe Gewinnchance mag für die Eigenkapitalgeber attraktiv sein, die Fremdkapitalgeber hingegen haben ohnehin nur einen festen Kreditbetrag zu fordern und erhalten für das gestiegene Risiko keinen Ausgleich.

201 *Schön* ZHR 166 (2002) 1, 4f.

202 Vgl. die Berichte über vertraglich vereinbarte Ausschüttungssperren (sog. Covenants) in den USA: *Alberth* WPg 1997, 744, 745ff.; *Kalay* JoFE 10 (1982) 211ff.; *Merkt* ZGR 33 (2004) 305, unter II.; *Smith/Warner* JoFE 7 (1979) 117ff.

203 *Bauer* Gläubigerschutz durch formale Nennkapitalziffer, 1995, S. 115; *Lutter/Hommelhoff* ZGR 8 (1979) 31, 59. Dieser Aspekt fehlt in der Funktionsanalyse des Mindestkapitals bei *Krüger* Mindestkapital, 2004, S. 46ff.

204 *Alberth* WPg 1997, 744, 746; *Schön* ZGR 29 (2000) 706, 726f.; *Smith/Warner* JoFE 7 (1979) 117 218ff.

Geschäftsführung einzuschränken.[205] Namentlich aus dem anglo-amerikanischen Rechtskreis werden Vertragsklauseln berichtet, mit denen sich größere Kreditgeber mittelbar oder unmittelbar Einfluss auf die Art und Weise der Geschäftsführung sichern; dazu gehören Pflichten zur Vornahme bestimmter Investitionen oder Zustimmungsvorbehalte bei Abschluss bedeutender Geschäfte.[206] Aus der Praxis deutscher Großunternehmen ist insoweit an die Einflussnahme über den Aufsichtsrat zu erinnern.[207] Aber auch kleinere Unternehmen dürften bei wichtigen Geschäftsentscheidungen einem zumindest informell ausgeübten Einfluss ihrer Hausbank ausgesetzt sein.

Im weiteren Sinne lässt sich auch die Einräumung von dinglichen Sicherheiten als Einflussnahme auf die Geschäftsführung deuten, hindert sie das Unternehmen doch daran, über den belasteten Gegendstand frei zu verfügen.[208] Die *floating charge* des englischen Rechts schlägt bei Eintritt des Sicherungsfalls sogar explizit in eine Geschäftsführungsbeschränkung um: Der Gläubiger ist berechtigt, einen Verwalter einzusetzen, der die Geschäftsführer aus ihrem Amt verdrängt und an ihrer Stelle die belasteten Gegenstände zur Befriedigung des Gläubigers verwertet.[209]

b) Kosten des Selbstschutzes

Der Überblick zu den typischen vertraglich vereinbarten Schutzregeln hat gezeigt, dass vertragliche Gläubiger die Möglichkeit haben, sich gegen das Kreditrisiko durch privatautonome Gestaltung abzusichern. Allerdings ist dies nicht kostenlos zu haben. Wesentlicher Kostenfaktor ist die vom Gläubiger zu überwindende Informationsasymmetrie.[210] Die maßgeblichen Daten, von denen die Bewertung und Entwicklung des Kreditrisikos abhängt, beziehen sich auf Umstände im Unternehmen oder in der Person des Kreditnehmers. Schon bei den Verhandlungen muss das Informationsgefälle zwischen den Parteien abgebaut werden, sonst hat der Kreditgeber keine verlässliche Grundlage für die Einschätzung seines Kreditriskos. In diesem Stadium sind auch beide Parteien noch um einen effizienten Interessenaus-

---

[205] *Franke/Hax* Finanzwirtschaft, 5. Aufl., 2004, S. 70 und S. 450ff.

[206] *Alberth* WPg 1997, 744, 745; *Davies* Introduction to Company Law, 2002, S. 71.

[207] Die Rolle der Banken in der Corporate Governance deutscher Aktiengesellschaften ist ein vieldiskutiertes Thema. Siehe dazu nur in dem Sammelband Hopt/Kanda/Roe/Wymeersch/Prigge (Hrsg.), Comparative Corporate Governance, 1998, die Beiträge von *Mülbert* (S. 445ff.) und *Wenger/Kaserer* (S. 499ff.).

[208] *Franke/Hax* Finanzwirtschaft, 5. Aufl., 2004, S. 452. Vgl. allerdings auch die „floating charge" des englischen Rechts, die einer Veräußerung der Vermögensgegenstände nicht entgegensteht (näher *Davies* AG 1998, 346; *Davies* Introduction to Company Law, 2002, 73ff.; *Farrar's Company Law* 4. Aufl., 1998, S. 632ff.; *Gower and Davies'* Principles of Modern Company Law, 7. Aufl., 2003, S. 818ff.)

[209] *Hirt* ECFR 1 (2004) 71, 78.

[210] Dazu *Franke/Hax* Finanzwirtschaft, 5. Aufl., 2004, S. 69ff. und S. 419ff.; umfassend zum Problem der Informationsassymetrie *Fleischer* Informationsasymmetrie im Vertragsrecht, 2001.

gleich bemüht.[211] Der Schuldner wird daher in der Phase der Vertragsanbahnung noch verhältnismäßig auskunftsbereit sein. Denn ein Verhandlungspartner, der schon in diesem Stadium Informationen verweigert, an denen der andere ein nachvollziehbares Interesse hat, erwirbt sich nicht gerade das Vertrauen, bei der späteren Vertragsdurchführung zuverlässig zu sein. Möglicherweise möchte der Gläubiger aber vor Aufnahme der Verhandlungen bereits Informationen über den Schuldner erhalten, ohne ihn fragen zu müssen. Dazu kann er Informationsintermediäre einschalten, die Informationen beschaffen und auswerten.[212]

Schon der Vertragsschluss als solches verursacht wegen des Aufwandes der Informationsbeschaffung, der maßgeschneiderten Vertragsgestaltung und der individuellen Risikoanalyse – wobei hoher juristischer und ökonomischer Sachverstand gefragt ist – erhebliche Kosten.[213] Nach Abschluss des Vertrages droht opportunistisches Verhalten des Schuldners, also gezielte Normverletzungen um des eigenen Vorteils willen (*ex-post-Opportunismus*).[214] Ist der Kredit einmal ausgezahlt, wird der Schuldner mit der Herausgabe von Informationen wesentlich zurückhaltender sein. Ob er seine vertraglichen Informationspflichten korrekt erfüllt, kann der Gläubiger mangels Einblick in das Unternehmen kaum zuverlässig beurteilen. In einer Kapitalgesellschaft besteht für die Gesellschafter ein Anreiz, Gewinne oder gar Substanz aus dem Unternehmen abzuziehen und dadurch die Vermögensmasse zu verringern, was in einer späteren Periode den Eintritt der Insolvenz und damit den Ausfall der Gläubiger beschleunigen mag.[215] Auch Investitionsentscheidungen orientieren sich möglicherweise nicht mehr ausschließlich am Wohl des Unternehmens, sondern daran, ob sie die Gewinnchancen der Gesellschafter erhöhen oder nur die Befriedigungsaussichten der Fremdkapitalgeber.[216] Derart opportunistisches Verhalten droht naturgemäß besonders in der unternehmerischen Krise.[217]

---

[211] Effizient ist der Vertrag, wenn es keine andere denkbare Vertragsgestaltung gibt, welche einen Vertragspartner besserstellt, ohne gleichzeitig den anderen zu benachteiligen. Dies ist eine Anwendung des Kriteriums der Pareto-Optimalität auf die Vertragsgestaltung (*Franke/Hax* Finanzwirtschaft, 5. Aufl., 2004, S. 426). Pareto-Optimalität bedeutet allgemein, dass ein ökonomischer Zustand erreicht ist, in dem jede weitere Veränderung zumindest einen der Betroffenen schlechter stellen würde, als er vorher stand (allgemein zur Pareto-Effizienz: *Schäfer/Ott* Lehrbuch der ökonomischen Analyse des Zivilrechts, 4. Aufl., 2005, S. 26ff.).

[212] *Franke/Hax* Finanzwirtschaft, 5. Aufl., 2004, S. 457ff.

[213] *Bezzenberger* Kapital der Aktiengesellschaft, 2005, S. 116.

[214] Dazu *Enriques/Macey* 86 Cornell L.R. (2001) 1165, 1168ff., *Fleischer* Informationsasymmetrie im Vertragsrecht, 2001, S. 184, *Franke/Hax* Finanzwirtschaft, 5. Aufl., 2004, S. 421ff., *Mülbert/Birke* EBOR 3 (2002) 695, 709ff. sowie *Schäfer/Ott* Lehrbuch der ökonomischen Analyse des Zivilrechts, 4. Aufl., 2005, S. 109.

[215] Diese und die folgenden Beispiele nach *Franke/Hax* Finanzwirtschaft, 5. Aufl., 2004, S. 431.

[216] Mögliche Wertverschiebungen vom Fremdkapital zum Eigenkapital untersucht *Bezzenberger* Kapital der Aktiengesellschaft, 2005, ausführlich S. 96ff.

[217] *Davies* AG 1998, 346, 349; *Franke/Hax* Finanzwirtschaft, 5. Aufl., 2004, S. 434f.; *Mülbert/Birke* EBOR 3 (2002) 695, 709.

Einwirkungs- und Informationsrechte sind daher ein wichtiges Mittel der Gestaltung zu Gunsten des Geldgebers, um opportunistisches Verhalten nach Vertragsschluss zu vermeiden.[218] Der Kreditnehmer hat gerade wegen des naheliegenden Verdachts, er werde sich nach Vertragsschluss opportunistisch verhalten, allen Anlass, diesen Verdacht schon während der Vertragsanbahnung durch kooperatives Verhalten zu zerstreuen.[219] Dass immer ein Restrisiko bleibt, kann der Gläubiger in die Kalkulation seiner Zinsforderung einfließen lassen.

c) Sinn gesetzlicher Rahmenbedingungen

Obwohl die ökonomische Diskussion die Eigenverantwortung der Gläubiger betont, liefert sie durchaus auch Anhaltspunkte dafür, wann eine gesetzliche Regelung sinnvoll sein kann.[220] Im Vordergrund stehen dabei der Abbau des Informationsgefälles *(1)*, der standardisierende Effekt von gesetzlichen Regelungen *(2)* und die verhaltenssteuernde Wirkung von Haftungsvorschriften *(3)*.

(1) Abbau des Informationsgefälles

Maßnahmen zur Reduzierung des Informationsgefälles verursachen zum Teil erhebliche Kosten.[221] Dies gilt für Einwirkungsrechte ebenso wie für Maßnahmen der Informationsübermittlung.[222] Auch die Einschaltung von Intermediären ist nicht kostenfrei zu haben, zumal sie neue Probleme der Informationsasymmetrie und Gefahren opportunistischen Verhaltens schafft.[223] Informationsasymmetrie hat daher generell den Nachteil, das Funktionieren von Märkten zu behindern, und kann im Extremfall sogar zu Marktversagen führen.[224] Die Gestaltung von Transaktionen bei Informationsasymmetrie bringt somit Wohlfahrtseinbußen mit sich, die entweder in den Kosten zur Überwindung der Informationsasymmetrie bestehen oder sich darin ausdrücken, dass Transaktionen nicht in der nach Art und Umfang wünschenswerten Weise stattfinden.[225]

---

218 *Franke/Hax* Finanzwirtschaft, 5. Aufl., 2004, S. 70; dort auch bezogen auf Eigenkapitalgeber (z.B. Einwirkungsrechte von Aktionären).

219 *Franke/Hax* Finanzwirtschaft, 5. Aufl., 2004, S. 437, sprechen vom „Dilemma des Agenten": Objektiv gesehen hat er nach Vertragsschluss ein Interesse sich opportunistisch, also zum Nachteil des Geldgebers zu verhalten. Dies weiß auch der potentielle Geldgeber. Bei Vertragsanbahnung muss der Agent diese Einschätzung des Geldgebers nach Kräften zerstreuen, sonst kommt gar kein oder nur ein nicht effizienter Vertrag zustande.

220 Vgl. hierzu aus dem jüngeren Schrifttum mit jeweils weiteren Nachweisen: *Ferran* JoCLS 1 (2001) 381 ff., *Fleischer* ZHR 168 (2004) 673 ff., *Hertig/Kanda* in: *Kraakman u.a.* Anatomy of Corporate Law, 2004, S. 71 ff., und *G.H. Roth* ZGR 34 (2005) 348, 352 ff.

221 *Franke/Hax* Finanzwirtschaft, 5. Aufl., 2004, S. 423; *Heine* Regulierungswettbewerb im Gesellschaftsrecht, 2003, S. 71; im Kontext des Gläubigerschutzes *Bezzenberger* Kapital der Aktiengesellschaft, 2005, S. 108 ff.

222 *Franke/Hax* Finanzwirtschaft, 5. Aufl., 2004, S. 448; ebenso *Davies* AG 1998, 346, 350.

223 *Franke/Hax* Finanzwirtschaft, 5. Aufl., 2004, S. 458 f.

224 *Franke/Hax* Finanzwirtschaft, 5. Aufl., 2004, S. 420; *MacNeil* JoCLS 1 (2001), 107, 123.

225 *Franke/Hax* Finanzwirtschaft, 5. Aufl., 2004, S. 421.

Volkswirtschaftlich gesehen hätte gesetzgeberisches Untätigbleiben im Angesicht der Informationsasymmetrie daher mehrere Nachteile: Kleinkredite kämen wegen des unverhältnismäßig hohen Informationsaufwandes mitunter erst gar nicht zustande, obwohl sie wirtschaftlich sinnvoll wären. Oder sie werden nur gegen Zahlung einer hohen Risikoprämie gewährt, die das unkalkulierbare Bonitätsrisiko abdecken soll. Darunter leiden gerade die „guten" Schuldner, denn sie können ihren Bonitätsvorteil gegenüber den schlechten auf dem Markt nicht ausspielen.[226]

Zwar profitieren Gläubiger, die aus Mangel an Kenntnis, Zeit oder Sorgfalt nicht für ihren vertraglichen Schutz sorgen, mittelbar von den vertraglichen Regeln der großen, geschäftserfahrenen Gläubiger.[227] Denn die Bilanzrelationen, Ausschüttungsgrenzen oder anderen Sicherungsvorkehrungen vertraglicher Risikovorsorge verhindern, dass der Schuldner opportunistisches Verhalten zu Lasten seiner Gläubiger an den Tag legt. Allerdings hat auch dieser Trittbrettfahrer-Effekt seine Grenzen. Denn die Schutzmechanismen entfalten rechtliche Wirkung nur im Verhältnis zu dem Gläubiger, der sie ausgehandelt hat. Nur er kann sie durchsetzen, und kann den Schuldner auch, ohne Dritte um Erlaubnis fragen zu müssen, wieder davon befreien.[228] Zudem ist opportunistisches Verhalten des einen Gläubigers zu Lasten des anderen denkbar: Der durch Schutzklauseln und dingliche Sicherheiten rundum geschützte Gläubiger wird den Schuldner möglicherweise solange gewähren lassen, wie die beliehenen Gegenstände ihm selbst noch genügend Sicherheit bieten. Wenn er dann die Reißleine zieht, sind außer den für seine Befriedigung reservierten Vermögensgegenständen keine Werte mehr vorhanden, und die ungesicherten Gläubiger gehen leer aus. Wer also als Gläubiger sein Risiko selbst steuern will, kommt um das eigenständige Aushandeln von Sicherungsmechanismen nicht herum.

Das Gesetz kann dem Gläubiger beim Abbau des Informationsgefälles behilflich sein. In diesem Sinne sind alle Publizitätsvorschriften eine an die Gläubiger gerichtete Hilfe zur Selbsthilfe, wie gerade in der Literatur zum englischen Gesellschaftsrecht häufig betont wird.[229] Der Gesetzgeber erspart durch die zwingend angeord-

---

226 Zu diesem auf *Akerlof* zurückgehenden „Zitronen-Problem" (man spricht auch von *adverse selection*) *Fleischer* Informationsasymmetrie im Vertragsrecht, 2001, S. 121ff., *Franke/Hax* Finanzwirtschaft, 5. Aufl., 2004, S. 420f. und *Milde* WiSt 1988, 1ff.

227 *Enriques/Macey* 86 Cornell L.R. (2001) 1165, 1172.

228 *Alberth* WPg 1997, 744, 749f.; *Merkt* ZGR 33 (2004) 305, unter II.; *Siegel* BFuP 1998, 593, 594.

229 Vgl. *Davies* Introduction to Company Law, 2002, S. 72f.: "Facilitating Creditor Self-Help"; *Gower and Davies'* Principles of Modern Company Law, 7. Aufl., 2003, S. 533: "Forewarned is forearmed"; *Hirt* ECFR 1 (2004) 71, 77ff.: "The 'self-help' approach". Siehe auch den zusammenfassenden Bericht zum englischen Gläubigerschutz von *Fleischer* DStR 2000, 1015ff. und die monographische Analyse der englischen Publizitätspflichten bei *Gernoth* Pseudo Foreign Company, 2005, S. 103ff. Auch *Escher-Weingart* Deregulierung, 2001, S. 128ff. betont die Bedeutung der Publizität für den Selbstschutz der Gläubiger.

nete Offenlegung von Unternehmensdaten den Gläubigern Informationskosten.[230] Was dem Schuldner ansonsten durch mühsame Verhandlungen abgerungen werden müsste, liefert er bei einer gesetzlich festgelegten Informationspflicht von selbst; Außenstehenden wird dadurch die Entscheidung darüber erleichtert – und vor allem mit weniger Kostenaufwand möglich –, ob sie als Eigen- oder Fremdkapitalgeber Geld in dieses Unternehmen investieren wollen.[231]

(2) Kostenvorteile einer gesetzlichen Standardisierung

Der Abbau des Informationsgefälles beseitigt nicht alle Transaktionskosten. Denn auch bei hinreichender Information sind die konkreten Vertragsverhandlungen noch mit erheblichem Aufwand verbunden. Bei geringfügigen Transaktionen verzichtet der rationale Verkehrsteilnehmer schon wegen des Zeit- und Kostenaufwands auf eine ausgiebige Informationsbeschaffung und Vertragsgestaltung. Darüber hinaus wird es unabhängig vom Umfang der Transaktion immer eine kritische Grenze geben, von der ab es sich nicht mehr lohnt, jede denkbare Einzelheit zu erkunden und zu regeln. Je geringer die Wahrscheinlichkeit ist, dass ein bestimmtes Ereignis eintritt, desto weniger lohnt es sich, dafür Beratungs- und Verhandlungskosten einzusetzen. Zudem sprechen die Verhandlungspartner aus atmosphärischen Gründen keineswegs immer alle potentiellen Streitfragen an.[232]

Gesetzliche Regelungen werden daher auch von ökonomischer Seite als sinnvoll angesehen, soweit sie den typischerweise vertraglich erzielten Interessenausgleich abbilden und den Parteien damit im Einzelfall das Aushandeln des Vertrages ersparen.[233] Das Gesetz trägt auf diese Weise zur effizienten Abwicklung von Rechtsgeschäften bei.[234] Je näher der Gesetzgeber der meistgewählten Vertragslösung kommt, um so geringer ist der verbleibende Aufwand für abweichende Verhand-

[230] *Bezzenberger* Kapital der Aktiengesellschaft, 2005, S. 111. Das Ziel der Senkung von Transaktionskosten ist ganz allgemein ein ökonomisch anerkannter Beweggrund für gesetzgeberische Intervention (vgl. *Cheffins* Company Law, 1997, S. 6ff.). Vgl zur Transaktionskostenökonomik auch den Überblick bei *Fleischer* Informationsasymmetrie im Vertragsrecht, 2001, S. 134ff.

[231] *Cheffins* Company Law, 1997, S. 9.

[232] *Cheffins* Company Law, 1997, S. 132ff. Er nennt a.a.O., S. 133, das Beispiel des Geschäftsführervertrages bei Gründung des Unternehmen. In der optimistischen Aufbruchphase wolle man den Elan nicht stören, indem man Sorgfaltsmaßstäbe und deren potentielle Verletzung umfassend im Vertrag regele.

[233] *Easterbrook/Fischel* The Economic Structure of Coroporate Law, 1991, S. 34; *Franke/Hax* Finanzwirtschaft, 5. Aufl., 2004, S. 464; *Heine* Regulierungswettbewerb im Gesellschaftsrecht, 2003, S. 72; hingegen plädiert *MacNeil* JoCLS 1 (2001), 107, 214, eher für eine Herausbildung von Standards im Wege der Selbstregulierung.

[234] *Cheffins* Company Law, 1997, S. 134, betont, dass dieselbe Funktion der Rechtsprechung zukommen kann, indem sie beispielsweise Sorgfaltsregeln für Geschäftsleiter entwickelt, die denjenigen möglichst nahe kommen, die die Parteien bei Abwesenheit von Transaktionskosten auch vertraglich vereinbart hätten.

lungslösungen.[235] Gerichte und Anwälte können sich auf diese Regeln spezialisieren und ihnen damit größere Zuverlässigkeit und Berechenbarkeit verschaffen.[236] Der Rechtsverkehr kann insoweit auch besser vorhersehen, welche konkreten Rechte und Pflichten ein bestimmtes Rechtsverhältnis mit sich bringt. Es ist in diesem Zusammenhang daran zu erinnern, dass ein maßgeblicher Standortvorteil des Staates Delaware im Wettbewerb der US-amerikanischen Rechtsordnungen in der Vorhersehbarkeit und Stabilität seiner Rechtsordnung liegt.[237] Gesetzesrecht kann darüber hinaus dazu dienen, die Lücken zu füllen, die in Verträgen bleiben, weil die Parteien nicht jede künftige Entwicklung vorhersehen konnten.[238] Es kann für die Parteien wesentlich effizienter sein, sich auf die Nothilfe durch das staatliche Rechtssystem zu verlassen, als jede Einzelfrage selbst auszuhandeln.[239]

In diesem Kontext ist das gesetzliche System der Kapitalerhaltung zu bewerten.[240] Es gewährleistet in seinem Kern eine Ausschüttungssperre in Höhe der geleisteten Einlagen[241] und beruht damit auf dem Gedanken, dass Fremdkapital vorrangig zu bedienen ist[242]. Kaum ein Schuldner könnte sich in ernsthaften Verhandlungen der Forderung des Gläubigers verschließen, dass die Bezahlung der Schuld Vorrang vor der Ausschüttung von Eigenkapital haben müsse. Die gesetzliche Standardisierung bildet das typischerweise zu erwartende Verhandlungsergebnis ab und erspart dadurch Transaktionskosten. Zugleich hindert sie den Schuldner in gewissem Umfang an einem nachvertraglich opportunistischen Verhalten.[243] Dieser Mechanismus ist zwar gegenüber einer einzelvertraglichen Regelung relativ grob gestrickt, erspart dafür aber Transaktionskosten.

Dem Effizienzvorteil der Standardisierung steht allerdings gerade bei zwingendem Gesetzesrecht der Nachteil der starren Regelung gegenüber. Der effiziente Vertrag sieht in jedem Kreditverhältnis ein wenig anders aus. Eine starre gesetzliche Vorgabe kann diesen Einzelheiten nicht gerecht werden und erzeugt damit in vielen Fällen ineffiziente Regelungen.[244] Auch gegen das gesetzliche System der Kapitalerhaltung wird häufig eingewandt, es sei aus Perspektive der Gesellschaften schwerfällig und ineffizient.[245] Diese Kosten wären allerdings gegen die Transaktionskosten des einzelvertraglichen Selbstschutzes aufzurechnen, und eine solche verglei-

---

[235] *Cheffins* Company Law, 1997, S. 133; *Meyer* Haftungsbeschränkung, 2000, S. 1005.

[236] *Heine* Regulierungswettbewerb im Gesellschaftsrecht, 2003, S. 72.

[237] Dazu oben S. 341 ff.

[238] *Easterbrook/Fischel* The Economic Structure of Coroporate Law, 1991, S. 34.

[239] *Easterbrook/Fischel* The Economic Structure of Coroporate Law, 1991, S. 35.

[240] Dazu namentlich *Bezzenberger* Kapital der Aktiengesellschaft, 2005, S. 117ff. und passim.

[241] *Bezzenberger* Kapital der Aktiengesellschaft, 2005, S. 117. Dies gilt weniger für die Zweite Richtlinie als für die nationale Umsetzung in Deutschland, Österreich und Großbritannien; hierzu *Bezzenberger* Kapital der Aktiengesellschaft, 2005, S. 29.

[242] Hierzu grundlegend *Wiedemann* Gesellschaftsrecht, 1980, § 10 I 1 (S. 515).

[243] *Bezzenberger* Kapital der Aktiengesellschaft, 2005, S. 118.

[244] *Franke/Hax* Finanzwirtschaft, 5. Aufl., 2004, S. 465.

[245] Vgl. die oben S. 469 f. beschriebene Diskussion.

chende Kostenschätzung ist mit erheblichen Unsicherheiten verbunden. So bleibt man einstweilen auf anekdotische Evidenz angewiesen, wie etwa diejenige, dass die Mehrzahl der Aktiengesellschaften ihr Grundkapital aus freien Stücken weit oberhalb der vom Gesetz geforderten Ziffer festgelegt hat, das gesetzliche Regime also offenbar als nicht so ungünstig empfindet, dass man ihm unter allen Umständen ausweichen müsste.[246]

Dispositives Recht vermeidet den Nachteil der Starre, reduziert aber auch den Standardisierungseffekt. Denn eine Regel, die verhandelbar ist, erfordert zumindest eine Verständigung darüber, ob sie unverändert anwendbar bleiben soll oder nicht. Zudem müssen Außenstehende sich ungeachtet der gesetzlichen Standardisierung in jedem Einzelfall darüber informieren, ob vom gesetzlich dispositiv vorgegebenen Standard abgewichen wurde. Häufig werden sie diese Information gar nicht erhalten. So erfahren neu hinzukommende Gläubiger ohne freiwillige Offenlegung von seiten des Schuldners nicht, welche Offenlegungs- und Ausschüttungsregeln andere Gläubiger bereits ausgehandelt haben, und ob ihre eigenen Interessen damit möglicherweise kollidieren.

(3) Verhaltenssteuerung durch Haftung und Publizität

Ein gesetzgeberisches Instrument, auf das soweit ersichtlich keine europäische Rechtsordnung verzichtet, ist die Anordnung spezieller Haftungstatbestände für Gesellschafter und Geschäftsleiter. Diese Haftung soll nicht die Haftungsbeschränkung als solche in Frage stellen, sondern konkretes Fehlverhalten sanktionieren. Das reicht von sorgfaltswidriger Geschäftsführung – also der Verletzung einer gegenüber der Gesellschaft einzuhaltenden Pflicht – bis hin zu gezielt gläubigerschädigendem Verhalten. Der wesentliche Nutzen dieser Vorschriften liegt häufig in ihrer präventiv abschreckenden Wirkung[247]: Zur Vermeidung einer eventuellen Haftung bemühen sich Gesellschafter und Geschäftsleiter um korrektes Verhalten.

Die präventive Verhaltenssteuerung ist auch ein Aspekt der gesetzlichen Publizitätspflichten:[248] Das Bewusstsein, bestimmte Vorgänge offenlegen zu müssen, befördert das Bemühen um korrektes Verhalten.[249] Laufende Veröffentlichungspflich-

---

[246] Darauf verweisen *Bezzenberger* Kapital der Aktiengesellschaft, 2005, S. 122f. und *Schön* Der Konzern 2004, 162, 166, hin. *Mülbert/Birke* EBOR 3 (2002) 695, 716f. geben zwar zu bedenken, dass der auf eine Aktie entfallende Wert mindestens einen Euro betragen muss (vgl. § 8 AktG) und jede Ausgabe von Aktien daher zwangsläufig mit einer Erhöhung der Grundkapitalziffer verbunden ist. Die statistische Analyse von *Bezzenberger* Kapital der Aktiengesellschaft, 2005, S. 63ff. zeigt indessen, dass die Aktionäre den Gesellschaften auch in Form der gebundenen Rücklagen mehr Eigenkapital belassen, als sie es nach der gesetzlichen Ausgangslage müssten.

[247] Dies betont beispielsweise *Hirt* ECFR 1 (2004) 71, 115, bei seiner Bewertung des englischen *wrongful trading*.

[248] *Farrar's Company Law* 4. Aufl., 1998, S. 463.

[249] Vgl. die Vorfeldwirkung des konzernrechtlichen Abhängigkeitsberichts nach *Hommelhoff* Gutachten 59. DJT, 1992, S. G 23.

ten können daher auch die Gefahr nachvertraglich opportunistischen Verhaltens reduzieren. Vermögensverschlechterungen während der Laufzeit des Kredits lassen sich zumindest bei langfristigen Krediten mit Hilfe der regelmäßig veröffentlichten Rechnungslegung erkennen.

d) Gesetzgeberische Fürsorge zugunsten schutzloser Gläubiger

Ein vertraglicher Schutz gegen das Kreditrisiko ist den sog. unfreiwilligen Gläubigern nicht möglich. Darüber hinaus helfen ihnen viele der genannten Schutzmechanismen selbst dann nicht, wenn sie gesetzlich vorgeschrieben sind: Wer von einem Firmenfahrzeug überrollt wird, kann vor der Begründung seiner Schadensersatzforderung weder eine Bonitätsprüfung vornehmen, noch Bilanzen auswerten. Allenfalls der gesetzlich zwingend angeordnete Vermögensschutz mag ihn mittelbar dagegen schützen, dass das Unternehmen vor Befriedigung seiner Forderung insolvent wird. Dennoch ist auch dies kaum ein adäquates Mittel, da es in keinem Zusammenhang zu Ursache und Umfang des Risikos steht. Verursacht der Fahrer einer kleinen Spediteur-GmbH, deren gesamter Fuhrpark aus zwei LKW besteht, einen Unfall mit mehreren schwer verletzten Personen, wäre die GmbH angesichts der drohenden Ersatzforderungen augenblicklich insolvent. Auch der Alleingesellschafter der GmbH dürfte jedoch kaum genügend persönliches Vermögen haben, um für den Schaden aufzukommen. Zum Schutz von unfreiwilligen Gläubigern reichen daher gesellschaftsrechtliche Gläubigerschutzregeln nicht aus; sie müssen bezogen auf das konkrete Risiko der unternehmerischen Tätigkeit gegebenenfalls um gesetzlich angeordneten Versicherungsschutz ergänzt werden.[250]

Von ökonomischer Warte[251] wird argumentiert, ein Unternehmen werde sich wenn schon nicht aus eigenem Antrieb, so doch auf Drängen der vertraglichen Gläubiger gegen die wesentlichen betrieblichen Risiken versichern; denn andernfalls würden vertragliche Fremdkapitalgeber wesentlich höhere Risikoprämien verlangen. Außerdem hätten die Geschäftsleiter ein persönliches Interesse daran, Schadensfälle zu vermeiden, die das Unternehmen ruinieren könnten. Will man auf diese Mechanismen nicht vertrauen, wird man für gesetzliche Versicherungspflichten plädieren. Da aber jedenfalls der gesellschaftsrechtlich angeordnete Gläubigerschutzes kein adäquates Mittel zu ihrem Schutz sein kann, bleiben die unfreiwilligen Gläubiger von der weiteren Betrachtung ausgenommen.

---

[250] In diesem Sinne auch *Cheffins* Company Law, 1997, S. 508. Ebenso plädiert *Schön* Der Konzern 2004, 165, für eine jeweils „branchenbezogene Regulierung". Zu den Nachteilen und Grenzen der Versicherungslösung *Bezzenberger* Kapital der Aktiengesellschaft, 2005, S. 128f. *Escher-Weingart* Deregulierung, 2001, S. 138ff., hält gleichfalls Regeln des Kapitalschutzes nicht für geeignet zum Schutze der Deliktsgläubiger und plädiert statt dessen für eine Durchgriffshaftung.

[251] *Easterbrook/Fischel* The Economic Structure of Coroporate Law, 1991, S. 52ff.; dazu auch *Meyer* Haftungsbeschränkung, 2000, S. 1002.

Ein weiteres – wenngleich aus ökonomischer Sicht etwas weniger zwingendes – Argument ist der Schutz des verhandlungsschwachen Vertragspartners. Das Modell der effizienten Vertragsgestaltung setzt bei den Vertragspartnern mehr Fähigkeit zur rationalen Beurteilung voraus als normalerweise gegeben ist.[252] Zudem wäre es ökonomisch irrational, bei kleinen Summen den nicht unerheblichen Aufwand für maßgeschneiderten vertraglichen Selbstschutz zu betreiben. Hier kann zwar die standardisierende Wirkung kaufmännischer Gepflogenheiten mitunter helfen. Denn bestimmte vertragliche oder rein faktische Schutzvorkehrungen entwickeln sich als kaufmännischer Sorgfaltsstandard heraus, ohne dass jeder einzelne ihren Sinn und Zweck im konkreten Fall hinterfragen und reflektieren muss. Ein typisches Beispiel dafür sind kautelarjuristische Vertragsmuster, die das Fachwissen der Vertragsjuristen auch dann bündeln, wenn nicht jeder Anwender von jeder einzelnen Klausel exakt weiß, aus welchem Grund sie verwandt wird. Allerdings kann eine unkundige Verwendung von Vertragsmustern auch mehr Schaden als Nutzen anrichten, wenn etwa Klauseln hinzugefügt werden, die anderen standardmäßig und unreflektiert verwandten Klauseln widersprechen und im schlimmsten Falle zur Perplexität einzelner Regelungen führen. Auch der sachgemäße Umgang mit standardisierten Vertragsregeln setzt fachliche und methodische Kenntnisse voraus.[253] Dieselben Gefahren drohen bei unverstandenem Gebrauch sonstiger im Geschäftsverkehr entwickelter Gepflogenheiten. Insoweit kann eine gesetzliche Regelung manchen Unkundigen besser schützen als die Anlehnung an allgemeine Gebräuche oder Vertragsmuster, deren Hintergrund er nicht versteht.

e) Zwischenergebnis

Ein erster wichtiger Standardisierungsbeitrag des Gesetzgebers besteht darin, die Haftungsbeschränkung zum Regelfall zu erklären. Indem das Gesetz Rechtsformen mit Haftungsbeschränkung anbietet, hat der künftige Schuldner die Möglichkeit, sich das Privileg der Haftungsbeschränkung zuzulegen. Die Gründung einer Kapitalgesellschaft kommt der einseitigen Erklärung gleich, für künftige Schulden nur bis zum Betrag des eingesetzten Kapitals haften zu wollen.[254] Die Gläubiger treffen diesen Zustand an und müssen ihn gegebenenfalls „wegverhandeln".[255]

---

[252] *Franke/Hax* Finanzwirtschaft, 5. Aufl., 2004, S. 464. Überdies wäre es für kleine Kreditbeträge unwirtschaftlich, den Aufwand einer umfassenden Risikoanalyse zu betreiben (*Bezzenberger* Kapital der Aktiengesellschaft, 2005, S. 125).

[253] Näher zum Umgang mit Vertragsmustern *Rittershaus/Teichmann* Anwaltliche Vertragsgestaltung, 2. Aufl., 2003, S. 88f. (Rn. 221ff.), S. 117ff. (Rn. 298aff.).

[254] So die klassische Formulierung von *W.S. Gilbert* zum Companies Act 1862: "Some seven men form an association … They start off with a public declaration to what extent they mean to pay their debt. That's called their capital." (zitiert nach *Bauer* Gläubigerschutz durch formale Nennkapitalziffer, 1995, S. 6).

[255] Vgl. *Bezzenberger* Kapital der Aktiengesellschaft, 2005, S. 87: Die gesetzliche Haftungsbeschränkung verschiebt die Verhandlungssituation zu Gunsten der Aktionäre und zu Ungunsten der Gläubiger.

Der Umstand, dass alle bedeutenden Rechtssysteme unternehmerische Organisationsformen mit beschränkter Haftung bereitstellen, ist ein Indiz dafür, dass dies ein effizientes Regel-Ausnahme-System ist: Der Unternehmer macht die beschränkte Haftung einseitig zum Ausgangsdatum der Verhandlungen; fürchtet ein Gläubiger die daraus resultierenden negativen Verhaltensanreize, muss er vertraglich gegensteuern.[256] Es hat eine gewisse Plausibilität anzunehmen, dass die gesetzliche Ausgangslage der beschränkten Haftung deshalb gewählt wurde, weil sie weniger Verhandlungsaufwand erzeugt als die umgekehrte Ausgangslage und damit ökonomisch effizienter ist.[257]

Im Lichte der Funktionsbedingungen von Haftungsbeschränkung ist weiteres gesetzgeberisches Eingreifen unter verschiedenen Aspekten sinnvoll. Denn der Selbstschutz der Gläubiger verursacht Transaktionskosten in Form von Informationsbeschaffung, Aushandeln von Verträgen und laufender Überwachung des Schuldners. Der Gesetzgeber kann diese Kosten senken, indem er standardisierte Problemlösungen anbietet: Publizitätsvorschriften reduzieren die Kosten der Informationsbeschaffung und standardisieren zugleich Informationspflichten, die ansonsten vertraglich vereinbart werden müssten; gesetzliche Haftungstatbestände wirken präventiv auf das Verhalten des Schuldners ein und vermeiden dadurch möglicherweise allzu opportunistisches Verhalten, das der Gläubiger andernfalls nur durch eine rigide Kreditüberwachung aufdecken könnte; gesetzliche Kapitalvorschriften können gleichfalls einen positiven standardisierenden Effekt haben, bilden sie doch Vereinbarungen ab, die bei Abwesenheit solcher Regelungen häufig vertraglich vereinbart werden, wie die US-amerikanische Erfahrung zeigt.

Ungeachtet dessen verursachen auch gesetzliche Regelungen Kosten. Publizitätsvorschriften treffen auch den Unternehmer, der gar keinen Kredit aufnehmen möchte; Kapitalaufbringungs- und -erhaltungsregeln beeinträchtigen unnötig die Freiheit dessen, der die Interessen der Gläubiger möglicherweise auch aus freien Stücken respektiert hätte; Haftungstatbestände schrecken häufig mehr ab als nötig wäre und veranlassen zu übertriebener Vorsicht. Der Gesetzgeber muss daher in jedem Fall die Vor- und Nachteile einer gesetzlichen Regelung sorgfältig abwägen. Das dabei auftretende „Wissensproblem“[258] ist nahezu unlösbar: An welchem Punkt gesetzlicher Normierungsintensität kippt die Waagschale vom Standardisierungsgewinn zum Effizienznachteil durch Verlust an Gestaltungsfreiheit? Oder anders gewendet: Wie viele ineffizient gestaltete Einzelverhältnisse kann der Gesetzgeber zu Gunsten des Standardisierungseffekts in Kauf nehmen? Eine wissenschaftlich exakte Festlegung der Grenze dürfte unmöglich sein. *Fleischer* spricht daher bezogen auf den gesetzlich zwingenden Gläubigerschutz vom „argumentativen Patt“.[259]

---

[256] *Davies* Introduction to Company Law, 2002, S. 69; *Hirt* ECFR 1 (2004) 71, 73.
[257] *Davies* Introduction to Company Law, 2002, S. 69; *Hirt* ECFR 1 (2004) 71, 73.
[258] *Heine* Regulierungswettbewerb im Gesellschaftsrecht, 2003, S. 80.
[259] *Fleischer* ZGR 30 (2001) 1, 13.

Merkt fügt hinzu,[260] im Grunde wisse man gar nicht, welche Kosten welches System verursache; hierfür seien zu viele Faktoren maßgeblich, deren komplexes Zusammenspiel in der Realität eine isolierte Wirkanalyse extrem schwierig erscheinen lässt.[261] Eine zwingende empirische Beweisführung zur Überlegenheit bestimmter Gläubigerschutzmechanismen ist bislang nicht gelungen. Zwar wird Anhängern der Kapitalschutzregeln deutscher Prägung vorgehalten, Deutschland sei derzeit „Weltmeister bei der Zahl der Insolvenzen";[262] ob und inwieweit dies aber seine Ursache im materiellen Gesellschaftsrecht hat, ist nicht belegt und lässt sich wohl auch nicht belegen.[263] Zum *argumentativen* Patt gesellt sich das *empirische* „non liquet".

IV. Korrektur der Negativeffekte von Haftungsbeschränkung

Die ökonomische Analyse könnte nach alledem eine vorschnelle Rechtfertigung dafür liefern, alles beim Alten zu belassen: Vertragsfreiheit ist allseits erwünscht; ergänzendes Gesetzesrecht kann sinnvoll sein; die genaue Balance zwischen beidem lässt sich nicht mit mathematischer Genauigkeit festlegen – Anlass genug, dem gesetzgeberischen Handeln ein weites Ermessen einzuräumen. Eben diese Ausgangslage hat sich allerdings mit „Inspire Art" fundamental geändert. Das mitgliedstaatliche Ermessen bei grenzüberschreitenden Sachverhalten ist deutlich geringer als bislang angenommen. Welcher Freiraum noch verbleibt, wird nachfolgend analysiert im Hinblick auf die von der ökonomischen Analyse ermittelten neuralgischen Punkte: die Gründungsphase und die Krise.

1. Präventive Schutzmechanismen im Zeitpunkt der Gründung

a) Mitgliedstaatliches Recht

Im Zeitpunkt der Gründung dient das deutsche Mindestkapitalerfordernis als „Seriositätsschwelle" gegenüber einer allzu übereilten Erlangung der Haftungsbeschränkung. Es veranlasst die Gründer einer Kapitalgesellschaft zu einem bestimmten Mindesteinsatz an Kapital, um damit die Ernsthaftigkeit ihres unterneh-

---

260 *Merkt* ZGR 33 (2004) 305, unter III.

261 Dass man in der Frage der Empirie im Grunde noch ganz am Anfang steht, zeigte auch die Diskussion auf dem ZGR-Symposion 2004 nach den Referaten von *Micheler* und *Merkt* (vgl. Diskussionsbericht von *C. Teichmann*, ZGR 2004, 348ff.). Auch *Easterbrook/Fischel* The Economic Structure of Coroporate Law, 1991, S. 60, räumen ein, dass keine hinreichenden Daten über die Externalitäten von Haftungsbeschränkung und die Effekte gegensteuernder Gesetzgebung vorliegen.

262 *Sandrock* BB 2004, 897, 898, und *Sandrock* ZVglRWiss 102 (2003) 447, 476.

263 Das Fehlen empirischer Nachweise über den Zusammenhang zwischen Kapitalschutz und Insolvenzanfälligkeit konstatieren beispielsweise *Fleischer* DStR 2000, 1015, 1019, und *Grundmann* Europäisches Gesellschaftsrecht, 2004, S. 144.

merischen Engagements zu belegen.[264] Es reduziert damit in der Gründungsphase die negativen Verhaltensanreize, die mit dem Erwerb von Haftungsbeschränkung verbunden sind. Es dient weiterhin während der Geschäftstätigkeit als „Puffer" gegenüber eventuellen Ausschüttungsbegehren der Gesellschafter und stärkt insoweit dem Geschäftsleiter, der das Vermögen – auch mit Rücksicht auf die Gläubiger – im Unternehmen belassen will, den Rücken.

Einer im Ausland wirksam gegründeten Gesellschaft darf dieser Mechanismus allerdings nicht aufgezwungen werden; dies ist den Entscheidungen „Centros" und „Inspire Art" zu entnehmen. Nach der hier vertretenen Interpretation bringen diese Entscheidungen zum Ausdruck, dass einer im Ausland gegründeten Gesellschaft keine erneute Gründung im Inland abverlangt werden darf;[265] dem stünde es gleich, wenn der Zuzugsstaat auch nur einzelne Vorschriften seines Gründungsregimes auf die Gesellschaft anwendet. Denn die zuziehende Gesellschaft hat sich bereits nach dem Recht eines anderen Mitgliedstaats wirksam gegründet. Es würde gegenüber ihrem Marktzutritt eine Hürde errichten, wenn ihr zusätzlich noch die Beachtung einzelner Vorschriften des Gründungsverfahrens im Zuzugsstaat abverlangt würden. Die Rechtsvergleichung zeigt zudem, dass einige Mitgliedstaaten bereit sind, das Risiko einer verfälschten Risikoanalyse bei Gründung in Kauf zu nehmen.[266] Sie bieten den Gläubigern in dieser Phase ein geringeres Schutzniveau als beispielsweise das deutsche Recht. Gemäß der binnenmarktbezogenen Dogmatik der Grundfreiheiten ist dieser Unterschied im Schutzniveau vom Zuzugsstaat hinzunehmen; andernfalls drohte eine Aufspaltung des Binnenmarktes in verschiedene Rechtszonen, die man nur unter zusätzlichem Kostenaufwand verlassen könnte.

Damit kann gegenüber der im Ausland gegründeten Gesellschaft im kritischen Zeitpunkt der Gründung dem typischen negativen Verhaltensanreiz der Haftungsbeschränkung nicht gesetzlich gegengesteuert werden. Der EuGH hat die Frage offen gelassen, ob das Mindestkapital diese Gegensteuerung effizient bewerkstelligen könne. Er hält die Information potentieller Gläubiger über die ausländische Rechtsform für ausreichend, so dass für eine Mindestkapitalregel schon die Erforderlichkeit fehlt. Legt man seine grundsätzliche Aussage zugrunde, dass Gläubigerschutz ein legitimes Allgemeininteresse ist, das eine Beschränkung der Niederlassungsfreiheit rechtfertigen kann, ist aber kritisch zu fragen, ob die Rechtfertigungsprüfung in Centros und Inspire Art wirklich alle relevanten Aspekte erfasst.

Dass ein Schutz der Gläubiger bereits im Zeitpunkt der Gründung ein legitimes Ziel ist, dürfte aufgrund der ökonomischen Analyse der Haftungsbeschränkung

---

264 Die Vorstellung, das Mindestkapital diene der Aufbringung des notwendigen Betriebsvermögens, findet sich vorwiegend in der älteren Literatur, macht aber mittlerweile einer differenzierten Sicht Platz (vgl. *Bezzenberger* Kapital der Aktiengesellschaft, 2005, S. 132ff. m.w.N.).

265 Dazu oben S. 118 ff.

266 Neben dem englischen Recht trifft dies mittlerweile auch auf das französische Recht zu (zur französischen Ein-Euro-GmbH siehe *Becker* GmbHR 2003, 706ff. und *Pietrancosta* in: Couret/Nabasque (Hrsg.), Quel avenir pour le capital social?, 2004, S. 127ff.).

als hinreichend belegt gelten und wird überdies durch einen Blick in die Insolvenzstatistiken bestätigt: Über die Hälfte der insolventen Unternehmen scheitern in den ersten acht Jahren ihrer Existenz; Hauptgrund dafür ist die mangelnde Ausstattung mit Eigenkapital.[267] Damit stellt sich zunächst die Frage, ob das Mindestkapital geeignet ist, den negativen Verhaltensanreizen entgegenzuwirken. Dem lässt sich entgegengehalten, das Mindestkapital sei ohnehin zu niedrig angesetzt, um ernsthaft von einer Gründung abhalten zu können. Dies verkennt allerdings, dass es bei Regeln des Gesellschaftsrechts, die verschiedene Interessen auszutarieren haben, nie um eine absolut zu setzende Geeignetheit gehen kann. Vollauf geeignet zur Vermeidung von Gefahren ist stets nur die Einstellung des gefährdenden Verhaltens. Man müsste also die Haftungsbeschränkung gänzlich abschaffen. Da dies gegenüber den legitimen Interessen der Gründer offenkundig unverhältnismäßig wäre, muss man sich mit einem geringeren Maß an Geeignetheit zufriedengeben. Problematisch ist bei der Prüfung der Geeignetheit, dass der volkswirtschaftliche Nutzen dieses Instruments kaum empirisch nachprüfbar ist.[268] Die Kosten hingegen liegen auf der Hand, weswegen es Kritiker des Mindestkapitals stets einfacher haben werden als Befürworter. Andererseits wendet sich an diesem Punkt das Argument der Ineffizienz wegen geringer Höhe auch gegen die Kritiker: Wenn das Mindestkapital tatsächlich weit unterhalb dessen liegt, was selbst ein kleiner Gewerbebetrieb an Startkapital benötigt, sind nennenswerte Einbußen bei der Verwirklichung innovativer Unternehmensprojekte nicht zu erwarten. Dass indessen das Erfordernis des Mindestkapitals die Gründung verzögert, steht außer Zweifel und ist ja gerade Anlass der Kritik. Dies Verzögerungsmoment mag aber zumindest einen gewissen Beitrag dazu leisten, das eigene unternehmerische Konzpet vor der Gründung der Gesellschaft zu reflektieren. Wer eine Gesellschaft binnen 24 Stunden per Internet zum Preis von einigen hundert Euro erhalten kann,[269] geht im Zweifelsfall den umge-

---

[267] *Hansen* GmbHR 2003, 22, 25. Entgegen *Sandrock* BB 2004, 897, 898, und *Sandrock* ZVglR-Wiss 102 (2003) 447, 476, lässt sich dies kaum ernsthaft auf ein Versagen der Kapitalregeln zurückführen. Der Grund für das deutliche Ansteigen der Insolvenzen in den vergangenen Jahrzehnten – bei im wesentlichen gleichbleibender gesellschaftsrechtlicher Ausgangslage – muss offenbar an anderer Stelle gesucht werden. Die allgemeine Diskussion um die strukturellen Schwächen der deutschen Rechts- und Wirtschaftsordnung liefert dazu genügend Anhaltspunkte.

[268] Insofern verweist *Krüger* Mindestkapital, 2004, S. 228f. auf die sogar gestiegene Insolvenzanfälligkeit der GmbH nach der Mindestkapitalerhöhung des Jahres 1980. Dies kann allerdings auch viele andere Gründe haben, die empirisch ausgesondert werden müssten, bevor man von der bloßen Zahl der Insolvenzen einen Rückschluss auf die Bedeutung des Mindestkapitals ziehen könnte.

[269] Die englische Limited wird von Anbietern im Internet mit einer Gründungszeit von 24h angeboten (siehe nur die website mit der programmatischen Bezeichnung www.tschuess-deutschland.de). Auch die aktuellen Reformen des spanischen und des französischen Rechts streben eine Erleichterung der Gründung an (für Spanien *Vietz* GmbHR 2003, 26ff. und *Embid Irujo* RIW 2004, 760ff.; für Frankreich *Becker* GmbHR 2003, 706ff., *dies.* GmbHR 2003, 1120f. und *Pietrancosta* in: Couret/Nabasque (Hrsg.), Quel avenir pour le capital so-

kehrten Weg, legt sich also zuerst die Haftungsbeschränkung zu und beginnt dann darüber nachzudenken, ob das unternehmerische Konzept überhaupt trägt. Eine gesetzlich verordnete Denkpause vermag allein das Mindestkapitalerfordernis zu erreichen. Mehr kann und soll es nicht bewirken. Gemessen an diesem bescheidenen Ziel, ist es aber durchaus *geeignet*, zum Gläubigerschutz mittelbar beizutragen.

Im nächsten Schritt ist zu fragen, ob es ein milderes Mittel gäbe, um den negativen Verhaltensanreizen in der Gründungsphase in gleich wirksamer Weise gegenzusteuern. Ein solches ist nicht erkennbar. Insbesondere ist der Zwang zur Publizität der Rechnungslegung in der Gründungsphase noch nicht wirksam, da er erst mit Ablauf des ersten Geschäftsjahres spürbar wird. Der Einwand, man werde von vornherein von unseriösen Gründungen deshalb Abstand nehmen, weil man bei Offenlegung des ersten Jahresabschlusses die desolate Situation des Unternehmens ohnehin offenbaren müsse, greift nicht. Denn er unterstellt gerade den sorgsam abwägenden und in die Zukunft blickenden Gründer, den das Mindestkapitalerfordernis gar nicht im Auge hat. Es möchte vielmehr diejenigen, die aus eigenem Antrieb nicht über den Tag hinaus denken, anhalten, dies zu tun. Sei es durch die „Warnfunktion“ des eingesetzten Eigenkapitals, sei es durch die Notwendigkeit, sich um einen Bankkredit zu bemühen.

Die Erforderlichkeit des Mindestkapitals könnte man allenfalls mit dem Argument verneinen, dass selbst die unseriöse oder auch nur unternehmerisch nicht hinreichend durchdachte Gründung keinen Schaden anrichtet, weil sich jeder Gläubiger vor Vertragsschluss selbst von der Bonität seines Geschäftspartners überzeugen könne. Allerdings ist insoweit die vom EuGH angeführte Information über die ausländische Rechtsform eine völlig unzureichende Information. Schließlich lässt sich keineswegs annehmen, dass jedes Unternehmen, das in ausländischem Rechtskleid auftritt, per se unseriös sei. Somit hat die ausländische Rechtsform im Hinblick auf das konkrete Informationsinteresse keinerlei Aussagekraft. Sie weist allenfalls den Weg, sich vor Ort näher zu erkundigen. Hier stößt der deutsche Gläubiger beispielsweise gegenüber der englischen Limited schon auf das Problem, dass selbst dem Fachmann kaum ersichtlich ist, welcher Kapitalbegriff des englischen Rechts dem Aussagegehalt nach dem „Stammkapital“ des deutschen Rechts entspricht. Zur Auswahl stehen *authorised capital*, *issued capital*, *allotted capital*, *called capital*, *paid up capital* und *reserved capital*.[270] Selbst wenn der Gläubiger die aussagekräftige Kapitalziffer herausfinden sollte, ist ihm damit noch lange nicht bekannt, dass die reale Aufbringung dieses Betrages im englischen Recht – anders als in Deutschland – von den Gerichten kaum überprüft wird; denn nach englischem Verständnis bleibt die

---

cial?, 2004, S. 127ff.). In beiden Ländern soll die Gründung einer GmbH künftig binnen 24 bis 48 Stunden möglich sein. Frankreich reduziert dazu das Mindestkapital auf einen Euro; das spanische Recht hält an einem Mindestkapital von 3.012 Euro fest.

270 Zu diesen Begrifflichkeiten näher *Gernoth* Pseudo Foreign Company, 2005, S. 82f.; aus der englischen Literatur *Farrar's Company Law* 4. Aufl., 1998, S. 161ff.

Bewertung einer Einlage, die nicht in Geld besteht, der Gesellschaft überlassen,[271] während nach deutschem Recht aus Gründen des Gläubigerschutzes eine objektive Bewertung verlangt und gerichtlich auch durchgesetzt wird[272].

Das Argument, es gehe ja nur darum, „eine Zahl" herauszufinden,[273] greift daher zu kurz. Der Hinweis auf die ausländische Rechtsform hat für sich genommen keinerlei Informationswert bezüglich des zu erwartenden Gläubigerschutzes. Die Dinge liegen damit in etwa so, als hätte man im Fall Cassis de Dijon die Bezeichnung „französischer Likör" ausreichen lassen. Dort hat der Gerichtshof jedoch mit guten Gründen die konkrete Angabe des Alkoholgehaltes verlangt: „... eine angemessene Unterrichtung der Käufer läßt sich ohne Schwierigkeiten dadurch erreichen, daß man die Angabe von *Herkunft und Alkoholgehalt* auf der Verpackung des Erzeugnisses vorschreibt."[274] Und in der Tat – der Alkoholgehalt ist eine Information, die auch dem Laien unmittelbar einsichtig ist. Übertragen auf die Niederlassungsfreiheit ist die Gesellschaftsbezeichnung nicht mehr als eine Herkunftsbezeichnung; sie erfüllt daher nicht das vom EuGH in Cassis de Dijon formulierte Erfordernis einer „angemessen Unterrichtung" des Vertragspartners.[275]

Auch die im ausländischen Recht vorgesehene Publizität der Rechnungslegung hilft nicht weiter, da sie – wie erwähnt – erst mit deutlicher Zeitverzögerung zur Verfügung steht.[276] Die Aufstellung einer Zwischenbilanz zu verlangen oder gar eine Auskunftei einzuschalten, wäre wiederum ökonomisch nur dann rational, wenn die Höhe des Kreditbetrages einen solchen Aufwand rechtfertigt. Für Geschäfte des täglichen Lebens ist das einzig rationale Verhalten hingegen, keinerlei weitere Erkundigung einzuholen und sich auf den äußeren Anschein der Seriosität zu verlassen. Der Gläubiger kleiner Beträge kann den Vertrag nur abschließen oder ablehnen;[277] jede darüberhinausgehende Anstrengung wäre ineffizient. Es ergibt sich damit der Befund, dass bei Geschäften des täglichen Lebens gegenüber einer

---

271 *Farrar's Company Law* 4. Aufl., 1998, S. 174: "there are no real constraints on issuing shares at a discount"; weiterhin *Gernoth* Pseudo Foreign Company, 2005, S. 83f., *Micheler* ZGR 33 (2004) 324, 326f.

272 Differenzhaftung für Sacheinlagen nach § 9 GmbHG: Entscheidend ist der objektive Wert ohne jeden Bewertungs- oder Beurteilungsspielraum (*Lutter/Bayer* in: Lutter/Hommelhoff GmbHG, 16. Aufl., 2004, § 9, Rn. 4).

273 In diesem Sinne *Grundmann* in: FS Lutter, 2000, S. 61, 65.

274 EuGH, Rs. 120/78, *Cassis de Dijon*, Slg. 1979, 649, 664 (Rn. 13). Kursive Hervorhebung durch *Verfasser*.

275 Hingegen hält *Grundmann* in: FS Lutter, 2000, S. 61, 64f., den Informationsgehalt beider Aussagen offenbar für gleichwertig. Dagegen zu Recht kritisch *Bitter* WM 2004, 2190, 2194.

276 Dass Information mit dem Mittel der Rechnungslegung auch aus anderen Gründen keineswegs ein perfektes Instrument des Gläubigerschutzes ist, wird in der englischen Literatur durchaus gesehen. Siehe nur *Prentice* EBLR 2003, 631, 632: "it is highly questionable whether disclosure as such provides a great measure of protection to trade creditors. It manifestly provides no protection to involuntary creditors."

277 *Schön* Der Konzern 2004, 162, 167.

Scheinauslandsgesellschaft ein Mittel, um unter vertretbarem Aufwand Gläubigerschutz privatautonom zu realisieren, nicht gegeben ist. Ein funktionales Äquivalent für die Seriositätsschwelle des Mindestkapitals ist somit nicht erkennbar.

Damit bleibt als einziger Einwand gegenüber der Anwendung des Mindestkapitals im Fall von Scheinauslandsgesellschaften, dass dies wegen der übermäßigen Einschränkung der Niederlassungsfreiheit an der Verhältnismäßigkeit im engeren Sinne scheitert. Im Lichte der Grundfreiheitendogmatik lässt sich eine Schlechterstellung des grenzüberschreitenden gegenüber dem inländischen Sachverhalt kaum leugnen. Denn selbst wenn die Gründung im Ausland einfacher sein mag als im Inland, verursacht sie doch immerhin einen gewissen Aufwand. Dieser Aufwand wäre gewissermaßen „frustriert", wenn anschließend und zusätzlich Vorschriften des inländischen Gründungsverfahrens beachtet werden müssten. Der Hinweis, die Gründer hätten ihre Gesellschaft ja von vornherein im Inland errichten können, greift demgegenüber nicht. Denn die ausländische Gesellschaft hat als solche das Recht auf Niederlassungsfreiheit; auf die Staatsangehörigkeit der Gründer kommt es nicht an. Bei dieser Abwägung der Verhältnismäßigkeit im engeren Sinne fällt auch ins Gewicht, dass der andere Mitgliedstaat einen Gläubigerschutz bei Gründung der Gesellschaft offenbar für entbehrlich hält. An dieser Stelle lässt sich dann auch das Argument des EuGH aus Centros anführen, die Gläubiger wären auch nicht besser geschützt, wenn die Gesellschaft ihre Geschäftstätigkeit im Staat der Gründung aufgenommen und nur einzelne grenzüberschreitende Geschäfte getätigt hätte. Für die Phase von der Gründung bis zur Publikation der ersten Bilanz ist dieses Argument zutreffend. Da das deutsche Recht gegenüber einer englischen Gesellschaft, die im ersten Jahr nach ihrer Gründung lediglich vereinzelt Geschäfte auf deutschem Boden macht, ihren Hauptsitz aber in England hat, keine Schutzmaßnahmen ergreift, verhält es sich inkonsistent, wenn es eine Gesellschaft, die in derselben Phase umfangreichere Geschäfte in Deutschland tätigt und daher als „Scheinauslandsgesellschaft" einzuordnen ist, strenger behandelt. Somit scheitert das Mindestkapitalerfordernis gegenüber Auslandsgesellschaften zwar nicht an Geeignetheit und Erforderlichkeit, wohl aber an der Verhältnismäßigkeit im engeren Sinne.

b) Sekundärrecht

Sekundärrecht unterliegt – dies wurde bereits ausgeführt[278] – einem weniger strengen Grundfreiheiten-Maßstab als das mitgliedstaatliche Recht, weil es die rechtlichen Unterschiede im Binnenmarkt nicht vertieft, sondern ganz im Gegenteil verringert. Als Sekundärrecht wäre also eine Maßnahme zulässig, die auf das spezifische Risiko im Gründungsstadium durch eine präventive Regelung bereits im Gründungsverfahren reagiert. Die Zweite Richtlinie kann daher für Aktiengesellschaften binnenmarktweit ein gesetzliches Mindestkapital vorschreiben. Auch für die Rechts-

---

278 Oben S. 153 ff.

form der GmbH wäre eine solche Regelung denkbar; sie erscheint nur derzeit rechtspolitisch kaum durchsetzbar.[279]

c) Zwischenergebnis

Ein im mitgliedstaatlichen Recht angeordneter präventiver Gläubigerschutz, der in das Gründungsverfahren integriert ist, lässt sich gegenüber Gesellschaften aus anderen Mitgliedstaaten nicht durchsetzen. Dies ist höchstrichterlich in Inspire Art entschieden jedenfalls für das gesetzliche Mindestkapital; für andere Modelle wird aber dasselbe gelten, beispielsweise für die belgische Regelung, wonach bei der Gründung ein Geschäftsplan vorzulegen ist, der die Höhe des gewählten Kapitals im Lichte der geplanten Aktivität begründen muss.[280] Nimmt man die Stufen der Verhältnismäßigkeitsprüfung ernst, muss dieses Ergebnis allerdings anders begründet werden, als in den Entscheidungen Centros und Inspire Art. Denn das Angebot, Haftungsbeschränkung ohne jede Anstrengung zu erlangen, verfälscht die Risikoanalyse im Gründungsstadium.[281] Maßnahmen, die dem präventiv gegensteuern, fehlt weder die Geeignetheit noch die Erforderlichkeit. Sie scheitern vielmehr an der Verhältnismäßigkeit im engeren Sinne, weil sie durch ihre Anknüpfung an der Gründung der Gesellschaft die grenzüberschreitende Niederlassung in unverhältnismäßiger Weise behindern.

Remedur könnte das Sekundärrecht schaffen; denn dieses unterliegt einem weniger strengen grundfreiheitlichen Prüfungsmaßstab. Allerdings ist derzeit der politische Wille nicht erkennbar, die Zweite Richtlinie auf kleine Kapitalgesellschaften wie die deutsche GmbH auszudehnen. Sollte ein gläubigerschützender Mechanismus im Gründungsstadium politisch erwünscht sein, müsste dies wohl über eine verhaltensorientierte Haftungsnorm geleistet werden. Dies würde allerdings den positiven Effekt der Haftungsbeschränkung – die Förderung des unternehmerischen Wagemuts – wesentlich stärker konterkarieren als ein Mindestkapitalerfordernis.

2. Vermeidung opportunistischen Verhaltens in der Normalphase

In Zeiten des normalen Geschäftsgangs besteht grundsätzlich ein Gleichlauf der Interessen von Schuldner und Gläubiger.[282] Der Gläubiger möchte zum Fälligkeitszeitpunkt sein Geld zurückerhalten und das Unternehmen möchte an die Gesell-

---

[279] So zutreffend *Schön* Der Konzern 2004, 162, 164; *Lutter* ZGR 29 (2000) 1, 9f. hatte noch eine Erstreckung der Zweiten Richtlinie auf die GmbH angeregt; ebenso *ders.* in de Kluiver/van Gerven (Hrsg.), The European Private Company, 1995, S. 202f.

[280] Dazu *Wouters* in: de Kluiver/van Gerven (Hrsg.), The European Private Company, 1995, S. 166f. Gerät die Gesellschaft innerhalb der ersten drei Jahre nach ihrer Gründung in die Insolvenz, droht den Gründern die persönliche Haftung, wenn das im Gründungsstadium bereitgestellte Kapital völlig unzureichend gewesen sein sollte.

[281] Dazu oben S. 481 ff.

[282] Dazu bereits oben S. 484.

schafter ausschüttbare Gewinne erzielen. Um Gewinne überhaupt zu erzielen, muss das Unternehmen am Markt erfolgreich tätig sein und darf insbesondere das Vertrauen bestehender und potentieller Gläubiger nicht aufs Spiel setzen. Es wird daher um eine pünktliche Zahlung seiner Verbindlichkeiten bemüht sein, denn nur das, was danach an Überschuss verbleibt, kann sinnvollerweise ausgeschüttet werden.

In dieser Phase mehr oder weniger hinreichender Prosperität des Unternehmens bestehen allenfalls Gefahren nachvertraglich opportunistischen Verhaltens, das die Gläubiger zumindest potentiell, wenn auch noch nicht konkret – dies geschähe erst bei fruchtlosem Verstreichen des Fälligkeitstermins – schädigt. Dies ist der Bereich der „Kreditüberwachung", den geschäftserfahrene Gläubiger aus eigenem Vermögen unter Kontrolle halten können. Vertragliche Beschränkungen von Ausschüttungen an Gesellschafter während der Kreditlaufzeit sind durchaus nicht selten. Das gesetzliche System des Kapitalschutzes bietet hier, wie namentlich *Schön* überzeugend dargelegt hat, die Möglichkeit eines „kollektiven Vertragsangebots".[283] Dieses Angebot einer standardisierten Regelung erspart Transaktionskosten. Die Unternehmen machen von dieser Möglichkeit Gebrauch, indem sie ihr Kapital in einer bestimmten Höhe festlegen und sich damit bewusst und gewollt dem strengen Regime des gesetzlichen Kapitalschutzes unterwerfen. Dieser Aspekt des Kapitalschutzes ist völlig getrennt zu sehen von der Frage eines eventuell gesetzlich angeordneten Mindestkapitals. Denn auch bei einem Mindestkapital von einem Euro würden die gesetzlichen Regeln über Kapitalaufbringung und -erhaltung ihren Sinn nicht verlieren. Sie dienen all' denjenigen Unternehmen, die durch die Höhe des frei gewählten Grundkapitals ein „Bonitätssignal"[284] setzen wollen. Im Bereich der mittleren und großen Aktiengesellschaften macht eine sehr große Zahl von Unternehmen schon heute von dieser Möglichkeit Gebrauch, indem sie sich freiwillig für ein weit über dem gesetzlichen Mindestkapital liegendes Grundkapital entscheidet. Derartige Regelungen auf sekundärrechtlicher (Zweite Richtlinie) oder mitgliedstaatlicher Ebene abzuschaffen, besteht kein Anlass.[285] Denn sie üben keinen Zwang aus, sind vielmehr ein Angebot ganz im Sinne der US-amerikanischen *enabling rules*, von dem niemand gegen seinen Willen Gebrauch machen muss. Auch einer Anknüpfung am Gründungsstatut und einem damit eröffneten Wettbewerb der Gesetzgeber stünde in diesem Bereich nichts entgegen; jede Gesellschaft könnte sich dann selbst dafür entscheiden, welche Rechtsordnung ihr für die gewünschte standardisierte Signalsetzung an ihre Gläubiger am aussagekräftigsten erscheint.

---

283 *Schön* ZHR 166 (2002) 1 ff.; *Schön* Der Konzern 2004, 162, 166 ff.

284 *Schön* Der Konzern 2004, 162, 166.

285 So überzeugend *Schön* Der Konzern 2004, 162, 166 ff.

3. Verhaltenssteuerung in der Krise

Das mitgliedstaatliche Recht kennt zahlreiche Varianten, um gezielt den negativen Verhaltsanreizen in der Krise gegenzusteuern. Davon sollen *unter a)* die bekanntesten vorgestellt werden: das englische *wrongful trading*, die französische *action en comblement du passif* sowie das Eigenkapitalersatzrecht und die Existenzvernichtungshaftung des deutschen Rechts; auch der aus England stammende rechtspolitische Vorschlag eines Solvenztests verdient in diesem Zusammenhang Beachtung.

Mit derartigen Haftungstatbeständen das Fehlverhalten von Scheinauslandsgesellschaften zu regulieren, erscheint deshalb denkbar, weil die Tatbestände zumeist dem Insolvenzrecht zugerechnet werden (*unter b*). Das mitgliedstaatliche Recht wird hier zwar überlagert durch die Europäische Insolvenzverordnung; diese erklärt indessen für das Insolvenzverfahren und seine Wirkungen das Recht des Staates für anwendbar, in dem der Schuldner den Mittelpunkt seiner Interessen hat (*unter c*). Im Ergebnis gelangt man also über die Kombination von Kollisions- und Sachrecht zu einem in der Insolvenz greifenden Gläubigerschutz auch gegenüber Scheinauslandsgesellschaften. Dieses Ergebnis ist in einem letzten Schritt (*unter d*) am Maßstab der Niederlassungsfreiheit zu überprüfen.

a) Mitgliedstaatliche Haftungstatbestände

(1) Wrongful Trading

In der rechtspolitischen Diskussion zum europäischen Gesellschaftsrecht taucht immer häufiger das englische Wrongful Trading auf. Der Abschlussbericht des „Forum Europaeum" zum Konzernrecht in Europa hebt die konzernrechtliche Dimension hervor, die sich aus einer Kombination von Wrongful Trading mit der Figur des *shadow director* ergibt.[286] Die High Level Group of Company Law Experts verspricht sich von einer europaweiten Einführung der Wrongful-Trading-Regel eine deutliche Verbesserung der Corporate Governance.[287] Und auch die EU-Kommission äußert sich in ihrem Aktionsplan grundsätzlich positiv zu diesem Vorschlag, will allerdings – da die Umsetzung noch weitere Prüfung erfordere – erst mittelfristig einen entsprechenden Richtlinienvorschlag vorlegen.[288]

Wrongful Trading ist eine Haftung, die tatbestandlich früher einsetzt als die deutsche Insolvenzverschleppungshaftung. Denn während die Pflicht, einen Insolvenzantrag zu stellen, erst bei Zahlungsunfähigkeit oder Überschuldung entsteht,[289] muss der englische Geschäftsleiter schon zu einem früheren Stadium auf der Hut

---

[286] *Forum Europaeum* ZGR 27 (1998) 672, 753ff.; in diesem Sinne auch *Wimmer-Leonhardt* Konzernhaftungsrecht, 2004, S. 536ff.

[287] *High Level Group* Abschlussbericht, 2002, S. 93

[288] *Kommission* Aktionsplan, 2003, S. 19; „mittelfristig" bedeutet in der Terminologie des Aktionsplans: im Zeitraum von 2006 bis 2008 (siehe S. 29 des Aktionsplans).

[289] § 64 Abs. 1 GmbHG, § 92 Abs. 2 AktG.

sein: Sobald keine vernünftige Aussicht mehr besteht, dass die Gesellschaft die Insolvenz vermeiden könne.[290] Wenn der Geschäftsleiter die Geschäfte über diesen kritischen Punkt hinaus weiterführt, droht ihm die persönliche Haftung. Das vom Insolvenzverwalter angerufene Gericht ist nämlich befugt, den Geschäftsleiter zur Zahlung eines angemessenen Betrages in das Gesellschaftsvermögen zu verurteilen.[291] Entlastung erfährt der Geschäftsleiter nur dann, wenn er nachweist, nach Überschreiten des kritischen Punktes alles getan zu haben, um den Schaden der Gläubiger so gering wie möglich zu halten.[292]

Rechtspolitischer Hintergrund der Vorschrift ist der negative Verhaltensanreiz, den die gesetzliche Haftungsbeschränkung bei Eintritt der Krise setzt:[293] Von nun an haben die Gesellschafter nichts mehr zu verlieren, denn ihr Kapitaleinsatz ist längst aufgebraucht. Die Fortsetzung der Geschäftstätigkeit zehrt damit am Vermögen, das noch zur Verteilung unter die Gläubiger bereit steht. Einen ökonomischen Anreiz, dieses Vermögen zu schonen, haben Gesellschafter und Geschäftsleiter nicht; denn bei der Verteilung des Vermögens gehen sie ohnehin leer aus, während sie bei einer Fortsetzung der Geschäftstätigkeit zumindest noch eine geringe Chance sehen mögen, das Blatt zu ihren Gunsten zu wenden. Der dadurch bedingten Neigung, auch noch den letzten Heller auf Kosten der Gläubiger zu verspielen, setzt Wrongful Trading die Androhung persönlicher Haftung entgegen.

Aus Sicht der ökonomischen Analyse müsste die Vorschrift also höchst effizient sein, adressiert sie doch genau den in der Krise einsetzenden fehlerhaften Verhaltensanreiz der Haftungsbeschränkung. Sie vermeidet unnötige Begleitkosten, wie sie beispielsweise ein Präventivsystem der Kapitalaufbringung und -erhaltung produziert, das mit seinen Formalien auch diejenigen Gesellschaften in ihrer Tätigkeit behindert, die nicht in der Krise stecken. Ob Wrongful Trading allerdings in der Praxis seinen Zweck erfüllt, ist höchst umstritten. Denn die Hürde, ein Gerichtsverfahren zu wagen, ist hoch. Aus den fast zwei Jahrzehnten ihrer Existenz werden nur etwa zwanzig Gerichtsentscheidungen berichtet, die sich mit der Vorschrift befassen.[294] Auch dafür gibt es eine ökonomische Erklärung: Jeder Insolvenzverwalter

---

290 Section 214 Insolvency Act 1986: "no reasonable prospect that the company would avoid going into insolvent liquidation" (der volle Wortlaut der Vorschrift ist nachzulesen bei *Habersack/Verse* ZHR 168 (2004) 174, 179, Fn. 25). Zu diesem "moment of truth" im Vergleich zur Insolvenzverschleppungshaftung *Bachner* EBOR 5 (2004) 293, 300 ff.

291 "may declare that that person is to be liable to make such contribution (if any) to the company's assets as the court thinks proper." In der Praxis ist dies zumeist der Betrag, um den sich das Vermögen der Gesellschaft nach dem "point of no return" weiter vermindert hat (*Habersack/Verse* ZHR 168 (2004) 174, 197; *Hirt* ECFR 1 (2004) 71, 99f.).

292 "took every step with a view to minimising the potential loss to the company's creditors". Die Beweislast dafür trägt der Geschäftsleiter (*Habersack/Verse* ZHR 168 (2004) 174, 194; *Hirt* ECFR 1 (2004) 71, 105).

293 *Davies* AG 1998, 346, 350f.; *Gower and Davies'* Principles of Modern Company Law, 7. Aufl., 2003, S. 198ff.; *Habersack/Verse* ZHR 168 (2004) 174, 178; *Hirt* ECFR 1 (2004) 71, 82ff.

294 Zur Zahl der Fälle *Habersack/Verse* ZHR 168 (2004) 174, 180, und *Hirt* ECFR 1 (2004) 71, 103, Fn. 149.

steht vor der Frage, ob er die wenigen Mittel, die ihm als zu verteilende Masse geblieben sind, in einen möglicherweise aussichtslosen Prozess investieren soll, und entscheidet sich offenbar zumeist gegen den Prozess.[295] Hinzu kommt, dass oftmals auch die Geschäftsleiter insolvent sind und der Prozess schon deshalb nicht lohnt.[296] Dass es wesentlich häufiger zu einer Disqualification von Geschäftsleitern als zu einer Klage wegen Wrongful Trading kommt, wird daher in der Literatur auch damit erklärt, dass die Disqualification behördlich betrieben und damit aus der Staatskasse finanziert wird.[297]

Weitere Schwierigkeiten ergeben sich aus der Ungenauigkeit des Tatbestandes.[298] Im Nachinein den Zeitpunkt festzulegen, zu dem einem vernünftigen Geschäftsleiter hätte klar sein müssen, dass die Insolvenz unabwendbar ist, fällt schwer. Und wie entgegnet man dem glaubhaften Einwand, man habe die Krise nicht kommen sehen? Dies zwingt die Gerichte in eine Prüfung einzutreten, welche Informationen ein sorgfältiger Geschäftsleiter nach dem allgemeinen Standard der Unternehmensführung und Rechnungslegung zu welchem Zeitpunkt hätte verfügbar haben müssen.[299] Der Prozess wird sich daher häufig an objektiv feststellbaren Alarmsignalen entscheiden, zu denen die bilanzielle Überschuldung und die Zahlungsunfähigkeit gehören.[300] Selbst dies erlaubt aber noch den Einwand, man habe nicht zwingend mit einem Insolvenzverfahren rechnen müssen, weil es noch irgendeinen Silberstreif am Horizont gegeben habe. In der Spruchpraxis der Gerichte finden sich daher Fälle, in denen der tatbestandliche kritische Punkt sogar auf einen Zeitpunkt nach Eintritt der Überschuldung oder der Zahlungsunfähigkeit gelegt wurde.[301] Wer die Erfolgsaussichten eines derartigen Prozesses zu prüfen hat, wird sich vermutlich darauf verlegen, nach objektiv feststellbaren Alarmsignalen zu suchen (z.B. erfolglose Vollstreckungsversuche), und den Rechtsstreit nur bei Vorliegen derartiger An-

---

295 *Gower and Davies'* Principles of Modern Company Law, 7. Aufl., 2003, S. 199. Wie ebda. berichtet, kann der Insolvenzverwalter nicht einmal sicher sein, die Prozesskosten aus der Masse begleichen zu dürfen, und muss statt dessen mit einer persönlichen Einstandspflicht für erfolglose Verfahren rechnen. Dieses Problem wurde jedoch, wie *Habersack/Verse* ZHR 168 (2004) 174, 181, berichten, durch eine Gesetzesreform des Jahres 2003 beseitigt, wonach der Insolvenzverwalter künftig einen vorrangigen Anspruch gegen die Masse auf Ersatz der Prozesskosten haben soll.

296 *Hirt* ECFR 1 (2004) 71, 104, meint drastisch: "Directors may not be worth 'powder and shot'".

297 *Gower and Davies'* Principles of Modern Company Law, 7. Aufl., 2003, S. 199; *Hirt* ECFR 1 (2004) 71, 81; die Disqualification führt dazu, dass die betroffene Person die Funktion eines „director" nicht mehr ausüben darf.

298 *Hirt* ECFR 1 (2004) 71, 104ff.

299 *Cooke/Hicks* JBL 1993, 338, 340.

300 *Cooke/Hicks* JBL 1993, 338, 339, stellen fest, dass die nahende Insolvenz in allen bislang gerichtlich entschiedenen Fällen derart offensichtlich gewesen sei, dass die Gerichte in die mühsame Prüfung, ob und wie man unternehmerisches Scheitern überhaupt vorhersehen könne, nicht hätten eintreten müssen.

301 Dazu *Bachner* EBOR 5 (2004) 293, 301ff. und *Habersack/Verse* ZHR 168 (2004) 174, 184ff.

haltspunkte überhaupt beginnen.[302] Dazu zwingt schon das prozessuale Erfordernis, bei Klageerhebung einen konkreten Zeitpunkt zu benennen, zu dem Wrongful Trading eingesetzt habe.[303]

Als Beitrag zur Mehrung der Masse ist die Haftung aus Wrongful Trading demnach in der überwiegenden Zahl der Fälle zu vernachlässigen. Ihre positiven Effekte liegen in ihrer präventiven Wirkung. Sie erhöhen – möglicherweise in großer Breite – die tatsächlich ausgeübte Sorgfalt der Geschäftsleiter, weil diese eine Haftung aus Wrongful Trading vermeiden wollen.[304] Es gibt zudem Anzeichen dafür, dass Banken und Berater bei Einsetzen der Krise warnend auf die drohende Haftung aus Wrongful Trading hinweisen. Wer diese Warnung in den Wind schlägt, liefert damit zugleich Indizien, auf die sich eine spätere Verurteilung stützen kann.[305]

(2) Action en comblement du passif

Auch die französische „Action en comblement du passif" hat bereits eine gewisse europaweite Berühmtheit erlangt. Sie war Gegenstand einer Entscheidung des Europäischen Gerichtshofs,[306] auf die sogleich noch zurückzukommen sein wird. Und sie wurde im Bericht von Forum Europaeum ebenso wie das englische Wrongful trading als potentiell konzerndimensionaler Haftungstatbestand gewürdigt.[307] Denn die Haftung kann auch den sogenannten *dirigeant de fait* treffen und damit möglicherweise eine beherrschende Konzerngesellschaft.[308]

Die Action en comblement du passif richtet sich an die Geschäftsleiter der Gesellschaft.[309] Sie ist ihrer Rechtsnatur nach eine zivilrechtliche Schadensersatzhaftung,

---

302 *Hirt* ECFR 1 (2004) 71, 107, nennt als konkrete Anhaltspunkte eine lang andauernde Liquiditätskrise, die bilanzielle Überschuldung, den Verlust bedeutender Kunden, zunehmenden Druck von Seiten der Gläubiger und die Weigerung von Lieferanten, weitere Waren zu liefern.

303 Dazu *Hirt* ECFR 1 (2004) 71, 105.

304 *Hirt* ECFR 1 (2004) 71, 103, meint zu Recht, man müsse danach unterscheiden, ob man die Effizienz der Vorschrift an ihrem Beitrag zur Mehrung der Insolvenzmasse oder an ihrer verhaltenssteuernden Wirkung messen wolle. Hinsichtlich des zweiten Aspekts gelangt *Hirt* (ebda. S. 115) zu einer grundsätzlich positiven Bewertung der Vorschrift.

305 In einem der vor Gericht gelangten Fälle (dazu *Hirt* ECFR 1 (2004) 71, 86f.) hatten die Wirtschaftsprüfer gewarnt; es mag kein Zufall sein, dass es in diesem Fall auch zu einer Verurteilung wegen Wrongful Trading kam. Generell empfiehlt *Hirt* ECFR 1 (2004) 71, 107, als Strategie zur Haftungsvermeidung, bei den ersten Anzeichen einer Krise qualifizierte Berater hinzuzuziehen. Ebenso *Cooke/Hicks* JBL 1993, 338, 340f.

306 EuGH, Rs. 133/78, *Gourdain/Nadler*, Slg. 1979, 733.

307 *Forum Europaeum* ZGR 27 (1998) 672, 757ff.

308 *Guyon* Droit des Affaires II, 2001, S. 440.

309 Article 624-3, alinéa 1, Code de Commerce : „Lorsque le redressement judiciaire ou la liquidation judiciaire d'une personne morale fait apparaître une insuffisance d'actif, le tribunal peut, en cas de faute de gestion ayant contribué à cette insuffisance d'actif, décider que les dettes de la personne morale seront supportées, en tout ou en partie, avec ou sans solidarité, par tous les dirigeants de droit ou de fait, rémunérés ou non, ou par certains d'entre eux."

denn sie setzt einen Schaden, eine Pflichtverletzung und Kausalität voraus.[310] Der Schaden trifft die Gläubiger und besteht in der Unzulänglichkeit der Vermögensmasse bei Insolvenz der Gesellschaft (*insuffisance d'actif*).[311] Der Vorwurf gegenüber den Geschäftsleitern besteht darin, zur Herbeiführung dieses Zustandes durch Geschäftsführungsfehler beigetragen zu haben. Der Beweis setzt dabei häufig an der Rechnungslegung an.[312] Entweder wurde sie ordnungsgemäß geführt, dann wird sie Anhaltspunkte dafür liefern, dass die Krise früher hätte erkannt und bekämpft werden können. Oder sie weist Mängel auf, so dass die Krise nicht erkennbar war; dann liegt der Geschäftsführungsfehler bereits in der mangelhaften Rechnungslegung.

Auf der Rechtsfolgenseite gewährt die Vorschrift dem Gericht einen weiten Ermessenspielraum. Es kann einen beliebigen Betrag festlegen, der die unbezahlt gebliebenen Schulden der Gesellschaft ganz oder teilweise deckt. In den meisten Fällen wirkt sich dies zu Gunsten der Geschäftsleiter aus, denn nach allgemeinem Schadensersatzrecht müssten sie den gesamten von ihnen verursachten Schaden ersetzen. In extremen Fällen kann es aber auch geschehen, dass ein Geschäftsleiter zur Zahlung des gesamten Fehlbetrags verurteilt wird, obwohl er nur einen Teil davon durch einen persönlichen Geschäftsführungsfehler verursacht hat.[313]

(3) Eigenkapitalersatz

Vergleichbar dem englischen Wrongful trading setzt das deutsche Recht zum Eigenkapitalersatz am Zeitpunkt der unternehmerischen Krise an.[314] Ein Gesellschafter, der seiner Gesellschaft in der Krise ein Darlehen gewährt, kann es im Insolvenzverfahren nur als nachrangiger Insolvenzgläubiger geltend machen (§ 32a GmbHG).[315] Der Grundgedanke dieser Regelung liegt in der Verantwortung der Gesellschafter für eine ordnungsgemäße Finanzierung der Gesellschaft.[316] Sie sind nicht gezwungen, der Gesellschaft in der Krise Finanzmittel zuzuführen; wenn sie dies aber tun, muss es in Form von Eigenkapital geschehen. Dahinter stehen Über-

---

310 *Guyon* Droit des Affaires II, 2001, S. 427.

311 *Guyon* Droit des Affaires II, 2001, S. 428.

312 *Guyon* Droit des Affaires II, 2001, S. 429.

313 *Guyon* Droit des Affaires II, 2001, S. 433.

314 Auch das österreichische Recht kennt Regeln zum Eigenkapitalersatz, die seit dem Jahre 2004 in einem eigenen Gesetz geregelt sind; dazu umfassend *Reich-Rohrwig* Kapitalerhaltung, 2004, S. 51 ff.

315 Die parallel weiterhin anwendbaren Rechtsprechungsregeln binden eigenkapitalersetzende Darlehen unabhängig vom Eintritt der Insolvenz, dafür aber nur in Höhe der Überschuldung, also soweit zur Deckung des Stammkapitals notwendig (BGH, 24. März 1980, II ZR 213/77, BGHZ 76, 326, 335); in BGH, 26. März 1984, II ZR 14/84, BGHZ 90, 370, 378 f., hat der BGH entschieden, diese Rechtsprechungsregeln auch nach der Gesetzesnovelle neben den gesetzlichen Tatbeständen aufrecht zu erhalten.

316 BGH, 26. März 1984, II ZR 14/84, BGHZ 90, 370, 389. Weiterhin *Lutter/Hommelhoff* GmbHG, 16. Aufl., 2004, §§ 32a/b, Rn. 2 ff. und *K. Schmidt* in: Scholz, GmbH-Gesetz, 9. Aufl., 2000, §§ 32a, 32b, Rn. 4 ff.

legungen, die mit denjenigen des englischen Rechts zumindest verwandt sind: Ein Gesellschafter soll die Gesellschaft nicht durch Darlehen über Wasser halten und damit das Finanzierungsrisiko auf die Gläubiger verlagern können. Da er sein Geld auf Grund besserer Informationsmöglichkeiten notfalls noch beizeiten in Sicherheit bringen könnte, spekuliert er letztlich „auf dem Rücken der Gesellschaftsgläubiger".[317] Diese Überlegungen des Bundesgerichtshofs knüpfen ebenso wie das englische Wrongful Trading an der Gefahr opportunistischen Verhaltens an, die in einer Kapitalgesellschaft gerade im Zeitpunkt der Krise besonders akut wird.

In der Rechtsfolge unterscheiden sich die Kapitalersatzregeln insoweit von den soeben betrachteten englischen und französischen Haftungstatbeständen, als sie lediglich das eingesetzte Kapital binden, jedoch keine darüber hinausgehende Pflicht begründen, den Ausfall der Gläubiger zu ersetzen. Daran zeigt sich, dass die deutschen Regeln ein Element der Kapitalerhaltung sind,[318] während die englische und französische Haftung an sorgfaltswidrigem Verhalten anknüpft.

Aufschlussreich ist, wie das deutsche Recht den Zeitpunkt der Krise ermittelt. § 32a Abs. 1 GmbHG gibt dazu einen nur vagen Anhaltspunkt: Es handelt sich um den Zeitpunkt, zu dem ordentliche Kaufleute der Gesellschaft Eigenkapital zugeführt hätten. Dies konkretisieren herrschende Lehre und Rechtsprechung dahingehend, dass der Gesellschaft gegenüber Dritten die Kreditwürdigkeit gefehlt haben muss.[319] Wichtige Indizien liefert das konkrete Verhalten von Gesellschaft und Geschäftspartnern: die Kündigung eines Kredits, die fehlende Kreditlinie bei der Bank oder die Nichtbedienung fälliger Verbindlichkeiten.[320] Auch bilanzielle Anhaltspunkte, namentlich eine drohende Überschuldung, können die Krise indizieren.[321]

(4) Existenzvernichtender Eingriff

Dem Recht des Eigenkapitalersatzes hat der Bundesgerichtshof in einigen grundlegenden Entscheidungen der jüngeren Zeit einen weiteren Haftungstatbestand an die Seite gestellt, den existenzvernichtenden Eingriff.[322] Er beruht auf dem Grundsatz, dass die Gesellschafter das Vermögen der Gesellschaft nur dann angreifen

---

[317] BGH, 26. März 1984, II ZR 14/84, BGHZ 90, 370, 388.

[318] Der Tatbestand des Eigenkapitalersatzes ist kein Verschuldenstatbestand (*K. Schmidt* in: Scholz, GmbH-Gesetz, 9. Aufl., 2000, §§ 32a, 32b, Rn. 38).

[319] *Lutter/Hommelhoff* GmbHG, 16. Aufl., 2004, §§ 32a/b, Rn. 18ff.; *K. Schmidt* in: Scholz, GmbH-Gesetz, 9. Aufl., 2000, §§ 32a, 32b, Rn. 38.

[320] *Lutter/Hommelhoff* GmbHG, 16. Aufl., 2004, §§ 32a/b, Rn. 20; *K. Schmidt* in Scholz, GmbH-Gesetz, 9. Aufl., 2000, §§ 32a, 32b, Rn. 41.

[321] *Lutter/Hommelhoff* GmbHG, 16. Aufl., 2004, §§ 32a/b, Rn. 33; BGH, 19. September 1988, II ZR 255/87, BGHZ 105, 168, 181: für die Tilgung der Schulden stand kein Kapital zur Verfügung.

[322] Grundlegend BGH, II ZR 178/99, BGHZ 149, 10ff., fortgeführt in BGH, II ZR 300/00, BGHZ 151, 181. Ausführliche Analyse des neuen Rechtsinstituts bei *Weller* Europäische Rechtsformwahlfreiheit, 2004, S. 123ff.

dürfen, wenn sie dadurch deren Fähigkeit, ihre Verbindlichkeiten gegenüber den Gläubigern zu befriedigen, nicht gefährden. Dahinter steht die Vorstellung, dass das Vermögen der GmbH vorrangig der Befriedigung der Gläubiger zu dienen habe.[323] Den Gesellschaftern stehe daher nur der zur Erfüllung der Gesellschaftsverbindlichkeiten nicht benötigte Überschuss zu.[324] Der implizite Vorwurf lautet, die Gesellschafter hätten die Gesellschaft nicht ordnungsgemäß abgewickelt, ihr statt dessen das Vermögen entzogen und sie erst danach in eine (zumeist masselose) Insolvenz geführt.[325] Sowohl bei der freiwilligen Abwicklung als auch im Insolvenzverfahren genießen zunächst die Gläubiger den Vorrang;[326] dieses Vorrangverhältnis kehrt der Gesellschafter um, der sich in übermäßiger Weise aus dem Gesellschaftsvermögen bedient und die Gesellschaft damit in den Ruin treibt. Ein unzulässiger Eingriff in das Gesellschaftsvermögen liegt vor, wenn der Abzug von Vermögen die Gesellschaft „nach seriösen kaufmännischen Maßstäben in den voraussehbaren wirtschaftlichen Zusammenbruch treiben muss."[327] Die Ähnlichkeit zum kritischen Punkt des Wrongful trading ist unverkennbar, wenngleich der Gesellschafter die Gesellschaft beim existenzvernichtenden Eingriff selbst aktiv auf diese Klippe zusteuert. Im Rückblick allerdings wird dieselbe Prüfung vorzunehmen sein, nämlich ob es erkennbar war, dass die Gesellschaft nach Abzug der Vermögenswerte mit großer Wahrscheinlichkeit in die Insolvenz fallen werde.[328] Betrachtet man die praktischen Hintergründe, wird die Parallele noch deutlicher. Der Missstand, den es zu bekämpfen gilt, ist die „kalte" Liquidation, welche die Gesellschafter häufig dann vornehmen, wenn sie erkennen, dass die Gesellschaft keine Überlebenschance mehr hat; sie überführen dann die verbliebenen Vermögenswerte in ihr Privatvermögen oder auf eine Auffanggesellschaft und hinterlassen den Gläubigern die „leere Hülle" der GmbH.[329] Eine weitere Parallele zur englischen Rechtsentwicklung liegt darin, dass man derartiges Verhalten zwar auch deliktisch (§ 826 BGB) fassen könnte, hier aber vor allzu großen Beweisproblemen steht.[330] Der rechtspolitische Anlass bei

---

323 BGH, II ZR 300/00, BGHZ 151, 181, 186; *Röhricht* in VGR (Hrsg.), Gesellschaftsrecht in der Diskussion 2002, 2003, S. 1, 23; *Röhricht* FS BGH, 2000, S. 83, 104, betont, dass es nur unter dieser Prämisse gerechtfertigt sei, dass die Gesellschaft den Gesellschaftern das Risiko der unternehmerischen Tätigkeit abnehme.

324 BGH, II ZR 300/00, BGHZ 151, 181, 186.

325 Vgl. BGH, II ZR 300/00, BGHZ 151, 181, 186 und 188. Für eine stärkere Ausdifferenzierung in mehrere unterschiedliche Anspruchsgrundlagen *Schön* ZHR 168 (2004) 268 ff.

326 Vgl. BGH, II ZR 300/00, BGHZ 151, 181, 186: „In jedem Fall hat ihre Beendigung jedoch in einem geordneten Verfahren zu erfolgen, in dem die Vermögenswerte der Gesellschaft zunächst zur Befriedigung ihrer Gläubiger zu verwenden sind." Weiterhin *Röhricht* in VGR (Hrsg.), Gesellschaftsrecht in der Diskussion 2002, 2003, 27, *Keßler* GmbHR 2002, 945, 950.

327 *Röhricht* FS BGH, 2000, S. 83, 106.

328 *Keßler* GmbHR 2002, 945, 950: wenn „die Möglichkeit einer Existenzgefährdung bei vernünftiger kaufmännischer Betrachtungsweise erkennbar war."

329 *Keßler* GmbHR 2002, 945, 946.

330 Auf diesen Zusammenhang weist *Keßler* GmbHR 2002, 945, 947, hin.

Einführung des Wrongful trading war vergleichbar: die subjektiven Voraussetzungen des zuvor bereits existierenden *fraudulent trading* konnten kaum jemals nachgewiesen werden.[331]

Die Rechtsfolge eines existenzvernichtenden Eingriffs ist der Verlust des Haftungsprivilegs. Die Gläubiger können also ihre Forderungen unmittelbar gegen den Gesellschafter geltend machen.[332] Dies ist eine im Rechtsvergleich ungewöhnlich scharfe Sanktion. Wrongful Trading führt nur zum Ersatz des nach dem kritischen Punkt eingetretenen zusätzlichen Vermögensausfalls der Gläubiger; die Action en Comblement du Passif kann zwar grundsätzlich zum Ersatz des gesamten Ausfalls führen, die Gerichte greifen aber wohl eher selten zu dieser weitreichenden Rechtsfolge. Die Rechtfertigung für die Schärfe der Sanktion beim existenzvernichtenden Eingriff liegt darin, dass der in §§ 30, 31 GmbHG gesetzlich vorgesehene Ausgleich den über die Vermögensverschiebung hinausgehenden Schaden, nämlich den Entzug der wirtschaftlichen Existenzgrundlage und damit die Herbeiführung der Zahlungsunfähigkeit, nicht erfasst.[333] Die richterrechtliche Ausfallhaftung ist insoweit gegenüber dem gesetzlichen Ausgleichssytem der §§ 30, 31 GmbHG subsidiär[334] und greift nur dort, wo das gesetzliche System eine Schutzlücke lässt.[335] Andererseits ist im Vergleich zu anderen Rechtsordnungen festzuhalten, dass die Haftung für den existenzvernichtenden Eingriff an ein zurechenbares Verhalten anknüpft, das den Zusammenbruch der Gesellschaft herbeigeführt hat. Sanktioniert wird also nur die aktive Herbeiführung der Insolvenz. Anders als bei Wrongful Trading gibt es – außerhalb der Insolvenzantragspflicht – keine Haftung für bloßes Untätigbleiben, und im Gegensatz zur Action en Comblement du Passif keine allgemeine Haftung für Geschäftsführungsfehler.

(5) Rechtspolitischer Vorschlag: Solvenztest

Die soeben untersuchten Ansätze der Mitgliedstaaten beziehen sich auf ein grundlegendes Interesse jeden Gläubigers: die Aufrechterhaltung der Zahlungsfähigkeit der Gesellschaft. Dieselbe Zielrichtung verfolgt ein aktueller rechtspolitischer Vorschlag aus dem englischen Rechtsraum, vorgelegt von einer Arbeitsgruppe unter der Leitung von *Jonathan Rickford*. Sie knüpft damit an Vorschläge der High Level Expert Group an[336] und zielt mit ihrem Vorstoß ausdrücklich auch auf die europäische Gesetzgebung.

---

[331] *Habersack/Verse* ZHR 168 (2004) 174, 177ff.; *Hirt* ECFR 1 (2004) 71, 84f.

[332] BGH, II ZR 300/00, BGHZ 151, 181, 187.

[333] *Röhricht* FS BGH, 2000, S. 83, 93f.; *Keßler* GmbHR 2002, 945, 950.

[334] *Röhricht* in VGR (Hrsg.), Gesellschaftsrecht in der Diskussion 2002, 2003, S. 1, 29; *Keßler* GmbHR 2002, 945, 950.

[335] Dass diese Schutzlücke besteht, hat *Röhricht* FS BGH, 2000, S. 83, 92ff. ausführlich begründet.

[336] *High Level Group* Abschlussbericht, 2002, S. 94ff.

Nach Vorstellung der britischen Arbeitsgruppe ist das wirksamste und zugleich für die Unternehmen schonendste Mittel des Gläubigerschutzes ein vor jeder Ausschüttung vorzunehmender Solvenztest.[337] In der Grundaussage zum Gläubigerschutz stimmt er mit dem Kapitalschutzsytem deutscher Prägung überein: Aufgabe des gesetzlichen Gläubigerschutzes ist es nicht, ein betriebswirtschaftlich ausreichendes Kapital zu garantieren, sondern Ausschüttungen des Gesellschaftsvermögens an die Gesellschafter zu kontrollieren und zu kanalisieren.[338] Die Schwäche des Mindestkapitals sieht die Arbeitsgruppe darin, dass seine Höhe in Bezug zum tatsächlich benötigten Betriebskapital willkürlich sei.[339] Gegenüber dem System des Kapitalschutzes äußert die Arbeitsgruppe die bekannten Bedenken;[340] einem derart starren strukturellen Schutz sei eine flexible verhaltensbezogene Kontrolle der Geschäftsleitung vorzuziehen.[341] Daran knüpft der Vorschlag für den Solvenztest an.[342]

Die Geschäftsleiter sollen gesetzlich verpflichtet werden, vor jeder Ausschüttung an die Gesellschafter eine Solvenzerklärung abzugeben (*certification of solvency*).[343] Diese Erklärung sollte im Handelsregister offengelegt werden.[344] Die Bestätigung durch einen Wirtschaftsprüfer sei nicht erforderlich; denn die Ausschüttung sei letztlich eine unternehmerische Entscheidung der Geschäftsleiter.[345] Auch die zwingende Verknüpfung mit einem Bilanztest wird abgelehnt, der bedeuten würde, die Verfügbarkeit der ausgeschütteten Mittel bilanziell zu belegen (*net asset test*).[346] Im Gegensatz zur vergangenheitsbezogenen Bilanz sei die Beurteilung der Solvenz zukunftsbezogen. Weder könne man aus einem bilanziellen Vermögensüberschuss mit Gewissheit schließen, dass aktuell tatsächlich Vermögen zu verteilen sei, noch könne man ausschließen, dass durch den Bezug auf die möglicherweise veraltete Bilanzinformation Vermögen im Unternehmen gebunden bleibe, das eigentlich ausge-

---

337 Ausführlich der von *Jonathan Rickford* herausgebene Bericht (veröffentlicht in EBLR 2004, 919 ff).

338 *Rickford* EBLR 2004, 919, 923.

339 *Rickford* EBLR 2004, 919, 931.

340 Vgl. oben S. 469 f.

341 So beispielsweise *Rickford* EBLR 2004, 919, 936. Am Beispiel des Erwerbs eigener Aktien, den im englischen Recht allein die Pflicht der Geschäftsleiter reguliere, die Interessen der Gesellschaft zu wahren.

342 Eine zusammengefasste Darstellung des Vorschlags findet sich bei *Rickford* EBLR 2004, 919, 979 ff. Vgl. außerdem den Bericht bei *Micheler* ZGR 33 (2004) 324, 338 ff.

343 *Rickford* EBLR 2004, 919, 972. Die Arbeitsgruppe hat bei ihrem Vorschlag sowohl den Solvenztest des neuseeländischen Rechts als auch denjenigen des US-amerikanischen Rechts vergleichend berücksichtigt. Sie geht in ihrem Bericht auf den S. 972 ff. mehrfach auf diese Vergleichsregelungen ein.

344 *Rickford* EBLR 2004, 919, 972.

345 *Rickford* EBLR 2004, 919, 974. Allerdings müsse sich der Abschlussprüfer zur Zulässigkeit der im zu prüfenden Geschäftsjahr vorgenommenen Ausschüttungen äußern (ebda., S. 981).

346 *Rickford* EBLR 2004, 919, 975.

schüttet werden könne.[347] Vorzugswürdig sei ein Bezug zur Bilanz in der Form, dass die Geschäftsleiter eine besondere Begründungspflicht treffe, wenn sie Vermögen an die Gesellschafter ausschütten wollten, obwohl die Bilanz keinen Überschuss ausweise.[348]

Anders als die bilanzielle Sicht dürfe die Solvenzerklärung auch künftige Ereignisse in die Beurteilung einbeziehen. Wenn die Geschäftsleiter also nach sorgfältiger Prüfung unter Berücksichtigung der zu erwartenden Geschäftsentwicklung zu dem Ergebnis gelangten, dass die Gesellschaft auf absehbare Zeit in der Lage sein werde, ihre Verbindlichkeiten zu bedienen, sei eine Ausschüttung statthaft.[349] Die vorgesehene Solvenzerklärung müsste dies allerdings nur für einen Zeitraum von einem Jahr, gerechnet vom Zeitpunkt der Ausschüttung an, bestätigen. Die Erklärung soll Anknüpfungspunkt für eine Fahrlässigkeitshaftung (*based on fault*) der Geschäftsleiter und der die Ausschüttung empfangenden Gesellschafter sein; die sorgfaltswidrige Abgabe der Erklärung könnte außerdem Grundlage einer *disqualification* der Geschäftsleiter sein.[350] Als Fahrlässigkeitsmaßstab solle der allgemeine Maßstab der Geschäftsleiterpflichten gelten („*directors' duty of care, skill and diligence*").[351]

Folgende allgemeine Überlegungen haben die Arbeitsgruppe bei ihrem Vorschlag geleitet:[352] Grundsätzlich sei ein Bedürfnis für ein gesetzliches Gläubigerschutzsystem zu bejahen. Von zentralem Interesse für den Gläubiger sei eine im Verhältnis zum bewusst eingegangenen Kreditrisiko angemessene Aussicht, den Kredit zurückzuerhalten. Die große Gefahr für den Gläubiger liege in der Insolvenz der Gesellschaft. Absoluten Schutz gegen Insolvenz könne es aber nicht geben, denn dann müsste jegliche Ausschüttung an die Gesellschafter untersagt werden. Ohne die Aussicht auf Gewinnausschüttungen jedoch werde niemand in eine Gesellschaft investieren. Dies wiederum sei auch nicht im Sinne der Gläubiger; denn sie hätten ein Interesse daran, dass Unternehmen entstehen, mit denen sie Geschäfte machen können. Es gehe also um ein sinnvolles Gleichgewicht zwischen dem legitimen Ausschüttungsinteresse der Gesellschafter und den ebenso legitimen Erwartungen der Gläubiger, am Ende der Kreditlaufzeit bezahlt zu werden. Dies Gleichgewicht sei nicht mit mathematischer Genauigkeit zu ermitteln.[353] Jedoch müssten alle Möglichkeiten des Schutzes durch Information genutzt werden, da sie die unternehmerische Freiheit nicht beeinträchtigten; außerdem sei flexiblen verhaltensbezogenen

---

[347] *Rickford* EBLR 2004, 919, 975.

[348] *Rickford* EBLR 2004, 919, 977.

[349] *Rickford* EBLR 2004, 919, 979: "the directors should be required to reach the view that *for the reasonably foreseeable future, taking account of the company's expected prospects in the ordinary course of business, it can reasonably be expected to meet its liabilities*" (kursive Hervorhebung im Original).

[350] *Rickford* EBLR 2004, 919, 980.

[351] *Rickford* EBLR 2004, 919, 980.

[352] *Rickford* EBLR 2004, 919, 966 ff.

[353] *Rickford* EBLR 2004, 919, 968: "the question of where to set the balance is not a purely logical one."

Standards der Vorzug zu geben vor starren Verboten oder Restriktionen der Finanzierungsentscheidungen von Unternehmen.[354] Schließlich sei das Interesse der Gesellschaften und ihrer Geschäftsleiter an Rechtssicherheit zu bedenken: "the directors and controllers making the distribution decision need the safe harbour".[355]

(6) Stellungnahme: Ex-ante oder ex-post-Kontrolle?

Der von der Rickford-Gruppe aufgeworfene Aspekt des *„safe harbour"*[356] für die Geschäftsleiter ist zugleich die Achillesferse des Vorschlags. Denn die Arbeitsgruppe konstatiert am Ende ihrer Überlegungen, dass Rechtssicherheit für die Geschäftsleiter letztlich nicht erreichbar sei; ob und wie die künftige Solvenz der Gesellschaft feststellbar sei, könne man nicht abschließend definieren.[357] Dies lenkt den Blick auf ein grundsätzliches Problem des nachgeschalteten Gläubigerschutzes: Geschäftsleiter müssen ihre Entscheidungen ex ante treffen; das Gericht entscheidet ex post – mit allen unangenehmen Begleiterscheinungen, die dies bedingt. Mit dieser Problematik zwar nicht deckungsgleich aber doch eng verwoben ist die rechtspolitische Entscheidung zwischen der Aufstellung einer „Rechtsregel", die bereits ein vollständig ausformuliertes Konditionalprogramm enthält, und eines „Verhaltensstandards", der seinen operationalen Gehalt erst nachträglich anhand eines konkreten Einzelfalles gewinnt:[358] Rechtsregeln sind zwar in der ursprünglichen Abfassung kostspieliger, Standards hingegen verursachen höhere Kosten bei der späteren Handhabung durch die Gerichte. Unterstellt man, dass Geschäftsleiter ein Interesse an rechtssicheren Rahmenbedingungen haben, ist die ex-post Überprüfung unternehmerischer Entscheidungen durch Gerichte stets problematisch, weil sich die Situation der ex-ante-Entscheidung im Gerichtssaal kaum mehr authentisch herstellen lässt.[359]

Liest man beispielsweise die Erläuterungen von *Cooke/Hicks*,[360] anhand welcher finanzanalytischer Methoden man schon lange vor Eintritt der Insolvenz genau diese vorhersagen könne – was eine weite Vorverlagerung des kritischen Zeitpunkts für Wrongful trading bedeutet – beschleichen einen Zweifel, ob man Derartiges vom

---

[354] *Rickford* EBLR 2004, 919, 967.

[355] *Rickford* EBLR 2004, 919, 968.

[356] Allgemein zum Begriff des „sicheren Hafens" *Fleischer* ZHR 168 (2004) 673, 700f.

[357] *Rickford* EBLR 2004, 919, 981: "We have concluded that a real safe harbour is not achievable, because in the final analysis the ultimate test must be as to solvency and this does not admit of a bright line definition ..."

[358] Dazu *Fleischer* ZHR 168 (2004) 673, 697ff.

[359] Darauf stützen sich namentlich die Zweifel von *Lutter* am Vorbildcharakter des englischen Wrongful Trading oder der französischen Action en Comblement du Passif: „Vorschriften nach Art der französischen oder englischen Konkursgesetze ... sind nicht wirklich überschaubar oder beherrschbar" (*Lutter* AG 1998, 375, 377). Kritisch gegenüber der österreichischen Gerichtspraxis insoweit *Reich-Rohrwig* Kapitalerhaltung, 2004, S. 27, bezogen auf Tatbestände der Organhaftung.

[360] *Cooke/Hicks* JBL 1993, 338ff.

Geschäftsführer einer durchschnittlichen deutschen GmbH tatsächlich verlangen könne. *Cooke/Hicks* erwarten auch gar nicht, dass der gewöhnliche Geschäftsleiter derartige mathematische Operationen nachvollzieht; sie legen ihm nahe, fachkundigen Rat einzuholen.[361] Damit wird jedoch die Flexibilität und vermeintliche Einfachheit der verhaltensbezogenen Gläubigerschutzregeln deutlich entwertet. Denn ein risikobewusster Geschäftsleiter wird eine Ausschüttung unter dem Regime des Solvenztests kaum mehr tätigen können, ohne vorher fachkundigen Rat eingeholt zu haben. Andernfalls droht ihm schon deshalb eine Fahrlässigkeitshaftung, weil sich bereits die Entscheidung *ohne* externe Expertise als Sorgfaltsverletzung interpretieren lässt. Die Betrachtung der bislang zu Wrongful Trading entschiedenen Fälle scheint auch die naheliegende Vermutung zu bestätigen, dass sich die Gerichte angesichts der Schwierigkeiten der ex-post-Betrachtung unternehmerischer Entscheidungen gerne auf klar feststellbare Verhaltensfehler stützen. Die im anglo-amerikanischen Rechtsraum weithin übliche *legal opinion* externer Berater würde bei verhaltensbezogenen Haftungsmaßstäben wie *wrongful trading* und dem vorgeschlagenen Solvenztest auch in deutschen Unternehmen weit mehr als bisher zur unentbehrlichen Begleiterscheinung jedes finanzwirtschaftlich bedeutsamen Geschäftsvorgangs werden.

Guter Rat jedoch ist teuer. Die Kosten-Nutzen-Analyse gläubigerschützender Regeln nimmt bislang nur die Ineffizienz des Kapitalschutzes in den Blick, während für die sich über die Zeit aufsummierenden Beratungskosten eines verhaltensbezogenen Haftungsmaßstabs keine rechte Sensibilität erkennbar ist. Derartige Kosten sind für kleine und mittlere Unternehmen häufig unverhältnismäßig hoch. Vor einem Wechsel des Systems wäre daher eine empirische Analyse dringend geboten, die Kosten und Nutzen *beider* Systeme ermittelt und vergleicht. Darüber hinaus bleibt zu bedenken, dass die Justizsysteme der Mitgliedstaaten der Gemeinschaft höchst unterschiedlich ausgestaltet sind und auch das Selbstverständnis der Richter keineswegs überall dassselbe ist. Die Anwendung einer Fahrlässigkeitshaftung aus Wrongful Trading oder fehlerhafter Solvenzerklärung durch ein deutsches Gericht könnte in der Praxis völlig anders verlaufen als durch ein englisches. Auch derartige Begleiteffekte des rechtlichen und tatsächlichen Umfeldes wären zu berücksichtigen.

Die Effizienz der verhaltenssteuernden Normen ist noch aus einem zweiten Grund mit einem Fragezeichen zu versehen. Ausgangspunkt der Reformer ist die Kritik am starren System des Kapitalschutzes, das wegen der Orientierung an der vergangenheitsbezogenen Rechnungslegung vielfach Mittel im Unternehmen blockiert, die eigentlich ausgeschüttet werden könnten, und an anderer Stelle Ausschüttungen erlaubt, obwohl die Kennzahlen der letzten Bilanz vielleicht schon wieder überholt sind. Die flexibleren Haftungstatbstände sollten es ermöglichen, Ausschüttungen ganz eng an den betriebswirtschaftlichen Realitäten zu orientieren und damit die

---

361 *Cooke/Hicks* JBL 1993, 338, 350; die Bedeutung fachkundiger Beratung war bereits oben bei der Untersuchung des Wrongful Trading deutlich geworden (s. Fn. 305).

optimale Effizienz des Kapitaleinsatzes gewährleisten. Dies über die Androhung persönlicher Haftung realisieren zu wollen, läuft jedoch einer Grundaussage der ökonomischen Analyse zuwider: Zentrale argumentative Basis und Legitimation für die Gewährung von Haftungsbeschränkung gerade im Bereich kleiner und mittlerer Unternehmen ist die Risikoaversion natürlicher Personen.[362] Welchen Grund gibt es anzunehmen, dass dieselben natürlichen Personen als Geschäftsleiter gegenüber einer drohenden persönlichen Haftung weniger risikoavers handeln sollten? Die Furcht vor der persönlichen Haftung wird sie regelmäßig dazu veranlassen, weit unterhalb dem betriebswirtschaftlich Möglichen zu bleiben, weil sie stets bedenken müssen, dass sie ihre Entscheidungsfindung eines nicht allzu fernen Tages einem Gericht gegenüber substantiiert werden belegen müssen. Da im Rahmen des Solvenztests bei einer Ausschüttung, die den ausgewiesenen Bilanzgewinn überschreitet, die Beweis- oder zumindest die Begründungslast auf die Geschäftsleiter übergeht, werden sie sich in der allergrößten Zahl der Fälle an der Bilanz orientieren, müssen allerdings, wenn sie sich in der Erwartung fortbestehender Insolvenz getäuscht haben, dennoch mit einer Haftung rechnen. Damit ist im Hinblick auf den effizienten Einsatz der Finanzmittel nichts gewonnen und zudem noch die Handlungsunsicherheit für die Geschäftsleiter erhöht. Die Befürworter einer Reform sind den Nachweis bislang schuldig geblieben, dass das Gleichgewicht zwischen den betroffenen Interessen – der Gläubiger an der Zahlungsfähigkeit, der Gesellschafter an Ausschüttungen und der Geschäftsleiter an Rechtssicherheit – durch den Übergang zu einem System verhaltenssteuernder Haftungsregeln besser austariert werden könne als bisher.

Allerdings – unter dem Aspekt eines *binnenmarktkonformen* Gesellschaftsrechts erscheint es unumgänglich das System des Gläubigerschutzes auf eine krisenbezogene Haftung hin umzustellen oder zumindest durch diese zu ergänzen. Durch Kapitalschutz allein lässt sich die Schutzlücke gegenüber Scheinauslandsgesellschaften nicht schließen. Sich statt dessen allein auf den Schutz im Gründungsstaat zu verlassen, mag ein besonderes Zeichen gemeinschaftsrechtlicher Loyalität sein, steht aber doch unter so großen rechtspraktischen Schwierigkeiten, dass von einem solchen Vorgehen die wirksame Eindämmung negativer Verhaltensanreize kaum erwartet werden kann. Die deutsche Rechtswissenschaft sollte sich daher an der Ausgestaltung einer europaweit geltenden krisenbezogenen Haftungsnorm aktiv beteiligen und ihre im System des Kapitalschutzes gewonnenen Erfahrungen einbringen. Ein wichtiger Beitrag wäre, auf die größere Rechtssicherheit für die Geschäftsleiter hinzuweisen. In das Modell des Solvenztestes könnte dies integriert werden, indem mit der Beachtung bilanzieller Kennzahlen eine deutliche Reduzierung des Haftungsrisikos verbunden wird; denkbar wäre eine daran geknüpfte, für den Geschäftsleiter sprechende (widerlegbare) Vermutung sorgfältigen Verhaltens.

---

[362] Siehe oben S. 478 ff.

b) Bestimmung des anwendbaren Rechts im Insolvenzfall

(1) Internationales Privatrecht der Mitgliedstaaten

Im Internationalen Privatrecht der Mitgliedstaaten richten sich das Insolvenzverfahren und seine Wirkungen üblicherweise nach dem Recht des Staates, in dem das Verfahren eröffnet worden ist.[363] Damit ist allerdings über die Anknüpfung der soeben untersuchten Haftungsnormen noch kein abschließendes Urteil gefällt. Denn häufig besteht Uneinigkeit darüber, ob sie dem Gesellschaftsrecht oder dem Insolvenzrecht zuzuordnen sind.[364] Die herrschende Meinung im deutschen Recht qualifiziert alle Haftungsregeln, die dem Gläubigerschutz dienen, als gesellschaftsrechtlich.[365] Streit besteht allerdings hinsichtlich der Einordnung der Kapitalersatzregeln der §§ 32 a/b GmbHG.[366] Ebensolcher Disput zeichnet sich zur Existenzvernichtungshaftung ab.[367] *Weller* plädiert jüngst in seiner Dissertation mit überzeugenden Argumenten für eine Sonderanknüpfung der Existenzvernichtungshaftung am Ort des Interessenmittelpunkts der Gesellschaft;[368] denn die Norm wolle ihrem Regelungszweck nach auf alle Gesellschaften Anwendung finden, die ihren Interessenschwerpunkt im Inland haben. Dem ist im Lichte der vorangegangenen Überlegungen zur Fortentwicklung des Internationalen Gesellschaftsrechts[369] zuzustimmen.

Die bislang herrschende Meinung, die alle Haftungstatbestände gesellschaftsrechtlich anknüpft, ist noch dem Gedanken des kollisionsrechtlichen Einheitsstatuts verhaftet.[370] Die Vorstellung, alle gesellschaftsrechtlichen Fragen müssten sich einheitlich mit ein und derselben Anknüpfung zuordnen lassen, war im Rahmen der Sitztheorie sinnvoll, ist aber nach der jüngsten EuGH-Rechtsprechung überholt.[371] Es ist nicht recht ersichtlich, warum man gegenüber Scheinauslandsgesellschaften, auf die man bislang über die Sitztheorie in allen denkbaren Fragen des Gesell-

---

363 In Deutschland gemäß § 335 InsO (dazu *Liersch* NZI 2003, 302ff.). Zum Interessenmittelpunkt als Anknüpfungsmoment des Insolvenzrechts auch *Weller* Europäische Rechtsformwahlfreiheit, 2004, S. 255f.

364 Zur Diskussion *Fischer* ZIP 2004, 1477, 1479ff. und *Weller* Europäische Rechtsformwahlfreiheit, 2004, S. 260ff.

365 *Zimmer* Internationales Gesellschaftsrecht, 1996, S. 292ff.; ausführlich und m.w.N. zur Diskussion auch *Weller* Europäische Rechtsformwahlfreiheit, 2004, S. 263f.

366 Für eine insolvenzrechtliche Einordnung *Paulus* ZIP 2002, 729, 734; für eine gesellschaftsrechtliche Einordnung *K. Schmidt* in: Scholz, GmbH-Gesetz, 9. Aufl., 2000, §§ 32a, 32b, Rn. 15.

367 *Ulmer* NJW 2004, 1201, 1207, tritt für eine gesellschaftsrechtliche Anknüpfung ein.

368 *Weller* Europäische Rechtsformwahlfreiheit, 2004, S. 305ff.; die Argumentation ist bei *Weller* nur eine hilfsweise, da er vorrangig für eine Anwendung von Art. 4 EuInsVO auf die Existenzvernichtungshaftung eintritt (dazu sogleich im Text).

369 Siehe oben § 7 (S. 402 ff.).

370 Dazu oben S. 430ff.

371 Ausführlich dazu oben S. 430 ff.

schaftsrechts deutsches Recht anwandte, nun überhaupt kein deutsches Recht mehr anwenden möchte. Die Anknüpfung an den Schwerpunkt der Interessen war im Kern sinnvoll und verstieß allein deshalb gegen die Niederlassungsfreiheit, weil sie die nach ausländischem Recht wirksame Gründung nicht anerkannte und dadurch eine Doppelbelastung verursachte. Welche Regeln zeitlich nach der Gründung gelten, ist eine davon getrennt zu behandelnde Frage. Im Ergebnis sollte man also von der sinnvollen Anknüpfung am Interessenschwerpunkt der Gesellschaft nur soviele Abstriche machen, wie europarechtlich nötig ist: Die Rechts- und Handlungsfähigkeit der Gesellschaft verleiht der Gründungsstaat; die aus der Tätigkeit sich ergebenden Haftungskonsequenzen regelt der Tätigkeitsstaat.

(2) Europäische Insolvenzverordnung

Mit Eröffnung des Insolvenzverfahrens kommt allerdings die Europäische Verordnung über das Insolvenzverfahren ins Spiel.[372] Denn diese Verordnung vereinheitlicht nicht nur das Verfahren, sondern auch die Wirkungen der Insolvenz. Es ist dabei ihr erklärtes Ziel, auch in die mitgliedstaatlichen Regeln des Internationalen Privatrechts korrigierend einzugreifen: „Die Verordnung sollte für den Insolvenzbereich einheitliche Kollisionsnormen formulieren, die die Vorschriften des internationalen Privatrechts der einzelnen Staaten ersetzen. Soweit nichts anderes bestimmt ist, sollte das Recht des Staates der Verfahrenseröffnung (lex concursus) Anwendung finden. ... Die lex concursus regelt *alle verfahrensrechtlichen wie materiellen Wirkungen* des Insolvenzverfahrens auf die davon betroffenen Personen und Rechtsverhältnisse ..."[373] Dieser Erwägungsgrund findet seinen Niederschlag in Artikel 4 Absatz 1 der Verordnung: „Soweit diese Verordnung nichts anderes bestimmt, gilt für das Insolvenzverfahren und seine Wirkungen das Insolvenzrecht des Mitgliedstaats, in dem das Verfahren eröffnet wird, nachstehend ‚Staat der Verfahrenseröffnung' genannt."

Der Staat der Verfahrenseröffnung ist derjenige Mitgliedstaat, in dem der Schuldner „den Mittelpunkt seiner hauptsächlichen Interessen hat" (Artikel 3 Absatz 1). Die europäische Verordnung folgt somit dem Grundgedanken der engsten Verbindung,[374] der das Internationale Privatrecht in vielen Bereichen beherrscht und auch der Sitztheorie zugrundeliegt. Die Diskussion kreist seitdem um die Frage, ob bestimmte Haftungstatbestände im Sinne des Art. 4 EuInsVO als „Wirkung des Insolvenzverfahrens" angesehen werden können. Denn dann wäre sekundärrechtlich

---

[372] Verordnung (EG) Nr. 1346/2000 des Rates vom 29. Mai 2000 über Insolvenzverfahren, ABl. EG v. 30.6.2000, Nr. L 160/1 ff.

[373] Erwägungsgrund 23 der Verordnung; kursive Hervorhebung durch den *Verfasser*.

[374] *Kemper* ZIP 2001, 1609, 1615; *Leible/Staudinger* KTS 2000, 533, 543. Allerdings sind die nationalen Gerichte mitunter bei ein und derselben Insolvenz uneinig darüber, in welchem Staat der Schuldner den Mittelpunkt seiner Interessen hatte. Zu den Bestrebungen nationaler Gerichte, Insolvenzverfahren auf diese Weise an sich zu ziehen, *Weller* IPRax, 2004, 412 ff.

die Geltung der lex concursus angeordnet und damit das Recht des Staates, in dem der Schuldner den Mittelpunkt seiner Interessen hat.

Die entscheidende Frage ist, ob bestimmte Tatbestände, die eine persönliche Haftung der Gesellschafter oder Geschäftsleiter anordnen, unter Art. 4 EuInsVO gefasst werden können. Unter den „Wirkungen des Insolvenzverfahrens" versteht man gemeinhin vor allem den Verlust der Verwaltungs- und Verfügungsbefugnis des Schuldners über sein Vermögen. Dies ist für das deutsche Recht § 80 Abs. 1 InsO zu entnehmen und beruht auf dem Grundgedanken des Insolvenzverfahrens, eine kollektive und gleichberechtigte Befriedigung der Gläubiger sicherzustellen.[375] Mit Eröffnung des Insolvenzverfahrens endet die eigenverantwortliche Vermögensverwaltung durch den Schuldner und beginnt die hoheitlich angeordnete Zwangsverwaltung und -verwertung.[376] Hingegen hat die Eröffnung des Insolvenzverfahrens unmittelbar keinen Einfluss auf den Vermögensbestand des Schuldners. Ob er Eigentümer einer Sache oder Inhaber einer Forderung ist, regelt nicht das Insolvenzverfahren; diesem geht es in erster Linie um die geordnete Verwertung des Vermögens, so wie es bei Eröffnung steht und liegt. Auch der EuInsVO liegt dieses Funktionsverständnis des Insolvenzverfahrens zu Grunde. Denn „Insolvenzverfahren" im Sinne der Verordnung sind „Gesamtverfahren, welche die Insolvenz des Schuldners voraussetzen und den vollständigen oder teilweisen Vermögensbeschlag gegen den Schuldner sowie die Bestellung eines Verwalters zur Folge haben."[377] Artikel 4 der Verordnung möchte sicherstellen, dass für dieses Verfahren – seine Eröffnung, Abwicklung und Beendigung sowie für seine materiellen Wirkungen – ein und dasselbe nationale Recht anwendbar ist.[378] Alle Sachverhalte, die „in einer besonders engen Verbindung zur Homogenität und inneren Harmonie, das heißt zur Organisation des Insolvenzverfahrens stehen",[379] sollen damit einer einheitlichen Regelung zugewiesen werden. Dadurch soll insbesondere vermieden werden, dass ein Schuldner sein Vermögen anlässlich der Insolvenz in andere Mitgliedstaaten verbringt und damit dem Zugriff des Insolvenzverwalters entzieht.[380]

Im Lichte dieser Zielsetzung muss zwar das Insolvenzverfahren einheitlich abgewickelt werden, nicht aber jeder Tatbestand, der gewissermaßen akzidentiell mit dem Eintritt der Insolvenz verbunden ist, nach dem Recht des Verfahrensstaates beurteilt werden. Insgesamt entsteht der Eindruck, dass zu Artikel 4 EuInsVO noch

---

375 Zu diesen Grundgedanken und Grundwirkungen des Insolvenzrechts *Häsemeyer* Insolvenzrecht, 2. Aufl., 1998, S. 20ff. und *Smid* Grundzüge des Insolvenzrechts, 4. Aufl., 2002, S. 144ff.

376 *Smid* Grundzüge des Insolvenzrechts, 4. Aufl., 2002, S. 145.

377 Art. 2 lit. a) i.V.m. Art. 1 Abs. 1 EuInsVO.

378 *Duursma-Kepplinger* in: Duursma-Kepplinger/Duursma/Chalupsky, Europäische Insolvenzverordnung, 2002, Art. 4, Rn. 5.

379 *Duursma-Kepplinger* in: Duursma-Kepplinger/Duursma/Chalupsky, Europäische Insolvenzverordnung, 2002, Art. 4, Rn. 5.

380 Erwägungsgrund 4 der Verordnung; *Leible/Staudinger* KTS 2000, 533, 534, 537.

keine handhabbaren Abgrenzungskriterien entwickelt werden konnten. Was genau zum „Insolvenzrecht" im Sinne dieser Vorschrift gehört, ist „eine Frage mit einer Vielzahl von Fallstricken"[381]. Weiterführend ist der teleologische Ansatz, wonach Artikel 4 EuInsVO dazu dienen soll, die Einheitlichkeit des Verfahrens zu gewährleisten.[382] Allerdings lässt sich daraus nicht unmittelbar schließen, Artikel 4 sei möglichst extensiv auszulegen.[383] Denn auch dies ist kein sinnvoll handhabbares Auslegungskriterium. Statt dessen ist die Auslegung am Ziel der EuInsVO zu orientieren, wie es in Erwägungsgrund 4 zum Ausdruck kommt: Verhindert werden soll die Verlagerung von Vermögen oder Rechtsstreitigkeiten ins Ausland, um auf diese Weise eine verbesserte Rechtsstellung anzustreben; derartiges Verhalten sieht der Verordnungsgeber in einem Binnenmarkt als unerwünscht an. Der Wettbewerb der Rechtsordnungen soll im Moment der Insolvenz zum Stillstand kommen. Er ist allerdings im Gesellschaftsrecht ohnehin schon lange vor Eingreifen der hier interessierenden Haftungsfragen entschieden. Denn über das anwendbare Gesellschaftsrecht entscheidet zunächst der Ort der Gründung, ergänzend möglicherweise der Ort der Haupttätigkeit, nicht aber die Verlagerung einzelner Vermögensgegenstände.

Dennoch wird vielfach die Anwendung des Art. 4 EuInsVO auf gesellschaftsrechtlich veranlasste Haftungstatbestände vertreten. *Weller* begründet dies unter anderem mit der Funktionsäquivalenz zu den Anfechtungsrechten;[384] *Kindler* sieht dies ähnlich und stützt sich auf die Funktion der Existenzvernichtungshaftung, die Aushöhlung des Vermögens der Gesellschaft zum Nachteil der *Gesamtheit* der Gläubiger rückgängig zu machen.[385] Die EuGH-Entscheidung zur Action en comblement du passif[386] scheint dies zu bestätigen, sah sie doch in der gerichtlichen Entscheidung über die Haftung des Geschäftsleiters eine insolvenzrechtliche Angelegenheit. Dies betraf allerdings nur die Verfahrensseite, denn es ging konkret um die Anerkennung des im Ausland ergangenen Urteils auf Basis des Europäischen Gerichtsstands- und Vollstreckungsübereinkommens, das nur Zivil- und Handelssachen regelte. Das fragliche Urteil fiel nicht darunter, weil es im Rahmen oder jedenfalls im unmittelbaren Zusammenhang mit einem Insolvenzverfahren ergangen war. Damit ist aber nur etwas über das Verfahren gesagt, in dessen Rahmen der Anspruch geltend zu machen ist, nicht aber über die Anknüpfung des Haftungstatbestandes selbst.

---

381 *Paulus* ZIP 2002, 729, 734.

382 *Duursma-Kepplinger* in: Duursma-Kepplinger/Duursma/Chalupsky, Europäische Insolvenzverordnung, 2002, Art. 4, Rn. 5.

383 So aber *Duursma-Kepplinger* in: Duursma-Kepplinger/Duursma/Chalupsky, Europäische Insolvenzverordnung, 2002, Art. 4, Rn. 7.

384 *Weller* Europäische Rechtsformwahlfreiheit, 2004, S. 267ff.

385 *Kindler* in: FS Jayme, 2004, S. 409, 417.

386 EuGH, Rs. 133/78, *Gourdain/Nadler*, Slg. 1979, 733ff.

Der insolvenzrechtlichen Qualifizierung ist entgegenzuhalten, dass Haftungstatbestände wie die Insolvenzantragspflicht, das eigenkapitalersetzende Gesellschafterdarlehen, aber auch *wrongful trading* ihre Wurzel materiell-rechtlich im Gesellschaftsrecht haben:[387] Ihre Existenz erklärt sich allein aus der Haftungsbeschränkung der Kapitalgesellschaft.[388] Dass die Eröffnung eines Insolvenzverfahrens Tatbestandsvoraussetzung einer Haftungsnorm ist, macht sie in systematischer Hinsicht nicht zwingend zu einer insolvenzrechtlichen Norm. Als insolvenzrechtlich zu qualifizieren sind nur solche Tatbestände, die auch tatsächlich insolvenzspezifische Funktionen erfüllen.[389] So lassen sich die Einschränkung der Aufrechnungsmöglichkeit ebenso wie die insolvenzrechtlichen Anfechtungstatbestände aus dem Grundsatz der Gleichbehandlung der Gläubiger erklären und gelten gerade nicht nur für Kapitalgesellschaften, sondern für *jeden* Schuldner. Anders liegen die Dinge bei den Haftungstatbeständen des Rechts der Kapitalgesellschaften. Hier wird eine Gläubigergefährdung sanktioniert, die sich aus den Besonderheiten der Rechtsform ergibt. „Die Abwicklungsmethode ist insovenzrechtlicher Art, die Ansprüche selbst sind es nicht."[390] Denn die tragenden Gedanken der Haftungsnormen lassen sich nicht dem Insolvenzrecht entnehmen. Dieses kennt keine Pflicht, genügend Vermögen zur Befriedigung der Gläubiger vorzuhalten; Legitimationsgrund der Haftung ist vielmehr das Privileg der beschränkten Haftung, das gerade im Zeitpunkt der Krise eine gesteigerte Rücksichtnahme auf die Interessen der Gläubiger verlangt. Dies alles spricht dagegen, im Gesellschaftsrecht wurzelnde Haftungstatbestände insolvenzrechtlich zu qualifizieren.[391] Dies gilt jedenfalls für die Rechtsprechungsregeln zum Eigenkapitalersatz, die Insolvenzverschleppungshaftung des GmbH-Geschäftsführers und die Existenzvernichtungshaftung.[392] Sie finden ihren tieferen Grund in der Eigenart der Kapitalgesellschaft und sind daher gesellschaftsrechtlicher Natur.[393]

---

387 Vgl. auch *Zimmer* ZHR 168 (2004) 355, 366f.: kollisionsrechtliche Qualifikation entscheidet sich nach dem funktionalen Zusammenhang.

388 Hingegen ist es entgegen *Fischer* ZIP 2004, 1477, 1480, kein entscheidendes Kriterium, ob ein Rechtsinstitut einen Bezug zum Vorliegen eines Garantiekapitals aufweist. Das Besondere an der Kapitalgesellschaft ist die Haftungsbeschränkung.

389 In diesem Sinne auch *Ulmer* KTS 2004, 291, 297.

390 *K. Schmidt* ZHR 168 (2004) 493, 498.

391 Siehe dazu die differenzierende Analyse von *Ulmer* KTS 2004, 291, 297ff. Vgl. auch *Mock/Schildt* in: Hirte/Bücker (Hrsg.), Grenzüberschreitende Gesellschaften, 2005, S. 474 (Rn. 17), die allgemein dafür plädieren, Verstöße gegen gesellschaftsrechtliche Pflichten auch gesellschaftsrechtlich zu qualifizieren. Bezeichnenderweise und völlig zu Recht ordnen auch *Hertig/Kanda* in: *Kraakman u.a.* Anatomy of Corporate Law, 2004, S. 71, 88, aus rechtsvergleichend-funktionaler Sicht alle für Kapitalgesellschaften geltenden gläubigerschützenden Haftungstatbestände dem Gesellschaftsrecht zu, unabhängig davon, ob sie in den einzelnen Rechtsordnungen im Gesellschafts-, Delikts- oder Insolvenzrecht geregelt sind.

392 Zu alledem *Ulmer* KTS 2004, 291, 297ff.

393 Ebenso für die Existenzvernichtungshaftung *Schön* ZHR 168 (2004) 268, 291f.

(3) Zwischenergebnis

Wegen ihrer gesellschaftsrechtlichen Natur sind die oben genannten, auf den Zeitpunkt der Krise bezogenen Haftungstatbestände nicht insolvenzrechtlich anzuknüpfen. Sie unterliegen damit auch nicht der Sonderanknüpfung des Art. 4 EuInsVO. Sie sind aber auch nicht zwingend dem Recht des Gründungsstaates zuzuordnen. Vielmehr ist kollisionsrechtlich eine Sonderanknüpfung geboten, wenn der Interessenschwerpunkt einer ausländischen Gesellschaft sich im Inland befindet, es sich also um eine „Scheinauslandsgesellschaft" handelt. Eine solche Aufspaltung gesellschaftsrechtlicher Anknüpfungen – und der damit verbundene Abschied vom Einheitsstatut – ist nach der jüngsten Rechtsprechung des EuGH unumgänglich geworden.

Von einer Anwendung des Art. 4 EuInsVO unterscheidet sich der hier vertretene Ansatz insoweit, als er auch bei einem im Ausland eröffneten Insolvenzverfahren die inländische Haftungsnorm zur Anwendung bringt. Ziel der EuInsVO ist das einheitliche Verfahren, nicht die einheitliche Anknüpfung von außerhalb des Insolvenzrechts liegenden Fragen. Im praktischen Ergebnis macht dies keinen Unterschied, wenn das Insolvenzverfahren nach der EuInsVO tatsächlich in dem Staat eröffnet wird, in dem der Schuldner seinen Interessenschwerpunkt hat. Wenn jedoch, wie sich derzeit abzeichnet, diese Formel von verschiedenen europäischen Gerichten völlig unterschiedlich ausgelegt wird,[394] eröffnet die Sonderanknüpfung den im Inland ansässigen Gläubigern immerhin die Möglichkeit, die Haftungsnorm, auf deren Bestand sie im Verlaufe der Tätigkeit der Gesellschaft vertrauen durften, auch in dem im Ausland eröffneten Insolvenzverfahren geltend zu machen.

c) Überprüfung am Maßstab der Niederlassungsfreiheit

Gerade im Lichte der Inspire Art-Rechtsprechung wird häufig angeregt, auf insolvenzrechtliche Haftungstatbestände auszuweichen, weil man damit dem strengen Prüfungsmaßstab der Rechtfertigung entgegen könne[395] Dafür spricht in der Tat Einiges: Zum einen betrafen die bisherigen Entscheidungen zur Niederlassungsfreiheit von Gesellschaften Beschränkungen, die bereits im Zeitpunkt der erstmaligen Niederlassung im Aufnahmestaat eingreifen sollten. Maßnahmen, die zu einem späteren Zeitpunkt wirksam werden, belasten nicht den Grenzübertritt selbst und dürften somit leichter zu rechtfertigen sein. Zum zweiten lag eine wesentliche Schwäche der in Centros, Überseering und Inspire Art gegenständlichen Maßnahmen darin, dass sie ein abstraktes Risiko präventiv mildern wollten; wie sich in den

---

[394] Vgl. die S. 447 bei Fn. 239 f. genannten divergierenden Entscheidungen.

[395] Vgl. dazu jüngst das Referat von *Merkt* ZGR 33 (2004) 305ff. und insb. 323, sowie die sich anschließende Diskussion (Diskussionsbericht von *C. Teichmann*, ZGR 33 (2004) 348ff.). Umfassend zur insolvenzrechtlichen Anknüpfung der Existenzvernichtungshaftung als Abwehrmaßnahme gegen Scheinauslandsgesellschaften *Weller* Europäische Rechtsformwahlfreiheit, 2004.

Entscheidungen andeutet, hätte der EuGH Maßnahmen zur Bekämpfung konkreter Missstände eher für rechtfertigungsfähig gehalten. Mit der Insolvenz liegt ein konkreter Anhaltspunkt vor, der den Gläubigerschutz derart dringlich erscheinen lässt, dass auch eine daraus resultierende Beschränkung der Niederlassungsfreiheit gegebenenfalls hinzunehmen wäre. Die Annahme, derartige Tatbestände unterlägen überhaupt nicht dem Maßstab der Niederlassungsfreiheit, ginge allerdings in die Irre. Denn die Unterschiedlichkeit der Rechtssysteme ist auch im Insolvenzrecht geeignet, die Ausübung der Grundfreiheit weniger attraktiv zu machen. Angesichts eines konkret gefährdeten schützenswerten Allgemeininteresses wird sich dies aber leichter rechtfertigen lassen. Zudem stellt die wohl europaweit anerkannte Anknüpfung am Interessenschwerpunkt – sei es über eine Sonderanknüpfung, sei es über Art. 4 EuInsVO – sicher, dass es zu keiner Doppelbelastung kommt; sie erfüllt damit eine wesentliche Zielsetzung der binnenmarktbezogenen Grundfreiheiten.

4. Ergebnis

Die Auslegung der Niederlassungsfreiheit als Beschränkungsverbot führt dazu, dass zwingende Mindestkapitalregeln gegenüber im Ausland wirksam gegründeten Gesellschaften – und seien es auch sogenannte Scheinauslandsgesellschaften – nicht anwendbar sind. Damit ist aber nicht notwendig eine Aufgabe der Vorzüge des Kapitalschutzes verbunden, die namentlich in seiner größeren Klarheit und Rechtssicherheit für die mit Haftung bedrohten Gesellschafter und Geschäftsleiter liegen. Die im Kapitalschutz enthaltenen Elemente der Rechtssicherheit sollten in eine rechtspolitisch zu entwickelnde europäische Haftungnorm, die an der Krise ansetzt oder einen Solvenztest anordnet, eingebaut werden. Sollte es zu keiner Einigung auf europäischer Ebene kommen, ist auch denkbar, mit dem Angebot einer rechtssicheren Handhabung der Haftungsbeschränkung in den Wettbewerb der Regelungssysteme einzutreten. Hierzu müssten im nationalen Recht in nicht-diskriminierender Weise für inländische und ausländische Gesellschaften mit Tätigkeitsschwerpunkt im Inland verhaltensbezogene Haftungstatbestände entwickelt und mit kapitalbezogenen Entlastungsregeln kombiniert werden. Dies eröffnet den Betroffenen die Wahlfreiheit zwischen den zwar schwerfälligeren Kapitalregeln, die dafür größere Rechtssicherheit bieten, und der Flexibilität generalklauselartiger Verhaltenshaftung, die notwenig mehr Rechtsunsicherheit mit sich bringt. Den Gläubigern ist in beiden Fällen gedient; namentlich ist sichergestellt, dass ein von den Gesellschaftern oder Geschäftsleitern bewusst in Kauf genommenes Risiko bei Gründung oder in der Krise nicht auf die Gläubiger übergewälzt werden kann.

V. Ergebnis zu § 8

Die rechtliche Möglichkeit, die Haftung auf das Gesellschaftsvermögen zu beschränken, ist in allen Mitgliedstaaten der Gemeinschaft eine Selbstverständlichkeit. Ebenso besteht Einigkeit darüber, dass mit dem Institut der Haftungsbeschränkung ein spezifisches *Bedürfnis für Gläubigerschutz* korrespondiert. Dies gilt nicht nur für die kontinentaleuropäischen Rechtsordnungen. Auch das englische Recht, wie zuletzt Äußerungen aus der aktuellen Reformdiskussion belegen, sieht die Notwendigkeit gläubigerschützender Regelungen. Damit dreht sich der rechtspolitische Diskurs in Europa nicht um das „Ob", sondern um das „Wie" von Gläubigerschutz.

Für die Auswahl der *Regelungsebene* – Sekundärrecht oder mitgliedstaatliches Recht – sind die Rahmenbedingungen der Niederlassungsfreiheit zu beachten. Die EuGH-Rechtsprechung wendet gegenüber mitgliedstaatlichen Maßnahmen einen strengen Prüfungsmaßstab an, der entgegen dem ersten Anschein gerade nicht darauf abstellt, ob eine Maßnahme geeignet und erforderlich ist. Mindestkapital mag einen nur geringen Schutz bieten, gänzlich ohne Wirkung ist es nicht. Zudem hätte eine Wirkungsanalyse auch die Bedeutung des Mindestkapitals als Ausschüttungsgrenze während der Tätigkeit berücksichtigen müssen. Die bloße Information über die ausländische Rechtsform, die der EuGH für ausreichend hält, bietet jedenfalls einen geringeren Schutz, weil sie Informationskosten verursacht. Denn anders als beispielsweise die Etikettierung des Alkoholgehaltes bei Likör hat die Rechtsform als solche keinerlei Informationsgehalt; sie verweist den Gläubiger lediglich auf diejenige Rechtsordnung, innerhalb derer er sich kundig machen muss. Darin nur ein Begründungsdefizit zu sehen, greift zu kurz. In Wirklichkeit nimmt der EuGH für sich in Anspruch, gegenüber mitgliedstaatlichen Maßnahmen das erforderliche Schutzniveau festzulegen. Dies wiederum setzt er deshalb relativ niedrig an, weil die mitgliedstaatliche Beschränkung den Binnenmarkt beeinträchtigt. Bei einer sekundärrechtlichen Maßnahme, die binnenmarktweit gilt, droht keine spezifische Beeinträchtigung gerade des grenzüberschreitenden Verkehrs; daher hat der Gemeinschaftsgesetzgeber die Freiheit, das für sinnvoll erachtete Schutzniveau eigenständig festzulegen. Ein in sich geschlossenes Konzept des Gläubigerschutzes kann daher auf der Ebene des Sekundärrechts wesentlich leichter verwirklicht werden als auf der Ebene des mitgliedstaatlichen Rechts. Dies gilt es bei der Abwägung der Regelungsebenen zu bedenken.

Die *ökonomische Analyse* der Haftungsbeschränkung zeigt, dass sie die Risikoaversion natürlicher Personen überwinden und auf diese Weise erfolgversprechenden Unternehmungen den Weg bahnen soll. Der nachteilige Effekt von Haftungsbeschränkung ist die unmittelbare Kehrseite dessen, nämlich eine möglicherweise verfälschte Risikoanalyse des Unternehmers, die aus durchaus rationalen Gründen die Tatsache, dass Risiken nicht persönlich getragen, sondern den Gläubigern überlassen bleiben, in die Abwägung mit einbezieht. Im normalen Geschäftsbetrieb allerdings laufen die Interessen parallel, denn ohne Gewinne können die Gesellschafter nicht mit Ausschüttungen rechnen. Eine zu Lasten der Gläubiger verzerrte Risikoanalyse droht hingegen im Stadium der Gründung und in der Krise.

Präventiv bei der *Gründung* ansetzende Mechanismen haben also ihre Berechtigung, sind allerdings auf der Ebene des mitgliedstaatlichen Rechts nicht gegen ausländische Gesellschaften durchsetzbar. Hier kann der Gesetzgeber mit Informationsregeln helfen, die Möglichkeit der Gläubiger zum Selbstschutz zu stärken. Zur Eindämmung von Fehlverhalten in der *Krise* oder unmittelbar vor der Krise haben die einzelnen Rechtsordnungen vielfältige Mechanismen entwickelt, die sich funktional häufig recht ähnlich sind. Probleme bereitet hier die kollisionsrechtliche Einordnung. Zählt man derartige Tatbestände zum Insolvenzrecht, unterliegen sie nach der Europäischen Insolvenzrechtsverordnung dem Recht des Staates, in welchem die Gesellschaft den Mittelpunkt ihrer Interessen hat. Damit droht aber der innere Zusammenhang zerrissen zu werden, der gerade jene Gesellschaftsrechtsordnungen kennzeichnet, die keinen präventiven Schutz bei der Gründung bieten. Im Ergebnis unterliegt die Gesellschaft bei Gründung dem liberalen Recht ihres Gründungsstaates, entzieht sich dann aber mit Verlagerung ihres Tätigkeitsschwerpunkts den korrespondierenden strengen Haftungsregeln im Stadium der Krise. Rechtspolitisch lässt sich daraus der Schluss ziehen, dass auch der Tätigkeitsstaat derartige Haftungstatbestände einführen muss. Rechtsdogmatisch ist allerdings bereits die Prämisse angreifbar, dass derartige gesellschaftsrechtlich induzierte Haftungsmechanismen insolvenzrechtlich zu qualifizieren seien. Denn sie finden ihren teleologischen Geltungsgrund allein in der Tatsache der Haftungsbeschränkung; diese wiederum ist ein gesellschaftsrechtliches Spezifikum. Diejenigen Tatbestände, die verhindern sollen, dass unter den Bedingungen der Haftungsbeschränkung opportunistisches Verhalten in der Krise auftritt, sind daher grundsätzlich gesellschaftsrechtlich zu qualifizieren.

§ 9 Leitungssystem von Publikumsgesellschaften

Der letzte Teil der Untersuchung wendet sich einem Regelungskomplex im Recht der Aktiengesellschaften zu: der Leitungsstruktur von Publikumsgesellschaften. Binnenmarktkonformes Gesellschaftsrecht ist solches, das die allgemein im größeren Wirtschaftsraum zu erwartende Entwicklung zu größerer Effizienz unterstützt. Das insoweit passende legislatorische Konzept ist nicht immer einfach zu finden. Weitgehende Einheitlichkeit des Rechtsrahmens mag als Bestandteil eines wirklichen Binnenmarktes gesehen werden, weil es Transaktionskosten senkt und dem Ideal entspricht, dass Investitionsentscheidungen allein auf Grund ökonomischer Standortfaktoren getroffen werden. Eine solche Harmonisierung hat jedoch den Nachteil, dass sie die Verwendung konkurrierender Regelungsmodelle unterbindet und damit den Wettbewerb als Entdeckungsverfahren ausschaltet. Zudem ist das europäische Gesetzgebungsverfahren schwerfällig und bewirkt, wenn es einmal zum Ziel geführt hat, eine „Versteinerung" der Rechtslage. Die Europäische Kommission geht daher mehr und mehr dazu über, Empfehlungen oder Modellregelungen an die Stelle von zwingendem Recht zu setzen.[1] Regelungstechnisch scheint dies geradezu der Stein der Weisen zu sein, bietet doch die zentral einheitliche Vorgabe verbunden mit der Möglichkeit lokaler Abweichungen scheinbar die Vorteile beider Regelungsmodelle, des zentralen und des dezentralen.

Ob dies ein gangbarer Weg sein kann oder darin der zum Scheitern verurteilte Versuch einer Quadratur des Kreises liegt, mag das Beispiel der aktienrechtlichen Leitungsmodelle aufzeigen. Hier stehen sich seit Jahrzehnten das angelsächsische Board-Modell und das vor allem im deutschen Recht geprägte Trennungssystem von Vorstand und Aufsichtsrat scheinbar unvereinbar gegenüber. Dem Board-Modell nahestehend ist das System des Verwaltungsrats, das vor allem im romanischen Rechtskreis verbreitet ist; beide werden hier terminologisch als *monistisches Modell* zusammengefasst, dem das Trennungssystem als *dualistisches Modell* gegenübersteht. Die über viele Jahre lebhaft verlaufende wissenschaftliche Diskussion hat sich weitgehend auf den – sogleich näher auszuführenden – Befund geeinigt, dass die prinzipiellen Unterschiede in der Praxis mehr und mehr einer tatsächlichen Konvergenz der Systeme weichen. Das Board-Modell wird zunehmend durch Elemente der Funktionstrennung in Geschäftsleitung und Überwachung angereichert, während sich das Trennungsmodell in Richtung auf eine intensivere und engere Zusammenarbeit von Vorstand und Aufsichtsrat entwickelt.

In der Verordnung über die Europäische Aktiengesellschaft – die schon für sich genommen ein Optionsmodell ist, da sie den Unternehmen eine zusätzliche Rechtsform anbietet – eröffnet das Gemeinschaftsrecht den Unternehmen die Wahl zwischen dem monistischen und dem dualistischen Leitungsmodell. Von der High Level Group of Company Law Experts wurde dies zum Anlass genommen, eine

---

[1] Vgl. jüngst die Empfehlung zur Vergütung von Direktoren (ABl EU, 19.12.2004, Nr. L 385/55).

entsprechende Lösung auch für das mitgliedstaatliche Aktienrecht vorzuschlagen: Jede Rechtsordnung solle den nach ihrem Recht gegründeten Aktiengesellschaften die Wahl zwischen beiden Modellen eröffnen. Entstehungsgeschichtlich fände damit eine Entwicklung ihren Abschluss, die mit dem Vorschlag einer Fünften gesellschaftsrechtlichen Richtlinie als Versuch einer Harmonisierung „von oben" begann und nun möglicherweise in einer zentral initiierten, aber mitgliedstaatlich vollzogenen Optionslösung als Harmonisierung „von unten" endet.

Die Darstellung beginnt *unter I.* mit einem kurzen Überblick zur internationalen Corporate Governance-Diskussion und zeigt auf, inwieweit diese durch die SE-Verordnung eine neue Wendung erhalten hat. Die SE-Verordnung mit ihrem Wahlrecht zwischen monistischer und dualistischer Unternehmensverfassung zwingt nämlich die Mitgliedstaaten dazu, sich über die Zuordnung ihres spezifischen Systems zu dem einen oder anderen Modell klar zu werden. Die weiteren Ausführungen arbeiten aus diesem Grund in rechtsvergleichender und gemeinschaftsrechtlicher Perspektive die charakteristischen Wesenszüge des dualistischen (*unter II.*) und des monistischen Modells (*unter III.*) heraus. Der darauffolgende Abschnitt zieht *unter IV.* eine Zwischenbilanz zur Konvergenz, aber auch zur verbleibenden Divergenz der Systeme. Mit diesem für die besonderen Eigenarten des jeweiligen Systems geschärften Blick kann es *unter V.* gelingen, die zahlreichen in der Gemeinschaft vertretenen Zwischenformen dem einen oder anderen System jeweils eindeutig zuzuordnen. Den Abschluss bildet *unter VI.* die Ebene des Gemeinschaftsrechts. Hier ist zunächst der Vorschlag für eine Strukturrichtlinie zu erwähnen, bevor die Überlegungen des Kapitels insgesamt fruchtbar gemacht werden für die Betrachtung der Schwierigkeiten, vor die sich der Gesetzgeber in vielen Mitgliedstaaten gestellt sieht, der für die SE das eine oder andere Leitungsmodell in das ansonsten vom nationalen Aktienrecht geprägte Umfeld integrieren muss.

I. Corporate Governance-Diskussion und SE-Verordnung

1. Zum Begriff „Corporate Governance"

Die Leitungsstruktur von Aktiengesellschaften ist seit Jahrzehnten zentrales Thema der rechtspolitischen und rechtsvergleichenden Diskussion. Unter dem Schlagwort „Corporate Governance" hat sie in den neunziger Jahren des zwanzigsten Jahrhunderts neuen Schwung erhalten.[2] Die Versuche, den Begriff Corporate Governance

---

[2] Bestandsaufnahmen beispielsweise bei *Escher-Weingart* ZVglRWiss 99 (2000) 387ff., *Lutter* ZGR 30 (2001) 224ff., *C. Teichmann* ZGR 30 (2001) 645ff. und *Leyens* RabelsZ 67 (2003) 57ff; ausführlich auch die Beiträge in Hopt/Kanda/Roe/Wymeersch/Prigge (Hrsg.), Comparative Corporate Governance, 1998. Zur rechtspolitischen Bestandsaufnahme siehe *Baums* (Hrsg.) Bericht der Regierungskommission Corporate Governance, 2001. Zur Frage, inwieweit die Corporate Governance-Systeme in jüngerer Zeit konvergieren, weiterhin *Davies* ZGR 30 (2001) 268ff., *Hopt* ZGR 29 (2000) 779ff., *van den Berghe* Corporate Governance in a Globalising World, 2002.

zu definieren, sind so zahlreich wie die Autoren, die sich mit dem Thema befassen. Selbst englischsprachige Definitionen sind, so *Böckli*,[3] von „einer geradezu entwaffnenden Unschärfe".[4] Gemeint sind, zumindest soviel steht fest, Fragen der Unternehmensführung und Unternehmenskontrolle – dies jedoch nicht primär unter dem Aspekt betriebswirtschaftlicher Effizienz, sondern als Rechtsproblem.[5]

Zu einer Rechtsfrage wird die Unternehmensführung deshalb, weil sie verschiedene Interessen tangiert. Insoweit verläuft eine Front zwischen den Anteilseignern und dem Management, dies wird mit dem Schlagwort des *Principal-Agent* Konflikt benannt; der Prinzipal sind die Aktionäre, die das Management als Agenten ihrer Interessen mit der Führung des Unternehmens beauftragen. Idealiter sollten beide Personengruppen am selben Strang ziehen, die erfolgreiche und daher großzügig entlohnte Unternehmensführung mit aller Kraft für die Wertsteigerung der Aktien arbeiten. In der Realität jedoch verselbständigen sich die Interessen des Managements allzu häufig, weil die Aktionäre zu einer effizienten Überwachung nicht in der Lage sind. Aus der Perspektive der Geldgeber dient Corporate Governance somit dazu, einen angemessenen Ertrag auf das eingesetzte Investment sicherzustellen.[6] Dieses Problem stellt sich vor allem in Gesellschaften mit großem Streubesitz; denn für Aktionäre mit geringer Beteiligung rechtfertigt der auf sie abfallende Ertrag nicht den Aufwand der Überwachung (sog. rationale Apathie der Kleinaktionäre). Ein gewisser Aufwand muss für effektive Überwachung schon deshalb betrieben werden, weil das Management naturgemäß wesentlich mehr Informationen über das Unternehmen hat als ein Aktionär. Diese Informationsasymmetrie verschafft dem Management den Spielraum, gegebenenfalls auch eigennützige Ziele zu verfolgen, ohne dass die Aktionäre dies unmittelbar bemerken.[7]

Anders liegen die Dinge, wenn eine Aktiengesellschaft von einem oder wenigen Großaktionären beherrscht wird – eine Situation, die in Kontinentaleuropa auch bei vielen börsennotierten Aktiengesellschaften anzutreffen ist.[8] Für den unternehmerisch interessierten Aktionär lohnt sich der Aufwand der laufenden Überwachung und Einflussnahme durchaus; er kann seine Interessen zudem durch seinen Einfluss auf Personalentscheidungen absichern. Der Interessengleichlauf zwischen Aktionären und Management ist dadurch leichter herzustellen. Corporate Governance ist daher im Kern kein Problem der Großaktionäre, sondern der Eigner von

---

[3] *Böckli* SZW/RSDA 1999, 1, 2.

[4] Auch englische Autoren, wie etwa *Farrar's Company Law* 4. Aufl., 1998, S. 301, betonen die mangelnde Präzision des Begriffes.

[5] In diesem Sinne *Lutter* ZGR 30 (2001) 224, 225.

[6] *Shleifer/Vishny* JoF 1997, 737: "Corporate Governance deals with the ways in which suppliers of finance to corporations assure themselves of getting a return on their investment."

[7] Zu Informationsasymmetrien als Ausgangspunkt der Corporate Governance-Problematik *Franke/Hax* Finanzwirtschaft, 5. Aufl., 2004, S. 459ff.; vgl. auch zu Informationsasymmetrie und Theorie der Firma *Heine* Regulierungswettbewerb im Gesellschaftsrecht, 2003, S. 66ff.

[8] Statistische Nachweise in den Länderberichten bei Barca/Becht (Hrsg.), The Control of Corporate Europe, 2001.

kleinen und mittleren Anteilen.[9] Als problematisch und regelungbedürftig erweist sich in einer von Großaktionären beherrschten Gesellschaft weniger das Verhältnis des Großaktionärs zum Management als das zur Aktionärsminderheit; das deutsche Konzernrecht in seiner gesetzlichen und richterrechtlichen Ausprägung ist eine Reaktion auf diese Gefahrenlage.[10]

Dehnt man den Bereich der interessierten Personen aus, kann die Diskussion um Corporate Governance auch das Verhältnis zu anderen Personengruppen erfassen. Corporate Governance erhält dabei je nach geographischer Heimat der Autoren auch eine kulturelle Prägung. So begreift *Hoshi* die Frage der Corporate Governance aus japanischer Sicht als Regelung des Verhältnisses zwischen dem Management einerseits und den Aktionären, Gläubigern, Arbeitnehmern, Lieferanten, Kunden und der Öffentlichkeit andererseits.[11] Überwiegend konzentriert sich die Diskussion aber auf das Verhältnis zwischen Unternehmenseignern und Unternehmenslenkern; dies wird auch hier dem Begriffsverständnis zu Grunde gelegt. Der Grund dafür liegt weniger darin, dass andere Personengruppen als irrelevant anzusehen wären, als vielmehr darin, dass die Fragestellung einer klaren Abgrenzung bedarf, um sie sinnvoll bearbeiten zu können.[12] Zwar stellt sich auch im Verhältnis zu Lieferanten, Kunden, Arbeitnehmern und anderen Personengruppen die Aufgabe, Interessendivergenzen um des gemeinsamen Zieles – des unternehmerischen Erfolgs der Gesellschaft – gering zu halten; diese Verhältnisse folgen jedoch jeweils ihren eigenen ökonomischen und rechtlichen Gesetzmäßigkeiten, so dass es wenig erfolgversprechend erscheint, eine für alle Bereiche gültige Theorie aufstellen zu wollen. Sieht man im Unternehmen eine Bündelung von Rechtsverhältnissen verschiedener Art,[13] wird deutlich, dass jedes Rechtsverhältnis nach seinen eigenen Regeln und Begleitumständen beurteilt werden muss.

2. Konvergenz der Kontrollmechanismen

Betrachtet man das Verhältnis zwischen den Aktionären und der Unternehmensleitung, geht es bei der Corporate Governance-Debatte im Kern um die wirksame Kontrolle der Unternehmensleitung. Corporate Governance stellt damit eine Frage,

---

9 *Frankel Hax* Finanzwirtschaft, 5. Aufl., 2004, S. 460.

10 Andere Rechtsordnungen reagieren darauf nicht mit einem kodifizierten Konzernrecht; das heißt aber nicht, dass sie die Gefahrenlage als solche ignorieren (vgl. die rechtsvergleichende Betrachtung bei *Forum Europaeum* ZGR 27 (1998) 672ff. und *Lübking* Ein einheitliches Konzernrecht für Europa, 2000).

11 *Hoshi* in: Hopt/Kanda/Roe/Wymeersch/Prigge (Hrsg.), Comparative Corporate Governance, 1998, S. 847ff. *Frankel Hax* Finanzwirtschaft, 5. Aufl., 2004, S. 459, sprechen insoweit von einem Begriff der Corporate Governance „im weiteren Sinne".

12 Zu diesem Aspekt bereits *C. Teichmann* ZGR 30 (2001) 645, 648ff.

13 Zur Theorie der Firma als eines Netzes von Vertragsverhältnissen *Jensen/Meckling* JoFE 3 (1976) 305, 310f.; instruktiv auch die Zusammenfassung der verschiedenen vertragstheoretischen Ansätze der Theorie der Firma hinsichtlich ihrer Bedeutung für das Gesellschaftsrecht bei *Heine* Regulierungswettbewerb im Gesellschaftsrecht, 2003, 65ff.

die nicht wirklich neu ist, immer mehr aber als ganzheitliches Konzept verstanden wird, indem alle Normen des Gesellschafts- und auch des Kapitalmarktsrechts daraufhin befragt werden, was sie zur Kontrolle beitragen können oder ob sie eine effiziente Kontrolle eher behindern.[14] Zur Lösung des Problems folgte man im angelsächsischen Rechtskreis lange Zeit einer Regelungsphilosophie der externen Corporate Governance, während der Schwerpunkt in Kontinentaleuropa auf der internen Corporate Governance lag.[15] Die externe Corporate Governance setzt auf die disziplinierende Wirkung des Kapitalmarktes: Aktienoptions-Programme sollen das Management an die Interessen der Aktieninhaber binden, die Drohung der Übernahme bei sinkendem Kurs einen disziplinierenden Effekt haben. Diese Mechanismen wirken am besten, wenn der Markt – wie im angelsächsischen Rechtsraum überwiegend der Fall[16] – eine breit gestreute Aktionärsstruktur aufweist. Der internen Struktur der Gesellschaft widmete das angelsächsische Recht hingegen lange Zeit nur geringe Aufmerksamkeit. Ganz im Gegensatz dazu konzentrieren sich im deutschen Recht alle Bemühungen auf das Leitungsmodell mit seiner fein ausdifferenzierten Aufgaben- und Pflichtenverteilung zwischen Vorstand, Aufsichtsrat und – aktuell immer nachdrücklicher[17] – auch dem Abschlussprüfer.

Der Vergleich beider Leitungssysteme hat im wissenschaftlichen Schrifttum eine lange Tradition.[18] In einem weiteren Kontext – insbesondere unter Einbeziehung der Effekte externer Corporate Governance – hat sich ein Systemstreit über die Frage entwickelt, welches System das leistungsfähigere sei.[19] Die Frage nach der höheren Effizienz des einen oder anderen Systems lässt sich jedoch abschließend kaum beantworten. Der Effizienzvergleich wird dadurch erschwert, dass jedes System sehr stark mit seinem rechtlichen und kulturellen Umfeld verwoben ist (sog. *Path Dependence*);[20] eine isolierte Übertragung einzelner Elemente in ein fremdes rechtliches Umfeld birgt daher die Gefahr von unbeabsichtigten und nicht kalkulierbaren Effizienzverlusten. Das deutsche Aufsichtsrats-System lässt sich als isolierte rechtliche Konstruktion nicht sinnvoll bewerten, ist es doch Teil eines Kapi-

---

14 Zum Ansatz der Corporate Governance als „ganzheitliches Konzept" *Hopt* in: FS Wiedemann, 2002, S. 1013, 1021.

15 Siehe im Überblick *Escher-Weingart* ZVglRWiss 99 (2000) 387ff. und *C. Teichmann* ZGR 30 (2001) 645, 646ff.

16 Für das Vereinigte Königreich: *Goergen/Renneboog*, in: Barca/Becht (Hrsg.), The Control of Corporate Europe, 2001.

17 Zu dieser letzteren Tendenz, den Abschlussprüfer in die interne Corporate Governance einzubeziehen: *Hommelhoff* BB 1998, 2567ff., sowie *Hommelhoff/Mattheus* AG 1998, 249, 256ff.

18 Zuletzt umfassend *Leyens* RabelsZ 67 (2003) 57ff. zum Vergleich des deutschen Vorstand-Aufsichtsrats-Modells mit dem angelsächsischen Board-Modell m.w.N.; weiterhin aus rechtsvergleichender Perspektive auch *Hopt/Leyens* ECFR 1 (2004) 135ff.

19 Eine anschauliche Zusammenstellung der verschiedenen wissenschaftlichen Positionen findet sich bei *van den Berghe* Corporate Governance in a Globalising World, 2002, S. 7ff.

20 Grundlegend dazu *Bebchuk/Roe* Stanford Law Review 52 (1999) 127 ff.

talmarktsystems, in dem selbst börsennotierte Unternehmen häufig von einigen wenigen Aktionären beherrscht werden,[21] Teil eines Finanzsystems, in dem lange Zeit die Banken dominierten, und Teil eines Systems der Sozialpartnerschaft, bei dem Arbeitnehmer auch bei unternehmerischen Entscheidungen mit am Tisch sitzen.[22] Ob und wie dasselbe Leitungssystem in einem rein kapitalmarktrechtlichen Umfeld ohne aktiven Einfluss der Banken und ohne Mitbestimmung der Arbeitnehmer funktionieren würde, ist daher eine theoretisch interessante, empirisch aber letztlich nicht zu klärende Frage. Konkurrieren können damit im Grunde nicht einzelne Rechtsregelungen, sondern nur ganze Rechtsordnungen.[23]

Andererseits erhöht das mit dem Stichwort „Globalisierung“ etikettierte Zusammenwachsen der Volkswirtschaften für beide Systeme den Druck, sich die Effizienzvorteile des jeweils anderen zu Nutze zu machen. In der rechtlichen Entwicklung und noch mehr in der praktischen Handhabung lässt sich daher eine Konvergenz der Systeme feststellen.[24] Sie bezieht sich auf vielerlei Umstände, keineswegs allein auf die hier im Mittelpunkt stehende interne Corporate Governance. Auch bei den externen Überwachungsmechanismen ist eine Annäherung zu beobachten, die von der zunehmenden Verflechtung der internationalen Kapitalmärkte wesentlich vorangetrieben wird. US-amerikanische Investoren fordern in Europa die gewohnten Corporate Governance-Standards ein; umgekehrt müssen europäische Unternehmen diese erfüllen, wenn sie den US-amerikanischen Kapitalmarkt in

---

[21] Empirische Daten zur Eigentümerstruktur deutscher Aktiengesellschaften finden sich beispielsweise bei *Becht/Böhmer* in: Barca/Becht (Hrsg.), The Control of Corporate Europe, 2001, S. 128ff. sowie bei *Prigge* in: Hopt/Kanda/Roe/Wymeersch/Prigge (Hrsg.), Comparative Corporate Governance, 1998, S. 943, 968ff und *Wackerbarth* ZGR 34 (2005) 686, 688 ff.

[22] Daher unterlässt *Hopt* in: FS Wiedemann, 2002, S. 1013, 1022f. zu Recht den Versuch einer Festlegung, welches System das „bessere“ sei. Die Untersuchung von *Kaplan* in: Hopt/Wymeersch (Hrsg.), Comparative Corporate Governance, 1997, S. 195ff. gelangt zu dem Ergebnis, dass alle drei Systeme (USA, Deutschland, Japan) im Ergebnis gleich effizient seien. Empirische Aussagen zur Einbettung des deutschen Corporate Governance-Systems in das juristisch-ökonomische Umfeld finden sich bei *Prigge* in: Hopt/Kanda/Roe/Wymeersch/Prigge (Hrsg.), Comparative Corporate Governance, 1998, S. 943ff. Speziell zur Rolle der Banken *Hopt* ZGR 29 (2000) 779, 802ff., *Mülbert* in: Hopt/Kanda/Roe/Wymeersch/Prigge (Hrsg.), Comparative Corporate Governance, 1998, S. 445ff. sowie *Wenger/Kaserer* in: Hopt/Kanda/Roe/Wymeersch/Prigge (Hrsg.), Comparative Corporate Governance, 1998, S. 499ff.; *Gorton/Schmid* JoFE 58 (2000) 29ff. finden in ihrer ökonomischen Studie Anzeichen für einen positiven Einfluss der Banken auf die Wertentwicklung der Unternehmen. Zu den Schwierigkeiten, den Einfluss der Mitbestimmung ökonomisch zu bewerten: *Gerum/Wagner* in: Hopt/Kanda/Roe/Wymeersch/Prigge (Hrsg.), Comparative Corporate Governance, 1998, S. 341ff. und *Sadowski/Junkes/Lindenthal* ZGR 30 (2001) 110ff.

[23] *Leyens* RabelsZ 67 (2003) 57, 65, m.w.N. zur Diskussion der „path dependence“. Vgl. auch die Studie von *Bratton/McCahery* CJTL 38 (1999) 213ff., wonach jedes System seine spezifischen Stärken und Schwächen hat, die miteinander korrelieren und in ihrem Zusammenwirken effizient sind.

[24] Einen Überblick der verfügbaren empirischen Erkenntnisse gibt *van den Berghe* Corporate Governance in a Globalising World, 2002, S. 29ff.

Anspruch nehmen wollen. Dies hat gerade auf dem europäischen Kontinent mancherlei rechtliche und faktische Angleichungsprozesse in Gang gesetzt. So steigt der Rechtfertigungsdruck der Unternehmen gegenüber den Kapitalmärkten nicht zuletzt wegen der zunehmenden Kontrollaktivitäten institutioneller Investoren. Schlaglichtartig erhellt dies die Hauptversammlung 2004 von DaimlerChrysler, bei der sich zum ambitionierten, aber bislang nicht von Erfolg gekrönten Modell der „Welt-AG" erstmals in großer Zahl nicht nur kämpferische Kleinaktionäre, deren unternehmerische Ratschläge das Management wohl getrost ignorieren könnte, sondern auch angesehene institutionelle Investoren kritisch zu Wort gemeldet haben.[25] Von dem Druck der Kapitalmärkte, das System der internen Unternehmensleitung offenzulegen und zu rechtfertigen, legen in rechtlicher Hinsicht die allerorten entstandenen Corporate Governance Kodices beredtes Zeugnis ab. Ein weiterer externer Kontrollmechanismus des anglo-amerikanischen kapitalmarktorientierten Systems – die feindliche Übernahmen bei zu geringer Effizienz der Unternehmensleitung – war in Deutschland lange Jahre nahezu unbekannt.[26] Spätestens seit der spektakulären Übernahme der Mannesmann AG durch die britische Vodafone plc. ist der *hostile takeover* aber auch hierzulande kein Fremdwort mehr, und Deutschland erhielt im Gefolge dieser Entwicklung im Jahre 2001 eine gesetzliche Regelung zum Übernahmerecht.[27] Ebenso wurden die Bemühungen um eine europäische Übernahme-Richtlinie nach jahrzehntelangem Ringen im Jahre 2004 doch noch von Erfolg gekrönt.[28] Als dritter für die externe Corporate Governance relevanter Bereich kristallisiert sich das Recht der Rechnungslegung heraus.[29] Dort konkurrierten jahrzehntelang die amerikanischen US-GAAP mit nationalen und europäischen Regeln; dies zum Nachteil der international tätigen Unternehmen, die dieselben Unternehmensvorgänge mehrfach in nach verschiedenen Regeln zu erstellenden Rechenwerken abbilden mussten. Inzwischen bahnt sich auch hier die Einigung auf einen internationalen Standard an, den Unternehmen in Europa und den USA nutzen können.[30]

Die interne Corporate Governance bleibt vom Globalisierungsdruck nicht verschont. Das monistische Modell steht im Zentrum der Aufmerksamkeit der angelsächsischen Corporate Governance-Diskussion. Die von Corporate Governance-

---

25 Vgl. FAZ vom 5. April 2004.

26 Vgl. die empirische Analyse bei *Prigge* in: Hopt/Kanda/Roe/Wymeersch/Prigge (Hrsg.), Comparative Corporate Governance, 1998, S. 943, 990ff.

27 Wertpapiererwerbs- und Übernahmegesetz vom 20.12.2001, BGBl. I 2001, 3822.

28 Dazu ausführlich *Maul/Muffat-Jeandet* AG 2004, 221ff. Zum Übernahmerecht als Element der Corporate Governance-Konvergenz *Hopt* ZGR 29 (2000) 779, 787ff.

29 Zur Konvergenz in Rechnungslegung und Prüfung *Hopt* ZGR 29 (2000) 779, 792ff. Das Bilanzrecht ist überdies eine wichtige Schnittstelle zur internen Corporate Governance. Der deutsche Gesetzgeber hat dies im KonTraG deutlich gemacht, das den Abschlussprüfer, den Garanten der öffentlichen Rechnungslegung daneben in seiner Stellung als „Gehilfe des Aufsichtsrats" gestärkt hat (dazu *Hommelhoff/Mattheus* AG 1998, 249, 251f.).

30 Zum aktuellen Stand der Dinge *van Huelle* ZGR 33 (2004) 537ff.

Kodices vorgebene Trennung in „*executive*“ und „*non-executive directors*“ signalisiert eine Annäherung an das dualistische Modell der Funktionstrennung. Das dualistische Modell steht derweil unter dem Druck, die häufig allzu große Distanz von Vorstand und Aufsichtsrat und ihre vielfach bloß punktuelle Kooperation durch Elemente zur Förderung einer engeren Zusammenarbeit zu verringern.

3. Divergenz der Leitungsmodelle in der SE-Verordnung

Die juristisch-begriffliche Unterscheidung der Leitungssysteme schien im Lichte der Konvergenzthese an Bedeutung zu verlieren, bis im Jahre 2001 die Verordnung über die Europäische Aktiengesellschaft erlassen wurde.[31] Diese Rechtsform eröffnet kraft europäischen Rechts die Wahl zwischen beiden Modellen. Nach Art. 38 der SE-Verordnung verfügt die SE über

> „entweder ein Aufsichtsorgan und ein Leitungsorgan (dualistisches System) oder ein Verwaltungsorgan (monistisches System), entsprechend der in der Satzung gewählten Form“.

Die Wahlfreiheit richtet sich an den Satzungsgeber der Gesellschaft (Unternehmenswahlrecht), nicht – wie in einer früheren Fassung der SE-Verordnung – an den Gesetzgeber in den Mitgliedstaaten (Staatenwahlrecht). Wahlfreiheit setzt voraus, dass tatsächlich zwei unterscheidbare Alternativen bestehen. Der europäische Gesetzgeber unterstellt offenbar, dass Monismus und Dualismus ungeachtet der Konvergenzentwicklung zwei verschiedene Systeme sind. Die SE-Verordnung selbst unterscheidet in den Art. 38 nachfolgenden Artikeln zwischen dem monistischen und dem dualistischen System, verweist ergänzend allerdings jeweils auf nationales Recht. Über Art. 9 der Verordnung gilt generell in allen Bereichen, die von der Verordnung nicht oder nur teilweise geregelt werden, das nationale für Aktiengesellschaften geltende Recht. Überdies ermächtigt die Verordnung in Art. 39 Abs. 5 bzw. Art. 43 Abs. 4 die Mitgliedstaaten, deren Recht das eine oder das andere Leitungssystem nicht kennt, entsprechende Vorschriften in Bezug auf SE zu erlassen.[32]

Damit gewinnt der Vergleich von Monismus und Dualismus durch die SE eine neue Prägung: Es geht nicht mehr um den Vergleich zwischen verschiedenen Rechtsordnungen, sondern um zwei Leitungssysteme, die *innerhalb derselben Rechtsordnung* zur Verfügung stehen müssen. Dabei impliziert Art. 38 der Verordnung, dass es sich tatsächlich um zwei verschiedene Systeme handelt. Europarechtlich bedenklich wäre daher eine mitgliedstaatliche Regelung, die zur Einführung des monistischen Systems eine weitgehend am dualistischen System orientierte Struktur anbietet, und damit die Wahlfreiheit entwertet. Soll die SE tatsächlich eine Wahl

---

31 Verordnung (EG) Nr. 2157/2001 des Rates vom 8. Oktober 2001 über das Statut der Europäischen Gesellschaft (SE), Abl. EG vom 10.11.2001, L 294/1 ff.

32 Zur Frage, ob in dieser Ermächtigung zugleich eine Verpflichtung liege *Neye/Teichmann* AG 2003, 169, 175 (m.w.N. zur Diskussion in Fn. 32).

haben, ist der nationale Gesetzgeber gehalten, den Unterschied zwischen Monismus und Dualismus nicht einzuebnen. Dies wirft entgegen der aktuellen Konvergenzdiskussion die Frage auf, worin die wesentlichen und unveräußerlichen *Unterschiede* beider Systeme liegen. Da es hierbei auch um die Interpretation der SE-Verordnung geht, muss die begriffliche Klärung entsprechend der vom Europäischen Gerichtshof entwickelten Methodik im Wege der *wertenden Rechtsvergleichung* vorgenommen werden.[33] Dazu dient eine vergleichende Betrachtung der nationalen Rechtssysteme und derjenigen Vorschriften, die in der SE-Verordnung selbst enthalten sind. Die damit erhoffte klare begriffliche Trennung ist Voraussetzung für Grund und Reichweite der europäischen Regelungsermächtigungen; denn eine SE-spezifische Regelung ist nur für das Leitungssystem gestattet, das im nationalen Recht unbekannt ist.

Tatsächlich finden sich manche Mischsysteme, wie die rechtsvergleichende Umschau zeigen wird.[34] Dennoch kann die Frage, ob es sich dabei um ein monistisches oder ein dualistisches System handelt, nicht offen bleiben; denn von der Antwort hängt nicht nur die einschlägige Regelungsermächtigung ab, sondern auch der normative Bezugspunkt in der SE-Verordnung, die zum monistischen und dualistischen Modell je eigene Spezialregelungen trifft (Artt. 39ff. SE-VO), zu denen die nationale Ergänzungsgesetzgebung nicht in Widerspruch treten darf. Letztlich kann auch allein eine europäische Begriffsbildung die europaweite *Mobilität der SE* sicher stellen. Nach Art. 8 SE-Verordnung kann die SE ihren Sitz in einen anderen Mitgliedstaat verlegen. Ihre einmal gewählte Leitungsstruktur kann sie dabei nur aufrecht erhalten, wenn das Recht des neuen Sitzstaates hinsichtlich der Leitungssysteme zumindest in den wesentlichen Charakteristika mit dem Recht des bisherigen Sitzstaates übereinstimmt.

Die Klärung dieser Fragen ist auch für die weitere europäische Diskussion von Bedeutung. Die Zehnte Richtlinie zur grenzüberschreitenden Verschmelzung wurde kürzlich verabschiedet,[35] die Verabschiedung der Vierzehnten Richtlinie über die Sitzverlegung steht im Aktionsplan der Europäischen Kommission auf der Liste der kurzfristig zu realisierenden Vorhaben.[36] Die Unternehmen werden dann wiederum vor der Frage stehen, ob sie ihr Leitungssystem im Zuge der Sitzverlegung zumindest in seinen Grundstrukturen beibehalten können. In diesem Zusammenhang könnte der bereits erwähnte Vorschlag der High Level Group of Company Law Experts geradezu unabweisbar sein, in allen Mitgliedstaaten sowohl das monis-

---

[33] Siehe zur Auslegung von Gemeinschaftsrecht beispielsweise *Anweiler* Auslegungsmethoden, 1997, *Bleckmann* NJW 1982, 1177ff., *Oppermann* Europarecht, 2. Aufl., 1999, S. 253ff. (Rn. 680ff.). Speziell zur Auslegung der SE-Verordnung bereits *C. Teichmann* ZGR 31 (2002) 383, 402ff.

[34] Unten S. 576 ff.

[35] ABl. EU 25.11.2005, Nr. L 310/1.

[36] *Kommission* Aktionsplan, 2003, S. 24 („kurzfristig" bedeutet im Zeitraum 2003 bis 2005, vgl. Anhang I des Aktionsplans).

tische als auch das dualistische System als von den Unternehmen zu wählende Alternativen anzubieten.[37] Dies alles setzt voraus, dass man sich zuvor darüber einigt, welche Merkmale das jeweilige System auszeichnen.

II. Das dualistische Leitungsmodell deutscher Prägung

Begriffe des Gemeinschaftsrechts sind autonom auszulegen;[38] dies gilt auch für die hier vorliegende Ausgangsfrage, wie das monistische und das dualistische Modell gemeinschaftsrechtlich, namentlich im Kontext der SE-Verordnung zu verstehen sind. Das nationale Verständnis von Begrifflichkeiten kann somit nicht allein maßgebend sein für die Interpretation europäischer Rechtstexte. Die Rechtsvergleichung ist aber dennoch eine wertvolle Inspirationsquelle, der sich auch der Europäische Gerichtshof bei der Auslegung von Gemeinschaftsrecht regelmäßig bedient.[39] Hinzu kommt ein systematisch-teleologisches Argument: Die Einführung des Wahlrechts zwischen monistischer und dualistischer Leitungsstruktur soll den Unternehmen, die sich als SE organisieren, die Integration in die nationalen Rechtssysteme erleichtern. Von demselben Gedanken wäre eine eventuelle Empfehlung der Kommission getragen, die das Wahlrecht für nationales Gesellschaftsrecht vorschlagen würde; denn dies würde es gerade grenzüberschreitend tätigen Gesellschaften erleichtern, sich den Gepflogenheiten derjenigen Staaten anzupassen, die für ihre Geschäftstätigkeit die größte Bedeutung haben. Das Wahlrecht ist daher so zu interpretieren, dass es die Anpassung an die in der Gemeinschaft bestehenden Leitungssysteme ermöglicht. Es ist also geradezu ein Erfordernis des „*effet utile*" der SE-Verordnung, bei der Interpretation der Leitungsmodelle an den nationalen Begriffsvorstellungen Maß zu nehmen.

Da Deutschland gewissermaßen als Mutterland des dualistischen Modells der Trennung von Vorstand und Aufsichtsrat gelten darf, ist die Analyse des deutschen Rechts und seiner Entstehungsgeschichte auch für die Begriffsbestimmung auf europäischer Ebene von besonderem Interesse. Das österreichische Recht ist dabei von vornherein miteinzubeziehen, ist doch die Rechtsentwicklung beider Länder im Gesellschaftsrecht bis zum heutigen Tag aufs Engste miteinander verwoben. Das dualistische System des germanischen Rechtskreises ist für die Begriffsbildung auch deshalb aufschlussreich, weil es historisch gesehen das Ergebnis mehrfacher Reformierung eines ursprünglich monistischen Systems ist. Die Umrisse des dualistischen Systems nach heute geltender Rechtslage treten in ihrer Eigenart gerade vor dem Hintergrund dieser historischen Entwicklung besonders deutlich hervor. Daher

---

[37] *High Level Group* Abschlussbericht, 2002, S. 63.

[38] Vgl. zur gemeinschaftsrechtlichen Auslegungsmethode die bereits in Fn. 33 genannten Literaturstellen.

[39] *Oppermann* Europarecht, 2. Aufl., 1999, S. 255 (Rn. 684); ebenso der ehemalige EuGH-Richter *Hirsch* ZGR 31 (2002) 1, 13.

verdient nach der Darstellung des geltenden Rechts (*unter 1.*) die Entwicklungsgeschichte dieses Modells (*unter 2.*) besondere Aufmerksamkeit.

1. Geltendes Recht

a) Deutschland

Nach dem heute geltenden deutschen Aktienrecht ist der Vorstand nicht bloßes Geschäftsführungsorgan im Sinne einer Zuständigkeit für die laufenden Geschäfte, sondern Leitungsorgan in einem umfassenden Sinne.[40] Er wird zwar vom Aufsichtsrat überwacht, dieser kann Maßnahmen der Geschäftsführung aber nicht an sich ziehen oder vom Vorstand übertragen lassen; denn § 111 Abs. 4 Satz 1 AktG verbietet die Übertragung von Maßnahmen der Geschäftsführung auf den Aufsichtsrat. Der Einfluss des Aufsichtsrates beschränkt sich auf die zustimmungsbedürftigen Geschäfte (§ 111 Abs. 4 Satz 2 AktG). Deren Bedeutung wurde durch das TransPuG nochmals betont, das aus der Kann-Vorschrift eine Muss-Vorschrift geformt hat,[41] so dass nun in der Satzung oder durch den Aufsichtsrat selbst zwingend bestimmte Arten von Geschäften festzulegen sind, die nur mit Zustimmung des Aufsichtsrats vorgenommen werden dürfen.[42] Darin liegt allerdings nur ein Veto-Recht; der Aufsichtsrat kann nur über Geschäfte beschließen, die der Vorstand vorschlägt, nicht aber selbst den Vorstand zum Tätigwerden veranlassen.[43]

Das *Initiativrecht* in unternehmerischen Dingen liegt beim Vorstand. Seine Unabhängigkeit wird unterstrichen durch die Formulierung des § 76 Abs. 1 Satz 1 AktG: „Der Vorstand hat unter eigener Verantwortung die Gesellschaft zu leiten." Dies wird allgemein so verstanden, dass weder Aufsichtsrat noch Hauptversammlung berechtigt sind, dem Vorstand in einzelnen Geschäftsführungsfragen Weisungen zu erteilen.[44] Der Vorstand wird also nicht nur in eigener Verantwortung, sondern auch auf eigene Initiative tätig.[45] Seine leitende Stellung wird in seiner Rechenschaftspflicht gegenüber den Aktionären reflektiert. Auf Fragen der Aktionäre während der Hauptversammlung antwortet der Vorstand (§ 131 AktG), nicht etwa der Aufsichtsrat. Auch bei grundlegenden Entscheidungen, über welche die Hauptversammlung zu beschließen hat, ist es nicht der Aufsichtsrat, sondern allein

---

40 Dazu zuletzt *Fleischer* ZIP 2003, 1 ff. Monographisch *Semler* Leitung und Überwachung der Aktiengesellschaft, 2. Aufl., 1996, und zur Leitungsaufgabe des Vorstands im Konzernverhältnis *Hommelhoff* Konzernleitungspflicht, 1982 (S. 166ff. zum gesetzlichen Begriff der „Leitung").

41 Zum TransPuG (Transparenz- und Publizitätsgesetz) *Seibert* in: Reform des Aktienrechts, 2003, S. 41 ff., zu § 111 Abs. 4 AktG auf S. 56f.

42 *Lutter/Krieger* Rechte und Pflichten des Aufsichtsrats, 4. Aufl., 2002, S. 41 ff. (Rn. 103 ff.).

43 *Hüffer* AktG, 7. Aufl., 2006, § 111, Rn. 18.

44 *Hüffer* AktG, 7. Aufl., 2006, § 76 Rn. 10.

45 *Hüffer* AktG, 7. Aufl., 2006, § 76 Rn. 2.

der Vorstand, der die strategischen Weichenstellungen gegenüber den Aktionären zu begründen hat.[46] Die gesetzlich gewollte klare Trennung beider Organe wird verdeutlicht durch die *Unvereinbarkeitsvorschrift* des § 105 Abs. 1 AktG, wonach ein Aufsichtsratsmitglied nicht zugleich Mitglied des Vorstands sein darf.

Der Aufsichtsrat indessen hat gemäß § 111 Abs. 1 AktG die Geschäftsführung zu *überwachen*. Damit ist nicht eine Überwachung sämtlicher Geschäftsführungsmaßnahmen gemeint, sondern nur die Überprüfung der wichtigsten Leitungsmaßnahmen des Vorstandes.[47] Dies wird, gewissermaßen spiegelbildlich, an den vom Gesetz geregelten Berichtspflichten des Vorstands deutlich; genannt sei § 90 Abs. 1 Nr. 4 AktG, wonach der Vorstand dem Aufsichtsrat zu berichten hat über Geschäfte, die für die Rentabilität oder Liquidität der Gesellschaft „von erheblicher Bedeutung" sein können.[48] Daneben soll der Aufsichtsrat den Vorstand in übergeordneten Fragen der Unternehmensführung zukunftsorientiert *beraten*.[49] Hier sind gleichfalls die Berichtspflichten des Vorstands ein gesetzlicher Anhaltspunkt; denn ein Bericht über die „beabsichtigte Geschäftspolitik" (§ 90 Abs. 1 Satz 1 Nr. 1 AktG) kann nur dazu dienen, diese bereits vor ihrer Umsetzung auf den Prüfstand der kritischen Aufsichtsratsblicke zu stellen. Die zentrale Einflussmöglichkeit des Aufsichtsrats ist schließlich seine Kompetenz, den Vorstand zu *bestellen* (§ 84 Abs. 1 AktG). Einmal bestellt, genießt der Vorstand dann aber eine recht große persönliche Unabhängigkeit, denn ein Widerruf der Bestellung ist nur aus wichtigem Grund möglich (§ 84 Abs. 3 AktG). *Mitentscheiden* kann der Aufsichtsrat über das Instrument des Zustimmungsvorbehalts (§ 111 Abs. 4 Satz 2 AktG). Darüber hinaus ist er bei unternehmerischen Vorgängen, die das Gesetz als besonders bedeutsam qualifiziert, bereits kraft Gesetzes in das Verfahren eingebunden. Dies gilt namentlich für die gemeinsame Feststellung des Jahresabschlusses samt Entscheid über die Rücklagen (§ 172 AktG), die Prüfung des Abhängigkeitsberichts im Konzern (§ 314 AktG) und viele aktienrechtliche Grundlagenentscheidungen[50].

---

[46] Zum Beispiel Erläuterung der Nachgründung (§ 52 Abs. 2 S. 5 AktG), Bericht über den Ausschluss des Bezugsrechts (§ 186 Abs. 4 S. 2 AktG), Bericht über den Unternehmensvertrag (§ 293a AktG). Der Aufsichtsrat berichtet der Hauptversammlung nur über seine eigene Überwachungstätigkeit (§ 171 Abs. 2 AktG; *Lutter/Krieger* Rechte und Pflichten des Aufsichtsrats, 4. Aufl., 2002, S. 14f. [Rn. 32ff.]), nicht hingegen über die unternehmerischen Angelegenheiten der Gesellschaft.

[47] *Lutter/Krieger* Rechte und Pflichten des Aufsichtsrats, 4. Aufl., 2002, S. 24f. (Rn. 65).

[48] Ausführlich *Theisen* Information des Aufsichtsrats, 1996.

[49] BGH, 25.3.1991, II ZR 188/89, BGHZ 114, 127, 130; s. auch *Lutter/Krieger* Rechte und Pflichten des Aufsichtsrats, 4. Aufl., 2002, S. 36ff. (Rn. 94ff.), m.w.N. und *G.H. Roth/Wörle* ZGR 33 (2004) 565, 567f.

[50] Zum Beispiel: Nachgründungsbericht (§ 52 Abs. 3 AktG), Erteilung des Prüfungsauftrags an den Abschlussprüfer (§ 111 Abs. 2 Satz 3 AktG), Beteiligung an Vorschlägen zur Beschlussfassung auf der Hauptversammlung (§ 124 Abs. 3 Satz 1 AktG), Zustimmung bei Aktienausgabe auf Grund genehmigten Kapitals (§ 204 Abs. 1 Satz 2 AktG),

Über Beratung und Überwachung kann der Aufsichtsrat zumindest teilweise in die Position eines unternehmerischen Organs hineinwachsen;[51] dennoch ist er dem Vorstand in unternehmerischen Belangen keinesfalls übergeordnet, allenfalls gleichgeordnet.[52] Die unternehmerische Oberleitung mag dadurch in Einzelfällen gemeinsam wahrgenommen werden – besonders deutlich bei Geschäften, die der Zustimmung des Aufsichtsrates unterliegen – eine exklusive Oberleitung der Gesellschaft durch den Aufsichtsrat ist aber der gesetzlichen Konzeption nach nicht denkbar.

In diesem Zusammenhang ist kurz auf die Diskussion um den Begriff der „Leitung" in § 76 Abs. 1 Satz 1 AktG einzugehen. Die Terminologie des Gesetzes irritiert zunächst, wenn es in § 76 Abs. 1 Satz 1 von der „Leitung" der Gesellschaft durch den Vorstand spricht, an anderen Stellen jedoch von „Geschäftsführung" oder „Vertretung". Überzeugend ist die Einordnung von *Semler*, wonach die Leitung der zusammenfassende Begriff für die nach innen gerichtete Geschäftsführung und die das Außenverhältnis betreffende Vertretung ist.[53] Eine verbreitete Gegenmeinung sieht in der Leitung lediglich einen besonders herausgehobenen Teilbereich der Geschäftsführung und damit eine Betonung der Führungsfunktion des Vorstandes.[54] Wenn allerdings die Leitung lediglich ein Ausschnitt der Geschäftsführung wäre, müsste man folgern, dass der in § 76 Abs. 1 Satz 1 AktG ausgesprochene Grundsatz der Weisungsfreiheit („in eigener Verantwortung") nur dort, nicht aber in der täglichen Geschäftsführung gilt. Tatsächlich nimmt dies niemand an; es wäre auch widersinnig, den Vorstand in wichtigen Entscheidungen von Weisungen freizustellen, in weniger wichtigen hingegen Weisungen des Aufsichtsrats oder der Hauptversammlung zu unterwerfen.

Die Auffassung, wonach Leitung lediglich einen Ausschnitt der Geschäftsführungsaufgaben erfasse, ist funktional darauf bezogen, einen „delegationsfesten" Bereich abzugstecken, den der Gesamtvorstand nicht auf einzelne seiner Mitglieder

---

51 *Lutter/Krieger* Rechte und Pflichten des Aufsichtsrats, 4. Aufl., 2002, S. 20ff. (Rn. 56ff.) sprechen vom Aufsichtsrat als einem „mit-unternehmerischen Organ". Kritisch gegenüber dieser Entwicklung beispielsweise *Theisen* AG, 1995, 193, 199f., weiterhin *Theisen* Information des Aufsichtsrats, 1996, S. 63: „Ein Funktionswechsel des Aufsichtsrats vom Überwachungsträger zum (Mit-) Geschäftsführenden muss … ausgeschlossen bleiben."

52 *Lutter/Krieger* Rechte und Pflichten des Aufsichtsrats, 4. Aufl., 2002, S. 21 (Rn. 57).

53 *Semler* Leitung und Überwachung der Aktiengesellschaft, 2. Aufl., 1996, S. 5ff. (Rn. 3ff.), m.w.N. zur Diskussion insb. in Fn. 8. Ähnlich *Hefermehl* in: Geßler/Hefermehl/Eckardt/Kropff, AktG, 1973/1974, § 76, Rn. 10: Führung des Unternehmens und routinemäßige Verwaltung.

54 *Fleischer* ZIP 2003, 1, 3; *Hüffer* AktG, 7. Aufl., 2006, § 76, Rn. 7; *Oltmanns* in: AnwK Aktienrecht, 2003, § 76, Rn. 5; *Mertens* in: Kölner Kommentar, 2. Aufl., 1996, § 76, Rn. 4. § 70 öAktG weist gleichfalls dem Vorstand die Aufgabe zu, „unter eigener Verantwortung die Gesellschaft zu leiten". Die Kommentierung von *Nowotny* in: Doralt/Nowotny/Kalss (Hrsg.), AktG, 2003, § 70, sieht die Funktion der Vorschrift darin, den Vorstand als oberstes Leitungsorgan festzulegen (Rn. 2). Die Unterscheidung von Geschäftsführung und Leitung wird nicht problematisiert. Der Kern der Vorschrift liege darin, so die salomonische Formulierung von *Nowotny*, „die Geschäftsführung unter die Leitung des Vorstands" zu stellen (Rn. 6).

oder Dritte übertragen darf.[55] Es besteht jedoch kein zwingender Anlass, dieses Thema am Begriff der Leitung im Sinne des § 76 Abs. 1 Satz 1 festzumachen. Die Grundsätze der Delegation von Geschäftsführungsmaßnahmen sind allgemeiner Natur und nicht auf das Aktienrecht beschränkt.[56] Es ist somit eine Ausprägung des allgemeinen Sorgfaltsmaßstabs, dass der als Kollegialorgan mit der Aufgabe der Geschäftsführung beauftragte Vorstand bei der Delegation von Verantwortung an einzelne seiner Mitglieder oder Dritte gewisse Ermessensgrenzen einhalten muss. Es bleibt bei *jeder* Delegation ein Restbestand an persönlicher Verantwortung des originär zuständigen Organs, der sich im Einzelfall zu höchstpersönlichen Handlungspflichten verdichten kann.[57] Welche Entscheidungen dies konkret betrifft, hängt von vielen Faktoren ab: der allgemeinen Marktlage, der Bedeutung einer Maßnahme für das Unternehmen in Relation zu dessen Größe, Erfahrung und Können der beauftragten Person und vieles mehr. Neben einer allgemeinen Typologie solcher Aufgaben bleibt immer ein situatives Element.

Die herrschende Auffassung versäumt es denn auch nicht, bei der Aufzählung der Leitungsaufgaben immer hinzuzufügen, jede Einzelmaßnahme könne darunter fallen, wenn sie für die Gesellschaft von außergewöhnlicher Bedeutung sei.[58] Die Möglichkeiten der juristischen Begriffsbildung werden überstrapaziert, wenn man dies alles in den Begriff der Leitung hineininterpretieren wollte. Es besteht dafür auch keinerlei Notwendigkeit. Dass der Vorstand bei jeder Delegation von Geschäftsführungsaufgaben gewissen Grenzen unterliegt, lässt sich ohne weiteres aus seiner allgemeinen Sorgfaltspflicht ableiten – die sicherlich auch *in Verbindung* mit der Betonung seiner Leitungsverantwortung aus § 76 AktG zu interpretieren ist. Der konkrete Sorgfaltsmaßstab passt sich immer der jeweils gestellten Aufgabe an. Als generalklauselartiger Tatbestand ist der Sorgfaltsmaßstab wesentlich besser für die notwendige Fallgruppenbildung geeignet als der Leitungsbegriff.[59] Somit ist

---

[55] *Fleischer* ZIP 2003, 1, 3; *Henze* BB 2000, 209; *Hüffer* AktG, 7. Aufl., 2006, § 76, Rn. 7; *Mertens* in: Kölner Kommentar, 2. Aufl., 1996, § 76, Rn. 4.

[56] Dazu *C. Teichmann* IPRax 2000, 110, 113, im Kontext der Bestellung eines Ausländers zum Geschäftsführer einer GmbH.

[57] Zum Vorstand als Kollegialorgan *Hommelhoff* Konzernleitungspflicht, 1982, S. 169; zur Delegation von Geschäftsführerpflichten in der GmbH *C. Teichmann* IPRax 2000, 110, 113.

[58] *Fleischer* ZIP 2003, 1, 6; *Henze* BB 2000, 209, 210.

[59] Auch die Auffassung von der Leitung als Ausschnitt der Geschäftsführung konstatiert, dass subsumtionsfähige Kriterien zur Abgrenzung beider Bereiche nicht vorhanden sind und daher eine typologische Einteilung vorgenommen werden muss; dazu beispielsweise *Fleischer* ZIP 2003, 1, 5f. und *Henze* BB 2000, 209, 210. Diese Auffassung kann ihren Ausgangspunkt im Übrigen nur aufrecht erhalten, indem sie einen höchst schillernden Begriff der „Geschäftsführung" akzeptiert (vgl. *Henze* BB 2000, 209): In § 77 umfasse er nur Maßnahmen unterhalb der Leitung, denn Leitung könne nicht auf einzelne Mitglieder delegiert werden; in § 93 hingegen umfasse Geschäftsführung auch Leitungsmaßnahmen, denn selbstverständlich müsse der Vorstand auch für Fehler bei der Leitung haften; ebenso müsse § 111 Abs. 1 AktG mit Geschäftsführung einen umfassenden Begriff meinen, weil sich die Überwachung durch den Aufsichtsrat auch auf die Leitung beziehe.

Leitung im Sinne des § 76 Abs. 1 AktG mit *Semler* als weiter Begriff zu verstehen, der alle Maßnahmen der Geschäftsführung und die Vertretung nach außen erfasst; die Möglichkeit der begrenzten und verantwortlich gehandhabten Delegation von Aufgaben ist darin enthalten.

b) Österreich

Das geltende österreichische Aktienrecht weist im Vergleich zum deutschen Recht keine wesentlichen Abweichungen auf. Gesetzlich zwingend vorgeschrieben ist ein dualistisches Modell mit Vorstand und Aufsichtsrat.[60] Der Vorstand wird durch den Aufsichtsrat bestellt; die Bestellung kann nur aus wichtigem Grund widerrufen werden (§ 75 öAktG). Der Vorstand leitet die Gesellschaft in eigener Verantwortung (§ 70 Abs. 1 öAktG) und vertritt sie nach außen (§ 71 Abs. 1 öAktG). Weder der Aufsichtsrat noch die Hauptversammlung sind berechtigt, ihm Weisungen zu erteilen.[61]

Der Aufsichtsrat überwacht den Vorstand (§ 95 Abs. 1 öAktG). Um seiner Überwachungsaufgabe gerecht werden zu können, erhält der Aufsichtsrat mindestens vierteljährlich Berichte des Vorstands über den Gang der Geschäfte und die Lage des Unternehmens (§ 81 Abs. 1 öAktG). Der Aufsichtsrat kann auch von sich aus jederzeit einen Bericht über die Angelegenheiten der Gesellschaft verlangen (§ 95 Abs. 2 öAktG) sowie Bücher, Schriften oder Vermögensgegenstände der Gesellschaft einsehen (§ 95 Abs. 3 öAktG). Einen Katalog zustimmungspflichtiger Geschäfte legt bereits das Gesetz fest (§ 95 Abs. 5 öAktG) – darin besteht ein Unterschied zur deutschen Rechtslage; die Satzung kann den gesetzlichen Katalog erweitern.

Das Gesetz sorgt damit ebenso wie in Deutschland für die klare organisatorische Trennung der Organe; namentlich sind auch hier die Mitgliedschaft in Aufsichtsrat und Vorstand miteinander unvereinbar (§ 90 Abs. 1 öAktG). Andererseits weist die gesetzliche Ausgestaltung der Rechte und Pflichten des Aufsichtsrates ihm auch die Funktion zu, Strategie und systemhafte Planung des Unternehmens präventiv zu begleiten.[62] Der Aufsichtsrat österreichischer Prägung kann damit ebenso wie sein deutsches Pendant in eine unternehmerisch gestaltende Position hineinwachsen; dies wird in der Praxis immer auch vom Gestaltungswillen der jeweiligen Mitglieder abhängen.[63] Auch dann ist er aber nur „Begleiter – nicht Vorgesetzter" des Vorstands.[64] Die „Entscheidungsinitiative"[65] für die Erreichung des Unternehmenszwecks liegt ausschließlich beim Vorstand.

---

[60] Vgl. zur Verfassung der österreichischen AG den Überblick bei *Nowotny,* in: Doralt/Nowotny/Kalss (Hrsg.), AktG, 2003, vor § 70.

[61] *Nowotny,* in: Doralt/Nowotny/Kalss (Hrsg.), AktG, 2003, vor § 70, Rn. 4 sowie § 70, Rn. 6.

[62] *Kalss,* in: Doralt/Nowotny/Kalss (Hrsg.), AktG, 2003, § 95, Rn. 14.

[63] *Kalss*, in: Doralt/Nowotny/Kalss (Hrsg.), AktG, 2003, vor § 86, Rn. 21.

[64] *Kalss*, in: Doralt/Nowotny/Kalss (Hrsg.), AktG, 2003, § 95, Rn. 16.

[65] *Nowotny*, in: Doralt/Nowotny/Kalss (Hrsg.), AktG, 2003, § 70, Rn. 4.

2. Historische Entwicklung

Die heute so gewohnte Trennung von Vorstand und Aufsichtsrat im deutschen und österreichischen Aktienrecht ist historisch gesehen keineswegs selbstverständlich.[66] Lange Zeit war auch hier das monistische System vorherrschend mit einem Verwaltungsrat an der Spitze der Gesellschaft. In Reaktion auf unternehmerische Missstände wurde die Macht dieses Organs gesetzgeberisch mehr und mehr beschnitten und schließlich das heute bekannte Modell der klaren rechtlichen Trennung der Funktionen von Geschäftsleitung und Kontrolle herausgearbeitet. Angesichts der gemeinschaftsrechtlich angestoßenen Renaissance des monistischen Modells im deutschsprachigen Rechtsraum sind die historischen Erfahrungen, die man daselbst mit dem monistischen System bereits gesammelt hat, besonders wertvoll.

a) Erste Hälfte des 19. Jahrhunderts

Über weite Strecken des 19. Jahrhunderts galt in Österreich und den deutschen Staaten das Konzessionssystem; Aktiengesellschaften bedurften also zu ihrer Errichtung einer staatlichen Genehmigung.[67] Die staatlichen Behörden stellten zwar an den Gründungsvorgang manche strenge Anforderung,[68] ließen den Gründern aber bezüglich der internen Organisation der Gesellschaft – jedenfalls was die Leitungsstruktur angeht[69] – weitgehend freie Hand.[70] Dies führte in den allermeisten Fällen zu Satzungsregelungen, die man im heutigen Kontext dem monistischen Modell zurechnen würde. Zwar waren die Aufgaben der Unternehmensleitung offenbar fast immer auf zwei Organe verteilt – zumeist „Verwaltungsrat" und „Direktoren" genannt – deren Kompetenzen waren jedoch keineswegs so klar getrennt, wie wir dies

---

[66] Einen konzisen Überblick zur historischen Entstehung des Aufsichtsratssystems bieten beispielsweise *Bahrenfuss* Entstehung des AktG 1965, 2001, S. 653 ff. und *Lutter* in: Scheffler (Hrsg.), Corporate Governance, 1995, S. 5, 7 ff.

[67] Im historischen Verlauf sind die Übergänge zwischen dem sogenannten Oktroisystem (Errichtung der Gesellschaft durch Erlass eines Spezialgesetzes) und dem Konzessionssystem (Errichtung durch staatliche Genehmigung auf Basis einer abstrakt-generellen gesetzlichen Regelung) fließend; auch der Begriff der „Konzession" kann verschiedenen Inhalt haben und beispielsweise lediglich eine gewerberechtliche Genehmigung oder besondere Privilegien meinen, die eine Gesellschaft benötigte, um das von ihr angestrebte Gewerbe zu betreiben (dazu *Schubel* Verbandssouveränität, 2003, S. 87 ff.).

[68] Näher *Kalss/Burger/Eckert* Entwicklung des österreichischen Aktienrechts, 2003, S. 102 ff.

[69] Die Untersuchung der Statutenpraxis durch *Schubel* Verbandssouveränität, 2003, S. 97 ff., fördert für die erste Hälfte des 19. Jahrhunderts (die „prälegislatorische Phase") zahlreiche Indizien dafür zu Tage, dass die Konzessionsbehörden auf die Organisation und Kompetenzen der *Generalversammlung* durchaus Einfluss genommen haben.

[70] Dazu *Kalss/Burger/Eckert* Entwicklung des österreichischen Aktienrechts, 2003, S. 108, 110, und *Wiethölter* Interessen und Organisation der Aktiengesellschaft, 1961, S. 66 ff., S. 270 ff.

heute bei Vorstand und Aufsichtsrat kennen. *Passow* beschrieb dies 1909 im Rückblick auf die vorangegangenen Jahrzehnte:[71]

„Das eine Organ soll die laufenden Geschäfte führen, seine Mitglieder (häufig handelt es sich auch nur um eine einzige Person) sind deshalb hauptamtlich für die Gesellschaft tätig; dem anderen, regelmäßig aus einer größeren Zahl von Personen bestehenden, Organ ist die vielfach wichtigere, aber nicht die volle Arbeitskraft aller Beteiligten erfordernde Oberleitung der Geschäfte vorbehalten."

Dabei wurden die eigentlichen Geschäftsführer in den Statuten im Wesentlichen als ausführende Organe des Verwaltungsrates behandelt, während der Verwaltungsrat sehr weitgehende Befugnisse hatte, insbesondere häufig das Recht, die Gesellschaft nach außen hin zu vertreten.[72] Ein Statut, das *Passow* als „Beispiel der am häufigsten vorkommenden statutarischen Verteilung der Befugnisse" anführt,[73] regelt die Zuständigkeit des Verwaltungsrates folgendermaßen:

„Der Verwaltungsrat nimmt von allen Geschäften der Gesellschaft Kenntnis und erkennt über alles, was dieselben betrifft. Namentlich bestimmt er über ..."

Es folgt eine lange Liste von Geschäftsentscheidungen einschließlich der

„großen Reparaturen an den Immobilien" und „alle wichtigen Verkäufe von Zink, Blei, Eisen, Kohlen und anderen von der Gesellschaft ausgebeuteten und fabrizierten Produkten".

Daran wird deutlich, wie sehr die Oberleitung der Gesellschaft in den Händen des Verwaltungsrates lag, eventuelle Geschäftsführer oder Direktoren also nur dessen verlängerter Arm waren. Andererseits sind Zweifel angebracht, ob der Verwaltungsrat seine statutarisch abgesicherte Stellung tatsächlich auch immer ausgefüllt hat. So fand sich mitunter gerade in Satzungen, die dem Verwaltungsrat eine formell starke Stellung zuwiesen, die überraschende Regelung, dass er nur einmal vierteljährlich oder gar nur ein einziges Mal im Halbjahr zusammentreten müsse.[74]

Erschwert wird eine einheitliche Bewertung der damaligen Verhältnisse durch das Fehlen einer eindeutigen Terminologie. *Passow* stieß bei seiner Analyse von 84 Statuten aus den Jahren 1824–1857 insgesamt

„60 Mal auf die Bezeichnung ‚Verwaltungsrat' (oder ‚Administrationsrat'), 14 Mal auf die Bezeichnung ‚Ausschuss' (gelegentlich auch ‚Verwaltungsausschuss') und 2 Mal auf ein ‚Kuratorium'".[75]

---

[71] *Passow* ZHR 64 (1909), 27, 30, gestützt auf die Untersuchung der Statuten von 84 Aktiengesellschaften, die in den Jahren 1824 bis 1857 gegründet worden waren. Ein als „Aufsichtsrat" bezeichnetes Organ fand sich bei keiner einzigen dieser Gesellschaften (*Passow*, a.a.O., S. 29).

[72] *Passow* ZHR 64 (1909), 27, 30; *Wiethölter* Interessen und Organisation der Aktiengesellschaft, 1961, S. 72: „... eine Form der AG, in der die einflussreichen großen Aktionäre zum Teil selbst, zum Teil mit Hilfe angestellter Direktoren ... die Geschäfte der AG führen."

[73] *Passow* ZHR 64 (1909), 27, 31.

[74] *Schubel* Verbandssouveränität, 2003, S. 249.

[75] *Passow* ZHR 64 (1909), 27, 29f.

Und, so fügt er hinzu:

„... mit denselben Ausdrücken ist keineswegs immer dasselbe gemeint".[76]

Innerhalb der Einzelstaaten ergab sich offenbar durch die Konzessionspraxis und die Anlehnung der Satzungen neu gegründeter an diejenige bereits konzessionierter Gesellschaften eine gewisse einheitliche Linie.[77] So stellt *Schubel* fest, dass in Sachsen alle Gesellschaften bis auf eine Ausnahme neben der Generalversammlung noch jeweils einen Ausschuss und ein Direktorium besaßen,[78] wohingegen die drei südhessischen Gesellschaften außer der Generalversammlung nur noch ein Organ hatten.[79] Nicht gänzlich geklärt ist offenbar, inwieweit die Gründer der Gesellschaften über ihre Binnenorganisation wirklich selbst bestimmen konnten.[80] *Schubel* berichtet dazu eindrücklich von den langwierigen Verhandlungen über die Statuten der 1837 gegründeten München-Augsburger Eisenbahn-Gesellschaft, deren Binnenorganisation wegen der starken Spannungen unter den Aktionären letztlich im Dreiecksverhältnis zwischen den beiden großen Aktionärsgruppen und der Konzessionsbehörde ausgehandelt werden musste.[81]

Zumeist lässt sich bei Satzungen aus der damaligen Zeit nicht mehr eindeutig feststellen, welche ihrer Bestandteile dem Gestaltungswillen der Gesellschafter und welche der mehr oder weniger expliziten Einflussnahme der Konzessionsbehörden zuzurechnen sind; zumal die mittelbar prägende Wirkung nicht unterschätzt werden darf, die der Konzessionspraxis dadurch zukam, dass Neugründungen sich häufig an den Satzungen bereits existierender Gesellschaften orientierten. Dennoch kann für den hier maßgeblichen Gegenstand der historischen Entwicklung des dua-

---

[76] *Passow* ZHR 64 (1909), 27, 30. Vgl. auch den Hinweis bei *Schubel* Verbandssouveränität, 2003, S. 103, Fn. 88, zu den beiden schlesischen Eisenbahngesellschaften, die beide einen einheitlichen Verwaltungsrat hatten, der intern in Direktion und Ausschuss unterteilt war. Während aber der Ausschuss bei der einen Gesellschaft nur ein recht einflussloser Annex der Direktion gewesen sei, habe er bei der anderen – zumindest der statutarischen Ordnung nach – die Rolle einer übermächtigen Oberleitung eingenommen. Offenbar fand also von einer Gesellschaft zur anderen ein und dieselbe Bezeichnung mal für ein der Direktionsebene untergeordnetes und mal für ein oberhalb dieser Ebene angesiedeltes Gremium Verwendung. Dies bestätigt die bei *Kalss/Burger/Eckert* Entwicklung des österreichischen Aktienrechts, 2003, S. 110, Fn. 580 zitierte Äußerung von *Bondi* aus dem Jahre 1930: „Es findet sich eine derartige Mannigfaltigkeit der Funktionen und Bezeichnungen, dass es niemandem möglich ist, ohne Kenntnis der Satzung aus dem Namen eines Organes auf seine Funktion zu schließen."

[77] Vgl. den Überblick der Statutenpraxis bei *Schubel* Verbandssouveränität, 2003, S. 97ff.

[78] *Schubel* Verbandssouveränität, 2003, S. 120.

[79] *Schubel* Verbandssouveränität, 2003, S. 122; die Bezeichnung jedoch war nicht einheitlich („Vorstand" in der einen Gesellschaft, „Verwaltungsrat" in den beiden anderen).

[80] Nach Auffassung von *Schubel* Verbandssouveränität, 2003, S. 130ff. war die konkrete Binnenorganisation keineswegs ein reines Produkt der souveränen Gestaltung der Gesellschafter; er vermutet vielmehr einen prägenden Einfluss der staatlichen Konzessionsbehörden.

[81] *Schubel* Verbandssouveränität, 2003, S. 128.

listischen Leitungssystems von einem „Zeitalter der Gestaltungsfreiheit" gesprochen werden, denn mit dem heutigen Recht vergleichbare gesetzlich-zwingende Vorgaben gab es damals jedenfalls nicht.[82] Ob der damit vorbehaltene Freiraum allein von den Gründern oder – wofür vieles spricht – auch unter prägender Einflussnahme der Konzessionsbehörden ausgefüllt wurde, mag dahinstehen. Denn der kurze Überblick hat eines deutlich gemacht: Im Zeitalter der Gestaltungsfreiheit gab es zwar bei den Leitungsstrukturen eine große Vielfalt; aber die strikte Trennung von Leitung und Aufsicht, wie sie der heutigen Aufteilung in Vorstand und Aufsichtsrat entspricht, kam dabei praktisch nicht vor.[83]

b) Allgemeines Deutsches Handelsgesetzbuch (1861)

Das erste deutsche Aktiengesetz, das preußische Aktiengesetz von 1843, kennt als gesetzliches Leitungsorgan nur den Vorstand, dessen Aufgabe nach § 19 des Gesetzes darin liegt, die Geschäfte der Gesellschaft zu verwalten.[84] Auf weitere Vorgaben zur inneren Organisation der Gesellschaft verzichtet das Gesetz. Damit bleibt es bei der Gestaltungsfreiheit, die allerdings unter dem Konzessionssystem weiterhin mehr den gestalterischen Freiraum der Konzessionsbehörden sichert als denjenigen der Gesellschafter.[85] In den auf das Allgemeine Deutsche Handelsgesetzbuch von 1861[86] zulaufenden Verhandlungen konnten die preußischen aktienrechtlichen Vorstellungen einen erheblichen Einfluss erlangen; nach einer intensiven Diskussion gelangt das AHGB am Ende „bei der rechtlichen Erfassung der inneren Organisation von Aktiengesellschaften nicht sehr weit über den Preußischen Entwurf hinaus."[87] Kennzeichnend für die begrifflichen Unklarheiten im

---

[82] Zum Preußischen Allgemeinen Landrecht (ALR) *Schubel* Verbandssouveränität, 2003, S. 54f.: Es enthielt einen Abschnitt über die Handelsgesellschaft; der heutige numerus clausus der Rechtsformen war noch unbekannt. Das ALR ließ den Gesellschaftern, gemessen am heutigen Standard, eine weitreichende statutarische Gestaltungsfreiheit. Hinter der recht knappen Fassung des preußischen Aktiengesetzes von 1843 stand denn offenbar auch der Gedanke, dass man die zuvor bestehende Situation, bei der es den Konzessionsbehörden möglich war, in jedem Einzelfall und ohne rechtlich gebunden zu sein, in die innere Organisation der AG einzugreifen, gerne aufrecht erhalten wollte (*Schubel* Verbandssouveränität, 2003, S. 162).

[83] *Wiethölter* Interessen und Organisation der Aktiengesellschaft, 1961, S. 66ff. (insb. 72); *Passow* ZHR 64 (1909), 27, 29ff.

[84] *Schubel* Verbandssouveränität, 2003, S. 161.

[85] So die überzeugende Bewertung bei *Schubel* Verbandssouveränität, 2003, S. 160ff. (m.w.N. zur Diskussion), entgegen der vielfach vertretenen Auffassung, im Vordergrund des gesetzgeberischen Interesses habe die Autonomie der Gesellschafter gestanden.

[86] In Österreich ist das Gesetz im Jahre 1863 in Kraft getreten (dazu näher *Kalss/Burger/Eckert* Entwicklung des österreichischen Aktienrechts, 2003, S. 86 ff.).

[87] *Schubel* Verbandssouveränität, 2003, S. 184; der preußische Entwurf war nicht identisch mit dem Aktiengesetz von 1843, wohl aber wesentlich von ihm geprägt (dazu *Schubel* Verbandssouveränität, 2003, S. 169ff.).

Bereich der Leitungsstrukturen sind die Äußerungen von Kommissionsmitgliedern, man wisse gar nicht, wen man sich nach der Fassung des Entwurfs unter dem „Vorstand" vorzustellen habe.[88]

Rechtshistorisch bedeutsam ist das AHGB nicht zuletzt deshalb, weil hier das erste Mal der „Aufsichtsrat" als Organ auftaucht, allerdings neben dem weiterhin möglichen Verwaltungsrat. Welche Überlegungen dahinter standen, lässt sich den Materialien nicht mit letzter Klarheit entnehmen. Und so sehen die einen in der Einführung des Aufsichtsrats wenig mehr als ein redaktionelles Versehen, während andere dahinter eine bewusste Leitentscheidung des Gesetzgebers vermuten.[89] Zunächst war im Redaktionsausschuss nur angeregt worden, in der Kommanditgesellschaft auf Aktien einen Aufsichtsrat vorzuschreiben, der die Interessen der nicht-geschäftsführenden Kommandit-Aktionäre vertreten solle. Das neue Organ wurde dann im weiteren Redaktionsgang auch in die allgemeine Regelung der Aktiengesellschaft übernommen. Dass man dabei die Formulierung unverändert übernahm, mag der redaktionellen Vereinfachung gedient haben, denn eine Neufassung hätte die Gefahr neuer Diskussionen heraufbeschworen.[90] Folgt man *Passow*, bietet die Entstehungsgeschichte des Gesetzes aber keinerlei Anhaltspunkte für die Annahme, der Gesetzgeber habe mit der neuen Bezeichnung ein qualitativ neues Organ schaffen wollen.[91] Die Verhandlungen lassen insgesamt nicht erkennen, dass die Kommission überhaupt ein gemeinsames Konzept der internen Organisation gehabt habe.[92] Eher ist anzunehmen, dass man sich mit der Erwähnung des Aufsichtsrates der rechtstatsächlichen Lage annähern wollte, die neben dem geschäftsleitenden Gremium (zumeist „Direktorium" genannt) häufig einen Gesellschafterausschuss etabliert hatte.

Gegen die Vorstellung, man habe damit der Rechtspraxis gezielt ein neues Konzept entgegensetzen wollen, spricht neben dem Fehlen einer einheitlichen Linie innerhalb der Kommission auch der Umstand, dass die Einrichtung eines Aufsichtsrates nach Art. 225 des AHGB nur fakultativ vorgesehen war. Außer der Generalversammlung kannte das AHGB als zwingendes Organ allein den Vorstand.[93] Dieser war somit der gesetzlichen Konstruktion nach das eigentliche Ver-

---

88 Zitiert nach *Schubel* Verbandssouveränität, 2003, S. 183.

89 Zur Diskussion jeweils m.w.N.: *Passow* ZHR 64 (1909), 27ff.; *Schubel* Verbandssouveränität, 2003, S. 185f.; *Wiethölter* Interessen und Organisation der Aktiengesellschaft, 1961, S. 270ff.

90 *Schubel* Verbandssouveränität, 2003, S. 186.

91 *Passow* ZHR 64 (1909), 27ff., dezidiert auf S. 55: „Es hat zweifellos nicht in der Absicht des Gesetzgebers gelegen, in dem Aufsichtsrat ein völlig neues Organ zu schaffen." Differenzierend *Wiethölter* Interessen und Organisation der Aktiengesellschaft, 1961, S. 283f., der auf die gesetzliche Änderung hinweist, wonach der Vorstand nach außen vertretungsbefugt sein sollte, während vorher in aller Regel der Verwaltungsrat die Vertretungsbefugnis inne hatte.

92 *Schubel* Verbandssouveränität, 2003, S. 185f.

93 Zum Folgenden *Kalss/Burger/Eckert* Entwicklung des österreichischen Aktienrechts, 2003, S. 98 ff.

waltungsorgan der Gesellschaft.[94] Inwieweit er in Abhängigkeit von der Generalversammlung oder einzelnen Großaktionären geriet, war eine Frage der Ausgestaltung der Satzung und der faktischen Machtverhältnisse unter den Aktionären. Der Vorstand wurde von der Generalversammlung berufen und konnte von ihr jederzeit ohne Angabe von Gründen wieder abberufen werden. Gesetzlich zwingend war nur die Vertretungsbefugnis des Vorstands; seine Geschäftsführungskompetenzen konnten hingegen weitgehend beschnitten werden. So konnte die Generalversammlung dem Vorstand Weisungen erteilen oder ihn an Weisungen des Aufsichtsrates binden. Ebenso war es möglich, einzelne Geschäfte von der Zustimmung der Generalversammlung oder des Aufsichtsrates abhängig zu machen.

Wurde ein Aufsichtsrat bestellt, so war dessen Aufgabe die Überwachung der Geschäftsführung (Art. 225 Abs. 1 AHGB). Er hatte das Recht, sich über die Angelegenheiten der Gesellschaft zu informieren, in die Bücher und Schriften der Gesellschaft Einsicht zu nehmen und sich über den Bestand der Gesellschaftskasse zu informieren (Art. 225 Abs. 1 AHGB).

Die Satzungsgestaltung der Praxis machte allerdings von der nunmehr gesetzlich angebotenen Möglichkeit einer Trennung von Geschäftsführung und Aufsicht nur selten Gebrauch.[95] Nur wenige Gesellschaften bestellten überhaupt einen Aufsichtsrat. Zumeist begnügte man sich mit einem Vorstand, dem man für die Aufgaben der täglichen Geschäftsführung einen „Exekutivausschuss" zur Seite stellte. Soweit Aufsichtsräte eingerichtet wurden, waren Vorstandsmitglieder häufig zugleich Aufsichtsratsmitglieder; eine Gestaltung, die gesetzlich zulässig war. Zulässig war es auch, dem Aufsichtsrat in der Satzung Aufgaben der Geschäftsführung zu übertragen. *Passow* zitiert als kennzeichnende Regelung die Statuten der Rheinischen Beleuchtungsaktiengesellschaft:[96]

> „Innerhalb der Gesellschaft verfügt und beschließt der Aufsichtsrat selbständig in allen Angelegenheiten derselben, soweit die Beschlußnahme darüber nicht der Generalversammlung vorbehalten ist und soweit dem Gesellschaftsvorstande nicht die selbständige Entscheidung zusteht."

Die gesetzliche Einführung des Aufsichtsrates hat also an den tatsächlichen Leitungsstrukturen der Gesellschaften wenig geändert. Denn: Es herrschte weiterhin statutarische Gestaltungsfreiheit, und die zentralistische Struktur entsprach offenbar den Wünschen der Praxis. Letztlich liefen damit die Fäden immer bei einem Organ zusammen – ob es nun „Vorstand", „Verwaltungsrat" oder „Aufsichtsrat" hieß –, das zumeist die Interessen der Großaktionäre vertrat und erheblichen Einfluss auf die Geschäftsführung hatte.

---

[94] *Wiethölter* Interessen und Organisation der Aktiengesellschaft, 1961, S. 281: „*umfassendes* Verwaltungsorgan" (Hervorhebung im Original).

[95] Dazu *Kalss/Burger/Eckert* Entwicklung des österreichischen Aktienrechts, 2003, S. 101 und 268f.

[96] *Passow* ZHR 64 (1909), 27, 49, Fn. 43.

Wiethölter verweist zu Recht auf eine andere Neuheit des AHGB: Die Vertretung der Gesellschaft oblag dem Vorstand und nicht mehr der Verwaltungsrat.[97] Man mag darin immerhin den Keim der späteren Verselbständigung dieses Organs erblicken; der Innovationsgehalt erscheint allerdings zweifelhaft, berücksichtigt man, dass die Bezeichnungen „Vorstand“ und „Verwaltungsrat“ in der bunten Rechtspraxis der deutschen Einzelstaaten funktional häufig ein und dasselbe meinten, nämlich das oberste Verwaltungsorgan der Gesellschaft, bei dem alle wichtigen Entscheidungsfäden zusammenliefen.

c) *Die Novellen von 1870 und 1884*

Während das AHGB in Österreich bis 1938 galt,[98] erlebte das kodifizierte Aktienrecht in Deutschland Ende des 19. Jahrhunderts mehrere Novellen.[99] Im Jahre 1870 wurde das Konzessionssystem durch ein Gesetz des Norddeutschen Bundes allgemein abgeschafft.[100] Erst jetzt wurde der Aufsichtsrat als zwingendes Organ der Aktiengesellschaft vorgeschrieben; es ist ein bemerkenswerter Aspekt der Entstehungsgeschichte, dass er damit funktional an die Stelle der weggefallenen Staatsaufsicht treten sollte.[101] Allerdings wurden seine Kompetenzen nicht näher geregelt, und die Einrichtung des Aufsichtsrates allein war – wie schon die Entwicklung unter dem AHGB gezeigt hatte – keine Gewähr für eine klare Trennung der Funktionen von Geschäftsführung und Überwachung.[102]

Der Freigabe der Gründung folgte eine durch den wirtschaftlichen Aufschwung begünstigte Errichtung von Aktiengesellschaften in zuvor nicht gekannter Zahl. Waren im Preußen der Jahre 1859 bis 1869 kaum einmal mehr als zehn Gesellschaften pro Jahr gegründet worden, registrierte man im Deutschen Reich allein im Jahre

---

97 *Wiethölter* Interessen und Organisation der Aktiengesellschaft, 1961, S. 283ff.

98 Zu den österreichischen Reformentwürfen dieser Zeit, die letztlich alle nicht Gesetz wurden: *Kalss/Burger/Eckert* Entwicklung des österreichischen Aktienrechts, 2003, S. 162ff.

99 Die Reform des Jahres 1897 wird hier nicht näher behandelt, da sie für die Kompetenzverteilung zwischen Vorstand und Aufsichtsrat keine wesentlichen Neuerungen brachte. Zum Inhalt der Reform *Kalss/Burger/Eckert* Entwicklung des österreichischen Aktienrechts, 2003, S. 153ff.

100 Zur Abschaffung des Konzessionssystems *Schubert* ZGR 10 (1981) 285ff., sowie *Schubel* Verbandssouveränität, 2003, S. 280ff. Das AHGB hatte es den Einzelstaaten freigestellt, ob sie die Errichtung von Aktiengesellschaften von einer staatlichen Genehmigung abhängig machen wollten. Davon hatte Baden schon im Jahre 1862 Gebrauch gemacht (*Schubel*, a.a.O., S. 246); 1868 folgte das Königreich Sachsen (*Schubel*, a.a.O., S. 280). In Österreich wurde dieser Schritt erst 1938 mit der Einführung des deutschen Aktiengesetzes vollzogen (*Kalss/Burger/Eckert* Entwicklung des österreichischen Aktienrechts, 2003, S. 133).

101 *Schubert* ZGR 10 (1981) 285, 306; *Passow* ZHR 64 (1909), 27, 50; *Wiethölter* Interessen und Organisation der Aktiengesellschaft, 1961, S. 285ff.

102 *Hommelhoff* in Schubert/Hommelhoff, Hundert Jahre modernes Aktienrecht, 1985, S. 86; *Kalss/Burger/Eckert* Entwicklung des österreichischen Aktienrechts, 2003, S. 144; *Wiethölter* Interessen und Organisation der Aktiengesellschaft, 1961, S. 287.

1871 etwa 260 Neugründungen, im Jahre 1872 gar 494.[103] Schon 1873 kam es zur Krise, in deren Folge eine große Zahl der neu gegründeten Gesellschaften wieder zusammenbrach, oftmals ohne ihren Aktionären während ihrer Existenz auch nur die geringste Dividende ausgezahlt zu haben. Es verwundert kaum, dass dies zunächst eine Fundamentalkritik am Aktienwesen hervorrief,[104] die nach dem Abflauen der ersten Erregung in eine gemäßigtere aktienrechtliche Reformdebatte mündete.[105]

Wenngleich Vorschriften über die ordnungsgemäße Gründung im Vordergrund des Interesses standen, widmete sich die nun folgende Aktienrechtsnovelle von 1884 auch einer Verbesserung der Überwachung durch den Aufsichtsrat.[106] Die Wahl der Mitglieder des Aufsichtsrates wurde zur zwingend festgelegten Zuständigkeit der Generalversammlung, und sie konnten durch mit qualifizierter Mehrheit zu fassenden Beschluss jederzeit frei abberufen werden.[107] Die Modalitäten für die Wahl der Vorstandsmitglieder konnten in der Satzung geregelt werden, die Wahl konnte also auch dem Aufsichtsrat übertragen werden.[108]

Darüber hinaus akzentuierte das Gesetz von 1884 die Überwachungsfunktion des Aufsichtsrats.[109] Denn die regelmäßig praktizierte Einbindung der Aufsichtsratsmitglieder in die Geschäftsführung hatte sich aus Sicht des Gesetzgebers als

---

103 Vgl. zu diesen und den folgenden Daten *Schubel* Verbandssouveränität, 2003, S. 287ff.

104 Dazu *Schubel* Verbandssouveränität, 2003, S. 290f.

105 Zu ihr *Schubel* Verbandssouveränität, 2003, S. 327ff. Auch in Österreich, wo man das Konzessionssystem beibehalten hatte, war das Jahr 1873 ein Krisenjahr; zur dort geführten Reformdebatte vgl. *Kalss/Burger/Eckert* Entwicklung des österreichischen Aktienrechts, 2003, S. 133ff.

106 *Hommelhoff* in Schubert/Hommelhoff, Hundert Jahre modernes Aktienrecht, 1985, S. 85ff.; *Kalss/Burger/Eckert* Entwicklung des österreichischen Aktienrechts, 2003, S. 152f.; *Wiethölter* Interessen und Organisation der Aktiengesellschaft, 1961, S. 287f. In der Reformdebatte war allerdings von einigen auch die gänzliche Abschaffung des Aufsichtsrats gefordert worden (dazu *Schubel* Verbandssouveränität, 2003, S. 332). Zum Aspekt der Stärkung der Verbandssouveränität – durch Stärkung der Stellung der Generalversammlung bei gleichzeitigem Zurückdrängen des Einflusses außenstehender Dritter – *Schubel* Verbandssouveränität, 2003, S. 345ff.

107 Zuvor hatte das Gesetz abweichende Satzungsregeln zugelassen, was mitunter dazu geführt hatte, dass die Generalversammlung faktisch entmachtet wurde; dazu *Hommelhoff* in Schubert/Hommelhoff, Hundert Jahre modernes Aktienrecht, 1985, S. 86; weiterhin Begründung zum Gesetzentwurf von 1884 (ebda., S. 458).

108 Diese Möglichkeit wurde eröffnet, weil es bei der Bestellung des Vorstandes um die technische Befähigung seiner Mitglieder geht, die von einer größeren Versammlung mit wechselnder Zusammensetzung nicht sinnvoll beurteilt werden kann (*Hommelhoff* in Schubert/Hommelhoff, Hundert Jahre modernes Aktienrecht, 1985, S. 88, sowie Begründung zum Gesetzentwurf, abgedruckt ebda., S. 458). Eine zwingende Zuständigkeit des Aufsichtsrates für die Bestellung des Vorstandes wurde erst 1937 eingeführt.

109 Gesetz, betreffend die Kommanditgesellschaften auf Aktien und die Aktiengesellschaften, vom 18. Juli 1884, abgedruckt in Schubert/Hommelhoff, Hundert Jahre modernes Aktienrecht, 1985, S. 560ff. Zentrale Norm für die Überwachungsaufgabe des Aufsichtsrates ist der Art. 225 Abs. 1 S. 1: „Der Aufsichtsrath hat den Vorstand bei seiner Geschäftsführung in

problematisch erwiesen. Nicht selten agierten Vorstand und Aufsichtsrat als „zusammengesetztes, aber einheitliches Entscheidungsorgan“.[110] Um die Organe klarer zu trennen, wurde nun eine gleichzeitige Mitgliedschaft in Vorstand und Aufsichtsrat untersagt.[111] Die Position des Aufsichtsrats wurde auch dadurch gestärkt, dass der Verwaltungsrat als Organ abgeschafft wurde; auf diese Weise sollte vermieden werden, dass sich neben dem Aufsichtsrat noch ein weiteres, womöglich einflussreicheres Gremium etabliert.[112]

Eine völlige Trennung der Funktionen vollzog der Gesetzgeber jedoch nicht. Es war weiterhin zulässig, dem Aufsichtsrat Geschäftsführungsaufgaben zu übertragen.[113] Der Gesetzgeber begründete dies im Wesentlichen mit der Erwägung, ohne eine gewisse Beteiligung an der Geschäftsführung sei eine effektive Überwachung nicht möglich.[114] Auch der Vorteil, dass der Aufsichtsrat durch eine Beteiligung an der Geschäftsführung von den wesentlichen Vorgängen im Unternehmen beständig Kenntnis erlange, wurde betont.[115] Ganz bewusst blieb damit die Möglichkeit erhalten, den Aufsichtsrat statutarisch zum Verwaltungsrat alter Prägung umzuformen. Ebenso denkbar war die Ausgestaltung eines einheitlichen Organs mit zwei Abteilungen – eine zur Beratung des Vorstands, die andere zu dessen Überwachung.[116]

Die Begründung zum Gesetzentwurf belegt, dass die gesetzgeberisch zugelassene Gestaltungsfreiheit nicht einer Vermischung der beiden Organe Vorschub leisten sollte; sie beruhte vielmehr auf der Vorstellung, die gewünschte klare Trennung

---

allen Zweigen der Verwaltung zu überwachen und zu dem Zweck sich von dem Gange der Angelegenheiten der Gesellschaft zu unterrichten.“

110 *Hommelhoff* in Schubert/Hommelhoff, Hundert Jahre modernes Aktienrecht, 1985, S. 91. Begünstigt wurde diese Entwicklung durch die Möglichkeit, dem Aufsichtsrat Geschäftsführungsaufgaben zu übertragen; offenbar machten viele Gesellschaften von dieser Möglichkeit Gebrauch (s. *Kalss/Burger/Eckert* Entwicklung des österreichischen Aktienrechts, 2003, S. 177).

111 *Hommelhoff* in Schubert/Hommelhoff, Hundert Jahre modernes Aktienrecht, 1985, S. 92. Art. 225a Abs. 1: „Die Mitglieder des Aufsichtsraths dürfen nicht zugleich Mitglieder des Vorstandes oder dauernde Stellvertreter derselben sein, auch nicht als Beamte die Geschäfte der Gesellschaft führen. Nur für einen im voraus begrenzten Zeitraum kann der Aufsichtsrath einzelne seiner Mitglieder zu Stellvertretern von behinderten Mitgliedern des Vorstandes bestellen; während dieses Zeitraums und bis zur ertheilten Entlastung des Vertreters darf der letztere eine Thätigkeit als Mitglied des Aufsichtsraths nicht ausüben.“

112 Begründung zum Gesetzentwurf von 1884 (in Schubert/Hommelhoff, Hundert Jahre modernes Aktienrecht, 1985, S. 460f.).

113 Offen formuliert insoweit Art. 225 Abs. 3 des Gesetzes: „Weitere Obliegenheiten des Aufsichtsraths werden durch den Gesellschaftsvertrag bestimmt.“

114 Dazu und zu der damit verknüpften Diskussion über die Einführung eines Zustimmungsvorbehaltes *Hommelhoff* in Schubert/Hommelhoff, Hundert Jahre modernes Aktienrecht, 1985, S. 92f.

115 Begründung zum Gesetzentwurf von 1884 (in Schubert/Hommelhoff, Hundert Jahre modernes Aktienrecht, 1985, S. 460).

116 *Hommelhoff* in, Schubert/Hommelhoff, Hundert Jahre modernes Aktienrecht, 1985, S. 93; Begründung zum Gesetzentwurf von 1884 (ebda., S. 460).

der Aufgaben sei einer gesetzlichen Regelung nur beschränkt zugänglich.[117] Eine bessere Überwachung versprach man sich weniger von Eingriffen in die statutarische Gestaltungsfreiheit als von verhaltenssteuernden Regeln.[118] So wurden die Regeln zur Aufsichtsratstätigkeit in einer Weise neu formuliert, welche die Mitglieder des Aufsichtsrats daran erinnern sollte, dass sie nicht nur Rechte, sondern auch Pflichten hatten. Eine Haftung bei Sorgfaltspflichtverletzungen wurde erstmals ausdrücklich geregelt. Unterstrichen wurde die Pflichtenstellung des Aufsichtsratsmitglieds auch durch das Verbot, seine Aufgaben auf andere Personen zu übertragen.[119]

d) Weimarer Zeit und Aktiengesetz von 1937

Das Handelsgesetzbuch von 1897 brachte keine bedeutsamen Änderungen in der aktienrechtlichen Konzeption, dafür war die Zeit der Weimarer Republik von einer intensiven Debatte über die weitere Reform des Aktienrechts gekennzeichnet.[120] Die Überwachung der Geschäftsleitung durch den Aufsichtsrat war auch hier eines der zentralen Themen. Bis hin zum Erlass des Aktiengesetzes von 1937 wurde es als Missstand beklagt, dass in vielen Gesellschaften praktisch alle Fäden beim Aufsichtsrat zusammenliefen. Er bestellte den Vorstand, hatte ihn somit „in der Hand und war so der eigentliche Leiter der Gesellschaft".[121] Häufig übertrug die Satzung dem Aufsichtsrat auch ausdrücklich Maßnahmen der Geschäftsführung. Die Rechtswirklichkeit entsprach damit weiterhin einem Verwaltungsratssystem.[122] Die Versammlung der Aktionäre war in der Praxis weitgehend entmachtet; bei der Größe, zu der sich die Aktiengesellschaften entwickelt hatten, war dies nahezu unvermeidlich. Die Aktienrechtsreform der Weimarer Republik versuchte daher, mit einer effizienten Überwachung der Geschäftsleitung ein Gegengewicht zum Machtverlust der Generalversammlung zu schaffen.[123]

---

117 „Das Gesetz ist nicht in der Lage, die Funktion des Aufsichtsraths vollständig abzugrenzen. Was dazu dienlich und nothwendig erscheint, damit derselbe die ihm vom Gesetz zugewiesene Aufgabe einer wirksamen Kontrolle erfülle, muß im einzelnen Falle von der Gesellschaft je nach der Art und dem Betriebe des Unternehmens bestimmt werden." (Begründung zum Gesetzentwurf von 1884, in Schubert/Hommelhoff, Hundert Jahre modernes Aktienrecht, 1985, S. 460).

118 *Hommelhoff* in Schubert/Hommelhoff, Hundert Jahre modernes Aktienrecht, 1985, S. 94ff.

119 Art. 225 Abs. 4: „Die Mitglieder des Aufsichtsraths können die Ausübung ihrer Obliegenheiten nicht anderen Personen übertragen."

120 Siehe dazu insb. die einleitenden Beiträge von *Schubert* und *Hommelhoff* in Schubert/Hommelhoff, Aktienrechtsreform am Ende der Weimarer Republik, 1987; außerdem *Wiethölter* Interessen und Organisation der Aktiengesellschaft, 1961, 289ff. Zur Diskussion um die Leitungsstruktur auch *von Hein* ZHR 166 (2002) 464, 472ff.

121 *Geßler* JW 1937, 497.

122 *Ficker* in: FS Bärmann, S. 299, 305; *Wiethölter* Interessen und Organisation der Aktiengesellschaft, 1961, S. 290 zufolge vermitteln zeitgenössische Untersuchungen das „*Gesamtbild*: Vorstand und Aufsichtsrat *zusammen* verwalten die AG." (Hervorhebungen im Original).

123 *Ficker* in: FS Bärmann, S. 299, 306.

Den Grund für die geradezu institutionell angelegte Überforderung des Aufsichtsrates sah man darin, dass er für zuviele Dinge gleichzeitig zuständig sei.[124] Seine zentrale Aufgabe war, die Geschäftsführung der Gesellschaft in allen Zweigen zu überwachen (§ 246 Abs. 1 Satz 1 HGB). Rechnet man hinzu, dass ihm für wichtige Geschäfte häufig selbst die Geschäftsführung übertragen war und es damals noch keine zwingende externe Abschlussprüfung gab, der Aufsichtsrat also auch die Rechnungslegung zu prüfen hatte, gewinnt man einen Eindruck von der Überforderung des Gremiums. Die wohl wichtigste Maßnahme der Zeit war daher die Einführung der *Pflichtprüfung* des Jahresabschlusses im Jahre 1931.[125] Sie sollte den Aufsichtsrat in die Lage versetzen, seine Aufgabe der Überwachung der Geschäftsleitung effizienter wahrzunehmen; es werde nicht mehr nötig sein, an die dem Aufsichtsrat obliegende Aufsicht „Anforderungen zu stellen, die er wirksam gar nicht erfüllen kann."[126]

Das Aktiengesetz von 1937 hatte sodann vor allem das Ziel, die Beteiligung des Aufsichtsrates an der Geschäftsführung einzuschränken und ihn auf seine eigentliche Aufgabe – die Beaufsichtigung der Geschäftsführung des Vorstandes – zurückzuführen.[127] Um die Kompetenzen klarer abzugrenzen, verwendete das Gesetz von 1937 erstmals die Formulierung, der Vorstand habe die Gesellschaft „unter eigener Verantwortung" zu leiten. Dies entsprach dem verbreiteten Bedürfnis, die Leitungsbefugnis eindeutig in der Hand weniger Personen zu konzentrieren, das zu dieser Zeit nicht nur in Deutschland vorherrschte.[128] Ganz bewusst wurden nun die Generalversammlung und der Aufsichtsrat von der Geschäftsführung ausgeschlossen.[129]

---

124 *Wiethölter* Interessen und Organisation der Aktiengesellschaft, 1961, S. 288ff.

125 Erstmals vorgesehen im Gesetzentwurf von 1930 (dazu *Schmölder* JW 1930, 2623, 2626), sodann eingeführt durch die Notverordnung von 1931 (§§ 262aff. HGB, abgedruckt in Schubert/Hommelhoff, Hundert Jahre modernes Aktienrecht, 1985, S. 841; zur Pflichtprüfung *Schmölder* JW 1931, 2925ff.) und fortgeführt im Aktiengesetz 1937. Zur damaligen Diskussion um die Stellung des Abschlussprüfers auch *Hommelhoff* in: Schubert/Hommelhoff, Hundert Jahre modernes Aktienrecht, 1985, S. 82ff.

126 *Schmölder* JW 1930, 2623, 2626.

127 *Geßler* JW 1937, 497; weiterhin *Kalss/Burger/Eckert* Entwicklung des österreichischen Aktienrechts, 2003, S. 316ff.; *Wiethölter* Interessen und Organisation der Aktiengesellschaft, 1961, S. 290f.

128 Dazu *Schilling* FS Geßler, 1970, S. 159ff.; *Ficker* in: FS Bärmann, S. 299, 306, weist auf die bemerkenswerte Parallele in der französischen Rechtsentwicklung hin. Dort wurde im Jahre 1940 die Verantwortung für die Geschäftsleitung (die „direction générale") dem Vorsitzenden des Verwaltungsrates übertragen. Diese Figur des „Président Directeur Général" prägt das französische Recht bis heute. Relativierend gegenüber der These, es sei in die Diskussion zum Aktienrecht primär nationalsozialistisches Gedankengut eingeflossen, auch *von Hein* ZHR 166 (2002) 464, 474ff., der anführt, dass der Vergleich mit dem anglo-amerikanischen Recht auch zu dieser Zeit diskutiert worden sei.

129 *Ficker* in: FS Bärmann, S. 299, 309: Streichung des Art. 246 Abs. 3 HGB. Bezeichnend auch die Neuformulierung der Haftungsvorschrift: Der Vorstand hatte nicht mehr nur die Sorgfalt eines ordentlichen und gewissenhaften „Geschäftsmanns" anzuwenden, sondern die Sorgfalt eines ordentlichen und gewissenhaften „Geschäftsleiters" (dazu *Geßler* JW 1937, 497, 501).

Beseitigt wurde auch das Weisungsrecht der Generalversammlung gegenüber dem Vorstand; ebensowenig sollte der Aufsichtsrat ein Weisungsrecht gegenüber dem Vorstand haben. Verstärkt wurde die Selbständigkeit des Vorstands noch durch die Abschaffung der jederzeitigen Abberufbarkeit. Fortan sollte der Vorstand nur noch aus wichtigem Grund abberufen werden können.[130]

Als Gegengewicht zu dieser unabhängigen Stellung wurde die Amtszeit des Vorstands gesetzlich auf maximal fünf Jahre begrenzt.[131] Außerdem wurde die Möglichkeit eröffnet, in der Satzung bestimmte Arten von Geschäften festzulegen, die der Vorstand nur mit Zustimmung des Aufsichtsrats vornehmen dürfe; und dem Aufsichtsrat wurde das Recht zugebilligt, selbst bestimmte Arten von Geschäften von seiner Zustimmung abhängig zu machen. Untersagt war ihm jedoch, sich selbst für ein einzelnes Geschäft oder bestimmte Arten von Geschäften die Geschäftsführung zu übertragen. Diese beiden Elemente – Eigenverantwortung des Vorstandes und Zustimmungsvorbehalte zu Gunsten des Aufsichtsrates – bestimmen das Verhältnis zwischen Vorstand und Aufsichtsrat bis zum heutigen Tage. Noch einen dritten bis heute nachwirkenden Effekt für die Leitungsstruktur hatte die Reform: Die nahezu vollständige Abschaffung der Gestaltungsfreiheit.[132]

e) Die Entwicklung in Österreich unter dem AHGB

Die Idee einer klaren gesetzlichen Trennung im Sinne des heutigen dualistischen Systems fand sich – noch vor den soeben skizzierten deutschen Reformen – erstmals in einem österreichischen Gesetzentwurf des Jahres 1874, der allerdings niemals Gesetz wurde.[133] Darin wurde der Aufsichtsrat als zwingendes Organ vorgesehen und eine gleichzeitige Mitgliedschaft in Vorstand und Aufsichtsrat untersagt. Weiter-

---

130 Dazu *Geßler* JW 1937, 497, 499. Eine größere Selbständigkeit des Vorstands war auch schon in den vorbereitenden Diskussionen des Aktienrechtsauschusses und des Deutschen Anwaltvereins gefordert worden (dazu *Hommelhoff* in: Schubert/Hommelhoff, Hundert Jahre modernes Aktienrecht, 1985, S. 73).

131 Dazu *Geßler* JW 1937, 497, 499.

132 In Anlehung an das oben Gesagte (vgl. S. 547 ff.) sei auch hier betont, dass Gestaltungsfreiheit zuvor nicht immer die Freiheit der Gesellschafter meinte. Unter dem Konzessionssystem hatte es durchaus einen nachweisbaren Einfluss der Konzessionsbehörden auf die interne Organisation der Gesellschaften gegeben. Gestaltungsfreiheit meint in diesem Kontext, dass das Gesetz keine zwingenden Vorgaben macht. Konzessionsbehörden und Gesellschafter gemeinsam hatten immer die Möglichkeit, eine sachlich angemessene und auf die Situation der Gesellschaft zugeschnittene Lösung zu entwickeln. *Kalss/Burger/Eckert* Entwicklung des österreichischen Aktienrechts, 2003, S. 108, sehen in dieser Flexiblität einen der Vorteile des Konzessionssystems. Den Übergang des Aktiengesetzes 1937 und anderer Rechtsordnungen zu Regeln des zwingenden Rechts beschreibt *Ficker* in: FS Bärmann, S. 299, 309 ff. Er betont die Größe der Aktiengesellschaften als beherrschendes rechtspolitisches Motiv der Einführung zwingender Vorschriften. Zur Genesis der aktienrechtlichen Satzungsstrenge weiterhin *Schubel* Verbandssouveränität, 2003, S. 402 ff.

133 Dazu *Kalss/Burger/Eckert* Entwicklung des österreichischen Aktienrechts, 2003, S. 175 ff.

hin sollte es unzulässig sein, dem Aufsichtsrat Aufgaben der Geschäftsführung zu übertragen. Bemerkenswert ist, dass die Bestellung und Abberufung des Vorstands zwingend der Generalversammlung zugewiesen waren, um jede Befangenheit des Aufsichtsrates bei seiner Kontrollaufgabe zu vermeiden. Als zentrale Aufgaben des Aufsichtsrates sah man die Überprüfung der Rechnungslegung[134] sowie die strategische Beratung und begleitende Kontrolle des Vorstandes.

Da nach Inkrafttreten des AHGB (1861) in Österreich mehrere Gesetzesvorhaben scheiterten, vollzog sich die Modernisierung des Aktienrechts im Jahre 1899 über ein „Aktienregulativ", das als Verwaltungsvorschrift das Verhalten der Behörden bei der nach wie vor nötigen staatlichen Konzessionierung von Aktiengesellschaften steuerte.[135] AHGB und Aktienregulativ ließen im Bereich der Unternehmensleitung zahlreiche Organisationsmodelle zu.[136] Die meisten Gesellschaften wählten das eingliedrige System mit einem Verwaltungsrat. Teilweise versah der Verwaltungsrat als Ganzes die täglichen Geschäfte; häufig wurde aber auch ein Teil der Verwaltungsratsmitglieder zu einem Exekutivkomitee zusammengefasst, das die laufenden Geschäfte führte. Schließlich war es auch möglich, die Geschäftsführung auf Direktoren zu übertragen, die dem Verwaltungsrat nicht angehörten. War eine besonders starke Verwaltungsspitze gewünscht, konnte die Geschäftsführung auch dem Vorsitzenden des Verwaltungsrates übertragen werden. In all diesen Fällen blieb der Verwaltungsrat als Organ der gesetzliche Vertreter der Gesellschaft. Die Gesellschafterversammlung konnte dem Verwaltungsrat Weisungen erteilen; ebenso waren die Mitglieder des Exekutivkomitees oder die Direktoren den Weisungen des Verwaltungsrates unterworfen. Wer allerdings auf die Einrichtung eines Aufsichtsrates verzichten wollte, musste zumindest Rechnungsrevisoren bestellen.[137] Sie hatten die Jahresrechnungen und Bilanzen der Gesellschaft zu prüfen und der Generalversammlung Bericht zu erstatten.

Von der Möglichkeit, einen Aufsichtsrat einzurichten, machten nur wenige Gesellschaften Gebrauch. Er war aber wohl auch deshalb unbeliebt, weil in ihm kraft Gesetzes ein Minderheitenvertreter sitzen konnte.[138] Wurde ein Aufsichtsrat bestellt, durften ihm keine Mitglieder des Vorstands angehören.[139] Der Aufsichtsrat hatte zwingend die Aufgabe der Überwachung der Geschäftsführung und der Prüfung des Jahresabschlusses; außerdem oblag ihm die Einberufung der Generalver-

---

134 Eine zwingende Abschlussprüfung durch externe Prüfer gab es seinerzeit noch nicht.

135 *Kalss/Burger/Eckert* Entwicklung des österreichischen Aktienrechts, 2003, S. 245ff. Das Konzessionssystem bestand in Österreich, bis 1938 das deutsche Aktiengesetz eingeführt wurde (*Kalss/Burger/Eckert* Entwicklung des österreichischen Aktienrechts, 2003, S. 133).

136 Näher *Kalss/Burger/Eckert* Entwicklung des österreichischen Aktienrechts, 2003, S. 266ff.

137 *Kalss/Burger/Eckert* Entwicklung des österreichischen Aktienrechts, 2003, S. 270.

138 *Kalss/Burger/Eckert* Entwicklung des österreichischen Aktienrechts, 2003, S. 269f.: Mit den Stimmen von einem Drittel der Generalversammlung konnte ein Minderheitenvertreter bestellt werden.

139 Dies war in § 37 Abs. 11 Aktienregulativ geregelt (*Kalss/Burger/Eckert* Entwicklung des österreichischen Aktienrechts, 2003, S. 269).

sammlung. Eine Berichtspflicht des Vorstands gab es nicht; der Aufsichtsrat musste sich die zur Überwachung nötigen Informationen selbst besorgen und war zu diesem Zweck mit einem gesetzlichen Informationsrecht ausgestattet.

f) Diskussion vor der Aktienrechtsreform von 1965

Der mit dem Aktiengesetz von 1937 in Deutschland erreichte Stand der klar getrennten Aufgabenbereiche von Vorstand und Aufsichtsrat war nach dem Krieg nicht unumstritten. Schon früh meldeten sich Stimmen, die für einen Wechsel zum anglo-amerikanischen Board-System plädierten.[140] Auch im Bundesjustizministerium wurde das Thema mehrfach geprüft, woraufhin im Jahre 1957 in einer internen Besprechung die grundsätzliche Festlegung auf das bestehende Modell bekräftigt wurde.[141] Maßgeblich dafür waren vor allem drei Gründe: Erstens habe sich die Zweiteilung in der Praxis bewährt; zweitens sei bei Einführung eines einheitlichen Verwaltungsorgans zu befürchten, dass die Geschäftsführung nicht mehr genügend überwacht werde; drittens bestehe auch beim englisch-amerikanischen Board-System praktisch eine Zweiteilung in geschäftsführende und nur beratende und überwachende Mitglieder.[142] Bei diesem Ergebnis blieb es über den Referentenentwurf von 1958 und den Regierungsentwurf von 1960 bis hin zum Aktiengesetz 1965,[143] dessen Vorschriften zur Trennung von Vorstand und Aufsichtsrat in ihrem Kernbestand bis heute Gültigkeit haben.

g) Zusammenfassung zur historischen Entwicklung des dualistischen Systems

Das heutige dualistische System ist das Ergebnis eines historischen Lernprozesses. In der ersten Phase des Aufschwungs der Aktiengesellschaft als Rechtsform – zweite Hälfte des neunzehnten Jahrhunderts – waren über lange Jahre Leitungsstrukturen vorherrschend, wie man sie heute noch in den Staaten mit monistischem Modell findet. Die Defizite der praktisch gehandhabten Unternehmensleitung ließen jedoch beim Gesetzgeber in Ansätzen schon 1861, deutlich erkennbar in

---

[140] Vgl. die Zusammenfassung der Nachkriegsdiskussion bei *Bahrenfuss* Entstehung des AktG 1965, 2001, S. 662ff.

[141] Dazu auf Basis einer Auswertung der Akten des Bundesjustizministeriums *Bahrenfuss* Entstehung des AktG 1965, 2001, 669ff.

[142] Interner Vermerk des BMJ, zitiert bei *Bahrenfuss* Entstehung des AktG 1965, 2001, S. 672.

[143] In der Diskussion der Entwürfe stieß die Grundentscheidung für das Trennungssystem kaum auf Widerstand. Eine Ausnahme bildete der Handeslrechtsausschuss des DAV, der die zwingende Zuweisung der Zuständigkeiten in Frage stellte und sich für die Zulässigkeit einer abweichenden Satzungsbestimmung aussprach (dazu *Bahrenfuss* Entstehung des AktG 1965, 2001, S. 676 und 681). Die Diskussion flammte nach der Veröffentlichung des Werkes von *Wiethölter*, Interessen und Organisation der Aktiengesellschaft im amerikanischen und deutschen Recht, 1961, noch einmal auf (zusammengefasst bei *Bahrenfuss* Entstehung des AktG 1965, 2001, S. 681ff.), ohne jedoch die gesetzgeberische Grundentscheidung noch beeinflussen zu können.

den Jahren 1870 und 1884 die Überzeugung reifen, dass eine Aufteilung von Geschäftsleitung und Kontrolle auf zwei verschiedene Organe für eine ordnungsgemäße Leitung der Gesellschaft unentbehrlich sei. Allerdings zögerte er bis zum Jahre 1937 damit, diese Aufteilung zwingend vorzuschreiben. Geprägt vom Grundgedanken der Gestaltungsfreiheit in Fragen der inneren Struktur wollte man es zunächst den Unternehmen überlassen, das für sie geeignete System von Leitung und Kontrolle zu entwickeln. Noch die Begründung zur Novelle des Jahres 1884 betont, es sei jeweils von der Gesellschaft zu bestimmen, was dienlich und notwendig erscheine, damit der Aufsichtsrat die ihm vom Gesetz zugewiesene Aufgabe einer wirksamen Kontrolle erfülle. Die darin liegende Mahnung, den gesetzlichen Auftrag mit Leben zu erfüllen, erreichte die Praxis aber offenbar nicht. Sie kehrte nach jeder Reform mehr oder weniger umstandslos zum Verwaltungsrats-Modell alter Prägung zurück, in dem ein Gremium die Geschicke der Gesellschaft leitet, ohne sich einer effizienten Kontrolle durch ein zweites Gremium zu unterwerfen. Erst diese über viele Jahrzehnte und mehrere Wirtschaftskrisen hinweg gesammelten Erfahrungen veranlassten den deutschen Gesetzgeber im Jahre 1937 zu der rigorosen Funktionstrennung, die das deutsche und das österreichische Aktienrecht bis heute prägt.

Die historische Erfahrung legt den Schluss nahe, dass ein dualistisches Modell mit der gesetzlich zwingenden Aufteilung von Geschäftsführung und Überwachung auf zwei getrennte Organe nur auf Grund einer Regelung zwingenden Rechts existieren kann. Instrumente der Kontrolle haben stets ein retardierendes Element, auf das sich die Unternehmenspraxis aus eigenem Antrieb ungern einlässt. Der Mehrheitsaktionär hält ein eigenständiges Kontrollgremium ohnehin für überflüssig, da er selbst hinreichend Einfluss in seinem Sinne nehmen kann. Und Minderheitsaktionäre können sich bei der Satzungsgestaltung nicht durchsetzen. Aus dem Blickwinkel der ökonomischen Analyse liegt sogar die Vermutung nahe, dass das deutsche Recht dem Aufsichtsrat gerade deshalb so große Aufmerksamkeit schenkt, weil der deutsche Kapitalmarkt traditionell von Mehrheitsgesellschaftern beherrscht wird. Das „*principal-agent*"-Problem, das für Märkte mit zersplitterter Anteilseignerstruktur typisch ist, tritt hier in den Hintergrund. Der Mehrheitsgesellschafter hat zumeist keine Schwierigkeiten, das Management zu überwachen und von ihm die gewünschten Informationen zu erhalten. Das Recht muss statt dessen einer zu großen Annäherung von Mehrheitsgesellschafter und Management wehren; dies geschieht durch die Zwischenschaltung des Aufsichtsrates.[144]

---

144 *Bratton/McCahery* CJTL 38 (1999) 213ff. (unter I.C.).

III. Das monistische Modell englischer Prägung

1. Rechtlicher Rahmen: Gesetz und Table A

Das englische Recht wird häufig als Prototyp des monistischen Modells behandelt und die Bezeichnung „Board-Modell" geradezu als Synonym für diese Art der Leitungsstruktur gebraucht. Das englische System ist dadurch charakterisiert, dass neben der Hauptversammlung nur ein Organ – das Board – existiert,[145] das sowohl Leitungs- als auch Überwachungsaufgaben wahrnimmt. Dies ist allerdings keine gesetzlich festgelegte Grundkonzeption. Das englische Gesellschaftsrecht gewährt in Fragen der internen Struktur eine umfassende Gestaltungsfreiheit, innerhalb derer auch ein dualistisches System etabliert werden könnte. Dies wurde im Zusammenhang mit der Einführung der Societas Europaea gewissermaßen amtlich bestätigt. Das Department of Trade and Industry (DTI) sah nämlich keine Veranlassung, die Wahlfreiheit der SE-Verordnung mit eigenen Regelungen anzureichern. Die bisher schon gesetzlich eröffnete Gestaltungsfreiheit reiche aus, um einer SE in England die Wahl des dualistischen Systems zu ermöglichen.[146] Für eine detaillierte Regelung des dualistischen Modells sieht der englische Gesetzgeber daher auch anlässlich der Einführung der SE keinen Anlass. Diese Entscheidung wird allerdings dadurch erleichtert, dass die wesentlichen Elemente der dualistischen Struktur, wie sie im vorangegangenen Abschnitt aus der Analyse der deutschen Rechtsentwicklung hervorgegangen sind, bereits unmittelbar in der SE-Verordnung geregelt und damit auch für eine in England ansässige SE wirksam sind.

Das englische Gesellschaftsrecht für Kapitalgesellschaften findet sich im *Companies Act 1985* (CA 1985)[147]. Den deutschen Kapitalgesellschaften entspricht die dort geregelte *company*, und zwar die *company limited by shares*.[148] Die Unterscheidung zwischen GmbH und AG kennt das englische Recht nicht. Stattdessen enthält das

---

[145] Man kann allenfalls darüber nachdenken, ob auch der *Company Secretary* ein „Organ" ist; vgl. *Gower and Davies'* Principles of Modern Company Law, 7. Aufl., 2003, S. 298. Er hat im englischen Recht eher formale Aufgaben; insbesondere sorgt er für die ordnungsgemäße Erfüllung der Pulizitätspflichten, deren wichtigste die jährliche Einreichung der nötigen Unterlagen beim *Companies House*, dem britischen Gesellschaftsregister ist. An der Geschäftsführung ist er seiner Funktion nach nicht beteiligt. Er ist kraft seiner Stellung zumindest innerhalb seines Aufgabengebiets auch befugt, für die Gesellschaft Verträge abzuschließen (*Farrar's Company Law* 4. Aufl., 1998, S. 361).

[146] *Edbury*, in: Oplustil/Teichmann (Hrsg.), The European Company – all over Europe, 2004, S. 316, 320f.; vgl. hierzu die kritischen Anmerkungen von *Davies* in: Baums/Cahn (Hrsg.), Europäische Aktiengesellschaft, 2004, S. 10, 15ff.

[147] Für vor 1985 gegründete Gesellschaften gilt noch der CA 1948, sofern sie nicht die *articles* unter dem Table A CA 1985 übernommen haben. Das englische Recht trennt die Kategorie der Company deutlich von derjenigen der Partnership, für welche der Partnership Act gilt (zu dieser Aufteilung bereits oben S. 8 ff.).

[148] Vgl. s. 1(2)(a) CA 1985.

Gesetz spezielle Regeln für börsennotierte Gesellschaften (*Public Limited Company – plc*), die damit von den nicht börsennotierten Gesellschaften (*Private Company* bzw. *Limited Liability Company – ltd*) abgegrenzt werden.[149] Die nähere Ausgestaltung der Unternehmensverfassung ist den *articles* überlassen, die neben dem *memorandum of association* ein notwendiges Gründungsdokument und insofern der Satzung deutscher Gesellschaften vergleichbar sind. Für die Articles enthält *Table A* im Anhang des CA 1985 ein Muster, das automatisch für jede Gesellschaft gilt, sofern nichts Abweichendes vereinbart wurde.[150]

Zur Leitungsstruktur findet sich im Companies Act 1985 nur die Aussage, dass jede Gesellschaft über einen *director*, börsennotierte Gesellschaften über mindestens zwei verfügen müssen.[151] Näher definiert wird der Director im Gesetz nicht.[152] Auch die Aussage, dass mehrere von ihnen zusammen ein *board* bilden, steht nicht im Gesetz, sondern taucht nur in Table A auf und auch dort eher am Rande.[153] Ebensowenig trifft das Gesetz eine Aussagen zur inneren Organisation des Board. Art. 72 Table A erlaubt hingegen die Auslagerung des Tagesgeschäfts auf sog. *executive officers*. Das Board kann dabei entscheiden, ob es eine eigene Kompetenz für die delegierten Aufgaben behalten möchte; darüber hinaus hat es jederzeit das Recht, die Aufgaben wieder an sich zu ziehen.[154] Der Vorsitzende des Board wird üblicherweise *chairman* genannt, obwohl auch diese Bezeichnung im Gesetz an keiner Stelle auftaucht. Der leitende geschäftsführende Director wird *managing director* oder – in großen Unternehmen eher gebräuchlich – *chief executive officer* (*CEO*) genannt.

---

149 s. 1 (3) CA 1985. Vgl. *Farrar's Company Law* 4. Aufl., 1998, S. 43f.

150 s. 8 (2) CA 1985. In seiner Wirkungsweise gleicht Table A damit dem dispositiven Recht (näher *Helms* in: Hommelhoff/Helms, Neue Wege in die EPG, 2001, S. 259, 260f.).

151 s. 282 CA 1985.

152 s. 741 (1) CA 1985 bestimmt lediglich: "In this Act, 'director' includes any person occupying the position of director, by whatever name called".

153 Table A regelt die Stellung der directors in den Ziffern 64 bis 98. In Ziff. 91 heißt es: "The directors may appoint one of their number to be the chairman of the board of directors and may at any time remove him from office."

154 Ziff. 72 Table A lautet: "The directors may delegate any of their powers to any committee consisting of one or more directors. They may also delegate to any managing director or any director holding any other executive office such of their powers as they consider desirable to be exercised by him. Any such delegation may be made subject to any conditions the directors may impose, and either collaterally with or to the exclusion of their own powers and may be revoked or altered. Subject to any such conditions, the proceedings of a committee with two or more members shall be governed by the articles regulating the proceedings of directors so far as they are capable of applying."

2. Corporate Governance börsennotierter Gesellschaften

a) *Combined Code*

Die wesentlichen normativen Aussagen über die Führungsstruktur von Publikumsgesellschaften finden sich weder im Gesetz noch in Table A, sondern im *Combined Code* der Financial Services Authority (FSA).[155] Der Combined Code ist ein Anhang der Börsenzulassungsregeln der FSA. Börsennotierte Unternehmen müssen eine jährliche Erklärung darüber abgeben, ob und auf welche Weise sie den Vorgaben des Code Folge leisten.[156] Soweit Unternehmen in ihrer Corporate Governance-Praxis von den Prinzipien und Regeln des Code abweichen, sollen sie erklären, aus welchen Gründen sie dies tun (Regelungsansatz des *„comply or explain"*). Der Combined Code geht zurück auf den Bericht des Cadbury Committee aus dem Jahre 1992. Das Committee unter Leitung von *Sir Adrian Cadbury* war eingesetzt worden, nachdem mehrere Zusammenbrüche bedeutender Unternehmen Missstände in der internen Überwachung großer Kapitalgesellschaften offengelegt hatten. Das Committee entwarf einen Corporate Governance Kodex, der in vielem Vorbild des heutigen Combined Code geworden ist. Dem Cadbury Committee folgten in kurzen Abständen das Greenbury Committee, das Hampel- und das Turnbull-Committe, die sich jeweils mit weiteren Einzelfragen der Corporate Governance befassten.[157] Die Empfehlungen der Cadbury-, Greenbury- und Hampel-Arbeitsgruppe verband die Londoner Börse 1998 zu einem einheitlichen Kodex, der daher den Namen „Combined Code" trägt. In jüngster Zeit sind darin Empfehlungen weiterer Berichte eingeflossen: des Berichts von *Derek Higgs* über die Rolle der Non-Executive Directors und des Berichts einer Arbeitsgruppe unter Leitung von *Robert Smith* über das Audit Committee.[158]

---

[155] Zu Entstehung und Inhalt des Combined Code *Davies* ZGR 30 (2001) 268 ff. sowie *Farrar's Company Law* 4. Aufl., 1998, S. 332 ff. Zur aktuellen, am 23.7.2003 veröffentlichten Fassung: *Zinser/Spreng* ZVglRWiss 103 (2004) 401 ff. Der Text des Code ist abrufbar auf der Homepage der FSA (http://www.fsa.gov.uk/pubs/ukla/lr_comcode2003.pdf).

[156] Siehe zu Inhalt und Funktion dieser Erklärung: The Combined Code on Corporate Governance, July 2003, Preamble.

[157] Das Greenbury Committee befasste sich mit der Vergütung von Managern; das Hampel Committee versuchte Defizite der Cadbury-Regeln, die sich in den ersten Jahren praktischer Anwendung ergeben hatten, zu korrigieren; das Turnbull-Committee erarbeitete Vorschläge zu Fragen der internen Kontrolle. Zusammenfassend zu den Berichten: *Böckli* SZW/RSDA 1999, 1 ff., *Böckli* Schweizer Treuhänder 2000, 133, *Davies* ZGR 30 (2001) 268 ff., *Farrar's Company Law* 4. Aufl., 1998, S. 332 ff. und *Zinser/Spreng* ZVglRWiss 103 (2004) 401 ff. Siehe zu Vorgeschichte, Inhalt und Umsetzung des Cadbury Report auch *Shaw* in: Hopt/Wymeersch (Hrsg.), Comparative Corporate Governance, 1997, S. 21 ff.

[158] Vgl. Präambel des Combined Code (Quelle s. Fn. 155) in der Fassung vom August 2003; beide Berichte wurden im Januar 2003 veröffentlicht.

Das Leitungssystem börsennotierter Gesellschaften findet heute im Combined Code seine nähere Ausgestaltung.[159] Er ist zwar nicht unmittelbar verbindlich, hat aber nach dem System des „*comply or explain*" doch eine große praktische Bedeutung für die Corporate Governance der britischen Unternehmen. Im Kern handelt es sich zwar nur um eine Offenlegungspflicht,[160] denn niemand ist verpflichtet, sich an die Regeln des Combined Code zu halten. Insbesondere sind sie keine Börsenzulassungsregeln in dem Sinne, dass eine Abweichung vom Combined Code Sanktionen bis hin zum Delisting nach sich ziehen könnte. Allerdings muss jede Abweichung vom Combined Code erläutert werden, was einen gewissen faktischen Druck erzeugt, sich seinen Vorgaben weitgehend anzupassen.[161]

b) Trennung von Geschäftsführung und Kontrolle

In der Leitungspraxis größerer Gesellschaften entwickelt sich schon seit längerem eine Aufteilung in zwei verschiedene Gruppen von Direktoren:[162] Geschäftsführende Direktoren (*executive directors*) kümmern sich um das Tagesgeschäft, nichtgeschäftsführende Direktoren (*non-executive directors*) beraten sie und tragen durch ihre Distanz zum Tagesgeschäft auch zu einer kritischen Selbstkontrolle bei. Diese rechtstatsächliche Entwicklung wurde von den verschiedenen Corporate Governance-Committees verstärkt. Das bereits erwähnte Cadbury Committee nahm Anfang der Neunziger Jahre des letzten Jahrhunderts die tatsächliche Leitungspraxis kritisch unter die Lupe und unterstützte mit seinen Vorschlägen die als positiv bewerteten Entwicklungen, während eher negativ bewertete zurückgedrängt werden sollten.[163] So befürwortete das Cadbury Committee die Aufteilung in geschäftsführende und nicht-geschäftsführende Direktoren und forderte eine klare Trennung der Funktionen von Board-Vorsitz (*chairman*) und CEO. Diese Gedanken fanden auch die Zustimmung des Hampel-Berichts und sind in die Gestaltung des Combined Code eingeflossen.

---

159 Financial Services Authority, The Listing Rules 2000, para. 12.43 A(a). Die neueste Version des Combined Code stammt aus dem Juli 2003; aus dieser Version wird nachfolgend zitiert.

160 *Gower and Davies'* Principles of Modern Company Law, 7. Aufl., 2003, S. 323; *Zinser/Spreng* ZVglRWiss 103 (2004), 401, 405 f.

161 Maßgeblicher Einfluss kommt insoweit den institutionellen Investoren zu, die einen Aktienerwerb häufig von der Einhaltung festgelegter Corporate Governance-Regeln abhängig machen (*Gower and Davies'* Principles of Modern Company Law, 7. Aufl., 2003, S. 323). Zur Rolle der institutionellen Investoren auch *Davies* in: Hopt/Wymeersch (Hrsg.), Comparative Corporate Governance, 1997, S. 47ff. Nach der von *Davies*, ebda., S. 51, angeführten Statistik hielten institutionelle Investoren im Jahre 1994 nahezu 60% der Aktien britischer börsennotierter Unternehmen; im Jahre 1963 waren es nur 29% gewesen. Ausführlich zum comply or explain-Konzept *Borges* ZGR 32 (2003) 508, 524ff.

162 *Gower and Davies'* Principles of Modern Company Law, 7. Aufl., 2003, S. 319ff.

163 Zur Arbeit des Cadbury Committees: *Gower and Davies'* Principles of Modern Company Law, 7. Aufl., 2003, S. 321ff.

Der erste Grundsatz (*Main Principle*) des Code hebt die Leitungsfunktion des Board deutlich hervor:

> "Every company should be headed by an effective board, which is collectively responsible for the success of the company."

Dies wird in den *Supporting Principles* dahingehend näher erläutert, dass die Aufgabe des Board in der unternehmerischen Leitung und in der Festlegung der Strategie der Gesellschaft bestehe:[164]

> "The board's role is to provide *entrepreneurial leadership* of the company within a framework of prudent and effective controls which enables risk to be assessed and managed. The board should *set the company's strategic aims*, ensure that the necessary financial and human resources are in place for the company to meet its objectives and *review management performance*."

In seiner Leitungsfunktion gleicht das *board* also dem Vorstand. Der Combined Code spricht aber zugleich die Überwachungsfunktion an. Das *board* solle darauf achten, dass das Management die Geschäfte der Gesellschaft ordentlich führt. Diese Aufgabe fällt naturgemäß vor allem denjenigen Mitgliedern zu, die selbst nicht an der Geschäftsführung beteiligt sind, also den nicht-geschäftsführenden Direktoren. Dass jedes *board* einige Mitglieder haben sollte, die nicht zugleich an der Geschäftsführung teilhaben, sagt der Combinde Code deutlich.[165] Er betont darüber hinaus, dass die Aufgaben des Board-Vorsitzenden und des Leiters der Geschäftsführung nicht von derselben Person übernommen werden sollen.[166] Diese Personalunion ist in den USA häufig anzutreffen und wird dort von den Corporate Governance Kodices nicht grundsätzlich in Frage gestellt.[167] In England war sie wohl schon immer weniger verbreitet[168] und ist zudem durch die gegenläufige Vorgabe des Combined Code in besonderer Weise rechtfertigungsbedürftig geworden.[169] Eine Untersuchung ergab für die Jahre 1993/1994 (der Cadbury Report

---

164 Hervorhebungen im nachfolgenden Text durch den *Verfasser*.

165 Main Principle A.3: "The board should include a balance of executive and non-executive directors (and in particular independent non-executive directors) such that no indiviual or small group of individuals can dominate the board's decision taking."

166 Main Principle A.2: "There should be a clear division of responsibilities at the head of the company between the running of the board and the executive responsibility for the running of the company's business." Dies wird unterstrichen durch die nachfolgende Code Provision A.2.1.: "The roles of chairman and chief executive should not be exercised by the same indiviual."

167 Dazu *von Hein* RIW 2002, 501 ff.

168 *Davies* ZGR 30 (2001) 268, 271.

169 Nach Angabe von *Goergen/Renneboog* in: Barca/Becht (Hrsg.), The Control of Corporate Europe, 2001, S. 279, ist der Anteil börsennotierter Gesellschaften, welche die Funktionen trennen, in den letzten Jahren deutlich gestiegen. Eine Vereinigung der beiden Funktionen finde sich noch bei 23% der Gesellschaften.

wurde im Dezember 1992 veröffentlicht), dass etwa drei Viertel aller Unternehmen die Rollen des Chairman of the Board und des CEO trennen.[170]

Auch ein nicht-geschäftsführendes Mitglied des Board mag die nötige innere Distanz vermissen lassen. Daher fordern die Börsenzulassungsregeln als zusätzliches Element der Kontrolle die Berufung von unabhängigen Mitgliedern (*independent directors*) in das *board*, die besonders in den überwachenden Ausschüssen eine zentrale Rolle spielen sollen. Was unter „unabhängig" zu verstehen ist, wird im Combined Code nicht abschließend definiert. Es wird aber zumindest als erklärungsbedürftig angesehen, wenn ein *director* beispielsweise innerhalb der letzten fünf Jahre bei der Gesellschaft angestellt war, wenn er bedeutende Geschäftsbeziehungen zur Gesellschaft unterhält oder einen Großaktionär vertritt.[171] Wegen seiner besonderen Bedeutung soll der Prüfungsausschuss (*audit committee*), der die Rechnungslegung überwacht, ausschließlich aus *independent non-executive directors* bestehen.[172] Damit soll der Gefahr entgegengewirkt werden, dass das *board* zu sehr von den in die Geschäftsführung involvierten Mitgliedern geprägt wird und damit seine Kontrollfunktion aus den Augen verliert.

Weiter ausgebaut wurde die Rolle der nicht-geschäftsführenden Direktoren nach Veröffentlichung des *Higgs*-Report im Januar 2003. Folgende Regelungen des Combined Code gehen auf dessen Vorschläge zurück:[173]

- die Hälfte der Mitglieder des Board sollten unabhängige nicht-geschäftsführende Direktoren sein;[174]
- einer dieser Direktoren soll als sogenannter „senior independent director" benannt werden und speziell für den Kontakt zu den Aktionären zuständig sein;[175]
- die nicht-geschäftsführenden Direktoren sollten eigene Sitzungen unter Abwesenheit der geschäftsführenden Direktoren halten[176]

IV. Zwischenergebnis: Konvergenz und Divergenz der Systeme

Bevor das Aktienrecht weiterer Staaten der Gemeinschaft untersucht wird, bietet die Analyse des deutsch-österreichischen und des englischen Modells eine geeignete Basis, um nunmehr *unter 1.* erste Aussagen zur Konvergenz der Systeme zu treffen.

---

[170] Vgl. die Daten bei *Shaw* in: Hopt/Wymeersch (Hrsg.), Comparative Corporate Governance, 1997, S. 21, 37.

[171] Combined Code, A.3.1.

[172] Combinde Code, C.3.1.: "The board should establish an audit committee of at least three, or in the case of smaller companies two, members, who should all be independent non-executive directors."

[173] Außerdem wurden sogenannte „Suggestions for Good Practice from the Higgs Report" dem Combined Code als Anlage beigefügt.

[174] Umgesetzt in A.3.2 Combined Code.

[175] Umgesetzt in A.3.3 Combined Code.

[176] Umgesetzt in A.1.3 Combined Code.

Bei aller rechtstatsächlich zu beobachtenden Annäherung der Systeme bleiben Unterschiede; diese *unter 2.* zu entwickelnde Divergenz ist in unterschiedlichen rechtlichen Strukturen begründet und lässt sich allein durch rechtstatsächliche Annäherung nicht überbrücken. Dies führt *unter 3.* in einem Zwischenergebnis zu Grundaussagen über den jeweiligen Wesensgehalt der Systeme.

1. Konvergenz

In der internationalen Corporate Governance-Diskussion ist die Beobachtung einer Konvergenz der Systeme zum Gemeinplatz geworden.[177] Für den hier untersuchten Bereich der internen Leitungsstruktur lässt sich die Konvergenz an zwei äußeren Merkmalen festmachen: an der in beiden Systemen erkennbaren Aufteilung der Funktionen Geschäftsführung und Überwachung (*unter a*) sowie an der europaweiten Verbreitung des besonderen Instruments der Corporate Governance Kodices (*unter b*). Zur Beobachtung einer internationalen Konvergenz gehört allerdings auch die Feststellung, dass sich in beiden Systemen gemeinsame Defizite finden (*unter c*).

a) Aufteilung der Funktionen Geschäftsführung und Überwachung

Die Erkenntnis einer gewissen Wesensverwandtschaft von dualistischem und monistischem System, die sich in der personellen Trennung von Geschäftsführung und Überwachung zeigt, ist keineswegs neu. Schon bei der Vorbereitung des Aktiengesetzes von 1965 hatte das Argument Gewicht, auch das Board-System kenne eine Zweiteilung in geschäftsführende und beratende Mitglieder.[178] Die Diskussion der letzten Jahre hat vielfältige Belege für die Konvergenz-These zusammengetragen.[179] Zudem hat sich die funktionale Trennung von Geschäftsführung und Kontrolle durch die Fortentwicklung der Börsenzulassungsregeln weiter verfestigt. Das englische Board-System kennt heute nicht nur aus rein praktischen Gründen, weil in einem großen Unternehmen nicht jeder für alles zuständig sein kann, eine Aufgabenteilung innerhalb des Board, sondern auch wegen der Vorgaben des Combined Code. Die Aufteilung in geschäftsführende und nicht-geschäftsführende Direktoren steht damit nicht mehr im völlig freien Belieben der Unternehmenspraxis, sie ist durch die Börsenzulassungsregeln inhaltlich vorstrukturiert – wobei allerdings die Regelungstechnik des „*comply or explain*" stets mitzudenken ist. Das typische *board* einer britischen Publikumsgesellschaft hat somit *de facto* eine zweigliedrige Struk-

---

[177] Dazu bereits oben S. 533 ff.

[178] Dazu bereits oben S. 558. Zur intensiven Rezeption des angelsächsischen Modells in der deutschen Diskussion seit der Weimarer Republick *von Hein* ZHR 166 (2002) 464, 472ff. (m.w.N.).

[179] Vgl. den ausführlichen rechtsvergleichenden Bericht von *Wymeersch* in: Hopt/Kanda/Roe/Wymeersch/Prigge (Hrsg.), Comparative Corporate Governance, 1998, S. 1045 ff.

tur:[180] Die Aufgaben des laufenden Geschäfts übernimmt ein engerer Kreis von Mitgliedern, das *board* in seiner Gesamtheit konzentriert sich auf die strategische Oberleitung und überwacht die Tätigkeit der geschäftsführenden Mitglieder. Vor diesem Hintergrund ist das *board* zwar rechtlich ein einheitliches Organ, ihm kommt aber eine Doppelfunktion zu:[181] Es muss die Aufgaben der Leitung und der Kontrolle in sich vereinigen.

Das deutsche System nähert sich dem mittleren Bereich, in dem sich Geschäftsführung und Kontrolle überschneiden, aus der anderen Richtung. Die Trennung der Funktionen ist dort nicht das Problem, sondern das als mangelhaft empfundene Zusammenwirken der Organe. Der Gesetzgeber hat daher in verschiedenen Reformen den Aufsichtsrat in seiner Beratungs- und Überwachungsfunktion gestärkt.[182] Durch den verbesserten Informationsfluss und die gestiegene Bedeutung des Zustimmungsvorbehaltes wächst der Aufsichtsrat partiell in die Rolle des unternehmerischen Akteurs, der Mitsprache bei der Festlegung der Gesamtstrategie einfordert und damit auch eine gewisse Verantwortung dafür übernimmt. Somit erscheint aus Sicht der Praxis der Befund gerechtfertigt, dass sich bei einer gut geführten Großgesellschaft die Leitungs*praxis* eines deutschen Vorstands, dem ein unternehmerisch denkender und beratender Aufsichtsrat zur Seite steht, kaum von derjenigen eines britischen *board* unterscheidet, in dem die *executive directors* die täglich anfallenden Geschäftsführungsaufgaben in regelmäßigen Abständen im Board-Plenum mit den *non-executive directors* besprechen.[183]

b) Corporate Governance-Kodices

Ein zumindest dem äußeren Befund nach auffälliges Zeichen der Konvergenz ist die allerorten zu beobachtende Entstehung von Corporate Governance-Kodices. Wie die Untersuchung des englischen Rechts gezeigt hat, kompensiert der Combined Code der Londoner Börse mit seinen Grundsätzen und Regelungen das Schweigen des Gesetzes. Der Companies Act enthält zur Leitungsstruktur der Company keine Vorgaben. Für kapitalmarktferne Gesellschaften ist diese Gestaltungsfreiheit unproblematisch, bei börsennotierten Unternehmen bedarf sie jedoch – so jedenfalls die weithin anerkannte Schlussfolgerung des Cadbury Committee – einer Korrektur.

Das deutsche Recht mit seiner zwingend angeordneten dualistischen Struktur scheint für derartige Kodices keinen Bedarf zu haben. Ein Vergleich der internationalen Kodices mit dem deutschen Recht ergibt auch, „dass das geltende deutsche Aktienrecht den in diesen Kodices und Regelwerken enthaltenen Empfehlungen

---

180 *Davies* ZGR 30 (2001) 268, 283.

181 *Davies* ZGR 30 (2001) 268, 275.

182 Zusammenfassend jüngst *Theisen* in: Dörner/Menold/Pfitzer/Oser, Reform des Aktienrechts, 2. Aufl., 2003, S. 431 ff.

183 Eine Annäherung in der praktischen Arbeitsweise der internationalen Großunternehmen konstatiert neben vielen anderen *Hopt* ZGR 29 (2000) 779, 784 f.

weitgehend entspricht"[184]. Dennoch hat die Eigendynamik der internationalen Gepflogenheiten auch in Deutschland den Ruf nach einem Kodex laut werden lassen.[185] Er könne manche Einzelheit konkreter, wegen seiner Regelungstechnik aber auch flexibler regeln als ein Gesetz. Und er sei notwendig, um ausländischen Investoren, die gewohnt seien, ihre Informationen über die Corporate Governance von Publikumsgesellschaften einem Kodex zu entnehmen, das deutsche Modell in nachvollziehbarer Form darzulegen. Denn, so hieß es, manche ausländische Kritik am deutschen Leitungsmodell beruhe lediglich „auf einer unzulänglichen Kenntnis der rechtlichen Ausgangslage in Deutschland"[186].

Im Jahre 2002 erblickte daher der *Deutsche Corporate Governance Kodex* das Licht der Welt. Für ihn gilt ähnlich dem englischen System das Erklärungsprinzip.[187] Jede börsennotierte Gesellschaft muss jährlich eine Erklärung darüber abgeben, inwieweit den Empfehlungen des Kodex „entsprochen wurde und wird oder welche Empfehlungen nicht angewendet wurden und werden" (§ 161 Satz 1 AktG).[188] Die Regelungstechnik[189] wird an die Besonderheit des deutschen Rechts insoweit angepasst, als der Kodex zahlreiche Regeln wiederholt, die bereits im Gesetz enthalten sind. Soweit er darüber hinaus geht, unterscheidet er „Empfehlungen" und „Anregungen". Die Abweichung von Empfehlungen muss offengelegt werden, von Anregungen kann auch ohne Offenlegung abgewichen werden.

c) Gemeinsame Defizite

Die Konvergenz lässt sich auch negativ umschreiben. Denn vor den Nachteilen des eingliedrigen Systems ist auch das zweigliedrige nicht gefeit. Im anglo-amerikanischen Board-Modell gelingt es häufig einem starken Vorsitzenden, die unternehme-

---

184 *Baums* (Hrsg.) Bericht der Regierungskommission Corporate Governance, 2001, S. 50.

185 Zum Folgenden *Baums* (Hrsg.) Bericht der Regierungskommission Corporate Governance, 2001, S. 50ff.

186 So begründeten *Schneider/Strenger* AG 2000, 106, 108, die Forderung nach der Aufstellung einheitlicher Corporate Governance-Grundsätze für deutsche börsennotierte Unternehmen. *Peltzer/v. Werder* AG 2001, 1, 2, ergänzen für den Berliner Intiativkreis, der sich seinerzeit gleichfalls für einen einheitlichen Kodex einsetzte: der Kapitalmarkt wolle „rasch entscheiden, eine einheitliche Meßlatte haben und sich nicht mit einer Unzahl verschiedener Systeme aufhalten müssen". Entsprechend das Resumé von *Claussen/Bröcker* AG 2000, 481, 485: An deutschen Corporate Governance-Grundsätzen „führt zur Zeit wegen der Wünsche der institutionellen Anleger kein Weg vorbei".

187 Die bislang im deutschen Recht unbekannte Form der Regelung wirft zahlreiche Folgefragen auf, die beispielsweise *Ulmer* ZHR 166 (2002) 150ff. und *Borges* ZGR 32 (2003) 508ff. untersuchen. Zur Entsprechenserklärung und ihrer rechtlichen Bedeutung *Lutter* ZHR 166 (2002) 523ff.

188 Zur Befolgung des Kodex in der Praxis vgl. die Erhebungen von *Oser/Orth/Wader* BB 2004, 1121ff. und von *v. Werder/Talaulicar* DB 2005, 841 ff.

189 Dazu Präambel des Deutschen Corporate Governande Kodex (abrufbar unter http://www.corporate-governance-code.de).

rischen und personellen Entscheidungen zu prägen. Sind die Posten des Chairman und des CEO getrennt, wie dies nicht in den USA, wohl aber in Großbritannien zumeist praktiziert wird, bleibt dennoch die Möglichkeit, dass beide ein hocheffizientes Tandem bilden und damit die Kontrollfunktion der übrigen Board-Mitglieder außer Kraft setzen. Solange ihre Entscheidungen sich als richtig erweisen, dient dies der Effizienz und dem Unternehmenserfolg. Sobald aber dem „starken Mann" Fehler unterlaufen, wirkt es sich besonders nachteilig aus, dass die übrigen Board-Mitglieder nicht darin eingeübt sind, Entscheidungen von Chairman und CEO kritisch zu hinterfragen. Ein ähnlicher Effekt kann im dualistischen Modell durch eine enge personelle Verflechtung zwischen Vorstand und Aufsichtsrat eintreten.[190] Dominiert innerhalb des Vorstands ein durchsetzungsfähiger Vorsitzender, der sich des Wohlwollens des Aufsichtsratsvorsitzenden sicher sein kann, entsteht in Sach- und Personalentscheidungen ein bedenkliches Kontrolldefizit. Beispielsweise gehen in der Praxis von Großunternehmen Personalvorschläge für die Wahl von Vorstands- *und* Aufsichtsratsmitgliedern häufig vom Vorstand aus, obwohl nach dem Gesetz einmal der Aufsichtsrat, das andere Mal die Hauptversammlung zuständig ist. Weitere personelle Verflechtungen ergeben sich durch den durchaus gebräuchlichen Wechsel ehemaliger Vorstandsmitglieder in den Aufsichtsrat. Viele Aufsichtsratsmitglieder nehmen außerdem zugleich Mandate in anderen Gesellschaften wahr und werden damit Teil eines übergreifenden personellen Netzwerks, das sich wechselseitig mit allzu scharfer Kritik zurückhält. In England, den USA und Deutschland macht man in dieser Hinsicht überall die gleiche Beobachtung: Solange das Führungspersonal bei seinen Entscheidungen eine glückliche Hand hat, fördert die enge Zusammenarbeit den Unternehmenserfolg; sobald jedoch Fehlentwicklungen eintreten, fehlt in der internen Corporate Governance das Korrektiv, um diese rechtzeitig zu erkennen und zu bereinigen.

Ein häufiger Kritikpunkt ist insoweit die zu geringe Sitzungsfrequenz der Leitungsgremien. Empirische Untersuchungen legen den Schluss nahe, dass beide System der Gefahr unterliegen, die nicht-geschäftsführenden Personen zu selten um einen Tisch zu versammeln. Eine Studie der Wirtschaftsprüfungsgesellschaft KPMG aus dem Jahre 2001/2002 stellt zwar den Gesellschaften des Vereinigten Königreichs ein vergleichsweise gutes Zeugnis hinsichtlich der Zahl der Sitzungen aus:[191] die Mehrzahl der Unternehmen versammelte das gesamte Board mehr als sieben Mal pro Jahr.[192] Deutsche Aufsichtsräte hingegen tagten im Schnitt nur etwa vier Mal im Jahr. Allerdings fanden die Sitzungen der deutschen Aufsichtsräte in 82% der Fälle unter Anwesenheit aller Mitglieder statt, während dies den britischen Gesellschaf-

---

190 Vgl. zum Folgenden namentlich *Prigge* in: Hopt/Kanda/Roe/Wymeersch/Prigge (Hrsg.), Comparative Corporate Governance, 1998, S. 943, 957ff., *G.H. Roth/Wörle* ZGR 33 (2004) 565ff. und *Semler* in: FS Lutter, 721, 722ff.

191 Corporate Governance in Europe KPMG Survey 2001/2002, S. 19ff.

192 Vergleichbare Zahlen berichtet *van den Berghe* Corporate Governance in a Globalising World, 2002, S. 76: zwischen 6 und 8 Sitzungen pro Jahr.

ten nur in etwa 60% der Sitzungen gelang. Offenbar ist bei einer Häufigkeit von etwa sieben Sitzungen schon die Grenze dessen erreicht, was die Mitglieder mit ihren sonstigen beruflichen Verpflichtungen vereinbaren können. Die Sitzungsdauer liegt im Schnitt bei drei bis vier Stunden in deutschen Aufsichtsräten, während britische Boards im Schnitt über vier Stunden lang tagen.

Bedauerlicherweise fehlt eine Aufschlüsselung darüber, ob bei den nicht voll besetzten Treffen des britischen Board eher die geschäftsführenden oder die nichtgeschäftsführenden Direktoren fehlen. Es sei aber die Vermutung geäußert, dass es sich eher um die nicht-geschäftsführenden Mitglieder handeln wird, die typischweise nicht in die Abläufe des Unternehmens eingebunden sind und sich deshalb schwerer auf dessen Terminplanung einstellen können als die *executive directors*. Zudem lässt sich das Fehlen des einen oder anderen nicht-geschäftsführenden Mitglieds für die Besprechung leichter verkraften als die Abwesenheit eines geschäftsführenden Direktors, dessen Sachkunde man benötigt, um überhaupt sinnvoll über die Vorgänge im Unternehmen sprechen zu können. Wenn also eine Sitzung mit unterzähliger Besetzung dennoch mehrere Stunden dauert, ist anzunehmen, dass zumindest die fachlich maßgeblichen *executive directors* anwesend waren.

Der Vergleich zum britischen *board* lässt zwar insgesamt die Sitzungsintensität deutscher Aufsichtsräte noch verbesserungsfähig erscheinen, offenbart aber keineswegs ein derart großes Missverhältnis, dass eine klare Überlegenheit des einen oder anderen Systems erkennbar wäre. Bestätigt wird dies durch einen Blick nach Frankreich. In Frankreich sind bekanntlich beide Systeme gesetzlich zugelassen,[193] das monistische wird allerdings wesentlich häufiger benutzt. Die KPMG-Studie ermittelte für den französischen monistisch strukturierten Verwaltungsrat Werte, die teilweise noch unterhalb denen deutscher Aufsichtsräte lagen. Entscheidend für die Überwachungsintensität dürfte somit – soweit sie sich überhaupt in Zahl und Dauer der Sitzungen messen lässt – weniger die rechtliche Struktur als der persönliche und kulturelle Hintergrund der Beteiligten sein.

2. Divergenz

Die fortbestehenden Divergenzen der Systeme ergeben sich aus einer unterschiedlichen Verteilung der Verantwortlichkeiten für die Unternehmensleitung (dazu *unter a*) und einem daraus resultierenden Bedeutungsunterschied des häufig für beide Systeme synonym benutzten Begriffes der „Überwachung" (dazu *unter b*).

a) Verantwortlichkeit für die Leitung des Unternehmens

Ungeachtet der tatsächlichen Ähnlichkeit der Abläufe bleibt rechtlich gesehen eine klare Unterscheidung der beiden Leitungssysteme: Das monistische Verwaltungsorgan ist in seiner Gesamtheit für die Leitung des Unternehmens verantwortlich,

---

[193] Dazu sogleich S. 576 ff.

während diese Verantwortung im dualistischen System in erster Linie beim Vorstand liegt. Im englischen System sind auch die nicht-geschäftsführenden Direktoren vollwertige Mitglieder des *board*.[194] In dieser Eigenschaft haben sie Anteil an der Leitungsfunktion, wozu auch die Entwicklung der Unternehmensstrategie gehört. Der *non-executive director* ist damit von Gesetzes wegen gehalten, sich in die Festlegung der Unternehmenstrategie von Beginn an ebenso wie ein geschäftsführender Direktor einzubringen. Das Gesetz kennt ohnehin nicht die Unterscheidung in geschäftsführende und nicht-geschäftsführende Direktoren und der für die praktische Corporate Governance prägende Combined Code lässt in diesem Punkt keinen Zweifel aufkommen: "As part of their role as *members of a unitary board*, non-executive directors should constructively challenge and help develop proposals on strategy."[195] Auch die von *Higgs* entwickelten Richtlinien, die dem Combined Code als Anlage beigefügt sind, heben mit Blick auf die nicht-geschäftsführenden Direktoren die gemeinsame Verantwortung aller Board-Mitglieder für die Festlegung der Unternehmensstrategie hervor.[196]

Im Vergleich dazu hat die Analyse der Rolle des Vorstands gezeigt, dass er „unter eigener Verantwortung" (§ 76 AktG) die Gesellschaft leitet und zu dieser Leitung gerade die Planungs- und Steuerungsverantwortung gehört: „Er hat die langfristigen Unternehmensziele vorzugeben, die wesentlichen Geschäftsfelder zu umreißen und über die wichtigsten Investitionsentscheidungen zu befinden."[197] Der Aufsichtsrat ist in diesem Bereich deutlich in die zweite Reihe verwiesen, denn ihm wird von den Planungen des Vorstandes nur berichtet (§ 91 AktG). Der Bericht über die beabsichtigte Geschäftspolitik hat sicherlich die Funktion, den Vorstand bereits vor Umsetzung seiner Strategie zur Diskussion mit dem Aufsichtsrat zu veranlassen. Da jedoch gesetzlich klargestellt ist, dass der Aufsichtsrat in diesen Angelegenheiten weder Weisungen erteilen, noch gar einzelne Vorgänge an sich ziehen darf, bleibt die Vorrangstellung des Vorstands deutlich erhalten. Dem Aufsichtsrat bleibt sachlich in bestimmten Fällen der Zustimmungsvorbehalt, personell hat er die Möglichkeit, den Vorstand nach Ablauf des Mandats nicht wiederzubestellen; für eine vorzeitige Abberufung würde eine Meinungsverschiedenheit über die Unternehmensstrategie

---

194 Dies kommt neben der sogleich im Text zitierten Passage auch an anderen Stellen des Combined Code zum Ausdruck, so beispielsweise in Main Principle D.1: "The board as a whole has responsibility for ensuring that a satisfactory dialogue with shareholders takes place." Vgl. dazu die obige Feststellung (bei Fn. 46), dass im Trennungssystem für die grundlegenden Strategieentscheidungen der Vorstand und nicht der Aufsichtsrat gegenüber den Aktionären berichts- und auskunftspflichtig ist. Siehe weiterhin im Anhang des Combined Code den Abschnitt "Guidance on the role of the non-executive director", wo dessen Stellung als Mitglied eines "unitary board" betont wird.

195 Combined Code (oben Fn. 155), A.1 (S. 4); kursive Hervorhebung durch den *Verfasser*.

196 "As members of the unitary board, all directors are required to: ... Set the company's strategic aims ..." (Guidance on the role of non-executive directors, Combined Code [o. Fn. 155], S. 63).

197 *Fleischer* ZIP 2003, 1, 5.

aber nicht ausreichen.[198] In der Praxis wird sich der Vorstand gewiss stets um das Einverständnis des Aufsichtsrats bemühen. Selbst dann wird aber die Initiative zur Entwicklung einer Strategie in aller Regel vom Vorstand ausgehen und erst, wenn innerhalb des Vorstands Einvernehmen erzielt werden konnte, an den Aufsichtsrat herangetragen werden.

b) „Überwachung" ist nicht gleich „Überwachung"

Dass die Unternehmensleitung im dualistischen Modell allein dem Vorstand zugewiesen ist, öffnet den Blick dafür, dass die Konvergenzdiskussion unausgesprochen mit zwei verschiedenen Überwachungsbegriffen arbeitet. Der Aufsichtsrat überwacht die von einem *anderen* Organ getroffene Strategieentscheidung; die nichtgeschäftsführenden Direktoren im *board* überwachen die Umsetzung der kollektiv getroffenen Strategieentscheidungen des *board* und kontrollieren damit letztlich die Umsetzung ihrer *eigenen* Entscheidungen. Die vom *board* ausgeübte Kontrolle ist damit im Kern eine Vollzugskontrolle. Das Management wird daraufhin befragt, ob es die vom *board* festgelegte Strategie auch umsetzt. Ob die Strategieentscheidung selbst richtig oder falsch war, stellt sich zunächst als Frage nicht, denn darüber hat das Organ als Ganzes bereits seinen Willen gebildet. Damit fehlt hinsichtlich der grundlegenden Weichenstellungen die Überprüfung durch ein außerhalb des eigentlichen Entscheidungsprozesses stehendes Gremium.

In der Diskussion vor dem Aktiengesetz 1965 hat *Geßler* diesen Unterschied bereits klar erkannt. In einem internen Vermerk äußerte er sich zu der Frage, ob dem Aufsichtsrat ein Weisungsrecht gegenüber dem Vorstand eingeräumt werden solle: Seiner Ansicht nach könne „nicht jemand gleichzeitig Überwachungsorgan und über das Weisungsrecht selbst Geschäftsführer sein, denn Weisung ist keine Überwachung mehr."[199] Überwachung vertrage sich allenfalls noch mit negativer Weisung, also dem Verbot der Vornahme einer bestimmten Handlung, nicht aber mit positiver Weisung.[200] Es sei bedenklich, einem Organ ein Weisungsrecht einzuräumen, das selbst keiner Überwachung mehr unterliege.[201] Gerade für die großen Aktiengesellschaften, in denen der Aktionär als reiner Kapitalgeber nur eine Dividende erwarte

---

198 Solange der Vorstand die von ihm gewählte Unternehmensstrategie plausibel begründen kann, dürfte es schwer fallen, einen „wichtigen Grund" im Sinne des § 84 Abs. 3 AktG zu finden. Eine andere Einschätzung des Aufsichtsrats zur Unternehmensstrategie würde weder eine „grobe Pflichtverletzung" noch eine „Unfähigkeit zur ordnungsgemäßen Geschäftsführung" belegen. Dem Aufsichtsrat bliebe allenfalls die praktisch kaum relevante Möglichkeit, einen Vertrauensentzug durch die Hauptversammlung anzustreben. Indessen sollte nicht verkannt werden, dass sich kein Vorstand über längere Zeit gravierende Meinungsverschiedenheiten mit dem Aufsichtsrat leisten kann.

199 Zitiert bei *Bahrenfuss* Entstehung des AktG 1965, 2001, S. 669, nach Einsichtnahme in den Aktenbestand des Bundesjustizministeriums.

200 *Bahrenfuss* Entstehung des AktG 1965, 2001, S. 669.

201 *Bahrenfuss* Entstehung des AktG 1965, 2001, S. 669.

und nicht die Absicht habe, sich um die Geschäfte zu kümmern, sah er eine Überwachung der Geschäftsführung des Vorstands durch ein eigenständiges, reines Kontrollorgan wie den Aufsichtsrat als notwendig an.[202] Den entscheidenden Vorteil des Board-Systems sah man damals im Bundesjustizministerium in der besseren Zusammenarbeit zwischen den geschäftsführenden und den überwachenden Verwaltungsmitgliedern. Dieses Defizit des dualistischen Modells wollte man durch eine strenge Berichtspflicht des Vorstands an den Aufsichtsrat ausgleichen.[203]

Den ganz anderen Charakter der Überwachung, dem die nicht-geschäftsführenden Direktoren im monistischen System verpflichtet sind, macht die oben bereits auszugsweise zitierte Passage des Combined Code deutlich:

> "As part of their role as members of a unitary board, non-executive directors should constructively challenge and help develop proposals on strategy. Non-executive directors should scrutinise the perfomance of management on meeting *agreed* goals and objectives and monitor the reporting of performance."[204]

Mit „Überwachung" ist hier etwas anderes gemeint als im dualistischen System. Die nicht-geschäftsführenden Direktoren überwachen die Umsetzung von Strategieentscheidungen, die das *board* getroffen hat. An diesen Entscheidungen waren sie selbst verantwortlich beteiligt. Das *board* kontrolliert somit in seiner Überwachungsfunktion die Umsetzung der von ihm selbst im Plenum entwickelten Vorgaben („agreed goals and objectives"). Es stellt sicher, dass die geschäftsführenden Direktoren von der im *board* vereinbarten Linie nicht abweichen. Diese Überwachung dient auch dazu, Situationen, in denen die Strategie neu definiert werden muss, rechtzeitig zu erkennen; die Entscheidung über eine Änderung der Strategie hätte wiederum das *board* zu treffen. Die Überwachung ist also funktional integriert in die zentrale Aufgabe des *board*: die *Oberleitung der Gesellschaft*.

Damit entscheidet sich die Festlegung auf ein monistisches oder ein dualistisches Modell rechtspolitisch an der Frage, ob es zur Qualität der Entscheidungen beiträgt, wenn die Strategie von allen gemeinsam oder wenn sie nur von den geschäftsführenden Mitgliedern festgelegt wurde.[205] In beiden Fällen besteht die Aufgabe der nicht-geschäftsführenden Mitglieder darin, ihre vom Tagesgeschäft distanzierte Position in ein von Betriebsblindheit freies, möglicherweise sogar einen weiteren Ausschnitt der entscheidungsrelevanten Daten erfassendes Urteil umzumünzen und dies in den Entscheidungsprozess einzubringen. Faktisch kann dies in beiden Systemen gleich gut funktionieren, wenn die beteiligten Personen ihre

---

202 *Bahrenfuss* Entstehung des AktG 1965, 2001, S. 670. Bemerkenswert (im Kontext der aktuellen Diskussion um die Einführung des monistischen Systems für die SE) ist auch *Geßler*s Hinweis, die Mitbestimmung werde durch die Zusammenfassung der Verwaltung einen ganz anderen Charakter bekommen (*Bahrenfuss* Entstehung des AktG 1965, 2001, S. 670).

203 *Bahrenfuss* Entstehung des AktG 1965, 2001, S. 673.

204 Absatz 3, Satz 2 der "Supporting Principles" zu "Main Principle A.1" des Combined Code (Hervorhebung im Text durch den *Verfasser*).

205 *Gower and Davies'* Principles of Modern Company Law, 7. Aufl., 2003, S. 325.

Aufgaben ernst nehmen. Rechtlich bleibt es ein Unterschied, ob die nicht-geschäftsführenden Gesprächspartner bei der endgültigen Festlegung der Strategie mit die Hand heben oder nur beifälliges Nicken oder zweifelndes Kopfschütteln beitragen können. Mitentscheidung und damit auch Mitverantwortung kann sich lediglich über den Zustimmungsvorbehalt ergeben. Auch hier fehlt dem Aufsichtsrat aber die Initiativhoheit. Das Zustimmungsrecht ist nur ein Veto-Recht. Maßnahmen, die der Vorstand erst gar nicht vorschlägt, kann der Aufsichtsrat nicht seiner Zustimmung unterwerfen. Als rechtliches Konstruktionselement entfaltet die klare und personelle Trennung der Funktionen ihren Vorzug in der anschließenden Phase der Strategieumsetzung. Es dürfte auch praktisch gesehen durchaus einen Unterschied machen, ob die nicht-geschäftsführenden Personen sich im Laufe der Zeit gegebenenfalls einen eigenen Fehler bei der ursprünglichen Strategieentscheidung eingestehen müssen oder ob sie sich einen offeneren und kritischeren Blick deshalb bewahren können, weil sie in die ursprüngliche Entscheidung zwar eingebunden waren, sie aber nicht persönlich vorbereitet und zu verantworten haben.

3. Wesensmerkmale der Leitungsmodelle

Die Überlegungen zur Systemkonvergenz und ihren Grenzen führen unmittelbar zur Feststellung der Wesensmerkmale des monistischen (*unter a*) und des dualistischen Systems (*unter b*), anhand derer sich beide Modelle nach wie vor unterscheiden lassen.

a) Monistisches System

Als Wesensmerkmal des monistischen Leitungsmodells gilt vielfach, dass dort die Gesamtheit aller Geschäftsführungs- und Kontrollaufgaben auf nur ein Gesellschaftsorgan konzentriert sind.[206] Dies ist in zweierlei Richtung zu präzisieren: Erstens ist die Geschäftsführung hier im Sinne der *unternehmerischen Oberleitung* zu verstehen; denn im *board* einer großen englischen Publikumsgesellschaft sind die Geschäftsführungsaufgaben nicht in dem Sinne konzentriert, dass auch die laufende Geschäftsführung aus dem Board heraus betrieben würde. Vielmehr sind wesentliche Geschäftsführungsaufgaben auf eine zweite Führungsebene übertragen, die sogenannten *executives*, die keineswegs zwingend alle zugleich Mitglieder des *board* sein müssen. Entscheidend ist also, dass die Oberleitung der Gesellschaft und damit vor allem die Entscheidung in strategischen Fragen beim *board* in seiner Gesamtheit liegt. An diesen Entscheidungen wirken alle Mitglieder des *board* – auch die nicht-geschäftsführenden Direktoren – in voller persönlicher Verantwortung mit. Damit ist, zweitens, die Kontrolltätigkeit des *board* im Kern eine *Vollzugskontrolle* hinsichtlich der Umsetzung der vom Board unter Beteiligung aller Mitglieder getroffenen Entscheidungen; auch die *non-executive directors* kontrollieren insoweit die Umsetzung ihrer eigenen Entscheidungen.

---

[206] In diesem Sinne beispielsweise *Leyens* RabelsZ 67 (2003) 57, 69.

Die Aufteilung in geschäftsführende und nicht-geschäftsführende Direktoren, bei den letzteren auch die zusätzliche Anforderung der persönlichen Unabhängigkeit, hat damit eine tendenziell andere Funktion als die Trennung der Organe im dualistischen Modell. Das monistische System erreicht durch die nicht-geschäftsführenden und möglicherweise zusätzlich auch unabhängigen Mitglieder eine Qualitätsverbesserung des Entscheidungsprozesses. Sie soll die Rationalität der Entscheidung für eine bestimmte Unternehmensstrategie erhöhen. Die „Kontrolle" durch die nicht-geschäftsführenden Mitglieder ist damit anders als im dualistischen Modell keine externe Kontrolle durch Personen, die für die Entscheidung nicht persönlich verantwortlich zeichnen. Sie greift statt dessen in den Entscheidungsprozess ein und führt damit zu geschäftspolitische Entscheidungen, an denen alle Mitglieder des überwachenden Gremium – auch die nicht-geschäftsführenden – eigenverantwortlich und mit vollem Stimmrecht mitgewirkt haben.

b) Dualistisches System

Kennzeichnend für das dualistische System ist hingegen die gesetzlich zwingend angeordnete sachliche und personelle Trennung von Leitung und Überwachung. Dass die Funktionstrennung gesetzlich zwingend angeordnet ist, beruht auf einem langen historischen Lernprozess, der ergeben hat, dass sich eine derartige Leitungsstruktur in der Unternehmenspraxis nicht von selbst einstellt. Das englische Recht bestätigt dies mittelbar, denn selbst die Einführung von nicht-geschäftsführenden Mitgliedern innerhalb des einheitlichen Board bedurfte des sanften Druckes der Corporate Governance Kodices. Die zwingende Funktionstrennung des dualistischen Modells ist vielfach verankert: Erstens durch die Inkompatibilität der Organzugehörigkeit; zweitens durch die weisungsfreie Leitungsverantwortung des Vorstands; drittens durch das an den Aufsichtsrat gerichtete Verbot, Geschäftsführungsaufgaben zu übernehmen und damit, viertens, durch die Inititativhoheit des Vorstands. Überbrückt wird die Trennung durch die gleichfalls gesetzlich zwingend angeordnete regelmäßige Berichterstattung an den Aufsichtsrat, durch den Zustimmungsvorbehalt des Aufsichtsrats und durch die gesetzlich vorgesehene Einbindung des Aufsichtsrats in bestimmte Entscheidungen von grundlegender Bedeutung.

Zieht man die Parallele zum monistischen Modell, stehen demnach *Vorstand* und *board* auf einer Ebene; denn beide sind das Organ der unternehmerischen Oberleitung. In der internationalen Diskussion wird dies häufig verkannt und der Aufsichtsrat als das höher gestellte Organ der Gesellschaft – gewissermaßen als ein vom Tagesgeschäft entlastetes *board* – angesehen.[207] Dies ist er deshalb nicht, weil er nicht die unternehmerische und strategische Leitung der Gesellschaft innehat. Das

---

[207] Vgl. *van den Berghe* Corporate Governance in a Globalising World, 2002, S. 71: "In the two-tier board system, the 'highest' board is formed of non-executive or outside directors only." (Anführungsstriche im Original). "The second tier is formed by the board of executive directors. This board is responsible for execution of the strategic decisions."

eigentliche Leitungsorgan ist der Vorstand. Bei ihm liegt die unternehmerische Initiative und letztlich auch die primäre und unveräußerliche Verantwortung für Geschäftsführung und Strategie des Unternehmens. Der Aufsichtsrat schafft hingegen mit der von außen an das Vorstandshandeln herangetragenen Kontrolle ein strukturelles Element, für das es im monistischen Modell genau genommen keine Entsprechung gibt. Denn er steht anders als die nicht-geschäftsführenden Direktoren nicht im Lager der Entscheidungsträger. Seine Unabhängigkeit in der Beurteilung unternehmerischer Fragen folgt denn auch weniger aus der persönlichen Unabhängigkeit der Mitglieder – die in der Diskussion zum monistischen Modell eine aktuell so große Bedeutung hat – denn aus seiner Distanz zum Vorgang, den es zu überwachen gilt. Es ist weniger die Unabhängigkeit, als die *Unbefangenheit* dessen, der nicht seine eigenen Entscheidungen, sondern diejenigen anderer Personen überprüft, die den Aufsichtsrat auszeichnet.

V. Andere Mitgliedstaaten der Gemeinschaft im Überblick

Nach einem ersten Vergleich der englischen und der deutsch-österreichischen Entwicklung zeigt der Blick auf andere europäische Rechtsordnungen, welche Vielfalt im Bereich der Leitungsmodelle herrscht. Die meisten der nachfolgend behandelten Rechtsordnungen haben ihr Aktienrecht kürzlich reformiert und überall zeichnet sich dabei eine weitere Ausdifferenzierung der Leitungsmodelle ab. Beim Versuch der dogmatischen Einordnung zeigen sich die Unsicherheiten der Begriffsbildung, häufig trifft man auf die Selbsteinschätzung, das eigene Recht liege zwischen Monismus oder Dualismus. Diese Zwischenformen zu beschreiben und sodann einer einheitlichen Begriffsklärung zuzuführen, ist Gegenstand des nachfolgenden Abschnitts. Dabei werden zunächst die Leitungsstrukturen der Publikumsgesellschaften in Frankreich (*1.*), Belgien (*2.*), Spanien (*3.*) und Skandinavien (*4.*) untersucht, bevor dann (*5.*) eine abschließende Einordnung der dort geregelten Modelle vorzunehmen ist.

1. Frankreich

Der Blick nach Frankreich ist vor allem deshalb aufschlussreich, weil dort zwar das monistische System traditionell am weitesten verbreitet, das dualistische aber gesetzlich auch zugelassen ist. Die monistische Aktiengesellschaft französischen Rechts wird von einem Verwaltungsrat aus mindestens drei Personen geleitet (dazu *unter a*), wobei die jüngste Gesetzesreform eine neue Variante innerhalb dieses Systems geschaffen hat, bei welcher die Funktionen der Geschäftsführung und Überwachung klarer getrennt werden können. Die Satzung kann vom monistischen Modell aber auch gänzlich absehen und festlegen, dass die Gesellschaft einen Vorstand und einen Aufsichtsrat hat (dazu *unter b*). Welche Schlussfolgerungen sich aus der französischen Regelung für die Unterscheidung von Monismus und Dualismus ziehen lassen, wird *unter c)* zusammengefasst.

a) Verwaltungsrat (monistisches Modell)

(1) Kompetenzen und Organisation des Verwaltungsrats als Kollegialorgan

Gemäß Art. L. 225-17 Code de commerce[208] wird die französische Aktiengesellschaft mit monistischem System von einem Verwaltungsrat geleitet, der aus mindestens drei Personen besteht. Die Mitglieder des Verwaltungsrats werden von der Hauptversammlung bestellt und können von ihr jederzeit wieder abberufen werden (Art. L. 225-18). Der Verwaltungsrat bestimmt die Strategie des Unternehmens und überwacht deren Umsetzung.[209] Er kann sich im Rahmen des Unternehmensgegenstandes und vorbehaltlich der Befugnisse der Hauptversammlung jeder Angelegenheit annehmen, die für den ordnungsgemäßen Verlauf der Geschäfte der Gesellschaft von Bedeutung ist.[210] Der Verwaltungsrat nimmt die Kontrollen und Überprüfungen vor, die er für erforderlich hält; jedes Mitglied des Verwaltungsrats muss alle Informationen erhalten, die für die Erfüllung seiner Aufgabe erforderlich sind und kann sich jedes Dokument vorlegen lassen, das es für notwendig hält.[211] Im Verhältnis zu Dritten vertritt der Verwaltungsrat die Gesellschaft (Art. L. 225-35, Abs. 2).

Neben der in Art. L. 225-35 statuierten Allzuständigkeit für alle Fragen, die den ordnungsmäßigen Verlauf der Geschäfte betreffen, bestimmt das Gesetz einige spezielle Zuständigkeiten des Verwaltungsrats. So bedürfen alle Bürgschaften, Avale und Garantien, die von der Gesellschaft abgegeben werden, der Zustimmung des Verwaltungsrates.[212] Außerdem müssen Verträge zwischen der Gesellschaft und einem Verwaltungsratsmitglied, einem geschäftsführenden Direktor oder einem Aktionär, der mehr als fünf Prozent der stimmberechtigten Anteile hält, dem Verwaltungsrat vorab zur Zustimmung vorgelegt werden.[213] Rechtsvergleichend-funk-

[208] Die nachfolgend zitierten Artikel sind solche des französischen Code de commerce in der Fassung des Gesetzes vom 15. Mai 2001.

[209] Art. L. 225-35 Abs. 1 Satz 1: „Le conseil d'administration détermine les orientations de l'activité de la société et veille à leur mise en œuvre."

[210] Satz 2 des Art. L. 225-35: „Sous réserve des pouvoirs expressément attribués aux assemblées d'actionnaires et dans la limite de l'objet social, il se saisit de toute question intéressant la bonne marche de la société et règle par ses délibérations les affaires qui la concernent."

[211] Art. L. 225-35, Abs. 3: „Le conseil d'administration procède aux contrôles et vérifications qu'il juge opportuns. Chaque administrateur reçoit toutes les informations nécessaires à l'accomplissement de sa mission et peut se faire communiquer tous les documents qu'il estime utiles."

[212] Art. L. 225-35, Abs. 4.

[213] Art. L. 225-38 Abs. 1. Handelt es sich bei dem Aktionär um eine Gesellschaft, gilt das Zustimmungserfordernis auch für Verträge mit dem kontrollierenden Aktionär dieser Gesellschaft. Dasselbe gilt für Verträge mit Unternehmen, zu denen ein Mitglied des Verwaltungsrats oder ein geschäftsführender Direktor bestimmte, im Gesetz definierte Beziehungen unterhält (d.h. er ist Eigentümer oder unbeschränkt haftender Gesellschafter, Geschäftsführer, Aufsichts- oder Verwaltungsratsmitglied des betreffenden Unternehmens). Zu Voraussetzungen und Verfahren der Genehmigung auch *Storp*, RIW, 409, 417ff.

tional betrachtet ist dies ein Baustein des Konzernrechts.[214] Das Verwaltungsratsmitglied, das von der Angelegenheit betroffen ist, hat bei dem Beschluss über die Zustimmung kein Stimmrecht.[215] Geschäfte, denen der Verwaltungsrat nicht zugestimmt hat, können nachträglich für unwirksam erklärt werden, wenn sie zu nachteiligen Folgen für die Gesellschaft führen.[216] Der Vorsitzende des Verwaltungsrats gibt zu den Geschäften, denen der Verwaltungsrat zugestimmt hat, eine Stellungnahme gegenüber dem Abschlussprüfer ab und legt sie der Hauptversammlung zur Erklärung ihres Einverständnisses vor.[217] Der Abschlussprüfer erstellt einen Sonderbericht, der gleichfalls der Hauptversammlung zur Beschlussfassung vorgelegt wird.[218] Ein Aktionär, der von dem Geschäft betroffen ist, hat dabei kein Stimmrecht.[219] Die Zustimmung der Hauptversammlung hat keine Außenwirkung, das Geschäft bleibt also auch bei fehlender Zustimmung wirksam. Soweit die Hauptversammlung aber ihre Zustimmung versagt hat, begründen alle für die Gesellschaft nachteiligen Folgen des Geschäfts einen Ersatzanspruch gegen den Betroffenen und unter Umständen auch gegen die Mitglieder des Verwaltungsrates.[220] Von diesen Regeln ausgenommen sind Verträge des laufenden Geschäfts, die zu marktüblichen Konditionen abgeschlossen werden; diese müssen aber zumindest dem Vorsitzenden des Verwaltungsrats mitgeteilt werden, der eine Auflistung derartiger Geschäfte dem Verwaltungsrat und dem Abschlussprüfer vorlegt.[221]

Zur Vergütung der Verwaltungsratsmitglieder bestimmt die Hauptversammlung einen festen Jahresbetrag, der als Sitzungsgeld gewährt wird; über die Aufteilung des Betrages unter den Mitgliedern des Verwaltungsrats entscheidet der Verwaltungsrat.[222] Einzelnen Verwaltungsratsmitgliedern kann für die Übertragung besonderer Aufgaben eine zusätzliche Vergütung gewährt werden; die Gewährung unterliegt dem oben beschriebenen Verfahren der Zustimmung durch den Verwaltungsrat nach Art. L. 225-38 ff.

Der Verwaltungsrat bestimmt aus seiner Mitte einen Vorsitzenden, den er jederzeit wieder abberufen kann, und legt dessen Vergütung fest (Art. L. 225-47). Der Vorsitzende vertritt den Verwaltungsrat.[223] Er organisiert und leitet dessen Tätigkeit

---

214 *Lübking* Ein einheitliches Konzernrecht für Europa, 2000, S. 151 ff.

215 Art. L. 225-40 Abs. 1 Satz 2.

216 Art. L. 225-42.

217 Art. L. 225-40 Abs. 2.

218 Art. L. 225-40 Abs. 3.

219 Art. L. 225-40 Abs. 4.

220 Art. L. 225-41: „Les conventions approuvées par l'assemblée, comme celles qu'elle désapprouve, produisent leur effets à l'égard des tiers, sauf lorsqu'elles sont annulées dans le cas de fraude. Même en l'absence de fraude, les conséquences, préjudiciables à la société, des conventions désapprouvées peuvent être mises à la charge de l'intéressé et, éventuellement, des autres membres du conseil d'administration."

221 Art. L. 225-39.

222 Art. L. 225-45.

223 Art. L. 225-51 Satz 1.

und berichtet darüber der Hauptversammlung.[224] Er überwacht die Aufgabenerfüllung der Organe der Gesellschaft und sorgt dafür, dass die Verwaltungsratsmitglieder ihre Aufgaben erfüllen können.[225]

(2) Geschäftsführung durch den Directeur Général

Im klassischen monistischen Modell übernimmt der Vorsitzende des Verwaltungsrates die allgemeine Geschäftsführung der Gesellschaft („*la direction générale de la société*") und führt den klangvollen Titel des „*Président Directeur Général*" (*PDG*). Der im Jahre 2001 neu geschaffene Art. L. 225-51-1 eröffnet dem Verwaltungsrat nun die Möglichkeit, mit der Geschäftsführung eine andere Person zu betrauen, die sich dann lediglich „*Directeur Général*" nennt.[226] Gesetzestechnisch wird dieses neue Modell der Unternehmensleitung kaum hervorgehoben. Die Geschäftsführung wird als Aufgabenbereich des Directeur Général geregelt und Art. L. 225-51-1 Abs. 3 fügt lediglich hinzu, dass diese Vorschriften für einen Verwaltungsratsvorsitzenden, der die Geschäftsführung wahrnimmt, ebenso gelten. Indem das Gesetz selbst die Geschäftsführung nicht eindeutig zuweist, ist der Verwaltungsrat gezwungen, „Farbe zu bekennen". Er muss durch einen Beschluss, der sowohl den Aktionären als auch der Öffentlichkeit mitzuteilen ist, entscheiden, ob der Vorsitzende des Verwaltungsrates oder eine andere Person die Aufgaben des Directeur Général übernimmt.

Der Directeur Général vertritt die Gesellschaft nach außen.[227] Zu seiner Unterstützung und auf seinen Vorschlag kann der Verwaltungsrat eine oder mehrere, jedoch maximal fünf Personen zum „Directeur Général Délégué" bestellen.[228] Im Verhältnis gegenüber Dritten sind sie unbeschränkt vertretungsbefugt, im Innenverhältnis bestimmt der Verwaltungsrat im Einvernehmen mit dem Directeur Général die Reichweite ihrer Befugnisse.[229] Die Vergütung aller Direktoren legt der Verwaltungsrat fest.[230] Das Amt des Directeur Général kann grundsätzlich nur einmal übernommen werden; Mehrfachmandate sind nur ausnahmsweise zulässig, beispielsweise innerhalb von Konzernen.[231] Der Directeur Général ist durch den Verwaltungsrat jederzeit abberufbar; dasselbe gilt – auf Vorschlag des Directeur

---

224 Art. L. 225-51 Satz 2.

225 Art. L. 225-51 Satz 3.

226 Dazu *Menjucq* ZGR 32 (2003) 679ff., *Saintourens* Rev.soc. 120 (2002) 430ff., *Storp* RIW 2002, 409, 411ff. sowie *Hopt/Leyens* ECFR 1 (2004) 135, 156ff.

227 Art. L. 225-56. In welchem Verhältnis dies zur oben erwähnten Vertretungsmacht des Verwaltungsrats steht, ist unklar. Offenbar sind nach dem Gesetz beide Organe vertretungsberechtigt. Möglicherweise beruht dies auf der früheren Rechtslage, bei der Geschäftsführung und Vorsitz des Verwaltungsrats stets in einer Person zusammenfielen.

228 Art. L. 225-53.

229 Art. L. 225-56 Abs. II.

230 Art. L. 225-53, Abs. 3.

231 Art. L. 225-54-1.

Général – für jeden Directeur Général Délégué.[232] Gab es für die Abberufung keinen Grund, kann dem Abberufenen ein Schadensersatz zustehen; dies gilt jedoch nicht, wenn die Stellung des Directeur Général vom Vorsitzenden des Verwaltungsrats wahrgenommen wurde.[233]

b) Vorstand und Aufsichtsrat (dualistisches Modell)

Eine französische Aktiengesellschaft kann sich in ihrer Satzung (Art. L. 225-57) auch für ein dualistisches System der Unternehmensleitung entscheiden. Das Gesetz beschreibt die Funktionen der Organe im dualistischen System folgendermaßen: Der Vorstand leitet die Gesellschaft und nimmt seine Aufgaben unter der Kontrolle des Aufsichtsrats wahr.[234] Der Aufsichtsrat bestellt die Mitglieder des Vorstands, wobei nur natürliche Personen bestellt werden können.[235] Für die Abberufung der Vorstandsmitglieder ist die Hauptversammlung zuständig und nur, wenn dies in der Satzung vorgesehen ist, auch der Aufsichtsrat; die Abberufung muss nicht begründet sein, eine ungerechtfertigte Abberufung („*sans juste motif*") kann aber Schadensersatzansprüche auslösen.[236]

Der Vorstand ist unbeschränkt berechtigt, im Namen der Gesellschaft zu handeln.[237] Vertreten wird die Gesellschaft durch den Vorstandsvorsitzenden; die Satzung kann dem Aufsichtsrat die Befugnis erteilen, auch anderen Vorstandsmitgliedern Vertretungsbefugnis zu erteilen.[238] Dies steht allein unter dem Vorbehalt des Unternehmensgegenstandes und derjenigen Befugnisse, die das Gesetz dem Aufsichtsrat und der Hauptversammlung zuweist. Gegenüber Dritten ist auch eine Rechtshandlung wirksam, die gegen diese nach innen wirkenden Beschränkungen verstößt, es sei denn der Dritte hatte Kenntnis von der Kompetenzüberschreitung. Satzungsmäßige Beschränkungen der Kompetenz des Vorstandes können Dritten nicht entgegengehalten werden.

---

[232] Art. L. 225-55.

[233] Art. L. 225-55 Abs. 1, Satz 3.

[234] Art. L. 225-58: „La société anynome est dirigée par un directoire … Le directoire exerce ses fonctions sous le contrôle d'un conseil de surveillance." Die ausgelassenen Passagen betreffen die Höchstzahl der Mitglieder des Vorstands.

[235] Art. L. 225-59.

[236] Art. L. 225-61.

[237] Art. L. 225-64 Abs. 1 Satz 1: „Le directoire est investi des pouvoirs les plus étendus pour agir en toute circonstance au nom de la société. Il les exerce dans la limite de l'objet social et sous réserve de ceux expressément attribués par la loi au conseil de surveillance et aux assemblées d'actionnaires."

[238] Art. L. 225-66: „Le président du directoire ou, le cas échéant, le directeur général unique représente la société dans ses rapports avec les tiers.
Toutefois, les statuts peuvent habiliter le conseil de surveillance à attribuer le même pouvoir de représentation à un ou plusieurs autres membres du directoire, qui portent alors le titre de directeur général.
Les dispositions des statuts limitant le pouvoir de représentation de la société sont inopposables aux tiers."

Der Aufsichtsrat ist mit der ständigen Kontrolle (*contrôle permament*) der Geschäftsführung betraut.[239] Die Satzung kann festlegen, dass bestimmte Geschäfte der vorherigen Zustimmung des Aufsichtsrates bedürfen. Er kann jederzeit Überprüfungen und Kontrollen vornehmen und sich diejenigen Dokumente vorlegen lassen, die er zur Erfüllung seiner Aufgaben für erforderlich hält. Der Vorstand muss dem Aufsichtsrat mindestens einmal im Trimester einen Bericht erstatten. Außerdem muss er ihm nach Abschluss des Geschäftsjahres den Jahresabschluss und den an die Hauptversammlung zu erstattenden Bericht vorlegen. Der Aufsichtsrat muss zum Bericht des Vorstandes und zum Jahresabschluss gegenüber der Hauptversammlung Stellung nehmen.

Der Aufsichtsrat besteht aus mindestens drei Mitgliedern;[240] sie werden von der Hauptversammlung bestellt und können jederzeit abberufen werden.[241] Mitglieder des Aufsichtsrats müssen zugleich Aktionär der Gesellschaft sein.[242] Eine juristische Person kann Mitglied des Aufsichtsrates sein.[243] Sie muss einen Vertreter benennen, der die Funktion des Aufsichtsratsmitglieds für sie wahrnimmt. Mitglieder des Aufsichtsrats können nicht zugleich Mitglieder des Vorstands sein.[244] Der Aufsichtsrat bestimmt aus seiner Mitte einen Vorsitzenden und einen stellvertretenden Vorsitzenden, die den Aufsichtsrat einberufen und die Sitzungen leiten.[245] Die Vergütungsregelung entspricht derjenigen beim Verwaltungsrat.[246]

Vereinbarungen zwischen der Gesellschaft und einem Vorstands- oder Aufsichtsratsmitglied oder einem Aktionär, der mehr als 5% des stimmberechtigten Anteile hält, bedürfen der Zustimmung des Aufsichtsrates. Die Regelung entspricht derjenigen, die bereits für das monistische System berichtet wurde.[247]

c) *Unterscheidungsmerkmale der Modelle*

Aus der Untersuchung des französischen Rechts werden folgende Unterscheidungsmerkmale zwischen dem monistischen und dem dualistischen System der Unternehmensleitung erkennbar: Im monistischen System liegen die strategischen Entscheidungen beim Verwaltungsrat. Er kann darüber hinaus jede andere Angelegenheit der Gesellschaft an sich ziehen, wenn er dies für notwendig erachtet. Zwar besteht die Möglichkeit, mit der Geschäftsführung Personen zu betrauen, die nicht Mitglieder des Verwaltungsrates sind; dies ist aber nicht zwingend. Im monistischen System herrscht also keine Inkompatibilität, in der Praxis ist eine Personalunion

---

239 Art. L. 225-68.
240 Art. L. 225-69.
241 Art. L. 225-75
242 Art. L. 225-72.
243 Art. L. 225-76.
244 Art. L. 225-74.
245 Art. L. 225-81.
246 Art. L. 225-83 bis Art. L. 225-85.
247 Art. L. 225-86 bis Art. L. 225-90.

zwischen Vorsitz des Verwaltungsrates und Leitung der Geschäftsführung in der Person des *Président Directeur Général* sogar die vorherrschende Form der Unternehmensführung. Der zentralen Stellung des Verwaltungsrats entsprechend werden seine Mitglieder von der Hauptversammlung gewählt und können jederzeit ohne Angabe von Gründen abberufen werden. Sie berichten auf der ordentlichen Hauptversammlung und legen ihr den Jahresabschluss vor. Dies macht die unmittelbare Rechenschaftspflicht gegenüber den Eigentümern deutlich. Die Einführung des Directeur Général wird von französischer Seite als „drittes System“[248] oder „dezentralisierte Leitung“[249] angesehen. Wie derartige Mischformen einzuordnen sind, soll in der zusammenfassenden Bewertung erörtert werden werden.[250]

Im dualistischen System leitet der Vorstand die Geschäfte der Gesellschaft. Mitglieder des Vorstands können nicht zugleich Mitglieder des Aufsichtsrates sein, es herrscht also Inkompatibilität wie im deutschen Recht. Der Vorstand ist gegenüber dem Aufsichtsrat und gegenüber der Hauptversammlung rechenschaftspflichtig. Bestellt wird er durch den Aufsichtsrat. Er kann von der Hauptversammlung zwar direkt abberufen werden; ist dies jedoch nicht von einem rechtfertigenden Grund getragen, hat das abberufene Vorstandsmitglied einen Schadensersatzanspruch. Die Personalkompetenz der Hauptversammlung unterstreicht mehr noch als im deutschen Recht, dass der Vorstand als das Organ der Oberleitung angesehen wird, das den Aktionären gegenüber unmittelbar verantwortlich ist.

2. Belgien

Das belgische Recht folgt traditionell dem monistischen System, hat jedoch ähnlich wie das französische Recht durch eine Gesetzesreform jüngeren Datums dualistische Elemente aufgenommen.[251] Leitungsorgan einer Aktiengesellschaft ist der Verwaltungsrat (*conseil d'administration*). Er besteht aus mindestens drei Personen;[252] darunter können auch juristische Personen sein.[253] Die Mitglieder des Verwaltungsrats werden von der Hauptversammlung ernannt und können von ihr jederzeit wieder abberufen werden.[254]

Der Verwaltungsrat hat nach Art. 522 § 1er Code des sociétés die Befugnis, alle Handlungen vorzunehmen, die der Verwirklichung des Unternehmensgegenstandes dienen. Die Kompetenzen des Verwaltungsrats finden ihre Grenze an den speziell der Hauptversammlung zugewiesenen Kompetenzen.[255] Beschränkungen der Kom-

---

248 *Menjucq* ZGR 32 (2003) 679.

249 *Guyon* Droit des Affaires I, 2003, S. 374 (Nr. 349-1).

250 Siehe unten S. 588 ff.

251 Dazu *Wymeersch* ZGR 33 (2004) 53ff.

252 Art. 518 § 1er Code des sociétés.

253 Art. 517.

254 Art. 518 § 2 und § 3

255 Art. 522 § 1er.

petenzen des Verwaltungsrats durch die Satzung oder durch Vereinbarung unter den Mitgliedern des Verwaltungsrats sind möglich, können allerdings Dritten nicht entgegengehalten werden.[256] Der Verwaltungsrat vertritt die Gesellschaft nach außen.[257] Die Satzung kann vorsehen, dass einzelne Mitglieder des Verwaltungsrats allein oder gemeinsam vertretungsberechtigt sind; diese Regelung ist auch Dritten gegenüber wirksam.[258] Weitere Einschränkungen durch Satzung oder Vereinbarung der Verwaltungsratsmitglieder sind möglich, können Dritten aber nicht entgegengehalten werden.[259] Das belgische Recht kennt ebenso wie das französische die funktional konzernrechtliche Bestimmung, wonach Geschäfte mit bedeutenden Aktionären der Zustimmung des Verwaltungsrats bedürfen.[260]

In der Praxis hatte es sich eingebürgert, dass der Verwaltungsrat die Aufgaben der täglichen Geschäftsführung an einen separaten Geschäftsführungsausschuss oder einzelne Geschäftsführer delegierte.[261] Um diese praeter legem vollzogene Entwicklung abzusegnen, sieht das Gesetz nun in Art. 525 vor, dass die Führung der täglichen Geschäfte auf eine oder mehrere Personen delegiert werden kann. Die Satzung regelt Näheres über Bestellung, Abberufung und Kompetenzen dieser Personen. Es können insbesondere auch Mitglieder des Verwaltungsrats gleichzeitig mit Aufgaben des Tagesgeschäfts betraut werden; häufig wird ein Mitglied des Verwaltungsrats zum Vorsitzenden des geschäftsführenden Ausschusses bestellt und übernimmt damit die Funktion eines CEO.[262] Die Befugnis zur Führung der Geschäfte kann vom Verwaltungsrat ohne weitere Voraussetzungen auch wieder entzogen werden.[263]

Wer zum Führen der täglichen Geschäfte befugt ist, kann die Gesellschaft insoweit gegenüber Dritten vertreten; interne Beschränkungen der Befugnisse können Dritten nicht entgegengehalten werden. Aus der Formulierung des Gesetzes („*gestion journalière*") dürfte zu folgern sein, dass die Befugnisse, die im Rahmen der Geschäftsführung übertragen werden können, nur ein Ausschnitt der umfassenden Leitungsbefugnis des Verwaltungsrats sind. Das Gesetz äußert sich nicht zu der Frage, ob die Befugnisse des Verwaltungsrats insoweit verdrängt werden oder ob es bei seiner Allzuständigkeit gemäß Art. 522 bleibt. Nach *Wymeersch* ist eine Übertragung von Entscheidungen über die allgemeine Geschäftspolitik unzulässig; der Verwaltungsrat habe außerdem zwingend die Aufgabe, das Management zu überwachen.[264] Ebenso wie zum französischen Modell begegnet auch hier die Selbstein-

---

256 Art. 522 § 1er, Sätze 2 und 3.
257 Art. 522 § 2 Satz 1.
258 Art. 522 § 2 Satz 2 und 3.
259 Art. 522 § 2 Satz 4.
260 *Wymeersch* ZGR 33 (2004) 53, 58ff., behandelt dies unter dem Stichwort der „Interessenkonflikte".
261 *Wymeersch* ZGR 33 (2004) 53, 54.
262 *Wymeersch* ZGR 33 (2004) 53, 54.
263 *Wymeersch* ZGR 33 (2004) 53, 55.
264 *Wymeersch* ZGR 33 (2004) 53, 55.

schätzung des belgischen Rechts, es handele sich um eine „Zwischenform“[265], die weder der zweigliedrigen Struktur des deutschen Rechts noch dem englischen Board-Modell gleichgestellt werden könne.

3. Spanien

Das spanische Aktienrecht regelt separat die Rechtsstellung der Geschäftsleiter (*administradores*) und des Verwaltungsrats (*consejo de administración*).[266] Die Bestellung der Geschäftsleiter und die Festlegung ihrer Anzahl, soweit die Satzung dafür lediglich eine Höchst- und Mindestzahl festlegt, obliegt der Hauptversammlung (Art. 123 ley de sociedades anonymas). Sie kann die Geschäftsleiter jederzeit wieder abberufen (Art. 131). Wird die Geschäftsleitung mehr als zwei Personen übertragen, bilden diese nach Art. 136 den Verwaltungsrat. Für die Wahl der Mitglieder des Verwaltungsrats gilt nach Art. 137 ein Verhältniswahlsystem, das es einer Minderheit von Aktionären erlaubt, einen Vertreter in den Verwaltungsrat zu entsenden.

Die Vertretungsmacht ist im Abschnitt über die Geschäftsleiter geregelt; ihnen obliegt nach Art. 128 die gerichtliche und außergerichtliche Vertretung der Gesellschaft. Der Verwaltungsrat kann Befugnisse auf einen geschäftsführenden Ausschuss (*comisión ejecutiva*) oder auf einzelne Verwaltungsratsmitglieder (*consejero delegado*) übertragen (Art. 141 Abs. 1); ein entsprechender Beschluss bedarf zu seiner Wirksamkeit der Zustimmung von zwei Dritteln der Mitglieder des Verwaltungsrates und der Eintragung in das Handelsregister (Art. 141 Abs. 2). In der Praxis bildet sich damit häufig die aus dem englischen Recht bekannte Zweiteilung in geschäftsführende und nicht-geschäftsführende Direktoren heraus.[267] Ebenso wie für das englische Recht konstatiert, gilt allerdings auch in Spanien, dass alle Mitglieder des Verwaltungsrats ungeachtet der realen Arbeitsteilung in rechtlicher Hinsicht die gleiche Verantwortung für das Geschehen im Unternehmen tragen.[268]

4. Skandinavien

Das Gesellschaftsrecht in Dänemark, Finnland, Island, Norwegen und Schweden hat sich historisch parallel entwickelt, so dass die Unternehmensleitung der Aktiengesellschaft in diesen Ländern zusammenfassend als „skandinavisches“ oder „nor-

---

265 *Wymeersch* ZGR 33 (2004) 53, 57.

266 Zur internen Struktur der spanischen Aktiengesellschaft *Grechenig*, Spanisches Aktien- und GmbH-Recht, 2005, S. 21 ff., *Reckhorn-Hengemühle* Spanische Aktiengesellschaft, 1992, S. 30 ff.; ebda., S. 91 ff. findet sich auch eine deutsche Übersetzung des Gesetzestextes. Weiterhin *Muñoz Paredes* in: Oplustil/Teichmann (Hrsg.), The European Company – all over Europe, 2004, S. 279, 286 f.

267 *Muñoz Paredes* in: Oplustil/Teichmann (Hrsg.), The European Company – all over Europe, 2004, S. 279, 287.

268 *Muñoz Paredes* in: Oplustil/Teichmann (Hrsg.), The European Company – all over Europe, 2004, S. 279, 287.

disches“ Modell beschrieben werden kann.[269] Ursprünglich war die Aktiengesellschaft in den skandinavischen Ländern wie im anglo-amerikanischen Rechtskreis zweistufig aufgebaut; neben der Hauptversammlung gab es lediglich ein geschäftsleitendes Organ.[270] Schon früh hat sich jedoch gezeigt, dass der Verwaltungsrat zu schwerfällig für die Erledigung der täglichen Geschäfte ist. Deshalb behalf sich die Praxis häufig mit einem zusätzlichen Geschäftsführer oder einem geschäftsführenden Ausschuss. Dieses Gremium wurde in Dänemark bereits 1930 im Gesetz verankert, später auch in anderen skandinavischen Ländern.[271] Allerdings besteht es in Schweden und Finnland nur aus einer Person („*verkställande direktör*“ bzw. „*toimitusjohtaja*“).[272] Die dortige Handhabung großer Gesellschaften entspricht häufig der US-amerikanischen Praxis mit einem geschäftsführenden Direktor („CEO“), der einen Kreis angestellter Manager unter sich hat.[273]

Der Verwaltungsrat wird von der Hauptversammlung ernannt, soweit es sich nicht um Arbeitnehmervertreter oder in der Satzung zugewiesene Sitze handelt. Er ernennt die Mitglieder des geschäftsführenden Ausschusses bzw. den geschäftsführenden Direktor.[274] Die Beschlussfassung im Verwaltungsrat erfolgt mit einfacher Mehrheit, wobei in Finnland, Norwegen und Schweden der Vorsitzende kraft Gesetzes das Recht zum Stichentscheid hat. Aufgabe des geschäftsführenden Ausschusses bzw. Direktors in Dänemark, Finnland, Norwegen und Schweden ist die Leitung des Tagesgeschäfts.[275] Er ist dabei den Richtlinien und Weisungen des Verwaltungsrats unterworfen, der die strategische Leitung des Unternehmens wahrnimmt.[276] Da damit sowohl der geschäftsführende Ausschuss als auch der Verwal-

---

[269] Umfassend dazu *J. Lau Hansen* Nordic Company Law, 2003, S. 72f. und S. 116ff., der vom „Nordic Model“ spricht; zu Dänemark *Alsted/Friis Hansen* in: Hohloch (Hrsg.), EU-Handbuch Gesellschaftsrecht, 1997; zu Finnland *Wilske/Miettinen/Kocher* RIW 2002, 94ff.; zu Schweden *Foerster/Dejmek* ZVglRWiss 101 (2002) 309ff., *Dejmek* in: Oplustil/Teichmann (Hrsg.), The European Company – all over Europe, 2004, S. 293, 304f. und *Skog* FS Lutter, 2000, S. 1551ff.

[270] *J. Lau Hansen* Nordic Company Law, 2003, S. 72.

[271] *J. Lau Hansen* Nordic Company Law, 2003, S. 72. Nach finnischem Recht ist die Bestellung eines geschäftsführenden Direktors nur verbindlich für Gesellschaften mit einem Grundkapital von mindestens 80.000 Euro (*Wilske/Miettinen/Kocher* RIW 2002, 94, 97).

[272] *J. Lau Hansen* Nordic Company Law, 2003, S. 73; zu Finnland *Wilske/Miettinen/Kocher* RIW 2002, 94, 97 f.

[273] *J. Lau Hansen* Nordic Company Law, 2003, S. 73; in Schweden darf der geschäftsführende Direktor allerdings nicht zugleich Vorsitzender des Verwaltungsrats sein (*Foerster/Dejmek* ZVglRWiss 101 (2002), 309; *Foerster/Dejmek* ZVglRWiss 101 (2002), 309, 314).

[274] *J. Lau Hansen* Nordic Company Law, 2003, S. 116.

[275] *J. Lau Hansen* Nordic Company Law, 2003, S. 116. Vgl. auch § 54 Abs. 2 dänisches Aktiengesetz: „daglige ledelse af selskabet“.

[276] *J. Lau Hansen* Nordic Company Law, 2003, S. 116; *Alsted/Friis Hansen* in: Hohloch (Hrsg.), EU-Handbuch Gesellschaftsrecht, 1997, Rn. 131 und *Friis Hansen/Krenchel* Selskabsrecht II, 2000, S. 310 sowie *Krüger Andersen* Aktie- og anpartsselskabsret, 2000, S. 271 (zu Dänemark); *Wilske/Miettinen/Kocher* RIW 2002, 94, 97f. (zu Finnland); *Skog* FS Lutter, 2000, S. 1551, 1559 (zu Schweden).

tungsrat an der Unternehmensleitung Anteil haben, ist die Kompetenzabgrenzung im Einzelfall oft schwierig. Nur in Schweden muss der Verwaltungsrat eine solche Abgrenzung schriftlich niederlegen; auch in den anderen Ländern dürfte es aber unstreitig sein, dass der Verwaltungsrat die Verantwortung für eine sinnvolle Aufgabenverteilung trägt.[277] Es bestehen insoweit auch keine gesetzlichen Beschränkungen, theoretisch könnte ein Verwaltungsrat also auch sämtliche Vorgänge des Tagesgeschäfts an sich ziehen; in der Praxis beschränkt er sich allerdings zumeist auf eine das Management beaufsichtigende Funktion.[278] Ausdrücklich gesetzlich geregelt ist die Verantwortung des Verwaltungsrats für eine ordnungsgemäße Rechnungslegung und eine regelmäßige Überprüfung der finanziellen Lage der Gesellschaft.[279]

Mitglieder des Verwaltungsrats können zugleich Mitglieder des geschäftsführenden Gremiums sein. Damit aber der Verwaltungsrat nicht von den geschäftsführenden Mitgliedern dominiert wird, dürfen Mitglieder aus der Geschäftsführung nicht die Mehrheit im Verwaltungsrat bilden.[280] Nach einigen spektakulären Unternehmenskrisen sind abgesehen von Finnland überall der Vorsitz im Verwaltungsrat und die Leitung der Geschäftsführung (als geschäftsführender Direktor oder Vorsitzender des geschäftsführenden Ausschusses) zwingend zu trennen.[281] Ein Geschäftsführer, der nicht zugleich dem Verwaltungsrat angehört, darf an dessen Sitzungen teilnehmen. Es gibt im Übrigen keine Beschränkungen für wechselseitige Mitgliedschaften in den Organen anderer Gesellschaften, und zwar weder bezüglich des Verwaltungsrats noch bezüglich der Geschäftsführung.

Die Vertretungsmacht nach außen entspricht den Kompetenzen im Innenverhältnis.[282] Sie steht in erster Linie dem Verwaltungsrat als dem höheren Organ zu, während der geschäftsführende Direktor oder Ausschuss Vertretungsmacht für das Tagesgeschäft besitzt.[283] Normalerweise müssen stets alle Mitglieder des betreffenden Organs unterzeichnen. In Dänemark genügt bei beiden die Unterzeichnung Einzelner, in der Satzung kann jedoch Gesamtvertretung angeordnet werden; dort

---

[277] *J. Lau Hansen* Nordic Company Law, 2003, S. 117.

[278] *J. Lau Hansen* Nordic Company Law, 2003, S. 117f.

[279] *J. Lau Hansen* Nordic Company Law, 2003, S. 118.

[280] *J. Lau Hansen* Nordic Company Law, 2003, S. 109.

[281] *J. Lau Hansen* Nordic Company Law, 2003, S. 109; in Finnland ist die Kumulation von Vorsitz im Verwaltungsorgan und Leitung der Geschäftsführung nur zulässig, wenn ein Überwachungsorgan (dazu sogleich im Text) eingerichtet wurde (*Wilske/Miettinen/Kocher* RIW 2002, 94, 97).

[282] *J. Lau Hansen* Nordic Company Law, 2003, S. 127ff.; für Finnland *Wilske/Miettinen/Kocher* RIW 2002, 94, 98.

[283] Die Vereinbarkeit dieser Regel mit der Ersten gesellschaftsrechtlichen Richtlinie erscheint zweifelhaft. In Dänemark gilt – möglicherweise genau aus diesem Grund – als einzigem skandinavischen Land die gesetzliche Regel, dass Verwaltungsrat und geschäftsführender Ausschuss nach außen beide jeweils volle Vertretungsmacht haben (*J. Lau Hansen* Nordic Company Law, 2003, S. 129).

ist die Vertretungsmacht des geschäftsführenden Ausschusses auch nicht ausdrücklich auf das Tagesgeschäft beschränkt.[284] In Schweden genügt die Zeichnung durch die Mehrheit des Verwaltungsrats. Dort enthält das Gesetz auch eine Auflistung von Geschäften, bei denen Dritte nicht mehr davon ausgehen können, dass der geschäftsführende Ausschuss Vertretungsmacht hat, weil sie nicht mehr zum Tagesgeschäft gehören.

Dänemark, Finnland, Island und Norwegen erlauben zusätzlich die Errichtung eines besonderen Überwachungsorgans.[285] Dies soll einer engeren Anbindung der Unternehmensleitung an die Interessen der Aktionäre dienen. Das Organ hat allein die Funktion, die Tätigkeit des Verwaltungsrats und gegebenenfalls der zur Geschäftsführung bestellten Personen zu überwachen. Seine Einrichtung ist fakultativ; es besteht aus mindestens 5 Mitgliedern, die nicht zugleich Mitglied im Verwaltungsrat oder in der Geschäftsführung tätig sein dürfen. Zunehmend nimmt aber stattdessen der Verwaltungsrat selbst die Überwachungsaufgabe wahr, so dass die Bedeutung des Aktionärsausschusses schwindet, und er in Schweden gar nicht mehr im Gesetz geregelt ist. In Norwegen ist die Einrichtung eines Überwachungsorgans sehr häufig, was aber eher der Implementierung der Mitbestimmung dient.[286]

Die Befugnisse des zusätzlichen Überwachungsorgans bestimmen sich nach der Satzung, wobei den Verwaltungs- und Geschäftsführungsorganen nicht ihre gesetzlichen Befugnisse genommen werden dürfen. Danach soll das Überwachungsorgan gewöhnlich die Geschäftsführung überwachen und beraten. Dies schließt auch eine Stellungnahme zum Jahresabschluss ein. Das Gesetz lässt aber auch zu, dass es an Stelle der Hauptversammlung die Vergütung der Mitglieder des Verwaltungsrats festlegt. In Finnland hat das Überwachungsorgan darüber hinaus die Aufgabe, die Mitglieder des Verwaltungsrats und gegebenenfalls der Geschäftsführung zu bestellen; weiterhin kann es grundlegende Fragen der Unternehmensleitung selbst entscheiden und entsprechende Weisungen erteilen.[287]

Dänemark, Norwegen, Schweden und in eingeschränktem Maße auch Finnland kennen eine Mitbestimmung der Arbeitnehmer, während sie in Island nicht existiert. In Dänemark können die Arbeitnehmer ab einer Beschäftigtenzahl von 35 ein Drittel der Mitglieder des Verwaltungsrats, mindestens aber 2 Mitglieder, ernennen.[288] In Finnland liegt die Schwelle bei 150 Arbeitnehmern, wobei die Art der Mitbestimmung völlig frei verhandelbar ist.[289] In Norwegen kann eine Mitbestimmung ab 30 Arbeit-

---

[284] Näher *Krüger Andersen* Aktie- og anpartsselskabsret, 2000, S. 275ff. sowie § 60 dänisches Aktiengesetz.

[285] *J. Lau Hansen* Nordic Company Law, 2003, S. 134ff. Für Finnland („hallintoneuvosto"): *Wilske/Miettinen/Kocher* RIW 2002, 94, 98, die das Organ als „Aufsichtsrat" bezeichnen.

[286] *J. Lau Hansen* Nordic Company Law, 2003, S. 136f.

[287] *Wilske/Miettinen/Kocher* RIW 2002, 94, 98.

[288] Näher *Krüger Andersen* ZHR-Beiheft 72, 2004, 11ff.

[289] Näher *Toiviainen* ZHR-Beiheft 72, 2004, 25ff.

nehmer eingeführt werden, die dann ein Mitglied und einen Beobachter in den Verwaltungsrat entsenden. Ab 50 Arbeitsnehmer erhöht sich der Anteil der Arbeitnehmersitze auf ein Drittel (mindestens zwei), ab 200 können entweder ein Mitglied und ein Beobachter zusätzlich entsandt werden oder es ist eine Vertreterversammlung einzurichten, die neben den Anteilseignervertretern aus einem Drittel Arbeitnehmern besteht und die Mitglieder des Verwaltungsrats bestimmt. In Schweden stehen den Arbeitnehmern ab einer Anzahl von 25 zwei Sitze und ab 1 000 drei Sitze, maximal jedoch die Hälfte der Sitze im Verwaltungsrat zu.[290] In Norwegen, Dänemark und Schweden existieren auch Regelungen für eine Konzernmitbestimmung.

Ebenso wie zuvor bei den anderen untersuchten Staaten ist man sich auch in Skandinavien nicht gänzlich sicher, ob das eigene Modell dualistisch oder monistisch sei.[291] Auswärtige Betrachter weisen es häufig dem dualistischen Modell zu.[292] *Jesper Lau Hansen* macht jedoch zutreffend darauf aufmerksam, dass es signifikante Unterschiede zum dualistischen Modell deutscher Prägung gebe.[293] Die Geschäftsführung sei nämlich unterhalb des Verwaltungsrats angesiedelt; dieser behalte seine doppelte Funktion der Leitung der Gesellschaft und der Überwachung der Geschäftsführung. Der Verwaltungsrat sei daher ungeachtet der zusätzlich geschaffenen geschäftsführenden Organe nicht mit einem Aufsichtsrat zu vergleichen. Letztlich habe das Gesetz nur auf eine praktische Entwicklung reagiert, bei der die tägliche Geschäftsführung auf angestellte Manager übertragen worden sei, deren haftungsrechtliche Situation gegenüber der Gesellschaft unklar geblieben sei. Indem das Gesetz sie zu Organen der Gesellschaft mache, unterwerfe es sie zugleich den gesellschaftsrechtlichen Haftungsregeln. Die Stellung des Verwaltungsrats habe man damit nicht ändern wollen; er habe seine früheren Befugnisse in vollem Umfang behalten.

5. Zusammenfassende Bewertung des Rechtsvergleichs

a) Arbeitsteilung innerhalb des monistischen Systems

Gemessen an den im vorigen Abschnitt entwickelten Wesensmerkmalen von Dualismus und Monismus sind alle soeben geschilderten Leitungsmodelle als monistisch einzuordnen. Davon auszunehmen ist lediglich das französische dualistische

---

[290] Näher *Victorin* ZHR-Beiheft 72, 2004, 125ff.

[291] Vgl. die ambivalente Feststellung von *Friis Hansen/Krenchel* Selskabsrecht II, 2000, S. 291f. zum dänischen Recht: Das dänische Recht folge dem dualistischen Modell, wonach die Leitung der Gesellschaft auf zwei Organe aufgeteilt sei; es habe sich dabei vom deutschen Recht inspirieren lassen, weiche aber andererseits auch in wesentlichen Punkten vom deutschen Recht ab.

[292] So *Hopt* in: Hopt/Kanda/Roe/Wymeersch/Prigge (Hrgs.), Comparative Corporate Governance, 1998, S. 227, 228, und *Hopt* ZGR 29 (2000) 779, 783. *van den Berghe* Corporate Governance in a Globalising World, 2002, S. 71, ordnet Dänemark als „dualistisch", Schweden hingegen als „monistisch" ein.

[293] *J. Lau Hansen* Nordic Company Law, 2003, S. 72.

Modell, das sich weitgehend am deutschen Vorbild orientiert. Alle anderen als gemischte oder Zwischenformen angesehenen Modelle sind lediglich Spielarten des Monismus. Denn es bleibt dort stets bei der Oberleitung durch ein einziges Organ; dieses soll hier in Anlehnung an die Terminologie der SE-Verordnung „*Verwaltungsorgan*" genannt werden. Soweit es in den behandelten Rechtsordnungen ein zweites Organ oder einzelne Geschäftsführer gibt, sind sie dem Verwaltungsorgan klar untergeordnet und auf die Wahrnehmung der täglichen Geschäftsführung beschränkt. Zudem gibt es keine Inkompatibilitätsregelung. Mitglieder des Verwaltungsorgans können also zugleich mit der Führung der täglichen Geschäfte beauftragt werden. Damit ratifiziert der Gesetzgeber eine Gestaltung, die in der Praxis aller monistischen Modelle ohnehin gang und gäbe ist: die Übertragung der täglichen Geschäfte auf einen ausgewählten Kreis von Geschäftsleitern.

Die gesetzliche Benennung zusätzlicher Geschäftsführungsorgane führt somit in die Irre, wenn sie den Eindruck eines Dualismus in der Leitungsstruktur erweckt. Sie lenkt ab von dem harten legislativen Kern, der den Charakter des Dualismus ausmacht und bei allen scheinbar „gemischten" Formen gänzlich fehlt: Weisungsfreiheit der Geschäftsleitung; Inkompatibilität der Organzugehörigkeit; erschwerte Abberufung des Leitungsorgans; Ausschluss des Aufsichtsorgans von der Geschäftsführung. Gemessen an diesen Kriterien sind die Mischformen des französischen, belgischen, spanischen und skandinavischen Rechts im monistischen System einzuordnen. Die Nagelprobe auf diese Einschätzung war die Einführung der SE in den betreffenden Ländern, bei welcher sich der Gesetzgeber notgedrungen für eine Einordnung seines bisherigen Systems entscheiden musste.[294]

Bemerkenswert ist die Entstehungsgeschichte der aktuellen Reformen im monistischen Leitungsmodell. Überall zeichnete sich die bereits für das englische Recht berichtete Praxis ab, die täglichen Geschäfte zu delegieren. Nirgendwo aber entstand ein Aufsichtsorgan der streng dualistischen Prägung. Vielmehr war das leitende Verwaltungsorgan offenbar stets darauf bedacht, die Fäden nicht aus der Hand zu geben. Die Delegation ist also eine Arbeitsentlastung des Verwaltungsorgans, nicht aber eine Reduzierung seiner Kompetenzen als Organ der Oberleitung. Weder das Gesetz noch die Corporate Governance Kodices machen klare Angaben zur Abgrenzung der Befugnisse des Verwaltungsorgans von denjenigen der geschäftsführenden Personen.[295] Darin liegt bereits ein wesentlicher Unterschied zum dualistischen System, das die Funktionen auf verschiedene Organe verteilt und deren Kompetenzen – zumeist in Form zwingenden Rechts – möglichst klar voneinander abzugrenzen versucht. Weiterhin fehlt es an der für das dualistische System typischen Inkompatibilität. Die Funktion der Geschäftsführung und

---

294 Zur Einführung der SE in das mitgliedstaatliche Recht unten S. 599 ff.

295 Näher dazu auch der rechtsvergleichende Bericht von *Wymeersch* in: Hopt/Kanda/Roe/Wymeersch/Prigge (Hrsg.), Comparative Corporate Governance, 1998, S. 1095 ff.

die Mitgliedschaft im Verwaltungsorgan schließen sich nicht aus, sie werden im Gegenteil sogar häufig kombiniert bis hin zur Konzentration der Befugnisse beim Vorsitzenden des Verwaltungsorgans, die im französischen *Président Directeur Général* ihren sinnfälligsten Ausdruck findet. Schließlich wird die Geschäftsführung wohl in allen monistischen Systemen nicht als eine außerhalb des Verwaltungsrates liegende Befugnis verstanden, sondern als Ausschnitt der originären Befugnisse des Verwaltungsrates. Die geschäftsführenden Ausschüsse oder Direktoren üben keine eigene, sondern eine vom Verwaltungsorgan abgeleitete Befugnis aus. Der Begriff der Delegation wird erkennbar in Bezeichnungen wie *directeur délégué* im französischen und belgischen Recht sowie *consejero delegado* im spanischen Recht. Die Entscheidungshoheit für die wirklich wichtigen Fragen bleibt konsequenterweise beim Verwaltungsorgan. An diesen Entscheidungen wiederum nehmen alle Mitglieder des Verwaltungsorgans teil, geschäftsführende wie nicht-geschäftsführende. Der Begriff „Überwachung" gewinnt damit im monistischen System eine völlig andere Bedeutung als im dualistischen: Im monistischen System überwachen die nicht-geschäftsführenden Mitglieder des Verwaltungsorgans die Ausführung von Entscheidungen, an denen sie selbst mitgewirkt haben oder derer sich das Organ jedenfalls hätte annehmen können, wenn es dies für erforderlich gehalten hätte. Eine wirkliche Kontrolle im Sinne einer erneuten Abwägung der strategischen Grundentscheidung ist darin nicht angelegt. Eher handelt es sich um die Überwachung der *korrekten Umsetzung* einer vom Verwaltungsorgan zu einem früheren Zeitpunkt festgelegten strategischen Grundlinie.

Fügt man dies mit dem historischen Abriss zur deutsch-österreichischen Rechtsentwicklung zusammen, erlaubt es folgende Schlussfolgerung: Im Zustand der Gestaltungsfreiheit ist der *„arbeitsteilig organisierte Monismus"* gewissermaßen das sich natürlich entwickelnde Modell. Das zeigt nicht nur das heutige Recht vieler europäischer Staaten, sondern auch die Praxis deutscher und österreichischer Aktiengesellschaften vor der Einführung des streng dualistischen Systems. Offenbar besteht ein – durchaus nachvollziehbares – Bedürfnis der Entscheidungsträger, mitunter stellvertretend für dominierende Anteilseigner, die Fäden nicht gänzlich aus der Hand zu geben. Die Beauftragung einzelner Personen mit der täglichen Geschäftsführung entspringt zwar einem sachlichen Bedürfnis, denn in einem großen Unternehmen kann das oberste Gremium nicht sämtliche Entscheidungen per Beschluss treffen. Ungeachtet dessen bleibt aber das Verwaltungsorgan oberstes Organ, das die wesentlichen Entscheidungen trifft und dabei selbst festlegt, was es für wesentlich hält und was nicht. Damit liegt ein wichtiges Abgrenzungsmerkmal des monistischen Systems auch in der ungeachtet aller gesetzlichen Ausdifferenzierung verbleibenden *Gestaltungsfreiheit*.

b) Insider Control- und Outsider Control-System

Aufschlussreich ist eine Einordnung dieser Ergebnisse in die ökonomische Corporate Governance-Debatte. Dort unterscheidet man das „Insider Control-System" vom „Outsider Control-System".[296] Im Insider Control-System wird die Geschäftsführung durch ein Gegengewicht innerhalb der Unternehmensverfassung diszipliniert. Kontrolle durch „Insider" bedeutet also, Überwachung des Managements durch Akteure mit privilegierten Informations- und Einflussmöglichkeiten, die dem Unternehmensgeschehen nahe stehen, ohne selbst Entscheidungsträger zu sein. Dieser Begriffsbestimmung entspricht allein das dualistische System.[297] Denn der Aufsichtsrat verfügt über einen privilegierten Zugang zu Informationen, ist aber nicht selbst Entscheidungsträger.

Das monistische System ist dagegen dem Outsider Control-System zuzuordnen, bei dem die eigentliche Kontrolle über von außen wirksame Kräfte erfolgt, namentlich über Marktmechanismen. Diejenigen Personen innerhalb des Unternehmens, die Kontrolleure sein könnten, sind zugleich Entscheidungsträger. Denn auch ein nicht-geschäftsführender Direktor ist kraft seiner Stellung als Mitglied des Verwaltungsorgans an den wesentlichen Leitentscheidungen zur Unternehmenspolitik beteiligt. Die Bedeutung der Mitgliedschaft im Verwaltungsorgan wird im französischen Recht besonders deutlich. Das Gesetz verleiht dem Verwaltungsrat die Kompetenz, sich jederzeit einzelner Angelegenheiten anzunehmen, wenn er dies für den ordnungsgemäßen Geschäftsgang für erforderlich hält. Im Outsider Control-System kontrollieren Personen das Management, die ein distanziertes Verhältnis zum Unternehmen, keine privilegierten Informationen und keinen direkten persönlichen Einfluss haben. Wirkliche Kontrolle findet also gar nicht innerhalb des Unternehmens statt, sondern durch Personen, die außerhalb stehen. Dies sind typischerweise die Akteure des Kapitalmarktes. Das britische System mit seiner starken Kapitalmarktorientierung ist dafür das klassische Beispiel. Dass es häufig als Modellfall für das Board-System dient, liegt nicht zuletzt daran, dass es in der Ergänzung durch einen gut funktionierenden Kapitalmarkt ein in sich stimmiges System bildet.[298]

Die ökonomische Sichtweise ist auch auf der Ebene der innerorganschaftlichen Interessenkonflikte aufschlussreich.[299] Das deutsche System der Corporate Governance mit dem Aufsichtsrat als internem Instrument der Kontrolle ist gekennzeichnet durch einen Interessenpluralismus. Im Aufsichtsrat sind Gruppen repräsentiert, deren Interessen zumindest teilweise gegenläufig sind. Bei einer solchen Konstella-

---

296 *Schmidt/Grohs* in: Grundmann (Hrsg.), Systembildung und Systemlücken, 2000, S. 145, 149ff.

297 Das deutsche System ist auch nach Auffassung von *Schmidt/Grohs* in: Grundmann (Hrsg.), Systembildung und Systemlücken, 2000, S. 145, 156ff., ein insider control system.

298 Siehe *Schmidt/Grohs* in: Grundmann (Hrsg.), Systembildung und Systemlücken, 2000, S. 145, 167ff., über die Komplementarität von monistischer Leitungssstruktur und Kapitalmarktkontrolle im britischen System der Corporate Governance.

299 Dazu rechtvergleichend *Wymeersch* in: Hopt/Kanda/Roe/Wymeersch/Prigge (Hrsg.), Comparative Corporate Governance, 1998, S. 1045, 1121ff.

tion droht eine Lähmung der Entscheidungsprozesse, wenn die Interessen sich gegenseitig blockieren. Dennoch ist das dualistische System funktionsfähig, denn der Aufsichtsrat als Organ des Interessenpluralismus hat nur wenige Handlungskompetenzen. Die Beschränkung der Möglichkeiten des Aufsichtsrats, Initiativen zu ergreifen und Einfluss auszuüben, ist eine notwendige Voraussetzung dafür, dass er unterschiedliche Interessen repräsentieren kann. Hätte der Aufsichtsrat eine unmittelbare Leitungsfunktion, würden Pluralismus und Interessenkonflikte die Unternehmensführung lähmen.[300] Die Effizienz der Unternehmensleitung wird im dualistischen System dadurch hergestellt, dass der Vorstand keine unterschiedlichen Interessen vertritt und somit seiner Grundstruktur nach eher auf zügige Entscheidungsprozesse angelegt ist.

Im monistischen System ist das Verwaltungsorgan tendenziell auf Interessenmonismus angelegt. Das *board* repräsentiert in allererster Linie, wenn nicht gar ausschließlich die Interessen der Aktionäre. Wenn allerdings dennoch Interessenkonflikte auftreten, steht das monistische System vor dem Problem, dass die Konflikte organintern gelöst werden müssen. Bezeichnend sind die oben behandelten Regelungen des französischen und belgischen Gesetzgebers zur Bewältigung von Interessenkonflikten bei Geschäften, die zwischen der Gesellschaft und einem Mitglied des *conseil d'administration* abgeschlossen werden.

VI. Gemeinschaftsrecht

Mit Einführung der Societas Europaea verlassen die Überlegungen zur begrifflichen Einordnung des Leitungssystems auch in den Ländern, die sich bislang in der Mitte zwischen Monismus und Dualismus sahen, den Bereich der rein theoretischen Reflexion und müssen statt dessen die Basis für konkrete gesetzgeberische Maßnahmen liefern. Denn eine ergänzende Ausgestaltung des Leitungssystems der SE ist dem nationalen Gesetzgeber nur für dasjenige System gestattet, zu dem das eigene Recht keine Vorschriften enthält (vgl. Art. 39 Abs. 5 und Art. 43 Abs. 4 SE-Verordnung). Um die rechtsvergleichend gewonnene Begriffsbildung gemeinschaftsrechtlich abzusichern sollen *unter 1.* die Vorschriften der SE-Verordnung und *unter 2.* die Regelungen der einstmals geplanten Strukturrichtlinie vorgestellt werden. Die Probe aufs Exempel liefert naturgemäß die *unter 3.* behandelte Einführung der SE in denjenigen Ländern, deren Systeme sich bislang zwischen dem dualistischen und dem monistischen Modell nicht festlegen mussten.

---

[300] *Schmidt/Grohs* in: Grundmann (Hrsg.), Systembildung und Systemlücken, 2000, S. 145, 157.

1. Die SE-Verordnung

Die SE-Verordnung stellt in der Ausgangsnorm des Art. 38 lit. b die Begrifflichkeiten für die Unterscheidung von Monismus und Dualismus bereit: Das dualistische Modell hat ein *Leitungs-* und ein *Aufsichtsorgan*, das monistische ein *Verwaltungsorgan*. Das dualistische Modell (*unter a*) ist erkennbar dem deutsch-österreichischen Recht entlehnt; das monistische (*unter b*) steht dem französischen Recht insoweit näher als dem englischen, als es das Leitungssystem gesetzlich vorstrukturiert, was im Companies Act gerade nicht der Fall ist.

a) Dualistisches Modell

„Das Leitungsorgan führt die Geschäfte der SE in eigener Verantwortung." In diesem ersten Satz des Art. 39 SE-VO klingt erkennbar der deutsche § 76 Abs. 1 AktG an.[301] Der zweite Satz des Art. 39 SE-VO ermöglicht die Übertragung der laufenden Geschäfte auf einen Geschäftsführer[302] und zeigt damit, dass die Kompetenz des Leitungsorgans mehr umfasst als die Führung der laufenden Geschäfte. Dies legt die Schlussfolgerung nahe, dass das Leitungsorgan der SE ebenso wie der Vorstand einer deutschen Aktiengesellschaft im Bereich der Unternehmensleitung niemanden *über* sich, allenfalls – mit dem Aufsichtsrat – jemanden *neben* und mit den Geschäftsführern gegebenenfalls jemanden *unter* sich hat. Bestätigt wird dies durch die Kompetenzregelung des Aufsichtsorgans (Art. 40 Abs. 1 SE-VO): „Das Aufsichtsorgan überwacht die Führung der Geschäfte durch das Leitungsorgan. Es ist nicht berechtigt, die Geschäfte der SE selbst zu führen." Auch die Information des Aufsichtsorgans verläuft mittelbar über das Leitungsorgan, das den Aufsichtsrat über den Gang der Geschäfte unterrichtet (Art. 41 Abs. 1 SE-VO); weitere Informationen kann das Aufsichtsorgan oder – gemäß mitgliedstaatlicher Gesetzgebung – auch ein einzelnes Mitglied des Aufsichtsorgans vom Leitungsorgan einfordern. Ein Informationsfluss unter Umgehung des Leitungsorgans ist nicht vorgesehen. Das Aufsichtsorgan kann zwar nach Art. 41 Abs. 4 SE-VO alle zur Erfüllung seiner Aufgaben erforderlichen „Überprüfungen" vornehmen. Dies bedeutet aber nicht, dass es sich unmittelbar Informationen aus dem Unternehmen beschaffen könnte; denn „überprüfen" bedeutet nicht „beschaffen", sondern nur Bearbeitung der Informationen, die vom Leitungsorgan vorgelegt wurden hat. Dies bestätigt im Wege der systematischen Auslegung der Vergleich mit den Regelungen des monistischen Modells. Für den Verwaltungsrat gibt es nämlich in den Art. 43ff. SE-Verordnung überhaupt keine Regelung zur Informationsbeschaffung; was sich dadurch erklärt, dass er – im Gegensatz zum Aufsichtsorgan – als Organ der unternehmerischen Oberleitung ohnehin Zugang zu allen Informationen hat.

---

[301] Dies war im Vorschlag von 1989 noch nicht der Fall gewesen; die Anlehnung an § 76 Abs. 1 AktG hatte seinerzeit namentlich *Hommelhoff* AG 1990, 422, 427, angeregt.

[302] Zu dieser Sonderregelung sogleich im Text.

Weiteres Merkmal des dualistischen Modells der SE ist die Inkompatibilität der Mitgliedschaft in Leitungsorgan und Aufsichtsorgan. Nach Art. 39 Abs. 3 Satz 1 SE-VO darf niemand zugleich Mitglied des Leitungsorgans und des Aufsichtsorgans sein. Dies verfestigt die Kompetenzordnung, nach der beide Organe getrennte Aufgabenbereiche haben. Dem Leitungsorgan obliegt die Führung der Geschäfte in einem umfassenden Sinn, der über die Führung der laufenden Geschäfte hinausgeht. Das Aufsichtsorgan hat die Funktion der nachgeordneten Kontrolle, was sich nicht zuletzt am stets nur vom Leitungsorgan abgeleiteten Informationsfluss zeigt. Auch den Zustimmungsvorbehalt des Aufsichtsrats kennt das Recht der SE; er findet sich in Art. 48 der SE-Verordnung.

Ergänzend zur SE-Verordnung gilt in den Mitgliedstaaten, die das dualistische Modell kennen, das nationale für Aktiengesellschaften geltende Recht. Dies folgt zum einen aus der Generalnorm des Art. 9 SE-Verordnung.[303] Des Weiteren ergibt sich die Anwendung mitgliedstaatlichen Rechts im Umkehrschluss aus Art. 39 Abs. 5 SE-Verordnung: Mitgliedstaaten, deren Recht keine Vorschriften über ein dualistisches System enthält, dürfen entsprechende Vorschriften in Bezug auf die SE erlassen. Daraus folgt: In Mitgliedstaaten, deren allgemeines Aktienrecht bereits Vorschriften zum dualistischen System enthält, bleibt es bei der Anwendung dieser Vorschriften.

b) Monistisches Modell

Das monistische Modell der SE ist gekennzeichnet durch die Oberleitung eines Verwaltungsorgans. „Das Verwaltungsorgan führt die Geschäfte der SE." Dieser erste Satz des Art. 43 SE-VO enthält auch eine wichtige Aussage für den Vergleich zwischen dualistischem und monistischem Modell. Er zeigt nämlich, dass das Verwaltungsorgan dem Leitungsorgan wesentlich näher steht als dem Aufsichtsorgan. Denn das Führen der Geschäfte ist nach Art. 39 Abs. 1 Satz 1 SE-VO eine Aufgabe des Leitungsorgans, dem Aufsichtsorgan ist gerade dies strikt untersagt (s. Art. 40 Abs. 1 Satz 2 SE-VO). Dass in Art. 39 Abs. 1 Satz 1 SE-VO für das Leitungsorgan noch der Zusatz „in eigener Verantwortung" steht, lässt sich dadurch erklären, dass es hier gegenüber dem Aufsichtsorgan einer Abgrenzung bedarf; im monistischen Modell ist dieser Zusatz konsequenterweise überflüssig.

Bemerkenswert ist die Regelung des Art. 44 Abs. 1 SE-VO. Sie schreibt dem Verwaltungsorgan vor, mindestens alle drei Monate zusammenzutreten, um über den Gang der Geschäfte der SE und deren voraussichtliche Entwicklung zu beraten. Das Verwaltungsorgan wird hier an seine Verantwortung für die Führung der Geschäfte erinnert. Eine entsprechende Regelung gibt es im dualistischen System weder für das Leitungsorgan noch für das Aufsichtsorgan. Möglicherweise sieht der Verordnungsgeber gerade im monistischen Modell die besondere Gefahr, dass sich das originär für die Geschäftsführung zuständige Organ zu sehr aus diesem Verantwortungsbereich zurückzieht.

---

[303] Dazu bereits umfassend oben S. 281 ff.

c) Einsetzung von Geschäftsführern für die laufenden Geschäfte

Sowohl zum dualistischen als auch zum monistischen System der SE findet sich wortgleich der Hinweis: „Ein Mitgliedstaat kann vorsehen, dass ein oder mehrere Geschäftsführer die laufenden Geschäfte in eigener Verantwortung unter denselben Voraussetzungen, wie sie für Aktiengesellschaften mit Sitz im Hoheitsgebiet des betreffenden Mitgliedstaates gelten, führt bzw. führen."[304] Der reinen Wortlautauslegung bereitet diese Passage Schwierigkeiten. Wenn nämlich im dualistischen System bereits das Leitungsorgan die Geschäfte unter eigener Verantwortung – das heißt: weisungsfrei – führt, gilt dann dasselbe für die doch offenkundig untergeordneten Geschäftsführer? Und wie verträgt es sich andererseits mit dem monistischen System, wenn dort noch ein weiteres Geschäftsführungsorgan auftritt, obwohl doch Art. 43 Abs. 1 Satz 1 SE-Verordnung die Führung der Geschäfte gerade dem Verwaltungsorgan zuweist und Art. 38 lit. b SE-VO offenkundig davon ausgeht, dass es daneben kein zweites Geschäftsführungsorgan gibt?

Die Widersprüche lösen sich auf, wenn man die Entstehungsgeschichte der Vorschrift heranzieht. Sie geht auf einen Wunsch der schwedischen Verhandlungsdelegation zurück und soll gewährleisten, dass das oben geschilderte skandinavische Leitungsmodell auch in der SE genutzt werden kann.[305] Die „eigene Verantwortlichkeit" ist damit offenbar ein Hinweis auf die organschaftliche Verantwortlichkeit gegenüber der Gesellschaft, welche die Geschäftsführer von angestellten Managern der nachgeordneten Leitungsebenen unterscheidet. Und dass dieselbe Konstruktion sowohl für das dualistische als auch für das monistische System vorgesehen ist, liegt an der Unsicherheit über die Einordnung des skandinavischen Systems. Um allen Eventualitäten vorzubeugen, wurde die Regelung wortgleich in beide Systeme aufgenommen. Sie gilt aber ihrem Wortlaut nach nur dort, wo es die Figur eines Geschäftsführers für die laufenden Geschäfte im nationalen Aktienrecht bereits gibt. Für das deutsche Recht ist sie damit irrelevant.[306]

d) Zwischenergebnis

Die Vorschriften der SE-Verordnung zur Struktur der Unternehmensleitung lassen eine klare Unterscheidung von dualistischer und monistischer Leitungsstruktur hervortreten. Im dualistischen Modell führt das Leitungsorgan eigenverantwortlich die Geschäfte, dem Aufsichtsorgan obliegt eine nachgelagerte Überwachung; er ist von der Führung der Geschäfte zwingend ausgeschlossen und kann allenfalls

---

304 Art. 39 Abs. 1 Satz 2 und Art. 43 Abs. 1 Satz 2 SE-Verordnung.

305 Dazu bereits *Neye/Teichmann* AG 2003, 169, 176 (Fn. 38) sowie *C. Teichmann* BB 2004, 53, 59f.

306 In der Diskussion um die Ausgestaltung des monistischen Modells für die in Deutschland ansässige SE wurde dies häufig verkannt (Nachweise zur Diskussion bei *C. Teichmann* BB 2004, 53, 59, Fn. 76 und *Hoffmann-Becking* ZGR 33 (2004) 355).

über einen Zustimmungsvorbehalt an bestimmten Geschäftsarten beteiligt werden. Nimmt man die Inkompatilitätsregel hinzu, finden sich im dualistischen System der SE nahezu alle Elemente, die auch im deutschen Recht das Wesen des Trennungssystems ausmachen. Es fehlt lediglich die eingeschränkte Abberufbarkeit des Leitungsorgans (vgl. § 84 Abs. 3 AktG); insoweit greifen die im Sitzstaat der SE geltenden Rechtsvorschriften.

Im monistischen Modell führt das Verwaltungsorgan die Geschäfte und wird an diese Verantwortung durch die Statuierung einer Pflicht zur regelmäßigen Zusammenkunft eigens erinnert. Bei beiden Modellen wird deutlich, dass „Führung der Geschäfte" mehr bedeutet als die Besorgung der „laufenden" Geschäfte. Leitungsorgan und Verwaltungsorgan sind somit jeweils Organe der allgemeinen *Oberleitung der Gesellschaft*.

Die SE-Verordnung trifft überdies mit der auf die schwedische Initiative zurückgehenden Regelungsoption, die laufenden Geschäfte auf einen oder mehrere Geschäftsführer zu übertragen, eine bemerkenswerte systematische Feststellung: Die Delegation der laufenden Geschäfte auf ein gesondertes Geschäftsführungsorgan wird offenbar weder für das dualistische noch für das monistische Modell als Systembruch verstanden. Dies deckt sich mit der hier vertretenen Begriffsbildung, wonach es auf eine *funktionale Betrachtung* ankommt, bei welcher das Organ zu bestimmen ist, welches die Oberleitung der Gesellschaft wahrnimmt. Ob dieses einige seiner Aufgaben delegiert, wie es sowohl in dualistischen als auch in monistischen Systemen häufige Praxis ist, beeinflusst die Einteilung in die Kategorien des Monismus oder Dualismus nicht.

2. Vorschlag für eine Strukturrichtlinie

a) Bedeutung für die vorliegende Frage

Mit dem Vorschlag für eine fünfte gesellschaftsrechtliche Richtlinie (Strukturrichtlinie) aus dem Jahre 1991[307] wurde schon früher einmal der Versuch unternommen, die Leitungsstrukturen der Aktiengesellschaften in der Gemeinschaft zu vereinheitlichen. Eine Verwirklichung dieses Vorschlags erscheint derzeit politisch ausgeschlossen, zumal die SE-Verordnung mit ihrem Optionsmodell eine wesentlich elegantere Lösung vorgibt. Seiner Konzeption nach bevorzugt der Vorschlag überdies erkennbar das dualistische Modell; auch dies entspricht nicht mehr dem aktuellen Stand der Diskussion. Erfolgversprechend kann nur ein Ansatz sein, der eine Gleichwertigkeit beider Modelle annimmt, wie er in der SE-Verordnung zum Ausdruck kommt. Eine weitere, wohl nicht mehr zeitgemäße Besonderheit ist die zwingend vorgesehene Mitbestimmung der Arbeitnehmer. Auch in diesem Punkt dürfte der

---

[307] Dritter geänderter Vorschlag einer fünften Richtlinie (Nachweise im Anhang „Fundstellenverzeichnis").

Vorschlag nach dem Kompromiss, der für die SE gefunden wurde,[308] noch weniger als je zuvor konsensfähig sein.

Dennoch ist der Ansatz, die Leitungsstrukturen zu vereinheitlichen, für die begriffliche Klärung auf europäischer Ebene aufschlussreich. Erwägungsgrund 7 des Vorschlags spricht davon, es gebe derzeit in der Gemeinschaft zwei verschiedene Systeme für die Organisation der Verwaltung der Aktiengesellschaften. Er verwendet dafür ebenso wie die SE-Verordnung die Bezeichnung „monistisches“ und „dualistisches“ System, geht also gleichfalls implizit davon aus, dass sich jedes Rechtssystem der Mitgliedstaaten durch einen Abgleich mit bestimmten Grundmerkmalen in eines der beiden Systeme einordnen lasse. Dass die Unterscheidung von geschäftsführenden und nicht-geschäftsführenden Mitgliedern aus einem monistischen System noch kein dualistisches macht, wird gleichfalls erkennbar. Denn der siebte Erwägungsgrund erwähnt diese Praxis zwar, folgt dabei aber offenbar der Vorstellung, dass es sich um eine Variante des monistischen Systems handele. In Artikel 2 des Vorschlags findet sich auch bereits die Terminologie, der später die SE-Verordnung folgen wird: Das dualistische System ist gekennzeichnet durch ein „Leitungsorgan“ und ein „Aufsichtsorgan“, das monistische durch ein „Verwaltungsorgan“.

b) Systemprägende Merkmale

Gemäß Artikel 3 Abs. 1 des Vorschlags für eine Strukturrichtlinie führt das Leitungsorgan die Geschäfte der Gesellschaft unter der Aufsicht des Aufsichtsorgans. Daraus wird deutlich, dass die Geschäftsführung allein Angelegenheit des Leitungsorgans ist. Als weiteres systemprägendes Merkmal für das dualistische System ergibt sich aus Art. 6 des Vorschlags die Inkompatibilität der Mitgliedschaft in Leitungs- und Aufsichtsorgan: „Niemand darf Mitglied des Leitungsorgans und zugleich Mitglied des Aufsichtsorgans sein.“ Die somit auch personell vollzogene Trennung der Organe lässt es erforderlich scheinen, für einen hinreichenden Informationsfluss zwischen den Organen zu sorgen. Hierzu sieht Art. 11 des Vorschlags insbesondere einen regelmäßigen Bericht des Leitungsorgans über den Gang der Geschäfte vor. Ein Katalog zustimmungsbedürftiger Geschäfte unterwirft bestimmte grundlegende Maßnahmen der Genehmigung durch das Aufsichtsorgan (Art. 12).

Im Gegensatz dazu erlaubt der Richtlinienvorschlag keine Aussage über die prägenden Merkmale des monistischen Systems. Dies erklärt sich aus seiner Zielsetzung, das monistische System gerade an das damals als überlegen angesehene dualistische Modell anzugleichen. Artikel 21a bis 21u des Vorschlags entsprechen

---

[308] Vgl. hierzu die SE-Richtlinie (s. Fundstellennachweise) und aus der Literatur etwa *Heinze* ZGR 2002, 66ff., *Heinze/Seifert/Teichmann* BB 2005, 2524, *Pluskat* DStR 2001, 1483ff., *Mävers* Mitbestimmung in der Europäischen Aktiengesellschaft, 2002, und *Nagel* AuR 2001, 406ff.

daher „fast wortgetreu“[309] den Vorschriften über das dualistische System. Während allerdings die Vorschriften zum dualistischen System noch in sich stimmig erscheinen, ist damit die Regelung des monistischen Systems unter dem Aspekt einer begrifflich fassbaren Unterscheidung der beiden Modelle missglückt. Der Richtlinienvorschlag folgt hier offenbar der Vorstellung, man könne die Grundgedanken des dualistischen Systems in das monistische System implementieren. Gemäß Art. 21a verwalten die geschäftsführenden Mitglieder eines Verwaltungsorgans die Gesellschaft unter der Aufsicht der nicht-geschäftsführenden Mitglieder desselben Organs. Dies scheint in einen unauflöslichen Widerspruch zu führen: Das Verwaltungsorgan ist einerseits eine Einheit, soll andererseits in zwei „Lager“ gespalten sein, die einander gegenüber stehen. Für Bestellung – und konsequenterweise dann wohl auch die laufende Überwachung – geht Art. 21a Abs. 1 lit. b offenbar von einer separaten Beschlussfassung allein der nicht-geschäftsführenden Mitglieder aus. Damit steht die Einheit des Verwaltungsorgans nur noch auf dem Papier. Die weiteren Vorschriften zum monistischen System sind teilweise wortwörtlich aus dem Abschnitt über das dualistische System entnommen. Womit die Unterscheidung letztlich hinfällig wird. Zu welchen Paradoxien dies führt, zeigt Art. 21 l: „Niemand darf geschäftsführendes und zugleich nichtgeschäftsführendes Mitglied des Verwaltungsorgans sein.“ Hier wurde die Inkompatibilitätsregelung des Art. 6 übernommen und statt Leitungsorgan und Aufsichtsorgan wurde „geschäftsführend“ und „nichtgeschäftsführend“ eingesetzt. Während es aber in einem System der Trennung zweier Organe durchaus denkbar ist, Mitglied beider Organe zu sein, ist es innerhalb eines Systems mit nur einem Organ schon logisch undenkbar, zugleich geschäftsführend und nichtgeschäftsführend zu sein. Die Inkompatibilitätsregel passt nur für ein dualistisches System. Dasselbe gilt für die meisten anderen Vorschriften aus den Abschnitten 6 und 7 der Strukturrichtlinie.

Damit bleibt aus der Strukturrichtlinie nur die gewissermaßen doppelt – nämlich durch den Versuch der Übertragung auf das monistische System – gesicherte Erkenntnis, welche Merkmale für das *dualistische* System als prägend angesehen wurden. Es handelt sich um die bereits vielfach ermittelten Kriterien: Aufteilung von Geschäftsführung und Aufsicht auf zwei verschiedene Organe bei Inkompatibilität der Mitgliedschaft. Es fehlt allerdings die Festlegung, dass die Geschäfte vom Leitungsorgan unter eigener Verantwortung geführt werden. Dies erlaubt den Schluss, dass die abweichende Formulierung der SE-Verordnung mit Bedacht gewählt wurde und die aus dem deutschen Recht bekannte Abwehr von Weisungen des Aufsichtsrats zum Inhalt haben soll.[310]

---

309 *Schwarz*, Europäisches Gesellschaftsrecht, 2000, S. 448 (Rn. 714).

310 *Hommelhoff* AG 1990, 422, 427, hatte einen dem § 76 AktG entsprechenden „programmatischen Eingangssatz“ vorgeschlagen, wie er sich nun in Art. 39 SE-Verordnung findet.

3. Einführung der SE in das mitgliedstaatliche Recht

Die Einführung der SE setzt, obwohl die SE-Verordnung als unmittelbar geltendes Recht in allen Mitgliedstaaten gilt, Gesetzgebungsakte der Mitgliedstaaten voraus.[311] Die Leitungsstruktur ist einer der Bereiche, in denen ein Tätigwerden des mitgliedstaatlichen Gesetzgebers nötig oder doch zumindest angezeigt ist. Der deutsche Gesetzgeber war insoweit aufgefordert, Regeln für das monistische Leitungsmodell zu entwickeln (dazu *unter a*); viele andere Mitgliedstaaten mussten das dualistische Leitungsmodell einführen, beziehungsweise zunächst die Vorfrage entscheiden, welchem Modell ihre nationale Regelung zuzuordnen ist (dazu *unter b*).

a) Einführung des monistischen Modells in das deutsche Aktienrecht

(1) Grundstruktur

Nach dem SE-Ausführungsgesetz[312] hat das monistische System deutscher Prägung folgende Gestalt[313]: Verwaltungsorgan der in Deutschland ansässigen monistischen SE ist der *Verwaltungsrat*; ihm stehen für die tägliche Geschäftsführung ein oder mehrere *geschäftsführende Direktoren* zur Seite. Die Bestellung zumindest eines geschäftsführenden Direktors ist zwingend angeordnet. Dies hat in der vorangegangenen Diskussion zu der Frage geführt, ob damit überhaupt noch der Charakter eines monistischen Systems gegeben sei. Teilweise wurde eingewandt, es handele sich um ein „verdecktes dualistisches System".[314] Dies lässt sich indessen mit dem Hinweis auf die zuvor erarbeitete Systembildung entkräften.[315] Wesentlich für das monistische System ist, dass die Entscheidungslinien beim Verwaltungsorgan zusammenlaufen. Dies ist im monistischen System deutscher Prägung durch verschiedene Gestaltungselemente sichergestellt: Erstens unterliegt der geschäftsführende Direktor den Weisungen des Verwaltungsrats; zweitens können Mitglieder des Verwaltungsrats zu geschäftsführenden Direktoren ernannt werden; drittens sind die geschäftsführenden Direktoren vom Verwaltungsrat, der sie auch ernennt, jederzeit abberufbar. Damit steht der geschäftsführende Direktor funktional betrachtet dem *executive director* im englischen oder dem *directeur général* im französischen Recht

---

311 Dazu umfassend *C. Teichmann* ZGR 31 (2002) 383ff.; eine Übersicht zu den konkreten Regelungsaufträgen findet sich bei *C. Teichmann* ZIP 2002, 1109ff.

312 BGBl. 2004 I, S. 3675ff.; abgedruckt auch bei *Neye* Europäische Aktiengesellschaft, 2005, S. 5ff.

313 Derselben Konzeption folgte bereits der Diskussionsentwurf. Zum dort vorgesehenen Leitungsmodell *Neye/Teichmann* AG 2003, 169, 175ff. sowie *C. Teichmann* BB 2004, 53ff. und *C. Teichmann* in: Lutter/Hommelhoff (Hrsg.), SE, 2005, 195ff. Weitere Stellungnahmen: *Hoffmann-Becking* ZGR 33 (2004) 355ff.; *Kallmeyer* ZIP 2003, 153ff.; *Kübler* ZHR 167 (2003), 222 (noch vor Veröffentlichung des Diskussionsentwurfs); *Merkt* ZGR 32 (2003) 650ff.

314 Vgl. die Stellungnahme des DAV, NZG 2004, 75ff.

315 Umfassend dazu *C. Teichmann* BB 2004, 53ff.

gleich. Die Oberleitung des Unternehmens liegt nicht bei ihm, sondern beim Verwaltungsrat. Das Innenverhältnis zwischen geschäftsführenden Direktoren und Verwaltungsrat ist zwar im deutschen Gesetzesentwurf recht detailliert geregelt. Auch hier ist die Parallele zum dualistischen System aber nur oberflächlicher Natur, denn die Regelungen sind anders als im Trennungssystem des Aktiengesetzes zumeist dispositiv. Das Wesensmerkmal der Gestaltungsfreiheit ist also auch im deutschen monistischen Modell gegeben.[316]

(2) Anpassung an ein dualistisch geprägtes rechtliches Umfeld

Die Konzeption des monistischen Modells für eine in Deutschland ansässige SE beruht darauf, dass die Regelungsoption des Art. 43 Abs. 4 SE-Verordnung sich allein auf das Leitungssystem bezieht; alle übrigen Regelungsmaterien sind über den Verweis des Art. 9 SE-Verordnung dem allgemeinen Aktienrecht zu entnehmen, das im deutschen Recht formal und materiell weiterhin vom Trennungssystem geprägt bleibt. Dies ergibt schon der äußere Befund: Die Worte „Vorstand" und „Aufsichtsrat" tauchen über das gesamte Aktiengesetz verstreut mehrere hundert Male auf. Gäbe es im monistischen Modell allein den Verwaltungsrat, würde sich das in einem jahrzehntelangen Reformprozess entstandene System der sorgfältig auf zwei Organe verteilten Kompetenzen und sonstigen Regelungen vollständig in Luft auflösen.[317] Alle aktienrechtlichen „*checks and balances*", die bislang am dualistischen System ansetzen, wären außer Kraft gesetzt bzw. dem zwingenden Recht entzogen und dispositiv gestellt, da die Wahl zwischen monistischem und dualistischem Leitungssystem in der SE satzungsdispositiv ist. Dabei ist dieses Kontrollsystem in seinem Kern keine Besonderheit des dualistischen Modells; auch das monistische differenziert aus guten Gründen verschiedene Personengruppen. Eine gute Unternehmensführung verlangt eben mitunter, dass auf wesentliche Entscheidungen nicht nur zwei, sondern vier Augen ihren Blick werfen.

Deutlich wird dies am Beispiel des Konzernkonflikts. Das deutsche Recht kennt dafür im faktischen Konzern den Abhängigkeitsbericht, der vom Vorstand aufzustellen und vom Aufsichtsrat zu prüfen ist (§§ 312 und 314 AktG). In einem monistischen System mit nur einem Verwaltungsorgan lässt sich dieser Mechanismus nicht abbilden.[318] Man müsste andere finden, so wie beispielsweise das französische und das belgische Recht alle Transaktionen mit einem Mehrheitsgesellschafer der zwingenden Zustimmung durch den Verwaltungsrat unterwerfen. Für eine derart

---

316 Zu den verschiedenen Gestaltungsmöglichkeiten *C. Teichmann* BB 2004, 53ff.

317 Näher *C. Teichmann* BB 2004, 53, 57f. und *C. Teichmann* in: Lutter/Hommelhoff (Hrsg.), SE, 2005, 195, 220 ff.

318 Die Schwierigkeiten, wenn nicht gar Unmöglichkeit, das deutsche Konzernrecht für ein monistisches Leitungsmodell kompatibel zu machen, hat *Maul* in: Theisen/Wenz (Hrsg.), Die Europäische Aktiengesellschaft, 2. Aufl., 2005, S. 399ff. ausgiebig untersucht. Weiterhin zur Abbildung der Konzernproblematik in der SE *Hommelhoff* AG 2003, 179ff., *Habersack* ZGR 32 (2003) 724ff. und *Maul* ZGR 32 (2003) 743ff.

grundlegende Überarbeitung des gesamten deutschen Aktienrechts war die Zeit bis zum Inkrafttreten der SE-Verordnung zu kurz bemessen. Die Einarbeitung in das allgemeine Aktienrecht hätte überdies zwangsläufig die Konsequenz gehabt, das monistische System für alle nationalen Aktiengesellschaften einzuführen; denn Sonderregeln für die SE außerhalb der Leitungsstruktur gestattet Art. 43 Abs. 4 SE-Verordnung nicht. Für Konzernrecht und andere allgemein aktienrechtliche Materien gilt der Verweis auf mitgliedstaatliches Recht und somit das Gebot der Gleichstellung mit nationalen Aktiengesellschaften.[319] Ein auf das monistische Modell zugeschnittenes Konzernrecht und sonstiges allgemeines Aktienrecht wird daher erst möglich, wenn dieses Modell für die nationale Aktiengesellschaft eingeführt werden sollte.

b) Einführung der SE in anderen Mitgliedstaaten

Aufschlussreich sind auch die Erfahrungen, die andere Mitgliedstaaten bei der Konzeption des ihnen jeweils unbekannten und nun für die SE anzubietenden Leitungsmodells gemacht haben. Das Beispiels *Englands* wurde bereits erwähnt. Auch hier ist eine Art von Pfadabhängigkeit erkennbar, die darin besteht, möglichst wenige gesetzliche Vorgaben zu machen.[320] Ob dies dem dualistischen Modell wirklich gerecht wird, muss näherer Untersuchung vorbehalten bleiben.[321] Da die SE-Verordnung die Vertretungsmacht nicht regelt, wäre zumindest eine Regelung zur Vertretung der Gesellschaft durch das Leitungsorgan zu erwarten gewesen.

Der schwedische Gesetzgeber hat sich dafür entschieden, das eigene Modell als monistisches System einzuordnen.[322] Für eine monistisch strukturierte SE in *Schweden* wird somit das allgemeine Leitungssystem des schwedischen Aktienrechts gelten. Eine dualistisch strukturierte SE wird zusätzlich einen Aufsichtsrat bilden müssen. Dies bestätigt die hier vertretene Einschätzung, dass der Aufsichtsrat ein zusätzliches Element der Corporate Governance ist, das im monistischen System fehlt. Auch *Dänemark* sieht im skandinavischen Modell eine monistische Struktur.[323] Das Gesetz zur Einführung der SE regelt daher für die SE ein zusätzliches dualistisches Modell.

Spanien gilt traditionell als Land mit monistischem System; entsprechend fällt auch der Vorentwurf zur Einführung der SE aus.[324] Eine SE mit monistischer Struk-

---

319 Zur Interpretation des Art. 9 SE-Verordnung bereits oben S. 281 ff.

320 *Edbury* in: Oplustil/Teichmann (Hrsg.), The European Company – all over Europe, 2004 S. 316, 320f.

321 Kritik an der Zurückhaltung des englischen Gesetzgebers übt *Davies* in: Baums/Cahn (Hrsg.), Europäische Aktiengesellschaft, 2004, S. 10ff.

322 *Dejmek* in: Oplustil/Teichmann (Hrsg.), The European Company – all over Europe, 2004, S. 293, 304ff.

323 *Friis Hansen* in: Oplustil/Teichmann (Hrsg.), The European Company – all over Europe, 2004, S. 72, 74f.

324 *Muñoz Paredes* in: Oplustil/Teichmann (Hrsg.), The European Company – all over Europe, 2004, S. 279, 286ff. Das endgültige Gesetz lag bei Drucklegung noch nicht vor.

tur wird den allgemeinen Regeln des Aktienrechts unterliegen, während für eine SE mit dualistischer Leitung gesonderte Vorschriften geschaffen werden sollen. In *Frankreich* fällt die Entscheidung leicht: Da es im nationalen Recht beide Systeme gibt, besteht für eine nähere Ausgestaltung anlässlich der Einführung der SE kein Anlass.[325] Unklarheiten bestehen noch in *Belgien*. Nach Auffassung von *van der Elst* ist das belgische Corporate Governance-System als dualistisches einzuordnen, was ihn sodann zu der Feststellung veranlasst, das belgische Recht sei insoweit unzulänglich ausgestaltet; denn es fehle beispielsweise eine klare Trennung von Verwaltungsrat und geschäftsführendem Ausschuss.[326] Möglicherweise ist dies aber gemäß der hier entwickelten Systembildung gerade Anlass, Belgien nicht dem dualistischen, sondern dem monistischen Lager zuzuordnen.[326a] Dann jedoch, so *van der Elst*, sei die umfangreiche Aufgabendelegation an den geschäftsführenden Ausschuss systemwidrig. Die Einordnung hängt letztlich davon ab, ob die dem geschäftsführenden Ausschuss zugewiesenen Kompetenzen dem Verwaltungsrat endgültig entzogen sind. Dies wird in der belgischen Literatur teilweise vertreten,[327] obwohl die Entstehungsgeschichte – der belgische Gesetzgeber wollte lediglich die in der Praxis entstandenen Arbeitsteilung legitimieren – eher gegen diese Auffassung und für den Verbleib im monistischen System spricht.

VII. Ergebnis zu § 9

Die historische und rechtsvergleichende Untersuchung der monistischen und der dualistischen Leitungsstruktur hat einige Klarheit über die Wesensmerkmale und damit auch über die verbleibenden Unterschiede beider Systeme gebracht. Das *dualistische Modell* ist von einer gesetzlich zwingend angeordneten Trennung der Organe gekennzeichnet. Das Leitungsorgan führt die Geschäfte in eigener Verantwortung und damit weisungsfrei gegenüber dem Aufsichtsorgan. Das Aufsichtsorgan ist zwingend von den Aufgaben der Geschäftsführung ausgeschlossen. Die Mitgliedschaft in dem einen Organ schließt die Mitgliedschaft im anderen aus (Inkompatibilität). In dieser Form hat das in Deutschland und Österreich entstande Modell in die gemeinschaftsrechtliche Begriffsbildung der SE-Verordnung Eingang

---

[325] *Colombani* in: Oplustil/Teichmann (Hrsg.), The European Company – all over Europe, 2004, S. 77, 99 ff.; *Rontchevsky* in: Baums/Cahn (Hrsg.), Die Europäische Aktiengesellschaft, 2004, S. 51, 54.

[326] *van der Elst* in: Oplustil/Teichmann (Hrsg.), The European Company – all over Europe, 2004, S. 24, 36 f.

[326a] So die Entscheidung des belgischen Gesetzgebers, der in Art. 900 ff. des Code des sociétés für die SE mit Sitz in Belgien das dualistische Modell näher regelt und damit offenbar unterstellt, das nationale Aktienrecht sei dem monistischen Modell zuzuordnen (vgl. *Logelain* La Société Europèune, 2005, Abdruck des Gesetzestextes S. 227 ff.).

[327] Darüber bestehen allerdings in Ermangelung einer klaren gesetzlichen Regelung Meinungsverschiedenheiten in der belgischen Literatur (dazu *van der Elst*, in: Oplustil/Teichmann (Hrsg.), The European Company – all over Europe, 2004, S. 24, 36).

gefunden. Funktional betrachtet ist damit dem Organ der unternehmerischen Oberleitung (Vorstand) ein zweites Organ an die Seite gestellt, das dessen Tätigkeit überwacht und es zunehmend auch berät (Aufsichtsrat), hinsichtlich der unternehmerischen Strategie aber kein Mitentscheidungsrecht hat.

Diese Komponente der externen Überwachung fehlt im *monistischen Leitungssystem*. Dort ist die Oberleitung beim Verwaltungsorgan konzentriert. Es trifft die strategischen Entscheidungen als Kollegialorgan unter voller persönlicher Verantwortung all seiner Mitglieder, sowohl der geschäftsführenden als auch der nicht-geschäftsführenden. Soweit bezogen auf das monistische Verwaltungsorgan von einer Aufgabe der Überwachung oder Kontrolle gesprochen wird, handelt es sich um eine Vollzugskontrolle der eigenen Entscheidungen. Zusätzliche Anforderungen wie die Mitgliedschaft nicht-geschäftsführender Direktoren, von denen darüber hinaus eine bestimmte Anzahl persönlich unabhängig sein sollen, sind weniger ein Element der externen Überwachung als eine Korrektur des Entscheidungsprozesses innerhalb des Board. Die nicht-geschäftsführenden Direktoren tragen durch ihre größere Distanz zum Tagesgeschäft zu einer Qualitätsverbesserung der im Board getroffenen Entscheidungen bei. Die eigentliche externe Kontrolle vollzieht sich – zumindest nach der angelsächsischen Vorstellung[328] – über die disziplinierenden Marktkräfte (Kapitalmarkt, Arbeitsmarkt für Leitungskräfte und Produktmarkt).

Die Einführung der SE hat nicht nur die Unterschiedlichkeit der Leitungssysteme, sondern auch deren *Pfadabhängigkeit* in Erinnerung gerufen. Die Entstehungsgeschichte des dualistischen Modells macht deutlich, dass es untrennbar mit der gesetzgeberischen Entscheidung verbunden ist, die Ausgestaltung des Leitungssystems nicht der unternehmerischen Praxis zu überlassen. Die über mehr als ein Jahrhundert gesammelten Erfahrungen haben gezeigt, dass ein solches System der klaren Trennung allein aus der Unternehmenspraxis heraus nicht entsteht. Die Entwicklung in den monistisch orientierten Ländern bestätigt dies. Dort wurde zwar eine Arbeitsteilung zwischen strategischen Entscheidungen und täglicher Geschäftsführung vorgenommen; dies diente aber in erster Linie der Entlastung des Verwaltungsorgans und der Rationalität seiner Entscheidungsfindung. Anders als im dualistischen Modell ist damit kein Ausschluss der überwachenden Mitglieder von der Unternehmensleitung verbunden; eine in der Unternehmensverfassung verankerte externe Überwachung, wie sie das dualistische Modell zu verwirklichen sucht, findet also im monistischen Modell nicht statt.

Die Diskussion um die Einführung des monistischen Modells in Deutschland macht deutlich, dass es in diesem Bereich nur schwer möglich ist, Elemente einer Rechtsordnung isoliert in die andere zu übertragen und dort im Übrigen alles beim alten zu belassen. Das allgemeine deutsche Aktienrecht wurde in der historischen Entwicklung durch und durch geprägt vom Dualismus der Organe. Das Unterfan-

---

328 Dazu bereits im Kontext des Wettbewerbs der Rechtsordnungen S. 338 ff.

gen, für die SE, die in weiten Bereichen dem allgemeinen Aktienrecht unterliegt, ein von allen übrigen aktienrechtlichen Vorschriften isoliertes monistisches Modell zu entwerfen, hat erst zu Tage treten lassen, wie sehr auch das allgemeine Aktienrecht mit der Leitungsstruktur verwoben ist.

Die Einführung des monistischen Modells in Deutschland führt darüber hinaus zu einem *Paradigmenwechsel*, dessen sich die Diskussion bislang noch nicht bewusst geworden ist: Das über mehr als ein Jahrhundert gewachsene Modell der aktienrechtlichen Unternehmensleitung wird es in der bisherigen Weise nicht mehr geben. Denn das dualistische Modell deutscher Prägung lebt davon, dass die Unternehmen sich ihm nicht entziehen können. Wenn mit Einführung der SE alternativ ein Modell offeriert wird, das durch Umwandlung in die SE relativ leicht zu erwerben ist und im Gegensatz zum dualistischen Modell weitgehende Gestaltungsfreiheit der internen Abläufe eröffnet, wird dies nicht ohne Folgen für die Autorität des fortbestehenden dualistischen Modells bleiben. Die historisch und rechtsvergleichend gewonnene Erfahrung belegt, dass in einem Zustand der Freiwilligkeit keine dem heutigen dualistischen System vergleichbare Leitungsstruktur gewählt wird. Auszuwerten wären insoweit noch die französischen Erfahrungen. Möglicherweise kann das dualistische Modell als Option für besonders qualitätsbewusste Publikumsgesellschaften überleben. Einem allzu schwunghaften Wechsel in das monistische Modell steht in Deutschland derzeit auch noch die Mitbestimmung entgegen. Denn das zur Umsetzung der SE-Richtlinie erlassene SE-Beteiligungsgesetz beruht offenbar auf der Vorstellung, die paritätische Besetzung des Aufsichtsrats müsse beim Wechsel in das monistische Modell zu einer paritätischen Besetzung des Verwaltungsrats führen.[329] Dieses Hindernis mag jedoch schneller wegfallen als bislang denkbar, ist doch die Mitbestimmung aktuell wieder heftiger umstritten denn je.[330] Dann wird es zur Bewertung der Leitungsmodelle allein auf die Attraktivität der gesellschaftsrechtlichen Regelung ankommen.

Das *europäische Optionsmodell* erhöht letztlich die ohnehin bestehende Komplexität und Vielfalt der Rechtssysteme. Sollte die Wahlfreiheit zwischen monistischem und dualistischem Modell eines Tages nicht mehr durch die Mitbestimmungsfrage belastet sein, wird sich beim ersten Unternehmensskandal die Frage der Gesetzesreform in ganz neuer Weise stellen. Bislang konnte der Gesetzgeber das dualistische Modell neu justieren und damit die konkret aufgetretene Schwachstelle beseitigen. Künftig wird er zweierlei zu bedenken haben: Erstens, dass eine Verschärfung des dualistischen Modells die Unternehmen möglicherweise die Flucht in das monistische Modell antreten lässt; zweitens und in der Konsequenz dessen, dass jede Korrektur am dualistischen Modell auf die eine oder andere Art im monistischen System nachgebildet werden muss. Dies wird um so schwerer fallen, als eine kon-

---

329 Kritisch dazu bereits *C. Teichmann* BB 2004, 53, 56f. und *ders.* in: Lutter/Hommelhoff (Hrsg.), Die Europäische Gesellschaft, 2005, S. 195, 214 ff. m.w.N. zur Diskussion.

330 Vgl. die in Fn. 97 zitierten Autoren, die zu dem Vorschlag eines Konsultationsrates zusammengefunden haben.

krete Fehlleistung immer nur in einem der beiden Modelle auftreten wird, und es naturgemäß leichter fällt, einen real aufgetretenen Schadensfall gesetzgeberisch zu reparieren, als sich hypothetisch zu fragen, ob und in welcher Form er sich innerhalb des völlig anders strukturierten Systems auch hätte ereignen können. Die Schwierigkeiten, den US-amerikanischen Sarbanes-Oxley-Act an die Leitungsstruktur europäischer Aktiengesellschaften anzupassen, geben einen Vorgeschmack darauf, welche Spannungen und Risse künftig innerhalb ein und desselben Rechtssystems auftreten können.

Dies führt zurück zu der Frage, in welchen Bereichen der Binnenmarkt einer zentralen Regelung bedarf.[331] Das Optionsmodell, wie es die SE-Verordnung regelt und die High Level Group of Company Law Experts für das Recht aller Mitgliedstaaten vorschlägt, beseitigt die Verschiedenheit der Rechtsordnungen nicht, sondern erhöht noch deren Komplexität. Es existieren nun mehrere Modelle innerhalb eines Landes und die geeigneten Anschlussstellen zum allgemeinen Aktienrecht müssen im konkreten Fall jeweils ermittelt werden. Dies gemahnt an den Hinweis *Dudens* zur Diskussion um die Europäische Handelsgesellschaft: „Zwei Aktienrechte im selben Land zu haben, ist keine Vereinfachung, sondern eine *Komplikation.*“[332] Die Schwierigkeiten, die eine Überbrückung unterschiedlicher Rechtsordnungen im gemeinsamen Binnenmarkt mit sich bringt, werden durch ein Optionsmodell verdeckt, aber nicht beseitigt. Von *„predictability“* und *„stability“*, den entscheidenden Wettbewerbsvorteilen des US-Staates Delaware, entfernt man sich damit immer weiter. Es bleibt zu fragen, ob nicht wenigstens für die supranationale Rechtsform eine einheitliche Lösung vorzuziehen gewesen wäre. Das Anstreben eines binnenmarktkonformen Gesellschaftsrechts kann bisweilen auch bedeuten, dass von zwei gleich guten Systemen eines aus Gründen der Einheitlichkeit weichen muss. Anlässlich der Ersten Richtlinie verschwand die tief im englischen Recht verwurzelte *ultra-vires*-Lehre aus den Lehr- und Gesetzbüchern. Ebenso kann es zur Verbesserung der Effizienz des Binnenmarktes geboten sein, das zwingend ausgestaltete dualistische System aufzugeben. Dass Derartiges gar nicht ernsthaft erwogen wird, liegt vor allem an der im dualistischen System beheimateten Mitbestimmung, deren Wirkung bei Einführung eines monistischen Modells – zumindest nach dem derzeit vorherrschenden Verständnis des SE-Beteiligungsgesetzs – noch verstärkt würde. Immerhin bietet die Verhandlungsmöglichkeit den Weg, auch diese Belastung zu mildern. Möglicherweise ist nach den ersten Erfahrungen mit dem Verhandlungsmodell die Zeit reif für eine wirkliche Konvergenz der Systeme.

---

331 Dazu bereits im Kontext des Wettbewerbs der Rechtsordnungen S. 353 ff.

332 *Duden* RabelsZ 27 (1962) 89, 103 (kursive Hervorhebung im Original).

Zusammenfassung

Unternehmen organisieren sich im Binnenmarkt in den Formen, die ihnen das Gesellschaftsrecht bereitstellt. Es liegt nahe, den gesellschaftsrechtlichen Rahmen der unternehmerischen Tätigkeit in seiner geographischen Reichweite den Ausdehnungen des gemeinsamen Wirtschaftsraums anzupassen. Davon ist die Gemeinschaft indessen bis heute weit entfernt; denn Gesellschaftsrecht wurzelt weiterhin tief in den Rechtstraditionen der einzelnen Mitgliedstaaten. Zwar ist in einigen Kernbereichen eine Rechtsangleichung gelungen, in anderen ist sie jedoch ausgeblieben. Die unvollständig geregelten supranationalen Rechtsformen mit ihrer verschlungenen Verweisungstechnik spiegeln diesen nur partiell erreichten Angleichungserfolg wider. Gesellschaftsrecht hat sich auf diese Weise für die Verwirklichung des Binnenmarktes vielfach nicht etwa als unterstützend, sondern eher als behindernd erwiesen. Die Grundfreiheitenrechtsprechung hat darauf reagiert und ist dem Versuch einzelner Mitgliedstaaten entgegengetreten, den in anderen Mitgliedstaaten gegründeten Gesellschaften Vorschriften ihres eigenen Gründungsrechts aufzuoktroyieren. Da Grundfreiheiten beschränkendes Recht nur beseitigen, ohne es durch neue Regeln zu ersetzen, muss ihrer Ausdehnung zum Beschränkungsverbot eine legislatorische Neuorientierung folgen. Auf welcher Regelungsebene dies zu geschehen hat, ob durch Anpassung der nationalen Gesellschaftsrechte oder durch weitere Harmonisierung, wird die Diskussion der kommenden Jahre bestimmen.

Die Frage nach dem Beitrag des Gesellschaftsrechts zur Verwirklichung des Binnenmarktes war Ausgangspunkt der vorliegenden Untersuchung. Ihr Leitgedanke eines *binnenmarktkonformen Gesellschaftsrechts* hat einen rechtlichen und einen ökonomischen Aspekt: Binnenmarktkonform im *rechtlichen* Sinne sind gesellschaftsrechtliche Regelungen, wenn sie den zwingenden rechtlichen Vorgaben des Gemeinschaftsrechts entsprechen; binnenmarktkonform im *ökonomischen* Sinne sind sie, wenn sie den grenzüberschreitenden Wirtschaftsverkehr im Binnenmarkt fördern. Dabei geht es – ganz im Sinne des ergebnisoffenen Charakter der Integration – nicht darum, inhaltlich ein vollständiges gemeinschaftliches Gesellschaftsrecht auszuarbeiten. Es geht vielmehr um die Klärung der Strukturelemente, denen die Entwicklung des Gesellschaftsrechts im Integrationsprozess folgt. Dazu gehören einerseits die rechtlichen Instrumente Grundfreiheiten, Rechtsangleichung und supranationale Rechtsformen, andererseits aber auch der ökonomisch getragene Gedanke eines Wettbewerbs der Gesetzgeber. Der *erste Teil* der Untersuchung (§ 1 und § 2) galt der Klärung der Grundbegriffe „Gesellschaftsrecht" und „Binnenmarkt". Der *zweite Teil* (§§ 3 bis 6) beschreibt Wirkungsweise und Leistungsfähigkeit der verschiedenen Strukturelemente des Gesellschaftsrechts im Binnenmarkt: Niederlassungsfreiheit, Rechtsangleichung, supranationale Rechtsformen und Wettbewerb der Rechtsordnungen. Der *dritte Teil* (§§ 7 bis 9) untersucht im Lichte der zuvor gewonnenen Erkenntnisse drei der besonders intensiv diskutierten Fragenkreise: das Internationale Gesellschaftsrecht, den Gläubigerschutz und das Leitungssystem von Publikumsgesellschaften.

§ 1 – *Gesellschaftsrecht.* Der Begriff des Gesellschaftsrechts weckt in den Mitgliedstaaten höchst unterschiedliche Assoziationen. Rechtsordnungen wie Deutschland oder Frankreich nehmen einen abstrakten Begriff der Gesellschaft zum dogmatischen Ausgangspunkt und entwickeln daraus ein System der Rechtsformen mit allgemeinen Lehren und Prinzipien. Das englische Recht – um den deutlichsten Gegensatz zu wählen – geht pragmatisch vor, und unternimmt erst gar nicht den Versuch, eine allgemeingültige Formel zu finden, die über dem gesamten Rechtgebiet schweben und es inspirieren könne. Statt dessen ist zu lesen, eine „company" erkenne man schlicht daran, dass sie nach den Regeln des Companies Act gegründet worden sei. Dennoch schöpfen diese höchst verschiedenen Denkweisen aus einer gemeinsamen Quelle. Sie liegt darin, gesellschaftsrechtliche Fragen aus einer *interessenbezogenen Perspektive* zu betrachten. Alle Rechtsordnungen sehen das Anliegen des Gesellschaftsrechts darin, die Interessen verschiedener Personengruppen zu einem sinnvollen Ausgleich zu bringen. Die typischen Konfliktlagen, die es zu regeln gilt, sind das Verhältnis zwischen Minderheits- und Mehrheitsgesellschaftern, zwischen Gesellschaftern und Geschäftsleitern sowie – wenn die Gesellschafter ihre Haftung auf das eingesetzte Kapital beschränken – zwischen Gesellschaftern und Gläubigern. Differenzen gibt es allenfalls in der Frage, ob auch die Interessen der Arbeitnehmer zum Regelungsbereich des Gesellschaftsrechts zu zählen sind. Diese interessenbezogene Perspektive ist der gemeinsame Ausgangspunkt für den rechtsvergleichenden Diskurs.

Im Gemeinschaftsrecht findet sich der interessenbezogene Ansatz in der Grundnorm zur Rechtsangleichung des Gesellschaftsrechts; sie zielt auf eine gleichwertige Gestaltung der Schutzbestimmungen, die den Gesellschaften im Interesse der Gesellschafter sowie Dritter vorgeschrieben sind. Den Begriff „Gesellschaft" fasst der EG-Vertrag integrations-funktional sehr weit, denn es sollen möglichst alle Organisationsformen der Erwerbstätigkeit von der Niederlassungsfreiheit profitieren können. Gesellschaft ist daher jede Personenvereinigung oder juristisch selbständige Person, die eine Erwerbstätigkeit verfolgt. Kernelement des so verstandenen Begriffs der Gesellschaft ist die Fähigkeit, als solche Rechte und Pflichten zu erwerben. Nicht entscheidend ist dabei, ob ihr der Status als juristische Person zukommt. Handlungsfähigkeit im Markt, nicht Rechtsfähigkeit im juristisch-dogmatischen Sinne, ist das entscheidende Merkmal zur Abgrenzung der von der Niederlassungsfreiheit begünstigen Organisationsformen.

§ 2 – *Binnenmarkt.* Normative Fluchtpunkte des Gemeinschaftsrechts sind die Begriffe „Gemeinsamer Markt" und „Binnenmarkt". Ohne den Blick auf diese Begrifflichkeiten zu richten, lassen sich die rechtlichen Rahmenbedingungen von Gesellschaften nicht mehr verlässlich bestimmen und fortentwickeln. Grundfreiheiten, Rechtsangleichung und supranationale Rechtsformen sind als Strukturelemente des EG-Vertrages funktional bezogen auf das Vertragsziel des Binnenmarktes. Die Diskussion über die Reichweite der Grundfreiheiten, die Bedeutung von Rechtsangleichung und supranationalen Rechtsformen, aber auch die Frage, inwieweit zwischen all' dem Raum bleibt für einen Wettbewerb der Rechtsordnungen ist stets und in erster Linie – wenn auch häufig unausgesprochen – eine Diskussion über die Auffassung vom Binnenmarkt. Eine begriffliche Klärung dieser Zielbeschreibung ist daher unabdingbare Voraussetzung für jede Weiterentwicklung der derzeit so sehr ins Schwanken geratenen Grundkonzeptionen des Gesellschaftsrechts im mitgliedstaatlichen und gemeinschaftlichen Recht.

Im europäischen Binnenmarkt bilden Staaten mit unterschiedlichen Rechtsordnungen einen gemeinsamen Wirtschaftsraum. Diese Beschreibung ist bei genauerer Betrachtung eine Gleichung mit mehreren Unbekannten. Ein *gemeinsamer Wirtschaftsraum* impliziert die Vorstellung gleicher Marktverhältnisse. Ihn aus Staaten zu konstituieren, die ihre unterschiedlichen nationalen Rechtssysteme beibehalten, erscheint daher als Widerspruch in sich. Denn solange für wirtschaftlich relevante Sachverhalte in verschiedenen Mitgliedstaaten unterschiedliche Rechtsregeln gelten, treten die Marktteilnehmer nicht unter gleichen Bedingungen an. Dem Binnenmarkt immanent ist daher eine Tendenz zur Nivellierung der rechtlichen Unterschiede. Das Primärrecht der Europäischen Gemeinschaft bietet denn auch zahlreiche Anknüpfungspunkte zum Eingriff in mitgliedstaatliche Kompetenzen. Damit aber verliert das zweite Element der Gleichung, der *Mitgliedstaat*, seine klaren Konturen: Der Staatsbegriff ist getragen vom Element der Souveränität. Eine territorial begrenzte Einheit, die über Inhalt und Durchsetzung ihrer Rechtsregeln nicht mehr selbst bestimmen kann, hört auf ein Staat zu sein.

Dennoch will der *Binnenmarkt* der Europäischen Gemeinschaft beides vereinen, die einheitlichen Marktbedingungen und das Fortbestehen der Mitglieder in ihrer Eigenstaatlichkeit. Einem völligen Verlust ihrer Staatlichkeit haben die Mitgliedstaaten im EG-Vertrag auch nicht zugestimmt; das Ende der Staatlichkeit ihrer Mitglieder gehört nach der primärrechtlichen Systematik nicht zum Zielprogramm der Gemeinschaft. Die Mitgliedstaaten haben ihre Souveränität nur partiell und in dem Maße auf die Gemeinschaft übertragen, als dies zur Herstellung des Binnenmarktes erforderlich ist. Damit sind aber die Frage nach der verbleibenden Staatlichkeit der Mitglieder und nach dem Charakter des Binnenmarktes nur zwei Seiten derselben Medaille: Ist eine Maßnahme zur Verwirklichung des Binnenmarktes erforderlich, tritt insoweit die Souveränität der Mitgliedstaaten zurück; ist sie es nicht, bleibt die mitgliedstaatliche Regelungszuständigkeit erhalten. In Abgrenzung zum „*Gemeinsamen Markt*", der im EG-Vertrag nach wie vor an prominenter Stelle (Artikel 2) zu finden ist, versteht diese Arbeit den „Binnenmarkt" als Vertiefung der auf die innere Markteinheit gerichteten Aspekte des Gemeinsamen Marktes. Der Gemeinsame Markt ist zwar der übergeordnete Begriff, für die Fragen des Gesellschaftsrechts aber ohne zusätzlichen Aussagegehalt; der Binnenmarkt ist daher Orientierungspunkt der hier vorliegenden Untersuchung zur Stellung des Gesellschaftsrechts im Gefüge der Gemeinschaftsrechtsordnung.

Eine begriffliche Annäherung an den Binnenmarkt ist aus ökonomischer, aus integrationskonzeptioneller und aus rechtlicher Sicht vorzunehmen. *Ökonomisch* betrachtet ist der Binnenmarkt ein Raum, in dem sich die typischen Wohlfahrtsgewinne eines freien Außenhandels einstellen sollen: komparative Kostenvorteile, Ausnutzung von steigenden Skalenerträgen und Intensivierung des Wettbewerbs. *Integrationskonzeptionell* streiten die Vertreter einer wirklichen Integration mit denjenigen einer bloßen Kooperation um das richtige Verständnis vom Binnenmarkt. Mit der Schaffung eigener Organe und einer eigenen Rechtsordnung hat die Gemeinschaft zwar den Weg zur Integration beschritten. Die verbleibende Eigenstaatlichkeit der Mitglieder entfaltet hier aber naturgemäß eine retardierende Wirkung; sie wollen ihre eigene Rolle häufig eher im Sinne einer Kooperation verstanden wissen. Der EG-Vertrag seinerseits definiert das Integrationsziel nicht, sondern setzt lediglich die Rahmenbedingungen für einen ergebnisoffenen Integrationsprozess. Der Zielzustand der Integration ist nicht kraft gemeinschaftsrechtlicher Anordnung ein für allemal festgelegt. Vielmehr ist es ein Strukturprinzip der Gemeinschaft, zu ihrer Zielverfolgung einen sich selbst steuernden Prozess eigenverantwortlich handelnder Individuen in Gang zu setzen und zu unterstützen. Vor diesem Hintergrund entfaltet sich der *rechtliche* Kontext des Binnenmarktes: Die Grundfreiheiten gewährleisten den freien Warenverkehr und die Mobilität der Produktionsfaktoren; die Unterschiede der Rechtsordnungen werden dadurch zwar nicht völlig beseitigt aber insoweit überbrückt, als es für das Funktionieren des Binnenmarktes erforderlich ist. Eine Grundlage für die Schaffung inhaltlich gleichen Rechts in allen Mitgliedstaaten bieten die Kompetenznormen zur materiellen Rechtsangleichung. Ergänzend schafft der EG-Vertrag ein System, das den Wettbewerb innerhalb des Binnenmarktes vor Verfälschungen schützt.

Die Zusammenschau aller binnenmarktbezogenen Mittel des EG-Vertrages zeigt, dass keines von ihnen für sich allein genommen den vollkommenen Binnenmarkt herstellt. Dies verkennt nicht nur, wer das Heil allein in der materiellen Rechtsangleichung sucht, wie es für das Gesellschaftsrecht in der Frühphase der Gemeinschaft kennzeichnend war; dies verkennt ebenso, wer heute nach der jüngeren EuGH-Rechtsprechung den eigentlichen Gehalt des Binnenmarktes allein aus den Grundfreiheiten ableiten wollte. Grundfreiheiten, Rechtsangleichung und supranationale Rechtsformen müssen in ein sinnvolles Verhältnis zueinander gesetzt werden. Erst in ihrem Zusammenspiel und ihrer konkreten Ausgestaltung durch die Gemeinschaftsorgane konstituiert sich der Binnenmarkt in seiner jeweils real anzutreffenden Form. Der EG-Vertrag gibt ein konkretes Ergebnis nicht vor. Daraus folgt notwendig, dass die Definitionshoheit über die heutige und künftige Gestalt des Binnenmarktes bei den Gemeinschaftsorganen liegt. In den dafür vorgesehenen Verfahren sollte mehr als bisher nicht nur der europarechtliche Fachverstand, sondern auch der gesellschaftsrechtliche um das zielführende Verständnis vom Binnenmarkt ringen.

Die Integration verläuft damit ergebnisoffen, aber nicht ungeregelt. Der EG-Vertrag setzt mit den Grundfreiheiten, den Kompetenzen zum Erlass von Sekundärrecht und dem System des unverfälschten Wettbewerbs rechtliche Rahmenbedingungen für den Integrationsprozess. Innerhalb dieses gemeinschaftsrechtlichen Rahmens verbleibt den Mitgliedstaaten ein nennenswertes Maß an autonomer Regelungskompetenz. Daher lässt sich auch der Wettbewerb zwischen den Gesetzgebern als Strukturelement des Binnenmarktes begreifen. All' diese Elemente des Integrationsprozesses sind auf das Ziel des Binnenmarktes hin zu orientieren und zu einem in sich stimmigen Steuerungsgefüge zu verbinden.

Im Gesellschaftsrecht bedürfen die integrationsorientierten Strukturelemente, die aus dem Gemeinschaftsrecht einwirken, einer neuen Justierung. Denn aktuell ist ein stimmiges europäisches Steuerungsmodell für dieses Rechtsgebiet nicht zu erkennen. Die Grundfreiheitenrechtsprechung eröffnet einen Wettbewerb der Rechtsordnungen, nachdem jahrzehntelange Richtlinientätigkeit gerade auf eine Angleichung der mitgliedstaatlichen Regeln gerichtet gewesen war. Und mit der Einführung supranationaler Rechtsformen bricht sich – scheinbar anachronistisch – das Ideal eines europäischen Einheitsrechts Bahn, das in der Frühzeit der Gemeinschaft zu faszinieren vermochte, heute aber merkwürdig deplaziert wirkt. Die Analyse dieser Strukturelemente in den §§ 3 bis 6 der Untersuchung sollte dazu dienen, jedem einzelnen Element seinen sinnvollen Platz im Gefüge eines binnenmarktkonformen Gesellschaftsrechts zuzuweisen.

§ 3 – *Niederlassungsfreiheit*. Die primärrechtliche Gewährung von Niederlassungsfreiheit war ursprünglich ein reines Gebot der Inländerbehandlung. Gewerbetreibende aus anderen Mitgliedstaaten sollten nicht schlechter gestellt sein als die Inländer, gegen die sie im Wettbewerb anzutreten hatten. Die zunehmende wirtschaftliche Integration hat jedoch eine weitere Erkenntnis befördert: Selbst wenn die Grenzkontrollen und andere offenkundige Behinderungen ausländischer Unternehmen fallen, bleiben sie im Wettstreit mit den inländischen Unternehmen benachteiligt. Denn ihnen entstehen Kosten aus der *Unterschiedlichkeit der Rechtsordnungen*. Sie müssen ihre Produkte entweder kumulativ an zwei Rechtsordnungen orientiert herstellen oder verschiedene Produktreihen für verschiedene Zielstaaten entwerfen. Beides reduziert den Wohlfahrtsgewinn, den die Ausnutzung von Größenvorteilen im internationalen Außenhandel verspricht. Die bloße Unterschiedlichkeit der Rechtsordnungen bewirkt demnach schon eine Beschränkung der wirtschaftlichen Handlungsfreiheit im Gemeinsamen Markt.

Der Europäische Gerichtshof hat sich diesem Problem in seiner Entscheidung Cassis de Dijon in grundlegend prägender Weise gestellt: *Beschränkungen*, die sich aus der Unterschiedlichkeit der Rechtsordnungen ergeben, sind im Lichte der Grundfreiheiten rechtfertigungsbedürftig. In Fortschreibung dieser Linie entwickelte sich eine allgemeine Dogmatik der Grundfreiheiten, die eine Beschränkung nur dann zulässt, wenn sie einem legitimen Gemeinwohlinteresse dient und zur Erreichung ihres Ziels geeignet, erforderlich und verhältnismäßig ist. In zunächst auffälligem Kontrast zur Methodik des deutschen Verfassungsrechts lässt der gemeinschaftsrechtliche *Verhältnismäßigkeitstest* dem mitgliedstaatlichen Gesetzgeber kaum einen Ermessenspielraum bei der Beurteilung der Geeignetheit und Erforderlichkeit. Dies stößt vielfach auf Unverständnis. Dabei wird übersehen, dass – im Gegensatz zur verfassungsrechtlichen Prüfung auf nationaler Ebene – im Gemeinschaftsrecht nicht nur die Freiheitsbeschränkung als solche zu rechtfertigen ist, sondern zusätzlich die Behinderung des grenzüberschreitenden Wirtschaftsverkehrs. Waren und Personen aus anderen Mitgliedstaaten müssen im europäischen Binnenmarkt die verbleibenden Staatsgrenzen grundsätzlich ohne Zusatzkosten überqueren können. Entsprechend hoch liegt der Rechtfertigungsmaßstab für jede kostenerhöhend und damit als Beschränkung wirkende mitgliedstaatliche Maßnahme.

Diese Erkenntnis schlug mit den Entscheidungen Centros, Überseering und Inspire Art in ihrer ganzen binnenmarkfördernden Wucht auf das Gesellschaftsrecht durch. Einer in einem anderen Mitgliedstaat *wirksam gegründeten Gesellschaft* darf der Gebrauch der Niederlassungsfreiheit nicht verweigert werden, selbst wenn die Gründer eigene Staatsbürger sind und sie die Gründung allein zur Umgehung der nationalen Gründungsvorschriften ins Ausland verlegt haben. Auch der Umstand, dass die Gesellschaft nach erfolgreicher Gründung nur im Inland tätig wird, rechtfertigt für sich genommen keine Beschränkung der Niederlassungsfreiheit. Denn Rechtsträger der Niederlassungsfreiheit ist die Gesellschaft selbst; woher die Gründer kommen und was sie mit der Gründung bezwecken, ist grundsätzlich irrelevant. Konkret bedeutet dies, dass sogenannte Scheinauslandsgesellschaften nicht an der Niederlassung gehindert werden können und ihnen anlässlich der Niederlassung auch keine behindernden Auflagen gemacht werden dürfen.

Aus Sicht des Gemeinschaftsrechts wird dies stimmig, wenn man die Niederlassungsfälle an denjenigen spiegelt, in denen Gemeinschaftsbürger ihren Wohnsitz ins Ausland verlegten, um ihre *Dienstleistungen* frei von inländischen Tätigkeitsvorschriften erbringen zu können. Derartige „U-Turn"-Konstruktionen beurteilt der Gerichtshof im Bereich der Dienstleistungsfreiheit wesentlich kritischer als im Fall der grenzüberschreitenden Niederlassung. Dies beruht nach hier vertretender Auffassung darauf, dass es zur Schädigung Dritter regelmäßig erst dann kommen kann, wenn ein Unternehmen tätig wird, also Produkte produziert oder Dienstleistungen erbringt. Die bloße Gründung schadet niemandem. Wer die Gründung im Ausland vornimmt, sich dann aber im Inland niederlässt, handelt aus Sicht der Dienstleistungsfreiheit korrekt; denn er unterwirft sich uneingeschränkt den Tätigkeitsvorschriften des Staates, in dem er am Markt auftritt. Diese Erkenntnis bestätigt mittelbar die weit verbreitete These, dass die Tätigkeit einer Gesellschaft strengeren Regeln unterworfen werden darf als die Gründung. Das Gesellschaftsrecht vieler Mitgliedstaaten wird daher seine Schutzmechanismen, sofern sie auch gegenüber Scheinauslandsgesellschaften greifen sollen, auf den Bereich der Tätigkeit verlegen müssen. Ein an der Gründung ansetzender präventiver Schutz lässt sich gegenüber im Ausland gegründeten Gesellschaften nicht durchsetzen, weil er ihnen das für den Binnenmarkt wichtigste Recht nimmt: den unbehinderten Grenzübertritt.

Weitere Anhaltspunkte für die künftige Gestalt des Gesellschaftsrechts unter dem Prüfungsmaßstab der Niederlassungsfreiheit liefert die *Struktur des Abwägungsvorgangs*, den der Gerichtshof bei der Verhältnismäßigkeitsprüfung vornimmt.

Entgegen einem ersten Eindruck vieler Beobachter geht es dabei nicht um den Widerstreit zwischen den Grundfreiheiten und der mitgliedstaatlichen Regelungskompetenz. Denn auch gegenüber dem Gemeinschaftsgesetzgeber greifen die Grundfreiheiten. Die widerstreitenden Prinzipien, die im Sinne einer praktischen Konkordanz versöhnt werden müssen, sind vielmehr: die Grundfreiheit auf der einen, das zu schützende Allgemeininteresse auf der anderen Seite. Die Besonderheit der mitgliedstaatlichen Maßnahmen liegt allerdings darin, dass sie ihrer Natur nach schon per se binnenmarktschädlich sind, weil sie die Unterschiede zwischen den Rechtsordnungen vertiefen. Aus diesem Grund ist der Verhältnismäßigkeitsmaßstab gegenüber mitgliedstaatlichen Maßnahmen in einer bisweilen unverständlichen Weise rigide. Geht hingegen dieselbe Beschränkung von einer Maßnahme des Gemeinschaftsrechts aus, liegt in ihr keine die Unterschiede vertiefende Wirkung, sondern im Gegenteil eine die Markteinheit fördernde. Der Gerichtshof zieht sich angesichts dessen auf eine recht oberflächliche Plausibilitätsprüfung zurück und gewährt dem Gemeinschaftsgesetzgeber ein weites Ermessen, das nur offensichtliche Irrtümer ausschließt. Den Beurteilungsspielraum, den ein Gesetzgeber auch und gerade im Gesellschaftsrecht zum Ausgleich der dort involvierten Interessen benötigt, gewährt das Gemeinschaftsrecht demnach allein auf Ebene des Sekundärrechts, nicht aber gegenüber dem mitgliedstaatlichen Recht.

In der Rechtsprechung noch nicht abschließend geklärt ist die Bedeutung der Niederlassungsfreiheit für die *Behandlung inländischer Gesellschaften*. Fest steht, dass eine Gesellschaft nicht allein deshalb als inländisch anzusehen ist, weil ihre Anteilseigner Inländer sind und die Gesellschaft zur Tätigkeit im Inland nutzen. Wurde die Gesellschaft allerdings im Inland nach den dort geltenden Regeln gegründet, stellt sich das Problem der Inländerdiskriminierung, wenn ihr der Wegzug über die Grenze untersagt wird; denn die nach inländischem Recht gegründete Gesellschaft steht sich insoweit schlechter als eine ausländische Gesellschaft, deren Zuzug auf Basis der Niederlassungsfreiheit geduldet werden muss. Zwar haben die Grundfreiheiten nicht die Wirkung allgemeiner Freiheitsrechte; denn dies würde ihre spezifische, auf die Herstellung von Martkfreiheit im Binnenmarkt beschränkte Funktion übersteigen. Wohl aber schützt die Niederlassungsfreiheit grundsätzlich auch die wegzugswillige Inlandsgesellschaft. Denn ohne die Möglichkeit des Wegzugs von Inländern stünde der Binnenmarkt nur auf dem Papier. Wie jede Beschränkung ist daher auch die Wegzugsbeschränkung rechtfertigungsbedürftig. Dabei fallen die Interessen Dritter, die in Rechtsbeziehungen zur wegzugswilligen Gesellschaft stehen, als schützenswertes Gut durchaus ins Gewicht. Die vom deutschen Recht praktizierte Zwangsauflösung ist allerdings eine übermäßige Sanktion und verstößt gegen die Niederlassungsfreiheit. Es ist daher gemeinschaftsrechtlich geboten, schon auf Ebene des mitgliedstaatlichen Rechts die Voraussetzungen für eine identitätswahrende Sitzverlegung unter Wechsel des anwendbaren Rechts zu eröffnen.

§ 4 – *Rechtsangleichung*. Rechtsangleichung ist ihrem Wesen nach ein Akt der *Gesetzgebung*. Sie ist daher ein Strukturelement des Gemeinschaftsrechts, das divergierende Interessen gestaltend zum Ausgleich bringt, und unterscheidet sich normstrukturell von den Grundfreiheiten, die lediglich mitgliedstaatlichem Recht die Anwendung versagen können. Zugleich ist sie – bezogen auf den Binnenmarkt – ein Mittel, die Unterschiede zwischen den Rechtsordnungen zu verringern. Welchem Binnenmarktkonzept das hiermit erlassene Sekundärrecht folgt, liegt in weitem Umfang im Ermessen des Gemeinschaftsgesetzgebers. Zwar sieht der EG-Vertrag Rechtsangleichung nur insoweit vor, als dies zur Herstellung des Binnenmarktes erforderlich ist. Der Gemeinschaftsgesetzgeber hat aber bei Prüfung der Erforderlichkeit einen gerichtlich nur sehr begrenzt überprüfbaren Beurteilungsspielraum. Lediglich offenkundiger Fehlgebrauch des Ermessens kann gerichtlich korrigiert werden, so etwa Fälle, in denen die Rechtsangleichung jeglichen Bezug zum grenzüberschreitenden Wirtschaftsverkehr vermissen lässt.

Die Binnenmarktphilosophie der Angleichung von Gesellschaftsrecht durch *Richtlinien* hat sich im Laufe der Zeit gewandelt. Stand am Anfang ein weitgehend geschlossenes Konzept gesellschaftsrechtlicher Regelungen, die nach Möglichkeit aufeinander abgestimmt sein sollten, entwickelte sich nach dem Scheitern einiger Vorschläge und der kompromisshaften Ausgestaltung manch' anderer das heutige, bisweilen „pointillistisch" wirkende Bild. Dennoch lassen sich dem Bestand des Sekundärrechts gemeinsame Grundlinien entnehmen: Erstens die besondere Betonung des Rechts der Kapitalgesellschaften; dies nicht nur deshalb, weil sie häufiger grenzüberschreitend tätig sind als Personenhandelsgesellschaften, sondern vor allem deshalb, weil sie mit ihrer auf das Gesellschaftsvermögen begrenzten Haftung ein besonderes Schutzbedürfnis für den Rechtsverkehr begründen. Bei der Ausgestaltung der Schutzmechanismen lässt sich, zweitens, eine Präferenz für ein Informationsmodell erkennen. Sodann verfolgt der Gemeinschaftsgesetzgeber neben dem Schutz Dritter auch das Ziel, für die Unternehmen gleiche Wettbewerbsbedingungen herzustellen. Eine materiell-rechtliche Systematik gesellschaftsrechtlicher Prägung ist schließlich, viertens, besonders deutlich im Recht der Strukturmaßnahmen zu erkennen; gemeinsame Prinzipien für gesellschaftsrechtliche Grundlagenentscheidungen lassen sich in mehreren Richtlinien und in der SE-Verordnung nachweisen.

Die *Rechtsprechung* trägt auf ihre Weise – wenngleich noch in relativ geringer Entscheidungsdichte – zur Entstehung einer spezifisch gemeinschaftsrechtlichen Systematik des Gesellschaftsrechts bei. Die Publizität der Ersten und Elften Richtlinie versteht der Gerichtshof im Sinne eines streng formal organisierten Systems der Offenlegung. Dies ist binnenmarktgemäß, weil es für den grenzüberschreitenden Verkehr den Aspekt der Rechtssicherheit besonders betont und für die Unternehmen eine binnenmarktweit gleiche Belastung mit Offenlegungspflichten, mithin weitgehend einheitliche Wettbewerbsbedingungen sicherstellt. Der Gerichtshof lässt verschiedentlich auch erkennen, dass er in den Richtlinien Regelungen sieht, die spezifisch dem Bereich des Gesellschaftsrechts zugeordnet sind. Er lässt es daher zu, dass Rechtsinstitute des allgemeinen Zivilrechts die Richtlinien überlagern, was letztlich eine teleologische Reduktion der Richtlinien unter Beschränkung auf ihre spezifisch gesellschaftsrechtliche Regelungsintention bedeutet. Daher können die mitgliedstaatlichen Regeln über unwirksames Vertreterhandeln bei Interessenkonflikten und über missbräuchliche Ausübung von Rechtspositionen grundsätzlich auch gegenüber richtlinienrechtlich abgesicherten Rechtspositionen eingewandt werden. Besonders deutlich findet sich die *interessenbezogene* Sicht auf das Gesellschaftsrecht in den Schlussanträgen von Generalanwalt *Tesauro*. Sein Plädoyer für eine strikt am Wortlaut orientierte Auslegung begründet er damit, dass jedes Überschreiten der Wortlautgrenze die gesetzgeberisch festgelegte Interessenbalance verändere. Mittelbar wird darin der Unterschied zum Interessenkonflikt des Vertreters und der missbräuchlichen Rechtsausübung deutlich. Gerade weil diese Rechtsinstitute kein spezifisch gesellschaftsrechtliches Problem ansprechen, sondern in vielerlei Rechtsbeziehungen auftreten können, sind sie nicht vom Regelungsanspruch der gesellschaftsrechtlichen Richtlinien erfasst, und es kann eine den Wortlaut überspielende Auslegung Platz greifen.

Den restriktiven Auslegungstendenzen stehen Entscheidungen gegenüber, die durchaus den Willen zeigen, die Reichweite der Richtlinien auszudehen. Der Widerspruch ist jedoch nur ein scheinbarer. Denn diese extensive Interpretation geschieht innerhalb der Interessenbeziehungen des Gesellschaftsrechts und greift überall dort, wo das Binnenmarktziel es fordert. Ein Beispiel ist die über den konkreten Anlass hinausgehende weite Auslegung des Begriffs des „Dritten" in der „Daihatsu"-Entscheidung. Obwohl es genügt hätte, das konkrete Informationsinteresse der Handelsvertreter an den wirtschaftlichen Verhältnissen ihres Geschäftsherrn ins Feld zu führen, wie es der Generalanwalt in seinen Schlussanträgen tat, formuliert der Gerichtshof umfassender: Es gebe keinerlei Beschränkungen hinsichtlich des Personenkreises, dem die Publizität zugute kommen solle. Diese scheinbar uferlose Weite der Zielgruppe wird systematisch eingefangen durch den Umstand, dass die Publizitätsrichtlinie nur für Kapitalgesellschaften gilt. Sie adressiert damit ein spezifisch gesellschaftsrechtliches Problem, nämlich das besondere Informationsbedürfnis des Rechtsverkehrs gegenüber einer Gesellschaft, deren Haftung auf das Gesellschaftsvermögen beschränkt ist.

Das *Informationsmodell* der Richtlinien und der darauf bezogenen Rechtsprechung macht im Übrigen den funktionalen Unterschied zu den Grundfreiheiten deutlich: In den Entscheidungen Centros und Inspire Art misst der Gerichtshof mitgliedstaatliche Beschränkungen der Niederlassungsfreiheit daran, ob sie zum Schutze eines als verständig gedachten Gläubigers erforderlich sind. Er lässt dabei im Grunde die ausländische Rechtsformbezeichnung als Basis des informationellen Selbstschutzes genügen. Der Gläubiger, der mit einer ausländischen Gesellschaft kontrahiert, muss eben wissen, was er tut. Will er seine Risiken begrenzen, muss er sich über die ausländische Rechtslage informieren oder vom Vertragsschluss Abstand nehmen. Ein ganz anderes Leitbild legt der Gerichtshof in der Entscheidung „Haaga" zugrunde: Die Information, dass ein alleiniger Geschäftsführer die Gesellschaft auch alleine vertreten darf, muss ausdrücklich im Handelsregister erwähnt werden. Den naheliegenden und in dem Verfahren auch vorgetragenen Einwand, dass dies erstens selbstverständlich sei und sich zweitens ohne weiteres aus dem Gesetz ergibt, lässt der Gerichtshof nicht gelten. Der Blick ins Gesetz soll dem ausländischen Gläubiger erspart bleiben.

Es trifft also nicht zu, wenn im Gefolge von „Inspire Art" vielfach unterstellt wird, das europäische Gesellschaftsrecht folge nun schlechthin dem Leitbild des verständigen Gläubigers. Allein die Prüfung beschränkender mitgliedstaatlicher Maßnahmen folgt diesem Leitbild. Und diese Prüfung ist, dies wurde in § 3 erläutert, vor allem deshalb so streng, weil jeder mitgliedstaatliche Alleingang die Unterschiede zwischen den Rechtsordnungen vertieft. Es geht bei der Prüfung von Beschränkungen der Niederlassungsfreiheit nicht um die innere Stimmigkeit des Gesellschaftsrechts, sondern um die Reduzierung von Beschränkungen des grenzüberschreitenden Verkehrs. Die innere Stimmigkeit von Gesellschaftsrecht ist anderswo anzusiedeln: im Sekundärrecht. Für die systematisierende Wissenschaft bedeutet dies, dass nicht etwa die Grundfreiheiten-Rechtsprechung der Ausgangspunkt für eine Systembildung sein kann, sondern in erster Linie die Ebene des Sekundärrechts in den Blick genommen werden muss. Dass ein sinnvolles Schutzsystem anders aussehen kann, ja vielleicht sogar anders aussehen muss als in der Grundfreiheiten-Rechtsprechung angedeutet, erkennt auch der EuGH; dies wird an seinen Entscheidungen zum Sekundärrecht deutlich.

§ 5 – *Supranationale Rechtsformen.* Die Societas Europaea (SE) hat alle Höhen und Tiefen des Ringens um ein binnenmarktkonformes Gesellschaftsrecht durchlaufen. Von den hochfliegenden Plänen eines europäischen und vollständigen Gesellschaftsrechts bis hin zur heutigen Form mit ihren zahlreichen durch mitgliedstaatliches Recht zu stopfenden Lücken verkörpert sie die Chancen und Schwierigkeiten, gemeinsame Wege für das Gesellschaftsrecht im Binnenmarkt zu finden. Auch die ihr gewidmete Diskussion hat schon in der Gründungsphase der EWG alle wesentlichen Argumente geliefert, die noch heute die rechtspolitische Debatte prägen: Die Unternehmen bräuchten einen einheitlichen Rechtsrahmen, der ihrem Aktionsradius im gemeinsamen Wirtschaftsraum entspricht, sagten die einen, die Praxis käme mit den Unterschieden der Rechtsordnungen auch so gut zurecht, die anderen. Das heute vorliegende Ergebnis nimmt sich bescheiden aus, hat aber in vielerlei Hinsicht Modellcharakter. Es symbolisiert die Grundausstattung, die jede Gesellschaft im Binnenmarkt benötigt: die europaweite Respektierung ihrer rechtlichen Handlungsfähigkeit und die Möglichkeit zur grenzüberschreitenden Gründung und Sitzverlegung. Auch anderweitig liefert das SE-Statut gerade in seiner heutigen Form die Stichworte für den weiter zu beschreitenden Weg im europäischen Gesellschaftsrecht: der Wettbewerb der Rechtsordnungen ist ohne binnenmarktweite Mobilität nur die Hälfte wert; und die Divergenzen in den Systemen der Arbeitnehmerbeteiligung der Mitgliedstaaten können mit Hilfe der Verhandlungslösung erstmals, wenn auch mühselig, zu einer Synthese gebracht werden.

Weitere supranationale Rechtsformen sind entstanden oder in der Planungsphase. Jede von ihnen trägt auf ihre Weise zur Erkenntnis des Gesellschaftsrechts im Binnenmarkt bei. Die Europäische Wirtschaftliche Interessenvereinigung verkörpert noch klarer als die SE das Minimalprogramm eines binnenmarktkonformen Gesellschaftsrechts: Sie ist kraft Gemeinschaftsrecht mit Handlungsfähigkeit ausgestattet, ohne dass über die Frage ihrer Rechtsfähigkeit entschieden wäre; dies bleibt dem mitgliedstaatlichen Recht überlassen. Die Europäische Genossenschaft beweist, dass eine Einigung auf europäische Grundprinzipien möglich ist, die nicht nur einen kleinsten gemeinsamen Nenner darstellen. Und der Vorschlag einer Europäischen Privatgesellschaft knüpft an die alten Ideale der SE an: Er soll im Bereich des Gesellschaftsrechts ohne jeden Rückgriff auf nationales Recht auskommen. Ein Vorhaben, das bei einer kapitalmarktfernen und gestaltungsoffenen Rechtsform, die zudem in den meisten Fällen unterhalb der im deutschen Recht relevanten Mitbestimmungsschwelle liegt, größere Erfolgsaussichten hat als seinerzeit bei der SE.

Rechtsdogmatisch reizvoll ist die Verknüpfung der gemeinschaftsrechtlichen und der mitgliedstaatlichen Regelungsebene, ohne welche keine supranationale Rechtsform auskommt. Jedes Statut und jeder Entwurf einer supranationalen Rechtsform kennt daher eine zentrale Rechtsanwendungsnorm, die die Gewichte zwischen Gemeinschafts- und mitgliedstaatlichem Recht verteilt. Im SE-Statut begann diese Norm als Rechtsanwendungsvorschrift mit europäischem Ausschließlichkeitscharakter und endete als Verweisungsnorm, die immer dann bereitwillig auf mitgliedstaatliches Recht verweist, wenn die Verordnung selbst eine Rechtsfrage nicht regelt. Überraschenderweise wird in der Diskussion immer noch viel über den „Regelungsbereich" der SE-Verordnung nachgedacht, obwohl die zentrale Verweisungsnorm das Bedürfnis für ein solches über den Regelungsgehalt der einzelnen Verordnungsvorschriften hinausgehendes Konstrukt hat entfallen lassen. Man benötige die Kategorie, so heißt es, weil innerhalb des Regelungsbereichs unmittelbar das mitgliedstaatliche Sachrecht berufen werde, außerhalb jedoch mitgliedstaatliches Kollisionsrecht zwischengeschaltet sei. Diese Differenzierung sei nötig, um innerhalb des Regelungsbereichs, der im Wesentlichen dem entspreche, was man gemeinhin zum Gesellschaftsrecht zähle, eine einheitliche Rechtsanwendung zu gewährleisten. Dieses Argument trägt jedoch nicht. Denn die zentrale Rechtsanwendungsnorm verweist eindeutig auf das Recht des Staates, in dem die SE ihren Satzungssitz hat. Mag dieser sein Kollisionsrecht zwischenschalten oder nicht – eine Entscheidungsdivergenz ist nicht denkbar, weil er allein zur Entscheidung über die Bestimmung des anwendbaren Sachrechts aufgerufen ist. Die Auslegung der Verweisungsnorm als Gesamtnormverweisung ist daher unzutreffend. Es genügt festzustellen, dass die SE kraft der Verweisungsnorm der Verordnung in all' den Fragen, die das SE-Statut nicht regelt, zwingend einer Aktiengesellschaft mitgliedstaatlichen Rechts gleichzustellen ist. In dieser Anordnung der Gleichstellung mit einer konkret bestimmten Rechtsform nationalen Rechts liegt der entscheidende Regelungsgehalt der Vorschrift.

Der Vergleich mit den Rechtsanwendungsvorschriften der Europäischen Wirtschaftlichen Interessenvereinigung und des Vorschlags einer Europäischen Privatgesellschaft zeigt die funktionalen Unterschiede, die der Verweisungstechnik abhängig von der Gesamtkonzeption der Rechtsform zukommen. Die Europäische Wirtschaftliche Interessenvereinigung ist geprägt von der Gestaltungsfreiheit der inneren Verhältnisse. Daher ist dem mitgliedstaatlichen Recht in dieser Frage ein

Eindringen weitgehend verwehrt; hingegen hat der Gerichtshof in der bislang einzigen überhaupt zu einer supranationalen Rechtsform ergangenen Entscheidung eine Überlagerung der EWIV-Verordnung durch mitgliedstaatliches Recht im Bereich der Außenbeziehungen gutgeheißen. Für die Europäische Privatgesellschaft wiederum wird der Erfolg der Rechtsanwendungsregel davon abhängen, dass es gelingt, den Regelungsbereich klar abzustecken und innerhalb des Regelungsbereichs für eine möglichst vollständige Regelung zu sorgen. Der Regelungsauftrag an die Gesellschafter und das Beifügen von Mustersatzungen sind Ansätze, um das nachträgliche Auftreten von Lücken möglichst zu verhindern.

§ 6 – *Wettbewerb der Rechtsordnungen.* Mutterland des Wettbewerbs der Gesetzgeber im Gesellschaftsrecht sind die USA. Dort können Gesellschaften den Staat der Inkorporation frei wählen und ihn auch wieder verlassen, wenn ihnen das Gesellschaftsrecht eines anderen Bundestaates mehr zusagt. Der damit verbundene Anreiz für die Bundesstaaten, ihr Gesellschaftsrecht möglichst an den Interessen der Entscheidungsträger im Unternehmen auszurichten, nährte die Befürchtung, es werde zu einem „race for the bottom“, also einem Qualitätsverlust im Gesellschaftsrecht, insbesondere in Form der Vernachlässigung von Aktionärsinteressen kommen. Die Aktionäre würden allerdings einen derartigen Qualitätsverlust auf Dauer wohl nicht hinnehmen. Dass sie einer Sitzverlegung in Staaten mit attraktivem Gesellschaftsrecht zumeist zustimmen und die Verlegung sich auch nicht negativ auf den Börsenkurs auswirkt, unterstützt die These eines „race for the top“, also eines Wettbewerbs der Bundesstaaten um das beste Gesellschaftsrecht. Eine differenzierende Sichtweise macht allerdings geltend, dass sich in einem föderalen System letztlich nicht isoliert feststellen lasse, inwieweit das Gesellschaftsrecht Produkt des Wettbewerbs der Einzelstaaten sei und inwieweit es sich dem latenten Einfluss eines nicht immer einschreitenden aber doch stets aufmerksam wachenden Bundesgesetzgebers verdankt.

Dennoch ist nach einer Erklärung dafür zu suchen, warum sich die meisten großen Gesellschaften gerade für den Staat Delaware entscheiden. Größter Standortvorteil dieses Staates ist offenbar die Berechenbarkeit seiner Rechtsordnung. Delaware stellt sich zuverlässig auf die Interessen der Unternehmen ein. Die Einnahmen aus der Inkorporation von Gesellschaften machen etwa ein Fünftel des Staatshaushaltes aus. Schon diese fiskalische Abhängigkeit ist gewissermaßen der Garant dafür, dass die Gesetzgebung von Delaware auch künftig ihre Gesetzgebung konsequent an den Unternehmensinteressen ausrichten wird. Hinzu kommt, dass die Pflege des Gesellschaftsrechts dort auf jahrzehntelanger Erfahrung beruht und in den Händen eines kleinen Kreises hochqualifizierter Juristen liegt. Die wirtschaftsberatenden Anwaltskanzleien prägen mit ihren Vorlagen und Entwürfen auch den Gesetzgebungsprozess, was von der ökonomischen Analyse als Ausweis besonderer Effizienz gewertet wird, auf das europäische Rechtsverständnis indessen befremdlich wirkt.

Nach alledem wird in den USA kaum mehr bestritten, dass gesetzgeberischer Wettbewerb qualitätssteigernde Wirkung haben kann. Das Augenmerk richtet sich nun vermehrt auf die Frage, unter welchen Voraussetzungen und in welchen Bereichen

Wettbewerb sinnvoll sein kann und in welchen nicht. Der Wettbewerb führe, so heißt es, keineswegs in allen Bereichen zu optimalen Ergebnissen. Anfällig für negative Effekte seien vor allem die Interessenbeziehungen zwischen Management und Aktionären und die Beziehungen zu außenstehenden Dritten. Dass es hier auf längere Sicht niemals zu gravierenden Benachteiligungen einzelner Interessengruppen gekommen sei, verdanke sich letztlich dem korrigierenden Eingriff des Bundesgesetzgebers. Der Wettbewerb der Einzelstaaten sei daher nur effizient, wenn er unter der Aufsicht eines handlungsfähigen bundesstaatlichen Gesetzgebers betrieben werde.

Aus der US-amerikanischen Diskussion ist schließlich auch die Lehre zu ziehen, dass der Wettbewerb in allererster Linie um die großen Unternehmen geführt wird. Die Sitzverlegung nach Delaware kostet im Durchschnitt 40.000 $. An Gesellschaften vom Zuschnitt einer Centros Ltd. geht der US-amerikanische Wettbewerb im Gesellschaftsrecht weitgehend vorbei. Für sie wäre es wegen der hohen Registrierungskosten völlig unattraktiv, sich in Delaware zu gründen. In den USA vermeiden kleine und mittlere Unternehmen daher zu allermeist ein Auseinanderfallen von Hauptverwaltung und Registersitz und inkorporieren sich statt dessen in demjenigen Bundesstaat, in dem sie ihre Haupttätigkeit entfalten.

Will man die US-amerikanischen Erfahrungen auf europäische Verhältnisse übertragen, sind zunächst die Voraussetzungen für einen funktionierenden Systemwettbewerb herzustellen. Dazu gehört auf Seiten der Unternehmen als Nachfrager die Freiheit der Rechtswahl im Stadium der Gründung und bei einer späteren Sitzverlegung. In den USA vollzieht sich die Rechtswahl zumeist in Form einer Sitzverlegung. Hier besteht im Gemeinschaftsrecht Nachholbedarf; denn eine identitätswahrende Sitzverlegung über die Grenze ist, wenn überhaupt, dann nur mit erheblichem rechtskonstruktivem Aufwand gestaltbar. Auf seiten der Mitgliedstaaten wiederum müssten entsprechende Anreize bestehen, ein für Unternehmen attraktives Gesellschaftsrecht anzubieten. Derzeit ist in der Europäischen Gemeinschaft kein Staat erkennbar, der in einer Delaware vergleichbaren Weise von der Eintragung von Gesellschaften fiskalisch profitieren könnte. Dies mag sich aber auch ändern. Zumindest hat die Rechtsprechung des EuGH den Unternehmen die Rechtswahlfreiheit bei Gründung weitgehend eröffnet. Sie können also im Sinne einer „regulativen Arbitrage" das für sie günstige Gesellschaftsrecht wählen, ganz unabhängig davon, ob die Mitgliedstaaten dies zum Anlass für einen aktiven Wettbewerb nehmen oder nicht.

Insgesamt wird allerdings die Tragweite des Wettbewerbsgedankens in der aktuellen Diskussion zur europäischen Niederlassungsfreiheit häufig überschätzt. Der Wettbewerb ist kein normatives Prinzip des Gemeinschaftsrechts, sondern lediglich das Residuum aus Niederlassungsfreiheit und Sekundärrecht. Der normative Rahmen der ergebnisoffenen Integration ermöglicht zwar den Wettbewerb der Gesetzgeber, erzwingt ihn aber nicht. Denn der Gemeinschaftsgesetzgeber genießt auf der Ebene des Sekundärrechts einen weiten Ermessensspielraum, kann also den Wettbewerb gegebenenfalls auch unterbinden. Die US-amerikanische Diskussion zeigt, dass dies sogar ein wesentliches Funktionsmerkmal des spezifisch amerikanischen

Wettbewerbs ist. Insoweit darf die Forderung nach einem gesetzgeberischen Wettbewerb nicht als Aufforderung zur Passivität auf gemeinschaftsrechtlicher Ebene missverstanden werden. Das neu eröffnete Spiel bedarf eines Schiedsrichters, der handlungsfähig ist. Hier liegt eine der wesentlichen Schwächen des gemeinschaftsrechtlich-institutionellen Rahmens. Denn im Ministerrat werden allzu häufig nationale und nicht gemeineuropäischer Interessen artikuliert und durchgesetzt. Eine Vergleichsebene mit den USA lässt sich indessen nur herstellen, wenn – um mit den Worten von *Roe* zu sprechen „Brüssel genauso gut oder genauso schlecht wie Washington" ist, wenn also die zentrale Gesetzgebung die effektive Möglichkeit hat, übergeordnete Interessen dort zur Geltung zu bringen, wo der Wettbewerb der Einzelstaaten sich allzu sehr auf Partikularinteressen verengt.

§ 7 – *Internationales Gesellschaftsrecht.* In keinem anderen Bereich hat die Rechtsprechung des Europäischen Gerichtshofs zur Niederlassungsfreiheit derart nachhaltige Wirkung gezeitigt wie im Internationalen Gesellschaftsrecht. Herrschte nach „Daily Mail" noch die Auffassung, das Gemeinschaftsrecht greife in den Bereich des Internationalen Kollisionsrechts nicht ein, verkehrten sich die Fronten nach „Centros", „Überseering" und „Inspire Art" in ihr Gegenteil. Mittlerweile geht die bei weitem überwiegende Meinung davon aus, die Sitztheorie müsse aufgegeben und durch die Gründungstheorie ersetzt werden. Indessen ist gegenüber einer direkten Ableitung kollisionsrechtlicher Aussagen aus den Grundfreiheiten wegen der unterschiedlichen Struktur der beiden Normtypen größte Vorsicht geboten. Grundfreiheiten wirken, indem sie mitgliedstaatlichen Rechtsnormen die Anwendbarkeit nehmen und nicht indem sie neues Recht an deren Stelle setzen. Im praktischen Ergebnis tritt zwar häufig zunächst das Recht des Herkunftsstaates in die entstandene Lücke, dies ist aber nicht von den Grundfreiheiten unmittelbar intendiert, also auch für die wissenschaftliche Betrachtung nicht das Ende der Überlegungen. Maßstab der Niederlassungsfreiheit bleibt die Beschränkung. Führt die Anwendung der Sitztheorie oder einer Sonderanknüpfung zu keiner Beschränkung oder zu einer Beschränkung, die sich rechtfertigen lässt, besteht sie den Test der Niederlassungsfreiheit. Insoweit sind die Grenzen bei weitem nicht ausgelotet, betrafen doch die bisherigen Fälle stets Behinderungen, die bereits am Grenzübertritt ansetzten. Entsprechend abstrakt formuliert konnten die Schutzinteressen nur sein; und entsprechend schwierig war eine konkrete Rechtfertigung. Völlig anders stellen sich dieselben Fragen, wenn eine Gesellschaft im Land ihrer Tätigkeit konkrete Interessen beschädigt, etwa Arbeitnehmern ihren Lohn schuldig bleibt. Derartige Fälle sind bislang nicht entschieden; eine Rechtfertigung beschränkender Maßnahmen wird dabei aller Voraussicht nach wesentlich eher gelingen.

Die Orientierung an kollisionsrechtlichen Theoriebezeichnungen verdunkelt überdies die inhaltlichen Fragen, um die es im Zusammenwirken von Internationalem Gesellschaftsrecht und Sachrecht geht. Dass am Tätigkeitsort der Gesellschaft ein Bedürfnis für Drittschutz entsteht, ist für jeden Staat, der der Gründungstheorie folgt, eine Selbstverständlichkeit – bisherige Sitztheoriestaaten neigen demgegenüber aktuell dazu, „das Kind mit dem Bade auszuschütten" und nunmehr jeglichen

Schutz des Rechtsverkehrs hintanzustellen. Am Beispiel des englischen Rechts kann gezeigt werden, dass die Gründungstheorie gerade nicht darauf vertraut, dass der Staat der Gründung für den Schutz Dritter sorgen werde. Sie verlässt sich statt dessen auf die Schutzmechanismen des eigenen Rechts, die auf ausländische Gesellschaften nahezu ohne Abstriche angewandt werden. Die Sitztheorie hingegen vertraute stets darauf, der Staat der Haupttätigkeit werde aus eigenem Interesse für den Schutz Dritter sorgen, und wendet daher vollumfänglich dessen Regeln an. Daher ist es – entgegen der Auffassung des EuGH in der „Centros"-Entscheidung – nicht inkonsistent, dass die Sitztheorie einer ausländischen Gesellschaft, die im Gründungsstaat auch ihren Verwaltungssitz hat, mehr Vertrauen entgegenbringt als solchen, die dort nur als Briefkastengesellschaft geführt werden. Im Ergebnis geht es darum, aus dem Zusammenwirken von Kollisionsrecht und Sachrecht eine Balance zwischen Liberalität und Schutzinteressen herzustellen. Diese Aufgabe wird durch den schlichten Schwenk von der Sitz- zur Gründungstheorie nicht gelöst, sondern letztlich ignoriert. Die Gründungstheorie hat zwar durchaus ihre Vorzüge, insbesondere die Klarheit der Anknüpfung. Dies wird aber erkauft durch eine Unklarheit der Rechtsfolgen in allen übrigen Fragen. Sobald die Interessen des Rechtsverkehrs ernsthaft zur Sprache kommen, nämlich in der Insolvenz, taucht unweigerlich die Frage nach dem Schwerpunkt der Interessen auf, den die Europäische Insolvenzverordnung zum Anknüpfungspunkt wählt – ebenso wie die Sitztheorie es schon immer getan hat.

Die Neuordnung des Verhältnisses von Kollisions- und Sachrecht muss die Vorgaben der Grundfreiheiten respektieren. Durch die Rechtsprechung zur Niederlassungsfreiheit wurden aus der Einheit des Gesellschaftsstatuts die Fragen der Gründung herausgebrochen. Eine im Ausland ordnungsgemäß durchgeführte Gründung muss im Inland ohne Einschränkungen respektiert werden. Auch hier erweist sich – wie bereits bei den supranationalen Gesellschaften ausgeführt – die europaweite Handlungsfähigkeit einer Personenvereinigung als der eigentliche Kern der Gewährleistung. Es besteht indessen kein zwingender Anlass, nun auch alle übrigen Fragen gesellschaftsrechtlicher Natur dem Gründungsstatut zuzuweisen; dies verlangt vielmehr reifliche Überlegung, ob Gegengewichte in Form sachrechtlicher Schutzregeln nötig sind. Abzulehnen ist das Beharren auf der Vorstellung, alle gesellschaftsrechtlichen Fragen müssten einheitlich angeknüpft werden. Diese Vorstellung ließ sich mit der Sitztheorie schlüssig verbinden, ist aber Gründungstheoriestaaten weitgehend fremd; der Bereich des Gesellschaftsrechts wird dort traditionell enger verstanden als beispielsweise im deutschen Recht. Die Auffassung, mit der Verleihung von Rechtsfähigkeit sei zugleich über alle gesellschaftsrechtlichen Fragen entschieden, ist dem europäischen Recht und vielen ausländischen Rechtsordnungen fremd und kann daher nicht zum alleinigen Maßstab einer an der Niederlassungsfreiheit orientierten Lösung erhoben werden.

§ 8 – *Gläubigerschutz*. Eine Rechtsfrage, die im System des binnenmarktkonformen Gesellschaftsrechts der Neuorientierung bedarf, ist der Gläubigerschutz. Er muss im Sinne eines balancierten Wettbewerbs der Rechtsordnungen stimmig in das gemeinschaftsrechtliche Referenzsystem eingebaut werden. Als Regelungsebenen sind das gemeinschaftliche Sekundärrecht und das mitgliedstaatliche Recht in den Blick zu nehmen. Die Überlegungen zu Niederlassungsfreiheit und Rechtsangleichung haben gezeigt, dass die Einwirkungen des Gemeinschaftsrechts auf den beiden genannten Ebenen von grundlegend verschiedener Natur sind. Im Sekundärrecht gestaltet der Gemeinschaftsgesetzgeber die Interessenbeziehungen der betroffenen Personengruppen und genießt dabei ein weites gesetzgeberisches Ermessen. Seine Normen sind nur in beschränktem Umfang einer Überprüfung am Maßstab der Niederlassungsfreiheit zugänglich. Anders liegen die Dinge, wenn der mitgliedstaatliche Gesetzgeber tätig wird. Ihm gegenüber verwandelt sich die Niederlassungsfreiheit in einen äußerst strengen Prüfungsmaßstab; denn mitgliedstaatliche Maßnahmen vertiefen die Rechtsunterschiede im Binnenmarkt und unterliegen daher einer gesteigerten Rechtfertigungslast.

Dies gilt es bei der Verteilung gläubigerschützender Regelungen auf die verschiedenen Regelungsebenen zu bedenken. Wie gezeigt werden konnte, besteht in den europäischen Rechtsordnungen grundsätzlich Übereinstimmung darüber, dass auf gesetzliche Regeln zum Gläubigerschutz nicht verzichtet werden kann. Nur hinsichtlich der passenden Methode folgen die Mitgliedstaaten unterschiedlichen Vorstellungen. Eine Zurückhaltung des Gemeinschaftsgesetzgebers zugunsten mitgliedstaatlicher Regelungsautonomie ist allerdings eine nur scheinbar elegante Lösung. Denn während beispielsweise ein Mindestkapital für alle Aktiengesellschaften in der Zweiten Richtlinie vom gesetzgeberischen Ermessen der Gemeinschaftsorgane gedeckt ist, verwandelt es sich in mitgliedstaatlicher Hand in eine unzulässige Beschränkung der Niederlassungsfreiheit. Nun sind aber Regeln des Gläubigerschutzes zumeist zwingendes Recht und müssen es von ihrem Geltungsanspruch her auch sein. Denn der Schutz Dritter kann nicht der Freiheit der Rechtswahl überlassen bleiben. Eine gläubigerschützende Regel, die sich gegenüber Scheinauslandsgesellschaften nicht durchsetzen lässt, ist folglich wertlos. Rechtsangleichung hat damit als Regelungsebene vor allem den Vorteil, dass gesellschaftsrechtliche Wertungen unverfälscht zum Tragen kommen, während mitgliedstaatliches Recht im Lichte der Niederlassungsfreiheit stets der Gefahr unterliegt, dass systematische Zusammenhänge auseinander gerissen werden, indem einzelne Aspekte des Systems als Beschränkung des grenzüberschreitenden Verkehrs eingestuft werden.

Jede gesetzliche Regelung von Gläubigerschutz muss die ökonomische Analyse der Haftungsbeschränkung einbeziehen. Gemeinschaftsrechtlich erleichtert dies den argumentativen Austausch zu der Frage, ob eine Maßnahme zum Schutz des zwingenden Allgemeinwohlinteresses, worunter der Gläubigerschutz grundsätzlich fällt, geeignet und erforderlich ist. Ökonomisch betrachtet ist nun bereits die Haftungsbeschränkung ein Zustand, der sich möglicherweise auch ohne gesetzliche Anordnung von selbst entwickeln würde. In großen Kapitalgesellschaften würde eine persönliche Haftung das Ansammeln großer Kapitalsummen deutlich erschweren, wenn nicht ganz unmöglich machen. In kleinen Gesellschaften würde manches an und für sich erfolgversprechende Projekt nicht in Angriff genommen werden, weil natürliche Personen die Gefahr des Scheiterns mit allen Folgen für ihre persönliche Situation subjektiv höher bewerten als die objektiv vorhandenen Erfolgsaussichten. Die Gesellschafter sind also nicht die optimalen Risikoträger. Ein Gläubiger hingegen setzt stets nur den hingegebenen Betrag aufs Spiel, nicht seine persönliche Existenz. Er kann sein Risiko zudem diversifizieren, indem er verschiedene Schuldner kreditiert. Außerdem kann er vertragliche Vorsorge gegen das mit einem Kredit stets verbundene Ausfallrisiko treffen.

Ungeachtet der ökonomischen Erwartung, Haftungsbeschränkung werde sich als vertragliche Regel herausbilden, bieten alle bekannten Rechtsordnungen sie bereits von Gesetzes wegen an. Damit wird ein als besonders effizient empfundenes Modell standardisiert. Es kann von den Vertragsparteien näher ausgestaltet werden – bis hin zu einem Verzicht des Schuldners auf die Haftungsbeschränkung – verlagert allerdings die Verhandlungslast zunächst einmal auf die Gläubigerseite. Die Aufgabe des Gesetzgebers liegt vornehmlich darin, den Selbstschutz des Gläubigers unterstützend zu begleiten. Gesetzliche Regelung erspart auf diese Weise Transaktionskosten. Bei gesetzlich angeordneter Publizität sinkt der Informationsaufwand; gesetzlicher Kapitalschutz erspart vertragliche Risikovorsorge gegen opportunistisches Verhalten des Schuldners, insbesondere indem er Ausschüttungen an die Gesellschafter reguliert. Schwieriger zu beantworten ist die Frage, inwieweit gesellschaftsrechtlicher Gläubigerschutz unfreiwillige Gläubiger oder Kleingläubiger ohne Verhandlungsmacht schützen kann und soll. Gegen spezifische Gefahren, die aus der Tätigkeit des Schuldners resultieren, müssen andere gesetzliche Regeln helfen, namentlich Pflichtversicherungen. Dennoch sollte man auf ein gesetzliches Fundamen, das allen Gläubigergruppen wenigstens mittelbar zugute kommt, nicht verzichten.

Die ökonomische Analyse lenkt den Blick auch auf die Nachteile der gesetzlich eröffneten Haftungsbeschränkung. Sie liegen in der negativen Verhaltenssteuerung der unternehmerisch tätigen Personen. Bei ihren unternehmerischen Entscheidungen müssen sie die Gefahr des Scheiterns immer nur bis zur Grenze des Vermögensverlustes der Gesellschaft kalkulieren, darüber hinausgehende Risiken treffen allein die Gläubiger, fallen also in der unternehmerischen Analyse – aus völlig rationalen Erwägungen heraus – nicht ins Gewicht. Solange eine Gesellschaft das Ziel verfolgt, Gewinne an ihre Gesellschafter ausschütten zu können, befindet sie sich in einem Gleichlauf mit den Interessen der Gläubiger; denn sie muss für deren korrekte Befriedigung sorgen, um Gewinne erwirtschaften und ausschütten zu können. Fehlsteuerungen bewirkt die Haftungsbeschränkung daher nicht in diesem Normalbereich unternehmerischer Tätigkeit, sondern vornehmlich bei der Gründung und in der Krise. Im Gründungsstadium kann die Haftungsbeschränkung dazu verleiten, die unternehmerischen Risiken des eigenen Vorhabens zu unterschätzen. In der Krise führt sie zum „moral hazard“, denn Gesellschafter und Geschäftsleiter haben nichts mehr zu verlieren, verzehren aber mit jedem weiteren Tag, an dem sie die Geschäfte – möglicherweise mit ständig steigender Risikobereitschaft – fortführen, die Substanz der Gesellschaft, aus der die Gläubiger noch hätten befriedigt werden können.

Der Gläubigerschutz im Binnenmarkt ist somit vor allem bezogen auf den Zeitpunkt der Gründung und der Krise näher zu untersuchen. Im Zeitpunkt der Gründung bewirkt das gesetzlich zwingende Mindestkapital eine gewisse Ernsthaftigkeit, indem es die Gründer zwingt, von Anfang an auch eigenes Kapital in die Gesellschaft zu investieren. Dies veranlasst zu einer gewissen Sorgfalt bei der Vorbereitung des unternehmerischen Neubeginns, was mittelbar den Gläubigern zugute kommt, die später mit einer solchen Gesellschaft kontrahieren. Für Aktiengesellschaften ist dieser Mechanismus in der Zweiten Richtlinie geregelt. Für die GmbH und vergleichbare ausländische Rechtsformen gibt es keine sekundärrechtliche Regelung. Es bleibt daher nur die mitgliedstaatliche Ebene; hier jedoch verstößt die Anwendung von Mindestkapitalregeln auf (Schein-) Auslandsgesellschaften gegen den strengen Maßstab der Niederlassungsfreiheit. Mindestkapital ist zwar – anders als vom EuGH angenommen – geeignet und erforderlich, seine Anwendung scheitert aber an der Verhältnismäßigkeit im engeren Sinne, weil die damit verbundene zusätzliche, und gerade an den Vorgang der Niederlassung geknüpfte Belastung den Binnenmarkt übermäßig beeinträchtigt. Dass auch Inländer sich einer ausländischen Rechtsform bedienen können, die im Zeitpunkt der Gründung auf jegliches Korrektiv der mit Haftungsbeschränkung verbundenen negativen Verhaltensanreize verzichtet, muss daher im Binnenmarkt hingenommen werden.

Umso dringlicher erscheint ein wirksamer Schutz im Zeitpunkt der Krise. Sekundärrecht gibt es dazu bislang nicht. Die Palette der mitgliedstaatlichen Rechtsinstrumente reicht von „wrongful trading“ über „action en comblement du passif“, Eigenkapitalersatz und Existenzvernichtungshaftung bis hin zum rechtspolitischen Vorschlag einer Solvenzerklärung. Der Vergleich mit dem präventiven Kapitalschutzsystem offenbart ein grundlegendes Dilemma: Der nachgeschaltete Gläubigerschutz lässt die Akteure in der Gesellschaft bis zuletzt im Ungewissen darüber, ob ihnen letztlich nicht doch die persönliche Haftung droht. Der Anspruch des verhaltenssteuernden Reglements, eine effizientere Ausschüttungspolitik der Unternehmen zu ermöglichen, ist dadurch in seiner Glaubwürdigkeit deutlich geschwächt. Denn das menschliche Bestreben, persönlicher Haftung aus dem Weg zu gehen – das ja gerade Ursprung der Gewährung von Haftungsbeschränkung war – muss im Angesicht eines Solvenztests dazu führen, dass eine Ausschüttung nur dann vorgenommen wird, wenn die Bilanzkennzahlen dies erlauben. Deren mangelnde Aussagekraft jedoch war gerade einer der Hauptkritikpunkte der Gegner des Kapitalschutzes. Dennoch ist eine auf die Krise bezogene Verhaltenshaftung in dem von der Niederlassungsfreiheit eröffneten Wettbewerb der Gesetzgeber ein wohl unerlässliches Korrektiv. Das deutsche Recht kann hier seine Erfahrungen bei der Schaffung eines am Kapital ansetzenden rechtssicheren Bezugsrahmens einbringen. Eine verhaltensorientierte Haftungsnorm sollte im Interesse der Geschäftsleiter so ausgestaltet sein, dass eine Orientierung am bilanziell ausgewiesenen Gewinn zumindest eine Vermutung sorgfaltsgerechten Verhaltens begründet.

Als Korrektiv gegenüber Scheinauslandsgesellschaften eignet sich die krisenbezogene Haftung allerdings nur dann, wenn sie kollisionsrechtlich am Ort der Tätigkeit angeknüpft werden kann. Dies widerspricht zunächst der herrschenden Lehre von der Einheit des Gesellschaftsstatuts. Diese ist aber – wie bereits dargelegt – im Lichte der aktuellen EuGH-Rechtsprechung aufzugeben. Die krisenbezogene Haftungsnorm kann somit im Wege einer Sonderanknüpfung am Ort des tatsächlichen Interessenschwerpunkts der (Auslands-) Gesellschaft angeknüpft werden. Nicht überzeugen kann hingegen die Auffassung, wonach die Europäische Insolvenzverordnung über die Anknüpfung derartiger Haftungstatbestände entscheiden soll. Mit den in Art. 4 EuInsVO genannten Wirkungen der Insolvenz können spezifisch gesellschaftsrechtliche Tatbestände nicht gemeint sein. Zwar weisen sie Parallelen zum insolvenzrechtlichen Institut der Anfechtung auf. Im Kern stützen sie sich aber auf originär gesellschaftsrechtliche Wertungen, die genau genommen sogar nur für das Recht der Kapitalgesellschaften gelten. Es sind die Nachteile der gesetzlich eröffneten Haftungsbeschränkung, die mit derartigen Verhaltensregeln kompensiert werden. Dass sie erst in der Insolvenz zum Tragen kommen, verleiht ihnen keinen insolvenzrechtlichen Charakter, sondern liegt daran, dass sich erst in diesem Zeitpunkt der aus der Pflichtverletzung entstehende Schaden realisiert. Die Insolvenzverordnung führt demnach allein dazu, dass die Haftungsnormen in dem nach den Regeln der EuInsVO eröffneten Verfahren geltend zu machen sind. Dies kann angesichts der Unklarheiten darüber, wo der Mittelpunkt der Interessen im Sinne von Art. 3 EuInsVO zu lokalisieren ist, auch ein im Ausland eröffnetes Insolvenzverfahren sein.

§ 9 – *Leitungssystem in Publikumsgesellschaften.* Im Binnenmarkt sind verschiedene Leitungssysteme in Publikumsgesellschaften anzutreffen, die sich grob in ein monistisches und ein dualistisches Modell einordnen lassen. Die aktuelle Corporate Governance-Diskussion neigt zu der Schlussfolgerung, beide Systeme würden sich einander mehr und mehr annähern. Gerade diese Entwicklung konterkariert nun die SE-Verordnung: Sie eröffnet den Unternehmen die Wahl zwischen Monismus und Dualismus und impliziert damit eine rechtliche Unterschiedlichkeit der Modelle. Da die mitgliedstaatlichen Gesetzgeber nur dasjenige System, das ihre Rechtsordnungen nicht kennt, ergänzend ausgestalten dürfen, muss eine Entscheidung getroffen werden, welchem System das eigene Recht zuzuordnen ist. Daraus entwickelt sich die der aktuellen Konvergenzthese gegenläufige Frage, welches die charakteristischen Unterscheidungsmerkmale der beiden Modelle sind und wie die zahlreichen in den Mitgliedstaaten anzutreffenden Mischformen einzuordnen sind.

Das dualistische Modell hat seine historische Prägung im deutsch-österreichischen Rechtsraum erfahren. Wie die geschichtliche Entwicklung zeigt, entspringt es einer Reaktion des Gesetzgebers auf Entwicklungen der Praxis, die bevorzugt mit dem monistischen Modell arbeitete. Selbst die Einführung des Aufsichtsrates im Jahre 1861 änderte daran zunächst wenig. Die Unternehmenspraxis fand weiterhin Gestaltungen, bei denen die Fäden des Unternehmens in einer Hand respektive bei einem Organ zusammenliefen, welchen Namen es auch trug. Die Krise der

Gründerjahre ließ jedoch die Einführung einer internen Kontrolle derart dringlich erscheinen, dass in der Reform des Jahres 1884 die Stellung des Aufsichtsrates als Überwachungsorgan deutlicher unterstrichen wurde. Das Gesetz gestattete dem Aufsichtsrat aber immer noch, Aufgaben der Geschäftsführung zu übernehmen. Nach weiteren schlechten Erfahrungen beseitigte der Gesetzgeber auch dies im Jahre 1937: Der Vorstand ist seitdem zu eigenverantwortlicher Leitung verpflichtet, der Aufsichtsrat von jeder direkten Einflussnahme auf die Geschäftsführung ausgeschlossen.

Diesem System der strikten rechtlichen Trennung lässt sich das monistische Modell mit einem einheitlichen Verwaltungsorgan konzeptionell entgegenstellen. Zwar findet sich auch im Monismus, gefördert durch die Corporate Governance-Kodices, eine Form der internen Aufgabenverteilung: Die im angelsächsischen Raum so genannten „inside directors“ sind für die Geschäftsführung zuständig; ihre Tätigkeit wird kontrolliert von den „outside directors“. Beide Gruppen bleiben aber Mitglieder des einheitlichen obersten Verwaltungsorgans – darin liegt der wesentliche strukturelle Unterschied zum dualistischen System. Denn als Mitglieder des Verwaltungsorgans sind auch die außenstehenden Direktoren in vollem Umfang verantwortlich für die strategischen Weichenstellungen im Unternehmen. Ihre Aufgabe der „Überwachung“ der geschäftsführenden Kollegen hat eine durchaus andere Konnotation als im dualistischen System. Der „outside director“ überwacht die ordnungsgemäße Umsetzung der strategischen Leitlinien; die Strategie wiederum hat das Verwaltungsorgan festgelegt unter gleichberechtigter und verantwortlicher Mitwirkung der „outside directors“, die somit partiell die Umsetzung ihrer eigenen Entscheidung überwachen. Es fehlt also das für den Dualismus kennzeichnende Element einer Kontrolle durch ein außerhalb des Entscheidungsprozesses stehendes Gremium.

Damit ergibt sich zumindest für die normative Konzeption der Systeme eine klare Unterscheidung. Der Dualismus schafft ein Überwachungsorgan, das die unternehmerischen Strategieentscheidungen eines anderen Gremiums begleitet und überprüft. Im Monismus hingegen bedeutet Überwachung im wesentlichen Vollzugskontrolle, also Sicherstellung, dass die geschäftsführenden Direktoren die vom Verwaltungsorgan festgesetzte Strategie auch konsequent umsetzen. Etwas zugespitzt lässt sich sagen: Die „überwachenden“ Personen kontrollieren im Dualismus die Tragfähigkeit einer fremden Entscheidung, im Monismus die Umsetzung einer eigenen Entscheidung. In der praktischen Handhabung sind die Grenzen zwischen beiden Systemen zwar fließend. Die unterschiedliche rechtliche Rahmensetzung schafft jedoch einen Graben zwischen den Systemen, der sich allein mit rechtspraktischer Konvergenz nicht überbrücken lässt. Zum Schwur kommt es, wenn die faktische Handhabung einer rechtlichen Beurteilung ausgesetzt wird; zu denken ist an die persönliche Haftung aber auch an die Frage, welche rechtlich erzwingbaren Kompetenzen (etwa Informations- und Entscheidungsrechte) ein bestimmtes Organmitglied eigentlich hat. Dann erweist sich, dass ein Aufsichtsratsmitglied rechtlich gesehen eine deutlich andere Stellung hat als das nicht-geschäftsführende, aber rechtlich vollwertige Mitglied eines monistischen Verwaltungsorgans.

An diesen klaren Linien orientiert sich die Zuordnung der vielfältigen Mischformen. Viele Rechtsordnungen kennen eine Aufgabenteilung, bei der geschäftsführende Direktoren das Tagesgeschäft führen, nicht-geschäftsführende Direktoren dieses überwachen. Soweit sie aber alle Mitglieder eines Organs sind, das die strategischen Weichen im Unternehmen stellt, ist das betreffende Leitungssystem dem Monismus zuzuordnen. So verhält es sich insbesondere beim skandinavischen Modell, das zwar neben dem Leitungsorgan die Figur des Geschäftsführers kennt, ihn aber der Personalhoheit – in Form von Weisungsrechten und jederzeitiger Abberufbarkeit – des obersten Verwaltungsorgans unterwirft. Dies ist eine Variante des monistischen Modells; denn weder führt der Geschäftsführer die Geschäfte in eigener Verantwortung, wie ein Vorstand es tut, noch ist das ihm übergeordnete Verwaltungsorgan von der Mitwirkung an Maßnahmen der Geschäftsführung ausgeschlossen, wie dies für den Aufsichtsrat charakteristisch ist.

Das Optionsmodell der SE-Verordnung erscheint auf den ersten Blick als der ideale Brückenschlag zwischen den Systemen. Bei genauerem Hinsehen jedoch erweist sich diese Regelungstechnik als nur beschränkt leistungsfähig bei der Überwindung der Rechtsunterschiede im Binnenmarkt. Die ersten Erfahrungen aus der Umsetzung der SE-Verordnung zeigen, dass die einzelnen Elemente des nationalen Gesellschaftsrechts derart eng untereinander verwoben sind, dass der durch die Option eingeführte Fremdkörper mit Abstoßungserscheinungen rechnen muss. So ist das deutsche Aktienrecht keineswegs nur im Bereich der Leitungsstruktur vom Dualismus der Organe geprägt. Das Bestreben, in wichtigen unternehmerischen Fragen ein Vier-Augen-Prinzip herzustellen, wurde naheliegenderweise in allen Bereichen des Aktienrechts an die gegebene Organstruktur geknüpft. Dies gilt für den Abhängigkeitsbericht in Konzernverhältnissen ebenso wie für die Feststellung des Jahresabschlusses oder die zahlreichen Berichts- und Prüfungspflichten bei gesellschaftsrechtlichen Strukturmaßnahmen. Eine konsequente Einführung des monistischen Systems erfordert also eine Umgestaltung des gesamten Aktienrechts. Diese Aufgabe hätte den Rahmen eines SE-Ausführungsgesetzes bei weitem gesprengt, so kam es zu einer Kompromisslösung, deren Funktionsfähigkeit sicherlich hinter dem theoretisch denkbaren Optimum zurückbleibt.

Dass es auf europäischer Ebene nicht gelingen konnte, wenigstens für die supranationale SE eines der beiden Leitungsmodelle autoritativ festzuschreiben oder daraus ein neues zu entwickeln, lag wesentlich an der Mitbestimmung. Sie knüpft im deuschen Recht traditionell am dualistischen Modell an, wenngleich dies nicht zwingend erscheint, weil die Funktionen von Mitbestimmung auch auf andere Weise verwirklicht werden könnten. Die Verhandlungslösung der SE-Richtlinie ist der Spalt, durch den sich am Ende doch noch eine gemeineuropäische Lösung zwängen könnte. Die ersten Erfahrungen mit diesem neuen Verfahren werden daraufhin auszuwerten sein, ob sich aus ihnen neue Anstöße für eine Vereinheitlichung der Leitungsstrukturen ergeben oder ob sogar – ganz im Sinne des ergebnisoffenen Integrationsprozesses – auch hier der Weg bereits das Ziel, die Verhandlungslösung als solche also bereits der Königsweg zum binnenmarktkonformen Gesellschaftsrecht ist.

Abkürzungsverzeichnis

a.A.	andere Auffassung
ABl. EG	Amtsblatt der Europäischen Gemeinschaften
ABl. EU	Amtsblatt der Europäischen Union
AcP	Archiv für die civilistische Praxis
AG	Die Aktiengesellschaft
AHGB	Allgemeines Handelsgesetzbuch
AktG	Aktiengesetz
Am. J. of Comp. L.	The American Journal of Comparative Law
Art.	Artikel
ASR	American Sociological Review
Aufl.	Auflage
AWD	Außenwirtschaftsdienst des Betriebs-Beraters (ab Jahrgang 1975: Recht der Internationalen Wirtschaft, RIW)
BBTC	Banca borsa titoli di credito
Bd.	Band
BFuP	Betriebswirtschaftliche Forschung und Praxis
BGB	Bürgerliches Gesetzbuch
BGBl.	Bundesgesetzblatt
BMJ	Bundesministerium der Justiz
Brook. J. Int. L.	Brooklyn Journal of International Law
BT-Drs.	Bundestags-Drucksache
CA	Companies Act
Cal. L. R.	California Law Review
CEO	Chief Executive Officer
CJTL	Columbia Journal of Transnational Law
CMLR	Common Market Law Review
CREDA	Centre de recherche sur le droit des affaires (angesiedelt bei der Pariser Industrie- und Handelskammer)
Del. J. Comp. L.	Delaware Journal of Comparative Law
Del. J. Corp. L.	Delaware Journal of Corporate Law
DiskE	Diskussionsentwurf
DJT	Deutscher Juristentag
DNotZ	Deutsche Notar-Zeitschrift
DStR	Deutsches Steuerrecht
ebda.	Ebenda
EBLR	European Business Law Review
EBOR	European Business Organization Law Review
ECFR	European Company and Financial Law Review
ECL	European Company Law

EEA	Einheitliche Europäische Akte
EG	vom Europäischen Gerichtshof verwendete Zitierweise für Vorschriften des EG-Vertrags in der nach dem 1. Mai 1999 geltenden Fassung
EGBGB	Einführungsgesetz zum Bürgerlichen Gesetzbuche
EGKS	Europäische Gemeinschaft für Kohle und Stahl
EGV	Vertrag zur Gründung der Europäischen Gemeinschaft (seit dem Vertrag von Maastricht vom 7.2.1992; siehe auch „EWGV")
Einl.	Einleitung
ELR	European Law Review
endg.	Endgültig
EPG	Europäische Privatgesellschaft
EuGH	Gerichtshof der Europäischen Gemeinschaften
EuInsVO	Europäische Verordnung über Insolvenzverfahren
Eu.J.L.E.	European Journal of Law and Economics
EuR	Europarecht (Zeitschrift)
EUV	Vertrag über die Europäische Union vom 7. Februar 1992 (mit Änderungen durch den Vertrag von Amsterdam vom 2. Oktober 1997)
EWG	Europäische Wirtschaftsgemeinschaft
EWGV	Vertrag über die Europäische Wirtschaftsgemeinschaft v. 25.3.1957 (mit Vertrag von Maastricht vom 7.2.1992 umbenannt in „Vertrag zur Gründung der Europäischen Gemeinschaft"; siehe auch „EGV")
EWIV	Europäische wirtschaftliche Interessenvereinigung
EWIV-VO	Verordnung vom 25. Juli 1985 über die Schaffung einer Europäischen wirtschaftlichen Interessenvereinigung (Nr. 2137/85/EWG)*
FSA	Financial Services Authority
GA	Generalanwalt
GbR	Gesellschaft bürgerlichen Rechts
GenG	Genossenschaftsgesetz
GG	Grundgesetz
GmbH	Gesellschaft mit beschränkter Haftung
GmbHG	Gesetz betreffend die Gesellschaften mit beschränkter Haftung
GPR	Gemeinschaftsprivatrecht
GS	Gedächtnisschrift
Harv. Int. Law J.	Harvard International Law Journal
Harv. L.R.	Harvard Law Review
HdWW	Handwörterbuch der Wirtschaftswissenschaft
HGB	Handelsgesetzbuch
InsO	Insolvenzordnung
IPRax	Praxis des Internationalen Privat- und Verfahrensrechts
IStR	Internationales Steuerrecht
Jb.J.ZivRWiss.	Jahrbuch Junger Zivilrechtswissenschaftler

* Nachweis der Fundstelle siehe Anhang „Fundstellen".

JBL	The Journal of Business Law
J.L.Econ. & Org.	Journal of Law, Economics, and Organization
JoCLS	Journal of Corporate Law Studies
JoF	Journal of Finance
JoFE	Journal of Financial Economics
JoLE	Journal of Law and Economics
J.of L.St.	The Journal of Legal Studies
JuS	Juristische Schulung
JW	Juristische Wochenschrift
JZ	Juristenzeitung
KTS	Konkurs – Treuhand – Sanierung, Zeitschrift für Insolvenzrecht
m.w.N.	mit weiteren Nachweisen
NZA	Neue Zeitschrift für Arbeitsrecht
MüKo	Münchener Kommentar zum Bürgerlichen Gesetzbuch
OHG	Offene Handelsgesellschaft
RdA	Recht der Arbeit
RdS	Revista de Sociedades
Rev. dr. int. comp.	Revue du droit international comparé
Rev. dr. U.E.	Revue du Droit de l'Union Européen
Rev. Jur. Not.	Revista Jurídica del Notariado
Rev. soc.	Revue des sociétés
Riv.d.int.	Rivista di diritto internazionale
Riv.d.int.priv.proc.	Rivista di diritto internazionale privato e processuale
Rn.	Randnummer
RSDA	Revue suisse de droit des affaires (= Schweizerische Zeitschrift für Wirtschaftsrecht/SZW)
SCE	Societas Cooperativa Europaea
SE	Societas Europaea
SEC	Securities Exchange Commission
SE-VO	Verordnung (EG) Nr. 2157/2001 des Rates vom 8. Oktober 2001 über das Statut der Europäischen Gesellschaft (SE)
str.	Strittig
StudZR	Studentische Zeitschrift für Rechtswissenschaft Heidelberg
SZW	Schweizerische Zeitschrift für Wirtschaftsrecht (= Revue suisse de droit des affaires/RSDA)
UmwG	Umwandlungsgesetz
VGR	Gesellschaftsrechtliche Vereinigung
WiSt	Wirtschaftswissenschaftliches Studium
WM	Wertpapier-Mitteilungen
WPg	Die Wirtschaftsprüfung
WpÜG	Wertpapiererwerbs- und Übernahmegesetz
Yale J. Int. L.	The Yale Journal of International Law
Yale L.J.	The Yale Law Journal
ZEuP	Zeitschrift für Europäisches Privatrecht
ZfB	Zeitschrift für Betriebswirtschaft
Ziff.	Ziffer
ZVglRWiss	Zeitschrift für Vergleichende Rechtswissenschaft

Literaturverzeichnis

Abeltshauser, Thomas E., Grundfragen der Europäischen Aktiengesellschaft, EWS 1991, 58–63

Abmeier, Klaus, Die Europäische wirtschaftliche Interessenvereinigung und nationales Recht, NJW 1986, 2987–2991

Adensamer, Nikolaus/Bervoets, Cécile, Nationaler Gläubigerschutz auf dem Prüfstand, RdW 2003, 617–620

Adolff, Johannes, Europäisches Gesellschaftsrecht: Vom Wettbewerb der nationalen Rechtsordnungen zum Systemwettbewerb der Börsen?, in: Witt, Carl-Heinz/Casper, Matthias/Bednarz, Liane/Gebauer, Martin/Gernoth, Jan/Grahn, Markus/Haubold, Jens/Huber, Stefan/Schulze, Götz/Teichmann, Christoph/Witteborg, Nika (Hrsg.), Jahrbuch Junger Zivilrechtswissenschaftler 2002, Stuttgart u.a., 2003, S. 61–91

Alberth, Markus R., USA: Vertraglicher Gläubigerschutz und Ausschüttungsbemessung durch Covenants als Vorbild zur Änderung des deutschen Bilanzrechts?, WPg 1997, 744–750

ders., US-amerikanische Gläubigerbilanzen durch Covenants in Verträgen, der Versuch einer weltweiten Kategorisierung der Rechnungslegung und Folgen für die internationale Harmonisierungsdiskussion, ZfB 68 (1998), 803–824

Alsted, Peter/Friis Hansen, Søren, Dänemark, in: Hohloch (Hrsg.), EU-Handbuch Gesellschaftsrecht, Herne-Berlin, 1997

Altmeppen, Holger, Anmerkung zu BGH, Urt. v. 27.9.1999 – II ZR 371/98, ZIP 1999, 1758–1760

ders., Parteifähigkeit, Sitztheorie und „Centros", DStR 2000, 1061–1063

ders., Schutz vor „europäischen" Kapitalgesellschaften, NJW 2004, 97–104

ders., Existenzvernichtungshaftung und Scheinauslandsgesellschaften, in: Crezelius, Georg/Hirte, Heribert/Vieweg, Klaus (Hrsg.), Festschrift für Volker Röhricht, Köln, 2005, S. 3–24

ders., Änderungen der Kapitalersatz- und Insolvenzverschleppungshaftung aus „deutsch-europäischer" Sicht, NJW 2005, 1911–1915

Altmeppen, Holger/Wilhelm, Jan, Gegen die Hysterie um die Niederlassungsfreiheit der Scheinauslandsgesellschaften, DB 2004, 1083–1089

Alva, Curtis, Delaware and the Market for Corporate Charters: History and Agency, 15 Del. J. Corp. L. (1990), 885–920

Anwaltkommentar Aktienrecht, Thomas Heidel (Hrsg.), Bonn, 2003

Anweiler, Jochen, Die Auslegungsmethoden des Gerichtshofs der Europäischen Gemeinschaften, 1997

Arbeitskreis GmbH-Reform, Thesen und Vorschläge zur GmbH-Reform, Band 2, Kapital- und Haftungsfragen, Gründung von Einmann-Gesellschaften, Konzernrecht, Arbeitnehmerbeteiligung, Heidelberg, 1972

Arnold, Hans, Die Angleichung des Gesellschaftsrechts in der Europäischen Wirtschaftsgemeinschaft, AWD 1963, 221–225

Arndt, Hans-Wolfgang, Europarecht, 6. Aufl., Heidelberg, 2003

Assmann, Heinz-Dieter, Die Regelung der Primärmärkte für Kapitalanlagen mittels Publizität im Recht der Europäischen Gemeinschaften, AG 1993, 549–563

Bachmann, Gregor, Grundtendenzen der Reform geschlossener Gesellschaften in Europa – Dargestellt am Beispiel des britischen Reformprozesses und der Europäischen Privatgesellschaft, ZGR 30 (2001), 351–384

Bachner, Thomas, Wrongful Trading – A New European Model for Creditor Protection?, EBOR 5 (2004), 293–319

Bärmann, Johannes, Supranationale Aktiengesellschaften?, AcP 156 (1957), 156–211

ders., Die Europäischen Gemeinschaften und die Rechtsangleichung, JZ 1959, 553–560

ders., Einheitliche Gesellschaftsform für die Europäische Wirtschaftsgemeinschaft, AcP 160 (1961), 97–134

Bahrenfuss, Dirk, Die Entstehung des Aktiengesetzes von 1965 – Unter besonderer Berücksichtigung der Bestimmungen über die Kapitalgrundlagen und die Unternehmensverfassung, Berlin, 2001

Balassa Bela, The Theory of Economic Integration, London, 1961

Baldamus, Ernst-August, Reform der Kapitalrichtlinie, Köln – Berlin – Bonn – München, 2002

Barca, Fabrizio/Becht, Marco (Hrsg.), The Control of Corporate Europe, Oxford, 2001

Barthel, Armin, Die Beschwerde gegen aufsichtsrechtliche Verfügungen nach dem WpÜG, Köln – Berlin – München, 2004

Basedow, Jürgen, Der kollisionsrechtliche Gehalt der Produktfreiheiten im europäischen Binnenmarkt: favor offerentis, RabelsZ 59 (1995), 1–55

Baudenbacher, Carl/Buschle, Dirk, Niederlassungsfreiheit für EWR-Gesellschaften nach Überseering, IPRax 2004, 26–31

Bauer, Markus, Gläubigerschutz durch eine formelle Nennkapitalziffer – Kapitalgesellschaftsrechtliche Notwendigkeit oder überholtes Konzept?, Frankfurt am Main – Berlin – Bern – New York – Paris – Wien, 1995

Baums, Theodor (Hrsg.), Bericht der Regierungskommission Corporate Governance, Köln, 2001

Baums, Theodor/Cahn, Andreas (Hrsg.), Die Europäische Aktiengesellschaft – Umsetzungsfragen und Perspektiven, Berlin, 2004

Bayer, Walter, Der grenzüberschreitende Beherrschungsvertrag, Heidelberg, 1988

ders., Die EuGH-Entscheidung „Inspire Art" und die deutsche GmbH im Wettbewerb der europäischen Rechtsordnungen, BB 2003, 2357–2366

ders., Aktuelle Entwicklungen im Europäischen Gesellschaftsrecht, BB 2004, 1–11

ders., Auswirkungen der Niederlassungsfreiheit nach den EuGH-Entscheidungen Inspire Art und Überseering auf die deutsche Unternehmensmitbestimmung, AG 2004, 534–538

ders., Die Gesamtverantwortung der Gesellschafter für das Stammkapital und die Existenz der GmbH, in: Crezelius, Georg/Hirte, Heribert/Vieweg, Klaus (Hrsg.), Festschrift für Volker Röhricht, Köln, 2005, S. 25–45

Bebchuk, Lucian Arye, Federalism and the Corporation: The desirable limits on state competition in corporate law, Harvard Law Review 105 (1992), 1435–1510

Bebchuk, Lucian Arye/Cohen, Alma/Ferrell Allen, Does the Evidence favor State Competition in Corporate Law?, California Law Review 90 (2002) 1775-1821; Discussion Paper No. 352, 02/2002, Harvard Law School; http://www.law.harvard.edu/programs/olin_center/

Bebchuk, Lucian Arye/Cohen, Alma, Firms' decisions where to incorporate, JoLE 56 (2003) 383–425

Bebchuk, Lucian Arye/Ferrell, Allen, Federalism and Takeover Law: The Race to Protect Managers from Takeovers, in: Esty, Daniel C./Geradin, Damien (Hrsg.), Regulatory Competition and Economic Integration – Comparative Perspectives, Oxford, 2001, S. 68–94

Bebchuk, Lucian Arye/Roe, Mark J., A Theory of Path Dependence in Corporate Governance and Ownership, Stanford Law Review 52 (1999) 127–170; Working Paper No. 131, November 1999; Social Science Research Network electronic library: http://papers.ssrn.com/paper.taf?abstract_id=192414

Bechtel, Wolfram, Umzug von Kapitalgesellschaften unter der Sitztheorie, Frankfurt am Main, 1998

Becker, Patricia, Baldiges neues Gründungsverfahren in Frankreich: Die französische „Blitz-S.A.R.L.", GmbHR 2003, 706–708

dies., Verabschiedung des Gesetzes über die französische Blitz-S.A.R.L., GmbHR 2003, 1120–1121

Behrens, Peter, Identitätswahrende Sitzverlegung einer Kapitalgesellschaft von Luxemburg in die Bundesrepublik Deutschland, RIW 1986, 590–594

ders., Die Konvergenz der wirtschaftlichen Freiheiten im europäischen Gemeinschaftsrecht, EuR 1992, 145–162

ders., Internationales Gesellschaftsrecht, in: Behrens, Peter (Hrsg.), Die Gesellschaft mit beschränkter Haftung im internationalen und europäischen Recht, 2. Aufl., Berlin – New York, 1997

ders., Vereinigtes Königreich Großbritannien und Nordirland, Republik Irland, in: Behrens, Peter (Hrsg.), Die Gesellschaft mit beschränkter Haftung im internationalen und europäischen Recht, 2. Aufl., Berlin – New York, 1997, S. 840–895

ders., Frankreich, in: Behrens, Peter (Hrsg.), Die Gesellschaft mit beschränkter Haftung im internationalen und europäischen Recht, 2. Aufl., Berlin – New York, 1997, S. 254–379

ders., Das Internationale Gesellschaftsrecht nach dem Centros-Urteil des EuGH, IPRax 1999, 323–331

ders., EuGH entscheidet über Sitzverlegung von Gesellschaften, EuZW 2000, 385

ders., International Company Law in view of the Centros Decision of the ECJ, EBOR 1 (2000), 125–146

ders., Centros and the Proper Law of Companies, in: Ferrarini, Guido/Hopt, Klaus J./Wymeersch, Eddy (Hrsg.), Capital Marktes in the Age of the Euro, The Hague – London – New York, 2002, S. 503–527

ders., Gemeinschaftsrechtliche Grenzen der Anwendung inländischen Gesellschaftsrechts auf Auslandsgesellschaften nach *Inspire Art*, IPRax 2004, 20–26

Beier, Constantin H., Der Regelungsauftrag als Gesetzgebungsinstrument im Gesellschaftsrecht, 2000

Bendettelli, Massimo V., Libertà comunitarie di circolazione e diritto internazionale privato delle societá, Rivista di diritto internazionale privato e processuale 2001, 569–620

Berberich, Jens, Ein Framework für das DRSC, Berlin, 2002

Beuthien, Volker, Zur Grundlagenungewissheit des deutschen Gesellschaftsrechts, NJW 2005, 855–860

Bezzenberger, Tilman, Das Kapital der Aktiengesellschaft, Köln, 2005

Bieber, Roland/Dehousse, Renaud/Pinder, John/Weiler, Joseph H. H., Back to the Future: Policy, Strategy and Tactics of the White Paper on the Creation of a Single European Market, in: Roland Bieber/Renaud Dehousse/John Pinder/Joseph H. H. Weiler (Hrsg.), 1992: One European Market? – A Critical Analysis of the Commission's Internal Market Strategy, Baden-Baden, 1988, S. 13–31

Binge, Christoph/Thölke, Ulrich, "Everything goes!"? – Das deutsche internationale Gesellschaftsrecht nach „Inspire Art", DNotZ 2004, 21–33

Birkmose, Hanne Søndergaard, Delaware-effekten i et europæisk selskabsretligt perspektiv, Aarhus, 2003

Bischoff, Werner, Fight für die Unternehmensmitbestimmung, Mitbestimmung 1999, 42–43

Bitter, Georg, Konzernrechtliche Durchgriffshaftung bei Personengesellschaften, Köln – Berlin – Bonn – München, 2000

ders., Flurschäden im Gläubigerschutzrecht durch „Centros&Co."? – Eine Zwischenbilanz, WM 2004, 2190–2201

ders., Niederlassungsfreiheit für Kapitalgesellschaften in Europa: Gläubigerschutz in Gefahr?, in: Tietze, Andrea/McGuire, Marie-Rose/Bendel, Christian/Kähler, Lorenz/Nickel, Nicole/Reich, Barbara/Sachse, Kathrin/Wehling, Eileen (Hrsg.), Jahrbuch Junger Zivilrechtswissenschaftler 2004, Stuttgart u.a., 2005, S. 299–333

Blanquet, Françoise, La société européen n'est plus un mythe, Rev. dr. int. comp. 2001, 139–170

dies., Das Statut der Europäischen Aktiengesellschaft (Societas Europaea „SE") – Ein Gemeinschaftsinstrument für die grenzübergreifende Zusammenarbeit im Dienste der Unternehmen – ZGR 31 (2002), 20–65 (in französischer Sprache erschienen in Rev. dr. U.E. 2001, 65–109)

Bleckmann, Albert, Zu den Auslegungsmethoden des Europäischen Gerichtshofs, NJW 1982, 1177–1182

ders., Die Wahrung der „nationalen Identität" im Unions-Vertrag, JZ 1997, 265–269

ders., Europarecht, 6. Aufl., Köln – Berlin – Bonn – München, 1997

Böckli, Peter, Corporate Governance: Der Stand der Dinge nach den Berichten „Hampel", „Viénot" und „OECD" sowie dem deutschen „KonTraG", SZW/RSDA 1999, 1–16

ders., Corporate Governance auf Schnellstraßen und Holzwegen, Der Schweizer Treuhänder 2000, 133–152

Bokelmann, Gunter, Die Neuregelungen im Firmenrecht nach dem Regierungsentwurf des Handelsrechtsreformgesetzes, GmbHR 1998, 57–63

Borchardt, Klaus-Dieter, Die europäische Einigung, zweite Ausgabe, Luxemburg, 1987

Borges, Georg, Selbstregulierung im Gesellschaftsrecht – zur Bindung an Corporate Governance Kodices, ZGR 32 (2003), 508–540

Boucourechliev, Jeanne/Hommelhoff, Peter (Hrsg.), Vorschläge für eine Europäische Privatgesellschaft, Köln, 1999

Brandes, Stephan M., Cross Border Merger mittels der SE, AG 2005, 177–188

Brandi, Tim Oliver, Die Europäische Aktiengesellschaft im deutschen und internationalen Konzernrecht, NZG 2003, 889–896

Brandt, Ulrich, Die Hauptversammlung der Europäischen Aktiengesellschaft, Frankfurt am Main, 2004

Brandt, Ulrich/Scheifele Matthias, Die Europäische Aktiengesellschaft und das anwendbare Recht, DStR 2002, 547–555

Brasche, Ulrich, Europäische Integration – Wirtschaft, Erweiterung und regionale Effekte, München – Wien, 2003

Bratton, William W./McCahery, Joseph A., Comparative Corporate Governance and the Theory of the Firm: The Case Against Global Cross Reference, 38 Columbia Journal of Transnational Law (1999) 213–297

Brechmann, Winfried, Die richtlinienkonforme Auslegung, München, 1994

Brödermann, Eckart/Iversen, Holger, Europäisches Gemeinschaftsrecht und Internationales Privatrecht, Tübingen, 1994

Buchheim, Regine, Europäische Aktiengesellschaft und grenzüberschreitende Konzernverschmelzung – Der aktuelle Entwurf der Rechtsform aus betriebswirtschaftlicher Sicht, Wiesbaden, 2001

Bungert, Hartwin, Konsequenzen der Centros-Entscheidung des EuGH für die Sitzanknüpfung des deutschen internationalen Gesellschaftsrechts, DB 1999, 1841–1844

Buxbaum, Richard M., The Origins of the American „Internal Affairs" Rule in the Corporate Conflict of Laws, in: Musielak, Hans-Joachim/Schurig, Klaus (Hrsg.), Festschrift für Gerhard Kegel zum 75. Geburtstag, Stuttgart – Berlin – Köln – Mainz, 1987, S. 75–94

Buxbaum, Richard M./Hopt, Klaus J., Legal Harmonization and the Business Enterprise, Berlin – New York, 1988; Volume 4 der Reihe ‚Integration Through Law', hrsg. von Cappelletti, Mauro/Seccombe, Monica/Weiler, Joseph

Buxbaum, Richard M./Hertig, Gérard/Hirsch, Alain/Hopt, Klaus J. (Hrsg.), European Business Law – Legal and Economic Analyses on Integration and Harmonization, Berlin – New York, 1991

Calliess, Christian, Grundlagen, Grenzen und Perspektiven europäischen Richterrechts, NJW 2005, 929–933

Carsten, Gebhard, Dänemark, in: Behrens, Peter (Hrsg.), Die Gesellschaft mit beschränkter Haftung im internationalen und europäischen Recht, 2. Aufl., Berlin – New York, 1997

Cary, William L., Federalism and Corporate Law: Reflections upon Delaware, 83 Yale Law Journal (1974), 663–705

Cascante, José Christian, Kommentar zu EuGH, Urteil vom 9.3.1999 (Centros), RIW 1999, 450–451

Casper, Matthias, Der Lückenschluß im Statut der Europäischen Aktiengesellschaft, in: Habersack, Mathias/Hommelhoff, Peter/Hüffer, Uwe/Schmidt, Karsten (Hrsg.), Festschrift für Peter Ulmer, Berlin, 2003, S. 51–72

Charny, David, Competition among Jurisdictions in Formulating Corporate Law Rules: An American Perspective on the "Race to the Bottom" in the European Communities, 32 Harvard International Law Journal (1991), 423–456

Cheffins, Brian R., Company Law: Theory, Structure and Operation, Oxford, 1997

Claßen, Christiane, Nichtumsetzung von Gemeinschaftsrichtlinien – Von der unmittelbaren Wirkung bis zum Schadensersatzanspruch, Berlin, 1999

Claussen, Carsten P./Bröcker, Norbert, Corporate-Governance-Grundsätze in Deutschland – nützliche Orientierungshilfe oder regulatorisches Übermaß?, AG 2000, 481–491

Conrad, Stefanie, Das Konzept der Mindestharmonisierung – Eine Analyse anhand der Verbrauchervertragsrichtlinien, Baden-Baden, 2004

Constantinesco, Léontin-Jean, Das Recht der Europäischen Gemeinschaften, Baden-Baden, 1977

Cooke, T. E./Hicks, Andrew, Wrongful Trading – Predicting Insolvency, JBL 1993, 338–350

Couret, Alain, Les apports de la théorie micro-économique moderne à l'analyse du droit des sociétés, Revue des Sociétés 1984, 243–258

Craig, Paul/de Búrca, Gráinne, EU Law – Text, Cases, and Materials, 3. Aufl., Oxford, 2003

Centre de Recherche sur le Droit des Affaires (CREDA), L'EURL – Droit, pratique et perspectives, Paris, 2003

Crezelius, Georg, Jahresabschlußpublizität bei deutscher Kapitalgesellschaft – Besprechung der Entscheidung EuGH DB 1997, 2598 – „Daihatsu", ZGR 28 (1999), 252–263

Dammann, Jens C., Freedom of Choice in European Corporate Law, The Yale Journal of International Law, 29 (2004), 477–544

Dauses, Manfred A., Rechtliche Grundlagen der Europäischen Wirtschafts- und Währungsunion, München, 2003

Davies, Paul, Institutional Investors as Corporate Monitors in the UK, in: Hopt, Klaus J./Wymeersch, Eddy (Hrsg.), Comparative Corporate Governance – Essays and Materials, Berlin – New York, 1997, S. 47–66

ders., Legal Capital in Private Companies in Great Britain, AG 1998, 346–354

ders., Struktur der Unternehmensführung in Großbritannien und Deutschland: Konvergenz oder fortbestehende Divergenz?, ZGR 30 (2001), 268–293

ders. , Introduction to Company Law, Oxford, 2002

ders., Implementation of the european company (SE) in Great Britain, in: Baums, Theodor/Cahn, Andreas (Hrsg.), Die Europäische Aktiengesellschaft – Umsetzungsfragen und Perspektiven, Berlin, 2004, S. 10–29

Deakin, Simon, Regulatory Competition versus Harmonization in European Company Law, in: Esty, Daniel C./Geradin, Damien (Hrsg.), Regulatory Competition and Economic Integration – Comparative Perspectives, Oxford, 2001, S. 190–217

Deckert, Martina R., Zu Harmonisierungsbedarf und Harmonisierungsgrenzen im Europäischen Gesellschaftsrecht, RabelsZ 64 (2000), 478–496

De Diego, Alexander, Die Niederlassungsfreiheit von Scheinauslandsgesellschaften in der Europäischen Gemeinschaft, Berlin, 2004

Dejmek, Paulina, Neue Dynamik im Europäischen Gesellschaftsrecht – eine Europäische Privatgesellschaft als Ergänzung zur Europäischen Aktiengesellschaft?, GmbHR 2002, 107–108

dies., Die Europäische Privatgesellschaft und die dänische Anpartsselskab, Frankfurt am Main, 2003

de Kluiver, Harm-Jan/van Gerven, Walter (Hrsg.), The European Private Company? Antwerpen – Apeldoorn, 1995

de Kluiver, Harm-Jan, Inspiring a New European Company Law? – Observations on the ECJ's Decision in Inspire Art from a Dutch Perspective and the Imminent Competition for Corporate Charters between EC Member States –, ECFR 1 (2004), 121–134

Dierksmeier, Jochen, Die englische Ltd. in Deutschland – Haftungsrisiko für Berater, BB 2005, 1516–1523

Dörr, Dieter/Dreher, Meinrad (Hrsg.), Europa als Rechtsgemeinschaft, Baden-Baden, 1997

Doralt, Peter/Nowotny, Christian/Kalss, Susanne (Hrsg.), Kommentar zum Aktiengesetz, Wien, 2003

Dorresteijn, Adriaan/Kuiper, Ina/Morse, Geoffrey, European Corporate Law, Deventer, 1995 (Nachdruck: 2000)

Drasch, Wolfgang, Das Herkunftslandprinzip im internationalen Privatrecht, Baden-Baden, 1997

Dreher, Meinrad, Wettbewerb oder Vereinheitlichung der Rechtsordnungen in Europa?, JZ 1999, 105–112

Drinkuth, Henrik, Die Kapitalrichtlinie – Mindest- oder Höchstnorm?, Köln, 1998

Drury, Robert R., Migrating Companies, ELR 1999, 354–372

Drygala, Tim, Stand und Entwickung des europäischen Gesellschaftsrechts, ZEuP 2004, 337–365

Duden, Konrad, Internationale Aktiengesellschaften, RabelsZ 27 (1962), 89–111

Duursma-Kepplinger, Henriette-Christine/Duursma, Dieter/Chalupsky, Ernst, Europäische Insolvenzverordnung, Wien – New York, 2002

Easterbrook, Frank H., Managers' Discretion and Investors' Welfare: Theories and Evidence, 9 Del. J. Comp. L. (1984), 540–571

Easterbrook, Frank H./Fischel, Daniel R., The Economic Structure of Corporate Law, Harvard, 1991 (fourth printing 1998)

Ebenroth, Carsten Thomas/Auer, Thomas, Die Vereinbarkeit der Sitztheorie mit europäischem Recht – Zivil- und steuerrechtliche Aspekte im deutschen Recht, GmbHR 1994, 16–27

Ebenroth, Carsten-Thomas/Einsele, Dorothee, Gründungstheorie und Sitztheorie in der Praxis – zwei vergleichbare Theorien?, ZVglRWiss 87 (1988) 217–247

Ebert, Sabine, Das anwendbare Konzernrecht der Europäischen Aktiengesellschaft, BB 2003, 1854–1859

Ebke, Werner F., Unternehmensrecht und Binnenmarkt – E pluribus unum?, RabelsZ 62 (1998), S. 195–242

ders., Das Schicksal der Sitztheorie nach dem Centros-Urteil des EuGH, JZ 1999, 656–661

ders., Ein Gesellschaftsrecht für Europa?, in: Basedow, Jürgen/Drobnig, Ulrich/Ellger, Reinhard/Hopt, Klaus J./Kötz, Hein/Kulms, Rainer/Mestmäcker, Ernst-Joachim (Hrsg.), Aufbruch nach Europa – 75 Jahre Max-Planck-Institut für Privatrecht, Tübingen, 2001, S. 197–213

ders., Gesellschaften aus Delaware auf dem Vormarsch: Der BGH macht es möglich, RIW 2004, S. 740–744

ders., The European Conflict-of-Corporate-Laws Revolution: Überseering, Inspire Art and Beyond, EBLR 2005, 9–54

Edwards, Vanessa, EC Company Law, Oxford, 1999 (Nachdruck 2001)

dies., Case-Law of the European Court of Justice on Freedom of Establishment after Centros, EBOR 1 (2000), 147–155

Ehricke, Ulrich, Anforderungsprofil an eine Europäische Privatgesellschaft, die Einsatzmöglichkeiten und ihre gesellschaftsvertragliche Ausgestaltung nach dem Statut, in: Hommelhoff, Peter/Helms, Dietmar (Hrsg.), Neue Wege in die Europäische Privatgesellschaft, Köln, 2001, S. 17–78

Eidenmüller, Horst, Wettbewerb der Gesellschaftsrechte in Europa, ZIP 2002, 2233–2245

ders., Anm. zu BGH v. 13.3.2003 („Überseering"), JZ 2003, 526–529

ders., Mobilität und Restrukturierung von Unternehmen im Binnenmarkt, JZ 2004, 24–33

ders. (Hrsg.), Ausländische Kapitalgesellschaften im deutschen Recht, München, 2004

ders., Geschäftsleiter- und Gesellschafterhaftung bei europäischen Auslandsgesellschaften mit tatsächlichem Inlandssitz, NJW 2005, 1618–1621

Eidenmüller, Horst/Rehm, Gebhard M., Gesellschafts- und zivilrechtliche Folgeprobleme der Sitztheorie, ZGR 26 (1997), 89–114

Eidenmüller, Horst/Rehm, Gebhard M., Niederlassungsfreiheit versus Schutz des inländischen Rechtsverkehrs: Konturen des Europäischen Internationalen Gesellschaftsrechts – zugleich eine Besprechung der Entscheidung *Inspire Art*, EuGH NJW 2003, 3331, ZGR 33 (2004), 159–188

Elazar Daniel J./Greilshammer, Ilan, Federal Democracy: The U.S.A. and Europe Compared – A Political Science Perspective, in: Cappelletti, Mauro/Seccombe, Monica/Weiler, Joseph (Hrsg.), Integration Through Law, Volume 1: Methods, Tools and Institutions, Book 1: A Political, Legal and Economic Overview, Berlin – New York, 1986, S. 71–159

Elster, Nico, Europäisches Kapitalmarktrecht – Recht des Sekundärmarktes, München, 2002

El Mahi, Farida, Die Europäische Aktiengesellschaft, Societas Europaea – SE –, Frankfurt am Main, 2004

Embid Irujo, José Miguel, La ‚sociedad limitada nueva empresa' en el marco del derecho español de sociedades, Revista Jurídica del Notariado, 2003, 107–139

ders., Eine spanische „Erfindung" im Gesellschaftsrecht: Die „Sociedad limitada nueva empresa" – die neue unternehmerische GmbH, RIW 2004, 760–767

Emmerich-Fritsche, Angelika, Der Grundsatz der Verhältnismäßigkeit als Direktive und Schranke der EG-Rechtsetzung, Berlin, 2000

Engsig Sørensen, Karsten/Neville, Mette, Corporate Migration in the European Union, The Columbia Journal of European Law, Vol. 6, No. 2, Spring 2000, S. 181–208

Enriques, Luca, Schweigen ist Gold: Die Europäische Aktiengesellschaft als Katalysator für regulative Arbitrage im Gesellschaftsrecht, ZGR 33 (2004), 735–759

Enriques, Luca/Macey, Jonathan R., Creditors Versus Capital Formation: The Case Against the European Legal Capital Rules, 86 Cornell L.R. (2001), 1165–1204

Escher-Weingart, Christina, Corporate Governance Strukturen – ein deutsch-U.S.-amerikanischer Rechtsvergleich, ZVglRWiss 99 (2000) 387–409

dies., Reform durch Deregulierung im Kapitalgesellschaftsrecht – Eine Analyse der Reformmöglichkeiten unter besonderer Berücksichtigung des Gläubiger- und Anlegerschutzes, Tübingen, 2001

Esty, Daniel C./Geradin, Damien, Regulatory Co-Opetition, in: Esty, Daniel C./Geradin, Damien (Hrsg.), Regulatory Competition and Economic Integration – Comparative Perspectives, Oxford, 2001, S. 30–46

Everling, Ulrich, Probleme der Rechtsangleichung zur Verwirklichung des europäischen Binnenmarktes, in: Baur, Jürgen F./Hopt, Klaus J./Mailänder, K. Peter (Hrsg.), FS Steindorff, Berlin – New York, 1990, S. 1155–1173

ders., Das Niederlassungsrecht in der EG als Beschränkungsverbot – Tragweite und Grenzen, in: Wolfgang Schön (Hrsg.), Gedächtnisschrift für Brigitte Knobbe-Keuk, Köln, 1997, S. 607–625

ders., Das Europäische Gesellschaftsrecht vor dem Gerichtshof der Europäischen Gemeinschaften, in: Schneider, Uwe H./Hommelhoff, Peter/Schmidt, Karsten/Timm, Wolfram/Grunewald, Barbara/Drygala, Tim (Hrsg.), Festschrift für Marcus Lutter, 2000, S. 31–45

Eyles, Uwe, Das Niederlassungsrecht der Kapitalgesellschaften in der Europäischen Gemeinschaft, Baden-Baden, 1990

Fages, Fabrice/Menjucq, Michel, Proposition de loi relative aux mesures d'adaptation du droit français des sociétés dans la perspective de l'entrée en vigueur du règlement (CE) 2157/2001 du 8 octobre 2001 sur la société européenne (SE), JCP, Ed. Gen. 22.10.2003, aperçu rapide, act. 505

Farrar, John H./Hannigan, Brenda, Farrar's Company Law, 4. Aufl., London – Edinburgh – Dublin, 1998

Fastrich, Lorenz, Richterliche Inhaltskontrolle im Privatrecht, München, 1992

Ferran, Eilis, Corporate law, codes and social norms – Finding the right regulatory combination and institutional structure, JoCLS 1 (2001) 381–409

Ficker, Hans Claudius, Die Arbeiten der Kommission der Europäischen Wirtschaftsgemeinschaft auf dem Gebiet des Gesellschaftsrechts, NJW 1967, 1160–1164

ders.,'Hilfsweise geltendes Recht' für 'Europäische Aktiengesellschaften'?, in: Pieter Zonderland (Hrsg.), Liber amicorum Pieter Sanders, Deventer – 's-Gravenhage, 1972, S. 37–48

ders., Die europäische Entwicklung zu einem Aufsichtsratssystem für Großgesellschaften, in: Lutter, Marcus/Kollhosser, Helmut/Trusen, Winfried (Hrsg.), Festschrift für Johannes Bärmann, München, 1975, S. 299–320

Fischer, Michael, Die Verlagerung des Gläubigerschutzes vom Gesellschafts- in das Insolvenzrecht nach „Inspire Art", ZIP 2004, 1477–1486

Fischer, Thomas, Die Europäische Genossenschaft, Münster, 1995

Fischer-Zernin, Cornelius, Der Rechtsangleichungserfolg der Ersten gesellschaftsrechtlichen Richtlinie der EWG, Tübingen 1986

Fitchew, Geoffrey, Political Choices, in: Buxbaum, Richard M./Hertig, Gérard/Hirsch, Alain/Hopt, Klaus J. (Hrsg.), European Business Law – Legal and Economic Analyses on Integration and Harmonization, Berlin – New York, 1991, S. 1–15

Fleischer, Holger, Covenants und Kapitalersatz, ZIP 1998, 313–321

ders., Gläubigerschutz in der kleinen Kapitalgesellschaft: Deutsche GmbH versus englische private limited company, DStR 2000, 1015–1021

ders., Informationsasymmetrie im Vertragsrecht, München, 2001

ders., Grundfragen der ökonomischen Theorie im Gesellschafts- und Kapitalmarktrecht, ZGR 2001, 1–32

ders., Zur Leitungsaufgabe des Vorstands im Aktienrecht, ZIP 2003, 1–11

ders., Der Rechtsmißbrauch zwischen Gemeineuropäischem Privatrecht und Gemeinschaftsprivatrecht, JZ 2003, 865–874

ders., Gesetz und Vertrag als alternative Problemlösungsmodelle im Gesellschaftsrecht, ZHR 168 (2004) 673–707

Foerster, Alexander/Dejmek, Paulina, Die neuesten Entwicklungen des schwedischen Aktien- und Übernahmerechts in einer nationalen und europäischen Perspektive, ZVglRWiss 101 (2002) 309–327

Forsthoff, Ulrich, Rechts- und Parteifähigkeit ausländischer Gesellschaften mit Verwaltungssitz in Deutschland? – Die Sitztheorie vor dem EuGH, DB 2000, 1109–1114

ders., Abschied von der Sitztheorie, BB 2002, 318–321

Forstinger, Christin M., Takeover Law in the EU and the USA – A Comparative Analysis, The Hague – London – New York, 2002

Forum Europaeum Konzernrecht, Konzernrecht für Europa, ZGR 1998, 672–772

Foster, Nicholas H. D., Company Law Theory in Comparative Perspective: England and France, Am. J. of Comp. Law, Vol. 48, No. 4 (Fall 2000), 573–621

Franke, Günter/Hax, Herbert, Finanzwirtschaft des Unternehmens und Kapitalmarkt, 5. Aufl., Berlin – Heidelberg – New York, 2004

Franzen, Martin, Privatrechtsangleichung durch die Europäische Gemeinschaft, Berlin – New York, 1999

Freitag, Robert, Der Wettbewerb der Rechtsordnungen im Internationalen Gesellschaftsrecht, EuZW 1999, 267–270

Friis Hansen, Søren, From C 212 to L 212 – *Centros* Revisited, EBOR 2 (2001) 141–157

ders., The Free Movement of Companies, in: Scandinavian Studies in Law, Volume 45, 2004, 147–171

Friis Hansen, Søren/Krenchel, Jens Valdemar, Lærebog i selskabsrecht I, Indledning til selskabsretten, København, 1999

Friis Hansen, Søren/Krenchel, Jens Valdemar, Lærebog i selskabsrecht I, Kapitalselskaber, København, 2000

Frowein, Georg A., Grenzüberschreitende Sitzverlegung von Kapitalgesellschaften, Frankfurt am Main, 2001

Frowein, Jochen A., Legitimation und Wirkung des Rechts der Europäischen Union/Gemeinschaft, in: Peter-Christian Müller-Graff (Hrsg.), Perspektiven des Rechts in der Europäischen Union, Heidelberg, 1998, S. 105–130

Ganske, Joachim, Das Recht der Europäischen Wirtschaftlichen Interessenvereinigung (EWIV), München, 1988

Gebauer, Jochen, Die Grundfreiheiten des EG-Vertrags als Gemeinschaftsgrundrechte, Berlin, 2004

Gernoth, Jan P., Pseudo Foreign Companies – Who Art Thou? Englische Briefkastengesellschaften in Deutschland und ihre Behandlung nach englischem und deutschem Recht, Baden-Baden, 2005

Gerum, Elmar/Wagner, Helmut, Economics of Labor Co-Determination in View of Corporate Governance, in: Hopt, Klaus J./Kanda, Hideki/Roe, Mark J./Wymeersch, Eddy/Prigge, Stefan (Hrsg.), Comparative Corporate Governance – The State of the Art and Emerging Research –, Oxford, 1998, S. 341–360

Gestri, Marco, Mutuo riconoscimento delle società comunitarie, norme di conflitto nazionali e frode alla legge: il caso Centros, Rivista di diritto internazionale 2000, 71–112

Geßler, Ernst, Vorstand und Aufsichtsrat im neuen Aktiengesetz, JW 1937, 497–503

ders., Grundfragen der europäischen Handelsgesellschaft, BB 1967, 381–387

ders., Das Konzernrecht der S.E., in: Lutter (Hrsg.), Die Europäische Aktiengesellschaft, 2. Aufl., Köln – Berlin – Bonn – München, 1978, S. 275–311

Geßler/Hefermehl/Eckardt/Kropff, Geßler, Ernst/Hefermehl, Wolfgang/Eckardt, Ulrich/Kropff, Bruno, Aktiengesetz, München, 1973/1974

Gleichmann, Karl, Europäische Wirtschaftliche Interessenvereinigung, ZHR 149 (1985), 633–650

Goette, Wulf, Wo steht der BGH nach „Centros“ und „Inspire Art“?, DStR 2005, 197–201

Görk, Stefan, Das EuGH-Urteil in Sachen „Centros“ vom 9. März 1999: Kein Freibrief für Briefkastengesellschaften!, GmbHR 1999, 793–800

Göttsche, Max, Das Centros-Urteil des EuGH und seine Auswirkungen – Eine Bestandsaufnahme aus gesellschafts-, handels- und steuerrechtlicher Sicht, DStR 1999, 1403–1408

Götz, Jürgen, Ist die Europäische Aktiengesellschaft eine überzeugende Option für die Praxis?, ZIP 2003, 1067

Götz, Volkmar, Der Grundsatz der gegenseitigen Anerkennung im europäischen Binnenmarkt, in: Götz, Volkmar/Selmer, Peter/Wolfrum, Rüdiger (Hrsg.), Liber amicorum Günther Jaenicke – Zum 85. Geburtstag, Berlin – Heidelberg – New York u.a., 1998, S. 763–791

Goldmann, Berthold, Europäisches Handelsrecht, Karlsruhe, 1973

Gordley, James, Common law und civil law: eine überholte Unterscheidung, ZEuP 1993, 498–518

Gorton, Gary/Schmid, Frank A., Universal banking and the performance of German firms, JoFE 58 (2000), 29–80

Gounalakis, Georgios/Radke, Wolfgang, Das Verhältnis des Internationalen Privatrechts zum Europäischen Gemeinschaftsrecht am Beispiel des Diskriminierungsverbots (Art. 6 EGV), der Niederlassungsfreiheit (Art. 52, 58 EGV) und des Kollisionsrechts der EG-Datenschutzrichtlinie, ZVglRWiss 98 (1999) 1–27

Gower, L. C. B./Davies, Paul L., Gower and Davies' Principles of Modern Company Law, 7. Aufl., London, 2003

Grabitz, Eberhard, Das Recht auf Zugang zum Markt nach dem EWG-Vertrag, in: Stödter, Rolf/Thieme, Werner (Hrsg.), FS Ipsen, Tübingen, 1977, S. 645–667

ders., Über die Verfassung des Binnenmarktes, in: Baur, Jürgen F./Hopt, Klaus J./Mailänder, K. Peter (Hrsg.), FS Steindorff, Berlin – New York, 1990, S. 1229–1245

Graf von Bernstorff, Christoph, Das Betreiben einer englischen Limited in Deutschland, RIW 2004, 498–502

Grechenig, Kristoffel, Spanisches Aktien- und GmbH-Recht – Das einstufige Verwaltungssystem in Beziehung zur Hauptversammlung und zu Gesellschafterrechten, Wien, 2005

Großfeld, Bernhard, Internationales und Europäisches Unternehmensrecht, 2. Aufl., Heidelberg, 1995

ders., Internationales Gesellschaftsrecht, in: J. von Staudingers Kommentar zum Bürgerlichen Gesetzbuch mit Einführungsgesetz und Nebengesetzen, Neubearbeitung 1998, Berlin 1998

Großfeld, Bernhard/Jasper, Dieter, Identitätswahrende Sitzverlegung und Fusion von Kapitalgesellschaften in die Bundesrepublik Deutschland, RabelsZ 53 (1989), 52–71

Großfeld, Bernhard/Beckmann, Ralph, Rechtskultur und Internationales Gesellschaftsrecht, ZVglRWiss 91 (1992) 351–364

Grote, Ralf, Das neue Statut der europäischen Aktiengesellschaft zwischen europäischem und nationalem Recht, Göttingen, 1990

Grundmann, Stefan, Wettbewerb der Regelgeber im Europäischen Gesellschaftsrecht – jedes Marktsegment hat seine Struktur, ZGR 30 (2001), 783–832

ders., Information und ihre Grenzen im Europäischen und neuen englischen Gesellschaftsrecht, in: Schneider, Uwe H./Hommelhoff, Peter/Schmidt, Karsten/Timm, Wolfram/Grunewald, Barbara/Drygala, Tim (Hrsg.), FS Lutter, Köln, 2000, S. 61–82

ders., Regulatory Competition in European Company Law – Some Different Genius?, in: Ferrarini, Guido/Hopt, Klaus J./Wymeersch, Eddy (Hrsg.), Capital Markets in the Age of the Euro – Cross-border Transactions, Listed Companies and Regulation, The Hague – London – New York, 2002, S. 561–595

ders., Das Internationale Privatrecht der E-Commerce-Richtlinie – was ist kategorial anders im Kollisionsrecht des Binnenmarktes und warum? RabelsZ 67 (2003), 246–297

ders., Ausbau des Informationsmodells im Europäischen Gesellschaftsrecht, DStR 2004, 232–236

ders., Europäisches Gesellschaftsrecht, Heidelberg, 2004

Grunewald, Barbara, Gesellschaftsrecht, 5. Aufl., Tübingen, 2002

Guillaume, Florence, Lex Societatis – Principes de rattachement des sociétés et correctifs institués au bénéfice du tiers en droit international privé suisse, Zürich, 2001

Gutsche, Robert, Die Eignung der Europäischen Aktiengesellschaft für kleine und mittlere Unternehmen in Deutschland, Baden-Baden, 1994
Guyon, Yves, Droit des Affaires, Tome 1, Droit commercial général et sociétés, 12. Aufl., 2003
ders., Droit des Affaires, Tome 2, Entreprises en difficultés – Redressement judiciaire – Faillite, 8. Aufl., 2001
ders., Les sociétés – Aménagements statutaires et conventions entre associés, 5e édition, Paris, 2002
Habersack, Mathias, Europäisches Gesellschaftsrecht, 2. Aufl., München, 2003
ders., Das Konzernrecht der „deutschen" SE, ZGR 32 (2003), 724–742
ders., Europäisches Gesellschaftsrecht im Wandel, NZG 2004, 1–9
Habersack, Mathias/Verse, Dirk A., Wrongful Trading – Grundlage einer europäischen Insolvenzverschleppungshaftung?, ZHR 168 (2004), 174–215
Häsemeyer, Ludwig, Insolvenzrecht, 2. Aufl. Köln – Berlin – Bonn – München, 1998
Hagen-Eck, Regine, Die Europäische Genossenschaft, Berlin 1995
Hailbronner, Kay, Die Unionsbürgerschaft und das Ende rationaler Jurisprudenz durch den EuGH?, NJW 2004, 2185–2189
Halbhuber, Harald, Limited Company statt GmbH? – Europarechtlicher Rahmen und deutscher Widerstand, Baden-Baden, 2001
ders., National Doctrinal Structures and European Company Law, CML Rev. 2001, 1385–1420
Hallstein, Walter, Angleichung des Privat- und Prozessrechts in der Europäischen Wirtschaftsgemeinschaft, RabelsZ 28 (1964), 211–231
ders., Die Europäische Gemeinschaft, 2. Aufl., Düsseldorf – Wien, 1974
Hansen, Herbert, Die Rechtsformen deutscher Unternehmen und ihr wirtschaftliches Gewicht – Die GmbH ist nach wie vor die umsatzstärkste Unternehmensform, GmbHR 2003, 22–25
Hansen, Jesper Lau, A New Look at Centros – From a Danish Point of View, EBLR 2002, 85–95
ders., Nordic Company Law – the Regulation of Public Companies in Denmark, Finland, Iceland, Norway and Sweden, Copenhagen, 2003
Hattenhauer, Hans, Europäische Rechtsgeschichte, 2. Aufl., Heidelberg, 1994
Hauschka, Christoph E., Die Europäische Aktiengesellschaft (SE) im Entwurf der Kommission von 1991: Vor der Vollendung?, EuZW 1992, 147–149
Heck, Philipp, Gesetzesauslegung und Interessenjurisprudenz, AcP 112 (1914), 1–138
Heckschen, Heribert, Deutsche GmbH vor dem Aus? Eine merkwürdige „wissenschaftliche" Diskussion, GmbHR 2004, R 25–26
Heine, Klaus, Regulierungswettbewerb im Gesellschaftsrecht – Zur Funktionsfähigkeit eines Wettbewerbs der Rechtsordnungen im europäischen Gesellschaftsrecht, Berlin, 2003
Heine, Klaus/Kerber, Wolfgang, European Corporate Law, Regulatory Competition and Path Dependence, Eu.J.L.E. 13 (2002) 47–71
Heinze, Meinhard, Arbeitsrechtliche Probleme bei der grenzüberschreitenden Sitzverlegung in der Europäischen Gemeinschaft, ZGR 28 (1999), 54–70
ders., Die Europäische Aktiengesellschaft, ZGR 31 (2002), 66–95
Heinze, Stephan, Europäisches Kapitalmarktrecht – Recht des Primärmarktes, München, 1999

Heinze, Wolfgang/Seifert, Achim/Teichmann, Christoph, Verhandlungssache: Arbeitnehmerbeteiligung in der SE – Vorschlag für eine Mustervereinbarung zu Unterrichtung, Anhörung und Mitbestimmung in der Europäischen Gesellschaft (SE), BB 2005, 2524–2530

Helms, Dietmar, Die Europäische Privatgesellschaft, Köln, 1998

ders., Auf dem Weg zur Europäischen Privatgesellschaft, GmbHR 1999, 963–964

ders., Nochmals: Auf dem Weg zur Europäischen Privatgesellschaft, GmbHR 2000, 125–126

Henze, Hartwig, Leitungsverantwortung des Vorstands – Überwachungspflicht des Aufsichtsrats, BB 2000, 209–216

Herfs-Röttgen, Ebba, Arbeitnehmerbeteiligung in der Europäischen Aktiengesellschaft, NZA 2001, 424–429

Herrmann, Christoph, Richtlinienumsetzung durch die Rechtsprechung, Berlin, 2003

High Level Group of Company Law Experts, Bericht über moderne gesellschaftsrechtliche Rahmenbedingungen in Europa, Brüssel, 4. November 2002, http://europa.eu.int/comm/internal_market/de/company/company/index.htm

Hilf, Meinhard, Die Europäische Union und die Eigenstaatlichkeit ihrer Mitgliedstaaten, in: Hommelhoff, Peter/Kirchhof, Paul (Hrsg.), Der Staatenverbund der Europäischen Union, Heidelberg, 1994

ders., Europäische Union und nationale Identität der Mitgliedstaaten, in: Randelzhofer, Albrecht/Scholz, Rupert/Wilke, Dieter (Hrsg.), Gedächtnisschrift für Eberhard Grabitz, München, 1995, S. 157–170

Hirsch, Günter, Europäischer Gerichtshof und Bundesverfassungsgericht – Kooperation oder Konfrontation?, NJW 1996, 2457–2466

ders., Das Rechtsgespräch im Europäischen Gerichtshof, ZGR 31 (2002), 1–19

Hirschmann, Christoph, Neue Gestaltungsfreiheit im französischen Gesellschaftsrecht: Société par actions simplifiée (SAS), Berlin 2001

Hirt, Hans C., The Wrongful Trading Remedy in UK Law: Classification, Application and Practical Significance, ECFR 1 (2004), 71–120

Hirte, Heribert, Die Entwicklung des Kapitalgesellschaftsrechts in Deutschland in den Jahren 2003 bis 2004, NJW 2005, 477–486

ders., Die Europäische Aktiengesellschaft – ein Überblick nach In-Kraft-Treten der deutschen Ausführungsgesetzgebung, DStR 2005, 653–658 sowie 700–704

Hirte, Heribert/Bücker, Thomas (Hrsg.), Grenzüberschreitende Gesellschaften, Praxishandbuch für ausländische Kapitalgesellschaften mit Sitz im Inland, Köln – Berlin – München, 2005

Höfling, Barbara Sabine, Die Centros-Entscheidung des EuGH – auf dem Weg zu einer Überlagerungstheorie für Europa, DB 1999, 1206–1208

dies., Das englische internationale Gesellschaftsrecht, Heidelberg, 2002

Höpping, Ulrike, Auswirkungen der Warenverkehrsfreiheit auf das IPR, Frankfurt am Main, 1997

Hoffmann, Jochen, Die Bildung der Aventis S.A. – ein Lehrstück des europäischen Gesellschaftsrechts, NZG 1999, 1077–1085

ders., Neue Möglichkeiten zur identitätswahrenden Sitzverlegung in Europa? ZHR 164 (2000) 43–66

ders., Das Anknüpfungsmoment der Gründungstheorie, ZVglRWiss 101 (2002) 283–308

Hoffmann, Michael, Die Grundfreiheiten des EG-Vertrags als koordinationsrechtliche und gleichheitsrechtliche Abwehrrechte, Baden-Baden, 2000

Hoffmann-Becking, Michael, Organe: Strukturen und Verantwortlichkeiten, insbesondere im monistischen System, ZGR 2004, 355–382

Hommelhoff, Peter, Die Konzernleitungspflicht – Zentrale Aspekte eines Konzernverfassungsrechts, Köln – Berlin – Bonn – München, 1982 (unveränderter Nachdruck: 1988)

ders., Gesellschaftsrechtliche Fragen im Entwurf eines SE-Statuts, AG 1990, 422–435

ders., Produkthaftung im Konzern, ZIP 1990, 761-771

ders., Zivilrecht unter dem Einfluß europäischer Rechtsangleichung, AcP 192 (1992), 71–107

ders., Empfiehlt es sich das Recht faktischer Unternehmensverbindungen – auch im Hinblick auf das Recht anderer EG-Staaten – neu zu regeln?, Gutachten G für den 59. Deutschen Juristentag, Verhandlungen des neunundfünfzigsten Deutschen Juristentages, Band I (Gutachten), München, 1992.

ders., Mindestharmonisierung im Gesellschaftsrecht, in: Everling, Ulrich/Roth, Wulf-Henning (Hrsg.), Mindestharmonisierung im Europäischen Binnenmarkt, Baden-Baden, 1997, S. 83–101

ders., Europäisches Bilanzrecht im Aufbruch, RabelsZ 62 (1998), 381–404

ders., Die neue Position des Abschlußprüfers im Kraftfeld der aktienrechtlichen Organisationsverfassung, Teil I, BB 1998, 2567–2573, Teil II, BB 1998, 2625–2631

ders., Die Auslegung angeglichenen Gesellschaftsrechts – eine Analyse der *EuGH*-Rechtsprechung – in: Reiner Schulze (Hrsg.), Auslegung europäischen Privatrechts und angeglichenen Rechts, Baden-Baden, 1999, S. 29–46

ders., Einige Bemerkungen zur Organisationsverfassung der Europäischen Aktiengesellschaft, AG 2001, 279–288

ders., Die neue Zwangspublizität: „Gläserne Taschen für den Mittelstand?" in: Hommelhoff, Peter/Zätzsch, Roger/Erle, Bernd (Hrsg.), Festschrift für Welf Müller, München, 2001, S. 449–462

ders., Zum Konzernrecht in der Europäischen Aktiengesellschaft, AG 2003, 179–184

ders., Le droit des groupes de sociétés et la société européenne. Reflexions d'un juriste allemand, in: Hopt, Klaus J./Menjucq, Michel/Wymeersch, Eddy (Hrsg.), La Société Européenne – Organisation juridique et fiscale, intérêts, perspectives, Paris, 2003, S. 163–175

ders., Satzungsstrenge und Gestaltungsfreiheit in der Europäischen Aktiengesellschaft, in: Habersack, Mathias/Hommelhoff, Peter/Hüffer, Uwe/Schmidt, Karsten (Hrsg.), Festschrift für Peter Ulmer, Berlin, 2003, S. 267–278

ders., Die Europäische Privatgesellschaft – Diskussionsstand 2003 und Fortgang, in: Kalss, Susanne/Nowotny, Christian/Schauer, Martin (Hrsg.), Festschrift für Peter Doralt, Wien 2004, S. 199–211

Hommelhoff, Peter/Helms, Dietmar (Hrsg.), Neue Wege in die Europäische Privatgesellschaft, Köln, 2001

Hommelhoff, Peter/Mattheus, Daniela, Corporate Governance nach dem KonTraG, AG 1998, 249–259

Hommelhoff, Peter/Riesenhuber, Karl, Strukturmaßnahmen, insbesondere Verschmelzung und Spaltung im Europäischen und deutschen Gesellschaftsrecht, in: Stefan Grundmann (Hrsg.), Systembildung und Systemlücken in Kerngebieten des Europäischen Privatrechts, Tübingen, 2000, S. 259–282

Hommelhoff, Peter/Schwab, Martin, Staatsersetzende Privatgremien im Unternehmensrecht, in: Drenseck, Walter/Seer, Roman (Hrsg.), Festschrift für Heinrich Wilhelm Kruse, Köln, 2001, S. 693–718

Hommelhoff, Peter/Teichmann, Christoph, Das Recht der GmbH im Wettbewerb der Gesetzgeber, StudZR 2006, S. 1 ff.

Hopt, Klaus J., Der Kapitalanlegerschutz im Recht der Banken, München, 1975

ders.., Europäisches Gesellschaftsrecht – Krise und neue Anläufe, ZIP 1998, 96–106

ders., The German Two-Tier Board: Experience, Theories, Reforms, in: Hopt, Klaus J./Kanda, Hideki/Roe, Mark J./Wymeersch, Eddy/Prigge, Stefan (Hrsg.), Comparative Corporate Governance – The State of the Art and Emerging Research –, Oxford, 1998, S. 227–258

ders., Gemeinsame Grundsätze der Corporate Governance in Europa? – Überlegungen zum Einfluß der Wertpapiermärkte auf Unternehmen und ihre Regulierung und zum Zusammenwachsen von common law und civil law im Gesellschafts- und Kapitalmarktrecht, ZGR 29 (2000), 779–818; in englischer Sprache veröffentlicht als: Common Principles of Corporate Governance in Europe?, in: Basil S. Markesinis (Hrsg.), The Clifford Chance Millenium Lectures – The Coming Together of the Common Law and the Civil Law, Oxford – Portland Oregon, 2000, S. 105–132

ders., Gesellschaftsrecht im Wandel, in: Wank, Rolf/Hirte, Heribert/Frey, Kaspar/Fleischer, Holger/Thüsing, Gregor (Hrsg.), Festschrift für Herbert Wiedemann, München, 2002, S. 1013–1032

ders., Europäisches Gesellschaftsrecht – Der Aktionsplan und die ersten Durchführungsmaßnahmen, in: Crezelius, Georg/Hirte, Heribert/Vieweg, Klaus (Hrsg.), Festschrift für Volker Röhricht, Köln, 2005, S. 235–249

Hopt, Klaus J./Kanda, Hideki/Roe, Mark J./Wymeersch, Eddy/Prigge, Stefan (Hrsg.), Comparative Corporate Governance – The State of the Art and Emerging Research –, Oxford, 1998

Hopt, Klaus J./Leyens, Patrick C., Board Models in Europe – Recent Developments of Internal Corporate Governance Structures in Germany, the United Kingdom, France and Italy, ECFR 1 (2004) 135–168

Hopt, Klaus J./Wymeersch, Eddy (Hrsg.), Comparative Corporate Governance – Essays and Materials, Berlin – New York, 1997

Horn, Norbert, Deutsches und europäisches Gesellschaftsrecht und die EuGH-Rechtsprechung zur Niederlassungsfreiheit – Inspire Art, NJW 2004, 893–901

Hoshi, Takeo, Japanese Corporate Governance as a System, in: Hopt, Klaus J./Kanda, Hideki/Roe, Mark J./Wymeersch, Eddy/Prigge, Stefan (Hrsg.), Comparative Corporate Governance – The State of the Art and Emerging Research –, Oxford, 1998, S. 847–875

Hueck, Götz/Windbichler, Christine, Gesellschaftsrecht, 20. Aufl., München, 2003

Hüffer, Uwe, Aktiengesetz, 7. Aufl., München 2006

Hülk, Fabian/Timme, Michael, Das Ende der Sitztheorie im internationalen Gesellschaftsrecht, JA 2003, 765–768

Ihrig, Hans-Christoph/Wagner, Jens, Diskussionsentwurf für ein SE-Ausführungsgesetz, BB 2003, 969–976

Ipsen, Hans Peter, Europäisches Gemeinschaftsrecht, Tübingen, 1972

Jacobs, Francis G./Karst, Kenneth L., The "Federal" Legal Order: The U.S.A. and Europe Compared – A Juridical Perspective, in: Cappelletti, Mauro/Seccombe, Monica/Weiler, Joseph (Hrsg.), Integration Through Law, Volume 1: Methods, Tools and Institutions, Book 1: A Political, Legal and Economic Overview, Berlin – New York, 1986, S. 169–243

Jaecks, Jörg/Schönborn, Christoph Ansgar, Die Europäische Aktiengesellschaft, das Internationale und das deutsche Konzernrecht, RIW 2003, 254–265

Jaeger, Carsten, Die Europäische Aktiengesellschaft – europäischen oder nationalen Rechts, Baden-Baden, 1994

Jaeger, Gerold M., Kapitalgesellschaften in der EU – dauerhaft Niederlassungsberechtigte zweiter Klasse?, NZG 2000, 918–923

ders., Grenzüberschreitende Sitzverlegung von Kapitalgesellschaften im MERCOSUR und im EU-Recht, Baden-Baden, 2003

ders., Wegzugsbesteuerung vor dem Aus? – Anmerkung zu EuGH, Urteil vom 11.3.2004, Rs. C-9/02 – Hughes de Laysterie du Saillant, GPR 2004, 279–280

Jarass, Hans D., Elemente einer Dogmatik der Grundfreiheiten, EuR 1995, S. 202–226

Jensen, Michael C./Meckling, William H., Theory of the firm: managerial behaviour, agency costs and ownership structure, JoFE 3 (1976), 305–360

Jestädt, Guido A., Niederlassungsfreiheit und Gesellschaftskollisionsrecht, Baden-Baden, 2005

Jüttner, Andreas, Gesellschaftsrecht und Niederlassungsfreiheit, Frankfurt am Main, 2005

Kainer, Friedemann, Unternehmensübernahmen im Binnenmarktrecht – Zugleich ein Beitrag zur Privatrechtswirkung der Grundfreiheiten, Baden-Baden 2004

Kahan, Marcel, Legal Capital Rules and the Structure of Corporate Law: Some Observations on the Differences Between European and U.S. Approaches, in: Hopt, Klaus J./ Wymeersch, Eddy (Hrsg.), Capital Markets and Company Law, 2003, S. 145–149

Kalay, Avner, Stockholder-bondholder conflict and dividend constraints, JoFE 10 (1982), 211–233

Kallmeyer, Harald, Europa AG: Strategische Optionen für deutsche Unternehmen, AG 2003, 197–203

ders., Das monistische System in der SE mit Sitz in Deutschland, ZIP 2003, 1531–1536

ders., Bereinigung der Finanzverfassung der GmbH. Vorschlag für eine GmbH-Reform, GmbHR 2004, 377–383

ders., Vor- und Nachteile der englischen Limited im Vergleich zur GmbH oder GmbH &Co. KG, DB 2004, 636–639

Kalss, Susanne, Anlegerinteressen – Der Anleger im Handlungsdreieck von Vertrag, Verband und Markt, Wien – New York, 2001

dies., Der Minderheitenschutz bei Gründung und Sitzverlegung der SE nach dem Diskussionsentwurf, ZGR 2003, 593–646

Kalss, Susanne/Burger, Christina/Eckert, Georg, Die Entwicklung des österreichischen Aktienrechts – Geschichte und Materialien, Wien, 2003

Kanzleiter, Rainer, „Inspire Art" – die Konsequenzen, DNotZ 2003, 885–888

Kaplan, Steven N., Corporate Governance and Corporate Performance: A Comparison of Germany, Japan and the U.S., in: Hopt, Klaus J./Wymeersch, Eddy (Hrsg.), Comparative Corporate Governance – Essays and Materials, Berlin – New York, 1997, S. 195–210

Kegel, Gerhard/Schurig, Klaus, Internationales Privatrecht, 9. Aufl., München, 2004

Kemper, Jutta, Die Verordnung (EG) Nr. 1346/2000 über Insolvenzverfahren, ZIP 2001, 1609–1621

Kersting, Christian, Societas Europaea: Gründung und Vorgesellschaft, DB 2001, 2079–2086

ders., Corporate Choice of Law – A Comparison of the United States and European Systems and a Proposal for a European Directive, 28 Brook. J. Int. L. (2002), 1–75

Kersting, Christian/Schindler, Clemens Philipp, Die EuGH-Entscheidung "Inspire Art" und ihre Auswirkungen auf die Praxis, RdW 2003, 621–625

Keßler, Jürgen, Die Durchgriffshaftung der GmbH-Gesellschafter wegen „existenzgefährdender" Eingriffe – Zur dogmatischen Konzeption des Gläubigerschutzes in der GmbH, GmbHR 2002, 945–951

Kiem, Roger, Das Centros-Urteil des Europäischen Gerichtshofs – Praktische Gestaltungs- und Reaktionsmöglichkeiten aus dem Blickwinkel der Gesellschaften –, in: Gesellschaftsrechtliche Vereinigung (Hrsg.), Gesellschaftsrecht in der Diskussion 1999, Köln, 2000, S. 199–215

Kieninger, Eva-Maria, Niederlassungsfreiheit als Rechtswahlfreiheit – Besprechung der Entscheidung EuGH EuZW 1999, 216 – Centros Ltd. ./. Erhvervs- og Selskabsstyrelsen, ZGR 28 (1999), 724–749

dies., Wettbewerb der Privatrechtsordnungen im Europäischen Binnenmarkt, Tübingen, 2002

Kindler, Peter, Neue Offenlegungspflichten für Zweigniederlassungen ausländischer Kapitalgesellschaften – Zur Umsetzung der Elften gesellschaftsrechtlichen Richtlinie der EG in deutsches Recht, NJW 1993, 3301–3306

ders., Internationales Handels- und Gesellschaftsrecht, in: Rebmann, Kurt/Säcker, Franz Jürgen/Rixecker, Roland (Hrsg.), Münchener Kommentar zum Bürgerlichen Gesetzbuch, Band 11, 3. Aufl., München, 1999/4. Aufl., 2006

ders., Niederlassungsfreiheit für Scheinauslandsgesellschaften? – Die „Centros"-Entscheidung des EuGH und das Internationale Privatrecht, NJW 1999, 1993–2000

ders., Das Centros-Urteil des Europäischen Gerichtshofs – Eine Analyse aus dem Blickwinkel des Europäischen Gemeinschaftsrechts, des Gesellschaftsrechts und des internationalen Privtrechts –, in: Gesellschaftsrechtliche Vereinigung (Hrsg.), Gesellschaftsrecht in der Diskussion 1999, Köln 2000, S. 87–110

ders., Internationales Gesellschaftsrecht am Scheideweg, RIW 2000, 649–653

ders., Auf dem Weg zur Europäischen Briefkastengesellschaft?, NJW 2003, 1073–1079

ders., Die „Aschenputtel"-Limited und andere Fälle der Mehrfachqualifikation im Schnittfeld des internationalen Gesellschafts-, Delikts- und Insolvenzrechts, in: Mansel, Heinz-Peter/Pfeiffer, Thomas/Kronke, Herbert/Kohler, Christian/Hausmann, Rainer (Hrsg.), Festschrift für Erik Jayme, München, 2004, S. 409–418

Kingreen, Thorsten, Die Struktur der Grundfreiheiten des Europäischen Gemeinschaftsrechts, Berlin, 1999

Kirchhof, Paul, Die Aufgabe des Bundesverfassungsgerichts in Zeiten des Umbruchs, NJW 1996, 1497–1505

ders., Das Kooperationsverhältnis zwischen Bundesverfassungsgericht und Europäischem Gerichtshof, in: Peter-Christian Müller-Graff (Hrsg.), Perspektiven des Rechts in der Europäischen Union, Heidelberg, 1998, S. 163–182

ders., Gesetzgebung und private Regelsetzung als Geltungsgrund für Rechnungslegungspflichten?, ZGR 29 (2000), 681–692

Kirchner, Christian/Painter, Richard W./Kaal, Wulf A., Regulatory Competition in EU Corporate Law after Inspire Art: Unbundling Delaware's Product for Europe, ECFR 2 (2005) 159–206

Kitch, Edmund, Business Organization Law: State or Federal? – An Inquiry Into the Allocation of Political Competence in Relation to Issues of Business Organization Law in a Federal System, in: Buxbaum, Richard, M./Hertig, Gérard/Hirsch, Alain/Hopt, Klaus J. (Hrsg.), European Business Law – Legal and Economic Analyses on Integration and Harmonization, Berlin – New York, 1991, S. 35–50

Kjellgren, Anders, On the Border of Abuse – The Jurisprudence of the European Court of Justice on Circumvention, Fraud and Other Misuses of Community Law, EBLR 2000, 179–194

Kleindiek, Detlef, Funktion und Geltungsanspruch des Pflichtangebots nach dem WpÜG – Kapitalmarktrecht-Konzernrecht-Umwandlungsrecht, ZGR 31 (2002), 546–578

Kleinsorge, Georg, Europäische Gesellschaft und Beteiligungsrechte der Arbeitnehmer, RdA 2002, 343–352

Klinke, Ulrich, Europäisches Unternehmensrecht und EuGH – Die Rechtsprechung in den Jahren 1991–1992, ZGR 22 (1993), 1–40

Knapp, Andreas, Überseering: Zwingende Anerkennung von ausländischen Gesellschaften?, DNotZ 2003, 85–92

Knobbe-Keuk, Brigitte, Die steuerliche Behandlung der Europäischen Aktiengesellschaft, AG 1990, 435–441

dies., Umzug von Gesellschaften in Europa, ZHR 154 (1990), 325–356

Koch, Jens, Die europäische Niederlassungsfreiheit als Herausforderung für das deutsche Gesellschaftsrecht, JuS 2004, 755–757

Koch, Oliver, Der Grundsatz der Verhältnismäßigkeit in der Rechtsprechung des Gerichtshofs der Europäischen Gemeinschaften, Berlin, 2003

Koch, Hans Steffen/Köngeter, Matthias, Grenzüberschreitende Sitzverlegung von Gesellschaften innerhalb der EG – (k)ein Ende der Kontroverse?, JURA 2003, 692–699

Kögel, Steffen, Neues Firmenrecht und alte Zöpfe: Die Auswirkungen der HGB-Reform, BB 1998, 1645–1649

Kölner Kommentar zum Aktiengesetz, Zöllner, Wolfgang (Hrsg.), Band 2, §§ 76–117 AktG, 2. Aufl., Köln – Berlin – Bonn – München, 1996 (Stand der Bearbeitung für die §§ 76–94: Dezember 1988; Stand der Bearbeitung im Übrigen: Dezember 1995)

Körber, Torsten, Grundfreiheiten und Privatrecht, Tübingen, 2003

Kösters, Friedrich, Rechtsträgerschaft und Haftung bei Kapitalgesellschaften ohne Verwaltungssitz im Gründungsstaat, NZG 1998, 241–247

Kötz, Hein, Rechtsvereinheitlichung – Nutzen, Kosten, Methoden, Ziele, RabelsZ 50 (1986), 1–18

Koke, Cornelius, Die Finanzverfassung der Europäischen Aktiengesellschaft (SE) mit Sitz in Deutschland, Frankfurt am Main, 2005

Kommission der Europäischen Wirtschaftsgemeinschaft, Denkschrift über die Schaffung einer Europäischen Handelsgesellschaft, Sonderbeilage zum Bulletin der EWG 9/10-1966 (= AWD 1966, 198 ff.); zitiert: „*EWG-Kommission, Denkschrift 1966*"

dies., Vollendung des Binnenmarktes, Weißbuch der Kommission an den Europäischen Rat, Juni 1985, KOM(85) 310 endg.

dies., Memorandum: Binnenmarkt und industrielle Zusammenarbeit – Statut für die Europäische Aktiengesellschaft, KOM (88) 320 endg. (BR-Drs. 392/99)

dies., Modernisierung des Gesellschaftsrechts und Verbesserung der Corporate Governance in der Europäischen Union – Aktionsplan, www.europa.eu.int/comm/internal_market/de/company/company/official/index.htm, 21. Mai 2003

Kraakman, Reinier/Davies, Paul/Hansmann, Henry/Hertig, Gérard/Hopt, Klaus/Kanda, Hideki/Rock, Edward, The Anatomy of Corporate Law – A Comparative and Functional Approach, Oxford, 2004

Kraft, Alfons/Kreutz, Peter, Gesellschaftsrecht, 11. Aufl., Neuwied – Kriftel, 2000

Krause, Hartmut, BB-Europareport: Die EU-Übernahmerichtlinie – Anpassungsbedarf im Wertpapiererwerbs- und Übernahmegesetz, BB 2004, 113–119

Krause, Rüdiger, Die Stellung von KMU im europäischen Gesellschaftsrecht, EuZW 2003, 747–751

ders., Zum Vorhaben einer Europäischen Privatgesellschaft, in: Krause, Rüdiger/Veelken, Winfried/Vieweg, Klaus (Hrsg.), Gedächtnisschrift für Wolfgang Blomeyer, Berlin, 2004, S. 387–414

Krieger, Heike, Europäische Grundfreiheiten und deutsches Ordnungsrecht am Beispiel des staatlichen Glücksspielmonopols, JZ 2005, 1021–1028

Krüger, Markus E., Mindestkapital und Gläubigerschutz, Baden-Baden, 2004

Krüger Andersen, Paul, Aktie- og anpartsselskabsret, 6. Aufl., København, 2000

ders., Employees' Co-Determination in Danish Companies, ZHR-Beiheft 72, 2004, S. 11–24

Krugman, Paul, Economic Integration in Europe: Some Conceptual Issues, in: Jacquemin, Alexis/Sapir, André (Hrsg.), The European Internal Market – Trade and Competition – Selected Readings, Oxford, 1989, S. 357-380 (Nachdruck aus: Tomaso Padoa-Schioppa, Efficiency, Stability and Equity, Oxford, 1987)

Kruse, Viola, Sitzverlegung von Kapitalgesellschaften innerhalb der EG, Köln – Berlin – Bonn – München, 1997

Kübler, Friedrich, Haftungstrennung und Gläubigerschutz im Recht der Kapitalgesellschaften, in: Kübler, Friedrich/Mertens, Hans-Joachim/Werner, Winfried (Hrsg.), FS Heinsius, Berlin – New York, 1991, S. 397–424

ders., Gesellschaftsrecht, 5. Aufl., Heidelberg, 1999

ders., Rechtsbildung durch Gesetzgebungswettbewerb? – Überlegungen zur Angleichung und Entwicklung des Gesellschaftsrechts in der Europäischen Gemeinschaft, KritV 77 (1994), 79–89

ders., Leitungsstrukturen der Aktiengesellschaft und die Umsetzung des SE-Statuts, ZHR 167 (2003), 222–234

ders., Barabfindungsangebot bei Gründung einer Europa-AG?, ZHR 176 (2003), 627–631

Kunz, Klaudia, Die Insolvenz der Europäischen Aktiengesellschaft, Frankfurt am Main u.a.,1995

Kuthe, Thorsten, BB-Gesetzgebungsreport: Die Fortsetzung der Aktienrechtsreform durch den Entwurf eines Gesetzes zur Unternehmensintegrität und Modernisierung des Anfechtungsrechts, BB 2004, 449–451

Lackhoff, Klaus, Die Niederlassungsfreiheit des EGV – nur ein Gleichheits- oder auch ein Freiheitsrecht?, Berlin, 2000

Lange, Knut Werner, Anmerkung zu EuGH, Urteil v. 9.3.1999 (*Centros*), DNotZ 1999, 599–607

Langenfeld, Gerrit, Vertragsgestaltung, Methode – Verfahren – Vertragstypen, 2. Aufl., München, 1997

Larenz, Karl, Methodenlehre der Rechtswissenschaft, 6. Aufl., Berlin – Heidelberg – New York, 1991

Lauterfeld, Marc, „Centros" and the EC Regulation on Insolvency Proceedings: The End of the „Real Seat" Approach towards Pseudo-foreign Companies in German International Company and Insolvency Law? – The Danger of Diverging Developments of the Connecting Factors in Company and Insolvency Law –, EBLR 2001, 79–88

Lehmann, Michael, Das Privileg der beschränkten Haftung und der Durchgriff im Gesellschafts- und Konzernrecht, ZGR 15 (1986), 345–370

Leible, Stefan, Anm. zu EuGH, 9.3.1999 (Centros), NZG 1999, 300–302

ders., Kommentierung zu Art. 28 EG-Vertrag, in: Grabitz/Hilf, Das Recht der Europäischen Union, Stand: 20. Ergänzungslieferung August 2002, München

ders., Internationales Gesellschaftsrecht, in: Michalski, Lutz (Hrsg.), Kommentar zum Gesetz betreffend die Gesellschaft mit beschränkter Haftung, München 2002, Systematische Darstellungen 2, S. 85–164

ders., Kommentierung des Art. 14, in: Streinz (Hrsg.), Vertrag über die Europäische Union und Vertrag zur Gründung der Europäischen Gemeinschaft, München, 2003

ders., Kommentierung des Art. 94, in: Streinz (Hrsg.), Vertrag über die Europäische Union und Vertrag zur Gründung der Europäischen Gemeinschaft, München, 2003

ders., Niederlassungsfreiheit und Sitzverlegungsrichtlinie, ZGR 33 (2004), 531–558

ders., Parteiautonomie im IPR – Allgemeines Anknüpfungsprinzip oder Verlegenheitslösung?, in: Mansel, Heinz-Peter/Pfeiffer, Thomas/Kronke, Herbert/Kohler, Christian/Hausmann, Rainer (Hrsg.), Festschrift für Erik Jayme, München, 2004, S. 485–503

Leible, Stefan/Hoffmann, Jochen, „Überseering" und das (vermeintliche) Ende der Sitztheorie, RIW 2002, 925–936

Leible, Stefan/Hoffmann, Jochen, Wie inspiriert ist „Inspire Art"?, EuZW 2003, 677–683

Leible, Stefan/Staudinger, Ansgar, Die europäische Verordnung über Insolvenzverfahren, KTS 2000, 533–575

Lembeck, Eva-Désirée, UK Company Law Reform – Ein Überblick, NZG 2003, 956–965

Lenel, Hans Otto, Stichwort „Konzentration", in: Handwörterbuch der Wirtschaftswissenschaft, Band 4, Stuttgart – New York – Tübingen – Göttingen – Zürich, 1978, S. 540–565

Lennerz, Ursula, Die internationale Verschmelzung und Spaltung unter Beteiligung deutscher Gesellschaften, Köln, 2001

Lentner, Anton J., Das Gesellschaftsrecht der Europäischen wirtschaftlichen Interessenvereinigung (EWIV), Baden-Baden, 1994

Leonhard, Axel, Die Rechtsfolgen der Nichtumsetzung von EG-Richtlinien – Unter besonderer Berücksichtigung der Staatshaftungs- sowie Normerlaßklage, Frankfurt am Main, 1997

Leupold, Andreas, Die Europäische Aktiengesellschaft unter besonderer Berücksichtigung des deutschen Rechts – Chancen und Probleme auf dem Weg zu einer supranationalen Gesellschaftsform, Aachen, 1993

Leyens, Patrick C., Deutscher Aufsichtsrat und U.S.-Board: ein- oder zweistufiges Verwaltungssystem? – Zum Stand der rechtsvergleichenden Corporate Governance-Debatte, RabelsZ 67 (2003), 57–105

Liersch, Oliver, Deutsches Internationales Insolvenzrecht, NZI 2003, 302–311

Liesegang, Roberto, Die Europäische Aktiengesellschaft und das Gesellschaftsrecht Portugals, Baden-Baden, 1994

Lietzmann, Heinrich, Stand der Diskussion über die europäische Aktiengesellschaft, AG 1961, 57–61

Lind, Michael, Die Europäische Aktiengesellschaft – Eine Analyse der Rechtsanwendungsvorschriften, Wien – Graz, 2004

Lindacher, Walter, Maßgebendes Recht, Auslegung und Lückenschließung, in Lutter (Hrsg.), Die Europäische Aktiengesellschaft, 2. Aufl., Köln – Berlin – Bonn – München, 1978, S. 1–15

Linde, Robert, Stichwort „Produktion II: Produktionsfunktionen", in: Handwörterbuch der Wirtschaftswissenschaft, Band 6, Stuttgart u.a., 1981, S. 276–295

Lindemann, Birgit Silvia, Die Beschlußfassung in der Einmann-GmbH, Heidelberg 1996

Lipstein, Kurt, The Law relating to the movement of companies in the European Community, in: Mansel, Heinz-Peter/Pfeiffer, Thomas/Kronke, Herbert/Kohler, Christian/Hausmann, Rainer (Hrsg.), Festschrift für Erik Jayme, München, 2004, S. 527–531

Logelain, Philippe, La Société Européenne, Brüssel, 2005

Lombardo, Stefano, Regulatory Competition in Company Law in the European Community, Frankfurt am Main, 2002

ders., Conflict of Law Rules in Company Law after *Überseering*: An Economic and Comparative Analysis of the Allocation of Policy Competence in the European Union, EBOR 4 (2003), 301–336

ders., La libertà comunitaria di stabilimento delle società dopo il „caso Überseering": tra armonizzazione e concorrenza fra ordinamenti, Banca borsa titoli di credito 2003, 456–479

Lombardo, Stefano/Pasotti, Piero, The Societas Europaea: a Network Economics Approach, ECFR 1 (2004), 169–205

Lübking, Johannes, Ein einheitliches Konzernrecht für Europa, Baden-Baden, 2000

Lukes, Rudolf/von Danwitz, Thomas, Rechtsetzung und Rechtsangleichung, in: Dauses (Hrsg.), Handbuch des EU-Wirtschaftsrechts, München, Stand: Mai 2004, B II

Lutter, Marcus, Kapital, Sicherung der Kapitalaufbringung und Kapitalerhaltung in den Aktien- und GmbH-Rechten der EWG – Eine Untersuchung zur Ausfüllung von Artikel 54 Absatz 3 lit. g des Vertrages über die Errichtung einer Europäischen Wirtschaftsgemeinschaft, Karlsruhe, 1964

ders., Die Rechtsangleichung im Gesellschaftsrecht, in: Europäische Handelsgesellschaft und Angleichung des nationalen Gesellschaftsrechts, Schriftenreihe der Gesellschaft für Rechtsvergleichung, Band 39, Frankfurt am Main/Berlin, 1968

ders., Die erste Angleichungs-Richtlinie zu Art. 54 Abs. 3 lit. g) EWGV und ihre Bedeutung für das geltende deutsche Unternehmensrecht, EuR 1969, 1–19

ders., Die Entwicklung des Gesellschaftsrechts in Europa, EuR 1974, 44–72

ders. (Hrsg.), Die Europäische Aktiengesellschaft, 2. Aufl., Köln – Berlin – Bonn – München, 1978

ders., Europäisches Gesellschaftsrecht, 1. Aufl., Berlin – New York, 1979

ders., Europäisches Gesellschaftsrecht, 2. Aufl., Berlin – New York, 1984

ders., Europäisches Unternehmensrecht, 3. Aufl. Berlin – New York, 1991

ders., Europäisches Unternehmensrecht, 4. Aufl., Berlin – New York, 1996

ders., Genügen die vorgeschlagenen Regelungen für eine „Europäische Aktiengesellschaft"?, AG 1990, 413–421

ders., Das dualistische System der Unternehmensverwaltung, in: Eberhard Scheffler (Hrsg.), Corporate Governance, Wiesbaden, 1995, S. 5–26

ders., Gesetzliches Garantiekapital als Problem europäischer und deutscher Rechtspolitik, AG 1998, 375–377

ders., Das Europäische Unternehmensrecht im 21. Jahrhundert, ZGR 29 (2000), 1–18

ders., Vergleichende Corporate Governance – Die deutsche Sicht, ZGR 30 (2001), 224–237

ders., Die Erklärung zum Corporate Governance Kodex gemäß § 161 AktG – Pflichtverstöße und Binnenhaftung von Vorstands- und Aufsichtsratsmitgliedern, ZHR 166 (2002), 523–543

ders. (Hrsg.), Europäische Auslandsgesellschaften in Deutschland, Köln, 2005

Lutter, Marcus/Hommelhoff, Peter, Nachrangiges Haftkapital und Unterkapitalisierung in der GmbH, ZGR 1979, 31–66

Lutter, Marcus/Hommelhoff, Peter, GmbH-Gesetz, Kommentar, 16. Aufl., Köln, 2004
Lutter, Marcus/Hommelhoff, Peter (Hrsg.), Die Europäische Gesellschaft, Köln, 2005
Lutter, Marcus/Krieger, Gerd, Rechte und Pflichten des Aufsichtsrats, 4. Aufl., Köln, 2002
Lutter, Marcus/Welp, Marcus, Das neue Firmenrecht der Kapitalgesellschaften, ZIP 1999, 1073–1083
Luttermann, Claus, Die Europäische Genossenschaft, ZVglRWiss 93 (1994), 1–37
Macaulay, Stewart, Non-contractual Relations in Business: A Preliminary Study, 28 American Sociological Review (1963), 55–67
MacNeil, Iain, Company law rules: An Assessment from the perspective of incomplete contract theory, JoCLS 1 (2001), 107–139
Mäntysaari, Petri, The European Company: Selected Issues on Governing Law and Corporate Governance, JFT 6/2003, S. 622–656
Mävers, Gunther, Die Mitbestimmung der Arbeitnehmer in der Europäischen Aktiengesellschaft, Baden-Baden, 2002
Marini, Philippe, Présentations des enjeux du débat pour le législateur, Gazette du Palais, Numéro spécial «La Société Européenne», N° 92 à 93, mercredi 2, jeudi 3 Avril 2003, p. 6–8
Marty, Gabriel, Les sociétés internationales, RabelsZ 27 (1962), 73–88
Maul, Silja, Die faktisch abhängige SE (Societas Europaea) im Schnittpunkt zwischen deutschem und europäischem Recht, München, 1998
dies., Konzernrecht der „deutschen" SE – Ausgewählte Fragen zum Vertragskonzern und den faktischen Unternehmensverbindungen, ZGR 32 (2003), 743–763
Maul, Silja/Muffat-Jeandet, Danièle, Die EU-Übernahmerichtlinie – Inhalt und Umsetzung ins nationale Recht, Teil I, AG 2004, 221–234, Teil II, AG 2004, 306–318
Maul, Silja/Schmidt, Claudia, Inspire Art – Quo vadis Sitztheorie?, BB 2003, 2297–2300
Maul, Silja/Teichmann, Christoph/Wenz, Martin, Der Richtlinienvorschlag zur grenzüberschreitenden Verschmelzung von Kapitalgesellschaften, BB 2003, 2633–2641
Meilicke, Wienand, Anmerkung zu EuGH, Urteil v. 9.3.1999 (Centros), DB 1999, 627–628
Menjucq, Michel, Droit international et européen des sociétés, Paris, 2001
ders., Das „monistische" System der Unternehmensleitung in der SE, ZGR 32 (2003), 679–687
Merkt, Hanno, US-amerikanisches Gesellschaftsrecht, Heidelberg, 1991
ders., Europäische Aktiengesellschaft: Gesetzgebung als Selbstzweck?, BB 1992, 652–661
ders., Das Europäische Gesellschaftsrecht und die Idee des „Wettbewerbs der Gesetzgeber", RabelsZ 59 (1995), 545–568
ders., Unternehmenspublizität – Offenlegung von Unternehmensdaten als Korrelat der Marktteilnahme, Tübingen, 2001
ders., Die monistische Unternehmensverfassung für die Europäische Aktiengesellschaft aus deutscher Sicht – Mit vergleichendem Blick auf die Schweiz, das Vereinigte Königreich und Frankreich, ZGR 32 (2003), 650–678
ders., Der Kapitalschutz in Europa – ein rocher de bronze?, ZGR 33 (2004), 305–232
Merten, Detlef, Deutsche Einheit und europäische Einigung im Lichte des Föderalismus, in: Detlef Merten (Hrsg.), Föderalismus und Europäische Gemeinschaften – unter besonderer Berücksichtigung von Umwelt und Gesundheit, Kultur und Bildung, Berlin 1990, S. 17–26
Mestmäcker, Ernst-Joachim, Offene Märkte im System unverfälschten Wettbewerbs in der Europäischen Wirtschaftsgemeinschaft, in: Coing, Helmut/Kronstein, Heinrich/Mest-

mäcker, Ernst-Joachim (Hrsg.), Wirtschaftsordnung und Rechtsordnung, Festschrift für Franz Böhm, Karlsruhe, 1965, S. 345–391

ders., Soziale Marktwirtschaft und Europäisierung des Rechts, in: Wirtschaft und Verfassung in der Europäischen Union – Beiträge zu Recht, Theorie und Politik der europäischen Integration, Baden-Baden, 2003, S. 288–309

Meyer, Justus, Haftungsbeschränkung im Recht der Handelsgesellschaften, Berlin – Heidelberg, 2000

Meyer-Landrut, Andreas, Die Europäische Wirtschaftliche Interessenvereinigung – Gründungsvertrag und innere Verfassung einer EWIV mit Sitz in der Bundesrepublik Deutschland, Stuttgart, 1988

Michalski, Lutz, Grundzüge des Internationalen Gesellschaftsrechts, NZG 1998, 762–765

Micheler, Eva, The impact of the Centros case on Europe's company laws, The Company Lawyer, Vol. 21, 2000, 179–182

dies., Gläubigerschutz im englischen Gesellschaftsrecht – Reformvorschläge mit Implikationen für Europa, ZGR 33 (2004), 324

Milde, Hellmuth, Die Theorie der adversen Selektion, WiSt 1988, 1–6

Minuth, Thorsten, Führungssysteme der Europäischen Aktiengesellschaft (SE) – Wettbewerb zwischen alternativen Führungsstrukturen im Kraftfeld des deutschen Unternehmensrechts, Berlin, 2005

Mock, Sebastian/Westhoff, André, Verwendung ausländischer Kapitalgesellschaften bei Unternehmensakquisitionen, DZWiR 2004, 23–29

Möhring, Philipp, Rechtsvereinheitlichung und Rechtsgarantien im EWG-Bereich, NJW 1965, 2225–2230

Möller, Hans, Stichwort „Europäische Gemeinschaften", in: Handwörterbuch der Wirtschaftswissenschaft, Band 2, Stuttgart – New York – Tübingen – Göttingen – Zürich, 1980, S. 472–503

Mojzesowicz, Karolina, Möglichkeiten und Grenzen einer einheitlichen Dogmatik der Grundfreiheiten, Baden-Baden, 2001

Molle, Willem T. M., The Economics of European Integration: theory, practice, policy, Hants/England, 1990

Moor, Lorenzo, Das italienische internationale Gesellschaftsrecht, Zürich, 1997

Mousseron, Pierre, Droit des Sociétés, Paris, 2003

Mucciarelli, Federico Maria, Libertà di stabilimento comunitaria e concorrenza tra ordinamenti societari, Giurisprudenza Commerciale, Anno XXVII Fasc. 6 – 2000, 553/II–579/II

Mülbert, Peter O., Aktiengesellschaft, Unternehmensgruppe und Kapitalmarkt, München, 1995

ders., Bank Equity Holdings in Non-Financial Firms and Corporate Governance: The Case of German Universal Banks, in: Hopt, Klaus J./Kanda, Hideki/Roe, Mark J./Wymeersch, Eddy/Prigge, Stefan (Hrsg.), Comparative Corporate Governance – The State of the Art and Emerging Research –, Oxford, 1998, S. 445–497

ders., Konzeption des europäischen Kapitalmarktrechts für Wertpapierdienstleistungen, WM 2001, 2085–2102

ders., Zukunft der Kapitalaufbringung/Kapitalerhaltung, Der Konzern 2004, 151–162

Mülbert, Peter O./Birke, Max, Legal Capital – Is There a Case against the European Legal Capital Rules?, EBOR 3 (2002), 695–732

Mülbert, Peter O./Schmolke, Klaus Ulrich, Die Reichweite der Niederlassungsfreiheit von

Gesellschaften – Anwendungsgrenzen der Artt. 43ff. EGV bei kollisions- und sachrechtlichen Niederlassungshindernissen, ZVglRWiss 100 (2001) 233–274

Müller-Graff, Peter-Christian, Unternehmensinvestition und Investitionssteuerung im Marktrecht – Zu Maßstäben und Schranken für die überbetriebliche Steuerung von Produktionsinvestitionen aus dem Recht des wettbewerbsverfaßten Marktes, Tübingen, 1984

ders., Die Rechtsangleichung zur Verwirklichung des Binnenmarktes, EuR 1989, 107–151

ders., Binnenmarktauftrag und Subsidiaritätsprinzip?, ZHR 159 (1995), 34–77

ders., Europäische Verfassungsrechtspolitik für Wirtschaft und Union – Europäische Privatrechtsgesellschaft und überstaatliche Autorität, in: Peter-Christian Müller-Graff (Hrsg.), Perspektiven des Rechts in der Europäischen Union, Heidelberg, 1998, S. 183–222

ders., Kommentierung der Artt. 28 bis 30 EG-Vertrag, in: von der Groeben/Schwarze (Hrsg.), Vertrag über die Europäische Union und Vertrag zur Gründung der Europäischen Gemeinschaft, 6. Aufl., Baden-Baden, 2003

ders., Rechtsgrundlagen im Gemeinschaftsrecht für die Europäische Privatgesellschaft, in: Hommelhoff, Peter/Helms, Dietmar (Hrsg.), Neue Wege in die Europäische Privatgesellschaft, Köln, 2001, S. 289–308

ders., Kommentierung der Artt. 43 bis 48 EG-Vertrag, in: Streinz (Hrsg.), Vertrag über die Europäische Union und Vertrag zur Gründung der Europäischen Gemeinschaft, München, 2003

ders., Wandel des Europäischen Wirtschaftsverfassungsrechts?, ZHR 168 (2004), 1–7

ders., Verfassungsziele der EG/EU, in: Dauses (Hrsg.), Handbuch des EU-Wirtschaftsrechts, München, Stand: Mai 2004

ders., Die konstitutionelle Rolle der binnenmarktlichen Grundfreiheiten im neuen Europäischen Verfassungsvertrag, in: Köck, Heribert Franz/Lengauer, Alina/Ress, Georg (Hrsg.), Europarecht im Zeitalter der Globalisierung – Festschrift für Peter Fischer, Beiträge zum europäischen Verfassungs- und Wirtschaftsverfassungsrecht sowie zum europäischen und internationalen Wirtschaftsrecht, Wien, 2004, S. 363–378

ders., Systemrationalität in Kontinuität und Änderung des Europäischen Verfassungsvertrags, integration 2003, S. 301–316

Müller-Guggenberger, Die Firma der Europäischen wirtschaftlichen Interessenvereinigung (EWIV), BB 1989, 1922–1925

Munari, Francesco/Terrile, Paolo, The Centros Case and the Rise of an EC Market for Corporate Law, in: Ferrarini, Guido/Hopt, Klaus J./Wymeersch, Eddy (Hrsg.), Capital Markets in the Age of the Euro, The Hague – London – New York, 2002, S. 529–560

Nachbauer, Andreas, Niederlassungsfreiheit – Geltungsbereich und Reichweite des Art. 52 EGV im Binnenmarkt, Baden-Baden, 1999

Nagel, Bernhard, Verschlechternde Regelungen und Vereinbarungen zur Mitbestimmung in der Europäischen Aktiengesellschaft, AuR 2001, 406–411

Neuling, Jasper, Deutsche GmbH und englische private company, Köln – Berlin – Bonn – München, 1996

Neye, Hans-Werner, Die Europäische wirtschaftliche Interessenvereinigung – eine Zwischenbilanz, DB 1997, 861–863

ders., Anm. zu EuGH, Urteil vom 9.3.1999 – Rs C-212/97 (Centros), EwiR 1999, 259–260

ders., Kein neuer Stolperstein für die Europäische Aktiengesellschaft, ZGR 31 (2002), 377–382 *ders.*, Die Europäische Aktiengesellschaft – Einführung und Materialsammlung zum Gesetz zur Einführung der Europäischen Gesellschaft (SEEG), München, 2005

ders., Die neue Richtlinie zur grenzüberschreitenden Verschmelzung, ZIP 2005, 1893–1898

ders., Die optionale Einführung der monistischen Unternehmensverfassung für die Europäische (Aktien-) Gesellschaft im deutschen Recht, in: Crezelius, Georg/Hirte, Heribert/Vieweg, Klaus (Hrsg.), Festschrift für Volker Röhricht, Köln, 2005, S. 443–454

Neye, Hans-Werner/Teichmann, Christoph, Der Entwurf für das Ausführungsgesetz zur Europäischen Aktiengesellschaft, AG 2003, 169–179

Nicolaysen, Gert, Europarecht I – Die Europäische Integrationsverfassung, 2. Aufl., Baden-Baden, 2002

Nicolaysen, Gert, Europarecht II – Das Wirtschaftsrecht im Binnenmarkt, Baden-Baden, 1996

Niebel, Rembert, Der Status der Gesellschaften in Europa, Stuttgart – München – Hannover – Berlin – Weimar – Dresden, 1998

Nissen, Olaf Frederik, Die Europäische Handelsgesellschaft – Eine Rechtsvergleichung – Federal Corporations in den USA, Dominion Companies in Kanada und eine europäische Aktiengesellschaft in ihrer Stellung zum Recht der Einzelstaaten, Diss., Hamburg, 1969

Oechsler, Jürgen, Gerechtigkeit im modernen Austauschvertrag, Tübingen, 1997

ders., Die Sitzverlegung in der Europäischen Aktiengesellschaft nach Art. 8 SE-VO, AG 2005, 373–380

Ophüls, Carl Friedrich, Grundzüge europäischer Wirtschaftsverfassung, ZHR 124 (1962), 136–181

ders., Zur ideengeschichtlichen Herkunft der Gemeinschaftsverfassung, in: von Caemmerer, Ernst/Schlochauer, Hans-Jürgen/Steindorff, Ernst (Hrsg.), Probleme des Europäischen Rechts, Festschrift für Walter Hallstein, Frankfurt am Main, 1966, S. 387–413

Oplustil, Krzysztof/Teichmann, Christoph (Hrsg.), The European Company – all over Europe, A state-by-state account of the introduction of the European Company, Berlin – New York, 2004

Oppermann, Thomas, Europarecht, 2. Aufl., München, 1999

Oser, Peter/Orth, Christian/Wader, Dominic, Beachtung der Empfehlungen des Deutschen Corporate Governance Kodex – Erste Ergebnisse einer empirischen Folgeuntersuchung der Entsprechenserklärungen börsennotierter Unternehmen, BB 2004, 1121–1126

Paefgen, Walter G., Wider die gesellschaftsrechtliche Ausländerphobie, ZIP 2004, 2253–2262

Papmehl, Markus A., Delaware Corporate Law: Entstehungsgeschichte und Gründe für den Führungsanspruch im US-Gesellschaftsrecht, ZVglRWiss 101 (2002), 200–219

Parléani, Gilbert, L'impact possible de la création de la société européenne sur le droit francais, Gazette du Palais, Numéro spécial «La Société Européenne», N° 92 à 93, mercredi 2, jeudi 3 Avril 2003, p. 9–16

Passow, Richard, Die Entstehung des Aufsichtsrats der Aktiengesellschaft, ZHR 64 (1909), 27–57

Paulus, Christoph G., Änderungen des deutschen Insolvenzrechts durch die Europäische Insolvenzverordnung, ZIP 2002, 729–737

Pelkmans, Jacques, The Institutional Economics of European Integration, in: Mauro Cappelletti/Monica Seccombe/Joseph Weiler (editors), Integration Through Law, Volume 1: Methods, Tools and Institutions, Book 1: A Political, Legal and Economic Overview, Berlin – New York, 1986, S. 318–392

Peltzer, Martin/von Werder, Axel, Der „German Code of Corporate Governance (GCCG)" des Berliner Inititativkreises, AG 2001, 1–15

Pescatore, Pierre, Die „Einheitliche Europäische Akte" – Eine ernste Gefahr für den Gemeinsamen Markt, EuR 1986, 153–169

Pietrancosta, Alain, Capital zéro ou zéro capital, in: Couret, Alain/Le Nabasque, Hervé (Hrsg.), Quel avenir pour le capital social?, Paris, 2004, S. 127–141

Pipkorn, Jörn, Zur Entwicklung des europäischen Gesellschafts- und Unternehmensrechts, ZHR 137 (1973), 35–69

Pluskat, Sorika, Die Arbeitnehmerbeteiligung in der geplaten Europäischen AG, DStR 2001, 1483–1490

dies., Der neue Entwurf für eine europäische Verschmelzungsrichtlinie – Transnationale Fusionen in Europa damit in greifbare Nähe gerückt?, EWS 2004, 1–8

Prentice, Dan, The Incorporation Theory – The United Kingdom, EBLR 2003, 631–641

Prigge, Stefan, A Survey of German Corporate Governance, in: Hopt, Klaus J./Kanda, Hideki/Roe, Mark J./Wymeersch, Eddy/Prigge, Stefan (Hrsg.), Comparative Corporate Governance – The State of the Art and Emerging Research –, Oxford, 1998, S. 943–1044

Radbruch, Gustav, Rechtsphilosophie, 8. Aufl. (herausgegeben von Erik Wolf und Hans-Peter Schneider), Stuttgart, 1973; Studienausgabe, 2. Aufl. (herausgegeben von Rald Dreier und Stanley L. Paulson), Heidelberg, 2003

Raisch, Peter, Juristische Methoden – Vom antiken Rom bis zur Gegenwart, Heidelberg, 1995

Raiser, Thomas/Veil, Rüdiger, Recht der Kapitalgesellschaften, 4. Aufl., München, 2006

Rammeloo, Stephan, Corporations in Private International Law – A European Perspective, Oxford, 2001

Randelzhofer, Albrecht/Forsthoff, Ulrich, Kommentierung vor Art. 39–55 EGV, in: Grabitz/Hilf, Das Recht der Europäischen Union, Stand: 18. Ergänzungslieferung, Mai 2001, München

Randelzhofer, Albrecht/Forsthoff, Ulrich, Kommentierung Art. 48 EGV, in: Grabitz/Hilf, Das Recht der Europäischen Union, Stand: 18. Ergänzungslieferung, Mai 2001, München

Rasner, Henning, Die Europäische Aktiengesellschaft (SE) – ist sie wünschenswert?, ZGR 21 (1992), 314–332

Reckhorn-Hengemühle, Monika, Die spanische Aktiengesellschaft nach der Reform des Aktiengesetzes von 1989, München, 1992

Rehfeld, Udo, Deutsch-französisches Fusionsmanagement, Mitbestimmung 1999, S. 46–47

Reich-Rohrwig, Johannes, Grundsatzfragen der Kapitalerhaltung bei der AG, GmbH sowie GmbH & Co KG, Wien, 2004

Rickford, Jonathan, Reforming Capital – Report of the Interdisciplinary Group on Capital Maintenance, edited by Jonathan Rickford, EBLR 2004, 919–1027

Riedemann, Susanne, Das Auseinanderfallen von Gesellschafts- und Insolvenzstatut – „Inspire Art" und die Insolvenz über das Vermögen einer englischen „limited" in Deutschland, GmbHR 2004, 345–349

Riesenhuber, Karl, System und Prinzipien des Europäischen Vertragsrechts, Berlin 2003

Rittershaus, Gerald/Teichmann, Christoph, Anwaltliche Vertragsgestaltung, 2. Aufl., Heidelberg, 2003

Robertson, Dominic E., Überseering: nailing the coffin on *Sitztheorie*?, The Company Lawyer, Vol. 24, 2003, 184–185

Roe, Mark J., Strong Managers, Weak Owners – The Political Roots of American Corporate Governance, Princeton, New Jersey, 1996

ders., Path Dependance, Political Options and Governance Systems, in: Hopt, Klaus J./Wymeersch, Eddy (Hrsg.), Comparative Corporate Governance – Essays and Materials, Berlin – New York, 1997, S. 165–184

ders., Delaware's Competition, Harvard Law Review 117 (2003) 588–646

Röhricht, Volker, Kommentierung der § 23–40 AktG, in: Hopt, Klaus J./Wiedemann, Herbert (Hrsg.), Großkommentar Aktiengesetz, 4. Aufl., 7. Lieferung, 1997

ders., Die GmbH im Spannungsfeld zwischen wirtschaftlicher Dispositionsfreiheit ihrer Gesellschafter und Gläubigerschutz, in: Geiß, Karlmann/Nehm, Kay/Brandner, Hans Erich/Hagen, Horst (Hrsg.), Festschrift aus Anlaß des fünfzigjährigen Bestehens von Bundesgerichtshof, Bundesanwaltschaft und Rechtsanwaltschaft beim Bundesgerichtshof, Köln – Berlin – Bonn – München, 2000, S. 83–122

ders., Die aktuelle höchstrichterliche Rechtsprechung zum Gesellschaftsrecht, in: Gesellschaftsrechtliche Vereinigung (Hrsg.), Gesellschaftsrecht in der Diskussion 2003, Köln, 2004, S. 1–36

ders., Die aktuelle höchstrichterliche Rechtsprechung zum Gesellschaftsrecht, in: Gesellschaftsrechtliche Vereinigung (Hrsg.), Gesellschaftsrecht in der Diskussion 2002, Köln, 2003, S. 3–35

Röpke, Katarina/Heine, Klaus, Zur Rolle supranationaler Gesellschaftsformen im Regulierungswettbewerb – eine juristische und ökonomische Betrachtung, in: Tietze, Andrea/McGuire, Marie-Rose/Bendel, Christian/Kähler, Lorenz/Nickel, Nicole/Reich, Barbara/Sachse, Kathrin/Wehling, Eileen (Hrsg.), Jahrbuch Junger Zivilrechtswissenschaftler 2004, Stuttgart u.a., 2005, S. 265–298

Rohe, Mathias, Binnenmarkt oder Interessenverband? – Zum Verhältnis von Binnenmarktziel und Subsidiaritätsprinzip nach dem Maastricht-Vertrag, RabelsZ 61 (1997), 1–85

Rojo, Angel, Unternehmensfinanzierung und gesetzliches Garantiekapital in Spanien, AG 1998, 358–363

Romano, Roberta, Law as a Product: Some Pieces of the Incorporation Puzzle, I Journal of Law, Economics, and Organization (1985), 225–283

dies., The Genius of American Corporate Law, Washington, 1993

dies., Empowering Investors: A Market Approach to Securities Regulation, in: Hopt, Klaus J./Kanda, Hideki/Roe, Mark J./Wymeersch, Eddy/Prigge, Stefan (Hrsg.), Comparative Corporate Governance – The State of the Art and Emerging Research –, Oxford, 1998, S. 143–217

Rontchevsky, Nicolas, Country Report France, in: Baums, Theodor/Cahn, Andreas (Hrsg.), Die Europäische Aktiengesellschaft – Umsetzungsfragen und Perspektiven, Berlin, 2004, S. 51–61

Roth, Günther H., Zur "economic analysis" der beschränkten Haftung, ZGR 15 (1986), 371–382

ders., Gründungstheorie: Ist der Damm gebrochen?, ZIP 1999, 861–867

ders., Qualität und Preis am Markt für Gesellschaftsformen, ZGR 34 (2005) 348–386

Roth, Günther H./Wörle, Ulrike, Die Unabhängigkeit des Aufsichtsrats – Recht und Wirklichkeit, ZGR 33 (2004) 565–630

Roth, Wulf-Henning, Der Einfluß des Europäischen Gemeinschaftsrechts auf das Internationale Privatrecht, RabelsZ 55 (1991), 623–673 *ders.*, Wettbewerb der Mitgliedstaaten oder Wettbewerb der Hersteller? ZHR 159 (1995), 78–95

ders., „Centros": Viel Lärm um Nichts? – Besprechung der Entscheidung EuGH EuZW 1999, 216 – Centros Ltd. ./. Erhvervs- og Selskabsstyrelsen, ZGR 2000, 311–338

ders., Die Sitzverlegung vor dem EuGH, ZIP 2000, 1597–1602

Roussos, Alexandros, Realising the Free Movement of Companies, EBLR 2001, 7–25

Rubner, Daniel, Abschied von der Existenzvernichtungshaftung, DStR 2005, 1694–1701

Sadowski, Dieter/Junkes, Joachim/Lindenthal, Sabine, Gesetzliche Mitbestimmung in Deutschland: Idee, Erfahrungen und Perspektiven aus ökonomischer Sicht, ZGR 30 (2001), 110–145

Säcker, Franz Jürgen, BB-Forum: Corporate Governance und Europäisches Gesellschaftsrecht – Neue Wege in der Mitbestimmung, BB 2004, 1462–1464

Sagasser, Bernd/Swienty, Claus, Die Gründung einer Europäischen Aktiengesellschaft im Wege der Verschmelzung – Zur Praktikabilität des SE-Statuts in der Entwurfsfassung vom 6./16.5.1991, DStR 1991, 1188–1194 (Teil I), DStR 1991, 1222–1226 (Teil II)

Saintourens, Bernard, Les dispositions du décret de 3 mai 2002 relatives aux organes de direction de la société anonyme, Rev.soc. 120 (2002) 430–440

Sanders, Pieter, Auf dem Wege zu einer europäischen Aktiengesellschaft?, AWD 1960, 1–5

ders., Die europäische Aktiengesellschaft, AG 1967, 344–348

Sandrock, Otto, Ein amerikanisches Lehrstück für das Kollisionsrecht der Kapitalgesellschaften, RabelsZ 42 (1978), 227–267

ders., Centros: Ein Etappensieg für die Überlagerungstheorie, BB 1999, 1337–1345

ders., Die Schrumpfung der Überlagerungstheorie, ZVglRWiss 102 (2003), 447–504

ders., Gehören die deutschen Regelungen über die Mitbestimmung auf Unternehmensebene wirklich zum deutschen ordre public?, AG 2004, 57–66

ders., Sitzrecht contra Savigny?, BB 2004, 897–901

Sandrock, Otto/Wetzler, Christoph F. (Hrsg.), Deutsches Gesellschaftsrecht im Wettbewerb der Rechtsordnungen, Heidelberg, 2004

Schäfer, Hans-Bernd/Ott, Claus, Lehrbuch der ökonomischen Analyse des Zivilrechts, 4. Aufl., Berlin – Heidelberg – New York, 2005

Schall, Alexander, Englischer Gläubigerschutz bei der Limited in Deutschland, ZIP 2005, 965–975

Schanze, Erich/Jüttner, Andreas, Anerkennung und Kontrolle ausländischer Gesellschaften – Rechtslage und Perspektiven nach der Überseering-Entscheidung des EuGH, AG 2003, 30–36

Schanze, Erich/Jüttner, Andreas, Die Entscheidung für Pluralität: Kollisionsrecht und Gesellschaftsrecht nach der EuGH-Entscheidung „Inspire Art", AG 2003, 661–671

Schautes, Dirk Christoph, Jüngste Entwicklungen zum Projekt der Europäischen Privatgesellschaft, GmbHR 2000, 1255–1256

Scheifele, Matthias, Die Gründung der Europäischen Aktiengesellschaft (SE), Frankfurt am Main, 2004

Scheper, Wilhelm, Stichwort „Produktion I: Produktionstheorie", in: Handwörterbuch der Wirtschaftswissenschaft, Band 6, Stuttgart – New York – Tübingen – Göttingen – Zürich, 1981, S. 256–276

Schiessl, Maximilian, Leitungs- und Kontrollstrukturen im internationalen Wettbewerb, ZHR 167 (2003), 235–256

Schilling, Wolfgang, Macht und Verantwortung in der Aktiengesellschaft (oder das Prinzip der Interesseneinheit), in: Ballerstedt, Kurt/Hefermehl, Wolfgang (Hrsg.), Festschrift für Ernst Geßler, München, 1970, S. 159–169

Schindler, Clemens Philipp, Die Europäische Aktiengesellschaft, Wien 2002

ders., Vor einem Ausführungsgesetz zur Europäischen Aktiengesellschaft, ecolex 2003, Heft 06, Script 26, 1–10

ders., Huges de Lasteyre du Saillant als Ende der (deutschen) Wegzugsbesteuerung?, IStR 2004, 300–310

Schlotter, Jochen Nikolaus, Erbrechtliche Probleme in der Société Privée Européenne, Frankfurt am Main, 2002

Schluck-Amend, Alexandra, Die Rückforderung gemeinschaftsrechtswidriger Beihilfen in ihren Auswirkungen auf das nationale Gesellschafts- und Insolvenzrecht, Baden-Baden, 2004

Schmeder, Winfried, Die Rechtsangleichung als Integrationsmittel der Europäischen Gemeinschaft, Köln – Berlin – Bonn – München, 1978

Schmid, Christoph, Die gemeinschaftsrechtliche Überlagerung der Tatbestände des Mißbrauchs der Vertretungsmacht und des Insichgeschäfts, AG 1998, 127–133

Schmidt, Hartmut, Economic Analysis of the Allocation of Regulatory Competence in the European Communities, in: Buxbaum, Richard M./Hertig, Gérard/Hirsch, Alain/Hopt, Klaus J. (Hrsg.), European Business Law – Legal and Economic Analyses on Integration and Harmonization, Berlin – New York, 1991, S. 51–60

Schmidt, Karsten, Sitzverlegungsrichtlinie, Freizügigkeit und Gesellschaftsrechtspraxis, ZGR 28 (1999), 20–35

ders., Gesellschaftsrecht, 4. Aufl., Köln – Berlin – Bonn – München, 2002

ders., Das Handelsrechtsreformgesetz, NJW 1998, 2161–2169

ders., Verlust der Mitte durch „Inspire Art"? – Verwerfungen im Unternehmensrecht durch Schreckreaktionen der Literatur, ZHR 168 (2004) 493–502

Schmidt, Reinhard H./Grohs, Stefanie, Angleichung der Unternehmensverfassungen in Europa aus ökonomischer Perspektive – ein Forschungsprogramm –, in: Grundmann, Stefan (Hrsg.), Systembildung und Systemlücken in Kerngebieten des Europäischen Privatrechts, Tübingen, 2000, S. 145–188

Schmidt-Rimpler, Walter, Grundfragen einer Erneuerung des Vertragsrechts, AcP 147 (1941), 130–196

Schmitthoff, Clive M., The Success of the Harmonisation of European Company Law, 1 European Law Review (1976), 100–108

Schmölder, Karl, Allgemeine Vorschriften, Rechtsverhältnisse der Gesellschaft und der Gesellschafter, Verfassung und Geschäftsführung, in: Schlegelberger u.a., Der Entwurf eines Gesetzes über Aktiengesellschaften und Kommanditgesellschaften auf Aktien, JW 1930, 2623ff.

ders., Pflichtprüfung und Verwaltungsreform in der Aktienrechtsnovelle, JW 1931, 2925–2930

Schneebaum, Steven M., The Company Law Harmonization Program of the European Community, 14 Law & Policy in International Business (1982), 293–334

Schneider, Hans, Gesetzgebung, 3. Aufl., Heidelberg, 2002

Schneider, Uwe H./Strenger, Christian, Die „Corporate Governance Grundsätze" der Grundsatzkommission Corporate Governance (German Panel on Corporate Governance), AG 2000, 106–113

Schnichels, Dominik, Reichweite der Niederlassungsfreiheit – Dargestellt am Beispiel des deutschen Internationalen Gesellschaftsrechts, Baden-Baden, 1995

Schön, Wolfgang, Gesellschaftsrecht nach Maastricht – Art. 3b EGV und das europäische Gesellschaftsrecht – ZGR 24 (1995), 1–38

ders., Mindestharmonisierung im europäischen Gesellschaftsrecht, ZHR 160 (1996), 221–249

ders., Das Bild des Gesellschafters im Europäischen Gesellschaftsrecht, RabelsZ 64 (2000), 1–37

ders., Gesellschafter-, Gläubiger- und Anlegerschutz im Europäischen Bilanzrecht, ZGR 29 (2000), 706–742

ders., Die Niederlassungsfreiheit von Kapitalgesellschaften im System der Grundfreiheiten, in: Schneider, Uwe H./Hommelhoff, Peter/Schmidt, Karsten/Timm, Wolfram/Grunewald, Barbara/Drygala, Tim (Hrsg.), Festschrift für Marcus Lutter, 2000, S. 685–706

ders., Wer schützt den Kapitalschutz?, Editorial, ZHR 166 (2002), 1–5

ders., Der „Rechtsmissbrauch" im Europäischen Gesellschaftsrecht, in: Wank, Rolf/Hirte, Heribert/Frey, Kaspar/Fleischer, Holger/Thüsing, Gregor (Hrsg.), Festschrift für Herbert Wiedemann, München, 2002, S. 1271–1295

ders., Die Zukunft der Kapitalaufbringung/Kapitalerhaltung, Der Konzern 2004, 162–170

ders., Zur „Existenzvernichtung" der juristischen Person, ZHR 168 (2004) 268–297

Scholz, Kommentar zum GmbH-Gesetz, I. Band, §§ 1–44, Anh. Konzernrecht, 9. Aufl., 2000

Schroeder, Werner, Das Gemeinschaftsrechtssystem – Eine Untersuchung zu den rechtsdogmatischen, rechtstheoretischen und verfassungsrechtlichen Grundlagen des Systemdenkens im Europäischen Gemeinschaftsrecht, Tübingen, 2002

Schubel, Christian, Verbandssouveränität und Binnenorganisation der Handelsgesellschaften, Tübingen, 2003

Schubert, Thure, Der Gemeinsame Markt als Rechtsbegriff – Die allgemeine Wirtschaftsfreiheit des EG-Vertrages, München, 1999

Schubert, Werner, Die Abschaffung des Konzessionssystems durch die Aktienrechtsnovelle von 1870, ZGR 10 (1981), 285–317

Schubert, Werner (Hrsg.), 100 Jahre Genossenschaftsgesetz, Tübingen, 1989

Schubert, Werner/Hommelhoff, Peter, Hundert Jahre modernes Aktienrecht – Eine Sammlung von Texten und Quellen zur Aktienrechtsreform 1884 mit zwei Einführungen, Berlin – New York, 1985

Schubert, Werner/Hommelhoff, Peter, Die Aktienrechtsreform am Ende der Weimarer Republik – Die Protokolle der Verhandlungen im Aktienrechtsausschuß des Vorläufigen Reichtswirtschaftsrats unter Vorsitz von Max Hachenburg, Berlin – New York, 1987

Schuberth, Ernst-Markus, Konzernrelevante Regelungen im britschen Recht – Ein Beispiel für die Bewältigung konzernrechtlicher Fragestellungen durch Regeln des allgemeinen Gesellschafts-, Kapitalmarkt- und Insolvenzrechts, München, 1997

Schumann, Alexander, Die englische Limited mit Verwaltungssitz in Deutschland: Kapitalaufbringung, Kapitalerhaltung und Haftung bei Insolvenz, DB 2004, 743–749

Schumann, Jochen, Stichwort „Außenhandel III: Wohlfahrtseffekte" in: Handwörterbuch der Wirtschaftswissenschaft, Band 1, Stuttgart – New York – Tübingen – Göttingen – Zürich, 1977, S. 403–426

Schwab, Martin, Der Dialog zwischen dem EuGH und nationalen Exegeten bei der Auslegung von Gemeinschaftsrecht und angeglichenem Recht, ZGR 29 (2000), 446–478

Schwark, Eberhard, Globalisierung, Europarecht und Unternehmensmitbestimmung im Konflikt, AG 2004, 173–180

Schwarz, Günter Christian, Europäisches Gesellschaftsrecht, Baden-Baden, 2000

ders., Zum Statut der Europäischen Aktiengesellschaft, ZIP 2001, 1847–1861

Schwarz, Ivo E., 30 Jahre EG-Rechtsangleichung, in: Mestmäcker, Ernst-Joachim/Möller, Hans/Schwarz, Hans-Peter (Hrsg.), Festschrift für Hans von der Groeben, Baden-Baden, 1987, S. 333–368

Schwarze, Jürgen (Hrsg.), EU-Kommentar, Baden-Baden, 2000

Schweinberger, Albert G., Die normative Analyse von Zollunionen – alte und neue Ansätze und Einsichten, in: Henssler, Martin/Kolbeck, Thomas M./Moritz, Hans-Werner/Rehm, Hannes (Hrsg.), Europäische Integration und globaler Wettbewerb, Heidelberg, 1993, S. 19–34

Scriba, Michael O. E., Die Europäische wirtschaftliche Interessenvereinigung, Heidelberg, 1988

Sedemund, Joachim/Hausmann, Friedrich Ludwig, Anm. zu EuGH, 9.3.1999 (*Centros*), BB 1999, 810–811

Seibert, Ulrich, Die Umsetzung der Zweigniederlassungs-Richtlinie der EG in deutsches Recht, GmbHR 1992, 738–741

Seibert, Ulrich, Aktienrechtsreform in Permanenz?, AG 2002, 417–420

ders., Transparenz- und Publizitätsgesetz (TransPuG) und Corporate Governance – Zum aktienrechtlichen Teil des TransPuG, in: Dörner, Dietrich/Menold, Dieter/Pfitzer, Norbert/Oser, Peter (Hrsg.), Reform des Aktienrechts, der Rechnungslegung und der Prüfung, 2. Aufl., Stuttgart, 2003, S. 41–66

Semler, Johannes, Leitung und Überwachung der Aktiengesellschaft, 2. Aufl., Köln – Berlin – Bonn – München, 1996

ders., Rechtsvorgabe und Realität der Organzusammenarbeit in der Aktiengesellschaft, in: Schneider, Uwe H./Hommelhoff, Peter/Schmidt, Karsten/Timm, Wolfram/Grunewald, Barbara/Drygala, Tim (Hrsg.), Festschrift für Marcus Lutter, Köln, 2000, S. 721–734

Shaw, John C., The Cadbury Report, Two Years Later, in: Hopt, Klaus J./Wymeersch, Eddy (Hrsg.), Comparative Corporate Governance – Essays and Materials, Berlin – New York, 1997, S. 21–45

Shleifer, Andrei/Vishny, Robert W., A Survery of Corporate Governance, JoF 1997,737–783

Siebert, Horst, Stichwort „Zölle IV: Zollunionen und Präferenzzonen“, in: Handwörterbuch der Wirtschaftswissenschaft, Band 9, Stuttgart – New York – Tübingen – Göttingen – Zürich, 1982, S. 666–678

Siegel, Theodor, Zeitwertbilanzierung für das deutsche Bilanzrecht?, BFuP 1998, 593–603

Skeel Jr., David A., Corporate Anatomy Lessons, Yale L. J. 113 (2004) 1519–1577

Skog, Rolf, Corporate Governance und die Rolle des Gesetzgebers – Betrachtungen aus schwedischer Perspektive, in: Schneider, Uwe H./Hommelhoff, Peter/Schmidt, Karsten/Timm, Wolfram/Grunewald, Barbara/Drygala, Tim (Hrsg.), Festschrift für Marcus Lutter, Köln, 2000, S. 1551–1560

Smid, Stefan, Grundzüge des Insolvenzrechts, 4. Aufl., München, 2002

Smith Jr., Clifford W./Warner, Jerold B., On Financial Contracting – An Analysis of Bond Covenants, JoFE 7 (1979), 117–161

Snell, Jukka, True Proportionality and free Movement of Goods and Services, EBLR 2000, 50–57

Sonnenberger, Hans Jürgen, Europarecht und Internationales Privatrecht, ZVglRWiss 95 (1996) 3–47

ders., Einleitung IPR, in: Rebmann, Kurt/Säcker, Franz Jürgen/Rixecker, Roland (Hrsg.), Münchener Kommentar zum Bürgerlichen Gesetzbuch, Band 10, 4. Aufl., München, 2006

Sonnenberger, Hans Jürgen/Großerichter, Helge, Konfliktlinien zwischen internationalem Gesellschaftsrecht und Niederlassungsfreiheit, RIW 1999, 721–732

Spindler, Gerald, Recht und Konzern – Interdependenzen der Rechts- und Unternehmensentwicklung in Deutschland und den USA zwischen 1870 und 1933, Tübingen, 1993

Spindler, Gerald/Berner, Olaf, Inspire Art – Der europäische Wettbewerb um das Gesellschaftsrecht ist endgültig eröffnet, RIW 2003, 949–957

Spindler, Gerald/Berner, Olaf, Der Gläubigerschutz im Gesellschaftsrecht nach Inspire Art, RIW 2004, 7–16

Spolidoro, Marco Saverio, The legal capital and the raising of funds through the issuance of securities in Italy, AG 1998, 363–368

Steindorff, Ernst, Gemeinsamer Markt als Binnenmarkt, ZHR 150 (1986), 687–704

ders., Unvollkommener Binnenmarkt, ZHR 158 (1994), 149–169

ders., Centros und das Recht auf die günstigste Rechtsordnung, JZ 1999, 1140–1143

Storp, Roger, Reform des französischen Unternehmensrechts im Rahmen des Gesetzes über „Neue Wirtschaftliche Regulierungen" vom 15.5.2001, RIW 2002, 409–423

Streinz, Rudolf, Kommentierung der Artt. 1 bis 3 EGV, in: Streinz (Hrsg.), Vertrag über die Europäische Union und Vertrag zur Gründung der Europäischen Gemeinschaft, München, 2003

Stürner, Michael, Common Law, Civil Law und Europäisches Privatrecht, in: Tietze, Andrea/McGuire, Marie-Rose/Bendel, Christian/Kähler, Lorenz/Nickel, Nicole/Reich, Barbara/Sachse, Kathrin/Wehling, Eileen (Hrsg.), Jahrbuch Junger Zivilrechtswissenschaftler 2004, Stuttgart u.a., 2005, S. 79–98

Teichmann, Christoph, Die Gesellschaftsgruppe im französischen Arbeitsrecht – Rechtsvergleichende Untersuchung mit Hinweisen auf die Behandlung des Konzerns im deutschen Arbeitsrecht, Baden-Baden, 1999

ders., Die Bestellung eines Ausländers zum Geschäftsführer einer deutschen GmbH, IPRax 2000, 110–115

ders., Corporate Governance in Europa, ZGR 30 (2001), 645–679

ders., Die Einführung der Europäischen Aktiengesellschaft – Grundlagen der Ergänzung des europäischen Statuts durch den deutschen Gesetzgeber –, ZGR 31 (2002), 383–464

ders., Vorschläge für das deutsche Ausführungsgesetz zur Europäischen Aktiengesellschaft, ZIP 2002, 1109–1116

ders., Minderheitenschutz bei Gründung und Sitzverlegung der SE, ZGR 32 (2003), 367–401

ders., Austrittsrecht und Pflichtangebot bei der Gründung einer Europäischen Aktiengesellschaft, AG 2004, 67–83

ders., Gestaltungsfreiheit im monistischen Leitungssystem der Europäischen Aktiengesellschaft, BB 2004, 53–60

ders., The European Private Company, ECL 2004, 162–165

ders., Die monistische Verfassung der SE, in: Lutter, Marcus/Hommelhoff, Peter (Hrsg.), Die Europäische Gesellschaft, Köln, 2005, S. 195–222

ders., 'Law as a Product' – Regulatory Competition in the Common Market and the European Private Company, in: Bartman, Steef M. (Hrsg.), European Company Law in Accelerated Progress, Alphen an den Rijn, 2006, S. 145–157

Thamm, Rüdiger, Die Europäische Aktiengesellschaft und das Problem der Lückenfüllung – Eine Untersuchung an Hand von Kapitalsicherungsvorschriften, Köln, 1972

Theisen, Manuel René, Grundsätze ordnungsgemäßer Kontrolle und Beratung der Geschäftsführung durch den Aufsichtsrat, AG 1995, 193–203

ders., Grundsätze einer ordnungsgemäßen Information des Aufsichtsrats, 2. Aufl., Stuttgart, 1996

ders., Zur Reform des Aufsichtsrats – Eine betriebswirtschaftliche Bestandsanalyse und Perspektive, in: Dörner, Dietrich/Menold, Dieter/Pfitzer, Norbert/Oser, Peter (Hrsg.), Reform des Aktienrechts, der Rechnungslegung und der Prüfung, 2. Aufl., Stuttgart, 2003, S. 431–522

Theisen, Manuel René/Wenz, Martin (Hrsg.), Die Europäische Aktiengesellschaft – Recht, Steuern und Betriebswirtschaft der Societas Europaea (SE), Stuttgart, 2. Aufl., 2005

Thüsing, Gregor, Deutsche Unternehmensmitbestimmung und europäische Niederlassungsfreiheit, ZIP 2004, 381–388

Tietje, Christian, Kommentierung der Artikel 94 und 95, in: Grabitz/Hilf, Das Recht der Europäischen Union, Band II EUV/EGV, Stand: 22. Ergänzungslieferung, April 2003, München

Timme, Michael/Hülk, Fabian, Das Ende der Sitztheorie im Internationalen Gesellschaftsrecht? – EuGH, EuZW 1999, 216, JuS 1999, 1055–1058

Timmermans, Christiaan W. A., Die europäische Rechtsangleichung im Gesellschaftsrecht, RabelsZ 48 (1984), 1–47

Toiviainen, Heikki, Employees' Co-Determination in Finnish Companies, ZHR-Beiheft 72, 2004, S. 25–45

Troberg, Peter/Tietje, Jürgen, Kommentierung der Artikel 43 bis 48 EG-Vertrag, in: von der Groeben, Hans/Schwarze, Jürgen (Hrsg.), Kommentar zum Vertrag über die Europäische Union und zur Gründung der Europäischen Gemeinschaft, Band 1, 6. Aufl., 2003

Trojan-Limmer, Ursula, Die geänderten Vorschläge für ein Statut der Europäischen Aktiengesellschaft (SE), RIW 1991, 1010–1017

Ueda, Junko, Is The Principle of Proportionality the European Approach?: A Review and Analysis of Trade and Environment Cases before the European Court of Justice, EBLR 2003, 557–593

Ulmer, Peter, Gesellschafterhaftung bei Unterkapitalisierung, in: Peter Ulmer (Hrsg.), Hachenburg, Gesetz betreffend die Gesellschaften mit beschränkter Haftung, 8. Aufl., Berlin – New York, 1992, Anhang § 30

ders., Schutzinstrumente gegen die Gefahren aus der Geschäftstätigkeit inländischer Zweigniederlassungen von Kapitalgesellschaften mit fiktivem Auslandssitz, JZ 1999, 662–665

ders., Der Deutsche Corporate Governance Kodex – ein neues Regelungsinstrument für börsennotierte Aktiengesellschaften, ZHR 166 (2002), 150–181

ders., Gläubigerschutz bei Scheinauslandsgesellschaften, NJW 2004, 1201–1210

ders., Insolvenzrechtlicher Gläubigerschutz gegenüber Scheinauslandsgesellschaften ohne hinreichende Kapitalausstattung?, KTS 2004, 291–304

Ungan, Philipp, Gläubigerschutz nach dem EuGH-Urteil in „Inspire Art" – Möglichkeiten einer Sonderanknüpfung für die Durchgriffshaftung in der Insolvenz?, ZVglRWiss 204 (2005) 355–375

Vagts, Detlev, Wohin mit der beschränkten Haftung der Aktionäre? Neue Strömungen im amerikanischen Gesellschaftsrecht, ZGR 23 (1994), 227–236

van den Berghe, Lutgart, Corporate Governance in a Globalising World: Convergence or Divergence? – A European Perspective, Boston – Dordrecht – London, 2002

van Huelle, Karel, Die Reform des europäischen Bilanzrechts: Stand, Ziele und Perspektiven, ZGR 33 (2004), 537–549

Vaquero López, Carmen, Comentario a la STJCE de 5 de Noviembre de 2002, Überseering, Asunto C-208/00, Revista de Sociedades 2003, 181–191

Vasseur, Michel, Argumente für eine europäische Handelsgesellschaft, ZHR 127 (1965), 177–199

Veil, Rüdiger, Das Konzernrecht der Europäischen Aktiengesellschaft, WM 2003, 2169–2175

Velasco San Pedro, Luis Antonio/Sánchez Felipe, José Manuel, La libertad de establecimiento de las sociedades en la UE. El estado de la cuestión después de la SE, Revista de Sociedades 2002, 15–38

Victorin, Anders, Employee participation on the company board: The Swedish experience, ZHR-Beiheft 72, 2004, 125–132

Vietz, Nadja, Die neue „Blitz-GmbH" in Spanien, GmbHR 2003, 26–28

Völter, Heike, Der Lückenschluß im Statut der Europäischen Privatgesellschaft, Köln, 2000

Vogel, Louis, Die Harmonisierung des Europäischen Wirtschaftsrechts: Mythos oder Realität?, in: Lutter, Marcus/Scholz, Manfred/Sigle, Walter (Hrsg.), Festschrift für Martin Peltzer, Köln, 2001, S. 599–611

von Arnim, Christof, Das Niederlassungsrecht für Gesellschaften im Gemeinsamen Markt und die Pläne zur Schaffung einer „europäischen" Handelsgesellschaft, AWD 1965, 346–350

von Bar, Christian, Internationales Privatrecht, Band II, Besonderer Teil, 1991

von Bar, Christian/Mankowski, Peter, Internationales Privatrecht, Band I, Allgemeine Lehren, 2. Aufl., München, 2003

von Bogdandy, Armin, Kommentierung zu Art. 2 EGV in: Grabitz/Hilf, Das Recht der Europäischen Union, Stand: 15. Ergänzungslieferung 2000, München

ders., Kommentierung zu Art. 14 EGV in: Grabitz/Hilf, Das Recht der Europäischen Union, Stand: 15. Ergänzungslieferung 2000, München

von Caemmerer, Ernst, Europäische Aktiengesellschaft, in: Biedenkopf/Coing/Mestmäcker (Hrsg.), Das Unternehmen in der Rechtsordnung, Festgabe für Heinrich Kronstein, Karlsruhe, 1967, S. 171–202

von Halen, Curt Christian, Das Gesellschaftsstatut nach der Centros-Entscheidung des EuGH – Kollisionsrechtliche Tragweite, materiellrechtliche Folgen und gesellschaftsrechtliche Gestaltungsmöglichkeiten, Heidelberg, 2001

von Hein, Jan, Die Rolle des US-amerikanischen CEO gegenüber dem Board of Directors im Lichte neuerer Entwicklungen, RIW 2002, 501–509

ders., Vom Vorstandsvorsitzenden zum CEO?, ZHR 166 (2002), 464–502

von der Heydt, Karl-Eduard/von Rechenberg, Wolf-Georg (Hrsg.), Die Europäische Wirtschaftliche Interessenvereinigung, Stuttgart, 1991

von Maydell, Bernd, Die vorgeschlagenen Regelungen zur Mitbestimmung für eine Europäische Aktiengesellschaft, AG 1990, 442–447

von Rechenberg, Wolf-Georg, Gesellschaftsrechtliche Grundlagen der EWIV, in: von der Heydt, Karl-Eduard/von Rechenberg, Wolf-Georg (Hrsg.), Die Europäische Wirtschaftliche Interessenvereinigung, Stuttgart, 1991, S. 3–105

ders., Die EWIV – Ihr Sein und Werden, ZGR 21 (1992), 299–313
von Siegler, Heinrich (Hrsg.), Dokumentation der Europäischen Integration mit besonderer Berücksichtigung des Verhältnisses EWG – EFTA, Bonn – Wien – Zürich, 1961
von Werder, Axel/Talaulicar, Till, Kodex Report 2005: Die Akzeptanz der Empfehlungen und Anregungen des Deutschen Corporate Governance Kodex, DB 2005, 841–846
Wachter, Thomas, Auswirkungen des EuGH-Urteils in Sachen Inspire Art Ltd. auf Beratungspraxis und Gesetzgebung – Deutsche GmbH vs. englische private limited company, GmbHR 2004, 88–105
ders., Persönliche Haftungsrisiken bei englischen private limited companies mit inländischem Verwaltungssitz, DStR 2005, 1817–1823
Wackerbarth, Ulrich, Investorvertrauen und Corporate Governance, ZGR 34 (2005), 686–725
Wagner, Jens, Der Europäische Verein – Eine Gesellschaftsform europäischen oder mitgliedstaatlichen Rechts?, Baden-Baden, 1999
ders., Die Bestimmung des auf die SE anwendbaren Rechts, NZG 2002, 985–991
Wahl, Rainer, Erklären staatstheoretische Leitbegriffe die Europäische Union?, JZ 2005, 916–925
Wahlers, Henning W., Art. 100a EWGV – Unzulässige Rechtsgrundlage für den geänderten Vorschlag einer Verordnung über das Statut der Europäischen Aktiengesellschaft?, AG 1990, 448–458
Walter, Bernhard, Gesetzliches Garantiekapital und Kreditentscheidung der Banken, AG 1998, 370–372
Weller, Marc-Philippe, „Inspire Art": Weitgehende Freiheiten beim Einsatz ausländischer Briefkastengesellschaften, DStR 2003, 1800–1804
ders., Scheinauslandsgesellschaften nach Centros, Überseering und Inspire Art: Ein neues Anwendungsfeld für die Existenzvernichtungshaftung, IPRax 2003, 207–210
ders., Europäische Rechtsformwahlfreiheit und Gesellschafterhaftung – Zur Anwendung der Existenzvernichtungshaftung auf Scheinauslandsgesellschaften nach „Überseering" und „Inspire Art", Köln – Berlin – München, 2004
ders., Forum Shopping im Internationalen Insolvenzrecht?, IPRax 2004, 412–417
ders., Zum identitätswahrenden Wegzug deutscher Gesellschaften, DStR 2004, 1218–1220
ders., Handels- und Gesellschaftsrecht, in: Gebauer, Martin/Wiedmann, Thomas (Hrsg.), Zivilrecht unter europäischem Einfluss, Stuttgart, 2005, S. 769–819
Wenger, Ekkehard/Kaserer, Christoph, German Banks and Corporate Governance: A Critical View, in: Hopt, Klaus J./Kanda, Hideki/Roe, Mark J./Wymeersch, Eddy/Prigge, Stefan (Hrsg.), Comparative Corporate Governance – The State of the Art and Emerging Research –, Oxford, 1998, S. 499–536
Wenglorz, Georg, Die grenzüberschreitende „Heraus"-Verschmelzung einer deutschen Kapitalgesellschaft: Und es geht doch!, BB 2004, 1061–1066
Wenz, Martin, Die Societas Europaea (SE) – Analyse der geplanten Rechtsform und ihre Nutzungsmöglichkeiten für eine europäische Konzernunternehmung, Berlin, 1993
ders., Einsatzmöglichkeiten einer Europäischen Aktiengesellschaft in der Unternehmenspraxis aus betriebswirtschaftlicher Sicht, AG 2003, 185–196
Werlauff, Erik, Ausländische Gesellschaft für inländische Aktivität – „Centros aus dänischer Sicht", ZIP 1999, 867–876
ders., The Main Seat Criterion in a New Disguise – An Acceptable Version of the Classical Main Seat Criterion?, EBLR 2001, 2–6

ders., EC Company Law – the common denominator for business undertakings in 12 states, Copenhagen, 1993

ders., EU Company Law – Common business law of 28 states, 2nd edition, Copenhagen, 2003

Wetzler, Christoph F., Nationales Gesellschaftsrecht im Wettbewerb: Anmerkung zu EuGH, Rs. C-167/01 vom 30.9.2003 – *Inspire Art*, GPR 2004, 84–86

Wiedemann, Herbert, Internationales Gesellschaftsrecht, in: Lüderitz, Alexander/Schröder, Jochen (Hrsg.), Internationales Privatrecht und Rechtsvergleichung im Ausgang des 20. Jahrhunderts – Bewahrung oder Wende?, Festschrift für Gerhard Kegel, Frankfurt am Main, 1977, S. 187–211

ders., Gesellschaftsrecht, Band I Grundlagen, München, 1980

ders., Spätlese zu Autokran – Besprechung der Entscheidung BGHZ 95, 330ff., ZGR 15 (1986) 1986, 656–671

Wiedenmann, Kai-Udo, Verbraucherleitbilder und Verbraucherbegriff im deutschen und europäischen Privatrecht, Frankfurt am Main – Berlin – Bern – Bruxelles – New York – Oxford – Wien, 2004

Wiesner, Peter M., Neue EG-Richtlinie über die Offenlegung von Zweigniederlassungen, GmbHR 1987, 103

Wiethölter, Rudolf, Interessen und Organisation der Aktiengesellschaft im amerikanischen und deutschen Recht, Karlsruhe, 1961

Wilske, Stephan/Miettinen, Johanna/Kocher, Dirk, Das reformierte finnische Aktienrecht, RIW 2002, 94–101

Wimmer-Leonhardt, Susanne, Konzernhaftungsrecht, Tübingen, 2004

Windbichler, Christine, Zur Trennung von Geschäftsführung und Kontrolle bei amerikanischen Großgesellschaften – eine „neue" Entwicklung und europäische Regelungen im Vergleich, ZGR 14 (1985), 50–73

Winter, Martin, Basel II und Kredit-Ranking: Überblick und „offene" Fragen, in: Gesellschaftsrechtliche Vereinigung (Hrsg.), Gesellschaftsrecht in der Diskussion 2003, Köln, 2004, S. 115–132

Winter, Ralph K., State Law, Shareholder Protection, and the Theory of the Corporation, 6 The Journal of Legal Studies (1977), 251–292

Wooldridge, Frank, Überseering: Freedom of Establishment of Companies Affirmed, EBLR 2003, 227–235

Wouters, Jan, Private International Law and Companies' Freedom of Establishment, EBOR 2 (2001), 101–139

Wymeersch, Eddy, Centros: A Landmark Decision in European Company Law, in: Baums, Theodor/Hopt, Klaus J./Horn, Norbert (Hrsg.), Corporations, Capital Markets and Business in the Law, Liber Amicorum Richard M. Buxbaum, London – The Hague – Boston, 2000, S. 629–654

ders., Company Law in Europe and European Company Law, in: 1. Europäischer Juristentag Nürnberg 2001, 2. Aufl., Baden-Baden, 2002, S. 85–163

ders., The Transfer of the Company's Seat in European Company Law, CMLR 2003, 661–695

ders., Das neue belgische Gesetz über „Corporate Governance", ZGR 33 (2004), 53–68

Ziemons, Hildegard, Freie Bahn für den Umzug von Gesellschaften nach Inspire Art?!, ZIP 2003, 1913–1920

Zimmer, Daniel, Internationales Geselschaftsrecht, Heidelberg, 1996

ders., Mysterium „Centros", ZHR 164 (2000), 23–42

ders., Internationales Gesellschaftsrecht und Niederlassungsfreiheit: Das Rätsel vor der Lösung?, BB 2000, 1361–1366

ders., Ein Internationales Gesellschaftsrecht für Europa, RabelsZ 67 (2003), 298–317

ders., Grenzüberschreitende Rechtspersönlichkeit, ZHR 168 (2004) 355–368

Zimmermann, Reinhard, Der europäische Charakter des englischen Rechts, ZEuP 1993, 4–51

ders., Savignys Vermächtnis. Rechtsgeschichte, Rechtsvergleichung und die Begründung einer Europäischen Rechtswissenschaft, Tübingen, 1998

Zinser, Alexander/Spreng, Nicole, Der neue britische Corporate Governance Kodex: mit rechtsvergleichenden Betrachtungen zur deutschen Regelung, ZVglRWiss 103 (2004), 401–431

Zöller-Petzold, Irka, Die Verknüpfung von europäischem und nationalem Recht bei der Gründung einer Societas Europaea (SE), Frankfurt am Main, 2005

Verzeichnis der zitierten Entscheidungen des Europäischen Gerichtshofs

– in zeitlicher Reihenfolge nach Aktenzeichen–

Rs. 26/62, N.V. *Algemene Transport- en Expeditie Onderneming Van Gend & Loos gegen Niederländische Finanzverwaltung*, Slg. 1963, 1

Rs. 6/64, *Flaminio Costa gegen E.N.E.L.*, Slg. 1964, 1251

Rs. 13/68, *Firma Salgoil gegen Außenhandelsministerium der italienischen Republik*, Slg. 1968, 679

Rs. 6/72, *Europemballage Corporation und Continental Can Company Inc. gegen Kommission der Europäischen Gemeinschaften*, Slg. 1973, 215

Rs. 8/74, *Staatsanwaltschaft gegen Benoît und Gustave Dassonville*, Slg. 1974, 837

Rs. 32/74, *Firma Friedrich Haaga GmbH*, Slg. 1974, 1201 ff.

Rs. 33/74, *Johannes Henricus Maria van Binsbergen gegen Bestuur van de Bedrijfsvereniging voor de Metaalnijverheid*, Slg. 1974, 1299

Rs. 120/78, *Rewe-Zentral-AG gegen Bundesmonopolverwaltung für Branntwein*, Slg. 1979, 649

Rs. 133/78, *Henri Gourdain gegen Franz Nadler*, Slg. 1979, 733 ff.

Rs. 102/79, *Kommission der Europäischen Gemeinschaften gegen Königreich Belgien*, Slg. 1980, 1473 ff.

Rs. 15/81, *Gaston Schul Douane Expediteur BV gegen Inspecteur der invoerrechten en accijnzen, Roosendaal*, Slg. 1982, 1409

Rs. 37/83, *Rewe-Zentral AG gegen Direktor der Landwirtschaftskammer Rheinland*, Slg. 1984, 1229 ff.

Rs. 270/83, *Kommission der Europäischen Gemeinschaft gegen Französische Republik*, Slg. 1986, 273

Rs. 178/84, *Kommission der Europäischen Gemeinschaften gegen Bundesrepublik Deutschland*, Slg. 1987, 1227 ff.

Rs. 79/85, *D.H.M. Segers gegen Bestuur van de Bedrijfsvereniging voor Bank- en Verzekeringswezen, Gtoohandel en Vrije Beroepen*, Slg. 1986, 2375

Rs. 126/86, *Fernando Roberto Giménez Zaera gegen Instituto Nacional de la Seguridad Social und Tesoreria General de la Seguridad Social*, Slg. 1987, 3697

Rs. 81/87, *The Queen gegen H. M. Treasury and Commissioners of Inland Revenue, ex parte Daily Mail and General Trust PLC*, Slg. 1988, 5483

Rs. 136/87, *Ubbink Isolatie BV gegen Dak- en Wandtechniek BV*, Slg. 1988, S. 4665 ff.

Rs. 331/88, *The Queen gegen The Minister of Agriculture, Fisheries and Food and The Secretary of State for Health, ex parte: Fedesa u.a.*, Slg. 1990, I-4023 ff.

Rs. C-95/89, *Kommission der Europäischen Gemeinschaften gegen Italienische Republik*, Slg. 1992, I-4545 ff.

Rs. 106/89, *Marleasing SA gegen La Comercial Internacional de Alimentación SA*, Slg. 1990, I-4135 ff.

Rs. C-381/89, *Syndesmos Melon tis Eleftheras Evangelikis Ekklisias u.a. gegen Griechischer Staat u.a.*, Slg. 1992, I-2111

Verbundene Rs. C-19/90 und C-20/90, *Marina Karella und Nikolaos Karellas gegen Ypourgou viomichanias, energeias kai technologias und Organismou Anasygkrotiseos Epicheiriseon AE*, Slg. 1991, I-2691

Rs. 76/90, *Manfred Säger gegen Dennemeyer & Co. Ltd.*, Slg. 1991, I-4221.

Rs. 83/91, *Wienand Meilicke gegen ADV/ORGA AG*, Slg. 1992, S. I-4871 ff.

verbundene Rs. C-134/91 und C-135/91, *Kerafina – Keramische und Finanz-Holding AG und Vioktimatiki AEVE gegen Elliniko Dimosio und Organismos Oikonomikis Anasygkrotissis Epicheirisseon AE*, Slg. 1992, S. I-5699 ff.

Rs. 169/91, *Council of the City of Stoke-on-Trent und Norwich City Council gegen B & Q PLC.*, Slg. 1992, I-6635 ff.

verbundene Rs. C-267/91 und C-268/91, *Strafverfahren gegen Bernhard Keck und Daniel Mithouard*, Slg. 1993, I-6097 ff.

Rs. C-19/92, *Dieter Kraus gegen Land Baden-Württemberg*, Slg. 1993, I-1663 ff.

Rs. C-441/93, *Panagis Pafitis u.a. gegen Trapeza Kentrikis Ellados AE u.a.*, Slg. 1996, S. I-1347 ff.

Rs. C-55/94, *Reinhard Gebhard gegen Consiglio dell'ordine degli avvocati e procuratori di Milano*, Slg. 1995, I-4165 ff.

Rs. 206/94, *Brennet AG gegen Vittorio Paletta*, Slg. 1996, I-2357

Rs. 210/96, *Gut Springeheide GmbH und Rudolf Tusky gegen Oberkreisdirektor des Kreises Steinfurt – Amt für Lebensmittelüberwachung*, Slg. 1998, I-4657 ff.

Rs. 233/94, *Bundesrepublik Deutschland gegen Europäisches Parlament und Rat der Europäischen Union*, Slg. 1997, I-2405 ff.

Rs. C-234/94, *Waltraud Tomberger gegen Gebrüder von Wettern GmbH*, Slg. 1996, I-3133 ff.

Rs. C-42/95, *Siemens AG gegen Henry Nold*, Slg. 1996, I-6017 ff.

Rs. C-191/95, *Kommission der Europäischen Gemeinschaften gegen Bundesrepublik Deutschland*, Slg. 1998, I-5449 ff.

Rs. 284/95, *Safety Hi-Tech Srl gegen S. & T. Srl*, Slg. 1998, I-4301 ff.

Rs. C-97/96, *Verband deutscher Daihatsu-Händler e.V. gegen Daihatsu Deutschland GmbH*, Slg. 1997, I-6843 ff.

Rs. C-104/96, *Coöperatieve Rabobank „Vecht en Plassengebied" BA gegen Erik Aarnoud Minderhoud (Konkursverwalter Mediasafe BV)*, Slg., 1997, I-7211 ff.

Rs. C-402/96, *Eintragung der in Gründung befindlichen Vereinigung European Information Technology Observatory, Europäische wirtschaftliche Interessenvereinigung, ins Handelsregister*, Slg. 1997, I-7515

Rs. C-212/97, *Centros Ltd. gegen Erhvervs- og Selskabsstyrelsen*, Slg. 1999, I-1459 ff. = NJW 1999, 2027; ZIP 1999, 438

Rs. C-275/97, *DE + ES Bauunternehmung gegen Finanzamt Bergheim*, Slg. 1999, S. I-5331 ff.

Rs. C-220/98, *Estée Lauder Cosmetics GmbH & Co. KG gegen Lancaster Group GmbH*, Slg. 2000, I-117 ff.

Rs. C-208/00, *Überseering BV gegen Nordic Construction Company Baumanagement GmbH (NCC)*, Slg. 2002, I-9919 ff.

Rs. C-167/01, *Kamer van Koophandel en Fabrieken voor Amsterdam gegen Inspire Art Ltd.*, Slg. 2003, I-10155 ff. (=ZIP 2003, 1885, EuZW 2003, 687)

Rs. C-9/02, *Hughes de Lasteyrie du Saillant gegen Ministère de l'Economie*, Slg. 2004, I-2409 (= JZ 2004, 728)

Rs. C-411/03, *SEVIC Systems AG*, Slg. 2005, I-10805 (= ZIP 2005, 1227 ff.)

Fundstellenverzeichnis der Sekundärrechtsakte

Europäische Rechtstexte werden angegeben mit Fundstellen im Amtsblatt der Europäischen Gemeinschaften (*ABl. EG*) sowie gegebenenfalls mit den Fundstellen bei Habersack, Europäisches Gesellschaftsrecht, 2. Aufl., 2003 (*Habersack*), Lutter, Europäisches Unternehmensrecht, 4. Aufl., 1996 (*Lutter*).

Erste Richtlinie 68/151/EWG zur Koordinierung der Schutzbestimmungen, die in den Mitgliedstaaten den Gesellschaften im Sinne des Artikels 58 Absatz 2 des Vertrages im Interesse der Gesellschafter sowie Dritter vorgeschrieben sind, um diese Bestimmungen gleichwertig zu gestalten vom 9. März 1968 (ABl., 14.3.1968, Nr. L 65/8; Habersack, S. 89ff. (Rn. 133); Lutter, S. 104ff.)

Zweite Richtlinie 77/91/EWG zur Koordinierung der Schutzbestimmungen, die in den Mitgliedstaaten den Gesellschaften im Sinne des Artikels 58 Absatz 2 des Vertrages im Interesse der Gesellschafter sowie Dritter vorgeschrieben sind, um diese Bestimmungen gleichwertig zu gestalten, vom 13. Dezember 1976 (ABl., 31.1.1977, Nr. L 26/1; Habersack, S. 145ff. (Rn. 206); Lutter, S. 114ff.)

Dritte Richtlinie 78/855/EWG gemäß Artikel 54 Absatz 3 Buchstabe g des Vertrages betreffend die Verschmelzung von Aktiengesellschaften vom 9. Oktober 1978 (ABl., 20.10.1978, Nr. L 295/36; Habersack, S. 194 ff. (Rn. 258); Lutter, S. 131 ff.)

Vierte Richtlinie 78/660/EWG aufgrund von Artikel 54 Absatz 3 Buchstabe g) des Vertrages über den Jahresabschluß von Gesellschaften bestimmter Rechtsformen (ABl., 14.8.1978, Nr. L 222/11; Habersack, S. 254 ff. (Rn. 315); Lutter, S. 147 ff.)

Dritter geänderter Vorschlag einer *fünften Richtlinie* vom 20. November 1991 (ABl., 12.12.1991, Nr. C 321/9; Lutter, S. 176 ff.)

Sechste Richtlinie 82/891/EWG gemäß Artikel 54 Absatz 3 Buchstabe g) des Vertrages betreffend die Spaltung von Aktiengesellschaften vom 17. Dezember 1982 (ABl., 31.12.1983, Nr. L 378/47; Habersack, S. 206 ff. (Rn. 259); Lutter, S. 199 ff.)

Siebente Richtlinie 83/349/EWG aufgrund von Artikel 54 Absatz 3 Buchstabe g) des Vertrages über den konsolidierten Abschluß (ABl., 18.7.1983, Nr. L 193/1; Habersack, S. 290 ff. (Rn. 316); Lutter, S. 211 ff.)

Entwurf einer *neunten Richtlinie* von 1984 (Lutter, S. 244 ff.)

Verordnung (EWG) Nr. 2137/85 über die Schaffung einer *Europäischen wirtschaftlichen Interessenvereinigung* (EWIV) (ABl., 31.7.1985, Nr. L 199/1)

Elfte Richtlinie 89/666/EWG über die Offenlegung von Zweigniederlassungen, die in einem Mitgliedstaat von Gesellschaften bestimmter Rechtsformen errichtet wurden, die dem Recht eines anderen Staates unterliegen vom 21. Dezember 1989 (ABl., 30.12.1989, Nr. L 395/36; Habersack, S. 96 ff. (Rn. 134); Lutter, S. 269 ff.)

Zwölfte Richtlinie 89/667/EWG auf dem Gebiet des Gesellschaftsrechts betreffend Gesellschaften mit beschränkter Haftung mit einem einzigen Gesellschafter vom 21. Dezember 1989 (ABl., 30.12.1989, Nr. L 395/40; Habersack, S. 342ff. (Rn. 338); Lutter, S. 278ff.)

Vorschlag für eine Verordnung (EWG) des Rates über das *Statut des Europäischen Vereins* (ABl. EG, 31.8.1993, C 236/1 ff.)

Vorschlag für eine Verordnung (EWG) des Rates über das *Statut der Europäischen Gegenseitigkeitsgesellschaft* (ABl. EG, 31.8.1993, C 236/40 ff.)

Verordnung (EG) Nr. 2157/2001 des Rates vom 8. Oktober 2001 über das *Statut der Europäischen Gesellschaft* (SE) (ABl. EG, 10.11.2001, L 294/1 ff.)

Richtlinie 2001/86/EG des Rates vom 8. Oktober 2001 zur *Ergänzung des Statuts* der Europäischen Gesellschaft hinsichtlich der Beteiligung der Arbeitnehmer (ABl. EG, 10.11.2001, L 294/22 ff.)

Verordnung (EG) Nr. 1435/2003 des Rates vom 22. Juli 2003 über das *Statut der Europäischen Genossenschaft* (SCE) (ABl EU, 18.8.2003, L 207/1 ff.)

Richtlinie 2003/72/EG des Rates vom 22. Juli 2003 zur *Ergänzung des Statuts* der Europäischen Genossenschaft hinsichtlich der Beteiligung der Arbeitnehmer (ABl EU, 18.8.2003, L 207/25 ff.)

Stichwortverzeichnis

Die mit Anführungszeichen versehenen Stichworte beziehen sich auf Entscheidungen des Europäischen Gerichtshofs.

FSC
www.fsc.org
MIX
Papier | Fördert gute Waldnutzung
FSC® C083411

Kolibri 360 GmbH
Ferdinand-Jühlke-Straße 7
99095 Erfurt, Deutschland
produktsicherheit@kolibri360.de